MW01001381

MANUAL BÍBLICO NELSON

es un libro con virtudes extraordinarias, diseñado para satisfacer las necesidades actuales. Es una ayuda sin igual, una útil herramienta para ayudar a los cristianos y los que no lo son a descubrir la Biblia de una forma nueva y atractiva: amándola, leyéndola, entendiéndola y aplicándola en sus vidas ... Lo recomiendo a lectores de todo tipo y de forma particular a estudiantes y jóvenes de todo el mundo.

Dr. DANIEL BOURDANNÉ
Comunión Internacional
de Estudiantes Evangélicos (IFES)

Este compendio de la Biblia, fácil de leer y de excelente factura, es un libro esencial para los que quieran ser discípulos de Jesucristo. Lo recomiendo de todo corazón.

JIM PACKER

Sería muy difícil exagerar al valorar la importancia del estudio de las grandes verdades de la Biblia. Recomiendo efusivamente este programa de enseñanza, que satisfará una gran necesidad y aportará una clara perspectiva de la enseñanza bíblica.

BILLY GRAHAM
(acerca de la sección
ENSEÑANZA BÍBLICA)

MANUAL
– BÍBLICO –
NELSON

MARTIN MANSER – EDITOR GENERAL

GRUPO NELSON
Una división de Thomas Nelson Publishers
Desde 1798

NASHVILLE   DALLAS   MÉXICO DF.   RÍO DE JANEIRO

© 2012 por Creative 4 International

Publicado en Nashville por Grupo Nelson®, Tennessee, Estados Unidos de América. Grupo Nelson, Inc. es una subsidiaria que pertenece completamente a Thomas Nelson, Inc. Grupo Nelson es una marca registrada de Thomas Nelson, Inc. www.gruponelson.com

Título en inglés: *Collins Bible Companion*
Edición original en inglés © 2009 por Creative 4 International, Bath, Inglaterra
Traducción al español © 2012 por Creative 4 International, Bath, Inglaterra
Esta edición se publica bajo licencia de Creative 4 International, exclusivamente para Thomas Nelson, Inc.

Martin H. Manser: *Editor*
Tony Cantale: *Diseñador*
Robert F. Hicks: *Director del proyecto*
Artículos de introducción: Andrew Stobart, Keith J. White
La Biblia libro a libro: David Barratt, Mike Beaumont, Pieter Lalleman, Richard Littledale, Debra Reid, Andrew Stobart, Derek Williams
Bosquejos bíblicos tomados en el original en inglés de *NIV Thematic Study Bible*, © Hodder & Stoughton, reproducido con permiso de Hodder & Stoughton Publishers, una compañía de Hachette UK.
Extractos en el original en inglés de *Marcos, 1 Corintios, Gálatas, Efesios, Filipenses, Colosenses, 1 y 2 Tesalonicenses, 1 y 2 Timoteo y Tito*, tomados de *Critical Companion to the Bible*, editado por Martin H. Manser (Facts on File, 2009) con permiso de Facts on File.
Enseñanza bíblica: Richard Bewes, Robert F. Hicks
Vivir la vida cristiana: Derek Williams, Robert F. Hicks, Andrew Stobart
Personas y lugares clave: Texto en el original en inglés de NIV Comprehensive Concordance, © Hodder & Stoughton, reproducido con permiso de Hodder & Stoughton Publishers, una compañía de Hachette UK.
Cómo se desarrolló la Biblia: Parte del material tomado en inglés de *Timeline* de The Bible Society, usado con permiso.
Lo que la Biblia dice sobre...: James Collins
En momentos de necesidad: Nick Gatzke
Asistente editorial: Nicola L. Bull

Todos los derechos reservados. Ninguna porción de este libro podrá ser reproducida, almacenada en algún sistema de recuperación, o transmitida en cualquier forma o por cualquier medio —mecánicos, fotocopias, grabación u otro— excepto por citas breves en revistas impresas, sin la autorización previa por escrito de la editorial.

A menos que se indique lo contrario, todos los textos bíblicos han sido tomados de la Santa Biblia, Versión Reina-Valera 1960 © 1960 por Sociedades Bíblicas en América Latina, © renovado 1988 por Sociedades Bíblicas Unidas. Usados con permiso. Reina-Valera 1960® es una marca registrada de la American Bible Society, y puede ser usada solamente bajo licencia.

Editora General: *Graciela Lelli*
Traducción: *Juan Carlos Martín Cobano, Loida Viegas*
Adaptación del diseño al español: *S. E. Telee*

ISBN: 978-1-60255-513-6

Impreso en Singapur. Printed in Singapore.

12 13 14 15 16 TWP 9 8 7 6 5 4 3 2

Contenido

La Biblia en su contexto

Pp. 12–55
Acerca de la Biblia: por qué se escribió, su historia, geografía y entorno cultural

Contenido
(sigue)

La Biblia, libro a libro

Enseñanza bíblica

Vivir la
vida cristiana

Material
de referencia bíblica

POWERPOINT Y PRESENTACIONES

Cómo utilizar el material de este libro

Este libro es un recurso para aquellos que quieren estudiar la Biblia y para los que quieren enseñar a otros.

El material se presenta con títulos, subtítulos y una explicación. Puede adaptarse para utilizarlo en forma de PowerPoint o en retroproyección mediante copia o extrayendo los títulos y subtítulos para su visualización.

Observará que parte del material se presenta con viñetas, y otro mediante claras subdivisiones por puntos de enseñanza. Si hace un listado y presenta lo que convenga visualizar, junto con sus propias notas explicativas, podrá desarrollar fácilmente una sesión de enseñanza. La naturaleza consecutiva del material permite crear, de forma relativamente simple, programas completos de enseñanza.

El material de este libro se puede utilizar libremente para el estudio y la enseñanza en un entorno personal, de iglesia o enseñanza de carácter no comercial.

El deseo de los que han trabajado en este libro es ayudar a las personas en su fe y comprensión de Dios y sus caminos.

ABREVIATURAS

Las abreviaturas utilizadas en este libro para los libros de la Biblia son:

Antiguo Testamento		Nuevo Testamento	
Génesis	Gn	Mateo	Mt
Éxodo	Éx	Marcos	Mr
Levítico	Lv	Lucas	Lc
Números	Nm	Juan	Jn
Deuteronomio	Dt	Hechos	Hch
Josué	Jos	Romanos	Ro
Jueces	Jue	1 Corintios	1 Co
Rut	Rt	2 Corintios	2 Co
1 Samuel	1S	Gálatas	Gá
2 Samuel	2S	Efesios	Ef
1 Reyes	1 R	Filipenses	Fil
2 Reyes	2 R	Colosenses	Col
1 Crónicas	1 Cr	1 Tesalonicenses	1 Ts
2 Crónicas	2 Cr	2 Tesalonicenses	2 Ts
Esdras	Esd	1 Timoteo	1 Ti
Nehemías	Neh	2 Timoteo	2 Ti
Ester	Est	Tito	Tit
Job	Job	Filemón	Flm
Salmos	Sal	Hebreos	He
Proverbios	Pr	Santiago	Stg
Eclesiastés	Ec	1 Pedro	1 P
Cantares	Cnt	2 Pedro	2 P
Isaías	Is	1 Juan	1 Jn
Jeremías	Jer	2 Juan	2 Jn
Lamentaciones	Lm	3 Juan	3 Jn
Ezequiel	Ez	Judas	Jud
Daniel	Dn	Apocalipsis	Ap
Oseas	Os		
Joel	Jl		
Amós	Am		
Abdías	Abd		
Jonás	Jon		
Miqueas	Mi		
Nahúm	Nah		
Habacuc	Hab		
Sofonías	Sof		
Hageo	Hag		
Zacarías	Zac		
Malaquías	Mal		

Prólogo

Estoy convencido de que tiene una maravillosa herramienta en sus manos. El *Manual Bíblico Nelson* le permitirá ahondar y explorar en el mayor tesoro confiado a la raza humana, las propias palabras de Dios. Personalmente, como pastor y educador teológico, me siento tremendamente entusiasmado con la presentación de este libro. Como predicador, permítame compartir tres razones que explican mi entusiasmo.

En primer lugar, este volumen es un libro sorprendentemente exhaustivo. Una rápida mirada al índice confirmará inmediatamente esta observación: la Biblia libro a libro, sus temas principales, sus personajes clave y cómo ponerlo todo en práctica viviendo realmente la vida cristiana, etc.

En segundo lugar, este compañero es creativo. En este siglo tan orientado a la visualización, usted apreciará de inmediato su clara y hermosa presentación llena de colorido. Tiene una magnífica ayuda para enseñar y aprender al alcance de su mano.

En tercer lugar, este manual no se avergüenza de ser cristocéntrico. Es demasiado posible acercarse a la palabra del Señor y no encontrar al Señor de la palabra. Esta guía le alentará a escuchar las pisadas de Cristo y ver su rostro a través de las páginas de la Biblia, tanto en el Antiguo como en el Nuevo Testamento.

Cuando mencioné el concepto de este libro a los estudiantes de mi universidad ocurrió algo sin precedente: su entusiasmo fue tal que muchos de ellos solicitaron una copia en aquel mismo momento, ¡sin haber visto un ejemplar acabado! Ahora puede compartir su «fe» y juzgar por usted mismo que no se equivocaron.

Doy la bienvenida a esta excelente herramienta. Que el Señor Jesús le bendiga a medida que esta guía le ayuda a descubrir algunos de los ricos tesoros de su santa palabra.

Rvdo. Dr. Steve Brady
Director
del Moolands College
Christchuch, Reino Unido.

Introducción

Bienvenido al *Manual Bíblico Nelson*. Este libro es una guía multiuso de la Biblia. Es una exhaustiva obra de referencia y, al mismo tiempo, un compañero que le entusiasmará. Con él tendrá la oportunidad de:
- descubrir el contenido de la Biblia
- explorar la verdad de la Biblia
- creer y experimentar el mensaje de la Biblia

En total, su vida se verá enriquecida a medida que vaya permitiendo que Dios le hable por medio de su palabra. Pero queremos darle mucho más que esto: la tarea especial de este libro es capacitar a maestros y predicadores de todo el mundo para que puedan comunicar el mensaje de la Biblia a otros de forma eficaz.

El texto es fácil de utilizar para que el maestro ocupado pueda captar los temas de una forma accesible y aprovechar su tiempo al máximo. Ya sea que enseñe en un culto en la iglesia, a un grupo de estudiantes o en una célula, sabemos que en estas páginas encontrará información que da vida. ¡Hágalo circular!

Como los que han tomado parte en la creación de este libro, creemos que es único. Todos sus planteamientos tienen un objetivo subyacente: ayudarle a que conozca su Biblia más a fondo.

Creemos que la Biblia es un ingrediente fundamental en la vida cristiana. Apreciar de golpe el contenido de los libros de la Biblia, conocer sus doctrinas básicas y saber cómo aplicar su mensaje. Aquí tiene suficiente material para un estudio que dure toda la vida.

Las partes centrales del *Manual Bíblico Nelson* son:
- **La Biblia en su contexto** (cf. pp. 12-55): proporciona información sobre los trasfondos de toda la Biblia, incluyendo cómo y cuándo se escribió, su historia, geografía y contexto cultural. En este apartado se incluyen gráficos generales, por ejemplo sobre las fiestas y festividades, calendario, moneda, pesos y medidas.
- **La Biblia libro a libro** (cf. pp. 56-329): proporciona una perspectiva de lo fundamental de cada libro de la Biblia. Algunas veces podemos vernos tan sumergidos en los detalles de un versículo en particular que no nos damos cuenta del propósito y la importancia de cada uno de los libros de la Biblia, de modo que este resumen nos da un compendio, un bosquejo y las enseñanzas clave junto con una aplicación para entender su relevancia para el presente.
- **Enseñanza bíblica** (cf. pp. 330-463): explora las verdades esenciales del cristianismo, como Dios, Jesucristo, el Espíritu Santo y la humanidad, en una forma clara y metódica que representará y desarrollará un fundamento sólido para su vida

cristiana.

- **Vivir la vida cristiana** (cf. pp. 464-579): muestra cómo debemos entender y aplicar el mensaje de la Biblia en cada etapa de nuestro crecimiento y progreso como cristianos.
- **Material de referencia bíblica** (cf. pp. 580-718): proporciona un listado alfabético de personajes y lugares bíblicos clave, una explicación concisa de lo que la Biblia tiene que decir en cuanto a una variedad de temas —por ejemplo: las decisiones, la integridad, la paciencia— con los que nos enfrentamos mientras vivimos en el mundo, un plan para la lectura diaria de la Biblia que sea una dieta equilibrada a la hora de asimilar la Palabra de Dios, una guía de las profecías del Antiguo Testamento sobre el Mesías y su cumplimiento en Jesucristo, una guía de dónde encontrar ayuda en la Biblia en tiempos de necesidad personal y un índice de todo el libro.

Asimismo, hemos incluido otro material que le ayude a sacar más provecho de su Biblia: 36 mapas y gráficos como información sobre los antecedentes, por ejemplo, mapas de los viajes de Abraham, del exilio, gráficos como los de las festividades del Antiguo Testamento, una guía de las profecías del Antiguo Testamento sobre el Mesías y su cumplimiento en Jesucristo; un resumen de personajes y lugares clave; una guía de ayudas en tiempo de necesidad personal; un plan de lectura diaria de la Biblia que nos proporcione una dieta equilibrada para asimilar la Palabra de Dios.

A medida que vaya leyendo este libro, verá su utilidad a la hora de buscar las referencias en su Biblia: esto reforzará las palabras de la Biblia en su corazón y en su mente. Este libro se ha diseñado para ser utilizado con cualquier traducción de la Biblia.

El planteamiento contemporáneo y el diseño de este libro harán que la Biblia sea lo más asequible posible. Vivimos en una era visual, de modo que el texto a todo color y las ilustraciones son un aspecto importante de la preparación de este libro.

Para muchas personas, la Biblia es un libro cerrado: no significa nada. Esperamos que la utilización de este libro, junto con su Biblia, represente un reto para usted: verá la forma en la que Dios quiere que usted viva y confiamos en que este libro le equipe para servirle de forma más eficaz en su mundo. Nuestra oración y nuestra esperanza es que oiga a Dios hablarle de una forma nueva a medida que vaya explorando y aplicando su mensaje, primero a su propia vida y después a la de aquellos a los que enseña.

Tony Cantale
Martin Manser
Robert Hicks

La Biblia en su contexto

Esta sección está diseñada como una introducción que proporcione información sobre el trasfondo de la Biblia: su autoridad e inspiración; su importancia y relevancia para el mundo presente; sus distintas partes y cómo llegaron a escribirse y un resumen de cómo se puede entender su mensaje.

A continuación exploramos el entorno del mundo del Antiguo y el Nuevo Testamento, con mapas y gráficos sobre algunos aspectos culturales que nos ayuden a entender el texto de la Biblia: festividades y fiestas; el calendario; sacrificio; pactos; el tabernáculo y sus enseres; moneda, pesos, medidas y distancias.

La autoridad e inspiración de la Biblia

Los términos «autoridad» e «inspiración» juntos nos ayudan a entender la importancia de la Biblia para la fe cristiana.

La palabra «autoridad» describe el hecho de que la Biblia sea capaz de guiar a las personas de todas las generaciones y situaciones, de forma excepcional, a la fe en Dios por medio de Jesucristo. Ningún otro libro en el mundo tiene esta autoridad. Tanto en el Antiguo como en el Nuevo Testamento, la Biblia presenta fielmente el carácter del Dios creador y declara su invitación al mundo para que venga a él en busca de la salvación. Se dice que la Biblia tiene autoridad en todos los temas de fe y esto significa que se puede confiar en ella si lo que se busca es tener una relación con Dios.

La iglesia primitiva reconoció la autoridad de la Biblia. Los documentos del Nuevo Testamento ser recogieron originalmente porque se consideró que eran un relato preciso de los sucesos y relevancia de la vida, muerte y resurrección de Jesucristo. La iglesia comprendió que, cuando hubieran muerto los apóstoles que habían estado con Jesús y le vieron después de su resurrección, era vital que la joven iglesia pudiera transmitir su testimonio acerca de las buenas nuevas de Dios. Desde el principio, la iglesia también aceptó las Escrituras judías como autoridad para su fe. Eran las Escrituras que el propio Jesús conocía y citaba, y, cuando los primeros cristianos estudiaron los escritos y profecías, descubrieron que también señalaban fielmente a todo lo que ocurrió en Jesucristo. Las Escrituras judías se convirtieron en el «Antiguo Testamento», mientras los nuevos documentos fueron denominados «Nuevo Testamento». Juntas, esta Escrituras fueron los documentos oficiales de la iglesia, que se denominaron canon (del término latín y griego utilizada para «norma» que se refería a la decisión de la iglesia de reconocer la autoridad que los documentos ya tenían en su vida y su pensamiento).

De este modo, se dice que la Biblia tiene autoridad porque el pueblo de Dios ya la identificó como fiel mensajero (escrito) de sus buenas nuevas. Esta es la razón por la cual se suele denominar a la Biblia como «la Palabra de Dios». Los cristianos entienden que la Biblia no contiene simples mensajes humanos o relatos de experiencias religiosas, sino que a través de los distintos autores humanos de los diferentes libros, Dios declara su palabra. La autoridad de la Biblia en cuanto a la fe nos conduce directamente a nuestro segundo término. El hecho de que el mensaje de Dios se oiga a través de palabras humanas se denomina «inspiración» de la Biblia.

La utilización del término «inspirado» para la Biblia no significa que Dios dictara las palabras de las Escrituras a los autores humanos que se limitaron a actuar como secretarios. De ser así, los autores humanos no habrían contribuido en nada. Pero, por otra parte, decir que las Escrituras fueron «inspiradas» no significa que los autores humanos tuvieran una buena idea y que se limitaran a escribirla como si fuese un mensaje de Dios. En realidad, la inspiración de la Biblia no dice mucho acerca de la forma en la que se elaboró el texto en sí. Es posible que los autores recibieran el mensaje de Dios en muchas maneras distintas y que lo escribieran. Esta variedad encajaría bien con los múltiples géneros que encontramos en las Escrituras.

La inspiración es más bien una afirmación de lo que es la Biblia y no tanto una teoría de su

composición. La palabra *inspiración* se refiere tanto a su carácter divino como a la autoría humana. La Biblia es inspirada porque el mensaje que recibimos de ella es una colección de palabras humanas —con sus propias características culturales, literales y de estilo— y las palabras del Dios eterno. El término «inspiración» ayuda a los cristianos a afirmar igualmente que la Biblia es humana y, por tanto, requiere estudio y esfuerzo para poder entenderla; también es divina y su mensaje solo podemos recibirlo a medida que el Espíritu de Dios proporciona fe y entendimiento. Se puede decir que la Biblia está infaliblemente inspirada. Esto significa que, en lo referente a los temas de Dios y de la fe, la Biblia no nos induce a error: sus palabras humanas son verdaderamente las de Dios. Sin embargo, es totalmente distinto decir que la Biblia no tiene error, ya que esto suele querer decir que cada declaración que hace sobre cada tema es completamente verdad. Este puede ser un modo poco útil de considerar la Biblia, ya que, por ejemplo, no pretende ser un libro de texto de ciencia.

Los términos «inspiración» y «autoridad» nos ayudan a entender cuál debería ser nuestra relación con la Biblia. Al decir que la Biblia es inspirada, reconocemos que nos ha sido dada por Dios y que por medio de ella él tiene contacto con nosotros. Dado que Dios mismo habla por medio de las palabras humanas, la Biblia revela realmente el carácter de Dios y sus obras en el mundo. Como esta revelación es única, la Biblia tiene suma autoridad en la vida cristiana. Al reconocer la autoridad de la Biblia estamos dando por sentado que es la palabra de Dios y no la nuestra, y que tiene una importancia decisiva para nuestras vidas y para el mundo. Por tanto, debemos escuchar las Escrituras y buscar la iluminación del Espíritu de Dios para que nos ayude a entender y aplicar el mensaje de Dios a nuestras vidas.

La Biblia
para el mundo de hoy

El mundo de hoy

Las sociedades contemporáneas alrededor del mundo son cada vez más cosmopolitas, multiculturales y multiétnicas: en y por medio de ellas, lo global y lo local interactúan en una variedad de formas caleidoscópicas. Existen tensiones entre las religiones y lo que se ha denominado como conflictos entre civilizaciones. La comunicación electrónica y las imágenes visuales se van prefiriendo a la narrativa. La era es poscolonial y se ha descrito como «posmoderna». En este contexto, si preguntamos quién es el lector de la Biblia, iremos llegando cada vez más a la conclusión de que cualquiera puede serlo.

Por tanto, este artículo procura tener en mente a personas de todas las edades, hombres y mujeres, ricos y pobres, cultos e ignorantes, familias y grupos, cristianos y no cristianos. Un principio rector de las biblias del siglo XXI puede muy bien ser que se conciban de una forma accesible para todos.

¿Qué es la Biblia?

Paradójicamente, para un volumen cuyo nombre griego es *biblos*, que significa «libro», es precisamente aquello que no es. Ciertamente tiene el aspecto de un libro, pero, en realidad, es una biblioteca, lo que se ha llegado a llamar un libro de libros o, quizás de una forma más concreta, una colección de manuscritos. Estos incluyen crónicas, historias, poemas, cartas, datos de censo, oráculos, códigos de familia, genealogías y leyes.

¿Cómo ayuda esta explicación al mundo de hoy? Significa que la Biblia en conjunto es capaz de hablar en situaciones y culturas de una forma en la que un solo libro, predicador o pastor no podría hacerlo jamás. La razón es que conecta en un abanico de formas distintas y comunica desde una gama de perspectivas diferentes. Tiene coherencia en y a través del Señor Jesucristo y una metanarrativa que comienza con la creación y culmina en la nueva creación, pero estas se revelan en lo que parece ser un glorioso tapiz tejido a partir de un asombroso despliegue de hilos de texturas y tonos variables. Por supuesto, sus distintas partes hablan a comunidades muy distintas en situaciones de marcado contraste: algunos lectores forman parte de minorías muy perseguidas, como los hebreos en Egipto y los primeros cristianos, otros son exiliados (itinerantes) como los judíos en el exilio y aun hay otros que disfrutan de riqueza y poder, como los judíos que se asentaron en la Tierra Prometida y establecieron un reino.

¿Cómo manejar la Biblia con cuidado?

La forma de interpretar la Biblia es una de las cuestiones que sigue dividiendo a los cristianos. Quizás podemos desmitificar un poco las cosas para aquellos que no son especialistas, dejando caer el término hermenéutica (literalmente «interpretación») y sustituyéndolo por la idea de manejar la Biblia (leyéndola e interpretándola) con cuidado. Están aquellos que piensan que ese manejo debe estar totalmente en manos de la iglesia o denominación y otros creen que el lector individual es el intérprete válido. Aquí están en juego amplias cuestiones de control mundial. Denominaciones, credos y doctrinas, todo tiene que ver con este asunto: ¿quién decide cuál es la interpretación correcta y contra qué criterio? Sin intentar definir una posición definitiva, quizás podamos decir que si los lectores individuales no

tienen una Biblia que puedan entender, el tema ya está decidido: en su caso, otros determinarán cómo interpretarla, pastores, sacerdotes, maestros, aquellos de otras culturas.

Donde haya notas deberían escribirse de forma global, en lugar de crear la impresión de una polaridad «nosotros» y «ellos». Las notas de este libro se han escrito y editado con cuidado para alentar a los lectores a que profundicen más en la Biblia por ellos mismos. Las notas proporcionan una información útil que no tiene por objeto cerrar los debates, sino alimentar una lectura inteligente del texto mediante preguntas centradas.

El conjunto o parte de él

Una tercera pregunta se refiere al tema del conjunto y sus partes. Dicho de forma simple, ¿de qué vale presentar a los lectores una parte de la Biblia en lugar de todo el canon (reconociendo que hay diferentes cánones en la iglesia a nivel mundial)? De lo que ya se ha debatido resulta que existe el más firme de los argumentos posibles para presentar la Biblia como un conjunto. Cualquier selección sería un riesgo en potencia en cuanto a hacer justicia al texto y también a los lectores de forma global. ¿Cómo podría evitar el editor un acercamiento colonial que dé por sentado que conoce lo más relevante para los lectores de todo el mundo?

¿Sigue siendo relevante la Biblia?

Dado que la Biblia es una colección de manuscritos de más de 2000 años, y que se presenta como libro en una era de tecnología y comunicación visual y digital, ¿es (todavía) relevante la Biblia en todas las culturas, para todas edades y, en especial, para las jóvenes generaciones emergentes? Aquí estamos, pensando en la Biblia *per se*, no en cómo vivirla, predicar a partir de ella o hacer una edición dirigida a los niños y demás.

Hacemos bien en no considerar la pregunta en términos generales solamente, sino empezando desde el hogar: ¿sigue siendo relevante para las iglesias? A juzgar por muchos cultos de adoración carentes de las formas o límites de los leccionarios y la liturgia, a los que he asistido en

estos últimos años por todo el mundo, la Biblia se usa de una forma menos prominente que antes. Incluso ha habido un importante y, al parecer, inexorable declive en la lectura en voz alta de la Biblia durante los actos de adoración. Es como si hubiese habido una crisis de confianza en la palabra revelada de Dios y como si pudiéramos hacerlo mejor utilizando medios más modernos o culturalmente más adecuados. Leer la Biblia y escucharla de forma activa, meditando en ella, es algo que pertenece, según este criterio, a un tiempo pasado.

Sería raro que creyéramos que sigue siendo relevante para «otros» cuando hemos decidido o aceptado que ya no habla con autoridad e importancia en nuestras propias comunidades de adoración. Si, por otra parte, creemos que sigue siendo relevante (y por este «nosotros» no me limito a Sociedades Bíblicas, los Gedeones y aquellos que están comprometidos con la traducción y la distribución de la Biblia), entonces, ¿por qué es esto así? Probablemente, nosotros, como cristianos comprometidos con un alto criterio de las Escrituras, argumentaríamos que la Biblia sigue siendo relevante para hombres, mujeres, niños y jóvenes de cualquier grupo y cultura, porque es inspirada por Dios: comunica su palabra de una forma única y fidedigna. Es una parte esencial, quizás el vehículo principal de su revelación de sí mismo.

Y si debemos sostener que Jesucristo es el Señor de nuestra fe, aquel en quien todas las cosas están sujetas, la imagen exacta de Dios Padre, y aquel por medio del cual viene la salvación, entonces, ¿a dónde más podemos acudir para descubrir la revelación de quién es este Jesús? Si

consideramos que la Biblia es una reliquia de un tiempo pasado, ¿qué ocurre con nuestro Señor y Maestro? ¿Confiamos en revelaciones alternativas sobre su persona, su enseñanza y su gracia?

No se necesita tener esta pregunta en mente durante mucho tiempo hasta comprender que los cristianos no tienen otro sitio donde ir: en este texto particular y a través de él es como hemos descubierto a aquel que tiene palabras de vida eterna.

¿En qué manera es más relevante?

Si respondemos de forma afirmativa, como creo que deberíamos, a esto le sigue inmediatamente otra pregunta (si respondemos negativamente habremos llegado al lugar equivocado o estamos leyendo el libro equivocado). La pregunta es: «¿De qué manera es más relevante?». Con esto no me estoy refiriendo a cómo está traducida (tenemos cada vez más y mejores ejemplos de excelentes traducciones en las lenguas de más y más grupos de personas). Lo que quiero decir es: ¿cuál sería la mejor forma de presentación para personas de distintas edades y culturas? Tradicionalmente se ha hecho en un único libro dividido en dos partes, el Antiguo y el Nuevo Testamento, en el que los 66 «libros» que contiene la Biblia se parecen mucho, con doble columna, capítulos y versículos. Nos hemos acostumbrado tanto a la virtud primordial de la traducción precisa en lenguas locales (que algunas veces traducen mediante la equivalencia dinámica) que hemos llegado a ver la presentación como una cuestión de segundo orden. En los albores del siglo XXI hacemos bien en volver a pensar en este asunto de una forma radical y concienzuda.

Así pues, ¿qué damos por sentado en cuanto a la presentación de la Biblia? Esto implica una amplitud de respuesta para la que no tenemos espacio en este artículo. Pero entre las cosas que damos por hecho se encuentra la idea de una comercialización en mercados especializados que piensa que las biblias están diseñadas para unos lectores y unos propósitos muy particulares (niños, estudio, devoción, etc.). Asimismo, hemos aceptado que se puede incluir ilustraciones, gráficos, casillas de información, introducciones

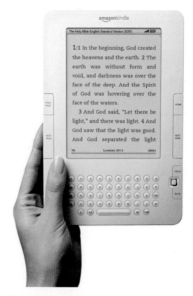

Hoy día hay muchas maneras de acceder a las Escrituras y de leerlas, incluidos los dispositivos portátiles de mano para la lectura como el Kindle.

acerca de una organización, etc. El texto ya no es «sagrado» de la forma en que solía ser.

La Biblia, comparada con otros textos sagrados

Si necesitamos alguna comprobación a este respecto, sería mejor que mirásemos las presentaciones del Corán, en las que los editores no creen que tengan derecho a tratar el texto como lo hacen algunos editores de la Biblia. Los lectores irán viendo que conocen más de un conjunto de textos sagrados. Por ese motivo, necesitamos preguntar cómo se compara la Biblia con otros textos sagrados en cuanto a su presentación, su recepción y su utilización. Si estamos pensando en un público global de la Biblia, tenemos que pensar en las distintas formas en las que las personas ven y manejan sus textos sagrados. La gente aprende árabe para poder leer el Corán; las escrituras hindúes existen en varias formas distintas con diferentes textos y, hasta donde sé, jamás se han recopilado en un único volumen. Si debemos presentar la Biblia a personas de esas culturas, tenemos que considerar con todo el cuidado cómo presentarla y cuáles serán los mensajes que su

Escudriñando las Escrituras en Camboya

propia presentación transmita incluso antes de haber abierto sus tapas.

Recientemente, me encontraba en el Lejano Oriente enseñando teología cuando los estudiantes me comentaron que yo sostenía la Biblia de forma distinta a como lo hacían otros occidentales. Al preguntarles dónde radicaba la diferencia, me dijeron que yo la manipulaba como si fuera un texto sagrado: con reverencia y respeto. Es posible que nos hayamos acostumbrado tanto a estar rodeados de biblias en distintas traducciones y ediciones que hayamos perdido esa sensación de temor reverencial a la hora de manejarla y leerla.

Asimismo, hay que hacer una gran distinción entre la Biblia y los demás textos sagrados: mientras los musulmanes interpretan el Corán (y lo guardan cuidadosamente) ellos solos, la Biblia no es propiedad de ningún grupo o secta. No es «nuestra», seamos cristianos, judíos u occidentales: pertenece a Dios; está disponible y es accesible para todo el mundo. Quizás los cristianos hayan dado inconscientemente la impresión de ser sus guardianes e intérpretes aunque el Espíritu de Dios lleve su palabra más allá de los confines de la iglesia y del cristianismo.

¿Qué ejemplos hay alrededor del mundo?

Concluyo con unos cuantos ejemplos a los que se pueden añadir algunos más de otros lugares del mundo donde la Biblia se respeta, se lee y es relevante.

Los grupos que se sientan en círculo con sus biblias abiertas, comenzando con sus propias historias e intentando identificar las preguntas que necesitan hacerle a Dios, con la determinación de luchar con su palabra (América Latina)

Los niños de la calle que se encuentran con adultos de confianza que están dispuestos a pasar tiempo con ellos escuchando sus historias; imágenes que evocan una respuesta que conduce a contar las historias de Jesús (*The Pavement Project*, Filipinas).

Los niños en la «Escuela Dominical» sentados en círculo escuchando una historia de la Biblia contada con sencillez y sin desviación por un maestro entrenado que no se interpondrá entre los niños y la Biblia. En ese caso, los niños reciben un equipo de calidad con el cual podrán explorar la historia a su manera (*Godly Play* y *Bible Play* alrededor del mundo).

Familias que leen el relato de la Biblia cada día en la mesa y exploran otras partes de ella en momentos especiales como Adviento, Semana Santa o en vacaciones (en el Reino Unido a través de *The Bible Narrative and Illustrated*).

Iglesias en las que durante la adoración se lee la Biblia en voz alta y todos, incluidos los niños, guardan silencio y tienen un momento para reflexionar sobre ella, meditar en ella y permitir que entre en los profundos rincones de sus vidas y sus almas (Mutki, India).

Cursos de Teología en los que los estudiantes se reúnen para escuchar todas las historias de la Biblia antes de reflexionar sobre ellas en silencio durante una hora como preludio al momento de debatirlas juntos con reverencia (Penang, Malasia).

Gente en China que no tienen más que una o dos páginas de la Biblia, o que se han visto obligados a memorizar pasajes y, a través de estos, venir a la fe y ser sostenidos en ella.

Miembros de un grupo que se reúnen en las casas para debatir sobre cómo aplicar la Biblia en la forma de ser padres, en el trabajo, con los vecinos, con los demás cristianos, en la misión y en la ciudadanía.

Participantes de estudios bíblicos que se enfrentan a las demandas de Cristo por primera vez.

Estudiantes de pastorado que logran comprender el significado y el reto del liderazgo cristiano radical, en el que los valores y las prioridades mundanos se sustituyen por los de la cruz.

Los ejemplos pueden multiplicarse, pero tienen en común el profundo respeto por las Escrituras y el poder del Espíritu Santo que tiene que ir entre el texto de estas y el de la vida de los oyentes. La tarea primordial del comunicador es quitarse del camino de la Biblia, no defenderla. Ella solo hará su propio trabajo cuando se le permita hablar.

Conclusión

Con estas perspectivas en mente, ¿qué conclusión podemos sacar en pincipio? En nuestro entusiasmo por una variedad de imperativos benevolentes que podemos considerar bajo la rúbrica general de «misión» (desarrollo de la comunidad, evangelización, mecenazgo, educacion, sanidad, propósito y otros métodos...) probablemente hemos tendido a dar por sentado la Biblia. Todos nosotros (es decir, los «misioneros») sabemos de algo: nos hemos trasladado y ahora estamos implementando lo que creemos que nos inspira a ese traslado. Nos arriesgamos a perder la voz de Dios, su desafío y su obra reformadora en este proceso. Y lo que ofrecemos a los demás tiende a desmejorar la importancia de la Biblia. ¿Cómo contrarrestar esta tendencia? Presentando la Biblia en su totalidad de maneras que refuercen el carácter sagrado del texto. Dando nueva forma a la vida y a la adoracion de manera que la lectura de la Biblia, escucharla o hablar de ella se convierta en algo más central en todas nuestras actividades. Alimentándonos de la Biblia en su totalidad, en lugar de limitarnos a preferencias personales o denominacionales. Y siempre hemos de empezar en casa; el desafío nos atañe a todos: ¿cuánto tiempo dedicamos a leer juntos las Escrituras y cuánto asumimos conocer ya de la Biblia?

Este manual se presenta como un recurso para quienes, en todo el mundo, como individuos o como grupos, desean estudiar la Biblia entera a conciencia y de manera inteligente en su contexto local o global. No se busca dirigir al lector, sino capacitarlo para entender e interpretar el texto con atención.

La biblioteca de la Biblia

La Biblia no es un libro, sino una colección de escritos de personas de muchos y distintos orígenes: rey, sacerdote, pastor de ovejas, fabricante de tiendas, granjero, médico, recaudador de impuestos, catador de vino, pescador, profeta, príncipe… Todos los escritores fueron guiados por el Espíritu Santo de Dios, aunque la individualidad y el carácter de cada uno de ellos siguen siendo evidentes.

Sin embargo, toda ella cuenta una única historia acerca de Dios, que ama tanto a su creación que ha pagado el precio para restaurar la comunión entre la humanidad y Dios. El Antiguo Testamento espera la vida, muerte y resurrección del Hijo de Dios, Jesucristo, y el Nuevo Testamento se centra en ello.

El propósito de la Biblia es mostrarnos quién es Dios, cómo es y lo que ha hecho. Al leer sus palabras entendemos más de lo que Dios, en su amor, demanda de nosotros.

«Toda la Escritura es inspirada por Dios, y útil para enseñar, para redargüir, para corregir, para instruir en justicia, a fin de que el hombre de Dios sea perfecto, enteramente preparado para toda buena obra».

2 Timoteo 3.16,17

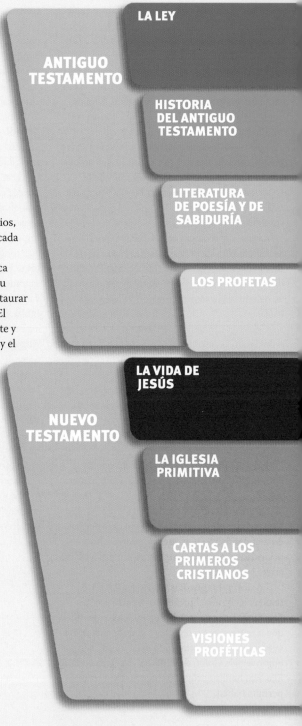

ANTIGUO TESTAMENTO

LA LEY

HISTORIA DEL ANTIGUO TESTAMENTO

LITERATURA DE POESÍA Y DE SABIDURÍA

LOS PROFETAS

NUEVO TESTAMENTO

LA VIDA DE JESÚS

LA IGLESIA PRIMITIVA

CARTAS A LOS PRIMEROS CRISTIANOS

VISIONES PROFÉTICAS

Génesis Éxodo Levítico Números Deuteronomio			La Torá judía, o Libro de la Ley, es en realidad un libro dividido en cinco. Abarca desde el principio de los tiempos a través de la creación, la caída de la humanidad, el crecimiento de las naciones, el comienzo de la nación judía y el trato de Dios con ellos, la entrega de las leyes y el camino hasta llegar a la Tierra Prometida a la nueva nación.

Josué Jueces Rut 1 Samuel 2 Samuel 1 Reyes 2 Reyes	1 Crónicas 2 Crónicas Esdras Nehemias Ester		Un relato de la entrada, conquista y establecimiento de la Tierra Prometida, cómo la nación se apartó una y otra vez de Dios, llegando finalmente a la división del territorio, la destrucción, el exilio y el regreso.

Job Salmos Proverbios Eclesiastés Cantar de los Cantares	Escritos de distintos estilos que incluyen el drama, la poesía, los cánticos, los dichos sabios y los poemas de amor. Se utiliza el simbolismo para retratar la emoción desde la más alta alabanza a las profundidades de la desesperación.

Isaías Jeremías Lamentaciones Ezequiel Daniel Joel	Amós Abdías Jonás Miqueas Nahúm Habacuc	Sofonías Hageo Zacarías Malaquías	Archivo de palabras proféticas transmitidas por los mensajeros que Dios llamó para hablar con su pueblo. Mensajes de aliento y advertencia que algunas veces hablaban de sucesos que todavía tienen que ocurrir.

Mateo Marcos Lucas Juan	Cuatro biografías de la vida de Jesús que nos muestran quién es él y lo que vino a hacer. Escritas por aquellos que estuvieron más cerca de él y sacadas de sus relatos. Nos muestran que es posible conocer a Dios de una forma personal.

Hechos de los Apóstoles	Un relato de los primeros días de la iglesia y de cómo el Espíritu Santo hizo que las buenas nuevas del reino de Dios estuvieran disponibles para toda la creación de Dios.

Romanos 1 Corintios 2 Corintios Gálatas Efesios Filipenses Colosenses	1 Tesalonicenses 2 Tesalonicenses 1 Timoteo 2 Timoteo Tito Filemón Hebreos	Santiago 1 Pedro 2 Pedro 1 Juan 2 Juan 3 Juan Judas	Escritas por líderes cristianos a iglesias e individuos para dar enseñanza cristiana, corrección y aliento, con lecciones e instrucción aplicables en todos los tiempos.

Apocalipsis	Un único relato de visiones recibidas por Juan, dirigidas a los tiempos futuros del fin para alentar a los primeros cristianos y seguidores de Dios a lo largo de los siglos.

Comprender el mensaje

«... éstas se han escrito para que creáis que Jesús es el Cristo, el Hijo de Dios, y para que creyendo, tengáis vida en su nombre».
Juan 20.31

La Biblia fue escrita hace siglos, durante un largo periodo de tiempo y por diferentes personas de todos los estilos de vida, en un entorno diferente del nuestro.

Cuando leemos una porción de las Escrituras deberíamos considerar:
* el tipo de escrito
* el contexto en el que se escribió
* la razón por la cual se escribió
* ¿qué puede decirme a mí ahora?

Descubriremos el gozo de leer la Biblia:
* si la leemos dependiendo de la ayuda del Espíritu Santo para entenderla
* si buscamos con sinceridad saber más acerca de Dios y de sus caminos
* si oramos antes de leer para descubrir su mensaje en lugar de leerla como literatura o buscando información
* si permitimos que nuestra lectura nos guíe a adorar a Dios por medio de la oración y la alabanza, y aplicamos a nuestra vida diaria lo que hemos aprendido con la ayuda de Dios

Cuando leemos una porción de las Escrituras no debemos:
* sacar un versículo o una parte de las Escrituras de su contexto
* crear una opinión basada únicamente en un versículo o porción. Este es el error de las sectas y de aquellos que quieren tergiversar el significado para sus propios fines
* pensar en ella como algo distinto de la palabra de Dios. Las Escrituras fueron escritas por personas de verdad en muchas situaciones reales, bajo la inspiración del Espíritu Santo.

ANTIGUO TESTAMENTO

¿Qué estoy leyendo?

«Lámpara es a mis pies tu palabra y lumbrera a mi camino».
Salmo 119.105

NUEVO TESTAMENTO

«Entendiendo primero esto, que ninguna profecía de la Escritura es de interpretación privada, porque nunca la profecía fue traída por voluntad humana, sino que los santos hombres de Dios hablaron siendo inspirados por el Espíritu Santo».
2 Pedro 1.20-21

LEY

Génesis-Deuteronomio

¿Una ley moral para cualquier época? ¿Ley sacrificial o social? ¿Hay algún principio general que considerar?

«La exposición de tus palabras alumbra; Hace entender a los simples».

Salmo 119.130

HISTORIA

Josué-Ester

¿Cuál fue el entorno original y qué significó para los primeros oyentes?

¿Qué ocurrió y dónde? ¿Por qué está esta historia aquí? ¿Hay una lección para mí?

POESÍA Y SABIDURÍA

Job-Cantar de los Cantares

La poesía no es prosa, es un lenguaje simbólico. Permítase entrar en la emoción de las palabras que lee.

PROFECÍA

Isaías-Malaquías

¿Cuál es el entorno? ¿Es un lenguaje simbólico o directo? ¿Qué respuesta debería evocar el pasaje?

¿Cómo puedo aplicar el mismo mensaje a mi situación?

HISTORIA
Cuatro relatos de la vida de Jesús

Mateo-Juan

La vida y enseñanzas de Jesús desde cuatro perspectivas. ¿Qué me enseña de la persona de Jesús? ¿Cómo afecta esto a mi vida?

HISTORIA
El comienzo de la iglesia

Hechos

¿Cuál fue el entorno original y qué significó para los primeros oyentes?

¿Cuál era el entorno? ¿Qué puedo aprender o aplicar de esto?

CARTAS

Romanos-Judas

¿Quién escribió a quién? ¿Por qué se escribió esta carta en su totalidad? ¿Puedo aplicar una lección particular a mi situación?

PROFECÍA

Apocalipsis

Escrito en estilo «apocalíptico»: simbolismo poético que da un anticipo de lo que tiene que ser. ¿Qué preguntas se suscitan?

Cómo se desarrolló la Biblia

h. 2000 a. C.
Tradición oral: Abraham, obedece el llamamiento de Dios y viaja desde Mesopotamia (Iraq) hasta Canaán. Historias de los patriarcas conservadas mayormente por las narraciones y las canciones.

h. 1300 a. C.
Moisés recibe instrucciones de parte de Dios en el monte Sinaí

h. 1000 a. C.
Se cree que las primeras partes de la Biblia y las fuentes de las que fueron sacadas se recogen en manuscritos.

s. X –s.II a. C.
Libros del Antiguo Testamento recopilados de los archivos de la tradición oral, memorias, genealogías, leyes y poesía. Mayormente acabados hacia el tiempo del regreso del exilio alrededor del 430 a. C.

Monte Sinaí, al sur del Sinaí: lugar más probable en el que se entregó la Ley

Un fragmento de la copia de un papiro del Evangelio de Jua fechado alrededor d 130 d. C.

400 a. C.
Pentateuco (Génesis-Deuteronomio) establecido.

s. III-s.II a. C.
La Septuaginta se comenzó en la época ptolemaica (después del 285 a. C.) y fue terminada en el s. I a. C. Es la primera y más fidedigna de las traducciones del hebreo al griego.

Pergamino moderno que contiene la Torá

s. II a. C.
Establecida la lista de libros del Antiguo Testamento (canon)

Una de las vasijas de barro que ayudó a conservar los Manuscritos del Mar Muerto

s. II-s. I a. C.
Manuscritos del Mar Muerto. Conservados por la comunidad del Qumrán (20 a. C.-70 d. C.). Son las copias hebreas más antiguas de los textos bíblicos completos. Confirman la precisión de las copias hechas 1000 años después.

Juan Wycliffe

s. XIV d. C.
Juan Wycliffe y sus
seguidores traducen
la totalidad de la
Biblia del latín al
inglés. Se copió
a mano y circuló
ampliamente.

>>>

s. X d. C.
Los masoretas acaban sus 300
años de trabajo sobre el texto
hebreo del Antiguo Testamento
para eliminar ambigüedades
en el significado. Su obra
se convierte en la fuente de
referencia para los futuros
eruditos y traductores.

s. VIII d. C.
Beda el Venerable
traduce la mayoría de los
Evangelios a la lengua
anglosajona.

s. IV d. C.
Con el fin de acabar con las
disputas, San Atanasio recopila
una lista definitiva de los libros
del Nuevo Testamento que es
aceptada por la mayoría de las
iglesias.

Mitad del s. IV d. C.
El papa Dámaso entrega una versión
oficial de la Biblia para su uso en el
imperio de habla latina. Jerónimo revisa
los textos del Evangelio y traduce el
Antiguo Testamento del hebreo: la
Vulgata. Acabada en el 405 d. C.

Texto hebreo con
jotas y tildes

s. II d. C.
Primer códice (con forma de
libro) – más compacto que
los rollos.

El códice del Sinaí:
códice griego del s. IV

s. II d. C.
Se hacen y circulan muchas
copias del Nuevo Testamento:
primero en griego, luego,
conforme se extiende la
iglesia, en otros idiomas.

Jerónimo,
por El Greco

Beda, ilustración medieval

Segunda mitad s. I d. C.
Los cuatro Evangelios, Hechos,
las Epístolas: escritos, copiados
y con amplia circulacion. Relatos
de primera mano de quienes
conocieron a Jesús y sus
contemporaneos.

s. I d. C.
Cartas de Pablo y otros
apóstoles a las iglesias
para dar consejos y ánimo.
Copiadas, recopiladas y
puestas en circulación por la
extensa comunidad cristiana.

Cómo se desarrolló la Biblia
(SIGUE)

Grabado en madera de 1568 que muestra el invento de Gutenberg, la plancha de impresión, en funcionamiento.

1455 d. C.
Gutenberg acaba en Alemania la primera Biblia impresa (la Vulgata en latín) utilizando tipos móviles.

1516 d. C.
Erasmo compila el Nuevo Testamento griego para imprimirlo - se acepta como «el texto recibido» y constituye la base de la posterior versión King James.

1522 d. C.
Martin Lutero elabora una traducción al alemán cotidiano de toda la Biblia a partir de las lenguas originales.

Martín Lutero

1526 d. C.
El Nuevo Testamento de Tyndale, traducido del hebreo y el griego. Entra en Inglaterra de contrabando a pesar de la oposición a un texto totalmente «elaborado por el hombre». Solo pudo terminar una pequeña parte del Antiguo Testamento antes de ser traicionado y morir en la hoguera en 1536 acusado de herejía.

Tyndale fue quemado en la hoguera por su trabajo.

1535 d. C.
Primera Biblia impresa en inglés por Miles Coverdale.

1539 d. C.
Enrique VIII de Inglaterra ordena que en cada iglesia haya una Biblia de la edición revisada por Coverdale.

Página con el título de una edición de la Biblia de Coverdale

La Biblia de Casiodoro de Reina de 1569

1569 d. C.
Ante la prohibición de la Inquisición española con respecto a las biblias en español, se publica en Suiza la Biblia completa de Casiodoro de Reina.

1580-1602 d. C.
Revisión del texto de Casiodoro de Reina – En 1602, la Biblia en español Reina-Valera se publica en Ámsterdam, a causa de la continua oposición.

Pandita Ramabai

s. XXI d. C.
Se sigue trabajando en nuevas ediciones en más idiomas.

2000 d. C.
Se sabe que la Biblia, al completo o de forma parcial, está disponible en 2.261 idiomas.

1947 d. C.
Se descubren los Manuscritos del Mar Muerto – son 1.000 años más antiguos que cualquier manuscrito hebreo.

1922 d. C.
India – Pandita Ramabai acaba su traducción de toda la Biblia a partir de los originales hebreo y griego al marati.

Cueva 4, Qumrán, donde se encontraron los primeros Manuscritos del Mar Muerto.

William Carey y su colega – grabado de la época, 1853.

Siglo XX d. C.
Otras traducciones y revisiones como resultado del descubrimiento de los manuscritos anteriormente desconocidos y mayor comprensión del texto bíblico.

1804 d. C.
Se forma la Sociedad Bíblica y Extranjera para promover la expansión de las Escrituras por todo el mundo.

Siglo XVIII d. C.
La obra misionera de traducción adquiere mayor ritmo:
India: William Carey y sus colegas aprenden y traducen las Escrituras a 45 lenguas y dialectos.
China: Josué Marshman y Juan Lassar traducen y publican la Biblia competa.
Sudáfrica: Robert Moffatt traduce toda la Biblia al setswana.

El pionero John Eliot predicando a los indios algonquinos

1663 d. C.
Norteamérica: se publica para los indios la traducción de la Biblia realizada por el puritano John Eliot en la lengua algonquin. Primera Biblia americana impresa.

1604-1611 d. C.
Jacobo I acoge una nueva revisión de la Biblia inglesa, terminada y publicada en 1611 (la versión King James se convierte en el libro más leído de la lengua inglesa).

El Antiguo Testamento, contexto mundial

supremacía **EGIPCIA**

La mayor parte de las fechas más antiguas son aproximadas y meras conjeturas; muchas son dis
Las fechas correspondientes a individuos indican periodo de influencia o poder.
Las fechas de cada libro de la Biblia indican su emplazamiento en el tiempo, no la fecha en la qu
escritos.

7000 a. C. Asentamiento en Katal Huyuk, Anatolia.
h. 6500 Primeros cultivos agrícolas
6500 Comienza la vida en comunidad en pueblos y ciudades
6000 Agricultura al norte de Mesopotamia y Siria
5900 Surge la cultura obeid en el sur de Mesopotamia
5500 Mesopotamia: se desarrolla la irrigación
4800 China: se desarrolla la cultura en comunidad
4500 Ur se convierte en un asentamiento permanente
4200 Omán, Arabia: minería de cobre
4000 Oeste de Asia: se desarrolla el torno de alfarero; Extremo Oriente: producción de seda
h. 3800 Se desarrolla la escritura
3800 Este de Asia: producción de jade
3500 Mesopotamia: se utiliza la rueda; sur de Asia: cultivo del arroz
3300 Ciudades estado en Siria y Palestina
3200 Se extiende el uso del bronce
3100 Escritura cuneiforme en Sumeria
2700 Gilgamés, rey de Uruk, Sumeria
2500 Se desarrolla la escritura: civilización del Indo, oeste de Paquistán, norte de India
2400 Los acadios gobiernan Mesopotamia
2300 Comercio entre el Indo, Mesopotamia y el Golfo Arábigo; Sargón de Acad conquista Sumeria, Siria y el oeste de Irán
2100 Uruk: edificación de un zigurat; nómadas amorreos se establecen en Mesopotamia
2094 Shulgi reina sobre toda Mesopotamia
2060 Los elamitas saquean Ur desde el este y los amorreos desde el oeste
2004 Los elamitas se apoderan de Sumeria
2000 Creta: se construyen los palacios minoicos

h. 2000
Palestina: se utiliza el torno de alfarería

h. 1800
Troya se establece como ciudad principal

h. 1790
Hamurabi, rey de Mesopotamia

1780
Código legal de Hamurabi

h. 1700
Los canar entran en delta del

1700
Imperio h Anatolia

h. 1700
Creta: los minoicos desarrolla la primera escritura

h.
Los hiti establec Asia M

1665
Los hicsos de Asia se apoderan de Egipto

Agricultores y cazadores, Egipto, h. 1400 a. C.

•Abraham abandona Ur de Mesopotamia

?Abraham

?Isaac

?Jacob

José

•La fa de Ja esta en E

Génesis

1500	1400	1300	1200	1100 a. C.

EGIPTO

HITITAS (o heteos)

agitación generalizada

>>>

1301–1234
Faraón Ramsés II gobierna Egipto

•**1200**
Agricultura en el sur de la India

•**h. 1600**
Los arios entran en la India

sopotamia:
ficación de
io

1365
Ashur-uballit I de Asiria

•**1250**
Proyectos de edificación egipcia: Abu Simbel, Carnac, Tebas

✗**1150**
Nabucodonosor I de Babilonia invade Elam – saqueo de Susa

•**1550**
Los hicsos, forzados a salir de Egipto

•**1450**
Egipto: se utiliza el reloj de sol

✗**1365**
Los hititas conquistan el reino de Mitani

✗**1300**
Asiria y Elam amenazan Babilonia

•**1420 +**
Se escribe el código legal hitita

✗**h. 1200**
Guerras de Troya

1100 •
Ciudades autónomas fenicias

cia:
ece la
ización
énica

•**h. 1500**
Los sabeos se establecen en Arabia

1334
Egipto: Faraón Tutankamón

hititas
eteos)
arrollan la
nología del
ro

•**h. 1300**
Declive de la civilizacion del Indo

✗**h. 1200**
Gente de mar invade Egipto y Siro-palestina

✗**h. 1200**
Asiria conquista el imperio hitita

✗**1482**
Batalla de Meguido

✗**1274**
Batalla de Qadesh. Ramsés II de Egipto derrota al rey hitita Muwatallish

•Éxodo desde Egipto

Puerta hitita de los leones, Hattusa, Turquía

•Los descendientes de Jacob se multiplican en Egipto, pero se les obliga al trabajo de esclavos.

✗ **1240**
Cae Jericó: comienza la conquista de Canaán

•Moisés recibe la Ley en el monte Sinaí

Carnac, templo de Ramsés II

Sansón

Moisés

Josué

Débora

Deuteronomio

Números

Gedeón

Levítico

Éxodo

Rut

Jueces

Josué

SUPREMACÍA ASIRIA

CALDEA
(BABIL◦

>>>

h. 600 ●
India:
poema épico
Mahabharata

● **720**
Egipto bajo
dominio
cusita

● **858–824**
Salmanasar III
de Asiria

✕ **668**
Asiria
invade
Egipto

563
Si
Gau
(E

● **771**
China se
fragmenta
en estados
más
pequeños

● **h. 1000**
Comercio fenicio
alrededor del
Mediterráneo

🧍 **705–681**
Asiria:
Senaquerib
reina

✕ **626**
Nabopola
captura
Babilonia

🧍 **c1114–1076**
Tiglat-Pileser I de Asiria
se autoproclama «Rey
del mundo»

🧍 **883–859**
Asurnasirpal II de
Asiria

● **760**
Se establece
el reino nubio
de Kush

● **680**
Babilonia: se
construye la
puerta de Istar

✕ **612**
Medas
babilon
saquea
ciudad

● **1100**
Ciudades estado
fenicias

✕ **880**
Asiria ataca las
ciudades de levante

🧍 **660**
Jinmu –
primer
emperador
japonés

609
✕ Los k
derrot
asiria

✕ **924**
Sisac
invade
Palestina

✕ **729**
Asiria
conquista
Babilonia

622 ●
Reformas de Josías

✕ **605**
Egip
tom
por
Bab

✕ **732**
Damasco
cae ante
Asiria

🧍 **668–630**
Asiria: reina
Asurbanipal

● **928**
El reino de
Israel se
divide en
dos

✕ **701**
Los asirios
sitian
Laquis

● **647**
Babilonia
destruida

59
Las
del
grie
lev
cor

● **h. 966**
Se edifica
en primer
templo

El reino
prospera
y se
expande

✕ **701**
Senaquerib
ataca
Jerusalén

Asurnasirpal mata a un león
herido, del palacio de Nínive,
h. 645 a. C.

598
Cae Jerusalén:
el rey es exiliado
a Babilonia –
Sedequías se queda
como rey títere

● Se establece
el reino de
Israel

722–1
Israel es
derrotado
y el pueblo
deportado a
Asiria

663 ✕
Tebas (Egipto)
cae ante
Babilonia

586 ✕
Jerusalén es
destruida:
el pueblo es
deportado a
Babilonia

🧍 **Eliseo**

🧍 **Elías**

👑 **Saúl**

ISRAEL
(norte)

👑 **Acab**

👑 **Omri**

👑 **Jeroboam II**

🧍 **Sansón**

👑 **David**

👑 **Jeroboam I**

👑 **Oseas**

🧍 **Samuel**

👑 **Salomón**

👑 **Ozías**

👑 **Joaca**

🧍 **Débora**

👑 **Asa**

👑 **Josafat**

👑 **Joac**

👑 **Roboam**

🧍 **Ezequías**

👑 **Josías**

JUDÁ
(sur)

🧍 **Miqueas**

👑 **Joa**

🧍 **Gedeón**

🧍 **Amós**

🧍 **Jeremía**

📕 **1 Reyes**

🧍 **Isaías**

📕 **Ezequiel**

📕 **2 Samuel**

🧍 **Oseas**

📕 **Dan**

📕 **1 Samuel**

📕 **2 Reyes**

📕 **Jueces**

📕 **2 Crónicas**

📕 **1 Crónicas**

📕 **Los profetas**

📕 **Libros poéticos y de sabiduría**

Para una lista completa de los reyes de Israel y de Judá véase p. 114.

SA (aquueménidas) **GRIEGA/SELÉUCIDA** **ROMANA**

9
io

● **h. 500**
África: se forja
hierro

adoptan
strismo
ligión de

✗**490**
Batalla de
Maratón: los
atenienses
derrotan
al ejército
persa.

bises
erna Persia

✗**480/479**
Los griegos
derrotan a Persia

captura
nia y
otamia para
das y los

▮**486–465**
Jerjes I y la reina
Ester de Persia

persas
quistan
to

▮**465–425**
Artajerjes I de
Persia

✗**484**
Egipto y Babilonia
se rebelan contra la
dominación persa: derrota

2–486
río I rey de
rsia

permite
s judíos
en a casa

20–515
Reedificación
del templo de
erusalén

●**h. 300**
India:
relato épico
Ramayana

✗**316**
Los Mauryas
invaden el
noroeste de la
India

●**420**
Se establece
el reino
nabateo

✗**343**
Artajerjes III
derrota al Faraón
Nectanabu: Egipto
retomado

●**449**
Atenas y Persia
firman un
tratado de paz

✗**333**
Alejandro
Magno invade
Germania

●**260**
Se establece
el reino de
Pérgamo

✗**333**
Batalla de Issos:
Alejandro Magno
derrota a los
persas

✗**326**
Alejandro Magno
conquista
Gandhara, Bactria
(India)

●**323**
Alejandro Magno
muere en Babilonia:
el imperio se divide
en cuatro.

▮**404–358**
Artajerjes II de
Persia

✗**312**
Seleuco
captura
Babilonia

●**450**
Esdras vuelve con
el segundo grupo
de exiliados

✗**304**
Seleuco
invade la
India

●**425**
Nehemías va a
Jerusalén

● **221**
China: comienza la edificación
de la Gran Muralla

● **210**
China: las 7000 figuras
del «Ejército de Terracota»
enterradas con el
emperador

●**h. 250**
Budismo
Theravada:
sur de la
India

●**190–188**
Roma gobierna
Asia Menor

✗**264**
Primera guerra
púnica: Roma
contra Cartago

●**207**
Nam Viet se convierte en
un estado independiente

✗**218**
Segunda
guerra púnica

●**206**
China:
dinastía
Han

✗**256**
Roma invade
las colonias
cartaginesas,
norte de África.

●**h. 250**
Septuaginta

✗**248**
El imperio
parto sustituye
al de los
seléucidas

●**200**
Antíoco III
toma control de
Palestina

✗**146**
Batalla de
Corinto: Roma
derrota a Grecia

✗**168–165**
Los macabeos se
rebelan contra el
gobierno seléucida

●**164**
Se vuelve a
inaugurar el
templo

✗**96–88**
Judea:
guerra
civil

▮ **Simón
Macabeo**

● **140**
China: el confucionismo
se convierte en la
ideología oficial

✗**146**
Sitio de
Cartago: la
ciudad es
destruida

✗**144–1**
Los partos
toman Babilonia
y Persia

●**200**
Sur de Asia:
aumenta la
influencia griega

✗**204**
Antíoco III
retoma la mayor
parte de Irán

●**200**
Antíoco III
toma control de
Palestina

✗**64**
Siria se convierte
en una provincia
romana

53✗
Batalla de
Carras: los
romanos
invaden
Partia y son
derrotados

✗**41**
Los partos
invaden
desde Asia
Menor hasta
Judea

✗**46**
Batalla de
Tapso: Julio
César derrota
Pompeya

30✗
Batalla del
Accio: Roma
derrota a
Cleopatra y
Marco Antonio

39✗
Roma
recupera
todos los
territorios al
oeste del río
Éufrates

✗**30**
Egipto se
somete al
gobierno
romano

●**43**
Julio César es
asesinado

▮**31–AD 14**
Emperador
Augusto

●**63**
El general romano
Pompeyo conquista
Palestina

▮**37–4**
Herodes
el Grande
gobierna
Judea

?5–4 a. C. ●
**Nacimiento
de Jesús**

▮ **Malaquías**

▮ **Nehemías**

▮ **Ester**

ras

Modelo de carro
persa, s.V a. C.

Lanzador
de disco
griego

Periodo intertestamentario –
libros deuterocanónicos

Mateo

Lucas

La Biblia en su contexto **33**

El mundo del Antiguo Testamento

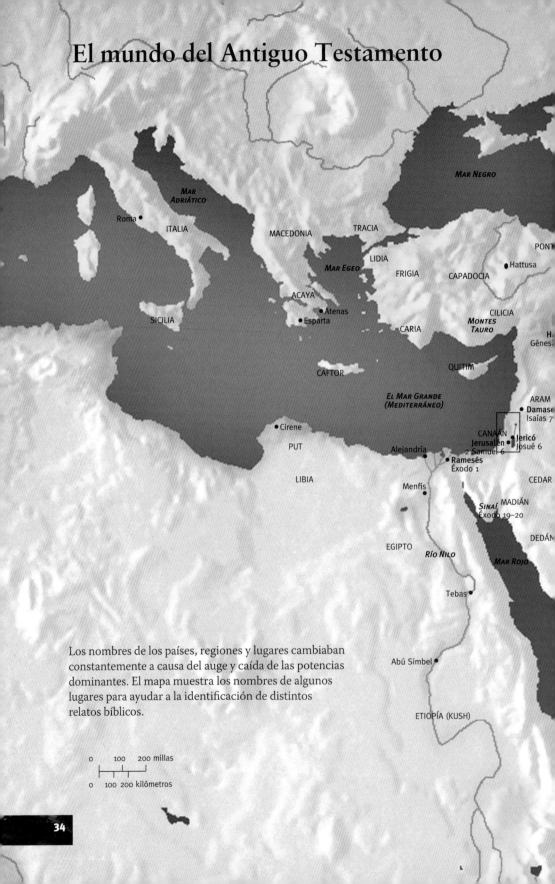

MAR NEGRO

MAR ADRIÁTICO

Roma •

ITALIA

MACEDONIA

TRACIA

PONT

LIDIA

• Hattusa

MAR EGEO

FRIGIA

CAPADOCIA

ACAYA

• Atenas

CILICIA

SICILIA

• Esparta

CARIA

MONTES TAURO

CAFTOR

QUITIM

H. Génes.

EL MAR GRANDE (MEDITERRÁNEO)

ARAM

• Damas

Isaías 7

• Cirene

CANAÁN

• Jericó

PUT

Alejandría

Jerusalén

Josué 6

• Ramesés

2 Samuel 6

CEDAR

LIBIA

Éxodo 1

• Menfis

SINAÍ

MADIÁN

Éxodo 19–20

DEDÁN

EGIPTO

RÍO NILO

MAR ROJO

Tebas •

Los nombres de los países, regiones y lugares cambiaban constantemente a causa del auge y caída de las potencias dominantes. El mapa muestra los nombres de algunos lugares para ayudar a la identificación de distintos relatos bíblicos.

• Abú Simbel

ETIOPÍA (KUSH)

0   100   200 millas

0   100 200 kilómetros

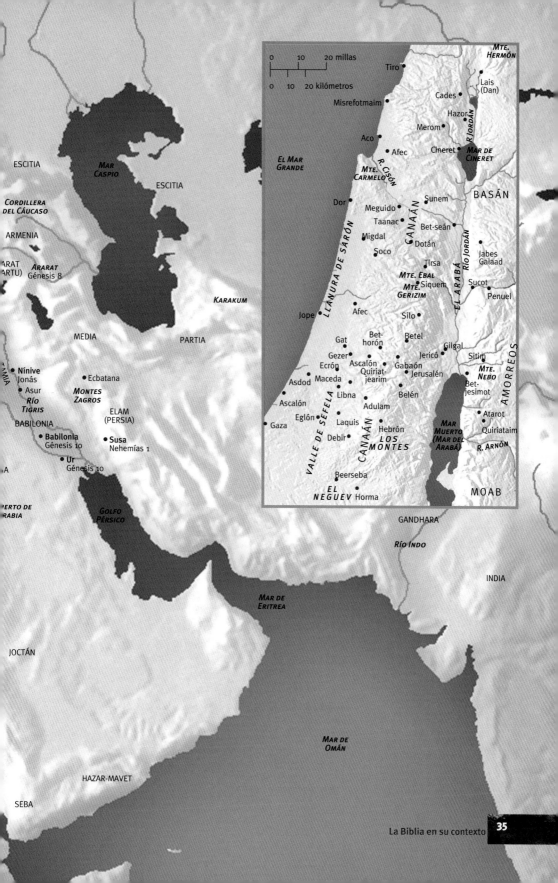

ESCITIA

MAR
CASPIO

ESCITIA

CORDILLERA
DEL CÁUCASO

ARMENIA

ARAT
(ARTU)

Ararat
Génesis 8

KARAKUM

MEDIA

PARTIA

Nínive
Jonás

Ecbatana

Asur
*Río
Tigris*

MONTES
ZAGROS

BABILONIA

ELAM
(PERSIA)

Babilonia
Génesis 10

Susa
Nehemías 1

Ur
Génesis 10

GOLFO
PÉRSICO

UERTO DE
RABIA

GANDHARA

Río Indo

INDIA

MAR DE
ERITREA

JOCTÁN

MAR DE
OMÁN

HAZAR-MAVET

SEBA

MTE.
HERMÓN

Tiro

0   10   20 millas

0   10   20 kilómetros

Lais
(Dan)

Cades

Misrefotmaim

Hazor

Merom

EL MAR
GRANDE

Aco

Afec

Cineret

MAR DE
CINERET

R. CISÓN

MTE.
CARMELO

BASÁN

Dor

Meguido

Sunem

CANAÁN

Taanac

Bet-seán

Migdal

Dotán

RÍO JORDÁN

Soco

Tirsa

Sucot

MTE. EBAL
MTE.
GERIZIM

Siquem

Penuel

EL ARABÁ

Jope

Afec

Silo

Bethorón

Betel

Gilgal

Gat

Sitim

Gezer

Ascalón

Jericó

Ecrón

Quiriatjearim

Gabaón

Jerusalén

MTE.
NEBO

Asdod

Maceda

Betjesimot

Ascalón

Libna

Adulam

Belén

AMORREOS

Eglón

Laquis

Atarot

Gaza

Debir

Hebrón

Quiriataim

LOS
MONTES

MAR
MUERTO
(MAR DEL
ARABÁ)

R. ARNÓN

CANAÁN

Beerseba

MOAB

EL
NEGUEV   Horma

VALLE DE SEFELA

LLANURA DE SARÓN

Entre los Testamentos: la lucha por el poder

Antíoco IV
Epifanes

Alejandría, Egipto: Las
Escrituras, traducidas
del hebreo al griego
para beneficio de los
judíos de habla griega (la
Septuaginta)

Alejandro Magno en la
Batalla de Issos

DOMINIO
SELÉUC

200 a. C.

DINASTÍA PTOLEMAICA

ALEJANDRO

300 a. C.

IMPERIO PERSA

223–187 a. C
Antíoco III:
tiempo de ci
libertad para
judíos

323 a. C.
Muere Alejandro: el imperio se
divide en cuatro. La dinastía
ptolemaica (Egipto) gobierna
Judea

331 a. C.
Batalla de Gaugamela, Iraq:
Alejandro derrota a los persas.
Dominio político y cultural
griego

333 a. C.
Batalla de Issos, noreste de
Siria: AlejandroMagno de
Macedonia derrota a Darío III
de Persia

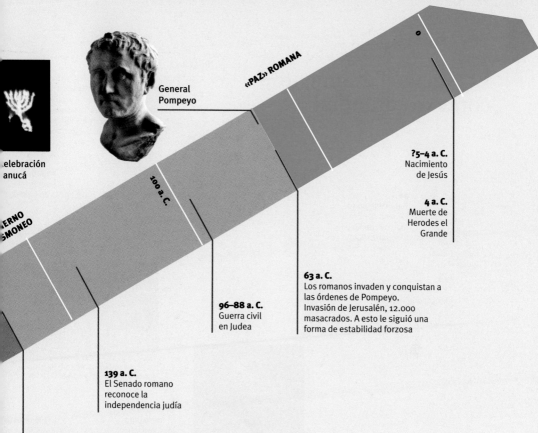

Celebración
Janucá

GOBIERNO
HASMONEO

**General
Pompeyo**

«PAZ» ROMANA

100 a. C.

0

?5–4 a. C.
Nacimiento
de Jesús

4 a. C.
Muerte de
Herodes el
Grande

63 a. C.
Los romanos invaden y conquistan a
las órdenes de Pompeyo.
Invasión de Jerusalén, 12.000
masacrados. A esto le siguió una
forma de estabilidad forzosa

96–88 a. C.
Guerra civil
en Judea

139 a. C.
El Senado romano
reconoce la
independencia judía

168 a. C.
Revuelta macabea – levantamiento
judío iniciado por Matatías, liderado
por Judas. Derrota del ejército
seléucida. El Templo se restaura para
su utilización. Reinado hasmoneo.
Janucá (Festividad de las Luminarias)

175–164 a. C.
Antíoco IV Epifanes subyuga a
los judíos. Saqueo del templo de
Jerusalén y adoración profana.
Judea es helenizada

198 a. C.
Batalla de Panion: Antíoco III derrota
al General Scopus (ptolemaico). Los
seléucidas (griegos) toman control
del imperio

LOS LIBROS DEUTEROCANÓNICOS

Las Biblias cristianas incluyen los 39 libros de las Escrituras
hebreas. Algunas contienen también los libros apócrifos
o deuterocanónicos. Estos no formaron nunca parte del
canon hebreo, pero se introdujeron cuando los eruditos
judíos tradujeron las Escrituras al griego —la Septuaginta—
y otras versiones antiguas. La mayoría eran griegos en
origen.

Algunos de los libros apócrifos cuentan la historia de
la nación judía en la época intertestamentario o añaden
relatos a los recogidos en otros libros de la Biblia. Otros
tienen como propósito alentar una observancia fiel del
deber religioso. Algunos contienen una literatura de la
sabiduría similar a la de Proverbios.

El Nuevo Testamento, contexto mundial

dominio ROMANO

Muchas fechas son aproximadas y obedecen a conjeturas; algunas de ellas están cuestionada Las fechas correspondiente a individuos indica el periodo de su influencia o poder.
La fecha de cada uno de los libros de la Biblia indica su entorno en el tiempo, no la fecha en la que fueron escritos.

h. 1
México: los mayas utilizan la escritura jeroglífica

h. 33
Entrada del cristianismo en Egipto

41
Los partos invaden desde Asia Menor hasta Judea

30
Batalla de Accio: Octavio derrota a Marco Antonio y Cleopatra: Egipto se somete al gobierno romano

17
Roma invade Germania

36
Roma ataca Mesopotamia: es obligada a retroceder

18
Conquista romana de Hispania

Río Jordán en Betania, más allá de Jordania, supuesto enclave del bautismo de Jesús

6
Cirenio ordena el censo para los impuestos

3
Emperador (Calí...

43
Julio César, asesinado

19
Comienza la construcción del templo de Herodes

6
Samaria y Judea se convierten en provincias romanas

26–36
Poncio Pila... procurador sobre Judea

H. 27–AD 14
Emperador Augusto

14–37
Emperador Tiberio

•Mar Este...

37–4
Herodes el Grande gobierna en Judea

4 a. C.–AD 39
Herodes Antipas gobierna Judea

18–37
Sumo sacerdote Caifás

33
Conversión de Saulo (Pablo)

4 a. C.–AD 6
Arquelao gobierna Judea

Bautismo de Jesús

Muerte y resurrección de Jesús; Pentecostés

?5–4 a. C.
Nacimiento de Jesús

Hec...

Marcos

Mateo

Juan

Lucas

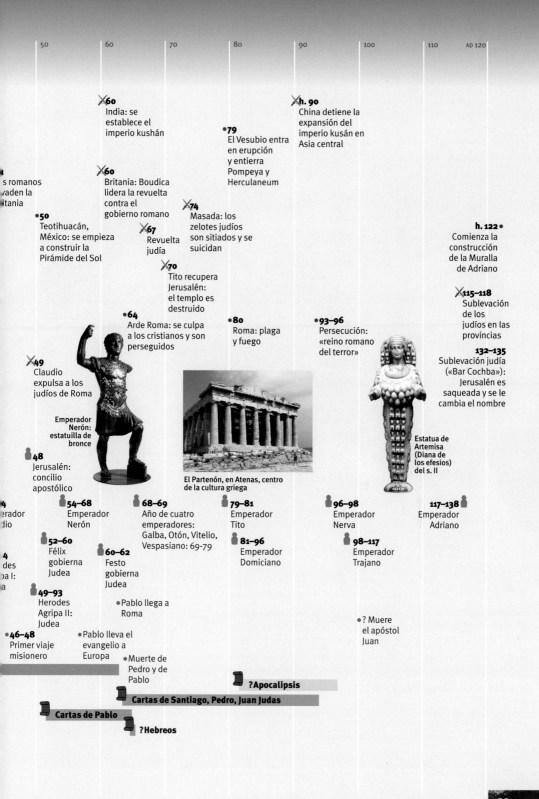

50   60   70   80   90   100   110   AD 120

✕ **60**
India: se
establece el
imperio kushán

● **79**
El Vesubio entra
en erupción
y entierra
Pompeya y
Herculaneum

✕ **h. 90**
China detiene la
expansión del
imperio kusán en
Asia central

s romanos
aden la
itania

✕ **60**
Britania: Boudica
lidera la revuelta
contra el
gobierno romano

● **50**
Teotihuacán,
México: se empieza
a construir la
Pirámide del Sol

✕ **74**
Masada: los
zelotes judíos
son sitiados y se
suicidan

✕ **67**
Revuelta
judía

✕ **70**
Tito recupera
Jerusalén:
el templo es
destruido

h. 122 ●
Comienza la
construcción
de la Muralla
de Adriano

✕ **115–118**
Sublevación
de los
judíos en las
provincias

● **64**
Arde Roma: se culpa
a los cristianos y son
perseguidos

● **80**
Roma: plaga
y fuego

● **93–96**
Persecución:
«reino romano
del terror»

132–135
Sublevación judía
(«Bar Cochba»):
Jerusalén es
saqueada y se le
cambia el nombre

✕ **49**
Claudio
expulsa a los
judíos de Roma

Emperador
Nerón:
estatuilla de
bronce

48
Jerusalén:
concilio
apostólico

El Partenón, en Atenas, centro
de la cultura griega

Estatua de
Artemisa
(Diana de
los efesios)
del s. II

erador
io

54–68
Emperador
Nerón

68–69
Año de cuatro
emperadores:
Galba, Otón, Vitelio,
Vespasiano: 69-79

79–81
Emperador
Tito

96–98
Emperador
Nerva

117–138
Emperador
Adriano

52–60
Félix
gobierna
Judea

60–62
Festo
gobierna
Judea

81–96
Emperador
Domiciano

98–117
Emperador
Trajano

des
a I:

49–93
Herodes
Agripa II:
Judea

● Pablo llega a
Roma

● ? Muere
el apóstol
Juan

● **46–48**
Primer viaje
misionero

● Pablo lleva el
evangelio a
Europa

● Muerte de
Pedro y de
Pablo

?Apocalipsis

Cartas de Santiago, Pedro, Juan Judas

Cartas de Pablo

?Hebreos

El mundo del Nuevo Testamento

BRITANIA

BÉLGICA

GERMANIA

NORICUM

RETIA

GALIA

NARBONENSIS

Genua

ILÍRICUM

MAR ADRIÁTICO

CÓRSICA

Roma • ITALIA

VÍA APIA

Brundisium

Puteoli •

HISPANIA

SARDINIA

MAR TIRRENO

MAR ADRIÁTI•

• Rhegium

SICILIA

• Siracusa

• Malaca

• Cartago

MALTA

EL MAR GRANDE (MEDITERRÁNEO)

ÁFRICA

(SIRTE MENOR)

NUMIDIA

CORDILLERA DEL ATLAS

• Lepsis Magna

TRIPOLITANIA

(SIRTE MAYOR)

Hacia el tiempo del nacimiento de Jesús, el imperio romano había conquistado el «mundo conocido» y hubo una paz un tanto inestable: la *pax romana*. En ese tiempo, Judea era un reino subordinado a Roma al que se le permitía un modesto nivel de independencia. Los programas de construcción de calzadas que los romanos introdujeron facilitaron los viajes, y ayudaron a la expansión de las buenas nuevas del reino.

DESIERTO DEL SÁHARA

Imperio romano en el año 14 d. C., a la muerte del emperador Augusto

Expansión posterior

0   100   200 millas

0   100   200 kilómetros

SARMATIA

DACIA

ESCITIA

REINO DEL BÓSFORO

PONTO EUXINO
(MAR NEGRO)

MAR CASPIO

...MESIA

...ONIA   Filipos   VÍA IGNACIA   Bizancio
  Tesalónica   BITINIA

PONTO

CÓLQUIDA

CORDILLERA
DEL CÁUCASO

TRACIA

Troas   MISIA

MAR EGEO   Pérgamo   FRIGIA
              LIDIA

ARMENIA

A S I A   M E N O R

GALACIA

...is   Éfeso
Corinto   MAR EGEO   CARIA
Atenas

PISIDIA   LICAONIA
        • Listra

CAPADOCIA

MEDIA

Mileto   LICIA   PANFILIA   CILICIA   Tarso

MESOPOTAMIA

CRETA

Buenos
Puertos

CHIPRE
Pafos   • Salamina

Antioquía

SIRIA

Dura-Europos

RÍO
ÉUFRATES

RÍO
TIGRIS

...e

...CA

FENICIA
  Tiro   • Damasco
JUDEA   • Jericó
Jerusalén

Babilonia

DESIERTO DE
ARABIA

Alejandría

...BIA

NABATEA

• Petra

A R A B I A

GOLFO
PÉRSICO

Menfis

E G I P T O

RÍO NILO

Tebas

MAR
ROJO

La Biblia en su contexto

ETIOPÍA
(KUSH)

Festividades y celebraciones

	Cuándo	Descripción	Motivo	Referencia bíblica
Sabbat	7° día de la semana	Día de descanso, no se trabaja	Descanso para las personas y el ganado	Éx 20.8-11
Año sabático	Cada séptimo año	Año de descanso, los campos en barbecho	Descanso para la tierra, ayuda a los pobres, deudas canceladas	Éx 23.10-11 Dt 15.1-6
Año de jubileo	Cada 50 años	Se cancelan las deudas se libera a los esclavos, se devuelve la tierra a su legítimo dueño	Ayuda a los pobres, equilibrio social, descanso para la tierra	Lv 25.8-55
Pascua	14 Abib (mes primero)	Se sacrifica y come un cordero con hierbas amargas y pan sin levadura en cada hogar	Recordar la salvación de los primogénitos de Israel y la liberación de Egipto	Dt 16.1-7
Panes sin levadura	15–21 Abib (mes primero)	Se come pan sin levadura, asambleas, ofrendas	Recordar cómo el Señor sacó a Israel de Egipto a toda prisa	Éx 12.15-20; 13.3-10; 23.15
Primicias	16 Abib (mes primero)	Ofrenda mecida de una gavilla de la cosecha de cebada, ofrenda encendida	Reconocer la provisión de Dios	Lv 23.9-14
Las Semanas (Pentecostés/ La siega)	6 Siván (mes tercero)	Tiempo de gozo. Ofrendas libres y obligatorias, que incluyen las primicias de la cosecha de trigo	Dar gracias a Dios con gozo por la bendición en la cosecha	Éx 23.16
Las Trompetas (Rosh Hashanah/ Año Nuevo)	1 Etanim (mes séptimo)	Reunión en un día de reposo señalado por sonidos de trompeta y sacrificios	Presentar a todo Israel como pueblo delante de Dios	Lv 23.23-25
Día de la Expiacion (Yom Kippur)	10 Etanim (mes séptimo)	Día de reposo, ayuno, sacrificios de expiación por los sacerdotes y el pueblo	Purificar al pueblo y a los sacerdotes por sus pecados; purificar el Lugar Santo	Lv 16; 23.26-32

Observar los días de fiesta era una parte muy importante de la religión hebrea. Se consideraban regalos de parte de Dios que regulaban la vida en comunidad del pueblo como pueblo de Dios y conservaron las memorias de la interacción de Dios con su pueblo a lo largo de toda su historia, especialmente los relacionados con su liberación milagrosa o la provisión diaria de sus necesidades físicas y espirituales.

Tiempo de gozo: niños vestidos para la celebración del Purim, reuniendo las primicias del trigo para la Fiesta de las Semanas.

	Cuándo	Descripción	Motivo	Referencia bíblica
Tabernáculos (Cabañas/ Siega)	15–21 Etanim (mes séptimo)	Semana de celebracion por la cosecha; se construyen refugios provisionales, se vive en ellos y se ofrecen sacrificios	Recordar el viaje a la Tierra Prometida y dar gracias por la abundancia de Canaán	Éx 23.16
Santa Convocación	22 Etanim (mes séptimo)	Día para reunirse, tener reposo y sacrificios	Cerrar el ciclo de festividades	Lv 23.36; Nm 29.35-38
Janucá (Dedicación/ Fiesta de las Luminarias)	25 Quisleu (mes noveno)	Celebración familiar de encendido de aceite o velas en una *menorah* de nueve brazos	Celebrar la rededicacióndel templo y el altar por los macabeos	(mencionada en Jn 10.22)
Purim	14, 15 Adar (mes duodécimo)	Día de felicidad, fiesta y entrega de regalos	Recordar cómo Dios guardó a los judíos bajo el reinado persa en tiempos de la reina Ester	Est 9.18-32
		El primer día de cada mes se designaba como luna nueva, y se celebraba haciendo sonar las trompetas y con fiesta		Nm 10.10; 1 S 20.5

El calendario anual

El calendario judío, como en todas las civilizaciones primitivas, surgió del ciclo agrícola y las fases de la luna. Los ritos religiosos y las festividades se asociaban tanto con el año agrícola como con las conmemoraciones de los grandes acontecimientos de la historia judía.

Para que el calendario lunar coincidiese con el año solar se añadía un mes extra (Segundo Adar) cada tres años.

«Bloc de notas» de piedra caliza encontrado en Gezer, en el centro de Israel, muestra el calendario grabado en hebreo. Fechado alrededor del 900 a. C., se conoce como el «Calendario de Gezer»

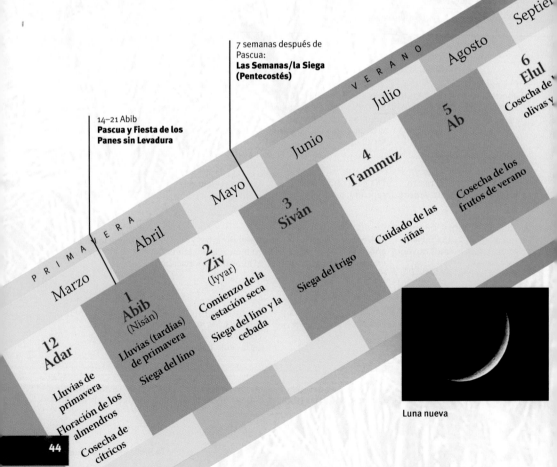

7 semanas después de Pascua:
Las Semanas/la Siega (Pentecostés)

14–21 Abib
Pascua y Fiesta de los Panes sin Levadura

PRIMAVERA · VERANO

Septiem

Agosto

Julio

6 Elul
Cosecha de olivas y

5 Ab
Cosecha de los frutos de verano

4 Tammuz
Cuidado de las viñas

3 Siván
Siega del trigo

Junio

Mayo

2 Ziv (Iyyar)
Comienzo de la estación seca
Siega del lino y la cebada

Abril

1 Abib (Nisán)
Lluvias (tardías) de primavera
Siega del lino

Marzo

12 Adar
Lluvias de primavera
Floración de los almendros
Cosecha de cítricos

Luna nueva

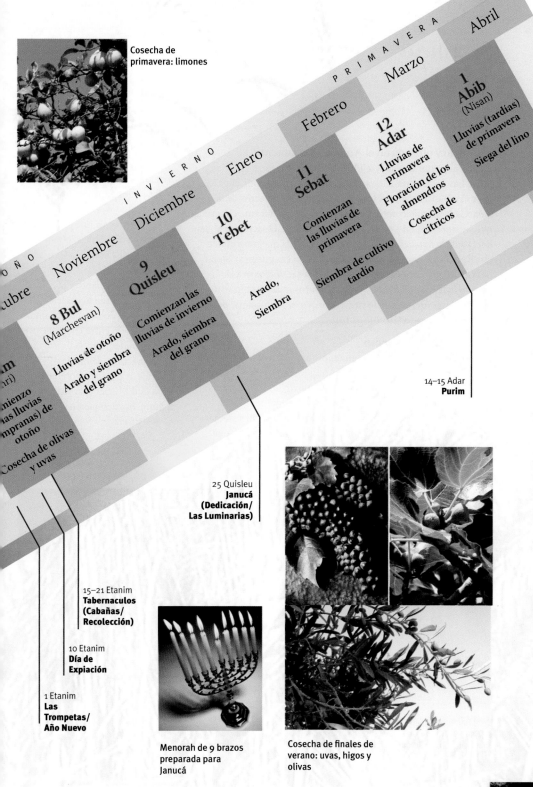

Cosecha de
primavera: limones

PRIMAVERA

Abril

Marzo

**1
Abib**
(Nisan)
Lluvias (tardías)
de primavera
Siega del lino

Febrero

**12
Adar**
Lluvias de
primavera
Floración de los
almendros
Cosecha de
cítricos

INVIERNO

Enero

**11
Sebat**
Comienzan
las lluvias de
primavera
Siembra de cultivo
tardío

Diciembre

**10
Tebet**
Arado,
Siembra

Noviembre

**9
Quisleu**
Comienzan las
lluvias de invierno
Arado, siembra
del grano

ÑO

ubre

8 Bul
(Marchesvan)
Lluvias de otoño
Arado y siembra
del grano

...m
...ri)

...mienzo
...as lluvias
...mpranas) de
otoño

Cosecha de olivas
y uvas

14–15 Adar
Purim

25 Quisleu
**Janucá
(Dedicación/
Las Luminarias)**

15–21 Etanim
**Tabernaculos
(Cabañas/
Recolección)**

10 Etanim
**Día de
Expiación**

1 Etanim
**Las
Trompetas/
Año Nuevo**

Menorah de 9 brazos
preparada para
Janucá

Cosecha de finales de
verano: uvas, higos y
olivas

Sacrificio

Sacrificio y ofrenda en el Antiguo Testamento

Sacrificio y ofrenda están tejidos en la tela de la forma de vida judía. Las normas para los sacrificios fueron dadas por Dios mismo a Moisés, con provisión para todos los aspectos de la vida. Cada sacrificio debía llevarse a cabo de una forma concreta que se especifica en Levítico 1-7. Sin embargo, el sacrificio anual del Día de la Expiación (16.1-34) nos recuerda que ninguno de esos sacrificios podía expiar el pecado (solo era una provisión para el pecado no intencionado; no había sacrificio para el pecado deliberado). El Nuevo Testamento considera que esto es un anticipo del sacrificio de Cristo, que es el único que puede expiar todo pecado (He 9.1-10.14).

En el Nuevo Testamento

Los escritores del Nuevo Testamento subrayan que la muerte de Jesús reemplaza los sacrificios del Antiguo Testamento. Como sumo sacerdote perfecto, Jesucristo se convirtió en el sacrificio perfecto, ofrenda por el pecado, válida para todo tiempo. El pecado humano es expiado una vez y para siempre. El sistema anterior no podía. Su sacrificio ha abierto el camino para que vayamos a Dios; no se necesita ningún otro sacrificio.

La práctica y la observancia israelita eran distintas de las naciones de su alrededor porque:

- los judíos creían en un único Dios
- el pueblo tenía que procurar vivir vidas puras en obediencia a la ley de Dios y respetar a los demás;
- el arrepentimiento y la expiación eran necesarios porque el pecado creaba una separación entre Dios y la humanidad;
- las prácticas de magia y brujería estaban prohibidas;
- no podía haber sacrificio humano, desviación sexual o desenfreno.

En el tiempo de Jesús, las ovejas del Campo de los Pastores de Belén se utilizaban para los sacrificios rituales en el templo de Jerusalén.

Cada año, en el monte Gerizim, los samaritanos siguen sacrificando públicamente el cordero pascual.

	Descripción	Propósito	Referencia bíblica
Holocausto	Un toro, carnero o pájaro macho, sin defecto o, para los pobres, una paloma o un pichón. (Únicas ofrendas en la que se consumía la totalidad del animal)	Adoración voluntaria, expiación por el pecado no perdonado, muestra de devoción y dedicacion a Dios.	Lv 1; 6.8-13
Ofrenda de grano o cereales	Grano, flor de harina, aceite, incienso, pan cocido, sal, con frecuencia ofrecida con un holocausto u ofrenda de paz.	Adoración voluntaria en reconocimiento a la bondad y provisión de Dios	Lv 2; 6.14-18
Ofrenda de paz o de comunión	Un animal de la manada o del rebaño, sin defecto	Adoración voluntaria para restaurar la comunión con Dios o con otros, o como ofrenda de gratitud, acompañada de comida en comunidad	Lv 3; 7.11-36
Ofrenda por el pecado	Un toro joven (para el sumo sacerdote y la congregación) un macho cabrío (para un jefe); una cabra o un cabrito (para alguien del pueblo); una paloma o un palomino (para el pobre);una décima parte de un efa de flor de harina (para el destituido)	Requisito para obtener el perdón por el pecado no intencionado, debía ir acompañado por una confesión; y para purificación por la contaminación	Lv 4.1–5.13; 6.24-30
Ofrenda por la culpa o de restitución	Un carnero o un cordero	Requisito para la expiación por el pecado no intencionado que necesita restitución: debe ir acompañado de la restitución del mal causado y del pago de una multa	Lv 5.14–6.7; 7.1-10
El Día de la Expiación	Una vez al año, el décimo día de Etanim, al sumo sacerdote se le permitía la entrada en el Lugar Santísimo, donde se encontraba el arca del pacto. Debía obtener el perdón y la purificación de su propio pecado, y luego ofrecer sacrificio por los pecados de la nación. Se sacrificaba un ternero y un macho cabrío, mientras se confesaban los pecados del pueblo sobre otro macho cabrío que luego se soltaba en el desierto.		Lv 16; He 9–10

Pactos

Un pacto es una promesa vinculante; no se puede romper y dura para siempre.

Los pactos eran la base de todas las formas de relaciones en el antiguo Oriente Próximo y cubrían tanto la vida personal como la comercial. Era natural que la relación de Dios con su pueblo se viera en los mismos términos.

Aunque se podían hacer entre iguales, la fuerza de algunos pactos radica en la habilidad de la parte dominante de cumplir su obligación para beneficio de la otra parte. El pacto se ha comparado con un tratado firmado entre un rey y su súbdito.

Dios eligió acercarse a la humanidad, primeramente a través de Noé y a Abraham, ofreciéndoles promesas incondicionales. La promesa hecha a Noé fue sellada por la colocación de un arcoíris en el cielo. El acuerdo con Abraham se selló por medio del acto de la circuncisión.

Sin embargo, los acuerdos conllevaban responsabilidades y, mientras Dios prometió bendiciones y seguridad, era algo condicionado a que la nación judía cumpliera su parte del acuerdo.

El pacto más significativo tuvo lugar en el monte Sinaí, cuando Dios llamó a la nación de Israel para que fuera santa y dedicada únicamente a él, prometiendo bendiciones particulares mientras obedecieran.

TIPOS DE PACTO

Real
Sin condiciones.
Un rey concede beneficios a un siervo leal y fiel por un servicio excepcional.
Es perpetuo e incondicional: los herederos también se benefician mientras sigan siendo leales.

Igual (Paridad)
Entre iguales, consolida la amistad o el respeto mutuo.

Condicional
Regula la relación entre un amo o rey y sus súbditos.
Exige total lealtad, sumisión, promesa de protección del reino/dinastía.
Se consolida mediante un acto de dependencia/obediencia.

Establecidos en el Antiguo Testamento entre Dios y su pueblo

Noé
La tierra no sería nunca más destruida por un diluvio; las estaciones en su tiempo
Gn 9.8-17

Abraham
La tierra preservada para futuras generaciones
Gn 15.4-21
Descendientes incontables como las estrellas
Gn 15.5; 17.4-8

Moisés
Compromiso con Israel como su pueblo escogido
Éx 19–24

Finees
Línea sacerdotal establecida solo a través de él
Nm 25.10-13

David
Línea real establecida en la casa de David para siempre
2 S 7.5-16

Nuevo
Promesa de un nuevo pacto: un cambio interior, donde la ley de Dios es algo interno, el conocimiento de Dios mora dentro y Dios perdonará el pecado por su gracia
Jer 31.31-34

Cumplido en el Nuevo Testamento

Jesús
Jesús sella el nuevo pacto mediante su sangre
Mt 26.28; He 8.8-12

Dios prometió a Abraham que sus descendientes serían incontables como las estrellas

El desierto del Sinaí fue el poco prometedor entorno para el encuentro de Dios con Moisés

Fotografía principal: el arcoíris es un recordatorio permanente para toda la humanidad de la promesa de Dios por medio de Noé de que no volvería a destruir la tierra con un diluvio

El tabernáculo

Después de que el pueblo de Israel saliera de Egipto y que se establecieran los términos del pacto, Dios dio instrucciones para que se construyera una tienda. Allí, Dios moraría con ellos, les guiaría y cuidaría en todo tiempo. Los santuarios prefabricados y portátiles eran conocidos en Egipto desde mucho tiempo antes y seguramente se utilizaron la formación y la industria aprendidas en Egipto.

En la Biblia se dan instrucciones detalladas, pero no son una copia del plano completo. Por eso hay discusión sobre su verdadera apariencia. Durante los traslados, se utilizaban unas pértigas para transportar los distintos elementos.

Los materiales para la elaboración y la decoración fueron ofrenda voluntaria del pueblo. Se utilizó madera de acacia, originaria del desierto del Sinaí, y los rebaños israelitas proporcionaron

las pieles de animales y el cuero para las cubiertas. Participaron los artesanos más cualificados y crearon un lugar de gran belleza. Dios eligió a Bezaleel y Aholiab y les dio habilidades especiales para la tarea y para que enseñasen a otros.

El lugar estaba rodeado por un muro exterior que separaba al pueblo del atrio.

El día que se acabó de construir el tabernáculo, mientras el pueblo miraba, el Señor vino en su gloria y llenó el tabernáculo. La nube que se colocó sobre el tabernáculo de reunión mostró a todos que Dios había venido realmente a morar con ellos. Desde aquel momento, la nube durante el día y la columna de fuego durante la noche, se convirtieron en la presencia visible de Dios y en el guía de la nación a través del desierto.

Éx 25.1–31.11; 35.4–40..8

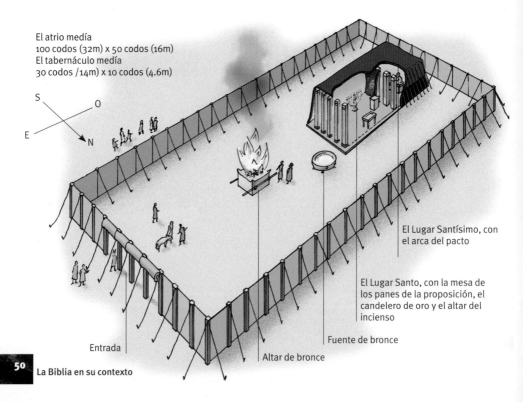

El atrio medía
100 codos (32m) x 50 codos (16m)
El tabernáculo medía
30 codos /14m) x 10 codos (4.6m)

S
O
E
N

El Lugar Santísimo, con el arca del pacto

El Lugar Santo, con la mesa de los panes de la proposición, el candelero de oro y el altar del incienso

Fuente de bronce

Entrada

Altar de bronce

Enseres del tabernáculo

Cuando el pueblo acampaba, se levantaba el tabernáculo en el centro del campamento. Existían instrucciones específicas en cuanto a la forma en la que el pueblo debía colocarse por tribu alrededor de la zona en la que se encontraba el tabernáculo (Nm 2).

Principales elementos dentro del tabernáculo

- El Lugar Santísimo contenía el arca del pacto, en cuyo interior se guardaban las tablas de la Ley y la vara de Aarón que floreció;
- En el Lugar Santo se encontraba la mesa cubierta de oro con los panes de la propiciación, el candelero de oro y el altar del incienso;
- En el atrio se alzaba el altar de bronce para el holocausto y la fuente.

No había ningún lugar para que el sacerdote se sentara. Eso daba a entender que su trabajo no acabaría nunca (He 10.11-12).

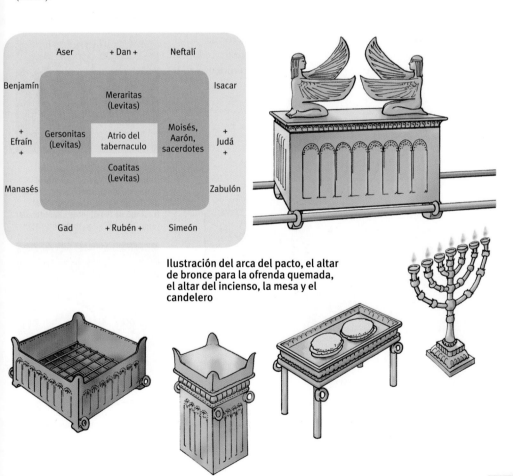

Ilustración del arca del pacto, el altar de bronce para la ofrenda quemada, el altar del incienso, la mesa y el candelero

Una casa para Dios

Una vez establecida la nación en la Tierra Prometida y delimitadas las zonas por tribus, Silo fue el lugar central de la adoración, donde había una tienda permanente. David quiso edificar una casa donde morara la presencia de Dios para siempre en su capital, Jerusalén. Pero, a causa de su belicosa vida, se le prohibió y el templo no se construyó hasta que hubo un tiempo de paz bajo el reinado de su hijo Salomón, que fue quien lo edificó. El modelo y la colocación de los muebles era una réplica del estilo del tabernáculo original.

Los babilonios destruyeron el templo de Salomón. Se reconstruyó parcialmente bajo el gobierno de Zorobabel al regreso del exilio.

Durante el periodo intertestamentario, el templo se fue deteriorando cada vez más. En el año 20 a. C., Herodes el Grande emprendió un programa de reconstrucción de Jerusalén, con un nuevo templo como pieza central. Este fue el que Jesús visitó. Todo el conjunto fue acabado en el 64 d. C. Fue devastado tres años más tarde en la destrucción de Jerusalén por los romanos.

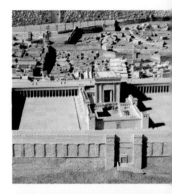

Modelo a escala del templo de Herodes según se veía desde el monte de los Olivos; friso del Arco de Tito en Roma, que muestra el traslado de los objetos sagrados del templo tras el saqueo de Jerusalén

Templo de Salomón. El atrio exterior de columnas encerraba un altar enorme para las ofrendas y una enorme fuente de metal fundido, o «mar de bronce» que descansaba sobre doce bueyes de metal

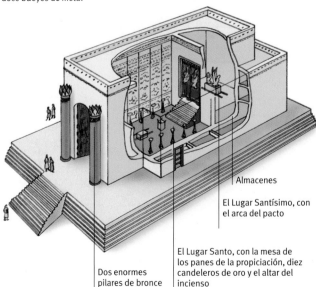

Almacenes

El Lugar Santísimo, con el arca del pacto

Dos enormes pilares de bronce

El Lugar Santo, con la mesa de los panes de la propiciación, diez candeleros de oro y el altar del incienso

Imágenes similares a esta talla en marfil fenicia se pueden haber utilizado como parte de la decoración del templo de Salomón

Dinero y valores

Alrededor del s. VII a. C. el trueque fue dando paso al intercambio de metales preciosos según su peso y esto llevó mucho más tarde a un sistema de monedas que representaban peso y valor. No hubo un criterio estándar y los valores variaron según el tiempo, el lugar y la honradez personal. El comercio internacional hizo que se entendieran los valores entre distintas culturas. Algunas monedas llevaban la marca o el sello del gobernante local.

En tiempos del Nuevo Testamento, se impusieron los criterios romanos, aunque los cambistas hicieron mucho negocio con la circulación de monedas romanas, griegas y locales.

Valores del Antiguo Testamento
(medidos por peso, que finalmente guardaba relación con su valor)

	Peso aproximado	
Siclo	11.5g	(50 siclos = 1 mina)
Mina	500g	(60 minas = 1 talento)
Talento	30kg	

Los ricos tenían un baremo para la plata y otro para el oro

Valores del Nuevo Testamento en Israel
Muestra comparativa de valores según la moneda, por aproximación

Romana	Griega	Judía
		Leptón
Cuadrantes		= 2 lepta
As		= 4 lepta
4 ases (= 1 sestercio)		
Denarios (= 16 ases)	Dracma	
2 denarios =	Didracma (2 dracmas)	medio siclo
4 denarios =	Estatero/tetradracma	siclo
Aureus (oro)	(25 dracmas)	
100 denarios =	Mina*	= 30 siclos
240 aurei =	Talento* (60 minas)	

*Una suma de dinero, no una moneda

El dinero se acuñaba en bronce, cobre, plata y oro.
Un leptón fue la ofrenda de la viuda: Mr 12.42
Un as era el valor de dos gorriones: Mt 10.29
Un denario era el salario de un día: Mt 20.9,10
Medio siclo era el impuesto estándar del templo: Mt 17.24

Siclo de plata de Darío I, el Persa, h. 500 a. C.; cuadrantes de cobre romanos, h. 230 a. C.; denario legionario de Marco Antonio, 32 a. C.; leptón de cobre judío (la «ofrenda de la viuda»); medio siclo judío; tetradracma de Antioquía, Siria, con el busto de Nerón h. 60 d. C. y Claudio h. 52 d. C

Pesos y medidas

La mayoría de las transacciones antiguas se hacían mediante el intercambio de mercancías. Para el pago en plata se utilizaban balanzas y pesas. Tenían que ser estándar, aunque el sistema daba pie a abuso por parte de los que no tenían escrúpulos. Muchas pesas tenian formas distintas y estaban marcadas.

Las medidas se usaban para vender y almacenar los productos cosechados y los líquidos. Se decía que una medida justa y plena de grano «rebosaba».

Todos los equivalentes mostrados son aproximados.

PESO

Antiguo Testamento
Gera (0,6g)
Bekah (6g)
Siclo (11g)
Siclo real (13g)
Mina (600g)
Talento (34kg)
Talento doble (60kg)

Nuevo Testamento
Litra/libra (327g)
Talento (20–40kg)

MEDIDAS DE SÓLIDOS

Antiguo Testamento
Log (0,3 l)
Kab (1,2 l)
Omer (2,2 l)
Seah (7,3 l)
Efa (22 l)
Letek (110 l)
Cor, Homer (220 l)

MEDIDAS DE LÍQUIDOS

Antiguo Testamento
Log (0,3 l)
Kab (1,2 l)
Hin (4 l)
Bato (22 l)

Recipiente egipcio para líquido, contiene un hin

Ánforas de h. 500 a. C. descubiertas cerca de Atenas

Pesa en forma de pato procedente de Mesopotamia, h. 1000 a. C. Forma parte de un conjunto de pesas estándar

Pesa en forma de león de bronce de Nemrod. Asiria, lleva la inscripción del nombre del rey

Longitud y distancia

A causa de la extensa influencia de la cultura mesopotámica, las medidas hebreas se basaban, desde los primeros tiempos, en el sistema babilonio. Las medidas originales procedían del cuerpo humano: dedo, mano, brazo, palmo, pie. Se han encontrado algunas esculturas con escalas de medida grabadas: estas proporcionaban un estándar para vencer el problema de las diferencias según el individuo.

Tras la ocupación romana, se introdujeron las medidas grecorromanas, incorporando la milla y el estadio.

El codo del Antiguo Testamento medía desde el codo hasta la punta de los dedos (44,5 cm)

El codo largo añadía la palma de la mano (52 cm)

El codo del Nuevo Testamento medía 55 cm

Una braza era el ancho abarcado por los brazos extendidos (1,85 m)

El estadio del Nuevo Testamento equivalía a 185 m

La milla del Nuevo Testamento equivalía a 1000 pasos y según la medida romana eran 1480 m

La ley judía permitía viajar un máximo de 2000 codos (914 m) en el día de reposo

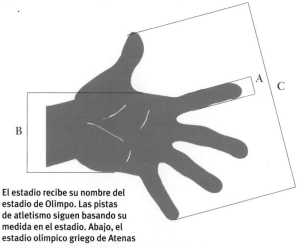

El estadio recibe su nombre del estadio de Olimpo. Las pistas de atletismo siguen basando su medida en el estadio. Abajo, el estadio olímpico griego de Atenas

Medición de un campo. Escena tomada de una tumba en el Valle de los Reyes, Egipto, h. 1500 a. C.

JOSHUA 7

compassed the city, going about it once: and they came into the camp, and lodged in the camp.

And Joshua rose early in the morning, and the priests took up the ark of the LORD.

And seven priests bearing before the ark of the LORD went continually, and blew with the trumpets: and the armed men went before them: but the rereward came after the ark of the LORD, the priests going on, and blowing with the trumpets.

And the second day they compassed the city once, and returned into the camp: so they did six days.

And it came to pass on the seventh day, that they rose early about the dawning of the day, and compassed the city after the same manner seven times: only on that day they compassed the city seven times.

And it came to pass at the seventh time, when the priests blew with the trumpets, Joshua said unto the people, Shout; for

shouted with a great shout, that the wall fell down flat, so that the people went up into the city, every man straight before him, and they took the city.

21 And they utterly destroyed all that was in the city, both man and woman, young and old, and ox, and sheep, and ass, with the edge of the sword.

22 But Joshua had said unto the two men that had spied out the country, Go into the harlot's house, and bring out thence the woman, and all that she hath, as ye sware unto her.

23 And the young men that were spies went in, and brought out Rahab, and her father, and her mother, and her brethren, and all that she had; and they brought out all her kindred, and left them without the camp of Israel.

... they burnt the city with fire, and all that was therein: only the silver, and the gold, and the vessels of brass and of iron, they put into the treasury of the house of the LORD.

25 And Joshua saved Rahab ...

La Biblia, libro a libro

Las páginas siguientes nos dan un resumen de cada libro de la Biblia. Nuestro propósito ha sido el de presentar la enseñanza clave y la aplicación práctica de la Biblia en una forma que resulte fácil de leer y accesible.

Cada bosquejo contiene los rasgos siguientes:

- Antecedentes que nos dan una perspectiva, un resumen y el contexto del libro
- Bosquejo que refleja la estructura del libro
- Temas clave que muestran el énfasis claro y principal del libro
- La importancia que tiene para nuestros días: muestra cómo se lleva a cabo el mensaje del libro en nuestra propia vida.

La Biblia libro a libro
CONTENIDO

Esta página ha sido dispuesta en el orden de los 66 libros de la Biblia.
En la página opuesta se proporciona un listado en orden alfabético.

LOS LIBROS DE LA BIBLIA
EN ORDEN ALFABÉTICO

Génesis
GRANDES COMIENZOS

PERSPECTIVA GENERAL

Génesis revela cómo comenzó todo y qué salió mal. Los problemas empezaron cuando la humanidad hizo elecciones incorrectas, arruinando un mundo perfecto, pero un Dios amoroso tenía un plan para volver a traer a las personas a él y restaurar su creación.

RESUMEN

Génesis («orígenes» o «comienzos») es una historia de comienzos. La mayoría de los temas de la Biblia aparecen aquí por primera vez.

El comienzo de todas las cosas

Génesis comienza con la creación y la historia humana primitiva (1.1—11.32). No explica cómo se hicieron las cosas, sencillamente dice quién las hizo y por qué. El clímax de la creación (1.1—2.3) llega con los primeros humanos, Adán y Eva, que fueron creados para conocer a Dios (1.26-27) y gobernar todas las cosas (1.28-30). Su libertad solo la limitaba un único mandamiento: no comer de cierto árbol (2.2-17). A pesar de ello, esto fue justamente lo que hicieron, y así fueron expulsados del Jardín del Edén (3.1-24). La sociedad humana siguió desarrollándose, pero, sin la presencia de Dios, se fue deteriorando con rapidez (4.1—11.32). Ni el juicio de Dios con un diluvio (6.1—9.29) refrenó la arrogancia y el pecado humano (11.1-4). Pero Dios tenía un plan.

Los comienzos de una familia

Por medio de Abram, Dios construiría una nueva familia que le amaría y obedecería. Pese a que la esposa de Abram era estéril (11.30) y, siendo caldeos (11.31) eran adoradores de la luna, Dios se reveló y prometió bendecirle convirtiéndolo en una nación que sería bendita por todas las demás (12.1-3). Abram respondió en fe (15.1-6) y Dios hizo un pacto con él (15.7-20); 17.1-22). Abraham —cf.17.5 para ver el cambio de su nombre— no era perfecto (12.10-20; 20.1-18) e intentó ayudar al plan de Dios (16.1-16); sin embargo, aprendió finalmente que Dios hace las cosas a su manera

y en su tiempo. Sólo entonces nació Isaac, el hijo prometido (21.1-7).

Liderado por Isaac y su hijo Jacob, el pueblo de Dios creció en número y en prosperidad, como nómadas en Canaán (cap. 24—36). Los doce hijos de Jacob se convirtieron en las doce tribus de Israel, nombre dado a Jacob después de luchar contra Dios (32.22-32). Por medio de uno de esos hijos, José (37.1-36; 39.1—41.57), Israel fue a Egipto huyendo del hambre (42.1—50.26). La creciente familia se encontraba ahora a salvo, pero en el lugar equivocado. Pasarían varios siglos antes de que volvieran a la Tierra Prometida, hecho clave en la historia del Antiguo Testamento.

Autor

La opinión tradicional es que Moisés escribió los cinco primeros libros de la Biblia («el Pentateuco» o «libro en cinco volúmenes»), aunque algunos piensan que sus historias fueron escritas mucho después. Pero, dado que Moisés guardaba documentos escritos (Éx 17.14; 24.4; 34.27), no parece haber razón para dudar de su autoría, como confirmó Jesús mismo (Mr 7.10; 12.26).

Fecha

Aunque recoge hechos históricos muy primitivos, lo más probable es que Génesis se escribiera durante su vagar por el desierto (c.1446—1406 a. C.) aunque es posible que se editara con posterioridad.

BOSQUEJO – GÉNESIS

La Creación

1.1–2.25	Los relatos de la Creación
3.1-24	La caída de la humanidad
4.1-26	Caín y Abel
5.1-32	Genealogía y muerte de los patriarcas
6.1–8.19	El Diluvio
8.20–9.17	El pacto de Dios con Noé
9.18–10.32	Los descendientes de Noé
11.1-32	La torre de Babel

Abraham

12.1-20	Llamamiento de Abraham
13.1–14.24	Abraham y Lot
15.1-21	El pacto de Dios con Abraham
16.1–17.27	Nacimiento de Ismael y circuncisión de la casa de Abraham
18.1–19.29	Destrucción de Sodoma y Gomorra
19.30-38	Lot y sus hijas
20.1–21.21	Abraham en Gerar y el nacimiento de Isaac
21.22-34	El tratado de Beerseba
22.1-24	Su obediencia puesta a prueba mediante la orden de sacrificar a Isaac
23.1–25.18	Final de la vida y muerte de Abraham; casamiento de Isaac y Rebeca

Isaac

25.19-26	Nacimiento de Jacob y Esaú, hijos de Isaac
25.27-34	Esaú vende su primogenitura
26.1-35	Tiempo que pasó Isaac con Abimelec

Jacob

27.1-40	Jacob recibe la bendición de su padre mediante engaño
27.41–28.9	Jacob vaga errante; Esaú se casa con la hija de Ismael
28.10-22	El sueño de Jacob
29.1–30.24	Encuentro de Jacob con Labán; casamiento con Lea y Raquel; nacimiento de sus hijos
30.25–31.55	Jacob y Labán; vida en Padan-aram
32.1–33.20	Jacob lucha con Dios; encuentro de Jacob y Esaú
34.1-31	Dina y los siquemitas
35.1-20	Promesas de Dios a Jacob; muerte de Raquel
35.21-29	Los hijos de Jacob; muerte de Isaac
36.1-43	Los descendientes de Esaú

José

37.1-11	Los sueños de José
37.12-36	José es vendido como esclavo
38.1-30	Judá y Tamar
39.1-23	José es encarcelado
40.1-23	José interpreta los sueños de los siervos de Faraón
41.1-57	José interpreta los sueños de Faraón
42.1–45.15	Los hermanos de José visitan Egipto
45.16–47.12	Jacob y su familia viajan a Egipto
47.13–50.14	Jacob bendice a sus hijos; muerte de Jacob
50.15-26	José perdona a sus hermanos; muerte de José

TEMAS CLAVE – GÉNESIS

Dios

El versículo con el que empieza la Biblia centra nuestra atención en Dios: eterno (21.33), único (1 Ti 1.17), todopoderoso, que crea todas las cosas a partir de la nada (He 11.3). Sin embargo, no es una mera fuerza o poder, sino que es personal y hace a los seres humanos a su imagen (1.26-27) para que tengan relación con él (2.7-24). A medida que Génesis se desarrolla, vemos que también es misericordioso (12.1-3), comprensivo (16.7-16), soberano (50.20) y, sin embargo, juzga el pecado (3.23; 6.7; 11.8; 19.23-29).

La humanidad

Aunque creados el mismo día que los animales, los seres humanos son diferentes y superiores: creados por separado (1.24-26), con dominio sobre el mundo animal (1.28) y creados a imagen de Dios (1.26-27), imagen plenamente reflejada e igual en ambos sexos.

La Creación

La Creación es «buena» (1.4, 10, 12, 18, 21, 25, 31) y para disfrutarla, pero sin excluir a su Creador y sin convertirla en un dios (Éx 20.4-5). Como mayordomos de Dios, la humanidad debe cuidar la creación en su nombre (1.28; 2.15; 9.1-3; Sal 8.3-8; 115.16)..

El pecado

La desobediencia de Adán y Eva tuvo consecuencias generalizadas y afectó la relación con Dios (3.8-10), del uno con el otro (3.7, 12) y con la creación en sí (3.17-19), aunque justificaron su culpa escondiéndose y dando explicaciones (3.7-13). Su pecado se extendió profundamente entre sus descendientes (p. ej. 4.1-8) y el resto de la humanidad (6.1-6) de modo que «el intento del corazón del corazón del hombre es malo desde su juventud» (8.21). La Biblia dice que «todos pecaron, y están destituidos de la gloria de Dios» (Ro 3.23).

El pacto

Aunque los pactos (contratos solemnes, inquebrantables entre dos partes) eran comunes, los pactos bíblicos eran distintos porque partían totalmente de la iniciativa de Dios. Así es que lo único que pudo hacer Abraham cuando Dios hizo el pacto con él fue estar dispuesto y observar (15.1-21). Sólo pudo responder una vez hecho el pacto. Dios hizo pactos con su pueblo en momentos clave (p. ej. 9.8-17; 15.9-21; 17.1-27; 19.3-8), pero los profetas esperaban un nuevo pacto escrito en los corazones de las personas (Jer 31.31-34; Eze. 37.25-27), que se llevó a cabo, según dice el Nuevo Testamento, por medio de Jesús (Mt 26.26-28; He 9.15-28).

La elección

La elección es el llamamiento misericordioso y soberano de Dios a su pueblo para cumplir su gran propósito. En Génesis, elige a Israel por medio de Abraham, (12.1-3; 15.1-18; 17.1-16) en lugar de otra nación; Israel en vez de Ismael (17.19-21); Ro 9.6-9); Jacob en lugar de Esaú (25.23; 27.1-40; Ro 9.10-16). Esta elección no procede del favoritismo, sino del amor (Dt 7.7-8), con el fin de llevar a cabo los propósitos de su gran salvación. Por tanto, los elegidos no pueden sentirse orgullosos (Ro 9—11) e incluso los no escogidos pueden recibir bendición, como descubrieron Ismael (21.17-20) y Esaú (36.6-8).

IMPORTANCIA PARA NUESTROS DÍAS – GÉNESIS

El pecado queda siempre expuesto

El engaño del pecado nos hace pensar que podemos esconderlo, pero no es así. Adán y Eva intentaron esconderse (3.8-10); Caín alegó no saber lo que le había ocurrido a Abel (4.8-12); Abraham mintió con respecto a Sara (12.10-20; 20.1-18), pero todo se descubrió. No conseguimos el perdón por el pecado escondiéndolo, sino confesándolo (p. ej. Jn 1.8-9).

La fe siempre obtiene recompensa

Abraham no era perfecto; lo que le reconcilió con Dios no fue su comportamiento, sino su fe (15.6). A pesar de los contratiempos y los errores, mantuvo la fe en la promesa de Dios y fue bendecido por ello (21.1-5; 22.1-18). El Nuevo Testamento le ve como un ejemplo a seguir (p. ej. Ro 4.1-25; Gá 3.1-18; He 11.8-19).

Las promesas siempre se cumplen

Dios prometió a Abraham que sería «muy fructífero» (17.6) y se convertiría en una gran nación. Génesis muestra cómo se cumplió esta promesa, mediante el crecimiento en número y riquezas de sus descendientes, que llegaron a convertirse en las doce tribus. Cuando Canaán sufrió una hambruna, Dios los llevó a Egipto para que estuvieran a salvo y allí «fueron fructíferos y crecieron grandemente en número» (47.27). Esto siguió siendo así hasta que, en el libro de Éxodo, Faraón temió por el número que habían alcanzado (Éx 1.1-10).

La obediencia siempre recibe bendición

Abraham respondió al llamamiento de Dios quien le dijo: «vete a la tierra que yo te daré» (112.1) aunque no sabía adónde iba, confiando en la promesa de que sería bendecido y de bendición (12.2). Este llamamiento misionero de «ir» sigue siendo relevante hoy día para todo el pueblo de Dios (Mt 28.18-20). Cuando los seguidores de Jesús lo obedecieron, también fueron bendecidos (p. ej. Mr 16.20; Hch 2.38-41; 8.4-8), como lo seremos nosotros.

> «Vosotros pensasteis mal contra mí, mas Dios lo encaminó a bien, para hacer lo que vemos hoy, para mantener en vida a mucho pueblo».
>
> Génesis 50.20

Los propósitos siempre se llevan a cabo

Desde el Jardín del Edén, Satanás ha intentado oponerse a los propósitos de Dios, pero Génesis muestra cómo la providencia de Dios —su incesante vigilancia sobre su pueblo y la forma en la que moldea todos los sucesos y circunstancias para sus propios propósitos— asegura que las cosas siempre salgan bien al final. Aunque vemos esto en diferentes puntos de la vida de los patriarcas, en ningún sitio queda tan claro como en la historia de José. Confió en que Dios estaba obrando aun cuando todo pareció ir mal (37.36; 39.1—41.57), y aseguró a sus temerosos hermanos que Dios había estado obrando por medio de todo lo ocurrido (50.20-21). Aún hoy Dios es aquel que «en todas las cosas obra para beneficio de aquellos que le aman» (Ro 8.28).

Éxodo

UN PUEBLO LIBERADO, SE FORMA UNA NACIÓN

PERSPECTIVA GENERAL

Oprimidos por el Faraón y forzados a la esclavitud, el pueblo de Dios clamó por libertad. Pero el plan de Dios era mucho mayor que el suyo. Esperaban simplemente ser liberados de una nación cruel, pero Dios había planeado convertirlos en una nación que le perteneciera.

RESUMEN

Éxodo (que significa «salida» o «camino de salida») comienza con los descendientes de Abraham todavía en Egipto, donde los dejamos en Génesis. 430 años después (12.40), los nuevos gobernantes, que no sabían nada de la forma en la que José había salvado a Egipto de la hambruna, se sintieron amenazados por el número creciente de ellos. Por esta razón los convirtieron en esclavos (1.9-14) y mataron a los hijos varones (1.15-22)..

Dios respondió a su clamor (2.23-25). Llamó a Moisés para liberarlos. Él no se sintió capaz (3.10-4.17), pero era justo el hombre que Dios necesitaba. Nació hebreo, pero había crecido en el palacio de Faraón (2.1-10) y había aprendido a ser líder y a escribir. Sin embargo, también había adorado a los dioses de Egipto; necesitaba encontrarse primero con Dios, quien se le reveló cuando tenía ochenta años (7.7) por medio de una zarza ardiente, no solo como el Dios de sus antepasados, sino como «Yo soy», y le envío ve vuelta a Egipto. (3.1-4.31).

Faraón se negó a liberar a sus esclavos (5.1-21); pero las diez plagas (7.14-12.30) que culminaron en la muerte de los primogénitos de Egipto quebrantaron su corazón endurecido. Liberó a los israelitas para luego cambiar de opinión y perseguirlos, atrapándolos delante del mar Rojo. Pero Dios abrió milagrosamente las aguas permitiendo que escaparan (14.1-31).

El gozo de la libertad dio paso a la murmuración por la dureza del desierto, a pesar de la maravillosa provisión de Dios (15.22-17.7). Tres meses más tarde, llegaron al monte Sinaí,

donde se quedaron durante casi un año. Allí Dios hizo un pacto con ellos (19.1-8; 24.1-18), les dio los Diez Mandamientos (20.1-17) y otras leyes (20.22-23.19). Esta ley fue colocada dentro del arca del pacto y guardada en una tienda especial (el tabernáculo). En el atrio que lo rodeaba, los sacerdotes podían ofrecer sacrificios (27.1-30.38) para restablecer el pacto cuando el pueblo lo quebrantaba.

Mientras Moisés estaba en el monte Sinaí, Aaron hizo un becerro de oro (símbolo pagano) que el pueblo adoró en una fiesta salvaje (32.1-8). Sólo la oración de Moisés hizo que Dios no los abandonase (32-9-33.22). Dios honró la fe de Moisés revelándose ante él como él era: un Dios que quiere perdonar en lugar de juzgar (34.6-7). Esta revelación transformó a Moisés (34.29-35).

Con el arca y el tabernáculo acabados (356.4-40.33), Dios visitó a su pueblo en medio de una nube de gloria (40.34-38). Ahora, el viaje podía comenzar.

Autor

La opinión tradicional señala a Moisés. En el propio texto se hacen sugerencias que lo confirmarían (cf. 17.14; 24.4; 34.27). Ver p.60.

Fecha

Algún tiempo después del Éxodo. Se suele fechar h. 1446 a. C., durante la peregrinación por el desierto, aunque es posible que se hayan hecho algunas ediciones posteriores.

BOSQUEJO – ÉXODO

MOISÉS Y EL ÉXODO

Protegidos por José, Jacob y su familia fueron bien acogidos en Egipto y se establecieron allí (Gn 39-50). Un faraón posterior oprimió a sus descendientes y los esclavizó. La orden de matar a todos los niños varones hebreos no pudo impedir el nacimiento y la supervivencia de Moisés, que fue criado en la corte real como si fuera un noble egipcio..

Tras matar a un egipcio que estaba golpeando a un hebreo, Moisés huyó a Madián para salvar su vida, vivió allí y formó una familia. Dios le llamó para que volviese a Egipto para liberar a su pueblo (Éx 3.1-4.20). Tras demostrar Dios su poder por medio de las plagas (Éx 7-10), los hebreos salieron después de 430 años en Egipto.

Hay discusión sobre la ruta que tomaron y algunos nombres son dudosos. Como el pueblo hebreo cuestionó la autoridad de Moisés y desobedeció continuamente a Dios, su viaje desde Egipto a la Tierra Prometida duró cuarenta años más, dando lugar a que la generación que salió de Egipto muriera y sus hijos heredaran la Tierra Prometida.

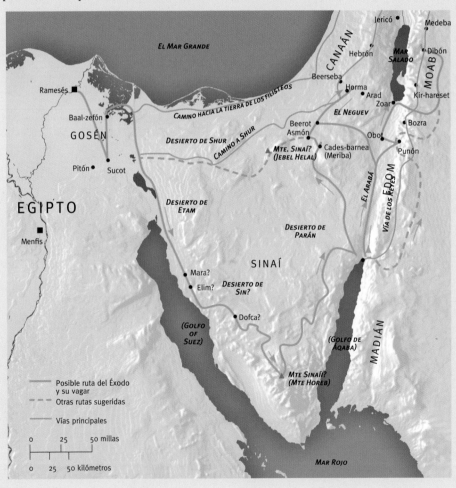

TEMAS CLAVE – ÉXODO

Revelación

Dios se apareció a Moisés en una zarza que ardía (3.1-4.17) y esto es una expresión de revelación: Dios se revela, por su propia iniciativa, a alguien que no le está buscando y que no tiene esperanzas de encontrarle (p. ej. Gn 12.1-4; 35.6-7; Ez. 1.1-2.2; Hch 9.1-18; He 1.1-3). La revelación es fundamental, porque Dios es tan trascendental y tan santo que por nosotros mismos no podríamos encontrarle jamás ni descubrir sus propósitos.

Dios no solo se reveló a sí mismo, sino que también reveló su nombre —el Señor, o Jehová (3.15)— que es un juego de palabras con el «Yo soy» hebreo (3.14), mostrando así que es un Dios personal que siempre está «ahí».

Recordatorio

Sabiendo lo fácil que resulta olvidar, Dios ordenó a Israel que recordara el Éxodo por medio de la festividad anual de la Pascua (12.1-20) que los judíos siguen celebrando hasta el día de hoy. En esta festividad clave del Antiguo Testamento, recordaban cómo Dios «pasó» por sus hogares, salvando a sus primogénitos y cómo los liberó (12.21-42).

La *Pascua* (o *Fiesta de los Panes sin Levadura*) era una de las festividades anuales que Dios estableció para que Israel se acordara de él (23.14-17). Las otras dos fueron *La fiesta de la Cosecha* (o *Fiesta de las Semanas* o *Pentecostés*), que celebraba la provisión de Dios por medio de la cosecha del grano en mayo/junio, y la *Fiesta de la Siega* (o *Fiesta de los Tabernáculos*), que celebra la cosecha de los frutos en septiembre/octubre y les recuerda su vida en «tabernáculos» (tiendas) en el desierto.

Redención

Dios describió la liberación de Israel como una redención (6.6-8) que se convierte en un modelo de salvación para el pueblo de Dios. La Biblia suele considerar este acontecimiento como la mayor redención en la historia de Israel (p. ej. Dt 7.7-8; 15.12-15; 2 S 7.22-24; Is 43.1-4).

En el Nuevo Testamento, la muerte de Jesús se ve cómo el precio final por el rescate de la humanidad de su pecado (p. ej. Ro 3.23-24; Gá 3.13-14; Ef 1.7).

Respuesta

Habiendo establecido su pacto con Israel y habiéndolo convertido en su pueblo, se espera que un Dios santo les conduzca a una vida santa (19.3-8; 22.31). Los Diez Mandamientos (20.1-1-17), corazón mismo del pacto que hizo con ellos, resumen las respuestas fundamentales a Dios y de los unos hacia los otros, y siguen siendo una base sólida para cualquier sociedad. Las leyes que vinieron a continuación (20.22-23.19) desarrollan estos mandamientos básicos que gobiernan la vida de Israel en el desierto y la Tierra Prometida y establecen un modelo de adoración para ellos (capítulos 25-40). Intentar vivir siguiendo estas leyes revelaría la imposibilidad de vivir según los principios santos de Dios.

IMPORTANCIA PARA NUESTROS DÍAS – ÉXODO

El Dios de la historia

Éxodo nos muestra que Dios actúa dentro de la historia para salvar a su pueblo. Ninguna circunstancia queda fuera de su control.

- Dios, que siempre recuerda a su pueblo, transformó la esclavitud de Israel (2.23-25. 3.7-10) y hace que todas las cosas ayuden para bien (Ro 8.28).
- Jesús tiene en sus manos el pergamino de la historia, no Satanás (Ap 5.1-10). Cuando Satanás intentó destruir a los niños judíos, Dios intervino y protegió a Moisés justo ante las narices de Faraón (2.1-10; Hch 7.20-22).

> «Yo os libraré...
> Yo os redimiré...
> Os tomaré por mi pueblo,
> y seré vuestro Dios».
>
> Éxodo 6.6-7

El Dios de la promesa

No importa cuánto tengamos que esperar, Dios siempre cumple sus promesas. Él se reveló como el Dios de Abraham, Isaac y Jacob (3.6) porque las promesas que les hizo a ellos estaban a punto de cumplirse (3.15-17). Esto fue lo que hizo que Moisés siguiera adelante con la promesa del pacto de Dios que decía que estaría siempre con él (p. ej. 3.12. 4.15).

El Dios de poder

En Éxodo ocurrieron más milagros que en cualquier otro libro del Antiguo Testamento, y nos recuerdan que Dios no se limita a hablar, también actúa. Cuando Faraón no respondió a su palabra (7.8-13), Dios demostró su poder por medio de diez plagas (7.14-12.30) y cada una de ellas retaba a un dios egipcio (porque cada una de las cosas que Dios hirió representaba a un dios o se consideraba como tal). El poder de Dios siempre prevalece.

El Dios de gracia

Aunque contiene las leyes de Dios, el libro de Éxodo está también lleno de la gracia de Dios: su bondad inmerecida. Esto lo vemos en:

- La revelación de Dios y el llamamiento de Moisés (3.1-10)
- Dios provee otros líderes por medio del sabio consejo de Jetro cuando Moisés se vio desbordado por las responsabilidades del liderazgo (18.13-27)
- El perdón del Dios de Israel cuando Moisés oró (32.17-33.17)
- Dios se revela a sí mismo sobre todo como Dios «compasivo y misericordioso» (34.6).

El Dios que guía

Dios no liberó a Israel para luego dejar que se las arreglaran solos. Los guió cuidadosamente, tanto por medio de su presencia (la nube y la columna de fuego, 13.21-22) como de su palabra (la Ley). Dios nunca nos deja solos. Todo lo que tenemos que hacer es seguirle aun cuando parezca que hay un desierto por delante.

El Dios de esperanza

Éxodo está lleno de esperanza en medio de situaciones desesperadas (p. ej. 3.7-10; 14.15-18; 15-22-25; 33.1-2-3). Los profetas solían considerar el Éxodo como modelo de esperanza para el pueblo de Dios (p. ej. Isaías consideraba el regreso del exilio como un nuevo Éxodo, Is 40-55). El Nuevo Testamento centra nuestra esperanza final en el regreso de Jesucristo.

Levítico

DIOS SANTO, PUEBLO SANTO

PERSPECTIVA GENERAL

La nación que un Dios santo redimió de la esclavitud en Egipto necesitaba ahora aprender lo que significaba ser santos (diferentes) ellos mismos, no solo en su adoración o religión, sino en la totalidad de la vida.

RESUMEN

Levítico(«relativo a los levitas») fue llamado así porque gran parte del libro tiene que ver con el trabajo de los levitas y sacerdotes que atendían a la adoración. En Éxodo, el Dios santo convirtió a Israel en su «nación santa» (Éx 19.6) y le dio instrucciones para construir el tabernáculo. Ahora en Levítico le da leyes que regulan la adoración en ese tabernáculo y describen el estilo de vida santo que debería seguir. Estas instrucciones fueron dadas durante el año que Israel estuvo acampado en el monte Sinaí.

Dios describe a Moisés el sistema de sacrificios (caps. 1-7) que a través de la comunión con él podría mantenerse o restaurarse. Destacan cinco sacrificios clave: *la ofrenda quemada u holocausto* (1.1-17; 6.8-13) que expresa devoción a Dios; *la ofrenda vegetal* (2.1-16; 6.14-23) que expresa gratitud por la provisión de Dios; *la ofrenda de paz* (3.1-17; 7.11-21) restablece la relación entre el adorador y Dios u otros; *la ofrenda de pecado* (4.1-35; 6.24-30) que cubre el pecado no intencionado contra Dios; *la ofrenda de culpa* (5.14-6.7; 7.1-6) que cubre el pecado no intencionado contra otros. Cada sacrificio se realizaba de una forma diferente y precisa, subrayando que los pecadores no podían entrar a la presencia de un Dios santo. Solo el pecado no intencionado era cubierto; no había provisión para el pecado deliberado. El sacrificio anual del Día de la Expiación (16.1-34) recordaba al pueblo de Dios que ninguno de estos sacrificios eran suficientes para ocuparse realmente del pecado. El Nuevo Testamento ve esto como un anuncio del sacrificio de Cristo, solo él puede expiar el pecado (He 9.1-10.14).

Los sacrificios santos para un Dios santo solo los podían ofrecer sacerdotes santos, por lo que Dios subrayó las cualificaciones y características del sacerdocio (8.1-9.24). En Levítico se le recuerda al pueblo de Dios que deben ser santos porque Dios es santo. Un recordatorio importante en este sentido es la muerte de los hijos de Aarón, Nadab y Abiú por su desobediencia. En este caso Dios habla para afirmar que mostrará su santidad (10.1-3).

Se hizo hincapié en la necesidad de santidad excluyendo de la presencia de Dios cualquier cosa impura o imperfecta (11.1-15.33). Una persona inmunda solo podía regresar cuando estuviera limpia ritualmente. El Nuevo Testamento dice que Jesús ha hecho ahora esta limpieza por nosotros (He 9.11-14).

Los capítulos 17-27 describen cómo la vida de Israel en tanto que nación debía reflejar su santidad. Tenían que ser diferentes de los pueblos a su alrededor. Se especifican cuestiones prácticas, como las relaciones sexuales (18.1-30), los pobres (19.9-10), el chismorreo (19.16), respeto por los ancianos (19.32), honestidad en el trabajo (19.35-36) y cuidado de la tierra (25.1-7).

Autor

Tradicionalmente tanto judíos como cristianos ven a Moisés como su autor. Véase p. 60.

Fecha

Escrito en algún momento entre 1446 y 1406 a. C., durante el peregrinaje por el desierto, aunque algunos estudiosos piensan que se han añadido fragmentos posteriores. Véase p. 60.

BOSQUEJO – LEVÍTICO

El sistema de los sacrificios

La consagración de los sacerdotes

Limpio e inmundo

El Día de la Expiación

Regulación de la vida de Israel

TEMAS CLAVE – LEVÍTICO

Sacerdotes santos

Dios solo permitía a ciertas personas trabajar en el tabernáculo. Estas personas eran sacerdotes, descendientes de Aarón (Nm 3.10), para ofrecer los sacrificios, y los levitas, descendientes de Leví, para asistirles (Nm 3.5-9). Los sacerdotes, ordenados para su trabajo (8.1-9.24), estaban entre las personas pecadoras y el Dios santo.

Solo Cristo es ahora nuestro sumo sacerdote (He 2.17; 3.1; 4.14-5.10; 10.19-23) y por tanto no necesitamos a otro. Todos los cristianos son ahora sacerdotes (1 P 2.4-10).

Sacrificios santos

Marcaba la diferencia en estos sacrificios el hecho de que no eran regalos del pueblo a los dioses (como en otras religiones), sino el regalo de Dios para ellos (17.11). Esta era la manera en que Dios manejaba el pecado. Adán y Eva intentaron esconder el pecado (Gn 3.7-11); los sacrificios lo sacan a relucir.

El propio pecador mataba al animal del sacrificio (1.3-5; 3.1-2), subrayando que «la paga del pecado es muerte» (Ro 6.23). El sacerdote entonces llevaba la sangre al altar (1.5; 3.2) para «hacer la expiación» (1.4; 4.20). La palabra hebrea significa «cubrir». Solo cuando los pecados son cubiertos puede el pecador acercarse al Dios santo y ser «uno» con él.

Los sacrificios eran siempre:

- Animales (1.2; 4.3), que sustituían a los seres humanos por medio de la imposición de manos (1.4)
- Machos (1.3; 4.3), subrayando el coste ya que los machos, por su potencial reproductor eran más valiosos
- Perfectos (1.3; 4.3), reflejando la perfección de Dios y que solo lo mejor era suficiente.

La deficiencia de estos sacrificios, sin embargo, se muestra en el Día de la Expiación (16.1-34) cuando esta se hacía por los pecados de la nación. El sumo sacerdote mataba un macho cabrío, rociando el arca con su sangre en el Lugar Santísimo (al cual podía entrar solo una vez al año), y entonces ponía sus manos sobre un segundo macho cabrío, confesando el pecado del pueblo y enviándolo al desierto. Por medio de estos dos aspectos, limpiando y enviando, se declaraba la seguridad del perdón de Dios.

Vida santa

Gran parte de Levítico tiene que ver con la forma en la que Dios quería que su pueblo viviera, de manera diferente (es el significado de «santo») a los de su alrededor. Ningún área de la vida se hallaba exenta: adoración, salud, trabajo, sexo, actitudes, justicia, negocios, todas las expresiones englobadas en el mandamiento «ama a tu prójimo como a ti mismo» (19.18).

IMPORTANCIA PARA NUESTROS DÍAS – LEVÍTICO

La forma en la que vivimos

Un Dios santo quiere un pueblo santo, y la santidad debe afectar a la totalidad de la vida, como muestra Levítico; y el Nuevo Testamento está de acuerdo (1 Co 6.9-20; Ef 4.17-5.20; 1 P 1.13-2.12). Si hay personas que dicen ser salvas, pero no han sufrido ningún cambio, dudamos de que hayan sido verdaderamente salvas.

La santidad no es una lista de conductas que debemos seguir o evitar. Jesús rechazó este enfoque de la santidad (el adoptado por los fariseos), recalcando que en primer lugar debe salir del corazón (Mr 7.1-23).

La forma en la que adoramos

Los sacrificios eran costosos (¡los animales no eran baratos!), sacando a relucir que el tratamiento del pecado no es barato y que la verdadera adoración siempre nos va a costar. Ya no necesitamos hacer sacrificios de animales, porque el sacrificio de Cristo cumplió por todos ellos. Eran solo sombras, mientras que el de Cristo fue algo real (He 10.1-14). Ahora podemos entrar libremente a la presencia de Dios para adorarle en cualquier momento (He 4.4-16).

La forma en la que nos preocupamos por los demás

Levítico muestra la necesidad de demostrar nuestro amor por Dios por medio de expresiones prácticas del amor hacia los demás (19.18). Esto se refleja en las leyes sobre las cosechas (19.9-10) y el año del Jubileo (25.8-55), cuando toda la tierra se devolvía a su propietario original cada quincuagésimo año para darle a todos la oportunidad de un nuevo comienzo en la vida.

Jesús mandó a sus seguidores que demostraran su amor por Dios en el cuidado de los demás y la preocupación por ellos de una forma práctica (Lc 10.27) y Santiago dudaba de la realidad de la fe de quien no hiciera esto).

La forma en la que descansamos

El Dios santo le dio a su pueblo un día santo, el sabbat o día de reposo (23.3), que debía ser diferente al resto de los días. Todos tenían que parar de trabajar para poder refrescarse y recordar a Dios.

En los tiempos de Jesús, los fariseos hicieron del día de reposo una carga en vez de una bendición, llenándolo de normas, algo que Jesús criticó (Mr 2.23-28; Lc 14.1-6; Jn 9.13-34). Sin embargo, nunca debilitó el sentido del día de reposo, y su principio de descanso y refresco sigue formando parte del patrón de vida sana de Dios, remontándose hasta la propia creación (Gn 2.2-3; Éx 20.8-11).

Los primeros cristianos cambiaron este día de descanso y recordatorio del sábado al domingo para celebrar la resurrección.

> «Santificaos, pues, y sed santos, porque yo Jehová soy vuestro Dios. Y guardad mis estatutos, y ponedlos por obra. Yo Jehová que os santifico».
>
> Levítico 20.7-8

Números
DE LA GRATITUD A LA MURMURACIÓN

PERSPECTIVA GENERAL
Continuando el viaje iniciado en Éxodo y que prosigue en Levítico, Números describe la salida de los israelitas desde el monte Sinaí hacia la Tierra Prometida. Tristemente, no respondieron con gratitud, sino con quejas. Por eso, perdieron el derecho a entrar en ella. Un viaje de dos semanas duraría ahora 38 años, y solo sus hijos llegarían a la tierra.

RESUMEN
Después de un censo (1.1-54), a las doce tribus se les asignó una posición alrededor del arca (2.1-34). Dios asignó responsabilidades a los levitas (3.1-4.49; 8.5-26), dio instrucciones para mantener el campamento puro (5.1-31) y estableció un sistema de alarma a base de trompetas (10.1-10). Ahora ya podían abandonar Sinaí (10.11-36). Pero rápidamente se quejaron de las dificultades, idealizando la vida en Egipto y deseando estar de vuelta allí (11.1-6). Dios les proveyó de maná (11.7-9) y codornices (11.31-34) y dio a Moisés setenta ancianos cuando la carga del liderazgo se le hizo muy pesada (11.10-35). Incluso María y Aarón se unieron a las críticas (12.1-16). Desde luego, la vida en el desierto era estresante.

Se enviaron espías a Canaán y volvieron con informes diferentes (13.1-33). La tierra era fértil —dijeron—, pero sus habitantes eran muy fuertes para sacarlos de allí. Su informe provocó un deseo de volver a Egipto (14.1-4), y solo Josué y Caleb se mantuvieron firmes (11.6-9). Moisés y Aarón oraron (11.5), apelando a la reputación (11.13-16) y al carácter (11.17-19) de Dios como razones por las que él no podía abandonar a Israel. Dios oyó sus oraciones pero dijo que todo el que tuviera más de veinte años, excepto Josué y Caleb, moriría en el desierto y nunca entraría a Canaán (11.29-30; He 3.7-11).

El viaje era una mezcla de bueno y malo. Por el lado malo, hubo que aplastar una rebelión (16.1-50); Edom rehusó darles permiso para que pasaran por su territorio (20.14-21); Aarón murió a causa de la desobediencia (20.22-29). En el lado bueno, la vara de Aarón floreció como señal (17.1-13); el agua brotó milagrosamente de una roca (20.1-13); Dios proveyó curación de las mordeduras de las serpientes (21.4-9; Jn 3.14-15). Dios podía estar sometiendo a su pueblo a juicio, pero ciertamente no los había abandonado.

La oposición de Moab, situado al este del mar Muerto, fue vencida ya que el profeta Balaam, contratado para maldecir a Israel, se dio cuenta de que solo podía bendecirlo (23.1-24.25). Las tentaciones a la inmoralidad sexual, sin embargo, no eran tan fácilmente vencidas (25.1-17).

Dios designó a Josué para suceder a Moisés, excluido de entrar a Canaán debido a su propia desobediencia (27.12-23). A dos tribus se les permitió asentarse al este del Jordán, pero debían ayudar primero al resto a tomar sus tierras (32.1-42). Moisés recopiló lo que iba pasando en el viaje (33.1-55) y Dios definió las fronteras de la tierra (34.1-36.13). Ahora ya estaban preparados para la etapa final de su viaje.

Autor
Tradicionalmente, tanto cristianos como judíos lo atribuyen a Moisés. Véase p. 60.

Fecha
Escrito en algún momento entre 1446 y 1406 a. C., mientras vagaban en el desierto, aunque algunos eruditos piensan que pudieron añadirse algunos fragmentos más tarde. Véase p. 60.

BOSQUEJO – NÚMEROS

TEMAS CLAVE – NÚMEROS

El reino de Dios

Israel dejo el Sinaí, no como un puñado de esclavos que huyen, sino como un ejército que avanzaba, con Dios en medio de él, simbolizado por el arca del pacto en el centro (2.1-31; 10.11-33). Aquí vemos un cuadro del reino de Dios que avanza, a punto de invadir una parte de la humanidad que ha caído y desde la cual Dios expandirá su reino hasta alcanzar la totalidad del mundo. El corazón del mensaje de Jesús es que el reino de Dios está aquí, avanzando, y no puede ser detenido (Mt 4.17,23; 9.35-38; 13.1-52; 16.18-19; 24.14).

La disciplina de Dios

Dios ha hecho un pacto con Israel en Sinaí, pero eso no significa que ahora pueden hacer lo que les plazca simplemente porque Dios está con ellos. Las quejas y la rebelión eran violaciones de ese pacto y una falta de confianza; por tanto, Dios, como cualquier buen padre (He 12.5-11), disciplinó a sus hijos (11.1-10; 12.1-15; 14.35; 16.1-50).

Las promesas de Dios

Cientos de años antes, Dios prometió Canaán a Abraham (Gn 12.1; 15.12-20; 17.1-8). Ahora al menos sus descendientes estaban en disposición de que se cumpliera dicha promesa. Su constante desobediencia y falta de fe en el desierto podía haber llevado a Dios a abandonar su promesa, ya que ellos habían fallado al no respetar su parte del pacto, «obedecerme totalmente» (Éx 19.5). Pero Números nos muestra cómo Dios permanece fiel a sus promesas aun cuando nosotros no somos fieles. Aquellos que no han confiado serán excluidos de entrar en la Tierra Prometida; pero Dios mantendrá su parte de la promesa y la cumplirá por medio de los hijos de estos (14.29-35).

Los milagros de Dios

Como en Éxodo, hay muchos milagros en Números, ya que era una época crucial en la que el poder de Dios necesitaba ser experimentado. Hay milagros significativos de provisión, algunos de ellos sobrenaturales, como el misterioso maná (11.31-32), otros como el control de las fuerzas de la naturaleza o el viento que empujaba las codornices hacia ellos (11.31-32). Dios es el Dios soberano de ambos milagros.

Uno de los milagros más extraños es el asno parlante de Balaam (20.21-35). Que se tratara literalmente de un asno que hablaba (puede parecer imposible, aunque también hay una serpiente que habla en el jardín del Edén, Gn 3.1-4), o bien que Balaam pensara que estaba ocurriendo (magos de esta parte del mundo antiguo creían en las divinidades animales), lo que está claro es que resalta el hecho de que Dios está preparado para hacer cualquier cosa que lleve sus mensajes a través de las personas.

IMPORTANCIA PARA NUESTROS DÍAS – NÚMEROS

Cuidado con quejarse

Las quejas aparecen a menudo en Números (11.1-10; 12.1-15; 14.1-2,27-45; 16.1-50; 17.1-13) y cada vez Dios juzga. Pablo dijo a los corintios «no os quejéis», haciendo referencia a estas historias (1 Co 10;1-11; He 3.17-19; Stg 5.9).

Cuidado con vivir en el pasado

Cuando la vida se endurecía, los israelitas deseaban volver a estar en Egipto, olvidando cómo era su vida allí e idealizando el pasado (11.4-6; 14.1-4). Siempre es fácil pensar que el pasado era mejor, pero difícilmente es así. Y, de todos modos, Dios no quiere que vivamos en el pasado, sino en el presente.

Cuidado con pensar que las normas de Dios no se aplican a usted

Nadie está exento de obedecer a Dios, ni siquiera los líderes (especialmente). Tanto Aarón (20.23-29) como Moisés (Dt 34.1-12) aprendieron esto de la manera más dura. Dios no estaba preparado para permitirles requerir ciertos comportamientos a otros y que ellos no los pusieran en práctica en sus vidas. El Nuevo Testamento dice que los líderes serán juzgados de manera más rigurosa (Stg 3.1).

Cuidado con los celos en el ministerio

Miriam y Aarón sintieron celos de Moisés, pensando que eran tan buenos como él (12.1-3). Aunque su crítica tenía cierta base (se casó con una mujer cusita), esto encubría en realidad los celos hacia su ministerio profético (12.2). Pero Dios lo vio y les reprendió (12.4-15). Dios quiere líderes que no estén celosos de otros, sino que vean la necesidad que tienen unos de otros y de trabajar juntos (1 Co 3.3-7; 12.27-31; Ef 4.7-13).

Cuidado con estancarse en la rutina

Una vez que hemos experimentado a Dios obrando en una determinada manera es fácil pensar que la próxima vez funcionará de igual forma. Esto es lo que le pasó a Moisés. Él había visto que Dios proveyó agua con anterioridad (Éx 17.1-7). Aquella vez Dios le dijo que golpeara la roca; seguramente así era como Dios lo haría de nuevo. Pero, en realidad, esta vez Dios le dijo que hablara a la roca, no que la golpeara (20.8). Haciéndolo como lo hizo la primera vez desobedeció a Dios, parece ser que debido a la frustración que tenía a causa del pueblo (20.10-11). Pero Dios le reprendió y le dijo que no entraría en la Tierra Prometida

> «Subamos luego, y tomemos posesión de ella; porque más podremos nosotros que ellos. Mas los varones que subieron con él, dijeron: No podremos...»
>
> Números 13.30-31

Deuteronomio
PREPARATIVOS FINALES

PERSPECTIVA GENERAL
Una vez acabado el viaje desde Egipto, Moisés hizo su discurso de despedida. Con la entrada a Canaán prohibida para él, animó al pueblo a ocupar la tierra que Dios les había prometido mucho tiempo atrás y les preparó para una nueva vida recordándoles las leyes de Dios y renovando el pacto. Habiendo hecho su trabajo, Moisés murió.

RESUMEN
Deuteronomio (que significa «segunda ley») sigue el patrón antiguo de un documento de renovación del pacto:

Recopilación
Los tratados de renovación de un pacto comenzaban contando de nuevo la historia de las partes involucradas, exactamente como aquí. Moisés miró hacia atrás a los 38 años que transcurrieron desde que dejaron el monte Sinaí, recordando acontecimientos clave, tanto buenos como malos (1.1-3.29), y exhortando a una continua obediencia a Dios (4.1-40).

Requisitos
Moisés esboza los términos que Israel debe seguir como su parte del pacto. Los Diez Mandamientos tuvieron un lugar central (5.1-33) y fueron resumidos en un corto mandamiento: «Oye, Israel: Jehová nuestro Dios, Jehová uno es. Y amarás a Jehová tu Dios de todo tu corazón, y de toda tu alma, y con todas tus fuerzas» (6.4-5). Jesús mismo diría que este mandamiento resumía todos los demás (Mr 12.28-31).

Esta absoluta lealtad hacia Dios fue subrayada con instrucciones para destruir a los cananitas que, de otra forma, podrían hacer que sus corazones se volviesen hacia sus dioses (7.1-26). De hecho, eso es exactamente lo que pasaría. Se les advirtió que no olvidaran a Dios y todo lo que él hizo (8.1-20), y se les recordó que conquistarían Canaán, no por sí mismos o sus capacidades, sino porque Dios estaba con ellos. Si temían solo a Dios (10.12-22) y permanecían en obediencia, recibirían muchas bendiciones (11.1-32).

Los capítulos 12-26 dan una amplia serie de leyes religiosas, sociales y legales que regirán la vida en la Tierra Prometida.

Ratificación
Habiendo destacado los términos del pacto, Moisés hace una lista de las maldiciones que caerán sobre el pueblo si desobedecen (27.1-26; 28.15-68) y de las bendiciones si obedecen (28.1-14). El pacto es entonces ratificado (renovado) (29.1-30.20).

Una vez renovado el pacto, el trabajo de Moisés acaba y le entrega el relevo del liderazgo a Josué, que había estado a su lado desde que salieron de Egipto, animándole a ser fuerte y valiente ante la tarea que tenía por delante (31.1-8). Alabó al Señor por todo lo que había hecho (32.1-43), bendijo a las doce tribus (33.1-29) y murió, siendo enterrado en el monte Nebo, justo en el límite de la Tierra Prometida (34.1-12), tan cerca y tan lejos.

Autor
Tradicionalmente, tanto judíos como cristianos creen en la autoría de Moisés, a excepción del último capítulo que recoge su muerte. Véase p. 60.

Fecha
Escrito en algún momento entre 1446 y 1406 a. C., durante la travesía del desierto, aunque algunos eruditos piensan que se han podido modificar partes más adelante. Véase p. 60.

BOSQUEJO – DEUTERONOMIO

TEMAS CLAVE – DEUTERONOMIO

Deuteronomio es uno de los libros más citados en el Nuevo Testamento, con casi cien citas y referencias al mismo. Jesús mismo lo citó para resistir al diablo (Lc 4.4, 8, 12). Deuteronomio era claramente muy apreciado por Jesús y por los primeros cristianos.

Un único Dios

Jehová, el Dios viviente, es el único Dios (4.35-39; 6.4-5), algo que había que recalcar antes de que Israel entrara en Canaán con sus muchos dioses e ídolos. Israel no debía tener otros dioses (5.6-7) ni hacer ídolos (4.15-19; 5.8-10). El monoteísmo (creer en un solo Dios) se mantiene para el pueblo de Dios y no el politeísmo (creer en muchos dioses).

Un Dios que ama

Deuteronomio trata de la relación de las personas con Dios. Dios y su pueblo están ligados no solo por un tratado, sino por el amor. El amor llevó a Dios a elegir a Israel, rescatarlos y llevarlos a la Tierra Prometida (4.35-38; 7.7-9, 10.14-15; 23.5). Se le pide a Israel trece veces que se vuelva a Dios y lo ame, que muestre ese amor por él por medio del amor los unos con los otros y por la obediencia a las leyes detalladas que rigen cada aspecto de la vida.

Un Dios que bendice

Dios quiere bendecir a su pueblo (1.11; 7.13-15; 15.4-6,10,18; 28.1-14); pero para ello deben vivir una vida de compromiso total con él. Solo la obediencia llevará a la bendición (28.1-14) mientras que la desobediencia llevará a la maldición (27.1-26; 28.15-68).

Un Dios santo

Todo este discurso de Dios amando y bendiciendo a las personas podría llevar al pueblo a pensar que podían hacer lo que quisieran, ya que Dios haría la vista gorda. Pero Deuteronomio muestra que este no es el caso, como vemos en el mandato de destruir a los cananitas (7.1-6; 9.1-6). Para el pensamiento humano esto puede parecer injusto. Pero tenía que ver con la santidad de Dios (7.6) y la maldad humana (9.5). La religión cananita, que no solo era idólatra sino que también incluía prostitución y sacrificios de niños a veces, era una ofensa para el Dios santo. Dios sabía que era una religión atractiva para las personas pecadoras y podía ser una trampa para Israel (9.16). Dios quería parar la infección de la religión cananita entrando a Canaán, ya que por medio de Israel la salvación vendría para todas las naciones.

IMPORTANCIA PARA NUESTROS DÍAS – DEUTERONOMIO

La bendición de servir a Dios

Una vez que nos damos cuenta de que hay un solo Dios verdadero, es lógico que se le ame y se le sirva y solo a él (6.4-5). No hay lugar para otros dioses o ídolos (4.15-19), sean literales o metafóricos; todos están vacíos, falsos y deberían ser destruidos (12.2-4).

La bendición de la obediencia

Dios bendice a aquellos que dicen que oirán y obedecerán (11.27). Mientras que sus bendiciones son a menudo materiales, no podemos dar por hecho que siempre sea así, o que vendrán inmediatamente. Incluso Jesús, que obedeció a Dios como nadie, experimentó la falta de un hogar (Mt 8.20). Las bendiciones de Dios pueden ser espirituales más que físicas, o pueden retrasarse hasta el cielo (Mr 10.21; He 11.24-26; Ap 22.12).

> «Oye, Israel: Jehová nuestro Dios, Jehová uno es. Y amarás a Jehová tu Dios de todo tu corazón, y de toda tu alma, y con todas tus fuerzas».
>
> **Deuteronomio 6.4-5**

La bendición de tener un sucesor

El servicio fiel de Moisés durante ochenta años no hubiera tenido valor si no hubiera tenido un sucesor. Josué había estado al lado de Moisés mucho tiempo y presenció en primera persona cómo oraba Moisés, cómo confiaba en Dios, cómo hacía milagros y cómo lideraba al pueblo. Ahora era su turno (31.1-8).

El éxito real no es simplemente hacer las cosas nosotros solos, sino preparar a otros que puedan continuar después de nosotros, llevando la obra de Dios a su próximo nivel, justo como Josué. El éxito es producir sucesores.

La bendición de la pureza

La pureza de Dios debería reflejarse en la pureza de nuestras propias vidas. El mundo dice que estamos perdiéndonos cosas si nos mantenemos puros, especialmente en el área de las relaciones sexuales, pero Dios dice que el sexo es especial, exclusivamente para un hombre y una mujer dentro del matrimonio. Cada relación sexual fuera de esto, antes del matrimonio, fuera del matrimonio, en lugar del matrimonio, es impura a los ojos de Dios (22.13-30) y no puede traer bendición. Pensar que podemos vivir en impureza sexual y seguir recibiendo bendiciones es engañarnos a nosotros mismos (1 Co 6.9-10).

La bendición de la compasión

Mientras subraya la compasión de Dios hacia nosotros, Deuteronomio muestra que si queremos experimentar esa compasión nosotros mismos debemos demostrarla. Los capítulos 17-25 contienen leyes que llaman a la compasión en temas tan variados como ley (16.18-20; 17.8-11; 21.1-9), provisión para los siervos de Dios (18.1-8), guerra (20.1-20) e incluso la naturaleza misma (22.6-8).

PALESTINA A PRINCIPIOS DEL ANTIGUO TESTAMENTO

0   10   20 millas

0   10   20 kilómetros

Sidón

Mte Líbano

Damasco

Sarepta

Mte Hermón

ARAM (SIRIA)

Tiro

Laish (Dan)

Cedes

Hazor

Río Jordán

Merom

El Mar Grande

Aco

Cineret

Mar de Cineret

Astarot

Mte Carmelo

R Cisón

CANAÁN

Afec

BASÁN

Jocneam

Sunem

Edrei

Dor

Meguido

Bet-seán

Ramot de Galaad

Migdal

Dotán

El Arabá

Socó

MONTES DE ISRAEL

Tirsa

Río Jordán

Mte Ebal

Siquem

Sucot

R Jaboc

Mte Gerizim

Penuel

Mahanaim

Jope

Afec

Rabá

AMÓN

Lod

Betel

Gilgal

Sitim

Llanura de Sarón

Bet-horón

Hai

Jericó

Mte Pisga

Hesbón

Gezer

Ajalon

Gabaón

Ecrón

Jerusalén

Medeba

Asdod

Beth-shemesh

Timná

Bet-jesimot

AMORREOS

Ascalón

Socó

Belén

Laquis

Adulam

Atarot

Quriataim

Gaza

Eglón

Mamre

Mar Salado (Mar del Arabá)

La Sefela

Debir

Hebrón

R Arnón

Ciudad de Moab

Rafá

CANAÁN

MONTES DE JUDÁ

Beerseba

Ar

MOAB

Horma

Valle de Sidim

Kir-hareset

El Neguev

Rehobot

Zoar?

Posible región de las ciudades de Sodoma, Gomorra, Adma, Zeboim, Zoar.

Zif

Arroyo Zered

EDOM

Desierto de Zin

Beerot

Hazazón-tamar

Josué
LA TOMA DE LA TIERRA

PERSPECTIVA GENERAL

Tras la muerte de Moisés, Josué («el Señor salva») le sucede como líder de los israelitas. Su tarea de llevarlos al interior de la Tierra Prometida no era fácil. Canaán estaba ocupada por muchos estados independientes y ciudades fortificadas. Por tanto, Josué solo pudo llevar al pueblo de Dios a reclamar su herencia mediante la dependencia con respecto a Dios.

RESUMEN

Llamamiento

Con Moisés muerto, Dios llama a Josué a su nueva tarea (1.1-2), prometiéndole éxito (1.3-5) y retándole a ser valiente y obediente (1.6-9). Entonces, Josué preparó a los israelitas (1.10-18) y envió espías a reconocer Jericó (2.1-24).

Cruzar

Los espías habían vadeado el río el día previo (2.23), pero ahora estaba crecido (3.15). Los cananitas probablemente interpretaron que Baal (su dios del tiempo) los protegía. Dios mandó a los sacerdotes llevar el arca dentro del río y, al hacerlo, el agua se detuvo de forma que el pueblo pudo cruzar (3.14-17). Se levantaron piedras para recordar lo que Dios había hecho.

Circuncisión

Antes de luchar, los hombres debían circuncidarse (algo que se descuidó en el desierto) para recordarles que eran el pueblo de Dios (5.2-9). Una vez celebrada la Pascua (5.10-12), estaban listos para la guerra. A Josué se le recordó que esto era la batalla de Dios (5.13-15).

Conquista

Josué comenzó tomando ciudades a lo largo del camino que corta Canaán en dos. Jericó no fue tomada mediante lucha sino a través de una ruidosa procesión religiosa (6.1-27). Yendo hacia el oeste, se vieron de forma inesperada derrotados en Hai (7.1-9). La razón era el pecado: Acán tomó del botín obtenido en Jericó que era solo para Dios. Con su pecado sacado a la luz (7.10-26), Hai fue tomada (8.1-35).

En la segunda fase, Josué giró hacia el sur. Los gabaonitas usaron la astucia para que los israelitas hicieran alianza con ellos (9.1-27) y cinco reyes amonitas se unieron contra Israel (10.1-6). Dios los derrotó de forma milagrosa (10.7-15), permitiendo a Josué conquistar el resto del sur (10.16-43).

En la tercera, Josué fue hacia el norte, derrotó al rey de Hazor y sus aliados (11.1-23). La conquista había terminado, unos treinta años después de su inicio, y Dios asignó tierra a cada tribu (13.8-21.45), pero durante muchos años hubo focos de resistencia (13.1-7).

Véase el mapa de la división de la tierra en territorios asignados a cada tribu en la p. 98.

Pacto

Finalizada la conquista, Josué hizo su discurso de despedida (23.1-16) y encabezó junto al pueblo un acto de renovación del pacto (24.1-27), recordando a Israel todo lo que Dios había hecho e instando a una obediencia de todo corazón. Completado su cometido, murió, a la edad de ciento diez años (24.28-33).

Autor

El libro no nos da su autor, pero la redacción sugiere que fue testigo ocular de que narra. Josué recopiló acontecimientos (18.8, 24.25), pero el uso frecuente de «hoy» o «este día» (7.26) indica que la versión final fue escrita más tarde, quizás durante la monarquía, por un autor desconocido.

Fecha

Tradicionalmente, la invasión de Canaán se fecha a principios de 1406 a. C., y duró unos treinta años. Las evidencias arqueológicas han dado la fecha de 1250 a. C. como la más tardía posible para la invasión de Josué. Las naciones vecinas, hititas, egipcios y babilonios, eran débiles en esa época, dejando a Canaán (situado entre ellas) vulnerable ante el ejército de Josué.

LA CONQUISTA DE CANAÁN

1 Moisés muere con la Tierra Prometida a la vista (Dt 34)

2 Dios comisiona a Josué (Jos 1)

3 Se envían espías de Sitim a Jericó (2)

4 La nación cruza el Jordán sobre seco (3–4)

5 Jericó cae (6)

6 Hai atacada, los israelitas derrotados (7)

7 Hai atacada de nuevo y destruida (8)

8 Las palabras de la ley leídas en el monte Ebal y el pacto restaurado (8)

9 Los gabaonitas engañan a Josué (9)

10 El sol no desciende en Gabaón, prolongando la luz para la batalla (10)

11 Cinco reyes amonitas derrotados y muertos en Maqueda (10)

12 Las ciudades del sur conquistadas (10)

13 Coalición de reyes del norte derrotada en las aguas de Merom (11)

14 La tierra es dividida entre las tribus de la nación (13–19)

15 El pacto renovado de nuevo en Siquem (24)

16 Josué muere y es enterrado en Timnat-sera (16)

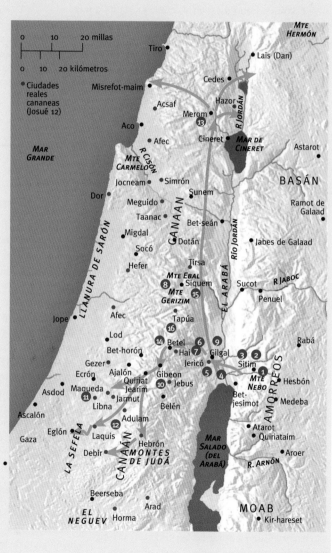

BOSQUEJO – JOSUÉ

TEMAS CLAVE – JOSUÉ

El Dios de la fidelidad

Casi seiscientos años antes, Dios prometió a Abraham que haría de él una gran nación y le daría Canaán (Gn 12.1-2; 15.7-21; 17.3-8). Dios no tuvo prisa en cumplir esa promesa, pero ahora había sucedido, como Josué recordó al pueblo (24.2-15). Dios siempre cumple sus promesas.

El Dios de la batalla

Josué contiene algunas historias duras, con órdenes de matar a pueblos enteros, genocidio. ¿Por qué debía ser esto así?

Primero, Dios dio a los cananitas un largo tiempo para arrepentirse, como bien prometió (Gn 15.16); pero continuaron con su religión y moralidad corruptas. Dios es paciente, pero su paciencia no dura para siempre y su juicio llega finalmente.

Segundo, estos eran mandatos para unos tiempos y propósitos específicos, limitados en extensión a Canaán (no se les permitió atacar a los vecinos ni construir un imperio) y en ejecución (no se les permitía usar los carros capturados para luchar de forma más agresiva, 11.6). Dios quería Canaán, y solo Canaán, como base para su pueblo, desde donde el Mesías vendría a salvar a todas las naciones.

Tercero, en aquellos días, la victoria en la batalla reflejaba la grandeza de su dios. Un dios que no saliera victorioso se consideraba débil; Dios demostraba así que estaba hablando en el lenguaje de aquel tiempo.

Cuarto, la conquista de la Tierra Prometida es un cuadro del reino de Dios, que avanza y no puede ser detenido, y que algún día conquistará a todos los pueblos de este mundo (Dn 2.44; 7.13-14). Dios es un Dios de batalla; pero esta batalla ahora es espiritual (Jn 18.36).

Estas historias no se deben tomar como justificación hoy para cada lucha que nos parezca correcta. Cuando Josué preguntó al ángel si estaba de su lado o del de sus enemigos, este contestó «¡de ninguno de los dos!». Dios está de su propio lado, no del nuestro (5.13-14).

El Dios de los detalles

Josué contiene mucho material que podríamos considerar aburrido (siendo honestos): listas de reyes derrotados (12.1-24), descripciones de cómo se dividió la tierra (13.1-19.51), ciudades de refugio (20.1-9), ciudades para los levitas que no tenían tierras en propiedad (21.1-45). Puede que no nos resulte la parte más inspiradora de las Escrituras, pero nos hace ver el sumo cuidado de Dios por los detalles de la vida, por muy triviales que nos puedan parecer. Dios quería asegurar que nadie se quedara sin experimentar su promesa.

IMPORTANCIA PARA NUESTROS DÍAS – JOSUÉ

Ser obediente

La clave del éxito, como se le dijo Josué, era la absoluta obediencia a Dios y a su palabra, algo que Dios le dejó claro al principio (1.7-8). El hecho de que el pueblo rápidamente obedeciera a Josué (1.17-18) probablemente refleja que vieron obediencia en su propia vida primero. Los líderes no pueden pedir a otros lo que ellos no hacen por sí mismos.

Ser fuerte

Tres veces le dijo Dios a Josué «sé fuerte y valiente» (1.6, 7, 9), tal como Moisés le había dicho (Dt 31.6-7), e incluso el pueblo también (1.18). Esta petición está basada en la presencia de Dios: «porque yo estaré contigo» (8.1; 10.8; 11.6). Presumiblemente, esto fue porque Josué no se sentía ni muy fuerte ni muy valiente en ese momento. Su mentor, Moisés, había muerto, y solo Caleb y él mismo quedaban de aquellos que dejaron Egipto cuarenta años antes y habían visto el poder de Dios al derrotar a un enemigo. ¿Por qué iba el pueblo a creer que Dios podría hacerlo de nuevo, y a través de él? No era raro que Josué estuviera nervioso. Pero el liderazgo significa agarrarse fuertemente a Dios uno mismo para poder inspirar confianza en los demás.

Ser radical

Israel no destruyó a los cananitas por completo, como Dios había mandado: quedaron focos de resistencia, ciudades que no se sintieron capaces de conquistar (13.1-7), y estas demostraron durante muchos años ser una fuente de problemas y tentación para Israel.

Cuando no somos radicales a la hora de eliminar problemas potenciales de nuestras vidas, podemos garantizar que las cosas irán mal en algún momento en el futuro. Jesús instó a sus seguidores a ser radicales al tratar con cosas que les pudiesen apartar de Dios (Mr 9.43-48).

> «... Escogeos hoy a quién sirváis».
>
> Josué 24.15

Ser justo

Josué echó suertes para dividir la tierra entre las tribus (18.1-10), por lo que nadie le podía acusar de injusticia o favoritismo. Cada familia recibió su parcela de terreno, pero los levitas fueron excluidos de este reparto para recordarles que su herencia era el servicio al Señor (18.7). Josué les entregó ciudades donde podían vivir y cultivar tierras para su ganado (21.1-45). También implantó las ciudades de refugio, esparcidas a lo largo del país, donde cualquier culpable de homicidio podía huir para asegurarse un juicio justo ante los ancianos (20.1-9). Aunque era responsable de toda la nación, Josué estuvo atento para reconocer las necesidades particulares. Nosotros también deberíamos ser siempre justos en cuanto a las necesidades de otros, especialmente si somos líderes.

Jueces
EL TRISTE DECLIVE

PERSPECTIVA GENERAL

Al final de la vida de Josué, el poder cananita había sido quebrantado, pero seguía habiendo presencia cananita. El pueblo de Israel necesitaba completar su trabajo, limpiando Canaán de su gente impía y su religión. Pero sin un líder claro que los uniera, la vida de Israel se fragmentó y cayó en una espiral durante los siguientes trescientos años. Se olvidaron de su Dios, pero Dios no se olvidó de ellos.

RESUMEN

Se establece el escenario

Jueces comienza diciendo que la conquista estaba incompleta (1.1-2.5) y que los israelitas estaban empezando a aceptar la vida cananita, en vez de destruirla (2.6-13). Dios no les abandonó y, sin embargo, les disciplinó por medio de ataques de los enemigos (2.14-15), liberándolos posteriormente cuando recurrían a él (2.16). Lo hacía por medio de «jueces» (2.16), líderes ungidos por el Espíritu cuya tarea era juzgar a los enemigos de Dios venciéndoles. Sin embargo, el pueblo siempre volvía a caer en los caminos de maldad (2.6-23), y esos ciclos de desobediencia, aflicción y liberación continuaron por más de trescientos años.

Historias de doce jueces

El autor habla de doce jueces, desde Otoniel (1367-1327 a. C.) Hasta Sansón (1075-1055 a. C.). Construye su historia con sumo cuidado, seleccionando a los jueces sobre los cuales iba a escribir. Justo en el centro hay dos historias que contrastan: Gedeón, que no quería ser rey (6.1-8.35), y Abimelec su hijo, que sí quería (9.1-57). De ambos extremos llegan Débora (4.1-5.31), desde el oeste, y Jefté (10.6-12.7), desde el este, los cuales no estaban muy bien considerados en su cultura, la primera por ser mujer y el segundo por ser hijo de una prostituta. Y después, a cada lado, tenemos dos hombres solitarios: Aod desde el sur (Benjamín) y Sansón desde el norte (Dan). El punto de atención que quiere recalcar el autor es que por todo Israel la nación se apartaba de Dios,

dando vueltas en círculo y cayendo. Pero aunque Israel abandonó a Dios, Dios no abandonó a Israel.

Declive social y espiritual

Los capítulos 17-21 muestran el declive de la vida. Micaía estableció un santuario idólatra y un sacerdote no oficial (17.1-12) y los danitas robaron ambos (18.1-31). Una banda de hombres quería sexo con un levita que lo visitaba (19.16-22) y violó y mató a la mujer que iba con él (19.23-29), llegando a una guerra civil entre el pueblo de Dios (20.1-21.24). El versículo final resume la oscuridad existente: «En estos días no había rey en Israel; cada uno hacía lo que bien le parecía» (21.25).

Autor

Aunque el autor es desconocido, la expresión «en esos días no había rey en Israel» (17.6; 18.1; 19.1; 21.25) indica que fue escrito durante la monarquía. En retrospectiva, Samuel pudo haber recogido algo del material original.

Fecha

Jueces cubre el periodo entre la muerte de Josué (alrededor de 1375 a. C.) y el ascenso de Saúl al trono (alrededor de 1050 a. C.). Esto concuerda con Jefté, un juez más tardío, que dijo que Israel había estado en Canaán trescientos años.

BOSQUEJO – JUECES

La ocupación de la tierra

1.1-36	Expansión continuada de Israel en Canaán
2.1-5	Desobediencia de Israel en Boquim
2.6-9	Muerte de Josué
2.10-23	Consecuencias de la idolatría y la desobediencia
3.1-6	Otros pueblos que permanecían en la tierra

Los jueces

3.7-31	Los primeros jueces: Otoniel, Aod y Samgar
4.1-5.31	Débora
6.1-10	Opresión por parte de los madianitas
6.11-40	El llamamiento de Gedeón
7.1-25	Derrota de los madianitas por Gedeón
8.1-32	La última parte del cometido de Gedeón y su muerte
8.33-35	Apostasía en Israel
9.1-57	Abimelec
10.1-12.7	Tola, Jair y Jefté
12.8-15	Ibzán, Elón y Abdón
13.1-14.20	Nacimiento y matrimonio de Sansón
15.1-20	Sansón y los filisteos
16.1-22	Sansón traicionado por Dalila
16.23-31	La muerte de Sansón

Últimos acontecimientos

17.1-13	Los ídolos de Micaía
18.1-10	Los espías de Dan viajan al norte
18.1-26	El robo de los ídolos de Micaía
18.27-29	La conquista de Lais.
18.30-31	El santuario pagano fundado en Dan
19.1-30	La muerte de la concubina del levita en Gabaa
20.1-11	La reunión de tropas israelitas
20.12-25	Israel derrotado dos veces por Benjamín
20.26-48	La derrota aplastante de Benjamín por los israelitas
21.1-25	Se procuran esposas para los derrotados benjamitas

LOS JUECES DE ISRAEL

Una vez que la nación de Israel se asentó en la tierra de Canaán, olvidó pronto que Dios les había llevado y establecido allí. Empezó a volverse como las naciones cercanas, por lo que Dios permitió que estos pueblos vecinos les disciplinaran. Cada vez que Israel reconocía que no estaba actuando bien y clamaba a Dios pidiendo ayuda, él levantaba hombres que protegían y guiaban a su pueblo en el poder del Espíritu.

1. Otoniel (de Judá) venció a los nómadas invasores provenientes del este liderados por Cusan-risataim (3.7-11).

2. Aod (de Benjamín) derrotó al rey moabita Eglón (3.12-30)

3. Samgar salió victorioso ante los filisteos (3.31).

4. Débora la profetisa (de Efraín) y Barac (de Neftalí) lideraron a las tribus del norte para derrotar a los cananitas de Jabín y Sísara (4-5).

5. Gedeón (de Manasés) venció a invasores madianitas y amalecitas (6–8).

6. Tola (de Isacar) lideró a la nación (10.1-2).

7. Jair (de Galaad) lideró a Israel (10.3-5).

8. Jefté (de Galaad) lideró al pueblo para vencer a los amonitas (11.1-12.7).

9. Ibsán (de Zabulón) lideró a la nación (12.8-10).

10. Elón (de Zabulón) lideró a la nación (12.11-12).

11. Abdón (de Efraín) lideró a Israel (12.1-15).

12. Sansón (de Dan) guerreó contra los filisteos (13-16).

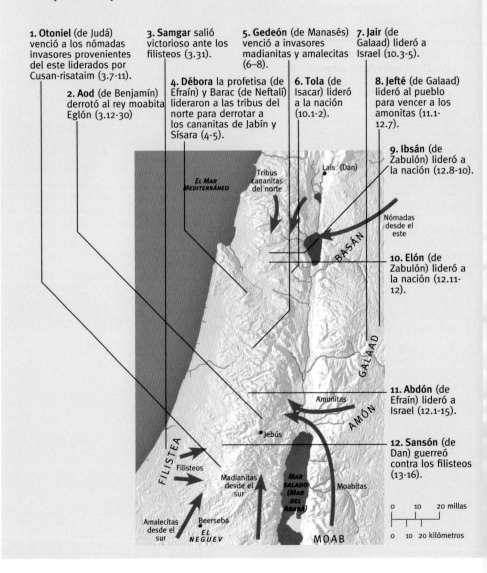

EL MAR MEDITERRÁNEO

Tribus cananitas del norte

Laís (Dan)

Nómadas desde el este

BASÁN

GALAAD

Amonitas

AMÓN

Jebús

FILISTEA

Filisteos

Madianitas desde el sur

MAR SALADO (MAR DEL ARABÁ)

Moabitas

Amalecitas desde el sur

Beerseba

EL NEGUEV

MOAB

0   10   20 millas

0   10   20 kilómetros

TEMAS CLAVE – JUECES

El rey que olvidaron

Un tema central es que Israel había olvidado que Dios era su rey y que estaban ligados a él por el pacto. Cuando quisieron hacer a Gedeón rey (pensando que esto resolvería sus problemas), él tuvo que recordarles esto (8.23); pero olvidaban constantemente y «cada uno hacía lo que bien le parecía» (17.6), una clara ruptura del pacto (Dt 12.8). Ellos, por tanto, perdieron el derecho a las bendiciones del pacto (Dt 28.1-14) y experimentaron sus maldiciones en su lugar (Dt 28.15-68). Solo la misericordia y la paciencia de Dios les guardaba de ser completamente destruidos.

Los lideres que seguían

Aunque a veces cumplían funciones legales (4.4-5), los jueces eran en un principio líderes que Dios levantó y con el poder de su Espíritu debían rescatar a Israel del enemigo del momento. Sin embargo, incluso los mejores tuvieron debilidades: Gedeón era miedoso (6.11) e incrédulo (6.13); Aod era engañoso (3.15-27); Sansón era gobernado por las pasiones sexuales (14.1-7; 16.1,4), era irascible (14.19) y vengativo (15.1-5). El hecho de que Dios usara a tales personas no era una señal de aprobación, sino simplemente un reflejo de cómo se había deteriorado la vida. ¡Estos eran los mejores que Dios podía encontrar!

Los dioses que abrazaban

Los cananitas eran una civilización muy culta (algo contrario a la creencia común), y practicaban la religión de la fertilidad en la cual recibían adoración los poderes de la naturaleza. Baal, hijo de El (el dios supremo), era dios de la fertilidad y del tiempo. A menudo se le retrataba sobre un toro con un relámpago en forma de lanza. Junto con Asera (mujer de El) y Astoret (mujer de Baal) eran adorados por medio de prostitución ritual, ya que se pensaba que eso traía fertilidad a la tierra. Es por tanto fácil de ver por qué la religión cananita era tan atractiva y por qué Dios mandó eliminarla. Fue un error de Israel no hacerlo así ya que acarreó problemas durante más de trescientos años.

La disciplina que experimentaron

La apostasía de Israel (apartarse de Dios) rompió el pacto y era un momento propicio para que Dios les abandonara, pero no lo hizo. En su lugar, los disciplinó permitiendo que los pueblos de alrededor atacaran a Israel, intentando así que recuperaran el sentido y que volvieran a él. Cuando se volvían a Dios, siempre era por un periodo corto de tiempo ya que tan pronto salían de sus problemas volvían a las andanzas. Pero Dios nunca se rindió; siguió disciplinándolos por su bien (He 12.5-11).

IMPORTANCIA PARA NUESTROS DÍAS – JUECES

Llamados a vivir de una forma diferente

Dios llamó a Israel para ser «una nación santa» (Éx 19.6), viviendo de manera diferente a los de alrededor. Pero en vez de cambiar el mundo, se distrajeron de su lealtad a Jehová. Comenzaron a adorar a otros dioses y, como consecuencia, la espiral descendente de declive moral y espiritual se fue haciendo mayor.

A los cristianos se les dice también que no amen al mundo y a las cosas que hay en él (1 Jn 2.15), sino que vivan una vida santa, diferente a la cultura de alrededor (Ef 5.3-16; Col 3.1-17; 1 Ts 4.3-8). Estamos aquí para influenciar al mundo, y no al revés.

> «En estos días no había rey en Israel; cada uno hacía lo que bien le parecía».
>
> **Jueces 21.25**

Llamados a vivir en el Espíritu

Los jueces recibieron poder para realizar la obra de Dios a través del Espíritu Santo (3.10; 6.34; 11.29; 13.25; 14.6,19; 15.14). Cuando el Espíritu obraba, ellos no dependían de recursos humanos, como Gedeón pudo descubrir cuando Dios redujo su ejército de 32.000 a solo 300 (7.1-7) ni estaban limitados por las capacidades humanas (14.5-6; 15.11-17). Su unción, sin embargo, era solo temporal, ya que el Espíritu venía sobre ellos para la ocasión y luego los dejaba de nuevo. En contraste, desde Pentecostés, los cristianos pueden experimentar una unción permanente del Espíritu de Dios (1 Jn 2.27), dándoles poder para la obra de Cristo (Hch 1.8).

Llamados a confiar en Dios

Gedeón no estaba por la labor de acometer la tarea, poniendo excusas y lleno de dudas, a pesar de la seguridad que Dios le daba (6.11-16). Aun así, Dios le dijo que confiara y soportó pacientemente sus peticiones de señales (6.17-18, 36-40). Dios no veía sus dudas como un pecado; simplemente las sobrellevó con paciencia, al igual que hizo con Moisés (Éx 3.10-17).

Nosotros también somos llamados a confiar en Dios (Pr 3.5-6; Is 26.3-4; Jn 14.1) e incluso por gracia puede darnos señales para alentarnos y guiarnos a lo largo del camino (Is 30.21). Podemos ver que el vellón de Gedeón significaba más una falta de confianza que una medida de fe.

Llamados a seguir adelante

Jueces nos trae la importante lección de seguir adelante, sobre todo cuando la obra aún no ha sido completada, algo en lo que los israelitas fallaron. Cuando la Tierra Prometida no fue conquistada tan rápido como ellos esperaban, muchos se desanimaron y nunca llegaron a poseer lo que estaba preparado para ellos, quedándose con menos de lo que Dios tenía para ellos: lo mejor. En contraste, Caleb fue un hombre que nunca se rindió y, por tanto, tuvo lo que se le prometió (1.20; Jos 14.6-15).

Dios exhorta a su pueblo a seguir adelante (He 10.35-39; 12.1-2; Stg 1.2-12), especialmente cuando las cosas no ocurren de la noche a la mañana.

Rut
FIDELIDAD RECOMPENSADA

PERSPECTIVA GENERAL

Llamado como uno de sus protagonistas principales, Rut muestra cómo las cosas nunca se ponen tan mal que Dios no pueda venir y cambiarlas. En los oscuros días de los jueces (1.1), un rayo de sol irrumpe a través de esta historia de amor, fidelidad y redención.

RESUMEN

Rut comienza con un prólogo de 71 palabras en hebreo (1.1-5) y termina con un epílogo de 71 palabras. En el medio hay cuatro escenas, con un punto de inflexión justo en el centro: «Nuestro pariente es aquel varón, y uno de los que pueden redimirnos» (2.20). Esta es la clave de la historia: es una historia de redención.

Escena 1. El retorno (1.1-22)

Una hambruna obligó a Elimelec, Noemí y sus dos hijos a abandonar Belén, buscando refugio en Moab (1.1-2). Elimelec murió allí, por lo que Noemí casó sus hijos con moabitas, Orfa y Rut; pero los hijos también murieron y las tres mujeres quedaron abandonadas (1.3-5). Noemí decidió volver a Belén, animando a sus nueras a quedarse en Moab (1.6-9). Orfa se quedó, pero Rut insistió en acompañar a Noemí a casa (1.10-18), con una maravillosa expresión de compromiso (1.16). Noemí llegó a casa amargada debido a sus experiencias (1.19-22).

Escena 2. La reunión (2.1-23)

De una forma bastante accidental (humanamente hablando), Rut fue a espigar (recoger los sobrantes de la cosecha) al campo de un amable terrateniente que era familiar de Noemí (2.1-18) capacitado, por tanto, para ser un pariente redentor (2.19-23).

Escena 3. La petición (3.1-18)

Noemí le dijo a Rut que visitara a Booz (3.1-6). Esa noche, Rut yacía a sus pies y, cuando despertó de repente, le pidió su protección (3.9), una invitación al matrimonio. Booz vio esto como un acto de bondad, ya que aunque era más joven que él (3.10), Rut puso en primer lugar las necesidades de Noemí. Pero había un problema: un familiar más cercano tenía derechos sobre ella antes que Booz (3.11-18).

Escena 4. La redención

Ante los ancianos, Booz explicó la situación de Noemí a este familiar (4.1-3). En un principio veía el matrimonio con buenos ojos, ya que así recibiría las tierras de Elimelec; al descubrir que también tendría responsabilidad sobre Rut, y los futuros hijos, declinó rápidamente su derecho (4.5-6). Esto liberó a un feliz Booz para poder casarse con Rut (4.7-12).

El epílogo (4.13-17) nos cuenta como el matrimonio recibió la bendición de un hijo (4.13-17). Rut no solo fue redimida, junto con Noemí, sino que se convirtió en antepasada del rey David, del cual vendría Jesús, el gran redentor. Una sorprendente historia de redención, subrayada con una genealogía final (4.18-22).

Autor

Aunque la tradición judía apunta a Samuel, esto es poco probable, ya que la historia menciona al rey David. Simplemente no conocemos el autor.

Fecha

La mención de David (4.17,22) y el estilo de redacción sugieren que Rut fue escrito durante el periodo de la monarquía.

BOSQUEJO – RUT

Noemí queda desconsolada

Rut y Booz

Booz se casa con Rut

TEMAS CLAVE – RUT

El remanente de Dios

No importa lo mal que se pongan las cosas, Dios siempre tiene algunos que permanecen fieles a él. Este «remanente» queda representado aquí por Booz, que era fiel y hacía las cosas según la manera de Dios, incluso en esos días oscuros.

No solo fue recompensado personalmente por su fidelidad, sino que a través de él vino Jesús, el salvador del mundo.

Dios siempre tiene un remanente fiel por medio del cual obra sus propósitos (Gn 45.7; 2 R 19.1-4; Esd 9.5-15; Is 10.20-22; Jer 23.1-4; Ro 11.1-5).

La gracia de Dios

La gracia de Dios se muestra no solo a Noemí, una hija de Israel, sino también a Rut, una moabita. Los moabitas habían sido siempre enemigos desde que le prohibieron el paso a Israel por su territorio camino de la Tierra Prometida (Jue 11.14-18), y la ley los excluía de la presencia de Dios (Dt 23.3-6; Neh 13.1-3). Pero Rut muestra que los gentiles también pueden experimentar la gracia de Dios, como después se ve en el ministerio de Jesús (Mt 28.19; Mr 7.24-30). Entrar a formar parte del pueblo de Dios no tiene nada que ver con nuestra raza, circunstancias o esfuerzos, tiene que ver con la gracia de Dios recibida por fe (Ro 1.5; Ef 2.8-18).

El amor del pacto de Dios

El amor del pacto de Dios (en algunas versiones, *bondad*) es un tema recurrente (1.8; 2.20; 3.10). Se ve reflejado en el compromiso que Rut toma con Noemí: «Porque a dondequiera que tú fueres, iré yo, y dondequiera que vivieres, viviré. Tu pueblo será mi pueblo, y tu Dios mi Dios» (1.16), un compromiso de estar junto a ella viniera lo que viniera. Booz muestra la misma bondad con sus parientes lejanos cuando actúa como pariente redentor, reflejando el amor del pacto de Dios hacia su pueblo cuando no lo merecen.

La redención de Dios

En la literatura antigua, la clave para entender un libro se encontraba justo en el centro del mismo. El centro del texto hebreo de Rut es 2.20. «Nuestro pariente es aquel varón, y uno de los que pueden redimirnos», mostrando que la redención es el tema clave. Esa palabra está (en varias formas) 23 veces en esta corta historia. Es significativa en varios aspectos: Noemí es redimida de la amargura al gozo; Rut es redimida de ser una forastera a ser parte del pueblo de Dios; Booz es redimido de estar solo a tener su propia familia; Belén es redimida de la hambruna a la abundancia. Todo en esta historia grita el mensaje de que Dios es un Dios redentor (Éx 6.6-8; 2 S. 7.22-24; Job. 19.25; Is 43.1-13; Ga. 3.13-14; 1 P 1.18-19).

Vista mas allá de las colinas de Judea hacia Belén, hogar de Noemí y Rut y lugar de nacimiento de Jesús

IMPORTANCIA PARA NUESTROS DÍAS – RUT

Ser pacientes

Noemí y Rut tuvieron que esperar pacientemente y confiar en que Booz actuara (3.18). Booz también tuvo que esperar y ver si el familiar redentor más cercano actuaba en vez de él. Debieron sentirse bien ansiosos, preguntándose si las cosas se volverían a su favor; pero ninguno de ellos intentó que ocurrieran cosas manipulando las circunstancias. Si Dios va a actuar, podemos esperarle pacientemente; no necesita nuestra ayuda. La Biblia recomienda esperar pacientemente a que Dios actúe (Pr 8.34; Is 64.4; He 6.15; Stg 5.11).

Ser redimibles

Nada ni nadie está por encima de la capacidad que Dios tiene de redimirnos, como la historia de las desconsoladas Noemí y Rut nos enseña. En cientos de historias en la Biblia vemos a Dios redimiendo o rescatando a personas de sus situaciones (Éx 3.7-10; Dt 4.32-40; Sal 34.22; Is 41.10-14; Jer 50.34; Lc 1.67-75; 1 P 1.18-19). Por tanto, como pueblo suyo, nosotros tampoco deberíamos descartar a alguien o algo de ser redimido, sino intentar sacar lo mejor de cada situación.

Ser comprometidos

La situación de Noemí fue transformada por medio del compromiso de Rut con ella. Su expresión de compromiso, «porque a dondequiera que tú fueres, iré yo, y dondequiera que vivieres, viviré. Tu pueblo será mi pueblo, y tu Dios mi Dios» (1.16), es una de las más bellas expresiones de compromiso en la Biblia y sigue siendo un ejemplo poderoso a seguir por los cristianos en su compromiso unos con otros. Si somos miembros del cuerpo de Cristo, ¿cómo no vamos a poder comprometernos los unos con los otros? (Ro 12.4-5; 1 Co 12.12-27; Ef 4.3-16).

Tener confianza

No importa lo mal que parezcan estar las cosas, esta historia nos muestra que podemos confiar en Dios que siempre está obrando tras el escenario y que «sabemos que a los que aman a Dios, todas las cosas les ayudan a bien, esto es, a los que conforme a su propósito son llamados» (Ro 8.28). Nada nos puede separar del amor de Dios en Cristo (Ro 8.32-39). Confiar en él en los tiempos difíciles no siempre es fácil, pero se recibe bendición (Sal 40.1-5; 84.5-12; Jer 17.5-8).

Ser considerados

Poner a otros en primer lugar es más importante que nuestra propia comodidad personal, como Rut demostró. Jesús no miró a sí mismo cuando fue a la cruz, sino a nosotros (Fil 2.3-11). Estamos, por tanto, llamados a ser siempre considerados hacia los demás (Tit 3.1-2; Stg 3.13-18; 1 P 3.7).

> «Nuestro pariente es aquel varón, y uno de los que pueden redimirnos».
>
> **Rut 2.20**

1 Samuel

LA BÚSQUEDA DE UN REY

PERSPECTIVA GENERAL

Conocido por ser quien Dios usó para establecer la monarquía en Israel, Samuel describe la transición desde la teocracia (gobierno directo de Dios) a la monarquía (gobernados por un rey) en Israel. Pero el rey de Israel también tenía un rey, Dios, el Señor. Saúl, su primer rey, olvidó este hecho y fue destruido; David, el segundo, lo recordó y recibió bendiciones.

RESUMEN

La historia de Samuel

Nacido milagrosamente, de padres piadosos (1.1-20), en el periodo final de los jueces, Samuel fue entregado al servicio de Dios (1.21-2.11). Fue durante su servicio al sacerdote Elí cuando fue llamado a ser un profeta (3.1-21). En esos tiempos los filisteos, que habitaban en la costa, presionaban tierra adentro para conseguir más territorio. Luchaban contra Israel y capturaron el arca de Dios (4.1-22), aunque rápidamente la devolvieron (5.6-7.1). Esta amenaza filistea en aumento, el fracaso de los hijos de Elí como sacerdotes y la edad avanzada de Samuel, llevaron a Israel a pedir un rey (8.1-5).

La historia de Saúl

Aunque Samuel se enfadó con la petición del pueblo, Dios le dijo que siguiera adelante (8.6-21). Dios eligió a Saúl, un hombre ideal, por lo menos acorde al modelo que el pueblo quería (9.2), y Samuel le ungió como rey (9.3-10.7), pero probó su obediencia (10.8). Aunque tuvo un buen comienzo (11.1-15), Saúl se volvió independiente, y Samuel le reprendió cuando desobedeció el mandamiento de Dios. Saúl argumentó que sus soldados estaban asustados y Samuel no llegaba y por eso ofreció el sacrificio él mismo (13.5-12). Samuel le dijo que este acto de desobediencia significaba que Dios le había quitado su reino (13.13-14). Incluso cuando se le dio una segunda oportunidad, Saúl falló la prueba, una vez más defendiendo su inocencia (15.1-21), por lo que Samuel lo abandonó a su suerte (15.22-35).

La historia de David

Buscando el sustituto de Saúl, Samuel buscó las cualidades erróneas en un principio (16.1-7). Dios le llevó hasta David, probablemente de unos 15 años de edad, y le ungió como nuevo rey de Israel (16.13). David rápidamente demostró su valía, como músico (16.14-23), como guerrero (17.1-58) y como amigo (18.1-4). Esto puso a Saúl celoso e intentó matar a David (18.5-19.24). Durante los siguientes diez años, David estuvo huyendo de Saúl, escondiéndose en las montañas e incluso entre los filisteos (27.1-12; 29.11). Sorprendentemente, perdonó la vida a Saúl dos veces (24.1-22; 26.1-25). Abandonado por Dios, Saúl recurrió a una adivina (28.1-25). Derrotado en la batalla, se suicidó (31.1-13), terminando con una vida que una vez tuvo mucho potencial.

Autor

El autor de 1 y 2 Samuel, originalmente un solo libro separado en dos cuando se tradujo del hebreo al griego, es desconocido. No fue Samuel, ya que este muere en 1 Samuel 25; los libros simplemente se llaman así en su honor.

Fecha

Escrito después de la muerte de Salomón (930 a. C.) ya que el autor se refiere a «Israel y Judá», nombres que se usan solamente después de que la nación se dividiera (1 Reyes 12.1-20).

BOSQUEJO – 1 SAMUEL

Nacimiento y primeros años de vida de Samuel

La institución de la monarquía

El fracaso del reinado de Saúl

El ascenso de David

TEMAS CLAVE – 1 SAMUEL

El rey

Hasta este momento, Israel había sido gobernado directamente por Dios, a través de sus portavoces escogidos (como Moisés), pero, a partir de ahora, reyes gobernarán Israel en su nombre. A diferencia de las naciones alrededor, sin embargo, el rey de Israel no era libre de hacer lo que le pareciera; él también estaba sujeto a la ley de Dios y a su palabra profética. Cuando Saúl mostró que no haría esto, Dios le sustituyó por «un hombre conforme a su corazón» (13.14), David.

Samuel sintió que Dios no quería que Israel tuviera un rey (8.8), aunque esto podría ser simplemente autocompasión, ya que Dios le aseguró a Samuel que no había sido a él a quien habían rechazado (8.7). Sin embargo, Dios ya había previsto la monarquía en la ley dada a Moisés cuatrocientos años antes (Dt 17.14-20); por tanto, puede ser que Israel no pidiera algo incorrecto, sino que lo pidiera por la razón incorrecta, para traerle seguridad.

El profeta

Nacido milagrosamente de una mujer estéril (1.1-20), Samuel creció rápidamente en fe (2.26) y en el don de la profecía (3.19-21). Sus primeras palabras proféticas fueron realmente duras de pronunciar: debía decir a Elí, su amigo y mentor, que su impía familia sería juzgada (3.11-14). Pero Samuel no solo era un profeta, sino también uno de los últimos jueces (7.15-17) y guió a Israel en una importante batalla contra los filisteos (7.2-14). No tenía miedo de desafiar a los que desobedecían a Dios, incluso si quien lo hacía era el rey (13.13; 15.22-26). A lo largo de la Biblia, el profeta tiene la tarea de proclamar valientemente que cree en lo que Dios está diciendo, y el pueblo de Dios, habiéndolo comprobado, está entonces dispuesto a obedecer (Dt 18.14-21; 1 Co 14.29-33).

El pacto

La elección de un rey no significaba el final del pacto que Dios hizo con Israel en el Sinaí, sino más bien una nueva expresión del mismo. Este es el motivo por el cual Samuel exhortó a Israel a renovar su lealtad a Dios cuando Saúl fue elegido rey (11.14-12.25). Israel seguía obedeciendo en primer lugar a Dios, pero a través del rey; porque el mismo rey también debía obediencia a Dios y no se encontraba por encima del pacto. Por esta causa, Samuel escribió unas normas para la monarquía, explicándolas tanto al rey como al pueblo y colocándolas delante del Señor en el santuario como un acto del pacto (10.25). Cuando Saúl falló y no obedeció este pacto, fue quitado del trono, ya que nadie está por encima de la Palabra de Dios.

IMPORTANCIA PARA NUESTROS DÍAS – 1 SAMUEL

El siervo de Dios

Los verdaderos siervos no solo empiezan bien la carrera, también la acaban bien. Saúl empezó bien, con todas las ventajas: físicamente fuerte, popular, ungido por el Espíritu; bajo presión, sin embargo, cedió ante los temores (13.7-9) y las ideas de otros (15.13-15) y eso le inhabilitó. Aunque a pesar de muchos obstáculos durante sus diez años

TERRITORIOS DE LAS TRIBUS

Bajo Josué, la tierra de Canaán estaba dividida en regiones asignadas a cada una de las tribus. Conquistaron la mayor parte de la tierra, con el Neguev, la Sefela, el Arabá, desde Cades Barnea en el sur hasta Lais en el norte, pero muchas zonas permanecieron sin conquistar, incluyendo la tierra de los filisteos.

En la asignación de tierra, la región al este del río Jordán fue dada a Rubén, Gad y la media tribu de Manasés. Al oeste del Jordán las regiones dadas a Judá, Efraín y Manasés fueron decididas a suertes. Las regiones restantes se decidieron en Silo. Como tribu sacerdotal, a Leví le fueron asignadas 48 ciudades por toda la tierra, seis de las cuales fueron designadas ciudades de refugio.

Al no ser capaz Josué de expulsar de la tierra a todas las otras naciones, estas se convirtieron en un problema cotidiano para la nueva nación de Israel, continuamente en guerra e intentando recuperar territorio. Más adelante, los matrimonios mixtos con las naciones de alrededor llevaron al compromiso religioso con dioses ajenos y la consecuencia fue que el pueblo no seguía la ley dada a Moisés. Como resultado de esto, la nación sufrió el juicio de Dios de mano de los invasores a lo largo de su historia.

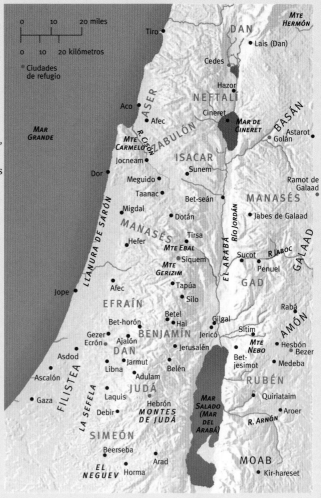

huyendo, David continuó adelante, cosa que todos los siervos de Dios son alentados a hacer (He 12.1-3).

La voz de Dios

El Dios viviente habla (15.10; Job 33.13-14), en contraste con los ídolos mudos (12.21; Is 44.12-20). Sin embargo, Dios no malgasta sus palabras, y deja de hablar cuando nosotros dejamos de escuchar. Él le dio a Saúl repetidas oportunidades para que oyera y obedeciera su voz, pero como no escuchaba, Samuel le abandonó a su suerte (15.34-35). Al final, Saúl estaba desesperado por escuchar a Dios, pero él no contestaba (28.5-6). «Si oís su voz hoy, no endurezcáis vuestros corazones» (He 3.7,15; 4.7).

> «Jehová
> se ha buscado un varón
> conforme a su corazón».
>
> **1 Samuel 13.14**

El tiempo de Dios

El tiempo de Dios es generalmente mucho más lento que el nuestro. Ana tuvo que esperar muchos años, viviendo bajo provocación (1.6-7), antes de que Dios oyera sus oraciones y le diera a Samuel (1.17-20). David, aunque ya ungido rey (16.12-13), tuvo que esperar diez años para verlo hecho realidad. Pero su espera no fue en vano. Ana aprendió cómo orar; David aprendió a soportar, luchar y liderar. Con Dios, esperar un tiempo nunca es malgastar el tiempo.

La frontera de Dios

Es comprensible cuando las personas quieren saber si sus seres queridos que han muerto están en paz o cuando quieren contactar con ellas, pero esta es una frontera que Dios dice que no debemos cruzar. La Biblia prohíbe todo espiritismo, adivinación, contacto con médiums o brujería (Lv 19.31; 20.6; Dt 18.9-13; Is 8.19-22; Hch 13.6-12; Gá 5.19-20), porque abren una puerta en nosotros para los poderes demoníacos.

Saúl conocía esto, y había proscrito previamente a médiums y espiritistas (28.3). Sin embargo, en esa hora de desesperación, ignoró el mandamiento de Dios y consultó una médium, con terribles resultados (28.4-25). ¿Fue a Samuel a quien vio, permitido por Dios como una excepción, retornando de los muertos? ¿O fue un espíritu de mentira (1 R 22.21-23; 1 Ti 4.1) que se hizo pasar por él? Sea lo que fuere, la médium estaba aterrorizada (28.12) y Saúl volvió a casa aún más asustado y deprimido (28.20-23).

Nos involucramos con poderes espirituales del mal y nos ponemos en peligro, como Saúl pudo descubrir. Cruzando esa frontera final, la última de las muchas que ya cruzó previamente, dio un paso hacia una muerte vergonzosa (31.1-4), su vida fue arruinada por el miedo, la codicia y los celos; ¡cuánto potencial malgastado!

2 Samuel
EL HOMBRE SEGÚN EL CORAZON DE DIOS

PERSPECTIVA GENERAL
Continuando 1 Samuel, este libro muestra cómo la muerte de Saúl abrió el camino para que David llegara a rey, primero de Judá, y más tarde de todo Israel. A diferencia de Saúl, aquí tenemos un hombre según el corazón de Dios, un hombre que quería gobernar a la manera de Dios. Pero eso no significaba que fuera perfecto, como a menudo descubrimos.

RESUMEN

Nuevo rey
A David se le rompió el corazón al oír de la muerte de Saúl y de Jonatán (1.17-27) y mató al amalecita que decía (falsamente) haber matado a Saúl (1.1-16). Esta actitud reverente hacia la monarquía hizo que David buscara a Dios (2.1) en lugar de reclamar precipitadamente lo que Dios le prometió. Aunque fue bien recibido como rey por Judá (2.2-4), pasaron siete años hostiles antes de que Israel aceptara a David (5.1-5), después de que el hijo de Saúl, Is-boset, fuese asesinado (4.1-12).

Nueva capital
David conquistó Jerusalén, estratégicamente situada en la frontera entre el norte y el sur, haciéndola su nueva capital (5.6-12). Él acentuó su importancia trayendo el arca de Dios allí (6.1-5). Sin embargo, la desobediencia al transportarla (Éx 25.12-14) le llevó al desastre y David se enfadó con Dios (5.5-11). Fue unos meses antes de que David la trajera de vuelta a Jerusalén, con gran gozo (6.12-23).

Nuevas victorias
El favor de Dios se vio en las victorias militares de David (5.17-25; 8.1-14; 10.1-19). Él estableció el reino en una forma en la que Saúl nunca lo hizo y honró a Dios por ello (22.1-51).

Nuevo pacto
A David le costaba entender que, viviendo él en un palacio, Dios habitara en una tienda (7.1-2). Así que decidió construir un templo. Pero Dios dijo que no quería que David le construyese una casa; más bien, Dios iba a construirle una a David (7.4-11), prometiéndole un reino para siempre (7.12-16). Estas palabras se conocen como el Pacto Davídico. La respuesta de David fue una oración de humilde gratitud y alabanza (7.18-29).

Nuevos problemas
Incluso el líder más grande es humano, y la segunda parte de 2 Samuel trata de los errores de David.
- **Errores en su vida personal**, por el adulterio y la conspiración de asesinato (11.1-27). Al confesarlo rápidamente (en contraste con Saúl, que disculpaba el pecado o acusaba a otros), David recibía el perdón (12.1-25).
- **Errores en su vida familiar**, siendo un padre débil. David erró al no disciplinar a Amnón cuando violó a Tamar (13.1-21) y a Absalón cuando este la vengó (13.23-39). Cuando David finalmente permitió a Absalón volver de su exilio voluntario (14.1-33), Absalón interpretó este gesto como debilidad y reunió hombres (15.1-6), liderando una conspiración (15.7-12). David huyó, dejando a su país inmerso en una guerra civil (15.13-17.29). Le correspondió a Joab tratar con Absalón (18.1-8) y persuadir a David de que volviera (18.19-20.26).
- **Errores en el liderazgo**, al hacer un recuento de sus soldados. Pudo ser un acto de orgullo, o de falta de confianza en Dios, pero este le juzgó por ello. Ni siquiera el rey estaba exento de esa disciplina de Dios (7.14).

Autor
Véase p. 95.

Fecha
Véase p. 95.

BOSQUEJO – 2 SAMUEL

David ungido rey sobre Israel

1.1-16	David, informado de la muerte de Saúl
1.17-27	Lamento de David por Saúl y Jonatán
2.1-7	David, ungido como rey de Judá en Hebrón
2.8-3.39	La rivalidad entre David e Is-boset
4.1-12	La muerte de Is-boset
5.1-5	David, ungido como rey de todo Israel
5.6-15	David conquista Jerusalén
5.16-25	La derrota de los filisteos
6.1-23	El arca de Dios llevada a Jerusalén

El reino de David

7.1-29	La promesa de Dios de que la dinastía de David durará por siempre
8.1-18	Registro de victorias y oficiales
9.1-13	Los tratos de David con Mefi-Boset, hijo de Jonatán
10.1-19L	La derrota de los amonitas y sus aliados
11.1-5	La aventura de David con Betsabé
11.6-25	La eliminación de Urías
11.26,27	La boda de David con Betsabé y el nacimiento de su hijo
12.1-4	La parábola de Natán contra el adulterio de David
12.15-31	La muerte del hijo de David; el nacimiento de Salomón

La rebelión de Absalón

13.1-22	Amnón viola a Tamar
13.23-29	Absalón mata a Amnón
13.30-39	David se entera de la muerte de Amnón
14.1-33	Absalón consigue el derecho a entrar a la presencia de David
15.1-6	La influencia creciente de Absalón
15.7-12	Absalón se hace con el poder
15.13-16.14	David huye de Jerusalén
16.15-17.14	Absalón decide matar a David y a su ejército
17.15-29	David, alertado de los planes de Absalón
18.1-19.8	La batalla entre los ejércitos de David y Absalón. Joab mata a Absalón

El periodo final del reino de David

19.9-43	David regresa a Jerusalén
20.1-13	La rebelión de Seba, hijo de Bicri
20.14-26	La muerte de Seba
21.1-14	Los gabaonitas vengados en la familia de Saúl
21.15-22	Derrotas de los filisteos ante el ejército de David
22.1-51	La canción de victoria de David
23.1-7	El poema final de David
23.8-39	La lista de los guerreros de David
24.1-17	El censo de Israel
24.18-25	David levanta un altar al Señor

TEMAS CLAVE – 2 SAMUEL

El rey davídico

David es el centro de atención en 2 Samuel, presentado como el rey ideal que se tomó muy en serio sus responsabilidades ante Dios, al contrario que Saúl, quien anteponía sus intereses personales a menudo. Bajo su liderazgo de la mano de Dios, Israel alcanzó las fronteras que Dios prometió a sus ancestros mucho tiempo antes, y experimentó seguridad y bendiciones. La Biblia le presenta como un «tipo» o modelo del Mesías que estaba por venir (Jer 23.5-6; Ez. 34.23-24). El reinado de Jesús está a menudo unido con el de David (Mt 22.41-46; Lc 1.31-33) y Jesús incluso es llamado el Hijo de David (Mt 12.22-23; 21.9).

El pacto davídico

Dios no iba a permitir a David que le construyera una casa debido a la sangre derramada por sus manos en la guerra (1 Cr 28.2-3). Sin embargo, Dios reconoció la integridad y devoción de David hacia él y prometió construirle una casa a David, una casa no hecha de piedra sino de descendientes. Dios pactó con David que, en contraste con Saúl, él siempre tendría un descendiente en el trono (7.11-16).

Desde un punto de vista puramente humano, esta promesa parece no haberse cumplido ya que no ha habido un descendiente de David en el trono de Israel por más de dos mil años. No obstante, el Nuevo Testamento dice que ese descendiente es Jesús, el Hijo de David, que reina en un trono eterno en el cielo (Lc 1.32-33; Ap 22.16).

La ciudad davídica

Conociendo la envidia que se podía haber originado de haber escogido como capital una ciudad del norte o del sur, David eligió sabiamente una ciudad en la frontera, una que no fue tomada cuando Josué entró en la Tierra Prometida ni desde entonces. Entrando a Jerusalén por los conductos del agua, David sometió a sus habitantes, los jebuseos, y la hizo su capital y propiedad personal, llamándola la ciudad de David (5.6-9). También era conocida como Sión (5.7) por la colina a partir de la cual se construyó.

Debido a que el templo iba a ser construido allí, Sión empezó a conocerse como «la ciudad de Dios» (Sal 46.4-5; 87.1-7) y también como un símbolo para el pueblo de Dios (He 12.22-23; 1 P 2.4-6; Ap 14.1).

LAS CONQUISTAS DE DAVID

Bajo el reinado de David, el reino de Israel se extendió desde el golfo de Áqaba en el sur hasta el alto río Éufrates en el norte.

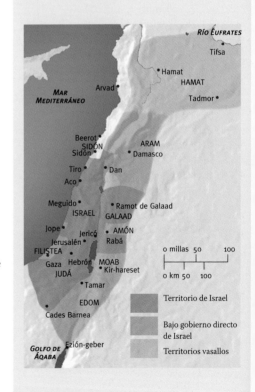

	Territorio de Israel
	Bajo gobierno directo de Israel
	Territorios vasallos

IMPORTANCIA PARA NUESTROS DÍAS – 2 SAMUEL

No ser presuntuoso

Dios prometió a David el trono (1 S 16.1-13), pero David no supuso que la muerte de Saúl significaba que había llegado su momento. Más bien oró, preguntando si ese era el tiempo de Dios, y solo actuó cuando Dios habló (2.1-4). Por consiguiente, esperó siete años antes de que Israel le pidiera que fuera también su rey (5.1-3). Si Dios está obrando, no necesitamos hacer nada para que las cosas ocurran, como David descubrió.

No juzgar

David expresó su alegría ante el regreso del arca a Jerusalén (6.9-19) con una adoración exagerada. Su mujer Mical le menospreció en su corazón por lo que ella sentía que era un comportamiento indigno (6.20). Pero David dijo que se volvería aún más indigno que eso (6.22), tal era su amor por Dios. La actitud sentenciosa de Mical fue juzgada. Ella permaneció sin hijos (6.23) y David fue desagraviado. La Biblia a menudo nos advierte que no juzguemos a los demás (Mt 7.1-5; Ro 2.1-4; 14.1-23; Stg 2.1-4; 4.11-12).

No ser despreocupado con la tentación

Ninguno de nosotros puede permitirse el lujo de despreocuparse de la tentación, como hizo David (11.1-5). Cuando debería haber estado luchando, descansó y se quedó en casa (11.1). Desde la azotea observó a Betsabé bañándose y, en vez de darse la vuelta rápidamente, cayó en la espiral de la tentación que lleva al pecado («vista… enviado… tomada… durmió con ella»). En cualquier momento pudo haber salido de ahí pero no lo hizo, y así Betsabé quedó embarazada y su marido acabó muerto (11.6-27).

La tentación es común a todos (Lc 17.1; Ro 7.15-25; 1 Co 10.12-13), por lo que deberíamos siempre estar atentos y huir de ella rápidamente cuando se acerca (1 Co 6.18-20; 1 Ti 6.9-12; 2 Ti 2.22; Stg 4.4-10).

No ser lento en confesar

Mientras que el pecado de David (11.1-27) parece peor que nada de lo que Saúl hizo, David fue perdonado, mientras que Saúl no lo fue. ¿Por qué? Porque Saúl nunca se hizo responsable de sus pecados, culpando siempre a otros (1 S 13.11-12; 15.15-21), mientras que David confesaba rápidamente (12.13). El pecado oculto no puede ser perdonado, pero si se trae a la luz, Dios lo perdonará, como experimentó David (Sal 32.1-5; 51). Esconder el pecado me hace daño; confesar el pecado me libera (Pr 28.13; 1 Jn 1.6-9).

No ser desleal

A pesar de experimentar el perdón de David y habiéndole sido permitido retornar a Jerusalén, Absalón comenzó a reunir adeptos secretamente alrededor de él con el objetivo específico de robar sus corazones del lado de David y apoderarse de su reino (15.1-6). Tal comportamiento traicionero e impío no debería nunca ser parte de nuestras vidas, especialmente si somos líderes. Dios odia la deslealtad (Nm 12.1-15; Sal 78.56-59).

> «Asimismo Jehová te hace saber que él te hará casa».
>
> **2 Samuel 7.11**

1 Reyes

DE LA BENDICIÓN A LA DIVISIÓN

PERSPECTIVA GENERAL

Mirando atrás en la historia, 1 Reyes narra qué llevó a Israel desde el glorioso reinado de Salomón (970-930 a. C.) a la división, declive y (en 2 Reyes) desastre, preguntando: «¿Cómo hemos acabado aquí en el exilio?». La respuesta es simple: porque fuimos desobedientes.

RESUMEN

Años de bendición

La transición del reinado de David al de Salomón, como fue prometido (1 Cr 22.6-10), resultó un tanto inestable (1.1-2.46). El reino de Salomón se caracterizó por:

- **Sabiduría.** Al ser invitado a elegir, Salomón eligió sabiduría (3.5-15). Su sabiduría era tanto práctica (3.16-28) como de un alcance más amplio (4.29-34). El libro de Proverbios recoge muchos de sus dichos.
- **Adoración.** Salomón construyó el templo que David planeó (5.1-7.51). La presencia de Dios lo llenó, ya que Salomón se lo dedicó (8.1-66). Dios reafirmó su pacto, pero le recordó que debía obedecerle (9.1-9). El templo fue centro de adoración hasta su destrucción por Babilonia en 586 a. C.
- **Riqueza.** Salomón se volvió extremadamente rico (10.14-29), como la reina de Saba atestigua (10.1-13). Esa riqueza provenía del comercio y de los impuestos.
- **Mujeres.** Salomón mostraba su riqueza teniendo 700 esposas y 300 concubinas. Esta incapacidad de gobernar su apetito sexual provocaría su caída, ya que sus esposas extranjeras trajeron a sus dioses extraños, que robaron el corazón a Salomón (11.1-13).

Años de división

Tristemente, Salomón sembró las semillas de la destrucción de Israel, con agobiantes impuestos y trabajos forzados, semillas que dieron fruto en el reinado de su hijo Roboam. Contra el consejo de los ancianos, Roboam amenazó con poner las cosas aún más difíciles a las tribus del norte, sobre los que había recaído la carga más pesada (12.1-15). Así, lo rechazaron, coronando a Jeroboam, oficial de Salomón, y establecieron otro reino (12.16-24). El pueblo de Dios se partió en dos, Judá en el sur e Israel en el norte, para no volver a unirse jamás. Para que la gente no fuera a Jerusalén a adorar, Jeroboam estableció lugares santos (12.25-33), un pecado reprendido por los profetas (13.1-14.20) y conocido desde entonces como «el pecado de Jeroboam».

El autor trata estos dos reinos en paralelo, primero Judá y luego Israel. Los reyes de Israel eran malvados; la mayoría de los de Judá eran buenos.

Años de desafío

Un tema importante en este libro es Elías (17.1-21.29; 2 R 2) que desafió a Israel por adoptar la adoración a Baal, o en algunos casos por intentar mezclar la adoración a Baal con la adoración al Dios viviente. El ministerio de Elías llevó asociados milagros, que mostraban la provisión de Dios (17.1-6), su compasión (17.7-24; 21.1-29) y su supremacía (18.16-46).

Autor

Originalmente, 1 y 2 Reyes eran un solo libro. Los escribió un autor desconocido que basó sus relatos en documentos de palacio (11.41; 14.19; 14.29) y posiblemente en escritos proféticos (mencionados en Crónicas).

Fecha

Escrito algún tiempo después de la caída de Jerusalén (586 a. C.), durante el exilio de Israel.

BOSQUEJO – 1 REYES

El reinado de Salomón

1.1-53	La subida al trono de Salomón
2.1-12	La muerte de David
2.13-46	La consolidación de la posición de Salomón
3.1-28	La sabiduría de Salomón
4.1-28	Detalles de la administración de Salomón
4.29-34	Más detalles de la sabiduría de Salomón
5.1-6.38	La construcción del templo en Jerusalén
7.1-12	La construcción del palacio de Salomón
7.13-51	La fabricación del mobiliario del templo
8.1-21	El traslado del arca de Sión al templo
8.22-66	La dedicación del templo
9.1-28	Detalles de las actividades de Salomón
10.1-13	La visita de la reina de Sabá
10.14-11.13	Las posesiones y las mujeres de Salomón
11.14-25	El aumento de enemigos de Salomón
11.26-40	La rebelión de Jeroboam contra Salomón
11.41-43	La muerte de Salomón

La división del reino

12.1-24	Las tribus del norte se rebelan contra Roboam
12.25-13.34	Jeroboam restablece el paganismo en Israel
14.1-18	La profecía de Ahías contra Jeroboam
14.19-20	La muerte de Jeroboam
14.21-31	El reinado de Roboam (Judá)
15.1-8	El reinado de Abiam (Judá)
15.9-24	El reinado de Asa (Judá)
15.25-31	El reinado de Nadab (Israel)
15.32-16.7	El reinado de Baasa (Israel)
16.8-14	El reinado de Ela (Israel)
16.15-20	El reinado de Zimri (Israel)
16.21-22	El reinado de Tibni (Israel)
16.23-28	El reinado de Omri (Israel)
16.29-34	El reinado de Acab (Israel)

El ministerio de Elías

17.1-24	Elías y los cuervos
18.1-15	Elías y Abdías
18.16-40	Elías mata a los profetas de Baal en el monte Carmelo
18.41-46	El fin de la sequía
19.1-8	Elías huye de Jezabel
19.9-18	Dios habla a Elías en Horeb
19.19-21	Llamamiento de Eliseo
20.1-34	Acab derrota al rey de Siria
20.35-43	Un profeta condena a Acab
21.1-29	El incidente de la viña de Nabot
22.1-28	La profecía de Micaías contra Acab
22.29-40	La muerte de Acab
22.41-50	El reinado de Josafat (Judá)
22.51-53	La subida al trono de Ocozías (Judá)

TEMAS CLAVE – 1 REYES

El mensaje

El mensaje subyacente de Reyes es que la obediencia lleva a la bendición. No es una historia política o social, más bien es espiritual. Reyes se centra en una verdad clave: siempre que un rey obedecía el pacto, Israel era bendito; cuando no lo hacía, o simplemente lo respetaba solo en teoría, era maldito. La línea divisoria se encuentra siempre entre los reyes que eran fieles a Dios y al pacto y aquellos que no lo eran. La mayor atención se centra en reyes que demuestran este «principio deuteronómico», llamado así porque es el principio que Dios dio a Moisés en Deuteronomio 28. Es la luz que guía el análisis de nuestro autor de la historia de Israel.

Los mensajeros

Este mensaje es reforzado por los profetas que desafiaban a los reyes cuando desobedecían el pacto y los alentaban cuando obedecían. El más importante es Elías, con su desafío de obedecer solamente a Dios; pero se mencionan otros profetas, incluyendo a Ahías (11.29-39; 14.1-18), Semaías (12.22-24), Micaías (22.1-28) y en 2 Reyes a Jonás (14.25), Isaías (19.1-20.19), Hulda (22.14-20) y Eliseo (2.1-9.1; 13.14-21). Como mensajeros de Dios, los profetas debían ser oídos y obedecidos.

La autoridad de Elías y Eliseo fue subrayada por los milagros que hicieron, el brote más significativo de lo milagroso desde el Éxodo. Estos eran necesarios porque eran días muy oscuros, y la verdadera adoración estaba en peligro de desaparecer, especialmente en el norte.

El desorden

Salomón sembró las semillas de la destrucción de la nación (a través de la importación de dioses extranjeros y de sus poco razonables demandas al pueblo para la construcción de su palacio y del templo). Esto, junto a la ausencia de sabiduría en su hijo Roboam, llevó al país a un completo desorden del que nunca se recuperó. El pueblo de Dios se dividió en dos naciones, Judá e Israel, para nunca volver a unirse otra vez, y a menudo estar enemistados los unos con los otros.

Los libros de Reyes nos muestran que Israel era muy inestable, con veinte reyes diferentes de nueve dinastías diferentes a lo largo de 210 años, antes de ser finalmente destruido por Asiria. Entretanto Judá tuvo veinte reyes de solo una dinastía (la de David) a lo largo de sus 345 años, haciendo al país mucho más estable. Judá, con su templo que constituye una ayuda para centrarse en el Dios viviente, permaneció la mayor parte del tiempo fiel a Jehová, pero Israel fue constantemente seducido por la adoración a Baal con sus sensuales rituales de fertilidad.

IMPORTANCIA PARA NUESTROS DÍAS – 1 REYES

La necesidad de obediencia

El mensaje constante es que la obediencia lleva a la bendición y la desobediencia lleva a la maldición. No podemos esperar bendición si vivimos en desobediencia. La obediencia es lo primero que se pide al pueblo de Dios (Lv 25.18; Dt 26.16-19; 1 S 15.22-23; Jn 14.15; Ro 6.15-18; 1 P 1.13-16).

La necesidad de sabiduría

Salomón era famoso por su sabiduría (10.24), pero también era imprudente. Casándose con mujeres extranjeras, no solamente desobedeció a Dios (11.2), sino que su corazón fue robado al conocer a esos dioses (11.1-13). Su hijo, Roboam, fue un necio por no seguir los consejos de los ancianos (12.1-15), con resultados catastróficos (12.16-24) que nunca pudieron curarse.

La Biblia nos alienta a buscar la sabiduría sobre todas las cosas (Pr 1.7; 2.1-22; 3.13-20; 4.1-9; 8.1-36; 24.3-6; Stg 1.5).

La necesidad de dedicación

Aunque inicialmente era un apasionado de Dios, Salomón se volvió tibio tras casarse con mujeres no creyentes, algo que la Biblia prohíbe (Dt 7.3-4; 2 Co 6.14-18). El deseo de Salomón de placer personal, satisfacción sexual y de una vida cómoda se convirtió gradualmente en algo más importante que Dios y le hizo acabar a la deriva. Nadie decide de pronto, «creo que me volveré tibio hoy»; es algo en lo que gradualmente vamos cayendo, normalmente al apartarnos de la Palabra de Dios. La Biblia nos advierte acerca del peligro de volvernos tibios (Ap 3.14-22).

La necesidad de unidad

Cuando Salomón murió, la desunión irrumpió en escena. Ambos bandos estaban errando: Roboam por no servir a su pueblo (12.7), y las tribus del norte por rechazar a su rey designado por Dios (12.16). Los resultados de esta desunión duraron 350 años y llevaron a Israel a su destrucción por parte de Asiria.

Es tan fácil dividir cuando las cosas no van como pensamos que deberían ir.

Pero Dios odia la división, y la Biblia nos insta a mantener la unidad (Ro 15.1-7; 1Co. 12.21-26; Ef 4.1-13; Fil 4.2-3; Col 3.12-14). Jesús oró por unidad entre sus seguidores (Jn 17.20-23) ya que la unidad acarrea la bendición de Dios (Sal 133.1-3).

> «Y se enojó Jehová contra Salomón, por cuanto su corazón se había apartado de Jehová ...»
>
> **1 Reyes 11.9**

La necesidad de una entrega sin reservas

Los Diez Mandamientos revelan que hay un solo Dios y que solo él es digno de nuestra devoción (Éx 20.1-6). Sin embargo, muchos reyes en este periodo intentaron mezclar la adoración a Dios con adoración a otros dioses (sincretismo). La Biblia dice que Dios encuentra esto completamente inaceptable (Dt 7.1-6; Jos 23.16; Jer 19.1-15; Os 2.2-15; 1 Co 8.1-13; 10.21).

2 Reyes
TIEMPO DE JUICIO

PERSPECTIVA GENERAL

Continuando la historia de 1 Reyes, el pueblo de Dios dividido continuó rechazando su llamada por mediación de los profetas. Para Israel, esto llevó a la destrucción por Asiria; para Judá, el exilio en Babilonia. Pero la razón de ambos finales no es el auge de estas superpotencias, sino el juicio de Dios.

RESUMEN

Eliseo recoge el manto de Elías (2.1-18) y una serie de milagros, de índole personal más que nacional, confirman su autoridad dada por Dios (2.19-22, 23-25; 3.14-20; 4.1-7, 8-37, 38-41, 42-44; 5.27; 6.1-7, 8-23; 6.24-7.20; 8.1-6, 7-15). El autor, entonces, vuelve a la historia de Judá e Israel y, como en 1 Reyes, va alternando entre las dos.

Israel

La impiedad de Israel continuó, caracterizada por:

- **Sincretismo religioso**, pues «anduvieron en todos los pecados de Jeroboam que él hizo, sin apartarse de ellos» (17.22). (Véase 10.28-31; 13.1-3, 10-11; 14.23-24; 15.8-9,17-18, 23-24,27-28). También mezclaban la adoración a Dios con adoración a Baal (17.7-17).
- **Inestabilidad política**, ya que una dinastía sustituía a otra, a menudo con derramamiento de sangre (10.1-17). Cada rey del norte, excepto Omri y Jeroboam II, fue débil, e incluso estos dos fueron despachados en unos pocos versículos debido a su impiedad. Varios reyes trataron de apuntalar la nación por medio de alianzas políticas con otras naciones.

Profetas como Jonás (785-775 a. C.), Amós (760-750 a. C.) y Oseas (750-715 a. C.) desafiaron al rey y a la nación, recordándoles el carácter de Dios y su pacto, denunciando el pecado y advirtiendo que a menos que el pueblo se arrepintiera el juicio llegaría. Este juicio vino por manos de Asiria.

Asiria quería más territorio y después de varios años dominando a Israel en la distancia, finalmente asedió su capital Samaria en 722 a. C. (17.1-4). Israel fue conquistado y muchos ciudadanos fueron deportados a lo largo del imperio asirio (17.3-6; 18.9-12). La historia de las diez tribus del norte se había acabado, los deportados fueron dispersados entre otras razas y religiones para perderse sin dejar rastro alguno.

Judá

Entretanto, en el sur, los descendientes de David continuaban gobernando, desafiados y alentados por Abdías (855-840 a. C. o 605-586 a. C.), Isaías (740-681 a. C.), Miqueas (750-686 a. C.) y Jeremías (628-585 a. C.). Dos reyes buenos fueron Ezequias (715-687 a. C.), que reformó la adoración y confió en Dios cuando Asiria atacó Jerusalén (18.1-20.21), y Josías (640-609 a. C.), que hizo reformas en el templo, redescubrió parte de la ley de Dios y renovó el pacto (22.1-23.30). Especialmente malo fue Manasés (687-642 a. C.), que volvió a la adoración a Baal, levantando altares paganos en el templo e incluso llegando a sacrificar a su propio hijo (21.1-18).

Jeremías advirtió que el juicio estaba llegando. Si Judá no se arrepentía sería juzgada, como Israel, e incluso el templo sería destruido. Nadie le creyó, pero, cuando Babilonia conquistó Asiria (605 a. C.), invadió Judá y designó a Sedequías como rey (24.1-17). Cuando este trató de rebelarse, Babilonia marchó contra Jerusalén, capturándola en 586 a. C. La ciudad y el templo fueron destruidos y la población exiliada a Babilonia (25.1-21; 2 Cr 36.15-21; Jer 52.1-30).

Autor
Véase p. 104.

Fecha
Véase, p. 104.

BOSQUEJO – 2 REYES

El ministerio de Eliseo

1.1-18	Ocozías y Elías
2.1-18	Elías arrebatado por un torbellino
2.19-25	El comienzo del ministerio de Eliseo
3.1-27	Subida al trono de Joram (Israel); revuelta de Moab
4.1-6.7	Los milagros de Eliseo
6.8-23	Los sirios intentan capturar a Eliseo
6.24-7.20	La hambruna en Samaria
8.1-6	Los bienes de la mujer sunamita devueltos.
8.7-15	El asesinato del rey de Siria
8.16-29	Los reinados de Joram y Ocozías (Judá)
9.1-13	El ungimiento de Jehú (Israel)
9.14-37	La muerte de Joram y Ocozías; la muerte de Jezabel
10.1-27	La matanza de la familia de Acab y los adoradores de Baal
10.28-36	Pecado y muerte de Jehú
11.1-3	El reinado de Atalía (Judá)
11.4-21	Joás (Judá) sustituye a Atalía
12.1-21	El reinado de Joás
13.1-9	El reinado de Joacaz (Israel)
13.10-25	El reinado de Joás (Israel). Muerte de Eliseo

Israel y Judá desde la muerte de Eliseo hasta el exilio de Israel

14.1-20	El reinado de Amasías (Judá)
14.21-22	Azarías (Judá) sustituye a Amasías
14.23-29	El reinado de Jeroboam II (Israel)
15.1-7	El reinado de Azarías (Judá)
15.8-12	El reinado de Zacarías (Israel)
15.13-16	El reinado de Salum (Israel)
15.17-22	El reinado de Manahem (Israel)
15.23-26	El reinado de Pekaía (Israel)
15.27-31	El reinado de Peka (Israel)
15.32-38	El reinado de Jotam (Judá)
16.1-20	El reinado de Acaz (Judá)
17.1-2	Subida al trono de Oseas (Israel)
17.3-6	Caída de Samaria en manos de los asirios
17.7-23	Deportación de Israel a la cautividad
17.24-41	El asentamiento de extranjeros en Samaria

Desde el exilio de Israel al exilio de Judá

18.1-8	Subida al trono de Ezequías (Judá)
18.9-16	Judá paga tributos a Asiria
18.17-37	Senaquerib ataca Judá
19.1-34	Isaías predice la liberación del ataque
19.35-37	Asiria se retira de Judá; muerte de Senaquerib
20.1-21	Enfermedad y muerte de Ezequías
21.1-18	Reinado de Manasés (Judá)
21.19-26	El reinado de Amón (Judá)
22.1-20	Subida al trono de Josías; redescubre el Libro de la Ley
23.1-27	La renovación del pacto
23.28-30	La muerte de Josías
23.31-35	El reinado de Joacaz (Judá)
23.36-24.7	El reinado de Joacim, primera invasión babilonia de Judá
24.8-17	El reinado de Joaquín, incluyendo la segunda invasión babilonia de Judá
24.18-20	Subida al trono de Sedequías (Judá)
25.1-26	La caída de Jerusalén en manos de Babilonia
25.27-30	Joaquín libertado de la prisión en Babilonia

TEMAS CLAVE – 2 REYES

El Dios de los milagros

Muchos milagros tuvieron lugar por medio de Elías y de Eliseo. En el caso de Elías, estos milagros demostraban supremacía sobre Baal; con Eliseo, la compasión de Dios con los que están en necesidad. En el Antiguo Testamento los milagros estaban generalmente limitados a momentos cruciales, como el Éxodo y durante esos días oscuros en los que los profetas luchaban por la supervivencia de la fe de Israel. En el Nuevo Testamento, los milagros se convierten en algo más común, no solo en el ministerio de Jesús y los apóstoles, sino también en la iglesia primitiva.

El Dios del juicio

Reyes muestra que, aunque Dios ama a su pueblo, si este continúa en camino de pecado, él no tiene alternativa, como Dios santo, y debe juzgarlo. Comprobamos esto, primero en la destrucción de Israel por Asiria, y luego en el exilio de Judá a Babilonia.

Jeremías, profetizando al final de su periodo, describió la ira de Dios —su enojo justificado contra el pecado— como contenida en una copa, lista para ser derramada en un juicio (Jer 25.15-29), no solo sobre los enemigos de Dios, sino también sobre su propio pueblo a no ser que cambiasen. Esta es la copa que Jesús se vio a sí mismo beber por nosotros en la cruz (Mt 26.39).

El Dios en el que podemos confiar

Ezequías mostró cómo se puede confiar en Dios (18.5). Cuando Asiria, en ese momento muy cerca de Jerusalén tras su invasión de Israel, amenazó con invadir Judá (18.17-37), Ezequías se volvió hacia Dios, no hacia Egipto, extendiendo ante Dios en el templo las cartas amenazantes de los asirios (19.14-19). Isaías le alentó a permanecer firme (19.20-34) y «aconteció que aquella misma noche salió el ángel de Jehová, y mató en el campamento de los asirios a ciento ochenta y cinco mil» (19.35). Cada vez que los reyes confiaban en Dios, y volvían a su pacto como Josías hizo (22.1-23.25), él los rescataba; cada vez que se apoyaban en sí mismos o en la ayuda humana, él los dejaba experimentar las consecuencias.

¿Qué le pasó a Israel?

Muchos israelitas fueron dispersados a lo largo del imperio asirio, y llevaron otros pueblos conquistados a Israel. Con esta mezcla de naciones destruían la posibilidad de una rebelión con base. Hay muchas ideas descabelladas sobre qué pudo pasar con las diez tribus perdidas de Israel. Pero, aunque algunas probablemente huyeron a Judá, la mayoría fueron dispersadas (y no se sabe lo que pasó con ellas) o quedaron atrás y se casaron con otros pueblos. De ahí venían los samaritanos, despreciados por los judíos del Nuevo Testamento por su impureza racial y religiosa.

IMPORTANCIA PARA NUESTROS DÍAS – 2 REYES

El pueblo de Dios

Dios usa todo tipo de personas. Elías («mi Dios es el Señor») era de Galaad, una pequeña aldea, y sus rudas maneras y su mensaje directo le hacían parecer un don nadie. Prefería trabajar solo, y podría ser algo parecido a un carácter depresivo (1 R 19.1-5). En contraste, Eliseo («mi Dios salva») era un carácter más tranquilo que provenía de una familia adinerada y que lo dejó todo para responder al llamamiento de Dios. Aunque a veces se veía envuelto en asuntos nacionales, le preocupaban más los individuos, queriendo que estos conocieran que Dios, y no Baal, era su protector.

Dios aún usa diferentes caracteres y personalidades. No tenemos que imitar a otros para que Dios pueda usarnos.

La porción de Dios

Antes de que Elías fuera arrebatado al cielo, Eliseo pidió «una doble porción» (2.9). No estaba pidiendo ser el doble de poderoso o doblemente ungido, sino más bien ser su sucesor. Cuando un padre moría, su primogénito recibía una parte doble de la herencia, porque pasaba a ser responsable de toda la familia. Eliseo estaba diciendo que estaba preparado para asumir las responsabilidades de Elías.

Dios está buscando a aquellos que no andan ansiosos de conseguir un ungimiento especial para sí mismos, sino aquellos que lo desean para los demás. Su porción es para el servicio, no para el egoísmo.

La perspectiva de Dios

Dios quiere que miremos con ojos espirituales. Cuando el siervo de Eliseo vio a los sirios que fueron enviados para capturar a su señor, Eliseo le pidió a Dios que abriera sus ojos «y miró; y he aquí que el monte estaba lleno de gente de a caballo, y de carros de fuego alrededor de Eliseo» (6.17). Eliseo comprendió que los ángeles de Dios están siempre alrededor, siempre protegiéndonos. Cf. Salmo 91.9-13.

El amor de Dios

La historia de la curación de Naamán (cap. 5), un general del ejército sirio que padecía lepra, muestra que el amor de Dios alcanza más allá de los que ya forman parte de su pueblo. Damasco era una ciudad orgullosa y Eliseo desafió su orgullo diciéndole que se bañase en el Jordán, un río mucho menor que los existentes en Damasco. Aunque al principio le costó mucho, la sabiduría de una joven israelita prevaleció y él obedeció. Fue curado y se convirtió en un creyente (5.14-15).

Dios quiere que estemos siempre preparados a mirar más allá de nuestra propia gente, ya sea pueblo, tribu, ciudad o nación, recordándonos que su salvación es realmente para todos.

> «... Jehová quitó a Israel de delante de su rostro, como él lo había dicho por medio de todos los profetas sus siervos...»
>
> **2 Reyes 17.23**

1 Crónicas

ENTENDIENDO SU HISTORIA

PERSPECTIVA GENERAL

1 Crónicas (originalmente un solo libro con 2 Crónicas, pero separados por los traductores griegos del Antiguo Testamento) cuenta la historia de Israel con un énfasis particular en el papel que juegan el templo y sus sacerdotes. Enfatiza los propósitos de Dios para su pueblo en ese momento a la luz de las promesas del pasado, especialmente las hechas a David.

RESUMEN

La historia de pueblo de Dios

Para establecer la identidad del pueblo de Dios, 1 Crónicas comienza con largas genealogías (caps. 1-9). Esto era muy importante para que el pueblo que retornaba del exilio pudiera reclamar su patrimonio. Yendo hacia atrás para comenzar en Adán y, a través del desarrollo de las doce tribus formadas a partir de los doce hijos de Jacob, hasta la reciente experiencia del juicio de Dios (9.1-2), el cronista establece una nueva escena de esperanza.

La historia del rey de Dios

El cronista trata rápidamente el tema de Saúl (10.1-14) y centra su atención en el rey ideal de Israel: David. Omite la oposición de Saúl (1 S caps. 18-31) y los siete años de gobierno de David solamente sobre Judá (2 S. 2.1-4; 5.1-5), y nos cuenta cómo David se convierte en rey sobre «todo Israel» (11.1) porque tanto Dios como Israel así lo quisieron (11.2-3). David demostró su liderazgo capturando Jerusalén, haciéndola su capital (11.4-9), y reuniendo soldados (11.10-12.40). Trajo el arca allí y reforzó así la importancia de Jerusalén, aunque el desastre interrumpió el proceso (13.1-4). Se dio cuenta de que esto se debió a la profanación de la santidad de Dios al no transportar el arca los levitas (15.1-2,13; cf. Éx 25.12-14) y el arca regresó esta vez de manera apropiada, en medio de un gran regocijo (15.1-16.43). La ironía de que el arca estaba en una tienda mientras David vivía en un palacio provocó el deseo de construir un templo (17.1-2). Sin embargo, Dios dio la vuelta al deseo que David tenía en mente: Dios construiría una

«casa» para David (17.3-10), una casa que duraría para siempre (17.11-14), y David respondió con gratitud (17.16-27). Las victorias de David (18.1-20.8) fueron seguidas por el ataque de Satanás, que provocó en David el orgullo y le hizo realizar un censo militar (21.1-6). Dios se enojó con David y envió una plaga como juicio (21.7-14). Sin embargo, el lugar donde Dios paró la plaga, donde su juicio y su misericordia se encontraron, fue designado como el emplazamiento del futuro templo (21.15-22.1). Los restantes capítulos están dedicados a los preparativos de David para construir el templo: su mandato a Salomón y la explicación de porqué no pudo construirlo él mismo (22.2-19); el papel de los levitas (23.1-26.32); preparativos y planes para el servicio administrativo y militar (27.1-34); los planes (28.1-21) y regalos de David para el templo. El libro termina con la oración de admiración de David (29.10-20) y el ungimiento de Salomón como rey (29.21-25). Hecho esto, David terminó su trabajo en la vida (29.26-30).

Autor

Su autor («el cronista») es desconocido, aunque la antigua tradición judía sugiere que Esdras escribió Crónicas, así como los libros de Esdras y Nehemías, que completan la historia.

Fecha

Escrito después de la vuelta de Judá del exilio en Babilonia en el cuarto o quinto siglo a. C.

BOSQUEJO – 1 CRÓNICAS

TEMAS CLAVE – 1 CRÓNICAS

El propósito de Dios

Mientras Reyes, escrito en el exilio, contesta a la pregunta: «¿Cómo hemos acabado aquí?», Crónicas, escrita tras el retorno del exilio, contesta la pregunta: «¿Está Dios aún con nosotros?». El cronista contesta «¡Sí!». Porque, aunque no había un rey davídico gobernando e Israel estaba sujeto a Persia, Dios aún tenía un propósito para ellos. Asumiendo que sus lectores conocían Samuel y Reyes (2 Cr 27.7), se centra en los hechos que demostraban su propósito , dándoles fe para el futuro.

El pacto de Dios

David reconocía que Dios «hace memoria de su pacto perpetuamente, y de la palabra que él mandó para mil generaciones» (16.15). Era ese pacto, más que las circunstancias presentes, la base de la esperanza de Israel. Cuando se obedecía ese pacto, sus bendiciones se experimentaban; cuando no se obedecía, venía el desastre (15.2, 13). Las consecuencias de la obediencia y la desobediencia se ven especialmente en 2 Crónicas.

El rey de Dios

El cronista ve a David como el rey ideal. Mientras que en 2 Samuel vemos sus errores (p. ej. su adulterio o su debilidad como padre), Crónicas le presenta bajo una luz mejor, omitiendo sus puntos negativos y resaltando los positivos. Los profetas veían a David como un «tipo» del Mesías que iba a cumplir las promesas que Dios les hizo (Is 9.6-7; Jer 23.5-6; Ez. 34.23-24), y el cronista también ve a David tipificando a ese rey mesiánico.

El templo de Dios

El cronista enfatiza los preparativos de David para el templo y 2 Crónicas la construcción del mismo por parte de Salomón. Traza paralelismos entre David-Salomón y Moisés-Josué, el «que prepara» y el «que hace» (cf. 22.11-16; 28.2-10; Dt 1.37-38; 31.2-8). Cuando el cronista estaba escribiendo, el templo estaba probablemente aún en ruinas; pero su trabajo acaba con el edicto de Ciro para su reconstrucción (2 Cr 36.22-23), demostrando que había esperanza para su futuro. El templo representa continuidad con el pasado. Es ahora, más que un rey, el centro de la identidad de Israel.

El pueblo de Dios

El término «todo Israel» se usa repetidamente, aun cuando se refiere al reino dividido. Esto es debido a que los exiliados que volvieron eran todo lo que quedaba del pueblo de Dios. En 2 Crónicas se recoge cómo, después de que el reino se dividiera, las personas piadosas se iban de Israel a Judá (2 C. 11.14; 15.9; 30.1-20; 34.9). Por tanto, el remanente del periodo posterior al exilio podía realmente llamarse «todo Israel», al haber representantes de las otras tribus entre ellos.

REYES DE ISRAEL Y JUDÁ

Las fechas son aproximadas; las que se solapan indican periodos de regencia simultánea

El reino unido		Israel		Judá	
1050-1010	Saúl	931-910	Jeroboam I	931-913	Roboam
1010-970	David			913-911	Abiam
970-931	Salomón	910-909	Nadab	911-870	Asa
(931 El reino se divide)		909-886	Baasa		
		886-885	Ela		
		885	Zimri		
		885-880	Tibni		
		880-874	Omri		
		874-853	Acab	873-848	Josafat
		853-852	Ocozías		
		852-841	Joram	848-841	Joram
		841-814	Jehú	841	Ocozías
				841-835	Atalía
		814-798	Joacaz	835-796	Joás
		798-782	Joás	796-767	Amasías
		793-753	Jeroboam II	792-740	Uzías
		753-752	Zacarías	740-735	Jotam
		752	Salum		
		752-742	Manahem		
		742-740	Pekaía		
		740-732	Peka	735-715	Acaz
		732-722	Oseas		
		(722 Israel cae, el pueblo es exiliado)		715-687	Ezequías
				687-642	Manasés
				642-640	Amón
				640-609	Josías
				609	Joacaz
				609-598	Joacim
				597	Joaquín
				597-586	Sedequías
				(586 cae Jerusalén)	

IMPORTANCIA PARA NUESTROS DÍAS – 1 CRÓNICAS

El cronista subraya claves para adentrarnos y desenvolvernos en el futuro de Dios en tiempos de cambio y de desafío.

Saber quiénes somos

Aunque las genealogías (como la de los caps. 1-9) pueden parecernos bastante aburridas (¡si fuésemos sinceros!), eran importantes para la gente en aquel tiempo. Aquí, en el comienzo de Crónicas, establecen la identidad de los exiliados que retornaron, ya que las personas solo saben dónde van cuando saben quiénes son y de dónde vienen. Jesús mismo subrayó este principio. «Sabiendo Jesús… que había salido de Dios (identidad), y a Dios iba (destino), se levantó… y comenzó a lavar los pies de los discípulos» (Jn 13.3-5). La seguridad que tenía sobre su identidad y su destino significaban que podía emprender cualquier tarea, incluso lavar pies, ya que esta no le afectaba. No podemos servir a Dios y seguir adelante en su futuro a no ser que estemos seguros de quiénes somos en Cristo. Fue la seguridad de su identidad la que le permitió a Jabes pedirle más a Dios con confianza (4.10).

Aprender de la historia

Mediante la repetición de la historia de Israel (a personas que ya conocían Samuel y Reyes), el cronista mostraba que siempre podemos aprender del pasado, especialmente de diferentes perspectivas, y que, si no aprendemos, cometeremos los mismos errores otra vez. El énfasis en algunos hechos y la omisión de otros subrayan su mensaje de que solo la obediencia lleva a las bendiciones. La comparación entre el libro de Crónicas y los de Samuel y Reyes resalta con frecuencia la importante lección que el cronista intentaba destacar.

Necesitar los unos de los otros

A pesar de sus dones y llamamiento, David no actuaba solo en su ministerio. No solo reunió a grandes guerreros (11.10-12.40), sino que les dejó libertad con sus habilidades (p. ej. 11.14, 20-21, 22-25; 12.1-2, 8, 14). Esto hizo que recuperara su lealtad al brindarle estos gran ayuda en su reino (11.10) y su compromiso con David para lograr el éxito. Los buenos líderes no hacen todo por sí solos, sino que dan libertad a los dones y habilidades de todo el pueblo de Dios. El cronista sabía que, en este periodo posterior al retorno del exilio, el pueblo de Dios necesitaba esto con desesperación.

> «¿Y quién quiere hacer hoy ofrenda voluntaria a Jehová?»
>
> 1 Crónicas 29.5

Planificar el futuro

La mayoría de los políticos (y muchos pastores) solo piensan en su éxito inmediato, pero David pensó en el futuro e hizo planes para el éxito de su hijo Salomón. David preparó todo para la construcción del templo, pero sabía que sería Salomón el que lo construiría. Los buenos líderes planifican para el futuro y para el éxito de su sucesor, no simplemente para el suyo propio.

2 Crónicas
DE LA DEDICACIÓN AL DESASTRE

PERSPECTIVA GENERAL
Sigue la historia de Israel comenzada en 1 Crónicas. Analiza los reyes de Judá desde su tercer rey, Salomón, hasta el último en el tiempo del exilio y muestra que, a pesar de los duros tiempos por los que había pasado el pueblo de Dios, aún había esperanza para el futuro.

RESUMEN

Salomón
Se le invitó a elegir una bendición, y Salomón eligió sabiduría, pero también recibió riquezas (1.1-17). Él construyó el templo (3.1-5.1), llevó el arca allí (5.2-14) y lo dedicó (6.1-42). El fuego cayó mostrando la aceptación de Dios. Dios se le apareció en un sueño (7.11-12) prometiéndole que el arrepentimiento y la obediencia producirían bendición (7.13-18), pero que la desobediencia siempre traería maldición (7.19-22), un principio que se ve a lo largo de Crónicas. En Salomón el escritor ve templo y trono juntos, la razón por la que evita mencionar los errores citados en Reyes.

El reino dividido
Al faltarle la sabiduría de Salomón, Roboam ignoró la súplica de Israel que pedía alivio en las cargas (10.1-15). Por tanto, Israel se separó y coronó a Jeroboam (10.15-19). Roboam fortaleció Judá reforzando sus ciudades fronterizas (11.5-12), y algunos sacerdotes y levitas del norte se unieron a él debido a la idolatría de Jeroboam (11.13-17). Pero Judá también adoptó la idolatría (12.1, 5), y fue castigado por medio de Egipto y su saqueo del templo (12.1-11). Roboam se arrepintió y Judá fue perdonado (12.12).

El cronista recuerda entonces a los reyes sucesores de Judá, ignorando a Israel completamente excepto en puntos donde el transcurso de la historia afecta a Judá. El mensaje es claro: solo los reyes obedientes eran benditos.

Reyes buenos
Estos incluyen:
- Josafat (17.1-20.37): enseñaba la Palabra de Dios y derrotó a sus enemigos a través de la alabanza, pero más tarde se alió con Israel y no destruyó los lugares altos.
- Joás (24.1-16): restauró el templo y la adoración, pero más tarde adoptó la adoración a Baal (24.17-27).
- Uzías (26.3-23): era un gran soldado, granjero y administrador, pero se volvió altivo y contrajo la lepra.
- Ezequías (29.1-32.33): restauró el templo y la adoración y siguió el consejo de Isaías cuando Senaquerib amenazó Jerusalén, viéndola libre, pero se volvió altivo.
- Josías (34.1-35.27): purgó Judá de la idolatría y reformó el templo. Durante los trabajos de reparación fue encontrado «el libro de la ley», probablemente Deuteronomio (34.14-15), y Josías inmediatamente se dispuso a cumplirlo.

Reyes malvados
Estos incluyen:
- Acaz (28.1-27): desarrolló la adoración pagana y fue juzgado por medio de derrotas militares. Su petición de ayuda a Asiria terminó en humillación, pero esto no le volvió hacia Dios.
- Manasés (33.1-20): el reinado más largo (52 años) y el rey más malvado de los reyes de Judá que finalmente abrazaron la adoración a Baal, incluyendo sacrificios de niños (33.1-9). Finalmente se arrepintió en el exilio en Asiria.

El final de los reyes

Con la derrota de Asiria, Egipto y Babilonia miraban hacia Judá. Tras años de incertidumbre, Dios permitió a Babilonia destruir Jerusalén (36.15-19). Muchos fueron aniquilados, mientras que el resto era llevado al exilio (36.20), para dar descanso a la tierra de la maldad del hombre (36.21)

El autor concluye con un resumen del retorno del exilio, el cual se amplía más tarde en Esdras.

Autor

Véase p. 112.

Fecha

Véase p. 112.

EL REINO DIVIDIDO

Después de morir Salomón, su hijo Roboam fue designado rey sobre Judá. Continuando con la misma presión extenuante sobre el pueblo al igual que su padre, Jeroboam volvió de Egipto y planteó demandas para conseguir medidas menos opresivas. Roboam las rehusó, causando que Jeroboam fuese designado rey sobre las tribus del norte.

Siquem se convirtió en capital de Israel en el norte mientras que Jerusalén gobernaba sobre Judá. Durante el reinado de Jeroboam, este recolocó su capital en Tirsa pero años más tarde Omri hizo de Samaria el asiento de su poder.

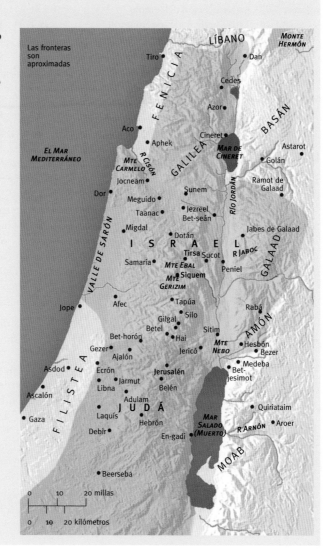

BOSQUEJO – 2 CRÓNICAS

TEMAS CLAVE – 2 CRÓNICAS

Vea en este *Manual* en 1 Crónicas, p. 113.

El templo de Dios

Se le da prioridad al templo porque el escritor quiere alentar a los que volvieron del exilio a dársela como símbolo de la prioridad que Dios debe tener. Aunque se basó en el tabernáculo, Salomón quería que el templo de Dios reflejara la grandeza de Dios en tamaño y en magnificencia (3.3-5.1). La aceptación del templo por parte de Dios se mostró en su aparición en su forma de nube (6.13-14) y fuego (7.1), símbolos de su presencia en el Éxodo.

Los sacerdotes de Dios

El cronista recoge el fiel trabajo de los sacerdotes, tal como preparar el templo y traer el arca al mismo (4.1-5.14). Los sacerdotes del norte y los levitas son elogiados por abandonar el Israel idólatra e ir a Jerusalén (11.13-17). El papel de los sacerdotes era, entre otros, la alabanza en la batalla (13.13-18; 20.18-23) y recoger las ofrendas (24.4-5,8-11; 31.4-13). El trabajo del sumo sacerdote Joiada como consejero de Joás se menciona particularmente, y fue recompensado siendo enterrado al lado de los reyes (22.10-24.16).

La ley de Dios

Existiera o no el templo, cada rey era juzgado de acuerdo a su lealtad al pacto. Aquellos que «hicieron lo recto ante los ojos de Dios» (p. ej. 20.32; 24.2; 26.4; 27.2; 29.2; 34.2) fueron benditos; aquellos que no lo hicieron fueron juzgados, como dijo Dios (7.14-22). El redescubrimiento del «libro de la ley», probablemente Deuteronomio, se resalta (34.14-33) con la resolución de Josías de cumplir sus mandatos; esto llevó a otra reforma.

Los profetas de Dios

El papel de los profetas al principio no era predecir el futuro, sino traer al pueblo de vuelta al pacto y alentarlo cuando llegaban las dificultades. Su importancia se refleja en los muchos profetas mencionados, incluyendo: Semaías (12.5,15), Iddo (13.22), Azarías (15.8), Micaías (18.1-27) y Obed (28.9-11). Los profetas canónicos vinculados a reyes fueron:

- Miqueas (750-686 a.C) - Jotam, Acaz, Ezequías
- Isaías (740-681 a.C.) - Ezequías
- Jeremías (628-585 a. C.) - Josías, Joacim, Joaquín, Sedequías
- Sofonías (640-609 a. C.) - Josías
- Nahúm (663-612 a. C.) - Josías
- Habacuc (640-598 a. C.) - Josías, Joacim
- Daniel (605-530 a. C.) - Joacim y el exilio
- Ezequiel (593-571 a. C.) - Joacim, Joaquín, Sedequías y el exilio
- Abdías (posiblemente 855-840 a. C.) - Josafat, Joram; o (605-586 a. C.) - Joacim, Joaquín, Sedequías.

Los reyes de Dios

Los reyes eran designados por Dios, pero no podían hacer lo que les apetecía. Estaban sujetos a la ley de Dios (p. ej. 7.17-22), y eran juzgados en función de si vivían de acuerdo a ella. Para el cronista, la desobediencia de los reyes siempre encontraba inmediata retribución (p. ej. 12.5; 16.7-9; 19.1-2; 21.12-15; 24.20; 25.14-15; 28.1-5; 34.22-25).

IMPORTANCIA PARA NUESTROS DÍAS – 2 CRÓNICAS

Entender las promesas de Dios

Las promesas de Dios no siempre se desarrollan como nosotros esperamos. El cronista (y profetas como Hageo, Zacarías y Malaquías) vio que la promesa de Dios acerca de un reino davídico eterno (1 Cr 17.10-14), aparentemente rota ahora, no dependía de que hubiera descendientes de David reinando. Más bien, los reyes «ideales» como David, Salomón, Josafat, Ezequías y Josías, eran «tipos» del Mesías que estaba por llegar con su reino eterno. La forma en que Dios desarrolla los acontecimientos es a menudo diferente de lo que esperamos (p. ej. Is 55.8-9).

> «Si se humillare mi pueblo, sobre el cual mi nombre es invocado, y oraren, y buscaren mi rostro, y se convirtieren de sus malos caminos; entonces yo oiré desde los cielos, y perdonaré sus pecados, y sanaré su tierra».
>
> **2 Crónicas 7.14**

Buscar los recursos de Dios

Invitado a elegir cualquier bendición para sí mismo (1.7), Salomón eligió sabiduría (1.10); y como no aprovechó para pedir cosas para él mismo, Dios le dio riquezas también (1.11-12). Los buenos líderes no buscan nada para sí mismos, sino que lo hacen para aquellos a los que guían; por eso es muy triste cuando le dan prioridad al prestigio personal o a las posesiones. Las bendiciones de prosperidad de Dios deben ser para los demás a través de nosotros, no para nosotros a través de los demás.

Encontrar el corazón de Dios

No importa lo lejos que nos hayamos apartado de Dios, siempre hay un camino de vuelta. Incluso Manasés, uno de los peores reyes de Judá, descubrió esta verdad. Aunque se involucró en la idolatría, el sacrificio de niños, la brujería, la hechicería y el espiritismo (33.6), dio un giro drástico en su vida cuando estuvo en el exilio. A pesar de lo que hizo y de arrastrar a otros a hacerlo, Dios no solo lo perdonó, sino que le restauró (33.13), tal como prometió (7.14). Su arrepentimiento muestra que nunca es tarde para encontrar el corazón de Dios.

Construir la casa de Dios

Salomón quería que su templo reflejara la grandeza de Dios (2.5) y así impresionar a los no creyentes (9.6), y lo hizo. Pero esto también fue una trampa, convirtiéndose en una fuente de soberbia. Judá pensó que, al ser la «casa de Dios», él estaba obligado a protegerla, así como a Jerusalén; pero estaban equivocados (36.15-19), como Jeremías advirtió (Jer 7.3-15). Los edificios no son la casa de Dios; lo somos nosotros mismos (p. ej. 1 P 2.4-5). Los edificios hacen buenos siervos, pero pobres señores.

Experimentar el avivamiento de Dios

Los avivamientos son emocionantes, pero, para que sean duraderos, el cambio en las vidas debe ser profundo; cuando no lo es, el avivamiento es superficial y efímero, como bien descubrió Ezequías. Ese avivamiento supuso una rápida renovación del templo (29.36) e incluso tocó los bolsillos del pueblo (31.4-10), pero el cambio no fue profundo: los sacerdotes no estaban preparados (30.2-3), Ezequías se volvió soberbio (32.24-26) y su hijo Manasés, que desde luego no notó ese avivamiento, guió a la nación de nuevo al paganismo (33.1-9). Los avivamientos no han de ser emociones superficiales, sino que deben traer un cambio profundo y duradero. Los principios clave para un avivamiento pueden encontrarse en la oración de Salomón (7.14).

Esdras
LA PROMESA DE DIOS SE CUMPLE

PERSPECTIVA GENERAL
Se inicia donde acaba 2 Crónicas y cuenta cómo volvió el pueblo de Dios a Judá y cómo, a pesar de muchas dificultades y obstáculos, tuvo éxito en la reconstrucción del templo, volviendo a establecerse en la tierra que Dios les prometió tanto tiempo antes.

RESUMEN

El retorno
Tras haber conquistado Babilonia, Ciro permitió a los judíos volver en el año 538 a. C. a la casa de la cual Babilonia les exilió setenta años antes (1.1-4), cumpliendo la profecía de Jeremías (Jer 25.8-14; 29.4-14). Se les dieron recursos y ganado para comenzar la vida de nuevo (1.6) y Ciro devolvió el tesoro del templo (1.7-11). Los exiliados que volvieron, bajo Zorobabel, se recogen cuidadosamente en una lista (2.1-70).

Reconstrucción
Tres meses después de volver, reconstruyeron el altar y volvieron a ofrecer sacrificios (3.1-6) «porque tenían miedo de los pueblos de las tierras» (3.3). Entonces se colocaron los cimientos del templo. Fue un momento de gran emoción (3.7-9).

Resistencia
El regreso de los exiliados molestó a los repobladores enviados por Asiria, ya que esa era ahora su casa. Se ofrecieron para ayudar a reconstruir el templo, sin éxito (4.1-3). Se volvieron contra los judíos, intimidándolos e intentando debilitarlos (4.4-5). Advirtieron al rey persa del peligro de una Jerusalén restaurada (4.6-22). Se prohibió entonces seguir trabajando (4.23-24) y la obra se detuvo durante 16 años, demasiado tiempo para Hageo y Zacarías, que animaron a los judíos a seguir (5.1-2). Llegaron más amenazas y oposición por parte del gobernador del otro lado del Éufrates (Tatnai) y de Setar-boznai y sus compañeros (5.3) y también recurrieron a Darío para conseguir sus objetivos (5.3-17), pero Dios frustró sus planes y Darío confirmó el permiso dado por Ciro (6.1-12). Acabaron la reconstrucción del templo y lo dedicaron (6.13-22) el 12 de marzo del año 516 a. C., casi setenta años después de su destrucción.

Renovación
Entre los capítulos 6 y 7 pasan unos treinta años de los que no sabemos nada. Pero en el año 458 a. C., Esdras, un experto en la ley (7.10), regresa con otro grupo (7.1-10; 8.1-14), con autoridad para ejecutar la ley de Dios (7.11-28). Ayunó antes del viaje buscando la protección de Dios (8.15-23) y encomendó el cuidado de plata, oro y utensilios a doce sacerdotes y doce levitas (8.24-30). Celebró su llegada a salvo con sacrificios (8.31-36). Quedó consternado ante el estado espiritual en que se hallaba el pueblo de Dios, especialmente por la cantidad de gente, incluidos sacerdotes y líderes, que se habían casado con no creyentes (9.1-5). Recordó en oración que esa había sido la raíz que les llevó al exilio (9.6-15). Convocó a todos los hombres en Jerusalén (10.1-8) donde, bajo la lluvia (10.9), Esdras se enfrentó a ellos (10.9-17). En los días siguientes (10.12-17), se redactó una lista de los que se habían casado con no creyentes (9.18-44). La mayor parte de Esdras fue escrito en hebreo, pero hay citas de documentos oficiales o cartas (4.8-6.18; 7.12-26) escritas en su arameo original, el idioma internacional de aquellos días.

Autor
Paralelismos literarios sugieren el mismo autor que en Crónicas, posiblemente el propio Esdras.

Fecha
Tras el retorno de Judá del exilio, h. 440 a. C.

BOSQUEJO – ESDRAS

TEMAS CLAVE – ESDRAS

La soberanía de Dios

Esdras comienza con una gran declaración acerca de la soberanía de Dios. Ciro, rey de Persia, conquistó Babilonia y anexionó su imperio, pero lo que realmente se halla detrás de esta circunstancia es el control del tiempo soberano de Dios, que contó los setenta años que Jeremías había profetizado y determinó que ya había llegado el momento para su pueblo de volver a casa, tal como fue prometido (1.1). Ciro probablemente no conocía a Dios, pero Dios sí le conocía a él y le impulsó a hacer lo que él quería.

El templo de Dios

La importancia del templo, como nuevo foco de identidad cultural y religiosa, se subraya mediante el detalle del largo y difícil proceso de reconstrucción que se enfrenta a una oposición constante (4.1-24; 5.3-17). Los que se oponían casi lograron el éxito, pues el pueblo se desanimó tanto que dejó de trabajar durante 16 años. Necesitaron del estímulo de Hageo y Zacarías para entrar en acción de nuevo (5.1-2; cf. *Manual* en Hageo y Zacarías, pp. 216, 219). Las emociones entremezcladas en la colocación de los cimientos (3.10-13) muestran lo importante que era para ellos la restauración del templo.

La Palabra de Dios

Esdras era un escriba (maestro religioso) que «era escriba diligente en la ley de Moisés, que Jehová Dios de Israel había dado» (7.6). Sus conocimientos llevaron al rey Artajerjes a enviarle a Judá a enseñar esta ley al pueblo de Dios. Su deseo de dar a la Palabra de Dios el primer lugar se ve en el desafío que lanzó al pueblo de volver atrás de su desobediencia en cuanto a los casamientos con no creyentes (9.10-15; Éx 34.15-16) y más tarde en la lectura pública de la Palabra de Dios durante una semana (Neh 8.1-18). La lectura de las Escrituras encontró una nueva importancia durante el exilio, donde no tenían el templo ni sus sacrificios, y esto ayudó a dar forma al judaísmo moderno.

El pueblo de Dios

El pueblo de Dios es llamado a ser santo, distinto y diferente, incluso tanto como el propio Dios lo es (Lv 11.44-45; 19.2; 20.26; 1 P 1.15-16). En el primer grupo de exiliados que retornaron, muchos se casaron con los pobladores que Babilonia envió allí. Sin duda, sería con buenas intenciones, quizás porque no había suficientes mujeres judías para casarse, dar hijos y así prolongar la vida de la nación; pero las buenas intenciones no deben nunca sustituir a la obediencia, por lo que Esdras desafió esta violación fundamental de la santidad. El pueblo de Dios es llamado a mantener su santidad, ese aspecto distintivo, en la adoración, el estilo de vida, el carácter y las creencias.

IMPORTANCIA PARA NUESTROS DÍAS – ESDRAS

Mantenerse santo

Aunque la mayoría de los cristianos desean vivir unas vidas que agraden a Dios, se hace más difícil ser santo en tiempos en los que se está bajo presión.

La escasez de mujeres judías llevó a muchos hombres judíos, e incluso a algunos líderes, a olvidar las demandas de santidad en el matrimonio, que el pueblo de Dios debía obedecer casándose únicamente con creyentes (2 C. 6.4-18), con la intención de «ser prácticos». Después de todo, sin hijos, con toda seguridad se preguntarían cómo podría sobrevivir la raza judía. Pero obedecer y seguir la santidad de Dios siempre será lo mejor para nosotros, aun cuando no le encontremos lógica o explicación.

> «Aún hay esperanza para Israel...»
>
> Esdras 10.2

Seguir adelante

Es difícil seguir adelante cuando todo está en contra nuestra, y aún más cuando las promesas de Dios no se cumplen todo lo rápido o fácil que deseamos. Esto es lo que experimentaron los exiliados que retornaron. Desanimados por la oposición que encontraban o el poco progreso que veían, finalmente se rindieron y se centraron en sus casas en vez de seguir haciéndolo en la casa de Dios. Por tanto, Dios envió a Hageo y a Zacarías para estimularlos (5.1-2). Dios quiere que su pueblo sea firme y que no se rinda (Gá 6.9; He 12.1-13).

Mantenerse centrados

Esdras creía en el valor del ayuno, abstenerse de comer para centrarse en Dios. El ayuno se practicaba en la Biblia en momentos importantes o en ocasiones solemnes para demostrar una total dependencia de Dios. Esdras ayunó antes de emprender el largo y peligroso viaje de vuelta a Judá (8.21-23). Otras personas que ayunaron fueron David (2 S. 12.16), Daniel (9.3), Ester (4.3,16), Nehemías (1.4), Pablo (Hch 13.2-3) y Jesús (Mt 4.2). Cuando parece que la oración no funciona, o el desafío que está por delante parece demasiado grande, el ayuno sigue ayudando a centrarse en Dios y en su capacidad de proveer una solución a nuestras necesidades.

Mantenerse sinceros

La sinceridad y la integridad son muy importantes para el pueblo de Dios, y más aún para los líderes. No hay nada más vergonzoso que un líder descubierto por hacer secretamente las cosas contra las cuales ha estado predicando. Jesús condenó a los fariseos por vivir de esta manera (Mt 23.1-39). Esdras, en contraste, era muy cuidadoso a la hora de guardar su integridad. «Porque Esdras había preparado su corazón para inquirir la ley de Jehová y para cumplirla, y para enseñar en Israel sus estatutos y decretos» (7.10). Nótese cómo el estudiar y el cumplir (para sí mismo) anteceden al enseñar (para los demás).

Nehemías

CONSTRUIR PARA DIOS

PERSPECTIVA GENERAL

Continuando con la historia comenzada en Esdras, Nehemías vuelve a contar la asombrosa reconstrucción de los muros de Jerusalén y la reorganización de la vida del pueblo de Dios bajo el inspirador liderazgo de Nehemías.

RESUMEN

Petición de permiso

Cuando oyó de las dificultades que estaban pasando los exiliados que habían regresado (1.1-3), Nehemías, un judío que pertenecía al servicio del rey de Persia, se sintió destrozado. En seguida, ayunó y oró (1.4-11). Aunque quería una respuesta «hoy» (1.11), tardó cuatro meses (2.1). Viendo la tristeza de su rostro, el rey le preguntó cuál era el problema (2.1-2). Nehemías le explicó lo que sucedía en Jerusalén y pidió permiso para poder ir y reconstruirla (2.3-5). El rey se lo dio, pero dejó claro que quería a Nehemías de vuelta a su trabajo como copero real (2.6).

Reconstrucción de los muros

Tras inspeccionar los muros de noche para mantener sus planes en secreto (2.11-16), Nehemías arengó a los líderes (2.17-18). Al comenzar el trabajo, encontraron oposición: amenazas (2.19-20), escarnio (4.1-3), ira (4.7-8), murmuradores (6.1-9) e intimidación (6.10-13), pero Nehemías les animaba a seguir edificando. Dividió la tarea en 42 grupos y los involucró a todos, asignándoles secciones cercanas a sus casas (3.1-32) y asegurando su protección (4.16-18). Con determinación, el trabajo se completó en solo 52 días (6.15), algo sorprendente después de 90 años de relativa inactividad. Con guardas colocados en las puertas (7.1-3), la ciudad era segura y se pudieron realizar censos (7.4-73; 11.1-24,25-36; 12.1-26).

Reordenación de la vida

Nehemías nunca perdió de vista a las personas en medio de este proyecto, ejecutando reformas sociales para los pobres. Algunos no solo habían vendido sus tierras por dinero, estaban ya incluso vendiendo a sus hijos (5.1-5). Nehemías consiguió la abolición de la usura y la devolución de las tierras a las familias (5.6-13), siendo él mismo un ejemplo de moderación en ese sentido (5.14-19).

Asegurados los muros, Esdras leyó la ley de Dios en una gran ceremonia (8.1-18), que llevó a un reconocimiento inmediato de que necesitaban arrepentimiento (8.9) y a la restauración de la Fiesta de los Tabernáculos (8.13-18). Dos semanas después, se volvieron a reunir para una ceremonia de arrepentimiento y de nueva dedicación (9.1-38). Finalmente, dedicaron las murallas a Dios (12.27-43).

La vuelta a casa

El primer viaje de Nehemías duró doce años (5.14), después de los cuales regresó a Persia. Pero más tarde volvió, y descubrió muchos abusos: matrimonios con no creyentes (13.1-3,23-29), un amonita viviendo en el templo (13.4-5,8-9), no se mantenía a los levitas (13.10-14), y el cumplimiento del día de reposo no se respetaba (13.15-22). Nehemías tomó medidas rápidas para corregir todo esto, restaurando así el rasgo distintivo de Israel.

Autor

Las primeras palabras sugieren que el autor fue Nehemías. Sin embargo, el libro se mezcló con

Esdras en los primeros manuscritos judíos y esto puede indicar que un mismo escritor, posiblemente Esdras, trabajó en ambos.

Fecha

Escrito casi cien años después del retorno de los primeros exiliados, alrededor del año 430 a. C.

EXILIO Y REGRESO

La historia de las naciones de Oriente Medio era una historia de continuas fluctuaciones de poder.

Desde aproximadamente 1350-625 a. C., Asiria estaba en ascenso. Durante este tiempo Tiglatpileser III proclamó a Siria, Fenicia y Galilea como provincias asirias.

El rey Oseas de Israel se rebeló pero fue atacado y derrotado por Sargón II en 721. La totalidad del reino del norte fue exiliado para no volver jamás: extranjeros de Siria y Babilonia fueron traídos para sustituirlos.

En 701 Senaquerib invadió Fenicia y muchas de las ciudades de Judá; Ezequías en Jerusalén se vio forzado a pagar altos tributos.

En 626 Babilonia consiguió la independencia de Asiria pero en 614 entró a formar parte del imperio medo y babilonio.

En 597 Nabucodonosor conquistó Jerusalén: Joaquín y los líderes de Judá fueron exiliados a Babilonia y Sedequías fue designado rey, como una marioneta en manos de los babilonios. Diez años después, Sedequías se rebeló y Jerusalén fue asediada y destruida (587/6).

La nación permaneció en el exilio hasta que el decreto del rey persa Ciro permitió a muchos volver con Zorobabel en 538. Hageo y Zacarías alentaron la reconstrucción del templo en Jerusalén (520).

En 458 Esdras retornó con un grupo grande de personas. Reinstauró la ley y las reformas matrimoniales. Nehemías le siguió desde Susa en 445. Los muros de Jerusalén fueron construidos otra vez y la vida comenzó de nuevo en su patria.

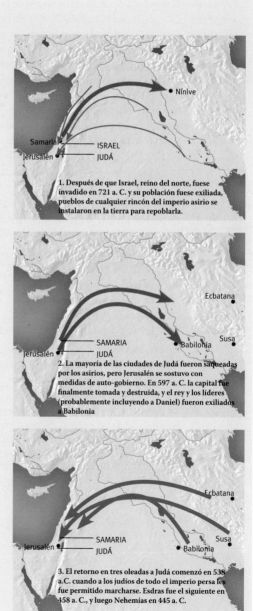

1. Después de que Israel, reino del norte, fuese invadido en 721 a. C. y su población fuese exiliada, pueblos de cualquier rincón del imperio asirio se instalaron en la tierra para repoblarla.

2. La mayoría de las ciudades de Judá fueron saqueadas por los asirios, pero Jerusalén se sostuvo con medidas de auto-gobierno. En 597 a. C. la capital fue finalmente tomada y destruida, y el rey y los líderes (probablemente incluyendo a Daniel) fueron exiliados a Babilonia

3. El retorno en tres oleadas a Judá comenzó en 538 a.C. cuando a los judíos de todo el imperio persa les fue permitido marcharse. Esdras fue el siguiente en 458 a. C., y luego Nehemías en 445 a. C.

BOSQUEJO – NEHEMÍAS

La reconstrucción de los muros de Jerusalén

1.1-4	Nehemías conoce la situación en Jerusalén
1.5-11	La oración de Nehemías
2.1-10	Nehemías consigue el permiso para viajar a Jerusalén
2.11-16	Nehemías inspecciona los muros de la ciudad de noche
2.17-18	La decisión de Nehemías de reconstruir los muros
2.19-20	Oposición a la reconstrucción de los muros
3.1-32	Lista de aquellos que reconstruyeron los muros
4.1-15	Mas oposición a la reconstrucción de los muros
4.16-23	Comienza la reconstrucción de los muros
5.1-19	Los problemas económicos del periodo
6.1-19	La finalización de los muros
7.1-3	Medidas para garantizar la seguridad de Jerusalén
7.4-73a	Lista de los que retornaron del exilio

La predicación de Esdras y el avivamiento resultante

7.73b-8.12	La lectura pública del libro de la ley
8.13-18	La Fiesta de los Tabernáculos
9.1-38	El día de ayuno, arrepentimiento y nuevo compromiso
10.1-27	La lista de los que firmaron el acuerdo vinculante
10.28-39	El pueblo promete obedecer la ley

El proceso de reasentamiento de los exiliados retornados

11.1-24	Los que se reasentaron en Jerusalén
11.25-36	Los que se reasentaron en Judá
12.1-26	Lista de sacerdotes y levitas
12.27-43	La dedicación de los muros
12.44-47	Detalles de la administración del templo

La proliferación de abusos durante la ausencia de Nehemías

13.1-3	El problema de los matrimonios con no creyentes
13.4-5	La ocupación indebida de dependencias del templo por parte de Tobías
13.6-9	Nehemías vuelve de Babilonia
13.10-14	La provisión para el personal del templo a través de los diezmos
13.15-22	Restitución de las normas del día de reposo
13.23-28	Prohibición de los matrimonios con no creyentes
13.29	La purificación de los sacerdotes y levitas
13.30-31	La provisión de las primicias

TEMAS CLAVE – NEHEMÍAS

El hombre de Dios

Nehemías nos enseña que Dios no solo usa a líderes religiosos (profetas y pastores). Él tenía un trabajo «secular» en Persia como «copero del rey» (1.11), en otras palabras, ¡el probador de veneno! Su fiel y confiado servicio a lo largo de los años abrió una puerta para que Dios lo usase para propósitos mucho mayores.

La ciudad de Dios

Nehemías quedó consternado ante el estado de Jerusalén y se entregó incansable a su restauración. La detallada descripción de los que construyeron varias secciones del muro (cap. 3) subraya la importancia de Jerusalén para restablecer la identidad del pueblo de Dios. Sin un rey davídico reinando, la ciudad restaurada y el templo tomaron una nueva importancia, cosa que Nehemías comprendió.

El remanente de Dios

Solo con un pequeño remanente del pueblo de Dios volviendo a Judá (muchos decidieron permanecer en Persia), era crucial que mantuvieran un estilo de vida distintivo que los señalase como el pueblo de Dios. Por esta razón Nehemías quedó horrorizado cuando volvió para un segundo periodo de trabajo (13.6-7) y comprobó que los judíos habían ignorado las enseñanzas de Esdras y habían resbalado en varias áreas, como los matrimonios con no creyentes (13.1-3,23-29) o no respetando el día de reposo (13.15-22). Su actuación firme y rápida fue preparada para restablecer la marca distintiva del pueblo de Dios, crucial para su futura supervivencia.

La justicia de Dios

La fe verdadera, dice la Biblia, siempre rebosa en justicia social y compasión (Jer 22.2-3; Am 5.21-24). Nehemías entendió esto y, por consiguiente, actuó rápido cuando los pobres sufrían abusos por parte de los ricos (5.1-13), ofreciendo un ejemplo personal de vida sencilla (5.14-19). Jesús dijo que era imposible amar a Dios si no se ama a los necesitados (Lc 10.25-37).

La ley de Dios

Al igual que en Esdras, la ley de Dios ocupa un lugar central en Nehemías. Habiendo completado su tarea de reconstruir muros y puertas, Nehemías dio lugar a Esdras para que este llevase la ley de Dios al pueblo de Dios. Una lectura matinal inicial de la ley (8.1-12) acabó en una lectura a lo largo de una semana (8.13-18). Pero solo escuchar la palabra de Dios no es suficiente; es importante que el pueblo la entienda, y esta es la razón por la cual los levitas estaban involucrados en hacer que el pueblo entendiera la lectura, «y leían en el libro de la ley de Dios claramente, y ponían el sentido, de modo que entendiesen la lectura» (8.8). Este lugar central que ocupa la ley de Dios era crucial para establecer y mantener la identidad del pueblo de Dios

IMPORTANCIA PARA NUESTROS DÍAS – NEHEMÍAS

La importancia de pasar tiempo en oración

Nehemías era claramente un hombre de oración, que sabía al mismo tiempo pasar largos periodos en oración (1.4) y cómo levantar «oraciones directas» en momentos de necesidad (2.4; 6.9). Ambos tipos son necesarios si verdaderamente queremos ser dependientes de Dios y no de nosotros mismos o de nuestras propias capacidades.

La importancia de estar preparado

Entre la oración de Nehemías (1.4) y la respuesta de Dios (2.1) pasaron cuatro meses. Dios no siempre responde a nuestras oraciones de forma inmediata, por lo que es importante estar preparado en el momento en el que lo haga.

La importancia de una buena administración

Algunas personas parecen pensar que no es espiritual hacer preparativos o planificar, pero Nehemías no hubiera estado de acuerdo. Él se preparó haciendo una inspección del muro por la noche (2.12) y esto le sirvió para convencer a los líderes al día siguiente (2.17-18). Entonces organizó la plantilla de trabajo, con cada cual trabajando en una sección del muro cercana a su casa para asegurar que el trabajo se hiciera bien (cap. 3). Con el trabajo completado, realizó entonces listados rigurosos de personas y cosas. Una buena administración no debe apagar al Espíritu; en realidad una buena administración es un don del Espíritu Santo.

La importancia del trabajo en equipo

Nehemías no era hombre de ministerio individual. Conocía la importancia de involucrar a todos y hacerles sentir parte del equipo. Hizo esto asignando cuidadosamente a la gente áreas de trabajo en el muro cercanas a sus casas. Nótese lo recurrente de la frase «cerca de él/ellos» en el capítulo 3 (3.7, 17, 18, 19, 20, 21, 22, 23, 24, 25, 27, 29, 30, 31). La palabra «equipo» asegura que «juntos, cada uno logra más cosas» (cf. 1 Co 12).

> «Venid, y edifiquemos el muro de Jerusalén, y no estemos más en oprobio».
>
> **Nehemías 2.17**

La importancia de una enseñanza clara

Esdras estaba muy interesado en el hecho de que la gente debía no solo oír la palabra de Dios sino también comprenderla. Involucró a los levitas en instruir a la gente en la palabra y en hacerla clara, y explicarla para que el pueblo la entendiera (8.8). «Haciéndola clara» puede significar también «traduciéndola», probablemente del hebreo clásico al lenguaje local. Esto y la enseñanza casi con toda certeza ocurrían en grupos pequeños alrededor del patio del templo. La verdadera medida de la enseñanza no es lo bien que sientan los maestros que han enseñado sino lo bien que los que oyen han aprendido.

Ester

EL PODER DETRÁS DEL TRONO

PERSPECTIVA GENERAL

Algunos judíos volvieron a casa tras el exilio, pero otros eligieron quedarse en Persia, donde habían establecido nuevas vidas. Ester cuenta cómo una huérfana judía se convirtió en reina de Persia y, desde su posición, frustró un complot para exterminar a los judíos.

RESUMEN

Una nueva reina

Cuando la esposa del rey Jerjes se negó a ser exhibida como tesoro real (1.1-12), este la destronó, para enseñarle tanto a ella como a sus demás mujeres una lección (1.13-22). Ester, una huérfana judía, fue elegida para reemplazarla (2.1-18), aunque su tío Mardoqueo le dijo que no revelara su nacionalidad judía (2.10,19-20). Ella estableció su nueva posición como reina transmitiendo al rey la advertencia de Mardoqueo referente a un complot de asesinato (2.21-23).

Un nuevo problema

Cuatro años más tarde, Amán se convirtió en el cortesano con más poder, pero Mardoqueo no quiso inclinarse ante el (3.1-4). Furioso, Amán decidió exigir venganza no solo destruyéndolo a él ,sino a todos los judíos (3.6) y persuadió al rey para que publicase un decreto para su exterminación (3.7-15). Mardoqueo apeló a la intervención de Ester (4.1-14), diciéndole que quizás esta era la razón por la cual Dios la hizo reina (4.14).

Una nueva liberación

Ester organizó un banquete para Amán y el rey. El gozo de Amán por ser honrado de esa forma se estropeó cuando vio a Mardoqueo a la puerta del rey. Entonces Amán construyó una horca para ejecutar a Mardoqueo (5.9-14). Esa noche el rey no podía dormir y envió a por los registros reales y descubrió que nunca recompensó a Mardoqueo por salvarle la vida (6.1-3). El rey le preguntó a Amán qué debería hacerse con un hombre que él quería honrar, y pensando que esto era para él, Amán sugirió un desfile de honor (6.4-9). Quedó desolado al ver que todo era para Mardoqueo (6.10-14). Esa noche en el banquete, Ester explicó lo que Amán había planeado contra su pueblo, los judíos (7.1-6). El rey se enojó, y aún más cuando pensó que Amán estaba acosando a Ester. Ordenó su ejecución en la misma horca que fue construida para Mardoqueo (7.7-10). El cargo de Amán fue dado a Mardoqueo, que inmediatamente publicó una ley que permitía a los judíos defenderse (8.1-17). Ya que las leyes persas no podían ser revocadas, el primer decreto que permitía la exterminación de los judíos permanecía en vigor; pero con permiso para defenderse tuvieron una oportunidad de contrarrestar a sus enemigos (9.1-17).

Un nuevo recordatorio

La fiesta de Purim se instituyó para recordar este ejemplo de liberación (9.18-32). Mardoqueo seria recordado como un judío que servía a las autoridades seculares, pero hizo una gran labor, «porque procuró el bienestar de su pueblo y habló paz para todo su linaje» (10.3).

Autor

Desconocido, aunque claramente alguien conocedor tanto del judaísmo como de la vida en la corte persa.

Fecha

Poco después de los acontecimientos narrados, alrededor de 460 a. C.

BOSQUEJO – ESTER

El rey Jerjes de Persia gobernó su reino desde sus capitales gemelas Susa y Persépolis. Construyó la Puerta de Todas las Naciones en Persépolis como gran entrada a la ciudad

TEMAS CLAVE – ESTER

La presencia de Dios

Aunque no se menciona a Dios en el libro de Ester, queda claro que está obrando en cada página del mismo. Su aparente ausencia es una técnica del autor para mostrar que Dios controla la vida y todo lo que ocurre en ella, aun cuando esto no resulta obvio. Por ejemplo, las «coincidencias» en el capítulo 6. el rey no podía dormir, solicita las crónicas de la corte para leer, descubre lo que Mardoqueo hizo por él, la entrada de Amán en la corte, todo esto nos habla de un Dios que obra justo en el momento adecuado.

El pueblo de Dios

Los descubrimientos arqueológicos muestran que los judíos estaban aún en Persia mucho después del exilio. Se estima que solo unos 50.000 retornaron a Judá, un puñado comparado con los que se marcharon exiliados. Muchos se quedaron donde estaban porque ya se habían asentado en una nueva vida, mientras otros se fueron a otras partes de Persia. Esta dispersión (la «diáspora»), ayudó a una rápida expansión del judaísmo y, en última instancia, del cristianismo también, ya que los misioneros cristianos a menudo empezaban su evangelización en las sinagogas.

La protección de Dios

El edicto de Amán fue el último intento en el tiempo del Antiguo Testamento de exterminar a los judíos. Amán era agagueo (3.1), lo cual significaba que probablemente era descendiente de Agag, rey de los amalecitas. Esto explicaría su intenso odio hacia los judíos, ya que los amalecitas habían sido los enemigos tradicionales de Israel desde el Éxodo (Ex 17.8-16; Dt 25.17-19). Amán interpretó esto claramente como el momento para «saldar cuentas», pero Dios, que nunca se adormece ni duerme (Sal 121.3-4) tenía puesto su ojo vigilante sobre su pueblo para protegerlo. El giro completo de la situación protagonizado por Dios para su pueblo aún es celebrado por los judíos hoy en la fiesta de Purim, como fue ordenado en esta historia (9.23-32). En esta alegre festividad, se lee la historia de Ester, la gente se viste con los vestidos que caracterizan los principales personajes de la historia y hay una comida de celebración que todos disfrutan.

Los paralelismos de Dios

La Biblia contiene un gran número de paralelismos destacables, ya que Dios repite cosas que ya ha hecho en el pasado. El autor de Ester parece haberse dado cuenta de que había paralelismos entre Ester y José (Gn, caps. 37-50), paralelismos que se reflejan tanto en el lenguaje que usa como en los detalles que da. Por ejemplo, ambas historias se desarrollan en cortes reales extranjeras y ambas tienen héroes que alcanzan posiciones relevantes a través de las cuales Dios podía usarlos para la liberación de su pueblo.

Los judíos celebran la festividad de Purim cada año en honor de la reina Ester. Los niños se disfrazan y se prepara una comida especial

IMPORTANCIA PARA NUESTROS DÍAS – ESTER

Una vida conforme a él

Dios quiere que alineemos nuestras vidas completamente con él y con sus propósitos, aun cuando eso parezca arriesgado. Tanto Mardoqueo como Ester estaban preparados para dar un paso adelante y que Dios contara con ellos, y Dios les honró a ambos. El propio Jesús subrayó este principio (Mt 10.26-33).

Reconocer a los líderes

Ester, al igual que José y Daniel, reconocía la autoridad de su rey, porque allí era donde Dios les había colocado. No debió de ser fácil, porque las mujeres en la corte persa eran meros juguetes reales, pero ella confió en el consejo de Mardoqueo de que Dios la puso allí para un propósito mayor (4.14-16). Antes del exilio Jeremías instó a los judíos a buscar lo bueno de la nación a la cual serían llevados, ya que si esta prosperaba, ellos también lo harían (Jer 29.4-7). Pablo exhortó a los cristianos a someterse a las autoridades seculares, apoyarlas, pagar impuestos y orar por ellas (Ro 13.1-7; 1 Ti 2.1-4; Tit 3.1).

Apreciar el trabajo

Los dones que José tenía de administración e interpretación de sueños fueron desarrollados en Egipto; el don de liderazgo de Moisés fue aprendido en el palacio de faraón; el de profecía de Daniel creció en su servicio en Babilonia; la capacidad de servir de Nehemías la aprendió en Persia. Todo esto subraya que el entrenamiento que Dios nos facilita se da tanto en la esfera secular como entre el pueblo de Dios. Si Ester hubiera rechazado su posición y hubiera tratado de huir de ella, es muy probable que los judíos hubieran sido prácticamente exterminados.

Aceptar las demoras

La mayoría de nosotros odia los retrasos, yendo siempre con prisas y queriendo que las cosas se hagan rápidamente, en el momento. Pero Ester aprendió cómo esperar el momento de Dios. Ella no le dijo al rey inmediatamente que era judía (2.10); no fue a toda prisa a contarle el plan de Amán, sino que le pidió al pueblo que orase (4.15-16); cuando el rey le preguntó qué podía darle, ella no le contestó enseguida (5.3-4). Ella sabía que «todo tiene su tiempo, y todo lo que se quiere debajo del cielo tiene su hora» (Ec 3.1). Esperar es duro, los retrasos también, pero siempre merecen la pena, poniéndonos en la misma línea con el Dios que actúa en favor de los que en él esperan (Is 64.4).

> «... ahora se habían invertido los papeles, y los judíos dominaban a quienes los odiaban».
>
> Ester 9.1

Afirmar el gozo

A nuestro autor le encantaban las fiestas; hay diez banquetes en Ester (1.3-4,5-8,9; 2.18; 3.15; 5.1-8; 7.1-10; 8.17; 9.17,18-32). De hecho, cada punto clave ocurre en un banquete, probablemente para enfatizar la importancia del Purim, una de las festividades más importantes y alegres del judaísmo. El mismo Jesús no tuvo miedo de expresar su alegría en la vida a través de las fiestas (Mt 9.10-13; Jn 2.1-11), a pesar de las objeciones que planteaban los fariseos (Mt 9.14-15). Jesús sabía cómo festejar, al igual que sabía cómo ayunar.

Job

LIDIAR CON EL DESASTRE

PERSPECTIVA GENERAL

Cuando la vida de Job se desbarató, se atrevió a cuestionar a Dios. El sufrimiento le lleva a un conocimiento de Dios más directo y profundo (42.5), lo que le permite aceptar ese periodo de sufrimiento en lugar de obsesionarse intentando entender las razones.

RESUMEN

El libro de Job empieza con dos escenas. La primera es en la tierra: Job es un hombre de Dios con una gran familia y con muchas posesiones (1.1-5). La segunda es en el cielo: Satanás habla con Dios sobre Job, y sugiere que este solo sigue a Dios porque la vida le marcha bien (1.6-11). Dios permite a Satanás que pruebe a Job (1.12) quitándole todas sus posesiones y sus hijos (1.13-19). Sin embargo, Job permanece fiel a Dios (1.20-22). Entonces Satanás trata de probar a Job atacándole con una enfermedad de la piel muy dolorosa (2.1-8).

Job siguió sin perder su fe en Dios (2.9-10), pero trata de entender lo que le ha pasado (3.1-26). Gran parte del libro se encuentra en forma de conversación con sus amigos (2.11-13; 32.1-5). Elifaz, Bildad y Zofar intentan convencer a Job de que está sufriendo como resultado de alguna maldad secreta (8.1-22; 11.1-20; 15.1-35; 22.1-30). Job debería aceptar su sufrimiento como disciplina de Dios (4.1-5.27). Sin embargo, Job mantiene su inocencia y acusa a Dios de traer sobre él este sufrimiento injustamente (6.1-7.21; 9.1-10.22; 23.1-24.25). Un cuarto amigo, Eliú, reprende a Job y a los otros amigos (32.1-5). Para Eliú, el sufrimiento de Job es una advertencia, para mantener a Job cerca de Dios, por lo que Job no debería haberse quejado (32.6-35.16). Finalmente, el Señor habla (38.1). Abruma a Job con su capacidad de crear y sostener el mundo, y pregunta a Job una serie de preguntas incontestables para mostrar que su poder y sabiduría están por encima del entendimiento humano (38.2-41.34).

Estas preguntas dejan a Job sin nada que decir (40.3-5). Pero, después de que Dios ha terminado de hablar, Job reafirma su completa confianza en él (42.1-4). Elifaz, Bildad y Zofar son reprendidos por Dios por su necio consejo (42.7-9). En la escena final, Dios bendice a Job con otra gran familia, grandes riquezas y una larga vida (42.10-17).

Autor

Un israelita, por lo demás desconocido.

Fecha

Se desconoce la fecha en que se escribió Job; probablemente sería entre los siglos VII y II a. C., aunque la historia en sí es mucho más antigua.

Job se desarrolla hace mucho tiempo, quizás en el periodo de los patriarcas del Génesis. Su historia, sin embargo, es muy relevante para cualquiera que esté luchando con un sufrimiento aparentemente injusto.

BOSQUEJO – JOB

Introducción

La conversación de Job con sus tres amigos

Los discursos de Eliú

La respuesta de Dios

Conclusión

TEMAS CLAVE – JOB

Entender la justicia de Dios

Igual que otros libros de sabiduría en la Biblia (como Proverbios, Eclesiastés, y Santiago), el libro de Job se interesa en reflexiones acerca de la manera correcta de vivir «en el temor del Señor» (sabiduría). Los amigos de Job expresan la comprensión más básica de la justicia de Dios: Dios castiga al malo, pero recompensa al recto (4.7-9; 8.3,20; 20.1-29). El sufrimiento de Job, sin embargo, le mueve a cuestionarse esa noción. Job está convencido de ser inocente en cuanto a haber obrado mal (cf. 31.1-40) y de esta forma parece que Dios está llevando el desastre a los piadosos, mientras que permite a los malos prosperar (10.2-3; 12.4). Job clama quejándose a Dios y diciéndole que está siendo injusto: Dios está tratando al justo Job como si fuera malo (9.22). Job desea estar frente a Dios y presentarle su queja en persona (13.22-27; 23.1-24.12).

Al final, Dios se encuentra con Job y declara que él sigue siendo justo (40.8). Aunque Dios no explica a Job por qué ha estado sufriendo, este acepta la respuesta de Dios y confiesa que no debería haber hablado de la manera de actuar de Dios cuando no la conocía (42.1-6). Esa visión básica de la justicia de Dios permanece: Dios recompensa a Job por su fidelidad (42.10-17). Sin embargo, el libro de Job muestra que entender la justicia de Dios no es sencillo. Sufrimiento y maldad o bendición y rectitud no están siempre relacionados automáticamente.

El misterio del sufrimiento

A pesar de su vida recta, Job experimenta un gran sufrimiento: pierde todas sus posesiones (1.13-17), matan a sus hijos (1.18-19) y él es abatido con una enfermedad muy dolorosa de la piel (2.7-8). Como resultado de ello, Job desea no haber nacido nunca (3.1-19; 10.18-19) y experimenta la oscuridad de la depresión (3.20-26; 6.1-3), sintiendo que había sido rechazado tanto por Dios (6.4; 16.7-14;19.7-12) como por sus amigos (6.14-23; 19.13-22). Los amigos de Job suponen que Job ha debido pecar para encontrarse ahora acarreando este sufrimiento sobre sí mismo como disciplina de Dios (22.4-11). Sin embargo, Job está seguro de que está a cuentas con Dios, y sus tribulaciones son inmerecidas (27.2-6).

Cuando Dios habla, no acusa a Job de ser un hacedor de maldad. No todo el sufrimiento viene como resultado de haber pecado. Pero tampoco Dios contesta a las quejas de Job ni le explica por qué ha sufrido tanto. Dios ni siquiera menciona que permitió a Satanás probar a Job (1.6-12; 2.1-6). El sufrimiento queda como un misterio. Lo que Job aprende, por tanto, es que Dios es más sabio y mucho más poderoso de lo que nunca había imaginado (42.2-5).

IMPORTANCIA PARA NUESTROS DÍAS – JOB

Permanecer fiel en el sufrimiento

A lo largo de sus sufrimientos, Job no era consciente de la conversación que había tenido lugar entre Dios y Satanás (1.6-12; 2.1-7). Los lectores del libro, sin embargo, conocen que las terribles circunstancias de Job eran el resultado del deseo de Satanás de poner a prueba la fe de Job (1.9-11; 2.4-5). Satanás espera que Job maldiga a Dios, una vez que sus posesiones, riquezas, familia y salud le son arrebatadas, y la mujer de Job está de acuerdo en ello (2.9).

Job, sin embargo, permanece fiel a Dios a lo largo de sus problemas. Aunque Job no comprende por qué está sufriendo tanto, e incluso acusa a Dios de ser injusto por permitirle sufrir, sigue declarando que Dios es el creador del universo (9.4-10; 10.8-12), que está lleno de sabiduría (12.13; 21.22), y que es la única esperanza para el futuro (19.25-27). La fidelidad de Job es finalmente revelada en el momento final al que llega: el sella sus labios (40.4-5), confirma su fe, confiesa su pecado (42.1-6) y perdona a aquellos que le han acusado de pecar (42.7-9).

La honestidad de la oración

Al final del libro, Dios elogia a Job por cómo ha hablado del Señor (42.7, 8). Dios no estaba de acuerdo con todo lo que Job había dicho en el resto de la conversación con sus amigos (cf. 38.2; 40.8), pero está satisfecho porque Job ha sido honesto. Job no maldijo a Dios (2.10) ni le abandonó, sino que expresó su perplejidad por el sufrimiento que estaba pasando y se quejó de que Dios no parecía estar oyéndole (19.7).

Dios quiere que seamos honestos en nuestra relación con él. Job nos enseña que Dios se deja ser cuestionado. Puede que no recibamos las respuestas que esperamos (Job fue abrumado por la respuesta de Dios en 38.1-41.34), pero nuestras preguntas y nuestras quejas muestran que seguimos agarrándonos a nuestra fe en él, y que nos cuesta mucho relacionar lo que conocemos de la justicia y bondad de Dios con el sufrimiento que estamos experimentando.

El peligro de hablar sobre las formas de actuar de Dios

En otra situación, el consejo de los amigos de Job hubiera sido totalmente apropiado. Su creencia en la justicia de Dios (8.2-22; 34.10-30) era admirable. Sin embargo, se equivocaron al no reconocer que sus rígidas creencias no se podían aplicar en cada situación. Job era inocente y su sufrimiento era simplemente un misterio. Dios reprende a los amigos de Job por lo que habían dicho a este (42.7, 8).

El libro de Job nos recuerda que las formas de actuar de Dios no pueden contenerse nunca en simples fórmulas humanas. Cuando decimos lo que pensamos acerca de las formas en las que Dios obra, especialmente en situaciones pastorales, deberíamos recordar que nuestro entendimiento es siempre limitado.

> «Jehová dio, y Jehová quitó; sea el nombre de Jehová bendito».
>
> **Job 1.21**

Salmos
EL LATIDO DE LA FE

PERSPECTIVA GENERAL
Una relación con Dios abarca todas las emociones y experiencias humanas. El libro de los Salmos es el cancionero del pueblo de Dios. En él encuentra palabras para expresar su esperanza, su confianza, su desesperación, su gratitud, su dolor y alabanza a Dios.

RESUMEN
Salmos es una colección de 150 poemas, estructurados en cinco libros.

El libro 1 (Sal 1-41) es una colección de salmos de David. Comienza con una introducción a la totalidad de la colección, describiendo las bendiciones que reciben aquellos que se deleitan en Dios en lugar de seguir el mal (1). La mayoría de los salmos en el libro 1 son oraciones personales pidiendo ayuda (p. ej. 5, 10, 22) o expresiones de confianza en Dios (p. ej. 3, 18, 23, 27). Algunos son alabanzas a Dios por su grandeza en el mundo (p. ej. 8, 29, 33).

El libro 2 (Sal 42-72) es una recopilación de salmos de diferentes autores. Incluyen oraciones personales de alabanza y de acción de gracias (p. ej. 46, 47, 66), peticiones (p. ej. 51, 55, 64) y devoción a Dios (p. ej. 42, 62, 63).

Los salmos del libro 3 (Sal 73-89) están escritos principalmente por Asaf, el líder de la adoración en Jerusalén. Parecen referirse mayoritariamente a la vida de Israel como nación (p. ej. la oración por restauración en el 85).

Los salmos 90-106 (libro 4) dan alabanzas a Dios por su fidelidad con Israel, particularmente en el tiempo alrededor del Éxodo de Egipto (p. ej. 105).

El libro final (Sal 107-150) incluye una meditación en la ley de Dios (119) y una pequeña colección de canciones para peregrinos con destino a Jerusalén (120-134). Aunque hay unos pocos de peticiones (p. ej. 102, 140), la mayoría de los salmos en esta sección son himnos de alabanza a Dios (p. ej. 100, 103, 134, 144-150).

Autor
Los Salmos fueron escritos por diferentes autores. Aproximadamente la mitad se atribuyen a David, pero otros autores son Moisés (90) y los líderes de la adoración en el templo de Jerusalén, los hijos de Coré (p. ej. 42; cf. 1 Cr 6.31-33) y Asaf (p. ej. 50; cf. 1 Cr 6.39, 15.17, y 16.5). Los autores de los otros salmos son desconocidos.

Fecha
El libro de Salmos fue escrito a lo largo de casi todo el periodo del Antiguo Testamento, desde el tiempo de Moisés y el Éxodo de Egipto hasta el exilio en Babilonia (c1300-586 a.C.). Algunos salmos pueden proceder incluso del periodo tras el exilio. La mayoría, sin embargo, fueron escritos probablemente después del reinado de David en Jerusalén (h.1000 a.C.).

El libro de los salmos abarca casi la totalidad de la historia de Israel, y toca cada acontecimiento importante desde la creación, los patriarcas y el Éxodo hasta el exilio. Algunos están relacionados con un incidente específico, que podemos ver en el título de los salmos (p. ej. 3,30,34).

BOSQUEJO – SALMOS

Libro 1

Libro 2

Libro 3

CANCIONES DE ALABANZA Y ACCIÓN DE GRACIAS

El libro de los Salmos es muy conocido por sus canciones de alabanza y acción de gracias a Dios, muchas de las cuales son usadas aún regularmente hoy en día en la adoración del pueblo de Dios. El título hebreo de este libro significa «alabanzas».

TEMAS CLAVE

Alabanza por quien Dios es

Los himnos de alabanza declaran la majestad y la grandeza de Dios. Hay muchos temas en común:

- **Dios es impresionante**. En muchos himnos de alabanza, el salmista se ve abrumado por la grandeza de Dios. El poder de Dios es capaz de hacer la tierra temblar (29.3-8), y se sienta en el trono del universo, rodeado por fuego y espesas nubes y relámpagos (97.2-4), ¡esto simboliza su majestad inalcanzable!
- **Dios es creador.** El mundo y todo lo que hay en él pertenecen a Dios porque él lo ha creado todo (24.1,2). Los salmos de alabanza se deleitan en las maravillas de la creación de Dios.
- **Dios es rey.** Comparado con los ángeles del cielo y con los dioses de otras naciones, el Dios de Israel es el poderoso Rey de reyes y Señor de señores (89.6-7; 135.5). Dios gobierna sobre las naciones (47.7-9), y a él solo pertenecen toda autoridad y poder.
- **Dios está cerca.** Las canciones de alabanza a menudo ofrecen un contraste entre el poder majestuoso de Dios y su dulce ternura con su pueblo. Dios es alabado por su gracia, compasión, misericordia y amor (145.8,9). Él es fiel y recto (145.13,17) y es especialmente cercano a aquellos que están en necesidad (145.14-16,18).

Acciones de gracias por lo que Dios ha hecho

¡Su pueblo tiene tanto que agradecer a Dios! Las canciones de acción de gracias son declaraciones de los poderosos hechos de Dios:

- **La salvación de Israel.** Muchos salmos dan gracias a Dios por rescatar a Israel de difíciles situaciones. En particular, se agradece a Dios el sacar a Israel de Egipto en el Éxodo (136.10-15) y el regalo de la Tierra Prometida (136.16-22).
- **Liberación personal.** Dios protegió no solo

> «Aclamad a Dios con alegría, toda la tierra. Cantad la gloria de su nombre; poned gloria en su alabanza».
>
> **Salmo 66.1-2**

a la nación de Israel, sino también a las personas. David y sus paisanos israelitas debían estar agradecidos personalmente a Dios por liberarlos de muchas situaciones diferentes: desesperación, peligro, enfermedad y pecado (30.1-2).

- **Fidelidad, justicia y cuidado.** El pueblo de Dios le da gracias por ser fiel a ellos (117.2) y por escuchar sus oraciones (118.21). Dios cuida especialmente de los que no tienen ayuda, como los oprimidos, los pobres y los solitarios (146.7-9).

IMPORTANCIA PARA NUESTROS DÍAS

Unidos a la creación

Salmos deja bien claro que el ser humano no está solo cuando ofrece alabanzas a Dios. La totalidad de la creación, incluyendo los ángeles del cielo y todas las criaturas de la tierra, está alabando ya a Dios por su bondad (148.1-2, 7, 10). Los cielos, las estrellas y las montañas declaran la gloria de Dios (19.1; 148.3, 4, 8, 9). ¡Incluso los ríos aplauden!

Nuestra alabanza puede a veces parecer muy pequeña en comparación con la grandeza de Dios. Pero con nuestras canciones de acción de gracias y de alabanza nos unimos al resto de la creación, tanto celestial como terrenal, para adorar al Señor nuestro Dios. La alabanza nos recuerda que no somos las únicas personas que han recibido bendiciones de parte de Dios: ¡Él tiene una familia por todo el mundo y el universo entero para alabarle!

Una celebración de alabanza

Salmos nos muestra un atisbo de la adoración de los israelitas. Algunos salmos serían leídos por un líder, otros incluían respuestas de la congregación que se unía (136). Muchos eran canciones para ser cantadas (108.1). Los himnos de alabanza mencionan el baile, panderetas, arpas, trompetas, flautas, instrumentos de cuerda y címbalos (149.3; 150.3-5). Esta adoración era alegre y entusiasta, y animaba a toda la congregación de Israel a unirse en la alabanza de su Dios.

Hay ciertamente tiempos para la quietud y la solemnidad en nuestra adoración. Pero Salmos nos enseña a alabar a Dios con reverencia y gozo. Debemos evitar perder alguno de estos aspectos en nuestra adoración hoy: Dios es grande y temible, pero también es tan maravilloso que debemos estallar de gozo.

Dios lo merece

Siempre hay algo por lo que estar agradecido. Aun cuando nuestra situación parece sombría, Salmos nos enseña que aún podemos alabar a Dios por quién es y por lo que ha hecho. Dios nunca cesa de ser merecedor de adoración (48.1).

El centro de la alabanza debería ser siempre Dios. Así, nos sintamos como nos sintamos, siempre será buen momento para alabarle (33.1). En el libro de Salmos, también nosotros disfrutamos de la alabanza (135.3; 147.1). Nuestra alabanza debería verse abrumada ante la impresionante y pura grandeza de Dios.

**Alegre celebración.
Ghana**

ORACIONES A DIOS

El tipo más común de salmo es una oración a Dios.
Estos salmos cubren toda la gama de experiencias del ser humano.

TEMAS CLAVE

Clamar a Dios

Muchos de los salmos son dolorosos llantos en medio de circunstancias difíciles y angustiosas. Estos salmos vienen de casi cualquier situación imaginable, desde ser atacado por enemigos (25.2, 19) a sufrir una enfermedad mortal (41.8). El salmista se siente solo (31.11-12), cerca de la muerte (31.10) y lleno de ansiedad (31.9). A veces, el salmista pasa por la oscuridad de la depresión. En ocasiones, incluso la fe en Dios parece flaquear, y el salmista se siente abandonado por el mismo Dios al que está dirigiendo su oración (22.1-2).

Estos salmos ruegan por la intervención y la ayuda de Dios, bien pidiendo esta ayuda, bien pidiendo protección de los enemigos (25.20), curación (41.4) o dirección (27.11). Algunos piden a Dios salvar al salmista por su vida recta (26.1, 11) y que destruya a los enemigos que le ridiculizan y le atacan (35.4-8). Otros simplemente formulan una queja a Dios, a causa de la maldad en el mundo (64.1-6) o porque Dios mismo parece estar muy lejos (22.1).

Confesar el pecado

En ocasiones, el problema al que se enfrenta el salmista no es algo externo, como problemas o enfermedad, sino interno, la culpa y el poder del pecado. Muchos salmos hablan de la rebelión de Israel contra Dios, que les llevó a ser rechazados por él (74.1). Otros refieren el pecado personal del salmista (6.1-7). En el salmo 51, David confiesa su pecado con Betsabé (cf. 2 S 11.2-27). En cada caso, el salmo reconoce que el pecado destruye la relación con Dios, y por lo tanto pide perdón y limpieza de los pecados (51.1-2,9-10). El salmista ora para que Dios restaure la vida de Israel, después de su rebelión (85.4-7).

Confiar y tener esperanza

Un tema común en los salmos de oración es la confianza que el salmista tiene en Dios. Dios es un refugio de protección y seguridad (18.2), en el que se puede confiar siempre ya que es bueno, justo, misericordioso y fiel (86.15-17). Salmos expresa un profundo deseo de estar con Dios (63.1), y constantemente alienta al lector a confiar y esperar en él (43.5).

IMPORTANCIA PARA NUESTROS DÍAS

Expresar la vida ante Dios

La diversidad existente en los salmos de oración muestra que todas las experiencias y emociones de la vida se pueden expresar ante Dios. Salmos cubre desde un gran gozo y confianza en Dios (31.7) hasta la profunda desesperación de la vida (55.4-5). Algunos salmos incluso expresan frustración con Dios, quejándose de que parece estar lejos (22.1). Otros hablan del deseo de venganza de los enemigos y los opresores (58.6; 137.8, 9), deseo que nos debería hacer sentir mal. Sin embargo, es apropiado que el pueblo de Dios le haga llegar cualquier situación y sentimientos que tenga, porque él es su Padre que los ama y los cuida. Es mucho mejor dirigir a Dios en oración el deseo de venganza contra los malos, no tomarnos su justicia por nuestra mano.

Leer los Salmos regularmente puede ayudarnos a expresar las profundidades de la experiencia humana en nuestra fe y adoración.

Apelar a la fidelidad de Dios

Según las oraciones en el libro de los Salmos, la base de la confianza en que Dios nos va a ayudar en el presente es su fidelidad pasada. Salmos a menudo cuenta de nuevo escenas de la historia de Israel, particularmente el Éxodo de Egipto y la entrada a la Tierra Prometida, como una forma de recordar tanto a los lectores del salmo como a Dios mismo sus poderosos hechos al ayudar a su pueblo en el pasado (44.1-4; 80.8-11). Si Dios es fiel a sí mismo, y al pacto que hizo, vendrá seguramente a rescatar a su pueblo en sus problemas presentes. Esto da al salmista confianza para apelar directamente a Dios en busca de ayuda (83.1-8).

La confianza del salmista ante la dificultad es un ejemplo para la oración cristiana también. Tras la muerte y resurrección de Jesucristo, tenemos aún más razones para recurrir a la fidelidad de Dios y pedirle su fortaleza para enfrentar nuestros problemas y debilidades. La base de nuestra ayuda presente es lo que Dios ya ha cumplido en Jesucristo.

Ser transformado por la oración

Salmos es muy difícil de calificar, porque las emociones y experiencias que se expresan en su interior pueden cambiar en el espacio de un salmo. Una petición se puede volver en adoración (cf. 28.1-5 y 6-9, o 69.1-29 y 30-36), mientras una confianza y acción de gracias iniciales pueden llevar a más peticiones (cf. 40.1-10 y 11-17). La oración es conversar con Dios, expresar nuestros sentimientos a la vez que recibimos una

> «Oye, oh Jehová, mi voz con que a ti clamo; ten misericordia de mí, y respóndeme. Mi corazón ha dicho de ti: buscad mi rostro. Tu rostro buscaré, oh Jehová».
>
> **Salmo 27.7-8**

seguridad de la fidelidad, santidad y justicia de Dios. Salmos enseña que la oración en sí misma puede llevarnos a un alivio de los problemas o a una reflexión más profunda en el misterio de la vida o a un conocimiento de nuestra necesidad de la ayuda de Dios.

SALMOS DE INSTRUCCION

Algunos salmos instruyen al lector en el tipo de vida que agrada a Dios. Para conocer la bendición de Dios, hay cosas que debemos evitar, y cosas que debemos hacer.

TEMAS CLAVE

La ley de Dios da la vida

Salmos comienza con una meditación en lo buena que es la ley de Dios (1.2). De hecho, la división de los Salmos en cinco libros podría ser una forma de acompañar a los cinco libros de la ley, de Génesis a Deuteronomio, con cinco libros de canciones. Sea esto así o no, la ley de Dios se presenta una y otra vez a lo largo de los Salmos como la forma de disfrutar de la vida con Dios (19.7-11). El Salmo 119, el capítulo más largo de la Biblia, es un largo poema de deleite en la ley de Dios. La ley es la palabra eterna de Dios (119.89) que da dirección para la vida (119.105, 133). Obedeciendo esta ley, el pueblo de Dios será puro y recto (119.9). Es por lo tanto un salmo precioso (119.127) y evoca el

amor del pueblo de Dios (119.167). Este cuadro de la ley de Dios corrige la imagen que mucha gente tiene de ella de mandatos secos, sin significado.

Sabiduría y pureza ante Dios

Tal como hacen los libros de sabiduría, algunos salmos establecen un contraste entre los necios y los sabios. Los necios son aquellos que se alejan de la ley de Dios y no le buscan a él (14.1-3; 53.1-3). Los sabios, por contra, desean seguir la voluntad de Dios (1.2; 40.8) y por tanto son rectos. Dios estará pendiente de cuidar a los rectos mientras que dejará que los malos vayan hacia su destrucción (1.6).

La persona sabia buscará ser sabia delante de Dios. La sabiduría muestra que pureza real no es obediencia ritual a la letra de la ley, y no viene

«Guíame por la senda de tus mandamientos, porque en ella tengo mi voluntad».

Salmo 119.35

simplemente ofreciendo sacrificios (40.6).

La pureza en la que Dios se deleita es la pureza del corazón (51.6). Esto solo puede llegar cuando el ser humano confiesa su pecado a Dios (51.3-5) y él limpia sus pecados (51.7,10). Esta pureza se expresa en una vida recta, marcada por la honestidad, integridad, misericordia y bondad (15.1-5).

El libro de Salmos muestra que la verdadera rectitud debe salir del corazón, y no es cuestión de seguir los rituales correctos.

Advertencias en la historia de Israel

Algunos salmos fueron escritos para perdurar en la historia de Israel hasta futuras generaciones (78.1-6). La historia no era simplemente una repetición de hechos históricos, sino que era una advertencia para evitar los pecados que cometieron las generaciones anteriores y en su lugar poner la confianza en Dios (78.7,8; 95.7-11).

IMPORTANCIA PARA NUESTROS DIAS

Cantar y aprender

El libro de Salmos pudo ser el cancionero de Israel, pero también fue su libro de texto. Memorizando y recitando estas canciones, los israelitas aprendieron a expresar su relación con Dios. Al lado del resto de las Escrituras, el libro de Salmos tiene un papel muy valioso en el crecimiento y educación cristianos. La adoración cantada y la poesía tienen una inmensa importancia informando y dando forma a cada nueva generación. Salmos debe inspirarnos a ser creativos expresando nuestra relación con el Dios eterno, mientras encontramos nuevas canciones para alabarle (96.1).

La fe del pueblo de Dios

Salmos nos recuerda que el pueblo de Dios en el Antiguo Testamento no era simplemente una nación política, con sus leyes cívicas y sociales, sino también un pueblo adorador. Los Salmos encontraron su sitio en la vida litúrgica israelita. Otras partes del Antiguo Testamento se centran en el resurgir histórico de la nación o en las leyes específicas para las prácticas religiosas. Los Salmos, en cambio, son el latido del corazón del pueblo de Dios. Nos recuerdan que el pueblo de Dios en cada época tiene una fe viva: eran gente real con problemas, dudas, alegrías y esperanzas reales. Esta fe puede no ser expresada en libros de historia, pero puede encontrarse en las canciones, poemas y oraciones que escriben y usan. El libro de los Salmos nos anima a apreciar y aprender de la espiritualidad de nuestros antepasados en la fe (78.5-8).

Aprender y amar

Los Salmos tratan de la devoción, la fe y el amor por Dios que llevan a un río de alabanza, o petición, o acción de gracias, o confesión. Si un salmo fue escrito por el gran rey David, o por un poeta desconocido, su valor no radica en quien lo escribió, sino en su capacidad de guiarnos a un conocimiento más profundo de Dios y a una absoluta confianza en él. El libro de Salmos nos enseña a amar la ley de Dios (119.167), porque es agradable (119.103).

«Tu trono, oh Dios, es eterno y para siempre; cetro de justicia es el cetro de tu reino».

Salmo 45.6

CANCIONES PARA OCASIONES ESPECIALES

Algunos salmos fueron escritos con una ocasión particular en mente, incluyendo los salmos reales y las canciones de peregrinación.

SALMOS REALES

Tema clave

Los Salmos reales (2, 45, 110) se centran en el rey de Israel. Algunos celebran la coronación del rey (2.6-7; 110.1), mientras otro celebra la boda del rey (45.17). El rey es descrito como justo y recto (72.1-7); él confía en Dios (21.7) y su reino será grande y durará por siempre (72.8-11). El salmista ora por bendición para el rey (20.9; 72.15-17).

Importancia para nuestros días

Aunque estos salmos fueron originalmente escritos por David y sus sucesores en Jerusalén, algunas de las afirmaciones hechas sobre el rey no se cumplieron por los reyes del Antiguo Testamento (72.17; 110.4). Estas palabras hacen referencia al rey verdadero e hijo de Dios, Jesucristo. Jesús usó las palabras del Salmo 110 para describir su propia relación con el Padre celestial (110.1; cf. Mt 22.43-45). Los primeros cristianos usaban citas de los Salmos reales para mostrar que Cristo era el verdadero rey prometido en el Antiguo Testamento (cf. Hch 2.34-35; He 1.5,13). Estos salmos nos ayudan a expresar nuestra adoración a Cristo como Rey del Universo.

CANCIONES DE PEREGRINAJE A SIÓN

Tema clave

Los Salmos 120-134 se conocen como canciones de ascenso. Probablemente eran cantadas por israelitas fieles que iban hacia Jerusalén al templo para las festividades más importantes. Otros salmos también hablan de ir a adorar a Jerusalén (24.3-4; 100.4). Otros declaran la grandeza de Jerusalén porque es la ciudad donde Sión, el monte del templo, está situado, y por lo tanto el lugar terrenal del gobierno celestial de Dios (87.1-6).

> «Yo me alegré con los que me decían: a la casa de Jehová iremos».
>
> **Salmo 122.1**

Importancia para nuestros días

Ya no adoramos a Dios en un lugar particular (4.21,23). Estos salmos, sin embargo, no tratan solo del templo en Jerusalén, sino también de la seriedad con la que los israelitas iban a adorar. Querían preparase para estar en la presencia de Dios (15.1-5), y cantaban canciones de alegría porque deseaban estar en la casa de Dios (122.1-5). Deberíamos acercarnos a la adoración con la misma fe profunda y alegre.

Proverbios
SABIDURIA PARA LA VIDA

PERSPECTIVA GENERAL

¿Cómo puede usted aprender a vivir bien en el mundo? Proverbios está lleno de consejos prácticos para ayudarle en todo tipo de situaciones. Los lectores de Proverbios adquirirán perspicacia para la vida si buscan la sabiduría temiendo a Dios.

RESUMEN

Proverbios se presenta a sí mismo como un manual útil para conseguir sabiduría (1.1-6). Después de identificar el principio básico de la sabiduría (1.7), Proverbios continua con un largo poema en el que el lector es persuadido a seguir el camino de la sabiduría en vez del camino de la insensatez (1.8-9.18). La sabiduría y la insensatez se representan como mujeres, que invitan al lector a acercarse a ellas (1.20-33; 8.1-9.12; 9.13-18). El lector debería ir a la señora Sabiduría, porque es la posesión más valiosa que este puede adquirir (2.1-4.27). En contraste, el adulterio (5.1-23; 6.20-7.27), la pereza (6.1-11) y la corrupción (6.12-19) deben ser evitadas a toda costa.

En el resto de Proverbios (10.1-31.9) contiene colecciones de piezas cortas de sabiduría de una amplia gama de temas: riquezas, trabajo, comer y beber, la vida familiar, conversación, educación, amigos, reputación, gobernar una nación, generosidad, caridad, y otros muchos tópicos. La mayoría son cortos, pareados de dos líneas, que comparan, contrastan o resaltan acciones sabias y necias. A menudo no hay un orden discernible entre los dichos, y muchos repiten la misma idea, pero se anima al lector a llevarlos todos al corazón para convertirse en sabios y piadosos (23.19, 22-26). Proverbios con una descripción de la mujer virtuosa, que es digna de gran honor (31.10-31).

Autor

Proverbios es principalmente una colección de dichos de Salomón (1.1; 10.1-22.16; 25.1-29.27), pero también incluye algunos dichos de Agur (30.1-33) y del rey Lemuel (31.1-31). Otros dichos son simplemente de «los sabios» (22.17-24.22; 24.23-34). Es probable que fueran recopilados por escribas desconocidos (25.1).

Fecha

La mayoría de los proverbios son del tiempo del rey Salomón (h. 961-922 a. C.), pero probablemente recopilados en una fecha posterior, algunos en el tiempo del rey Ezequías (h. 715-687 a. C.) Y algunos incluso después del exilio.

Proverbios parece haber sido escrito en la corte real de Jerusalén. La corte habría tenido contactos internacionales, por lo que no es extraño que algunas partes de Proverbios sean parecidas a otras obras de sabiduría en el mundo antiguo. Proverbios, sin embargo, establece sabiduría en el contexto de la fe en el Dios de Israel. Pudieron ser usados en un principio para educar a los hijos de importantes cortesanos, pero su valor en todas las áreas de la vida fue pronto reconocido fuera de la corte.

BOSQUEJO – PROVERBIOS

TEMAS CLAVE – PROVERBIOS

El temor de Dios

La sabiduría, el conocimiento y el entendimiento comienzan con el temor de Dios (1.7; 9.10). «Temor», en esta afirmación, no significa estar asustado de Dios, sino ser consciente de que la vida debe vivirse en su presencia y que seguir cuidadosamente sus caminos lleva a la bendición. Temer a Dios significa respetarle, como un niño respeta a sus padres que le quieren y saben qué es lo mejor. Vivir en el temor de Dios significa evitar el pecado (3.7; 14.16) y hacer lo bueno (14.2). Esto es más importante que las riquezas (15.16).

Según Proverbios, temer a Dios lleva a una vida larga y llena de bendiciones (10.27; 14.27; 19.23; 22.4). Aquellos que temen a Dios pueden confiar en que él les protegerá (14.26; 29.25) y recibirá honra de los demás (31.30).

Proverbios muestra al lector que la sabiduría solo se adquiere como un don de Dios a aquellos que le temen (2.1-8).

Sabiduría e insensatez

Proverbios hace un contraste entre el camino de la sabiduría (8.1-9.12) y el camino de la insensatez (9.13-18). La diferencia entre estos dos caminos no es la cantidad de información que una persona conoce, sino si una persona es capaz o no de vivir bien en el mundo. En Proverbios, insensatez es un problema moral: la persona insensata rechaza la sabiduría de Dios (1.7, 29, 30), menosprecia la instrucción (15.5), es controlado por la ira (12.16; 14.16, 17) y es falso (11.3), perezoso (6.9-11), deshonesto (17.23) y soberbio (13.10). Un necio trae deshonra a su familia (10.1) y dolor a sus amigos (13.20). Un necio hace lo que él piensa que es correcto.

Una persona sabia, en contraste, siempre está deseando escuchar el consejo (1.2-6; 4.1, 10; 5.1, 2; 12.15; 23.22). Aprenderá de las experiencias de los demás y observando el mundo natural (6.6). Sobre todo, la persona sabia confiará en los juicios de Dios antes que en los suyos propios (3.5-6). Este tipo de vida sabia agrada a Dios (3.4), y lleva al éxito y al contentamiento (24.3-6,14).

Proverbios describe muchas más diferencias entre los sabios y los necios con el objeto de alentar al lector a buscar la sabiduría.

Las recompensas de la sabiduría

Los proverbios actúan como pequeñas parábolas que muestran una rápida observación general del carácter de Dios y de cómo es la vida: sabiduría y temor de Dios traen vida y éxito, mientras que la insensatez trae muerte y dificultades (1.32, 33; 8.35, 36). Aunque las recompensas de la sabiduría pueden parecer ausentes a veces, Proverbios expresa una fe fuerte en el justo juicio de Dios (15.3), esperando que el necio termine en el desastre, mientras el sabio disfrutará de las bendiciones de Dios.

IMPORTANCIA PARA NUESTROS DÍAS – PROVERBIOS

Fe y vida

Proverbios no hace distinción entre la actitud de una persona hacia Dios y su conducta en el mundo. Se da por hecho que una persona piadosa será sabia, y que una persona impía será insensata (1.7). Proverbios asume que la fe no es solo para ocasiones o lugares especiales, sino que es para ser vivida en todas y cada una de las situaciones. ¡No deberíamos pretender que nuestra fe solo sea importante en la iglesia!

Sabiduría en el mundo

Aunque nuestro mundo pueda parecer muy diferente al de Salomón y los otros autores, Proverbios da consejos sabios en muchos asuntos contemporáneos:

- **Trabajo y riqueza.** Proverbios anima a ser diligentes y trabajar duro (6.6-11; 10.4-5). Aquellos que trabajan duro deberían poder disfrutar de lo que han ganado, mientras que los que no tienen intención de trabajar no serán ricos (10.4; 12.27). La riqueza en sí no es tan importante como lo que se haga con ella (11.4): una persona sabia será generosa (11.25).
- **Autoridad.** Proverbios espera de las personas sabias que respeten a las autoridades y que reciban instrucción de buen grado (13.13). Cuando una persona sabia está en una posición de autoridad, no abusará de esta posición, sino que actuará de forma justa y hará lo correcto (28.2,3,16). Proverbios advierte contra el abuso de poder.
- **Amigos.** Los amigos son muy importantes, y una persona sabia elegirá sus amigos cuidadosamente (13.20).Los amigos sabios no dejarán al otro descarriarse.
- **Lenguaje.** Proverbios recuerda a sus lectores que deben evitar conversaciones malintencionadas (11.12), llenas de enojo (12.16) o engañosas (12.19). A veces, es mejor no decir absolutamente nada que hablar faltando a la verdad o con pensamientos inadecuados (10.19).

Sabiduría en el hogar

Proverbios también tiene mucho que decir sobre las relaciones en el ámbito de la vida familiar:

- **Matrimonio.** El matrimonio es la más estrecha de las relaciones humanas. Es, por lo tanto, muy importante que el marido o la esposa que escojamos sea una persona cercana a Dios (31.10-31), para que esta relación pueda recibir las bendiciones de Dios (18.22). Debido a la importancia del matrimonio, Proverbios se preocupa mucho de que los lectores eviten el adulterio (5.1-20; 6.24-29). Por muy atrayente que pueda parecer, es la peor manifestación de la insensatez (7.10-27).
- **Padres e hijos.** Padres e hijos deben respetarse los unos a los otros (17.6). Los padres son responsables del bienestar y la instrucción de sus hijos (19.18, 22.6; 23.13, 14), y los hijos deben recibir esto alegremente (23.22). Otras personas, como Salomón mismo, también actúan como instructores de sabiduría. Proverbios muestra la importancia de tener maestros y mentores sabios y cercanos a Dios, ya que siempre nos enseñarán con su ejemplo a vivir una vida fiel.

> «Fíate de Jehová de todo tu corazón, y no te apoyes en tu propia prudencia. Reconócelo en todos tus caminos, y él enderezará tus veredas».
>
> Proverbios 3.5-6

Eclesiastés

EL CONFLICTO DE LA FE

PERSPECTIVA GENERAL

Eclesiastés nos anima a echar una larga mirada al mundo. Lo que vemos no siempre es muy reconfortante: la gente se enriquece y adquiere sabiduría, para perderlo todo al morir; a veces le va mejor a los malos que a los sabios y a los buenos. Parece que no hay un orden discernible en la vida; no tiene sentido. Eclesiastés nos ayuda a enfrentarnos a esta realidad de la vida.

RESUMEN

Eclesiastés comienza con una descripción de cómo el autor, conocido como «el predicador» (en hebreo, *qoheleth*) ve el mundo: la vida no tiene sentido, y está llena de experiencias repetitivas (1.1-11). El predicador fue sabio a través de mucho estudiar y aprender, pero su conocimiento del mundo solo le hizo tener más certeza de que este no tiene sentido (1.12-18). Intentó encontrar su sentido en muchas cosas: placeres (2.1-3), grandes proyectos de construcción (2.4-6), riqueza y grandeza (2.7-10) y trabajo duro 2.17-26), pero se dio cuenta de que todas estas cosas no merecían la pena, porque a pesar de ellas él moriría, igual que todo el mundo (2.11-16).

El predicador reflexiona en las estaciones de la vida (3.1-8) y sugiere que las personas deberían disfrutar de la vida porque esta pronto acabará (3.9-22). Es inútil esforzarse en acumular grandes riquezas; es mejor estar satisfecho y disfrutar con lo que ya se tiene (4.7-8; 5.10-6.12).

Aunque es bueno ser sabio y recto (7.11-12), el predicador resalta que esto no siempre trae la esperada recompensa: los malos viven por largo tiempo, mientras que los rectos mueren pronto (7.15; 8.14). Por tanto, anima a las personas a ser simplemente ciudadanos obedientes (8.2-8), ¡sin llegar a ser ni demasiado malas ni demasiado rectas! (7.16, 17). Deberían disfrutar de esta vida, porque la muerte es el final de todo (9.1-12).

Eclesiastés acaba con una serie de proverbios cortos sobre sabiduría (9.17-11.6), y un recordatorio de que Dios juzgará a todo el mundo (11.7-12.14).

Autor

Qoheleth, a menudo traducido como «el predicador». Anuncia ser rey de Israel, con su corte en Jerusalén (1.1, 12). Quienquiera que sea, este autor anónimo estaba edificando sobre la tradición de la sabiduría de Salomón.

Fecha

Eclesiastés fue probablemente recopilado después del exilio de Israel, en algún momento entre los siglos V y III a. C.

Los primeros lectores de Eclesiastés fueron israelitas que conocían las promesas de Dios y el tipo de sabiduría que se encontraba en el libro de Proverbios. Eclesiastés les recordaba que a pesar de su fe en Dios, la vida era a veces confusa y sin sentido. Muchas de las observaciones que el predicador hacía de la vida son ciertas en cada generación y cultura.

BOSQUEJO – ECLESIASTÉS

Introducción
1.1-11	La falta de sentido de la vida
1.12-18	La gran sabiduría del predicador no puede darle sentido a la vida

Observaciones sobre lo absurdo de la vida
2.1-23	Observaciones sobre los logros humanos y el trabajo duro
2.24-26	La importancia de disfrutar de la vida
3.1-11	Observaciones sobre las estaciones de la vida
3.12-12	La importancia de disfrutar de la vida
3.14-21	Observaciones sobre el juicio de Dios a todo el mundo
3.22	La importancia de disfrutar de la vida
4.1-16	Observaciones sobre la vida humana
5.1-7	El peligro de hablar neciamente
5.8-17	Observaciones sobre la riqueza
5.18-20	La importancia de disfrutar de la vida
6.1-12	Observaciones sobre la prosperidad
7.1-8.1	Observaciones sobre la sabiduría
8.2-14	Observaciones sobre el gobierno y la justicia
8.15-9.12	Disfruta de la vida, porque el futuro está en manos de Dios

Conclusión
9.13-11.6	Sé sabio, pero conoce las incertidumbres de la vida
11.7-12.14	Disfruta de la vida, pero recuerda el juicio de Dios

TEMAS CLAVE – ECLESIASTÉS

¡La vida no tiene sentido!

A lo largo de Eclesiastés, el predicador exclama que la vida no tiene sentido (1.2, 14; 2.11, 15, 23, 26; 4.4,7, 16; 5.7; 6.2, 9; 7.15; 8.14; 12.8). Cuando decimos «sin sentido» nos referimos a la palabra hebrea *hebel*, que expresa la profunda confusión que el predicador tenía de la vida. Él ha observado la vida «bajo el sol» (1.14) y se ha dado cuenta de que todas las cosas en las que el ser humano se apresura a ocuparse se quedarán en nada al final (2.11).

Observaciones del mundo

Las conclusiones a las que llega el predicador diciendo que la vida no tiene sentido no llegan tras un estallido irracional, sino de su cuidadosa observación del mundo (1.13-14) y de su estudio de la sabiduría convencional (1.17). Al igual que otra literatura de la sabiduría, Eclesiastés da mucha importancia a la experiencia humana, pero en el caso del predicador, no es capaz de encontrarle un orden discernible. Su observación honesta de la vida le lleva a resaltar varias cosas que parecen poner en cuestión su significado:

- **La realidad de la muerte.** La muerte llega a todos, sean sabios o necios, ricos o pobres, malos o buenos (2.14, 16; 9.2). Para el predicador, que vivió antes del conocimiento de la resurrección de Cristo, no hay nada después de la muerte; esta es el fin de toda esperanza y conocimiento (9.4-6). Cualesquiera que hayan sido las ventajas que una persona haya disfrutado en vida, sean riquezas o sabiduría, la muerte se lo llevará todo (2.16; 5.15). Cuando la muerte llega, alguna otra persona recibirá las riquezas de quien ha trabajado duro (5.18, 21). Para el predicador, la finalidad de la vida es demostrar que todo el esfuerzo que las personas hacen en sus vidas no tiene sentido. En el momento de la muerte, los seres humanos no son mejores que los animales (3.18-20).

- **La insuficiencia humana.** Aunque el ser humano sea capaz de hacer grandes cosas (2.4-5), amasar inmensas riquezas (2.7-9) y conseguir mucha sabiduría (1.16), su poder y conocimiento son limitados (1.15). Todos los humanos, cualquiera que sea su lugar en la sociedad, están sujetos al tiempo y a la casualidad (9.11). Incluso la persona más sabia no puede explicar el misterio de la vida (8.17; 11.5) o decir qué es lo que trae el futuro (7.14; 11.2,6). La sabiduría completa, según el predicador, resulta inalcanzable (7.23, 24), y es imposible comprender la forma de obrar de Dios (3.11).

- **La realidad de la injusticia.** La fe en el Dios de Israel incluye la creencia de que llevará a todas las personas a juicio (3.17; 11.9; 12.14). Sin embargo, la experiencia muestra que los malos disfrutan del éxito en la vida, mientras que los rectos sufren (7.15; 8.14). Los opresores parecen huir sin ser juzgados (4.1,2) y los gobernantes malvados pervierten la justicia (3.16; 5.8,9). Si la muerte es verdaderamente el final, como el predicador piensa, entonces la ausencia de un juicio para este mundo hace que la fe en la justicia de Dios no tenga sentido.

IMPORTANCIA PARA NUESTROS DÍAS – ECLESIASTÉS

Ser sinceros

Nos puede sorprender que el libro de Eclesiastés esté en la Biblia. Su mensaje parece ser diferente de los tonos de fe y confianza que encontramos en otros libros. El repetido argumento que dice que «nada tiene sentido» (1.2; 12.8) es quizá un poco desconcertante para nuestra fe. Pero este es el valor de Eclesiastés para nosotros. Es un recordatorio de que Dios nos permite ser sinceros en nuestra fe. No debemos pretender que encontramos un sentido completo a este mundo, cuando de hecho nuestra experiencia de este nos lleva a la confusión. Como cristianos no podemos ignorar los horrores de los desastres naturales, las terribles enfermedades o el intenso sufrimiento físico o emocional. ¡A veces tendremos ganas de gritar con el predicador que la vida no tiene sentido!

Vivir en conflicto

El predicador escribe como un creyente israelita. Su exclamación de lo absurdo de la vida no viene de un rechazo de la fe. De hecho, viene de lo contrario, de su fe en Dios y en la justicia de Dios, y de su rechazo por abandonar su fe (12.13,14); debido a esta fe le sorprende tanto la injusticia que existe en el mundo.

Cuando las promesas de la fe y las experiencias de la realidad se contradicen, es tentador resolver este conflicto diciendo que los problemas no son reales, o negando al mismo Dios. El predicador no toma ninguno de estos dos caminos. Puede hablar un momento del sin sentido de la vida (3.9, 10) y seguidamente de la belleza del Dios de la creación (3.11). Para el predicador, la fe vive en un conflicto real: nuestra experiencia del mundo nos pone por delante cosas sorprendentes (9.11), pero Dios sigue siendo digno de adoración y obediencia (3.14; 12.13). Debemos aprender a vivir con ese conflicto.

Disfrutar de la vida

A lo largo de Eclesiastés, el predicador anima a sus lectores a disfrutar de sus vidas (2.24; 3.12, 13, 22; 5.18, 19; 8.15; 9.7-10; 11.9). Ha observado que muchas personas malgastan su tiempo esforzándose por riquezas o éxitos que no tendrán tiempo de disfrutar antes de morir (4.8; 6.3). En lugar de toda esta actividad sin sentido, el predicador exhorta a sus lectores a sentirse satisfechos con lo que tienen (4.6), porque viene de Dios (7.14).

Dios quiere que disfrutemos de lo que él nos ha dado (9.7), y nuestro disfrute y satisfacción son regalos de Dios (2.24-26; 3.13; 5.19).

Por supuesto, los cristianos pueden esperar la resurrección después de la muerte, cosa que no formaba parte de la fe del maestro. Sin embargo, es bueno que disfrutemos de nuestras vidas ahora. Por muy sin sentido que parezca la vida, seguimos teniendo mucho por lo que dar gracias a Dios.

> «En el día del bien goza del bien; y en el día de la adversidad considera. Dios hizo tanto lo uno como lo otro...».
>
> **Eclesiastés 7.14**

Cantar de los Cantares
LA DICHA DEL AMOR

PERSPECTIVA GENERAL

El amor y el romanticismo son aspectos importantes de la vida humana, pero ¿tienen sitio en la vida de fe? Cantar de los Cantares contesta «sí», con una espectacular celebración del amor romántico entre un hombre y una mujer.

RESUMEN

Cantar de los Cantares, que significa «la mejor canción», es un poema al estilo de una obra teatral que trata de una relación que se está desarrollando. El argumento exacto de la obra está poco claro, e incluso la identidad de los que hablan es incierta. El personaje varón parece ser muy importante y rico, y puede incluso ser el rey (1.4,12; 6.8,9; 7.5). Algunos estudiosos lo han visto como una representación de Salomón (1.1; 3.7,9) mientras otros piensan que solo se trata de un rico pastor (1.7). El otro personaje principal es la joven mujer sulamita (6.13). También encontramos un coro de amigos.

La obra empieza con la joven mujer entrando en la corte del rey en Jerusalén. Ella está ansiosa por atraer la atención del hombre y conseguir su amor (1.2-7). Cuando él ve a la joven mujer, se queda impresionado inmediatamente (1.9-11).

La joven dice a sus amigas lo impresionante que es su amante (2.3-7), y que ella está encantada cuando él vuelve a ella (2.8-11). Ahora es evidente que están comprometidos (2.16). Cuando el hombre está fuera, la mujer anhela su presencia (3.1-3).

Seguidamente, el hombre se ve en el día de su boda, vestido en todo el esplendor de Salomón (3.6-11). Él alaba la belleza de la joven mujer (4.1-15). Se deleitan en su unión el uno con el otro (4.16-5.1).

En la siguiente escena, el esposo llega al parecer tarde a casa, para encontrar a su mujer ya en la cama. Ella tarda en abrirle la puerta y él se marcha (5.2-6). Ella sale en su busca (5.7) y le pide a sus amigas que la ayuden a encontrar a su amado (5.9-16). Finalmente, la pareja se reúne y se deleitan una vez más el uno en el otro (6.4-8.7). El libro termina con una meditación en el deleite del amor puro (8.8-14).

Autor

El libro se relaciona con Salomón (1.1; 3.7, 9, 11; 8.12), aunque no fue necesariamente escrito por él. Es probable que un autor desconocido estuviera usando la corte de Salomón como el escenario de su poema teatral.

El estilo de literatura teatral podría muy bien encajar en la alta sociedad de la corte real de Jerusalén. También se hace mucha referencia al entorno rural.

Fecha

Se desconoce la fecha de composición, pero no fue en ningún caso antes del reinado de Salomón (mediados del siglo X a.C.), pudiendo incluso ser mucho más tarde.

BOSQUEJO – CANTAR DE LOS CANTARES

TEMAS CLAVE – CANTAR DE LOS CANTARES

Celebración del amor

El tema central de Cantar de los Cantares es el amor. Las descripciones llenas de color que el libro usa han resultado embarazosas para algunos lectores, y lo han interpretado simplemente como un cuadro del amor de Dios por Israel, o el amor de Cristo por la iglesia. Sin embargo, el amor, que es el tema principal del libro, es realmente amor romántico humano, incluyendo su expresión sexual.

- **El amor tiene un lenguaje rico.** Cantar de los Cantares está lleno de alegres descripciones del deleite que los amantes encuentran en el cuerpo del otro. La mayoría de las imágenes viene del mundo del pastoreo (1.8; 4.1-2) y la jardinería (4.12-15), y aunque algunas referencias pueden parecer un poco confusas hoy en día, es obviamente una forma muy exuberante de describir el amor humano.
- **El amor en sí es apasionado.** Muy desde el principio, la relación descrita en Cantar de los Cantares está llena de pasión. La muchacha anhela besar al hombre (1.2), y se prepara para conseguir su amor (1.7). Una vez que él ve a la joven, se siente cautivado, y se prodiga en regalos para ella (1.11). Se anhelan el uno al otro cuando están separados (2.9; 3.1) y se deleitan el uno en el otro cuando están juntos (4.1-7).

Amar de forma exclusiva

Parece extraño que esta celebración de la exclusiva relación entre el hombre y la joven mujer se establezca en la corte real y se asocie con Salomón. 1 Reyes recoge que Salomón tuvo setecientas mujeres y trescientas concubinas, que entre todas llevaron a Salomón a alejarse del Señor (1 R 11.1-4). Aquí en Cantar de los Cantares, se dice que hay sesenta mujeres y ochenta concubinas en la corte real (6.8).

En contraste con los múltiples matrimonios de Salomón, Cantar de los Cantares sostiene la importancia de una relación exclusiva. Tanto el hombre (6.8, 9) como la mujer (5.10) piensan que su amado está por encima de cualquier comparación con otras personas. ¡La joven mujer es incluso mejor que las muchas mujeres y concubinas de la corte real (6.9)! La pareja dice que se han entregado por completo el uno al otro (2.16; 4.9; 6.3).

Quienquiera que escribiera Cantar de los Cantares quería celebrar el amor exclusivo. ¡Quizás era también una forma de criticar al propio Salomón, cuya acumulación de mujeres le apartó de Dios (1 R 11.3,4)!

IMPORTANCIA PARA NUESTROS DÍAS – CANTARES

Sexualidad y fe

La existencia del Cantar de los Cantares como parte de la Escritura nos muestra que la pasión del amor sexual forma parte de la buena creación de Dios. No se menciona a Dios en Cantares, pero el entorno de la obra es la corte real de Jerusalén, por lo que se presupone la fe en el Dios de Israel. Es importante enfatizar, particularmente en la sociedad de hoy, que disfrutar de la sexualidad no es incompatible con la fe cristiana. La frontera moral para la actividad sexual, el matrimonio, no rechaza lo bueno de esa intimidad, sino que afirma que es un regalo de Dios que debe disfrutarse en el contexto correcto.

Lecciones en el amor

Aunque es un poema antiguo, la realidad del amor humano no cambia, y así Cantar de los Cantares tiene mucho que decir al mundo actual:

- **Paciencia y fuerza.** Tres veces comenta en Cantar de los Cantares la joven «no despiertes al amor hasta que él no lo quiera» (2.7; 3.5; 8.4). Esto es un simple consejo que exhorta a ser paciente con el desarrollo de una relación conmorosa, y el consejo se repite a lo largo del libro mientras el hombre y su amada se van acercando más. A pesar de la presión de la sociedad que incita a pasar inmediatamente a las relaciones sexuales, la Escritura aconseja que se le dé tiempo y espacio a esa relación para que crezca, de forma que cuando se añada el elemento sexual dentro del matrimonio sea plena y satisfactoria (5.1). De esta forma, el amor crece fuerte, y no decae (8.6, 7).

- **Pureza.** Se ve a la joven como un jardín cerrado, al cual el marido tiene acceso exclusivo (4.12, 16). Al final del libro se revela que la joven ha sido protegida de la actividad sexual (8.8, 9) hasta que pueda darla exclusivamente a su marido (8.12). Este modelo de pureza, por supuesto, se aplica tanto a los hombres como a las mujeres.

El amor de Dios y de Cristo

Aunque Cantar de los Cantares está hablando de relaciones humanas, se ha entendido que también se refiere a la relación de Dios con su pueblo. A menudo se leía al inicio de la celebración de la Pascua judía, como recordatorio de que el pacto de Dios con Israel no era un mero asunto de palabras y leyes, sino una relación de amor apasionado. Con frecuencia, los cristianos han considerado que el Cantar de los Cantares es una representación del amor de Cristo por la iglesia, comparada en el Nuevo Testamento a una relación matrimonial (cf. Ef 5.25). La riqueza del amor humano debería recordarnos al Dios que lo ha creado, y a su gran y apasionado amor por el mundo.

> «Porque fuerte es como la muerte el amor; duros como el Seol los celos; sus brasas, brasas de fuego, fuerte llama».
>
> Cantar de los Cantares 8.6

Isaías
PROFETA DE SALVACIÓN

PERSPECTIVA GENERAL

El mensaje global de Isaías al pueblo de Dios les dirige en la prosperidad, el exilio y la restauración. Trae mensajes de advertencia, consuelo y esperanza para una más profunda comprensión del carácter y propósitos de Dios en el Antiguo Testamento, comprensión que demostró ser fundamental para el Nuevo Testamento en relación con Jesús y a la naturaleza de la salvación.

Isaías es el más largo de los libros proféticos, ligeramente más largo que Jeremías. Es el libro profético más citado en el Nuevo Testamento. Su lenguaje poético sugiere una profunda revelación y una gran inspiración del espíritu humano.

RESUMEN

Primera parte (caps. 1-39)

El libro tiene dos partes. La primera parte (caps. 1-39) cubre el tiempo de los cuatro reinados más importantes en Judá, el reino del sur en el dividido país de Israel. La sección que abre el libro (caps. 1-12) incluye un relato del llamamiento del propio profeta (cap. 6), probablemente el más espectacular de los relatos de llamamiento de profetas (cf. 1 S 3, Ez. 1 y Jer1).

Es interesante, sin embargo, que este relato vaya precedido por cinco capítulos que bosquejan muchos de los temas principales del libro: Dios es «el Santo de Israel». Está profundamente ofendido por la conducta inmoral de su pueblo, por lo que habrá un castigo que vendrá en forma de invasión y devastación de la ahora prospera tierra. Pero después del castigo vendrá la restauración y un buen gobierno. El retraso en relatar el llamamiento de Isaías busca el efecto de concentrar nuestras mentes en el mensaje y su autenticidad, no en el mensajero.

Las profecías de Isaías tienen una dimensión política que advierte contra cualquier tipo de alianza con otros países. En su lugar deben confiar solo en Dios tanto para la salvación política como para la espiritual (caps. 7-11). La sección concluye con un salmo (cap. 12).

La segunda sección de la primera parte es una serie de oráculos contra las naciones vecinas (caps. 13-24). Esto es una práctica profética común. Se pueden encontrar paralelismos, por ejemplo, en Jeremías 46-51 y Ezequiel 25-32. Dios es Señor de toda la tierra y el destino de su pueblo no está separado del de otras naciones, aunque sea diferente. En los días de Isaías, la amenaza dominante para Judá era Asiria (14.24-27); su falsa seguridad era Egipto (19.1-20.6).

Pero los ayes y denuncias más fuertes parecen ser contra Babilonia (13.1-14.23; 21.1-10), que en tiempos de Isaías fue en algunos periodos un estado independiente pero pequeño (cf. cap. 39). En el siglo siguiente fue cuando Babilonia tuvo su auge y se convirtió en una fuerza devastadora capaz de destruir Jerusalén. El lenguaje burlón que se usa contra su soberbia (14.12-23) nos recuerda el lenguaje de Ezequiel contra Tiro (Ez. 28).

En el capítulo 22, Isaías centra sus denuncias sobre su ciudad, Jerusalén. En el capítulo final de la sección, vemos una concluyente descripción apocalíptica de la destrucción del mundo, y la restauración del gobierno de Dios como rey.

La tercera sección (caps. 25-35) se elabora a partir de los temas precedentes. Los capítulos 25-26 forman un puente apocalíptico con la sección precedente. La cuarta sección es histórica, y narra tres intervenciones en la vida del rey Ezequías (caps. 36-39), incluyendo una amenaza a Jerusalén por los asirios. Algo de este material se puede ver en 2 Reyes 18.17-20.19.

Segunda parte (caps. 40-66)

La segunda parte del libro puede dividirse también en dos secciones. La primera sección (caps. 40-55) trata de Judá en el exilio de Babilonia y la promesa de restauración, no en forma de un gran rey o futuro líder, sino en forma de Israel como siervo. Esta sección incluye los famosos Cantos del Siervo, que a menudo se relacionan con el ministerio de Jesucristo. El rey persa, Ciro, se menciona como libertador, pero solo como un actor secundario en la obra de la salvación.

La sección final (caps. 56-66) pinta un cuadro de liberación y justicia universales. Al mismo tiempo reconoce que volver del exilio no significó ni significaría espiritualidad perfecta. Es muy probable que se repitan los mismos viejos errores. De hecho, el capítulo final muestra un paralelismo con el primer capítulo y coloca la esperanza de un nuevo gobierno junto a la destrucción de aquellos que se han rebelado. Se nos recuerda que la santidad es gloria y fuego.

Friso en baldosa del dios babilonio Marduk en la puerta de Ishtar, Babilonia. La ciudad fue denunciada por Isaías por su idolatría y soberbia

Autor

Se menciona a Isaías en 2 Reyes 19.2-7, 20-34 y 20.1-19. Estos capítulos, junto con Isaías 6 y 36-39, nos dan una imagen de un profeta en la corriente dominante de la vida nacional. Esto lleva a algunos estudiosos a pensar que era acomodado, no como su contemporáneo, Miqueas. Estaba casado, y su mujer posiblemente tuviera un ministerio profético. Tuvieron dos hijos, ambos llamados de forma simbólica.

El cambio en el énfasis entre la primera y la segunda parte lleva a la suposición de que Isaías solo escribió la primera parte, y que la segunda fue escrita por alguien que vivió en el exilio unos ciento cincuenta años más tarde. No se menciona el nombre de Isaías en la segunda parte. Sin embargo, si este fuera el caso, entonces alguien se sumergió obviamente en los escritos de su predecesor. Aunque algo del lenguaje e ideas son diferentes, una gran parte es similar.

Fecha

Isaías vivió a lo largo de los reinados de Uzías (o Azarías, 792-740 a. C.), Jotam (740-735 a. C.), Acaz (735-715 a. C.), y Ezequías (715-687 a. C.). Este es el periodo de dominación asiria. Por ejemplo, Senaquerib reinó en el periodo 705-681 a. C. El reino del norte cayó ante los asirios en 722 a. C. Y Senaquerib sitió Jerusalén en 701 a. C. Se supone que Isaías murió durante el reinado de Manasés (687-642 a. C.). La segunda parte del libro cubre el periodo del exilio en Babilonia (desde 598 a. C.), terminando cuando el rey persa Ciro permitió a los judíos regresar a Jerusalén en 538 a. C. tras su conquista de Babilonia.

BOSQUEJO – ISAÍAS

Juicio presente y gloria futura

Amenazas contra Judá

Ayes contra las naciones

Paréntesis: el reino futuro de Dios

Ayes y bendiciones sobre Judá

Isaías ayuda al rey Ezequías

TEMAS CLAVE – ISAÍAS

El Santo de Israel

Esta frase es distintiva del libro de Isaías. Es una de las frases unificadoras clave, encontrándose en cada parte (1.4; 5.19, 24; 8.13; 10.17, 20; 12.6; 17.7; 37.23; 47.4; 57.15; 60.9-14). La mayoría de los libros proféticos hablan de la santidad de Dios, pero es en Isaías donde quizás tenga su sentido más profundo. Para la gente moderna, es un concepto más difícil de entender que, por ejemplo, el «Dios es amor» del Nuevo Testamento. Por tanto, hay que prestar mucha atención a este libro para comprender lo que la frase significa.

La gran visión de Isaías (6.1-7) es un buen punto de inicio. Se recalca la otredad y trascendencia de Dios, tal y como vemos en 40.12-14. Sus caminos no son nuestros caminos (55.8-9), como también nos recuerda Job 38. Sin embargo, eso no le impide tener las relaciones más estrechas con los humanos, tanto con los individuos como con la nación escogida.

Pero santidad es más que otredad: también es pureza y libertad de todo pecado e imperfección. Por ello, la santidad se asocia típicamente a la ira de Dios, ya que es una parte de la reacción divina en la destrucción del pecado, especialmente la soberbia, la rebelión y la falsa religión. La falsa religión rebaja los modelos y tapa el pecado con demasiada facilidad (1.13-17). Sin embargo, la ira de Dios no impide que se acerque a personas pecadoras (1.18-20). De hecho, Isaías es una revelación sorprendente de lo lejos que Dios llegará para tratar con las conductas pecaminosas de las personas o las «transgresiones».

La santidad también va estrechamente ligada a

soberanía de Dios, por cuanto «no hay otro Dios» (43.10; 45.5-6; 46.9). Esta es la ofensa de la idolatría, que proclama que existen más dioses (40.18-20). El capítulo 40 recalca el poder creativo único de Dios y su gobierno sobre el cosmos, incluyendo las naciones de la tierra. Pero acaba en una nota de promesa profundamente personal: su grandeza no impide que aprecie la debilidad humana y que desee proveer ayuda para ella (40.28-31).

La ciudad santa

El concepto de santidad se aplica a una ciudad terrenal, llamada Jerusalén o Sión, la capital de Israel. En el libro la vemos sitiada y milagrosamente salvada (caps. 36-37). Esto se convierte en una metáfora de la liberación espiritual que Dios desea del poder terrenal y del orgullo. Él quiere que su reino tenga una base terrenal, pero que comparta su propia naturaleza de santidad (1.26; 2.3; 4.3; 25.6; 52.8; 54.11; 60).

Así, la ciudad santa puede convertirse en un centro espiritual para todo el mundo. Proveerá a todo el que busque a Dios, no solo al pueblo judío. Sus caminos de entrada son llamados «los caminos de la santidad» (35.8) que necesitan preparación (42.16), el girarse de la oscuridad espiritual hacia la luz. Esta ciudad santa es el lugar donde el remanente retornará desde el exilio (37.32; 51.11). En el Nuevo Testamento, el libro del Apocalipsis habla de esto como «la nueva Jerusalén» y la ve como el nuevo paraíso de Dios (Ap 21-22).

El Siervo

La segunda parte de Isaías contiene los «Cantos del Siervo». El más famoso está en 52.13-53.12, que fue crucial para las primeras teorías cristianas acerca de quién era Cristo y cómo su muerte llego a ser redentora.

Estas canciones representan uno de los más significativos cambios entre las dos partes del libro. En la primera parte, hay profecías de un rey del linaje de David que se convertirá en el líder elegido por Dios o Mesías (que significa, literalmente, «el ungido») (9.1-7; 11). En la segunda parte, en los capítulos 40-55, aparece esta figura del siervo. Al principio, el siervo parece ser toda la nación (41.8-9; 43.1-13), pero entonces se convierte en

un individuo (42.1), cuya misión es traer justicia y entendimiento (42.4, 7), «libertad de la mazmorra». En 49.5-6 y 50.10 parece ser el mismo profeta, como representante de la nación, con la misión de ser «una luz para los gentiles».

Sin embargo, en el último Canto del Siervo, 52.13-53.12, se retrata como un individuo que puede traer salvación real «por las transgresiones de mi pueblo». Su sufrimiento le lleva a una muerte real, que se convierte en una muerte sustitutoria, permitiendo la comparación con los sacrificios de animales que se llevaban a cabo en los rituales mosaicos para expiar la culpa (53.10). Se introduce la noción de justificación, tan importante para Pablo en el Nuevo Testamento (cf. Ro 6), mientras ve a Cristo personificado en este siervo que sufre.

Redención y salvación

Aunque otros profetas hablan de redención, rescate y salvación, Isaías es quien habla de todos estos términos de manera más coherente y profunda. El texto de 43.1-28 es quizás una de las expresiones más poéticas de ello. La noción más simple es la de liberación del castigo, como ocurría en la conquista, cautividad y exilio. Sin embargo, el libro extiende la noción desde el retorno del exilio a una ciudad santa y fértil, con un pacto restaurado con Dios, hasta un estado interior de salvación. En él hay una vida de rectitud, gozo (35.10; 52.8, 9), paz (57.2), y justicia (56.1). Dios mismo toma el título de «salvador » (43.3; 60.16) y «redentor» (43.1, 14; 44.6), y los términos son humanos y personales, no legales (46.3, 4; 61.10). Esto es un acto personal y amoroso de Dios (54.5,8).

IMPORTANCIA PARA NUESTROS DIAS – ISAÍAS

Algo nuevo

Como en Salmos, Isaías nos habla de todo un abanico de experiencia humana de Dios y nos ofrece un muestrario de los atributos de Dios. Con frecuencia, nuestras experiencias espirituales se definen por las imágenes y expresiones que vemos entre las muchas profecías del libro. Esta es la importancia que tiene para nuestros días.

Una de estas experiencias es la del nuevo nacimiento de salvación y la redención. Isaías lo recalca en el sentido de que Dios quiere hacer «algo nuevo» (43.19, cf. 42.9; 48.6). La primera parte del libro traza el fracaso del pueblo de Dios, a pesar de las amenazas de castigo y de las promesas de reformarse. El exilio se convierte en una especie de experiencia de la muerte, tras la que surgirá una nueva esperanza, algo nuevo. En esto nuevo, Dios quiere hacer una línea de separación con el pasado. Esto se expresa de varias formas. Por ejemplo, 43.25 habla de «Yo, yo soy el que borro tus rebeliones por amor de mí mismo, y no me acordaré de tus pecados». Lo único que tenemos que recordar es que «porque yo soy Dios, y no hay otro Dios, y nada hay semejante a mí» (46.9). Otra forma es la que vemos en términos de curación y paz (57.18-19) o en el sentido de haber nacido en la nueva ciudad santa, como parte de una ciudadanía redimida (66.7-11).

Un nuevo espíritu

Pero para ser capaces de vivir a la luz de esto necesitamos un nuevo espíritu en nosotros. Isaías hace un avance del Nuevo Testamento enseñando sobre el Espíritu Santo en varios pasajes. En 44.3 se promete el derramamiento de «mi espíritu sobre tu generación» y el nuevo pacto es la definición de que el Espíritu está sobre nosotros en 59.21 (también 32.15). Tanto al nuevo líder davídico como al «siervo» se les ha prometido el Espíritu (11.1-2; 42.1). El antiguo pasaje da una definición del Espíritu Santo que aún se usa hoy: «los siete espíritus de Dios». El propio profeta siente cómo es el Espíritu en él quien predica el mensaje de liberación y consuelo (61.1-2), citado por Jesús en Lucas 4.18. Ezequiel sigue a Isaías en la promesa de un nuevo espíritu (Ez 11.19; 18.31; 36.26).

Aguas vivas

En los Evangelios, el Espíritu Santo se compara con manantiales de aguas que fluyen (Jn 4.10-14; 7.38, 39). La imagen viene en gran parte de Isaías: «Porque yo derramaré aguas sobre el sequedal» (44.3). La imagen del agua es central en todos los profetas del Antiguo Testamento: la tierra era normalmente fértil, pero árida. El agua, por tanto, traía prosperidad y mucho fruto, pero la falta de lluvias o irrigación provocaría unas condiciones desérticas.

Muchas personas han utilizado el símil descrito para hablar de ciertos momentos de su vida: ausencia de fruto, de gozo, incluso de vida. Por el contrario, muchos han descrito su experiencia con el Espíritu Santo como algo que les ha refrescado, bautizado, inundado, palabras todas referidas al agua (cf. Jn 7.37-39).

Isaías habla a todos esos estados de ánimo. En 55.1-3, el profeta invita a los sedientos a beber de «las aguas» unidas al «pacto eterno» y «mi amor fiel prometido a David». En 35.1-7; 41.18-19 y 44.3-4 se describe una nueva fertilidad en el desierto, una imagen que se cumple literalmente hoy en día en el estado de Israel, pero para la mayoría de las personas, una metáfora de renovación emocional y espiritual (32.2). 48.21 nos lleva hacia atrás al momento en el que Dios guió a los israelitas fuera de Egipto y no les dejó estar sedientos. En el libro, las muchas imágenes de Dios como «la roca» tienen un fondo arraigado en ese episodio, cuando Moisés golpeó la roca para que el agua brotase.

Paz

Una de las imágenes del agua es la paz: «Fuera entonces tu paz como un río» (48.18). Paz es un concepto con el que nos identificamos fácilmente, tanto en un estado interior como externo. Isaías habla del «pacto de paz» (54.10). Esto no solo implica que Dios protegerá a su pueblo de las guerras, sino que ya no está en enemistad con ellos. Necesitamos tanto la paz de Dios como

> **«No temas, porque
> yo te redimí».**
>
> Isaías 43.1

la paz con Dios, y es lo que aquí se promete (cf. 26.12).

En otro lugar, se denomina al Mesías como «el príncipe de paz» (9.6,7; cf. 32.16-18; 60.17). Su reinado se verá marcado por la paz cuando las espadas se vuelvan arados (2.4) y los lobos se echen con los corderos (11.6; 65.25).

Aguas profundas

Isaías también usa la imagen del agua para expresar nuestra experiencia cuando las circunstancias nos superan: esto es, ríos que se desbordan y «aguas de aflicción» (30.20). En 43.2 se describe la expresión «pasar por las aguas» con el mismo sentido que andar «a través del fuego». Ambas son representaciones de un periodo de prueba. La promesa de la presencia de Dios en tales circunstancias es a lo que muchos cristianos se han agarrado a modo de cuerda de rescate o salvavidas. Los versículos siguientes no hablan de una supervivencia al límite, sino de un amor divino que permite que estas experiencias sean como «un rescate». Dichos versículos son un pequeño aspecto en la totalidad del tema de la liberación a lo largo del libro, expresado aquí como redención, llamada y petición.

Jeremías
EL PROFETA CON EL CORAZÓN ROTO

PERSPECTIVA GENERAL

Jeremías vivió en los últimos años del reino de Judá. Él advierte constantemente de un desastre inminente, consecuencia del rechazo a la verdadera religión por parte de la nación, así como de sus prácticas paganas y su injusticia social. La confianza ciega en el pacto de Dios con ellos es una falsa ilusión, igual que sus falsos profetas con sus mensajes de paz. Pero nadie hace caso al profeta Jeremías. Se le rompe el corazón y discute con Dios sobre la misión, aparentemente imposible, que tiene que llevar a cabo: hacer que el pueblo le escuche. Asimismo, cree que los babilonios son un instrumento de Dios para castigar a la nación y aconseja una alianza con ellos. Esto se ve como una traición, y Jeremías acaba en la cárcel. Su vida está en peligro. Su última advertencia es que no confíen en Egipto. Irónicamente, allí es donde termina, debido a la destrucción de Jerusalén.

RESUMEN

El ministerio de Jeremías

El ministerio de Jeremías abarca el reinado de cinco reyes, en una situación política y espiritual que se deteriora constantemente. Sin embargo, las profecías que el libro contiene no figuran en orden cronológico. En un principio, Jeremías comunica las profecías de forma oral; pero llega un momento en el que siente que debe ponerlas por escrito con la ayuda de Baruc y mostrarlas al rey (cap. 36). Con todo el cinismo, este va cortando en pedazos y echando al fuego cada una de las páginas, a medida que las va leyendo. Jeremías y Baruc vuelven a escribir las profecías, añadiendo otras nuevas, y este trabajo toma un año. Después tienen que huir por la caída de Jerusalén, y los rollos manuscritos acaban en Egipto o Babilonia. Lo sorprendente es que se haya conservado una parte tan grande del libro, no el hecho de que esté estructurado de una forma caótica.

En el libro encontramos una serie de denuncias contra las naciones vecinas (caps. 46-51) y un relato histórico de los últimos días de Jerusalén (caps. 34-45; 52). El último capítulo contiene el mismo material que 2 Reyes 25 y 2 Crónicas 36. Estos dos temas forman secciones pequeñas en la última parte del libro.

Las súplicas de Jeremías a una ciudad sorda

Los primeros diez capítulos presentan algunos de los temas centrales del libro. El capítulo 1 es un relato del llamamiento de Jeremías, y de las señales que lo confirman. Su llamamiento es parecido al de Isaías y al de Ezequiel. Los siguientes nueve capítulos hablan en contra de la religión sincrética que adaptaban a su antojo. El pueblo no abandonó su adoración tradicional a Dios, pero le añadió todo tipo de elementos paganos, el peor de los cuales fue el sacrificio de niños (2.1-3.6; 7.16-8.17).

El pueblo tenía una falsa sensación de seguridad por la presencia del templo de Salomón en Jerusalén. Consideraban que era allí donde Dios habitaba literalmente y, por tanto, mientras estuviera allí, ellos estarían a salvo (7.1-15). Pero en el sentido moral les daba igual, porque la injusticia social abundaba (5.1-31; 6.13-21; 9.3-26). En algunas profecías, Jeremías afirma que todavía están a tiempo de arrepentirse, volver a la adoración verdadera y restablecer la justicia (3.11-4.4; 5.18). En esto, Jeremías se parece a sus predecesores, Amós, Oseas, Isaías y Miqueas, por ejemplo. Pero si no se arrepentían, Dios tenía preparados a los babilonios, el enemigo del norte, para borrar del mapa a Jerusalén y dispersar a su pueblo (4.5-31; 6.1-12, 22-30).

Le resultaba doloroso tener que dar este mensaje, y esto era el reflejo del sentimiento

POTENCIAS DOMINANTES EN LOS TIEMPOS DE LA BIBLIA

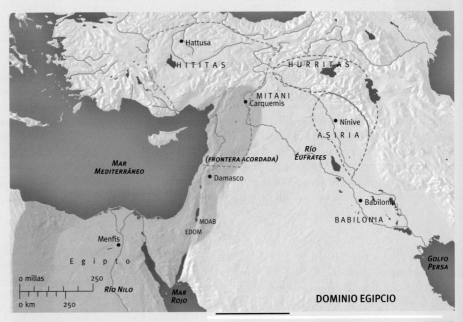

DOMINIO EGIPCIO

h. 3000-1200 a. C.
Egipto dominó a partir del 3000 a. C., con su expansión por los intereses comerciales. Otras grandes naciones intentaban ampliar sus territorios. Más tarde, con el declive de Egipto y la ausencia de un poder único, el pueblo de Israel pudo instalarse en Canaán.

h. 1350-650 a. C.
Los asirios se hicieron con el poder desde h.1350 a.C. Hasta la captura de Nínive por el rey Nabopolasar de Babilonia en 612 a. C. A pesar de sus ataques contra otras naciones, construyeron grandes ciudades, palacios y templos. La literatura también era una parte importante de la vida asiria.

LOS ASIRIOS

h. 600 a.C.
Alrededor de 1850 a. C., Babilonia fue uno de los primeros centros de civilización en Oriente Medio y desarrolló capacidades sofisticadas como la escritura y la irrigación. Después de 612 a. C. el imperio se expandió tomando el control del área comprendida entre el golfo persa y la frontera de Egipto. El reinado de poder supremo duró relativamente poco, Ciro II de Persia conquista Babilonia en el año 439 a. C..

LOS BABILONIOS

539-333 a. C.
Ciro el grande estableció la dominación persa hacia el oeste llegando a Babilonia, Egipto y Asia Menor, expandiéndose hasta Macedonia, y al este hasta la India, haciendo uso de una administración y un gobierno sabios para poder controlar tan vasto imperio. Los magníficos edificios y la artesanía son el testimonio del amor de los persas por la belleza y el refinamiento. Alejandro Magno de Macedonia conquistó el imperio en 333 a. C.

333-167 a. C.
Alejandro Magno fue un general brillante, pero también quiso unir a todos los pueblos que gobernó imponiéndoles la cultura y los ideales griegos. En doce años cambió la imagen de todo el oriente medio. Después de su muerte el imperio se dividió en cuatro regiones que finalmente lucharon entre sí, poniendo en bandeja su caída ante Roma.

167 a. C. - 475 d. C.
El poder de Roma creció de forma constante, expandiéndose desde Italia a las naciones de alrededor, incluido el norte de África, y estableciendo una organización por provincias para controlar sus intereses. La cultura griega se vio absorbida por el estilo de vida romano. Pronto toda el área mediterránea estuvo bajo dominación romana.

de Dios (4.9; 8.18-9.2; 10.19-25). Otros profetas, especialmente Oseas, se expresaron de la misma forma. Pero Jeremías permite que veamos más sus emociones: sentimos el drama y la angustia de su propia alma.

El conflicto interior de Jeremías

El segundo grupo de capítulos (caps. 11-20) muestra todavía más ese conflicto interior, mientras el conflicto exterior crece en paralelo. Esta parte tiene cinco declaraciones que empiezan con la frase: «la palabra del Señor vino a mí» u otra parecida (11-12; 13; 14-15; 16-17; 18-20). Los temas de la primera sección se repiten, aunque en los capítulos 11-12, Jeremías hace una referencia específica al pacto y a la relación entre Dios y su pueblo. También vemos la conspiración contra Jeremías por parte de sus convecinos y la queja de este a Dios por ello. Fue el primer ataque de los muchos que hubo contra el profeta. Otro tiene lugar en 20.1-18, donde los sacerdotes atacan físicamente a Jeremías.

También vemos profecías representadas, en las que Jeremías debe hacer cosas extrañas que luego se interpretan simbólicamente. Tuvo que enterrar un cinto de lino nuevo (13.1-11); hacer voto de celibato (16.1-4); ir a casa de un alfarero (18.1-11) y comprar un yugo que tuvo que llevar puesto hasta las puertas de la ciudad (19.1-13).

Denuncias contra los reyes desleales y los falsos profetas

La tercera sección contiene una serie de denuncias contra los reyes desleales y los falsos profetas (caps. 21-29). El pueblo solo quería oír que Dios les salvaría de Nabucodonosor, el rey babilonio. Sin embargo, el mensaje inflexible de Jeremías al pueblo era que este sería el instrumento escogido por Dios contra todas las naciones cercanas, y que era inútil resistirse a él. Jeremías escribe también a los que ya están en el exilio (Jerusalén sufrió dos ataques), diciéndoles que restan setenta años de exilio. La condena de Jeremías contra los reyes y profetas que daban falsos mensajes de seguridad es bastante clara.

La promesa de restauración

Sin embargo, los capítulos 30-33 equilibran la balanza con promesas de restauración. Aunque este tipo de promesas eran típicas de los profetas, aquí hay que destacar que se hicieron cuando Jeremías estaba en la cárcel y la ciudad sitiada. En un momento dado hay un breve respiro, y Jeremías sale para comprar un terreno, para mostrar que hay una vida futura en esa tierra (32.1-25).

Los últimos días de Jerusalén

Las profecías contra Jerusalén terminan en este punto, para empezar un relato de su asedio y caída, y el caos que reinó después. Llevaron a Jeremías a Egipto contra su voluntad, y allí murió posiblemente. Vio cómo se cumplieron muchas de sus profecías, incluyendo la muerte de muchos de sus enemigos.

Juicios contra las naciones vecinas

Los capítulos 46-51 incluyen una serie de denuncias contra las naciones vecinas, incluyendo una importante contra la misma Babilonia. Aunque había sido el instrumento de Dios, se le condenó por su orgullo y soberbia. La nota final, sin embargo, es que el reino davídico había sobrevivido en el exilio (52.31-34). Un remanente se mantuvo a salvo. Los propósitos de Dios para su pueblo continuaban.

Autor

Jeremías nació en el pueblo de Anatot, donde su padre Hilcías era sacerdote. El pueblo se encuentra en territorio de Benjamín, al norte de Jerusalén, y pertenece al reino de Judá. Su llamamiento ocurrió siendo Jeremías muy joven, durante el reinado del rey Josías, el reformador, sobre el cual escribió un lamento por su muerte prematura (2 Cr 35.25).

Con frecuencia se le llama «el profeta que llora» (9.1). Se muestra como un carácter complejo, inflexible y coherente, realista pero visionario, pesimista pero esperanzado de cara al futuro. Se desanima por la constante oposición y rechazo que sufre, y lamenta su llamamiento. Aun así, sigue adelante heroicamente con gran peligro para su vida, a pesar de que le golpean, le encarcelan y casi acaban con su vida. Finalmente lo llevan a Egipto en contra de su voluntad, tras rechazar un salvoconducto a Babilonia. Es un verdadero profeta que desea interceder por su pueblo, pero se le prohíbe orar por ellos. Como «profeta de las naciones» (1.5), también habla contra las naciones vecinas.

Fecha

El libro describe sucesos de justo antes de la muerte del rey Josías en el año 609 a. C. y también los que tuvieron lugar hasta varios años después de la caída de Jerusalén en el 586 a. C. El ministerio de Jeremías duró unos treinta años, a continuación de los de Nahúm y Sofonías, y fue contemporáneo al de Ezequiel y de Daniel, ambos ya en el exilio.

En el año 612 a. C., los babilonios derrotan a los asirios y, en el 605 a. C., en la batalla de Carquemís, a los egipcios, aunque estos harían luego algunas reapariciones. Los egipcios reemplazaron al hijo de Josías, Joacaz, por su propio rey marioneta, Joacim (609-598 a. C.). Este se rebeló contra los babilonios en el 602 a. C., pero murió antes de que pudieran responder. Su hijo Joaquín (o Jeconías o Conías) fue capturado junto a un gran número de familias importantes, y deportado a Babilonia en el 598 a. C. (52.31). Los babilonios pusieron a Sedequías como su marioneta, pero también se rebeló en el 587 a. C., llevando al asedio final y destrucción de Jerusalén.

BOSQUEJO – JEREMÍAS

TEMAS CLAVE – JEREMÍAS

Falsa seguridad

7.1-15 es un pasaje clave del libro. Los israelitas, confundidos espiritualmente, imaginaban que al estar «el templo de Dios» en el centro de su capital, Jerusalén, Dios estaba viviendo realmente allí y, por tanto, eran invulnerables ante cualquier ataque externo. Esta sensación de falsa seguridad hizo que «robaran y asesinaran, cometieran adulterio y perjurio» sin escrúpulos, por un lado, mientras por el otro «quemaban incienso a Baal y seguían a otros dioses» mientras decían todo el tiempo: «estamos seguros».

Jeremías destruyó esa seguridad señalando el destino que corrió Silo, el lugar donde el tabernáculo, precursor del templo, tuvo un hogar temporal (Jue 18.31). Silo estaba ahora desierto, las tribus del norte de sus alrededores estaban ya en el exilio. Un lugar sagrado puede ser necesario para la presencia divina (cf. Hageo), pero esa presencia depende tanto de la santidad del pueblo como de la voluntad de Dios de habitar entre ellos. No puede haber seguridad fuera del Dios santo y de un pueblo santo. En 9.23-24 se lleva esto incluso más lejos: no puede haber dependencia de nada que no sea un verdadero entendimiento de la identidad de Dios: un Dios que ama la justicia y la rectitud.

Injusticia social

La injusticia social se ve en muchos de los libros proféticos (cf. Isaías, Joel, Amós, Miqueas, Habacuc y Sofonías). El capítulo 5 es una súplica dramática por ello.

En 6.13-21 dice que Dios odia la injusticia y cuenta los intentos vanos del pueblo de enmascararla haciendo ofrendas rituales, otro tema que vemos en otros profetas. La moralidad personal y social no es lo mismo que la santidad, pero tampoco son independientes. Esto es lo que no entendía el pueblo al que Jeremías hablaba. Sentían que al haber hecho la adoración ritual ya no importaba su comportamiento con los demás. Era como comprar a Dios, pero a Dios no se le puede comprar. El mensaje es que la justicia social y la moralidad personal autentican la adoración y

el sacrificio, y los hacen aceptables ante Dios.

Castigo para mejorar

Lo que leemos en 9.7 es típico en muchos versículos. El pueblo está tan ciego que necesita que les abran los ojos. Solamente un castigo drástico podrá conseguir esto. Si están dispuestos a aceptar tal castigo, y a los babilonios como instrumento de Dios para ello, seguirá habiendo una promesa y un futuro. De otro modo, el castigo pasa de ser un instrumento de mejora a ser una sentencia de muerte. No es el propósito de Dios, pero es una consecuencia real.

Lo que más nos sorprende es que incluso ante el inminente ataque babilonio, el rey Sedequías encarcela a Jeremías en lugar de escuchar su mensaje (37.16). Pero, tras encarcelarle, le pregunta en secreto si tiene palabra de Dios para él (37.17; 38.14). Primero, Jeremías le preguntó dónde estaban los profetas que habían anunciado paz (37.19), pero después le insta a rendirse y a aceptar su castigo (38.17). Dios está dispuesto a tener misericordia hasta el último momento. Aun así, el rey rechaza el mensaje de Jeremías (cf. 18.12)

Restauración y el nuevo pacto

Igual que otros profetas que profetizaron exilio y castigo, como Isaías, Jeremías también profetizó restauración (p. ej. 30.3-24). Pero fue más lejos. Vio que el pueblo de Dios necesitaba un nuevo pacto. El antiguo no había conseguido un cambio permanente en el corazón del pueblo (11.1-13). Los versículos 31.31-34 son fundamentales aquí. La ley tiene que escribirse ahora en sus corazones, y no en unas tablas de piedra, como las que Dios dio a Moisés en el Sinaí; tienen que grabar en sus mentes un pacto interno. El juicio da lugar aquí a la salvación (caps. 30-33), y ese es el consuelo de Jeremías.

El Nuevo Testamento es el nuevo pacto, con lo que vemos que la profecía de Jeremías es un anticipo del plan de Dios para el futuro. De hecho, los versículos de Jeremías se citan en Hebreos (He 8.8-12) como parte central del argumento del autor en relación con este pacto nuevo y mejor. El Nuevo Testamento nos muestra que el creyente necesita la revelación de Jesucristo por medio del Espíritu Santo para poder «escribir» este nuevo pacto en su corazón (2 Co 3.3-18). Esta revelación produce una transformación interior (el nuevo nacimiento), que se hace posible por el sacrificio perfecto y único de Cristo (He 9.11-15).

La promesa de restauración, por tanto, se puede interpretar a dos niveles. Primero, en términos del Antiguo Testamento, donde hubo un regreso del exilio a la Tierra Prometida. En segundo lugar, en términos del Nuevo Testamento, hubo un retorno al pacto y a la relación con Dios, no en términos geográficos con la vuelta a la tierra sagrada, sino como el nuevo pueblo de Dios, una nación santa (1 P 2.9).

IMPORTANCIA PARA NUESTROS DÍAS – JEREMÍAS

Quejas

La Biblia nos muestra en muchas ocasiones la discusión de los profetas con Dios o sus quejas. En Habacuc, por ejemplo, el profeta no comprende el propósito de Dios de usar a los babilonios como instrumento de justicia (Hab 1.12-17). Al discutirlo con Dios, acaba comprendiendo mejor sus propósitos a corto y largo plazo. La reflexión es que a Dios no le importa que discutamos con él (lo que se suele llamar queja en términos literarios), mientras aceptemos su respuesta cuando esta llegue.

Jeremías se queja mucho. La queja más relevante es la que vemos en 12.1-4. Es una queja que se repite en el famoso soneto de Gerard Manley Hopkins llamado «Ciertamente eres justo, Señor». Hopkins habla del fracaso en su ministerio, en el que no prospera, mientras los malos triunfan en sus carreras. Jeremías plantea algunas de estas quejas: ¿por qué los caminos de los malos prosperan? La gente dice: «Dios no verá lo que ocurre». El salmista tuvo problemas parecidos (p. ej. Sal 73.12-14).

La respuesta de Dios a Jeremías no es la que este esperaba. Básicamente Dios lo permite porque está entrenando a Jeremías, endureciéndolo para su ministerio profético. La imagen es la de un atleta (12.5), inusual en el Antiguo Testamento, cuando no se conocían las competiciones atléticas. Los atletas necesitan mucho entrenamiento duro para tener resistencia.

Jeremías tendrá que acostumbrarse a problemas como este: los habrá peores en el camino (12.7-13). Ciertamente, podemos ver que la vida de Jeremías fue ejemplar en cuanto a la dureza mental que tuvo durante un periodo de tiempo largo y difícil.

Una segunda queja se ve en 15.10, ampliada en 20.7-18. ¡Sencillamente, Jeremías ya no podía más! Nadie le escuchaba, le atacaban y su ministerio parecía no hacer efecto. Dice que al principio se deleitaba en él (15.16) pero que ahora le duele (15.18). Si trata de callar, el mensaje le quema como un fuego interior (19.9).

La segunda queja no recibe una respuesta fácil. Se le promete su vida, es decir, tendrá la protección de Dios. 1 Corintios 4.2 da una especie de respuesta: Dios pide fidelidad en el ministerio, no éxito. Jeremías tuvo una tarea sin esperanza de éxito, pero se le considera uno de los profetas más importantes, incluso cuando en términos de respuesta de su audiencia podría ser el último. Pero la palabra de Dios es verdad, y la historia reivindica a esas personas que han contado la verdad a otros.

Esto nos lleva a la respuesta de la primera queja: los hacedores de maldad no prosperaron. Todo lo que tenían fue finalmente quemado y saqueado, y con suerte fueron exiliados. De nuevo, hay que mirar hacia los propósitos a largo plazo de Dios.

El alfarero y el barro

Los dilemas discutidos en la sección anterior se expresan también con analogías, como la usada en los capítulos 18-21. Dios es el alfarero y nosotros el barro. El barro no puede exigir nada al alfarero y si este decide empezar de nuevo con el barro, es cosa suya. Debemos, por tanto, someternos a la voluntad de Dios. No es fatalismo, el destino es ciego y sin sentimientos, mientras Dios es amoroso y creativo, como el alfarero. Una vasija tiene un propósito y una belleza, un orden y un diseño. Definitivamente, Jeremías necesitaba decirse a sí mismo la profecía, igual que nos pasa a nosotros.

> «Daré mi ley en su mente, y la escribiré en su corazón».
>
> Jeremías 31.33

Planes para prosperar

A pesar de las múltiples profecías de juicio inminente y destrucción, el libro deja claro que ese no es el propósito de Dios para su pueblo. En 29.10-14 tenemos un resumen de cuáles son los planes de Dios: restaurar y prosperar. La condición es que se busque al Señor con todo el corazón.

Tales promesas son importantes en cualquier época. Tenemos una necesidad interior de «prosperar», de recibir el fruto de nuestro trabajo. Lo irónico es que solo el profeta parecía estar excluido de ello, ya que sus profecías parecían no prosperar y encima le creaban problemas. Sin embargo, a largo plazo, sus palabras han prosperado porque nosotros prosperamos creyendo que son la verdad. Isaías 55.11 refuerza esto: «mi palabra... será prosperada en aquello para que la envié»

Siempre hay elección

Las profecías de Jeremías solían darse en condiciones extremas, por ejemplo, durante el asedio babilonio de la ciudad. Sin embargo, aun en las condiciones más extremas, Jeremías insiste en que siempre podemos elegir. En 21.8 tenemos la expresión más clara de esto: «el camino de vida y el camino de muerte», esta es la elección más básica posible. La elección parecía extrema: quedaos en la ciudad y moriréis; rendíos y viviréis (38.17-19). El grupo que no quería rendirse ganó la batalla a Jeremías y murió, sin propósito alguno. Los que hicieron la elección correcta vivieron para llevar los propósitos de Dios hasta el exilio. En esas circunstancias tan difíciles, debemos confiar en que Dios nos dará siempre las opciones a elegir.

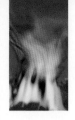

Lamentaciones
LA MUERTE DE UNA CIUDAD

PERSPECTIVA GENERAL

El libro de Lamentaciones llora la muerte de Jerusalén, la ciudad santa. Sus habitantes fueron al exilio como parte del castigo que Dios les envió por sus pecados. A veces habla la ciudad misma; a veces, el escritor. El último capítulo suplica a Dios que recuerde a los que sobrevivieron y los restaure.

RESUMEN

Hay muchos ejemplos de lamentos en el Antiguo Testamento, por ejemplo 2 Samuel 1.19-27; Salmos 38, 79, 88; y Amós 5.2. Este es el único libro de la Biblia que, en su totalidad, es un lamento. Sus cinco capítulos son independientes, poemas elaborados cuidadosamente. Los primeros cuatro capítulos son acrósticos; cada versículo de los capítulos 1, 2 y 4 empieza con una letra del alfabeto hebreo, en orden, 22 en total. El capitulo 3 dedica tres versículos a cada letra, mientras que el capitulo 5 consta también de 22 versículos, pero no en forma acróstica.

La estructura ajustada da forma a lo que es una pena devastadora que podría sobrepasar al escritor. Se usa la forma acróstica, según se ha sugerido, para mostrar que todo está incluido en esa pena, sin omitir nada. El capítulo 3 alcanza la cima en el punto central del libro cuando el escritor encuentra un atisbo de la compasión de Dios detrás de la fuerza de su destrucción de la ciudad (3.22-30). No hay protestas contra Dios: se conocen bien las razones del castigo, claramente merecido. Pero las implicaciones son enormes: los enemigos del pueblo de Dios los desprecian (2.16; 3.46); han abandonado todo el ritual de adoración (2.6); los supervivientes han sufrido terriblemente (5.10-13) y deben hacer cosas terribles, incluso comerse a sus propios hijos muertos (2.20; 4.10).

Autor

No se menciona el nombre del escritor. Se piensa que fue Jeremías, que presenció la destrucción de Jerusalén, y no fue inmediatamente al exilio en Babilonia. Pudo tener tiempo, por tanto, para ver las secuelas del incendio de la ciudad, y para componer este lamento en ese momento, o algún tiempo después. Hay muchos ecos del libro de Jeremías, en cuanto a los pecados de la ciudad y la predicción de su destrucción. También los hay verbales (Jer 4.27-31; 6; 9; 13.18-27). Y sabemos que Jeremías escribió otros lamentos (2 Cr 35.25; cf. Jer 9.10; 14.17).

Fecha

La destrucción de Jerusalén fue en el año 587 a. C., por lo que este libro debió componerse poco después. La ciudad destruida se nombra de varias formas, Jerusalén, Sión e Hija de Sión.

BOSQUEJO – LAMENTACIONES

TEMAS CLAVE – LAMENTACIONES

Dios como enemigo

Hay un dicho que reza así: «Con amigos como este, no necesitas enemigos». El poeta aquí se siente igual: «Dios es como un enemigo» (2.5). En 2.1-5 se trata la hostilidad de Dios hacia la ciudad. Sin embargo, hay una diferencia entre «como un enemigo» y «el enemigo», como en 2.7. El poeta siente que hay también un enemigo humano que debe ser castigado por ser tan destructivo y por sus burlas (1.21; 3.61-66).

Esto reafirma el punto de vista de Jeremías: Dios está usando a los babilonios para castigar a Jerusalén por su maldad. A su vez, los babilonios serán castigados por su soberbia. Pero aquí el sentido es que, sobre todo, el primer enemigo es Dios, la primera causa de la destrucción, y los babilonios la segunda. Por eso aquí el enemigo es anónimo, no se le pone nombre. En esta enemistad con Dios, ¿envía él la maldad, o simplemente la permite?

Es una pregunta humana, teórica. Desde la posición de Dios, en este caso, la respuesta no importa nada. Lo que debemos saber es que Dios es, al mismo tiempo, amigo y enemigo. «Fieles son las heridas de un amigo» (Pr 27.6), eso es lo más cerca que estaremos de esta paradoja en términos humanos, pero la verdad es más fuerte aún. El comportamiento y la actitud del pueblo del pacto han enojado a Dios. El pueblo de Dios se ha convertido en su enemigo y le ha declarado la guerra. Por tanto, él responde. Es terrible, pero en la misericordia de Dios, esa ira no dura eternamente (3.31-32). La enemistad no es su estado permanente, la compasión sí lo es. En el versículo final, cuando el poeta dice: «A menos que... estés enojado con nosotros sin medida», sabemos que Dios nunca lo estará.

Fracaso de los sacerdotes y los profetas

Ante cualquier catástrofe, siempre queremos saber quién es el culpable. Aquí, el profeta-poeta apunta a los sacerdotes y los profetas (4.13). Esto concuerda con el libro de Jeremías, que ataca a los falsos profetas por decir «paz, paz, cuando no había paz» (Jer 6.14; 8.11; 23.1-40) y a los sacerdotes, que en un momento dado incluso atacaron físicamente a Jeremías (Jer 2.1-2; 26.8).

En otras palabras, es un fracaso del liderazgo espiritual. Aquellos que Dios había elegido para que mantuviesen al pueblo fiel al pacto son los que los han llevado a descarriarse y a apoyarse en una falsa seguridad y en el sincretismo, o falsa adoración. En términos bíblicos, el juicio siempre debe empezar por la casa de Dios (1 P 4.17).

IMPORTANCIA PARA NUESTROS DÍAS – LAMENTACIONES

Clamor desde las profundidades

Alguna vez en nuestras vidas, nos hemos sentido como si estuviéramos clamando e implorando a Dios «desde las profundidades» (3.55). Es difícil imaginar un escenario más devastador que el que veía el poeta: todo el presente y el futuro habían quedado barridos; los supervivientes sufrían cosas terribles (5.8-13) y hacían cosas terribles (2.20; 4.10).

En tales circunstancias es muy fácil ver a Dios como nuestro enemigo, o indiferente a nuestras oraciones. Nuestro sufrimiento nos parece único y terrible (1.12). Hay que recordar el libro de Job, cuyas aflicciones parecían más grandes de lo que podría soportar, o Jonás, que clamó desde el vientre del gran pez, o la desesperación del salmista (Sal 130.1). En esos momentos, solo podemos clamar. La nota de seguridad y esperanza que nos da este libro es que Dios escucha nuestro clamor (3.57-58), igual que escuchó el grito desolador de Cristo en la cruz: «Dios mío, Dios mío, ¿por qué me has abandonado?» (Mt 27.46). Realmente, gracias al grito desolador de Cristo, Dios escuchará nuestro clamor. Él ha bajado a las profundidades y, desde allí, ha vuelto a ascender.

Compasión inagotable

El punto álgido del libro es, sin duda, 3.22-23, ya que representa un momento de fe en medio de la desesperación. Dios, en su misericordia, le da al poeta ese momento como parte de la compasión de la que es testigo.

El secreto es la aceptación (3.26). Es un castigo justo; no es más de lo que Dios dijo que haría. No todas nuestras profundidades tendrán esta causa. Muchas vienen del exterior, quizás del comportamiento de los que amamos, o por

> «... porque nunca decayeron sus misericordias. Nuevas son cada mañana...»
>
> **Lamentaciones 3.22-23**

desastres naturales. Pero después de clamar, de los lamentos y de la ira debemos llegar a la aceptación. Aquí es donde la compasión divina nos envuelve y nos aparta de la desesperación, la amargura y la falta de esperanza.

De forma significativa, el poeta no puede mantener este momento por mucho tiempo, pero el simple hecho de que lo alcance es en sí mismo el triunfo de la fe. Otros profetas (especialmente Isaías y Ezequiel) tratan sobre la compasión de Dios.

Pena y restauración

En un sentido, el libro está incompleto. «¿Qué pasó?», preguntamos. Libros posteriores de la Biblia (Daniel, Ezequiel, Zacarías, Malaquías) nos lo dicen. La vida sigue; ni la peor de las catástrofes detiene los propósitos de Dios.

Este libro no nos cuenta estas cosas. Pero sí nos dice que debemos entrar en el dolor de la situación sin perder toda nuestra fe. Dicho dolor permitirá que Dios siga llevando a cabo sus propósitos de compasión. Es una nueva mañana.

Ezequiel
EN LA BRECHA

PERSPECTIVA GENERAL

Ezequiel, exiliado en Babilonia, se dirige a sus compatriotas exiliados y al remanente en Jerusalén antes de su caída final. Denuncia el fracaso de la vida moral y espiritual en la ciudad, con una serie de afirmaciones visionarias. Pero también ofrece esperanza para el futuro. En una conclusión apocalíptica, prevé el reino de Dios establecido en una forma perfecta.

RESUMEN

El libro de Ezequiel se puede dividir en dos partes, con una transición entre ambas. La primera contiene una serie de visiones importantes, apariciones de Dios en su gloria (caps. 1-3), que afectaron a Ezequiel fuertemente. Llevan a una serie de amenazas contra los sacerdotes que se ocupaban del ministerio del templo de Jerusalén, y también contra los habitantes de la ciudad condenada, la capital de Judá. Sus pecados fueron históricos y presentes (caps. 8-21). Se vio cómo la gloria de Dios abandonaba la ciudad. El lenguaje de Ezequiel es dramático, a menudo enfatizado y representando él mismo su mensaje (caps. 4-7)

El pasaje de transición condena en términos igual de fuertes a las naciones vecinas de Judá que aguardaban con avidez su caída (caps. 25-32). Las denuncias más fuertes son contra Tiro y Egipto. Ambos fracasarían incluso más que Judá.

Finalmente, Ezequiel habla de esperanza para el futuro, con un pacto renovado con Dios (caps. 33-39) y un templo sagrado restaurado, así como la ciudad y la tierra (caps. 40-48). El tono aquí es escatológico, mirando hacia los últimos tiempos, después de la restauración del exilio en Babilonia y otras batallas, tras lo cual se verá el regreso de la gloria de Dios.

Autor

Ezequiel era sacerdote y profeta, de ahí su preocupación por el templo de Jerusalén, en el presente y en el futuro. Al inicio del libro, tendría unos treinta años de edad, que era cuando empezaban su servicio los sacerdotes. Al final, ya tendría unos cincuenta años. En el transcurso del libro su mujer murió, aunque no pudo llorar su muerte, como tampoco pudo hacerlo con la muerte de Jerusalén.

Fecha

Las profecías del libro tienen fechas muy precisas. El periodo indicado va desde el primer ataque babilonio a Judá y la toma del primer grupo de exiliados, entre los años 593 y 571 a. C. Por tanto, fue contemporáneo de Jeremías, que se quedó en Jerusalén, y quizás del joven Daniel. La muerte de su mujer se sitúa cerca de la caída final de Jerusalén en el 586 a. C.

BOSQUEJO – EZEQUIEL

>>>

TEMAS CLAVE – EZEQUIEL

Visiones de gloria

De todos los profetas con escritos, Ezequiel fue, junto a Daniel y Zacarías, el más visionario. Algunas de sus visiones recuerdan la visión de Eliseo de los carros de fuego de Dios (2 R 6.17), especialmente la inicial, tan espectacular como una película de ciencia ficción. Revelan a Dios en su gloria celestial, velado por una luz inabordable.

Sin embargo, la gloria de Dios está normalmente relacionada con el templo de Jerusalén, como cuando fue dedicado por Salomón (2 Cr 7.2). Allí es donde Isaías tuvo la visión de su comisión (Is 6.4). La primera visión de Ezequiel es importante porque enseña que la gloria de Dios es universal, y no se puede contener en un templo. Uno puede tener pinceladas de ella en cualquier parte. Que la gloria de Dios abandone el templo (10.1-22) significa que ni la presencia de Dios ni su gloria estaban fijas en el templo. Él no dejaría su gloria en un edificio corruptible. Sin embargo, Ezequiel tuvo otra visión del futuro en la que esa gloria regresa (43.1-27). Dios quiere que su gloria habite en medio de su pueblo, aunque no pueda ser contenida allí.

Responsabilidad profética

El libro de Ezequiel da una enseñanza clara sobre las responsabilidades de la profecía, tanto al dar como al recibir. En el dar, la responsabilidad es declarar, sin importar cuál pueda ser la recepción. El profeta es aquel que se mantiene en la brecha para Dios cuando, de no hacerlo, los muros espirituales se romperían (3.4-27; 22.30). Algo muy interesante es que el libro de Nehemías nos muestra a un hombre así.

La responsabilidad de los receptores no se limita a escuchar, arrepentirse y obedecer solamente, sino a permanecer en obediencia (33.1-20). Incluso el arrepentimiento de último minuto es válido, del mismo modo que renegar en el último minuto llevará a la muerte. Pero la recepción es un hecho individual (18.1-32). Aquí, Ezequiel modifica la vieja enseñanza del castigo extensivo a las siguientes generaciones (Ex 20.5; Dt 24.16; Jer 31.29-30). El efecto del pecado puede ser generacional, pero la responsabilidad, la culpa, recae en el individuo presente.

IMPORTANCIA PARA NUESTROS DÍAS – EZEQUIEL

Huesos secos

Una de las visiones más conocidas de Ezequiel es la del valle de los huesos secos (37.1-14). Dios hace una pregunta retórica a Ezequiel: «¿Pueden vivir esos huesos?» (v. 3). La respuesta se vuelve a representar en la visión, donde al final Dios le dice a Ezequiel: «Yo pondré mi espíritu sobre ti y vivirás». Literalmente, se refiere a la promesa de Dios de restauración para los exiliados dispersados, una promesa hecha en otras muchas profecías y por otros muchos profetas, y cumplida, como se puede ver en el relato de Esdras y Nehemías.

> «Y el nombre de la ciudad desde ese día será: el Señor está allí».
>
> Ezequiel 48.35

Sin embargo, la promesa de renovación es una promesa siempre actual en el plan de Dios. Nuestra vida natural necesita el Espíritu de Dios para hacernos personas espirituales, es decir: regeneración. Pero incluso como creyentes, tenemos periodos en los que parece que nuestra vida espiritual se seca y necesita renovación. El agua es el símbolo más común de esa renovación, justo en el extremo opuesto del árido valle en la visión de Ezequiel. En Juan 4.14, Jesús promete una fuente de agua «que salte para vida eterna». Debemos agarrarnos a esta promesa, que está vigente cada día, y no es una mera experiencia de gracia que ocurre una única vez.

Escritos apocalípticos y la caída de la gran ciudad

Los capítulos 26-28 han desconcertado a muchos eruditos y lectores. Parecen ser amenazas contra una pequeña ciudad y su imperio comercial. ¿Por qué usa el poeta un lenguaje tan poético y poderoso para algo tan pequeño?

Una de las respuestas es que Ezequiel estaba hablando de algo que no conocía, en forma apocalíptica. Significa que Tiro se convierte en un tipo del imperio del mundo moderno, comercial y secular, que en su soberbia se cree autosuficiente e inconquistable, como en Isaías 23. En los días de Ezequiel podría haber sido Babilonia, pero para Ezequiel era difícil decirlo de una forma directa. En el libro de Apocalipsis se le llama Babilonia (Ap 18). Por su soberbia y autosuficiencia Dios la somete a su juicio (cf. Isaías 14 para una profecía parecida).

Pero las interpretaciones han ido más allá. En el lenguaje que usa el rey de Tiro en Ezequiel 28, vemos referencias que se pueden aplicar al mismo Satanás, también llamado el príncipe de este mundo (Jn 12.31). A él también se le juzga (Jn 16.11), junto a la gran ciudad. Detrás de tales fuerzas imperiales está el poder satánico, condenado desde siempre, pero que hay que reconocer en todo momento y oponerse a él.

Daniel
DURAS PRUEBAS Y VISIONES

PERSPECTIVA GENERAL

Daniel era un exiliado en Babilonia tras la caída de Jerusalén. En el transcurso de una vida larga y distinguida tuvo el favor de varios reyes, aunque era judío y rechazó renegar de sus creencias. En algunos momentos él y sus tres amigos pasaron por pruebas terribles; otras veces recibió visiones terroríficas del futuro. Pero en cada situación conflictiva, la verdad de Dios y su reino salen triunfantes.

RESUMEN

Es un libro muy literario, con doce capítulos que se pueden dividir claramente en dos partes. Los capítulos 1-6 tratan episodios memorables de la vida de Daniel y sus tres amigos. Pasaron por una serie de pruebas muy duras que pusieron a prueba su fe hasta el límite. Primero, como judíos, rechazaron incumplir sus estrictas leyes sobre la comida (cap. 1). Los tres amigos de Daniel no quisieron adorar a un ídolo y los arrojaron a un horno de fuego (cap. 3). La prueba final para Daniel llegó cuando se negó a adorar al rey Darío. Lo metieron en un foso con leones, pero de nuevo sobrevivió (cap. 6).

Entre estos capítulos Daniel pasa por una serie de pruebas que son un desafío a su sabiduría. En una ocasión tuvo que revelar el contenido de un sueño antes de interpretarlo (cap. 2). En otro momento, durante la interpretación de otro sueño, tuvo que predecir la desgracia futura del rey (cap. 4). Finalmente, interpretó una señal que hablaba de la caída del rey Belsasar, después de que este utilizara los vasos sagrados del templo de Jerusalén (cap. 5).

Los capítulos 7-12 son más apocalípticos, con la interpretación de sueños sobre reinos futuros y sus caídas. Aquí, el que sueña es Daniel, y necesita que un ángel le ayude a interpretar esos sueños.

La segunda parte se divide a su vez en dos: los primeros tres capítulos (7-9) son tres visiones diferentes pero bastante generales, parecidas a la del capítulo 2. La segunda parte (caps. 10-12) es una visión larga y detallada de los reinos del mundo futuro, hasta que se establezca el reino de Dios.

Las dos partes del libro ilustran que el Dios que controla las naciones es el mismo que se preocupa por sus hijos y los protege en tiempos de necesidad.

Autor

Al principio de la historia Daniel era un hombre joven, de buena familia, que había aprendido la sabiduría de los babilonios. Gran parte de esta sabiduría que aprendió está relacionada con los sueños y las señales, pero también con los conocimientos sobre leyes y administración.

Fecha

Hay mucha controversia sobre este dato. La fecha más probable es el periodo del exilio, del 605-530 a. C., pero algunos eruditos sugieren el periodo de los macabeos, aproximadamente del 175-160 a. C., otro periodo de gran sufrimiento para el pueblo judío.

BOSQUEJO – DANIEL

Historias de exilio y prueba

Visiones del futuro

TEMAS CLAVE – DANIEL

Liberación

Este tema se ve en el libro de dos formas diferentes. Primero, hay una liberación física real, del horno (3.27) y el foso de los leones (6.20-22). Estas liberaciones son tan milagrosas como el paso por el mar Rojo, cuando Dios salvó a los israelitas del ejército egipcio (9.15; cf. Éx 14.14-31). La presencia misteriosa de una cuarta persona en el horno (3.25) muestra la intervención directa de Dios.

Pero el tema de la liberación también está presente en la segunda parte. Daniel ve un tiempo en el que el pueblo de Dios, los «santos» (7.18), sufrirán persecución (7.21; 8.24; 9.26; 11.31-35; 12.7). A pesar de la dura persecución se promete liberación (7.22; 8.25; 9.27; 12.1). La fuerza del tono apocalíptico sirve para transmitir esperanza al pueblo de Dios cuando parece que los enemigos tienen las de ganar. De hecho, la historia enseña que no ha habido un solo periodo de persecución que no haya tenido un final: los tiranos caen y el pueblo de Dios es liberado.

El término «liberación» se usa en la Biblia específicamente en relación con el mal. En la actualidad, e usa algunas veces en situaciones en las que la Biblia usaría el término exorcismo o «echar fuera» a espíritus malignos (Mt 7.22).

Arrepentimiento por el pasado

El exilio ocurrió por culpa del pecado de Israel, incapaz de seguir a Dios. Jeremías profetizó un exilio de setenta años (9.2; cf. Jer 25.11; 29.10). Daniel entra en este tema con un capitulo extraordinario (9.1-19). Aunque personalmente él no había pecado, se arrepiente del pecado de su pueblo en el pasado. Nehemías hace lo mismo (Neh 1), y Esdras (Neh 9), en la misma situación. Daniel enseña que no debemos arrepentirnos solamente de nuestros pecados personales: el arrepentimiento tiene también dimensiones colectivas.

Un reino eterno

Uno de los mensajes principales de estos escritos apocalípticos es que aunque los reinos terrenales como Babilonia, Persia, Grecia, o incluso Roma (probablemente la cuarta bestia), podían parecer inexpugnables, en el gran escenario del tiempo su vida es corta y caerán inevitablemente. Solamente el reino de Dios, el reino final, será eterno (2.44; 7.14,27). Esta es la perspectiva histórica para nosotros, los creyentes. Y ciertamente así ocurrirá.

Ángeles

Aunque los ángeles se mencionan a lo largo de la Biblia como mensajeros de Dios, en Daniel se les ve en un contexto más amplio, como intérpretes y reveladores (8.16), y también como guerreros (10.13). En su prueba, Jesús lo reconoce (Mt 26.53).

IMPORTANCIA PARA NUESTROS DÍAS – DANIEL

No renegar de la fe

Daniel y sus tres amigos, Ananías, Misael, y Azarías, se ven en el exilio, habiéndolo perdido todo aparentemente. Incluso les cambian sus nombres, poniéndoles nombres babilonios. De repente, se les da una oportunidad de vivir bien en una cultura extraña con una religión extraña y un tirano en el gobierno. Pero siempre se les pide que obedezcan las reglas del tirano, en lugar de sus propias creencias religiosas.

La tentación tuvo que ser muy fuerte, pero el libro deja claro que no hay tentación lo suficientemente fuerte como para renegar de las creencias. Es posible mantenerse firme, incluso con peligro de muerte, ya sea en un horno de fuego, peligro de ejecución o por animales salvajes. Pero el libro va mucho más lejos en estas historias: Dios reivindicará a los que rechacen renegar de la fe, no solo liberándolos, sino dándoles honor y victoria sobre sus enemigos. Al final, Daniel vivió muchos años, respetado y honrado. Este es el resultado de la verdadera sabiduría.

Pero Daniel también rechaza renegar con respecto a su mensaje. A pesar de su contenido, que no iba a gustar, él entrega el mensaje. Le dice a Nabucodonosor, cara a cara, que si no se arrepiente se volverá loco. Le dice a Belsasar que Dios ha juzgado a su reino y caerá. Podría haber suavizado el mensaje. No lo hizo, y el mensaje se recibió, aunque no se creyera. Esta es la autoridad de la verdad.

Servir a Dios en una cultura extraña

Daniel demuestra que es posible servir a Dios, de una forma total, en una cultura extraña sin renegar de las creencias y las prácticas. Daniel siguió orando, mirando hacia Jerusalén, hasta que se hizo viejo (6.10). Así, fue honrado y ascendido por tres reyes (2.48; 5.29; 6.28).

Esta actitud hace que se vea a Daniel como alguien sabio y diplomático. En 1.12 ofrece una salida al problema del oficial que tenía miedo; en 2.20 muestra humildad y deferencia; en 4.19 intenta suavizar el golpe. Dios es quien hace que Daniel obtenga el favor de quien gobierna. Pero él tiene que seguir haciendo su parte mostrando una actitud correcta y verdadera.

> «Daniel, ahora he salido para darte sabiduría y entendimiento».
>
> Daniel 9.22

Dios da sabiduría

Santiago 1.15 nos dice que Dios está dispuesto a darnos sabiduría si la pedimos. El libro de Daniel nos lo demuestra en la práctica. Por ejemplo, 2.23 muestra la sabiduría dada en un momento crucial. En este caso ocurrió por revelación directa (2.19, 28), pero esa no es necesariamente la única forma. Pensar y orar pacientemente en una situación o por una persona aportará la sabiduría necesaria para abordar las cosas. Escuchar los consejos de personas más cercanas a Dios o menos implicadas en una situación que nosotros también nos puede dar sabiduría.

Oseas
EL AMANTE DIVINO

PERSPECTIVA GENERAL

Oseas, el primero de los profetas menores, fue principalmente un profeta para el reino del norte, Israel, igual que su predecesor Amós. Mientras Amós enfatiza la justicia y la rectitud de Dios, Oseas presenta a Dios como amante divino. Así, el pecado de Israel se ve en términos de infidelidad tanto como de falta de rectitud; y usa términos de queja, amenazas y súplicas tanto como términos de denuncia. Se puede destacar que su propio matrimonio es una representación del mensaje que predica: motivado por amor, Dios restaurará a Israel igual que Oseas trae de vuelta a su esposa infiel.

RESUMEN

El libro tiene dos partes un tanto desiguales. La primera parte (caps. 1-3) habla del matrimonio infeliz de Oseas. A este se le dijo que se casara con una mujer, Gomer, que le fue infiel. Tuvieron tres hijos, a los que pusieron nombres simbólicos. El primer hijo se llamó Jezreel, por el incidente registrado en 2 Reyes 9.13-37, prefigurando la desaparición final del linaje real de Israel. El segundo descendiente, una niña, se llamó Lo-ruhama («no amada»), representando la retirada del amor de Dios a Israel; el tercero, un niño, se llamó Lo-ammi («no mi pueblo»), que significaba que Israel ya no era el pueblo de Dios. Luego se le pide a Oseas que rescate a su mujer de la prostitución en la que ha caído y que la ponga a prueba durante un tiempo para comprobar su fidelidad (caps. 1 y 3). El capitulo 2 resume los temas y profecías que se ven luego en la segunda parte del libro.

La segunda parte (caps. 4-14) contiene una serie de profecías poéticas para Israel y a veces para Judá, el reino del sur. Estas profecías subrayan la naturaleza y las consecuencias de la infidelidad de Israel que incluye idolatría y todo un abanico de maldades morales, sociales y políticas. Sostienen, asimismo, la promesa de perdón y restauración por parte de Dios cuando Israel se arrepienta de verdad. Entre las descripciones de los errores presentes hallamos relatos de la fidelidad de Dios en la historia.

Autor

No se sabe mucho más de Oseas. Era nativo del reino del norte, al contrario que Amós. Las figuras que usa el escribir son de la naturaleza, mientras que las de Amós son más urbanas. Esto sugiere que Oseas vivía en el campo y trabajaba la tierra. Probablemente, sus profecías fueron dadas a lo largo de muchos años.

Fecha

Los reyes mencionados en 1.1 y que reinaron en Judá son los mismos mencionados en el libro de Isaías. Jeroboam II, vivió en el periodo entre el 793-753 a. C. y también se menciona en Amós. No se hace referencia a la caída final de Samaria, capital de Israel, que fue en el 722 a. C., por lo que la conclusión general es que se escribió entre el 755 y 725 a. C.

BOSQUEJO – OSEAS

El matrimonio de Oseas, una imagen de la relación de Dios con Israel

Profecías contra Israel

TEMAS CLAVE – OSEAS

Adulterio espiritual

La experiencia matrimonial de Oseas, comentada inicialmente en el capítulo 2, es la base de sus mensajes. El tema más importante en ellos es la infidelidad de Israel hacia Dios, que se ve como una ruptura del pacto (4.1; 5.7; 6.4-7; 9.1,10). Él habla de un «espíritu de prostitución» (4.12; 5.4; 6.10). Esto se define específicamente como idolatría (8; 9.15; 13.1-2), apoyada por los sacerdotes (4.6-9; 5.1; 10.5) que se niegan a oír a los profetas (9.7-8; 12.10). Esto llevó a un fracaso del arrepentimiento (6.1-3; 8.2,11; 11.5,7), y a buscar ayuda y protección fuera de Dios (5.13; 7.11; 8.9; 12.1; 14.3). La relación de la idolatría con la sexualidad era más natural en esa época de lo que podamos pensar ahora. La adoración a Baal, que era la forma de idolatría predominante en Israel, era básicamente un culto a la fertilidad, y había prostitutas del templo (4.14). Un hombre y su hijo podían estar con la misma mujer. De ahí la maldición de esterilidad (9.11,14), las figuras de un nacimiento difícil (13.13) y la ilegitimidad (5.7). La palabra Baal en sí puede significar «señor» o «marido».

La fidelidad de Dios

En contrapeso al pecado de Israel encontramos las respuestas de Dios. Primero, Dios anhela redimir y ser misericordioso (6.11; 7.13; 11.4-9; 14.4); pero si el pueblo no responde, el castigo será inevitable (5.10-14; 9.7-9; 10.2-15; 13.7-8). Puede venir en forma de desastre ecológico (5.7; 8.7; 9.2), derrota militar (5.8-9; 11.5-6; 13.16) o exilio (9.17; 10.5-6). En esta parte se incluye una serie de repasos de la ayuda fiel de Dios en el pasado (9.10; 10.9; 12.3-10; 13.4-6). Para los escritores del Antiguo Testamento, la historia es la del pacto, y este está basado en *hesed*, la palabra hebrea que significa fidelidad, mantener una promesa. El matrimonio, también, es una forma de pacto (2.18-20); de ahí, otra vez, lo fundamental del matrimonio en los escritos de Oseas.

Dios como amante divino

El tema anterior hace que, de forma natural, se vea a Dios como amante divino. Oseas tiene que representar esto en primer lugar casándose con Gomer, luego rescatándola, redimiéndola literalmente al pagar para sacarla de la prostitución. Dios hace lo mismo: se casa con Israel, y lo tiene que sacar de la prostitución de Baal (11.8). El capítulo 2 es algo ambiguo: ¿se refiere a Oseas y Gomer, o a Dios e Israel? La respuesta es: a ambos. Otros actos de infidelidad de Israel fueron confiar en Egipto y Asiria para tener protección, en lugar de buscar solamente a Dios (8.9,13; 9.3).

IMPORTANCIA PARA NUESTROS DÍAS – OSEAS

El corazón misericordioso de Dios

En Oseas impresiona la constante alternancia entre la ira y la frustración de Dios por la infidelidad de Israel, y su insistencia en que vuelva. Así, el capítulo 2 empieza: «Contended con vuestra madre» (2.2) y «Yo volveré y tomaré...y descubriré» (2.9,10). Pero en 2.14 tenemos: «... he aquí que yo la atraeré y la llevaré al desierto, y hablaré a su corazón» y «Yo responderé...» (2.21). Al final del libro hay un llamamiento (14.1) y una promesa final de amor incondicional (14.4). Promesas parecidas de restauración cierran otros libros proféticos (Am 9.11-15; Joel 3.17-21). La última palabra de Dios siempre es de misericordia, de perdón y de restauración.

Esto debe alentarnos. En los escritos proféticos, Israel es normalmente una nación infiel y testaruda, y la ira divina cae sobre ellos con toda su fuerza. Pero nosotros no tenemos por qué ser así. Dios desea, más que nosotros, una relación de intimidad y amor. Su corazón bondadoso nos alcanza para reunirnos con él. Tendemos a ver nuestros errores de forma desproporcionada, o más grandes de lo que son realmente, o más pequeños. Para Dios, pecado es pecado, pero lo que nos debe importar realmente es lo grandioso de su amor misericordioso.

Gracia que cuesta poco

Por otra parte, es posible arrepentirse de una forma demasiado superficial. Esto es lo que Oseas ve en 6.1-3. Dios responde: «La piedad vuestra es como nube de la mañana, y como el rocío de la madrugada, que se desvanece» (6.4). El

> «... guarda misericordia y juicio, y en tu Dios confía siempre».
>
> Oseas 12.6

término «gracia barata» lo creó el teólogo alemán Dietrich Bonhoeffer para describir este tipo de actitud. La gracia de Dios para perdonar nuestros pecados, sin pedir nada a cambio, se obtuvo a un tremendo precio: la muerte de su hijo Jesucristo. El arrepentimiento verdadero es ser consciente de lo que eso costó a Dios. Esto no es para evitar el arrepentimiento, sino para que sea profunda y cambiemos realmente las cosas que nos hicieron caer en el pecado, en un primer momento.

La iglesia como la novia de Cristo

Aunque el lenguaje del amor no siempre se asocia a la profecía en el Antiguo Testamento, es una parte de la revelación del pacto y de la relación entre Dios y su pueblo que culmina en el Nuevo Testamento, con la figura de la iglesia como la prometida de Cristo (Ap 21.2, 9; 22.17). Hay muchas parábolas de Cristo sobre celebraciones de boda y novios (Mt 25.1-13; Lc 5.34-35; Jn 3.29). En la actualidad es difícil ver a la iglesia como una novia bella y pura. Todos somos conscientes de los puntos negros, las manchas y las imperfecciones. Pero debemos saber que incluso así Cristo ama a la iglesia y quiere presentarla sin mancha en el día de su Segunda Venida. Debemos orar por ello.

Joel
DEL DESASTRE A LA BENDICIÓN

PERSPECTIVA GENERAL

Joel usa una terrible plaga de langostas para pintar un cuadro del día del juicio de Dios. Hace un llamamiento al arrepentimiento de la nación. Cuando hay un arrepentimiento verdadero, Dios hace juicio contra las naciones que han oprimido a su pueblo, derrama su Espíritu, y restaura todo lo que han perdido y más.

RESUMEN

El mensaje de Joel consta de tres partes. La primera es una descripción vívida y dramática de la peor plaga de langostas que sufrió nunca Judá. Aunque las langostas eran una amenaza que se repetía mucho en oriente medio (Am 7.1-2), esta se salía claramente de lo normal. Parecía ir acompañada de una sequía igualmente devastadora (1.1-20). Una calamidad natural de tal calibre necesitaba de un llamamiento a la nación, de oración y de arrepentimiento.

La segunda parte interpreta esta plaga como un tipo o cuadro del día del juicio. El escenario se abre para ir de lo local a lo universal, y se vuelve apocalíptico. La necesidad de arrepentimiento es incluso mayor (2.1-17).

La parte final tiene dos elementos. Cuando la nación se arrepintió, Dios prometió: «Y os restituiré los años que comió la oruga, el saltón, el revoltón y la langosta, mi gran ejército que envié contra vosotros» (2.25), manifestándose tanto en restauración material (3.17-21) como en dones espirituales (2.28-32). Pero habrá también un juicio contra los enemigos de la nación (3.1-16). El lugar de ese juicio es «el valle de Josafat» (3.2), cerca de los muros de Jerusalén. Dios promete que la tierra no será devastada «nunca más» (3.17).

Autor

No se sabe nada del autor, solamente que es «hijo de Petuel» (1.1). Ninguno de los otros profetas lo menciona, aunque hay ecos de su mensaje esparcidos en los otros libros proféticos, incluyendo Sofonías, Zacarías, Isaías y Daniel.

Fecha

No hay una pista definitiva en el texto que nos ayude a dar una fecha exacta. Los recopiladores de la Biblia hebrea sintieron que debía ir colocado entre Oseas y Amós, presumiblemente porque pensaron que podía pertenecer al periodo 770-740 a. C. Algunos expertos están de acuerdo. Otros lo adelantan una generación, lo que lo convertiría cronológicamente en el primer libro escrito de los profetas. En contraste, otros lo colocan en el tiempo de Malaquías, después del exilio de 450 a. C., o incluso más tarde. Todas estas fechas tienen alguna buena razón para ser la correcta, pero ninguna es segura al cien por cien.

BOSQUEJO – JOEL

El Día del Señor: un día de juicio

El Día del Señor: un día de salvación

TEMAS CLAVE – JOEL

Arrepentimiento nacional

Muchos profetas se centraron en pecados y errores específicos del pueblo de Dios. Sofonías, por ejemplo, atacó la apatía espiritual, el sincretismo y la idolatría, la injusticia social y la opresión. El arrepentimiento, por tanto, debía incluir específicamente esos pecados. Sin embargo, Joel no menciona pecados específicos de la nación. En su lugar hay un arrepentimiento general, que se manifiesta en vestido de cilicio (1.13), ayuno (1.14), llanto (2.12), dolor del corazón (2.13). El contexto es una asamblea sagrada (1.14; 2.15). Sin embargo, Joel sabe que Dios no se impresionará con estos actos físicos solamente. Deben acompañarlos de un arrepentimiento interior genuino, expresado con las palabras: «rasgad vuestro corazón» (2.13; cf. Zac 7.5). Tal arrepentimiento debe incluir una dependencia absoluta de Dios, y una conciencia de la indignidad humana.

Apocalipsis ahora

La calamidad nacional se expresa de forma muy dramática en forma de un ejército invasor (2.2-9), las langostas que avanzan inexorablemente. Es una nube tan espesa que oscurece el cielo (2.10-11). Este tipo de manifestaciones universales son un cuadro del Día del Señor, un llamamiento a la nación para que despierte ya que la intervención final de Dios será la culminación decisiva de la historia (cf. Sofonías).

Juicio contra las naciones

De nuevo, muchos de los libros proféticos contienen juicios específicos contra otras naciones (cf. Sof 2.4-15). Joel es más general, solo menciona el nombre de Tiro, Sidón y Filistea (3.4). Se juzga a las naciones según estas han tratado a Israel, es decir, el pueblo del pacto de Dios (3.4-8). Joel invierte el cuadro de Isaías de volver las espadas en arados (3.10; cf. Is 2.4; Mi 4.3). Las figuras de la cosecha y vendimia de ira (3.13) son verdaderamente inquietantes. La prosperidad solo puede venir después de un juicio así (3.18-19).

Nunca más
Ese tiempo apocalíptico también será diferente del presente porque será un tiempo de seguridad eterna para el pueblo de Dios (3.17). Joel comparte esta convicción con muchos otros profetas: llega un tiempo en el que Dios acabará verdaderamente con el sufrimiento de su pueblo y el castigo (2.18, 26; cf. Am 9.15). Joel hace aquí que parezca un Edén, perdido una vez (2.3), ahora recuperado (3.18). El libro de Apocalipsis cierra con el mismo apunte (Ap 22.1-5).

IMPORTANCIA PARA NUESTROS DÍAS – JOEL

> «Y todo aquel que invocare el nombre de Jehová será salvo».
>
> Joel 2.32

Los años que las langostas se han comido
Uno de los versículos de Joel más citados es 2.25: «Yo restauraré...». Las langostas devastan la tierra de una forma inimaginable: no queda nada literalmente. La palabra que choca aquí es «años». La usa en lugar de hablar de lugares. Muchas personas sienten que su vida ha sufrido periodos de devastación total, tras los que quedan vacíos. Esta promesa se hace especialmente importante. Dios les va a restaurar. Una figura bíblica parecida es la mujer estéril regocijándose más que las mujeres con hijos (Is 54.1-3).

La generosidad de Dios
El libro empieza con una pobreza total. Económicamente hablando, no queda nada. La segunda parte del libro no solamente restaura esta prosperidad perdida, sino que revela que el corazón de Dios es tremendamente generoso. La promesa de restauración se cumple al detalle (2.19, 22-24; 3.18). Esas imágenes de abundancia y fertilidad nos recuerdan la promesa original de Dios a los israelitas de darles una tierra que fluye leche y miel (Éx 3.8). Tendemos a pensar que Dios tiene que mandarnos las bendiciones una por una, racionadas. Esto refleja nuestra pobreza de espíritu en lugar de ver la realidad del Dios generoso que hace fiestas para celebrar el retorno de su hijos pródigos (Lc 15.23).

Derramando el Espíritu
La promesa del derramamiento del Espíritu fue uno de los pasajes clave citado ampliamente por Pedro el día de Pentecostés (Hch 2.17-21), lo que para la iglesia primitiva fue considerado el cumplimiento de esta profecía. Pero cada generación tiene que reclamar esta profecía para sí.

Hay que destacar tres cosas de ella:
• La promesa era para «todas las personas», no para Israel solamente.
• Habría manifestaciones proféticas sobrenaturales.
• Dios llevaría a cabo el «derramamiento».

El libro de Hechos de los Apóstoles está lleno de tales manifestaciones, que van más allá de lo profético hasta la sanidad y los exorcismos. Es más obvio, quizás por la osadía profética de los primeros apóstoles; el derramamiento fue una experiencia transformadora (Hch 2.37-3.10).

Las diferentes iglesias tienen distintas explicaciones sobre cómo se debe hoy experimentar este derramamiento. Sea cual sea la explicación, tiene que ir en el sentido de la profecía de Joel y su interpretación a lo largo del Nuevo Testamento.

Amós
UN ESTADO DE PECADO

PERSPECTIVA GENERAL

Amós profetizó al reino de Israel, el reino del norte, aunque él era de Judá. Habló contra el estilo de vida lujoso de las clases gobernantes, la apatía espiritual y moral que era consecuencia de ello, y la injusticia y la corrupción que veía. Para él, el exilio era el juicio de Dios sobre estas cosas, y el resultado fue la destrucción casi total de la nación. Sólo se salvaría un puñado de personas. El mensaje de Amós no se recibió bien y le dijeron que se fuera a Judá (7.12-13).

RESUMEN

La profecía tiene tres secciones: los capítulos 1-2, 3-6 y 7-9. Los dos primeros capítulos contienen una breve introducción, seguida de una serie de amenazas contra las siete naciones vecinas de Israel (1.3-2.5). El punto álgido de esta serie de denuncias es una contra Israel, el reino del norte de lo que antes fue una nación unida (2.6-16). Estos ataques contra otros países son comunes en los escritos proféticos (cf. Is 13-23; Jer 46-51; Sof 2.4-15). Amós se centra en las atrocidades cometidas contra otras naciones.

La segunda sección contiene una serie de oráculos, o profecías, de nuevo denuncias, principalmente de la maldad que había en esa tierra, con la retribución que recibirán de Dios. Para Amós, Dios es un Dios recto, por lo que toda forma de injusticia tendrá que pasar por su juicio. Amós habla particularmente contra un sistema legal corrupto, el soborno y el no reparto de la riqueza (5.11-12). Ganar dinero era más importante que la práctica sincera y verdadera de la religión. De hecho, la religión estaba vacía, era solamente ritual sin ninguna fuerza moral. Amós advierte al pueblo de que debe cambiar sus caminos.

La sección final contiene cinco visiones o cuadros (7.1-9; 8.1-3; 9.1-5). La advertencia del juicio es más apocalíptica esta vez (8.9-14). El libro acaba con la promesa de un remanente y su futura restauración (9.13-15).

Autor

Amós era de un pueblo llamado Tecoa, en la meseta sur de Belén, donde era pastor y recogía higos silvestres (1.1; 7.14-15). Él enfatiza que no es un profeta profesional. De esta forma, Amós era doblemente un intruso. No obstante, su lenguaje es altamente retórico.

Fecha

Amós predicó en los reinados de Uzías de Judá (792-740 a. C.) Y Jeroboam II de Israel (793-753 a. C.). El terremoto de 1.1 no se puede fechar, aunque todavía se recordaba doscientos años más tarde (Zac 14.5). Amós recibió la profecía dos años antes, por lo que el libro no se pudo escribir hasta después. La fecha más probable del ministerio de Amós es 775-755 a. C., un poco antes que Oseas, Miqueas e Isaías.

BOSQUEJO – AMÓS

Oráculos contra las naciones

El juicio contra Israel

Las visiones de Amós

TEMAS CLAVE – AMÓS

Lo que Dios quiere de una nación: justicia
Israel era lo que hoy se llama «estado fallido».
Pero a diferencia de la actualidad, las razones no
eran económicas o administrativas. Al contrario,
el estado era próspero, ya que se quedó con gran
parte del comercio de su vecina del norte, Siria,
que había sido derrotada. Las señales del lujo
que había, por ejemplo, las casas y muebles muy
caros (6.4-6) y hermosas viñas (5.11), impactaron
al pastor Amós. Había un sistema legal y se
observaba el ritual religioso (5.21-23).

Israel estaba cayendo porque esa gran
prosperidad cegó al pueblo ante las demandas de
Dios, que pedía justicia y adoración verdadera.
Amós vio que la rectitud de Dios debía reflejarse
en una nación recta (3.2-3; 5.24). Si las cosas
fueran así, habría un sistema legal justo (5.15),
y una consideración hacia los pobres. Amós
denuncia el pecado de Israel (5.7, 11, 12; 6.12; 8.4).

Ese pecado sufrirá el juicio de Dios. Por
desgracia, una sociedad corrupta se vuelve ciega
e incapaz de ver ese juicio de Dios que le caerá
encima. Amós señala el ejemplo de otros estados
que fueron prósperos y ahora están en ruinas (6.1-
3). 9.1-6 pinta un cuadro terrible y dramático del
resultado inevitable de esa ceguera.

**Lo que Dios quiere de una nación: verdadera
espiritualidad**
Los profetas no solamente denunciaban la
idolatría, la adoración a dioses falsos (5.26) o el
sincretismo (mezclar la adoración a Dios con
la adoración a ídolos). También denunciaron la
adoración a Dios que era solamente ritual y en
apariencia. Dios aborrece eso (8.10; cf. Is 1.11-17).
Para Amós y los demás profetas, la adoración es
una actividad tan moral como espiritual (5.24).
La figura de la plomada es la expresión más clara
de esto (7.7-9): la plomada es un símbolo de
rectitud y honestidad. Israel falla en la prueba
y sus santuarios y lugares altos, sus centros de
adoración espiritual, se destruirán.

El juicio es inevitable
Las dos primeras visiones muestran a Amós
suplicando a Dios para que no imponga el castigo
(7.5). Esto nos recuerda a Abraham cuando
suplicaba para que Sodoma y Gomorra se salvaran
(Gn 18.16-33). Dios está de acuerdo, pero en
ambos casos llegó el juicio. Dios está dispuesto
a ser misericordioso (5.14-15), pero él ve más
claramente que los profetas que esos habitantes
impíos y ciegos no están en posición de recibir esa
gracia. Es la ceguera moral del hombre la que hace
que el juicio sea inevitable. Dios debe imponer
el castigo después de muchas advertencias sin
respuesta positiva. Parece que no hay vuelta atrás.
La gracia solamente se puede dar después del
juicio (9.11-15).

El mercado de pescado de Hong Kong. Amós y otros
profetas hablaron fuertemente contra la injusticia y la
desconsideración hacia los pobres

IMPORTANCIA PARA NUESTROS DÍAS – AMÓS

Estableciendo las prioridades de la vida

El cuadro más claro de la ausencia de una espiritualidad verdadera en los israelitas se ve en la corrupción representada en 8.5-6. El pueblo no es capaz de esperar a volver de la adoración, y se ponen a hacer más dinero, de la forma más deshonesta posible.

Pero una sociedad o un individuo no llegan a ese punto por un hecho aislado. En algún momento se tomaron decisiones erróneas sobre las prioridades a seguir. Hacer dinero y aprovechar las oportunidades económicas que aparecían en cualquier momento debió ser una decisión que se tomó de forma consciente en algún nivel. En la actualidad también podemos sentirnos atraídos por hacer dinero como una empresa de prestigio. Debemos hacer caso de la advertencia de Amós para evitar caer en la espiral de decadencia moral. De la prosperidad se puede caer fácilmente al descuido de los estándares morales, manipulando el sistema, tomando atajos ilegales, pasando por encima de los más débiles, sobornando. Cuando llega la recompensa material, se desarrolla el amor al lujo. Actos religiosos que antes eran positivos pueden perder todo su sentido, ser solamente una fachada, y dar sensación de seguridad, una falsa seguridad. Las advertencias, sea por el fracaso de otros, o dichas directamente, se ignoran. Finalmente, se llega a la bancarrota espiritual y llega el juicio de Dios.

> «Buscadme y viviréis».
>
> Amós 5.4

Hablando por la justicia

El ministerio de un profeta probablemente requiera enfrentar a las personas con la realidad; la sordera y el rechazo son la respuesta casi siempre. La predicación de Jonás tuvo éxito, algo fuera de lo normal; la de Hageo también fue parecida. Algo más normal fue el ministerio de Jeremías, sin resultados positivos, y recibiendo un rechazo repetido. Amós sufrió algo similar. Se le dijo que se fuera a su casa. Sin embargo, sus profecías se cumplieron y el reino del norte fue barrido unos treinta años más tarde, cuando los asirios se llevaron al pueblo al exilio, desapareciendo sin dejar rastro, las «diez tribus perdidas de Israel».

Cuando Amasías le dijo a Amós que dejara de profetizar, Amós simplemente no podía hacerlo: era muy consciente de que Dios le llamaba (7.15) y le hablaba (3.7-8). Pero los israelitas tenían la costumbre de silenciar a sus profetas (2.11-12) y pensaron que podían hacer lo mismo con Amós. Después de todo: «Por tanto, el prudente en tal tiempo calla, porque el tiempo es malo» (5.13). En cuanto a la gracia de Dios, Amós no fue prudente, y su libro es un relato de su imprudencia y de un continuo juicio contra una sociedad que quiere que sus profetas cierren la boca.

Nuestra propia sociedad no presta ninguna atención a las voces proféticas cristianas. El tema es preguntarse si estos cristianos están locos, o están «oyendo voces». Pero debemos hablar contra estas cosas que sabemos que ofenden a Dios si queremos mantener nuestra integridad como cristianos.

Abdías

CAÍDA DE UNA NACIÓN SOBERBIA

PERSPECTIVA GENERAL

Abdías condena a la nación de Edom por su soberbia. Edom se siente inexpugnable en su fortaleza en la montaña. Aún peor, traicionó a Judá cuando Jerusalén cayó, no dejando pasar a sus refugiados. Será devastada en mayor medida, mientras que se restaurará a Jerusalén como centro de la bendición de Dios.

RESUMEN

Abdías predijo la caída de Edom (vv. 1-7). Hasta ese momento, pensaban que eran invencibles, dando lugar a la soberbia y a la falsa sabiduría. El profeta anunció la destrucción de esa soberbia. Pero Dios no estaba castigando solamente la soberbia: Edom tenía relación con Judá como nación, pero la había traicionado poniéndose del lado del enemigo invasor, matando a los que huían de Jerusalén, que estaba ardiendo, y saqueando e invadiendo el territorio de Judá (vv. 8-14).

El Día del Señor caía ahora sobre todas las naciones: habría retribución y restauración (vv. 15-18). Edom y Filistea desaparecerían como naciones, mientras Judá sería restaurado cuando los exiliados tomaran de nuevo posesión de los territorios robados (vv. 19, 20). Jerusalén volvería a ser la ciudad de Dios (v. 21).

Autor

La profecía de Abdías es la más corta de todos los profetas en el Antiguo Testamento. No sabemos nada de él fuera de este capítulo. Él se ve como un portavoz de Dios solamente; su nombre significa «siervo de Dios», y se lo pudo poner él mismo. Su lenguaje es poético y apasionado.

Fecha

Seis de sus versículos son muy parecidos a algunos de Jeremías (vv. 1-6 = Jer 49.9,14-16). Esto hace que muchos piensen que Abdías se refiere a la caída de Jerusalén en 586 a. C. Ezequiel, que escribió al mismo tiempo, también se refiere a las fechorías de los edomitas (Ez 25.12; cf. Sal 137.7; Lm 4.21). La profecía se fecha por tanto en el periodo del exilio.

BOSQUEJO – ABDÍAS

Contra Edom

TEMAS CLAVE – ABDÍAS

La soberbia será rebajada

Los alardes de inexpugnabilidad no son nuevos para Edom. En 2 Samuel 5.6-7 vemos a los jebuseos haciendo alarde de que Jerusalén era inexpugnable. Eso no evitó que el rey David la conquistara y la convirtiera en su capital. Edom, era una pequeña nación en el límite del desierto del Neguev, en lo que actualmente es Jordania. Pensaban que sus montañas la protegían. Pero Dios dice: «La soberbia de tu corazón te ha engañado» (v. 3). Dios mismo será quien la derribe (v.4).

Este es un tema común a otros profetas también. Isaías dice que «la altivez de los ojos del hombre será abatida, y la soberbia de los hombres será humillada» (Is 2.11). Para los griegos, la soberbia era *hubris* y significaba ponerse fuera del alcance del destino. Se consideraba el peor pecado. La Biblia no tiene un listado de pecados por orden de importancia, pero ciertamente ninguna persona ni nación está fuera del alcance del juicio de Dios.

Caos y soberanía de Dios

La invasión babilonia que llevó a la destrucción de Jerusalén produjo unas secuelas caóticas, bien descritas en Jeremías 39-44. Es sorprendente que los escritos proféticos sobrevivieran. Su supervivencia simboliza el orden de Dios, establecido en medio del caos y la ruptura de relaciones. Abdías ve un regreso al orden en términos de restauración, de exiliados que regresan a su tierra, y Jerusalén de nuevo como centro del gobierno de Dios (v.19-21).

Justicia y cumplimiento

Una parte del juicio de Dios es equilibrar culpa y castigo. La frase: «en el día de su desastre (Judá)» se repite como razón del castigo de Dios, llegando a su punto más alto con: «Como tú hiciste se hará contigo; tu recompensa volverá sobre tu cabeza» (v.15).

Históricamente, Edom no cayó de una forma rápida. Lo más probable es que no lo hiciera hasta el tiempo de los macabeos (1 Macabeos 5.3), unos cuatrocientos años más tarde, aunque fueran desplazados de las montañas con anterioridad. Dios no tiene prisa para ejecutar su justicia, pero la historia ha demostrado lo completo que fue el castigo. En los tiempos del Nuevo Testamento, ya no había señal de Edom.

IMPORTANCIA PARA NUESTROS DÍAS – ABDÍAS

Gastar la herencia

Puede parecer que Edom siempre fue enemigo de Israel. Pero los edomitas eran descendientes de Esaú, hermano de Jacob (Gn 25.24-26; 36.1). Como tal, había alguna bendición disponible para los edomitas. Pero se enfrentaron a Israel, especialmente cuando los israelitas escapaban de Egipto (Nm 20.18-21). Aunque más tarde se incorporaron al imperio del rey David (1 R 11.14-22), pronto se rebelaron (2 R 8.20-21). Incluso así, Abdías considera la traición a Judá como la traición a un hermano (v.10).

> «Mas en el monte de Sion habrá un remanente que se salve».
>
> Abdías 17

Mucha gente piensa que si su país ha tenido un pasado cristiano seguirá disfrutando de las bendiciones de Dios. Pero, realmente, es posible que ese mismo país se oponga a las leyes de Dios y a su gobierno, y pierda su herencia de una forma activa y no solo pasiva. En este punto, pasara por el juicio divino con total certeza.

Valentía y confianza

Los asuntos mundiales a veces parecen caóticos y fuera del control de Dios. Esto puede ocurrir también en nuestras vidas personales, incluyendo la traición de algún familiar cercano. Igual que Abdías, debemos reafirmar nuestra visión del control de Dios, de su orden y su restauración. Esto requiere valentía, especialmente cuando el desánimo se vuelve nuestro peor enemigo. También es necesario confiar en los propósitos de Dios, mirando nuestras circunstancias e intentando descubrir esos planes de Dios para con nosotros.

Jonás
UN HOMBRE CON UNA MISIÓN

PERSPECTIVA GENERAL

El libro de Jonás es bastante distinto a los del resto de los profetas menores, ya que cuenta la historia de un profeta, en lugar de contar su mensaje. La historia en sí es el mensaje. Se le encomienda una misión a Jonás, él huye y casi muere como consecuencia de ello. Se le vuelve a encomendar la misión y tiene un gran éxito, pero sigue sin sentirse realizado con lo que ha conseguido.

RESUMEN

La historia se divide en dos mitades que se pueden subdividir a su vez para formar los cuatro capítulos de este pequeño y dramático libro. El argumento no es complicado, se cuenta mucho como historia infantil, pero su significado ha sido muy discutido. Tiene diferentes niveles de significado, y usa la ironía como recurso central.

Dios le encomienda a Jonás la misión de predicar sobre el juicio a Nínive, la ciudad más importante del imperio asirio. Al contrario que otros profetas, como Nahúm, tiene que hacer su denuncia personalmente en el país (1.2). Jonás huyó lo más lejos que pudo, a Tarsis, que era una colonia fenicia en España (1.3-4).

El barco en el que iba fue víctima de una gran tormenta. Los marineros, supersticiosos, vieron la tormenta como algo fuera de lo normal, con un origen divino, y buscaron las posibles causas. Al final, la desobediencia de Jonás salió a la luz, y él mismo les dijo que lo tiraran por la borda (1.4-12). Primero dudaron pero, finalmente, tuvieron que hacerlo (1.13-15).

La tormenta cesó de inmediato, y esto hizo que los marineros creyeran en el Dios de Jonás. Mientras, un gran pez se tragó a Jonás (1.17). Dentro del vientre del pez, Jonás adoró a Dios (2.1-9). Finalmente, el pez vomitó a Jonás en tierra seca (2.10).

Jonás se fue a Nínive y predicó con tal fuerza que toda la ciudad se arrepintió. El juicio de Dios se evitó (3.1-10). Pero en lugar de alegrarse, Jonás se enfadó con Dios, deseando morir. En el capítulo final, Dios y Jonás discuten sobre el cambio de opinión de Dios. Jonás es reprendido por su incoherencia: está más alterado por la muerte de una planta que por el hecho de que toda la población de una ciudad muriera.

Autor

No hay un consenso acerca de quién fue el autor. Hay un profeta llamado Jonás, hijo de Amitai que se menciona en 2 Reyes 14.25, durante el reino de Jeroboam II de Israel. Pero no es seguro que el profeta y el escritor sean la misma persona.

Fecha

Tampoco hay acuerdo sobre la fecha. La fecha más antigua posible sería 793-753 a. C., periodo de Jeroboam II. Fue un periodo de debilidad de Asiria. Pero 3.3 indica que la grandeza de Nínive fue en el pasado, lo que significa que no pudo escribirse antes de 612 a. C., cuando la ciudad cayó (cf. Nahúm).

BOSQUEJO – JONÁS

Jonás huye de Dios

1.1-2	Dios comisiona a Jonás
1.3	Jonás huye a Tarsis
1.4	La gran tormenta en el mar
1.5-10	Jonás, descubierto a causa de la tormenta
1.11-15	La tripulación arroja a Jonás por la borda
1.16	La tripulación adora a Dios
1.17	Un gran pez se traga a Jonás

La oración de Jonás

2.1	Jonás ora dentro del gran pez
2.2-7	Dios oye la suplica de Jonás desde su santo templo
2.8	Lo inútil de la idolatría
2.9	Acción de gracias de Jonás
2.10	El pez vomita a Jonás

La misión de Jonás en Nínive

3.1-2	Dios comisiona de nuevo a Jonás
3.3	Jonás va a Nínive
3.4	El mensaje de Jonás a sus habitantes
3.5-9	El arrepentimiento de los ninivitas
3.10	Dios perdona a Nínive

La reacción de Jonás ante la misericordia de Dios

4.1	Jonás se enfada por la decisión de Dios
4.2-4	Dios pregunta a Jonás sobre su enfado
4.5-7	Jonás y la calabacera
4.8-9	El enfado de Jonás cuando se seca la calabacera
4.10-11	La preocupación de Dios por la ciudad

TEMAS CLAVE – JONÁS

La misericordia de Dios

Lo más obvio es comparar este libro con Nahúm, que también predicó sobre el juicio contra Nínive. En el caso de Jonás, este además vio la misericordia de Dios. Los dos libros juntos revelan «la bondad y la severidad de Dios» (Ro 11.22): cuando el pueblo se arrepiente Dios es «[…] clemente y piadoso, tardo en enojarte, y de grande misericordia, y que te arrepientes del mal» (4.2).

Este hecho concuerda completamente con lo que los primeros libros del Antiguo Testamento muestran sobre el carácter de Dios. Una y otra vez Israel desobedecía a Dios, abandonando a menudo la fe, pero cada vez que lo hacían acababan arrepintiéndose. Dios siempre tenía misericordia y los restauraba.

Para Jonás eso es lo más difícil de comprender. En 4.2 explica finalmente por que huyó: tenía miedo de que Dios «cambiara de opinión» y le hiciera quedar como un idiota. La ironía es que Jonás es el profeta sin fe, no por huir, sino por comprender su mensaje solo a medias. O quizás si entendía cómo es Dios pero no quería aceptarlo. Es la misma actitud del hermano mayor en la parábola del hijo pródigo (Lc 15.25-32).

La universalidad de la salvación

Se podría argumentar que la misericordia de Dios con Israel se debía a su pacto que hacía que tuvieran una relación especial. Pero queda claro que la misericordia de Dios también es para otros pueblos que estaban fuera del pacto. En otras palabras, Dios ofrece el perdón de los pecados a todo el mundo.

Para los lectores judíos del libro, esto era realmente difícil de comprender, porque ellos creían que el plan de salvación de Dios era solamente para una nación, y esta creencia se tambaleaba. El Nuevo Testamento es claro: «Cristo murió por todos» (2 Co 5.14).

Profecía como advertencia

Jonás quería que su mensaje fuera una predicción del futuro, igual que fue el de Nahúm. Pero realmente cada declaración profética de juicio hace una función de advertencia, no de predicción de algo que ocurrirá sin remedio. Distinguir eso no es tan fácil como parece. El gran profeta Ezequiel luchó para comprenderlo (Ez 18). La enseñanza en Jonás y los otros profetas es la profecía como instrumento de la misericordia de Dios (4.2); y el fin que se desea es siempre el arrepentimiento y la fe.

IMPORTANCIA PARA NUESTROS DÍAS – JONÁS

Misión y motivos

Una de las ironías del libro es que Jonás consiguió que la gente se arrepintiera, a pesar de sus esfuerzos para que no lo hicieran. Sus acciones convencieron a los marineros de que su Dios era el que había que adorar (1.16); y su predicación hizo que los ninivitas se arrepintieran de una forma espectacular (3.5-9).

El llamamiento era el elemento clave, no su disposición ni que el motivo fuera correcto. Si Dios nos llama, nos ungirá, y por tanto no habrá lugar para la soberbia en nuestros esfuerzos individuales, ni en nuestra obediencia.

Pero si queremos sentirnos realizados sirviendo a Dios, los motivos correctos son esenciales. Jonás solamente obtuvo miseria de su reticencia y sus actitudes sin amor.

> **«¿Y no tendré yo piedad de Nínive, aquella gran ciudad?»**
>
> Jonás 4.11

Segundas oportunidades

A menudo se dice que Dios es el Dios de las segundas oportunidades. Jonás lo demuestra aquí, igual que lo demostró Pedro después de negar a Cristo (Jn 21.15-19). El gran pez es una señal de misericordia más que de juicio, y el tiempo que pasó Jonás en su vientre fue el que necesitó para reencontrarse con la presencia de Dios y sus propósitos. En la parábola del hijo prodigo, el revulsivo es una pocilga (Lc 15.15-17). Dios da segundas oportunidades, y por gracia provee un espacio en el corazón para que las aprovechemos.

Muerte y resurrección

Jesucristo mencionó una vez el libro de Jonás en relación con el arrepentimiento (Lc 11.29-32), y en relación con la muerte y la resurrección, usando los tres días de Jonás en el vientre del pez como una señal del tiempo que pasó en la tumba (Mt 12.39-41; 16.4).

Toda la estructura del libro refuerza esto. En el capítulo 1, Jonás desciende hacia la muerte, cada vez más profundo: duerme (un tipo de la muerte) en las bodegas del barco; lo echan al mar y se hunde; un gran pez se lo traga (puede ser un símbolo de la muerte). Está tres días dentro del pez, como si fuera la tumba, y el pez lo vomita, como si hubiera resucitado, o nacido de nuevo, saliendo de las aguas tras el bautismo.

Airaos pero no pequéis (Ef 4.26)

Es interesante que el final del libro no sea otro momento de subida de Jonás. El libro termina dejando incógnitas abiertas: ¿sufrirá Jonás por haberse enojado con Dios? No lo sabemos.

¿Qué podemos hacer cuando estamos enfadados, especialmente con Dios por ser aparentemente «injusto» con nosotros? El libro sugiere que la ira nos hace daño a nosotros mismos. Dios podrá discutir con nosotros, pero él tiene siempre la última palabra (4.11). Tenemos que poner nuestra ira en manos de Dios para que él la quite de nosotros.

Miqueas

INJUSTICIA HUMANA, JUSTICIA DE DIOS

PERSPECTIVA GENERAL

Miqueas ve muchos pecados creciendo en su sociedad. Nombra perversiones de poder, dinero, profecías falsas y religión falsa. No es asunto suyo solamente, sino de Dios, y Dios pronuncia el juicio. Pero en su misericordia él no para ahí: promete una restauración generosa y una esperanza renovada para el futuro de su pueblo.

RESUMEN

Los capítulos 1-3 y 6 tratan del profundo fracaso de las sociedades de los reinos del norte y del sur de Palestina. El reino del norte, llamado también Israel, Efraín y Samaria, igual que su capital. El reino del sur es llamado Judá o Jerusalén. A veces el término Israel se usa para hablar de todo el país, norte y sur.

El libro se centra en la repetida denuncia de los pecados de injusticia social, administración deficiente por líderes corruptos, idolatría por falsos sacerdotes y profetas (1.3-7; 2.1-11; 3.1-3,8-11; 6.9-12). Tales pecados llevarían a consecuencias nefastas, que Dios traería o permitiría, como ausencia de prosperidad, derrotas militares, destrucción de ciudades y finalmente exilio (1.8-16; 2.3-4; 3; 4-7,12; 6.13-16). Pero incluso en la predicción de la destrucción se da una promesa de esperanza en forma de remanente restaurado (2.12-13).

Esta última promesa se amplía en los demás capítulos (4-5, 7). La restauración (4.6-8; 5.7-9; 7.18-20) vendría acompañada de poder sobre otras naciones (4.11-13; 5.10-15; 7.11-17). Pero será un poder principalmente espiritual. En su visión más exaltada, en la mitad del libro,

Miqueas ve Jerusalén restaurada, siendo el centro de la adoración mundial a Dios (4.1-5). Estos capítulos también hacen referencia a los mismos pecados que los otros capítulos (4.9-12; 5.3; 7.1-10). Los capítulos primero y último resumen los principales temas y el énfasis de la profecía.

Autor

El libro contiene una serie de profecías de Miqueas de Moreset-gat (1.14), un pueblo de la zona de colinas al oeste de Jerusalén. A diferencia de Isaías, Miqueas parece conocer mejor el entorno del país y haber viajado mucho por los dos reinos.

Fecha

Miqueas vivió durante los reinados de Jotam (740-735 a. C.), Acaz (735-715 a. C.) y Ezequías (715-687 a. C.). Fue un joven contemporáneo de Isaías, y posterior a Amós y Oseas. Algunos eruditos piensan que ciertas partes pequeñas, que hablan de Babilonia como enemigo en lugar de Asiria (4.10), pudieron añadirse más tarde.

BOSQUEJO – MIQUEAS

Juicio y liberación de Israel y Judá

Esperanza futura en la desesperación

El caso de Dios contra Israel

Esperanzas de restauración

TEMAS CLAVE – MIQUEAS

Dios, el juez justo

El libro empieza y acaba con la representación de un tribunal: «El Señor sea testigo contra vosotros» (1.2); «hasta que juzgue mi caso» (7.9). En 6.2 afirma que «el Señor tiene pleito con su pueblo» (cf. Malaquías para esa estructura). La necesidad de un juez justo se acentúa, como se ve especialmente en 3.9 «Oíd ahora esto, jefes de la casa de Jacob, y capitanes de la casa de Israel, que abomináis el juicio, y pervertís todo el derecho». Solamente Dios, y el profeta como su portavoz (3.8), pueden llevar el caso contra su pueblo de manera justa y hacer un juicio rectamente (4.3). Esto es debido a que en el pasado Dios se mostró misericordioso. Tenemos en 6.3-5 la evidencia, basada en el juramento del pacto que se hizo en el pasado (7.20).

Los castigos son igual por igual y, por tanto, en su justa medida. Hay una serie de juegos de palabras sobre lugares específicos en 1.8-15 que demuestran esto de una manera extraña. El castigo toma el lugar, simbólico, del crimen. Así, la soberbia y la arrogancia (2.1-2) se castigan con humillación y saqueo (2.2-5). El exilio (4.10) significa que el pueblo se ha querido exiliar de Dios. Se han desposeído a sí mismos por robar la tierra a los que eran más débiles que ellos. La justicia de Dios se ve en «lo que el hombre sembrare, eso también segará» (Gá 6.7) como también vemos claramente en 6.9-16.

El futuro pastor

Hay algunos pasajes en Miqueas con una impactante similitud con Isaías. Como este, y otros profetas, ataca las injusticias que se cometían en la nación y también profetiza restauración bajo un líder elegido por Dios. Más adelante, estas profecías se llegaron a ver como «mesiánicas», es decir, que predecían un futuro gran líder que traería salvación y liberación. Los escritores del Nuevo Testamento citan muchas de estas profecías que se cumplieron en Jesucristo.

Por ejemplo, Mateo 2.6 cita Miqueas 5.2, que va en el mismo sentido que Isaías 11.1. La imagen del pastor de Miqueas 5.4 se hace eco de la de Isaías 40.11, y es tomada, junto a otras referencias del Antiguo Testamento, en el anuncio de Cristo de ser el Buen Pastor (10.14). Miqueas 4.1-3 es como Isaías 2.2-4, prediciendo la futura restauración, usando la imagen de Dios como juez, y la figura pacífica de convertir las espadas en arados. Pero esto ocurrirá después de que el pastor haya conseguido la victoria contra sus enemigos (5.5-6).

Los propósitos continuos de Dios

Estas predicciones de restauración siempre van unidas en el Antiguo Testamento con profecías relativas al remanente de los justos. Esto se debe a que el pecado humano y su castigo no pueden anular los propósitos de Dios. ¡Dios no está a merced del pecado humano! De esta forma, sus propósitos futuros siguen adelante, su perdón, su intervención y su provisión de un liderazgo divino, anticipando el nuevo pacto en Jesucristo. En Miqueas tenemos muchos pasajes que enfatizan esto: 4.1-8; 5.1-15; 7.8-20.

IMPORTANCIA PARA NUESTROS DÍAS – MIQUEAS

Prosperidad verdadera

Miqueas, igual que Hageo (Hag 1.5-10) y Malaquías (Mal 3.8-12), demuestra por que el pueblo de Dios no prospera. La mayoría de las personas quiere prosperar, y piensan que Dios debería ayudarles en ese sentido, de alguna forma. Ciertamente, Dios quiere que conozcamos la prosperidad (Sal 35.27), aunque las enseñanzas del autodenominado «evangelio de la prosperidad» puedan confundir este concepto. No podemos reducirlo a un simple aspecto material, «pagarle a Dios para que él nos pague de vuelta». Miqueas menciona el pecado de la prosperidad en el sentido de afanarse y hacer grandes esfuerzos para conseguirla. Es un pecado moral, por el cual tratamos de conseguir éxito de la forma equivocada. 2.1-2 es un ejemplo evidente de esto; 6.9-15 es también muy claro.

Si el versículo: «Comerás, y no te saciarás, y tu abatimiento estará en medio de ti; recogerás, mas no salvarás, y lo que salvares, lo entregaré yo a la espada» (6.14) parece describir nuestra situación, lo primero que debemos hacer para corregirnos es comprobar cómo estamos «recogiendo» y ver si lo estamos haciendo en la forma correcta. Hay otras razones por las que no se alcanza la prosperidad, como una mala administración o un «espíritu de pobreza», pero Miqueas nos dice por donde comenzar.

> «Y éste será nuestra paz».
>
> Miqueas 5.5

¿Qué quiere Dios?

En 6.6-8 tenemos una profecía reforzada por afirmaciones de otros profetas sobre lo que Dios quiere realmente. Aquí, Miqueas deja claro que Dios no está interesado en nuestros sacrificios como tales, si de alguna forma los necesitara. El sistema de sacrificios del Antiguo Testamento trataba en parte el pecado y en parte era una expresión de gratitud. Lo que ocurría en el tiempo de Miqueas era que los sacrificios se hacían como si fuera una póliza de seguros, o para tener a Dios de su lado. Estos eran motivos erróneos, no había intención de reformarse moralmente.

Miqueas deja claro los tres requisitos que Dios quiere:

- Actuar de una manera justa
- Amar la misericordia
- Andar humildemente

En la actualidad, un sacrificio podría ser dar dinero u horas de duro trabajo, incluso horas de oración. Pero si todo esto no procede de un corazón misericordioso, humilde y justo, no tiene valor alguno.

¿Cómo es Dios?

Miqueas expresó su mensaje en términos jurídicos, como cargos, evidencias, sentencias, pero al final vuelve a lo que tiene guardado profundamente en su corazón: la naturaleza perdonadora y misericordiosa de Dios. Él se deleita es mostrar misericordia (7.18,20). Eso es algo a lo que debemos agarrarnos, cuando nos vemos atrapados en medio del pecado, o vemos a otros en esa situación. De nuevo, Miqueas se hace eco de lo que dice Isaías, esta vez en Isaías 43.25. Una misericordia semejante es la verdadera evidencia de los propósitos amorosos de Dios para con nosotros.

Nahúm
LA DERROTA DE UN IMPERIO MALVADO

PERSPECTIVA GENERAL
El profeta Nahúm ataca de forma virulenta al malvado imperio asirio y anuncia que, pronto, Dios destruirá completamente Nínive, su capital, de una forma inesperada. Judá podrá tener un respiro.

RESUMEN
La profecía de Nahúm no sigue la línea habitual de otros profetas. Consiste casi totalmente en una serie de denuncias, en tono burlón, contra un poder extranjero. No son los habituales mensajes dirigidos al pueblo de Dios y a su vida espiritual. Aunque, con frecuencia, habla a Nínive directamente, queda claro que la audiencia principal eran los israelitas, que probablemente vivían aterrorizados por el poder de esta nación. La profecía es una fuente de esperanza para ellos.

El libro comienza con un cántico de alabanza a Dios como guerrero divino (1.2-14). Se establece así el tema de la guerra y de la victoria. Para Judá significaba esperanza pero, para Nínive, la destrucción total. «¿Quién permanecerá delante de su ira?», pregunta Nahúm (1.6).

El segundo capítulo contiene una descripción gráfica y dramática de la destrucción final de Nínive, con la batalla rugiendo dentro de sus muros. No tendrían nada que hacer, ni aun reuniendo a sus guerreros escogidos. Nahúm usa la figura del león, un animal que los asirios usaban a menudo como símbolo: «¿Qué es de la guarida de los leones?», pregunta retóricamente (2.11).

El último capítulo va dirigido a la propia ciudad. Nahúm pinta un cuadro del caos y de la humillación de la derrota y hace una descripción impresionante, en un tono altamente poético.

Autor
Todo lo que sabemos de Nahúm es que provenía del pueblo de Elcos, que probablemente estaba en Judá. Tiene una «carga» (1.1), según algunas traducciones, que significa que tiene un mensaje muy fuerte de inminente destrucción, y lo dice en un estilo dramático y poético, lleno de recursos literarios y una descripción vívida.

Fecha
Los asirios habían atacado previamente Jerusalén en 701 a. C. (2 R 18.17-19.36), y antes de eso había destruido el reino del norte de Israel en 722 a. C. (2 R 17.1-5; 18.9-10). En el tiempo en el que se escribió la profecía Asiria todavía parecía invencible y se le temía mucho.

Sin embargo, cayó en 612 a. C., cuando los medos la atacaron desde el norte y los babilonios lo hicieron desde el este y el sur. Nahúm debió de escribir antes de eso, pero después de la caída de Tebas (en 663 a. C.), mencionada en 3.8.

BOSQUEJO – NAHÚM

Título

TEMAS CLAVE – NAHÚM

Dios como guerrero

Este es un tema muy común en el Antiguo Testamento. Se usa mucho el título «Jehová de los ejércitos» que es el término que Nahúm emplea en 2.13. Algunas versiones traducen esta frase como «Señor todopoderoso».

Vemos muchas veces referencias a ejércitos, fuerzas militares. Hay ejemplos en 2 Reyes 19.31, donde Isaías predice la derrota del ejército asirio cuando asediaba Jerusalén, y en Isaías 37.32, cuando Isaías predice que habrá un remanente de Israel que sobrevivirá. En ambos casos, el significado es que Dios luchará literalmente contra el enemigo por su pueblo.

En otras partes, se describe a Dios como un guerrero poderoso, como en Habacuc 3.5-15 y Zacarías 9.1-15; 14.1, 3, 5. Zacarías trata el tema en dos himnos, que incluyen referencias a una teofanía (aparición de Dios a los humanos) y a los trastornos universales que ocurren cuando Dios lucha por su pueblo. El Salmo 98 contiene un cuadro parecido, en una tradición que comienza en Éxodo 15.3 y Josué 5.13-15.

Nahúm menciona trastornos similares a los de Habacuc y Zacarías (1.3-5). Él lucha por su pueblo (1.8,13) para traerles paz (1.15) y restauración (2.2). Este libro es probablemente el que contiene más temática militar de todos los profetas.

La severidad de Dios

Nahúm escribía más o menos al mismo tiempo que el joven Jeremías, un poco después de Sofonías y un poco antes que Habacuc. Sin embargo, lo más obvio es relacionarlo con Jonás. Ambos profetas dedicaron sus profecías a Nínive, que es el centro del poder del brutal imperio asirio.

Lo que resulta impactante, desde un primer momento, es lo distintos que son Nahúm y Jonás. En el caso de Jonás se trata de un mensaje de salvación para una ciudad malvada, la cual lo recibió. Nahúm trae un mensaje de castigo y juicio. Si se contemplan en conjunto, los dos libros representan «la bondad y la severidad de Dios» (Ro 11.22).

Dios no solo castiga a Nínive por haber atacado a su pueblo. Su crueldad era notable y se menciona específicamente en Nahúm (2.1-4; 3.19). La denuncia en 3.4 sugiere que estaban involucrados profundamente en la brujería y la inmoralidad sexual.

IMPORTANCIA PARA NUESTROS DÍAS – NAHÚM

¿Quién escribe la historia?

Muchos grandes imperios se han sentido invulnerables. Se dice que los conquistadores son los que escriben la historia. De manera manifiesta, Asiria pensó así. Nahúm les recuerda la caída de otro gran imperio, Egipto, y una de sus grandes ciudades (3.8-11). No es el conquistador el que escribe la historia. Es Dios.

A lo largo del último siglo, grandes imperios malvados han caído, a menudo de forma catastrófica. La sensación de alivio cuando cayó la Alemania nazi, cuando murió Hitler o cuando cayó el muro de Berlín tuvo que ser parecida a lo que Nahúm trataba de transmitir a sus oyentes. El alivio es que hay un Dios que derrotará al mal.

La historia sigue escribiéndose. Es inevitable que emerjan otros imperios y otros líderes, que pensarán que el destino está en sus manos, y que creen que pueden escribir la historia según su voluntad. Hemos de tener la misma visión que Nahúm, que sabe que en algún momento el juicio de Dios va a caer sobre ellos. Miramos hacia él en la actualidad cuando vemos tantos países que gobiernan con brutalidad e injusticia.

> «Jehová es bueno, fortaleza en el día de la angustia».
>
> Nahúm 1.7

Guerra espiritual

La profecía nos pone en una situación de batalla y lucha. ¿Cuál es su importancia espiritual? De alguna forma, nosotros también tenemos fuerzas interiores en guerra dentro de nosotros, como le pasaba a Pablo en Romanos 7.23. No podemos escapar de esa batalla entre el bien y el mal que hay dentro de nosotros.

El Nuevo Testamento indica que esa guerra se está librando en un escenario mucho más amplio. La imagen del león se usa de nuevo para describirlo: «Porque vuestro adversario el diablo, como león rugiente, anda alrededor buscando a quien devorar» (1 P 5.8). Por eso Pablo nos dice que llevemos puesta la armadura (1 Ts 5.8) y que luchemos contra el mal, que es un principio universal y no solo algo que sale de nuestro interior.

Pero también hay una gran batalla a nivel «nacional», donde los países y las culturas están envueltos en una guerra con una dimensión espiritual y universal. Dios lucha por su pueblo y por las naciones cercanas a él, para vencer a esas fuerzas poderosas que se oponen a sus propósitos de rectitud y justicia.

Proclamando la paz

En medio de ese lenguaje de guerra, Nahúm todavía es capaz de hablar de paz y protección (1.15). Es como Isaías 52.7. Dios lucha por la paz, la protección y la liberación para su pueblo. Hay que darse cuenta del gran paso de fe que supuso para Nahúm esa visión de las cosas. Necesitamos esa misma fe, estar seguros de que Dios está con nosotros, para nuestra paz y liberación. De otra forma, nos veremos abrumados por tanto mal como hay en el mundo.

Habacuc
PREGUNTAS DIFÍCILES

PERSPECTIVA GENERAL

Habacuc hace preguntas difíciles a Dios, sobre la injusticia y la corrupción en su sociedad. Y recibe respuestas incluso más duras. Primero le choca la primera respuesta de Dios. Luego espera, y las respuestas empiezan a tener sentido. Finalmente entiende los propósitos de Dios y encuentra la fe a pesar del futuro que viene por delante, bastante incierto.

RESUMEN

Habacuc, el profeta, vivió en una sociedad injusta. Clamó a Dios por ello, pidiéndole justicia y castigo, pero parecía que Dios no estaba escuchando. El libro comienza con una queja muy seria de Habacuc contra Dios (1.2-4).

Dios contestó, pero de una forma que Habacuc no esperaba: Dios planeó enviar a los babilonios para que destruyeran la sociedad de Habacuc (1.5-11). El ejército babilonio se describe de una forma muy vívida con figuras de leopardos, buitres, el viento del desierto. Es un cuadro aterrador de una fuerza imparable.

Habacuc quedó desconcertado (1.12-17). Su sentido de la moral quedó malherido: por muy mala que fuera su sociedad, los babilonios eran mucho peores. Las víctimas de los babilonios se describen como un banco de peces que no tienen un líder y caen fácilmente en una red. En una especie de desafío a Dios, Habacuc se dispone a esperar una explicación (2.1).

Y la respuesta llegó. Habacuc tiene que ver las cosas a largo plazo. Al final, las naciones y las sociedades injustas caerán, y los oprimidos tendrán la última palabra (2.2-20). Entretanto, Habacuc debe vivir como un hombre de fe: quizás no vea el resultado final, pero tiene que creer en los planes de Dios y en sus propósitos. En una serie de cuatro amenazas, Dios condena todas las formas de injusticia e idolatría.

Habacuc le pide a Dios que renueve a su pueblo (3.2) en una oración final. Recuerda có*mo Dios ha revelado su poder a través de la naturaleza en muchas ocasiones, y cómo salvó a su pueblo de Egipto (3.3-15). Pase lo que pase en el futuro inmediato, por muy terrible que sea la invasión, Habacuc se gozará en Dios, en su justicia y en sus propósitos (3.16-19).

Autor

Habacuc era un profeta (1.1; 3.1) del que no se sabe nada aparte de este libro. Su nombre significa «el que se agarra o abraza». Su profecía se conoce técnicamente como «oráculo». Es algo poco habitual que la escriba en lugar de darla oralmente, como hicieron muchos de los profetas (2.2). El hecho de que acabe con un salmo puede indicar que era un «profeta cantor» relacionado con el templo de Jerusalén (cf. 1 Cr 25.1).

Fecha

Los babilonios (o caldeos) tomaron el poder en la región tras la batalla de Carquemis (605 a. C.). Cuando derrotaron a los asirios y a los egipcios. Pero no invadieron Judá, el reino del sur de Israel, que sobrevivía todavía, hasta 598 a. C. (2 R 24.1-4, 8-17). Esto coloca a Habacuc entre esas dos fechas, siendo contemporáneo de Jeremías, y quizás bajo el reinado de Joacim. Jeremías también habló en contra de la injusticia, con mucho más detalle, y predijo la invasión de los babilonios (Jer 5.1-13; 27.6-11).

BOSQUEJO – HABACUC

Titulo
1.1 Habacuc recibe una profecía

Primera queja de Habacuc
1.2-4 El pecado sigue sin castigarse, la justicia sigue pervertida

Respuesta de Dios
1.5-6 Dios va a usar a los babilonios
1.7-11 Descripción dramática de los babilonios

Segunda queja de Habacuc
1.12-13 Dios es demasiado santo para mirar al mal
1.14-17 ¿Entonces por qué usa una nación malvada e inmisericorde?

El profeta como observador vigilante
2.1 El profeta va a estar atento a la respuesta de Dios

Respuesta de Dios
2.2-3 Las declaraciones de Dios se cumplirán
2.4-5 Los babilonios son opresores
2.6-8 Un cántico sarcástico: los oprimidos la darán la vuelta a la situación
2.9-19 Una serie de amenazas: la injusticia será castigada.
2.20 Dios está en el trono

Un salmo de alabanza
3.1-2 Súplica por un reavivamiento
3.4-15 Recordatorio de los hechos poderosos de Dios en la naturaleza y la liberación de Egipto
3.16-18 El profeta se gozará pase lo que pase
3.19 Dios será su fuerza

TEMAS CLAVE – HABACUC

Protestando contra la injusticia

Habacuc, como los otros profetas de la Biblia, se rebeló contra las maldades de su sociedad. Su preocupación inmediata es la violencia, la injusticia y el conflicto a su alrededor. Los hacedores de maldad no son juzgados; los malos manejan el sistema. Algunos profetas, como Isaías o Jeremías, hablan directamente a su sociedad corrupta. Habacuc clama a Dios para que intervenga.

Para Habacuc el problema se agrava cuando Dios le dice que enviara a los babilonios para castigar a esa sociedad corrupta, aunque «de ella misma procede su justicia» (1.7), «ofenderá atribuyendo su fuerza a su Dios» (1.11) y «no tendrá piedad de aniquilar naciones» (1.17).

Habacuc sigue protestando ante Dios. El mensaje del libro es que Dios escucha estas protestas contra la injusticia. No se queda quieto: con el tiempo, él revelará sus propósitos a los que le busquen de corazón.

El extraño propósito de Dios

Estos propósitos, sin embargo, no son los que Habacuc esperaba. Está bien saber que la injusticia se va a castigar, pero el profeta no puede dictaminar la forma de ese castigo. Ser profeta conlleva un compromiso con el pueblo de Dios, en toda circunstancia. De alguna forma el profeta tiene que compartir su castigo. Y también implica dejar de lado convicciones sobre cómo funciona Dios. No es cómodo ser profeta, ni físicamente, ni espiritualmente.

Isaías se dio cuenta de ello cuando predicó la llegada de los asirios (Is 10.5-10). Jeremías también, aunque su malestar era debido al rechazo total de su mensaje (Jer 36.20-32). El malestar de Jonás era porque no entendía que Dios salvara a toda la gente que él había estado denunciando (Jon 4.1).

Para Habacuc, el centro del problema era su idea de la santidad de Dios (1.13). Pero la santidad de Dios se expresa a veces de formas extrañas (Is 55.8-9). Tales expresiones prefiguran los propósitos de Dios en Jesucristo. Su propia muerte es la expresión más extraña de la santidad de Dios, el uso de una tremenda injusticia para llevar la justicia y la liberación a la humanidad (Hch 2.22-39).

Viviendo por fe

Los propósitos extraños y misteriosos de Dios se revelarán finalmente (2.3). Entretanto, los malos podrán engreírse, pero los justos deben agarrarse a su fe, y vivir así (2.4). Los escritores del Nuevo Testamento encontraron en este versículo la verdadera esencia de nuestra relación con Dios y lo citan tres veces (Ro 1.17; Gá 3.11; He 10.38-39). Para ellos, implica fe en Jesucristo y fe en los buenos propósitos de Dios. Hebreos afirma que a Dios no le agradan los que se resisten porque son incapaces de confiar en él. La elección es desafiar a nuestra fe constantemente y recibir la revelación de Dios que viene con ello, o «ponerse a salvo», y no ir más allá de lo que podemos entender.

IMPORTANCIA PARA NUESTROS DÍAS – HABACUC

Discutir con Dios

El dialogo de Habacuc con Dios se conoce técnicamente como «queja». Jeremías también se quejó a Dios (Jer 12.1-6), igual que Job (Job 3.1-26), y Jonás (Jon 4.1-3). La Biblia dice que a Dios no le importa que sus siervos discutan con él, siempre que estén dispuestos a sentarse y esperar la respuesta. A menudo en nuestra queja estamos tan llenos de autocompasión, que solamente queremos expresar nuestra lista de agravios.

Dios respondió a Habacuc dos veces, y con sus quejas, recibió finalmente una revelación más profunda que si se hubiera quedado callado. Sin embargo, también tenemos que estar callados en algún momento (2.20; Zac 2.13). La injusticia y la maldad nos desconcertarán inevitablemente; como también lo hará la forma en la que Dios las maneje. Debemos aceptar que vivimos en un mundo caído, pero que Dios está controlando la historia y a todas las naciones. Esto nos lleva a un estado de confianza, quizás incluso después de un proceso de discutir y escuchar.

Discernir los propósitos de Dios

Si discutir es una forma de conseguir revelación, también lo es escuchar. Los profetas se veían a sí mismos como vigilantes (2.1; Is 2.8-12; Ez 3.17; 33.1-20). Las ciudades tenían muros, que solamente eran eficaces si había vigilantes sobre ellos. De ahí las figuras que usaban los profetas. Habacuc no usa esa figura en términos de un enemigo acercándose, sino de esperar para la respuesta o la revelación de Dios. Así recibe ese compromiso de comunicarlo.

> «Jehová el Señor es mi fortaleza, el cual hace mis pies como de ciervas, y en mis alturas me hace andar».
>
> Habacuc 3.19

Habacuc aprende que Dios controla activamente el mundo entero. Dios interviene. Tenemos la elección de los vigilantes. O nos creemos lo que nos cuentan los medios de comunicación sobre lo que está pasando en el mundo, o discernimos que todo está bajo el control de Dios y él sabe por qué ocurre. La Biblia, especialmente en los escritos proféticos, nos ayuda a llegar a eso. También debemos esperar en oración. Así, nos convertimos en personas de fe, que saben lo que decir en los tiempos difíciles.

Anhelar la renovación

Habacuc clama pidiendo renovación (3.2). Quiere que los hechos de Dios sean notorios para todo el mundo. Quiere que se vea la gloria de Dios (2.14). Nosotros deberíamos querer lo mismo. Sobre todo, Dios debe darse a conocer a través de su iglesia, la sociedad del pueblo de Dios. Debemos clamar a Dios para que renueve a su iglesia. 3.2 dice: «Oh Jehová, aviva tu obra en medio de los tiempos, en medio de los tiempos hazla conocer; en la ira acuérdate de la misericordia».

Habacuc también pide misericordia en lugar de ira. A veces, en nuestras oraciones contra la injusticia, pedimos castigo y nuestros corazones se llenan de ira. Debemos pedir misericordia, que nuestros corazones no se endurezcan y que sean sensibles.

Confiar en Dios pase lo que pase

La última afirmación de Habacuc es que se gozará en Dios pase lo que pase (3.16-18). Incluso si tiene que sufrir la devastación de la invasión babilonia, sin cultivos, sin cosechas, sin nada, él continuará regocijándose en Dios.

Eso es duro, pero así es la vida por fe. Cualesquiera que sean las circunstancias, seguimos regocijándonos. Después de la queja, del silencio, del discernimiento, Habacuc alcanza el estado de gozo incondicional.

Sofonías
EL DÍA DEL SEÑOR

PERSPECTIVA GENERAL

Este libro es una condena directa del estado espiritual de Judá y Jerusalén. Sofonías predica sobre el Día del Señor como un día de juicio catastrófico. Sin embargo los que se vuelvan hacia Dios serán salvados como un remanente protegido y preciado.

RESUMEN

El libro se puede dividir en dos partes diferentes. Primero, una serie de juicios (1.1-3.8); después una promesa de restauración para el remanente (3.9-20).

Los juicios se centran en Jerusalén, pero comienzan como un juicio a nivel mundial (1.2-3), y luego a nivel de Judá, el reino del sur de Israel (1.4-2.3). Después hay una serie de juicios contra los vecinos de Judá (2.4-15), antes de volver a centrarse en Jerusalén, la capital de Judá, y el centro de su vida religiosa (3.1-7). Esta parte de Sofonías concluye con una breve visión (3.8).

Los juicios son amenazas y denuncias de pecados específicos, que se dan como si Dios estuviera hablando directamente, usando al profeta como portavoz. Los pecados van desde la injusticia social y la opresión hasta la idolatría y la apatía espiritual. El juicio que se acerca se cita como «el día del Señor», que se describe en términos hiperbólicos de destrucción total y cataclismo.

Sin embargo, el mensaje se suaviza con la posibilidad de seguridad y liberación en ese día si los «humildes de la tierra» buscan a Dios (2.3). Estos serían protegidos y serían el remanente justo, que Dios no solamente rescatará, sino que llenará de prosperidad y bienestar. Habrá una restauración total para ellos.

Autor

La única información de Sofonías está en 1.1, donde vemos su genealogía de cuatro generaciones, comenzando en Ezequías, probablemente el rey de Judá, que fue recto ante los ojos de Dios, y reinó en el periodo 715-687 a. C., lo que quiere decir que Sofonías pertenecía a la clase alta de Jerusalén. La profecía de Sofonías habla precisamente contra esa alta sociedad y la enjuicia.

Fecha

El primer versículo establece la fecha dentro del reinado de Josías (640-609 a. C.). Sin embargo, la creciente idolatría de la que habla el libro ocurrió en los reinados de Manasés y Amón, que reinaron entre Ezequías y Josías. Josías introdujo importantes reformas desde 622 a. C. aunque no fueron efectivas inmediatamente. La denuncia de Asiria (2.13-15) sugiere una fecha anterior a 612 a. C. que fue cuando esa nación cayó. Una fecha entre 639-612 a. C. indicaría que Sofonías sería contemporáneo de Nahúm, precediendo el ministerio de Jeremías

BOSQUEJO – SOFONÍAS

TEMAS CLAVE – SOFONÍAS

El Día del Señor

Cada uno de los profetas menores hace un énfasis que le hace único. Sofonías lo hace en «el Día del Señor» (1.7), una frase que se repite 14 veces en los siguientes 15 versículos, con esa forma o como «aquel día», «el día», «el gran Día del Señor» o «el día de la ira del Señor».

Otros profetas anteriores usaron esa frase, como Amós (Am 5.18-20), Joel (Jl 1.15) o Isaías (Is 2.6-22), pero es Sofonías quien la usa en su mensaje de una manera más central y enfática. A partir de Sofonías, muchos escritores usaron esta frase, a menudo en un contexto apocalíptico.

Básicamente, la frase se refiere al momento en el que Dios intervendrá directamente de una forma notoria. Normalmente se refiere a un día de juicio, pero como se ve en la última parte, puede ser también una intervención de liberación y restauración.

El remanente

El remanente justo restaurado por Dios es un concepto central en los escritos proféticos del Antiguo Testamento. Isaías 1.9 dice: «Si Jehová de los ejércitos no nos hubiese dejado un resto pequeño, como Sodoma fuéramos, y semejantes a Gomorra». Esto resalta dos cosas:

• Hubo momentos en los que los israelitas no eran mejores que las naciones malvadas que tenían alrededor y merecían totalmente el mismo juicio.
• La relación de Dios con Israel era diferente. Eran un pueblo escogido por él para mostrar sus propósitos al mundo, y esa relación se estableció con un pacto.

Esto significa que Dios salva a un remanente que dará a conocer a Dios. El patrón de Noé es parecido: un remanente se salva del diluvio (Gn 8.21). En Sofonías, el remanente de Israel será virtuoso (3.12-13), y Dios se regocijará con él (3.17). La idea de la reunión tras el exilio también es muy típica, como en Joel 3.1-2 y Jeremías 31.

La ira de Dios

Otra vez, la ira de Dios es central para el entendimiento de la naturaleza de Dios conforme se revela a lo largo del Antiguo Testamento. En Sofonías, el énfasis que hace es un Dios santo en una ciudad pecaminosa (3.5). Dios escogió a Jerusalén como su ciudad santa, donde su templo seria situado. Esto significaba en cierto modo que era la morada terrenal de Dios. Aunque era Dios del mundo entero (1.2-3), la maldad le repugnaría especialmente en Jerusalén, ya que su presencia en la ciudad le otorgaba una santidad especial. Sofonías describe algunos lugares de la ciudad (1.10-12), y esta descripción muestra que la ira de Dios no es solamente de naturaleza general, sino bastante específica. La limpieza del templo por parte de Jesús muestra algo de esta ira (Mt 21.13). En 3.8 la ira de Dios se dirige contra el mundo entero, dando todas las oportunidades para «que todos invoquen el nombre del Señor» (3.9).

IMPORTANCIA PARA NUESTROS DÍAS – SOFONÍAS

La realidad del juicio

Muchas personas se estremecen ante la idea de la ira de Dios. O bien rechazan todo el concepto cristiano de Dios, porque ven ira producida por una emoción arbitraria y una fuerza desmedida, o rechazan la descripción de Dios que hace el Antiguo Testamento, ya que lo ven como algo totalmente contrario al concepto del amor de Dios. Incluso algunos cristianos son culpables de hacer esto, no siendo capaces de ver la conexión necesaria entre ira divina (en contraste con la humana), juicio, justicia y disciplina.

En relación con la profecía de Sofonías, Asiria sufrió la devastación poco después, y Judá y Jerusalén una generación más tarde. La actitud típica hacia el mensaje de Sofonías es la de 1.12, Dios no se involucrará en nuestras vidas. Pero lo hizo, y sigue haciéndolo. Debemos mantener siempre un sentido claro del pecado y del juicio para que nuestra espiritualidad esté en todo momento en forma, y para ser instrumentos de Dios, mostrando rectitud en una sociedad cada vez más indiferente a la moralidad.

No hay juicio sin esperanza

El lenguaje que usan los profetas del Antiguo Testamento es dramático, provocativo y a menudo exagerado deliberadamente para que las personas escucharan, como en el capítulo 1. No significa que sea duro, cruel o inexorablemente negativo. Satanás es «el acusador de nuestros hermanos» (Ap 12.10). En Sofonías hay promesa (2.3; 3.9-12) y un cuadro de Dios gozándose con su remanente justo (3.17). A esto le siguen promesas de restauración (3.18-20). «En aquel tiempo yo os traeré, yo os reuniré» (3.20) tiene una profunda resonancia, implicando no solamente que Dios nos acepta como sus hijos, sino que llegamos a un estado idóneo de nuestra mente y corazón. Esto es lo que se llama a menudo el «corazón paterno» de Dios

> **«El Señor ha apartado tus juicios».**
>
> Sofonías 3.15

Los mismos pecados antiguos

La lista de pecados en Sofonías muestra que el mismo pecado se repite generación tras generación aunque encuentre nuevas variaciones y expresiones. Incluso el que puede parecer el pecado más extraño, «los que saltan la puerta» (1.9) es una forma pagana de comportamientos para evitar la mala suerte (cf. 1 S 5.5). El sincretismo de la actualidad se ve en 1.5, un poco de Dios, un poco de Moloc y un poco de los dioses locales. La soberbia de los ricos y la traición de los supuestos líderes espirituales (3.4) son, desgraciadamente, demasiado familiares para nosotros.

Hageo
PRIORIDADES ADECUADAS

PERSPECTIVA GENERAL

Hageo insta a los exiliados que han vuelto de Babilonia a poner en orden sus prioridades. Estaban poniendo todo su esfuerzo en sus propios asuntos, mientras el templo de Dios seguía en ruinas. El pueblo respondió positivamente y Hageo les anima con promesas de bendición de Dios para sus vidas y sus líderes.

RESUMEN

El libro de Hageo contiene cuatro profecías diferentes, dirigidas a Zorobabel, el príncipe; a Salatiel, el sumo sacerdote; y al pueblo en general. Las profecías se dan en un espacio muy corto de tiempo, y podemos seguir el progreso de la tarea que Hageo les instó a llevar a cabo.

La primera profecía (1.1-11) es una explicación de la no prosperidad del pueblo desde que retornaron del exilio en Babilonia. Dios retuvo las bendiciones sobre sus cultivos y el comercio porque erraron al poner sus asuntos en primer lugar. Esto significaba que el templo, que se quemó en la destrucción de Jerusalén en 586 a. C., seguía estando en ruinas, cuando tenía que haber sido su primera prioridad.

Las palabras de Hageo tienen un efecto inmediato y comienzan el trabajo (1.12-15). Hageo prometió que Dios estaría realmente con ellos y que los bendeciría. En su segunda profecía (2.1-9), Hageo alentó especialmente a los que recordaban el primer templo, que era un edificio mucho más grande. No obstante, la gloria de Dios sería mucho más grande en este templo que en el anterior.

La tercera profecía va dirigida a los sacerdotes y consiste en una serie de preguntas y respuestas, donde Hageo recuerda al pueblo las estrictas reglas de santidad ceremonial. La implicación es que el pueblo se había corrompido más por la presencia de las ruinas (2.10-14).

Antes de la profecía final dirigida a Zorobabel, que le aseguraba el favor de Dios (2.20-23), Hageo le pidió a todos que consideraran si Dios les había enviado bendición en sus asuntos desde que empezaron la reconstrucción (2.15-19).

Autor

Hageo era uno de los dos profetas que acompañó al primer grupo que regresó del exilio; el otro fue Zacarías. Los profetas instaron a la misma cosa, pero de diferente forma. Hageo es práctico y directo; Zacarías es visionario y poético. Su inspiración llevó a que el templo se acabara en cinco años. Hageo se menciona en relación con ese tema en Esdras 5.1,2; 6.14.

Fecha

El escritor da fechas exactas para cada profecía. Los exiliados regresaron en 539 a. C., y empezaron el trabajo de reconstrucción (Esd 1-3). Entonces encontraron oposición (Esd 4.1-5), parando la construcción durante dieciséis años, hasta el segundo año del rey Darío (522-486 a. C.). Las profecías fueron dadas, por lo tanto, en 520 a. C.

BOSQUEJO – HAGEO

Título

1.1   Fecha del primer mensaje de Hageo

Primer mensaje: el llamamiento a reconstruir el templo

1.2-8   Llamamiento a reconstruir el templo

1.9-11   El error de no haberlo hecho antes resultó en la retirada de bendiciones por parte de Dios

1.12   El pueblo responde positivamente a Hageo

1.13   El mensaje de aliento de Hageo

1.14-15   El trabajo comienza en el templo

Segundo mensaje: la promesa de gloria

2.1-3   Pérdida aparente de gloria del primer templo al segundo

2.4-5   Aliento a los lideres

2.6-9   La promesa de una mayor gloria

Tercer mensaje: la necesidad de pureza

2.10-12   Se puede transmitir la santidad por contacto

2.13   Se puede transmitir la inmundicia por contacto

2.14   El pueblo se ha corrompido

2.15-19   Promesa de purificación y bendiciones

Cuarto mensaje: la promesa de Dios a Zorobabel

2.20-22   Dios derrotará a los poderes extranjeros

2.23   Zorobabel, elegido por Dios

TEMAS CLAVE – HAGEO

Espacio sagrado

En el Antiguo Testamento, había un sentido muy profundo de la presencia visible de Dios en medio de su pueblo. Para que esto ocurriera, tenía que haber un espacio sagrado: un edificio apartado para Dios, donde pudiera morar y donde tuviera lugar la adoración. Cuando iban huyendo de los egipcios, los israelitas construyeron un tabernáculo en el desierto. Era una estructura de tienda, con un vallado alrededor. En los tiempos de Salomón, se construyó un templo que se apartó y se dedicó para Dios en una ceremonia impresionante.

Cuando los babilonios tomaron la ciudad y exiliaron a sus habitantes, los israelitas aprendieron a vivir sin templo. A su regreso del exilio, la oposición que encontraron y la necesidad de rehacer sus propias vidas anularon la urgencia por reconstruir ese espacio sagrado. La tarea de Hageo era instalar en sus conciencias el sentido de la vital importancia del templo si querían que Dios estuviera con ellos. Hasta los tiempos de Jesús no se cambió ese sentido, cuando dijo que su cuerpo era ahora el nuevo templo (Mt 24.2; 26.61; 27.40).

Fidelidad al pacto

Zorobabel pertenecía al linaje de David y, por tanto, heredó el pacto davídico, como se le conocía (2.23; 1 R 9.5). Pero había otro pacto anterior, hecho durante el Éxodo desde Egipto (2.5; Éx 24.8), que decía que Dios estaría con su pueblo. Dios es fiel a las promesas de su pacto. El otro aspecto de la fidelidad al pacto es la demanda de pureza al pueblo (2.10-14).

IMPORTANCIA PARA NUESTROS DÍAS – HAGEO

Ordenando de nuevo las prioridades

Todos queremos bendiciones de Dios en nuestras vidas. Sabemos que no podemos ganárnoslas porque son otorgadas por gracia. Pero hay ciertas cosas que pueden dificultarnos el llegar a las bendiciones de Dios. Los exiliados que habían regresado estaban descubriendo esto: ninguna cosa que intentaban prosperaba (1.6,10; 2.16-17). El mensaje de Hageo es claro: pongan sus prioridades en el orden correcto. Honren a Dios primero, un mensaje que Jesús repitió (Mt 6.33). Malaquías da el mismo mensaje con respecto a dar (Mal 3.8-12), igual que Miqueas (Mi 6.14). Hageo amplía el concepto incluyendo todos nuestros esfuerzos (2.18-19).

> **«Desde este día os bendeciré».**
>
> Hageo 2.19

No dejar las cosas para más tarde

Los exiliados no estaban rechazando conscientemente la construcción del templo. Pero, por unas prioridades equivocadas, lo estaban dejando de lado. Hageo dice que eso es un rechazo a los propósitos de Dios. Al permanecer el templo en ruinas (1.9), estaban deshonrando a Dios, porque el templo era la señal más notoria de su presencia. La importancia en la actualidad, en este mundo desordenado y ajetreado, es clara: debemos dejar de poner excusas, de resistirnos a los propósitos de Dios, y honrarle haciendo lo que sabemos que él quiere que hagamos.

Zacarías

LA CIUDAD DE LA VERDAD

PERSPECTIVA GENERAL

La profecía de Zacarías mira al futuro de Jerusalén tras el regreso del exilio. Él ve el templo reconstruido y un sumo sacerdote establecido firmemente. También ve la presencia de Dios y sus bendiciones en toda la ciudad, y que todas las naciones estarán sujetas a ella. Sin embargo, habrá un conflicto terrible alrededor de la ciudad antes del día final del Señor.

RESUMEN

El libro se divide en dos partes. Los capítulos 1-8 describen ocho visiones que el profeta recibió. Estaba en presencia de un ángel, que interpretaba cada una de las visiones. Varían mucho en cuanto a tema y simbolismo, pero la mayoría trata del futuro inmediato de Jerusalén y de su templo, que necesitaba que se reconstruyera después de setenta años de exilio en Babilonia.

Dios prometió ayudar otra vez a su ciudad santa (1.12-17), y también a su sumo sacerdote Josué, al que daría también autoridad (3.1-10; 6.9-15). La ciudad atraería a muchas naciones (2.11; 8.23) debido a la presencia de Dios (2.10-13). Pero debía ser una ciudad de rectitud y verdad para poder disfrutar de las bendiciones de Dios (8.1-23).

La segunda parte (caps. 9-14) es algo diferente. No se nombra al profeta y no hay ángeles interpretando. En su lugar, las profecías son más apocalípticas y hablan del Día del Señor. Algunos de los temas de las profecías son como en la primera parte: las naciones vendrán a Jerusalén (14.16-21); Dios protegerá a la ciudad (9.14-17; 12.8; cf. 2.4-5). Pero también hay profecías negativas: las naciones atacarían Jerusalén (12.1-5; 14.1-2) y el liderazgo espiritual caería en las manos erróneas (11.4-17; 13.7-9). Estas profecías no siguen una secuencia.

Muchos versículos se usan en el Nuevo Testamento en relación con la venida de Cristo (6.13; 9.9; 11.12,13; 12.10). Las profecías también se hacen eco de otras más antiguas (p. ej. 1.2-6, 12, 17; cf. Os 14.1-7; Is 54; Jer 3.15).

Autor

Zacarías se menciona en Esdras 5.1 como uno de los profetas que instó a Josué, a Zorobabel el gobernador y al pueblo a reconstruir el templo. El otro profeta es Hageo. Tanto Esdras como Hageo muestran que el aliento que dieron tuvo éxito.

Fecha

Los vv. 1.1,7; 7.1 nos ayudan a poner fecha a la primera parte del libro, exactamente 520 a. C. La segunda parte se escribió probablemente unos cuarenta años más tarde, ya que se menciona a Grecia, un poder que emergió alrededor de 480 a. C.

BOSQUEJO – ZACARÍAS

TEMAS CLAVE – ZACARÍAS

Reconstruyendo Jerusalén, la ciudad de la verdad

La primera parte de Zacarías trata en gran medida de la reconstrucción tras el ataque babilonio a Jerusalén en 586 a. C. (1.12). Hageo se concentra en el sentido práctico de empezar de nuevo la reconstrucción después de que los retornados del exilio desfallecieran. Zacarías es más místico y más imaginativo al prever un contexto y propósitos más amplios (1.10-14; 6.5-8).

El ve que la ciudad se repoblará (2.4; 8.4-8), pero deben aprender lecciones del pasado para que esta renovación sea permanente (1.1-6). Se debe dispensar justicia verdadera (7.9-10). La ciudad debe convertirse en una ciudad de la verdad (8.3, 16-17), y entonces será un testimonio para todo el mundo (8.20-23). Zacarías enfoca la ciudad santa, que ocupa las páginas finales de la Biblia (Ap 21-22).

El rey sacerdote

Mientras Hageo está contento de poder alentar al sumo sacerdote Josué, Zacarías tiene una visión más elevada del papel que debe tener el sumo sacerdote (3.8). La profecía en la que se recrea la coronación de Josué (6.9-15) es un símbolo del sacerdote que realmente reina, algo que no había ocurrido nunca antes. Se usa el término «el Renuevo» (3.8; 6.12), un término que se usó en profecías anteriores para indicar el gobierno mesiánico en el linaje del rey David (Is 4.2; 11.1; Jer 23.5-6; 33.15-16).

En el Nuevo Testamento, el concepto de un rey sacerdote se usa para referirse a Jesucristo en la carta a los Hebreos, tomando la figura de Melquisedec (He 5.6, 10; 6.20; 7.1-21; cf. Gn 14.18; Sal 110.4).

El verdadero pastor

Mientras que la primera parte del libro habla de la necesidad de la verdad, la segunda parte muestra que hay que luchar por ella. El misterioso relato del pastor falso y el verdadero representa esa lucha. Normalmente, en ese periodo del Antiguo Testamento, el término «pastor» significaba rey o gobernante, más que pastor. El pastor verdadero es rechazado (11.8-15), pagándole treinta piezas de plata, algo profético (11.12). Más tarde, el pueblo mirará al que traspasaron (12.10), lo que se podría identificar con el pastor rechazado, como indica Apocalipsis 1.7. Cuando Cristo dice ser el buen pastor o el verdadero pastor (Jn 10.14), está proclamando que es el Mesías.

El guerrero divino

La victoria del bien sobre el mal no llegará solo con el estableciendo la ciudad verdadera. Hay que defenderla, y en una batalla cósmica de tal magnitud que solo la revelación de Dios como guerrero divino que lucha por su ciudad, traerá la victoria (12.1-9; 14.1-5). Para más referencias sobre el guerrero divino, ver Nahúm.

IMPORTANCIA PARA NUESTROS DÍAS – ZACARÍAS

No con poder

Zacarías 4.6 es un versículo que se cita a menudo. En el contexto del libro, no significa que no se necesite poder. Todo lo contrario. La pregunta es: ¿el poder de quién? Las palabras se dirigen a Zorobabel, el gobernador del pequeño estado que se restableció en medio de vecinos hostiles. La ciudad no se restablecerá por su poder o por su gloria, sino por el Espíritu de Dios.

Este es un principio bíblico fundamental. Hay muchos ejemplos en la Biblia de fuerzas pequeñas, humanamente hablando, que derrotan a enemigos más poderosos, porque Dios lucha por ellos a través del poder de su Espíritu (p. ej. Gedeón en Jue 7). Por lo tanto, cuando la batalla espiritual ruja a nuestro alrededor no debemos afrontarla solamente en términos humanos. Igualmente ocurre cuando nos enfrentamos a una oposición al estar trabajando para el reino de Dios.

> «No con ejército, ni con fuerza, sino con mi Espíritu, ha dicho Jehová de los ejércitos».
>
> Zacarías 4.6

Marcas de liderazgo

Zacarías y Hageo resaltan la necesidad de un liderazgo firme. Josué necesita mantenerse en la rectitud de Dios, y no pensar en su propia culpa (3.1-5). Esa sería su confianza y su fuente de valentía. Zacarías necesita verse con el poder que Dios le dará, y no el suyo propio (4.1-6). Ambos necesitan que Dios les unja (4.11-14). Si se confía solamente en las capacidades humanas no podremos soportar las acusaciones y el trabajo sucio de Satanás.

Ayunar y festejar

El libro invierte casi dos capítulos tratando este tópico, por lo que debe ser realmente importante. Se le pregunta a Zacarías si la antigua tradición del ayuno debe continuarse en la nueva ciudad (7.3). La respuesta de Zacarías es clara. Habla del bien que hizo el ayuno en el pasado, y que se hizo fuera de la costumbre y la tradición (7.4-7). Difiere con los profetas anteriores en declarar que Dios realmente busca la justicia y la verdad (7.9-10; cf. Is 58.4-5). Pero va incluso más lejos: ayunar dará lugar a festejar (8.18-19). Esa alegría, junto a la verdad y la paz, atraería a los forasteros hacia el pueblo de Dios. Todavía lo sigue haciendo.

El final de la profecía

Los vv. 13.2-6 parecen unos versículos algo extraños. ¿Cómo puede un profeta celebrar el final de la profecía? Algunos intérpretes lo ven como una referencia a los falsos pastores de 10.17. Los falsos pastores traen profecía falsa. Algunos lo ven como un anticipo de 1 Corintios 13.8, que viene a decir que cuando llegue el conocimiento pleno y la revelación ya no habrá más necesidad de profecía. Comoquiera que entendamos estos versículos, ser profeta en la actualidad implica ser una persona pura, humilde y no alguien que quiera notoriedad y lo considere «su trabajo».

Malaquías
RELIGIÓN DE SEGUNDA

PERSPECTIVA GENERAL

Malaquías habla de la religión de segunda fila que se estaba practicando en la nación después del exilio. Los sacerdotes guiaban al pueblo de una forma errónea, y ofrecían sacrificios pobres. El pueblo no le estaba dando a Dios lo que debía; se casaban con no creyentes y se divorciaban sin ningún escrúpulo. El libro predice la venida de un gran mensajero que restaurará la verdadera religión.

RESUMEN

El libro de Malaquías es un puente entre el Antiguo Testamento y el Nuevo Testamento y anticipa la venida de un nuevo mensajero, que se ha personificado más tarde en Juan el Bautista. También relaciona dos grandes secciones del Antiguo Testamento, la ley, personificada en Moisés, y los profetas, en Elías.

Sus 55 versículos se pueden dividir en siete partes, con un breve prólogo y un epílogo. La mayoría de las partes se pueden ver como la investigación de un tribunal: se hace una afirmación, se cuestiona esta afirmación y se aportan las evidencias. Se da un veredicto y una sentencia. Dios es juez y fiscal, el profeta es su portavoz y quien escribe. Las preguntas retóricas son un recurso estilístico central.

La primera parte indica que Israel es el pueblo escogido de Dios, con el que él ha establecido su pacto. La evidencia es Edom (o Esaú), el hermano de Jacob (1.2-5). Edom salió mal parado, y seguirá así, solamente porque Dios no le amó como a Israel. Las dos partes siguientes son acusaciones contra los sacerdotes, que ofrecían sacrificios pobres (1.6-14) y fracasaban como verdaderos mensajeros de Dios para el pueblo (2.1-9).

Después, Malaquías habla del pueblo. Han incumplido, permitiendo el divorcio fácil (2.13-16) y los matrimonios con los no creyentes (2.10-12). Vendrá un nuevo mensajero con el veredicto de Dios por sus pecados de injusticia y brujería (3.1-5; 4.5). El pueblo no le ha dado a Dios lo que debía, el diezmo o décima parte de sus beneficios, como decía la ley de Moisés (3.6-12). Ven la religión como algo de lo que poder beneficiarse (3.13-18). Pero el juicio vendrá y un remanente justo será restaurado (4.1-6).

Autor

El nombre significa «mi mensajero», y no está claro si ese es su nombre real, su título o su seudónimo. Algunos lo identifican con el sacerdote Esdras, pero no se acepta de forma general. No se sabe nada más sobre él.

Fecha

Las referencias a un gobernador indican un periodo después del exilio. Los pecados de los israelitas son parecidos a los que mencionan Esdras y Nehemías, por lo que se da por hecho que el libro se escribió en su tiempo o justo antes, en el periodo 520-458 a. C.

BOSQUEJO – MALAQUÍAS

TEMAS CLAVE – MALAQUÍAS

El amor electivo de Dios

El énfasis principal de todo el Antiguo Testamento es que Dios ha escogido un pueblo para él, que se llamará su pueblo. Estableció un pacto con ellos, pacto que se renovó de varias formas. El concepto de pacto se menciona muchas veces en el libro, en relación con el matrimonio (2.14) y los levitas, o clan sacerdotal (2.4). El pacto, siendo un acuerdo mutuo, no es un pacto entre iguales. Dios ofreció los términos del acuerdo, él eligió, y no hubo mérito alguno por parte de los israelitas para ser más merecedores de esa elección que cualquier otra nación.

El argumento de 1.2-5 establece este principio hablando de Esaú, el antepasado de los edomitas, como ejemplo. Esaú e Israel eran hermanos gemelos (Gn 25.24-26; 27.36; 28.6; 36.43), pero fue Israel el que disfrutó de la bendición y la promesa. Sin embargo, el castigo de Edom no fue debido a no ser elegido, sino a sus actos en contra de su hermano Israel, como demuestra el libro de Abdías (cf. Is 34; 63.1-6; Jer 49.7-22; Ez 25.12-14; Am 1.11-12). El resto del libro trata de dejar claro que las bendiciones del pacto requieren actos responsables, no un cumplimiento de obligaciones a medias.

La responsabilidad del sacerdote

Números 18.21-24 es la expresión más clara del pacto con los levitas. El pueblo había errado claramente no dando sus diezmos, pero los levitas habían pecado por no dar una enseñanza correcta al pueblo (2.8-9), y por no presentar los mejores animales para el sacrificio ante Dios (1.13-14).

Malaquías pinta el cuadro del sacerdote ideal (2.5-7), que incluye la función de enseñar y ser un mensajero de Dios, un papel normalmente reservado para los profetas. En el caso de Esdras, los sacerdotes anhelaban instruir acerca de la ley (Neh 8), y en el caso de Ezequiel, de actuar como profetas (Ez 1.3).

Mensajes verdaderos

En estos días, nuestras vidas están llenas de textos y mensajes. La importancia de los textos como mensajes verdaderos de Dios es un tema central de este libro, así como el énfasis igualmente importante del mensajero verdadero. El profeta es mensajero; también lo es el sacerdote. Y lo es de forma muy importante, como el que está por venir, para proclamar el Día del Señor. En 3.1 se hace eco de Isaías 40.3. No está claro si 3.2 se refiere a la aparición del mensajero o a la de Dios.

No obstante, 4.5-6 ofrece un relato más completo de este mensajero mesiánico. Se le ve como a Elías, el gran profeta. En el Nuevo Testamento, Juan el Bautista, el mensajero de Jesucristo, se ve como el cumplimiento de este versículo (Mt 11.7-15; 17.1-13; Mr 6.14-16).

IMPORTANCIA PARA NUESTROS DÍAS – MALAQUÍAS

Divorcio y vida familiar

En este libro hay una enseñanza clara sobre varios aspectos de la vida familiar. El mundo secular ve cada vez más el matrimonio como un contrato. Romper un contrato acarrea penalizaciones, pero no se ve de manera diferente a lo legal o lo financiero. Malaquías enseña claramente que el matrimonio es un pacto, que forma parte del pacto más amplio que Dios estableció con su pueblo. Dios contempla el divorcio igual que cualquier otro acto de ruptura del pacto, como la idolatría: algo sagrado ha sido corrompido.

Esto no significa que haya una prohibición total. Pero el arrepentimiento y el perdón de Dios son necesarios. Y sobre todo, lo que indica es que no se debe contraer matrimonio con ligereza, ya que es un compromiso sagrado. Y no se debería contraer con no creyentes (2.11). Una de las tareas más importantes del mensajero será «volver los corazones de los padres a los hijos» y viceversa. El divorcio, sobre todas las cosas, distancia a las personas. Si no hay reconciliación, la tierra será maldita (4.6). Este es un lenguaje duro y tenemos que tomar nota de él. Es la última palabra del Antiguo Testamento.

El diezmo

El diezmo, dar la décima parte de los ingresos a Dios, es otro principio sobre el que el libro habla específicamente. En las instrucciones del Antiguo Testamento sobre el diezmo, dice que debe ser la décima parte, pero la primera y la mejor. Nehemías 13.10-14 indica que el pecado se había vuelto grave y estaba afectando a toda la vida espiritual de la comunidad. El principio destacado en 3.10-12 es un eco de Hageo 1.5-6. No dar a Dios resulta en la ausencia de prosperidad para la persona; un anhelo de dar significará bendición de Dios económicamente hablando. Es una ecuación simple que tenemos en el pacto.

Adoración y fidelidad al pacto

Mientras que el pecado de no diezmar puede verse como menos serio que el divorcio, ambos son síntomas de estar fracasando en la visión de la vida cristiana como un pacto con Dios. Nos encontramos bajo el nuevo pacto de gracia, sellado por la sangre de Cristo, y por lo tanto estamos bajo algo mucho más valioso que el antiguo pacto, al que Malaquías se está refiriendo.

La adoración verdadera y de corazón también

> «Guardaos, pues, en vuestro espíritu, y no seáis desleales...».
>
> **Malaquías 2.15**

es parte de este pacto. La adoración debe dar gloria a Dios entre las naciones (1.11). Pero una adoración de segunda fila, a medias, trae deshonra (1.12-14). Para nosotros, la adoración debe ser un testimonio de nuestras reacciones más profundas al amor de Dios. La fidelidad al pacto es vivir la vida cristiana con un compromiso total con nuestro «gran rey», nuestro Dios.

Mateo

EL EVANGELIO DE LOS DISCÍPULOS

PERSPECTIVA GENERAL

Mateo, escrito para los cristianos judíos, se centra en Jesús, en quién es, por qué vino y en cómo encaja en los grandes propósitos de Dios. Muestra que él es el Mesías esperado durante tanto tiempo, el que trae el reino de Dios.

RESUMEN

¿Quién era Jesús? (1.1-17)

Mateo empieza enumerando los antepasados de Jesús, empezando por Abraham y pasando por el rey David (1.1-17), mostrando así que cumplía totalmente las promesas que Dios había hecho.

¿Cómo vino Jesús? (1.18-3.17)

Mateo describe la concepción milagrosa de Jesús y los acontecimientos que rodearon su nacimiento (1.18-2.23). Pasa por los siguientes treinta años en silencio, y llega a Juan el Bautista que fue quien preparó el camino a Jesús (3.1-12). En su bautismo, Dios confirmó que Jesús era su hijo y le llenó con su Espíritu (3.13-17), dándole poder para su misión.

¿Qué enseñó Jesús? (4.1-25.46)

Después de resistir al diablo (4.1-11), Jesús se fue a Capernaum donde empezó su ministerio y llamó a sus discípulos (4.12-25). Mateo recoge las enseñanzas clave de Jesús organizándolas por temas en cinco bloques principales (caps. 5-7; 10; 13; 18; 24-25) e intercalando esta enseñanza con relatos de lo que hizo Jesús. Para él, el centro de atención era el reino de Dios, sus milagros eran una demostración de este y sus parábolas lo explicaban. Pero, mientras los judíos esperaban un Mesías que estableciera el reino de Dios con la espada, Mateo muestra que Jesús vino a hacerlo con una cruz.

¿Por qué murió Jesús? (26.1-28.20)

Llenos de ira por las enseñanzas de Jesús, sus oponentes religiosos y políticos se confabularon para librarse de él (26.3-5), encontrando la oportunidad perfecta cuando Judas accedió a traicionarle (26.14-16). Tras compartir la Pascua con sus discípulos (26.17-29) y predecir la negación de Pedro (26.57-27.26), Jesús fue a Getsemaní donde oró. Seguidamente Judas le traicionó (26.36-56). Después de varios juicios a lo largo de la noche (26.57-27.26), Jesús fue crucificado y enterrado (27.27-65). Este no era el final de la historia, ya que Jesús resucitó de los muertos (28.1-15), demostrando que era verdaderamente el Mesías. Después envió a sus discípulos por todo el mundo para que compartieran las buenas nuevas con todos (28.16-20).

Autor

Desde los primeros días de la iglesia se cree que este Evangelio lo escribió el recaudador de impuestos que aparece en 9.9. Esto es reforzado por otra evidencia. Mateo es el único Evangelio que identifica a este recaudador de impuestos como «Mateo». Más aún, su estilo deja entrever su interés por los números y el conocimiento del entorno local, lo que sería de esperar de un recaudador de impuestos que viviera en ese lugar, en ese tiempo. Este Mateo fue uno de los discípulos de Jesús (10.2-4).

Fecha

Mateo cita mucho el Evangelio de Marcos, por lo que es obvio que escribió su Evangelio más tarde, probablemente en los años 60, pero con toda seguridad antes de la destrucción de Jerusalén en el año 70 d. C.

BOSQUEJO – MATEO

TEMAS CLAVE – MATEO

Jesús el Mesías

Mateo demuestra que Jesús es el Mesías a través de su genealogía (1.1-17), un título (como Hijo de David) que es paralelo a Israel (p. ej. 2.15), y al cumplimiento de la profecía. Cita en muchas ocasiones el Antiguo Testamento mostrando cómo los acontecimientos en la vida de Jesús cumplían lo que estaba escrito (1.22; 4.14; 8.17; 12.17; 21.24), autentificando su proclamación como Mesías. También traza paralelismos entre Moisés y Jesús. Por ejemplo, Jesús salió de Egipto igual que Moisés. Moisés recibió los Diez Mandamientos en una montaña, y Jesús los explicó en una montaña (el Sermón del Monte).

Jesús el Rey

Mateo retrata a Jesús como el Rey definitivo, descendiente de David (1.1-17) y honrado por los magos gentiles que buscaban al Rey de los judíos (2.2), subrayando la naturaleza global de su majestad. Jesús proclamó su derecho como Rey a juzgar a todo el mundo al final (25.31-46) y delegó en sus discípulos su autoridad real sobre todas las naciones (28.16-20).

Esta majestad se ve también en el énfasis que hace Mateo en «el reino de Dios»; escribiendo para lectores judíos, generalmente lo llama «el reino de los cielos» ya que los judíos evitaban usar el nombre de Dios. Los judíos creían que el reino de Dios vendría con poder al final, trayendo juicio sobre los enemigos de Dios; pero Jesús dijo que había empezado a llegar ya porque el Rey, él, ya estaba aquí. Su reino tiene una dimensión presente (12.28) y una futura (24.36-51).

Jesús, el cumplimiento y el fundamento

Mateo cita en muchas ocasiones el Antiguo Testamento (2.5, 6; 3.3; 4.4, 6, 7,10; 11.10; 13.13-15; 15.7; 21.4, 5, 9, 13, 16). Esto, junto al uso de la frase «para cumplir» (1.22, 23; 4.14-16; 8.17; 12.17-21; 21.4,5), confirma su visión de Jesús como el cumplimiento de las esperanzas de los judíos, un Mesías libertador que Dios mismo ha enviado. Más adelante enfatiza esta fe en Jesús como el cumplimiento de esa esperanza mediante paralelismos, explícitos e implícitos, entre Moisés y Jesús. Moisés trajo el antiguo pacto, Jesús el nuevo. Moisés salió de Egipto, Jesús también. Moisés recibe los Diez Mandamientos en una montaña (Ex 19.20-20.1), y Jesús los explica en el Sermón del Monte. Moisés encontró una falta de fe y de fidelidad asombrosas cuando bajó de la montaña (Ex 32.1-20). Jesús también (17.14-20).

Jesús el Maestro

Mateo reúne las enseñanzas de Jesús en cinco secciones principales, recordando a Moisés y sus cinco libros de la ley y mostrando que Jesús no es solamente un maestro, sino un nuevo Moisés que traerá una nueva liberación. Estas cinco secciones abarcan:

- La vida del reino, el Sermón del Monte (5.1-7.29).
- La misión del reino, instrucción en la misión (10.1-42).
- Los principios del reino, las parábolas del reino.
- Las actitudes del reino, cuidado de los débiles y perdón de los demás (18.1-35).
- Perspectiva del reino, el plan de Dios para la historia, incluyendo la inminente destrucción de Jerusalén y el regreso de Cristo al final de los tiempos (24.1--25.46).

El centro de gravedad en el Evangelio de Mateo es, por tanto, la nueva comunidad del reino de Dios, tanto en la enseñanza directa como en las parábolas. Mientras que los judíos místicos hablaban del lugar y de la apariencia del paraíso, Cristo hablaba de la esencia de este, especialmente en las parábolas del capítulo 13. Como Rey verdadero de ese reino, llama a otros a su servicio real. Este enfoque de comunidad se ve también en que es el único Evangelio que menciona a la iglesia en sí (16.18; 18.17). Los lectores de Mateo desarrollarán una conciencia del lugar que ocupan dentro de plan atemporal y eterno de Dios.

LAS BIENAVENTURANZAS

Mateo 5.1-16. las cualidades distintivas, interiores y espirituales que deben distinguirnos como ciudadanos del reino.

«Bienaventurados los pobres en espíritu, porque de ellos es el reino de los cielos» (v. 3)
¿Somos humildes? ¿Cuál es nuestra respuesta cuando encontramos a Dios? (Is 57.15)

«Bienaventurados los que lloran, porque ellos recibirán consolación» (v.4).
¿Somos conscientes de nuestra corrupción interior? (Ro 7.24).

«Bienaventurados los mansos, porque ellos recibirán la tierra por heredad» (v.5).
¿Cuánto y hasta qué punto nos reivindicamos?; ¿somos sensibles? (Nm 12.3).

«Bienaventurados los que tienen hambre y sed de justicia, porque ellos serán saciados» (v.6).

¿Tenemos un deseo verdadero de conocer a Dios y de estar en comunión con él? (Fil 3.10).

«Bienaventurados los misericordiosos, porque ellos alcanzarán misericordia» (v.7).
¿Somos misericordiosos con los demás? (Lc 10.36, 37)

«Bienaventurados los de limpio corazón, porque ellos verán a Dios» (v.8).
¿Tenemos un corazón sincero, que busca completamente a Dios sobre todas las cosas? (Sal 86.11).

«Bienaventurados los pacificadores, porque ellos serán llamados hijos de Dios» (v.9).
¿Insistimos mucho en nuestros propios derechos? ¿Oramos mucho, haciendo todo lo que podemos para fomentar la paz, incluido guardar silencio a veces? (He 12.14).

«Bienaventurados los que padecen persecución por causa de la justicia, porque de ellos es el reino de los cielos» (v.10-12).
¿Son nuestras vidas diferentes a las de aquellos que nos rodean? (2 Ti 3.12).

Jesús dijo que, como ciudadanos del mundo, debemos edificar nuestras vidas, no solo escuchando sus enseñanzas sino poniéndolas en práctica

Jesús el Juez

Al ser el Rey, Jesús es también el Juez. Aunque el mensaje de Jesús es de buenas noticias, también habla del juicio venidero de Dios que caerá sobre los que no creen su mensaje (11.20-24; 12.22-42; 23.1-25.46). Este juicio subraya la necesidad de tomar las decisiones correctas sobre Jesús ahora mismo o de arriesgarse a perder la vida para siempre (10.32,33; 16.24-27).

IMPORTANCIA PARA NUESTROS DÍAS – MATEO

Usar la Palabra de Dios

Muchos predicadores solo usan el Nuevo Testamento, pero Mateo muestra cómo el Antiguo Testamento y el Nuevo encajan perfectamente el uno en el otro. Jesús no vino para abolir el Antiguo Testamento, sino para cumplirlo (5.17, 18), como se ve en Mateo, que lo cita a menudo. Quería que viéramos la continua actividad de Dios en la historia, desde Abraham y Moisés hasta el final de los tiempos. Los predicadores sabios reflejarán esto en su predicación.

Depender de la Palabra de Dios

Para Jesús, la Palabra de Dios no era algo que había que ocultar como hacían los fariseos, sino una realidad dinámica capaz de cambiar la vida. Él dejó claras su confianza en ella (5.18) y su dependencia de ella (4.1-11). La Palabra de Dios sigue viva y activa.

> «Y recorrió Jesús toda Galilea, enseñando en las sinagogas de ellos, y predicando el evangelio del reino, y sanando toda enfermedad y toda dolencia en el pueblo».
>
> Mateo 4.23

Enseñar la Palabra de Dios

Mateo comparte cinco bloques principales de la enseñanza de Dios aunque está claro que Jesús enseñó mucho más, reforzándola con sus milagros (4.23-25) y sorprendiendo a las multitudes con su autoridad (7.28,29). Usó ilustraciones simples para enseñar verdades profundas (p. ej. las parábolas) e hizo que fueran memorables a través de estructuras simples (p. ej. las bienaventuranzas, 5.3-11). Una buena enseñanza se preocupa por las necesidades de las personas que están siendo enseñadas.

Seguir la Palabra de Dios

Jesús dijo que debemos edificar nuestras vidas escuchando sus enseñanzas y poniéndolas en práctica (7.24-27). Mateo hace constantemente hincapié en las demandas del discipulado, que son buscar primeramente el reino de Dios (6.25-34) y arriesgándolo todo para seguir a Jesús (4.9; 8.18-22; 10.32-39; 16.24,25). Pero aquellos que lo hacen recibirán muchas recompensas (19.27-30).

Confiar en la Palabra de Dios

No vemos siempre inmediatamente el fruto de lo que sembramos, y así ocurre también con la Palabra de Dios (13.1-23). Sin embargo, al ser la Palabra de Dios, la palabra de su reino, hay poder dentro de ella y crecerá (13.31-33). Si vivimos según los principios del reino de Dios, él siempre defenderá lo que hacemos, igual que hizo en la vida de Jesús.

Compartir la Palabra de Dios

Aunque Mateo se centra principalmente en la misión de Jesús a los judíos (10.5-6), sabía que el mensaje de Jesús era para todo el mundo, fuera cual fuera su raza o nivel social (2.1-2; 8.5-13; 21.43; 28.18-20). Nuestra predicación del evangelio no se puede ceñir solamente a «nuestra gente».

PALESTINA EN LOS TIEMPOS DEL NUEVO TESTAMENTO

- - - División política

● Decápolis
(las Diez Ciudades): ciudad con autogobierno

0   10   20 millas

0   10   20 kilómetros

MTE LÍBANO

Sidón

ABILENE

● Damasco

Sarepta ●

MTE HERMÓN

ITUREA

PROVINCIA

DE SIRIA

Tiro ●

● Cesarea de Filipos

LAGO HULE

FENICIA

R. JORDÁN

GAULANITIS

TRACONITE

TETRARQUÍA DE FILIPOS

MAR MEDITERRÁNEO

Tolemaida ●

GALILEA

Corazín ●
Capernaum ●
Genesaret ●

● Betsaida-Julias

● Rafana

Caná ●

MAR DE GALILEA

?Dion

AURANITIS

MTE CARMELO

Séforis ●

GALILEA

Tiberias ●

Hippos ●

Nazaret ●
Naín ●

Gadara ●

● Abila

Dor ●

LA GRAN LLANURA

Cesarea ●

Scitópolis ●

Salim ●

● Pella

LLANURA DE SARÓN

LAS COLINAS

SAMARIA

Aenón ●

● Gerasa

Sebaste (Samaria) ●

MTE EBAL

● Sicar

R. JABOC

MTE GERIZIM

THE ARABAH

Y PEREA

Río JORDÁN

Jope ●

Afec ●

Alexandrium ●

Lida ●

Betel ●

● Efraín

● Rabá (Filadelfia)

Bet-horón ●

Jericó ●

Ecrón ●

?Emaús ●

● Jerusalén

MTE PISGA

Azoto ●

● Belén

JUDEA

Medeba ●

Ascalón ●

● Herodium

J U D E A

Gaza ●

LA SEFELA

Hebrón ●

COLINAS DE JUDEA

En-gadí ●

MAR MUERTO

● Maqueronte

DESIERTO DE JUDEA

R. ARNÓN

Rafá ●

IDUMEA

Beersheba ●

● Masada

● Malatha

● Areópolis

EL NEGUEV

Rehobot ●

REINO NABATEO

● Beerot

● Hazazón-tamar

DESIERTO DE ZIN

Marcos
JESÚS PARA PRINCIPIANTES

PERSPECTIVA GENERAL
Es el Evangelio más corto, y el que primero se escribió. Marcos usa un lenguaje simple y hace un relato compacto y rápido de la vida y las enseñanzas de Jesús, el Mesías (8.29) y el Hijo de Dios (15.39), que fue rechazado por su propio pueblo pero afirmado por Dios a través de su resurrección.

RESUMEN
En su Evangelio, Marcos pinta un cuadro gráfico de Jesús, el Mesías (salvador), que no debemos ignorar. Organiza su material cronológicamente, y enfatiza mucho la obra de Jesús en Galilea y en la última semana de su vida. Escribe para los que no proceden de un entorno judío, a menudo explica la historia y la tradición judías. De hecho, es muy probable que sus lectores fueran romanos.

Marcos es el único que contiene esta palabra, evangelio, que significa «buenas nuevas». Ve claramente a Jesús como portador de buenas noticias para todos, profetizadas por Isaías (1.2-3) y para las cuales Juan el Bautista preparó el camino (1.2-8). Después de su bautismo y de resistir las tentaciones de Satanás (1.9-13), Jesús comenzó a anunciar sus buenas nuevas: el reino de Dios había llegado y eso demandaba una respuesta (1.14-20). Este reino influye en todos los aspectos de la vida, como Marcos demuestra con una serie de historias que dejan patente la autoridad de Jesús sobre todas las cosas: demonios (1.21-28), enfermedades (1.29-34), inmundicia (1.40-45), pecado (2.1-12), exclusión (2.13-18), tradiciones religiosas (2.18-22), incluso el sabbat (2.23-3.6). Esto atrajo a grandes multitudes (3.7-12) y Jesús llamó a doce apóstoles para que trabajaran a su lado (3.13-19). Después continuó su ministerio, primero en Galilea y alrededor del lago (3.20-7.23) y más tarde en territorio gentil (7.24-9.32), llegando a Cesarea de Filipo, donde preguntó a sus discípulos quién pensaban que era él. Pedro reconoció que era el Cristo, o Mesías (8.27-30). A partir de ahí, Jesús empezó a explicar qué clase de Mesías iba a ser, dejando claro que establecería el reino de Dios no por la fuerza, sino a través del sufrimiento y de la muerte (8.31-38). Después de su transfiguración (9.2-13), se fue hacia el sur (10.1), enseñó sobre el discipulado y predijo su muerte con gran claridad (10.32-34). El tercio final del Evangelio de Marcos se dedica a la última semana de la vida de Jesús: su entrada triunfal a Jerusalén y la limpieza del templo (11.1-19), su enseñanza y la oposición contra él (11.20-13.37), su ungimiento (14.1-11), la última cena (14.12-26), su arresto en Getsemaní (14.32-52) y sus juicios, crucifixión y sepultura (14.53-15.47). El Evangelio acaba con un apunte de esperanza, cuando una mujer encuentra la tumba vacía y los ángeles proclaman que Jesús ha resucitado (16.1-8).

Probablemente, Marcos no fue el autor de la última sección (16.9-20), sino que la añadió algún líder de la iglesia primitiva (el griego es diferente).

Autor
En la iglesia primitiva había unanimidad sobre la autoría de este Evangelio. Se atribuía a Juan Marcos (cf. Hch 12.12; 15.37-40; Col 4.10; 2 Ti 4.11; Fil 24; 1 P 5.13). La tradición dice que recopiló la predicación de Pedro en Roma. Algunos piensan que es quien se menciona en 14.51-52.

Fecha
La mayoría piensa que este fue el primer Evangelio, y que se escribió a finales de los años 50 o principios de los 60, cuando recrudeció la persecución romana de los cristianos.

BOSQUEJO – MARCOS

TEMAS CLAVE – MARCOS

La persona de Jesús

Marcos presenta su Evangelio centrándose en «Jesucristo, el Hijo de Dios» (1.1), y declarando inmediatamente quién era:

- Cristo (griego) o Mesías (hebreo), que significa «el ungido», el libertador de Dios. Mientras los contemporáneos de Jesús esperaban a un Mesías militar, él iba a traer liberación de una forma muy diferente (8.27-32).
- Hijo de Dios, como el mismo Dios declaró (1.11; 9.7) y como reconoció el soldado en la cruz (15.39).

El título favorito de Jesús para sí mismo era Hijo del hombre, porque su significado no era obvio a primera vista. Contiene dos ideas del Antiguo Testamento, el Hijo del hombre como figura celestial y gloriosa (Dn 7.13-14) y como figura terrenal (Sal 8.4). Esto resume con exactitud ambos aspectos de la naturaleza de Jesús como Dios y como hombre.

El problema de Jesús

Jesús era un problema para muchos. Su familia pensó que estaba loco (3.20,21), los líderes religiosos pensaban que estaba endemoniado (3.22), sus convecinos eran escépticos con él (6.1-6), e incluso sus discípulos no le comprendían (4.13; 8.14-21,31-34). ¡Solamente los demonios tenían claro quién era él! (1.24,34; 5.7). Pero eso no era extraño. Jesús no dejó clara su identidad y, con frecuencia, dijo a los que la conocían que no lo dijeran a los demás (1.44; 5.43; 8.30) por las expectativas erróneas que había sobre el Mesías y lo que iba a hacer. Jesús solo reconocía abiertamente su identidad cuando no había lugar a dudas sobre qué tipo de Mesías era (14.60-64). Por supuesto, después de la resurrección ya no existe el secreto.

El poder de Jesús

Jesús reforzaba sus declaraciones demostrando su autoridad. Derrotó a demonios (1.21-28), sanó la enfermedad (1.29-45), perdonó el pecado (2.1-12), controló la naturaleza (4.35-41) y hasta venció a la muerte (5.35-43). Incluso en su encuentro con Pilato, mantuvo su autoridad tranquilo, el prisionero sobre su captor (15.1-15, especialmente v.5). Su poder definitivo se desplegó en la resurrección, cuando la misma muerte no pudo sujetarlo.

La pasión de Jesús

Marcos no se detiene en los detalles de la «pasión» de Jesús (sus sufrimientos), resumiendo la crucifixión en unas simples palabras, «y le crucificaron» (15.24). Queda claro que el centro de atención es el evangelio de Jesús y todo lo que él predijo (8.31; 9.12; 10.33,34; 14.21).

Los pasos de Jesús

Se les recuerda a menudo a los discípulos que ellos también deben seguir los pasos de Jesús, y estar preparados para resistir la atracción de la grandeza (9.33-36) y para sufrir como él (8.34-37). Cuando se leía Marcos por todo el imperio romano, en el que muchos cristianos sufrían por su fe, sus palabras debieron de tener un gran impacto.

IMPORTANCIA PARA NUESTROS DÍAS – MARCOS

La autoridad de Jesús

Marcos presenta a Jesús como el Salvador poderoso con autoridad sobre cada aspecto de la vida. Nada es más grande que él ni la enfermedad, ni el pecado, ni la naturaleza, ni la muerte. Él nunca usó esta autoridad de forma egoísta, para sacar ventaja (14.44-50). El uso que hacemos de la autoridad de Dios debería ser el mismo.

El desafío de Jesús

Marcos enseña que los que creen en Jesús deben estar preparados para negarse a sí mismos y seguirle con todo su ser (8.34,35; 12.29-31). Cuando Jesús le preguntó a sus discípulos qué percepción tenían de él (8.27-29), le interesaba saber qué era lo que ellos creían, no lo que hubieran oído de otras personas. No basta con limitarse a admirar a Jesús; hay que seguirle de todo corazón, aunque el precio sea alto, como pudo comprobar el joven rico (10.17-31).

El mensaje de Jesús

Marcos abre su relato describiéndolo como «el comienzo del evangelio de Jesucristo» (1.1). La palabra evangelio significa «buenas nuevas»: que el reino de Dios está aquí y que la puerta para llegar a él está abierta para todo el mundo. Como seguidores de Jesús, somos llamados a centrarnos en estas buenas nuevas cuando compartimos su mensaje con otros.

> «Verdaderamente este hombre era Hijo de Dios».
>
> Marcos 15.39

El amor de Jesús

Jesús se mezcló con personas de todo tipo, especialmente con aquellas que los líderes religiosos evitaban y a los que llamaban «pecadores». Podían ser personas inmorales o simplemente que no observaran las reglas y rituales religiosos. Despreciaron a Jesús por ello, pero él decía que esos eran realmente los que le necesitaban (2.15-17). Nuestro ministerio debe alcanzar a todas las personas, no solamente a las que nos gustan o nos caen bien.

La forma de actuar de Jesús

El mensaje de Jesús no eran meras palabras, sino también demostraciones claras del amor y del poder de Dios que las reforzaban. Hizo incontables milagros de curación, y envió a sus discípulos a hacer lo mismo (3.14-15; 6.6-13). En el final del libro esto se repite (16.15-18) y, aunque esa parte no la escribió Marcos, muestra que tales cosas seguían esperándose en la iglesia primitiva y son un desafío para nosotros en la actualidad.

La acción de Jesús

Marcos presenta a Jesús como un verdadero hombre de acción que no se sienta a pensar en las cosas, sino que actúa sobre ellas. Una de las palabras favoritas de Marcos es «inmediatamente», que conecta una historia con la siguiente y le da rapidez al relato. Su acción atraía a las personas normales que no tenían tiempo para los largos debates religiosos de los escribas y fariseos. ¿Qué nivel de actividad tenemos nosotros?

EL USO DE «INMEDIATAMENTE» EN MARCOS

Marcos escribe su relato en un lenguaje directo y lleno de fuerza. Incluye historias relativamente largas y una cantidad limitada de enseñanzas de Jesús. El Evangelio es compacto y usa mucho términos como «inmediatamente» para conectar escenas. Otro indicativo de movimiento rápido es que muchas frases empiezan con la conjunción «y», aunque no se vea normalmente en las traducciones a otros idiomas. El estilo y el lenguaje coloquial concuerdan con el tipo de personas que se unen a Jesús en esta historia: son principalmente personas normales, como pescadores, mujeres (que en esa época se consideraban inferiores a los hombres) y marginados, como leprosos, recaudadores de impuestos y otros pecadores.

La postura del narrador es externa a los acontecimientos y nunca aparece en la historia. Al principio revela su opinión sobre quién es Jesús, el Cristo (Mesías) y el Hijo de Dios (1.1, 11). La pregunta principal del libro es si los personajes de la historia coincidirán con la opinión del narrador. Como vemos en Marcos, la vida pública de Jesús se caracteriza por los conflictos con sus familiares y sus convecinos de Nazaret (3.21, 30-35; 6.1-5), sus seguidores (8.14-21), las autoridades judías (3.1-6; 8.11-13; 12.1-44) y los poderes del mal (1.12, 13, 21-27; 5.1-13; 9.14-29). De alguna forma, todos se equivocan al no reconocer a Jesús como quien es en realidad. Los poderes del mal reconocen a Jesús como «el Santo de Dios» (1.24; cf. 1.34; 5.7), pero el valor de ese reconocimiento es limitado, porque no se someten a él voluntariamente. Lo que sí nos muestra es que el verdadero entendimiento se recibe de forma sobrenatural.

Peatones que cruzan una calle, en Japón. Marcos nos dice que las buenas nuevas del reino de Dios están aquí y que la puerta para entrar en él está abierta para todo el mundo

Lucas
EL EVANGELIO PARA TODOS

PERSPECTIVA GENERAL

Basado en Marcos y ampliado con una investigación cuidadosa, Lucas es el único Evangelio con una continuación (Hechos), llevando el mensaje de Jesús desde Jerusalén a Roma y subrayando que es para todo el mundo en todas partes.

RESUMEN

El relato de Lucas sobre la vida de Jesús, ordenado cronológicamente, nos lleva de viaje:

Desde el cielo a Belén

Utilizando como fondo la venida del precursor del Mesías (1.5-25,39-80), Lucas muestra que Jesús no era un simple hombre, sino «el Hijo de Altísimo» (1.32), Dios mismo que venía a nosotros de forma milagrosa (1.26-38). Jesús nació en la ciudad de David, Belén (2.1-7) la gente normal fue quien le dio la bienvenida (2.8-20) y aquellos que eran espiritualmente fieles le reconocieron (2.21-38).

De Belén a Galilea

La familia volvió a Galilea, donde Jesús creció (2.39-40). No se revela nada acerca de esos años, excepto una visita a Jerusalén (2.41-52). Lucas pasa a contar el ministerio de preparación de Juan el Bautista, al bautismo de Jesús (3.1-20) y a la tentación (4.1-13). De vuelta a Nazaret, y a través de una lectura en Isaías, Jesús proclama la clase de ministerio que está comenzando, el de la libertad para los cautivos (4.14-21). Pero Nazaret le rechazó, y se fue a Capernaúm (4.22-31), desde donde enseñó, sanó, hizo milagros e instruyó a sus discípulos (4.31-9.50). Finalmente, Pedro se dio cuenta de que Jesús era el Mesías y fue desde ese momento en adelante cuando él empezó a hablar a sus discípulos de la muerte que le esperaba y de los desafíos a los que se iba a enfrentar (9.18-26).

De Galilea a Jerusalén

Jesús empezó entonces un largo viaje a Jerusalén (9.51), enseñando a todos los que escuchaban, pero encontrando también una oposición creciente (11.14-23,37-54; 20.1-26). El viaje llega a su punto álgido con su entrada triunfal a Jerusalén y en su templo (19.28-44), lo que hizo que los líderes religiosos estuvieran más decididos a deshacerse de él (19.47-48). Lo consiguieron mediante falsas acusaciones y crucificándole (22.1-23.56). Aunque este parecía ser el final de la historia, no lo era: Jesús resucitó y se apareció a sus discípulos (24.1-49).

De Jerusalén al cielo

El viaje acaba cuando Jesús regresa al cielo (24.50-53). Pero la historia no había llegado aún a su fin, como Lucas nos muestra en el libro de los Hechos.

Autor

Lucas, un doctor (Col 4.14) y compañero de viaje de Pablo (2 Ti 4.11) escribió Lucas y Hechos, ambos dedicados al mismo mecenas, un rico llamado Teófilo (Lc 1.3; Hch 1.1).

Fecha

Es probable que Lucas se escribiese después de Marcos, ya que cita mucho de su material. Es difícil ser más exacto; aunque algunos fechan el Evangelio en los años 60 del primer siglo, otros lo hacen alrededor del 80. Esto sugiere una fecha entre el año 60 y 70.

BOSQUEJO – LUCAS

VIDA Y MINISTERIO DE JESÚS

Aparte del tiempo que estuvo en Egipto cuando no era más que un bebé, Jesús pasó casi toda su vida en Palestina. Como predicador itinerante estuvo en Galilea y sus alrededores al principio e iba una vez al año a Jerusalén para la Pascua, ministrando por el camino. Finalmente, supo que tenía que ir al sur por última vez.

1 Nace en Belén

2 Crece y trabaja en Nazaret

3 Juan el Bautista le bautiza en el río Jordán

4 La tentación en el desierto

5 Transforma el agua en vino en Canaán, el primer milagro

6 Rechazado en su pueblo

7 Cerca del mar de Galilea, llama a sus primeros discípulos

8 Ungido por una mujer pecadora

9 Curaciones y enseñanzas alrededor del mar de Galilea

10 Calma la tempestad en el mar de Galilea

11 Jesús envía a los Doce

12 Viaje por la provincia de Galilea, enseñando y curando

13 Pedro reconoce que Jesús es el Señor. Jesús prevé su muerte

14 La transfiguración de Jesús

15 Jesús envía a los 72 discípulos

16 Resucita a Lázaro de los muertos

17 Viaje a Jerusalén por última vez

18 Lleva a sus discípulos aparte para explicarles de nuevo que él cumplirá la profecía del Antiguo Testamento

19 En Jericó, sana a un ciego y se encuentra con Zaqueo

20 Entra en Jerusalén, proclamado rey

21 Se suceden los acontecimientos de la última semana de Jesús

22 Después de su resurrección, se aparece a sus seguidores en Jerusalén y en el lago de Galilea

23 Asciende al cielo desde el monte de los Olivos

Mte HERMÓN · 14

Cesarea de Filipos · 13

LAGO HULE

Corazín
8 · 17
Capernaum · Betsaida-Julias
15 · 5
11 · 9 · 7
Caná · MAR DE GALILEA · ?Gergesa
GALILEA
12 · Tiberias · 10

2 6
Nazaret

DECÁPOLIS

Naín

17

3
Salim

Sebaste (Samaria) · Mte EBAL
SAMARIA · Sicar · Mte GERIZIM
RÍO JORDÁN

Efraín

PEREA
18

19
Jericó

20 21 22
Jerusalén
23 · Betfagé
Betania
JUDEA · 16
Belén · DESIERTO DE JUDEA · 4
1

0   5   10 millas
0   5   10 kilómetros

LA ÚLTIMA SEMANA DE JESÚS

1
DOMINGO
Jesús entra en la ciudad, por la Puerta Dorada sobre un pollino.
El pueblo le aclama como Mesías.

Mateo 21.1-11
Marcos 11.1-11
Lucas 19.28-44
Juan 12.12-19

2
LUNES
Jesús echa del templo a los cambistas y vendedores

Mateo 21.12-17
Marcos 11.12-19
Lucas 19.45-48

3
MARTES
Enseña en el templo. En Betania una mujer le unge «en preparación para la sepultura».

Judas accede a entregar a Jesús a los sacerdotes

Mateo 26.6-16
Marcos 14.1-11
Lucas 22.1-6
Juan 12.1-8

4
MIÉRCOLES
Día tranquilo con amigos en Betania

5
JUEVES
La última cena: Jesús comparte la última comida de Pascua con sus discípulos

Mateo 26.17-30
Marcos 14.12-26
Lucas 22.7-38

Jesús lucha en oración por aceptar la dura prueba que tiene que pasar

Mateo 26.36-46
Marcos 14.32-46
Lucas 22.39-46

Judas le traiciona, le capturan los soldados.

Mateo 26.47-56
Marcos 14.43-52
Lucas 22.47-53

Jesús pasó sus últimos días en Jerusalén, en la semana de la Pascua. Viajó a Jerusalén sabiendo que moriría.

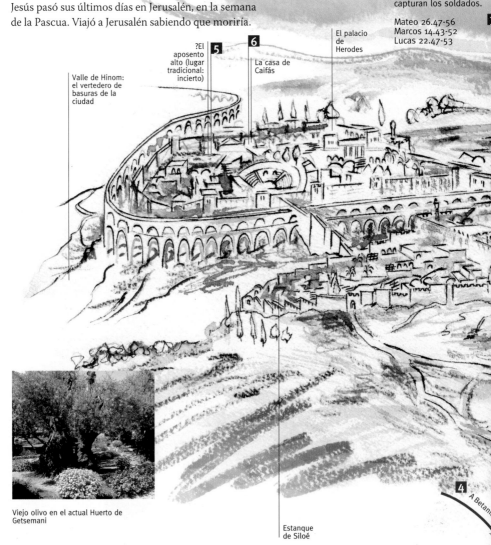

?El aposento alto (lugar tradicional: incierto)

Valle de Hinom: el vertedero de basuras de la ciudad

La casa de Caifás

El palacio de Herodes

A Betania

Viejo olivo en el actual Huerto de Getsemaní

Estanque de Siloé

6
VIERNES

Pedro niega a Jesús

Mateo 26.69-75
Marcos 14.66-72
Lucas 22.54-62
Juan 18.15-18,25-27

Jesús interrogado en el concilio judío, acusado de blasfemia

Mateo 26.57-58
Marcos 14.53-65
Lucas 22.63-71
Juan 18.19-24

Lo llevan ante Pilato, gobernador romano, lo juzgan y condenan a muerte

Mateo 27.11-26
Marcos 15.1-15
Lucas 23.1-25
Juan 18.28–19.16

Jesús es torturado, llevado al Gólgota, lo crucifican y muere

Mateo 27.27-56
Marcos 15.16-41
Lucas 23.26-49
Juan 19.17-37

Dan sepultura a su cuerpo y sellan la tumba

Mateo 27.57-66
Marcos 15.42-47
Lucas 23.50-56
Juan 19.38-42

7
SÁBADO

El Sabbat, día de reposo de los judíos

8
DOMINGO

Cristo resucita y lo ve María Magdalena, y luego los discípulos

Mateo 28.1-20
Marcos 16.1-18
Lucas 24.1-49
Juan 20.1-23

e

al)

gota

El templo

Fortaleza Antonia

La Puerta Dorada

1

6

Estanque de Betesda

5

Getsemaní

Monte de los Olivos

Valle de Cedrón

241

TEMAS CLAVE – LUCAS

Un Evangelio de verdades

Lucas nos dice que «investigó cuidadosamente» los hechos para que el lector conociera «la verdad de las cosas en las cuales has sido instruido» (1.1-4). Si comprobamos los detalles que incluye (históricos, políticos, sociales o geográficos), vemos que son siempre sorprendentemente precisos, lo que nos da confianza para creer el resto de su historia. En particular, Lucas da mucha importancia a la encarnación y la resurrección de Jesús en su Evangelio y quiere que sepamos la verdad sobre esos dos acontecimientos que son un fundamento firme para nuestra fe.

Un Evangelio de inclusión

Desde el principio hasta el final, Lucas muestra que el mensaje de Jesús era para todo el mundo. Al principio cuenta la genealogía de Jesús desde Adán (3.23-38), y no desde Abraham como hace Mateo. Esto nos enseña que Jesús vino para toda la raza humana. Para los judíos esto era difícil de comprender; por tanto, Nazaret, que se había alegrado con la promesa de Jesús de traer la libertad prometida por Dios (4.14-22), pronto se volvió contra él cuando dijo que esa promesa incluía a los no judíos (4.24-30). En una de sus parábolas (10.29-37) Jesús se atrevió a sugerir que podía existir un buen samaritano (un pueblo que los judíos odiaban). Sin embargo, Lucas también habla de gente rica y con influencias, como Juana en 8.3. Al final del Evangelio, Jesús sigue subrayando que su mensaje era para «todas las naciones» (24.47).

Un Evangelio de compasión

La formación de Lucas como doctor se refleja en que recoge muchos milagros de curación de Jesús y en su compasión por los necesitados, como vemos en las tiernas palabras al leproso (5.12-13). En los milagros muestra ternura con los sanados y un profundo respeto por el sanador. Vemos a Jesús diciendo que puede echar demonios con el simple contacto de su dedo (11.20).

Lucas resalta mucho el hecho de que Jesús llegara a todo el mundo, especialmente a aquellos a los que la sociedad excluía: los pobres (16.19-31; 21.1-4), los marginados (17.11-19; 18.9-14), las mujeres (7.36-50; 10.38-42) y los niños (9.46-48; 18.15-17). Ni siquiera excluía a los religiosos, aunque muchos de ellos le excluían a él, y a menudo comía con ellos (7.36-50; 11.37-54; 14.1-24).

Un Evangelio del Espíritu

Hay un gran énfasis en Lucas (y en Hechos) en la obra del Espíritu Santo. El Espíritu estaba activo, después de siglos de silencio, incluso antes del nacimiento de Jesús (1.15, 17, 35, 41, 67; 2.25-27); pero una vez que el Espíritu de Dios le llenó en su bautismo (3.21-23), Jesús pudo empezar el ministerio profetizado por Isaías (4.18,19). Jesús es destacado como hombre del Espíritu (10.21), dijo que Dios quiso mostrar su extraordinaria generosidad, su bondad y dio ese mismo Espíritu a todos sus hijos (11.13).

IMPORTANCIA PARA NUESTROS DÍAS – LUCAS

Pasión por crecer

Jesús fue un hombre completo que «crecía en sabiduría y en estatura, y en gracia para con Dios y los hombres» (2.52), es decir, intelectual, espiritual y social. Dios quiere que crezcamos en cada una de esas dimensiones también y que tengamos equilibrio, no como los fariseos.

Pasión por el Espíritu

Si Jesús necesitaba el Espíritu de Dios para vivir y ministrar, cuánto más lo necesitamos nosotros. Jesús dijo que Dios es un buen Padre que le da el Espíritu a aquellos que se lo piden (11.13) para ayudarles en su necesidad (12.11,12). La blasfemia contra el Espíritu, resistiéndose a su obra, es peligrosa (12.10).

> «No temáis; porque he aquí os doy nuevas de gran gozo, que será para todo el pueblo».
>
> **Lucas 2.10**

Pasión por la oración

La oración tenía un lugar central en la vida de Jesús, especialmente en momentos clave (3.21; 5.16; 6.12; 9.28, 29; 11.1; 22.39-46). Él enseñó a sus discípulos a orar (11.1-4) y subrayó la importancia de no dejar nunca de orar (11.5-13; 18.1-5). Necesitamos la misma pasión en la actualidad, sabiendo que no podemos hacer nada sin la ayuda de nuestro Padre.

Pasión por los perdidos

Mientras los fariseos perdían el tiempo con los «encontrados», Jesús «vino a buscar y a salvar lo que se había perdido» (19.10), porque encontrar a los perdidos produce un gran gozo, como las parábolas de la oveja perdida, la moneda y el hijo pródigo nos recuerdan (15.1-32). Jesús nos llama, no para que invirtamos nuestro tiempo con los «encontrados», sino para ir y encontrar a «los perdidos». Para esto mismo envió a sus discípulos (9.1-6; 10.1, 2).

Pasión por los rechazados

Jesús destacó la importancia de amar a los rechazados, acercándose deliberadamente a los que los fariseos rechazaban, pecadores, recaudadores de impuestos, prostitutas, y diciéndoles a sus seguidores que hicieran lo mismo (14.12-14). El amor de Dios es para todos, y así debe ser el nuestro. Si pasamos tiempo solamente con gente «buena», no estamos respondiendo a la llamada de Jesús.

Pasión por aprender

Lucas escribió su Evangelio para que Teófilo, y otros, supieran « la verdad de las cosas en las cuales has sido instruido» (1.4). Creer en Jesús no es suficiente; necesitamos fundamentos firmes de su verdad en nuestras vidas, y dejar que esta verdad nos desafíe y nos cambie (6.46-49). Lucas presta atención particularmente a las áreas del ritual religioso (5.33-6.5; 11.37-53) y del dinero (12.13-34; 16.19-31; 18.18-30), ambas importantes para los fariseos, y en las cuales los seguidores de Jesús deben hacer cambios importantes.

UN EVANGELIO INCLUSIVO

Lucas escribe un Evangelio que incluye a hombres y mujeres, ricos y pobres, judíos y gentiles.

Un Evangelio para los curiosos

En la época en la que vivimos, escéptica por un lado y curiosa por el otro, este Evangelio de Lucas, elaborado seriamente a partir de la investigación, es una herramienta poderosa para presentar a Jesús a los curiosos. Lucas incluye muchas parábolas conocidas como la del hijo pródigo (15.11-32). Estas historias aparentemente simples, contienen profundas verdades sobre Jesús, Dios y la humanidad.

Un Evangelio para los cautos

En la actualidad muchos creen que entre los cristianos no hay sitio para los que no encajan. En el Evangelio de Lucas, Jesús se mezcla con recaudadores de impuestos corruptos, leprosos, discípulos dudosos y mujeres decididas. Esto constituye una lectura ideal para ellos y no los pone de lado, sino que es una invitación para ellos a entrar y seguir buscando. Además, hay otro libro que hace un seguimiento de la historia de la integración de la iglesia primitiva: ver Hechos.

Un Evangelio para los niños

En tiempos antiguos, los niños se valoraban muy poco. Los griegos y los romanos controlaban el tamaño de sus familias abandonando niños. De todos los evangelistas, Lucas es el que presta más atención a los niños (1.41, 44; 2.40-52; 9.46-48; 15.11-32; 18.15-17); 9.47 podría sugerir que siempre había un niño donde estaba Jesús.

Un Evangelio para los críticos

La franqueza de Lucas hace que se dirija a los escépticos y a los críticos. Su cuadro de Jesús se enfrenta a un entorno de religión mezquina y superficial. Nos enseña cómo nuestra fe debe influenciar nuestra gestión del dinero y las posesiones. Igual que los personajes de varias parábolas somos los encargados de cuidar la propiedad de nuestro Señor (12.42; 16.1, 3, 8).

Un Evangelio comprensible

No hay una sola descripción de Jesús que se quede fuera de este Evangelio. Lucas señala la humanidad de Jesús (su oración constante) pero también le describe como Hijo de Dios (1.32, 35; 4.41; 10.22). Jesús es el Salvador, una palabra usada para reyes, dioses, doctores y filósofos. El es rey del linaje de David (1-2), un profeta pero también el Siervo Sufriente de Isaías 53.

Niñas nepalíes, en las alturas del Himalaya

Juan
ENCONTRAR LA VIDA

PERSPECTIVA GENERAL
Con un enfoque diferente a los otros Evangelios, Juan seleccionó algunas enseñanzas y hechos clave de Jesús, los examinó y explicó en más profundidad, de forma que las personas pudieran comprender más sobre Jesús y sobre la vida que tenían a través de él (20.31).

RESUMEN
Juan no comienza su Evangelio con el nacimiento, sino con la eternidad (1.1-18). Ve a Jesús como el cumplimiento de las esperanzas del pasado y del pensamiento contemporáneo y le llama «el Verbo» (un término que entendían judíos y gentiles). Ha estado con Dios desde siempre (1.1, 2), pero en un momento de la historia «se hizo carne» (1.14). Este es el resumen más conciso de la encarnación en la Biblia. Juan divide el relato de la vida de Jesús en dos mitades: su ministerio público (1.19-12.50) y su ministerio privado (13.1-20.31).

En la primera mitad alterna siete *señales* (la palabra que usa Juan para los milagros de Jesús) con siete enseñanzas (o discursos que explican esas señales) reforzados con siete afirmaciones sobre quién proclamaba ser Jesús, que siempre empezaban por «yo soy». La conclusión a todo esto es que «Jesús es el Cristo, el Hijo de Dios» (20.31). Por las tres visitas de Jesús a Jerusalén para pasar la Pascua, se puede deducir que su ministerio duró tres años.

La segunda mitad recoge el ministerio privado de Jesús (13.1-20.31), cubre la última semana de su vida y la preparación de sus discípulos para su muerte, incluido el momento en el que les lava los pies (13.1-17), predice la traición (13.18-30) y la negación de Pedro (13.31-38), les habla de su partida y de la venida del Espíritu en su lugar (14.1-16.3) y ora por ellos (17.1-26). Como los otros Evangelios, Juan recoge el arresto de Jesús en Getsemaní (18.1-11), sus juicios (18.12-19.16) y su crucifixión y sepultura (19.17-42). Después habla de la tumba vacía y las apariciones tras su resurrección (20.1-31).

En un epílogo recoge dos apariciones posteriores, y el momento en el que Jesús vuelve a comisionar a Pedro después de su traumática negación del Señor (21.15-19).

Autor
Si somos estrictos, el texto es anónimo. El nombre de Juan que aparece en este Evangelio siempre se refiere a Juan el Bautista. Pero la tradición de la iglesia atribuye de forma unánime la autoría a Juan, el hermano de Santiago y uno de los hijos de Zebedeo. El autor probablemente se presenta a sí mismo en 1.37-40 y 18.15-17 como un discípulo sin nombre. También puede ser el «discípulo al que Jesús amaba» mencionado en 13.23, 19.25-27, 20.2 y 21.20-23. Esa afirmación responde a su asombro de que Cristo le amara tanto, antes que a un alarde de lo importante que era por ello. El Evangelio trata más sobre el tema que sobre el autor. La comparación entre el estilo de este Evangelio y las cartas de Juan sugiere que las escribió la misma persona.

Fecha
La tradición de la iglesia nos dice que el Evangelio de Juan fue el último de los cuatro en escribirse. Lo sofisticado del mismo hizo que muchos expertos lo dataran tarde. Pero el descubrimiento del fragmento de papiro del primer cuarto del siglo II indica que no se pudo escribir más allá del año 100 d. C. El autor no alude a la destrucción del templo (70 a. C.), por lo que algunos lo fechan incluso en los años 60. La mayoría piensa que se escribió al final del primer siglo.

BOSQUEJO – JUAN

TEMAS CLAVE – JUAN

¿Quién era Jesús?

Los otros Evangelios van revelando gradualmente la identidad de Jesús. En cambio, Juan revela inmediatamente que es el Cordero de Dios (1.29, 36), el Mesías (1.41, 45), el Hijo de Dios (1.34, 49) y Dios mismo (1.1-3). Jesús proclama abiertamente su relación con el Padre, lo que le llevó a muchos debates y conflictos con los líderes religiosos e incluso intentos de matarle por su blasfemia (5.17-18; 8.58-59; 10.33). Pero Jesús dejó bien claro que rechazarle a él era rechazar al Padre (8.19; 14.6).

¿Qué hizo Jesús?

Juan conoció muchos de los milagros de Jesús (20.30), pero escogió solamente siete, el número perfecto para los judíos. Juan los llama «señales»: no son solo demostraciones de poder sino que señalan quién es Jesús. Las siete señales son: convertir el agua en vino (2.1-11), curar al hijo de un centurión (4.43-54), curar a un lisiado (5.1-15), alimentar a los 5.000 (6.1-15), andar sobre las aguas (6.16-21), curar al ciego de nacimiento (9.1-41), y resucitar a Lázaro (11.1-44).

¿Qué dijo Jesús?

De las muchas enseñanzas públicas de Jesús, Juan elige de nuevo solamente siete: cuando habla del nuevo nacimiento con Nicodemo (3.1-21), cuando habla con la mujer samaritana (4.1-42), cuando habla de su relación con el Padre (5.19-47), Jesús el pan de vida (6.22-70), enseñanza en la Fiesta de los Tabernáculos (7.1-52), la verdadera relación con Dios (8.12-59), y Jesús el buen pastor (10.1-42).

¿Qué proclamaba Jesús?

Hay otro «siete» en los «yo soy» dichos. Este era el nombre de Dios, revelado a Moisés (Éx 3.14); así que al usar esto y relacionarlo con el Antiguo Testamento, Jesús estaba proclamando algo muy fuerte. Él dijo: yo soy el pan de vida (6.35); la luz del mundo (8.12); la puerta de las ovejas (10.7); el buen pastor (10.11); la resurrección y la vida (11.25); el camino, la verdad y la vida (14.6); la vid verdadera (15.1). Su palabra era absoluta, sin calificativos ni descripciones y esto causó una enorme reacción (8.58).

¿Por qué murió Jesús?

Al principio, Juan el Bautista reconoció a Jesús como «el Cordero de Dios que quita el pecado del mundo» (1.29) y Jesús dijo a Nicodemo que «es necesario que el Hijo del Hombre sea levantado» (3.14). Caifás, profetizando más de lo que sabía dijo: «Nos conviene que un hombre muera por el pueblo, y no que toda la nación perezca» (11.50). Para Juan, su muerte y resurrección dejan claro que «Jesús es el Cristo, el Hijo de Dios» (20.31).

Yo soy el pan de vida (6.35-51)
¿Nos apoyamos en sus recursos, «las inescrutables riquezas de Cristo»? (Ef 3.8).

Yo soy la luz del mundo (8.12)
Si seguimos a Cristo, que se vea nuestra luz en el mundo (Mt 5.14-16).

Yo soy la puerta de las ovejas (10.7,9)
Debemos recordar que la única forma de entrar en la familia de Dios es a través de Jesucristo (14.6).

Yo soy el buen pastor (10.11)
Debemos escuchar a Cristo y seguirle; podemos sentirnos seguros en su cuidado amoroso. Podemos disfrutar de lo que provee. Debemos permanecer cerca de él y no alejarnos.

Yo soy la resurrección y la vida (11.25)
Podemos traer a Jesús situaciones, personas o relaciones «imposibles»; debemos pedirle que nos dé vida, nueva vida, que muestre su poder en la curación y en otros milagros. ¿Creemos esto?

Yo soy el camino, la verdad y la vida (14.6)
Debemos centrarnos en él, confiando en que nuestro futuro está seguro en sus manos. Él es el camino por el que pasaremos todos los problemas y giros de la vida.

Yo soy la vid verdadera (15.1-8)
Debemos recibir la vida de Cristo, sus recursos, en nuestras vidas. Debemos obedecer el mandato de permanecer en Cristo: mantener los canales de comunicación abiertos.

IMPORTANCIA PARA NUESTROS DÍAS – JUAN

La presencia de Dios

El que estaba con Dios y era Dios desde el principio (1.1, 2) «fue hecho carne y habitó entre nosotros» (1.14). Como el tabernáculo de Dios se estableció entre su pueblo durante el Éxodo, así también Dios se estableció entre nosotros a través de Jesús. Nuestro desafío es establecer su presencia donde no le conocen.

El amor de Dios

Dios envío a su Hijo al mundo porque lo amaba mucho (3.16). Nos llama a responder, no solamente amándolo, sino amando a los demás (13.34,35), reflejando la unidad y el amor en la persona de la Trinidad misma, no en la teoría sino en la realidad, para que el mundo pueda creer (17.20-26).

La acción de Dios

Juan intercala las enseñanzas y los milagros de Jesús porque sabe que los milagros han de tener una explicación y las palabras necesitan demostración. Incluso en la actualidad la Palabra de Dios ha de demostrar las cosas con acción, y nuestras acciones necesitan una explicación para que las personas comprendan el evangelio.

El mensaje de Dios

La vida que Jesús ofrece está disponible para todos, como demuestran las historias de Nicodemo y de la mujer, tan diferentes. Jesús puede marcar la diferencia en la persona, sea religiosa o pecadora, acusador o defensor, hombre o mujer, judío o no judío. No debemos poner en duda la afirmación de que nadie está fuera de su alcance.

La verdad de Dios

En un mundo con muchos puntos de vista, Juan proclama la importancia de la verdad absoluta, considerando a Jesús como la luz verdadera (1.9), el pan verdadero del cielo (6.32), la vid verdadera (15.1) y la verdad misma (14.6). Los seguidores de Cristo no deben avergonzarse de proclamar que tienen la verdad, pero deben asegurarse de que en sus vidas no haya mentiras o medias verdades.

El Espíritu de Dios

El Espíritu Santo es necesario para empezar la vida cristiana (3.5) y para vivirla (14.15-27). En el capítulo que cubre la última noche de Jesús con sus discípulos, se indica claramente el papel del Espíritu Santo en las vidas de los discípulos. Se les dice que actuará como su iluminador, que le dará una nueva luz a las verdades que Cristo les enseñó (14.26). Actuará como su Consolador, caminando al lado de ellos ayudándoles y recordándoles la presencia de Jesús (14.16). Cuando vayan por el mundo difundiendo el evangelio, dará convicción espiritual a los que escuchan (16.8-10). Jesús quiere que cada creyente experimente su Espíritu como ríos de agua viva que fluyen desde el interior (7.38,39).

> «Pero éstas se han escrito para que creáis que Jesús es el Cristo, el Hijo de Dios, y para que creyendo, tengáis vida en su nombre».
>
> **Juan 20.31**

La restauración de Dios

Pedro quedó destrozado después de negar a Jesús (18.15-18, 25-27), viendo que sus grandes palabras no se reforzaban con grandes acciones. Su regreso a la pesca (21.3) refleja su desánimo, pero Jesús le restauró, permitiéndole cancelar las tres negaciones con tres afirmaciones de amor (21.15-19). Pedro tuvo que aprender que su caída no le apartaba de Jesús, si la manejaba de la forma adecuada.

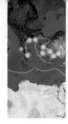

Hechos
AVENTURAS DE LA IGLESIA PRIMITIVA

PERSPECTIVA GENERAL
Jesús ascendió y el Espíritu fue dado, y el evangelio empezó a difundirse, como Jesús prometió. Hechos describe el nacimiento de la iglesia y su progreso rápido por todo el mundo conocido.

RESUMEN

Pentecostés
Después de la ascensión, los discípulos de Jesús volvieron a Jerusalén para orar y esperar el Espíritu Santo prometido (1.1-26). Este descendió el día de Pentecostés (2.1-4), transformó a los seguidores que en un principio tenían miedo y produjo 3.000 conversiones ese primer día (2.41) y una nueva manera de vivir (2.42-47). Hechos recoge, pues, el avance posterior de la iglesia «en Jerusalén; en toda Judea, en Samaria, y hasta lo último de la tierra» (1.8).

Jerusalén (caps. 1-7)
El ministerio de los apóstoles (3.1-26) trajo conversiones (4.4; 5.12-16) y también persecución (4.1-22; 5.17-42; 6.8-7.60). Sin embargo nada podía pararlos, aunque el engaño de Ananías y Safira casi destruye lo que la iglesia estaba consiguiendo y por lo que se la conocía, y por eso Dios lo castigó de forma implacable (5.1-11). La persecución llegó a lo más alto con el martirio de Esteban (7.54-60).

Judea y Samaria (cap. 8)
La iglesia se quedó estancada en Jerusalén y Judea, disfrutando del éxito pero incapaz de ir más lejos; Dios usó la persecución para sacarlos de la comodidad (8.1). Felipe predicó con tanto éxito en Samaria (8.4-13) que los apóstoles tuvieron que ir y ver qué estaba pasando y orar por los nuevos creyentes para que recibieran el Espíritu (8.14-25). Por lo menos, el evangelio salió de los confines judíos. La conversión de un eunuco africano fue otro paso importante para que la iglesia alcanzara a todos (8.26-40).

Los extremos de la tierra (caps. 9-28)
Un punto de inflexión tremendo fue la conversión de Saulo (9.1-18), que llevó el evangelio a Damasco y a Tarso (9.20-31). Mientras, la visión de Pedro le preparó para entender que Dios iba a dar su Espíritu a los gentiles (10.11-11.18). Se dio otro gran paso adelante cuando Saulo (ahora Pablo), instaló su base en Antioquía, y desde allí pudo entrar más a fondo en el imperio romano, fundando iglesias en Asia Menor, Grecia y la misma Roma (caps.13-28). Hechos tiene un final abierto, que subraya que la obra del evangelio todavía continúa.

Autor
1.1 une este libro con el Evangelio, que también escribió Lucas, para Teófilo. Lucas usa la primera persona del plural en 16.10, lo que revela que desde ese punto en adelante estaba escribiendo sobre la base de sus recopilaciones personales de los acontecimientos. Los pasajes siguientes que contienen le palabra «nosotros» pueden indicar acontecimientos de los que tiene recuerdos particularmente gráficos. Estos incluyen la partida de Filipo en 20.5 y el viaje por mar de Cesarea a Roma en 27.1.

Cuando Lucas habla de la llegada de Pablo a Roma en el último capítulo, ya ha llevado la historia a un punto en el que su benefactor Teófilo conoce los detalles por sí mismo.

Fecha
Los acontecimientos descritos en el libro duran unos treinta años, hasta la llegada de Pablo a Roma y su estancia allí, en los años 60-62 d. C., por lo que debió escribirse después de esa fecha. Los expertos están divididos sobre la fecha exacta en la que se escribió. Algunos dicen 70-80 d. C.

El hecho de que no mencione la rebelión judía en 66-70 d. C. o la campaña de persecución de Nerón en 64 d. C. indica que es probable que se escribiera antes de esas fechas, inmediatamente después del Evangelio de Lucas. Mientras Pablo esperaba su juicio en Roma, Lucas, su compañero de viaje, probablemente usó el tiempo para escribir los acontecimientos destacados que tuvieron lugar.

La llave para las cartas de Pablo

El libro de los Hechos es un entorno vital para las cartas de Pablo y los otros apóstoles. Todas las iglesias a las que Pablo escribió sus cartas aparecen en el libro de los Hechos. A partir de este libro podemos aprender acerca de las circunstancias en las que se fundaron esas iglesias en particular, el tipo de oposición que encontraron y su respuesta inicial al evangelio. Esto hace que la lectura de esas cartas sea más rica y más fácil. La teología en las cartas de Pablo es teología aplicada, en otras palabras, representa los principios del evangelio aplicados a circunstancias particulares. Entender esas circunstancias nos puede ayudar a leer su teología, y poder aplicarla a nuestras propias circunstancias.

BOSQUEJO – HECHOS

Pedro y la iglesia de Jerusalén

1.1-14	La ascensión de Jesucristo
1.15-26	La elección de Matías como sustituto de Judas
2.1-47	El día de Pentecostés
3.1-4.31	Pedro y Juan curan en el nombre de Jesucristo
4.32-5.11	La comunión de los primeros cristianos
5.12-42	Las autoridades fracasan en eliminar la iglesia

La expansión de la iglesia a Samaria y a los gentiles

6.1-7	La designación de ayudantes («diáconos»)
6.8-8.1	Testimonio y muerte de Esteban
8.2-40	Ministerio en Samaria
9.1-31	La conversión de Pablo
9.32-11.18	El ministerio de Pablo a los gentiles
11.19-30	El evangelio se establece en Antioquía
12.1-25	La oposición de Herodes

El alcance misionero de Pablo con los gentiles

13.1-14.28	El primer viaje misionero
15.1-35	El concilio de Jerusalén
15.36-18.22	El segundo viaje misionero
18.23-21.16	El tercer viaje misionero
21.17-22.29	Arresto de Pablo en Jerusalén
22.30-23.11	Juicio ante el Sanedrín
23.12-35	El traslado a Cesarea
24.1-27	Pablo ante Félix
25.1-12	Pablo apela a Cesar
25.13-26.32	Pablo ante Festo y otros
27.1-28.10	El viaje a Roma; naufragio
28.11-31	Dos años de arresto domiciliario en Roma

TEMAS CLAVE – HECHOS

Espíritu y esfuerzo

Hechos subraya la importancia de la cooperación entre el Espíritu de Dios y el esfuerzo humano. La iglesia no pudo arrancar hasta que vino el Espíritu (2.1-4, 42-47), pero creció solamente cuando los cristianos le respondieron positivamente. Los creyentes asumían grandísimos riesgos y sufrían muchas dificultades para esparcir el evangelio, pero el Espíritu les fortalecía (4.8) y convencía a los oyentes (2.37). Lucas enfatiza la importancia de recibir el Espíritu como el sello de la verdadera fe (2.1-4; 8.14-17; 9.17; 10.44-48; 19.1-7).

Judíos y gentiles

El movimiento de Jesús empezó en el mundo del judaísmo, pero el corazón de Jesús siempre quiso esparcirlo por todas las naciones (1.8). Después del martirio de Esteban comenzó a extenderse de forma más amplia, inicialmente a los samaritanos, ya que la persecución obligó a los creyentes a huir de Jerusalén (8.1-3). Sin embargo, Pedro necesitó una visión divina para dar el paso de visitar una casa romana y le chocó ver cómo ellos también recibieron el Espíritu (10.44-46), no dejándole otra opción que bautizarles (10.47, 48). La iglesia tuvo que lidiar con las implicaciones de esto (11.1-18), discutiéndolo en un concilio especial en Jerusalén (15.1-29) en el cual se decidió que los gentiles no tenían que convertirse en judíos ni circuncidarse para salvarse.

Imperio y reino

Pablo entraba en conflicto a menudo con las autoridades romanas. En 16.35-40 insistió en que las autoridades en la ciudad de Filipo le trataran de la forma adecuada según la ley romana. En Corinto el procónsul romano promulgó una ley histórica que decía que el cristianismo era una rama del judaísmo y por tanto lo protegía bajo la ley romana (18.14, 15). Cuando le amenazaron con azotarle en Jerusalén, reclamó sus derechos legales para evitarlo (22.25) y más tarde insistió en su derecho de recibir juicio ante el mismo emperador (25.10, 11). Los capítulos 22-26 muestran que el cristianismo no hacía daño a un gobierno civil adecuado.

Obstáculo y oportunidad

Cada vez que la iglesia encontraba un obstáculo, este se volvía una oportunidad. Así, la persecución en Jerusalén llevó a que el evangelio se esparciera (8.4-8); una noche de Pablo en la cárcel hizo que el carcelero y toda su familia se convirtieran (16.25-34); un desacuerdo entre Pablo y Bernabé llevó a la multiplicación del esfuerzo misionero (15.36-41); y el naufragio de Pablo le dio una oportunidad de testificar ante el gobernador de Malta (28.1-10).

Pedro y Pablo

Hechos se centra mucho más en Pedro y Pablo que en los demás apóstoles, trazando varios paralelismos entre ellos, quizás con la intención de destacar que fueron básicos en la fundación y en el desarrollo de la iglesia y para enfatizar la unidad de las misiones para los judíos y para los gentiles. Sabemos mucho de los movimientos de Pablo en Hechos (Lucas le acompañó en todo momento), pero Pedro desaparece en el capítulo 15, aunque el Nuevo Testamento da más pistas sobre lo que hizo. Empezó a viajar más lejos, desarrollando lazos de unión con cristianos en «Ponto, Galacia, Capadocia, Asia y Bitinia» (1 P 1.1) y, según la tradición, acabando en Roma, donde fue una figura importante en la iglesia y donde tanto Pedro como Pablo fueron martirizados.

IMPORTANCIA PARA NUESTROS DÍAS – HECHOS

La necesidad de la oración

Hechos comienza con una oración (1.14) y continúa con oración. La oración era importante en las reuniones de la iglesia (2.42), era su primera respuesta ante cada situación (4.23-31) y guiaba sus decisiones (6.6; 13.1-3) y su ministerio (9.40). Dios no necesita nuestras oraciones, pero quiere respondernos al mismo tiempo que nos enseña cómo se establece su voluntad en el mundo. En esta época de comunicación instantánea, no olvidemos que la oración nos lleva justo al salón del trono de los cielos.

La necesidad del Espíritu

Hechos, igual que Lucas, es un libro del Espíritu. Nada ocurriría para los discípulos hasta que viniera el Espíritu, y nada pasó sin él a partir de ahí. En Lucas se ven los diferentes grupos de personas que recibieron el Espíritu: nadie fue excluido. Actualmente la iglesia sigue necesitando al Espíritu Santo si quiere ser tan efectiva como la iglesia de Hechos.

La necesidad de valentía

La iglesia primitiva nació de la valentía de los primeros cristianos. Cruzaron océanos y montañas, se enfrentaron a palizas, apedreamientos, encarcelamientos, naufragio y a lo peor, llevados por su amor a Jesús y su pasión por compartir el evangelio. Hechos nos desafía: ¿estamos preparados para compartir el evangelio donde Dios nos ponga y sea cual sea el coste?

La necesidad de sabiduría

Hechos revela el desafío de acoplar personas de entornos religiosos diferentes, que hablan idiomas diferentes y proceden de clases sociales diferentes. No fue fácil siempre, pero Dios les dio sabiduría, como cuando resolvieron las tensiones entre las viudas palestinas y griegas en relación con la distribución de alimentos (6.1-7). En nuestro mundo actual, tan multicultural, la iglesia también necesita sabiduría para vivir genuinamente como un todo, sabiendo que no debe aceptar divisiones y debe seguir siendo la iglesia.

Un pastor, en Nicaragua. El evangelio significa buenas nuevas para todos los pueblos y culturas

La necesidad de compartir

Lucas describe que los cristianos compartían sus bienes al crecer la necesidad (2.44-45; 4.31-37) y aparentemente lo aprueba. Por eso nombra al conocido Bernabé como ejemplo de esta generosidad. En la iglesia actual, los que tienen más deberían ayudar a aquellos que están en necesidad, en casa y fuera.

La necesidad de misión

Antioquía, 450 kilómetros al norte de Jerusalén, está en una importante ruta comercial. Era una ciudad cosmopolita en la que se encontraban muchas razas: judíos, romanos, griegos, persas, personas de Asia central y de la India. Era un lugar ideal para una iglesia con mentalidad misionera. Mientras Jerusalén estaba agarrada a sus raíces judías, la mezcla cosmopolita de Antioquía y su visión misionera la hicieron mucho más importante para la misión cristiana. Dios sigue buscando iglesias que estén siempre preparadas a mirar más allá de ellas mismas.

> «Y crecía la palabra del Señor».
>
> Hechos 6.7

La necesidad de una estrategia

Gran parte del éxito de la iglesia vino por la estrategia misionera de Pablo, que puso como objetivos las ciudades clave de cada región (p. ej. Éfeso y Corinto), para ser bases donde plantar nuevas iglesias desde las que se realizaría el esfuerzo y el desarrollo evangelístico. En la actualidad la mejor estrategia misionera y evangelística sigue siendo la que se piensa y planifica de forma inteligente, como Antioquía pudo comprobar.

VIAJES DE PABLO

1er VIAJE DE PABLO

Antioquía
Iconio
Listra
Derbe
CILICIA
Tarso
Colosas
PISIDIA
Perga
Atalía
Ant
SI
CHIPRE
Salamina
Pafos

CORSICA
Roma
Tres Tabernas
ITALIA
Puteoli
SARDINIA
MAR TIRRENO
Messana
Rhegium
SICILIA
Cartago
Catana
Siracusa
MALTA
ÁFRICA

VIAJE FINAL DE PABLO A ROMA

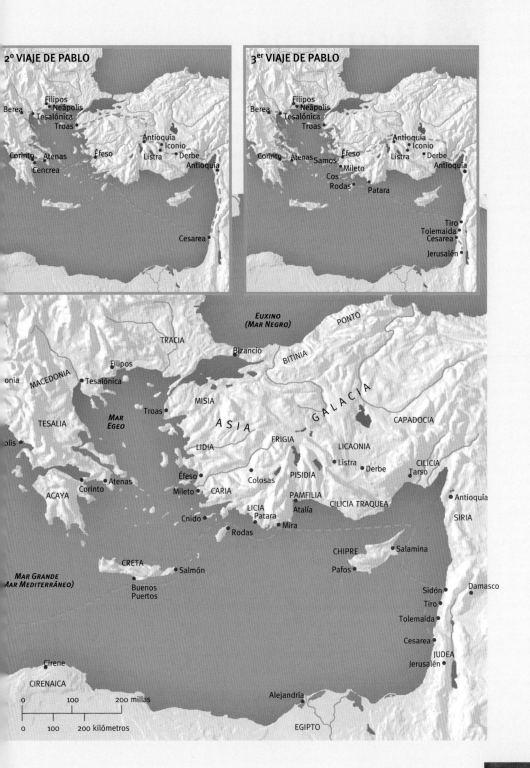

2º VIAJE DE PABLO

Berea
Filipos
Neápolis
Tesalónica
Troas
Corinto
Atenas
Éfeso
Antioquía
Iconio
Listra
Derbe
Cencrea
Antioquía
Cesarea

3er VIAJE DE PABLO

Berea
Filipos
Neápolis
Tesalónica
Troas
Corinto
Atenas
Samos
Éfeso
Antioquía
Iconio
Listra
Derbe
Mileto
Antioquía
Cos
Rodas
Patara
Tiro
Tolemaida
Cesarea
Jerusalén

EUXINO
(MAR NEGRO)
PONTO
TRACIA
Bizancio
BITINIA
Filipos
MACEDONIA
Tesalónica
...onia
MISIA
GALACIA
Troas
MAR
EGEO
ASIA
CAPADOCIA
TESALIA
FRIGIA
LICAONIA
...olis
LIDIA
Listra
CILICIA
Derbe
Tarso
Éfeso
Colosas
PISIDIA
ACAYA
Corinto
Atenas
Mileto
CARIA
PAMFILIA
Antioquía
LICIA
Atalía
CILICIA TRAQUEA
Cnido
Patara
Mira
SIRIA
Rodas
CHIPRE
Salamina
CRETA
Pafos
Salmón
Sidón
Damasco
MAR GRANDE
(MAR MEDITERRÁNEO)
Buenos
Puertos
Tiro
Tolemaida
Cesarea
JUDEA
Cirene
Jerusalén
CIRENAICA
0   100   200 millas
0   100   200 kilómetros
Alejandría
EGIPTO

Romanos

EL CORAZON DEL EVANGELIO

PERSPECTIVA GENERAL

En esta carta, Pablo establece importantes verdades sobre el evangelio cristiano de forma sistemática y detallada. Romanos se centra en que Dios puede restaurar a las personas pecadoras, que podrán disfrutar de una relación con él por la muerte expiatoria de Jesucristo. Pablo explica cómo se puede plasmar este evangelio en la vida diaria.

RESUMEN

Véase p. 416.

Autor y fecha

Pablo había querido visitar Roma desde mucho tiempo antes (1.10-12). Planeó un viaje misionero a España e intentó detenerse en Roma (15.23, 24, 28). No todos los cristianos en Roma sabían quién era, por lo que esta es una carta de presentación con la que espera poder compartir vivencias espirituales (un don espiritual, 1.11). Pablo sabía mucho de la iglesia en Roma (1.8; 16.1-20) y esperaba que ellos también le alentaran a él (1.12).

Probablemente escribió esta carta mientras trabajaba en Corinto durante su tercer viaje misionero. Menciona a Febe, diaconisa en Cencrea (un puerto de Corinto) en 16.1, y también a Timoteo (16.21), del cual sabemos que acompañó a Pablo desde Corinto a Jerusalén (15.25; Hch 20.4). Esto indica que la carta pudo escribirse alrededor del año 57 d. C. Nunca ha habido dudas sobre su autor, Pablo.

Trasfondo

Pablo visitó Roma, pero no de la forma que él esperaba. Durante su estancia en Jerusalén unos soldados romanos lo rescataron de unos disturbios y lo arrestaron. Usó su ciudadanía romana para apelar por un juicio justo ante el emperador (o César) en Roma. Finalmente lo llevaron allí y lo mantuvieron bajo arresto domiciliario. Esto lo recoge Hechos 21-28.

Roma, en Italia, era la capital del imperio romano, que dominaba casi toda Europa, norte de África y el Oriente Próximo. Roma era una ciudad próspera, con un millón de habitantes. Tenía unos edificios espectaculares, públicos, administrativos, religiosos, culturales y deportivos, muchos de los cuales sobreviven todavía como atracciones turísticas.

Roma tenía una gran comunidad judía. Algunos visitantes de Roma habían escuchado la predicación de Pedro el día de Pentecostés (Hch 2.10), y posiblemente se convirtieron y formaron la primera iglesia al volver a casa. Puede ser que otros cristianos que viajaran a Roma se unieran a ellos y les apoyaran más tarde.

Los judíos fueron expulsados de Roma aproximadamente en el año 50 d. C. (Se habla de ello en Hch 18.2). El historiador Suetonio dice que eso fue debido a disturbios relativos a «Chrestus». Es posible que la comunidad judía fuera expulsada por enseñar sobre Cristo. También se ha asociado al apóstol Pedro con Roma a menudo, pero su relación precisa y posibles visitas no están registradas en el Nuevo Testamento.

BOSQUEJO – ROMANOS

Introducción

Pecaminosidad humana y juicio de Dios

Salvación por gracia a través de la fe

La nueva vida

Preguntas sobre el pueblo de Israel

La aplicación del evangelio a la vida diaria

Mensajes finales

TEMAS CLAVE – ROMANOS

Pecaminosidad humana

La carta empieza con una exposición poderosa de la corrupción humana. Instintivamente, las personas tienen conciencia de la existencia de Dios (1.19, 20) y de lo que él quiere (2.14, 15). Pero todos han escogido hacer su propio camino («todos pecaron», 3.23). Los judíos (que recibieron la ley de Dios detallada) y los no judíos son igualmente culpables delante de Dios (cap.2). Como resultado, la raza humana ha ido de mal en peor y está bajo el juicio de Dios (1.21-32).

El sacrificio de Cristo

Dios ha provisto una maravillosa respuesta a esta situación imposible. La muerte de Cristo es «un sacrificio de expiación» (3.24-25). Él, un hombre perfecto, «murió por los pecadores» (5.6), y nos reconcilió con Dios (5.10). Jesús es el «segundo Adán». El primer Adán introdujo el pecado en el mundo y fue el autor de la muerte espiritual. Jesús trajo perdón y renovación al mundo y es la fuente de la vida eterna (5.12-19).

Sometidos a la fe

Esta carta trata del ofrecimiento de la salvación por gracia por parte de Dios. Conseguimos esta salvación por fe, es decir, confiando en Dios, y no por nuestros intentos fallidos de cumplir la ley (3.21-31). Incluso Abraham, el fundador de la nación judía, fue justificado por fe (cap. 4) y no por sus obras. Pero la sumisión a la fe no acaba ahí. Continúa a través del discipulado, que incluye un sacrificio personal por los propósitos de Dios (12.1, 2) y un comportamiento generoso y con amor hacia los cristianos y los que no lo son (caps.12-14).

La supremacía de Dios

Nadie merece el perdón de Dios ni su salvación. No podemos ganarlos con lo que hacemos. Pero Dios por su gracia nos ofrece el perdón y la vida eterna gratuitamente, como un regalo. La gracia (5.15-16) no significa que Dios ignore el pecado. Dios permanece justo, porque castigó el pecado cargándolo sobre Jesucristo en su sacrificio, y al mismo tiempo justificó a los pecadores que depositaron su fe en él (3.25, 26).

La situación de Israel

Pablo era judío, pero fue un apóstol para los gentiles (no judíos, 1.5). Naturalmente, las personas estaban desconcertadas con la relación de los judíos con Dios ahora que la iglesia estaba abierta para todas las razas y culturas. El cristianismo no era una secta del judaísmo, pero sí era una rama que creció de él. En los capítulos 9-11 Pablo enfatiza la fidelidad de Dios y dice que Dios salvará a un remanente de judíos (9.27-29). Muchos se unirán a los gentiles en el reino de Dios (11.1-6, 25-27).

Bautismo en un río, en Portugal. Pablo enseña que la salvación es nuestra si tenemos fe solo en Dios. El acto del bautismo indica que estamos a cuentas con Dios y que intentamos seguir su camino

DIOS LES HABLÓ A TRAVÉS DE LA CARTA A LOS ROMANOS

La carta de Pablo a los Romanos ha tenido un efecto profundo en las personas y a través de estas personas también lo ha tenido en la iglesia y el mundo entero.

Martín Lutero, uno de los padres fundadores de la Reforma

Agustín

En el verano del año 386, Agustín estaba sentado en el jardín de un amigo. Lloraba porque no tenía la voluntad necesaria para romper con la vida vieja y comenzar la nueva. Tenía sobre sus rodillas el libro de Romanos y, habiendo leído un pasaje, dijo: «Una luz inundó mi corazón y la oscuridad de la duda se desvaneció». Fue un gran líder de la iglesia y uno de sus pensadores más influyentes.

Martín Lutero

En 1513, Martín Lutero, monje agustino y profesor en la universidad de Wittenberg, se preocupó profundamente por su salvación. Pensó mucho en Romanos: «Estudié de día y de noche hasta que descubrí la verdad, lo que es realmente estar a cuentas con Dios. Es cuando, por su bondad amorosa y su gran misericordia, Dios nos permite saldar nuestra deuda con él por nuestra fe. Desde ese momento sentí que había nacido de nuevo, como si hubiera pasado al cielo por una puerta abierta». Lutero fue uno de los grandes arquitectos de la Reforma.

San Agustín, en un manuscrito medieval

John Wesley viajó a caballo por todo su país para llevar el evangelio al pueblo

John Wesley

Un día de 1738, se leía la introducción a Romanos de Lutero en una reunión en Londres. Era el 24 de mayo y aproximadamente las 8.45 de la noche. Entre la audiencia había un hombre joven, John Wesley, que escuchaba con interés. Las palabras de Lutero describían cómo cambia Dios nuestros corazones cuando ponemos nuestra confianza en Jesucristo. John se sintió extrañamente reconfortado. Él escribió: «Sentí que confiaba en Cristo, solamente en Cristo, para la salvación. Estaba seguro de que él había tomado mis pecados y que me salvó de la ley del pecado y de la muerte». John Wesley habló a muchas personas y trajo a muchos a la fe en Jesucristo.

IMPORTANCIA PARA NUESTROS DÍAS – ROMANOS

Influencia poderosa

Romanos tiene una gran influencia en la historia de la iglesia y merece la pena estudiarlo por esa razón. Agustín (siglo IV-V), Martín Lutero (siglo XVI), John Wesley (siglo XVIII) y Karl Barth (siglo XX) redescubrieron las verdades de Romanos y sus enseñanzas permanecen, siendo importantes y poderosas en la actualidad.

> «Justificados, pues, por la fe, tenemos paz para con Dios por medio de nuestro Señor Jesucristo».
>
> **Romanos 5.1**

Enseñanza profunda

Romanos es como una Teología Sistemática. Establece la doctrina de la salvación con cuidadosos detalles, explicando la relación entre la muerte de Cristo, la ley judía, la gracia de Dios y le fe humana. Sin embargo, no hay casi nada de la resurrección de Cristo o de su retorno, que son también doctrinas clave. Por tanto, siendo profundo como es, hay que leerlo junto a otros libros de la Biblia si queremos entender completamente las creencias cristianas.

Preguntas insistentes

La cuestión de cómo impacta la teología en nuestro comportamiento es importante. Pablo sabía que su enseñanza podría entenderse mal. Tras explicar la justificación por gracia a través de la fe, preguntó si la gracia de Dios se revela por el pecado humano, ¿seguiremos pecando para que la gracia abunde? ¡No! Dice él. Cuando se confía en Cristo, se muere al pecado y el comportamiento debe cambiar (6.5-7, 23).

Seguridad positiva

Esto saca a la luz otra cuestión: yo peco, ¡por mucho que intente no hacerlo! Sí, dice Pablo, yo también. En el capítulo 7 explica la batalla interior y el fracaso que experimenta (él y todo el mundo). La razón, dice, es que mientras somos renovados por el Espíritu de Dios, seguimos siendo falibles, con lo que nuestras naturalezas vieja y nueva luchan una contra la otra. Pero Dios es grande y nos salva en esa lucha (7.24, 25). Nuestra salvación es segura a pesar de nuestros pecados (5.1-5) y una vez que estamos en Cristo nadie puede condenarnos (8.1, 2) ni separarnos del amor de Dios (8.38, 39). Todavía más, Dios está obrando positivamente para sus propios propósitos en todas nuestras circunstancias (8.28, 29).

Discipulado práctico

En 12.1 se lanza uno de los pasajes más importantes de Pablo sobre conducta personal y comunitaria. Entre sus desafíos están:

- Seguir el modelo de Dios, no el del mundo (12.1,2).
- Ser humilde; no pretender ser demasiado espiritual (12.3-8).
- Amar a los demás, sacrificándose por ellos y expresarlo ayudando a las personas (12.9-13).
- Actuar con amor ante la gente de fuera de la iglesia que se burla o ataca (12.14-21).
- Ser un buen ciudadano, obedecer la ley y pagar los impuestos (13.1-7).
- Ser consistente y no volver a caer en los viejos hábitos (13.8-14).
- Ser amable y considerado; no acosar a los demás (14.1-15.13).

1 Corintios

CONSEJO PARA UNA IGLESIA DIVIDIDA

PERSPECTIVA GENERAL

La iglesia en Corinto sufrió muchos problemas cuando personas que estaban acostumbradas a un estilo de vida descuidado y centrado en ellas mismas se enfrentaron a las demandas del discipulado cristiano. En esta carta Pablo trata temas tan urgentes como la moralidad personal, la adoración pública y las divisiones en la iglesia.

RESUMEN

A pesar de los temas tan delicados que tenía que tratar, Pablo abre la carta con saludos y acciones de gracias positivos. El primer tema que trata es el de las divisiones dentro de la iglesia (1.10-4.21). A esto le siguen temas relacionados con la sexualidad y el matrimonio (caps. 5-7), disputas legales entre cristianos (6.1-11), la actitud hacia la idolatría (caps. 8-10), las mujeres en la adoración cristiana, la Santa Cena del Señor (cap. 11), el uso de los dones espirituales particularmente en la adoración (caps. 12-14), y la resurrección de Jesucristo (cap.15). El capítulo final contiene breves notas sobre las ofrendas para la iglesia en Jerusalén, planes personales, y saludos.

Autor y fecha

El Nuevo Testamento contiene dos cartas de Pablo a los Corintios. A partir de estas, parece que escribió al menos dos más que ya no existen. Siguiendo la secuencia de estas cartas comprenderemos lo que estaba pasando y podremos fechar las existentes con precisión. Parece que es de la siguiente forma:

- Corintios A (perdida), Pablo la escribió porque se enteró de que había problemas serios. Ver 1 Corintios 5.9.
- Corintios B (1 Co), se escribió en respuesta a preguntas que la iglesia le envió a Pablo.
- Corintios C (perdida), con una afilada reprimenda porque la iglesia no había cambiado (2 Co 7.5-12).

- Corintios D (2 Co), escrita para animarles después de saber que la iglesia se había reformado. En la introducción a 2 Corintios hay más detalles sobre esto.

Entre estas cartas, Pablo envió a distintas personas a que visitaran a la iglesia en Corinto y esto supuso una fuente de información para él (p. ej. 1 Co 16.17). A partir de todas las evidencias disponibles, parece que Pablo escribió 1 Corintios mientras trabajaba en Éfeso, alrededor del año 55 d. C. (16.8).

Trasfondo

Corinto era una gran ciudad cosmopolita en el sur de Grecia. Era conocida por la poca moralidad de sus habitantes y visitantes, y por la fácil disponibilidad de prostitutas que en su mayoría estaban asociadas a sectas o creencias religiosas. También había una gran movilidad social y la iglesia era una mezcla de todo ello.

Corinto debía su prosperidad a dos puertos cercanos que la convirtieron en el centro del comercio de la zona. Julio César fue quien construyó la nueva ciudad en el 46 d. C., después de que la anterior fuese destruida un siglo antes.

Pablo fundó la iglesia allí alrededor de los años 51-52 d. C. y se quedó unos dos años (Hch 18.11,18). Esto hace que el comportamiento de esos cristianos fuese aun más sorprendente. Habían recibido buena enseñanza durante mucho tiempo. Pablo les visitó al menos una vez más (2 Co 2.1; 13.1-2), pero eso no se recoge en Hechos..

BOSQUEJO – 1 CORINTIOS

Introducción
1.1-9   Saludos y acción de gracias

Una iglesia dividida
1.10-17   Divisiones en la iglesia
1.18-2.5   El mensaje de la cruz y la sabiduría humana
2.6-16   Sabiduría verdadera del Espíritu
3.1-22   Liderazgo cristiano y divisiones en la iglesia
4.1-21   Autoridad apostólica

Asuntos de moralidad y ley
5.1-13   Un caso de inmoralidad y la forma de tratarlo
6.1-11   Una disputa legal entre cristianos
6.12-20   Libertad e inmoralidad sexual
7.1-40   Matrimonio y celibato

Libertad y responsabilidad cristianas
8.1-13   Comida procedente del sacrificio a los ídolos: guía teológica y práctica
9.1-23   El ejemplo de Pablo en cuanto a ceder los derechos
9.24-10.13   Los peligros de la complacencia
10.14-11.1   Comidas y alimentos del templo en los domicilios privados

Orden en la adoración pública
11.2-16   Hombres y mujeres en las reuniones de adoración
11.17-34   La conducta en la Cena del Señor
12.1-31   Dones espirituales y el cuerpo de Cristo
13.1-13   La preeminencia del amor
14.1-40   Los dones de profecía y lenguas

Esperanza cristiana y resurrección
15.1-58   La resurrección de Jesucristo y de los creyentes

Comentarios finales
16.1-24   Planes de viaje y saludos finales

TEMAS CLAVE – 1 CORINTIOS

Unidad de la iglesia

La iglesia se dividió en grupos que seguían cada uno a un líder (1.12; 3.4). Pablo dice que igual que Cristo no se divide (1.10,13), los cristianos deben estar unidos. Los líderes son siervos de Dios, que contribuyen al desarrollo de la iglesia, pero solamente Dios es el que hace que esta florezca y él es el motivo por el que debe estar unida (3.5-9; 4.9-17).

La diversidad de talentos humanos y de dones espirituales demuestra nuestra interdependencia en el «cuerpo de Cristo». Esto debería fortalecer la unidad en vez de debilitarla (12.12-31). En su famosa descripción del amor cristiano, Pablo da una receta para la unidad basada en el sacrificio propio (cap. 3).

Moralidad personal

Corinto era conocida por su cultura sexual disoluta. Los nuevos cristianos no podían cambiar sus hábitos en dos días, pero, para desaliento de Pablo, algunos mostraban muy pocos signos de haber cambiado. No se trataba de pequeños errores ocasionales, sino de una inmoralidad importante. Él dijo que la iglesia tenía que separarse de esos miembros (5.1-13).

Pablo explicó que el sexo une a dos personas en cuerpo y alma, y que el cuerpo es «el templo del Espíritu Santo», por lo que las relaciones sexuales fuera del matrimonio son pecado (6.12-20). El sexo ocupa un lugar importante dentro del matrimonio y, aunque Pablo adoptó el celibato por el bien del evangelio, reconoce que el matrimonio es mejor que la frustración sexual que quema por dentro (cap. 7).

Libertad y responsabilidad

En Corinto, la mayor parte de la carne que se vendía en las carnicerías provenía del sacrificio a los ídolos. Algunos cristianos creían que comerla era pecado. Pablo no estaba de acuerdo, porque un ídolo no es nada y Dios está por encima (8.4; 10.25,26). Sin embargo, por el bien de los cristianos de conciencia más sensible, los creyentes como él deberían respetar su punto de vista y abstenerse de comer esa carne si fuera necesario. No es correcto animar a alguien de conciencia más débil a hacer algo que siente que es pecado. Pablo dice que debemos anteponer el bienestar espiritual de los demás y no insistir en que todos adopten nuestra forma de ver las cosas (10.24, 31-33). Esto es especialmente importante en la actualidad, ya que muchos cristianos están en desacuerdo con los detalles culturales.

Adoración pública

Pablo insiste en que las reuniones de adoración pública deben realizarse dentro de un orden, que refleje el que existe en la naturaleza de Dios (14.33). En Corinto, había dos problemas principales:

- La Cena del Señor, que había degenerado en una fiesta. En aquel tiempo, la celebración de la comunión que recordaba la muerte de Cristo por nuestros pecados era parte de una comida de hermandad que todos compartían. Pero los ricos no querían compartir su comida con los pobres y otros empezaban a comer antes de que todo el mundo llegara. Después de reprenderles por su conducta desordenada (11.17-22), Pablo les explica los orígenes y el significado de la comunión (11.23-26). Participar de ella indignamente es algo muy peligroso en el sentido espiritual.
- El uso de dones espirituales como las lenguas o la profecía se había convertido en una manifestación sin moderación de los mismos. Pablo ofrece una guía detallada para las reuniones de adoración de la iglesia (cap.14).

Esperanza de resurrección

Algunas personas no podían comprender la resurrección, quizás porque estaban demasiado centrados en las cosas materiales de esta vida. En el capítulo 15, Pablo explica esto:

- No hay duda de que Cristo resucitó de los muertos.
- Por tanto, las personas pueden resucitar de los muertos, y todos lo haremos cuando Cristo

- vuelva en el fin de los tiempos.
- De hecho, si no tenemos la esperanza de una vida después de la muerte, nuestra fe es una pérdida de tiempo.
- Tendremos un cuerpo diferente tras la resurrección, un cuerpo incorruptible.
- Estas son grandes noticias: la muerte, nuestra mayor «enemiga», ¡es derrotada para siempre!

IMPORTANCIA PARA NUESTROS DÍAS – 1 CORINTIOS

La mayoría de los temas clave de 1 Corintios son importantes en los problemas que los cristianos se encuentran en la actualidad en todas las culturas.

> «No fui con excelencia de palabras o de sabiduría... para que vuestra fe no esté fundada en la sabiduría de los hombres, sino en el poder de Dios».
>
> 1 Corintios 2.1, 5

No dejar la iglesia por cuestiones secundarias

Estas cuestiones secundarias pueden ser un método o énfasis particular de un líder o la forma de llevar la adoración o de manifestar los dones espirituales. Lo importante es que las verdades básicas del evangelio, la muerte de Cristo y su resurrección, se enseñen, se crean y se apliquen.

Reconocer los límites que Dios ha puesto al sexo

Hay unos límites para la conducta sexual humana, impuestos por el bien de las personas y de la sociedad en general. Ignorar estos límites puede llevar a la desintegración de las relaciones y las familias. Los cristianos deben ser un modelo de los principios de Dios, no unos imitadores de los del mundo.

Anteponer los intereses de los demás

Este es el principio fundamental del amor cristiano. Si es usted un líder, o tiene un don espiritual o un ministerio específico, no use su autoridad o su influencia para su provecho personal. Incluso si no está de acuerdo con alguien en algún tema secundario o cultural, respételo y no menosprecie a esa persona.

Piense en el impacto de la adoración pública

Debemos pensar en el impacto que puede tener nuestra adoración pública en otras personas, tanto cristianos comprometidos como visitantes interesados. Se deben aprovechar al máximo los dones espirituales, pero debe realizarse todo de una forma adecuada y honrando a Dios. La adoración debe ser un testimonio de la realidad de Dios y de su presencia, y ser inteligible para todos los que están presentes.

2 Corintios
CONSUELO EN EL SUFRIMIENTO

PERSPECTIVA GENERAL

Los problemas que Pablo trató en su primera carta a los Corintios se superaron, por lo que Pablo les escribió para expresar su alivio. Sin embargo surgió otro tema más personal: se cuestionó la integridad de Pablo. Entonces, él relata su discipulado fiel y el intenso sufrimiento que ha experimentado a causa del evangelio.

RESUMEN

Aunque inicialmente Pablo recibió buenas noticias (caps.1-9), parece que una de las facciones que había en la iglesia (1 Co 1.10-12; 3.1-4) acabó constituyéndose en una iglesia rival que rechazaba a Pablo como apóstol. Estaban haciendo lo que las personas hacen a menudo: afirmaban su supuesta superioridad descalificando a otros (caps. 10-13). Pablo estaba dolido. Las críticas eran injustificadas. Para responderles, Pablo detalló todo lo que había tenido que soportar por Cristo.

Autor y fecha

Pablo escribió a los corintios al menos tres veces antes de esta carta (ver la introducción a 1 Corintios para más detalles). Esta carta se escribió probablemente alrededor del año 56 d. C., más o menos un año después de 1 Corintios, desde el norte de Grecia (Macedonia), como se da a entender en 2.12,13. Entre medias, les había hecho una visita que no tuvo éxito (12.14; 13.1, 2). Sin embargo, muchos expertos creen que 2 Corintios contiene dos cartas separadas, que probablemente se unieron por conveniencia en un único rollo en los inicios de la historia de la iglesia. La primera carta, llena de ánimo y alivio, en los capítulos 1-9. La segunda carta, en un tono más deprimido, en los capítulos 10-13. La razón para

creer esto es el cambio en el tono del lenguaje que se observa en el capítulo 10. En los capítulos anteriores, Pablo había expresado su alegría porque habían seguido sus consejos, habían disciplinado a una persona que había ofendido a la iglesia y Tito había regresado de Corinto muy animado (7.5-16). Pablo estaba tan contento que escribió «me gozo de que en todo tengo confianza en vosotros» (7.16).

Tristemente, su confianza se perdió. Se enteró de que los corintios le consideraban débil (10.10) e insensato (11.16). Estaban desafiando su autoridad y se trataba de personas que él llamaba «falsos apóstoles» a las órdenes de Satanás (11.13-15). Como respuesta, les recordó su advertencia a los pecadores que no se arrepienten (13.2-3) y desafió a sus lectores diciéndoles que consideraran si habían dejado la fe (13.5).

Esta carta adicional (la quinta de Pablo a los corintios) se envió probablemente después de los capítulos 1-9 y la segunda visita sin éxito, antes de que Pablo hiciera su tercera visita a Corinto (13.1) que se da a entender en Hechos 20.1-3.

Trasfondo

Para la información sobre la ciudad y la iglesia, véase p. 261.

BOSQUEJO – 2 CORINTIOS

A. LA CARTA DE ALIENTO

Información del ministerio

Ministerio del nuevo pacto

Métodos del ministerio

Ministerio con dinero

B. LA CARTA DE EXHORTACIÓN

El ministerio implica sufrir

El ministerio implica tener miedo pero también esperanza

TEMAS CLAVE – 2 CORINTIOS

La coherencia de Pablo

- **Era coherente en sus planes.** Algunos le acusaban de cambiar de opinión acerca de sus visitas, arrojando dudas sobre su autoridad. Pablo explicó por qué cambió sus planes (1.12-2.4). Durante el retraso siguió estando preocupado por ellos, y envió a Tito para que recogiera información (7.2-16). Más tarde estableció los planes para su tercera visita (13.1-10).

- **Era coherente en su predicación.** Pablo raramente se defendía o se justificaba pero los ataques de los corintios le obligaron a hacerlo. Protestó diciendo que nunca obtuvo beneficios económicos de su predicación (2.17; 11.8,9). Reclamó que su coherencia y su competencia eran inspiradas por Dios (3.1-6) y nunca cambió ni su mensaje ni sus métodos (4.1-6). En los capítulos 10-11 denunció a los falsos apóstoles que decían mentiras sobre él (como su timidez en persona o su descaro en la escritura). Predicaban otro evangelio. Posiblemente, Pablo no era un predicador entrenado (11.6), pero tenía el Espíritu de Dios (3.17-18).

- **Era coherente en su paciencia.** Pablo estuvo a punto de morir (1.8-9) y la muerte nunca se alejaba de él (4.7-12). Hace una lista de sus problemas en 6.8-10 y la amplía en 11.23-29. Sufría de «un aguijón en la carne» (12.1-10), posiblemente un problema de vista u otro problema físico. ¿Estaba amargado? ¡De ninguna manera! Sabía que Dios le ayudaría y mantenía la esperanza, por lo que lo soportaba pacientemente como el precio del discipulado (1.10; 4.8; 12.10).

La paz y la gloria de Dios

Esta carta tiene mucha enseñanza sobre Dios. Comienza con alabanza por el consuelo que Dios da (1.3-11). Pablo, nada egoísta, añade que tal experiencia no es solamente para su beneficio personal, sino para ser compartida. La gloria de Dios es igual. Brilla sobre nosotros y la reflejamos para los que tenemos alrededor (4.16-18). Este pensamiento lleva a Pablo a una sección alegre que habla de la esperanza del cielo (5.1-10) antes de volver a alabar a Dios por su ayuda en las situaciones más terribles y sorprendentes (12.7-10).

La caridad de las iglesias

Dar dinero es a menudo un tema delicado, pero Pablo no tenía miedo de afrontarlo. Elogió a las iglesias de Macedonia por su sacrificio al dar para la misión y para aliviar el sufrimiento. Y entonces dice que los corintios, que no mucho antes habían demostrado ser muy generosos, debían continuar dando como prueba evidente de su amor genuino por el Señor (caps. 8-9).

IMPORTANCIA PARA NUESTROS DÍAS – 2 CORINTIOS

Someterse de buena gana

La fuerte defensa que hace Pablo de su ministerio tiene un trasfondo sutil. Todo el tiempo, él insta a las personas a ser humildes y no de carácter dominante, a ser bondadosos con los demás en lugar de fanfarronear de nuestros logros. Esto se ve especialmente en 10.12-18, donde rechaza compararse con los demás. Hacer comparaciones puede deprimirnos si lo hacemos con alguien al que no podemos igualar en sus logros, o dar lugar a la soberbia porque pensemos que somos mejores que los demás. Lo importante, lo dice en 10.18, es el elogio de Dios. Nuestra meta es agradar a Dios, no ganar una reputación entre los humanos. Esto significa que debemos someternos a él y cumplir nuestro llamamiento.

Empezar de nuevo

La enseñanza de Pablo sobre la reconciliación en 5.1-6.2 se usa a menudo en charlas de evangelización, pero se puede aplicar tanto a creyentes como a no creyentes. La respuesta a la desunión en la sociedad, o en la iglesia, es buscar la reconciliación. Dios es el gran reconciliador: por la muerte de Cristo los pecadores han podido entrar en la presencia del Dios santo y tener comunión con él. Ahora los cristianos compartimos ese trabajo de reconciliación. «Somos [...] embajadores de Cristo» (5.20). Es sorprendente: cada cristiano es un valioso diplomático al servicio de Dios con una tarea especial de llevar paz donde hay disensión. Se puede empezar de nuevo después de una disputa, con la ayuda de Cristo.

Compartir generosamente

No nos gusta compartir nuestras riquezas materiales y nuestros bienes. Pero no son nuestros, son de Dios. Él nos da todo lo que tenemos y todo lo que necesitamos; no sufriremos

> **«Por fe andamos, no por vista».**
>
> **2 Corintios 5.7**

si damos un poco de lo que tenemos (9.8-11). Las frases memorables de Pablo son fáciles de repetir y difíciles de aplicar: «Dios ama al dador alegre» (9.7); aunque Jesús «era rico, por amor a vosotros se hizo pobre» (8.9), dándonos así un ejemplo a seguir. Pablo añade que no se espera de nosotros que demos más de lo que tenemos (8.12). Y critica la actitud que aplaude la acumulación de riquezas a expensas de otros, dejando claro que la voluntad de Dios es que haya igualdad para todos y que todo el mundo tenga «lo suficiente» (8.13-15). Seguramente está enojado con la desigualdad que hay en el mundo en la actualidad.

Sufrir con una actitud positiva

El cristianismo no nos brinda un evangelio de la prosperidad, sino realismo. Pablo une la persecución que sufre por causa del evangelio a su «aguijón en la carne» en un único pensamiento: todos sufrimos. Su actitud positiva rechaza que su fe se vea golpeada por su malestar personal. Es un gran ejemplo para nuestros tiempos, en los que se espera una rápida solución para todos los problemas y enfermedades. Dios es más grande que nuestro dolor. Y sí, Pablo oró para que Dios lo liberara de su dolor, pero cuando esto no ocurrió, aceptó el veredicto y continuó sirviendo y esperando una vida mejor en el futuro.

Gálatas

EL EVANGELIO DE LA LIBERTAD

PERSPECTIVA GENERAL

Las iglesias a las que iba dirigida esta carta habían cedido ante los que enseñaban que no se podía ser cristiano si no se cumplía también con la ley ceremonial judía. Pablo escribió para corregir «ese falso evangelio». Dijo que llevaba a la esclavitud espiritual, en total oposición a la libertad que la muerte de Jesucristo y la presencia del Espíritu Santo ofrecían.

RESUMEN

Mientras la mayoría de las cartas de Pablo comienzan con alabanza a Dios y acción de gracias por los lectores y su fe, Gálatas solamente tiene una breve introducción (1.1-5) después de la cual Pablo pasa inmediatamente al ataque y expone su punto de vista: lo que otros han predicado después de él en Galacia no es el evangelio verdadero (1.6-9). Explica y establece de forma extensa sus credenciales como apóstol, las del evangelio que recibió directamente de Cristo mismo (1.10-2.10). Luego recuerda una controversia anterior relacionada con la ley, un incidente ocurrido en Antioquía que le enfrentó cara a cara con el apóstol Pedro (2.11-14), y termina la primera parte de la carta con una enseñanza del evangelio (2.15-21).

Comienza una segunda ronda de polémicas dirigiéndose a los lectores como «gálatas insensatos» y sigue recordándoles la obra del Espíritu Santo entre ellos como evidencia de la verdad del evangelio que él les predicó (3.1-5). Presenta dos veces a Abraham como un ejemplo de fe verdadera (3.6-14, 15-18). Pablo explica que el papel de la ley era preparar a los judíos para el evangelio (3.19-29) por lo que los cristianos no estaban sujetos a ella (4.1-7). Después siguen palabras de preocupación por los lectores en 4.8-20, apoyadas una vez más en una referencia a Abraham, esta vez en relación con sus mujeres, Agar y Sara (4.21-31). En 5.2-6 aplica todo el argumento al tema específico de la circuncisión y 5.7-12 es otro llamamiento personal. Lo siguiente, en 5.13-26, es la discusión de la relación entre la ley y la libertad en el Espíritu, con 6.1-10 ofreciendo sugerencias prácticas para las relaciones personales entre los creyentes. Al final, Pablo resume su enseñanza (6.11-15) antes de cerrar con unas palabras de bendición (6.16,18).

Autor y fecha

Esta carta incluye y enfatiza los temas que constituyen un rasgo común del ministerio y los escritos de Pablo. Lo que no está tan claro es a quién va dirigida y cuándo se escribe.

En tiempos de Pablo, había dos regiones llamadas «Galacia», ambas situadas en lo que hoy es Turquía.

Lo más probable es que Pablo escribiera a iglesias en la región administrativa romana llamada Galacia, en el sur. En esa región estaban las ciudades de Antioquía, Iconio, Listra y Derbe, ciudades que Pablo visitó y en las cuales fundó iglesias (Hch 13-14). Esto hace que Gálatas sea la primera carta que escribió Pablo, posiblemente alrededor de 47-48 d. C., poco después de su visita (1.6). No menciona el Concilio de Jerusalén (Hch 15) que fue alrededor de 48-49 d. C., que Pablo habría mencionado de haberse celebrado porque reforzaba fuertemente su posición. La otra posibilidad es que Pablo escribiera a la gente de la otra región del mismo nombre, al norte, alrededor del año 55 d. C.

Trasfondo

En el Antiguo Testamento se dieron leyes al pueblo judío, a las cuales los líderes añadieron una legislación todavía más detallada. Ahora que los no judíos venían a la fe en el Dios de Israel, era lógico pensar que tenían que vivir bajo estas leyes. Pero Dios reveló a Pablo que él aceptaba a creyentes en Jesucristo que no siguieran la ley. Este era el evangelio que Pablo predicó pero sus adversarios querían que todos los cristianos se sometieran a la ley y llegaron a las nuevas iglesias poco después de que Pablo se marchara (1.6-9).

BOSQUEJO – GÁLATAS

El problema, expuesto

Las credenciales de Pablo

Argumentos teológicos contra el legalismo

Argumentos teológicos para la libertad cristiana

El gozo y la responsabilidad de la libertad cristiana

TEMAS CLAVE – GÁLATAS

La experiencia personal de Pablo

Lo que conocemos de la vida de Pablo en Hechos 8-14 se completa en Gálatas. Él describe lo que pasó después de su conversión: sus visitas a Arabia y Damasco (1.14-17; Hch 9.19-25), luego a Jerusalén (1.18; Hch 9.26-30). El tiempo en Siria (1.21) se refiere probablemente a Tarso, que es donde Bernabé le encontró y le llevó a un ministerio más amplio (Hch 11.22-26).

La visita a Jerusalén en 2.1 es probablemente la de Hechos 11.27. Allí, los otros apóstoles aceptaron el ministerio de Pablo a los gentiles sin imponer las normas judías (2.1-10), una decisión reforzada luego por el Concilio de Jerusalén (Hch 15). Su discusión con Pedro (2.11-21) no se recoge en Hechos y es irónica porque Pedro fue el primero que se convenció de la aceptación de los gentiles por parte de Dios (Hch 10.1-11.18).

La promesa de salvación

Pablo resalta que la aprobación de nuestra salvación eterna por parte de Dios pasa por la mediación de Jesucristo y depende de la fe en él, no del cumplimiento de leyes religiosas (2.15-16,20-21). Nadie pudo cumplir todas las normas del Antiguo Testamento, por lo que todos estaban bajo la maldición de Dios (3.10). Jesús tomó en sí mismo esa maldición, de forma que solo creyendo y confiando en su muerte expiatoria y en su resurrección podemos ser salvos (3.11-14). Como resultado de esto, todas las distinciones raciales y culturales quedan borradas y todos los creyentes son iguales ante Dios (3.26-29).

El propósito de la ley
Cuando habla de la ley, Pablo se refiere a la ley ceremonial judía, no a la ley moral que está resumida en los Diez Mandamientos. Las normas sobre comida, formas de adoración, y algunos aspectos culturales ya no eran obligatorias. Usa el término «circuncisión» (5.6) para referirse a toda la ley ceremonial, porque ese aspecto de ella era clave en las enseñanzas de los falsos apóstoles.

Sin embargo, las personas del Antiguo Testamento no estaban mal guiadas. La ley les daba un punto de apoyo para entender a Dios y confiar en él en una época en la que la fe estaba todavía en su infancia. La ley era un guardián que los protegería hasta la revelación completa de Cristo (3.19-4.7). La ley apunta hacia Cristo y es él quien la cumple.

El poder de Dios para vivir
Somos libres para ser las personas que Dios quiere que seamos sin ser esclavos de la carga de cumplir meticulosos rituales religiosos. Esta libertad es la que Jesús enseñó (Jn 8.31-36). Dios nos ha adoptado en su familia. Ya no somos sirvientes domésticos; somos herederos del Padre (4.4-11; 5.1). Tenemos una nueva dinámica, el Espíritu Santo de Dios, y una nueva responsabilidad, con la que vivir en armonía y en obediencia al Dios que nos ama (5.13-26).

IMPORTANCIA PARA NUESTROS DÍAS – GÁLATAS

Evitar el legalismo
Una parte importante de la interpretación bíblica es buscar los principios que hay detrás de cada enseñanza. En Gálatas, el principio es «legalismo»: la insistencia de que cada cristiano debe seguir ciertos rituales o prácticas.

Tales prácticas varían mucho según la cultura de la que estemos hablando. Para muchos cristianos, no beber alcohol es una gran demostración de su fe; para otros es algo de lo más natural, dejando claro que en este tema en concreto hay que evitar los excesos. El problema llega cuando estas normas se convierten en lo principal a la hora de definir al cristiano. La única cuestión principal para definir al cristiano la tenemos en las Escrituras y es la que Pablo enfatiza en Gálatas: la vida, muerte y resurrección de Cristo. Si nuestra fe está firme en ellas, las cuestiones que no están relacionadas directamente con la ley moral son temas secundarios sobre los que podemos estar en desacuerdo, pero nunca dividirnos.

Argumentar con cuidado
Los argumentos de Pablo en 3.15-19 y 4.21-31 pueden ser desconcertantes. Pablo era un rabino judío y en esta carta se expresaba contra personas de un entorno judío. Por tanto, usaba alegorías y aceptaba las creencias judías de su tiempo para mostrar que su enseñanza no era contraria a la Palabra de Dios.

Este es un buen ejemplo a seguir. En nuestras discusiones con personas de muchos entornos o culturas diferentes es importante amoldarse a ellas, a su entendimiento y visión de las cosas a la hora de argumentar. Debemos ser capaces de encontrar puntos comunes que nos permitan llevar a las personas a una comprensión fresca y completa del evangelio, igual que hizo Pablo. De hecho, este es el principio fundamental de la misión a otras culturas.

Actúe de forma consistente
La discusión con Pedro (2.11-21) ilustra un problema común. Creemos que hemos de actuar de una determinada forma, pero acabamos cediendo y no actuando consecuentemente. El hecho de que Pedro cayera en eso puede aliviarnos un poco; quiere decir que todo el mundo es vulnerable. Por esta razón, Pablo resalta al final de la carta la necesidad de «vivir en el Espíritu» (5.16). El Espíritu Santo puede darnos la valentía para ser consecuentes cuando nuestros corazones humanos nos fallan.

EL EVANGELIO SE EXPANDE

La persecución a los cristianos (expulsarlos), y la obra misionera de los apóstoles y otros se combinaron para esparcir el evangelio por todo el imperio romano y mas allá.

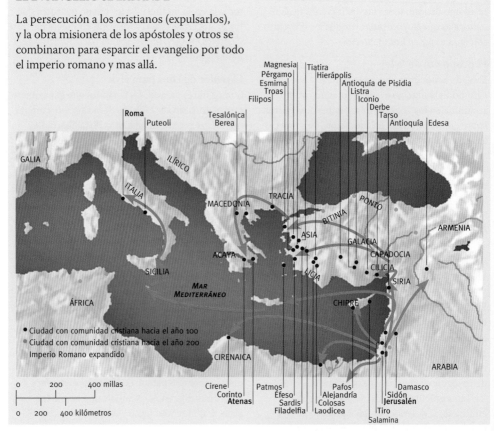

Cirene · Ciudad con comunidad cristiana hacia el año 100
· Ciudad con comunidad cristiana hacia el año 200
Imperio Romano expandido

0   200   400 millas
0   200   400 kilómetros

Aplicar el evangelio

El cristianismo es un modelo y un estilo de vida. Pablo destaca la diferencia entre «los actos de la naturaleza pecadora» (hacia lo que el ser humano tiende a ir) y «el fruto del Espíritu», que es una lista de virtudes que se forman en nosotros y que reflejan el carácter de Dios (5.19-26). Es una lista que supone un desafío para nosotros. Los celos, la ira y la envidia nos afectan aunque la inmoralidad y la idolatría no lo hagan. Ninguno de nosotros puede leer Gálatas 5 con ligereza. El mundo que nos rodea espera de nosotros que demostremos el fruto del Espíritu, y Dios también.

> «Con Cristo estoy juntamente crucificado, y ya no vivo yo, más vive Cristo en mí».
>
> **Gálatas 2.20**

Efesios

INSPIRADO POR LOS PROPÓSITOS ETERNOS DE DIOS

PERSPECTIVA GENERAL

Efesios es un libro de lenguaje inspirador. Describe los propósitos eternos de Dios para rescatar a la humanidad de las garras del pecado y de la muerte, a través de la muerte y resurrección de Jesucristo. Salpicado de oraciones y alabanzas, insta a los lectores a vivir la nueva vida que Dios les ha dado por gracia de una forma práctica.

RESUMEN

Efesios tiene claramente dos partes iguales: los capítulos 1-3 poseen un contenido doctrinal, mientras que los capítulos 4-6 son éticos. La carta incluye muchos tópicos que deberían ser considerados y estudiados en una introducción a la fe cristiana de una forma más profunda.

Tras una breve introducción y saludos (1.1-2), Pablo alaba la gracia de Dios en Jesucristo, y menciona al Espíritu Santo (1.13,14). En la segunda parte del capítulo 1 se dirige a Dios en oración pidiendo por la obra del Espíritu Santo y por los creyentes, para que estos tengan la certeza de una esperanza en el futuro. En el capítulo 2 la atención cambia hacia la posición de los creyentes, con los versículos 1-10 que explican cómo fueron salvados y los versículos 11-22 que exponen su pertenecencia al pueblo santo de Dios, la iglesia que agrupa a creyentes que provienen de un entorno judío y de otro gentil. Luego Pablo comenta la contribución de su ministerio a la iglesia (3.1-13) y ora una vez más por ellos (3.14-21).

La segunda parte de la carta trata de la unidad, el crecimiento y el desarrollo de la iglesia (4.1-16) antes de pasar a hablar del creyente de forma individual. Aquí, Pablo considera las consecuencias de ser cristiano. Se tratan tópicos específicos como el papel del marido y la mujer (5.21-33) y de otros grupos (6.9). La carta termina con una exposición sobre la armadura espiritual (6.10-20) y las notas personales y bendiciones habituales (6.21-24).

Autor

Efesios es diferente de cualquiera de las otras cartas de Pablo. Contiene pocas reflexiones personales o saludos, aparte de identificar a Pablo como su autor (1.1, 3.1) y la mención final de Tíquico, el mensajero de Pablo (6.21, 22). El tema de la carta es típico de Pablo, pero no su lenguaje. El texto original en griego contiene más de cuarenta palabras que no se usan en todo el Nuevo Testamento, y un número parecido de otras palabras que sí se ven en otras partes del Nuevo Testamento, pero no en las otras cartas de Pablo. Sin embargo, la iglesia primitiva aceptó la autoría de Pablo sin discusión. Las diferencias en el lenguaje pueden deberse a que fuera otro amanuense el que escribía el dictado de Pablo. Nunca se ha sugerido una alternativa real a Pablo como autor de esta carta.

Fecha

La ausencia de datos personales dificulta mucho que se pueda conocer la fecha de Efesios. Parece claro que se escribió cuando Pablo estaba en la cárcel (3.1,13; 4.1; 6.20). Efesios tiene muchas similitudes con Colosenses, aunque se desarrollan más las ideas en Efesios y, por tanto, debió escribirse probablemente después de Colosenses. No pudo ser mucho después, ya que normalmente se agrupa a Colosenses, Filipenses y Filemón en lo que son las cuatro epístolas carcelarias, escritas cuando Pablo estaba bajo arresto domiciliario en Roma (Hch 28.16, 30, 31), alrededor del año 60 d. C.

Trasfondo

Esta carta parece más un sermón, una charla inspiradora en una conferencia, o incluso un estudio, antes que una carta personal. Pablo no trata de temas específicos de la iglesia local como hace en otras cartas. El destino de Éfeso (1.1) no se encuentra en las primeras copias importantes, lo que ha llevado a los expertos a pensar que Efesios era una circular (con quizás varias copias enviadas al mismo tiempo) que se llevó a todas las iglesias del Asia Menor (la actual Turquía). Éfeso era la ciudad más importante de la región en ese tiempo. Pablo escribió la carta para animar a los cristianos a perseverar en su fe y para recordarles algunas verdades y responsabilidades básicas relativas a ser cristiano.

BOSQUEJO – EFESIOS

Introducción

1.1,2	Saludos

Los hechos maravillosos de Dios

1.3-14	Lo que Dios ha hecho por los creyentes en Jesucristo
1.15-23	Acción de gracias y oración
2.1-10	Nueva vida en Cristo

Unidad en el cuerpo de Cristo

2.11-22	Judíos y gentiles son uno en Cristo
3.1-13	El misterio de los propósitos de Dios
3.14-21	Una oración por los efesios
4.1-16	Unidad y dones en el cuerpo de Cristo

¿Cómo vivir como un cristiano?

4.17-5.2	La vida nueva expresada en las palabras y el amor
5.3-21	La vida nueva expresada en la moralidad, la conducta y la adoración
5.22-6.9	Relaciones personales en el hogar y en el lugar de trabajo

Pelear la buena batalla

6.10-20	La armadura de Dios
6.21-24	Saludos finales

TEMAS CLAVE – EFESIOS

Pueblo elegido

Pablo se centra en la idea de la adopción (1.5) para resaltar el privilegio de pertenecer a Dios. Los ciudadanos romanos adoptaban niños, no porque fueran huérfanos, sino porque los usaban como sirvientes. Los judíos otorgaban a los hijos adoptados todos los derechos y beneficios de los hijos naturales. Dios adopta a los cristianos porque reconoce nuestro valor, y nos da plenos derechos en su familia.

Los beneficios son enormes:
- Compartir las riquezas ilimitadas de los cielos (1.3, 4).
- Disfrutar de la libertad y el perdón de la gracia (1.7, 8).
- Recibir entendimiento de los propósitos de Dios (1.9, 10).
- Estar integrados en los planes y en la familia de Dios (1.11, 12).
- Recibir el Espíritu Santo como señal de la fidelidad de Dios (1.13,14).

¡Y eso es solamente el comienzo! Esto es más que un principio teológico; es una experiencia de vida. Pablo ora para que podamos sentir y conocer este amor dinámico y la presencia real de Dios (3.16-19).

Vidas cambiadas

Ser cristiano implica un cambio total de vida. Comienza en el interior, una reorientación del corazón y de la mente, y se expresa en un estilo de vida radicalmente diferente. Pablo describe el cambio interior con términos duros en 2.1-10. Por muy «vivos» que nos sintiéramos en nuestro estado anterior, estábamos muertos ante Dios y alejados de sus riquezas celestiales. Pero por su gracia, no por nuestros méritos o nuestros esfuerzos, nos dio la vida, la resurrección espiritual. No hay contraste más grande que el existente entre la muerte y la vida. Esta es la magnitud del cambio.

Con los privilegios llegan las responsabilidades. No somos salvos por nuestras buenas obras sino que somos salvos para hacer buenas obras y expresar la vida de Dios a los demás en el mundo (2.9,10). Pablo describe las obligaciones del cristiano en 4.17-6.23. Nos hemos despojado del viejo hombre (4.22-24), y por tanto, nuestra forma de hablar, nuestro trabajo y nuestras relaciones deben ser transformadas (4.25-32). La impureza y la inmoralidad se sacan fuera de nosotros (5.3-7) y llega la renovación del Espíritu (5.15-20), con el requisito de ser considerados con los demás en lugar de ser egoístas en las relaciones (5.22-6.9).

Unidad de la iglesia

¿Cómo pueden trabajar y adorar juntas personas de diferentes culturas? En los propósitos de Dios no hay distinción entre judíos y gentiles: el racismo y la superioridad cultural de un grupo sobre otro están desterrados para siempre (2.11-18). Somos parte del mismo «templo» (2.19-22), y Dios le ha dado a la iglesia personas con dones para ayudar a mantener la unidad del Espíritu en la iglesia (4.1-16).

IMPORTANCIA PARA NUESTROS DÍAS – EFESIOS

> «Porque por gracia sois salvos por medio de la fe; y esto no de vosotros, pues es don de Dios; no por obras, para que nadie se gloríe».
>
> Efesios 2.8-9

Cómo orar por los demás

Efesios contiene dos oraciones de Pablo que son un gran ejemplo a seguir cuando oramos por otras personas. En 1.15-19 él:

• Da gracias a Dios por ellos.
• Pide que tengan sabiduría.
• Pide para que conozcan a Dios mejor.
• Pide para que conozcan la verdadera esperanza y experimenten el poder de Dios.

En la segunda oración, 3.14-19 (concluye en 3.20,21 con una doxología que se usa a menudo al final de las reuniones de adoración), Pablo:

• Expresa adoración a Dios.
• Pide por el fortalecimiento espiritual de sus lectores.
• Pide que amen a todos.
• Pide que su entendimiento del amor de Dios sea completo.
• Pide que sean llenos de la plenitud de Dios.

Cómo vivir en armonía

Los conflictos se elevan rápidamente a «choque de personalidades». Los conflictos raciales o culturales a los que Pablo se refiere no son realmente diferentes. El secreto para manejarlos es que ambas partes reconozcan su unidad en Cristo. Nos hemos reconciliado con Dios y con los demás a través de él (2.14-22).

La clave para poner en práctica la unidad es el amor. Si amamos a Dios, seremos capaces de tratar con amor a otros miembros del cuerpo de Cristo. En 4.25-6.9 Pablo destaca varios principios:

• Compartir las posesiones (4.28).
• Hablar positivamente, no negativamente (4.29).
• Controlar el temperamento y aprender a perdonar (4.31,32).
• Ser humilde y someterse a los demás (5.21).
• Dejar que el amor mutuo gobierne en el hogar (5.33).
• Tratar bien a los empleados y no enfrentarse a los empleadores (6.5-9).

Cómo testificar en el mundo

El mundo nos observa para ver si reflejamos la vida de Dios de la que hablamos. Los componentes vitales de un testimonio efectivo son: ser honestos en el trabajo (4.28), ser bondadosos con los demás en lugar de ser desagradables (4.31,32), evitar la inmoralidad y la impureza (5.3-7) y las borracheras (5.18).

Cómo lidiar con el diablo

Hay un poder espiritual maligno que busca destruir la obra de Dios. Pero el poder de Dios es más fuerte y gracias a la armadura de Dios los cristianos tienen todo lo que necesitan para resistir el ataque y derrotar al enemigo. El pasaje que habla de la armadura de Dios (6.10-18) concuerda con la imagen de un soldado romano (al que, quizás, Pablo estuviera encadenado) y repite sus afirmaciones de confianza para estar firmes y seguir orando.

Filipenses

GOZO EN CRISTO

PERSPECTIVA GENERAL

Pablo escribió esta carta por dos razones. Quería dar las gracias a los cristianos de Filipos por una ofrenda que le habían enviado (4.10), y recomendarles a Timoteo (2.19-24) y Epafrodito (2.25-30), a los cuales enviaba a Filipos. Pablo también pone al día a sus lectores sobre sus últimas vivencias. Incluye también un poema sobre la divinidad de Cristo que es uno de los pasajes más famosos del Nuevo Testamento.

RESUMEN

Después de los saludos habituales, Pablo comienza con una cálida acción de gracias a Dios por la iglesia y por su fe, que lleva a una oración para que su amor siga creciendo incluso más (1.1-11). Después habla ampliamente de sus circunstancias personales (1.12-26). No está claro todavía si lo van a liberar o lo van a dejar en la cárcel, pero él está abierto a ambas posibilidades. Pablo anima a los lectores a vivir vidas dignas, a pesar de que tengan que soportar alguna forma de persecución (1.30). Su llamamiento se vuelve más específico cuando pone a Jesucristo como un ejemplo de humildad y disposición a servir (2.1-18). La carta parece estar llegando a su fin con el anuncio de Pablo de que va a enviar a Timoteo a Filipos y que también espera ir en persona (2.19-24). Antes, sin embargo, Pablo enviará a Epafrodito de vuelta a su ciudad, presumiblemente con la carta (2.25-30). Ambos misioneros son recomendados cariñosamente. La frase que comienza con «por lo demás» (3.1) podría ser la última de la carta, pero por alguna razón Pablo continúa con advertencias contra algunos que estaban ocasionando problemas, y las mezcla con testimonios sobre su propia fe (3.1-4.1). Pablo está orgulloso de sus logros, pero evita gloriarse por ello; pone toda su confianza en Jesucristo. Después siguen unas exhortaciones específicas (4.2-9) antes de que Pablo entre a valorar la relación entre la iglesia y él mismo (4.10-20) y concluye la carta con unos cordiales saludos.

Autor y fecha

Nunca ha habido dudas sobre la autoría de esta carta. Está claro que fue Pablo. Contiene una serie de referencias personales que la unen a otros escritos del Nuevo Testamento que sabemos a ciencia cierta que son de Pablo.

Sin embargo, la fecha en la que se escribió no está clara, ya que los expertos no se ponen de acuerdo sobre el lugar desde donde se escribió. Claramente, Pablo estaba en la cárcel (1.7, 13,14). Muchos creen que se refiere a su arresto domiciliario en Roma (Hch 28.16), que fecharía la carta en el año 61 d. C. Esto uniría a Filipenses con Efesios, Colosenses y Filemón como las cuatro «epístolas carcelarias» que Pablo escribió desde Roma.

Pero también hay buenas razones para pensar que pudo escribirla cuando estaba en la cárcel en Cesarea antes de ser llevado a Roma. Esto fecharía la carta alrededor de 58-59 d. C. Un tercer punto de vista es que lo encarcelaron en Éfeso sobre 53-55 d. C., pero esto es el resultado de deducciones hechas a partir del Nuevo Testamento, sin una evidencia directa de que ese encarcelamiento tuviera lugar realmente.

Trasfondo

Había un gran lazo de amistad y amor entre los cristianos de Filipos y Pablo, que se ve a lo largo de la carta. No pasó un tiempo demasiado largo con ellos, pero lo llevaron en el corazón y continuaron apoyando su ministerio. Filipos era una ciudad próspera en Macedonia (el noreste de lo que es Grecia en la actualidad). Era una colonia romana, organizada por los romanos como si estuviera en suelo italiano. Pablo fue allí porque tuvo una visión de «un hombre de Macedonia» que le pedía que fuera allí a predicar el evangelio (Hch 16.9-12). Algunos expertos creen que ese hombre fue Lucas, el autor de Hechos, que comenzó entonces a acompañar a Pablo en sus viajes, cosa que se puede comprobar con la primera persona del plural que usa en Hechos 16.10,11.

Pablo empezó predicando a la poderosa comunidad judía de Filipos cuando llegó (Hch 16.13). La conversión de una muchacha con espíritu de adivinación hizo que Pablo y Silas (su acompañante) fuesen encarcelados. Un terremoto les liberó y fueron perdonados por las autoridades que no se habían dado cuenta de que los apóstoles eran ciudadanos romanos (Hch 16.35-40).

BOSQUEJO – FILIPENSES

Reflexiones personales

Seguir el ejemplo de Cristo

Mantener la fe

Gracias por su fraternidad

TEMAS CLAVE – FILIPENSES

Deleitarse en comunión

Pablo estaba constantemente en movimiento plantando iglesias, pero también tenía un corazón pastoral por aquellas que iniciaba. Esta pequeña carta denota una preocupación pastoral y un aliento a personas que él amaba claramente:

«Porque Dios me es testigo de cómo os amo a todos con el entrañable amor de Jesucristo» (1.8).

Él recuerda la respuesta de ellos al evangelio y su trabajo junto a él (1.3-8) y ora por un crecimiento espiritual continuado para ellos (1.9-11). Les insta a permanecer unidos en comunión,

Salida de la iglesia, en Burkina Faso. Pablo creía mucho en la iglesia local

cuidando los unos de los otros (2.1-4; 4.2,3), y a no quejarse (2.14-18).

Sobre todo, Pablo está contento por el dinero que le han enviado y que le va a ayudar a sobrevivir. Les da las gracias por él y por lo que representa: un acto amoroso de fraternidad hacia un hermano cristiano que pasa por problemas lejos de allí (4.10-20).

Determinación para seguir adelante

Cuando Pablo fue encarcelado en Filipos alabó a Dios en lugar de maldecir su suerte (Hch 16.25). Ahora sufría una condena más larga y continuaba dando el mismo ejemplo. Testificó a soldados y visitantes, y animó a los cristianos locales a ser valientes (1.12-18).

Siempre optimista, espera seguir sirviendo a Cristo, y visitar Filipos (1.19-30). En un pasaje memorable, anuncia su determinación de no gloriarse en sus logros. Su entorno judío le preparó para Cristo, pero ya ha sido suplantado (3.1-11). Pablo tiene una gran pasión por Cristo: anhela conocerle más y más (3.8-10). Es consciente de que le queda mucho por aprender, hacer y descubrir. Por consiguiente, sigue adelante con fuerza (3.12-15).

La divinidad de Cristo

En un gran himno, Pablo declara la singularidad de la divinidad de Cristo (2.5-11). Muestra que Jesús renunció a la gloria de los cielos para vivir como un ser humano. Jesús obedeció a Dios aceptando una muerte humillante, y ahora es exaltado hasta el lugar más alto del cielo como gobernador de todo. El contexto del himno muestra que Pablo pone a Cristo como ejemplo para todos los creyentes.

Deseo de noticias

Pablo no era un predicador «localista» ni uno que se marchara rápidamente de uno a otro lugar. Siempre estaba deseoso de intercambiar noticias con las iglesias. Aquí, les cuenta a los filipenses sus noticias, para animarles (1.12-26). Después les prepara para recibir a sus ayudantes Timoteo y Epafrodito (2.19-30).

IMPORTANCIA PARA NUESTROS DÍAS – FILIPENSES

Soportar la presión

La visión optimista de las cosas de Pablo mientras se encontraba encadenado a un soldado romano es un ejemplo y una inspiración para cualquiera que esté sufriendo la presión de estar «encadenado» a una situación desagradable o problemática. Toda la carta gira en torno a esto. Pablo ve cada situación como una oportunidad para testificar de Cristo (1.12). Es muy consciente de que Dios está con él para apoyarle e inspirarle siempre. Cristo le dará fuerzas en todo (4.13) y proveerá para sus necesidades (4.19).

Viviendo puramente

Los filipenses también estaban bajo presión (1.29, 30). Podemos sufrir tentaciones que comprometan nuestra fe y acabar actuando de formas que no honran a Cristo. Pablo instó a sus lectores a mantener siempre el listón en lo más alto (1.27). Advierte de los riesgos que se corren, y algunos son caer en el egoísmo (2.3), rendirse (2.12), discutir entre nosotros (2.14,15) o dejar que nuestra mente se deje llevar y caiga al nivel del mundo (4.8, 9).

Mantener las prioridades

Los cristianos tienen dos prioridades clave. Una es mantener nuestra relación con Dios y la otra mantener nuestra adoración a Dios. Una persona bajo presión puede volverse depresiva y autocompasiva. Así que Pablo nos dice que nos regocijemos en quién es Dios y en lo que Cristo ha hecho y hace por nosotros (1.18; 3.1; 4.4) porque la alabanza libera el espíritu.

Él insta a los filipenses a orar por todo, sabiendo que recibirán paz interior como resultado (4.6,7). Él valora su intercesión y cree que tales oraciones recibirán una contestación positiva (1.19).

> «Prosigo a la meta, al premio del supremo llamamiento de Dios en Cristo Jesús».
>
> Filipenses 3.14

Otra prioridad es mantener buenas relaciones con otros cristianos. Las divisiones pueden ocurrir fácilmente pero hacen daño al evangelio (2.14,15). Pablo identifica una contienda en la iglesia, y le pide a las personas implicadas que se reconcilien. Pero también pide a otros que les ayuden de forma activa a llegar a esa reconciliación (4.2,3). La unidad verdadera significa brindar apoyo práctico tanto como disfrutar de la comunión espiritual (2.1-4).

Mantener las perspectivas

La vida en la tierra es importante: todos tenemos trabajo que hacer para Dios. Pero Pablo también sabe que la vida con Dios después de la muerte será mejor. A veces, casi preferiría la muerte, pero reconoce que todavía no es el tiempo de Dios, por lo que decide seguir trabajando (1.20-26), y de esta forma nos da ejemplo a todos. Esto se enfatiza más adelante en 3.12-15. Sabiendo que hay más cosas por hacer y por descubrir, en espera de que llegue el final, nos ayuda a ver las presiones del día a día desde la perspectiva eterna de Dios.

Colosenses
y Filemón
JESUCRISTO ES EL SEÑOR DE TODO

PERSPECTIVA GENERAL

La próspera iglesia en Colosas estaba apartándose del evangelio por algunos maestros «superespirituales» que alegaban su entendimiento de otros «misterios». Pablo se esforzó en corregir ese error en Colosenses y, al mismo tiempo, escribió a un amigo (Filemón) que tenía en esa iglesia, en relación con un esclavo huido que se había convertido al cristianismo.

Nota: las referencias son de Colosenses, excepto cuando se indique lo contrario.

Autor y fecha

Rara vez se ha cuestionado que Pablo escribiera estas dos cartas, y la mayoría de los expertos siguen estando de acuerdo en ello.

Ambas cartas las escribió desde la cárcel (4.10,18; Flm 9, 10, 23). Este era casi seguro el arresto domiciliario de Pablo en Roma (Hch 28.16,20), que fecharía las cartas alrededor del año 60 d. C., el mismo periodo que las otras «epístolas carcelarias», Efesios y Filipenses.

Trasfondo

Hasta donde sabemos, Pablo no había visitado Colosas. La iglesia comenzó allí como resultado de su ministerio en Éfeso (Hch 19.1-12). Uno de los que se convirtió allí fue Epafras, que llevó el evangelio a su ciudad, Colosas (1.7; 4.12,13; Flm 23).

Colosas estaba a unos 170 kilómetros al este de Éfeso. Había sido una próspera ciudad situada en una ruta comercial muy importante. Pero ahora estaba decayendo porque la ruta comercial se desplazó más al norte cerca de Laodicea que se estaba enriqueciendo por ello (Ap 3.17). Laodicea se menciona en 4.13,16 al llegarles una carta de Pablo que en la actualidad se ha perdido.

Filemón, un habitante de Colosas, miembro de su iglesia, tenía un esclavo, como mucha gente en esa época. Este esclavo se llamaba Onésimo, y había huido a Roma, donde escuchó la predicación de Pablo en la cárcel y se convirtió. La carta contiene un ruego de Pablo a Filemón para que sea misericordioso con el esclavo arrepentido (lo normal hubiera sido torturarlo o ejecutarlo).

RESUMEN

Colosenses

Después de los saludos formales que abren la carta (1.1-2), Pablo se centra en la fe de la iglesia, indicando que está dando gracias y orando por ella al mismo tiempo. Su referencia a la salvación por medio de Cristo le lleva a un himno de alabanza a él (1.15-20), que seguidamente aplica a los lectores. En 1.24-2.7 habla de sus propios esfuerzos como mensajero de las buenas nuevas de Cristo; los últimos dos versículos de este pasaje son una transición hacia los asuntos que estaban en juego en la iglesia, tratados en 2.8-23, el pasaje central de la carta. La segunda parte de la carta es de aplicación práctica. En 3.1-17 encontramos una guía general para la vida en Cristo, que contrasta con el viejo estilo de vida de los lectores, seguido en 3.18-4.6 por guías específicas para diferentes grupos de personas. Por último, 4.7-18 contiene los saludos finales y notas personales.

Filemón

En esta carta, Pablo juega con el significado del nombre Onésimo, que significa «útil» (Flm 11): «En otro tiempo te fue inútil, pero ahora a ti y a mí nos es útil».

Es posible que este Onésimo sea el mismo que fue obispo de Éfeso, al que Ignacio, obispo de Antioquía a principios del siglo II, mencionó en una carta en la que incluso hace referencia al mismo juego de palabras con el significado de su nombre. ¡Pudo ocurrir que el esclavo que huyó se convirtiera en obispo!

BOSQUEJOS

COLOSENSES

Introducción
1.1,2	Saludos
1.3-8	Acción de gracias por la fe de ellos
1.9-14	Oración por los colosenses

Jesucristo es el Señor
1.15-20	Himno de alabanza por la grandeza de Cristo
1.21-23	Aplicaciones prácticas
1.24-2.5	La obra de Pablo para la iglesia

Los falsos maestros rechazados
2.6-19	Advertencias contra las enseñanzas falsas
2.20-23	Análisis de las enseñanzas falsas en Colosas

Vivir la fe
3.1-17	El viejo hombre y el nuevo hombre
3.18-4.1	Normas para los hogares cristianos
4.2-6	Más instrucciones para la vida cristiana
4.7-18	Saludos finales

FILEMÓN

1-3	Introducción y saludo
4-7	Acción de gracias y oración
8-21	Ruego de Pablo por Onésimo
23-25	Saludos finales y bendición

TEMAS CLAVE

La supremacía de Cristo

Colosenses 1.15-20 contiene uno de los dos grandes pasajes de Pablo que resumen la persona y obra de Cristo (el otro es Fil 2.6-11). Su lenguaje preciso eleva al lector hacia la adoración y la alabanza y recalca verdades de dimensiones universales:

- Cristo es la representación humana exacta del Dios eterno (1.15), y él mismo es Dios (1.19).
- Él es el creador de todo (1.16).
- Él sostiene el universo en su totalidad (1.17).
- Él resucitó de los muertos y es el Señor de la iglesia (1.18).
- Su redención hace que toda la creación esté en armonía (1.20).

Pablo también habla de cómo nos rescató Cristo del pecado y de la muerte en 1.13 y de la elección soberana por parte de Dios de los gentiles para compartir sus riquezas igual que los judíos (1.27). Algunas de estas verdades se repiten en 2.9-15.

La herejía de los colosenses

Esta no tiene nada que ver con otras herejías conocidas, pero aprendemos mucho sobre ella al ver la forma en la que Pablo la rechaza. Se sugiere (2.2-4) que había misterios espirituales profundos a los que los maestros tenían acceso (quizás como el misticismo oriental en la actualidad). Defendían una disciplina personal rigurosa y un ascetismo con restricciones en la comida y el sexo (2.21-23). Había normas detalladas sobre las ceremonias de adoración y un interés malsano en los ángeles (2.16,18). Pablo dijo que todo esto era engañoso (2.8); parece que era una religión que adoptaba cosas de aquí y de allá, y que intentaba influenciar a los poderes espirituales.

Santidad cristiana

Pablo nunca enseña teología sin animar a que se aplique a la vida diaria. Por eso dedica todo el capítulo 3 a las marcas de la vida cristiana. En 3.12-17 hace una lista de virtudes que debemos hacer nuestras, desde la compasión al perdón. Estas están en un marcado contraste con los vicios que debemos evitar (3.5-9). Vea cómo la avaricia se identifica con la idolatría (3.5), algo que las personas en Occidente tienden especialmente a pasar por alto.

Caridad por un esclavo

A partir de una visión fascinante de la ética cristiana, Pablo insta a Filemón a ser misericordioso con Onésimo, el esclavo que huyó y se convirtió al cristianismo (Flm 10). Pablo estaba haciendo lo correcto enviando a Onésimo de vuelta, incluso cuando podía serle útil a Pablo (Flm 11-14) y Filemón podía castigarlo. Pero Pablo intenta despertar el sentido del perdón cristiano en Filemón para que le reciba como un hermano (Flm 15-16). Después Pablo se ofrece a pagar personalmente la compensación que Filemón pida por la ausencia del esclavo (Flm 18). Esto es caridad cristiana. El hecho de que la carta se haya conservado indica que Filemón accedió a las peticiones de Pablo.

IMPORTANCIA PARA NUESTROS DÍAS

Centrarse en el cuadro general

La forma en la que Pablo trata la herejía de los colosenses es muy instructiva. Se centra primero en Jesucristo y muestra exactamente quién es él. Después trata el tema de la herejía con detalle. Este método nos recuerda que es muy fácil perder de vista el cuadro general, las verdades principales sobre Dios y Jesús, apartándonos de este y poniendo nuestra atención en especulaciones, tradiciones y debates sobre asuntos secundarios. Las ideas humanas no durarán (2.22), pero Jesús es eterno (1.18). Es mejor centrarnos en las verdades sobre Jesús (3.1, 2) para mantener todo lo demás dentro de la perspectiva. De esta forma será más fácil formarse un juicio verdadero de la situación.

Cumplir nuestro llamamiento

Si ponemos nuestra mente en Cristo (3.1, 2) empezamos a ver cómo debemos vivir. En el capítulo 3 Pablo enseña que necesitamos deseo e intención para cambiar nuestro comportamiento. El cambio interior sobrenatural que trajo el Espíritu Santo a nuestras vidas sigue produciéndose: nuestra naturaleza sigue renovándose (3.10). Pero todavía no lo está completamente. Por eso Pablo insta a acciones deliberadas: «haced morir» (3.5), «dejad» (3.8), «no mintáis» (3.9), «vestíos» (3.12). El discipulado es entre dos; Dios nos cambia si nosotros le permitimos que lo haga.

Encontrar un propósito en el trabajo

Para algunos cristianos, trabajar en el mundo secular no es agradable, no como el trabajo «real» del evangelio. Pablo no estaría de acuerdo. En 3.17, 23 le da al trabajo del ser humano la dignidad y el propósito que Dios le asignó al principio (Gn 2.15). Todo trabajo debe hacerse como para el Señor. Dice que los esclavos (empleados) deben hacerlo lo mejor posible para sus señores (jefes) y que estos deben tratar al personal con respeto y justicia (3.22-4.1). Ser un buen trabajador o un buen jefe es parte del testimonio cristiano en el mundo (4.5).

> «Él es la imagen del Dios invisible, el primogénito de toda creación».
>
> **Colosenses 1.15**

Valorar a los amigos

Pablo viajaba mucho, algo normal en la actualidad, pero no en su época. Hacía amigos en un lugar y se iba a otro. Pero mantenía el contacto, y oraba por ellos. Tíquico tenía un papel especial como mensajero que los mantenía a todos en contacto (4.7-9). La lista de saludos y comentarios en 4.10-15 no se puede pasar por alto. Eran personas valiosas, para Dios y para Pablo, como indica el hecho de que las mencione aquí. Dios valora también a aquellos que no vemos; recordarles en oración nos mantiene unidos en el cuerpo de Cristo.

Personas que van a trabajar por la mañana temprano. Pablo enseñó que todo trabajo debe hacerse de todo corazón

I Tesalonicenses

SEGUIR CON LA BUENA OBRA

PERSPECTIVA GENERAL

La iglesia en Tesalónica era una alegría para Pablo. Él les escribe para animarles a seguir brillando y testificando de Cristo a pesar de su sufrimiento. La carta tiene muchos comentarios personales y trata asuntos relativos a la venida de Cristo que estaban confundiendo a algunas personas.

RESUMEN

Después de los saludos habituales, Pablo da gracias a Dios por el cambio en los lectores, que eran paganos y ahora son seguidores de Jesucristo. El ejemplo de su conversión y de su estilo de vida cristiano se conocía en otros lugares y anhelaban el regreso de Cristo (cap.1). Luego Pablo recuerda el tiempo que pasó en la ciudad, hace hincapié en su buena relación con los lectores y deja como ejemplo su comportamiento personal (2.1-16). Cuenta cómo, incapaz de viajar (2.18), envía a su colaborador Timoteo de vuelta a Tesalónica y cómo se alegró cuando este volvió con informes positivos sobre la fe de la congregación (2.17-3.:13). Una sección con instrucciones prácticas inicia la segunda parte de la carta (4.1-12). Después, Pablo expresa su preocupación por la congregación tras la muerte de algunos de sus miembros (4.13-18) y añade más instrucciones sobre cómo preparar el regreso de Jesús (5.1-11). La enseñanza final es más general de nuevo (5.12-22). La carta se cierra con buenos deseos y una bendición (5.23-28).

Autor y fecha

Siempre se ha aceptado la autoría de Pablo. La carta lleva el sello del ministerio y la enseñanza de Pablo. Se escribió probablemente en 50-51 d. C., siendo una de sus primeras cartas (la primera fue Gálatas). Pablo la escribió estando en Corinto (Hch 18). Se puede ser preciso con la fecha y el lugar porque es fácil localizar los movimientos de Pablo comparando diferentes pasajes del Nuevo Testamento.

Trasfondo

Pablo visitó Tesalónica después de huir de Filipos, en su segundo viaje misionero. El tiempo que paso allí se cuenta en Hechos 17.1-10. Hubo una buena respuesta a su predicación, especialmente entre la población gentil que era mayoritaria (Hch 17.4). Sin embargo, él empezó a predicar a los judíos (como era su costumbre) y algunos de estos, envidiosos, empezaron a crearle problemas y tuvo que huir (Hch 17.5-10). Hechos 17.2 puede hacernos pensar que estuvo allí solamente tres semanas, pero el espacio de tiempo entre los versículos 4 y 5 de ese capítulo pudo ser mayor.

Desde Tesalónica, Pablo fue a Berea (Hch 17.10-15), luego a Atenas (Hch 17.16-24) y finalmente a Corinto (Hch 18.1). Durante este tiempo envió a Timoteo de vuelta a Tesalónica (3.2, 6; Hch 17.15; 18.15). El informe de Timoteo indujo a Pablo a escribir esta carta.

Se sabe que Pablo estaba en Corinto por esas fechas (50-51 d. C.) porque Hechos 18.12 menciona que Galión era procónsul. Se ha encontrado una inscripción en el yacimiento de la ciudad que confirma que Galión estaba allí en los años mencionados.

A diferencia de muchas ciudades del Nuevo Testamento, Tesalónica todavía existe y prospera en la actualidad. Está situada en el nordeste de Grecia. En los tiempos de Pablo tenía unos 200.000 habitantes. Se levantaba en la conjunción de dos rutas comerciales importantes y tenía un buen puerto. Es un ejemplo de los lugares estratégicos que Pablo escogió para su ministerio. Tesalónica atraía muchos visitantes y viajeros de un área muy amplia; los que recibieran el evangelio allí lo llevarían allá donde viajaran (1.8).

BOSQUEJO – 1 TESALONICENSES

TEMAS CLAVE – 1 TESALONICENSES

El ejemplo de Pablo

El apóstol recuerda a sus lectores su forma de actuar para animarles a continuar siguiendo su ejemplo (1.6). Esto no es soberbia; es una forma de decir que el poder de Dios es suficiente para nosotros si nos mantenemos fieles (1.5; 3.12,13; 5.23).

Pablo sufrió en Filipos (Hch 16.22-24) antes de visitar Tesalónica, y continuó sufriendo después (Hch 17.5,13). Él dice que el sufrimiento forma parte del discipulado (3.3 4). El hecho de que lo soportara muestra que sus motivos para predicar eran puros; no predicaba para obtener una ganancia personal, o para tener poder sobre las personas, o por prestigio (2.3-5). Incluso trabajaba para no depender de los regalos de los creyentes (2.6-9). Su preocupación por ellos (2.17-3.2) revela que Pablo era tanto pastor como evangelista. Se preocupaba realmente por el bienestar espiritual de las personas que habían llegado a la fe a través de su ministerio.

El modelo de la iglesia

Al ver las razones por las cuales Pablo se alegra por ellos, podemos deducir que los tesalonicenses eran cristianos que, igual que Pablo, se tomaban en serio sus responsabilidades costara lo que costara. Por tanto, fueron un ejemplo claro para otros (1.7). Eran así:

- Trabajaban para Dios (1.3)
- Soportaban la dureza (1.3)
- Se gozaban en el evangelio (1.6)
- Difundían el mensaje (1.8)
- Su compromiso era de todo corazón (1.9)

El regreso de Cristo

Era un tema que desconcertaba a algunos en Tesalónica. Pablo acaba cada capítulo haciendo referencia a ello (1.10; 2.19; 3.13; 5.23) y da una enseñanza detallada de 4.13 a 5.11. Había dos grandes asuntos:

• Seguridad sobre los muertos

Algunos cristianos pensaban que, si morían antes de que Jesucristo regresara, quedarían fuera de la nueva creación. No solamente estaban apenados por la pérdida de sus seres queridos sino por lo que, según pensaban, era una pérdida eterna también. Pablo corrige ese punto de vista en

En Suazilandia, escuchando el evangelio en las ondas. Las buenas nuevas de Jesús traen esperanza real

4.13-18. Los cristianos que mueren, «duermen». Cuando Cristo vuelva, resucitarán de los muertos antes de que ocurra cualquier otra cosa (4.15,16).

• Desafío para los vivos

Nunca sabremos cuándo va a volver Cristo. Pablo repite aquí lo que Jesús mismo enseñó (Mt 24.36-44). Dice que tenemos dos opciones. Podemos vivir como queramos dando por hecho que Cristo no volverá en mucho tiempo, o podemos vivir como si viniese esta misma noche. Él instó a hacer lo segundo, porque debemos mantenernos despiertos espiritualmente, alertas ante la obra de Dios en nosotros y alrededor de nosotros (5.5-7), y por lo tanto vivir vidas santas y puras (4.1-12; 5.12-22).

IMPORTANCIA PARA NUESTROS DÍAS – 1 TESALONICENSES

1 Tesalonicenses es una carta intensa y práctica en la que todos sus temas son importantes para cada época y cultura. Tomemos estos temas de forma diferente, haciéndonos algunas preguntas a nosotros mismos.

Ser un ejemplo para los demás

Es un desafío individual y colectivo. Pablo lideraba al frente, mostrando su dedicación personal y su disposición a sufrir sabiendo que Dios vence a la oposición humana o las circunstancias difíciles. Pero la iglesia, en conjunto, también estaba dando un ejemplo de fidelidad y testimonio. Las actividades de un grupo unido de cristianos impactan a menudo a las personas. Entonces: ¿está mi vida siendo un ejemplo que aliente a mis hermanos cristianos y que ayude a mostrar a Cristo al mundo? ¿Está nuestra vida en la iglesia en armonía y dedicada a servir a Cristo con palabras y con hechos?

Permanecer centrados en Cristo

No está de moda en la actualidad hablar del regreso de Cristo, o incluso del viaje a través de la muerte que cada uno de nosotros debe hacer. Pero es un centro de atención en el ministerio de Pablo y en las vidas de muchos cristianos perseguidos o maltratados. Pero Pablo no ofreció simplemente una promesa de bendición futura para ayudar a las personas a soportar la presión. Era mucho más que eso.

Cuando nos centramos en el regreso de Jesús tenemos un objetivo, una meta. Hay una tarea, ayudar al crecimiento del reino de Dios, en un espacio de tiempo limitado (y desconocido). El Señor sabrá lo que hemos hecho por él cuando vuelva. Pablo está diciendo que nos pongamos a trabajar mientras tengamos tiempo para ello. ¿Estoy centrado en servir a Jesús de palabra, de hecho y de pensamiento de forma que esté preparado si él viniera esta noche?

> «Porque si creemos que Jesús murió y resucitó, así también traerá Dios con Jesús a los que durmieron en él».
>
> **1 Tesalonicenses 4.14**

Mostrar la fe con nuestra vida

El testimonio cristiano es tanto de hechos como de palabras. Los no creyentes nos miran y preguntan si estamos aplicando en nuestras vidas lo que decimos que creemos. Pablo sabía esto e incluyó dos secciones que tratan de la vida cristiana práctica. Se incluye moralidad sexual (4.3-8), amor por los demás (4.9-10) y ser un buen ciudadano (4.11,12). Los breves mandatos en 5.12-22 proveen una buena lista de exhortaciones para el discipulado cristiano, e incluye ayudar económicamente a los obreros cristianos a tiempo completo, ser pacientes y bondadosos y adorar con gozo y equilibrio. Cuando leo estas instrucciones, ¿las estoy siguiendo totalmente y en todas las circunstancias?

2 Tesalonicenses
ESPERAR PACIENTEMENTE EL REGRESO DE CRISTO

PERSPECTIVA GENERAL

Los cristianos en Tesalónica seguían confusos con la promesa del retorno de Jesucristo a la tierra. Pablo les dijo que Jesús volvería después de un periodo de caos. Entretanto, los cristianos no deben borrarse de sus responsabilidades sociales y familiares mientras esperan que Jesús venga.

RESUMEN

Después de las palabras formales de inicio (1.1, 2), Pablo añade oraciones por la iglesia. Hay una acción de gracias en 1.3, 4 pero solamente en 1.11, 12 se especifica aquello por lo que Pablo está orando; les asegura que habrá un juicio de Dios sobre sus enemigos, lo cual es un alivio para ellos. El tema principal es el regreso de Jesucristo y Pablo explica que eso todavía no ha ocurrido (2.1, 2); al contrario, antes de que ocurra tiene que venir «el hombre de pecado» (2.3, 8, 9) y apartar a las personas de Dios (2.3-12). Sin embargo, a pesar de los tiempos difíciles que se avecinan, los lectores están seguros bajo la protección del Dios que están adorando (2.13-15) y Pablo los bendice (2.16-17). La sección práctica comienza con una petición de oración por Pablo y la seguridad de la fidelidad de Dios (3.1-5). Después Pablo se dirige a aquellos creyentes que han abandonado sus ocupaciones anticipándose al regreso de Jesucristo, y les insta a retomar su vida normal (3.6-13). Se suman algunas anotaciones sobre miembros desobedientes (3.14,15) antes de que Pablo termine la carta con una oración pidiendo paz escrita por su propia mano (3.16-18).

Autor y fecha

No había dudas en la iglesia primitiva en cuanto a que Pablo fuese el autor de esta carta. En la actualidad han surgido algunas porque hay muchas palabras en la carta que Pablo no usa en ningún otro sitio, y algunos de los temas (como el «hombre de pecado») son raros en Pablo y en el resto del Nuevo Testamento. Algunos han sugerido que esta carta se escribió antes de la que conocemos como 1 Tesalonicenses.

Sin embargo, la enseñanza no contradice el resto del Nuevo Testamento, y en muchos aspectos lo complementa. Y 2.15 deja entrever que Pablo ya ha escrito antes a los tesalonicenses. Es, por tanto, probable que Pablo escribiera esto seis meses después de 1 Tesalonicenses, quizás cuando Timoteo y Silas regresaban de haberla entregado. Pablo seguiría en Corinto en ese momento.

Trasfondo

Ver el *Manual* en 1 Tesalonicenses, p. 285, para los detalles de la visita de Pablo a la ciudad y los viajes siguientes.

Sabemos, según Hechos y Gálatas, considerando que fue la primera de las cartas de Pablo, que surgieron falsos maestros en la iglesia primitiva solamente una década después de la muerte de Jesús. En 2 Tesalonicenses Pablo revela un problema inquietante: había personas que falsificaban cartas que decían que eran de Pablo, y otros estaban extendiendo el falso rumor de que Jesús ya había vuelto a la tierra (2.2). Los timos e historias falsas de la actualidad también ocurrían hace dos mil años.

Pablo estaba preocupado por el impacto que pudieran tener esos rumores y falsificaciones en los cristianos de Tesalónica, muy jóvenes en la fe. Por eso escribió 2 Tesalonicenses, para refutar la enseñanza falsa, y al mismo tiempo nos ha provisto de una enseñanza clara sobre el regreso de Jesucristo, que nos ayuda a interpretar lo que Cristo dijo y partes del libro de Apocalipsis. Y, práctico como siempre, Pablo indica cómo se debe aplicar su importante teología en la vida diaria, tan difícil

BOSQUEJO – 2 TESALONICENSES

La iglesia que sufre

1.1,2	Saludos
1.3,4	Acción de gracias por la iglesia de Tesalónica
1.5-10	Dios reivindicará a su pueblo
1.11-12	Oración por los tesalonicenses

La verdad sobre el regreso de Cristo

2.1-12	Enseñanza sobre «el hombre de pecado»
2.13-17	Palabras de aliento para mantenerse firme en la fe

La responsabilidad de los cristianos

3.1-5	Petición de oración
3.6-15	Exhortación a disciplinar a los perezosos
3.16-18	Oración final, saludos y bendición

TEMAS CLAVE – 2 TESALONICENSES

El regreso de Jesús

La enseñanza de Pablo sobre la Segunda Venida se parece a la de Jesús en Mateo 24.26-31 y 25.31-46. Jesús vendrá a juzgar al mundo (1.8, 9) con un gran regocijo de los santos (1.10). El tiempo de su venida se desconoce (2.2) pero será después de un periodo de confusión y sufrimiento (2.4, 9-12).

La justicia de Dios

Cuando la vida parece injusta, las personas preguntan cómo lo permite un Dios justo. Estarían haciendo eso en Tesalónica, donde se perseguía a los cristianos por su fe. Pablo les reafirma que Dios es justo. Quizás su justicia no sea notoria en esta vida, pero lo será cuando Cristo vuelva. Entonces, Dios castigará a los malvados y salvará a los que sufren (1.5-10).

El ataque de Satanás

La descripción de Pablo del engañoso «hombre de pecado» no tiene igual en el Nuevo Testamento. Sin embargo, encaja con la predicción de Jesús de un gran mal que está por venir, y de falsos profetas que traen señales y maravillas engañosas (Mt 24.15-25). También nos recuerda pasajes sobre el anticristo como Apocalipsis 13.

No se puede identificar esta figura con nadie en la historia. Cada cierto tiempo aparece alguien que combina un poder político déspota con una religión falsa. Los cristianos deben estar siempre preparados para combatir contra el mal. Pablo aseguró a sus lectores que hay un poder restrictivo que está trabajando (2.7). Dios mantiene a Satanás atado a una correa larga, pero nunca le deja escaparse de ella. Pablo no especifica cuál era ese poder restrictivo; puede ser la *pax romana*, la paz y el orden del imperio romano. A pesar de los excesos de algunos emperadores, los romanos generalmente estaban contra el abuso de poder.

El poder del Espíritu

Los cristianos pueden soportar un sufrimiento y una persecución intensos porque el Espíritu nos hace más como Jesús («nos santifica», 2.13). Vamos a compartir el reino de Jesús (2.14) y él nos ayudará y nos alentará hasta ese día (2.16,17; 3.5).

La responsabilidad de los cristianos

Venga cuando venga Jesús, no debemos ser holgazanes. Pablo destaca la necesidad de trabajar honradamente (3.6-15). Dios creó a las personas para trabajar y él nos llama a desempeñar un papel muy importante en el desarrollo de este mundo. Pablo fue un ejemplo ya que trabajaba mientras predicaba: no vivía a costa de otros, como tampoco lo debe hacer ningún otro cristiano.

IMPORTANCIA PARA NUESTROS DÍAS – 2 TESALONICENSES

Ser paciente mientras se sufre

Esto es fácil de decir y difícil de aplicar. La capacidad de aguante de los tesalonicenses es una señal de fe genuina (1.4, 5). Su sufrimiento era un llamamiento de Dios y no una maldición como algunos dicen. Debido a su paciencia, su fe y su amor crecían (1.3). Las circunstancias difíciles pueden alimentar la fe en lugar de destruirla. Dios nos ama profundamente, pero no siempre allanará nuestro camino en la vida.

Tener confianza durante la tentación

Como Pablo le iba a decir más adelante a los corintios (desde su propia experiencia y, quizás, habiendo observado a los tesalonicenses), Dios nunca nos deja ser probados (o «tentados») más de lo que podemos resistir (1 Co 10.13). Él sigue en el control y nos protegerá de Satanás (3.3), y lo hará si centramos nuestros pensamientos en su amor, dándonos la misma fuerza que tenía Jesús (3.5). Debemos confiar en él, para poder apoyarnos en su fuerza cuando lo necesitemos.

Cuidado con lo que se cree

Todos los cristianos pueden desviarse. Tristemente, es más probable que estemos convencidos de que los demás están equivocados antes que pensar que somos nosotros los que estamos en un error. Pablo advirtió a los tesalonicenses que no creyeran las cartas falsas y los rumores (2.2). Lo malo puede parecer bueno (2.9). Pero, ¿cómo podían saber que eran falsas? La enseñanza de Pablo en ese momento era incompleta, esta carta completa lo que enseñó en persona. Pablo deja entrever aquí lo que más tarde dijo explícitamente a los corintios: pensad cuidadosamente en las profecías antes de aceptarlas como ciertas (1 Co 14.29). Tenemos la ventaja de disponer de toda la Biblia para contrastar y comprobar las nuevas ideas. Buscar en la Palabra de Dios con otros, en oración y con reflexión, ampliará nuestro entendimiento y nos protegerá del error.

> «Y vosotros, hermanos, no os canséis de hacer bien».
>
> **2 Tesalonicenses 3.13**

No cansarse nunca de hacer lo correcto

Los primeros lectores de Pablo estaban entusiasmados con su nueva fe, algo normal en los cristianos jóvenes en la fe. Ese entusiasmo les llevó a estilos de vida que no reflejaban la voluntad de Dios, y que eran un testimonio pobre para el mundo. Algunos habían dejado sus trabajos con el fin de prepararse para la venida de Cristo. La holgazanería y el depender de otros no son modos correctos de actuar (3.6-13). Dios no nos llama para que dejemos nuestros trabajos. En lugar de eso, nos envía al mundo para que «hagamos lo correcto» (3.13), honrándole en nuestro trabajo y en nuestras relaciones.

1 Timoteo

INSTRUCCIONES PARA LA VIDA DE IGLESIA

PERSPECTIVA GENERAL

Timoteo se quedó a cargo de la iglesia en Éfeso. Pablo le recordó algunos principios básicos que gobernaban la vida de la iglesia, principios que Timoteo tenía que reforzar. Estos incluyen temas relativos a la conducta en la adoración, el bienestar social, el comportamiento de los líderes de la iglesia y manejar la situación con los falsos maestros.

RESUMEN

El capítulo 1 es una introducción, que contiene los saludos típicos de cualquier carta de la época (1.1, 2). El propósito de la carta es dejar claras unas reglas básicas para que Timoteo las usara en la iglesia de Éfeso. Estas reglas son una especie de ley que Timoteo debía usar con autoridad contra los falsos maestros que también decían estar enseñando la ley.

El cuerpo principal de la carta (2.1-6.2) establece normas para lidiar con los problemas pastorales que se destacan en la introducción. Así, los falsos maestros se mencionan en el primer capítulo, probablemente porque parecía el problema más urgente. Se vuelve a hablar de ellos en 4.1-4. Los requisitos de los buenos líderes se detallan en 3.1-13, y se aplican específicamente a Timoteo en 4.6-5.3. La apostasía de los creyentes se trata en 4.1 y en la conclusión. Los asuntos relativos a la disciplina en la iglesia se exponen en 5.17-22 y por toda la carta, ya que estos problemas son variados y no tienen unos límites claros sino que se solapan. También se ven problemas relativos a reuniones de oración de la iglesia (2.1-8); mujeres (2.9-15); viudas (5.3-16); y esclavos (6.1,2).

La conclusión (6.3-20) es una mezcla de consejos de última hora sobre problemas, especialmente la caída de los creyentes, y de exhortaciones personales a vivir una vida ejemplar y cercana a Dios. También hay una doxología (alabanza a Dios), y una despedida.

Autor

Existían pocas dudas en la iglesia primitiva sobre la autoría de Pablo. En los últimos doscientos años han surgido serias dudas. Esto se debe a las diferencias en el lenguaje que Pablo usa aquí, comparado con el que usa en las cartas que son suyas con seguridad. Sin embargo, Pablo había tenido una buena educación y podía tener un vocabulario amplio. Otro argumento que puede ser válido tiene que ver con la naturaleza de la herejía que Pablo refuta y la estructura de la vida de la iglesia que destaca. Se dice que ambas reflejan situaciones que se conocieron después del primer siglo. Sin embargo, las descripciones de Pablo pertenecen a los principios de la iglesia, en lugar de a prácticas y creencias ya establecidas por largo tiempo. También hay un asunto de alusiones personales (ver más adelante). La autoría de Pablo sigue siendo muy probable.

Fecha y Trasfondo

1 Timoteo debe considerarse junto a 2 Timoteo y Tito. Estas tres epístolas se han llamado «epístolas pastorales», porque tratan en profundidad temas de liderazgo y orden en la iglesia. Se escribieron probablemente después del encarcelamiento de Pablo en Roma (Hch 28.16,30).

Al parecer, después de su arresto domiciliario inicial, Pablo estuvo libre un tiempo e hizo un viaje no recogido en Hechos, visitando algunas de las iglesias que había plantado. Queda claro en 1.3 que había estado en Éfeso otra vez (su primera visita se recoge en Hechos 19.1-41 y se encontró de nuevo con los líderes de la iglesia en Hechos 20.13-39). En 3.14 dice que espera volver, pero no se sabe con certeza si lo pudo hacer. Vea las introducciones a 2 Timoteo y Tito para otras posibles visitas que hizo a iglesias durante ese tiempo.

Timoteo no era un apóstol, sino más bien lo que podríamos llamar un delegado apostólico. También era amigo de Pablo, y su ayudante. Pablo aprobó la autoridad de Timoteo sobre la iglesia en Éfeso por lo que, si Timoteo hablaba, era como si Pablo hablara. Timoteo usó la carta para reforzar su autoridad (3.14,15). Encontrará más información sobre Timoteo en la introducción a 2 Timoteo.

BOSQUEJO – 1 TIMOTEO

El evangelio verdadero y el falso
1.1,2 Saludos
1.3-11 Timoteo, encargado de poner fin a la falsa enseñanza
1.12-17 El testimonio de Pablo para el evangelio
1.18-20 Timoteo, encargado de mantener la fe

Asuntos de adoración pública
2.1-8 Normas relativas a la oración
2.9-15 El comportamiento de las mujeres en la adoración pública

Asuntos relativos a los líderes de la iglesia
3.1-7 Requisitos de los obispos
3.8-13 Requisitos de los diáconos
3.14-16 El propósito de la carta

Instrucciones para Timoteo
4.1-5 Condena de las falsas enseñanzas
4.6-16 Responsabilidades personales de Timoteo

Responsabilidades hacia varios grupos
5.1-16 Normas para el bienestar de las viudas
5.17-20 Instrucciones sobre sustento y respeto para los ancianos
5.21-25 Consejos personales a Timoteo
6.1,2 Instrucciones relativas a esclavos

Instrucciones adicionales
6.3-10 Una acusación final de los falsos maestros
6.11-16 Exhortaciones finales a Timoteo
6.17-19 Consejos a los ricos
6.20,21 Encargo final a Timoteo

TEMAS CLAVE – 1 TIMOTEO

Instrucciones para Timoteo

Hay varios pasajes de instrucciones explícitas para el joven ayudante. Especialmente tiene que:

Oponerse a los falsos maestros (1.3-11; 4.1-10)

Eran personas obsesionadas con especulaciones y controversias que distraían a otros del verdadero evangelio. Eran legalistas, e imponían pesadas cargas en las personas, enseñando que el mundo material es malo. Esto pudo ser una forma inicial de lo que luego se desarrolló como gnosticismo en el siglo II d. C. Pablo los refuta diciendo que la ley de Dios es para reprender a los pecadores, no para limitar a los santos (1.8-11). También dice que el mundo material es una parte de la buena creación de Dios y hay que recibirla con gratitud en lugar de con desprecio (4.3-5).

Pelear la buena batalla (1.12-20; 4.11-16; 6.11-21).

Pablo recuerda a Timoteo el evangelio de la gracia de Dios y le insta a mantenerlo rememorando las profecías sobre su ministerio (1.18; 6.12). Eso también le ayudaría a superar su timidez natural (2 Ti 1.7) y a tratar con la gente que le menospreciaba por ser joven (4.12). Tenía simplemente que dedicarse al estudio y asegurarse de ofrecer un buen ejemplo a los demás (4.12,13).

Instrucciones sobre la vida de la iglesia

En aquel tiempo, la adoración en la iglesia no seguía un patrón litúrgico aceptado por una mayoría, pero aquí (y en 1 Co 12-14) Pablo indica que hay que respetar ciertas pautas:

- Orar por las autoridades (2.1-7). Pablo pide que los cristianos sean buenos ciudadanos e intercedan por los líderes seculares. Orar por paz ayuda a todo el mundo; la paz promueve el bienestar del ser humano y facilita que el evangelio se extienda sin dificultad.
- Respeto de los límites culturales (2.8-15). La iglesia del Nuevo Testamento existía dentro de una sociedad patriarcal en la que los hombres eran los líderes dominantes. Aunque Pablo valoraba el ministerio de las mujeres (Ro 16.1-4,12), no las alentaba a que hicieran los papeles tradicionales de los hombres; eso hubiera sido demasiado radical para una iglesia recién nacida. En la actualidad, algunos cristianos dicen que ese predominio del varón era un reflejo de una cultura pasada y que no es obligatorio. Otros dicen que es parte del orden en la creación de Dios y sigue siendo obligatorio para la iglesia.

Instrucciones sobre los ministros de la iglesia

El patrón del ministerio tampoco estaba establecido. Algunos interpretan que estos ancianos a los que Pablo se refiere son el equivalente a los sacerdotes o presbíteros, ministros a cargo de una iglesia. Sin embargo, los principios que Pablo expone para ellos y para los diáconos se aplican para todos los que tienen alguna responsabilidad en la iglesia. Son cualidades personales, no definiciones precisas de roles (3.1-12)

IMPORTANCIA PARA NUESTROS DÍAS – 1 TIMOTEO

Cómo servir

El consejo de Pablo a Timoteo y sus instrucciones a los líderes de la iglesia nos dan principios que podemos aplicar a cualquier tipo de actividad cristiana.

- Nuestras vidas deben ser ejemplares (3.2-4, 7; 4.12). Los líderes no están exentos de cumplir lo que enseñan a otros; deben poner en práctica lo que predican.
- Los líderes son los responsables de señalar los errores (1.3; 4.6, 11); no pueden quedarse callados si la fe se ve comprometida o se está dando una enseñanza falsa.
- Los líderes no deben ser dominantes, ni demasiado duros, sino tratar a los demás con respeto (5.1, 2; 6.1, 2).

¿Cómo compartir?

Los cristianos de Éfeso parecían tan perezosos y egoístas como cualquier otra persona. A todos nos gusta escoger siempre la opción más fácil. Pablo tiene palabras firmes sobre compartir, en diferentes contextos.

- En los tiempos de Pablo, las viudas quedaban en la indigencia sin la ayuda de la iglesia, porque las mujeres generalmente no podían trabajar fuera de su casa (5.3). Apoyar a los hermanos en necesidad es una parte importante del discipulado.
- Las familias deberían cuidar de sus familiares necesitados (5.8,1 6). Esto se da por hecho en muchos países en desarrollo, pero no necesariamente en Occidente, donde las familias se rompen y los mayores se dejan en residencias de ancianos.
- Pablo no quiere que las viudas jóvenes se vuelvan «ociosas, chismosas y entremetidas» en lugar de aceptar responsabilidades mayores en sus vidas (5.13). Podemos aplicar esto a todo el que puede trabajar pero no lo hace (por la razón que sea); nuestro tiempo y nuestros recursos deben usarse para los demás y para la iglesia si no necesitamos trabajar para sobrevivir.
- Las personas mejor situadas económicamente deben usar su dinero para el bien de los demás y no convertirlo en su dios (6.9, 17-19).

¿Cómo mantenerse firme?

Timoteo era claramente vulnerable en Éfeso porque era un extraño, y joven. Habría sido fácil que fracasara en sus responsabilidades por la presión que sentía. Pablo le enseñó (y a nosotros) cómo mantenerse firme en situaciones difíciles en las que los demás no nos aceptan:

- Recordando su llamamiento, el cual Dios confirmó (1.18; 4.14).
- Agarrándose a la fe que recibió y no apartándose de ella (1.19; 4.16; 6.20).
- Viviendo coherentemente de una forma que agrade a Dios (6.11-14).
- Sobre todas las cosas, aferrándose al mismo Dios (4.9, 10).

> «Pero gran ganancia es la piedad acompañada de contentamiento; porque nada hemos traído a este mundo, y sin duda nada podremos sacar».
>
> 1 Timoteo 6.6-7

2 Timoteo
LAS PALABRAS DE ÁNIMO EN LA DESPEDIDA DE PABLO

PERSPECTIVA GENERAL

Pablo estaba en la cárcel con poca esperanza de ser liberado. Dejó a Timoteo a cargo de la iglesia de Éfeso y escribió para alentar a su joven ayudante y que este se mantuviera firme ante la oposición, la enseñanza falsa y el sufrimiento. Esta es una carta muy intensa y personal de un líder cristiano que sabe que sus días están contados.

RESUMEN

La carta empieza con un saludo estándar (1.1, 2), que establece de entrada el tono cálido y personal de la carta. Timoteo es su hijo (en griego *teknon*), una palabra que se usaba de maestros a discípulos y como expresión de cariño a un adulto (algo así como «querido hijo»). El cuerpo principal de la carta se divide en cuatro partes, una por cada capítulo. 1.3-18 pide a Timoteo que no se distancie del sufrimiento de Pablo en prisión. El capítulo 2 exhorta a Timoteo a enseñar a otros y a advertirles, sugiriendo un ministerio público continuo de Timoteo pero, al mismo tiempo, necesita enseñarse y advertirse a sí mismo. El asunto de la enseñanza sana frente a la falsa es la preocupación que continúa de la primera carta a la segunda. El capítulo 3 enfoca esto como una batalla entre la verdad y la falsedad, entre enseñar y engañar. En la práctica, Timoteo debe vivir en la verdad y resistir la falsedad. El capítulo final (4.1-8) le insta a vivir a la luz de la Segunda Venida de Cristo. La despedida pinta un cuadro de la soledad de Pablo en la cárcel y de su habilidad para dirigir a un grupo de personas en los asuntos de la joven iglesia. En la parte final Pablo le dice a Timoteo que quiere verle antes del invierno, ya que la navegación por mar se interrumpía (4.9, 21). Como en muchas de sus otras cartas, envía saludos a sus amigos y manda saludos de parte de los cristianos en Roma.

Autor y fecha

Es probable que Pablo escribiera esta carta, aunque algunos expertos han tenido serias dudas debido a la introducción a 1 Timoteo.

Transcurrió algún tiempo entre la redacción de 1 y 2 Timoteo. Pablo estuvo viajando pero ahora estaba preso otra vez en Roma, esta vez en una cárcel común (1.8; 2.9) en lugar del arresto domiciliario (Hch 28.16). El lugar debía ser difícil de localizar (1.17), lo que explica la soledad que refleja la carta. Pablo hace referencia a muchos amigos, y pide visitantes y cosas que le hagan más cómoda la situación (4.9-13,16). Él esperaba claramente que lo iban a ejecutar (4.6-8).

Esto fecha la carta alrededor del año 66 d. C., durante la campaña del emperador romano Nerón contra los cristianos. Posteriormente se dijo que este emperador ejecutó tanto a Pablo como a Pedro. Al ver llegar el final, Pablo escribió a Timoteo para animarlo a seguir firme; quería asegurarse de que la obra por la que había dado su vida iba a continuar.

Trasfondo

No podemos averiguar los movimientos de Pablo cuando quedó en libertad de su arresto en Roma. Sabemos, a partir de 1 Timoteo 1.3, que estuvo en Éfeso. En 2 Timoteo 4.13, 20 se hace referencia a visitas recientes a Troas, Mileto y Corinto. Otras visitas se mencionan en Tito 1.5; 3.12.

Timoteo fue uno de los que se convirtió a través de Pablo en Listra (Pablo la visitó, así como otros lugares, en Hch 13.14-14.23, a lo que hace referencia aquí en 3.11). El padre de Timoteo era griego, pero su madre y su abuela eran judías que se convirtieron al cristianismo (1.5; Hch 16.1). Se unió a Pablo en viajes misioneros, habiéndose circuncidado antes para no ofender a los judíos (Hch 16.2-4). A partir de ahí se le cita como compañero cercano a Pablo (1 Ts 1.1) y Pablo le envió como delegado suyo a Corinto (1 Co 4.17) y a Éfeso (1 Ti 1.3).

Pablo tenía mucho cariño a Timoteo («mi querido hijo», 1.2; 2.1), que había sido apartado para el ministerio (1.6), a pesar de ser tímido (1.7) y joven (1 Ti 4.12).

BOSQUEJO – 2 TIMOTEO

Se expresa la lealtad y se alienta a ejercerla
1.1,2 Saludos
1.3-5 Acción de gracias
1.6-14 Llamamiento a la lealtad a pesar de las dificultades
1.15-18 Ejemplos de lealtad y deslealtad

Instrucciones personales para Timoteo
2.1-7 Llamamiento a permanecer firme
2.8-13 La base de la fe
2.14-21 Exhortación a resistir a los falsos maestros
2.22-26 Las responsabilidades de Timoteo
3.1-9 Otra acusación a los falsos maestros
3.10-17 Llamamiento a ser leales a las Escrituras
4.1-5 Llamamiento a ser leales al evangelio

Pablo pide ayuda
4.6-8 La fidelidad y la lealtad de Pablo
4.9-18 Mensajes y peticiones personales
4.19-22 Saludos finales

TEMAS CLAVE – 2 TIMOTEO

Perseverar a través del sufrimiento

La estancia de Pablo en la cárcel era difícil (1.8; 2.9), pero él ya predijo el sufrimiento en su conversión (Hch 9.15,16) y este se volvió su estilo de vida. Llegó a la conclusión de que formaba parte del discipulado de muchos cristianos (3.12). En 2.3-7 anima a Timoteo a soportar el sufrimiento, usando dos imágenes comunes. Un soldado en activo debe enfrentarse a dificultades y a una muerte posible; un atleta que quiere triunfar tiene que superar el dolor y respetar las reglas. Cada vez que escribía sobre el sufrimiento, Pablo también hablaba de la ayuda fiel de Dios (3.11; 4.17); nunca perdió su fe.

Preservar la verdad de Dios

Los falsos maestros y las personas impías estaban por todas partes en la iglesia primitiva, igual que en la actualidad (3.1-9; 4.3,4). Aquí, Pablo hace algo que no es normal en él, que es nombrar a los falsos maestros y cristianos que le traicionaron o desertaron de la fe (1.15; 2.17, 18; 4.10, 14, 15). Frente a esta variada oposición estaba Timoteo, cuya tarea era proteger el evangelio (1.13, 14). Pablo indica cuatro cosas que le ayudarán a cumplir con su tarea:

• Recordárselo a las personas (2.14).
• Llevar una vida ejemplar él mismo (2.22).
• Evitar disputas vanas innecesarias sobre temas y controversias menores (2.14, 16, 23).
• Enseñar a los cristianos de forma bondadosa para no alimentar la oposición.

Predicar la palabra

Pablo instó varias veces a Timoteo a predicar la Palabra de Dios (2.2, 25; 4.2) pero solo lo podía hacer si él mismo la estudiaba cuidadosamente (2.15). Pablo vuelve a este tema en 3.14-16, y 3.16 es un versículo clave para entender la naturaleza y el propósito de las Escrituras. Pablo dice que «inspirada por Dios» (literalmente la palabra es «exhalar»). Significa que el Espíritu Santo guió a los escritores a escribir las verdades eternas en sus propias palabras para que las generaciones futuras pudieran escuchar a Dios hablando. Las personalidades únicas de los escritores no se dejaron de lado. Las Escrituras resultantes no solamente nos hablan de Dios y sus poderosos hechos, sino que desafían nuestro comportamiento y nuestras actitudes.

La esperanza de Pablo

Acercándose al final de su vida, Pablo enfrentó lo que hay más allá de la tumba. Ahora no estaba preocupado por el fin del mundo y la Segunda Venida de Cristo; lo estaba por la esperanza individual de cada persona. A él se le aseguró que estaría a salvo (1.12), confiaba en la salvación (2.10), y anhelaba «la corona de justicia» (4.8). Por encima de todo, había cumplido su llamamiento; no se arrepentía de nada (4.7).

Grupo de discipulado en Bulgaria. Pablo instó a Timoteo a protegerse de las enseñanzas falsas concentrándose en las verdades básicas del evangelio y enseñándolas

IMPORTANCIA PARA NUESTROS DÍAS – 2 TIMOTEO

Mantener el enfoque

Había muchas distracciones, tentaciones y problemas alrededor de Timoteo, igual que nos ocurre a nosotros. Con esta carta, Pablo le exhorta a mantenerse centrado en:

- Su preparación y su llamamiento (1.5-6; 3.14). Mirar hacia atrás, a los que nos enseñaron la fe, a nuestra conversión, a nuestro crecimiento espiritual y a nuestro llamamiento para el servicio, puede ayudarnos a enfrentarnos a las dificultades con determinación y fe.
- El evangelio (1.13, 14; 2.10-13). Pablo dice dos veces a Timoteo que no pierda el tiempo en debates sin sentido (2.16, 17, 23). En lugar de eso tiene que centrarse en las verdades básicas del evangelio, y enseñarlas. Estas verdades son la vida, la muerte, la resurrección y la expiación de Cristo. Es fácil, aunque erróneo, dejar que los asuntos secundarios tomen el lugar de los realmente importantes.
- Las Escrituras (2.15; 3.15-17). Timoteo disponía del Antiguo Testamento y de algunos de los escritos de Pablo para mantenerse centrado en los propósitos de Dios y sintonizado con la voluntad de Dios. El estudio bíblico es importante incluso cuando se conocen bien las Escrituras; Dios habla a través de ellas en nuestras circunstancias diarias.
- El poder de Dios. Timoteo era callado y sensible, y se desanimaba fácilmente. Pablo le decía que tenía que apoyarse en el poder de Dios para seguir adelante (1.7). Dios ayudó también así a Pablo (3.11).
- Su tarea en la iglesia. En 4.5 Pablo le dice que siga adelante con ello y que deje los problemas en manos de Dios.

Apoyar a los amigos

Nunca sabremos por qué tantas personas dejaron a Pablo (1.15; 4.10,16). Puede ser en parte porque muchos dejaron la fe, y otros tenían miedo de que las autoridades los consideraran culpables de asociarse con él y los arrestaran. Pablo se daba cuenta de su vulnerabilidad y mortalidad en la cárcel y echaba de menos a sus amigos. Incluso temía que Timoteo se avergonzara de él (1.8). Como Jesús, abandonado en Getsemaní (Mt 26.56) y gritando en absoluta soledad en la cruz: «Dios mío, ¿por qué me has abandonado?» (Mt 27.46), Pablo conoció la realidad de la ayuda divina (4.17), pero necesitaba desesperadamente el alivio que le podían traer sus amigos. Estaba agradecido por las visitas de Onesíforo (1.16) y Lucas (4.9), y anhelaba ver a Timoteo y a Marcos (4.11). Este apoyo puede ser costoso para el que lo da, pero ¿qué es más importante, demostrar amor por alguien, poniéndolo en práctica, o abandonarlo por culpa del miedo o la pereza? Algún día, podemos ser nosotros quienes necesitemos ese apoyo.

> «Toda la Escritura es inspirada por Dios, y útil para enseñar, para redargüir, para corregir, para instruir en justicia».
>
> **2 Timoteo 3.16**

Tito

¡CONTROLE ESAS PASIONES!

PERSPECTIVA GENERAL

La nueva iglesia en la isla de Creta estaba dando un testimonio pobre del evangelio. Sus miembros vivían vidas egoístas alejadas de las demandas de amor y bondad. Pablo envió allí a Tito para corregirles (1.5). En esta carta, Pablo le da las pautas a seguir, con un lenguaje directo, en relación con la conducta que se espera de los líderes y los miembros de la iglesia.

RESUMEN

La carta comienza con saludos en 1.1-4. Tito, como Timoteo, es hijo de Pablo (en griego teknon), su discípulo fiel. El capítulo 1 trata de la designación de los ancianos, la prioridad principal de Tito en las nuevas iglesias establecidas en Creta. Se trata también el tema de las personas que siembran división en la iglesia. Principalmente eran judíos «conversos», si es que realmente se habían convertido, pero parecían mantener los vicios típicos de los cretenses, especialmente la mentira. El capítulo 2 trata de lo que Tito debía decir a cada cual, jóvenes y viejos, hombres y mujeres, y esclavos. Hay una afirmación del mensaje de salvación para dejársela clara a todos. El capítulo 3 tiene una lista de virtudes prácticas y de comportamiento que Tito debe enseñar a toda la iglesia, y luego toca brevemente el tema de la disciplina en la iglesia. Los versículos finales (3.12-15) son la despedida, las instrucciones personales y administrativas y los saludos.

Autor y fecha

Hay pocas dudas de que Pablo escribiera esta carta, que se agrupa con 1 y 2 Timoteo en las «epístolas pastorales». Si han existido algunas dudas, han sido debidas a la introducción a 1 Timoteo.

Se escribió después de la liberación de Pablo de su arresto domiciliario en Roma (Hch 28.16), cuando el apóstol se embarcó en más viajes. Estos viajes no los encontramos en Hechos, por lo que no podemos averiguar un itinerario claro. Las introducciones a 1 y 2 Timoteo indican algunos lugares visitados, y Tito añade dos más. Uno era Creta (1.5), donde Pablo y Tito habían plantado

una iglesia recientemente. Pablo había pasado por Creta como prisionero de camino a Roma (Hch 27.7-12), pero fue una estancia muy corta que no le permitió disponer del tiempo necesario para la obra misionera. El otro lugar era Nicópolis, en Grecia (3.12), hacia donde quería ir Pablo cuando escribió esta carta.

Pablo probablemente escribió Tito entre 1 y 2 Timoteo, desde Corinto, lo cual se menciona en 2 Timoteo 4.20. La fecha sería aproximadamente el año 65 d. C.

Trasfondo

Tito, como Timoteo, se convirtió a través del ministerio de Pablo («verdadero hijo en la común fe», 1.4) y fue un ayudante en el que depositó mucha confianza. Era gentil, igual que Timoteo, aunque, a diferencia de él, Pablo no vio la necesidad de que se circuncidara para no ofender a los judíos a los que ministraba a menudo (Gá 2.1-3). Y también a diferencia de Timoteo, era un carácter fuerte que no se asustaba fácilmente con las personas difíciles.

Aunque Tito nunca se menciona en Hechos, su nombre aparece en las cartas de Pablo. No se nos da una lista exacta de su correspondencia mutua, pero queda claro que Pablo lo elegía para los sitios problemáticos:

- Jerusalén, para explicar la misión a los gentiles (Gá 2.1).
- Corinto, varias veces, incluyendo cuando actuaba como mensajero de Pablo (2 Co 7.6, 14, 15; 8.6, 16-21).
- Creta, para solucionar las cosas (1.5).
- Dalmacia, a iglesias por lo demás desconocidas (2 Ti 4.10).

BOSQUEJO – TITO

Introducción: la tarea por hacer
1.1-4   Saludos
1.5-9   Normas relativas a la designación de ancianos
1.10-16 Advertencia contra las enseñanzas falsas

La enseñanza que debe dar
2.1-10   Instrucciones a grupos de creyentes
2.11-15 La base teológica de la vida cristiana
3.1-8   Instrucciones para la vida cristiana
3.9-11   Exhortaciones y advertencias finales

Conclusión: el viaje a realizar
3.12-15 Demandas personales y saludos

TEMAS CLAVE – TITO

Resúmenes del evangelio

La iglesia de Creta parece ser nueva (ver el apartado «Autor y fecha»). Una parte de la tarea de Tito era recordar a los cristianos el corazón del evangelio. La carta contiene puntos clave del evangelio que permanecen como recordatorios de las verdades cristianas más importantes.

- **Los planes eternos de Dios** (1.1-3). Pablo siempre empezaba las cartas proclamando la grandeza de Dios. Aquí, nos dice que Dios planeó desde el principio de los tiempos la revelación total de sus propósitos por medio de Cristo.
- **El propósito de la muerte de Cristo** (2.13, 14). Pablo destaca la divinidad de Cristo («nuestro Dios y Salvador Jesucristo»), cosa que algunos falsos maestros estaban cuestionando. Su muerte nos iba a redimir del pecado e iba a formar una comunidad de personas cuyo centro sería Dios.
- **La naturaleza de la renovación** (3.4-7). No merecíamos el perdón de Dios, dice Pablo, pero en su generosidad él nos salvó y nos renovó de forma que podamos vivir una vida completamente nueva, y heredar la vida eterna después de la muerte.

Modelo a seguir por los líderes

La estructura de la iglesia no quedó definida cuando Pablo se fue de Creta, por lo que Tito era el encargado de hacerlo (1.5). Pablo habla en 1.6-9 del estilo de vida que deben llevar los líderes de la iglesia. Lo que dice en este pasaje es similar a lo que dice en 1 Timoteo 3.1-13, aunque más breve. No se trata solamente de entender la doctrina cristiana (v.9), sino sobre todo de vivir una vida personal y familiar ejemplar.

Lo diferente aquí es que Pablo usa la palabra «obispo» así como «anciano». Sin embargo, está hablando claramente del mismo papel. Esto muestra una estructura del ministerio de tres niveles (diácono, anciano/presbítero, obispo) que caracterizaba a la iglesia, pero que más adelante dejó ya de existir.

Modelo a seguir por los miembros

Pablo usa seis veces lo que para él es una frase poco común, enfatizando en la conducta personal: los cristianos deben «hacer buenas obras» (1.16; 2.7,14; 3.1, 8, 14), y enseñar lo bueno (2.3). Debe ser así para que nuestro testimonio sea coherente (ponemos en práctica lo que creemos (2.5, 8) y para que la fe atraiga a otros (2.10).

Algunas pautas de conducta que Pablo destaca son:
• Autocontrol (2.2, 5, 6, 12).
• Lenguaje moderado e irreprochable (2.3, 8, 9; 3.2).

• Honestidad e integridad (2.12; 3.1; para lo contrario, 1.11-12).

IMPORTANCIA PARA NUESTROS DÍAS – TITO

Controlarse

El autocontrol no es sencillo. Algunas personas son de sangre más caliente que otras. Muchos cretenses tenían un carácter fuerte y era difícil para ellos apaciguar sus naturalezas impulsivas. Pablo dice que podemos cambiar, por la gracia de Dios (2.11-14). Podemos sacar de la carta tres conceptos que nos pueden ayudar:

• Jesús nos salvó para que pudiéramos reflejar el carácter de Dios y sus propósitos (2.14). Debemos preguntarnos en cada situación qué haría Jesús.
• El Espíritu Santo nos ha dado un nuevo comienzo (3.5,6). Las palabras que se usan: «lavados», «nacidos de nuevo» y «renovados» muestran que Dios puede cambiarnos a un estado mejor.
• Sin embargo, cambiar nuestra mentalidad también implica un deseo de hacerlo. Dios no lo hace todo por nosotros; su gracia nos enseña a decir no (2.12).

Ser bueno

La fe cristiana no es cuestión de creer ciertas doctrinas solamente. Para Pablo, creer lo correcto era importante, pero también lo era la fe en acción. A veces se compara a Pablo de forma desfavorable con Santiago, que destacaba que «la fe sin obras está muerta» (Stg 2.17). Esto no es justo para Pablo, ya que hasta en sus cartas más teológicas dice que somos salvos por la fe para buenas obras (Ef 2.8-10). En Tito, Pablo incide en esto más que en sus otras cartas, porque el evangelio no había cambiado las vidas de los cretenses de una forma notoria. Hacer

el bien no es siempre atractivo. Requiere tiempo y recursos que podríamos emplear para nosotros mismos. Las personas pueden beneficiarse y aprovecharse de nuestra bondad. Pablo quiere que los cretenses sepan que ese no es el tema. Dios es bueno, y su bondad le costó la vida de su Hijo. Los cristianos deben ser buenos y hacer el bien, sea cual sea el coste personal.

Ser un ejemplo

Si ven que no nos comportamos bien cuando proclamamos que Dios es bueno o si nuestra actitud es de odio cuando decimos que Dios nos ama, la gente llega a la conclusión de que el cristianismo es una farsa y no funciona. Pablo insta a los cretenses a mostrar el evangelio tanto como a contarlo. Eso silenciará a los críticos (2.8) y atraerá a otros (2.10). También asegura que somos productivos, logramos algo que vale la pena (3.14). La clave es la humildad (3.2), una virtud que faltaba en Creta y que raramente abunda en cualquier iglesia.

> «Pero cuando se manifestó la bondad de Dios nuestro Salvador, y su amor para con los hombres, nos salvó, no por obras de justicia [...] sino por su misericordia».
>
> Tito 3.4-5

Hebreos
CRISTO ES MAYOR

PERSPECTIVA GENERAL

Cuando la vida se pone difícil, es tentador abandonar el cristianismo. Hebreos alienta a perseverar en la fe, ya que no tiene sentido volver al viejo estilo de vida. Solo Jesucristo puede traernos el perdón de Dios y sus grandes promesas de esperanza.

RESUMEN

Hebreos comienza con una afirmación poderosa de la grandeza de Cristo como Hijo de Dios y Salvador (1.1-4). Es mayor que los ángeles (1.5-2.4), pero se hizo hombre y pasó por sufrimientos y por la muerte (2.5-18).

Después vemos que Cristo es más grande que Moisés, que liberó a los israelitas de la esclavitud (3.1-6). Muchos israelitas, sin embargo, no entraron en la Tierra Prometida por Dios debido a su desobediencia, y los cristianos no deben ser como ellos (3.7-4.11).

En la siguiente sección (4.14-10.18), el autor muestra que Cristo es más grande que el sistema judío de sacrificios y sus normas. Jesús fue llamado por Dios (5.1-10) para ser sumo sacerdote (4.14-16). Los lectores no deben apartarse de la fe (5.11-6.8), porque Cristo es el sumo sacerdote que nos habilita para heredar la bendición prometida por Dios (6.9-20). Cristo no es como los demás sacerdotes, pero, al igual que Melquisedec, es un sacerdote eterno (6.20-7.22). Como Cristo vive para siempre, puede ofrecer la salvación total a todos los que vienen a Dios a través de él (7.23-28). Por tanto, Jesús trae un nuevo pacto entre Dios y su pueblo (8.1-13). En este pacto, Jesús sacrifica su propia vida para ofrecer el perdón de Dios y su bendición (9.11-15). En ese único sacrificio, Jesús cumplió el antiguo pacto (9.1-10; 9.16-10.18).

A la luz de estas cosas, los lectores de Hebreos deben perseverar en su fe en Jesucristo (10.19-39). El Antiguo Testamento contiene incontables ejemplos de fe (11.1-38). Todos ellos, esperaban el tiempo en el que Cristo viniera (11.39), por lo que los cristianos tienen aun más razones para perseverar (11.40-12.3). Se anima a los lectores a resistir al pecado (12.4) y a someterse a la disciplina paternal de Dios (12.5-13).

Hebreos acaba con instrucciones y palabras de ánimo para la comunidad cristiana, para que se agarren a la verdadera fe en Jesucristo (12.14-13.25).

Autor

Desconocido. Se ha hablado de Pablo, de Bernabé (Hch 4.36; 9.27; 11.25-30; 13-14) y Apolos (Hch 18.24-28), pero no hay evidencias claras en ninguno de los casos.

Fecha

Difícil de especificar ya que no se dispone de información; posiblemente a finales de los años 60 d. C.

Trasfondo

Los lectores conocían bien las Escrituras y las prácticas judías. Muchos eran probablemente cristianos judíos que tenían la tentación de volver a la fe judía debido a la amenaza de la persecución. Los lectores posiblemente estaban en Roma (13.24).

BOSQUEJO – HEBREOS

TEMAS CLAVE – HEBREOS

Antiguo y Nuevo

A lo largo de Hebreos, el autor hace un contraste entre el pacto que Dios hizo con su pueblo en el Antiguo Testamento y el nuevo pacto que ha establecido Jesucristo. En cada punto, el nuevo pacto basado en Jesucristo es mejor (7.22; 8.6,13):

- Los mensajeros del antiguo pacto eran profetas (1.1), incluido Moisés (3.2-5), y los ángeles (2.2); el mensajero del nuevo pacto es Jesucristo, el Hijo de Dios (1.2-4; 3.6).
- Los sacerdotes del antiguo pacto solamente podían servir hasta su muerte (7.23); Jesús, el gran sumo sacerdote, vive para siempre (7.24, cf. 6.20-7.21). Otros sacerdotes eran débiles y pecadores; Cristo es perfecto y sin pecado (7.28).
- Los antiguos sacrificios por el pecado tenían que repetirse con regularidad, primero por el sacerdote y después por el pueblo (7.27; 10.1-3,11); Jesús ofreció su propia vida (9.11-14) una única vez por los pecados de otros (7.27; 9.28; 10.10,12).

- El antiguo pacto no podía transformar las vidas humanas (7.18-19); el nuevo pacto trae perdón y hace santos a los creyentes (10.14-18; 8.8-12; 12.24).
- El antiguo pacto llevó al pueblo al monte Sinaí, donde recibió una revelación terrible (12.18-21); el nuevo pacto lleva a los creyentes al reino de los cielos, con Dios, a un lugar lleno de vida y gozo (12.22-24).

Las promesas de Dios

Aunque hay un contraste entre en al antiguo pacto y el nuevo, los dos pactos se unen por las promesas de Dios. En el antiguo pacto, Dios prometió a su pueblo descanso si le obedecían (3.7-19). Muchos no llegaron a ese descanso por su desobediencia, pero Dios sigue prometiendo dar descanso a los que vengan a él a través del nuevo pacto de Jesucristo (4.1-11). La promesa de Dios de bendecir a los descendientes de Abraham (6.13-14) se está cumpliendo ahora por el ministerio de Jesús (6.18-20). El nuevo pacto es la forma en la que Dios trae el perdón prometido y la transformación (8.7-12). Si los cristianos se agarran a su fe en Cristo, recibirán lo que Dios ha prometido (9.15; 10.36; 11.39-40). La promesa final de Dios es que dará a su pueblo un reino inquebrantable (12.26-29).

La obediencia de Cristo
Hebreos habla de Cristo como el obediente Hijo de Dios (1.2, 3). Cristo aceptó el llamamiento de Dios para ser un sacerdote (5.5-6) y servir a Dios proveyendo una vía de salvación (2.17). La obediencia de Cristo es aún más increíble porque le llevó a un gran sufrimiento y a la muerte, siendo un sacrificio por el pecado (2.14-18; 5.7; 9.26; 12.2, 3; 13.12). La obediencia de Cristo a través del sufrimiento le convierte en el perfecto Hijo de Dios (2.10; 5.8; 7.28), capaz de salvar a los demás (2.18; 5.9) y ser un ejemplo de perseverancia cristiana (12.2, 3).

IMPORTANCIA PARA NUESTROS DÍAS – HEBREOS

Volverse a Cristo como única esperanza
Los lectores de Hebreos estaban en peligro de abandonar su fe en Jesucristo (2.1-3; 3.12-14; 10.35-39). Estaban viviendo la persecución (10.32-34), y algunos tenían la tentación de volver al antiguo pacto. Hebreos es un recordatorio de que la fe cristiana es mucho mejor que los ángeles (1.4), los profetas (1.1,2; 3.1-6), los sacerdotes (4.14,15; 7.23-28), los sacrificios (9.11-14; 10.4,11-14) y la ley (7.19; 12.18-24) del antiguo pacto. A diferencia de estas cosas, Cristo puede llevar a los creyentes a Dios y purificarlos (9.14; 10.22; 13.12).

Posiblemente no nos tentarán las mismas costumbres judías en la actualidad, pero hay otras muchas distracciones para nuestra fe. Es fácil buscar la salvación leyendo libros de autoayuda o acudiendo a terapeutas que nos motiven, en lugar de mirar a Jesucristo. Debemos confiar en Cristo como el único que puede llevarnos verdaderamente a Dios.

Usando figuras del Antiguo Testamento
Muchas de las figuras que se usan en Hebreos pueden ser extrañas para nosotros. Sin embargo, es importante que entendamos a la persona y la obra de Cristo contrastándolas con el antiguo pacto.
• Como sumo sacerdote, Cristo sabe por lo que estamos pasando (4.14, 15), y está a la diestra de Dios, orando por nosotros (7.25), lo que será un gran aliento para el creyente.
• Como sacrificio, Cristo expía nuestros pecados, quitando la mancha del pecado de nuestras vidas y haciéndonos puros (9.13, 14; 13.11, 12). Viendo el sacrificio y el sufrimiento de Cristo, debemos hacer nuestro propio sacrificio de alabanza (13.15) y buenas obras (13.16).

> «No perdáis, pues, vuestra confianza, que tiene grande galardón; porque os es necesaria la paciencia, para que habiendo hecho la voluntad de Dios, obtengáis la promesa».
>
> **Hebreos 10.35-36**

Confiar en Dios continuamente
Hebreos tiene mucho que decir sobre la fe. Los israelitas, vagando por el desierto, eran un ejemplo de poca fe (3.7-12, 19). Por contra, Hebreos 11 da una larga lista de personas que vivieron por fe. Confiaban en la capacidad de Dios para cumplir sus promesas, incluso cuando no entendían cómo podría ocurrir eso (11.1, 39). Su confianza en Dios se mantuvo fuerte, incluso cuando experimentaron dificultades y persecución (11.32-38). Las vidas de estas personas del Antiguo Testamento deben animar a los lectores que están pensando abandonar su fe cristiana (12.1).

Hebreos advierte que los que se apartan de Cristo no recibirán salvación (2.2, 3; 6.4-6). Los cristianos deben perseverar en su fe (4.11; 6.11), evitando pecar deliberadamente (10.26-31; 12.14-17), y recibiendo fuerza de otros cristianos (10.24,25) y del ejemplo de Jesucristo (12.3)

¿QUÉ ES LA SANTIDAD?

Comentando Hebreos 12.14, J.C. Ryle escribió:
La santidad es el hábito de ser una sola mente con Dios. Una persona santa:
• Hará un esfuerzo por rechazar cada pecado del que sea consciente y por cumplir cada mandamiento conocido.
• Se esforzará por ser como nuestro Señor Jesucristo.
• Procurará soportar el sufrimiento, ser bondadoso, paciente, de buen carácter, controlar su lengua, ser moderado y abnegado.
• Buscará matar los deseos de la carne.
• Buscará el amor y la bondad hacia los hermanos, y la misericordia y la benevolencia hacia los demás.
• Buscará la pureza de corazón.
• Buscará el temor de Dios, como un niño, que se mueve y vive como si su padre le estuviera viendo, porque le ama.
• Buscará la humildad.
• Buscará la fidelidad en las obligaciones y las relaciones de la vida.
• Se esforzará por tener una mentalidad espiritual.
(J.C. Ryle, *Santidad*)

ALUSIONES AL ANTIGUO TESTAMENTO

Hebreos usa conceptos del AntiguoTestamento para explicar la obra de Cristo. Hay referencias a:
• El reposo del Sabbat. Según la tradición hebrea, Dios «descansó» el séptimo día de la creación, y quería que su pueblo guardase el séptimo día santo descansando. Hebreos usa esto como un símbolo de la salvación que Cristo trae.
• El pacto. Un contrato que Dios da a su pueblo. Para los judíos, este acuerdo se expresó en la ley de Moisés. Pero ahora Dios ha facilitado un mejor pacto a su pueblo a través de Cristo.
• Cristo como sumo sacerdote. Bajo la ley de Moisés, el sumo sacerdote representaba al pueblo ante Dios, y sacrificaba animales para asegurar el perdón de sus pecados. Dios ha provisto un sumo sacerdote perfecto que no ofreció animales, sino a sí mismo.
• El lugar santísimo. Una habitación en la tienda de reunión, o tabernáculo, que contenía el arca del pacto. Solamente el sumo sacerdote podía entrar en él, una vez al año, para ofrecer sacrificios. Hebreos lo ve como un símbolo del cielo, donde Cristo entra a la presencia de Dios.

Santiago
FE PRÁCTICA

PERSPECTIVA GENERAL

¿Cómo es la vida cristiana? Santiago contesta esta pregunta dando una serie de instrucciones claras en algunos asuntos importantes. Su carta está llena de sabiduría práctica para vivir una vida cerca de Dios.

RESUMEN

Tras una pequeña introducción y saludo (1.1), Santiago hace un llamamiento a sus lectores a perseverar ante las pruebas (1.2-4), recordándoles que confíen en la capacidad de Dios para ayudarles (1.4-8) en lugar de hacerlo en sus propios recursos (1.9-11). Dios recompensará a los que se mantengan firmes (1.12), pero los que cedan ante la tentación serán atrapados por el pecado y llevados a la muerte (1.13-15).

Santiago se muestra especialmente preocupado por la forma de hablar de sus oyentes. Quiere que eviten el lenguaje airado (1.19), incontrolado (1.26), difamatorio (4.11) o fanfarrón (4.13-17). En lugar de eso deben controlarse en la conversación, y decir siempre la verdad sin tener que recurrir a jurar (5.12).

Un mensaje central de la carta es que los cristianos deben poner en práctica la Palabra de Dios, no solamente escucharla (1.22-25). Santiago dice que «la fe sin obras está muerta» (2.14-26).

Un par de pasajes tratan de las riquezas en la iglesia: no hay que tratar a los ricos con más respeto que a los pobres (2.1-13), y se advierte a los dueños de negocios ricos que no opriman a sus empleados, porque Dios les juzgará por ello (5.1-6).

Se advierte a todos los lectores de Santiago contra la avaricia (4.1-10), y se les anima a ser pacientes en el sufrimiento (5.7-11). Se les recuerda que oren juntos por el perdón y la sanidad (5.13-18).

A diferencia de otras cartas del Nuevo Testamento, no hay saludo final. En su lugar, Santiago insta a sus lectores a tener cuidado con los cristianos díscolos, y traerlos de nuevo a la verdad (5.19, 20).

Autor

Santiago, el hermano de Jesús. Santiago vio a Jesús resucitado (1 Co 15.7), estuvo con los demás discípulos en Pentecostés (Hch 1.14) y fue líder reconocido de la iglesia de Jerusalén (Hch 15.13-21; Gá 2.9, 12).

Fecha

No hay certeza de ella, pero pudo escribirse a mediados de los años 40, en cuyo caso sería uno de los primeros escritos del Nuevo Testamento.

Trasfondo

Santiago escribió con muchas congregaciones en mente y su intención era que la carta circulase por las iglesias. La introducción (1.1) y varias alusiones al Antiguo Testamento (2.21-24,25; 5.11, 17, 18) sugieren que los lectores eran principalmente cristianos judíos. Algunos estaban siendo presionados para abandonar su fe (1.2-4), mientras otros tenían dificultades para cumplir los mandamientos de Jesús (2.8).

BOSQUEJO – SANTIAGO

TEMAS CLAVE – SANTIAGO

A menudo se ha calificado a Santiago como «literatura de sabiduría», como Proverbios o Eclesiastés. Igual que estos, Santiago usa pequeños ejemplos de la historia (2.21-24,25; 5.10, 11, 17, 18) o del mundo que le rodea (1.11, 23-25; 3.3-8) para resaltar la verdad eterna de Dios. Santiago es directo como los profetas Jeremías o Amós, y hay muchas cosas que recuerdan el Sermón del Monte de Jesús (Mt 5-7). A diferencia de otras cartas del Nuevo Testamento, Santiago no sigue un argumento claro de principio a fin, es más bien una serie de pequeñas historias, o incluso sermones, que indican el tipo de vida que agrada a Dios (1.12).

Sabiduría

La sabiduría es el tema principal de Santiago. Si nos falta, podemos pedírsela a Dios (1.5). La sabiduría no se mide por la cantidad de conocimiento que tenga una persona, sino por su capacidad de vivir una buena vida (3.13), una vida que lleve el fruto de una relación con Dios (3.17-18). Una persona sabia reforzará sus palabras con hechos, pero lo contrario es un hipócrita que dice una cosa pero hace otra (3.14-16; 2.1-11).

Esta «sabiduría celestial» (3.17) está detrás del llamamiento de Santiago a poner en práctica lo que dice la Palabra de Dios, y no escucharla solamente (1.22). La persona sabia realmente obedece a los mandatos de Dios, y no los olvida (1.25). La fe sin obras está muerta (2.17, 26) y es vana (2.20); las personas sabias madurarán acompañando la fe con hechos (2.22).

Dios es el que ha dado la ley y es Juez

Igual que la otra literatura de sabiduría, Santiago se centra en el carácter de Dios como Juez justo. Dios nos ha dado muchas instrucciones para enseñarnos cómo vivir de la forma que él quiere (1.20, 27; 4.12). Los cristianos que han experimentado la gracia de Dios en su conversión (1.18) no deben olvidar que Dios seguirá juzgando sus obras (2.12, 13). Como juez, Dios oye las quejas de los oprimidos (5.4), así como las murmuraciones (4.11) y las lamentaciones contra los demás (5.9) de los cristianos. Dios está dispuesto a darnos generosamente si pedimos en la fe (1.5, 17; 5.15, 16). Él recompensará finalmente a todos los que han vivido para él (1.12; 2.21-24; 4.10).

Las presiones de la vida

Santiago es totalmente consciente de lo difícil

que es vivir para Dios en un mundo que no cree. Menciona muchas situaciones de presión que el lector se puede encontrar: pruebas (1.2, 12), tentación (1.13-15), pobreza (1.9; 2.15, 16), contiendas y difamaciones dentro de la iglesia (4.1-12), opresión por parte de los ricos (2.6, 7; 5.1-8), enfermedades (5.13-16) y apostasía (5.19, 20).

IMPORTANCIA PARA NUESTROS DÍAS – SANTIAGO

Santiago es un excelente ejemplo de cómo aplicar las enseñanzas de Jesús a los desafíos del día a día cristiano. Santiago no cita a Jesús a menudo, pero lo que escribe tiene su raíz en la propia enseñanza de Jesús (p. ej. 5.12 es parecido a las palabras de Jesús en Mt 5.34-37). Como él, debemos mirar a las enseñanzas de Jesús para que nos ayuden a vivir vidas sabias y cercanas a Dios. Así es como los cristianos deben marcar la diferencia en el mundo.

Creyendo y orando

Santiago quiere que sus lectores crean en la bondad de Dios, y que no duden de que Dios les dará dones si los piden con fe (1.5-8, 17). Elías es un ejemplo de alguien que oraba con fe (5.17, 18), y Santiago exhorta a sus lectores a orar en tiempos problemáticos, de gozo, de enfermedad y de pecado (5.13-16). Si tenemos fe en Dios debemos estar siempre orando.

Con hechos

«La fe sin obras está muerta» (2.26). La fe verdadera tiene que ser práctica. Si hemos recibido la gracia de Dios, debemos asegurarnos de proveer para las necesidades de otros (1.27; 2.15, 16) y mantenernos lejos del pecado (1.21, 27; 4.8). La verdadera fe es obediencia a la «ley real» de Dios (2.8) y anhelar hacer la voluntad de Dios (2.21-25). Debemos aprovechar cada oportunidad para poner nuestra fe en práctica.

Dinero

Santiago habla seriamente sobre la igualdad en el trato a los ricos y a los pobres (2.1-9) y se dirige también a los ricos que piensan que sus posesiones no están sujetas a Dios (5.1-6). Se evitaría mucha injusticia social escuchando a Santiago.

Hablando

Santiago se preocupa mucho por la forma de hablar de los cristianos. Aunque la lengua es tan pequeña (3.3-5), es capaz de arruinar el testimonio de un cristiano si no se mantiene bajo control (3.6-8). Sin embargo, si se usa con cuidado para alabar a Dios y bendecir a los demás, estamos honrando a Dios y somos cristianos maduros (3.2, 9-12). No debemos maldecir (3.10), discutir (4.1, 2), difamar (4.11), fanfarronear (4.16) o jurar (5.12). En su lugar, debemos usar nuestras lenguas para orar los unos por los otros y cantar cánticos de alabanza (5.13).

Perseverando

Algunos lectores de Santiago estaban a punto de abandonar la fe por las presiones que estaban sufriendo. Santiago les exhorta a confiar en la generosa provisión de Dios (1.5), a buscarle para el perdón y la renovación cuando pequen (4.8-10; 5.16) y a ser pacientes en las pruebas, porque Dios, el Juez, vendrá pronto a juzgar a los hacedores de maldad (5.8, 9) y recompensar a los justos (1.12). Cualesquiera sean nuestras circunstancias, Dios nos ayudará a perseverar, si se lo pedimos con fe.

> «¿Quién es sabio y entendido entre vosotros? Muestre por la buena conducta sus obras en sabia mansedumbre».
>
> Santiago 3.13

1 Pedro

LA GRACIA DE DIOS EN DÍAS DIFÍCILES

PERSPECTIVA GENERAL

Vivir la vida cristiana puede llevar a dificultades y sufrimiento. Pedro quiere que sus lectores estén preparados para ese reto, y les escribe para recordarles la gracia de Dios que ya han recibido en Jesucristo. Esta gracia les dará la fuerza y la esperanza que necesitan.

RESUMEN

La carta empieza con una breve introducción y un saludo (1.1, 2). Pedro es consciente de las dificultades que los lectores encuentran (1.6), pero también sabe que Dios les mantiene a salvo por su poder (1.5) y les llevará a la salvación a través de las pruebas (1.4, 5, 9).

Aunque estén sufriendo, los lectores de Pedro deben recordar que han recibido muchas bendiciones: Jesús les ha redimido (1.18-21) y ahora han nacido en el reino de Dios (1.3, 4, 23). Esta salvación es tan grande que los profetas la anhelaban (1.10-12) y los ángeles quieren verla (1.12).

Los que han nacido en el reino de Dios deben vivir vidas santas como hijos de Dios (1.13-16), y madurar en la fe (2.2, 3). Cuando esto ocurre, los cristianos crecen juntos como un pueblo que honra a Dios (2.4-10).

A Pedro le preocupa particularmente que los cristianos vivan buenas vidas en cada área de la sociedad (2.11-3.7). Deben tener cuidado de cómo viven, de forma que si sufren es porque están haciendo el bien y no porque sean hacedores de maldad (3.8-17; 4.12-16).

La muerte y la resurrección de Cristo han declarado la victoria sobre el pecado y la muerte, haciendo posible la purificación y la salvación (3.18-22). Cristo es el ejemplo para la vida cristiana (4.1, 2) y el estándar del juicio para el mundo (4.5, 17).

Pedro le recuerda a la iglesia que debe vivir en armonía, y que deben servirse unos a otros con la fuerza que Dios da (4.7-11). Los líderes, en particular, deben servir a la iglesia (5.1-4).

Pablo termina recordando que se resista al diablo (5.8, 9) y que se confíe en Dios, que dará fuerzas y gracia que ayudarán en tiempos de sufrimiento (5.10, 11).

Autor

Pedro, uno de los discípulos más cercanos a Jesús. Probablemente escribe desde Roma (llamada «Babilonia» en 5.13).

Fecha

Probablemente a principios de los años 60 d. C., justo antes de la persecución de Nerón a los cristianos, que comenzó en el 64 d. C.

Trasfondo

Pedro escribió a muchas congregaciones de Asia Menor (1.1), la Turquía actual. Muchos sufrían insultos y dificultades por su fe en Jesucristo (1.6; 4.12-15; 5.9). La carta también pudo escribirse para los nuevos cristianos ante su bautismo (3.21, y el lenguaje de «nuevo nacimiento» a lo largo de ella).

BOSQUEJO – 1 PEDRO

TEMAS CLAVE – 1 PEDRO

Sufrimiento

A lo largo de la carta, Pedro hace referencia al sufrimiento de sus lectores. Se han enfrentado a todo tipo de dificultades (1.6), desde el dolor físico (2.19) hasta calumnias (3.16) e insultos (4.14). Algunos lectores de Pedro estaban sorprendidos de que la vida cristiana les llevara al sufrimiento (4.12), pero Pedro les recuerda que el mismo Jesús sufrió las mismas cosas y más (2.21-23; 4.1). Otros cristianos por todo el mundo también tenían las mismas dificultades (5.9).

Los cristianos deben asegurarse de que si sufren sea por hacer el bien y no el mal (2.20; 4.15, 16). Dios les bendecirá (3.14; 4.14) y les dará fuerzas (5.10), y el sufrimiento hará que su fe se fortalezca y se purifique (1.7; 4.1).

Salvación total

Los cristianos ya han recibido la salvación por la muerte y resurrección de Jesús (1.3-5; 2.24; 3.18). Ya han entrado al reino de Dios (1.3,23). Cristo les ha salvado de su vana manera de vivir (1.18). Los profetas predijeron esta salvación (1.10,11), y formaba parte del plan de Dios desde el principio (1.20).

Los cristianos pueden esperar también la salvación futura (1.5). Cuando Jesús se revele, el mundo entero verá que la vida cristiana agrada a Dios (1.7; 2.12). Los que sufren por causa de la fe recibirán la recompensa de Dios (5.4), y heredarán las bendiciones del su reino (1.4).

En el presente, los cristianos pueden contar con la gracia de Dios y su poder (1.9; 4.11; 5.10, 12).

La iglesia como familia de Dios

Pedro recuerda a sus oyentes que Dios les ha elegido (1.1-2) para ser hijos obedientes del Padre celestial (1.14). Junto a todos los cristianos, se han convertido en piedras vivas en la casa de Dios (2.4, 5). Como pueblo especial para Dios, han heredado las bendiciones de Israel (2.9, 10), pertenecen a «la familia de Dios» (4.17). Deben aprender a vivir juntos en amor y a usar sus dones para servirse unos a otros (4.8-11). Los líderes de la iglesia tienen que ser pastores que cuiden el rebaño (5.1-3, cf. Jn 21.15-17).

La vida de Cristo

Jesús es el centro de los pensamientos de Pedro. A menudo habla de acontecimientos de la vida y del ministerio de Jesús, que conoció de primera mano (5.1). Habla del sufrimiento de Cristo y de su muerte (2.21-24; 4.1), de su resurrección (1.3,21; 3.21) y su ascensión (3.22). Cristo es ahora la base (2.4-8) y el Pastor (2.25; 5.4) de la iglesia. Él vendrá otra vez (1.7, 13; 5.4) para ser juez del mundo (4.5).

Las Escrituras del Antiguo Testamento

Por su extensión, 1 Pedro tiene más referencias y alusiones al Antiguo Testamento que otros libros del Nuevo Testamento. Las Escrituras son muy importantes porque tanto los lectores de Pedro como el antiguo Israel vivían en entornos hostiles y tenían dificultades para comportarse como pueblo de Dios.

IMPORTANCIA PARA NUESTROS DÍAS – 1 PEDRO

Imitar a Cristo

Cuando los cristianos sufren por su fe, deben recordar que simplemente están siguiendo los pasos de Cristo (2.21). Él es un ejemplo de paciencia bajo la persecución y de confianza en Dios (2.23; 3.9). Cuando suframos, debemos tener la misma actitud que Cristo (4.1) y vivir totalmente para Dios (4.2).

Ser buenos ciudadanos

Los cristianos deben ser ciudadanos modelo en la sociedad, mostrando respeto a las autoridades civiles (2.13, 14) y a sus vecinos (2.17). Son extranjeros que viven ahí y no deben apartarse en guetos (1.17; 2.11). Pedro pide humildad y sumisión en el ámbito del hogar a los esclavos (2.18), las mujeres (3.1-6) y los maridos (3.7). Dentro de la iglesia, los líderes deben ser siervos en lugar de señores (5.1-3) y los jóvenes deben someterse a ellos (5.5). Todos los cristianos deben servir a sus hermanos en la fe (4.10) y mostrar amor, humildad, hospitalidad y respeto (4.8, 9; 5.5). Debemos comportarnos así, de forma que nadie pueda acusarnos de estar haciendo mal (2.12, 15). Y sobre todo, la humildad y el servicio agradan a Dios, que nos bendecirá por ello (5.6).

Vivir en esperanza

Pedro insta a sus lectores a que tengan esperanza. Aunque estén sufriendo en el presente, su futuro es seguro por la resurrección de Jesús (1.3, 21). Cristo ya nos ha redimido de nuestros pecados (1.18), y ahora está en el trono de los cielos como Señor (3.22). Esperamos su revelación (1.7), cuando recompensará a su pueblo fiel (5.4) y le traerá su herencia como hijos de Dios (1.4, 5).

Debido a esta esperanza, debemos asegurarnos de no caer en el pecado de este mundo (1.13; 4.4), o en las artimañas del diablo (5.8). Tenemos que aprovechar cada oportunidad para explicarles a las personas en qué consiste nuestra esperanza (3.15).

Estar alegres

A lo largo de la carta, Pedro nos recuerda que hay buenas razones para estar alegres. Aunque haya dificultades en el presente, podemos gozarnos porque Dios usará nuestro sufrimiento para completar su obra de salvación en nosotros (1.6-9). ¡El gozo será indescriptible cuando Cristo se revele (4.13)!

> «Amados, yo os ruego como a extranjeros y peregrinos, que os abstengáis de los deseos carnales que batallan contra el alma».
>
> **1 Pedro 2.11**

2 Pedro
CRECER EN LA GRACIA

PERSPECTIVA GENERAL

Los falsos maestros trataban de llevar a los lectores de Pedro fuera de la verdad de Cristo. La carta de Pedro les advierte que las falsas enseñanzas llevan a la destrucción, y les insta a recordar las promesas verdaderas de Dios. Haciendo esto, los lectores se volverán cristianos más fuertes.

RESUMEN

En el breve saludo, Pedro dice que sus lectores han recibido el regalo precioso de la fe (1.1). Dios da muchos recursos a su pueblo (1.3-4) para que su fe crezca (1.5-9). Si fortalecen su fe (1.10), serán bienvenidos al reino eterno de Dios (1.11).

Pedro quiere asegurarse de que sus lectores recuerden la verdad del cristianismo cuando él muera (1.12-15; 3.1-2). Pueden estar seguros de que les ha dicho la verdad, porque fue testigo ocular de la vida de Jesús, incluso de la transfiguración (1.16-18; Mt 17.1-8). Las profecías del Antiguo Testamento (1.19-21) también muestran que Pedro no estaba fantaseando sobre Jesús (1.16).

Al contrario que Pedro, los falsos maestros inventaban historias y doctrinas que podían descarriar a los cristianos. Dios destruirá a estos falsos maestros en su juicio mientras que los que se agarren a la verdad se salvarán (cap.2).

Los cristianos no deben sorprenderse de que existan los falsos maestros (3.3). Estas personas se ríen de la promesa de Dios, porque piensan que Dios nunca va a venir a crear un mundo nuevo, y justo (3.4-7,13). Sin embargo, Dios obra según sus plazos (3.8). Está esperando el momento adecuado para cumplir su promesa (3.9-13, 15). Pedro destaca que el apóstol Pablo dice lo mismo en sus cartas (3.15-16).

A la luz de todo esto, los lectores de Pedro deben prestar atención a llevar vidas santas, para que cuando Dios cumpla su promesa puedan agradarle (3.11, 12, 14). Deben evitar los errores de los falsos maestros (3.17) y crecer en la gracia y en el conocimiento de Cristo (3.18).

Autor

El apóstol Pedro (1.1), al final de su vida. En 1.14 podría referirse a la conversación entre Pedro y Jesús en Juan 21.18, 19. El autor estaba presente en la transfiguración (1.18) y menciona una primera carta en 3.1.

Fecha

Mediados de los años 60 d. C., poco antes de la muerte de Pedro.

Trasfondo

La carta se escribió a un grupo amplio, incluyendo los que recibieron la primera carta (3.1, cf. esta sección en 1 Pedro). Los lectores se enfrentan a desafíos con los falsos maestros. Entre los primeros lectores estaba probablemente Judas, que usó el capítulo 2 como base de su propia carta

BOSQUEJO – 2 PEDRO

TEMAS CLAVE – 2 PEDRO

El peligro de la enseñanza falsa

La razón principal de Pedro para escribir esta carta era la amenaza de la falsa enseñanza en la iglesia (3.17). Los falsos maestros estaban engañando a los creyentes (2.1). Su enseñanza era llamativa y persuasiva (2.9-19), pero Pedro enseña a identificar a los falsos maestros:

• Inventan historias (2.1, 3), a diferencia de Pedro, que les decía la verdad (1.16-21).

• Su estilo de vida no concuerda con el evangelio, sino que está lleno de prácticas vergonzosas (2.2, 13, 14, 19).

• Su motivación para enseñar es la avaricia (2.3, 14; y el ejemplo de Balaam en 2.15; cf. Nm 22).

• Desprecian la autoridad (2.10) y son soberbios y arrogantes (2.10, 11).

• Tratan de atrapar especialmente a cristianos jóvenes o débiles (2.18).

• Su enseñanza contradice a las Escrituras (2.21; 3.5, 16).

La certeza de la salvación

A diferencia de los falsos maestros, Pedro basa su enseñanza en la verdad de Cristo (1.16-18; 3.1), las profecías del Antiguo Testamento (1.19-21; 3.1) y las promesas de Dios (1.4; 3.9, 13). La promesa de Dios es salvar a los que creen en Cristo, rescatándolos del mal que hay en el mundo y dándoles vida en su reino (1.4,11). Pedro pone ejemplos del Antiguo Testamento para mostrar que Dios cumple sus promesas. Menciona en particular a Noé (2.5) y a Lot (2.6-8) para mostrar que Dios salva a los suyos. Esto debía dar confianza a los lectores de Pedro, ya que Dios también puede actuar a su favor (2.9).

El Día del Señor

Pedro dice a los creyentes que esperen que el «Día del Señor» venga en cualquier momento (3.10). Este es el día prometido en el Antiguo Testamento y del que habló Jesús (3.2). Será el día del juicio para los impíos, el día en el que el fuego consumirá todo lo impuro (3.7, 10, 12). Pero también traerá el nuevo cielo de Dios y su nueva tierra, que serán llenos de justicia (3.13).

Los falsos maestros negaban que Dios fuera a intervenir nunca (3.4). Pero, para Pedro, es una promesa cierta (3.9, 13), y la esperanza para los creyentes (3.12, 14; 1.11).

IMPORTANCIA PARA NUESTROS DÍAS – 2 PEDRO

Cuidado con los falsos maestros

Pedro recuerda que siempre habrá falsos maestros alrededor (3.3), que enseñan sus propias historias inventadas en lugar de la verdad del evangelio (2.1). Los creyentes tienen que estudiar las verdaderas enseñanzas de Jesucristo (1.12-15,19; 3.1, 2) para ser capaces de reconocer los errores. Creciendo en el conocimiento de Cristo (3.18) y de las Escrituras (3.2), los cristianos pueden estar en guardia contra los falsos maestros (3.17) y no se apartarán de la verdadera fe.

Estar preparados para la venida de Cristo

Los lectores de Pedro tienen que fijarse en el futuro que Dios ha prometido (3.12). Puede ser que estemos esperando mucho tiempo (3.4, 8), pero el retraso se debe a que Dios es paciente y quiere que se salve más gente (3.9, 14). Cuando venga el Día del Señor, será repentino y por sorpresa, como un ladrón en la noche (3.10). El pueblo de Dios tendrá un nuevo hogar en el nuevo cielo y la nueva tierra (3.7, 13). No sabemos cuándo ocurrirá, por lo que tenemos que estar siempre preparados. Esto significa que debemos librarnos de todo pecado en nuestras vidas, y esforzarnos en ser santos y rectos para con Dios (3.11, 14).

> «Así que vosotros, amados, sabiéndolo de antemano, guardaos, no sea que arrastrados por el error de los inicuos, caigáis de vuestra firmeza. Antes bien, creced en la gracia y el conocimiento de nuestro Señor y Salvador Jesucristo».
>
> 2 Pedro 3.17-18

Crecer como cristiano

Pedro comienza la carta recordando a sus lectores que su fe es un regalo precioso de Dios (1.1). Dios ha dado a los cristianos todos los recursos que necesitan (1.3), junto a la promesa y la esperanza de salvación (1.4). Si Dios nos ha dado tales regalos, debemos hacer un esfuerzo para alimentar nuestras vidas cristianas (3.18). Debemos crecer en la bondad, el conocimiento, el autocontrol, la perseverancia, la cercanía a Dios, la amabilidad y el amor (1.5-7). Así, seremos siervos productivos en el reino de Dios (1.8). Si seguimos creciendo de esta forma, será poco probable que nos descarriemos por la falsa enseñanza (1.10; 3.17).

1 Juan

VIVIR EN LA LUZ Y EL AMOR

PERSPECTIVA GENERAL

El mensaje de 1 Juan es fácil de entender: Dios es luz y Dios es amor. Sin embargo, es mucho más difícil poner esto en práctica. La carta de Juan muestra lo que significa vivir en la luz y el amor de Dios.

RESUMEN

A diferencia de otras cartas del Nuevo Testamento, 1 Juan no empieza con un saludo. En su lugar, Juan dice a sus lectores que pueden confiar en su mensaje porque él vio a Jesús, le escuchó y estuvo con él (1.1-3). Juan estaba transmitiendo lo que Jesús le enseñó (1.4-5).

Dios es luz (1.5), por lo que todo el que quiera estar en comunión con él debe vivir en la luz (1.6,7). Esto significa que no debemos esconder nuestros pecados. Tenemos que confesarlos ante Dios y recibir su perdón (1.8-2.2). Para vivir en la luz, debemos obedecer los mandatos de Dios (2.3-8), especialmente amar a nuestros hermanos en la fe (2.9-11).

Los lectores de Juan ya viven en comunión con Dios (2.12-14), pero Juan les recuerda que no pueden amar al mundo (2.15-17). Algunas personas habían dejado la iglesia e intentaban arrastrar a otros (2.18, 19, 26), pero Juan exhorta a sus lectores a mantenerse en la verdad que ya conocen (2.21-27).

En su gran amor, Dios nos ha hecho hijos suyos (3.1), por lo que debemos ser como Jesucristo (2.29; 3.2, 3). Los hijos de Dios se librarán del pecado (3.4-10). Deben amarse los unos a los otros (3.11-18) para agradar a Dios (3.19-24). Juan insta a sus lectores a aprender a distinguir la verdad del error (4.1-6).

Dios es amor (4.16), por lo que todo el que quiere estar en comunión con Dios debe vivir también en amor (4.7-21) y obedecer los mandatos de Dios (5.1-5).

Los lectores de Juan saben que su fe es real porque Dios vive en ellos por su Espíritu (5.6-15). Juan termina exhortando a sus lectores a mantenerse lejos del pecado y a agarrarse a la fe verdadera (5.16-21).

Autor

Siendo estrictos, esta carta es anónima. Al tener muchas cosas en común con el cuarto Evangelio, la iglesia ha aceptado siempre que el apóstol Juan la escribiera. El autor tenía claramente autoridad en el grupo de iglesias al que va dirigida la carta y le conocen bien.

Fecha

No hay pruebas concluyentes sobre esto, pero la mayoría piensa en una fecha cercana al final del primer siglo.

Trasfondo

Juan conocía bien a los lectores de la carta. Algunos miembros de la congregación la habían dejado recientemente (2.19), quizás para seguir las enseñanzas falsas (2.26). Juan les escribe para asegurarles de nuevo que su fe en Jesucristo es verdadera (5.13). La tradición dice que Juan pasó la última parte de su vida en Éfeso, y probablemente sus lectores vivían en la misma área, el oeste de la actual Turquía.

BOSQUEJO – 1 JUAN

TEMAS CLAVE – 1 JUAN

Dios es luz

Juan usa el contraste entre la luz y las tinieblas para hablar de la diferencia entre la santidad y el pecado. Igual que no hay tinieblas en la luz, no hay pecado en Dios (3.5): él es luz (1.5). Por eso, los cristianos deben andar en la luz y evitar las tinieblas del pecado (1.7). Si no andamos en la luz, somos hipócritas, que decimos que estamos en comunión con Dios, pero no actuamos como si fuera así (1.6). La prueba de estar viviendo en la luz es amar a los demás cristianos (2.9-11).

Los que viven en las tinieblas no conocen la verdad, ni sobre Dios (1.10; 2.4-5) ni sobre ellos mismos (2.11). Pero Dios puede rescatarnos de las tinieblas y del pecado por medio de la obra de Jesucristo (2.1, 2; 3.5). Si seguimos a Jesús (2.6), su luz brillará en nuestras vidas (2.8) y nos purificará del pecado (1.7,9)

Dios es amor

Dios es amor (4.16), y ha mostrado su amor por nosotros enviando a Jesús para darnos nueva vida (3.16; 4.10). El amor de Dios es generoso (3.1), fiable (4.6) y universal (2.2; 4.14).

El amor de Dios es la razón (4.11, 19) y el modelo (3.16) de nuestro amor los unos por los otros. Los que pertenecen a Dios deben vivir una vida moldeada por el amor, igual que hace Dios (4.16, 21).

Hijos de Dios

1 Juan contiene muchos términos de las relaciones familiares. Juan llama a sus lectores «queridos hijos» (2.1, 12, 13, 18, 28; 3.7, 18; 4.4; 5.21) y «queridos amigos» (2.7; 3.21; 4.1, 7, 11). La calidez de su relación se debe a que tanto Juan como sus lectores son hijos de Dios (5.19). Dios los ha hecho hijos suyos por su gran amor (3.1). Han nacido de nuevo a la familia de Dios (3.9; 4.7; 5.1) y el Espíritu de Dios vive ahora en ellos (3.24; 4.4, 13). Los hijos de Dios han recibido el regalo de la vida eterna (5.11, 12). Un día, serán como su Padre celestial (3.2). A diferencia de los hijos del diablo, los hijos de Dios hacen lo correcto (3.10).

La verdad de Dios

Juan se preocupa de que sus lectores sigan creyendo la verdad que ya conocen (2.20, 21, 24). Deben agarrarse a la verdad de Jesucristo (2.22; 5.5), que se hizo hombre para traer la salvación al mundo (4.2, 3; 5.6).

IMPORTANCIA PARA NUESTROS DÍAS – 1 JUAN

Vivir con Dios

Los cristianos viven en comunión con Dios, con el Padre y el Hijo (1.3; 2.24), y el Espíritu, que vive en ellos (3.24; 4.13). Son los hijos amados de Dios (3.1), y él escucha sus oraciones (5.14-15). Dios vive con ellos y les da vida eterna (2.24, 25; 5.11).

Debemos alimentar esta valiosa relación con Dios evitando todo pecado (1.6; 2.1) y siguiendo sus mandamientos (1.7; 2.6; 5.3). Si pecamos, no debemos esconderlo, sino confesarlo a Dios, que nos perdonará y nos limpiará (1.8, 9). Vivir en comunión con Dios es un gran privilegio, pero también una gran responsabilidad: debemos tomarnos en serio el pecado, para poder ser puros como nuestro Padre (3.3).

Vivir con los demás

Los cristianos han nacido a la familia de Dios, por lo que ahora tienen hermanos y hermanas en la fe (5.19). Los lectores de Juan deben asegurarse de que están en comunión con otros cristianos (1.3, 7). Los cristianos sabrán que su fe es real por su amor por sus hermanos y hermanas (3.14). No pueden pretender amar a Dios si no aman también a los hijos de Dios (4.20, 21; 5.1).

El amor por los demás es una parte importante del mensaje cristiano (3.11). Jesús mandó a sus seguidores que se amaran unos a otros (3.23). Juan quiere que nos amemos de una forma práctica (3.17, 18). Si queremos seguir a Cristo, tenemos que servir a nuestros hermanos en la fe con amor.

> «Pero si andamos en luz, cómo Él está en luz, tenemos comunión unos con otros, y la sangre de Jesucristo su Hijo nos limpia de todo pecado».
>
> 1 Juan 1.7

Vivir en el mundo

Juan hace un contraste entre la vida de los hijos de Dios y la vida en el mundo (2.15). Para Juan, el mundo es un lugar de tinieblas (1.5, 6; 2.11) y de pecado (2.16). Las personas en el mundo siguen sus propios deseos en lugar de la voluntad de Dios (2.17). El mundo está bajo el control del diablo (5.19): sus hijos hacen el mal (3.10) y rechazan a Jesucristo (4.3). El mundo odia a los hijos de Dios (3.13).

Juan recuerda que los deseos del mundo no durarán (2.17). Jesús vino al mundo para ser su Salvador (4.14), derrotando al diablo (3.8) y revelando el amor de Dios (4.9). Nadie puede amar a Dios y al mundo, por lo que no debemos amar al mundo (2.15). Nuestra fe en Jesús nos liberará de los malos deseos del mundo (5.4, 5). Si realmente lo deseamos, Dios nos ayudará (5.18).

2 Juan y 3 Juan
LEALTAD A LA VERDAD

PERSPECTIVA GENERAL
Estas dos cartas son muy cortas, pero su mensaje es claro y directo: los cristianos deben ser leales a la verdad que han recibido, las buenas noticias de Jesucristo.

RESUMEN
La Segunda Epístola de Juan se escribió para una iglesia local (2 Jn 1). Juan está feliz porque algunos miembros de la iglesia siguen andando en la verdad (2 Jn 4) y les recuerda que eso significa que deben amarse unos a otros (2 Jn 5-6). Juan les advierte contra los falsos maestros en la iglesia (2 Jn 7-9). Deben tener cuidado de los que siguen esa falsa enseñanza (2 Jn 10-11). Otra vez, Juan dice que tratará algunos asuntos particulares de la iglesia personalmente cuando les visite (2 Jn 12).

La Tercera Epístola de Juan va dirigida a Gayo, un amigo personal del apóstol Juan (3 Jn 1, 2). Algunos misioneros habían visitado a Juan y le habían hablado muy bien de Gayo (3 Jn 3, 4). Estos misioneros habían decidido quedarse solamente en casas de cristianos durante sus viajes (3 Jn 7), y Gayo les dio una calurosa bienvenida y les brindó su apoyo, incluso sin conocerles al principio (3 Jn 5). Estos misioneros vuelven a Gayo, enviados por Juan, con esta carta, en la que Juan le pide que cuide de ellos de nuevo (3 Jn 6, 8). En contraste con Gayo, otro miembro de la iglesia llamado Diótrefes no acogió bien a los visitantes (3 Jn 10). Juan dice a Gayo que él es consciente de los problemas que Diótrefes está causando en la iglesia (3 Jn 9, 10). Gayo debe seguir el ejemplo de personas buenas como Demetrio (3 Jn 12) en lugar de personas malas como Diótrefes. Juan dice que tratará los problemas personalmente cuando visite la iglesia en un futuro próximo (3 Jn 10, 13, 14).

Autor
«El anciano» (2 Jn 1; 3 Jn 1), que no dice su nombre. Tradicionalmente se piensa que es el apóstol Juan, que también escribió 1 Juan y el cuarto Evangelio.

Fecha
No está clara. Posiblemente en los años 80 o 90 d. C.

Trasfondo
El ministerio de Juan se desarrolló en Asia Menor (actual Turquía) y los lectores probablemente vivían en ese área. 2 Juan se escribió a «la señora elegida y sus hijos» (2 Jn 1). Era una forma de referirse a una congregación de cristianos.

La Tercera de Juan se escribió a Gayo, un miembro de una congregación desconocida, y amigo personal del apóstol Juan (3 Jn 1).

BOSQUEJO

2 JUAN

3 JUAN

TEMAS CLAVE

La verdad

Juan se muestra contento de que haya miembros de la iglesia que siguen viviendo en la verdad (2 Jn 4; 3 Jn 3, 4). Esta verdad es el mensaje sobre Jesucristo (2 Jn 9) y su vida como ser humano (2 Jn 7), el mensaje que han conocido desde el principio de su fe (2 Jn 5).

La verdad sostiene a la comunidad cristiana unida (2 Jn 1). La verdad no es, sin embargo, un entendimiento intelectual de la enseñanza de Jesús. Para Juan, la verdad significa un compromiso de permanecer cerca de Jesús y de obedecer los mandatos del Padre (2 Jn 4). La verdad aquí es casi una personificación de Jesús. Por eso Juan puede decir que la verdad vive dentro del cristiano (2 Jn 1) y dura eternamente. Si los lectores siguen andando en la verdad, conocerán la gracia, la misericordia y la paz de Dios (2 Jn 3).

El amor

Los cristianos no pueden decir que viven en la verdad si no se aman unos a otros. Este mensaje, muy importante en 1 Juan, se repite en 2 Juan. Amarse los unos a los otros debe ser lo que defina a la comunidad cristiana. Los lectores de Juan han escuchado este mandato desde el principio de su fe (2 Jn 5, 6), y deben ponerlo en práctica.

La hospitalidad

La hospitalidad es un ejemplo particular del amor cristiano por los demás y una ilustración de cómo los cristianos se unen por la verdad. En 3 Juan, Gayo es elogiado porque mostró hospitalidad a algunos misioneros (3 Jn 5). La hospitalidad era especialmente importante para los misioneros cristianos del primer siglo, que podían encontrar muchas dificultades en sus viajes. No era solamente una buena acción, sino que mostraba el amor por la verdad y el compromiso a contribuir al crecimiento del reino de Dios (3 Jn 8). En contraste con Gayo, Diótrefes rechazó mostrar hospitalidad a los visitantes, y fue más lejos intentando que otros hicieran lo mismo (3 Jn 10). No era solamente una mala actitud por su parte, mostraba también que Diótrefes rechazaba su mensaje. Como los visitantes venían de parte del apóstol Juan, Diótrefes estaba, por tanto, rechazando la enseñanza de Juan (3 Jn 9).

En su Segunda Epístola, el apóstol Juan recuerda a la iglesia que deben tener cuidado con quién muestran hospitalidad. Deben mostrarse hospitalarios con los que comparten la verdad con ellos y rechazar a los falsos maestros (2 Jn 10). Ser hospitalarios con los falsos maestros es tan malo como la falsa enseñanza en sí (2 Juan 11).

IMPORTANCIA PARA NUESTROS DÍAS

Discernir

Los cristianos deben discernir entre la enseñanza verdadera y la falsa. Eso era y es especialmente importante cuando llegan misioneros de viaje, que la comunidad no conoce. Solamente se debe recibir a los que sigan la verdad, y darles libertad para enseñar (2 Jn 10, 11; 3 Jn 8).

Para poder discernir la diferencia, los cristianos deben conocer por sí mismos la verdad. No es sabio aceptar cada enseñanza que escuchamos. En lugar de eso, hay que discernir y asegurarse de que la enseñanza que recibimos es coherente con la de Cristo (2 Jn 9).

Ser hospitalario

Si los misioneros traen la verdad, Juan insiste en que deben ser recibidos con los brazos abiertos (3 Jn 8). La hospitalidad es, de hecho, una obligación cristiana. Hay que tratar a los obreros cristianos «como es digno de su servicio a Dios» (3 Jn 6). Ayudando a los obreros de Dios, los lectores de Juan están siendo parte de su obra también (3 Jn 8; cf. 2 Jn 11 como contraste). La preocupación, el amor y la aceptación que mostramos hacia nuestros líderes otros obreros de Dios y misioneros indican nuestra actitud hacia Dios y sus buenas nuevas.

El toque personal

Es obvio que había problemas importantes en las comunidades a las que Juan escribió estas cartas. Aquí parece haber un grupo rival dentro de la iglesia de Gayo, liderado quizás por Diótrefes, que rechazaba la enseñanza de Juan (3 Jn 9, 10). La otra iglesia estaba bajo amenaza de falsos maestros (2 Jn 7). Juan, sin embargo, no trata directamente esas situaciones en sus cartas. Da instrucciones generales a la iglesia para que permanezca en la verdad y esté atenta a los errores (2 Jn 8; 3 Jn 11). Pero promete que tratará esas situaciones específicas personalmente cuando les visite (2 Jn 12; 3 Jn 13,14). Parece que no quería hacerlo por carta.

Es un buen consejo para tratar los problemas pastorales de la iglesia en la actualidad. En una época en la que tenemos muchos medios para comunicarnos, encontrarse cara a cara sigue siendo una manera sabia y cristiana de resolver los conflictos. Ayuda a evitar malentendidos.

> «No tengo yo mayor gozo que éste, el oír que mis hijos andan en la verdad».
>
> 3 Juan 4

Judas
EL JUICIO DE DIOS

PERSPECTIVA GENERAL

La carta de Judas es una advertencia solemne del juicio de Dios que caerá sobre los que dicen ser cristianos, pero no viven obedeciendo a Dios. Sin embargo, Dios será misericordioso con aquellos que confíen en Jesucristo y hagan un esfuerzo por mantener una buena salud espiritual.

RESUMEN

Judas intentó escribir en principio una carta general sobre la fe cristiana (v. 3); sin embargo, la aparición de «hombres impíos» en la comunidad cristiana (v. 4) hizo que cambiara sus planes y escribiera sobre el peligro de apartarse de la fe verdadera.

Tras una pequeña introducción (vv. 1, 2), Judas advierte a sus lectores de que hombres impíos habían entrado encubiertamente en su congregación. Estas personas proclamaban que la gracia de Dios les permitía pecar, y no hacían ningún esfuerzo para vivir bajo el señorío de Cristo (v. 4). Ignoraban las advertencias del Antiguo Testamento sobre el juicio de Dios (vv. 5-7) y el ejemplo del arcángel Miguel (v. 9). En lugar de eso, seguían haciendo el mal (vv. 8, 10) y seguían el camino de Caín, Balaam y Coré (v. 11). Judas describe el vacío espiritual de sus vidas (vv. 12, 13, 16) y dice que recibirán el juicio que merecen (vv. 14, 15).

Los lectores de Judas deben recordar que los impíos siempre estarán alrededor de la iglesia (vv. 17-19). Deben, por tanto, concentrarse en su propia salud espiritual (vv. 20, 21). Tienen que esforzarse por salvar a los que están equivocados y alentar a los que dudad (vv. 22, 23).

Judas acaba con un arrebato de alabanza a Dios el Padre y a Jesucristo (vv. 24, 25).

Autor

Judas, hermano de Jesús, que estaba con los discípulos en Jerusalén después de la resurrección (Hch 1.14). Era también hermano de Santiago (v. 1), el autor de la carta con el mismo nombre en el Nuevo Testamento.

Fecha

Posiblemente finales de los años 60 d. C.

Trasfondo

Judas conocía bien a sus lectores (v. 3, «amados» en vv. 17 y 20), lo que indica que escribía a congregaciones determinadas con las que tenía una relación especial en lugar de hacerlo de forma más general. Sus lectores habían escuchado al menos a dos apóstoles en persona (vv. 17, 18).

BOSQUEJO – JUDAS

TEMAS CLAVE – JUDAS

Cristianismo falso

La sección principal de la carta (vv. 4-19) describe el pecado de las personas impías en la congregación a la que Judas escribía. La lista de sus características es algo desagradable:

- Son inmorales (v. 8), y actúan como animales salvajes (v. 10).
- Rechazan la autoridad de Dios (vv. 4, 8) y calumnian a sus ángeles (v. 8).
- Están corrompidos (v. 10).
- Se quejan y hablan mal de los demás mientras hacen lo que les parece (v. 16).
- Fanfarronean diciendo ser espirituales (v. 16).
- Adulan a otras personas para ganar su apoyo (v. 16).
- Crean división (v. 19).

Judas los compara con tres ejemplos del Antiguo Testamento: Caín, que tenía envidia de su hermano (Gn 4); Balaam, avaricioso (Nm 22-24); y Coré, que rechazó la autoridad de Dios (Nm 16).

Lo peor de su pecado es que seguían diciendo que eran verdaderos cristianos, engañando así al resto de la iglesia (v. 4). Vivían como miembros de la comunidad cristiana, tomando la comunión e incluso teniendo posiblemente alguna autoridad en la iglesia (se les llama «pastores», v. 12). Hablaban de la gracia de Dios, pero rechazaban vivir bajo el señorío de Cristo (v.4) y no tenían el Espíritu de Dios (v. 19). Judas califica a estas personas como falsos cristianos. No producen el buen fruto que deberían (v. 12) y lo que les espera es únicamente vergüenza y juicio (v. 13).

La certeza del juicio

Aunque los falsos cristianos se las arreglaron para introducirse encubiertamente dentro de la iglesia (v. 4), Judas quiere que sus lectores sepan que Dios no pasará por alto su pecado. Judas usa ejemplos del Antiguo Testamento y otros escritos judíos para ilustrarlo;

- Los israelitas que no creyeron perecieron en el desierto, después de que Dios los salvara de Egipto (v. 5; Nm 4).
- Dios juzgó a los ángeles que se rebelaron (v. 6).
- Dios destruyó Sodoma y Gomorra (v. 7; Gn 19).
- La profecía de Enoc habló de la certeza del juicio de Dios (vv. 14-15, refiriéndose a unos escritos judíos no bíblicos, *El libro de Enoc*).

Los falsos cristianos serán destruidos por sus pecados (v.10) y echados de la presencia de Dios al lugar del dolor (v. 11) y de las tinieblas (v. 13).

El poder sustentador de Dios

Al contrario de los falsos cristianos, los lectores de Judas pueden celebrar que Jesucristo los mantiene a salvo (v. 1). Si permanecen en su amor (v. 21), él les llevará a salvo a su futuro reino glorioso, purificados de todo pecado (v. 24). ¡Esto es motivo de gran gozo para Dios y para nosotros (vv. 24, 25)!

IMPORTANCIA PARA NUESTROS DÍAS – JUDAS

Hipocresía en la iglesia

Los falsos cristianos que se describen en esta carta se las arreglaron para ser parte de la familia de la iglesia sin haberse visto desafiados por su conducta (v. 4). No tuvieron ningún problema para involucrarse completamente en la vida de la iglesia (v. 12), aunque no vivían realmente bajo el señorío de Cristo. La carta de Judas pretendía despertar a la iglesia para que fueran conscientes de que había falsos cristianos entre ellos (vv. 17, 18).

Esta carta muestra que la herejía (enseñanza falsa) no era el único peligro para la iglesia primitiva. Aquí en Judas el peligro es la hipocresía (pretender ser cristianos sin vivir una vida santa). Judas insta a sus lectores a luchar por la verdadera fe que han recibido (v. 3) y no permitir que los hipócritas dividan a la iglesia (v. 19) llevándose a personas de su lado.

Nosotros también tenemos que estar atentos al peligro de la hipocresía en nuestras propias vidas y en nuestras congregaciones. La asombrosa gracia de Dios no significa que podemos continuar pecando (v. 4; Ro 6.1, 2).

Permanecer sanos

Judas exhorta a sus lectores a permanecer sanos espiritualmente, lo que les ayudará a evitar los pecados de los impíos. Da una serie de instrucciones (vv. 20, 21):
• Aprender más de la fe verdadera.
• Orar en el Espíritu Santo.
• Permanecer en el amor de Dios.
• Esperar el regreso de Jesucristo.

Además de estas cosas, que están enfocadas a una relación personal con Dios, los cristianos tienen una responsabilidad por los demás (vv. 22, 23):

> «Conservaos en el amor de Dios, esperando la misericordia de nuestro Señor Jesucristo para vida eterna».
>
> Judas 21

• Ayudar a los que tienen dudas sobre su fe.
• Salvar a los que no son conscientes del peligro que corren.
• Advertir a los que actúan a su manera deliberadamente.

Mientras Judas celebra el poder de Dios que cuida de los cristianos, también destaca la responsabilidad de los cristianos de mantenerse sanos espiritualmente y preparados para servir a Dios. La mejor forma de evitar el pecado de la impiedad es tener una buena salud espiritual y estar activos en la misión.

Usar historias

Judas usa varios ejemplos del Antiguo Testamento (vv. 5, 7, 11) y de otros escritos judíos (vv. 6, 9, 14, 15) para ilustrar su enseñanza. También usa ejemplos de la naturaleza (vv. 12, 13) y recuerda a los lectores lo que estos han escuchado ya de los apóstoles (vv. 17, 18).

Una buena enseñanza cristiana usará una variedad de ilustraciones de diversas fuentes para dar más claridad a los asuntos tratados

Apocalipsis
LA VICTORIA DE CRISTO

PERSPECTIVA GENERAL

¿Es capaz Dios de triunfar sobre el mal? El libro de Apocalipsis dice que si, dando a los lectores una visión de lo que ocurre detrás el escenario de la historia del mundo: el Cristo resucitado está en el trono y está obrando para traer a la tierra su glorioso reino.

RESUMEN

Apocalipsis empieza con una declaración de la grandeza de Dios (1.4-8) y una descripción de la visión que recibió Juan, su autor (1.1-3, 9-18). El Cristo resucitado le da instrucciones a Juan de que escriba la visión y envíe cartas a las siete iglesias, con mensajes específicos de advertencia y de aliento (1.19-3.22).

Después se le muestra a Juan un cuadro de la alabanza en el cielo (4.1-11). En el centro de esta adoración está Cristo el Cordero (5.6), que es alabado porque su muerte como sacrificio le ha dado autoridad para abrir el rollo que contiene los propósitos de Dios para el futuro (5.1-5, 7-14). Cuando se abran los sellos del rollo, ocurrirán acontecimientos terribles que serán advertencias del juicio venidero de Dios (6.1-17). El pueblo de Dios, sin embargo, estará sellado para estar protegido durante esos acontecimientos (7.1-8; 9.4), por lo que alabarán a Dios (7.9-17). Cuando se abra el sellos final (8.1), otra serie de terribles acontecimientos ocurrirán mientras siete ángeles tocan siete trompetas (8.2-11.19).

La visión de Juan continúa con una escena de conflicto entre el pueblo de Dios y Satanás (12.1-18). Juan ve dos bestias que representan el poder malvado de Satanás (13.1-18), mientras el pueblo de Dios se mantiene a salvo (14.1-5). Tres ángeles (14.6-11) traen el mensaje del juicio de Dios (14.14-20). Siete ángeles más traen siete plagas finales (15.1-16.21), antes de que el reino de Satanás, llamado Babilonia, sufra el juicio (17.1-18.24).

Esto lleva a un gran grito de alabanza en el cielo (19.1-10) antes de una gran batalla final entre Satanás y el cielo (19.11-21). Por último, tanto los justos como los impíos reciben su juicio (20.1-15). En una escena final, Juan vislumbra la gloria del nuevo cielo y la nueva tierra (21.1-22.5). Apocalipsis termina con una exhortación a estar preparados para la venida de Jesús (22.7-21).

Autor

El autor se llama a sí mismo Juan (1.1; 22.8) y está exiliado en la isla de Patmos (1.9). Muchos creen que es el apóstol Juan, autor del Evangelio y de las tres cartas, aunque en estos escritos no aparece su nombre.

Fecha

Muchos expertos piensan en una fecha alrededor del año 95 d. C., durante la persecución del emperador romano Domiciano a los cristianos. Otros piensan en el año 69 d. C., justo después de gobernar Nerón.

Trasfondo

Apocalipsis se escribió para siete iglesias de Asia Menor (ahora el oeste de Turquía, 1.4). Algunas sufrían persecución por su fe en Jesucristo (2.3, 10, 13), otras lidiaban con las falsas enseñanzas (2.2, 14, 15, 20-25), otras con un cristianismo tibio (3.1-3, 15-18).

BOSQUEJO – APOCALIPSIS

TEMAS CLAVE – APOCALIPSIS

La victoria y la soberanía del Cordero

Cristo es el que ha asegurado la victoria de Dios sobre el poder de Satanás y está sentado en el trono con Dios (5.13; 11.15). En la primera escena de la visión de Juan, aparece como una figura imponente (1.10-16) con autoridad sobre la muerte y sobre el Hades, el reino de los muertos (1.18). Después, aparece como un Cordero en el centro del trono de Dios, capaz de abrir los sellos del rollo que contiene los propósitos de Dios para el mundo (5.5-10). Después es un poderoso guerrero, que dirige al ejército de Dios hacia la victoria (19.11-21). La fuente del poder y de la autoridad de Cristo es su muerte como sacrificio y su resurrección (1.5,18; 5.9, 10, 12).

La conspiración de Satanás

Juan muestra a sus lectores que el mal al que se enfrentan no es solamente humano, sino demoníaco. El mal en el mundo es un ataque a Dios y a su pueblo por parte de Satanás, que es la fuente de las falsas enseñanzas y las persecuciones que amenazan la vida de la iglesia (2.9, 13, 24; 3.9), y es el que engaña a las naciones (20.3,7-10). Se representa por un dragón (12.3-9; 20.2) que busca frustrar los propósitos de Dios intentando descarriar a su pueblo (12.9). Sus fuerzas se describen de una forma terrorífica: bestias terribles (13.1-18), un ejército enorme (20.8, 9), y una ciudad borracha con la sangre de los mártires cristianos (17.3-6).

CARTAS A LAS SIETE IGLESIAS

Las cartas que se escribieron a las siete iglesias de Apocalipsis aparecen en el orden en el que un mensajero que viajara desde la isla de Patmos las entregaría.

El juicio de Dios

Gran parte de los símbolos de Apocalipsis tratan del juicio de Dios contra la conspiración de Satanás. En la parte principal de la visión de Juan, ocurren una serie de desastres cuando se abren los siete sellos del rollo de Dios (6.1-8.1), siete ángeles tocan siete trompetas (8.6-11.19), y las siete copas de la ira de Dios son derramadas en forma de plagas sobre la tierra (15.1-16.21). Estos acontecimientos parecen ser advertencias del juicio final de Dios, que comienza con el séptimo de cada una de estas series anteriores (8.1-5; 11.15-19; 16.17-21). Juan añade de forma explícita que la humanidad no se arrepintió de sus pecados (9.20; 16.9,11). En el juicio final, Satanás es capturado y echado al lago de fuego (19.20; 20.10). Todos sus seguidores también son destruidos (14.6-11,19-20; 19.21; 20.11-15). Esta destrucción final se llama la muerte segunda (2.11; 20.6), pero también se ve como un lago de fuego (14.10; 19.20; 20.10,14). Una vez destruidos, Satanás y sus fuerzas ya no serán nunca más una amenaza para el reino de Dios.

La recompensa de los fieles

Apocalipsis ofrece un cuadro de la recompensa que Dios dará a su pueblo fiel:

• Seguridad en la peor tribulación (3.10; 7.14).
• Vida eterna con Dios en su nueva creación (2.7, 10; 7.15-17; 21.1-22.5).
• Vestiduras limpias, que simbolizan la pureza (3.5; 7.14).
• Autoridad dentro del reino de Dios (2.26, 27; 3.21; 20.4).

La iglesia fiel de Dios se ve como la novia de Cristo (19.7-9; 21.9) ¡y vivirá eternamente en el nuevo mundo de Dios, en el que los cielos y la tierra se unirán (21.1-3)!

IMPORTANCIA PARA NUESTROS DÍAS – APOCALIPSIS

Apocalipsis está lleno de simbolismos y de imágenes extrañas. Muchas personas han intentado usar el libro para trazar una secuencia del futuro del mundo. Sin embargo, la visión de Juan no sigue un orden cronológico, y muchas de las imágenes son simplemente formas diferentes de hablar de la misma realidad. El propósito de Apocalipsis no es facilitar un calendario de los planes de Dios, sino alentar a los cristianos que están experimentando dificultades y persecución.

> «Te damos gracias, Señor Dios Todopoderoso, el que eres y que eras y que has de venir, porque has tomado tu gran poder, y has reinado».
>
> **Apocalipsis 11.17**

El poder de Dios

El mensaje central de Apocalipsis es la certeza de que el poder de Dios va a derrotar a las fuerzas del mal y va a traer una nueva creación. Los lectores de Juan estaban pasando por tiempos muy difíciles, y quizás se estaban preguntando si Dios era realmente capaz de salvarlos. Apocalipsis enseña que, por su muerte y su resurrección, Jesucristo tiene el poder y la autoridad sobre todas las otras fuerzas que hay en el mundo (1.5, 17, 18; 3.21; 5.9; 19.13). Satanás puede parecer poderoso, pero Jesús ya le ha derrotado, y pronto será totalmente destruido. En tiempos difíciles y confusos, es vital recordar que el trono del universo lo ocupan Dios y el Cordero, Jesucristo (4.1-5.6; 11.15).

La paciencia cristiana

Hasta que el poder de Dios sea revelado finalmente, los cristianos deben tener paciencia. En las cartas a las iglesias, Jesús exhorta a su pueblo a permanecer fiel a él y a perseverar cuando pase por pruebas (2.3, 10, 25, 26; 3.2, 3). Los cristianos tienen que soportar pacientemente los desastres y juicios que caen sobre el mundo (13.10; 14.12), para formar parte de la gran multitud que adorará alrededor del trono de Dios (7.9-17; 14.1-5; 15.2-4). Se nos recuerda que Cristo pronto traerá su reino, así que hay que estar siempre preparados (22.7-20). Cuando suframos persecución, dificultades o confusión, debemos recordar que Dios ha prometido traernos su reino glorioso, si perseveramos con paciencia.

Alabanza eterna

El libro de Apocalipsis está salpicado de explosiones de alabanza. Los ángeles, las criaturas y los ancianos en el cielo alaban a Dios (3.8-11; 5.9-12, 14; 7.11-17; 11.15-18; 16.5-7; 19.1-8). También lo hacen las multitudes de fieles cristianos (7.9, 10; 14.1-3; 15.2-4) e incluso la totalidad de la creación (5.13). Dios es alabado por su carácter glorioso (4.8, 11; 7.12) y el Cordero es adorado por la salvación que ha llevado a cabo (5.9, 10, 12; 7.15-17). Esta alabanza es una declaración de quién es Dios (16.5-7) y de lo que ha hecho (11.15, 17-18; 19.1-8), y está llena de gozo, amor y gratitud. Como cristianos, ¡nos unimos a esta gran sinfonía de alabanza a nuestro grandioso Dios!

Enseñanza
bíblica

El material está estructurado por temas principales, bajo diez títulos: La Biblia, Dios, Jesucristo, el Espíritu Santo, la humanidad, los mensajeros de Dios, la salvación, el cristiano, la iglesia y las últimas cosas.

Cada tema principal está dividido en seis secciones y cada una de ellas consta de seis estudios individuales.

El material de enseñanza puede utilizarse para el estudio personal o como recurso de ayuda a la hora de enseñar la Biblia en un grupo o en un programa de la iglesia.

Enseñanza bíblica

Contenido

LA BIBLIA

1. Sus secciones
   principales
2. Su inspiración
3. Su interpretación
4. Su aplicación
5. Su tema central
6. Su contenido

DIOS

1. La Trinidad
2. El Creador
3. La esencia de Dios
4. El carácter de Dios
5. Dios como padre
6. La revelación de Dios

JESUCRISTO

1. Su encarnación
2. Principales hechos de
   los Evangelios
3. Aspectos principales
   de su ministerio
4. Sus nombres
5. Su muerte expiatoria
6. Su victoriosa
   resurrección

EL ESPÍRITU SANTO

1. Su persona
2. Sus nombres
   y descripciones
3. Su obra
4. Su actividad
   en el cristiano
5. Su fruto
6. Sus dones

LA SALVACIÓN

1. El plan de Dios
   para la humanidad
2. La necesidad de
   salvación de la
   humanidad
3. El camino
   de salvación
4. Aceptación
5. Santificación
6. En Romanos

EL CRISTIANO

1. Descripción
2. El cristiano y la Biblia
3. El cristiano
   y la oración
4. El cristiano
   y el testimonio
5. El cristiano
   y el mundo
6. La vida cristiana

LA IGLESIA

1. Sus características
2. Su descripción
   principal
3. Su relación
   con Cristo
4. Su autoridad
   y misión
5. Sus ordenanzas
6. Su ministerio
   y su orden

LAS ÚLTIMAS COSAS

1. La esperanza
   del cristiano
2. El preludio al regreso
   de Cristo
3. El regreso
   de Cristo
4. El Juicio
5. La resurrección
6. El nuevo orden

LA HUMANIDAD
1. Nuestra singularidad
2. Nuestra diversidad
3. Nuestra rebelión y la caída
4. Nuestra rebelión y condenación
5. Nuestra búsqueda y nuestro dilema
6. Nuestros enemigos

pp. 382–393

MENSAJEROS DE DIOS
1. Los ángeles
2. Los patriarcas
3. Los sacerdotes
4. Los profetas
5. Los apóstoles
6. Los evangelistas

pp. 394–405

CENTRADO EN...

MÁXIMO APROVECHAMIENTO DE ESTE MATERIAL DE ESTUDIO

Estudio personal

Este material de enseñanza bíblica puede utilizarse como manual de estudio de la Biblia: como un recurso de ayuda para la enseñanza de la Biblia y para el estudio diario y personal de las Escrituras. El material se encuentra estructurado en diez temas doctrinales principales. Cada uno de estos temas se halla dividido en seis secciones, cada una de ellas compuestas, a su vez, de seis estudios. Si se acaba toda la serie, a razón de una sección por semana, en poco más de un año se habrá estudiado todo el material. Cada estudio se distribuye en dos páginas

·**El texto principal** ofrece una perspectiva desde el punto de vista teológico. La Verdad Clave resume el tema y la Postdata aporta una importante conclusión sobre el mismo.

·**Estudio Bíblico:** aunque tiene múltiples usos, esta sección es ideal para grupos de estudio en casa. Nos muestra un pasaje de la Biblia, seleccionado para transmitir y hacer hincapié en el tema del estudio principal, con preguntas formuladas con el propósito de fomentar el debate.

·**Reflexión:** esta sección supone una ayuda adicional para la meditación y la respuesta personal.

Toda esta sección concluye con un pensamiento para cada día (pp. 454-463)

Estudio en grupo

Los grupos de estudio de todas las edades se beneficiarán de las enseñanzas que irán descubriendo a medida que vayan siguiendo las directrices ofrecidas. Los líderes de grupo deben prepararse de la forma siguiente: familiarizándose con los pasajes que se proporcionan, preparándose para reforzarlos con otros pasajes de referencias cruzadas, leyendo cuidadosamente el material de estudio, preparándose para hacer preguntas como base para el debate y otras adicionales que ellos mismos quieran aportar.

Programas de iglesia

Ministros, pastores y maestros constatarán que este material es una fuente de referencia muy valiosa cuando se hallen preparando programas para la iglesia. Los títulos han sido formulados de forma que la verdad bíblica se exprese en las palabras del propio titular.

LA BIBLIA

1. Sus secciones principales

EL ANTIGUO TESTAMENTO

Historia

Los libros históricos del Antiguo Testamento (desde Génesis hasta Ester) muestran cómo Dios se involucró en la historia del ser humano. Él creó el mundo, eligió un pueblo para llevar a cabo su plan de salvación para toda la humanidad y le proveyó de leyes para vivir una vida correcta.

Estos libros de la ley y la historia de la nación de Israel proporcionan el fundamento para la cristiandad del Nuevo Testamento.

Poesía y sabiduría

Proverbios, enigmas, cánticos, parábolas y alegorías se dan cita en los libros de poesía y sabiduría (desde Job hasta el Cantar de los Cantares). Estos libros reflejan la respuesta del hombre ante Dios y ante la vida. Desesperación, amor, gozo, el vacío de la vida sin Dios, amargura, ira y fe triunfadora; cada emoción y situación tienen un propósito cuando Dios entra en escena.

Profecía

Los profetas eran hombres a los que Dios llamó para que hablaran en su nombre a su pueblo. Explicaron el pasado, recordándoles las leyes de Dios y sus promesas. Cuestionaban las maldades del presente y las desafiaban, a la vez que declaraban los hechos futuros de Dios. Aunque estos 17 libros hablan con frecuencia de juicio, condena y destrucción, también hablan de esperanza futura, de la venida de un Mesías y de una nueva relación con Dios.

EL NUEVO TESTAMENTO

Historia

Los cuatro Evangelios están basados en los relatos de testigos oculares que oyeron y vieron a Jesús de Nazaret y lo identificaron como el Mesías, cumpliéndose así lo que dice el Antiguo Testamento. El libro de los Hechos muestra lo que ocurrió tras la muerte y resurrección de Jesucristo y cómo la iglesia cristiana creció dentro de los mundos judío y gentil.

Epístolas

Las Epístolas del Nuevo Testamento iban dirigidas a individuos, iglesias y grupos de iglesias. Dan al lector una gráfica impresión de cómo era la vida de los primeros cristianos y de los problemas a los que tenían que hacer frente. Estas Epístolas nos enseñan a menudo los errores que cometían los cristianos y al mismo tiempo la enseñanza de los apóstoles que los corregían y guiaban en la vida cristiana. Los cristianos siguen teniendo necesidades y debilidades parecidas, por lo que las 21 Epístolas del Nuevo Testamento siguen teniendo y tendrán relevancia para la iglesia en todas las épocas.

Profecía

El libro final de la Biblia consiste en una serie de visiones del apóstol Juan, que revelan situaciones y circunstancias que afectan a los creyentes, a los no creyentes y a la totalidad del orden creado. El libro de Apocalipsis está escrito en un lenguaje simbólico y profético, y ha inspirado a los cristianos durante siglos con su mensaje del Dios que controla la historia y finalmente derrota a las huestes del mal y su poder.

COMPRUEBE EN LA BIBLIA

ANTIGUO TESTAMENTO
Historia: Génesis 12.1-3; Josué 24.14,15
Poesía: Salmo 127; Eclesiastés 3.1-9
Profecía: Amós 5.21-24; Isaías 53
NUEVO TESTAMENTO
Historia: Marcos 1.14, 15; Juan 20.30, 31; Hechos 1.1-3
Epístolas: Romanos 12.1, 2; Tito 3.3-8; 1 Pedro 2.9
Profecía: Apocalipsis 1.8-11; 12.7-12; 22.12, 13

VERDAD CLAVE

La Biblia consta de sesenta y seis libros, recopilados en dos «bibliotecas». Se escribieron a lo largo de un periodo de 1500 años. Estos libros pueden ir colocándose en las seis secciones de las páginas siguientes.

POSTDATA

Una de las cosas más extraordinarias de la Biblia es que, aun siendo un libro muy antiguo, que se escribió para guiar a la gente en su vida, hace muchos siglos, sigue siendo capaz de suplir las necesidades de las personas hoy día.

ESTUDIO BÍBLICO Salmo 119.1-32

Tanto si se trata de un grupo de estudio en casa, de una reunión de iglesia o simplemente a título personal, utilice estas preguntas como ayuda en el estudio de este pasaje.

1. El gran predicador bautista C.H. Spurgeon describió el Salmo 119 como «un océano de fuego». Al leer estos versículos, ¿qué puede haber en ellos para originar esta descripción?

2. Habrá notado ya que cada versículo hace alguna referencia a la Palabra de Dios: leyes, estatutos, preceptos, decretos, etc. ¿Qué podemos aprender acerca del carácter de la Palabra de Dios, partiendo de estos diferentes términos?

3. Aunque el Salmo 119 no tiene título, su estilo sugiere que es obra de David, el niño pastor que más tarde se convirtió en rey de Israel. ¿Puede identificar frases en este pasaje que puedan tener relación con episodios de la vida real de David? Mire, por ejemplo, los versículos 9, 14, 19, 23, 24 y 28.

4. ¿Qué nos enseña el versículo 18 acerca de nuestra actitud en relación con la ley de Dios? ¿Por qué necesitamos que nuestros ojos sean «abiertos» en todo momento?

5. «Meditar» (versículo 23). Hace 250 años, un predicador de Yorkshire, William Grimshaw, definió la meditación como «la masticación del alma». ¿Cómo podemos realizar esta «masticación» de la Palabra de Dios?

6. Cuando los Salmos se escribieron no existía aún el Nuevo Testamento. Vea Gálatas 3.29. ¿Qué podemos aprender acerca de la relación entre el Antiguo Testamento y el Nuevo?

7. Identifique las cuatro determinaciones personales que toma el salmista en los versículos 30-32. Todas ellas son de carácter activo. ¿Cómo puede usted hacerlas suyas? Pase, ahora, algún tiempo en oración e intente encontrar una aplicación personal de este Salmo en su vida.

REFLEXIÓN

A. Lea Lucas 24.13-35. ¿Qué nos dice acerca del poder de la Biblia para desterrar el miedo y ayudar a comprender? Note la cantidad de partes de la Biblia citadas en los versículos 27 y 44.

B. Siendo toda la Escritura inspirada por Dios, algunos libros pueden tener más importancia que otros. ¿Cuáles piensa usted que pueden ser estos libros más importantes, tanto en el Antiguo Testamento como en el Nuevo Testamento?

C. Vea 2 Timoteo 3.16, 17. ¿Por qué nos ha dado Dios la Biblia?

D. Vea Gálatas 3.29. ¿Qué nos enseña acerca de la relación entre el Antiguo Testamento y el Nuevo?

2. Su inspiración

La identidad de su divino autor

La Biblia proclama que Dios es su Autor supremo. La convicción de que Dios hablaba a través de los mensajes del Antiguo Testamento se expresa en sus páginas varios cientos de veces.

Tanto el pueblo judío como los escritores del Nuevo Testamento aceptaron que el Antiguo Testamento había sido inspirado por Dios. Jesús mismo confirmó este punto de vista.

Él creía en las Escrituras y la forma en que las citaba demostraba que estas eran más importantes que las tradiciones y las opiniones humanas.

Los escritores del Nuevo Testamento, por su parte, eran conscientes de que no estaban enseñando sabiduría humana, sino más bien mostrando el mensaje de Dios para la humanidad.

La diversidad de los escritores humanos

Los escritores bíblicos provenían de varias culturas y épocas diferentes, y representaban un muy amplio abanico de intelectos y capacidades. Existía también una diversidad en las circunstancias en las cuales escribían. Algunos lo hacían como prisioneros en el exilio y otros mientras gobernaban reinos. Había diversidad en las profesiones de los escritores. Unos eran simples panaderos, pastores o fabricaban tiendas, mientras otros disfrutaban de altas posiciones en la sociedad. Había diversidad de caracteres, desde la desesperación hasta la alegría.

La unidad de sus múltiples temas

Este conjunto de libros únicos coloca al lector frente a su unidad, aunque fue escrito a lo largo de 1500 años. Es antiguo, pero a la vez moderno en su importancia para las necesidades humanas. Es diverso, pero único, y se sostiene por el tema común del pueblo de Dios, su necesidad y el deseo de la venida de un Salvador. El Antiguo Testamento encuentra su cumplimiento en el Nuevo Testamento y este tiene sus raíces en aquel. Esta gran biblioteca forma un solo libro.

La autoridad de su verdad inspirada

Desde tiempos antiguos, el valor de estos libros dejó tal huella en el pueblo de Dios, que este reconoció su autoridad y su categoría de Escrituras inspiradas por Dios. Reconocían que era Dios el que hablaba a través de ellas.

No fue el hecho de unir estos libros en la Biblia lo que les confirió su inspiración, la cual ya poseían de antemano. La autoridad del Antiguo Testamento fue reconocida y aceptada por los judíos, por el mismo Jesús y también por los escritores del Nuevo Testamento, que frecuentemente lo citaban en sus escritos. Los escritos del Nuevo Testamento fueron también aceptados por la iglesia desde sus primeros días como la última palabra en todo lo que los cristianos creían y hacían.

La realidad de su impacto moral

La Biblia no teme retratar el mal de manera sincera, aun cuando algunos de sus mejores personajes, hombres y mujeres, se ven involucrados en él. Pero como contraste, también nos muestra el más alto estándar moral de la historia, la vida de Jesucristo.

Este es el libro que constantemente censura y desafía al mal, transforma vidas y exalta a Cristo.

COMPRUEBE EN LA BIBLIA

Identidad: Jeremías 1.9; 2 Pedro 1.21; 2 Timoteo 3.16, 17

Diversidad: Amós 7.14, 15; 1 Reyes 4.29-32; Hechos 18.3

Unidad: Mateo 5.17, 18; Lucas 24.25-27, 44

Autoridad: Josué 1.7, 8; Mateo 22.29; Salmo 19.7-11

Realidad: Deuteronomio 32.45-47; Hebreos 4.12

VERDAD CLAVE

Cuando decimos que la Biblia es «inspirada» queremos decir que Dios comunicó su mensaje a través de las personas que él escogió. Estas personas no se convirtieron en robots bajo el control de Dios, sino que conservaron sus propias identidades mientras eran guiadas por él.

POSTDATA

Como cualquier otro libro, la Biblia fue escrita por autores humanos. Pero, a diferencia de cualquier otro libro, fue guiada y planificada por Dios desde su principio hasta su final. Debido a que detrás de la Biblia está Dios, todos los cristianos deben su lealtad y su obediencia a todas sus demandas.

ESTUDIO BÍBLICO 2 Timoteo 3.10—4.8

Aquí encontramos al apóstol Pablo exhortando a su joven discípulo Timoteo a confiar en la Palabra de Dios durante todo su ministerio sean cuales sean las dificultades y las oposiciones a las que deba enfrentarse. Estas preguntas le ayudarán en el estudio de este pasaje.

1. Reflexione sobre la oposición que acarrea la enseñanza sincera de la Palabra de Dios (versículos 10-13). ¿Por qué es esto así? ¿Qué tiene esto que ver con el enfoque central de las Escrituras (Juan 5.39, 40)?
2. Vea los versículos 14 y 15. ¿Cómo y cuándo conoció usted por primera vez las Escrituras? Compare experiencias.
3. Únicamente las Escrituras se hallan cualificadas para hacer algo por nosotros. ¿De qué se trata? Vea los versículos 15-17.
4. «Inspirada por Dios» (versículo 16). ¿Qué diferencia existe entre la «inspiración» de la Biblia y la de los trabajos de Shakespeare, por ejemplo? Compare Lucas 24.27 y 2 Pedro 1.21.
5. Considere la solemne responsabilidad de comunicar la Palabra de Dios a otros (4.1, 2). ¿Cuál debería ser nuestra verdadera motivación? ¿Cuál debería ser nuestra actitud?
6. ¿A qué nos oponemos en la proclamación de la revelación de Dios (4.3, 4)? ¿En qué formas ve usted estas tendencias hoy en día en el trabajo?
7. En el versículo 4.5, Timoteo recibe cuatro mandamientos directos. ¿Cómo se aplicarían a los representantes actuales de la verdad de Dios? ¿Cuáles son las exhortaciones en las palabras de Pablo de los versículos 6-8? Finalice el estudio orando por personas que conozca, involucradas en la difusión de la Palabra de Dios por todo el mundo.

REFLEXIÓN

A. Lea Éxodo 3.1-14 y 4.1-17. ¿Por qué era Moisés reacio a hablar de parte de Dios? ¿Qué razones le dio Dios para que confiara en él?

B. Cuando los profetas comunicaban el mensaje de Dios se les atacaba con frecuencia e incluso eran asesinados por el pueblo. ¿Por qué? ¿Sigue ocurriendo esto en la actualidad?

C. ¿Qué consideración tenía Jesús por las Escrituras? Vea Mateo 5.17-19. ¿Cómo podemos aprender de su ejemplo?

D. Dios habló a través de los escritores de la Biblia sin arrebatarles su individualidad y personalidad. Piense en algunos de estos escritores. ¿Qué aprendemos de esto en cuanto a la forma en la que Dios usa a las personas?

LA BIBLIA

3. Su interpretación

LA BIBLIA DEBE:

Ser vista en su contexto histórico

Una de las formas en la que podemos entender
el significado de un pasaje bíblico es intentar
comprender lo que este significaba originalmente
para los primeros lectores. Cuanto más
conozcamos sobre las costumbres y política en los
tiempos bíblicos más claramente nos llegará ese
significado. Por ejemplo, el Nuevo Testamento
manda que los esclavos obedezcan a sus señores.
Tenemos que mirar este mandamiento bajo
el prisma de que la esclavitud era aceptada
generalmente en aquel tiempo (aun cuando
se consideraba parte del orden que se estaba
extinguiendo por causa de Cristo). De manera
similar, un conocimiento de las costumbres
de aquel tiempo ayudará al lector actual a
comprender el significado del mandamiento
de Jesús a sus discípulos de lavarse los pies los
unos a los otros, cosa que hoy en día parecería
intrascendente.

Estar en armonía con su contexto

Comprenderemos mejor el significado de una
palabra de la Biblia examinando la frase en la
cual está incluida. De la misma manera, solo
podremos entender verdaderamente una frase
leyendo atentamente el párrafo completo en el
que se encuentra. Los líderes de muchas sectas a
menudo tergiversan la verdad bíblica sacando una
frase de su contexto. De esa forma usan la Biblia
para afianzar sus propias creencias. Los cristianos
deben ser cuidadosos para averiguar lo que la
Biblia realmente dice, aun cuando eso duela.

Estar en armonía con el resto de la Escritura

Los pasajes individuales de la Escritura deben
interpretarse a la luz de la totalidad de la Biblia.
Cuando se hace de esta forma no habrá conflicto
alguno de una parte de la Biblia con otra. Cuando
nos enfrentamos a aparentes contradicciones en la

Biblia probablemente se deba a que no conocemos
la enseñanza concordante de la Palabra de Dios
en su totalidad. El reto para el lector es desarrollar
una forma de pensar verdaderamente bíblica.

Ser concordante con el propósito de la revelación de Dios

La Biblia nos dice todo lo que necesitamos
saber acerca del plan de Dios para su creación
y la humanidad. Hay muchas preguntas que
quisiéramos que nos fueran contestadas, sobre las
cuales la Biblia dice poco a nada. Pero la Palabra
de Dios nos habla de todo lo que necesitamos
saber sobre él y sobre sus planes.

Debemos reconocer que, ante todo, la Biblia es
un libro de salvación. Por lo tanto, debemos evitar
realizar interpretaciones en materias más allá de
su propósito principal.

Debe ser comprendida dentro de culturas que han cambiado

La Biblia transmite un mensaje vivo, con poder
para transformar vidas y caracteres. Aunque fue
entregada a culturas que están muy lejos de ser
como las de los tiempos actuales, su importancia
en la vida no ha disminuido un ápice hoy.

Al interpretar la Biblia, de todas formas,
debemos prepararnos para lidiar con las palabras
y términos usados por los escritores bíblicos y
traducirlos de forma que el lector actual pueda
comprenderlos.

COMPRUEBE
EN LA BIBLIA

Vista: Efesios 6.5; Juan 13.14

Concordante: Nehemías 8.8; 2
Corintios 4.2

En armonía: Mateo 22.29; 2
Timoteo 2.15

Concordante: Deuteronomio
29.29; 2 Timoteo 3.14, 15

Comprendida: Hechos 8.34-38;
Hechos 17.11

VERDAD CLAVE

La interpretación es el
descubrimiento del verdadero
significado de la Biblia. Algunas
cosas son importantes de
recordar cuando intentamos
comprender las enseñanzas de
la Biblia.

POSTDATA

La Biblia no es un libro científico,
ni un libro de historia. Pero
no entrará en conflicto con
descubrimientos científicos ni
hechos históricos. Su propósito
es diferente: describir el Plan
de Dios para la Humanidad, en
Cristo.

ESTUDIO BÍBLICO Nehemías 8.1-12

Este es un pasaje que describe al antiguo pueblo de Dios, los judíos
en el siglo V a. C. Han regresado de los terribles años de exilio
pasados en Babilonia. Aunque ahora se encuentran bajo dominación
persa, tienen una oportunidad no solo de restaurar los destrozados
muros de Jerusalén, sino de reconstruir sus vidas en torno al Libro
de Dios. Céntrese ahora en estas preguntas.

1. «El Libro de la Ley de Moisés» (versículo 1). Este era
   posiblemente Deuteronomio. ¿Cuáles son las ventajas de estudiar
   las Escrituras juntas en su totalidad?
2. Imagine la escena descrita en los versículos 1-6. Era una
   oportunidad nacional. ¿Hasta qué punto el mensaje de la Biblia
   ha facilitado una base, unos fundamentos a las civilizaciones
   modernas?
3. Estudie la clave de todo el capítulo (versículo 8) y comente
   la importancia de palabras como «claro», «significado» y
   «comprender».
4. ¿Por qué resulta insatisfactorio cuando en un pasaje se fuerzan
   numerosos «significados» distintos? (compare 2 Corintios 4.2).
   ¿Cuál fue el resultado cuando Esdras comunicó a sus oyentes la
   única y verdadera interpretación (versículos 9, 12)?
5. Considere la reacción de otros, a la luz de este pasaje, cuando el
   mensaje de Dios les llegaba con toda claridad (Jeremías 15.16;
   1 Tesalonicenses 1.6).
6. La Escritura en otros lugares advierte sobre los falsos maestros
   que usan la Palabra de Dios de forma errónea («2 Timoteo 3.6-8;
   2 Pedro 2.1-3). ¿Hasta qué nivel es esto un problema en nuestra
   sociedad?
7. Vea el versículo 5; Esdras abrió el libro. ¿Qué determinaciones
   tomará usted al meditar en las lecciones recibidas de este pasaje?
   Ore por ellas ahora. Haga de 2 Timoteo 2.15 su lema.

REFLEXIÓN

A. Lea Juan 13.1-15. En los
tiempos de Jesús, lavar los
pies de otro era un acto de
humildad y amabilidad. ¿De
qué formas podemos obedecer
el mandamiento de Jesús en el
versículo 14 hoy?

B. Algunas palabras en las
traducciones de la Biblia no
son palabras que se usan
en el lenguaje cotidiano.

Averigüe qué significan
palabras como «salvación» o
«arrepentimiento», y póngalo en
sus propias palabras.

C. ¿Cuál debería ser nuestra
reacción cuando vemos
cristianos divididos a causa de
la correcta interpretación de un
pasaje bíblico?

D. ¿Cuál es el valor de saber de
memoria versículos de la Biblia?
¿Cuál es su limitación?

4. Su aplicación

Leer tras haber orado

La Biblia no es simplemente un libro interesante para leer. Es un libro para involucrarse y sumergirse en él. Trata asuntos que conciernen directamente a la vida del lector, a su carácter y a su destino.

Leer la Biblia con una dependencia en oración del Espíritu Santo es una garantía contra la dureza del corazón o el orgullo. Asimismo muestra que el lector está deseoso de someterse a la dirección moral de Dios.

Oír personalmente

La Biblia no es un libro de filosofía abstracta. Es un libro sobre la vida y sobre personas en situaciones reales. Isaías habló específicamente al pueblo de Jerusalén. El apóstol Pablo a menudo saludaba a sus amigos nombrándolos en sus cartas. El libro del Apocalipsis fue escrito para los cristianos que sufrían persecución.

Pero debemos mantener que las recompensas y promesas de la Biblia son para cada lector, sin importar el siglo en el que viva este. Al abrir nuestras vidas al mensaje de la Palabra de Dios podemos esperar que él se comunique con nosotros.

Ver con expectación

Al leer la Biblia nos sorprenderemos e incluso podrían horrorizarnos algunos de los acontecimientos que actúan como advertencias dentro de sus páginas. Habrá otros pasajes que nos plantearán retos o nos desconcertarán. Debemos esperar que este libro nos lleve hasta el límite de nuestras capacidades.

Aplicar con regularidad

Cuando leemos y aplicamos la Biblia con regularidad, uno de los beneficios que recibimos es que empezamos a ver el mundo desde un punto de vista cristiano. También veremos la Biblia como un todo, y no como una serie de fragmentos inconexos.

Igual que los niños necesitan una dieta apropiada para un crecimiento correcto, los cristianos necesitan alimentarse espiritualmente de las Escrituras, aplicando las verdades de estas a su vida diaria. Como resultado de ello, nuestros caracteres serán transformados.

Actuar con obediencia

El cristiano se verá repetidamente enfrentado a los mandamientos de la Biblia. Esta nos reta a obedecerla, no solo a oírla.

Jesús dijo que no basta con oír sus palabras. Solo cuando oímos y obedecemos pueden convertirse nuestras vidas en una casa edificada sobre la roca, sólida y segura.

Leer en su totalidad

El lector de la Biblia debería aspirar a un completo y equilibrado reconocimiento de todo lo que esta puede enseñar sobre cualquier tema dado. Apoyarse en versículos individuales o en pasajes favoritos particulares (aunque estos puedan ser muy valiosos) no nos guiará a la madurez espiritual.

Mientras persistimos en la lectura concienzuda de la Biblia, la adoración se convierte en una fuerza viva, nuestra obra para Dios se convierte en una fuerza vital, y Cristo se convierte en un compañero diario.

Leer: Salmo 119.33-40; Mateo 7.7, 8

Oír: 1 Samuel 3.10; Apocalipsis 1.3

Ver: Jeremías 23.29; 1 Juan 5.13

Aplicar: Salmo 1.1, 2; 1 Pedro 2.2, 3

Actuar: Santiago 1.22-25; Mateo 7.24-27

Leer: 2 Corintios 4.2; Colosenses 3.16

VERDAD CLAVE

La Biblia está escrita con la intención de cambiar nuestra manera de vivir. Al aplicarla en nuestras vidas, Dios nos instruye, nos sostiene, nos limpia y nos guía en nuestra vida cotidiana.

POSTDATA

Dios no solo nos dio la Biblia para que disfrutemos de sus historias o conozcamos más de él. Nos dio la Biblia para que podamos vivir de la forma en que él quiere que lo hagamos. Aplicarla en nuestras vidas puede ser un reto desafiante o incluso incómodo, pero sin duda alguna debe hacerse.

ESTUDIO BÍBLICO Santiago 1.19-27

Comprender el mensaje de la Biblia es algo muy bueno, pero, ¿se pone en práctica? Este es el gran tema de Santiago, el hermanastro de Jesús (Mateo 13.55). Se trata de una carta dirigida a los creyentes en general. Este pasaje tiene mucha importancia en cualquier época. Las siguientes preguntas nos ayudarán en su comprensión.

1. ¿Qué frase de este pasaje lo resume de forma más clara?
2. ¿Cuál es la mejor actitud para acercarse a la Palabra de Dios?
3. ¿Por qué el mero oír es el camino del autoengaño (v. 22)? Compare sus respuestas con Mateo 7.26, 27.
4. Reflexione sobre la frase «la palabra implantada en nosotros» (v. 21). ¿Qué significa esto? ¿Cómo ocurre? Piense en la parábola del sembrador (Lucas 8, por ejemplo versículo 15).
5. ¿Cuál es la clave de la ilustración en los versículos 23-25? ¿Cómo la aplicaría usted en sus propios actos?
6. Los versículos 26 y 27 suscitan una pregunta obvia que concierne a nuestra «ingestión» de Palabra de Dios. ¿Cómo ha cambiado nuestras vidas? Esto se aplica a las palabras que hablamos, las cosas que hacemos. A partir de estos versículos, describa una religión que sea verdadera en el mundo actual.
7. ¿Es tiempo de aprender de memoria una frase de las Escrituras? Antes de pasar a la oración, lea y comience a aprender Josué 1.8... la cita, las palabras y de nuevo la cita, para que se le quede grabada.

REFLEXIÓN

A. Lea Salmo 119.97-112. Intente hacer una lista de los beneficios resultantes de meditar en las Escrituras.

B. En una ocasión, Cristo contó una parábola acerca de los diferentes tipos de tierra en los que cayó la buena semilla (Marcos 4.1-20). Intente describir el tipo de vida que se identifica con la tierra fértil, en la que la semilla de la Palabra de Dios puede crecer.

C. Debata con sus amigos en términos prácticos cuáles le parecen los mejores momentos del día para leer la Biblia.

D. Hebreos 4.12 describe el poder de las Escrituras. Intente enumerar algunos de los ejemplos de la Biblia en los que se demuestra y se manifiesta este poder.

5. Su tema central

El continuo conflicto

El conflicto en la Biblia comenzó cuando Adán y Eva cuestionaron la autoridad de Dios. Desde ese mismo momento se produjo la entrada del pecado en el mundo y la rebelión de la humanidad contra las normas de Dios.

La Biblia sigue la difusión de este conflicto entre la humanidad y Dios. Nos muestra cómo las personas se volvieron hostiles las unas hacia las otras, y hacia Dios. La necesidad de la humanidad de reconciliarse con Dios se convierte en el tema central de la Biblia.

El Salvador prometido

El Antiguo Testamento habla claramente del anhelo por un futuro libertador del pecado y de la culpa. Sin embargo, esto es más que una simple esperanza. Los profetas, en particular, hablan de la promesa de Dios acerca de un Salvador, que establecerá un nuevo pacto con el pueblo de Dios, cuyo centro será el perdón y el servicio libre. El Nuevo Testamento apunta sin ningún tipo de error hacia Jesucristo como ese Salvador prometido.

La obra de Cristo

La venida de Jesucristo cumplió todas las esperanzas del Antiguo Testamento y proporcionó la base para el Nuevo Testamento. En Jesús, Dios mismo entró en la historia humana y abrió el camino hacia el perdón y la vida santa. Esto se consumó a través de la muerte de Cristo, su resurrección y el don del Espíritu Santo. La muerte es derrotada, el poder de Satanás es destruido y el Cristo ascendido gobierna.

La nueva comunidad

El Nuevo Testamento califica a los seguidores de Cristo como la sociedad de los salvos, llamados a ser miembros de su iglesia a lo largo y ancho del mundo. Allí donde Cristo obra en las vidas de las personas se encuentra su iglesia.

Esta nueva comunidad adora a su soberano Señor, y es llamada a cumplir su misión de evangelismo y servicio al mundo entero. Jesucristo personalmente la reafirma en cada experiencia. Cuando él vuelva de nuevo, su membresía y su tarea se verán completadas.

La victoria final

La totalidad de la Creación se verá involucrada en el triunfo final de Dios. Su amor y su justicia serán afirmados para que todo el mundo pueda verlos, y todo el imperio del mal será derrotado.

El gran acontecimiento del futuro es el regreso de Jesucristo, de una manera personal, histórica, visible y triunfante. Vendrá como Juez de toda la humanidad y como Salvador de su pueblo. La fecha de su regreso no se puede predecir, aunque las calamidades, las guerras y la aparición de falsos cristos confirman que este acontecimiento final de la historia se aproxima.

Los creyentes cristianos anhelan un nuevo cielo y una nueva tierra. Anhelan el día en que recibirán cuerpos nuevos que nunca envejecerán ni morirán. Entonces el pecado y el dolor serán desterrados para siempre y su salvación será completa.

Conflicto: Génesis 3; Tito 3.3
Salvador: Isaías 53; Jeremías
  31.31-34; Lucas 24.44, 45
Obra: Marcos 1.15; Lucas 2.28-
  32; Tito 3.4-7
Comunidad: Mateo 16.18; 28.19,
  20; Efesios 2.18-22
Victoria: 1 Tesalonicenses 4.13-
  18; Apocalipsis 21.1-4

VERDAD CLAVE

Aunque la humanidad se ha rebelado contra Dios y ha ignorado sus leyes, él tiene un plan para rescatarnos. Este plan está centrado en Jesucristo y concluye con la victoria final de Dios sobre el pecado, Satanás y la muerte.

POSTDATA

Es importante que el lector de la Biblia comprenda, mediante una lectura sistemática, que Dios se encuentra en el centro de todas las cosas y que posee el control supremo del universo.

ESTUDIO BÍBLICO Apocalipsis 5.1-14

Escrito alrededor del año 95 de nuestra era, hacia el final del reinado del emperador Domiciano, el libro de Apocalipsis presenta a los creyentes oprimidos de cada generación, mediante una serie de visiones que recibe por primera vez el apóstol exiliado Juan. En este pasaje se abre para nosotros el tema de todas las épocas. Utilice estas preguntas para que le sirvan de ayuda en el estudio.

1. El «pergamino» de la visión de Juan no contiene ninguna parte de las Escrituras como tal, sino más bien los secretos, la explicación de toda la historia y su significado. ¿Puede usted pensar en alguna persona que se haya presentado dando un paso al frente con la pretensión de ser el Maestro Universal?
2. «Y lloraba yo mucho» (versículo 4). ¿Por qué fallan los grandes líderes y movimientos en su intento por desentrañar el significado de la vida? Compare sus respuestas con Daniel 2.27, 28.
3. Entonces se anuncia al único candidato que lo consigue (versículo 5). ¿Qué tiene de especial su título? Vea Isaías 9.6, 7; 11.1, 2. ¿Quién es esa figura?
4. ¿Cuál es la relevancia de este líder regio que se convierte en el Cordero inmolado (versículos 6 y 7)? Génesis 22.8; Éxodo 12.21-23 y 1 Corintios 5.7, 8 le serán de gran ayuda.
5. Debata, a partir de los versículos 8-10, este tema fundamental del carácter universal de la redención del mundo a través de Cristo. ¿Cuándo se vio cautivado por este tema?
6. Ahora es el turno de los ángeles que cantan (versículos 11 y 12). ¿Qué aprendemos aquí acerca de la posición de Jesucristo?
7. Los versículos 13 y 14. ¿Es esta canción universal su canción? ¿Cómo influye este pasaje en su propio punto de vista sobre el mundo? Ahora, pase usted a la oración.

REFLEXIÓN

A. Considere Tito 3.3-7. ¿Hasta qué punto resume este pasaje los principales temas de la Biblia? ¿Son las palabras de Pablo verdaderas en su propia experiencia?

B. Una persona china dijo una vez acerca de la Biblia: «Quienquiera que hizo este libro me hizo a mí». ¿Está usted de acuerdo con esto? ¿Qué subyace detrás de una frase como esta?

C. Cuál es la razón más importante por la cual debemos ver la vida de una forma bíblica? ¿Por qué aporta la Biblia paz y esperanza? ¿Por qué tiene la sociedad la necesidad de creer en algo? ¿Por qué la Biblia es la verdad? Trate de dar sus razones.

D. ¿Cómo puede ayudar un punto de vista bíblico de la vida a una persona que tiene que luchar con temas como la maldad, los conflictos y las injusticias?

LA BIBLIA

6. Su contenido

ANTIGUO TESTAMENTO

Génesis: El comienzo del plan de Dios para las personas.

Éxodo: El pueblo de Dios es liberado de la esclavitud.

Levítico: Preparación del pueblo de Dios para la adoración

Números: El pueblo de Dios vaga por el desierto.

Deuteronomio: Llamamiento del pueblo de Dios a la obediencia.

Josué: Éxito en la Tierra Prometida.

Jueces: Fracaso en la Tierra Prometida.

Rut: Historia de la fidelidad de una nuera.

1 Samuel: Israel emerge como reino.

2 Samuel: David, el mayor rey de Israel.

1 Reyes: Salomón, el Templo, la división.

2 Reyes: El reino dividido y los profetas.

1 Crónicas: La fidelidad de Dios hacia su pueblo.

2 Crónicas: La caída de Israel como nación.

Esdras: El retorno del exilio y un nuevo comienzo.

Nehemías: Peligro durante la reconstrucción de Jerusalén.

Ester: La valentía de Ester salva a los judíos exiliados.

Job: Diálogos sobre los sufrimientos de un hombre de Dios.

Salmos: La respuesta sincera de la humanidad hacia Dios.

Proverbios: Sabiduría para vivir.

Eclesiastés: La filosofía del mundo expuesta.

Cantares: Un poema de amor.

Isaías: El profeta de la esperanza.

Jeremías: El profeta de la tragedia.

Lamentaciones: El profeta del dolor.

Ezequiel: El profeta de la gloria de Dios.

Daniel: El profeta de la confianza en Dios.

Oseas: El profeta del amor

Joel: El profeta del Día del Señor.

Amós: El profeta de la justicia.

Abdías: El profeta de la fatalidad.

Jonás: El profeta del arrepentimiento.

Miqueas: El profeta de la restitución.

Nahúm: El profeta de la retribución.

Habacuc: El profeta de la duda y la fe.

Sofonías: El profeta del juicio.

Hageo: El profeta de la dedicación.

Zacarías: El profeta de la restauración.

Malaquías: El profeta de las expectativas.

NUEVO TESTAMENTO

Mateo: Las enseñanzas del Mesías prometido.

Marcos: La obra de un Salvador poderoso.

Lucas: La preocupación de un Salvador que nos ama.

Juan: La fe en un Salvador personal.

Hechos: El testimonio de un Salvador resucitado.

Romanos: La rectitud de Dios reafirmada y aplicada.

1 Corintios: Los problemas de una iglesia corregidos.

2 Corintios: El ministerio de la iglesia.

Gálatas: El evangelio y las leyes judías comparados.

Efesios: La relación de Cristo con la iglesia.

Filipenses: El amor y la lealtad de una iglesia.

Colosenses: La persona de Jesucristo exaltada.

1 Tesalonicenses: Se alienta a los nuevos conversos.

2 Tesalonicenses: La Segunda Venida de Cristo.

1 Timoteo: Instrucciones para el comportamiento de una iglesia.

2 Timoteo: Se alienta al pastor de una iglesia.

Tito: Autocontrol cristiano.

Filemón: Al amo de un esclavo fugado.

Hebreos: La grandeza de Cristo exaltada.

Santiago: Instrucciones prácticas para una fe viva.

1 Pedro: Se explica los sufrimientos de la iglesia.

2 Pedro: Predicción de los peligros que corre la iglesia.

1 Juan: La realidad de la comunión divina.

2 Juan: Exhortación a andar en la verdad.

3 Juan: Practicar el vivir en la verdad.

Judas: Se condena la apostasía de la iglesia.

Apocalipsis: El triunfo de Dios sobre todo mal.

Nota: Los temas con los que hemos descrito cada libro no son más que una simple guía. No se debería considerar cada uno de los mismos como el único tema de cada libro en particular, sino como el claro hincapié que se hace en ese libro en concreto.

ESTUDIO BÍBLICO Deuteronomio 4.32-40

Los hijos de Israel están preparados en la frontera de la Tierra Prometida. Los cuarenta años de vagar por el desierto llegan a su final. Nuestro pasaje forma parte de un gran discurso en el cual Moisés resume la aventura con Dios, que es realmente la historia de la Biblia. Utilice estas preguntas para su estudio:

1. Si rastreamos las relaciones y tratos de Dios con la raza humana nos remontamos al momento mismo de la Creación (versículo 32). ¿Qué valor tiene repasar el camino por el cual hemos andado?

2. «...la voz de Dios, hablando» (versículo 33). ¿Qué gran verdad se esconde detrás de estas palabras? Compárelas con Hebreos 1.1, 2.

3. ¿Hasta qué punto está vinculado el mensaje global de los 66 libros de la Biblia a lo que usted lee en el versículo 34?

4. Intente desglosar, en este pasaje, las diferentes acciones de Dios que han llevado a su pueblo a conocerle y reconocerle (versículos 35, 39).

5. El versículo 40 trata el tema de guardar los mandamientos de Dios. Comente esos libros de las Escrituras que le han ayudado de manera significativa en ello.

6. Leer la Biblia puede ofrecer una perspectiva formidable. Examine y piense sobre la mejor forma de planificar un programa de lectura bíblica regular.

VERDAD CLAVE

Cada libro de la Biblia tiene su propio tema distintivo. La lista anterior no es más que una simple muestra de algunos de ellos.

POSTDATA

Cada libro de la Biblia debe leerse como un todo, para adquirir una visión general de la contribución del mensaje de Dios a la humanidad.

REFLEXIÓN

A. Vea Mateo 4.1-11. Considere cada tentación que afrontó Jesús. ¿Por qué usó tantas veces el Antiguo Testamento para resistir al diablo? ¿Qué podemos aprender de ello?

B. Comente con sus amigos qué libro de la Biblia le ha ayudado en mayor medida. ¿Cómo le ha ayudado? ¿Qué libro está deseando empezar a leer ahora? ¿Por qué?

C. ¿Por qué es importante leer la Biblia? Vea 1 Juan 5.13 y Juan 20.31.

D. Quizá se sienta usted intimidado por el pensamiento de llegar a conocer los libros de la Biblia. ¿Cuál es la mejor forma de planificar su programa de lectura bíblica personal?

DIOS

1. La Trinidad

Revelada en el Antiguo Testamento

El Antiguo Testamento hace hincapié en que Dios es uno. El profeta Isaías en particular dice que hay un único Dios y que todos los demás «dioses» son falsos. Pero al mismo tiempo, la frase que abre la Biblia usa una forma plural para el nombre de Dios (*Elohim*) y lo sigue haciendo cientos de veces más con posterioridad. Así, de ninguna manera es correcto pensar en Dios de una forma unitaria.

Existen bastantes indicaciones en el Antiguo Testamento para que nosotros reconozcamos la idea de que hay tres personas en el Altísimo. Por ejemplo, a veces Dios se refiere a sí mismo como «nosotros» y existen apariciones y visiones de él que sugieren diferentes miembros en la Trinidad.

Reafirmada en el Nuevo Testamento

En el Nuevo Testamento, Jesús nos da algunas enseñanzas muy claras acerca del Padre y del Espíritu Santo. Jesús nos muestra la maravillosa verdad de que hay un Dios y que el Padre, el Hijo y el Espíritu Santo conforman juntos a ese único Dios.

El Nuevo Testamento no nos da una fórmula que explique la Trinidad, pero la evidencia es inevitable. En la unidad del único Dios existe una trinidad de personas que hacen realidad la salvación del hombre, y en cuyo nombre bautizamos.

Conocida por fe

Los textos que la mencionan no son suficientes para una clara comprensión de la Trinidad. Debemos estudiar todas las enseñanzas de Jesús y de sus apóstoles, y observar los hilos de verdad que corren a lo largo de la Biblia relativos a la voluntad del Padre, la obra del Hijo y el testimonio del Espíritu Santo.

Dios Padre

La primera persona de la Trinidad se llama Padre, no por la relación con sus criaturas principalmente, sino a causa de su relación con su Hijo eterno.

Por nuestra unión con Cristo, el Hijo eterno, somos llevados a compartir esta dinámica relación entre el Padre y el Hijo.

Dios Hijo

La segunda persona de la Trinidad se llama Hijo. Se hizo hombre, Jesucristo, con el fin de rescatar a la humanidad de la dominación del pecado. Como Hijo de Dios se involucró con el Padre en la creación de todas las cosas y participó en su gloria divina.

En el seno de la Trinidad, el Hijo es obediente al Padre en todo lo que hace. Por ser así, el Padre le envió para que solo actuara bajo su autoridad.

Dios Espíritu Santo

La tercera persona de la Trinidad fue enviada por el Padre en el nombre de Cristo, para que todo lo que este pusiera a nuestro alcance a través de la cruz se convirtiera en algo personal y vivo en la vida de los cristianos. De igual modo que Cristo vivió una vez entre nosotros, el Espíritu vive ahora en nosotros.

Aunque fue muy activo en el Antiguo Testamento, una de las tareas más distintivas del Espíritu Santo comenzó con la Ascensión de Jesús. Él es quien centra nuestra atención en Cristo, el es quien habla a la iglesia en cada época y capacita a los cristianos con habilidades para servir a Dios.

COMPRUEBE EN LA BIBLIA

Revelada: Isaías 44.6-8; Génesis 1.26; 18.1-15

Reafirmada: Juan 14.15-26; 16.5-15; Mateo 28.18-20

Conocida: Juan 16.12, 13; 2 Corintios 13.14; 1 Pedro 1.2

El Padre: Mateo 11.27; Lucas 10.21; Hechos 2.32-36

El Hijo: Juan 1.1-18; Colosenses 1.15-20; Hebreos 1.8

El Espíritu Santo: Romanos 8.9-11; 1 Corintios 2.10-11

VERDAD CLAVE

Hay un solo Dios, pero consiste en tres personas, el Padre, el Hijo y el Espíritu Santo, que son todos ellos Dios por igual.

POSTDATA

La Trinidad no debe ser una verdad sin importancia en nuestras vidas. A medida que experimentemos más la obra del Padre, del Hijo y del Espíritu Santo en nuestra vida comprenderemos mejor a la Trinidad.

ESTUDIO BÍBLICO Juan 14.8-21

En la Biblia, la enseñanza relativa a las tres personas contenidas dentro del Altísimo no se presenta nunca como una fórmula, una doctrina clara o un sistema filosófico. Siempre que se alude a la Trinidad se hace de la forma más natural posible. Estudie estos versículos ahora y deje que las siguientes preguntas le ayuden.

1. ¿Qué aprendemos de la drástica respuesta de Jesús a la pregunta de Felipe (versículos 8-10)?
2. En el versículo 12 Jesús declara que en el futuro sus seguidores llevarán a cabo cosas más grandes en dimensión de lo que era posible cuando él estaba en la tierra. ¿Cómo puede ser esto y por qué? Para ilustrarlo, vea Hechos 2.38 y 39. Vea también el contexto de las palabras de Cristo (versículos 16 y 17)
3. Note en los versículos 16-18 cómo las tres personas de la Trinidad intervienen. En ocasiones sus títulos parecen intercambiables. Intente pensar en los diferentes papeles o actividades del Padre, del Hijo y del Espíritu Santo. Para tenerlo más claro, vea Romanos 8.3, 4 y 11.
4. Un cristiano recién convertido escribió una vez: «El hecho de que cuando mencionaban a la Trinidad, Padre, Hijo y Espíritu Santo, los cristianos querían decir Dios en tres personas y no se referían a tres deidades independientes se convirtió en algo bastante obvio para mí». Comente esto a la luz de Juan 17.11.
5. Probablemente, a través de la experiencia cristiana se comprende de una forma más fácil la verdad de la Trinidad (versículo 21). ¿Cómo debería afectar esto a la forma en la que nos dirigimos a los que preguntan acerca de la Trinidad?
6. En nuestro tiempo de oración, sírvase de Efesios 3.14-19 como ejemplo de oración en el que la Trinidad está presente a conciencia. Luego, finalice con «la gracia» de 2 Corintios 13.14.

REFLEXIÓN

A. Lea Juan 14.8-21. Muévase por este pasaje cuidadosamente e intente ver cómo las diferentes personas de la Trinidad interactúan entre sí, tanto en relación con quiénes son como con lo que hacen.

B. ¿Por qué no reveló Dios la verdad de la Trinidad con tanta claridad en el Antiguo Testamento como lo hizo en el Nuevo Testamento? ¿Qué nos dice esto acerca de la forma en la que Dios se revela a sí mismo?

C. Lea Éxodo 3.1-6. ¿Qué podemos aprender de la respuesta de Moisés a Dios cuando pensamos en la Trinidad?

D. La enseñanza de la Trinidad es mucho más que un debate sobre ciertas palabras, ¿Cómo pueden las personas asegurarse un beneficio práctico de esta enseñanza?

DIOS

2. El Creador

Dios el Creador

El universo no ha existido siempre. La enseñanza sistemática de las Escrituras dice que el Cosmos tuvo un principio. No se formó a partir de una materia ya existente. Dios, el único Creador del universo, hizo que el mundo existiera por medio del poder de su palabra y sin ninguna ayuda.

Dios no necesitaba crear el universo, ya que él es autosuficiente. Decidió crear todas las cosas para su propia gloria. La creación involucró a las tres personas de la Trinidad. El capítulo con el que se abre la Biblia recoge nuestros comienzos en un lenguaje majestuoso y eterno capaz de comunicar a cada cultura y en cada época.

Dios el Sustentador

La Biblia enseña que Dios, el Creador, es también el proveedor y sustentador de todo lo que ha sido creado. Él no es un Dios ausente que creó el mundo y lo abandonó a su suerte, dejándolo funcionar por sí solo.

Lejos de permanecer distante y descuidar a su Creación, Dios continúa obrando en ella. Está íntimamente involucrado en el funcionamiento del universo y de las fuerzas de la naturaleza, y controla por completo a los gobiernos y las comunidades. Cristo también enseñó que el Padre se preocupa hasta por la más insignificante de sus criaturas.

Dios está llevando a cabo su propósito

Todo lo que Dios ha creado está bajo su control supremo. Esto no significa que no seamos capaces de tomar decisiones libremente por nosotros mismos. Dios nos ha dado libertad, aunque elijamos rebelarnos contra él. Pero esto significa que Dios está actuando y que está haciendo que ocurra lo que él quiere que suceda.

Dios está consiguiendo su propósito.

El propósito de Dios se puede declarar de una manera muy sencilla. Consiste en restaurar a la humanidad caída y a la propia creación para que vuelvan a tener la libertad y la perfección que un día perdieron debido a la rebelión del hombre. Dios el Creador es también Dios el Redentor.

La Tierra como punto central

La Tierra es un planeta muy pequeño en un universo muy amplio, y no se podría argumentar que nuestro mundo ocupe una posición central en la Creación. Pero en la Biblia queda claro que el Creador del Cosmos ha depositado su amor y preocupación sobre la Tierra.

Como seres humanos nos vemos físicamente empequeñecidos ante la inmensidad de lo que nos rodea, pero el universo no debería representar ninguna amenaza para nosotros, debido al lugar que el mundo ocupa en el propósito de Dios.

El nuestro es el planeta habitado, la parte de la Creación donde se ha planificado una relación especial entre Dios y nosotros, que hemos sido creados a su imagen. Los seres humanos ocupan el centro del plan de Dios para todo el universo.

COMPRUEBE EN LA BIBLIA

Creador: Nehemías 9.6; Hebreos 11.3; Génesis 1

Sustentador: Hechos 14.17; Hebreos 1.3

Realiza su propósito: Daniel 2.20-22; Romanos 8.18-25

Tierra: Salmo 8.3-9; Apocalipsis 21.1-3

VERDAD CLAVE

Dios ha dado la existencia a la totalidad de la Creación. Él la sostiene y afirma con su poder. Él creó el universo de la nada y lo hizo para su propio propósito y gloria.

POSTDATA

Una persona que se halla en rebelión contra el Creador tendrá inevitablemente un punto de vista humano acerca de Dios y de la Creación. Los cristianos aprenden a ver la Creación tal como esta es realmente, con Dios en el centro y en el control.

ESTUDIO BÍBLICO Génesis 1 y 2

Aquí tenemos la gran «obertura» de la Biblia. Expone la primera tabla poderosa de la revelación bíblica y debemos recordar las palabras de Cristo en Mateo 19.4 y 5 que confirman estos capítulos, junto a toda la Escritura, como algo que procede de la boca de Dios mismo. Aunque difícilmente se podría hacer justicia a estos dos capítulos en un único estudio, las siguientes preguntas pueden ayudar a identificar la enseñanza principal.

1. ¿Qué puede usted aprender de estos capítulos acerca del Dios de la Creación? ¿Por qué no hay lugar en ellos para el panteísmo (en el que Dios y Naturaleza se entienden como idénticos)?
2. Alguien dijo una vez: «La primera norma de Dios es el orden». ¿Cuáles son aquí las indicaciones de que Dios es un Dios de regularidad?
3. ¿Qué se puede entender a partir del capítulo 1 acerca del Dios de la diversidad? Concéntrese en la incidencia de "separar". Note también la separación entre el hombre y el reino animal en 1.26, y nuestra propia separación en dos sexos (1.27 y 2.21-24).
4. Observe cómo se establece el principio fundamental de «un día de siete» en 2.2. ¿Cómo se puede preservar este patrón de la Creación?
5. «La imagen de Dios» (1.27) ¿Cómo entenderemos esta separación entre nosotros mismos y los animales? Vea los versículos 1.28 y 2.7. Compárelo con el Salmo 8.3-9. Reflexione sobre la personalidad de Dios y sobre el motivo de no describirnos como «qué», sino como «quién».
6. Hay mucho que aprender aquí acerca de la responsabilidad como rasgo de Dios y del cuidado que debemos tener del medio ambiente en nuestro entorno. Lea 2.8-17 y coméntelo.

REFLEXIÓN

A. Lea Génesis 1 y piense en su descripción de los comienzos del mundo. ¿Dónde le coloca este capítulo a usted como persona en el universo? Vea Salmo 8.3-8.

B. La Biblia nos da razones para sentirnos felices con nosotros mismos como seres humanos, pero también hay razones para sentirse triste. ¿Por qué ocurre esto?

C. ¿Qué características de nuestro mundo aprecia y agradece usted más?

D. ¿Por qué la verdad de la Creación es tan importante hoy? ¿Es suficiente con decir que Dios es el Creador o deberíamos examinar también los detalles de cómo llevó a cabo la Creación?

3. La esencia de Dios

Dios está en todas partes (omnipresente)

Dios es el Creador de la naturaleza y por tanto no debe ser confundido con ella (el error de los panteístas). Al mismo tiempo, no deberíamos separar a Dios de su Creación y pensar que él está ausente (el error de los deístas).

La Biblia nos enseña que no hay un solo lugar en la Creación al que podamos ir para poner distancia entre Dios y nosotros. En el universo, él está presente en todas partes. Debemos tener cuidado de no limitar a Dios en la forma en la que él está presente en medio de nosotros. Él está presente de una forma creativa en sus obras, está presente de una forma moral en lo que se refiere al comportamiento humano, está presente de una forma espiritual en medio de su pueblo y está presente de una manera soberana en naciones, gobiernos y sistemas.

Dios es todopoderoso (omnipotente)

La Biblia nos da muchos ejemplos acerca del poder de Dios. Él reduce a la nada los designios de las naciones poderosas. Él es quien controla la naturaleza y esto destaca especialmente en los milagros que Jesús hizo.

Sin embargo, todos estos ejemplos podrían sugerirnos que Dios es simplemente mucho más poderoso que nosotros. El hecho de que sea todopoderoso se manifiesta en su papel como Creador de todas las cosas, como Juez de toda la humanidad, Aquel que subyugará a todas las fuerzas del mal. La Biblia nos dice que él es el único Dios y que todo el poder le pertenece a él.

Dios lo sabe todo (omnisciente)

El conocimiento de Dios proviene de su presencia universal. Debido a que él llena los cielos y la tierra, todas las cosas se abren para ser contempladas y conocidas. Él conoce perfectamente el pasado, el presente y el futuro. Él conoce todos los acontecimientos, los pensamientos, los sentimientos y las acciones.

El conocimiento adquirido por las personas debe acumularse y aprenderse. El conocimiento de Dios, eterno y enteramente suyo, no lo ha aprendido de nadie.

Esta enseñanza es vital para nuestro entendimiento de Dios. Si Dios no lo conociera todo, no sería posible creer en la justicia de sus juicios en la historia y en el final de los tiempos. Esto también es cierto en la esfera de la adoración. El cristiano adora y ora a un Dios que comprende nuestro estado y necesidades de una forma total, que no solo oye y recibe nuestras palabras, sino nuestros pensamientos y deseos secretos, y que conoce el final desde el comienzo.

Dios es eterno y no cambia

La Biblia describe a Dios como el primero y el último. Él siempre ha existido y no debe su existencia a nadie. En contraste con este mundo cambiante y decadente, las Escrituras nos enseñan que Dios no cambia en su persona ni en sus propósitos.

Dios no crece ni mengua. No puede ser más sabio, más santo o más misericordioso de lo que ha sido o será.

Para el creyente, que se ve limitado por un cuerpo temporal y un entorno cambiante, el Dios eterno proporciona una base permanente, un hogar y un lugar de descanso seguros.

COMPRUEBE EN LA BIBLIA

En todas partes: Salmo 139.7-12; Jeremías 23.23, 24

Todopoderoso: Génesis 17.1; Job 42.1, 2; Jeremías 32.17

Conoce: Salmo 139.1-6; Hebreos 4.12, 13

Eterno: Isaías 44.6; Malaquías 3.6; Santiago 1.17

VERDAD CLAVE

Hay ciertos aspectos de la naturaleza de Dios que le pertenecen únicamente a él y que nunca podrán ser compartidos por cualquier otro ser.

POSTDATA

Estas descripciones de Dios no nos proporcionan más que la mitad de la imagen bíblica acerca de él. El aspecto moral completa dicho cuadro y nos muestra que la bondad está en el centro del universo.

ESTUDIO BÍBLICO Salmo 139

«En su carga esencial —escribió el doctor Campbell Morgan— esta es la canción más importante de la literatura». Lea el pasaje en oración e intente absorber algo de la naturaleza del Dios al que seguimos, con la ayuda de estas preguntas.

1. El pasaje parece estar dividido en cuatro secciones, versículos 1-6, 7-12, 13-18 y 19-24. Intente establecer el pensamiento dominante de cada sección. Todos ellos apuntan a algún aspecto de Dios.
2. «Yo», «me», «mío». Estas palabras que vemos a lo largo del Salmo nos dicen que Dios, en sus diferentes atributos, debe ser experimentado de una forma personal. ¿Cómo ocurrió esto en David? Compare, por ejemplo, el versículo 11 con 2 Samuel 12, especialmente los versículos 12 y 13.
3. Los versículos 7-12 nos enseñan que no hay lugar donde esconderse de Dios. Piense primero en un ejemplo bíblico (por ejemplo Jonás 1.3), y luego en algunos ejemplos modernos. ¿Sabe algo acerca de esta experiencia?
4. Algunas teorías modernas sobre el humanismo no otorgan la cualidad de persona a los bebés, ni durante el tiempo en el que están en la matriz ni cuando son recién nacidos. ¿Cómo refuta este salmo esas teorías?
5. Considere desde el versículo 19 en adelante. Aunque notamos que no hay nada personal en la condena del salmista a los impíos, existe evidentemente un reto que se ve obligado a enfrentar. ¿Cuál es?
6. Vea el principio y el final del Salmo (versículos 1-4, 23 y 24). ¿Por qué resulta ser un descubrimiento tan tremendo el aprender del íntimo conocimiento de Dios de nuestras vidas?

REFLEXIÓN

A. Lea Salmo 139.1-8. ¿Qué importantes verdades sobre Dios se expresan en los versículos 1-6, 7-12 y 13-18? ¿Cómo ve el escritor su relación con Dios? Intente hacer una lista de lo que Dios ha hecho por él.

B. ¿Cómo debería afectar a nuestro entendimiento de la naturaleza de Dios la forma en la que oramos? Después de pensar en esto, vaya al Salmo 139.23,24.

C. Vea Deuteronomio 29.29. ¿Cómo nos ayudan estas palabras de Moisés en aquellos temas en los que nuestro conocimiento es limitado? Por ejemplo, el futuro.

D. Intente hacer suyas las alabanzas del apóstol Pablo, mientras adora a Dios con las palabras de Romanos 11.33-36.

4. El carácter de Dios

La verdad de Dios es inseparable de su carácter

Ella es la base de todo conocimiento. La verdad de Dios es inalterable. No cambiará ni se acomodará a culturas o estándares variables. La verdad se encuentra en la propia esencia de Dios. Ha existido siempre y siempre existirá.

Así pues, nuestra existencia no es un error o una falsa ilusión como mucha gente proclama, y las leyes del universo no sufrirán variación. La verdad viene de Dios y es intrínseca a su carácter. Esto lo vemos de una manera suprema en la persona de Jesús que, como Hijo de Dios, reclamó ser el centro de toda verdad.

La santidad de Dios reacciona contra toda impureza

Dios es Santo. No hay otra afirmación más exigente en la Biblia. La santidad de Dios significa que él está totalmente entregado a la bondad y a la guerra total contra el mal. La Biblia enseña que solo Dios es completamente puro y está libre de maldad. Como resultado de esto, resulta imposible que los hacedores de mal puedan vivir en la presencia de Dios hasta que no hayan sido purificados.

El amor de Dios se extiende a toda la humanidad

Las Escrituras están llenas de amor, misericordia, gracia y fidelidad a Dios. El amor humano se ve como un reflejo imperfecto del amor que caracteriza a Dios. Este es el amor que anhela perdonar al que hace el mal, pero que al mismo tiempo satisface las demandas de la justicia divina. Su más alta expresión se ve en la cruz.

La misericordia de Dios retiene lo que merecemos

La santidad de Dios y su pureza moral exigen que los que se rebelan contra su autoridad deban enfrentarse al juicio y a ser castigados. Sin embargo, la Biblia está llena de ejemplos de cómo la mano misericordiosa de Dios refrena ese castigo. De este modo, la Biblia nos muestra que Dios es lento en castigar el pecado. Prefiere dar a las personas la oportunidad de apartarse de lo que no es correcto.

La gracia de Dios nos da lo que no merecemos

La palabra «gracia» significa que «Dios es generoso con nosotros aun cuando merecemos su ira». Existen dos tipos de gracia. Por una parte encontramos una gracia común en la que se entrega a la raza humana los regalos de Dios en la naturaleza (las estaciones del año, nuestras habilidades naturales o las relaciones humanas), sin tener en cuenta la actitud de los que la reciben. A nivel espiritual recibimos la gracia salvadora de Dios. Él ha dado garantías y promesas a la raza humana a lo largo de la historia, enviando a sus mensajeros para que elevaran los principios de las sociedades y liberarlas de la esclavitud del mal. De una forma suprema, ha entregado a su Hijo al mundo de forma que el regalo de la vida eterna pueda estar disponible de forma gratuita, para aquellos que le respondan positivamente.

La fidelidad de Dios provee lo necesario para la vida diaria

Los escritores de los Salmos citan constantemente la fidelidad de Dios, ilustrada en el incesante ciclo de la naturaleza y el retorno de la mañana cada día. Es el mundo de Dios y sus recursos están a nuestro alrededor...

La humanidad debe enfrentarse al peligro y a las penurias en un mundo que es imperfecto por la intrusión del pecado, y el cristiano es tan propenso a tener que hacer frente a la enfermedad y a la prueba como el no cristiano. Pero aquellos cuya confianza está depositada en Dios tienen la seguridad de su cuidado total y de su control sobre los acontecimientos.

Verdad: Jeremías 14.14; Números
23.19; Juan 14.6
Santidad: Isaías 6.1-5; Habacuc
1.13; Apocalipsis 15.4
Amor: Salmo 103.13; Juan 3.16;
1 Juan 4.7-11
Misericordia: Nehemías 9.16, 17;
Oseas 11.8, 9; 2 Pedro 3.9
Gracia: Mateo 5.43-45; 1
Corintios 1.4-8; Efesios 2.8-10
Fidelidad: Salmos 89.1, 2;
1 Tesalonicenses 5.23, 24

VERDAD CLAVE

La verdad, santidad y bondad de
Dios encuentran su expresión
en sus obras y acciones,
extendiéndose aun a los que están
en rebelión contra su norma.

POSTDATA

Es importante ver todos los
aspectos del carácter de Dios.
Si solo vemos la santidad de
Dios, podría parecernos duro y
exigente. Si solo le vemos como
un Dios que ama, nos parecerá
injusto y sin poder.

ESTUDIO BÍBLICO Oseas 11.1-11

Aquí vemos el carácter de Dios, desplegado dentro del romance
del Antiguo Testamento, su relación con Israel. El contexto es el
matrimonio roto del profeta Oseas. Dios le ordenó que volviese a
traer a su díscola y ahora esclava mujer, Gomer. Toda la profecía
gira en torno al tema del amor que se debate entre un juicio justo y el
perdón gratuito. Es, en última instancia, el dilema que Dios tiene en
cuanto a su pueblo.

1. Comience con los versículos 1-4. ¿Cómo se describe a Dios aquí?
   ¿Cuál fue la respuesta a su actitud? ¿Ha cambiado la situación a lo
   largo de las diferentes épocas?
2. ¿Cómo resumiría usted el resultado de volverse contra Dios, en
   los versículos 5-7? ¿Cuál es el reto para los cristianos de la era
   moderna?
3. Llegamos al corazón de la profecía de Oseas en los versículos 8 y
   9. Admah y Zeboim eran dos ciudades parecidas a las inmorales
   Sodoma y Gomorra (para ver cuál fue su destino vea Deuteronomio
   29.23). ¿Cuál es el dilema que produce tanta agonía a Dios? Note,
   al final del versículo 8, que en el carácter de Dios mismo es donde
   se encuentra la solución, donde se encuentran la justicia justa y el
   amor perdonador. Vea Salmo 85.10; Romanos 3.25, 26; 1 Juan 3.1.
4. Del mismo modo que la desleal Gomer, el pecado llevaría a Israel
   a la esclavitud, pero quedaba una vía de restauración. Vea los
   versículos 10 y 11. ¿Se le ocurren algunos ejemplos en la historia
   cristiana en los que hayan tenido lugar restauraciones similares
   y tiempos de reavivamiento? ¿Cuáles eran los secretos de tales
   avivamientos?
5. Reflexione sobre el comentario siguiente: Dios es el sufridor más
   grande del universo.

REFLEXIÓN

A. Considere la enseñanza del
Salmo 103, e intente hacer una
lista de las cualidades del carácter
de Dios que se describen aquí.
¿Cuál de estas cualidades siente
usted obrando en su propia vida?
B. ¿Cuál es la respuesta bíblica
para aquellos que mantienen el
pecado, dando por hecho que
Dios nos perdona? Considere su
respuesta a la luz de
Romanos 2.4, 5.

C. ¿Cuál es la diferencia entre la
gracia común de Dios y su gracia
salvadora? ¿Quiénes son los que
reciben los regalos de Dios en
cada caso?
D. ¿Cómo podemos expresar
mejor nuestra gratitud a Dios por
la bondad que hemos recibido
de él?

5. Dios como padre

DIOS ES PADRE:

Por medio de la creación — de todas las cosas

Aunque la Biblia nunca designa a Dios directamente como «Padre de la creación», sin embargo, su aspecto creador va unido frecuentemente a su carácter de Padre. El universo está bajo su cuidado y autoridad paternal.

En las Escrituras, solo se menciona a Dios como padre de los seres humanos en un sentido general, porque él nos creó. La estrecha e íntima relación que podría existir entre Dios y el creyente individual no fue revelada por completo hasta que Jesucristo la manifestó y la hizo posible. Dios es el Padre de todo el mundo, pero solo en un sentido muy limitado. Esto es debido a la rebelión universal contra la autoridad de Dios que ha caracterizado a la raza humana a lo largo de la historia.

Por medio del pacto — de Israel

En el Antiguo Testamento, Dios inició un pacto solemne con Israel, por el cual él sería su Dios y el pueblo de Israel sería el pueblo de Dios y se sometería a sus normas y autoridad. En este sentido nacional, Dios se convirtió en Padre de Israel, dándole a su pueblo dirección, protección y disciplina en las múltiples ocasiones en las que fue desobedecido.

Por medio de la adopción — de los creyentes cristianos

Fue Jesucristo quien reveló la paternidad de Dios con respecto a los creyentes en un sentido íntimo desconocido en cualquier otra fe. Él enseñó a sus seguidores a hablar con Dios y dirigirse a él como Padre celestial.

Al desarrollarse la enseñanza en el Nuevo Testamento aprendemos que la salvación incluye primeramente perdonar al nuevo creyente y el derecho a presentarse ante Dios. Pero, en segundo lugar, somos adoptados en el círculo de la familia de Dios con todos los privilegios que esto conlleva. En tercer lugar, y mejor aún, recibimos la calidad de hijos y un cambio en el corazón que nos anima a hablar con Dios como lo hace un niño con su propio padre.

Este tipo de relación no tiene paralelismo humano. Aquellos que han llegado a una relación semejante pueden decir verdaderamente que han nacido de Dios. Son sus hijos.

Desde la eternidad — de Jesucristo

Es verdad que Jesús se dirigía a Dios en sus oraciones como Padre, pero nunca se unió en oración con sus amigos ni les habló acerca de «nuestro Padre».

La excepción fue la oración modelo, pero incluso entonces quedó claro que la oración era para que ellos pudiesen orar, no para él solo.

Evidentemente, Jesús era el Hijo de Dios en una forma en la que los discípulos no lo eran. En el Evangelio de Juan es donde se manifiesta de forma más clara la eterna relación entre el Padre y el Hijo.

Creación: Hechos 17.24-29;
Efesios 4.6

Pacto: Isaías 63.16; Malaquías
2.10

Adopción: Romanos 8.14-17;
Gálatas 4.4-6

Eternidad: Lucas 11.1-3; Juan
20.17; Juan 17.5, 24

VERDAD CLAVE

Dios es Padre, hablando en
general, de la creación que ha
formado. Es también Padre de
todos los cristianos, a los que
ha adoptado en su familia. Pero,
de forma única, es el Padre de
Jesucristo.

POSTDATA

A causa de la a la debilidad
humana debemos distinguir entre
los estándares fijados por nuestro
propio padre y la paternidad
perfecta de Dios. La paternidad
nuestra que hemos conocido,
en su mejor forma, solo puede
reflejar ligeramente el cuidado y
la preocupación de Dios para con
nosotros.

ESTUDIO BÍBLICO Lucas 11.1-13

Este pasaje es una de las razones por las cuales «Padre» es el nombre
con el que los creyentes cristianos conocen mejor a Dios. Fue Jesús,
por encima de todo, quien enseñó a sus seguidores a comprender su
relación con Dios en un sentido estrecho e íntimo que nunca antes se
comprendió y que no conoce paralelo en ninguna otra fe.

Use estas preguntas para iluminar esta verdad.

1. ¿Qué elemento diferente en la oración de Jesús fue el que provocó
   la respuesta del versículo 1? Compare Mateo 6.5-8.
2. Padre (versículo 2). Hubo un término parecido usado en el Antiguo
   Testamento para hacer referencia a Dios, pero era más bien un
   título nacional. Este nuevo uso de «padre» ya no nos aleja de Dios.
   Es una verdad aprendida. ¿Cuándo empezaron a descubrirlo por
   primera vez los miembros del grupo?
3. La oración modelo del Señor de los versículos 2-4 nos da un patrón
   de oración, en lugar de una forma rígida. Intente identificar las áreas
   de la fe y la vida cubiertas por estas peticiones.
4. Vea ahora los versículos 5-8. Aquí vemos un pequeño papel de
   la vida que demuestra un punto importante: que nuestro Padre
   celestial es totalmente distinto al hombre que está en la cama. ¿En
   qué aspectos? ¿Cuáles serían entonces nuestros estímulos?
5. Según los versículos 9 y 10, ¿qué actitud principal debería
   caracterizar nuestra oración?
6. Los versículos 11-13 nos proporcionan un criterio desde el cual
   definir la verdadera paternidad. ¿Qué mensaje hay aquí para una
   generación cuya imagen de la paternidad se ha distorsionado
   con frecuencia en este mundo caído de hoy? Compare sus
   averiguaciones con Efesios 3.15. Oren juntos ahora.

REFLEXIÓN

A. Estudie Gálatas 4.1-7, que
muestra el contraste entre
esclavos e hijos (vea versículo 7).
Estudie a partir del versículo 4
cuáles son los procesos por los
que el cristiano ha sido hecho
hijo de Dios. ¿Cuáles son los
privilegios que el Padre da a sus
hijos?

B. ¿Cómo debería afectar nuestra
forma de orar el hecho de que
veamos a Dios como nuestro
Padre? Después de pensar,

compruebe su respuesta en
Mateo 7.9-11.

C. ¿Cómo debería usted contestar
a una persona no cristiana que
diga que Dios es el Padre de
todos y que no hay necesidad
de preocuparse de la oración, la
Biblia o la iglesia?

D. ¿Qué cree usted que agrada
más a Dios Padre? ¿Qué le
apena más? Compare sus
averiguaciones con
Lucas 15.11-24.

6. La revelación de Dios

DIOS SE REVELA A SÍ MISMO:

De una forma suprema en Jesús

A lo largo de la historia, Dios se ha estado comunicando con la humanidad. En el Antiguo Testamento enviaba mensajeros y profetas para que transmitieran sus mensajes, pero es en Jesucristo en quien su revelación es completa y perfecta.

Esta es la razón por la cual Cristo es llamado «el Verbo». Él es la forma más completa en la que Dios se nos ha revelado a sí mismo. La vida de Jesús, su enseñanza y su carácter retrataron a Dios perfectamente, ya que era Dios mismo viviendo como hombre.

A través de la Biblia

Mediante una colección única de escritos recopilados durante un periodo de aproximadamente 1500 años, Dios ha puesto claro su plan para la humanidad, utilizando a las personas que él guiaba para transmitir su mensaje.

Algunos hombres fueron elegidos para escribir historia, otros para comunicar sabiduría y adoración, pero otros para revelar el futuro, o para dar instrucción en conducta o para creer. Cada libro posee su manera individual de mostrar a Dios, dentro de la unidad de la Biblia.

A través de la creación

Toda la creación proclama la gloria de Dios. El universo se sostiene y encuentra su lógica en el Logos Eterno (el Verbo, Dios el Hijo). Él es la Luz que ilumina a cada persona en el mundo entero. El Día del Juicio nadie se preguntará quién es su juez, porque él ha estado frente a nosotros en todo lo que nos ha rodeado en nuestras vidas.

En la historia

La Biblia nos enseña cómo comprender la historia. Dios se ha revelado a sí mismo de una forma poderosa a lo largo de la historia. El plan de Dios se ha revelado en medio del auge y de la caída de grandes imperios: el egipcio, el babilonio o el romano. La historia judía se ve en la Biblia como el medio por el cual vendrá el Mesías finalmente.

Además, el hecho de que los principios de la fe cristiana tuvieran lugar en un momento históricamente estable, cuando las comunicaciones en el imperio romano eran excelentes, y cuando había un lenguaje común, el griego, no puede ser una coincidencia.

En la humanidad

Dios también se revela a sí mismo en la forma en la que estamos hechos. Los seres humanos son hechos a imagen y semejanza de Dios y esa imagen, aunque distorsionada a través de la deliberada rebelión, no se borra. Como resultado de ello, la naturaleza humana apunta a la obra del Creador.

La complejidad y creatividad humanas son un indicador de la revelación de Dios, como también lo es el poder de la conciencia humana, los instintos y las emociones. Es evidente que las personas fueron hechas para disfrutar de las relaciones y estas múltiples relaciones muestran el carácter del Dios que nos hizo.

A través de la experiencia humana

Dios continúa hablándonos en el presente. Su voz se oye de diferentes maneras: a través de la amistad humana, a través de las artes o de nuestra apreciación de todo lo que es bello.

Asimismo, los seguidores de Cristo han recibido al Espíritu Santo, que habla tanto a individuos como a iglesias, y que transforma progresivamente a aquellos que le escuchan. En estas formas, Dios continúa revelándose a sí mismo en el presente.

COMPRUEBE EN LA BIBLIA

Jesús: Hebreos 1.1-4; Juan 1.1-18; 14.8-10

Biblia: 2 Pedro 1.19-21; Romanos 16.25-27

Creación: Salmo 19.1-4; Romanos 1.18-20; Juan 1.9

Historia: Salmo 75.6, 7; Daniel 2.44

Humanidad: Génesis 1.26, 27; Salmo 139.13-16; Romanos 2.14, 15

Experiencia: 2 Corintios 3.17, 18; Apocalipsis 2.29

VERDAD CLAVE

«Revelación» significa que Dios nos ha hablado de forma que le entendamos y respondamos a su amor.

POSTDATA

La creación proclama la gloria de Dios, pero es únicamente a través del Evangelio escrito y hablado como Dios muestra su poder de salvación.

ESTUDIO BÍBLICO Salmo 19.1-14

Este salmo de David tiene que ver con la revelación de Dios, o declaración, de sí mismo. Es imposible que nuestra raza caída pueda descubrir a Dios a no ser que él se manifieste a nosotros. Estudie este pasaje, con la ayuda de las siguientes preguntas.

1. Desde la primera sección (versículos 1-6), podemos leer acerca de la revelación general de Dios acerca de sí mismo. ¿Cómo describiría usted esta revelación a otra persona? ¿Cuál es su poder? ¿Cuál es su limitación? Vea Romanos 1.20 para buscar un paralelismo en el Nuevo Testamento.

2. Desde la revelación general de Dios, el salmista se vuelve a su propia revelación verbal y especial (versículos 7-11). ¿En qué consiste esta? Haga una lista de los términos usados para describirla.

3. ¿En qué formas es esta especial revelación superior a la voz de la naturaleza? Desde estos versículos, intente detallar sus efectos sobre nosotros.

4. ¿Cuál es la respuesta del salmista a lo que ha aprendido de la revelación de Dios? Los versículos 12-14 dan la respuesta. Aplique sus conclusiones a sí mismo.

5. Vea la cita en el Nuevo Testamento del versículo 4 en Romanos 10.18. Ahí el apóstol Pablo coloca el versículo dentro del contexto del Evangelio de Cristo del Nuevo Testamento. ¿Cuáles son las grandes consecuencias de esto?

6. ¿Cómo se relacionan con Cristo, revelación personal de Dios, las palabras de los escritores de Dios y las maravillas del universo? Vea Hebreos 1.1-3. Ahora pase algún tiempo aplicando estas verdades en oración.

REFLEXIÓN

A. Considere minuciosamente 2 Pedro1.16-21. ¿Cuáles fueron las dos formas en las que Pedro atestiguó la verdad de Cristo? ¿Qué rasgos esperanzadores puede usted encontrar en este pasaje acerca de la revelación de Dios? Compare el versículo 19 con el Salmo 119.105.

B. De acuerdo con Romanos 16.25-27, ¿cuál es el propósito de la revelación de Dios?

C. ¿Por qué no todo el mundo acepta la revelación de Dios en las diversas formas en las que se presenta? ¿Qué significa para usted la revelación de Dios? Vea 2 Corintios 4.3-6.

D. ¿Cómo explica usted la bondad y la valentía en personas que no creen para nada en Dios?

1. Su encarnación

Cristo era Hijo de Dios antes del tiempo y el espacio

La Biblia enseña que la existencia de Jesús no comenzó cuando nació, sino que él siempre existió como Hijo de Dios. Dios creó el universo a través de él, y todas las cosas se sostienen en él.

Fue por medio de una concepción sobrenatural

Las circunstancias del nacimiento de Jesucristo nos ayudan a entender que nació sin pecado. Heredamos de nuestros padres la predisposición humana hacia el pecado. Debido a esa concepción sin igual, Jesús nació sin esa predisposición.

Aunque el nacimiento de Cristo fue tan normal como el de cualquier humano, su concepción ocurrió a través de la intervención del Espíritu Santo. Debido a esto, Jesús era al mismo tiempo Dios y hombre.

Ratifica la total deidad de Cristo

A medida que el Nuevo Testamento se va desarrollando, se va revelando cada vez más el hecho de que Cristo es Dios. Las pistas dan lugar a señales y las señales se convierten en una osada aclamación.

Las señales son: el carácter de Cristo (su pureza y la ausencia de pecado en su vida), sus afirmaciones (ser el centro de toda verdad, ser el Juez del mundo, y tener una relación única con el Padre), y su conducta (realizando milagros, perdonando pecados y aceptando la adoración).

Establece la total humanidad de Cristo

El Nuevo Testamento muestra que Cristo nació de una forma totalmente humana en una familia hebrea y sujeta a la ley hebrea.

Él experimentó todos los problemas que las personas tienen que enfrentar. Estuvo expuesto al hambre y a la sed, al cansancio y al dolor, y se encontró con la gran fuerza de la tentación, si bien nunca cedió ante ella. Aunque aún era totalmente Dios, Jesús (como hombre) participó de todas las debilidades humanas. Esto le cualificó perfectamente para ser el único mediador que uniera a Dios y a la humanidad.

Explica la personalidad única de Cristo

Jesucristo no tiene parangón, porque es Dios y hombre, en dos naturalezas distintas, y una única persona para siempre. Era el mismo Jesús aquel que declaraba que tenía sed y quien mencionaba en su oración la gloria que compartía eternamente con el Padre.

Los escritores del Nuevo Testamento no tratan de explicar a modo de filosofía cómo una única personalidad podía ser al mismo tiempo humana y divina. Pero el retrato que nos dan identifica a Jesús con los seres humanos y, al mismo tiempo, con Dios.

Valida el ministerio salvífico de Cristo

Existen aspectos de la encarnación de Cristo que están por encima como para que nos demos cuenta de que en Jesucristo, que era verdaderamente Dios y verdaderamente hombre, encontramos a ese Salvador único que la raza humana necesita.

Dejando de lado su esplendor eterno, e involucrándose en las cargas de la humanidad hasta el punto de morir en la cruz por nuestros pecados, Jesucristo se convierte en el reconciliador entre Dios y la humanidad, y por su resurrección lleva nuestra humanidad hasta el cielo.

Antes del tiempo: Juan 1.1-3;
Colosenses 1.15-17

Sobrenatural: Mateo 1.18-25;
1 Pedro 2.22; Hebreos 4.15

Ratifica: Juan 8.46, 50-58; Lucas
5.20, 21; Juan 20.26-29

Establece: Gálatas 4.4, 5; Hebreos
2.14-18; 5.7

Explica: Mateo 8.24-27; Juan
19.28; 17.5

Hace válido: 1 Timoteo 2.5;
Filipenses 2.5-11

VERDAD CLAVE

La palabra «encarnación»
significa «volverse humano». El
Nuevo Testamento nos dice que
Dios se convirtió en ser humano.
Esta persona, Jesucristo, era
totalmente Dios y totalmente
humano.

POSTDATA

Los errores han aflorado en la
historia cristiana cuando se ha
negado una y otra vez tanto
la deidad de Cristo como su
humanidad. Debe quedar claro
que en cualquier caso él es
totalmente Dios y totalmente
humano.

ESTUDIO BÍBLICO Colosenses 1.15-20

El apóstol Pablo está escribiendo, alrededor del año 55 de nuestra era,
a los creyentes cristianos de Colosas, una ciudad situada actualmente
al oeste de Turquía. Escribe desde la prisión, para contrarrestar las
falsas enseñanzas que creaban dudas sobre la divinidad de Jesucristo.
Las preguntas siguientes le ayudarán en la comprensión de este
pasaje, y a que tenga un mejor entendimiento de la naturaleza de
Cristo.

1. Este pasaje ha sido llamado «el credo de la preeminencia de Cristo»
(Handley Moule). Al examinar estas frases, ¿cuáles en particular
apuntan a dicha descripción?

2. Intente entender la relación de Cristo con la creación. El término
«primogénito» (o «heredero», versículo 15) significa que Cristo no
es un ser creado. ¿Por qué? Lea cuidadosamente los versículos 15-17
y compárelos con Hebreos 1.2, 3.

3. Un estudiante universitario preguntó una vez: «¿Es Jesucristo lo
supremo, o existe algo aún más grande que él que yo debo buscar?».
Este pasaje le dio la respuesta y se convirtió en cristiano. ¿Qué pudo
ayudarle en estos versículos?

4. ¿En qué sentido podemos decir que Cristo es la explicación y el
objetivo de todo el universo?

5. Algunos dirán: «Intentemos encontrar lo mejor de todas las
tradiciones y sinteticémoslo todo en una teoría máxima y final».
¿Cómo deberíamos contestar a esa teoría? Los versículos 19 y 20 le
ayudarán.

6. Establezca a partir del versículo 18 la relación de Jesucristo con
la iglesia. ¿Cuál es el único lugar en el cual Dios se encontrará con
nosotros, y dónde podemos encontrar la paz con él? ¿Qué aporta
esto al mensaje que comunicamos al mundo?

REFLEXIÓN

A. Considere Colosenses 1.15-
20. ¿Cómo retrata este pasaje a
Cristo en cuanto a su relación
con la creación, con Dios y con
la cruz?

B. Las personas han debatido
sobre casi cada aspecto de la
encarnación de Cristo. Su deidad
total y su humanidad total han
entrado a formar parte de un
ataque particular. ¿Por qué piensa
usted que ocurre esto, y cuáles
son las razones por las cuales
nuestro entendimiento de esta
enseñanza es limitado?

C. ¿De qué maneras deberíamos
seguir el ejemplo de la vida
de Jesús como hombre? Vea
Hebreos 12.2-4 como una
posibilidad.

D. ¿Qué ganamos nosotros con
el hecho de que Jesús sea hombre
como nosotros? ¿Y qué ganamos
con que, a diferencia de nosotros,
él sea Dios?

2. Principales hechos de los Evangelios

Su humilde nacimiento

Jesús nació durante el gobierno del emperador romano César Augusto, en una familia pobre. Nació en un entorno extraño durante un censo romano y en medio de un peligro inmediato, ya que el rey Herodes le buscaba para matarle.

Estos dos elementos, la humildad y la inseguridad del nacimiento de Jesús, iban a fijar el patrón de toda su vida.

Su bautismo sin pecado

El bautismo de Jesús marca el inicio de su ministerio. Juan el Bautista llamaba a aquellos que le escuchaban a un bautismo de arrepentimiento. Jesús, sin embargo, no tenía pecado alguno del cual arrepentirse. A través de su sumisión, el bautismo de Juan mostraba su identificación con la humanidad pecaminosa. El descenso del Espíritu como una paloma y las palabras de aceptación del Padre que acompañan al bautismo llegaron como la aprobación de Dios al ministerio que vendría después.

Su prolongada tentación

Inmediatamente después de su bautismo, Jesús fue al desierto por un periodo de cuarenta días, durante los cuales ayunó y fue tentado por el diablo.

Las tentaciones que la Biblia recoge para nosotros tomaron forma de reto para hacer que Jesús dejara de lado su misión. Jesús resistió con éxito estas y otras tentaciones que tuvieron lugar a lo largo de su vida.

Su reveladora transfiguración

Hacia el final de su ministerio público, Jesús llevó a tres de sus discípulos a la cima de una montaña y allí resplandeció delante de ellos. Moisés y Elías aparecieron y hablaron con Jesús de la terrible prueba que estaba por llegar en Jerusalén. Los discípulos también oyeron una voz de aprobación divina como en el bautismo de Cristo. El

acontecimiento fue, claramente, un pequeño anticipo de la gloria venidera de Cristo.

Su muerte obediente

La marea de acontecimientos se volvió contra Jesús después de su entrada triunfal en Jerusalén. La última cena que celebró con sus amigos fue seguida rápidamente por su traición, por una serie de juicios injustos, por la muerte en la cruz y por su sepultura.

Fue una hora oscura, pero era la hora para la cual Jesús vino al mundo. Él dejó claro que había venido, no solo a enseñar y sanar, sino también a sufrir y morir por toda la humanidad.

Su victoriosa resurrección

Treinta y seis horas después de su sepultura, la tumba de Jesús fue encontrada vacía, excepto por las deshechas ropas del sepultado. Fue suficiente para Juan, que «vio y creyó».

Entonces Jesús empezó a aparecerse a sus amigos por un periodo de cuarenta días. No era una ilusión, porque comió, pudo ser tocado y fue visto vivo por cientos de personas. Y ahora era diferente de una manera única y poderosa, era vencedor sobre la muerte.

Su gloriosa ascensión

La última vez que los discípulos iban a ver a Jesús fue en el monte de los Olivos. Les mandó hacer discípulos por todo el mundo y les prometió el don del Espíritu Santo que les daría el poder para hacerlo.

Fue arrebatado de ellos visiblemente. No será visto jamás hasta su retorno.

ESTUDIO BÍBLICO Juan 2.1-11

Nacimiento: Lucas 2.1-7; Mateo
2.1-18; Lucas 9.57, 58
Bautismo: Mateo 3.13-17
Tentación: Mateo 4.1-11
Transfiguración: Lucas 9.28-36
Muerte: Mateo 26 y 27; Lucas
22.53
Resurrección: Juan 20 y 21; Lucas
24.36-43
Ascensión: Mateo 28.16-20;
Lucas 24.44-53

Este pasaje sigue al gran primer capítulo de Juan con su majestuosa enseñanza de la venida de Cristo como el Verbo, como la Vida, como la Luz y como el Hijo.

El capítulo acaba con la predicción de Jesús de un cielo que será abierto y los ángeles de Dios ascenderán y descenderán sobre el Hijo del hombre. Deberíamos esperar un capítulo 2 que nos lleve a la esfera de la gloria y lo espectacular. Pero siga leyendo.

1. Un pueblo minúsculo en una remota provincia romana, y una pequeña crisis en un banquete de boda. ¿Cómo puede ser esta la primera señal de la gloria encarnada de Cristo en Juan? Debata este punto.

2. Si María, la madre de Jesús, había oído los rotundos testimonios del capítulo 1 (por ejemplo, en el versículo 49) es posible que ella hablara aquí, en el versículo 3, esperando que Jesús mostrara que la hora de emerger como Mesías había llegado. ¿Cómo podemos entender entonces la respuesta de Jesús en el versículo 4? Compare Juan 17.1 y Marcos 14.41, 42.

VERDAD CLAVE

Los cuatro Evangelios presentan al lector acontecimientos significativos seleccionados de la vida de Jesús. Los acontecimientos listados aquí son de particular importancia.

3. Vea los versículos 5-10. ¿Cómo ilustran estos versículos la verdad de que, a través de la encarnación, Jesús echa mano a lo ordinario, lo ordinario se convierte en lo mejor, y lo mejor está por venir? ¿Cuál fue la señal que se dio a los discípulos?

4. ¿Podemos aprender algo sobre milagros y su propósito, de alguien que rehusó convertir piedras en pan para sí mismo, que rehusó hacer milagros para el beneficio de Herodes? El versículo 11 da la clave.

POSTDATA

Es gratificante comparar las versiones de la vida de Cristo y ver cómo los escritores, desde sus diferentes puntos de vista, se complementan unos a otros.

5. No todos captaron el significado. El maestro de ceremonias tan solo es capaz de bromear con el novio. «¡Qué curioso, guardar el mejor vino para el final!». ¿Por qué debería ocurrir esto?

6. Vea otra vez el versículo 11. Reflexione en todo lo que iba a seguir: los viajes, los milagros, la transfiguración y la cruz. ¿Qué pretendía conseguir esta primera revelación de la «gloria» de Cristo?

REFLEXIÓN

A. Lea Juan 17.1-5. ¿Cuál fue exactamente el «trabajo» que se le dio a Cristo para hacer? ¿Cómo contribuyen los acontecimientos principales en su vida a ese trabajo?

B. De lo que sabemos, ¿cómo se preparó Jesús para ese trabajo principal? ¿Cómo preparó a sus discípulos?

C. Jesucristo no tuvo su propia casa, ni viajó fuera de Palestina y nunca escribió un libro. ¿A qué atribuye usted entonces el impacto que ha tenido sobre el mundo?

D. «Ojalá Cristo estuviera en la tierra hoy». ¿Cómo reacciona usted cuando se expresa este deseo? Vea Juan 16.5-7.

3. Aspectos principales de su ministerio

Autoridad que convenció

La autoridad con la que Jesús enseñó asombró a las personas que le oyeron. Los profetas de la antigüedad declaraban: «El Señor dice...», pero la frase más frecuente de Cristo era. «Pero yo os digo...». Él dirigía a aquellos que le escuchaban hacia sí mismo.

Los líderes judíos de los tiempos de Jesús tomaban su autoridad de los grandes maestros del pasado, pero Cristo enseñaba en su propio nombre y con su propia autoridad.

Parábolas que provocaban

La enseñanza de Jesucristo se dio en términos y en imágenes que se pudieran entender en el día a día, y esto es particularmente cierto en sus inolvidables parábolas que escondían y, a la vez, revelaban la verdad.

La gente quedaba cautivada con la historia del hijo pródigo o del joven rico para luego darse cuenta de que la parábola hablaba de ellos mismos.

Milagros que confirmaban

La autoridad de Cristo quedó aún más demostrada por medio de sus milagros. El viento y las olas obedecían a su orden, e incluso los muertos volvían a la vida.

Pero, la mayoría de sus milagros eran actos de sanidad que formaban parte de su misión de amor. Asimismo señalaban su identidad como Hijo de Dios y señalaban a la venida del reino de Dios.

Compasión que atraía

La profunda preocupación de Cristo por la gente nacía de su comprensión de que la humanidad había sido creada según la propia imagen de Dios, pero que estamos caídos y que vivimos en un mundo también caído.

Por esta razón, Cristo mostraba interés y preocupación por los individuos.

Esto se puede ver en los muchos encuentros que tuvo con los afligidos, los enfermos, los endemoniados. La multitud pronto reconoció el alto valor que Jesús daba al individuo y llegaron a él en grandes números.

Un entrenamiento de preparación

Hacia el comienzo del segundo año del ministerio público de Jesús los doce discípulos fueron elegidos para que compartieran su obra de enseñanza, predicación y sanidad. Estos hombres aprendieron del ejemplo de Cristo y de la instrucción privada que él les dio. Asimismo los entrenó para su futura obra cuando los envió (y a otros setenta más), de dos en dos, para que hicieran su obra.

En aquellos momentos los Doce no entendieron todo lo que él les estaba enseñando, pero su entrenamiento sería de vital importancia en el desarrollo futuro de la iglesia.

Una controversia que suponía un desafío

Desde el principio, las palabras y los actos de Jesús tuvieron un borde cortante de controversia que finalmente provocó una colisión entre él y las autoridades judías.

Jesús estaba en conflicto con los líderes judíos sobre las cuestiones siguientes: él se mezclaba con los pecadores; desafiaba las tradiciones; liberaba el día de reposo, y reclamaba ser Dios.

Autoridad: Mateo 5.21, 22, 27,
28, 31-34; 7.24-29

Parábolas: Marcos 4.2; Mateo
13.10-17; Lucas 15.11-32

Milagros: Marcos 1.23-28, Juan
10.31-33

Compasión: Mateo 9.35-38;
15.32-39; Juan 11.30-44

Entrenamiento: Mateo 10.1-15;
16.13-21; 1 Juan 1.1-4

Controversia: Marcos 2.5-7, 15,
16; Mateo 23.13-36; 26.62-66

VERDAD CLAVE

Cristo era diferente a cualquier
profeta o maestro religioso que
hubiese vivido jamás. Por su
autoridad, sus hechos y el poder
de su enseñanza, así como por su
ejemplo, desafiaba a sus oyentes
a que creyeran en él como único
Hijo de Dios.

POSTDATA

Es un hecho extraordinario que,
aunque Jesús dirigiera a sus
oyentes hacia él mismo, jamás dio
la impresión de ser presuntuoso,
arrogante o egoísta.

ESTUDIO BÍBLICO Mateo 5.1-16

Alrededor de Jesús había multitudes, pero lo que se ha llegado a
denominar el Sermón del Monte iba dirigido básicamente a los
«discípulos». Jesús está predicando un sermón, pero a la vez está
pintando un retrato del creyente ideal. Además, está planeando una
misión, a medida que va enseñando y haciendo uso de las palabras
«sal» y «luz». Las preguntas siguientes ayudarán a comprender el
desafiante radicalismo de Cristo.

1. Escudriñe los versículos 1-12 para entender algo de cómo chocan
   frontalmente los valores del reino de Cristo con los de la sociedad.
2. Algunos han criticado el Sermón del Monte por sobrepasar a la
   persona de tipo «medio». ¡Ahora pregúntese a sí mismo si pretendía
   ser para una persona «media»! ¿En qué medida tiene que ser
   diferente el miembro de la nueva sociedad de Cristo?
3. En los versículos 3-10, ¿se habla de las cualidades distintas de ocho
   personas diferentes o acaso forman el retrato de una sola persona?
   Compare sus respuestas con Gálatas 5.22, 23.
4. Las cualidades que estamos considerando son todas de naturaleza
   interna. ¿Por qué?
5. Si forma parte de un grupo, deje que cada miembro «adopte»
   una de las virtudes que aquí se relacionan e intente decir, a partir
   de lo que ya conocen de las Escrituras, qué significan y cómo
   reconoceríamos las expresiones de las mismas en nuestros días.
6. ¿Qué se puede aprender de los versículos 11 y 12 acerca de la
   persecución del creyente; su causa, su historia y nuestra reacción
   correcta?
7. Los versículos 13-16 representan dos ilustraciones de la diferencia
   externa y visible que los cristianos deberían mostrar en la sociedad.
   Aplíquela a su propia comunidad e iglesia y ore por ellas.

REFLEXIÓN

A. Considere la enseñanza de
Jesús en Mateo 5.1-12. ¿De
qué forma consiguió poner en
entredicho los valores del mundo
con sus palabras? Intente hacer
una lista de las bendiciones que
pertenecen a aquellos que son
miembros del reino de Cristo.

B. ¿Cuál es la mejor forma en
que un creyente puede poner en
práctica esa actitud de Jesús hacia
los individuos? ¿Cómo se puede
hacer esto en su propia área?

C. El verdadero cristiano no
puede evitar la controversia.
¿A qué cuestiones hay que
enfrentarse en el presente en el
nombre de Cristo?

D. ¿Qué parábola de Jesús le ha
hablado a usted recientemente?
Debata esto con algunos de sus
amigos.

4. Sus nombres

Hijo de Dios

Jesús enseñó a sus discípulos, como nadie lo había hecho jamás, a pensar en Dios como Padre, de una forma particularmente íntima. Sin embargo, a causa de la utilización que hace de los términos «mi Padre» y «vuestro Padre», queda claro que él veía su propia relación con el Padre de una forma bastante distinta de la de sus seguidores.

Las autoridades judías reconocieron esto y acusaron a Jesús de hacerse igual a Dios. El término «Hijo de Dios» aparece con mucha más frecuencia en el Evangelio de Juan.

El Verbo

El Antiguo Testamento nos dice que Dios creó todas las cosas por su palabra. Él dijo y fue hecho. El apóstol Juan muestra que ese verbo era en realidad el Hijo de Dios, sin el cual nada existiría.

El Verbo también está involucrado en la creación de Dios, de otra forma importante. Él es la perfecta expresión de Dios a la humanidad. Dado que Cristo es el Verbo, no solo nos trae las buenas nuevas de Dios, sino que él es en sí mismo esas buenas nuevas.

Sumo Sacerdote

Este título que se da a Cristo en el libro de Hebreos se saca del sistema de sacrificios del Antiguo Testamento. Cada año, el sumo sacerdote tenía que hacer un sacrificio por el pueblo de Dios, en expiación de sus pecados.

Por su muerte sacrificial (que ya no se repetirá nunca más), Cristo es el mediador perfecto y el Sumo Sacerdote.

Mesías

Durante siglos, los judíos habían esperado a un rey futuro que fuese descendiente de David. Esta persona sería llamada por ellos el «Mesías» (que en la lengua griega es *Christos*, del que se deriva la palabra «Cristo»).

Tendría la autoridad de Dios y el poder de introducir el final de la era y establecer el reino de Dios.

Simón Pedro fue quien hizo la primera declaración clara de que Jesús era el Cristo, pero es importante observar que Jesús rechazó por completo la idea popular de que el Mesías fuese un libertador político que los liberara del imperio romano. Él consideraba su papel mesiánico como de sufrimiento y muerte para salvación de la humanidad.

Hijo del Hombre

Jesús utilizó este nombre más que ningún otro para describirse a sí mismo. Aunque parece hablar de su humanidad, en realidad es un indicador de su deidad, porque este término está sacado del libro de Daniel, donde el Hijo del Hombre reina en un reino eterno.

Jesús utilizó este título de tres maneras: cuando habló de su ministerio terrenal, su muerte y su gloria venidera. Se sugiere que prefería este título porque no conllevaba ninguna connotación nacionalista, implicaba una identificación con la humanidad y tenía «matices de divinidad y un trasfondo de humanidad».

Señor

Llamar a Jesús «Señor» era, en el Nuevo Testamento, la señal de un verdadero cristiano. Utilizar este nombre invitaba a la oposición: de las autoridades judías, que los acusaban de blasfemia, y de los romanos, para quienes esto era una traición contra el emperador. Este era el nombre que atribuyó toda autoridad a Jesús.

COMPRUEBE EN LA BIBLIA

Hijo de Dios: Juan 20.17; 5.18, 25; 20.31

El Verbo: Salmos 33.6-9; Juan 1.1-4, 14; Apocalipsis 19.11-13

Sumo Sacerdote: Levítico 9.7, 8; Hebreos 7.23-28

Mesías: Mateo 16.16, 21; Juan 4.25, 26

Hijo del Hombre: Daniel 7.9-14; Mateo 8.19, 20; 20.17-19; 24.30

Señor: 1 Corintios 12.1-3; Juan 13.13; Filipenses 2.9-11

VERDAD CLAVE

Los muchos nombres distintos de Jesucristo revelan las características distintivas de su persona y de la obra que vino a hacer.

POSTDATA

La propia plenitud de Cristo desafía la imaginería y el pensamiento humanos. Los seis títulos descritos aquí no son los únicos que la Biblia le atribuye. Es alentador hacer una lista con los numerosos títulos distintos que se dan a Jesús.

ESTUDIO BÍBLICO Apocalipsis 19.6-16

Este libro, escrito aproximadamente sobre el año 96 d. C., en un tiempo en el que el emperador Domiciano tiranizaba al imperio romano, alentó a los creyentes, «los santos de Dios» a lo largo de los siglos y particularmente en tiempos de tensión y oposición. Retrata la victoria de Cristo, a pesar de las pruebas terribles que tuvo que enfrentar su pueblo. En este escrito futurista, el apóstol Juan, en su soledad en el exilio, describe cómo se derrumbará el mundo del mal en el tiempo final. Aquí se identifica a Cristo a través de un simbolismo gráfico y mediante una variedad de títulos. ¡Siéntase alentado!

1. En los vv. 6-10, el reinado de Dios se describe como algo supremo en medio de la aclamación de su pueblo. ¿Qué relevancia tiene la forma de celebración descrita?
2. El «Cordero» también es el esposo de la iglesia, la esposa. ¿Qué tiene de especial el Cordero? Compare Apocalipsis 12.11.
3. «Jesús» (v. 10). ¿Cuándo empezó a ser importante ese nombre y atesorado dentro de su grupo? Reflexione sobre la familia mundial de creyentes que «sostienen el testimonio de Jesús».
4. La visión cambia en v. 11. El color «blanco» representa sistemáticamente la pureza y el cielo en el libro de Apocalipsis. Piense en las implicaciones de seguir al jinete que monta el caballo blanco (p. ej. v. 14; véase también el v. 8).
5. Mire ahora los «nombres» específicos que se dan en los versículos 11-16. Hay cuatro (versículos 11, 12, 13, 16). ¿Qué se puede aprender de Cristo mismo a partir de esos cuatro «nombres»? ¿De qué deberíamos tener cuidado? ¿En qué forma debería advertirnos el nombre desconocido del v. 12)?
6. Dedique algún tiempo a la adoración y la intercesión, aplicando las lecciones de estos y otros nombres de Cristo, mientras ora.

REFLEXIÓN

A. Lea Mateo 16.13-28. Jesús honra a Pedro por reconocerle como Mesías, pero luego le prohíbe que haga eso mismo en público. ¿Por qué? ¿De qué otras maneras se describe a Jesús en este pasaje?

B. ¿De qué formas es Cristo superior al sacerdocio del Antiguo Testamento? Mire Hebreos 7.23-28.

C. ¿Por qué nos molestamos en buscar un título para Jesucristo?

¿Cuál es el peligro hoy día de referirse a él simplemente como «Jesús»? compare su respuesta con Marcos 13.5, 6. El verdadero cristiano no puede evitar la controversia. ¿A qué cuestiones hay que enfrentarse hoy en el nombre de Cristo?

D. ¿Cuál de los muchos títulos de Jesucristo ha tenido un gran significado para usted? ¿Qué nuevo aspecto de su persona ha salido a la luz a través de este estudio?

5. Su muerte expiatoria

LA MUERTE DE CRISTO...

Inició una nueva relación

La Biblia enseña que el pecado humano ha creado una barrera de culpa entre el hombre y su creador. Sin embargo, Jesús aceptó la responsabilidad por el pecado humano y estuvo dispuesto a sufrir su castigo en la cruz. La Biblia define este acto como propiciación, Jesús se convirtió en sacrificio para alejar la ira de Dios. Ahora, aquellos que respondan de forma positiva a las buenas nuevas que dicen que sus pecados pueden ser perdonados, disponen de una nueva relación.

La hostilidad ha sido sustituida por la amistad. Dios ve a aquellos que se han unido a Cristo como si nunca hubieran sido rebeldes. De hecho, se ve al cristiano como una persona totalmente nueva.

Cumplió las escrituras del Antiguo Testamento

El Antiguo Testamento decía que Dios y la humanidad no se podían reconciliar de no ser por medio de un sacrificio. Solo así se podía borrar la culpa por el pecado.

Los sacrificios de animales del Antiguo Testamento no quitaban por sí mismos el pecado ni eran la solución final al problema de este. El Nuevo Testamento los ve como ilustraciones o tipos del sacrificio perfecto que Jesús iba a hacer.

Destruyó el reino de Satanás

El poder del reino de Satanás fue quebrantado por medio de la muerte y la resurrección de Jesucristo. La destrucción final del diablo todavía tiene que ocurrir. El cristiano es consciente de su actividad e influencia, pero confía en la victoria y en la protección que ofrece el poder de la cruz.

Revocó el dominio del pecado

En la Biblia, una idea que se plasma con mucha fuerza es la de la redención (o «volver a comprar») a una persona que se encuentra en la esclavitud. Cristo se presenta como Aquel que, por medio de su muerte, redime a su pueblo del castigo de la ley moral de Dios.

Dado que Cristo ha cargado nuestra culpa sobre sí mismo, el pecado ya no tiene poder para dominar la vida del cristiano.

Proporcionó un camino de victoria

Una vez limitado el poder del diablo (y, en última instancia, destruido) y con la culpa del pecado borrada, la cruz de Jesucristo ha liberado al creyente. El cristiano no queda liberado de la lucha por conseguir la pureza moral, sino que se le libera para llevar a cabo esa lucha. Los «tiempos» de la salvación son los siguientes: un salvador crucificado nos ha salvado del castigo del pecado; un salvador vivo nos salva del poder del pecado; un salvador que vendrá nos salvará de la presencia del pecado. Desde la cruz en adelante, el mensaje es un mensaje de victoria.

Garantizó una eternidad con Dios

La cruz es la garantía de que Dios ha puesto su amor eterno sobre su pueblo; no podía haber una demostración más fuerte de ello que la muerte de su Hijo.

La muerte sigue siendo un enemigo, pero un enemigo derrotado por la muerte y la resurrección de Cristo. Como el diablo, la muerte se enfrentará a su destrucción definitiva. La cruz asegura al cristiano la herencia prometida en el reino eterno de Dios.

COMPRUEBE EN LA BIBLIA

Inició: 2 Corintios 5.15-19; Romanos 5.8-11

Cumplió: Hebreos 10.1-12; Isaías 53.4-12

Destruyó: Colosenses 2.15; 1 Juan 3.8

Revocó: Gálatas 3.13; Romanos 6.6-11

Proveyó: 1 Juan 1.7-9; Tito 2.14

Garantizó: Romanos 8.31-39; Hebreos 2.14, 15

VERDAD CLAVE

Por medio de la muerte expiatoria, al morir por los pecados del mundo, Jesucristo hizo posible que la humanidad pudiera acercarse a Dios.

POSTDATA

Una gran parte de los cuatro evangelios gira en torno a los acontecimientos que sucedieron alrededor de la muerte de Cristo. La cruz no fue un accidente trágico, fue el acontecimiento hacia el que la vida de Cristo estaba dirigida.

ESTUDIO BÍBLICO Mateo 27.32-56

Aquí tenemos un pasaje que es obviamente la obra de un testigo ocular. Aunque despojado de toda floritura, sigue siendo extraordinario por su cumplimiento, a veces irónico, de la profecía del Antiguo Testamento. Fue una muerte muy pública, que los soldados observaron (v. 36), visible para los que pasaban por allí (v. 39), para la jerarquía religiosa (v. 41), y con testigos como el centurión y muchas mujeres (vv. 54, 55). Mientras lee el pasaje, piense en la pregunta que hace el viejo cántico: ¿Estabas allí cuando crucificaron a mi Señor?

1. Que cada miembro del grupo intente establecer el pensamiento clave o central del pasaje. Después comparen las anotaciones. ¿Qué es lo más importante que este pasaje está diciendo?
2. «Simón» (v. 32) era el padre de Alejandro y Rufo, según Marcos 15.21. ¿Significa esto que en el momento en que se escribió el pasaje estos dos ya eran cristianos conocidos? Romanos 16.13 da algunas pistas que indican que eso podría ser así. Reflexione sobre el efecto que la cruz podría haber tenido sobre Simón.
3. Que un miembro del grupo lea Salmos 2.1, 7, 8, 14-18. Debatan la relación que este salmo tiene con Mateo 27.
4. «Si eres el Hijo de Dios» (vv. 40, 43). ¿Cuándo fue cuando Jesús escuchó esas palabras con anterioridad? Vea Mateo 4.5, ¿se trataba de un reto parecido al de evitar la prueba de la cruz? ¿Cuál era la ironía del versículo 42? Compare el versículo 40 con el 54.
5. Siga leyendo acerca de la muerte de Jesús y reflexione sobre los versículos 51-53, «cuando un escalofrío recorrió la naturaleza» (Alfred Edersheim). ¿Qué confianza nos dan estos acontecimientos (compare Éxodo 26.33 con Hebreos 10.19-22)? ¿Qué efecto tuvo la cruz sobre la misma muerte? Ver 2 Timoteo 1.10. Ahora pase tiempo en oración y adoración.

REFLEXIÓN

A. Lea Mateo 27.32-54. Considere la muerte de Cristo en términos de cumplimiento del Antiguo Testamento (p. ej. Salmo 22).

B. Justo antes de morir, Jesús gritó: «Consumado es» Juan 19.30. ¿Cuál era la importancia de esa frase? Tras pensar sobre esto, lea Juan 12.27 y 17.4.

C. ¿Cuál es la mejor respuesta que un cristiano puede dar a la muerte expiatoria de Jesucristo?

D. En 1 Corintios 1.18-25 aprendemos que el mensaje de la cruz es una ofensa para muchos. ¿Por qué motivo?

6. Su victoriosa resurrección

El fundamento de la fe cristiana

La resurrección de Jesucristo lleva al cristianismo más allá de la filosofía, o de un simple código de conducta, y lo eleva al nivel supremo de buenas nuevas de Dios para la raza humana.

En la resurrección, Dios imprimió su sello de aprobación sobre Cristo como su propio hijo, y subrayó el valor de su muerte. La resurrección era lo que transformaba a los seguidores de Jesús y les enviaba por todo el mundo a predicar las buenas nuevas. La resurrección es el eje central de la fe cristiana.

Un acontecimiento respaldado por la evidencia

Si preguntamos sobre la evidencia de la resurrección nos enfrentamos en primer lugar a los hechos evidentes. Hay una tumba vacía, que solo contiene el sudario abandonado, y un fracaso continuo de todas las explicaciones que no reconocen que Cristo resucitó. También debemos fijarnos en las numerosas apariciones del Jesús resucitado, en diferentes momentos y ante distintas personas.

Asimismo, existe una evidencia psicológica. Por ejemplo, tenemos a los discípulos transformados, la convicción de la iglesia primitiva ante la persecución y el cambio del sábado al domingo como el día de adoración de los cristianos (tras siglos de adoración llevada a cabo los sábados).

Una promesa de victoria definitiva

Si Cristo no hubiera resucitado de la tumba, su muerte sería una evidencia del fracaso de su misión.

De esta forma, su resurrección proporciona al creyente cristiano la seguridad de que no ha creído en vano. La misión de Jesús no acabó en fracaso, sino en triunfo. Al final, todas las cosas, incluso el «último enemigo» la misma muerte, se someterán a la victoria y al gobierno de Cristo.

El poder de la experiencia cristiana

Para el cristiano, la resurrección de Cristo es mucho más que un acontecimiento pasado de la historia. Desempeña un papel vital en la vida cristiana en el presente, y le da color a la perspectiva, a las esperanzas y a las motivaciones de cada creyente.

El Nuevo Testamento nos enseña que los cristianos deben estar preparados para ser como Jesús en su vida y en su muerte. Esto significa que al morir a nuestros propios intereses (igual que murió Jesús), el resultado debe ser que vivimos una vida nueva (de igual manera que Jesús resucitó a una nueva vida). El cristiano vive y obra en el poder con el que Dios levantó a Jesús de entre los muertos.

La seguridad de la salvación eterna

La victoria de Cristo sobre la muerte ha provocado grandes cambios en el área del dolor y la aflicción. A la muerte se le ha arrebatado su finalidad.

Todos aquellos que mueren saben que Cristo ha pasado por esta experiencia antes que ellos. Saben que Cristo los llevará con él a través de ella.

Además, porque el cuerpo de Cristo se levantó de la muerte, el cristiano tiene la garantía de que recibirá un cuerpo resucitado, de hermosura y fuerza, para toda la eternidad. Este nuevo cuerpo guardará relación con el viejo, pero no tendrá debilidad ni deterioro.

Fundamento: 1 Corintios 15.12-
19; Romanos 1.4

Acontecimiento: Juan 20.1-29; 1
Corintios 15.1-8

Promesa: 1 Corintios 15.24-28;
Hechos 17.30, 31

Poder: Filipenses 3.10, 11;
Romanos 6.5-14

Seguridad: Juan 11.25, 26; 1
Corintios 15.20, 42-57

VERDAD CLAVE

La Biblia dice que Dios levantó
a Cristo de los muertos. Al
hacerlo, Dios declaró que su
Hijo era el salvador del mundo.
El acontecimiento histórico de
la resurrección es también el
fundamento del cristianismo.

POSTDATA

Merece la pena recordar que
Jesús nunca hubiera resucitado
de los muertos de forma tan
triunfante de no haber estado
dispuesto a entregar su vida. Solo
recibiremos la nueva vida de Dios
cuando le entreguemos el control
de nuestras propias vidas.

ESTUDIO BÍBLICO 1 Corintios 15.1-11

La fe cristiana acepta cada intento de investigar, e incluso «refutar»,
la resurrección de Jesucristo; en muchos casos, el resultado de estas
investigaciones ha demostrado que los críticos han descubierto la
veracidad de la historia. En este capítulo, Pablo hace una extensa
exposición sobre esta piedra angular del evangelio apostólico. Las
siguientes preguntas le ayudarán a comprender mejor este pasaje.

1. Basándose en los versículos 1 y 2, ¿qué importancia tienen las
   verdades sobre las que Pablo escribe?
2. En los versículos 3-5, Pablo establece la base común del credo de
   todas las iglesias. Identifique los cuatro acontecimientos que se
   citan en estos versículos. ¿Qué importancia tiene que los cuatro
   acontecimientos aparezcan en la misma frase?
3. Continúe con los versículos 3-5. ¿Cómo responden a la teoría que
   dice que Cristo resucitó únicamente en un nivel espiritual? ¿Qué
   importancia tienen frases como «fue sepultado», «al tercer día» y
   «conforme a las Escrituras»?
4. ¿Qué tienen que decir los versículos 5-8 en cuanto a la hipótesis de
   que quizás los primeros cristianos sufrieran alucinaciones?
5. Pablo escribe sobre su cambio de actitud con respecto al evangelio
   y su obra posterior en el mismo (vv. 9-11). ¿Qué importancia tienen
   los cuatro pronombres del versículo 11, «yo», «ellos», «nosotros»,
   «vosotros»? ¿Por qué no debemos darnos por satisfechos con las
   interpretaciones de las Escrituras que no se hallen en armonía unas
   con otras, o que incluso discrepen claramente? ¿Qué produce la
   creencia en la resurrección física de Jesucristo: (a) a su visión sobre
   su propio futuro, y (b) a su estilo de vida actual?

REFLEXIÓN

A. Considere 1 Corintios 15.1-
11. ¿Cuáles son los puntos
principales que hacen hincapié
en el evangelio proclamado por
Pablo? Intente enumerar las
evidencias de la resurrección que
Pablo destaca, incluido el cambio
obrado en él mismo.

B. ¿Cómo ha influido el mensaje
de la resurrección de Cristo en su
propia visión de la muerte y del
futuro?

C. Con las evidencias disponibles,
¿qué tipo de cuerpo tenía
Jesús cuando se apareció a
sus discípulos, después de su
resurrección?

D. Vea Gálatas 2.20. ¿Qué
significa esto en términos
prácticos?

EL ESPÍRITU SANTO

1. Su Persona

Es la tercera persona de la Trinidad

El Espíritu Santo se presenta en la Biblia como una persona que merece totalmente la adoración. No solo se le incluye en la fórmula cristiana del bautismo y en la bendición apostólica, sino que sus obras se describen como las obras de Dios.

Se le asocia con la obra de la creación; le da al cristiano una vida nueva; es la fuente de toda sabiduría, el guía y ayudador de la iglesia en todas las épocas; y hace que la salvación sea una experiencia real en la persona. Asimismo, el apóstol Pedro dijo que confiar en el Espíritu Santo era igual que confiar en Dios (Hechos 5.3, 4).

Cuando Cristo dejó este mundo, se le confió al Espíritu su tarea más específica. El libro de los Hechos (que es un relato de lo que ocurría en la iglesia primitiva) describe al Espíritu dirigiendo y controlando el nuevo movimiento cristiano.

Tiene conocimiento como una persona (mente)

El Espíritu Santo es algo más que una fuerza; es una persona con carácter propio. La Biblia nos enseña que Dios nos conoce de una forma completa a través del Espíritu Santo. Es la mente del Espíritu la que ayuda a moldear la vida del cristiano.

Jesús declaró que el Espíritu Santo recordaría a los apóstoles sus palabras y sus obras. El Espíritu habla (como vemos en las cartas a las siete iglesias del Apocalipsis), intercede y da a los creyentes la seguridad de que pertenecen a Cristo.

Siente como una persona (emoción)

Al ser el Espíritu Santo una persona, no es sorprendente descubrir que es capaz de sentir emociones, tal y como entendemos el término, ya que los humanos fueron hechos a imagen de Dios.

Como resultado de esto, es posible entristecer al Espíritu Santo. También se puede sentir insultado y, por tanto, hay que tener cuidado con lo que hacemos y decimos para no insultar al Espíritu que vive en nosotros. La Biblia nos insta a glorificar a Dios con nuestras vidas y nuestros caracteres. De esta forma agradaremos al Espíritu Santo.

Actúa como una persona (voluntad)

El mismo Espíritu que estaba involucrado en la creación, que preparó a los líderes de Dios e inspiró a los profetas, es el Espíritu que vino con poder sobre la iglesia primitiva, y actuó en ella y a través de ella. A lo largo de la Biblia podemos ver su personalidad activa.

Por ejemplo, el Nuevo Testamento nos muestra que declara culpables de sus pecados a las personas (como pasó en el día de Pentecostés). Él dirige e instruye a los seguidores de Cristo. En otros puntos del Nuevo Testamento prohíbe ciertos cursos de la acción y designa líderes para la iglesia. Por todo esto vemos que el Espíritu es una persona que actúa de forma decisiva, ejecutando los planes de Dios.

Tercera persona: Mateo 28.19;
2 Corintios 13.14; Juan 15.26

Mente: 1 Corintios 2.10-12; Juan
14.26; Apocalipsis 3.6

Emoción: Efesios 4.30, 31;
Hebreos 10.29

Voluntad: Juan 16.8, 13; Hechos
8.29; 16.6; 20.28

VERDAD CLAVE

El Espíritu Santo es la tercera
persona de la Trinidad. Viene
del Padre y del Hijo, y es igual a
ellos. Él es quien lleva a cabo la
voluntad de Dios y quien obra en
las vidas de los cristianos.

POSTDATA

El significado de la ascensión
de Jesús y la venida del Espíritu
en Pentecostés era que, aunque
Jesús ya no estuviera presente
de una forma física y visible, el
Espíritu estaría presente, aunque
de manera invisible, en medio del
pueblo de Dios en todas partes.
Ahora Cristo se acerca a cada
creyente por medio del Espíritu
Santo. Al tener el Espíritu Santo,
tenemos a Cristo.

ESTUDIO BÍBLICO Juan 14.15-27

Jesús reconforta a sus discípulos y les prepara para el tiempo en el que,
tras su muerte, resurrección y ascensión, estará ausente físicamente
de este mundo. Los discípulos eran aprensivos, pero Jesús tenía
buenas noticias para ellos en sus enseñanzas sobre la venida del
Espíritu Santo. Use las siguientes preguntas para señalar las grandes
verdades que les estaba dando a ellos, ¡y a nosotros!

1. Vea los vv. 15-17 y reflexione sobre el hecho de que las tres
   personas de la Trinidad se identifiquen en una sola frase. ¿En qué
   otro lugar de este pasaje aparecen las tres personas juntas?
2. ¿Qué podemos aprender de los títulos que se dan al Espíritu Santo
   en este pasaje? ¿Consolador, Espíritu de verdad, Espíritu Santo?
   ¿Por qué razón no es correcto referirse al Espíritu Santo como
   «algo»?
3. Jesús ya ha hablado sobre su inminente partida de una forma física.
   ¿Cómo entenderemos entonces sus palabras en el v. 18? ¿Cuál es el
   gran estímulo que debemos sacar de estas palabras?
4. ¿Quién puede recibir el Espíritu Santo? La respuesta se halla en los
   vv. 15, 17, 21, 23 y 24. ¿Cuál es el estado en el que se encuentran los
   desobedientes y los que no creen? Vea 1 Corintios 2.14.
5. ¿Qué seguridad se dio a los apóstoles en los versículos 25 y 26 para
   su futura responsabilidad de proclamar y escribir la verdad tal y
   como nos ha llegado en la actualidad?
6. Hechos 2 nos recuerda el cumplimiento en la historia de la
   enseñanza de Jesús aquí. Desde el día de Pentecostés en adelante el
   perdón y el don del Espíritu serían garantizados a todos los que se
   arrepintieran y se volvieran con fe hacia Cristo. ¿Cuándo ocurrió
   esto por primera vez entre los miembros del grupo? Ver Hechos
   2.38, 39
7. Merece la pena aprender de memoria Juan 14.27. Apréndalo, con la
   cita correspondiente.

REFLEXIÓN

A. Vaya a Juan 16.5-15. Quizás
se imaginaban que la partida de
Jesús sería una desventaja para
su pueblo. ¿Por qué no es cierto
esto? A partir de este pasaje, trate
de enumerar las ventajas de la
ausencia física de Cristo.

B. ¿Cuándo fue consciente, por
primera vez, de que Dios estaba
actuando en su vida por medio
del Espíritu Santo? Compare su
experiencia con los otros.

C. ¿Por qué vemos a tantos
cristianos centrándose en Cristo
en lugar del Espíritu? ¿Cómo
reacciona usted ante esto? Vea
Juan 16.14.

D. ¿En qué medida puede saber
el cristiano cuándo ha agradado o
entristecido al Espíritu Santo con
sus hechos?

2. Sus nombres y descripciones

SUS NOMBRES

El Espíritu Santo

La tercera persona de la Trinidad se conoce más por este nombre. Fue el nombre que usó Jesús en las palabras finales de promesa a sus discípulos, y también el que usó Pedro en su sermón en el día de Pentecostés. El nombre transmite la santidad del Espíritu y su oposición al pecado.

El Espíritu de Dios

Este título se usa muchas veces tanto en el Antiguo Testamento como en el Nuevo. Significa que el Espíritu es Dios y que tiene el poder de Dios. Jesús dijo que por el Espíritu de Dios se enfrentaba al mundo malvado de su tiempo.

El Espíritu de Cristo

Este título reconforta a los cristianos y les da seguridad, porque nos muestra que Cristo fue fiel a su palabra y no abandonó a sus seguidores cuando ascendió al cielo. Se envió al Espíritu para cumplir la promesa de Cristo: «Vendré a vosotros».

El Espíritu de verdad

Se les aseguró a los apóstoles que el Espíritu Santo les ayudaría a recordar la enseñanza de Cristo y que les guiaría hacia la verdad. El lector de la Biblia debe estar agradecido por su autor divino y digno de toda confianza.

El Consolador o ayudador

El significado del término «Consolador» es «el que fortalece a los cristianos que se enfrentan a la tentación, a las dudas, al servicio exigente o a la oposición».

SUS DESCRIPCIONES

Viento

Esta gráfica descripción de la actividad del Espíritu se suele utilizar a menudo en la Biblia. La visión de Ezequiel de los huesos secos a los que se da nueva vida; las palabras de Cristo a Nicodemo en Juan 3, y el sonido del viento que ruge en Pentecostés. Las ideas clave que expresa son el misterio, la soberanía y la energía.

Agua

La referencia principal de la obra del Espíritu como agua viene de algunas palabras que Cristo dijo. Jesús habló de ríos de agua viva que fluiría en todos aquellos que creen en él. Estaba hablando claramente de la actividad del Espíritu Santo, que da vida.

Fuego

Malaquías predice la venida del mensajero de Dios en términos de fuego purificador, y esta imagen se usa en el Nuevo Testamento. Juan el Bautista dijo que Jesús bautizaría con el Espíritu Santo y con fuego. Es posible que las lenguas de fuego en Pentecostés quisieran mostrar la actividad purificadora del Espíritu.

Aceite

En el Antiguo Testamento, ungir con aceite era una señal de que Dios había elegido a alguien para una tarea específica, por lo que sacerdotes y reyes eran apartados para el servicio a Dios. La Biblia nos enseña que Jesús fue «ungido» por el Espíritu, y esto es cierto también para sus seguidores.

Paloma

El Espíritu, en forma de paloma, descendió sobre Jesús en su bautismo. Aunque Jesús ya tenía sin duda el Espíritu, este acontecimiento describe la delicadeza que se asocia con la paloma. Esta cualidad caracterizaría la obra de Cristo.

Espíritu Santo: Hechos 2.32, 33

Espíritu de Dios: Mateo 12.28

Espíritu de Cristo: Romanos 8.9

Espíritu de verdad: Juan 16.13, 14

Consolador: Juan 16.5-7

Viento: Ezequiel 37.1-14; Juan 3.8

Agua: Juan 7.37-39

Fuego: Malaquías 3.1-3; Mateo 3.10-12

Aceite: Éxodo 30.30; Hechos 10.37, 38; 2 Corintios 1.21, 22

Paloma: Marcos 1.9-11; Juan 1.32, 33

VERDAD CLAVE

El carácter y las actividades del Espíritu Santo se recalcan por medio de los diferentes nombres y descripciones por los que se le conoce.

POSTDATA

Debemos tener cuidado de no llevar estas características de la obra del Espíritu más allá de lo que son, cuadros útiles que nos pueden servir de ayuda.

ESTUDIO BÍBLICO Hechos 2.1-21

«Pentecostés» tiene un nuevo significado desde que Lucas escribió este pasaje. Hasta entonces representaba el «festival de la cosecha» judío, que tenía lugar exactamente cincuenta días después del inicio de la Pascua (en griego *penteconta*: cincuenta). Pero para los creyentes del Nuevo Testamento «Pentecostés» es el día asociado con el don del Espíritu Santo en plenitud a todos los que se arrepienten y se vuelven hacia Cristo con fe. Use estas preguntas en la exploración de esta verdad.

1. Intente dibujar la escena que se describe en los versículos 1-4. ¿Hasta qué punto estaba prevista esta experiencia? Deje que distintos miembros del grupo lean Joel 2.28-32; Ezequiel 36.26, 27; Juan 16.7-10; Hechos 1.5.
2. ¿Qué atributos y actividad del Espíritu se expresan en los símbolos de «viento» y «fuego»?
3. Pentecostés se ha descrito como un acontecimiento único, universal, y de evangelización. ¿Cómo entendería usted esto basándose en el pasaje?
4. ¿Cuál es la importancia del milagro que se describe en los versículos 5-12? ¿Qué podemos aprender si comparamos este acontecimiento con el que se describe en Génesis 11.8, 9?
5. ¿Qué ha conseguido el día de Pentecostés para usted, en su relación con los discípulos de Cristo por todo el mundo?
6. Evidentemente, debemos entender la frase «los últimos días» (v. 17) como el periodo inmediatamente posterior al ministerio de Cristo en la tierra. ¿Cómo puede afectar esta comprensión (a) a nuestras prioridades, y (b) a nuestras oraciones?

REFLEXIÓN

A. Lea Hechos 2.1-13. ¿Qué impresiones saca de este relato? ¿Qué tres señales indican que la era del Espíritu Santo había comenzado para la iglesia? ¿En qué forma era único el día de Pentecostés? ¿Qué lo convierte en el secreto de la vida de la iglesia?

B. ¿Cuáles de los nombres del Espíritu Santo le han reconfortado más en su experiencia? ¿Por qué?

C. Elija una o más cualidades del Espíritu Santo, sugeridas por su descripción, y pase un tiempo en oración y acción de gracias por ellas.

D. En Pentecostés, el apóstol Pedro une el don del Espíritu al del perdón (Hechos 2.38, 39). ¿Qué podemos aprender por medio de esto acerca de la comunicación cristiana?

3. Su obra

Convence de pecado

Ya que el Espíritu Santo tiene la mente de una persona, es capaz de examinar la vida de las personas y puede suplir nuestras necesidades, porque es Dios.

Como Espíritu de verdad, su obra es convencer al incrédulo de que está haciendo mal. Esto no se consigue por medios humanos, solo ocurre cuando el Espíritu Santo convierte el mensaje de la Biblia en una fuerza viva en la conciencia y en los corazones de las personas. De esta forma, el Espíritu Santo abre los ojos de hombres y mujeres para que vean su verdadera condición espiritual.

Ilumina la verdad

Del mismo modo que el Espíritu Santo inspiró la escritura de la Palabra de Dios, también es él quien nos enseña lo que esta significa. Él hace que comprendamos las palabras de la Biblia y que estas sean importantes en nuestras vidas. Sin la obra esclarecedora del Espíritu Santo, la verdad del mensaje de Dios sería confusa, y podría parecer incluso ofensiva y sin sentido.

Revela a Cristo

A los apóstoles se les enseñó que cuando el Espíritu viniera sobre ellos con poder, su obra no consistiría en centrar la atención en sí mismo, sino en Cristo.

Este es el patrón de la experiencia cristiana. Desde Pentecostés, los discípulos fueron más conscientes de Cristo y de su amor por ellos, que del Espíritu que ahora controlaba sus vidas. De hecho, se trataba del Espíritu de Cristo que ahora los gobernaba.

Vive en los creyentes

El Antiguo Testamento reconoce que el Espíritu obra de una forma selectiva, limitando su actividad a ciertas personas y tareas. Pero los profetas predijeron que vendría un tiempo en el que Dios pondría su Espíritu en las vidas de todo su pueblo de forma permanente. Esta predicción se cumplió finalmente en el día de Pentecostés.

El apóstol Pablo nos dice en sus escritos que Cristo hace su hogar en los corazones de sus discípulos, porque el trabajo del Espíritu es hacer que Cristo sea real para los cristianos. Nadie que pertenezca a Cristo está desprovisto del Espíritu. Él nos fortalece y nos prepara para toda la vida.

Inspira la oración

El Espíritu es el consolador o ayudador, y debemos buscarle para que nos ayude en cualquier forma de servicio cristiano y guerra espiritual.

De forma particular el Espíritu nos ayuda a orar, porque comprende nuestras debilidades. Evita que la oración degenere en un mero formulismo mecánico o una rutina sin poder alguno.

Prepara para el cielo

La vida cristiana completa es una vida dirigida por el Espíritu. El cristiano ya no se encuentra bajo el control del pecado, y Dios ya no le juzga por ello. Sin embargo, aunque el pecado ya no le gobierne, el discípulo de Cristo se enfrenta a una batalla que le llevará a desarrollar un carácter santo, y esta lucha durará toda su vida.

El Espíritu es quien ayuda al cristiano en esta batalla y le prepara para la gloria del cielo.

ESTUDIO BÍBLICO Romanos 8.1-17

A los creyentes de todo el mundo les encanta Romanos 8. Un escritor antiguo dijo: «Si las Sagradas Escrituras fueran un anillo, y la carta a los Romanos una piedra preciosa, el capítulo 8 sería el punto más brillante de la joya». El capítulo 8 es una reafirmación para el cristiano que, habiendo leído en los capítulos anteriores todo lo que Dios ha hecho por nosotros, se encuentra con la triste realidad de que seguimos pecando y muriendo. Entonces, ¿ha cambiado algo realmente? Pablo destaca que ha habido un cambio.

Convence: Juan 16.8-11; Efesios 6.17; Hebreos 4.12

Ilumina: Juan 14.25, 26; 16.13; 1 Corintios 2.12-14

Revela: Juan 15.26; 16.14; Hechos 7.55

Vive: Ezequiel 36.26, 27; Efesios 3.16, 17; Romanos 8.9-11

Inspira: Romanos 8.26; Efesios 6.18

Prepara: Romanos 8.1-4, 16, 17; 2 Corintios 3.18

1. En los versículos 1-4, ¿cómo describiría usted la nueva situación que permite al creyente que la vida sea «vivible» para él?
2. Intente identificar algunos de los temas que se encuentran en este capítulo: vida y muerte, espíritu y carne, naturaleza pecaminosa, pasado y futuro.
3. ¿Qué sentido le da a estos temas? Nos gusta Romanos 8, pero no siempre sabemos por qué con seguridad. Intente comprobar a partir de estos versículos cómo el cambio total de nuestras vidas y nuestro discipulado son tenidos en cuenta y provistos para la obra de Dios.
4. La obra de Dios, por medio de las tres personas de la Trinidad. ¿En qué parte de este pasaje aprendemos que: (a) podemos enfrentarnos a la muerte gracias al acto de salvación de Cristo, (b) podemos enfrentarnos al mal gracias a la obra del Espíritu que mora en nosotros y (c) podemos enfrentarnos al futuro gracias al amor de Dios que nos acepta? ¿Qué tiene de especial el v. 11?
5. El Espíritu está obrando en el creyente, pero ¿cuál es nuestra responsabilidad? Vea, por ejemplo, los vv. 5, 12, 13.
6. ¿Cuándo fue usted consciente por primera vez de estar experimentando la verdad del v. 16?

VERDAD CLAVE

El Espíritu Santo aparece en la Biblia principalmente por su obra en las vidas de hombres y mujeres.

Él es el responsable de todas las acciones que se han enumerado.

POSTDATA

Es vital que no infravaloremos lo que ocurre cuando el Espíritu Santo entra en la vida y la personalidad de una persona. Todo el crecimiento cristiano ocurre gracias al Espíritu Santo.

REFLEXIÓN

A. Vea Romanos 8.1-17, que enseña sobre la vida en el Espíritu. Enumere lo que ha logrado el Espíritu Santo. ¿Cuál es nuestro deber (vv. 12-17)? ¿Y cuáles nuestros privilegios?

B. Si el Espíritu gobierna el discipulado cristiano, ¿qué nos queda a nosotros por hacer? ¿Es el cristianismo un asunto activo o pasivo? Coteje su respuesta con Filipenses 2.12, 13.

C. ¿Qué actitud deberíamos tener hacia aquellos que no aprecian el amor de Dios, o no responden de forma positiva a él? ¿Qué es lo que probablemente producirá un cambio en su visión?

D. ¿Cómo se podrían describir nuestros recursos para vivir? Compare su respuesta con 2 Corintios 4.16.

4. Su actividad en el cristiano

Vida: nuevo nacimiento por medio del Espíritu

Sin el poder de Dios, una persona se considera «muerta» en el Espíritu. En lo que atañe a Dios no muestra signo alguno de vida. La Biblia enseña que el regalo de la vida nueva está a nuestra disposición por la muerte de Cristo en la cruz.

El Espíritu Santo es quien trae este nuevo nacimiento a la vida de la persona que responde positivamente a las buenas nuevas de Cristo. Según la Biblia, esa persona se puede describir como un ser nuevo y un heredero del reino de Dios. El nuevo nacimiento no se gana por los logros personales: es un regalo gratuito de Dios.

Seguridad: el testimonio del Espíritu

El Espíritu Santo viene para darle al cristiano la seguridad de que su nueva relación con Cristo es real. Confirma que la muerte de Cristo será siempre suficiente para proveer el perdón total de los pecados.

Asimismo confirma que el nuevo creyente es un hijo de Dios y que debemos creer en la promesa de vida eterna que tenemos en la Biblia. El cambio en la vida y en los deseos del nuevo cristiano es una parte de este testimonio interior del Espíritu Santo.

Unidad: comunión en el Espíritu

Cada cristiano ha recibido el Espíritu Santo y se dice que ha sido «bautizado en el Espíritu». «Bautismo» incluye las ideas de entrada y de membresía. El cristiano entra en la vida del Espíritu al convertirse y se une a todos los demás cristianos en la iglesia del cuerpo de Cristo.

Propiedad: el sello del Espíritu

La presencia del Espíritu Santo en la vida de una persona es un sello invisible, pero permanente que indica que esa vida pertenece a Dios.

Aquí hay dos ideas presentes. Primero, pertenecemos a Dios y por tanto nada nos puede separar de su amor. Segundo, se nos ha dado la garantía de que Dios nos mantendrá seguros. Finalmente, Dios reclamará a su pueblo de una forma total y definitiva.

Poder: la plenitud del Espíritu

Se ordena a los cristianos que sean llenos del Espíritu, como una experiencia continua y con regularidad. Esto no es algo que ocurre solo una vez. El Espíritu nos llena de forma que nuestras vidas puedan ser santas y nuestro trabajo para Cristo sea efectivo. Para ser llenos, debemos obedecer a Dios y someternos a su gobierno; tenemos que apartarnos diariamente del mal y depender del poder de Dios; tenemos que entregarnos a nosotros mismos en el servicio para los demás.

Confianza: la promesa del Espíritu

La Biblia enseña que el Espíritu Santo es un don para el cristiano a modo de anticipo de todo lo que Dios ha preparado para su pueblo en el futuro.

Mientras experimentamos una pequeña parte de la plenitud que Dios nos dará un día, el Espíritu Santo nos alienta a seguir adelante. Nos da más confianza en el futuro que Dios ha planeado para nosotros.

COMPRUEBE EN LA BIBLIA

Vida: Juan 3.3-8; 2 Corintios 5.17; Tito 3.4-7

Seguridad: Romanos 8.15, 16

Unidad: Marcos 1.8; 1 Corintios 12, 13; Efesios 4.3-6

Propiedad: Efesios 1.13, 14; 4.30; Romanos 8.38, 39

Poder: Efesios 5.18; Hechos 4.31

Confianza: 2 Corintios 5.5; 1 Corintios 2.9, 10

VERDAD CLAVE

Desde el principio de nuestro discipulado cristiano, el Espíritu Santo vive dentro de nosotros. Nos da el poder para seguir a Cristo, confianza en lo que creemos, y unidad con otros cristianos.

POSTDATA

Una gran parte de nuestra vida en el Espíritu consiste en vivir y desarrollar lo que Dios ya nos ha dado.

ESTUDIO BÍBLICO Efesios 3.14-21

Hasta ahora, en esta carta a los cristianos de Éfeso, el apóstol Pablo ha explicado que la salvación por medio de Jesucristo se extiende a los no judíos, los creyentes gentiles. Han sido adoptados en la familia de Dios y han recibido de él una herencia eterna. Están vivos en Cristo (cap. 2) y, ahora, junto a todo el pueblo de Dios, ya no se les trata como «forasteros», sino como ciudadanos en la casa de Dios. Veamos ahora su oración por estos cristianos gentiles. Estas preguntas le ayudarán a entenderla.

1. Esta es una oración que sencillamente se derrama del espíritu de Pablo. ¿Cuáles son las frases y palabras que revelan los deseos más profundos de Pablo por sus amigos cristianos?
2. ¿Qué partes de esta oración indican su contenido «trinitario»?
3. ¿Dónde da a entender esta oración que tener el Espíritu Santo en nuestras vidas es lo mismo que tener a Cristo? ¿Por qué es esto así? Compare Juan 14.17, 18 y Romanos 8.9.
4. ¿Se escapan estas frases de nuestro entendimiento como un globo aerostático que asciende hasta el cielo? Intente «amarrar» algunas de ellas. Por ejemplo, si cuando habla de las «riquezas de su gloria», Pablo quiere decir que Dios ya ha comprado a su pueblo por medio de Cristo, entonces ¿qué es esto? Mire en esta misma carta 1.5, 7, 9, 11, 13, 14.
5. Vea el uso de la palabra «poder». En muchas filosofías no cristianas, esto se considera como algo que tiene que ver con lo tangible o lo sensacional. ¿Cuáles son los indicios a los que Pablo se refiere cuando habla de un poder transformador del carácter y la moral, un poder para dar un servicio efectivo a los demás? Ver 4.11, 12, 22, 32.
6. Estudie la «doxología (vv. 20, 21) y deje que su expectación vaya en aumento, mientras pasa tiempo en oración por la comunidad cristiana.

REFLEXIÓN

A. Lea la oración de Pablo en Efesios 3.14-21. ¿Cuál es el «poder» que él quiere para sus amigos? ¿De dónde viene este poder, y que hará por nosotros?

B. Vea el versículo 20 del mismo capítulo. ¿Qué ejemplos puede usted recordar de la historia cristiana, o de su propia experiencia, que ilustren estas palabras de Pablo?

C. ¿Cuál de las diferentes bendiciones del Espíritu Santo ha significado más para usted?

D. ¿Por qué en la Biblia no hay ejemplos de personas que pidieran públicamente que el Espíritu les llenara, aunque se afirma a veces que algunas personas estaban llenas del Espíritu? Lea Hechos 6.1-6.

5. Su fruto

Amor

Cristo dijo que su «nuevo» mandamiento era que debíamos amarnos los unos a los otros. Era algo nuevo, porque el amor que tenía en mente fue moldeado por él mismo, un amor desinteresado, expiatorio y práctico, que sería revolucionario en cualquier época.

Gozo

La persona que está leyendo la Biblia por primera vez se sorprenderá al ver que gozo y persecución van de la mano en numerosos ejemplos (Mt 5.11, 12; Hch 5.41; Stg 1.2, 3; 1 P 4.12-14).
Este tipo de gozo del Nuevo Testamento es totalmente independiente de las circunstancias. Es el gozo del reinado de Cristo en nuestras vidas, inspirado por el Espíritu.

Paz

Jesús describió a sus discípulos la paz que «sobrepasa todo entendimiento» como «mi paz». No significa la ausencia de problemas, sino la profunda paz que protege la vida entregada a Cristo.

Paciencia

El apóstol Pablo anhelaba que los lectores de sus cartas fueran tolerantes y pacientes de cara a los errores de los demás. Pedro destacó el ejemplo de paciencia y resistencia de Jesús bajo el sufrimiento. Ese tipo de paciencia tan fuerte solo viene de Cristo.

Benignidad

En cualquier situación o persona en las que el Espíritu de Cristo esté involucrado, la bondad se verá en acción. Podemos ver la bondad única de Cristo en sus parábolas, cuando rompía con lo establecido para ayudar a los necesitados, y en el valor que daba a cada persona.

Bondad

La bondad transparente de Jesús atraía a las personas hacia él mucho antes de que se conociera su identidad. La bondad es amor en acción. No espera recompensas y brota de un corazón puro y abierto. Dirige a otras personas hacia Dios.

Fidelidad

Dios se deleita otorgando responsabilidades a sus siervos. Si somos fieles en las pequeñas tareas que Dios nos da, él confiará en nosotros para hacer cosas más grandes. La Biblia recuerda al siervo cristiano que llegará el día final cuando se evaluará la fidelidad de su servicio.

Mansedumbre

Una vez más la Biblia nos muestra que todos veían una verdadera amabilidad en Jesucristo. Nunca perdió el control ante la provocación extrema a la que se enfrentó, ni hizo ostentación de su inmenso poder. Sus discípulos necesitaban aprender esa cualidad, sobre todo Santiago y Juan (Lc 9.51-56).

Templanza

La debilidad moral da lugar a los excesos y a la falta de disciplina, mientras que el autocontrol es una señal de fortaleza y crecimiento en el carácter. Pablo dijo que debemos ser como los atletas, que se someten a un entrenamiento estricto antes de una prueba deportiva. Así, cuando el Espíritu está controlando la situación, experimentamos la diferencia que marca en nosotros.

COMPRUEBE EN LA BIBLIA

Amor: 1 Corintios 13
Gozo: 1 Pedro 1.3-9
Paz: Juan 14.27
Paciencia: 1 Pedro 2.23
Benignidad: Tito 3.1-5, 8
Bondad: 1 Pedro 2.11, 12
Fidelidad: Mateo 25.14-30
Mansedumbre: Mateo 11.28-30
Templanza: 1 Corintios 9.24-27

VERDAD CLAVE

La obra del Espíritu transforma nuestros caracteres. Las cualidades que se enumeran aquí se desarrollan en nosotros por medio del Espíritu y se han sacado de Gálatas 5.22, 23.

POSTDATA

Debemos reconocer que los talentos naturales en el cristiano se realizan por la obra del Espíritu Santo, en lugar de disminuir.

ESTUDIO BÍBLICO Gálatas 5.13-26

El apóstol Pablo escribe a los cristianos de una zona que probablemente sea el sur de Turquía en la actualidad, alrededor del año 48 d. C. Él es consciente de que, a causa de las falsas enseñanzas, sus lectores corren el peligro de caer en un evangelio «sub-cristiano» que no tiene nada que ver con el evangelio (Gá 1.6, 7). Esto afectaría también al carácter y al comportamiento de la iglesia. Lea el pasaje e intente, usando estas preguntas, comprender mejor cómo produce el Espíritu en nosotros una vida a imagen de Cristo.

1. Leyendo el pasaje, identifique a los dos «combatientes» que luchan en la vida del creyente. Se les nombra cinco veces. ¿Es usted consciente de este conflicto? ¿Cuándo fue usted consciente de ello por primera vez?
2. ¿De qué forma contradice este pasaje la teoría de que cuando alguien se convierte en creyente y recibe el Espíritu, la naturaleza pecaminosa con la que ha nacido muere o se «erradica»?
3. ¿Entonces, es una buena o una mala señal, cuando un cristiano nuevo es consciente de la tentación y del conflicto?
4. Identifique los dos estilos que están en oposición en este pasaje. ¿Qué esferas del comportamiento afectan los «hechos» del versículo 19? ¿Y a qué áreas de las relaciones afecta el fruto del versículo 22?
5. Identifique las dos actitudes diarias que deberían caracterizar al creyente, en relación con la naturaleza pecaminosa y al Espíritu. Vea los versículos 24 y 25.
6. ¿Cómo afecta esto a la disciplina del cristiano?
7. Debata cómo se produce en nuestras vidas el fruto del Espíritu, ¿de forma natural (Jn 15.4, 5), voluntariamente (Juan 15.3-7), de forma dolorosa (Jn 15.2)?

REFLEXIÓN

A. Lea 1 Corintios 13 y medite sobre el pasaje. ¿Por qué es tan importante y tan revolucionario un amor de este tipo? ¿Cómo se puede desarrollar en una persona, y en una congregación?

B. Vaya a Gálatas 5.22, 23 y averigüe si estas cualidades pueden agruparse en diferentes categorías. Por ejemplo, fruto en relación con Dios, con otros, etc.

C. Trate de enumerar algunas personas en la Biblia que desarrollaron claramente uno o más frutos del Espíritu.

D. ¿Por qué las traducciones de la Biblia que mencionan «fruto» en Gálatas 5.22, no usan la palabra en plural, «frutos»? ¿Cómo desarrolla el cristiano estas cualidades, una por una, juntas, de forma instantánea, con dolor?

6. Sus dones

Los dones exaltan a Cristo

Mientras el «fruto» del Espíritu tiene que ver con el carácter, los dones del Espíritu están relacionados con habilidades y funciones que se distribuyen entre los creyentes. Todo el fruto debe verse en cada cristiano, pero los dones son muy diferentes en cada persona.

El sello común de los dones espirituales es que glorifican a Cristo. El Espíritu Santo fue enviado con este mismo propósito: iluminar el señorío de Cristo.

Los dones implican a todos

Cuatro pasajes de las Escrituras enumeran algunos de los dones: Romanos 12.6-8; 1 Corintios 12.8-10; Efesios 4.11, 12; 1 Pedro 4.10, 11.

Es significativo que los dones del Espíritu no se limiten solamente a individuos destacados, o líderes de la iglesia. Cada creyente tiene al menos un don, y estos dones tienen que descubrirse y desarrollarse, ya que todo el pueblo de Dios debe involucrarse en un ministerio y un servicio cristianos de algún tipo.

Los dones deberían unir a todos

La iglesia de Cristo se compara con un cuerpo, compuesto por muchos miembros y partes, las cuales están relacionadas individualmente con un todo.

Por tanto, los creyentes deben conocer las habilidades y funciones que Dios les ha dado para que estén disponibles para todo el cuerpo. A este respecto, Pablo tuvo que corregir a la iglesia dividida de Corinto.

Los dones proporcionan un fundamento sólido

La iglesia de Cristo se compara también con un edificio, construido sobre el ministerio único y poderoso del apóstol y de los profetas, siendo Cristo mismo la piedra angular que sostiene a todo el edificio unido.

Los dones que caracterizaban a los apóstoles no se ven en la actualidad en el mismo sentido que tenían entonces, pero hay cristianos que de alguna forma han sido enviados (igual que los apóstoles) para establecer la iglesia más allá de nuevas fronteras, o que hablan a la iglesia de forma relevante (como los profetas) para alentarla y edificarla.

Los dones construyen la comunión

En el Nuevo Testamento tenemos una gran variedad de dones espirituales. El cristiano debe hacer un uso cuidadoso de cada don que recibe, para construir armonía y unidad en la congregación.

Es importante que los creyentes no tengan celos de los dones de otros y que no insistan en la superioridad de su don. Cuando usamos los dones de Dios debemos ser humildes y buscar formas en las que podamos servir a los demás.

Los dones promueven la misión

Los dones del Espíritu se han dado para algo más que para edificar la iglesia, se han dado para ampliar sus fronteras.

Por muy corrupto y desafiante que sea su entorno, los seguidores de Cristo tienen un llamamiento individual y colectivo, para usar sus dones con el fin de proclamar las buenas nuevas, cooperando de manera sistemática con el Espíritu de Dios y formando discípulos maduros.

COMPRUEBE EN LA BIBLIA

Exalta: 1 Pedro 4.10, 11; Juan 16.14

Implica: 1 Corintios 12.7-11

Une: 1 Corintios 12.12-26; Romanos 12.4, 5

Fundamenta: Efesios 2.19-22

Construye: Efesios 4.11-13

Relanza: Colosenses 1.27-29; 1 Corintios 14.24, 25

VERDAD CLAVE

El Espíritu Santo distribuye entre los cristianos una variedad de dones espirituales, que deben usarse para la edificación del cuerpo de Cristo: la iglesia. Todo creyente tiene al menos un don.

POSTDATA

Todo el mundo tiene dones «naturales» desde su nacimiento. Estos son dados por Dios. Si los ponemos a su disposición, Cristo puede mejorarlos y usarlos mientras aprendemos a seguirle.

ESTUDIO BÍBLICO 1 Corintios 12.4-20

¡Pablo de nuevo! Aquí escribe a los cristianos de Corinto que, de todas las iglesias del Nuevo Testamento, era la más indisciplinada y confundida; mundana (3.1), inmoral (5.1) y dividida (11.17,18). Estaban confundidos prácticamente en cada aspecto de la vida cristiana. Ahora el apóstol trata de corregir la forma de pensar que tienen acerca de los dones del Espíritu. Por tanto, tenemos que leer un poco entre líneas en este pasaje, mientras intentamos comprender lo que el apóstol quiere destacar principalmente.

1. ¿Qué pretende destacar en los versículos 4-6, 8, 9, 11 con el uso de las tres palabras «mismo», «todos» y «uno»?
2. ¿Cuál es el propósito general de los dones, impartidos por el Espíritu de Dios, que mora en el creyente, en la vida de la iglesia? El versículo 7 proporciona la clave. ¿Hasta qué punto se reconoce esto en su iglesia o congregación como el propósito de los dones entre los creyentes?
3. Está claro que los corintios estaban familiarizados con ciertos dones de naturaleza milagrosa. ¿Qué dice Pablo acerca del origen de estos dones? ¿Dónde se hacen evidentes? ¿Cómo regula él su uso en público, en particular el hablar en lenguas? (14.26-28).
4. Vea los versículos 12 y 13. «Muchos»... «uno». ¿Cómo debe aplicarse una iglesia la idea del «cuerpo» de Cristo?
5. En los versículos 14-20, ¿cuál es la gran lección que los creyentes de todas las épocas deben aprender?
6. Anime a cada miembro del grupo a mirar otras listas de «dones» en el Nuevo Testamento; Romanos 12.6-8, Efesios 4.11-13, 1 Pedro 4.10, 11. Dones de oratoria, proféticos, de servicio, administrativos; ahora pase tiempo en oración, dando gracias por los dones y dedicándolos a su vez a Dios, que los ha otorgado.

REFLEXIÓN

A. Vea Romanos 12. ¿Qué enseña Pablo sobre la forma en la que debemos usar nuestros dones, y sobre la actitud hacia los demás cristianos? ¿Qué diferencia marcaría esto en su iglesia local?

B. ¿Cuál es la mejor forma de descubrir sus dones como cristiano? ¿Cómo pueden ayudar a que otros cristianos lo hagan?

C. ¿Hasta qué punto está su propia congregación usando los dones de cada uno para relanzar y ampliar la misión de Cristo en el mundo? Identifique cualquier don que se esté descuidando a este respecto, y que se pueda estimular.

D. ¿Por qué hay ciertos dones o capacidades que a veces causan problemas en una iglesia, igual que ocurrió al parecer en Corinto?

LA HUMANIDAD

1. Nuestra singularidad

EL SER HUMANO ES:

Un ser completo, físico y espiritual

La Biblia enseña que toda la humanidad tiene un origen y una naturaleza común.

Fuimos creados como seres inteligentes y se nos reconoce como la cabeza de todas las cosas vivientes. De esta forma, la humanidad debe gobernar la tierra y usar sus recursos de manera responsable. Debido al lugar que ocupa la humanidad en la creación, Dios nos creó como seres físicos, totalmente involucrados en el mundo de Dios. Pero la humanidad no es meramente física. También tenemos una dimensión espiritual, podemos ser conscientes de la existencia de Dios y de todo lo que él pide. Estas dos dimensiones, física y espiritual, constituyen la totalidad de la persona.

Esta descripción de la humanidad se encuentra en el relato bíblico de la creación que, en su alcance, simplicidad y dignidad, no tiene parangón en la literatura.

Un ser espiritual, hecho a imagen de Dios

La característica que hace que la humanidad sea única es nuestra creación a imagen y semejanza de Dios. Poseemos una naturaleza parecida a Dios y, por tanto, somos capaces de relacionarnos con nuestro creador. Que hayamos sido hechos a imagen de Dios no quiere decir que seamos Dios ni tampoco que seamos una parte de Dios. La Biblia enseña claramente que la humanidad es diferente de Dios. Por tanto, la humanidad no es Dios camuflado, o una «encarnación» de Dios. Sin embargo, en nosotros hay un elemento clave que nos diferencia y nos pone por encima del resto de la creación. Se nos ha creado para amar a Dios, para adorarle y para disfrutar de su compañía.

Un ser personal, con mente, emoción y voluntad

La humanidad no ha sido creada solo para Dios, sino también para una variedad de relaciones personales y de amor dentro de la familia humana. Esto muestra cómo la vida humana debe ser la imagen de la relación de amor que existe entre el Padre, el Hijo y el Espíritu Santo. El espíritu humano deja entrever cualidades como la ternura, la lealtad y el autosacrificio. Somos capaces de originar pensamientos y de llevar a cabo elecciones inteligentes. Somos conscientes de nuestra propia existencia, tenemos sentido del humor, del dolor o del odio. Apreciamos la belleza y disfrutamos del ocio.

Estas cualidades de la humanidad muestran que no somos simples animales o máquinas. Nuestros instintos, afectos y aspiraciones demuestran que estamos muy lejos de ser una simple colección de reacciones químicas. La Biblia reconoce que somos dignos de tener la personalidad y la libertad.

Un ser moral, responsable de sus actos

La Biblia afirma y enseña que la humanidad tiene un aspecto moral que nos relaciona con nuestro creador. Esto se puede ver en las leyes que gobiernan incluso en las sociedades más primitivas. La humanidad reconoce la diferencia entre el bien y el mal.

El reino animal se comporta según el guión del instinto. La humanidad posee un instinto que nos da una conciencia moral, un instinto que dice «yo debería».

El resultado es que en la enseñanza que nos da la Biblia un concepto básico es que no somos víctimas de nuestra educación o de nuestras circunstancias. En lugar de eso, somos responsables de nuestras acciones y debemos responder por ellas. Si borramos este concepto de la comprensión de nuestra naturaleza, también borraremos el verdadero contenido de palabras tales como recompensa, mérito, justicia, e incluso perdón.

Total: Hechos 17.26; Génesis 2.15, 19, 20; Mateo 4.4

Espiritual: Génesis 1.26, 27; Salmos 8.3-6

Personal: Génesis 2.18; Lucas 10.25-37

Moral: Romanos 2.14, 15; Salmos 51.1-3

VERDAD CLAVE

La Biblia nos dice que la humanidad es la cima de la creación de Dios. Somos los únicos seres que podemos llegar a tener una relación personal con el Creador.

POSTDATA

La dimensión de Dios presente en los seres humanos nos eleva por encima del nivel de un animal, una máquina o un accidente.

ESTUDIO BÍBLICO Génesis 1.27, 28; 2.7-24

Sería difícil imaginar que la gran creación existe para nuestro bien, sin el énfasis bíblico en primer lugar de que Dios es el centro de ella; segundo, que esa creación no es tanto el hogar de la especie humana, sino el de una raza de seres parecidos a Dios; tercero, que toda la creación gira en torno a un Hombre que es el heredero de toda ella, y por el que todo se sostiene (Colosenses 1.15-17). La Biblia utiliza dos páginas para relatar la creación, el «trabajo de una semana». Se necesitan más de mil páginas para contar nuestra historia.

1. ¿Es la creación la que define nuestra magnitud e identidad? Reflexione en la verdad de 1.27 y 2.7.
2. «Imagen», pero solo una imagen. ¿Cómo podemos rebatir a los teóricos modernos que nos dicen que somos Dios y que no hay nada que no podamos hacer?
3. En contraste, se nos dice que no somos diferentes a las otras criaturas vivientes; que un recién nacido es simplemente un animal. ¿Cómo podemos contestar a esto, a partir de 2.28 y del Salmo 139.13-16?
4. Vea 2.8-17. ¿Qué aprendemos aquí acerca de la responsabilidad humana?
5. 2.18-25 nos da una norma sobre sexualidad, matrimonio y comunidad. Debata el concepto que dice que no es la soltería lo que no es «bueno», sino la soledad.
6. «Ayudador» (2.18-21), ¿supone eso que somos seres de segunda clase? Debata el hecho de que la palabra hebrea *ezer* describe el tipo de «ayuda» que solo Dios puede dar; vea por ejemplo Salmo 121.2; Oseas 13.9.
7. Piense en el principio que tenemos en la creación (2.24) de un contrato de por vida, reconocido públicamente, entre un hombre y una mujer, dentro del cual se expresa la intimidad de la unión física dada por Dios.

REFLEXIÓN

A. Lea el Salmo 8. ¿Qué es lo que da su importancia a la humanidad en la inmensidad del universo que nos rodea? ¿Qué aprendemos de nuestra posición y nuestras responsabilidades? ¿De qué manera corrige este salmo formas de pensar erróneas?

B. Una famosa estrella de cine dijo una vez: «No soy más que un trozo de carne». A partir de la Biblia, ¿cómo podemos discutir y corregir tal afirmación?

C. Vea Génesis 1.26, 27. ¿De qué forma piensa usted que somos como Dios? ¿En qué forma somos diferentes?

D. ¿Cómo reacciona usted ante la creencia de que hacer el mal es una especie de enfermedad para la que hay, en alguna parte, un tratamiento adecuado? ¿Puede esto ser cierto algunas veces?

LA HUMANIDAD
2. Nuestra diversidad

Dimensiones naturales

Dios nos ha dado la tierra como hogar que debemos cuidar y para que vivamos en él. Es un hogar en el que abunda la vida y que está lleno de variedad y color. Sus estaciones están reguladas y sus recursos son inmensos.

El mundo y la materia no son malos (como dicen algunas enseñanzas no cristianas), sino que son parte de la buena creación de Dios. La comida y la salud física son regalos de Dios y debemos recibirlos con agradecimiento. Por medio de la agricultura, la industria y la creatividad, la humanidad debe ser productiva en la casa que Dios nos ha dado.

Dimensiones creativas

En general, se puede decir que cuando las Escrituras se han tomado en serio, la tecnología y la ciencia han florecido de forma muy productiva. Esto se debe a que la Biblia nos anima a explorar y desarrollar las maravillosas obras de Dios. La minería, el comercio, la fabricación y la construcción, llevadas a cabo de forma responsable, son parte de nuestra tarea.

Dimensiones culturales

La humanidad posee lo que el reino animal nunca conocerá, la capacidad de apreciar lo que es bello y necesario para el desarrollo intelectual, para la literatura y las artes, y para el deporte y el ocio.

La vida en la tierra se creó para disfrutarla, pero la actividad cultural exige tanta disciplina como cualquier otra área. Sin embargo, el descanso y el ocio son una parte fundamental del programa de la vida humana.

Dimensiones sociales

Dios colocó a la humanidad en la tierra para que viviera dentro de un patrón de comunidad y familia que brota de la propia naturaleza de Dios. Él no quiere que vivamos aislados de nuestros vecinos. Dios nos ha hecho para las relaciones. La Biblia destaca el enorme valor de la amistad y, sobre todo, del matrimonio. La relación entre marido y mujer se ve como un regalo de Dios. Compartiendo los problemas y los placeres, el compañerismo y el gozo de la intimidad sexual, la pareja de casados es capaz de fortalecerse mutuamente a lo largo de la vida.

Hemos sido creados para mostrar compasión y justicia en la forma en la que tratamos a los demás. Solo cuando la humanidad utiliza estas cualidades para sus relaciones familiares, para preocuparse de los necesitados, para gobernar y para trabajar, se convierte en lo que Dios quería que fuese. El deseo de Dios para todas las personas es que se amen unos a otros.

Dimensiones religiosas

Dios creó a la humanidad y tenemos capacidad espiritual. Como los humanos se hallan lejos de Dios, nos encontramos en una búsqueda constante de nuestro hogar espiritual. Esta puede tomar muchas formas distintas y podemos verlo en las grandes religiones del mundo, por medio de las cuales se pretende llegar a la unidad con Dios, y a experiencias que el materialismo es incapaz de ofrecer.

Jesús confirmó tanto lo que se dijo en el Antiguo Testamento como las conclusiones del corazón humano cuando declaró que «no solo de pan vivirá el hombre» (Mt 4.4). Necesitamos algo más que las necesidades físicas básicas de la vida. La Biblia da a la humanidad las respuestas que los filósofos y los sabios de la religión han sido siempre incapaces de encontrar: que Dios mismo estaba inmerso en la búsqueda de esa humanidad a la que ama.

Natural: Génesis 8.22; Salmo
104.5-30; 1 Timoteo 4.3, 4

Creativa: Génesis 1.26-28; 9.1-3;
Salmo 8.6-8

Cultural: Éxodo 35.30-35; Daniel
1.3, 4

Social: Génesis 2.18-24; Romanos
13.8-10

Religiosa: Salmo 90.1; Eclesiastés
3.11

VERDAD CLAVE

Las diferentes características de
la humanidad muestran sin duda
que fuimos creados por Dios, y
para Dios.

POSTDATA

Las inmensas capacidades de la
humanidad deben inspirarnos
para desarrollar al máximo
nuestro potencial en el servicio
creativo en nuestro mundo.

ESTUDIO BÍBLICO Salmo 139

El predicador bautista C.H. Spurgeon describió la «luminosidad» de
este salmo como «una piedra de zafiro que desprende tales destellos
de luz que convierte la noche en día». Mientras lee el salmo, piense
si hay en toda la literatura un retrato de Dios tan gráfico y dinámico
como el que se nos da aquí, escrito por un hombre que se encontró y
se conoció a sí mismo únicamente en el marco de una relación con su
creador.

1. Mire los versículos 1-6. Enumere las áreas de la vida que el salmista
   David es consciente de que Dios conoce totalmente. ¿Cuál es la
   reacción de David ante esta situación?
2. Vaya a los versículos 7-10. ¿Recuerda a otras personas que
   experimentaran a Dios de esa forma? Compare Génesis 3.9; Jonás
   1.3. ¿Cuál es el descubrimiento más alentador en estos versículos?
3. Mientras lee los versículos 11 y 12 identifique aquellos aspectos
   de la vida que sumergen a los seres humanos en las «tinieblas». Un
   periodista escribió una vez: «Estoy asustado como un niño pequeño
   en una habitación oscura; busco una ventana, y Cristo es esa
   ventana». ¿Cuál ha sido su experiencia personal?
4. ¿Cómo responden los versículos 13-16 a las ansiedades y dilemas de
   cada generación, hasta llegar a la actual?
5. ¿Debemos sentirnos amenazados o indignados por la soberanía de
   Dios y el control que tiene sobre nuestras vidas? ¿Hasta qué punto
   puede usted identificarse con la reacción de David?
6. Versículos 19-24. de repente, David vuelve a ser rey y vuelve a los
   conflictos de la vida diaria. Pero tome nota de la humildad con la
   que concluye sus destacadas reflexiones.

REFLEXIÓN

A. Lea 2 Corintios 5.1-10.
¿Cómo ve el apóstol su existencia
física; su futuro celestial; y la
experiencia de estar unido a
ambos?

B. ¿Qué habilidades naturales
le ha dado Dios? ¿Cómo le
han enriquecido a usted como
persona? ¿Cuál es el peligro
de tener muchas habilidades
naturales?

C. ¿Cómo ve usted su papel en
una sociedad que frecuentemente
es corrupta? ¿Es un papel de
implicación, de separación,
de compromiso, de condena?
Compruebe su respuesta con
Juan 17.15, 16 y Mateo 5.13-16.

D. Algunas veces a lo largo de la
historia los cristianos han mirado
con desconfianza hacia las artes.
¿Por qué ocurre esto? ¿Qué
principio debería gobernarnos en
nuestra actitud hacia la música, la
pintura, el cine y la literatura?

3. Nuestra rebelión y caída

La inocencia de la humanidad nos permitió la comunión con Dios

«Inocencia» es la palabra correcta para nuestro estado moral original.

Adán y Eva no eran justos, en el sentido de poseer una rectitud desarrollada en su carácter; más bien eran como niños que andaban con Dios en una sencillez confiada y franca. Sin embargo, esta inocencia no era una característica innata e inalterable. No estábamos programados para obedecer a nuestro creador, del mismo modo en que funciona un ordenador, ya que la humanidad no era una máquina. Adán y Eva eran personas reales, que vivían en una relación libre con Dios.

A diferencia de sus descendientes, esa primera pareja humana no sentía originalmente ese impulso interior por pecar. Pero permanecer o no en una relación con Dios dependía de aquellas decisiones que podían tomar libremente.

La libertad de la humanidad nos dio la capacidad de elegir

La Biblia revela que la humanidad tuvo que tomar decisiones reales respecto a nuestra relación con Dios. No se nos obligó a ir por el camino de Dios. En cualquier relación verdadera, las personas implicadas deben tener la libertad de poder elegir, y esta es la que impide que sean como robots o como marionetas.

Dios no escondió de la humanidad el hecho de que tuviéramos la capacidad de elegir. Las instrucciones que se dieron fueron lo suficientemente claras y fáciles de llevar a cabo. La raza humana era libre para elegir.

La elección de la humanidad nos dio una verdadera oportunidad

Aunque podemos vernos influenciados por otras personas en lo que hacemos, en última instancia la responsabilidad de las decisiones que tomamos es nuestra. Tener la capacidad de poder elegir entre el bien y el mal significa que tenemos la responsabilidad de elegir lo correcto.

En la historia de la caída de la humanidad, vemos cómo las personas tratan de eludir su responsabilidad. Adán culpa a Eva, quien a su vez culpa a la serpiente. La forma en la que Dios trata individualmente con cada uno de ellos nos muestra que eran culpables de los pecados que habían cometido.

La decisión de la humanidad nos condujo a la rebelión moral

La rebelión de la humanidad contra nuestro creador no se puede describir como un desliz accidental. Nuestros primeros padres cuestionaron la autoridad de Dios desobedeciéndole, y dudaron de si Dios realmente sabía lo que era mejor para ellos. El resultado es que la raza humana se rebeló deliberadamente contra Dios y siguió su propio camino.

La humanidad cayó y se volvió pecaminosa, y ese es el estado en el que nos encontramos aún hoy. Separada del creador, la raza humana en su conjunto debe describirse bíblicamente como una raza caída. Esto no significa que la imagen de Dios en la humanidad haya quedado destruida por completo. Sigue estando ahí, aunque distorsionada y deteriorada. Pero no hay una sola área de nuestra mente y personalidad que no dé muestra de un cierto grado de «caída».

El principio del pecado se ha convertido en algo universal. En la actualidad, los hombres y las mujeres subrayan su grado de implicación con la raza caída por medio de sus actos y sus elecciones.

COMPRUEBE EN LA BIBLIA

Inocencia: Génesis 2

Libertad: Génesis 2.16, 17; 3.6, 7

Elección: Génesis 3.8-19; Mateo 12.36, 37

Decisión: Génesis 3; Salmo 51.5; Jeremías 17.9

VERDAD CLAVE

En la creación, Dios entregó a la humanidad los dones y privilegios que nos permitían tener individualidad y libertad. El deliberado uso incorrecto que se hizo de ello llevó a la humanidad a la rebelión y a su posterior caída.

POSTDATA

La caída de la humanidad significa que durante toda nuestra vida tendremos tendencia a rebelarnos contra Dios. Toda la humanidad siente esa misma necesidad.

ESTUDIO BÍBLICO Salmo 51

Este es quizás el salmo de los llamados de penitencia que mejor se conoce. Lo escribió David, después de haber cometido adulterio y asesinato (2 Samuel 11 y 12), y relata de una forma más vívida que en cualquier otra parte de las Escrituras la súplica sincera del pecador caído que implora misericordia. El pecado de David empezó con una mirada, continuó con un mensaje, un encuentro, adulterio, engaño y finalmente asesinato. Estas preguntas le pueden ayudar a llegar al corazón de su rebelión, caída y restauración.

1. Vea cómo se describe en los versículos 1-3 el hacer el mal: «transgresión» (rebelión), «iniquidad» (corrupción) y «pecado» (no seguir el modelo). ¿Qué nos dice esto sobre nuestro problema? Compare Jeremías 17.9.
2. Vea los versículos 3 y 4. ¿Por qué no podemos decir nunca que lo que alguien haga en privado es asunto suyo?
3. El versículo 5 expresa la verdad sobre el llamado «pecado original». Lea Romanos 5.12 para ampliar la información. Durante su estudio, reflexione en lo que esto significa para la sociedad, en la necesidad de poner candados en las puertas, hacer recibos en los pagos, comprobantes de entrada, pases, policía, etc.
4. Los versículos 6 y 7 indican que la purificación tiene que ocurrir desde dentro hacia fuera. ¿Cuál es la base para poder volver al camino correcto? Vuelva a ver el versículo 1. Compare Romanos 3.23-25.
5. En los versículos 2 y 7 David pide ser purificado. Siguen tres oraciones más en los versículos 10-12. ¿A qué áreas de su vida se aplican? La clave se encuentra en la palabra común a las tres oraciones.
6. «Disposición» versículo 12. ¿Cómo se puede fortalecer su motivación, para que el creyente quiera vivir puramente?
7. ¿Puede usted hacer suyo el voto de servicio de David (vv. 13-19)?

REFLEXIÓN

A. Lea y estudie los Diez Mandamientos (Éx 20.3-17). ¿Por qué era necesario que se nos diera la Ley? ¿Qué áreas de la vida tratan estos mandamientos? ¿Por qué siguen siendo importantes en la actualidad? ¿Se los sabe de memoria?

B. ¿De quién es la culpa cuando hacemos algo mal? ¿Del diablo? ¿De Dios, por darnos libertad de elección? ¿De nuestra naturaleza «caída»? Compare sus respuestas con Génesis 3.11-13; Romanos 1.20; 3.19, 20.

C. ¿Cómo pueden los seguidores de Cristo fortalecer su deseo de elegir lo bueno y no lo malo?

D. Somos responsables por todo lo que elegimos hacer. Describa, en sus propias palabras, lo que significa responsabilidad. ¿Qué nos dice esto sobre el Dios que nos creó?

4. Nuestra rebelión y condenación

Rebelión y culpa

Dios nos hizo para relacionarnos con toda la humanidad. Por tanto, no es extraño que la Escritura enseñe que toda la raza humana está implicada en la caída original, aunque no se condena a nadie por el pecado cometido por otra persona.

Somos culpables ante Dios porque hemos rechazado el bien y seguimos nuestro propio camino en lugar de a Dios. La culpa es un sentimiento y un hecho. Es un sentimiento porque nuestra conciencia nos dice cuándo hemos hecho algo incorrecto. Nos sentimos avergonzados y culpables por lo que hemos hecho. Es una realidad, porque Dios sabe que nos hemos rebelado contra él.

Somos igual de culpables que el criminal cuya culpabilidad se ha demostrado.

Merecemos el juicio de Dios.

Culpa y condenación

Los efectos de nuestra rebelión contra la autoridad de Dios son ineludibles. En el capítulo 3 de Génesis, Adán y Eva son expulsados del Edén y se les dice que solo podrán sobrevivir en la tierra por medio del trabajo duro.

Dios no tuvo elección y condenó a la humanidad. Él no puede tolerar el mal, porque es justo y santo. Por tanto, cuando Dios nos condena nos muestra que está tomando muy en serio nuestro pecado. Ser condenado es experimentar la ira de Dios.

Condenación y separación

Aunque la humanidad debe afrontar dificultades y la muerte física como resultado de nuestra rebelión, la Biblia enfatiza que nuestra principal pérdida es espiritual. Hemos perdido el derecho a nuestro privilegio más preciado, el que nos permite el acceso a Dios y a la comunión con él.

A lo largo de la historia de la humanidad, y de la del pueblo de Dios, el pecado es lo que ha creado barreras entre nosotros y el Dios santo. Nos encontramos confundidos por nuestra propia capacidad de hacer el mal, y fuera de lugar en el mundo, porque estamos separados de Dios.

Separados de Dios, ignoramos a nuestro creador y sus caminos, y somos incapaces de cumplir nuestro destino. No podemos estar en paz con Dios, y no podemos deshacer lo hecho en el pasado.

Separación y muerte

«El árbol de la vida» en Génesis 2 expresa la idea del Dios de la vida eterna. Cuando la humanidad cayó de la comunión con Dios nos vimos privados de esa vida. La Biblia enseña que el pecado y la muerte van de la mano.

El apóstol Pablo declara que la muerte es la paga que recibimos por pecar. La diferencia entre la muerte como estado espiritual, y la muerte como fin de la existencia física no siempre queda clara en la Escritura. Tanto espiritual como físicamente, la muerte es algo negativo en la enseñanza de la Biblia, porque es el juicio de Dios sobre el pecado. Como tal, solamente puede ser abolida por la acción de Dios.

La conquista física de la muerte por parte de Jesús eclipsa todo lo demás en nuestro entendimiento acerca de este asunto.

Rebelión: Romanos 5.12-17;
Efesios 2.1-3
Culpa: Salmo 14.2, 3; 143.2
Condenación: Génesis 3.23, 24;
Isaías 59.1, 2
Separación: Génesis 2.15-17;
Ezequiel 18.4; Romanos 6.23

VERDAD CLAVE

La rebelión de la humanidad
contra el creador tiene
consecuencias desastrosas,
porque Dios, en su santidad
absoluta, no tolerará el pecado
y condenará al pecador. El
resultado es que la humanidad
es culpable, está confundida, y
separada de Dios.

POSTDATA

Debido a que el pecado está
por todas partes, nos hemos
acostumbrado muy fácilmente
al uso de cerraduras, llaves y
entradas, así como de otros
artículos que nos recuerdan
diariamente que no se puede
confiar en la humanidad caída

ESTUDIO BÍBLICO Romanos 3.9-20

En este pasaje llegamos al final de un cuidadoso razonamiento del
apóstol Pablo. Antes de poder centrarnos en las buenas noticias, es
esencial que afrontemos todas las noticias.

1. Los teólogos hablan a veces de nuestra necesidad en términos de
   «depravación total». No es que seamos necesariamente todo lo
   malos que podamos ser, sino más bien que no hay una sola parte de
   nuestras vidas que el pecado no toque. ¿Hasta qué punto confirman
   esto las diversas referencias al Antiguo Testamento, en 3.10-18?
2. Frente a la ley de Dios, toda boca debe cerrarse (v. 19). ¿Qué
   argumento usa Pablo con anterioridad contra el moralista universal?
   Vea Romanos 2.1. ¿Quiénes son esas personas actualmente?
3. Ahora le toca al «naturalista», aquellos que quizás no conocen los
   mandamientos, pero, sin embargo, tienen en su interior un sentido
   moral. ¿Qué es lo que habla a estas personas? Vea Romanos 2.14, 15
   y 1.20.
4. Veamos ahora al legalista judío, Romanos 2.25-29 (especialmente v.
   23). ¿Cuál es el problema aquí? ¿Cuál es su equivalente moderno?
5. Ahora es el turno del ritualista. Vea Romanos 2.25-29
   (especialmente v. 29). ¿Se daba este problema únicamente en los
   días de Pablo o lo vemos también hoy? ¿Qué error se encuentra en
   el centro de este pensamiento?
6. Como colofón de todo esto tenemos al hedonista, el que ama los
   placeres, que espera aprovecharse de la misericordia de Dios (3.7,
   8). ¿Cómo se puede reconocer esta figura? ¿Cómo reacciona Pablo?
7. ¿Hay en su grupo alguien que provenga de alguna de estas
   categorías? Mediten y oren juntos sobre 3.9.

REFLEXIÓN

A. Lea y examine el Salmo 51,
escrito por David después de
un incidente en 2 Samuel 11 y
12. ¿Cómo comprende David la
actitud de Dios hacia el pecado; la
naturaleza del pecado; el remedio
(a corto plazo y a largo plazo, Ez
36.25-27); y su propia actitud
correcta para el futuro?

B. ¿Por qué hay términos como
pecado, culpa y caída de la
humanidad que no están de
moda en algunos círculos en la
actualidad?

C. Los cristianos son personas
que tienen gozo en sus corazones.
¿Cómo es posible vivir con el
concepto bíblico de nuestra
caída y a pesar de ello no estar
constantemente sumidos en
nuestros fracasos?

D. ¿Cuáles son las indicaciones
prácticas a nuestro alrededor
que nos indican que este mundo,
aunque sigue siendo un buen
lugar para vivir, ha perdido su
perfección inicial?

LA HUMANIDAD

5. Nuestra búsqueda y nuestro dilema

Nuestra búsqueda religiosa

La humanidad está continuamente atrapada entre la revelación de Dios, que culmina en la persona de Cristo, y los numerosos intentos de tomar atajos hacia Dios.

Estos intentos han tenido distintas formas a lo largo de la historia, desde la superstición primitiva y la magia hasta los sistemas religiosos más poderosos y sofisticados.

En los tiempos de la Biblia, los líderes de Dios desafiaban continuamente a sus oyentes a desechar los caminos que los hombres inventaban para llegar hasta Dios, y aceptar la revelación del único Señor. Muchas de las cartas del Nuevo Testamento destacan el asunto de los falsos maestros y las tendencias religiosas que llevan hacia la idolatría y el error.

Nuestro deambular filosófico

El camino de la filosofía es la vieja búsqueda de una sabiduría difícil de alcanzar y el conocimiento de la realidad definitiva del universo. La mayoría de los intentos llegan a diferentes conclusiones, y algunos no llegan a ninguna.

Las conclusiones de la filosofía (cuando la revelación de Dios se ha dejado fuera del escenario) quedan perfectamente reflejadas en el libro de Eclesiastés. El escritor muestra que la mente humana, sin la ayuda de Dios, es incapaz de aportar respuestas convincentes acerca del significado de la vida.

Nuestras contradicciones psicológicas

Nuestra verdadera naturaleza entra constantemente en conflicto con nuestro estado caído y pecaminoso. Al haber sido creados a imagen de Dios, la humanidad se diseñó para disfrutar de la compañía de nuestro creador. Nuestros instintos no nos permitirán olvidarnos fácilmente de nuestro origen y de nuestra capacidad para relacionarnos de forma racional y satisfactoria.

Sin embargo, nuestra caída y el estado de enemistad que tenemos con Dios nos convierten en un montón de contradicciones. Y es que la humanidad no solo está en guerra con Dios. La historia nos ha mostrado con demasiada frecuencia que también estamos en guerra con nuestro vecino, nuestro entorno, en el seno de nuestra propia familia y con nosotros mismos.

Nuestros problemas no brotan tanto de nuestras circunstancias externas, sino de nuestro estado interior. Jesús enseñó esto y también lo hicieron sus discípulos.

La verdadera identidad y lo realmente importante siguen esquivando a aquellos que no conocen a Dios. De ahí los síntomas de desorden. De ahí la necesidad de un redentor.

Nuestro instinto físico

Además de la pérdida de armonía en nuestras emociones, voluntad y relaciones, la Biblia señala que, como resultado de la caída, nuestro apetito físico y sensual predomina de una forma anormal.

De este modo, periodos históricos de pobreza espiritual tienden a coincidir con un incremento marcado de la dependencia del dinero, del alcohol, de la promiscuidad y del placer deshumanizado en la sociedad.

La humanidad tiene un gran potencial para la creatividad y los avances técnicos, pero si esto no está controlado por una visión del mundo centrada en Dios, la indisciplina y la esclavitud son consecuencias inevitables..

Religiosa: Hechos 17.22, 23; 2
Timoteo 4.3, 4

Filosófica: Eclesiastés 1.16-18;
1 Corintios 1.20, 21

Psicológica: Marcos 7.21-23;
Santiago 4.1-4; Romanos 7.18-
24

Física: Efesios 4.17-19; Tito 3.3

VERDAD CLAVE

La historia de la raza humana
nos habla de la búsqueda del
significado de nuestra existencia.
Las personas permanecerán
confundidas a no ser que
experimenten la luz y vida de
Dios. Esta confusión se ve en las
áreas que se han enumerado aquí.

POSTDATA

El cristiano que fracasa en su
crecimiento espiritual acabará
quedando atrapado en los dilemas
que atrapan al mundo, y perderá
la seguridad de estar en paz con
Dios.

ESTUDIO BÍBLICO Eclesiastés 2.1-16

El libro de Eclesiastés describe un cuadro soberbio de lo que es
realmente la vida humana cuando se deja a Dios fuera del escenario.
Surgió en los tiempos de Salomón, en el décimo siglo a. C.; de hecho,
es posible que esté basado en su propia crítica de la vida. Se presenta
como una serie de experiencias del filósofo o «predicador», que se
pone deliberadamente en la piel de una persona sin Dios. La visión del
mundo que resulta es una visión de vacío, de sin sentido (1.2). Haga
usted lo mismo ahora, mientras se adentra en este pasaje escogido.

1. «... todos los días de su vida » (v. 3), describa la mentalidad que el
   escritor adopta en los versículos 1-3.
2. Lea los vv. 4-6; ¿cuál era la fuerza principal que había detrás de ese
   derroche de esfuerzos? ¿Se acuerda de alguna enseñanza de Jesús
   que tenga alguna relación con esto? Por ejemplo Lucas 12.16-21.
3. ¿Qué o quién es el centro del programa planificado en los vv.
   7-11? ¿Cuál es la gran lección que debemos aprender? ¿Cómo han
   aprendido esto los demás miembros de su grupo?
4. El escritor parece preguntarse si alguien será capaz de hacerlo
   mejor después de él (v. 12). Trate de entender el cinismo de las
   frases que siguen. ¿Qué es lo que reaviva tal apatía? El v. 16 da la
   clave.
5. El escritor está ironizando y tentando al mismo tiempo, llevando
   a sus lectores por la línea de su propia lógica sin Dios. ¿Qué hay
   que decir al creyente que sigue su ejemplo, frente a las creencias y
   visiones extrañas?
6. ¡Dos formas de vivir! ¿Cuál es la adecuada? Eche un último vistazo a
   Eclesiastés 12.1, 2 y aliéntense ahora unos a otros en oración.

REFLEXIÓN

A. Vea Santiago 4.1-10, para
tener una perspectiva de las
personas que se encuentran
en rebelión contra Dios. ¿Qué
caracteriza sus acciones, y qué
las explica? ¿Cuál es el camino de
la recuperación espiritual y qué
palabras de aliento hay en este
pasaje?

B. ¿Qué ejemplos hay, en su
entorno, de personas que
buscan respuestas religiosas a
la vida? ¿Cómo puede su iglesia
contribuir mejor a esa búsqueda?

Compare sus respuestas con
1 Tesalonicenses 1.5.

C. Como cristiano, ¿puede usted
visualizar lo que le deparaba el
futuro cuando estaba alejado
de Dios? ¿Hasta qué punto le
describe Apocalipsis 3.17?

D. Enumere las formas en las
que las personas están en guerra
consigo mismas, con sus vecinos,
con su naturaleza y con Dios.

6. Nuestros enemigos

Satanás

El diablo no es todopoderoso, ni omnipresente, como Dios. Es un espíritu o un ángel creado, que eligió rebelarse contra la autoridad de Dios.

Es el enemigo de la humanidad (la palabra Satanás significa «oponente» u «enemigo»). Su objetivo es humillar a la humanidad, separarnos de Dios y destruirnos. Su poder es inmenso, pero limitado. Es engañador, mentiroso, tentador y asesino. Las Escrituras lo describen como un león rugiente y un dragón.

Fue posible derrotarlo por medio de la muerte y resurrección de Jesús, y esta derrota se completará cuando Cristo le juzgue finalmente y le destruya. Entretanto, debemos resistir al diablo (Santiago 4.7).

El pecado

El pecado llegó al mundo por medio de la tentación del diablo, y se convirtió en algo universal en la vida de la humanidad por medio de la caída. La Biblia define el pecado como quebrantamiento de la ley de Dios, una enemistad con Dios, una rebelión, y no llegar al nivel establecido por Dios.

La aparición del pecado se revela de muchas formas diferentes, a veces en actos flagrantes, pero también minando sutilmente la voluntad, la motivación o el carácter. Cuando un cristiano se centra en Cristo, su determinación para luchar contra el pecado se fortalece. Con la ayuda de Cristo se puede rechazar el pecado (He 12.1, 2).

El mundo

Cuando habla del «mundo», la Biblia se refiere frecuentemente a la sociedad, el sistema o la visión de las cosas que es hostil a Dios y que limita la vida únicamente a la existencia en la tierra. Aquellos que viven de este modo limitan sus deseos a obtener posesiones y una posición, y excluyen por completo a Dios.

Los resultados de vivir con esa filosofía son muy evidentes en la vida del ser humano y los cristianos pueden ser fuertemente tentados por las cosas que ven en el mundo. Sin embargo, la derrota del mundo por parte de Jesús nos da aliento. Mientras tanto, debemos brillar como luces en el mundo (Fil 2.15).

La carne

Además de su significado habitual, «carne», con frecuencia denominada «naturaleza pecaminosa» o «naturaleza humana» en traducciones modernas de la Biblia, se refiere a la predisposición al pecado que cada individuo posee. Esta pecaminosidad resulta de una indulgencia egoísta que puede resultar obvia o estar escondida.

Todos poseemos esa naturaleza caída a lo largo de la vida. Dado que el cristiano posee también el espíritu de Cristo, aunque sigue estando en la carne, se convierte en una especie de campo de batalla entre la carne y el espíritu. Sin embargo, aprendemos a vivir según el espíritu y no según la carne (Romanos 8.9)

La muerte

La muerte es nuestro gran enemigo, que nos persigue desde la infancia, perturba nuestra paz y ahuyenta nuestras esperanzas. Sin embargo, el cristiano reconoce que Cristo es el gran destructor de la muerte y del temor a esta. Como los demás, el cristiano se enfrenta a los problemas y a las pruebas de la vida, pero le damos gracias a Dios que nos da la victoria por medio de Jesucristo (1 Corintios 15.57).

VERDAD CLAVE

Como resultado de nuestra caída nos encontramos frente a enemigos reales y poderosos que solamente podremos vencer por el gran poder de Dios.

POSTDATA

Una tentación muy sutil para el cristiano es culpar al diablo o al mundo de los fracasos personales. Cuando pecamos es porque hemos elegido hacerlo.

ESTUDIO BÍBLICO Santiago 4.1-12

Santiago, el hermano terrenal de Jesucristo (Mateo 13.55), escribe una carta general a los cristianos de todo el mundo. Debemos dar crédito a Cristo mediante la coherencia de nuestro comportamiento, a pesar de la severidad de las pruebas y las tentaciones que el creyente tiene que afrontar (Santiago 1.2, 3). Aquí se nos insta a elegir un lado:

1. En el versículo 1 Santiago se pregunta a sí mismo acerca de los conflictos que han caracterizado toda la historia humana, tanto a nivel público como privado. ¿Por qué es demasiado superficial la explicación que dice que tales conflictos son el resultado de la pobreza, la distinción de clases o el tribalismo?
2. En los versículos 2 y 3 aparecen al menos siete síntomas de desorden en el ser humano. Enumérelos y piense hasta qué punto ha avanzado nuestra raza humana combatiendo moralmente contra ese mal.
3. ¿Por qué debemos elegir entre «el mundo» y «Dios» (v. 4)? ¿Qué significa «el mundo»? Para más ayuda, vea 1 Juan 2.15, 16.
4. El asunto se resume en una clara elección, en los versículos 5-7, en los que Santiago parecer aludir a Proverbios 3.24 y Mateo 23.12. ¿Cuál es esta elección ahora? ¿Qué debe alentarnos a la hora de elegir lo correcto?
5. Ya hemos visto todas las proyecciones de nuestras turbulencias interiores, y las dos alternativas que demandan nuestra lealtad. ¿Qué evidencia hay en la actualidad en medio del pueblo de Dios del arrepentimiento que se describe en los versículos 8 y 9; y del amor mutuo que la murmuración destruye (v. 11)?
6. El versículo 11 señala la única y definitiva autoridad. Comprométase con Dios de nuevo en oración.

REFLEXIÓN

A. Lea Efesios 6.10-18 y piense sobre las defensas que tiene el cristiano contra la oposición espiritual. Enumere los mandatos en ese pasaje, «vestíos», etc. ¿Cómo interpreta usted las diferentes partes de la armadura? ¿Por qué debemos tener la esperanza de ganar?

B. ¿De quién es el mundo, del diablo o de Dios? Compare su respuesta con 1 Juan 5.19; Mateo 4.8, 9; 1 Samuel 2.8; Salmo 24.1 y Apocalipsis 11.15.

C. Especifique diferentes situaciones en las que el cristiano debe huir del pecado, enfrentarse a él, menoscabarlo, o mantenerse firme.

D. ¿De qué formas está cambiando siempre la humanidad? ¿De qué formas permanecemos igual?

1. Los ángeles

Los ángeles son adoradores alrededor del trono de Dios

Los ángeles forman parte de la vida del cielo y, en ciertos aspectos, son superiores a los seres humanos, ya que estos están separados de Dios. No se les adora; su función principal es servir a Dios, proclamar su santidad y alabar a su Hijo. En casos muy aislados en los que los ángeles se hicieron visibles (como visitas especiales de Dios o visiones proféticas), reflejaron la maravillosa santidad y armonía del cielo.

Los ángeles son ejecutores de la voluntad de Dios

Son muy numerosos y pueden conocerse con diferentes términos: «los santos», «mensajeros» o «hijos de Dios». Los «querubines» se presentan en las Escrituras como criaturas con alas que vuelan para cumplir los mandamientos de Dios, protegiendo el camino hacia su presencia y actuando como transmisores de su presencia en el trono.

Los ángeles son testigos de los actos de salvación de Dios

Los ángeles se ponen en evidencia en el nacimiento de Jesús: en la víspera de su crucifixión; en la mañana de su resurrección y en el momento de su ascensión. Asimismo serán los heraldos de Cristo en su glorioso regreso final.

Jesús les dijo que se regocijaran ante el arrepentimiento de un pecador, y habla de ellos como aquellos que reunirán a su pueblo redimido cuando el mundo llegue a su fin.

Los ángeles son mensajeros en tiempos de revelación

Al principio de algunos grandes periodos de la redención de Dios, los ángeles aparecieron como anunciadores. Ejemplos de esto son el llamamiento de Moisés, el gran dador de la ley, con la comisión de los profetas, al final de la historia del evangelio y en la trascendental extensión de la salvación de Cristo a los gentiles.

Estos anuncios se recibían de múltiples formas, con reacciones de asombro, miedo, estupefacción y gozo santo.

Los ángeles son protagonistas en tiempos de conflicto

En la Biblia vemos que hubo una rebelión y caída de ángeles, bajo el liderazgo de Satanás, «la serpiente», «el diablo», «el padre de mentira», «el acusador». Aunque su derrota queda asegurada por la victoria de la muerte de Cristo, el conflicto con el mal no acabará completamente hasta la destrucción final de Satanás.

Por tanto, el testimonio y la oración se llevan a cabo por parte de los santos de Dios a la luz de un conflicto continuo con el mundo demoniaco. En la Biblia se menciona al arcángel Miguel como aquel que dirige a las huestes angelicales.

Los ángeles son ministros en tiempos de crisis

En muchos momentos, en los tratos de Dios con su pueblo, los patriarcas, profetas, apóstoles e incluso el mismo Jesús recibieron ministerio y ayuda de los ángeles en momentos particulares de estrés, tentación o peligro.

Pero todos los herederos de la salvación tienen la seguridad de la protección y el apoyo de los ángeles de Dios. Debemos estar agradecidos por su presencia, pero no debemos reverenciarlos como intermediarios entre Dios y nosotros. Una atención indebida hacia los ángeles puede llevar a distorsiones de la fe.

ESTUDIO BÍBLICO Isaías 6.1-8

Adoradores: Salmos 8.5; Daniel 7.9, 10; Apocalipsis 5.11, 12

Ejecutores: Salmos 89.5; Génesis 3.24; Éxodo 25.18-22; Ezequiel 1.4-24

Testigos: Lucas 2.8-15; 22.43; 24.4-8; Hechos 1.10, 11; 1 Tesalonicenses 4.16; Lucas 15.10; Mateo 24.30, 31

Mensajeros: Éxodo 3.2; Isaías 6.1-7; Lucas 1.28-38; Hechos 10.1-8

Protagonistas: Lucas 10.18; Josué 5.13-15; 2 Reyes 6.17; Daniel 10.13; 12.1; Apocalipsis 12.7-9

Ministros: Génesis 19.15; 22.11, 12; 1 Reyes 19.5-7; 2 Reyes 6.15-17; Mateo 4.11; Hechos 12.7-10; Hebreos 1.14; Colosenses 2.18

Esta es una visión de santidad impresionante, dada en el año 740 a. C. al joven Isaías en los comienzos de un largo ministerio profético que había de abarcar el reinado de cinco reyes. En aquel tiempo, los hebreos del mundo sobre los cuales gobernaba el Señor soberano, se limitaban a un área no superior a Nueva Jersey o Gales. Todo cambió con el auge que tomó el poderoso imperio asirio en el este, aplastando todo lo que tenía a la vista en el nombre de sus feroces dioses. De repente, Israel y Judá parecieron diminutos. ¿Se había convertido su Dios también en un Dios localista? ¡Según los profetas, de ninguna manera! Aprendamos del llamamiento de Isaías:

1. La visión del mundo que tenía Isaías toma forma aquí, en los versículos 1-4. ¿En qué se centra? ¿Quién es, de forma más precisa, «el Señor»? Vea Juan 12.39-41.

2. Si la atención de Isaías se centra en el trono, ¿cuál es el propósito aparente de las figuras angélicas (vv. 2-4)? ¿A qué apuntan su aspecto y sus palabras?

3. ¿Hasta qué punto la reacción que Isaías tiene en el versículo 5 debería ser la norma? ¿Es nuestra visión de la gloria y santidad del Señor mayor o menor que la suya? Compare 2 Corintios 4.6. Compare también las palabras de Isaías con las del apóstol Pedro en Lucas 5.8.

4. ¿Por qué deberíamos estar agradecidos por el ministerio de los ángeles? Vea los vv. 6 y 7 y compare con Lucas 2.10-12.

5. Aunque los ángeles aparecen muchas veces en las Escrituras, ¿por qué no hay ningún pasaje destacado sobre ellos?

6. Basándose el versículo 8, ¿qué era lo que «sostendría» a Isaías a través de sus futuras pruebas? ¿Qué es lo que nos sostiene a cualquiera de nosotros?

VERDAD CLAVE

Los ángeles pertenecen a un orden celestial de seres espirituales creados. Adoran sin cesar, y actúan como mensajeros de Dios y como ministros para el pueblo de Dios.

POSTDATA

La verdad bíblica corrige ciertos errores en cuanto a que nuestro destino humano futuro es más elevado que el de los ángeles, porque nuestra plena realización tendrá lugar en el Cristo glorificado (Hebreos 2.5-9).

REFLEXIÓN

A. Vaya a Hebreos 1 y 2.5-9. Aunque se hacen numerosas referencias a los ángeles en las Escrituras, ¿por qué no hay un «pasaje» típico con una enseñanza detallada sobre el tema? ¿Por qué da la impresión de que los ángeles parezcan tener un papel secundario a en la historia principal?

B. Como seres humanos, se nos creó «un poco menores que los ángeles» (He 2.7; Sal 8.5). Pero Hebreos 1.13, 14 y 2.5-9, 16 muestra que nuestro destino será mayor que el de ellos. ¿Cómo explicaría usted esta aparente contradicción, un poco menores y finalmente mayores?

C. Considere la naturaleza y la posición de los ángeles en comparación con Cristo, con los seres humanos y con el Espíritu Santo.

D. A la luz de estos estudios, ¿cómo resumiría usted las actividades principales de los ángeles?

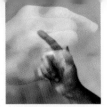

2. Los patriarcas

Precursores de un nuevo comienzo

El periodo patriarcal empezó con el llamamiento a Abraham para que dejara su hogar en Harán y fuera a la tierra de Canaán. Abraham y sus descendientes inmediatos, Isaac y Jacob, representan un nuevo comienzo en el trato de Dios con la raza humana.

Los once primeros capítulos de la Biblia terminan con la confusión de la torre de Babel, con la humanidad dispersada y el pecado extendiéndose por el mundo. ¿Qué esperanza quedaba? El llamamiento de los patriarcas es el comienzo de la respuesta divina.

Herederos de una Tierra Prometida

Los patriarcas y sus descendientes recibieron la promesa de una tierra que iban a poseer y ocupar. No habrían de verla durante sus vidas; aun así, el Antiguo Testamento desarrolla este tema de cómo Dios guía a su pueblo hasta llegar a una tierra para ellos. El Nuevo Testamento muestra cómo los patriarcas no solo tenían puestas sus esperanzas en la tierra de Israel, sino en algo más importante: la venida de una nueva creación.

Debemos reconocer también que el lenguaje del Nuevo Testamento que se refiere a heredar una tierra encaja con la bendición de conocer a Cristo y la esperanza de una nueva creación que tenemos en él.

Antepasados de una familia universal

Los patriarcas fueron fundamentales para la fe de la Biblia. Sus descendientes formarían la gran familia de los creyentes por todo el mundo, y serían tan innumerables como las estrellas del cielo.

Cuando llegamos al Nuevo Testamento conocemos que la «simiente» prometida a Abraham es Jesús mismo, porque todas las promesas de Dios se cumplen en él. Todo el que pertenece a Cristo en la actualidad, sea judío o gentil, puede decir que es descendiente de Abraham y de los patriarcas.

Su mensaje del pacto

En varios puntos, el contrato divino o pacto entre Dios y Abraham se confirmó y se reforzó. Por medio de él, Dios se comprometió con Abraham y con su posteridad. Por su parte, el pueblo debía apartarse para Dios, como simbolizaba el rito externo de la circuncisión.

El «nuevo pacto», inaugurado por Cristo, no es una nueva forma de salvación; su mensaje básico no ha cambiado desde los tiempos de los patriarcas, el pueblo de Dios debe poner su fe únicamente en Cristo.

Su mensaje de elección

No había nada especial en los patriarcas por lo que merecieran que Dios los escogiera para la bendición; Abraham provenía de una familia de adoradores de ídolos de Mesopotamia. Dios tampoco eligió a esta familia en particular por razones de favoritismo.

Dios lo seleccionó con un propósito teológico, moral y misionero, para beneficio de toda la humanidad. A los patriarcas se les revelaron los nombres de Dios y su carácter, para bendición de toda nación.

Su mensaje de fe obediente

Abraham, Isaac y Jacob (y sus descendientes, más tarde conocidos con el nombre de Israel) legaron a sus sucesores un modelo de cómo andar con Cristo. A pesar de sus múltiples fracasos, aprendieron los caminos de la oración y del sacrificio en una vida de nómadas.

Su confianza en la fidelidad de Dios se destaca de forma suprema cuando Abraham estuvo dispuesto a sacrificar a su hijo Isaac. Su Dios se definió como «el Dios de Abraham, de Isaac y de Jacob».

Precursores: Génesis 11.26—
12.1; 11.1-9; Hechos 7.8

Herederos: Génesis 12.1-7; 15.7-
16; Hebreos 11.13-16;
1 Corintios 3.21, 22

Antepasados: Génesis 15.1-5;
Gálatas 3.16, 29; 2 Corintios
1.20

Pacto: Génesis 17.1-14; Jeremías
31.31-34; 1 Corintios 11.23-25

Elección: Génesis 18.18, 19;
Deuteronomio 4.35-40;
Romanos 4.16-25

Fe obediente: Génesis 28.10-22;
22.1-18; 1 Reyes 18.36

VERDAD CLAVE

Los patriarcas fueron las primeras cabezas de la familia representativa que Dios eligió para que recibieran las bendiciones prometidas en el pacto, en nombre de los creyentes de todos los tiempos.

POSTDATA

Con respecto a la tierra que se prometió a los patriarcas, los capítulos 9-11 de la carta a los Romanos proporcionan una perspectiva plena del pasado, presente y futuro, en relación con este importante asunto.

ESTUDIO BÍBLICO Hebreos 11.8-19

Este capítulo es el «salón de la fama» de Dios. El escritor apostólico es consciente de la tendencia que algunos tenían de volver a la antigua forma de pensar pre-cristiana y les señala una forma «mejor», provista ahora a través del nuevo pacto y centrada en Cristo. Aquí tenemos algunos ejemplos destacados de aquellos que experimentaron esto antes que nosotros. Entre ellos, ninguno fue más prominente que el patriarca Abraham:

1. Mientras examina el pasaje, identifique los episodios principales en los que el escritor hace hincapié en la necesidad de tener una fe como la de Abraham.
2. ¿Cuál fue la motivación, la mentalidad, que mantuvo a Abraham en la lucha? (Los vv. 9, 11 y 19 dan algunas pistas).
3. Aunque Abraham recibió la promesa de una «tierra» (v. 8) y de descendientes tan numerosos como las estrellas y los granos de arena (v. 12), durante su vida no tuvo más que una cueva (Gn 23.17-20) y un hijo, Isaac. Una cueva y un hijo. ¿Cómo confirma esto la verdad del versículo 13?
4. La «ciudad» (v. 10), la «patria mejor» (v. 16). Trate de entender la salvación en los términos de la promesa original, el cumplimiento parcial, la extensión universal del evangelio y, finalmente, el cumplimiento completo y eterno. Debata estas facetas diferentes de la única verdad gloriosa.
5. Note el comentario en el Nuevo Testamento (v. 19) acerca del sacrificio de Isaac por parte de Abraham, narrado en Génesis 22. ¿De qué forma fue Abraham un verdadero pionero de la fe a este respecto?
6. ¿Merecen la pena todos los agravios que se sufren por ser un creyente en Dios?

REFLEXIÓN

A. Reflexione en Hebreos 11.8-19 y en la vida de Abraham. Aquí se inicia la familia de los creyentes de todo el mundo. Trate de identificar en el pasaje los diversos episodios que necesitaban de la «fe» de Abraham.

B. ¿Cuál era la motivación, la mentalidad, que mantuvo a Abraham en la lucha? Los versículos 9, 10, 19 nos dan algunas pistas. ¿Cómo puede ayudarnos en las tensiones del presente el tener una visión correcta del futuro?

C. Se dice que los descendientes de Abraham han «visto» algo (v. 13). ¿Qué han visto? ¿Qué puede hacer ese «ver» por el cristiano actual?

D. ¿En qué sentido se puede argumentar que la arriesgada vida de fe es una bendición?

3. Los sacerdotes

Aunque los principios de sacrificio y sacerdocio se exponen en la Biblia desde el principio (Gn 4.3-5; 8.20; 14.18-20), la verdad de que todo el mundo necesita un mediador dado por Dios empezó a enseñarse de manera concienzuda cuando Israel se hizo nación bajo el liderazgo de Moisés y Aarón. Por medio de la tribu sacerdotal de los levitas y del sistema de sacrificios de Israel, tenemos lecciones espirituales de eterna importancia que debemos conocer:

No podemos venir ante Dios con ligereza
Lavamientos, ofrendas de cereales, ofrendas de pecado, holocaustos, el Día de la Expiación, los rituales asociados con la tienda de adoración o tabernáculo (y el templo que vendría después), son conceptos que suenan extraños al oído actual.

Pero la enseñanza era de vital importancia; el acceso a Dios es imposible si no se ha limpiado el pecado.

No podemos venir ante Dios directamente
Se necesita un representante, un mediador. Los levitas debían actuar como sacerdotes, en representación del pueblo. Ellos mismos tenían que pasar por un ritual de purificación antes de ser considerados aptos para su tarea. De todos los sacerdotes, solo Aarón, el sumo sacerdote, podía entrar al «lugar santísimo», y únicamente una vez al año. El principio de mediación era básico para Israel.

No podemos venir ante Dios a un bajo precio
El significado de esta lección se captó de una forma suprema por medio de la festividad de la Pascua, instituida en la víspera de la liberación de Israel de Egipto. Esta festividad recordaba la aplicación de la sangre de un cordero en el dintel de las puertas de cada hebreo, en la noche en la que la muerte se cobró las vidas de los primogénitos egipcios. Allí donde la sangre era visible, se perdonaba la vida. Los sacerdotes tuvieron que continuar con este principio hasta la muerte de Cristo. Sin derramamiento de sangre no hay liberación.

Cristo, el perfecto mediador
El sacerdocio del Antiguo Testamento apuntaba a Jesucristo y a su sacrificio de expiación por los pecados del mundo. Por ser a la vez Dios y hombre, Jesús es el mediador ideal para representar a los pecadores. Él es al mismo tiempo sacrificio y sumo sacerdote. Mientras Aarón tenía que ofrecer repetidos sacrificios por él mismo y por su pueblo, Cristo, en su perfección moral, ofreció un único sacrificio por los pecados, una sola vez y para siempre. Ahora, como sumo sacerdote celestial, nos da el acceso libre a Dios Padre, intercediendo por todos los creyentes.

La cruz, el sacrificio final
Hasta el momento de la muerte de Cristo, un tupido velo separaba el «lugar santísimo» del resto del templo en Jerusalén, representando la inaccesibilidad de Dios. Cuando Cristo profirió su grito final al morir, se produjo un terremoto; simultáneamente el velo del templo se rasgó de arriba abajo. Esto mostraba que la muerte de Cristo, igual que el velo roto, abría el camino hacia la presencia de Dios para todos los creyentes. Ya no sería necesario nunca más un sacrificio por el pecado.

Los creyentes, el nuevo sacerdocio
Todo esto significa que todo el sistema de sacrificios y el sacerdocio del Antiguo Testamento han sido eliminados y sustituidos por el sacrificio único de Jesús, descrito como «Cristo nuestro cordero de la Pascua». Se ha instaurado un nuevo sacerdocio, el de los creyentes en todo el mundo. Ellos ofrecen, no un sacrificio por los pecados, sino sacrificios de alabanza y servicio agradecido a Dios, y oración de intercesión en nombre de los demás. El templo ahora es espiritual y está formado por «piedras vivas», que son los seguidores de Cristo.

COMPRUEBE EN LA BIBLIA

No de una forma ligera: Levítico 1.1-9; 16.20-22; Números 3.5-13

No de una forma directa: Números 8.19-22; Levítico 16.32-34; Isaías 53.6, 12

No a un bajo precio: Éxodo 12.7-14; Levítico 17.11; Éxodo 24.8

Cristo: 1 Timoteo 2.5, 6; Hebreos 7.23-27; 4.14-16

La cruz: Hebreos 9.1-4; Mateo 27.50, 51; Hebreos 10.19-22

Los creyentes: Hebreos 9.11-15; 1 Corintios 5.7; 1 Pedro 2.4, 5

VERDAD CLAVE

En el Antiguo Testamento, los sacerdotes de la nación de Israel eran los que mediaban entre Dios y la persona que quería acercarse a él. De esta forma anunciaban a Jesucristo, el mediador perfecto y definitivo para siempre.

POSTDATA

Los ancianos y los líderes cristianos deben ser un ejemplo de Cristo para los miembros de la iglesia, en el cumplimiento de sus obligaciones sacerdotales.

ESTUDIO BÍBLICO Hebreos 10.1-18

—Según sus creencias, ¿cómo se consigue el perdón? —dijo el orador, que era cristiano.

—¿Perdón? —dijo el creyente de otra fe—. Pues... Dios simplemente perdona. Él es misericordioso.

—¿De verdad? ¿Así, tan fácil? ¿Quiere decir que se puede asesinar a seis millones de personas en cámaras de gas, y Dios dirá a los asesinos que no pasa nada, que les perdona? ¿Cómo podría Dios hacer eso sin socavar su propia moralidad?

—Usted me ha dado que pensar—fue la respuesta.

1. La historia de la Biblia trata de este asunto. El gobernador perfecto y moral del universo no puede perdonar el pecado a la ligera. Lea la clave de este pasaje, en el versículo 12, y reflexione sobre la maravilla que ha logrado este «sacerdote» único.
2. Sombras y realidades (v. 1). Dos sistemas se comparan en este pasaje. Identifique los diversos contrastes entre los muchos sacerdotes y sus obligaciones del antiguo pacto, y el único sumo sacerdote del nuevo. ¿Cuál es la faceta especial del nuevo pacto (v. 16)?
3. ¿Cuál es el contraste más grande de todos? Los versículos 2 y 10 usan la misma frase.
4. Aunque el sacrificio de animales no representa el máximo deseo de Dios, tiene, sin embargo, un propósito. ¿Cómo lo describiría, a partir de los versículos 3 y 9?
5. «Nunca puede hacer perfectos» (v. 1)... «hizo perfectos» (v. 14), ¿se ha dado cuenta de este contraste? Si Cristo, al sacrificarse a sí mismo, borró todo lo que obstaculizaba nuestro acercamiento a Dios, ¿cómo afecta esto a nuestra vida de oración?

REFLEXIÓN

A. Estudie Hebreos 10.11-18. ¿Por qué no puede Dios simplemente «perdonar» pecados? ¿Y por qué es necesario que un sacerdote actúe como mediador?

B. Se comparan dos sistemas: el antiguo y el nuevo. Enumere todos los contrastes que encuentre en este pasaje. ¿Cuál es la conclusión más importante que podemos sacar de ellos?

C. «Hizo perfectos» (v. 14), el significado es que el sacrificio de Cristo ha borrado todo lo que nos impedía acercarnos a Dios. ¿Qué nos dice esto acerca de la vida de oración?

D. Si en la actualidad cada creyente es un sacerdote (1 Pedro 2.5), ¿qué forma adoptan nuestros «sacrificios espirituales»? ¿Cómo afecta esto a nuestra vida diaria?

4. Los profetas

Recibieron el llamamiento de Dios

Desde el principio hubo movimientos proféticos entre el pueblo de Dios. El mismo Abraham se catalogaba como «profeta» (Gn 20.7). Pero a través de Moisés fue cuando quedó establecida, de una forma suprema, la verdadera naturaleza y tarea de un profeta. En el caso de muchos profetas vemos un «llamamiento» directo, con frecuencia desde la juventud, y a veces espectacular. Algunos aceptaban con reticencias, sabiendo que eran enviados a distintos tipos de oyentes. Sin embargo, su conciencia de haber estado en la presencia de Dios era lo que imprimía autoridad a su ministerio. Desde los tiempos de Samuel había «escuelas» de profetas; del periodo de Joel surgieron los grandes profetas escritores. Eran «hombres de Dios», «observadores», «vigilantes» e intercesores, que permanecían en la brecha por las personas que estaban bajo el juicio.

Desafiaban al pueblo de Dios

Los profetas no eran un simple producto de la vida judía; entraban en conflicto directo con las formas de actuar de los judíos, especialmente con la repetida tendencia a comprometer la fe única de Israel con la de otras naciones. El enfrentamiento sin temor alguno por parte de Elías con los profetas de Baal le colocó para siempre, en la estima de los judíos, al mismo nivel que Moisés. Los asuntos contra los que luchaban eran muchos: idolatría, sincretismo, injusticia social y apatía espiritual. Los profetas afrontaban estos pecados con la justicia del reino de Dios, la paz, la universalidad y la permanencia. Su autoridad moral era mayor incluso que la de los sacerdotes y los reyes. La excepción era el rey David quien, como salmista inspirado, entró en esa categoría de profeta.

Revelaron la mente de Dios

Los verdaderos profetas, en contraste con los falsos, se preocupaban de comunicar su mensaje por muy impopular que fuera. Se agarraban firmemente a cinco conceptos poderosos: que Dios no tiene rivales; que como «Dios viviente» está activo, redime y sostiene a su pueblo; que es fiel a su pacto con Israel; que es justo y debe juzgar el mal; y que es misericordioso y proporciona una forma por la cual el pecado puede ser perdonado por medio de la sangre.

Se dirigían al mundo de Dios

Los horizontes de los profetas se extendían mucho más allá de las fronteras de Israel y abarcaban todo el periodo de la historia del mundo. Eran comentaristas del pasado.

Por su ministerio, la historia se convirtió en revelación. Eran intérpretes del presente, que consideraban los acontecimientos que ocurrían como señales de que Dios estaba ejecutando su juicio sobre Israel y las naciones vecinas. Eran visionarios del futuro. Las profecías de Daniel, como aquellas del libro de Apocalipsis, se dieron para reconfortar al pueblo de Dios en tiempos de muchas dificultades. Su cumplimiento definitivo solo podría llevarse a cabo en el periodo del evangelio, e incluso más adelante, al final de los tiempos.

Anunciaron a Dios el Mesías

Fue Juan el Bautista, el último profeta de la antigua época, quien anunció la llegada de Jesús como el cumplimiento de la promesa tanto tiempo esperada, de alguien que vendría a gobernar y cuyo reinado duraría por siempre. Cristo, como última «palabra» de Dios a este mundo, se reconoce como Aquel que cumplía las antiguas expectativas de un «profeta» como Moisés, al cual había que escuchar. Aunque había profetas en el Nuevo Testamento que eran un don del Espíritu para la iglesia, al emerger las Escrituras del Nuevo Testamento, su importancia es claramente la de un fundamento, igual que la de los apóstoles.

Recibieron: Éxodo 3; 1 Samuel 3; Isaías 6; Jeremías 1; Habacuc 2.1

Desafiaron: Deuteronomio 34.10-12; 1 Reyes 18.16-40; Amos 5.21-24; Hechos 2.29, 30

Revelaron: Jeremías 20.9; 2 Pedro 1.20; Deuteronomio 4.32-40

Se dirigieron: Isaías 5.1-7; Daniel 2.36-46; 7.13-18; Apocalipsis 1.12-20

Anunciaron: Juan 1.19-34; Isaías 9.2-7; 53.1-12; Deuteronomio 18.15; Hechos 3.17-22; Efesios 2.20

VERDAD CLAVE

Los profetas de la Biblia, por medio de la palabra o de sus escritos, se levantaron ante su pueblo, como hombres que habían sido llamados previamente a la presencia de Dios. De esa forma, sus palabras inspiradas han sido reflejadas para siempre en las Escrituras.

POSTDATA

Lo que marca a una iglesia o a un líder cristiano como «profético» es la lealtad a las Escrituras y al evangelio, y la habilidad de hacerlos importantes en el mundo actual.

ESTUDIO BÍBLICO Jeremías 1.1-19

Este profeta del Antiguo Testamento, el más heroico de todos, tuvo una carrera destacada y turbulenta desde el año 626 a. C. hasta la caída de Jerusalén en el año 587 a. C., un ministerio de cuarenta años. Nunca obtuvo el favor de sus oyentes. Fue un verdadero patriota que amaba a su pueblo, y fue llamado a hablar contra ellos en nombre de Dios. Sufrió mucho a lo largo de su ministerio. Use estas preguntas mientras estudia este pasaje:

1. Tómese su tiempo para leer todo el primer capítulo. ¿Cómo es que el mensaje de los profetas tiene, en todo el mundo, muchos más lectores que el de Platón u otros antiguos filósofos muy avanzados?
2. ¿Hasta qué punto es común a los siervos de Dios de cualquier época la duda que expresa el profeta en el versículo 6? Deje que diferentes miembros del grupo consideren Éxodo 4.10; Isaías 6.5; Jonás 1.1-3; ¿cómo compensaba Dios la debilidad de sus siervos? (Vea vv. 7-9).
3. Dios envió a Jeremías a profetizar al reino sureño de Judá. Pero su comisión era más amplia. ¿Cómo de amplia? ¿Qué nos dice esto sobre la Palabra de Dios a lo largo de todas las épocas?
4. Dos visiones vinieron a Jeremías (vv. 11-15), una positiva, con su mensaje de florecimiento, primavera y cumplimiento; otra, negativa, con su mensaje de destrucción que se derramaría sobre Judá. ¿Qué nos dice esto acerca de la naturaleza «agridulce» del servicio a Dios? Compare con Apocalipsis 10.9-11.
5. ¿Recuerda usted otros siervos de Dios que, a pesar de sus flaquezas, han reflejado la protección que se describe en los versículos 18, 19?

REFLEXIÓN

A. Tómese su tiempo para leer Jeremías 1. Dios llamó a Jeremías para que fuera su profeta en el año 626 a. C. ¿Por qué tiene el mensaje de los profetas más lectores en la actualidad que el de Platón u otros filósofos de la antigüedad?

B. ¿Son típicas las dudas expresadas por el profeta (v. 6)? Compare Éxodo 4.10; Isaías 6.5; Jonás 1.1-3. ¿Cómo compensaba Dios la debilidad de sus siervos?

C. Dios envió a Jeremías al reino sureño de Judá. Pero su comisión era más amplia. ¿Cuánto más amplia? ¿Qué nos dice esto sobre la Palabra de Dios a lo largo de la historia?

D. ¿Qué lecciones podemos aprender de los profetas cuando afrontamos el llamamiento de Dios para el servicio en la actualidad?

5. Los apóstoles

Un apóstol es alguien «enviado» o «comisionado». En este sentido, Cristo fue el apóstol supremo, enviado por su Padre. Este término también se aplica a «representantes» del evangelio, enviados por las iglesias. Pero, en general, «apóstoles» describe al grupo único investido con la autoridad de Cristo en la iglesia primitiva.

Designados personalmente por Cristo

Originalmente eran doce, y Jesús los eligió para que estuvieran con él, para predicar y para ejercer autoridad espiritual en su nombre. Aparte de los Doce, hubo otros reconocidos como apóstoles, bien de forma directa o por asociación, siendo Pablo el más destacado de ellos.

Familiarizados históricamente con Cristo

Estos hombres estaban altamente cualificados porque tenían un conocimiento de primera mano del ministerio terrenal de Jesús, desde el tiempo de Juan el Bautista hasta la ascensión. De esta forma, los apóstoles pudieron ser testigos de que el Cristo resucitado era la misma persona con la que ellos habían trabajado y viajado. El apóstol Pablo no estuvo con Jesús desde el principio, pero la revelación que recibió fue directa, y no de segunda mano, y su encuentro posterior con el Cristo resucitado fue único para él.

Acreditados por Cristo de forma sobrenatural

La obra de un verdadero apóstol debía autentificarse con milagros. Estos eran el sello del apóstol en su calidad de mensajero de Cristo. La fiabilidad futura de las enseñanzas de los apóstoles para toda la iglesia estaba garantizada por la promesa de Jesús de que el Espíritu Santo les inspiraría y hablaría a sus conciencias en toda su obra futura.

En cuanto a la comunión cristiana, el llamamiento de un apóstol era un don del Espíritu Santo para la iglesia. Pero en este caso no habría una renovación del don para las generaciones siguientes. Así toda la iglesia se beneficiaba de los apóstoles de Cristo.

Proveyeron los fundamentos de la iglesia

Vemos que este fue un don «fundacional» para la iglesia en su comienzo mismo, y el crecimiento y progreso de la iglesia desde entonces ha formado la estructura superior. A lo largo de la historia, «doce» y sus múltiplos se han tomado como símbolos del pueblo de Dios, utilizándolos tanto para las tribus de Israel en el Antiguo Testamento como para los apóstoles de Cristo en el Nuevo.

Definieron la enseñanza de la iglesia

Jesús aseguró a los apóstoles que después de marcharse él físicamente, el Espíritu Santo les guiaría en toda verdad. Esto significó que las enseñanzas de los apóstoles se volvieron definitivas para la iglesia, y se colocó al nivel del resto de la Escritura. Lo que sigue son las serias advertencias en el Nuevo Testamento sobre la presencia de falsos apóstoles. De hecho, la mayor amenaza para la iglesia primitiva provenía de las falsas enseñanzas.

Inspiraron la misión de la iglesia

Todos los demás ministerios de la iglesia fluyeron a partir del de los apóstoles, los «pilares» que dieron al nuevo movimiento misionero su liderazgo y su ímpetu. El llamamiento para ministrar a un mundo que muere surge de la trascendental comisión que Jesús dio a los apóstoles.

Personalmente: Marcos 3.13-19;
Gálatas 1.19; 2.9; 1 Corintios
15.7-9
Históricamente: Hechos 1.21, 22;
Gálatas 1.11, 12; 1 Corintios 9.1,
2; 15.8-11
Sobrenaturalmente: 2 Corintios
12.12; Juan 14.25, 26; 1
Corintios 2.6-16
Proveyeron: Efesios 2.19-22;
Apocalipsis 21.14
Definieron: Juan 16.12-15;
Hechos 2.42; 2 Pedro 3.16; 2
Corintios 11.13
Inspiraron: Gálatas 2.9; Juan
20.19-22

VERDAD CLAVE

Los apóstoles, un grupo que se
limitaba a aquellos que Jesús
escogió originalmente para actuar
en su nombre, han proporcionado
para siempre a la iglesia de un
modelo de creencia y práctica
inalterable.

POSTDATA

Aunque los apóstoles no tienen
sucesores en la actualidad, se
puede hablar de una iglesia o un
ministerio «apostólicos» cuando
estos proclaman las enseñanzas
que ellos dejaron.

ESTUDIO BÍBLICO Gálatas 1.6-24

A veces hay que retirar de las estanterías de los supermercados
algunos artículos debido a una manipulación malintencionada.
Aunque no se haya visto afectada más que una pequeña cantidad de
producto, el remedio tiene que ser rápido y radical, porque la salud de
las personas está en juego.

Lo mismo ocurre con el evangelio. En este caso, los falsos maestros
han manipulado el evangelio y la carta a los Gálatas, escrita alrededor
del año 48 d. C., representa la fuerte defensa de dos cosas: el evangelio
puro de Dios y el apostolado verdadero de Pablo.

1. Se criticó a menudo a Pablo por la fuerte condena que hacía de
   aquellos que predican falsedades. Pero, ¿es más duro él que los otros
   apóstoles, o incluso que el mismo Jesús? Pueden ver 2 Pedro 2.17;
   Judas 12; Apocalipsis 22.18 y Lucas 17.1, 2.
2. Se ha atacado a Pablo a lo largo de la historia por predicar un
   evangelio inventado, diferente del de Cristo. El apóstol puntualiza
   dos cosas en los versículos 11 y 12. ¿Cuáles son?
3. Vea los versículos 13-24, especialmente el versículo 20. ¿Por qué
   esta insistencia en que el evangelio le fue revelado a él de una forma
   independiente a la de los demás apóstoles; que no «consultó» a
   nadie; que estuvo aislado en Arabia? La clave está en 1.1.
4. Considere el hecho de que los apóstoles predicaran todos las
   mismas verdades (Gá 2.6-8; 1 Co 15.11). ¿Qué dice esto a aquellos
   que hoy en día se sienten satisfechos con una diversidad de
   interpretaciones de las Escrituras?
5. ¿Cómo de apostólica es su congregación? Vea Hechos 2.42; 1
   Corintios 15.3-5; Judas 3.

REFLEXIÓN

A. Vaya a Gálatas 1, sobre todo
a los versículos 11-24, en los que
Pablo acomete uno de los temas
más importantes de su libro,
lo genuino de su apostolado.
¿Qué es lo que puntualiza
principalmente? Las claves están
en los versículos 11, 12, 15-20, y
hablan de que en los días iniciales
de su llamamiento, su contacto
con los otros apóstoles fue
mínimo.

B. Considere el hecho de que los
apóstoles proclamaban todos
las mismas verdades (Gá 2.6-
8; 1 Co 15.11). ¿Qué nos dice
esto acerca de la discordia que
vemos en algunas predicaciones
actualmente? ¿Dónde deberían
poner las iglesias sus prioridades?
C. «Y glorificaban a Dios en mí»
(v. 24). No todo el mundo lo hizo
en tiempos de Pablo, ni todo el
mundo lo hace hoy. ¿Por qué?

6. Los evangelistas

Su trabajo en el evangelio de Dios

El término «evangelista» viene de una palabra que significa evangelio o buenas noticias. El evangelista es quien anuncia esas noticias. Pero hay que enfatizar que la obra del evangelismo es primeramente la obra de Dios mismo. Fue Dios quien «evangelizó» primero a Abraham, y es a Jesús a quien encontramos «evangelizando» en el templo de Jerusalén.

Por tanto, en primer lugar, es la misión de Dios y después la del evangelista. Este es simplemente una persona que ha sido cautivada por las maravillas y el gozo del evangelio y no puede permanecer en silencio.

Su casa es la iglesia de Dios

El verdadero evangelista proviene de la membresía de la iglesia local, porque es ahí donde el Espíritu ha distribuido sus dones. El creyente que ha recibido el don de evangelización debe trabajar en armonía y unidad con aquellos que han recibido otros llamamientos en la iglesia.

De esta forma, la obra de evangelización es uno de esos dones del Espíritu por el que se construye el cuerpo de Cristo: la iglesia. Sean evangelistas de largo alcance, como Felipe, o estén establecidos bajo la supervisión de una iglesia, como Timoteo, no son llamados a crear sus propios seguidores, sino a servir a las iglesias que les envían.

Su mensaje en la salvación de Dios

Se ha llamado al evangelista para proclamar que aquello que hombres y mujeres pecadores, que están bajo el juicio divino, no pueden hacer por sí mismos, Dios lo ha hecho por ellos en Jesucristo. Cristo murió por los pecados del mundo y ahora ha resucitado y ascendido como Señor y Salvador universal.

La obra del evangelista es llamar a las personas al arrepentimiento de sus pecados y aceptar a Cristo de manera personal, para conseguir el perdón de sus pecados y el don del Espíritu Santo.

Su confianza en la Palabra de Dios

Una característica que siempre ha marcado al verdadero evangelista es no confiar en sus dones naturales, y apoyarse en «el testimonio que tenemos acerca de Dios». Los evangelistas del Nuevo Testamento eran conscientes de que su mensaje se basaba en la palabra inspirada por Dios; se alentaban unos a otros a predicar y aprender de las Escrituras que dan sabiduría a las personas para salvación y las preparan para servir a Dios.

El cometido del evangelista era llevar las palabras de las Escrituras a las personas que no tenían a Cristo y aplicarlas con urgencia y relevancia.

Su poder en el Espíritu de Dios

Jesús dejó a sus amigos la tarea aparentemente imposible de llevar su testimonio a todo el mundo. La promesa del Espíritu Santo que estaba por venir era lo que marcaba la diferencia. Los primeros seguidores de Cristo estaban llenos del Espíritu y encontraban así la valentía para hablar en su nombre.

La oratoria humana y los trucos de persuasión no pueden ser nunca el poder que hay detrás de los evangelistas. La evangelización debe ser una demostración del poder de Dios a través de las vidas cambiadas.

Su meta es la gloria de Dios

La necesidad de los pecadores que no han recibido el perdón y que se enfrentan al juicio de Dios siempre pesará mucho sobre el evangelista. Pero la mayor motivación para la evangelización es sentir pasión por la gloria de Dios.

La conversión de los pecadores solo ocurre por la gracia de Dios.

Los evangelistas del Nuevo Testamento fueron enviados por las iglesias para proclamar a Cristo como Señor de todo el mundo. Cuando esto se desempeña con fidelidad, se glorifica su nombre.

COMPRUEBE EN LA BIBLIA

Obra: Gálatas 3.8; Lucas 20.1; Hechos 4.18-20; Romanos 10.14, 15

Hogar: Efesios 4.11, 12; Hechos 21.8; 2 Timoteo 4.5

Mensaje: 2 Corintios 5.17-21; 1 Corintios 15.3-5; Hechos 4.12

Confianza: 1 Corintios 2.1, 13; 2 Timoteo 3.14—-4.2; Hechos 8.26-35

Poder: Hechos 1.8; 1 Corintios 2.4, 5

Meta: Gálatas 1.23, 24; 2 Corintios 4.15; 8.23; 1 Corintios 9.11-18

VERDAD CLAVE

Todos los cristianos deben compartir su fe, pero algunos reciben el llamamiento de ser evangelistas con un don especial del Espíritu Santo, para anunciar las buenas nuevas del evangelio.

POSTDATA

El evangelista tiene derecho a recibir manutención por el servicio que da, pero debe llevar un estilo de vida modesto y una disciplina sobria. Esto debe caracterizar a todo su ministerio.

ESTUDIO BÍBLICO 2 Corintios 4.1-18

Ambas cartas de Pablo a los Corintios tratan un único tema: el poder a través de la debilidad. De todas las iglesias del Nuevo Testamento, la de Corinto era la menos madura y la que se encontraba más confundida. Los falsos maestros habían intentado hacerse con el alma de la iglesia, y falsos apóstoles hambrientos de poder estaban mejorando su posición y desacreditando a Pablo.

Cuando aquellos que solo buscan poder, que rompen la paz y roban a las ovejas deshonran la obra emocionante de proclamar el evangelio promocionándose a sí mismos con un triunfalismo desmedido y desgarrando las Escrituras para reforzar un mensaje turbio, el resultado es el mismo que vemos en Corinto.

1. Este pasaje está lleno de paradojas o contrastes fascinantes. Trate de explicarlos: debilidad y poder, mortalidad y vida, aflicción y gloria, etc. ¿Qué nos enseña esto acerca del ministerio de dar a conocer a Cristo?

2. ¿Por qué es necesario aplicarnos a nosotros mismos los modelos de transparencia e integridad que Pablo siguió en el versículo 2?

3. Observe los desánimos (vv. 4, 8, 9). ¿Por qué dice entonces que «no desmayamos» (vv.1 y 16)? ¿Qué tiene que ver la respuesta con la gloria de Cristo y con el mensaje de la cruz?

4. «Tesoro ... vasos de barro» (v. 7). ¿Por qué este contraste entre el mensaje y el mensajero? Si esta es la evangelización tal y como debe ser, ¿dónde podemos verla en su mejor expresión hoy día?

5. ¿Recuerda a algunos evangelistas del Nuevo Testamento que obraran según el espíritu y el estilo de vida de este pasaje? Vea Hechos 8.26-40; 7.54-60. Dedique ahora un tiempo a la oración y pida por evangelistas que conozca.

REFLEXIÓN

A. Lea 2 Corintios 4. Este pasaje está lleno de paradojas o contrastes. Trate de explicarlos: debilidad y poder, mortalidad y vida, aflicción y gloria, etc. ¿Qué nos enseña esto sobre el ministerio del evangelismo?

B. Medite en el versículo 5 e identifique a evangelistas y misioneros que merezcan nuestro apoyo y oraciones por la forma en la que proclaman el evangelio.

C. Los versículos 1 y 2 dan unas pautas importantes al evangelista. ¿Cuáles son?

1. El plan de Dios para la humanidad

El plan de Dios: su voluntad es soberana

La Biblia enseña que Dios está por encima de todas las cosas, y que usa a las personas más insospechadas para llevar a cabo sus propósitos.

De este modo, Dios eligió a Jacob y no a Esaú (que era el primogénito) para ser cabeza de la familia que Dios utilizaría en el rescate de la humanidad. De la misma manera escogió a David, el más joven de su familia, para que el Mesías viniera por medio de sus descendientes. En el Nuevo Testamento, aquellos que Dios llamaba para que fueran su pueblo en Cristo lo eran según el propio propósito y generosidad de Dios.

El plan de Dios: su obra es eterna

La Biblia nos enseña que la obra de salvación, centrada en Cristo, está planificada desde la eternidad.

La muerte de Jesús en Jerusalén, en un punto fijado en el tiempo, fue el resultado del acto deliberado de pecadores airados, pero debe verse también como un acontecimiento planificado por Dios desde antes de la fundación del mundo.

El plan de Dios: su elección es específica

La Biblia está en contra de la idea del «fatalismo» (esto es, lo que Dios decida para nosotros, eso estamos obligados a hacer), y enseña que el plan de Dios es más que un simple llamamiento general a toda la humanidad. Aquellos que responden libremente a su llamamiento aprenden que Dios les ha escogido entre muchos, de acuerdo a su propio propósito y a su voluntad.

El pueblo de Dios: apartado para una vida santa

Si se entiende de la manera adecuada, la enseñanza bíblica de la predestinación nunca generará complacencia en aquellos que Dios ha escogido. Porque el pueblo de Dios está llamado a ser santo.

En el Antiguo Testamento, lo que se apartaba de forma especial para el servicio de Dios era «santo». Así ocurre también con el cristiano. Respondiendo libremente al llamamiento de Dios, aprendemos que estamos predestinados para toda la eternidad, para una vida de obediencia e imitación de Cristo.

El pueblo de Dios: llamado a hacer buenas obras

El llamamiento de Abraham, Isaac y Jacob, se hizo con el propósito de traer cosas beneficiosas para el mundo.

En el Nuevo Testamento, el pueblo de Dios está llamado a una vida de buenas obras y de misión enérgica. No les toca a ellos determinar quién está entre los llamados. Su responsabilidad es proclamar y reflejar la bondad de Dios a toda la humanidad.

El pueblo de Dios: se prepara para la gloria futura

El plan eterno de Dios para su pueblo tiene un glorioso futuro a la vista. Desde el principio se ha elegido al cristiano para la salvación; esto incluye una vida futura de gloria con Cristo.

Cristo es quien provee la llave del plan de Dios. Sin él, no hay salvación, y el cristiano no es nada. Solo cuando nos identificamos con él podemos tener la esperanza de compartir su victoria sobre la muerte, en la morada eterna que ha preparado para nosotros. La gloria futura comienza ahora, con la obediencia y el servicio fiel.

Voluntad: 1 Corintios 1.26-29; Romanos 9.10-18

Obra: Hechos 2.23; 1 Pedro 1.18-20; Apocalipsis 13.8

Elección: Mateo 22.14; Romanos 9.20, 21, 27

Apartados: Romanos 8.29; Efesios 1.4; 1 Pedro 1.1, 2

Llamados: Filipenses 2.12, 13; Hechos 9.15; 1 Pedro 2.9-12

Preparándonos: 2 Tesalonicenses 2.13, 14; Apocalipsis 17.14

VERDAD CLAVE

Dios siempre ha tenido un plan para rescatar a aquellos que están en rebelión contra él. La Biblia nos dice que, aunque somos libres para responder o no ante él, ya nos ha elegido para que seamos su pueblo. La palabra «predestinación» significa que Dios ha escogido y apartado un pueblo para él.

POSTDATA

El énfasis bíblico en relación con la soberanía de Dios y la voluntad libre del ser humano no se encuentra en un término medio entre las dos ideas, sino en ambos extremos. Si le damos demasiada importancia a la libre voluntad del hombre, Dios parecerá sin poder. Si se la damos a la soberanía de Dios, parecerá que se le niega al ser humano la capacidad de elección.

ESTUDIO BÍBLICO Efesios 1.3-12

Bajo la dirección del Espíritu Santo, el apóstol Pablo se fijó en Éfeso como punto estratégico de crecimiento para la iglesia de Jesucristo. Pasó más tiempo allí que en cualquier otra iglesia. Lo más probable es que esta fuera una «circular» para todas las iglesias situadas en la ruta postal de Éfeso, en la costa de la actual Turquía. Este pasaje es, en el original griego, ¡una única frase! Trate de meterse en la cabeza de Pablo mientras escribía sobre el plan de salvación de Dios:

1. ¿Cómo verían este plan, según se describe en el versículo 10, los habitantes de una ciudad tremendamente pagana? ¿Cuál es la piedra angular del plan eterno de Dios? Aparece en cada uno de los versículos.

2. ¿Qué puede aprender sobre el plan de Dios en los versículos 3-6, el plan sobre el que tenemos que depositar nuestra confianza? Pablo se remonta desde la salvación ¿a... qué?

3. ¿Qué aprendemos en este pasaje acerca de la obra central de Cristo, un segundo fundamento para nuestra confianza? ¿Cómo ancla el versículo 7 el elevado lenguaje a la realidad concreta, de aquí?

4. ¿Qué puede descubrir aquí acerca de la obra personal del Espíritu Santo, como tercera base sobre la cual se apoya la confianza del cristiano? El «sello» (v. 13) parece ser una marca de lo genuino, el sello de propiedad (Ef 4.30) y la garantía de seguridad (cf. Mateo 27.66, que utiliza la misma palabra griega). Averigüe cómo se aplica esto al cristiano.

5. «Misterio» (v. 9) no se refiere en este contexto a algo impenetrable, sino a un secreto, antes escondido, pero revelado ahora para todo el mundo. ¿Cuándo le ocurrió esto a usted?

REFLEXIÓN

A. Lea Efesios 1.3-12. ¿Cuál debe ser la reacción de los llamados? ¿Cuál es el propósito inmediato de este llamamiento? ¿Y el propósito futuro, y el definitivo?

B. Medite sobre Juan 6.37, 44; 2 Pedro 1.10, 11, donde se combinan la soberanía de Dios y el libre albedrío del hombre.

C. ¿Por qué no debería una verdadera comprensión de la predestinación hacer que dejemos de instar a aquellos que conocemos a convertirse en cristianos?

D. Algunos dirán que no han sido llamados. ¿Dónde enseñan las Escrituras que la redención de Dios se ha ofrecido a todos? Compare sus averiguaciones con, por ejemplo, 1 Timoteo 2.4, 6; Tito 2.11.

2. La necesidad de salvación de la humanidad

La necesidad que tiene la humanidad de tomar una nueva dirección

Aunque Dios los creó para sí, los seres humanos han abandonado la senda de la obediencia a Dios. No estamos en contacto con Dios y con todo lo que él ha planeado para nosotros, y sin él nuestra vida no tiene sentido.

La humanidad también se encuentra bajo el juicio. El análisis que hizo Jesucristo fue que la mayoría de la humanidad va por el camino de la ruina y la destrucción. Las personas son condenadas por su rechazo de la verdad de Dios.

La necesidad que tiene la humanidad de una nueva naturaleza

La humanidad está en la esclavitud por no querer seguir los mandamientos de Dios. Somos incapaces de cambiar nuestra naturaleza porque el pecado nos domina, y nuestras acciones y hábitos muestran que estamos en esclavitud. Vivimos nuestras vidas bajo sombra de muerte, y en toda la historia no ha habido filosofía, conjeturas o esfuerzo moral que haya sido capaz de eliminar la sombra del envejecimiento y la muerte.

La necesidad que tiene la humanidad de una nueva motivación

La brevedad de la vida sin Dios y la ausencia de un propósito en ella se reflejan en el arte y la literatura a lo largo de la historia, particularmente en momentos en los que la sociedad rechaza abiertamente los caminos de Dios. La Biblia indica que necesitamos la dimensión de Dios si queremos vivir una vida dinámica y con propósito. Sin Dios no encontramos una forma de vida alternativa que sea satisfactoria.

La necesidad que tiene la humanidad del éxito personal

Tenemos una necesidad urgente de controlar el destino y de conseguir logros en este mundo. A veces, nuestras aspiraciones tendrán forma de ambiciones materiales; otras veces, se marchitarán en la desesperación y la carencia de objetivos.

Jesús advirtió a sus oyentes que la acumulación de posesiones no debe controlar la vida de una persona. Enseñó que cualquiera que gaste su vida y sus energías en el mundo material habrá hecho una mala elección.

La necesidad que tiene la humanidad de una aceptación social

Desde los tiempos más antiguos, como ilustra la historia de la torre de Babel, los seres humanos han sido conscientes de la necesidad de la amistad y de la aceptación por parte de los demás. La historia ilustra nuestra búsqueda de una verdadera camaradería, confianza mutua y compañerismo.

Pero los ideales, los acuerdos y los tratos políticos se quedan todos cortos y no llegan a lo que estamos buscando. El cinismo que vemos en el libro de Eclesiastés nos muestra esto claramente. Los seres humanos están solos.

La necesidad que tiene la humanidad de una dimensión espiritual

Como personas caídas no podemos apreciar el lado espiritual de la vida. Pero Dios nos hizo, y nos sentimos incompletos sin una dimensión divina.

Además, somos incapaces de explorar esta dimensión sin ayuda. Se nos describe como pobres, débiles, ciegos, e incluso muertos. En ausencia de una conciencia espiritual, nuestras expectativas parecen burlarse de nuestra posición.

COMPRUEBE EN LA BIBLIA

Nueva dirección: Hebreos 9.27; Mateo 7.13; Juan 3.19

Nueva naturaleza: Jeremías 13.23; 17.9, 10; Juan 8.34; Eclesiastés 8.8

Motivación: Eclesiastés 6.12; Juan 6.66-68

Éxito: Eclesiastés 2.10, 11; Lucas 12.15; Marcos 8.34-37

Social: Génesis 11.4; Eclesiastés 5.8

Espiritual: 1 Corintios 2.14; 2 Corintios 4.4

VERDAD CLAVE

La raza humana está separada, e incomunicada de Dios. La humanidad necesita una nueva dirección y una nueva naturaleza, si queremos evitar la ruina permanente y el juicio eterno. No podemos llevar a cabo este cambio nosotros solos.

POSTDATA

Aunque todos necesitamos la salvación de Dios, mucha gente no es consciente de su propia necesidad. Una persona puede acostumbrarse a vivir separada de Dios hasta el punto de que tenga la conciencia muerta. Tal complacencia es una prueba más de nuestra naturaleza

ESTUDIO BÍBLICO Efesios 2.1-10

Dirigiéndose a sus lectores en Éfeso Pablo destaca que no había esperanza para ellos antes de la llegada del evangelio. Éfeso era un centro de idolatría, entregado a la adoración de Artemis (o Diana), cuyo templo era cuatro veces más grande que el Partenón de Atenas. Cuando se predicó la salvación en el nombre de Cristo por primera vez en Éfeso, perjudicó a los intereses comerciales y provocó disturbios (Hechos 19.23-41). Este era el mundo del que los nuevos creyentes salieron:

1. «Muertos» (v. 1). ¿Muertos en qué sentido? ¿Muertos a qué? Normalmente, el trabajo del médico acaba cuando ocurre la muerte. ¿Cuál es entonces el estado de aquellos que están sin Cristo? Vea el final del versículo 12.
2. «Delitos y pecados» (v. 1). ¿Hasta qué punto sería familiar esta descripción para un adorador en el templo de Artemis? ¿Cómo podemos ayudar a aquellos que dicen que no tienen ninguna necesidad?
3. En los versículos 2 y 3, identifique las frases que se refieren al mundo, a la carne y al diablo. ¿Por qué es sabio no perder de vista a estos tres adversarios en lugar de centrarlo todo en un único campo, como por ejemplo, el diablo?
4. «Hijos de ira» (v. 3). ¿Cómo encajan frases como esta con la enseñanza de Jesús? Vea Mateo 13.41, 42; Mateo 18.6. ¿Eran conscientes los efesios de que el versículo 3 les describía a ellos? Si no es así, esto sirve como un recordatorio útil.
5. «Pero» (v. 4). Esta es la palabra que abre la puerta y deja que entre la luz. Mientras lee los versículos restantes, piense en los efesios idólatras, resucitados en su momento con el fin que vemos en el versículo 6.
6. Todo esto nos habla de gracia (vv. 5. 7, 8). Debata el significado de esta palabra maravillosa. Vea Romanos 3.24.

REFLEXIÓN

A. Estudie Eclesiastés 2.1-11. Trate de analizar este perfil de una persona sin Dios. ¿Qué le dirige? ¿Cuáles son sus planes? ¿Cuáles son sus logros y qué consigue con ellos? ¿Tiene eco el versículo 11 en otras generaciones?

B. ¿Cómo están empezando a experimentar las personas de su congregación las respuestas de Dios a todas esas necesidades humanas?

C. ¿Qué convierte a Eclesiastés en un libro tan importante para gran parte de la sociedad actual?

D. ¿Ha experimentado usted estas necesidades en su propia vida? ¿Sigue experimentándolas?

3. El camino de salvación

La base: la muerte de Jesús

Los apóstoles proclamaron que Dios se ocupó de los pecados de la humanidad por medio de la muerte de Jesucristo. Ellos declararon que sin su muerte no había ninguna base para la salvación. En la cruz, Cristo aceptó el juicio y la separación de Dios que el pecado del mundo había traído.

Este mensaje cumplió directamente la profecía del Antiguo Testamento y las palabras del mismo Cristo. Esta fue también la enseñanza de las cartas del Nuevo Testamento.

La base: la resurrección de Jesús

Si la cruz se veía como el medio por el cual Dios se ocupó del pecado, la iglesia primitiva proclamó la resurrección como evidencia y prueba de que la muerte de Cristo había sido verdaderamente eficaz, y reconocida por Dios Padre.

El mensaje de la resurrección de Cristo no se enseñaba como tema de discusión académica. Los testigos lo anunciaron como realidad viva.

El llamamiento: al arrepentimiento

Las buenas nuevas llevaban implícitas una serie de desafíos morales. Se hace un llamamiento al pecador que escucha el evangelio, para que se arrepienta, es decir, a que se aparte de la vida vieja. Esto es más que un simple arrepentimiento por lo que se ha hecho en el pasado. Es un cambio de actitud que lleva a un cambio de dirección.

El llamamiento: a la fe

Si el arrepentimiento se ve como apartarse de la vida vieja, la fe debe entenderse en términos parecidos, es decir: dirigirse hacia el poder salvador de Jesucristo.

En la fe existen tres aspectos: la creencia en un hecho, porque la verdadera fe debe empezar creyendo con la mente. También está la creencia en una palabra o promesa dada por Dios. Pero, principalmente, existe la creencia en una persona, Jesucristo. Esto requiere una relación viva de amor y confianza con Cristo. Sin esos tres aspectos, la fe es incompleta.

La promesa: el perdón

Hay una finalidad y una plenitud en el perdón de pecados prometido a todos los que respondan positivamente a las buenas nuevas de Cristo.

El perdón está disponible únicamente a un precio: la muerte de Cristo, y Dios lo da de forma gratuita y permanente. Recibir el perdón no solo significa que Dios borra nuestros pecados pasados, sino que también representa el comienzo de una nueva forma de vida. Dios nos perdona, nos acepta y así podemos disfrutar de una relación con él.

La promesa: el don del Espíritu

El perdón de los pecados y el don del Espíritu forman la promesa del cristianismo del Nuevo Testamento. Dios nos da el Espíritu Santo cuando nos arrepentimos y creemos en él.

El don del Espíritu hace que las bendiciones del evangelio y la presencia de Cristo sean algo más personal para el cristiano. Él nos da fuerza para el servicio y nos reafirma la promesa de la vida eterna. El Espíritu convierte en una realidad lo que la muerte de Cristo puso a nuestra disposición.

ESTUDIO BÍBLICO Tito 3.3-8

Creta es el lugar desde donde se escribió esta carta pequeña, pero con mucha fuerza. La escribe Pablo, a su colaborador Tito, alrededor del año 62 o 63 d. C. Creta pertenecía al imperio romano desde el año 67 a. C.; era una isla de un tamaño considerable, que dominaba el sur del mar Egeo, montañosa, supersticiosa, y dura de tratar. Aquí, Pablo está preocupado por mantener a sus amigos en los fundamentos, que no cambian, del mensaje de salvación. ¿Cuál era este mensaje?

Muerte: Hechos 4.10-12; Isaías 53.4-6; 1 Pedro 3.18
Resurrección: Hechos 2.32-36; Romanos 8.11
Arrepentimiento: Hechos 3.19; Lucas 15.10; 24.46, 47
Fe: Hechos 13.38, 39; 26.18; Juan 3.16; Apocalipsis 3.20
Perdón: Hechos 3.19; Salmos 103.11, 12; Efesios 1.7, 8
Don del Espíritu: Hechos 2.38; Efesios 1.13, 14

1. Alguien dijo una vez: «No sabía que estaba perdido hasta que me encontraron». ¿Por qué es importante visitar de nuevo nuestro pasado, como Pablo invita a hacer a sus lectores en el versículo 3?
2. «Insensatos, rebeldes, extraviados y esclavos» (v. 3), ¿reconocen los miembros de su grupo que estos términos describen su situación antes de ser cristianos?
3. Ahora, en los versículos 4-8, el apóstol revisa el proceso y la maravilla de la salvación. ¿Cuál es la palabra clave (v. 5)? ¿Qué aprende usted de la unión de «Dios» (v. 4) y «Jesucristo» (v. 6) en el término «salvador»?
4. ¿Cuáles son las frases que hablan en este pasaje de nuevo nacimiento, participación en el derramamiento del Espíritu Santo en Pentecostés, justificación y vida eterna? Note la palabra «lavamiento» (v. 5). ¿A qué se refiere esto? Para una pista, vea Ezequiel 36.25, 26.
5. Piense sobre la base de nuestra salvación. ¿Qué es, y qué no es?
6. La «manifestación» del versículo 4 solamente puede referirse, como en 2.11, a la venida de Cristo y su sacrificio en la cruz (2.14). A la luz de esto, ¿cómo define usted «gracia» (v. 7)?
7. Sabemos de lo que hemos sido salvados. ¿Sabemos para qué lo hemos sido? Vea el versículo 8.

VERDAD CLAVE

En toda la predicación de la iglesia primitiva, como se puede ver en el libro de los Hechos, el camino de la salvación sigue un patrón determinado. Primero está la base de la salvación, la muerte de Cristo y su resurrección, seguida del llamamiento de Dios; finalmente la promesa para todos los que respondan positivamente.

POSTDATA

Cuando nos convertimos en cristianos hay una parte que solo nosotros podemos hacer y una parte que solamente Dios puede hacer. Nosotros nos arrepentimos y abandonamos nuestra vieja manera de vivir. Dios nos perdona y nos da fuerzas para vivir por el Espíritu Santo.

REFLEXIÓN

A. Empiece leyendo por la mitad del sermón de Pablo en Hechos 13.22-41. ¿Cuáles son los elementos principales en el mensaje de Pablo? ¿Qué se dice acerca de Jesús, y cómo?

B. Trate de encontrar uno o más pasajes del Nuevo Testamento que le ayuden a resumir el mensaje de salvación. Compare lo que encuentre con los demás. Por ejemplo, vea Juan 3, Romanos 3, Efesios 2, Tito 3.

C. ¿Qué importancia tienen la mente, las emociones y la voluntad en la respuesta de la persona a las buenas nuevas?

D. ¿Cuál es el objetivo principal de proclamar la salvación en Cristo? Compruebe lo que usted piensa con Colosenses 1.28 y Mateo 28.19, 20.

4. Aceptación

Dios regenera al creyente y le convierte en un nuevo ser

La obra renovadora del Espíritu es tan radical que se habla de ella en términos de nuevo nacimiento, o «regeneración». Se describe como nacimiento «de lo alto». Cuando una persona se arrepiente y cree en Cristo, el Espíritu Santo entra en su vida y en su personalidad y le une a la familia de Dios. El Espíritu también le da una nueva naturaleza que se caracteriza por los distintivos de una nueva visión moral, amor por la familia de Dios y fe en Cristo.

Dios reconcilia al creyente en una nueva relación

Hasta que recibe las buenas nuevas y toma una decisión con respecto a ellas, la persona se encuentra en un estado de hostilidad hacia Dios. La muerte de Cristo es lo que altera específicamente esa situación. En la cruz, el mismo Cristo aceptó la culpa y el castigo por los pecados de la humanidad. El pecador arrepentido tiene ahora la puerta abierta para recibir la reconciliación que Dios ha puesto a su disposición por medio de Cristo.

La cruz es la que satisface la justicia de Dios, porque allí se derramó por completo la ira de Dios contra el pecado. Esta es la razón por la cual la cruz recibe el nombre de propiciación.

Dios redime al creyente por medio de un nuevo pacto

El antiguo pacto fue un acuerdo entre Dios y los judíos, creado principalmente sobre la base de la ley de Moisés. Estableció una forma de vida para ellos después de su liberación de Egipto. El antiguo pacto era una sombra del nuevo, y apuntaba hacia este en todos sus detalles.

El nuevo pacto (predicho por Jeremías) debía conseguir, por medio de la cruz, lo que el antiguo nunca podría lograr. Era una liberación de otro tipo, personal e interna, que se basaba en el derramamiento de la sangre de Cristo, para perdonar los pecados del pecador y redimirlo (o «volver a comprarlo»). Ciertamente era un precio muy alto.

Dios justifica al creyente para darle una nueva posición

«Justificar» es un término legal que significa declarar que una persona es justa. Dios ha hecho esto por la persona que ha recibido a Cristo, en base a la muerte de Jesús.

La justificación es por «gracia» (que significa el favor inmerecido de Dios), porque es un regalo gratuito. Es también por la sangre, porque la muerte de Cristo es el medio por el cual Dios podía perdonar legalmente al pecador. También es por fe, porque no hay nada con lo que el pecador pueda contribuir a su nueva posición de rectitud, nada excepto aceptar el regalo con gratitud y fe.

Dios glorifica al creyente para una nueva vida

En las cartas del Nuevo Testamento queda claro que la salvación se expresa una y otra vez en tres niveles. En primer lugar, la gracia gratuita de Dios como acto y base inicial. En segundo lugar, el crecimiento del cristiano en su relación con Dios, como experiencia progresiva. En tercer lugar, la gloria es la meta futura y lo máximo. La gran confianza del cristiano reposa en el seguro regreso de Cristo, la promesa de un cuerpo resucitado y la participación en la gloria eterna de Dios.

Regenera: Ezequiel 36.25-27;
Juan 3.3-8; Tito 3.4, 5

Reconcilia: 2 Corintios 5.18-21;
Romanos 5.10

Redime: Jeremías 31.31-34;
Marcos 14.24; 1 Pedro 1.18, 19

Justifica: Romanos 3.23-26; 5.1;
Tito 3.7

Glorifica: Romanos 8.28-30;
Filipenses 3.20, 21

VERDAD CLAVE

Dios acepta al pecador en Cristo, y le convierte en una nueva persona. El cristiano debe estar eternamente agradecido por los beneficios que le aportan esta nueva posición y relación con Dios.

POSTDATA

Los nuevos creyentes pueden estar seguros de que Dios les ha aceptado por las promesas en la Palabra de Dios, la obra completa de Cristo, y el testimonio interior del Espíritu Santo.

ESTUDIO BÍBLICO Romanos 5.1-11

El apóstol Pablo desarrolla un argumento lógico al establecer el camino de salvación de Dios. Argumenta sobre la culpa universal de la raza humana; destaca la forma en la que las personas pueden ser justificadas y presentarse de la forma correcta ante Dios, en base a la muerte de Cristo por todos nosotros (Romanos 3.24-26). Ahora pasa a hablar de las maravillosas consecuencias de lo que significa ser justificado.

1. Piense en lo que significa la expresión «paz con Dios», que es el primer resultado de la justificación. Pablo no pareció tener demasiada «paz» en su turbulenta carrera. Sin embargo, como dijo una vez un predicador, «una aburrida satisfacción como la de las vacas conduce a una vida estancada, no a la paz con Dios». ¿En qué consiste esa paz?
2. Unido a la paz hay un beneficio más. ¿Cómo expresaría el versículo 2 en sus propias palabras? Trate de dar una definición de «gracia». ¿Puede uno verse dentro y fuera de la gracia? Vea Juan 6.37.
3. En los versículos 2 y 3 se dan dos razones para regocijarse. ¿Le sorprende lo cerca que estas dos razones están la una de la otra? ¿Por qué están unidas de este modo? (Vea 1 Pedro 1.11; 4.13; 5.1; 5.10).
4. Los incrédulos no piensan en las pruebas en la forma que se destaca en los versículos 3 y 4. ¿Cómo es posible que el cristiano vea la aflicción y la adversidad como algo productivo?
5. Medite en el sentido que tiene el amor de Dios que él pone en las vidas de todos aquellos que son justificados (vv. 5-8). Mientras tanto, ¿con qué cuatro palabras se nos describe (ver vv. 6, 8, 10)?
6. ¿Está lo mejor todavía por llegar? Diga las razones por las que piensa así, basándose en el resto de este pasaje.

REFLEXIÓN

A. Lea Romanos 5.1-11, que retrata la nueva posición que el cristiano tiene en Cristo. Busque los términos clave. Enumere las formas en las que Dios ha sido generoso con nosotros, y dé gracias por ellas.

B. ¿En qué sentido podemos decir que hemos sido «justificados por gracia/ sangre/ fe»?

C. Escriba las cualidades que ha disfrutado en su relación con alguno de sus amigos. Anote las exigencias que supone una relación semejante. ¿En qué se asemeja esto a su relación con Dios y en qué difiere?

D. ¿Se acaban los problemas cuando conseguimos estar en paz con Dios? ¿Qué nos enseña Romanos 5.1-5?

5. Santificación

Apartados para Dios

La justificación es la obra de un momento específico —aquel en el que se declara justo al pecador—, la santificación es un proceso que dura toda una vida, un proceso que hace al pecador justo en su vida y en su carácter.

Santidad significa estar aparte. En el Antiguo Testamento, las casas y los animales se apartaban a veces para el uso especial de Dios. Dios ha llamado a los seguidores de Cristo para que se aparten para él, y de este modo llegar a ser más como Cristo y santos en su carácter.

Apartados del mundo

El cristiano debe cooperar con los propósitos santificadores y con el poder de Dios. Debe existir una disposición a abandonar el mal y los caminos impuros, a apartarse de todo lo que pueda impedir el desarrollo de una vida centrada en Cristo.

La santificación no es apartarse a una ermita o recluirse, porque Jesús se mezcló con los pecadores y, sin embargo, en cuanto a su modelo de vida y su carácter estaba «apartado de los pecadores» (Hechos 7.26). Él desea que sus seguidores permanezcan involucrados en el mundo, pero deben mantenerse lejos de la maldad de este.

Apartados para vivir de forma santa

El éxito en la vida cristiana depende, en gran medida, de nuestra disposición a entregarnos a Dios, sacrificándonos y rindiéndonos por completo a él.

El cristiano que se toma la santidad en serio se ve como un« esclavo» de la rectitud; como un «sacrificio vivo» para Dios; y como un utensilio limpio del hogar.

Apartados por el Espíritu Santo

Aunque la cooperación del cristiano es vital en el proceso de santificación, el poder procede del Espíritu Santo.

A lo largo del Antiguo Testamento, los profetas desafiaban a los hijos de Israel para que tuvieran corazones circuncidados, corazones que tuvieran la ley de Dios escrita sobre ellos. Los profetas pidieron al pueblo que no se limitaran a conocer la ley en sus cabezas, sino que la amaran en sus corazones. Esto es lo que hace el Espíritu en nosotros. Nos inspira los deseos correctos y empieza a cambiar nuestro carácter de manera que actuemos de una forma que agrade a Dios.

Apartados por medio de la Palabra de Dios

La Biblia tiene un efecto purificador en la vida del cristiano. El Espíritu utiliza la Biblia para ampliar la visión que el cristiano tiene de Cristo y para fortalecer su deseo de llevar una vida santa.

Asimismo, la Biblia es una guía del estilo de vida que Dios quiere que llevemos. Nos muestra cuáles deben ser nuestras prioridades y actitudes. La Biblia nos dice que las palabras de Dios pueden plantarse en nuestra personalidad. Esto es lo que el Espíritu Santo hace.

Apartados, un estado que va progresando a lo largo de la vida

La santificación es un proceso en el cual el aliento y el desafío van de la mano. El creyente comprende que Dios nos ha salvado del castigo del pecado; que nos ha salvado del poder del pecado y de su presencia.

Para Dios: Levítico 27.14; 2
Tesalonicenses 2.13

El mundo: 2 Corintios 6.17—7.1;
Juan 17.15

Vida santa: Romanos 6.19; 12.1; 2
Timoteo 2.20, 21

Espíritu Santo: Ezequiel 36.27;
Gálatas 5.16-18

Palabra de Dios: Juan 15.3; 17.17;
Salmos 119.9; Santiago 1.21

Progresar: 2 Corintios 1.10; 3.18;
1 Tesalonicenses 5.23

VERDAD CLAVE

La palabra «santificación» describe el proceso que Dios quiere que cada cristiano experimente. Dios quiere que seamos santificados, cada vez más para que lleguemos a ser más como él en todo lo que pensemos y hagamos. Santificación significa crecer en santidad.

POSTDATA

El hecho de que los cristianos se den cuenta de sus pecados y de sus fracasos es una señal de progreso. Sin embargo, debemos ir más allá y llevar nuestros pecados delante de Dios para que nos perdone, y ampliar nuestra visión de Cristo. De este modo, desearemos más y más ser como él. En el ámbito de las intenciones es donde la batalla por la santidad es más encarnizada.

ESTUDIO BÍBLICO 2 Pedro 1.3-11

El apóstol Pedro era un hombre anciano cuando escribió esta carta que era la segunda de dos. Esta se escribió principalmente para los lectores no judíos, para alentar al pueblo de Dios a permanecer en su fe, y a resistir a los falsos maestros que amenazaban su «preciosa» fe (1.1). El distintivo del creyente genuino no es únicamente que comience una vida de fe, sino que la continúe. ¿Existe una buena base de conocimiento que ayude a nuestro crecimiento como cristianos? ¿Somos conscientes de que hemos sido apartados para Dios como un pueblo santo, diferente? Estos son los asuntos que trata este pasaje:

1. Vea los versículos 3 y 4. ¿Cómo respondería usted a los temores de los nuevos creyentes que imaginan que, habiendo comenzado una nueva vida en Cristo, se encuentran solos y que se espera de ellos que sean capaces de controlar la situación?

2. Debemos «ser participantes de la naturaleza divina» (v. 4). Esto no significa que los cristianos se hayan convertido en una parte de Dios. Entonces, ¿qué significa? La Escritura se interpreta a sí misma: Juan 1.12, 13; 15.4, 5 le ayudarán.

3. En los versículos 5-7 se nos presenta una especie de «escalera de progreso». Si el poder y los recursos vienen de Dios, ¿qué se nos pide a nosotros? En términos prácticos, ¿cómo conseguirá usted esto?

4. Repase las cualidades que se buscan en el creyente. De alguna manera todas ellas están relacionadas con el conocimiento (vv. 2, 3, 5, 8). ¿De qué forma va usted a ocuparse de este plan, y así cumplir la oración de Pablo en Filipenses 3.10?

5. «... la vista muy corta, es ciego ... habiendo olvidado...» (v. 9). El remedio para esto se encuentra en los versículos 10 y 11. ¿Puede usted hacer eso por sí mismo? ¿Puede hacerlo por los demás en su congregación?

REFLEXIÓN

A. Lea 2 Pedro 1.3-11. ¿Cómo se describe a los lectores de esta carta, en relación con su estado pasado, sus responsabilidades presentes y sus metas futuras?

B. El perdón es siempre gratuito. Sin embargo, abusar de la misericordia de Dios para continuar pecando no tiene cabida en la vida cristiana. ¿Por qué? Vea Tito 2.11-14.

C. ¿Cuáles son los conflictos que surgen al seguir involucrados en el mundo y, sin embargo, apartarse de su maldad (Juan 17.15)?

D. Parece que se requiere un esfuerzo por parte de los cristianos que desean crecer (2 Pedro 1.5-7, 10). ¿Qué tipo de esfuerzo se necesita? ¿Cuáles son las recompensas de dicho esfuerzo, según se menciona en este pasaje?

6. En Romanos

Aparecen los siguientes temas:

Condenación: Romanos 1.1—3.20
Pablo nos dice que el tema de su carta es «la justicia de Dios».

Luego muestra cómo la justicia de los mundos gentil y judío está muy lejos del modelo de Dios y, por tanto, bajo su condenación. Todo el mundo es culpable.

Justificación: Romanos 3.20—4.25
El camino que Dios da al pecador para que se convierta en justo es independiente de la ley del Antiguo Testamento (aunque el Antiguo Testamento testifique de ello). Se proporciona de forma gratuita, por medio de la muerte de Cristo, para todos los que tienen una fe como la que tuvo Abraham.

Reconciliación: Romanos 5.1-21
A partir de la firme base de poner las cosas en orden con Dios, Pablo amplifica las bendiciones y la seguridad de justificación para el creyente. Compara a Adán con Cristo, el nuevo representante y cabeza de la raza humana, cuya obra única en la cruz es capaz de liberar a toda la humanidad.

Identificación: Romanos 6.1-23
Pablo defiende la verdad de la justificación contra la acusación de que esta fomenta el continuar deliberadamente en pecado y sin ley. Pablo argumenta que el creyente se ha identificado con Cristo en su muerte y resurrección, convirtiéndose por tanto en un «esclavo» de la justicia.

Liberación: Romanos 7.1-25
De la justificación y de la identificación con Cristo, Pablo pasa a un tercer privilegio del creyente: la libertad de la esclavitud de la ley. El cristiano es ahora esclavo de Cristo, según la nueva manera del Espíritu (vv. 1-6). Por supuesto, la ley no es culpable del pecado del hombre, sino la naturaleza caída de este (vv. 7-13). En su conflicto interno, el cristiano podrá conocer la liberación y el poder (vv. 14-25).

Santificación: Romanos 8.1-39
Ahora que la esclavitud legal es algo que pertenece al pasado, aquellos que pertenecen a Cristo viven rigiéndose por un principio y un poder más fuertes: la vida del Espíritu.

Aquellos cuya vida controla el Espíritu Santo cumplen las leyes de Dios de corazón. La presencia del Espíritu en sus vidas les da la seguridad de que son hijos de Dios. Nada puede separarles ahora del amor de Cristo.

Elección: Romanos 9.1—11.36
Pablo se enfrenta ahora al problema del rechazo por parte de los judíos de su propio Mesías. Él interpreta esto a la luz de la elección, la verdad de que Dios escoge a un pueblo para sí. Dios es soberano y usa hasta la desobediencia de los judíos para derivar las bendiciones de estos hacia el resto del mundo. Entretanto, Dios no ha abandonado por completo a los judíos.

Transformación: Romanos 12.1—15.13
Pablo se aplica a sí mismo las obligaciones prácticas de la vida cristiana. La vida del creyente debe ser una vida de servicio transformada, compartiendo con otros cristianos, cumpliendo con las obligaciones hacia el gobierno y respetando las convicciones de los demás.

Condenación: Romanos 3.9, 19
Justificación: Romanos 3.24, 25
Reconciliación: Romanos 5.10, 11
Identificación: Romanos 6.6
Liberación: Romanos 7.6
Santificación: Romanos 8.11
Elección: Romanos 9.21-24
Transformación: Romanos 12.1, 2

VERDAD CLAVE

La carta a los Romanos es un «manifiesto» de Pablo sobre la verdad cristiana, en el que el camino de la salvación se proclama y se aplica con claridad.

POSTDATA

Todos los que han encontrado la salvación querrán saber más cosas sobre la verdad de su experiencia. Aunque el libro de Romanos puede poner a prueba la concentración del lector, resulta gratificante leerlo con tranquilidad y comprender la verdad de la salvación a un nivel más profundo.

ESTUDIO BÍBLICO Romanos 8.28-39

En los ocho primeros capítulos de esta carta a los Romanos encontramos el desarrollo del plan de Dios. Esta gran sección termina ahora con uno de los pasajes más inspiradores del Nuevo Testamento, en el cual la adversidad se reduce a su tamaño real, cada acusación contra el creyente se destruye, y el amor de Dios se convierte en una base de confianza por la eternidad. Lea estos versículos, y use las siguientes preguntas para que le ayuden en su estudio:

1. Comience en el versículo 28, muy querido para muchos. Que todos los miembros del grupo opinen sobre las diferentes circunstancias en las que se ha demostrado la fuerza de esta afirmación.

2. ¿Cuál es el «bien» definitivo que Dios obra en nosotros? El versículo 29 da la respuesta. ¿Reconoce usted que este es el objetivo de toda vida cristiana? Compare con 2 Corintios 3.18.

3. La predestinación (vv. 29, 30) no es un tema que se pueda discutir en un debate puramente académico; es un secreto de familia reconfortante para aquellos que han respondido positivamente a lo que Cristo proclama. A partir de estos versículos, ¿cuál es precisamente el consuelo?

4. ¿Qué grandes temas de la carta a los Romanos puede usted señalar en este pasaje? Casi todos ellos se encuentran en ella.

5. Examine las cinco preguntas «sin respuesta» de los versículos 31-36. ¿Por qué es la palabra «si» tan importante en el versículo 31? ¿A qué dificultades del ser humano se refieren estas preguntas?

6. ¿Obedece el lenguaje de los versículos 37 y 38 únicamente a un arrebato de oratoria grandilocuente? ¿En qué realidad se basa? Vuelva al versículo 32. Compárelo con 1 Corintios 3.21, 22.

REFLEXIÓN

A. Lea Romanos 8.28-39. ¿De qué forma está obrando el propósito de Dios en beneficio de su pueblo? ¿Qué grandes temas de la carta a los Romanos puede usted señalar en este pasaje?

B. En los versículos 31-39, ¿qué razones da el apóstol para tener esa confianza triunfante en su relación con Dios, con Cristo y con las circunstancias?

C. Vea la pregunta del versículo 31. ¿Qué significan para usted los temas de Romanos, o qué están empezando a significar para usted?

D. Una pregunta de repaso: ¿de qué forma son diferentes entre sí la justificación y la santificación?

EL CRISTIANO

1. Descripción

Un pecador salvo por gracia

Fue en Antioquía donde se llamó por primera vez cristianos a los creyentes en Cristo, probablemente como un término despectivo. Sin embargo, los cristianos siempre han dado mucho valor a esta identificación, debido a la inmensidad de la deuda que tenían con Cristo, de quien derivaba su nombre.

La gracia de Dios ha traído al pecador a Cristo y le ha permitido la unión con él. La gracia es el favor de Dios hacia el pecador, una gracia gratuita e inmerecida para el pecador. Esta gracia únicamente es posible gracias a la cruz, y se hace real para nosotros mediante el Espíritu Santo. La salvación no se puede ganar. Es un regalo gratuito que se recibe por fe.

Un miembro de la familia de Dios

En su carta a los cristianos romanos, el apóstol Pablo enseña que las personas que no pertenecían a Dios son ahora, por su gracia, llamadas hijos del Dios viviente.

Un título así no nos pertenece de manera natural. Únicamente se les da a aquellos que reciben a Jesucristo. Esta «adopción» por parte de la familia de Dios ocurre por el poder de su amor. Formar parte de la iglesia significa conocer la disciplina y el gozo de formar parte de la familia.

Un discípulo de Jesucristo

Un «discípulo» en los días de Jesús era una persona que seguía tanto las enseñanzas de su maestro como su estilo de vida. Cristo dijo que aquellos que estaban dispuestos a amarle y obedecerle sobre todas las cosas eran sus discípulos. Un cristiano es una persona que ha respondido de manera positiva a su llamada: «Sígueme».

Templo del Espíritu Santo

En el Antiguo Testamento se les da instrucciones especiales a los judíos para construir el templo, y estos no escatiman sus riquezas ni su trabajo, ni su cuidado para ello, para que Dios sea glorificado de todas las formas posibles. En su carta a los Corintios, Pablo nos habla de que nuestros cuerpos son el templo del Espíritu Santo. Esto significa que todas nuestras habilidades y poder deben dirigirse a glorificar a Dios.

Peregrino en un entorno extraño

Muchas de las grandes figuras del Antiguo Testamento se describen como personas que no tenían un hogar propio permanente. Abraham, por ejemplo, dejó la seguridad de su casa familiar para vivir en tiendas en una tierra extranjera. El escritor a los Hebreos describe a esas personas como aquellos que no consideraban que la tierra fuera su hogar. De forma parecida, el Nuevo Testamento nos insta a no poner nuestra confianza en las posesiones materiales y a guardarnos de la falta de disciplina. Nosotros también debemos darnos cuenta de que la tierra no es nuestro verdadero hogar. Los cristianos son como los forasteros y los extraños, que tienen su hogar permanente en otra parte.

Ciudadano del cielo

El cristiano no permanecerá en esta época pasajera, nuestro hogar permanente está en el futuro. Pero la pertenencia total y muchos de los privilegios de ese futuro hogar ya están con cada cristiano ahora.

Como resultado, el cristiano se describe como ciudadano del cielo. Nos vemos a nosotros mismos como personas que pertenecemos a otro país y somos embajadores de ese país incluso en la actualidad.

COMPRUEBE EN LA BIBLIA

Pecador: Hechos 11.26; Efesios 2.8, 9; 1 Timoteo 1.15

Miembro: Romanos 9.25, 26; Juan 1.12, 13; Efesios 3.14, 15

Discípulo: Lucas 14.26, 27; Mateo 9.9

Templo: 1 Reyes 6; Hechos 7.48, 49; 1 Corintios 6.19, 20

Peregrino: Éxodo 22.21; Hebreos 11.8-16; 1 Pedro 2.11, 12

Ciudadano: Efesios 2.19; Hebreos 13.14; Apocalipsis 22.14

VERDAD CLAVE

Un cristiano es una persona que ha recibido a Jesucristo como su salvador y Señor, y se ha sometido al gobierno del reino de Dios.

POSTDATA

En la Biblia, es falso e insensato pensar que una persona pueda recibir a Jesucristo como salvador sin recibirle previamente como Señor.

ESTUDIO BÍBLICO Lucas 5.1-11

Aquí tenemos una historia de una simplicidad absoluta. Ocurrió un bonito día de verano en un pequeño lago, de unos dieciocho kilómetros de largo por nueve de ancho, que pertenecía a una serie de lagos que va desde Israel hasta África, a lo largo del valle del Rift, una cicatriz en la cara de la tierra que se puede ver desde la luna. En casi todos esos lagos se podían encontrar peces tilapia, y el lago de Genesaret (o de Galilea) no era una excepción.

Lea la historia con tranquilidad, porque es su historia, el comienzo del movimiento más grande que el mundo haya visto jamás, el de la familia de la fe, y que nunca tendrá fin.

1. ¿Cuál era la aspiración aquel día? ¿Cuál es siempre la aspiración? ¿Es también a lo que usted aspira?
2. Jesús había encontrado y llamado a Simón y sus colegas con anterioridad (Mateo 4.18-22). Sin embargo, parecía que no había sido más que un discipulado limitado. ¿Qué estaban haciendo los discípulos mientras se llevaba a cabo la predicación (v. 2)?
3. ¿Es común para usted que el éxito en el trabajo empiece a menudo cuando la predicación ha terminado (v. 4)?
4. Reflexione en lo siguiente: alguien que ha sido un experto en pesca durante toda su vida acepta un consejo sobre su trabajo de alguien cuya especialidad reconocida era la carpintería. ¿Qué le dice esto de Cristo? ¿Cuál es la frase clave de los versículos 5 y 6, que también lo es de todo el pasaje?
5. En el versículo 6 vemos que hacen una captura de peces digna de un libro de los récords. Una nueva vida se abre para Pedro (vv. 8-11). Defínala.
6. ¿Hubiera usted hecho lo que Pedro y sus compañeros hicieron? ¿Después de media vida? Debatan estos juntos, y oren.

REFLEXIÓN

A. Estudie Efesios 2.1-10, 19. Reflexione en el «pero» del versículo 4. ¿Por qué se puede considerar que es el rayo de luz que ilumina el pasaje? Si usted tuviera que hablar sobre los versículos 8 y 9, ¿qué conceptos importantes destacaría?

B. Se dan dos descripciones del creyente en Efesios 2.19. ¿Hasta qué punto ha experimentado usted los privilegios implícitos en estos términos?

C. ¿Cuáles son los aspectos inseguros de ser cristiano? ¿Cuáles son los seguros?

D. Trate de pensar en otras ilustraciones del creyente, menos destacadas, y en lo que estas dan a entender. (Pista: 2 Timoteo 2).

2. El cristiano y la Biblia

LA BIBLIA...

Dirige al cristiano en la vida

El discípulo de Jesús se reconoce en la Biblia por su lealtad a la persona de Cristo sin avergonzarse de él y su obediencia incondicional a sus mandamientos. El Maestro no puede aceptar discípulos que quieran establecer su propio método de instrucción o seguir su propio camino.

Jesús enseñó que los que obedecen a su palabra se caracterizarán por su estabilidad; los desobedientes serán destruidos. Este es un principio que tenemos a lo largo de toda las Escrituras. La Biblia es como una lámpara, que guía al cristiano.

Prepara al cristiano para la batalla

El creyente debe aprender de Cristo, que resistió las tentaciones del diablo en el desierto con su conocimiento del Antiguo Testamento. El conocimiento de la Biblia es un arma de poder espiritual que funciona.

De igual modo, al defender la fe cristiana, el cristiano que sale al ruedo habiendo meditado de antemano en los asuntos a tratar tiene una inmensa ventaja. Una mente entrenada bíblicamente es un arma de valor incalculable. La Biblia es como una espada, que protege al cristiano.

Proporciona energía al cristiano para el servicio

Se le pide al discípulo que lleve fruto en el área del servicio, que lleve la compasión y el desafío del mensaje de Cristo para ayudar a un mundo necesitado. El suministro inagotable que tenemos en la palabra viva de Dios le otorga al servicio cristiano su vitalidad y su frescura. Las profundidades de la Biblia no pueden sondearse. La Biblia es como el agua, y renueva al cristiano.

Corrige al cristiano del error

La Biblia expone y corrige muchos errores y distorsiones de la fe verdadera. Tenemos al legalista, víctima del convencionalismo; el ritualista vacío, víctima de la superstición; el tradicionalista, víctima del orgullo; el racionalista, víctima de la incredulidad; y el simple teórico, víctima de la pereza.

La Biblia es el mensaje de Dios para nosotros. Por eso, debemos estar siempre abiertos a ella para corregir nuestras ideas erróneas y sustituirlas con la verdad de Dios. La Biblia es como un espejo, que reforma al cristiano.

Desarrolla al cristiano en la fe

La Biblia es alimento para cada cristiano. Se nos insta a crecer desde la niñez espiritual, fortalecidos por la Palabra de Dios.

Mientras avanzamos hacia la madurez, tenemos que ser capaces de ver los grandes temas de las Escrituras como un todo conectado, más que como una colección de pensamientos diseminados. La Biblia es como la leche, y alimenta al cristiano.

Informa al cristiano de los pensamientos de Dios

La Biblia es la revelación escrita de Dios. Es imposible llegar a un conocimiento de su plan y de su voluntad, apoyados en la fuerza de nuestras propias conjeturas.

Dios nos ha dado la Biblia para que no estemos en tinieblas, sin saber quién es él y qué está haciendo.

La sabiduría verdadera que lleva a la salvación se consigue con un estudio cuidadoso y humilde de la Palabra de Dios. La Biblia es como un tesoro, que enriquece al cristiano.

COMPRUEBE EN LA BIBLIA

Dirige: Juan 8.31, 32; Mateo 7.24-27; Salmos 119.105

Prepara: Mateo 4.1-11; 1 Timoteo 1.18, 19; Efesios 6.17

Proporciona energía: Juan 15.16; Isaías 55.10, 11; Salmo 1

Corrige: Isaías 29.13; Marcos 7.9-13; Santiago 1.23-25

Desarrolla: 2 Timoteo 2.15; 1 Corintios 14.20; 1 Pedro 2.2, 3

Informa: Romanos 11.33-36; 2 Timoteo 3.14, 15; Salmos 119.162

VERDAD CLAVE

Por medio de la Biblia, el cristiano llega a entender el plan de Dios y recibe alimento espiritual para la vida cristiana.

POSTDATA

El cristiano debe leer la Biblia regularmente y en profundidad para desarrollar una fe equilibrada. Podemos distorsionar o dar demasiada importancia a algunos aspectos del mensaje de la Biblia si no la leemos en su totalidad.

ESTUDIO BÍBLICO Mateo 4.1-11

Jesús fue bautizado en el río Jordán, y haciéndolo se identificó con la humanidad pecadora a la que vino a salvar y redimir. En ese momento también recibió, con la señal del Espíritu, la aprobación por parte de Dios de su misión en este mundo.

El periodo inicial de su ministerio continuó inmediatamente con un periodo de tentación en la soledad del desierto. La prueba fue muy dura, pero Jesús estaba listo, preparado y armado con su conocimiento de la Escritura.

1. En la invitación a convertir las piedras en pan, hecha a alguien cuyo reino no era de este mundo, y que de hecho un día alimentaría a 5.000 personas en el desierto, ¿cuál era el poder de esa tentación? ¿Qué importancia tiene la referencia que hace Jesús a Deuteronomio 8.3, dada en el contexto del sustento milagroso por parte de Dios de los israelitas en su travesía del desierto?

2. Ahora viene la tentación, en forma de ofrecimiento de protección en todo momento. Aquí el diablo no duda en citar él mismo la Escritura. Pero no lo hace con exactitud. ¿Qué importancia tenía la omisión? Vea Salmos 91.11, 12. Vea la cita con la que responde Jesús (Deuteronomio 6.16), de nuevo en el contexto de Israel en el desierto. ¿Por qué estaba Jesús tan determinado a no ganar el mundo para sí mismo por medio de un hecho espectacular?

3. La tercera tentación tiene forma de trato, un reparto de poder. Esta vez la respuesta de Jesús es Deuteronomio 6.13. ¿Qué principio se destaca aquí?

4. En la práctica, ¿cómo se va a preparar usted para cumplir los requerimientos de 2 Corintios 10.3-5?

REFLEXIÓN

A. Lea 2 Timoteo 3.14—4.5. ¿Cuál es la naturaleza del poder de la Biblia, y qué logra este poder? ¿Qué pueden esperar sus lectores que haga en sus vidas? ¿Cuáles son los peligros que hay que evitar por medio del mensaje de la Biblia?

B. ¿Cuál sería un buen programa de lectura de la Biblia? ¿Qué programas han encontrado útiles sus amigos?

C. ¿Por qué resulta de vital importancia madurar en la verdad de la Biblia? Compare sus respuestas con Hechos 20.29-32.

D. Lea el Salmo 19.7-11. Trate de enumerar las formas en las que el escritor de este salmo se deleita en la Palabra de Dios, y haga de este pasaje un motivo de adoración a Dios.

3. El cristiano y la oración

Para la comunión con Dios

La oración cristiana no es una técnica. Tratar de manipular a Dios para nuestros propios propósitos es lo que intentan las antiguas religiones y la magia, en las que las personas son el centro. En la oración cristiana, Dios está en el centro.

En el plano humano, no nos gusta «utilizar» a aquellas personas que amamos, y esto mismo es cierto para los que tienen una relación de confianza y aceptación con Dios. Jesús enseñó a sus amigos a hablar con Dios como su Padre celestial, y a no usar los conjuros sin significado que caracterizan a la adoración pagana. La oración implica una relación. Debemos aprender del ejemplo de Jesús, quien, de forma regular, pasaba tiempo a solas con su Padre.

Para el crecimiento en Dios

En la vida del cristiano, la oración es como respirar. Cuando oramos con frecuencia, se da en nuestras vidas un crecimiento sólido del carácter y de los recursos internos. Al contrario de la opinión popular, la oración no es una muestra de debilidad, sino de fuerza y progreso.

La oración es una educación. Los discípulos necesitaban que Jesús les enseñara, y él les dio un modelo de oración que la iglesia nunca ha olvidado. El cristiano de cada época se enfrenta a las mismas lecciones, disciplina y privilegios de su crecimiento en Dios.

Para el servicio de Dios

Dios no necesita nuestras oraciones. La oración no afecta a su voluntad ni a su propósito general para nosotros. Pero la Biblia enseña, y nuestra experiencia cristiana lo confirma, que la oración afecta a sus acciones específicas para cumplir su voluntad.

La razón es que Dios ha designado a la oración como una forma clave de implicar a su pueblo para llevar a cabo su voluntad y servicio en este mundo. El cristiano aprende a orar en el nombre de Jesús, esto es, con los intereses de Jesús en mente. También aprende a orar con la ayuda del Espíritu Santo. La oración es la forma de servicio más importante que podemos emplear.

Para alabanza de Dios

El cristiano es un templo del Espíritu Santo y, por tanto, debe glorificar a Dios en todo. Acción de gracias, gozo y alabanza son aspectos clave en la actitud de un cristiano, según el Nuevo Testamento.

Alabar a Dios es hacer grandes afirmaciones sobre él. Esto es evidente en el libro de los Salmos, en el que leemos repetidamente acerca de la grandeza de Dios y sobre lo que ha hecho por su pueblo. Mientras meditamos en los grandes temas de la Biblia, nuestra alabanza a Dios se convierte en una parte vital de la oración.

Para experimentar a Dios

La oración puede llevar a Dios al corazón de cada emoción y experiencia humana. Los escritores de los Salmos podían mirar hacia Dios para que les guiara en tiempos de incertidumbre. Los apóstoles se volvían a él en alabanza y oración cuando estaban en prisión. Dios fortaleció a Pablo, incluso cuando su oración pidiendo el alivio de su aflicción no tenía respuesta garantizada. La oración permite a Dios moldear y desarrollar el nuevo hombre en Jesucristo.

Comunión: Mateo 6.5-8; Marcos
1.35; Lucas 5.15, 16
Crecimiento: Efesios 3.14-19;
Mateo 6.9-13
Servicio: Santiago 5.16-18;
Efesios 6.18
Adoración: 1 Tesalonicenses
5.16-18; Salmos 34.1-3; Salmo
150
Experiencia: Salmos 57.1-3;
Hechos 16.22-25; 2 Corintios
12.7-10

VERDAD CLAVE

Dios ha escogido la oración
como forma de comunicación
y comunión entre el cristiano
y él mismo. Es el secreto del
crecimiento espiritual y del
servicio efectivo.

POSTDATA

Cuando los creyentes se reúnen
para orar juntos en su nombre
se siente un poder especial y la
presencia prometida de Cristo,
según la promesa de Mateo
18.19-20.

ESTUDIO BÍBLICO Nehemías 1.1-11

Nehemías fue un judío, un hijo de la cautividad en Babilonia, la cual
ya había acabado. Judá, sin embargo, seguía todavía bajo el gobierno
de Persia. Algunas etapas de la reconstrucción nacional ya habían
comenzado, pero los muros de la ciudad de Jerusalén todavía estaban
sin reconstruir. Corría el año 445 a. C., y Nehemías seguía estando en
Persia, donde era copero del rey. Siente la llamada de Jerusalén, que
nunca ha visto, y en su frustración ora:

1. Frente a las nefastas noticias que llegaban de Jerusalén, el ejemplo
   de Nehemías es el de una oración en forma de llanto (vv. 4, 5). Esta
   fue la oración que marcó el trabajo de toda una vida, pero no hay
   una petición clara en ella. ¿Dónde está, entonces, la fuerza de esta
   oración? (vv. 5-11).
2. A pesar de la profunda pena de Nehemías, note la ausencia de
   histerismo en la oración. ¿Qué expresan estas palabras acerca del
   carácter, las promesas, y la redención de Dios? ¿Podemos encontrar
   aquí un correctivo, en nuestra oración moderna, a partir de esta
   oración de adoración?
3. Nehemías está orando lejos de Jerusalén. ¿Qué podemos aprender
   aquí sobre la oración que observa y es vigilante? ¿Qué aprendemos
   sobre el duro trabajo de la oración de intercesión? Compare Efesios
   6.18.
4. Aquí, también, tenemos la oración que espera. Note la palabra
   «hoy» en el versículo 11. ¿Cuánto tuvo que esperar Nehemías hasta
   que Dios contestó a su petición? La respuesta está en 2.1-4, cuatro
   meses más tarde.
5. ¿Cómo nos ayuda la oración a tener una perspectiva correcta de
   los problemas y las personas alrededor de nosotros? Vea cómo la
   oración reduce al poderoso rey al nivel de «aquel varón» (v. 11).
6. «Es la oración, y únicamente la oración, la que puede hacer
   historia» (Jacques Ellul). Debatan sobre esta frase.

REFLEXIÓN

A. Piensen en la oración modelo
que tenemos en Mateo 6.9-13.
¿Qué patrón establece para
nosotros en nuestra vida de
oración? ¿Qué patrones parecidos
ha establecido usted en su propia
oración?

B. ¿Por qué preocuparse de
orar? Trate de enumerar algunas
razones convincentes.

C. ¿Por qué siente la mayoría de
las personas que la oración no
es la más fácil de las actividades?
¿Cómo podemos ayudarnos en
esto los unos a los otros?

D. Un predicador escocés dijo:
«Cuando hablamos de orar por la
obra es que no hemos entendido
nada, porque la oración es la
obra». ¿Cuál es su reacción ante
esta afirmación?

4. El cristiano y el testimonio

Proclama a una persona

El cristianismo gira en torno a una persona en lugar de una filosofía o un sistema religioso. Los primeros discípulos de Cristo no tuvieron muchas dificultades para testificar. Cualquiera que fuese su educación o su entorno, todos experimentaron el poder transformador del Cristo resucitado.

Su testimonio era acerca de él, y así lo hizo Felipe en el desierto cuando habló de Jesús al oficial etíope. Esto significa que todos los que obedecen a Jesús como su Señor tienen algo que compartir. Cada cristiano es un testigo.

Explica la verdad

Proclamamos a Cristo, pero hay, sin embargo, importantes hechos en el mensaje cristiano que deben explicarse y entenderse para que las personas sean algo más que simples conversos. El objetivo del apóstol Pablo era que los hombres y las mujeres pudieran crecer para llegar a ser más maduros espiritualmente en Cristo.

Es vital que se enseñe, se debata y se explique la verdad en sociedades en las que hay poca conciencia de Dios y de la Biblia.

Comparte el amor

Detrás del mensaje de reconciliación está el poder motivador del amor de Cristo. Cristo no solo nos envía al mundo para que hablemos de él, sino para compartir su amor y nuestro amor con los demás. Pablo dijo que él predicaba porque el amor de Cristo le obligaba.

Testifica sistemáticamente

Jesús dijo que la marca de sus discípulos debía ser la presencia de amor en sus congregaciones. Sus vidas debían brillar como luces en el mundo, por medio de sus palabras, sus hechos y su estilo de vida.

Un testimonio así no es una obligación pesada o forzada. Brota de manera natural de la vida que se vive en unión con Cristo. Dicho testimonio está preparado para acaparar y aprovechar las oportunidades tal y como llegan; para dar respuestas a aquellos que están buscando, con humildad y amor.

Testifica de una forma personal

Cuando la iglesia primitiva experimentó su primera persecución, los creyentes fueron dispersados por Judea y Samaria, a excepción de los apóstoles. Aunque estos cristianos se hallaban sin el liderazgo de los apóstoles, vemos cómo iban por todas partes, testificando de Cristo.

Se trataba de salir y testificar de forma personal y sin avergonzarse. Antes, los apóstoles habían declarado que les resultaba imposible no hablar de Cristo. Cuando vivimos cerca del amor de Dios, vemos que no podemos guardarnos las buenas nuevas para nosotros mismos.

Testifica de forma colectiva

Testificar en conjunto fortalece y alienta. Jesús reconoció la necesidad de enviar a sus discípulos de dos en dos.

En el día de Pentecostés, cuando Pedro se levantó para proclamar a Cristo, sus once compañeros se levantaron con él. El libro de los Hechos nos habla repetidamente de que los cristianos trabajaban juntos. Existía una unión en la proclamación, una característica de cualquier iglesia que trabaja con Cristo.

COMPRUEBE
EN LA BIBLIA

Proclamar: Hechos 1.8; 8.35;
Lucas 24.46-48

Explicar: Colosenses 1.28, 29;
Hechos 18.4; 2 Timoteo 2.2

Compartir: 2 Corintios 5.14; 1
Tesalonicenses 2.7-13

Sistemáticamente: Juan 13.34,
35; Filipenses 2.14-16; 1 Pedro
3.15

Personalmente: Hechos 8.1, 4;
4.18-20; Salmos 40.10

Colectivamente: Hechos 2.14,
42-47; Filipenses 1.27

VERDAD CLAVE

El testimonio cristiano es el
medio por el cual Dios, a través
de sus siervos, continúa la obra
de su Hijo, llevando el mensaje de
salvación al mundo.

Postdata

Testificar no debe ser nunca
una pesada obligación cristiana,
sino el privilegio agradecido de
aquellos que experimentan una
relación con Jesucristo.

ESTUDIO BÍBLICO Lucas 10.1-16

El relato del envío de los 72 discípulos solamente lo tenemos en Lucas.
Es diferente del envío de los doce apóstoles en 9.1. Estos formaban un
grupo permanente, con un paralelismo con las doce tribus de Israel.
A los llamados en Lucas 10, por el contrario, se les llama «otros». Los
cristianos nunca podrán ser apóstoles en un sentido estricto en la
actualidad, pero sí podemos decir que somos los claros sucesores de
esos «otros».

1. Jesús mandaba a sus representantes por delante de él, como correos
de su reino (v. 1). ¿Qué debían anunciar en relación con su reino?
2. El reino es el gobierno de Dios, por medio de Cristo el rey, en
las vidas de sus seguidores por todo el mundo. Pero, ¿cuál es su
impacto? Mire la definición en Romanos 14.17. ¿Hay algo diferente
en esto del mensaje de salvación? ¿Cuándo le tocó a usted por
primera vez el reino de Dios?
3. Mensajeros..., pero hay un segundo símbolo que describe a los
testigos de Cristo. Está en el versículo 2. ¿Cómo afecta a nuestros
planes y prioridades esta descripción de nosotros? Con la fuerza que
esto nos da, ¿cómo respondería usted a aquellos críticos que dicen
que los cristianos viven vidas muy limitadas? (cf. Mateo 13.38).
4. Un tercer símbolo lo tenemos en el versículo 3. ¿Qué aspecto del
servicio y el testimonio cristianos se destacan aquí? ¿Tiene usted
algún ejemplo actual?
5. No podemos provocar situaciones pre-pentecostales en nuestra
época, pero podemos aprender muchas cosas a partir del estilo del
versículo 4-16. ¿Qué podemos aprender sobre viajar ligeros; con
seriedad y modestia; con urgencia y confianza?

REFLEXIÓN

A. Lea la historia de Felipe y el
oficial etíope en Hechos 8.26-
40. ¿Qué podemos aprender de
Felipe acerca de llevar a otras
personas a Jesucristo? ¿Qué
cualidades vemos en Felipe?
¿Estaba preparado el oficial para
ese encuentro?

B. ¿Qué es más fácil, hablar
de Cristo a un extraño o a un
conocido? ¿Qué opción parece
ser la más efectiva, y por qué?

C. Lea 1 Tesalonicenses 2.7-13.
Enumere las cualidades de Pablo
en este pasaje, su motivación, sus
esfuerzos, su persistencia. ¿Cómo
deben afectar estos versículos a
nuestra forma de expandir las
buenas nuevas?

D. Teniendo en cuenta sus dones,
¿qué es lo que puede usted hacer,
de manera libre y natural, para
ayudar a que se conozca mejor a
Cristo?

5. El cristiano y el mundo

AL CRISTIANO...

Se le saca del mundo

«El mundo» significa tanto esta época presente, temporal, como el sistema de pensamiento y acción hostil que actúa en este planeta. Este es nuestro entorno.

Pero el verdadero hogar del cristiano no está aquí. Cualquiera que sea nuestro estado físico, bueno o malo, todo lo que es más valioso para nosotros (nuestro Padre celestial, Jesucristo, nuestra herencia, nuestra esperanza) está en otra parte. El Nuevo Testamento insta a los seguidores de Cristo a poner sus corazones en la dimensión celestial y eterna.

Se le aparta del mundo

Encontramos este hilo en la mayoría de las cartas del Nuevo Testamento. Los cristianos, por su llamamiento hacia el cielo, tienen que evitar las influencias y las asociaciones con el mal existente en esta sociedad caída. Sus modelos éticos tienen que ser los más altos.

Esta separación del mundo, sin embargo, no significa que el cristiano deba retirarse de la sociedad, sino que debe mantener su compromiso con Cristo dentro de ella.

Se le envía al mundo

El llamamiento del Nuevo Testamento no es simplemente que los discípulos de Cristo deban evitar contaminarse con el mundo, sino que deben además purificarlo.

La actitud del cristiano hacia el mundo no debe ser nunca de desprecio. Es el mundo de Dios, y debemos involucrarnos en su redención.

Debe vencer al mundo

Tenemos que evitar esa forma de ver las cosas en la que se emiten juicios sobre el mundo, rechazándolo por pensar que está fuera del alcance y del cuidado de Dios. Pero, por otra parte, no debemos caer en la trampa de creer que el mundo puede llegar a ser perfecto moral, social o políticamente hablando. Los cristianos y otras personas de buena voluntad tienen mucho por hacer para aliviar los problemas del mundo mientras se completa la verdadera redención del mismo, cuando se revele la futura gloria de Cristo.

De esta forma, se llama al cristiano a vencer las tendencias de maldad y las presiones que el mundo pone sobre él. Estamos inmersos en una batalla espiritual que implica a cada cristiano en esta época de oscuridad, y por tanto debemos armarnos con armas espirituales. Cristo mismo nos ha dado la seguridad de su fuerza para la lucha, y para la victoria definitiva de Dios sobre toda maldad.

Se encuentra en una travesía por el mundo

El cristiano es un ciudadano del cielo, con relaciones y privilegios que están fuera de este mundo. Somos como los judíos del Antiguo Testamento, en plena travesía hacia una Tierra Prometida, confiados en la seguridad de la presencia de Dios y de su dirección.

Se le pide al peregrino que sea obediente y disciplinado. A veces se nos compara con el soldado que no puede permitirse verse enredado en disputas civiles, o a un atleta que debe respetar las normas necesarias.

Nuestra vida cristiana es la historia de la peregrinación por un mundo que está tambaleándose bajo sus problemas. Pero seguimos adelante con la fe como nuestra luz.

ESTUDIO BÍBLICO Efesios 6.10-20

Sacados: 1 Corintios 7.29-31;
Hebreos 10.33, 34; Colosenses
3.1, 2

Apartados: Santiago 4.4, 5;
Efesios 5.3-11; Juan 17.15, 16

Enviados: Juan 20.21; Mateo
5.13-16; Juan 3.16, 17

Vencer: Romanos 8.19-21;
Efesios 6.10-18; Romanos 8.37

Travesía: Filipenses 3.20; Josué
1.9; Hebreos 11.16

VERDAD CLAVE

El testimonio cristiano es el
medio por el cual Dios, a través
de sus siervos, continúa la obra
de su Hijo, llevando el mensaje de
salvación al mundo.

Postdata

Una verdadera comprensión del
mundo que Dios ama fortalecerá
el llamamiento del cristiano, por
el cual este debe ir por todo el
mundo y proclamar a Cristo a
cada persona.

El apóstol Pablo escribe desde la cárcel a los cristianos de una
ciudad que ya tenía mil años; era una ciudad sofisticada, mundana
y promiscua. Los creyentes debían haber sentido el desafío de ser
embajadores de Cristo en un entorno hostil, mientras caminaban a
lo largo del ancho bulevar que lleva del puerto de Éfeso hasta su gran
teatro. También estaba el templo pagano de Artemis que daba a los
300.000 habitantes su industria principal.

1. A medida que lee este pasaje, trate de asimilar la fuerza de
   la oposición espiritual a la que se tenían que enfrentar los
   contemporáneos de Pablo. Luego piense en su propia postura.
   ¿Quién tenía la tarea más dura?
2. Estudie los verbos activos de este pasaje. ¿Qué se les dice a los
   cristianos que hagan? ¿De qué le hablan a usted estos verbos?
   ¿Cómo nos desafían en la actualidad?
3. ¿Cómo podemos animarnos cuando pensamos en los poderes
   espirituales que se oponen a la obra de Dios? Vea Colosenses 2.15;
   1 Juan 4.4; Apocalipsis 12.11.
4. Deje que diferentes miembros del grupo «adopten» una pieza de
   la armadura del cristiano, que se describe en los versículos 14-17, y
   luego comparen anotaciones sobre el valor y el propósito de cada
   pieza, y lo que significan en la actualidad.
5. Nuestro problema es que no debemos aislarnos del mundo ni
   de sus asuntos y modelos. ¿Cómo se prepara un cristiano para
   «permanecer firme», mientras sigue involucrado en el mundo?
6. Versículos 18 y 19, la vida de oración. ¿Cuáles son sus resoluciones,
   tanto de forma conjunta como privada, como resultado del estudio
   de este pasaje?

REFLEXIÓN

A. Lea y estudie 2 Timoteo 4.1-
22. Pablo está en la cárcel, cerca
del final de su peregrinaje, en
Roma. ¿Cómo ve la escena actual,
su propia situación y el futuro,
y sus conocidos? Compare las
carreras de Dimas y Marcos (cf.
Hechos 15.37-39).

B. El cristiano no debe pensar
que el mundo va a conseguir
ser perfecto. ¿Cómo podemos
evitar una actitud de juicio que
rechace por completo al mundo,
o una actitud extremadamente
optimista que acabe
desilusionándonos?

C. Lea Juan 16.33. ¿Por qué alentó
Jesús a sus discípulos con estas
palabras? ¿Qué significan para
ellos, y para nosotros?

D. ¿Cómo podemos permanecer
claramente centrados en nuestra
meta eterna claramente?

6. La vida cristiana

Una vocación que se debe cumplir

El Nuevo Testamento está lleno de pasajes que hablan de metas, objetivos y ambiciones. El mismo apóstol Pablo es un ejemplo de ello. Quiere acabar su carrera; desea ganar la aprobación de Dios; anhela proclamar a Cristo a aquellos que nunca han oído hablar de él. Todas las ambiciones de Pablo se centraban en Cristo mismo, que debía ocupar el primer lugar en todo.

Todos los cristianos reciben un llamamiento: formar parte del pueblo de Dios. Una vocación así es mucho más importante que cualquier otro llamamiento de la vida y, de hecho, los refuerza.

Un carácter que se debe desarrollar

El propósito de Dios para su pueblo es que vivan en santidad como su hijo Jesucristo. Ser cristiano no solo es creer algunos hechos relativos a Cristo, sino desarrollar un carácter como el suyo. El cristiano debe poner de su parte en este proceso, combatiendo los malos hábitos, el pecado y las actitudes incorrectas por medio del poder del Espíritu Santo.

Una comunión que se debe mantener

El cristiano recibe los medios necesarios para mantener una relación con Cristo. Dos ejemplos de ello son la Santa Cena y la oración.

La primera carta del apóstol Juan tiene mucho que decir acerca de la comunión en la vida cristiana. Es una comunión viva, ya que se centra en Cristo, el Verbo de vida. Es una comunión de amor, porque todos los que están conectados con Cristo lo están también los unos a los otros. Es una comunión de luz, porque no puede haber oscuridad o impureza escondida allí donde Dios está presente.

Energía que se deben aprovechar

Dios nos ha dado muchos talentos naturales. Cuando nos convertimos no dejamos estas habilidades. En lugar de ello, y motivados por las verdades de nuestra fe, las dedicamos a Dios para que alcancen su potencial y poder máximos.

El poder de la resurrección de Cristo realza la calidad de nuestro trabajo diario, de nuestras relaciones y de nuestro servicio. Debemos ser conscientes de que no estamos en este mundo para nuestro propio beneficio. Estamos para ser usados.

Mentes que se deben desarrollar

El marco del pensamiento cristiano capacita a las personas para que estas establezcan su relación con el universo sencillamente porque el cristianismo es la verdad.

Abriendo nuestro intelecto a la verdad de Dios, podremos conocer los asuntos más profundos de la vida.

Cada cristiano debe saber que su mente se encuentra dentro de los límites de su capacidad. Pablo describe como a «bebés» a aquellos que se dejan arrastrar por creencias cambiantes. Su oración era que la luz de Cristo iluminara por completo las mentes de los cristianos más jóvenes. Tenían que ser adultos en su entendimiento.

Una esperanza de la que debemos ser conscientes

La naturaleza histórica de la fe cristiana, que culmina con la resurrección de Jesús, da al pueblo de Dios la esperanza de su herencia final en gloria. Con toda seguridad, Aquel que resucitó volverá; el pasado es perdonado; el presente está cubierto, y el mañana nos pertenece.

Vocación: Filipenses 3.14; Romanos 15.20; Colosenses 1.18

Carácter: Romanos 8.29; 2 Pedro 1.5-8; Efesios 5.1, 2

Comunión: 1 Juan 1.1-7; Efesios 4.3-6; Juan 15.4

Energía: 1 Corintios 15.58; Efesios 2.10; Colosenses 3.23, 24

Mente: 1 Juan 5.20; Efesios 4.13, 14; Efesios 1.18

Esperanza: 1 Pedro 1.3-9; Tito 2.13; Apocalipsis 22.20

VERDAD CLAVE

Un cristiano alcanza su máximo potencial a medida que va progresando en la vida y en la fe. La vida cristiana se ve de las formas que aquí se enumeran.

POSTDATA

Es de vital importancia que los seguidores de Cristo hagan discípulos, y no se conformen con simples conversos, han de hacer hombres y mujeres con un carácter maduro y un juicio sensato.

ESTUDIO BÍBLICO Filipenses 3.7-14

Pablo tenía un vínculo especial con los cristianos de Filipos, porque esta fue la primera iglesia que se fundó en suelo europeo. Leemos acerca de sus inicios en Hechos 16. Esta carta se escribió alrededor del año 61 d. C., y es otra de las cartas que Pablo escribió desde la cárcel. En este pasaje, Pablo comparte su propio testimonio de Cristo, y subraya sus metas y sus valores para la vida. Aquí encontramos algunas de las resoluciones personales más poderosas y conmovedoras que se recogen en las Escrituras. Las siguientes preguntas pueden serle de ayuda en el estudio de este pasaje:

1. En los versículos 7-9, el escritor está haciendo sus cálculos. Está comparando lo mejor que este mundo puede ofrecer con los aspectos «más duros» del discipulado cristiano. ¿Qué pesa más? ¿Qué inclina la balanza? ¿Quién hizo también una valoración parecida? Vea Hebreos 11.25, 26.

2. Vea los versículos 10 y 11. ¿Se pueden tener los aspectos «positivos» de la experiencia cristiana, sin los «negativos»? ¿Qué hay en la muerte de Cristo que ejerce tal magnetismo sobre el creyente?

3. Los versículos 12-14 transmiten la idea de una carrera. Debata los conflictos a los que se enfrentaba Pablo, entre la salida y la meta, entre el pasado y el futuro, entre la inmadurez y la perfección. ¿Cómo nos afectan estos conflictos hoy? ¿Cómo debemos gestionarlos?

4. «Una cosa hago», versículo 13. De hecho Pablo hizo muchas cosas; hizo tiendas, predicaba, viajaba, escribía cartas. ¿Qué quería decir con «una cosa»? ¿Por qué es tan importante ser alguien que tenga un objetivo principal?

5. ¿Cuál es «el premio» del versículo 14? Las claves están en este pasaje y en 1.21.

REFLEXIÓN

A. Lea Juan 15.1-17. Reflexione en lo que significa estar unido a Cristo. ¿Cómo se consigue esto? ¿Cuáles son las expectativas de Cristo sobre su pueblo? ¿Cuáles son los privilegios y los desafíos de esta relación?

B. Bertrand Russell (que era ateo) dijo una vez sobre el cristianismo: «No hay nada que se pueda decir contra él, excepto que a muchos de nosotros nos resulta demasiado difícil de practicar con sinceridad». ¿Es exacta esta valoración? Dé sus razones.

C. ¿Cómo afecta su fe cristiana a su trabajo diario? Debata esto con sus amigos.

D. ¿Cómo describiría usted su relación con Jesucristo?

LA IGLESIA

1. Sus características

Es la iglesia de Jesucristo (histórica)

En la historia es la única iglesia que ha experimentado la presencia de Jesucristo entre sus miembros. Esto es así porque es la iglesia de Cristo, que él mismo compró con su propia sangre, y que luego cuidó del mismo modo en que un marido lo hace con su esposa. Jesús declaró que donde dos o tres se reunieran en su nombre se experimentaría su presencia prometida. Por muy pequeño que sea el grupo, allí está la iglesia.

Es la congregación de todos los creyentes (universal)

Los creyentes de las distintas épocas, pasado, presente y futuro, juntos, forman la iglesia. Es la iglesia de culturas diferentes, que se encuentran en países esparcidos por todo el mundo, pero que se unen por su Señor común. Es una iglesia con características, capacidades y temperamentos diferentes, y es una iglesia en la que aparecen diferentes niveles de experiencia, desde los cristianos más ancianos hasta los discípulos más recientes, pero, a pesar de ello, es una sola iglesia.

Es una unidad en el Espíritu (espiritual)

La unidad del Espíritu sobre la que Pablo escribió, es más importante que las diferencias entre grupos y denominaciones. La iglesia verdadera solo puede ser una, porque es un solo Espíritu el que la une.

Aunque todos los cristianos deben trabajar por la unidad y evitar divisiones, no deben buscar la unanimidad ni la uniformidad. Más bien, es un reconocimiento de todos aquellos que exhiben la semejanza de la familia.

Su autoridad es la Palabra de Dios (escrituraria)

En todas las épocas la iglesia ha tenido una relación vital con las Escrituras; la base de las creencias y de la estabilidad de la iglesia es la revelación de estas.

Se ha comisionado a la iglesia para que defienda esta revelación, la proclame y se someta a su autoridad. La Biblia es la autoridad de la iglesia y nos cuenta lo que necesitamos saber acerca de la salvación y de la conducta cristiana. En estas áreas la Biblia tiene la última palabra. En otros asuntos, sin embargo, como el gobierno de la iglesia, no hay un esquema claro y esto sin duda ayuda a explicar las diferencias que han existido siempre entre las iglesias, incluso en los tiempos del Nuevo Testamento.

Su plan es para todo el mundo (internacional)

El plan de la iglesia es el plan de Cristo. Jesús dijo que su tarea era traer buenas nuevas a los pobres y libertad a los oprimidos.

Cuando el ministerio terrenal de Cristo terminó, él ordenó a la iglesia que llevara su misión a todo el mundo. El libro de Hechos nos muestra la forma en que se extendió la misión de la iglesia desde Jerusalén a Judea y Samaria, y a toda la tierra. Nuestra tarea es una labor de evangelización y servicio, y el Espíritu Santo nos fortalece y nos da el poder para realizarla.

Su destino es el cielo (eterna)

La iglesia en la tierra vive entre dos venidas. Mira al pasado hacia el nacimiento y el ministerio de Jesucristo, y también hacia el futuro, a su glorioso regreso.

Mientras tanto, trabaja sabiendo que Cristo está preparando un hogar futuro. Un día, que solo Dios conoce, sonará la trompeta y la iglesia se reunirá con Cristo.

De Jesucristo: Mateo 16.18; 18.20

Congregación: Colosenses 3.11;
Apocalipsis 7.9, 10

Unidad: Efesios 4.4-6; Juan 17.20-23

Autoridad: Judas 3; 2 Timoteo
1.13, 14

Plan: Lucas 4.16-21; Juan 20.21;
Hechos 1.8

Destino: Mateo 24.30, 31; Juan
14.1-3

VERDAD CLAVE

La iglesia de Jesucristo es la
congregación de las personas
redimidas. Cristo está presente y
activo en la iglesia, y la usa para su
obra en el mundo.

POSTDATA

El cuadro bíblico de la iglesia
anteriormente descrito ayuda a la
iglesia a mantener las prioridades
correctas en su misión y
adoración. También proporciona
un examen preciso que determina
si los movimientos y sectas que
reivindican formar parte de la
iglesia son verdaderos o falsos.

ESTUDIO BÍBLICO Efesios 2.11-22

El apóstol Pablo se dio cuenta de que Éfeso era un centro estratégico
que podía alcanzar con el mensaje de Cristo a toda la provincia
romana de «Asia», el oeste de Turquía en la actualidad. Éfeso era
importante como centro cultural, comercial, político y religioso.
Aunque en esencia era gentil y pagana, también contaba con una
considerable población judía.

En esta carta a los cristianos efesios, la enseñanza del Nuevo
Testamento acerca de la iglesia como nueva sociedad de Dios alcanza
quizás su expresión más rica, en una sociedad que proporcionaba el
entorno más hostil posible para el crecimiento de la iglesia.

1. En los versículos 11-13, analice cada uno de los términos que
   describían el estatus espiritual de los gentiles. ¿Cómo era la brecha
   que existía entre ellos y el pacto de los judíos? ¿Y cuál era el factor
   que podría posiblemente traer la unidad entre los dos grupos?
2. ¿Ha visto la palabra «pero» del versículo 13? (cf. 2.4). Siga ahora con
   el versículo 14. ¿Cuál era el propósito de Cristo? ¿Cuáles fueron sus
   logros (14-18)?
3. «Un nuevo hombre» (v. 15... «Una nueva y única humanidad»).
   Vea que los judíos no se vuelven gentiles, ni los gentiles judíos.
   Estamos ante un nuevo ser común. ¿Qué conclusiones saca usted de
   este pasaje mientras observa la escena mundial de la iglesia? ¿Qué
   correcciones serían necesarias?
4. Aquí, en los versículos 19-22, se describe algo que rivaliza con el
   gran templo de Artemisa, pero con muchas diferencias. Descríbalas.
5. Vuelva a la cruz (vv. 13 y 16), y descubra de nuevo su unidad con los
   seguidores de Jesús en cualquier parte.

REFLEXIÓN

A. Lea Efesios 4.1-16. ¿Qué es lo
que le da a la iglesia su unidad
esencial (vv. 4-6)? ¿Cómo se
preserva esto? ¿Cómo se puede
comparar con el tipo de unidad
que los cristianos deben buscar?
(vv. 11-16). ¿Cómo se logra esto?

B. Un líder de iglesia dijo una vez:
«La iglesia es la única institución
en el mundo que existe
principalmente para el beneficio
de los que no son miembros.»
¿Hasta qué punto está usted de
acuerdo con esta afirmación?

C. Algunos cristianos ponen
mucho énfasis en las tradiciones
de su propia iglesia. Otros
califican las denominaciones
como poco saludables. Otros se
muestran indiferentes. ¿Cuál es
su punto de vista?

D. Lea 1 Timoteo 3.15. ¿Qué
puede hacer su propio círculo de
amigos cristianos para extender
todavía más la verdad de Dios?

2. Su descripción principal

Un edificio firme

Las cartas del Nuevo Testamento tratan el asunto de «edificar» la iglesia de Cristo, aunque esta idea no debe confundirse de ninguna manera con edificios literales para la adoración cristiana.

Los apóstoles Pablo y Pedro, en particular, veían a la iglesia como un edificio espiritual, hecho de «piedras vivas»: los cristianos. Este cuadro nos muestra cómo los cristianos dependen los unos de los otros y de Cristo, como piedra angular del edificio.

Una esposa virgen

La idea del Nuevo Testamento de una iglesia «casada» con Cristo sugiere una relación de una intimidad profunda. Se nos dice que Cristo ama a la iglesia, y que la ha hecho pura y sin mancha por medio de su muerte.

La visión del apóstol Juan de un nuevo cielo y una nueva tierra describe a la iglesia como esposa de Cristo, preparada para recibir a su marido.

Un cuerpo que funciona

El cuadro que representa a la iglesia como un cuerpo, con Cristo a su cabeza, enfatiza que la iglesia es un organismo vivo y no una organización.

Igual que en la imagen de la iglesia como edificio, se destaca la dependencia que esta tiene de Cristo, pero también aprendemos que ningún miembro del cuerpo es imprescindible, o de importancia primordial.

Una ciudad permanente

El tema de la ciudad de Dios suele verse por lo general en la Biblia como la esperanza futura. Los que forman el pueblo de Dios viven como extranjeros en la tierra, y esperan aquella ciudad que está por venir.

La ciudad de Dios se menciona muchas veces en el libro de Apocalipsis, en el que el escritor está hablando a la iglesia. Cuando el pueblo escogido de Dios llegue finalmente a su meta, la ciudad será una inmensa comunidad con un propósito, vida, actividad y seguridad permanentes.

Una familia estable

Los términos «familia» o «casa» de Dios apuntan de nuevo a la relación que existe en la iglesia entre sus miembros y la cabeza. Y esa paternidad de Dios proporciona un modelo para la vida familiar de hoy.

El hecho de que todos, tanto judíos como gentiles, compartieran los privilegios de la casa de Dios les alentó mucho, especialmente a los gentiles que se convirtieron en la iglesia primitiva. El gentil ya no era un forastero o un extraño. Esto debería ser cierto también en la iglesia actual, porque las barreras estropean la vida familiar que Dios quiere que la iglesia tenga.

Un ejército activo

No se ve en las Escrituras referencias importantes que hablen de la iglesia como de un ejército. Sin embargo, el Nuevo Testamento enseña que la iglesia está involucrada en una batalla espiritual.

Este simbolismo nos trae las ideas de intensidad, actividad y victoria; las armas y la victoria son de Dios.

COMPRUEBE EN LA BIBLIA

Edificio: 1 Pedro 2.4, 5; Efesios 2.20-22

Esposa: Efesios 5.25-27; Apocalipsis 21.2

Cuerpo: 1 Corintios 12.12-31; Efesios 1.22, 23; 4.15, 16

Ciudad: Hebreos 13.14; Apocalipsis 21.10-27

Familia: Efesios 2.19; 3.14, 15; 1 Timoteo 3.14, 15

Ejército: Efesios 6.12; Apocalipsis 12.11

VERDAD CLAVE

Hay muchos cuadros diferentes en el Nuevo Testamento. Si se miran todos juntos, estos cuadros nos dan una idea completa acerca de la naturaleza y el carácter de la iglesia, así como de su misión.

POSTDATA

Hay que enfatizar que la iglesia es un organismo en lugar de una organización, una comunión viva en lugar de simples edificios, una familia cercana en lugar de una colección de individuos.

ESTUDIO BÍBLICO 1 Pedro 2.1-10

Esta maravillosa carta, escrita por el apóstol Pedro en el año 63 o 64 d. C., llegó justo a tiempo para preparar a los cristianos de Asia Menor, acosados y esparcidos, para la gran persecución que surgió bajo el emperador Nerón durante el verano del 64. Su mensaje es de esperanza y confianza a pesar de pasar por «todo tipo de pruebas» (1.6).

Del mismo modo que Pablo con los efesios, Pedro usa en este pasaje una terminología gráfica para describir a la nueva sociedad que Dios ha creado por medio de Cristo. Use estas preguntas como ayuda en el estudio:

1. Lea los versículos 1-3. No era un tiempo para que los creyentes se atacaran entre sí, sino más bien para desarrollar un apetito espiritual saludable. ¿Cuánto ora usted por sí mismo y por los demás respecto a este asunto? «¡Danos hambre!».

2. En los versículos 4 y 5 la metáfora cambia de niños recién nacidos a... ¿qué?

3. En el templo espiritual e «invisible» de la iglesia, ¿qué lugar y función tiene Cristo en los versículos 4-8? Vea en las referencias del Antiguo Testamento cómo Cristo es tanto una fuente de confianza como de calamidad. ¿Por qué es esto así?

4. Vemos en el versículo 9 cuatro descripciones de la comunidad cristiana. ¿Cómo debemos vernos dentro de una sociedad que no cree? ¿Cuáles son nuestras funciones en los versículos 9-12?

5. «El pueblo de Dios» (v. 10). Si a ningún otro grupo se califica de esta forma, ¿qué nos está diciendo esto a nosotros en la iglesia?

6. Los sacrificios de animales pertenecían al pasado. ¿Qué es un «sacrificio espiritual» (v. 5)?

REFLEXIÓN

A. Lea 1 Pedro 2.1-10 y medite. Se usan muchas expresiones en sentido figurado para referirse a los cristianos en este pasaje. Trate de enumerarlas, y considere lo que implican.

B. ¿Cuál de las numerosas descripciones de la iglesia le ha resultado más beneficiosa? ¿Por qué?

C. Reflexione sobre lo mucho que Cristo ha hecho por su iglesia a la vez que va considerando cada imagen de la iglesia.

D. Vea 1 Corintios 12.12-31. ¿Qué nos dicen estos versículos sobre los celos y la soberbia en la iglesia? ¿Cómo ve usted a aquellos que parecen tener más dones en su congregación, y a los que parecen tener menos dones que usted?

LA IGLESIA
3. Su relación con Cristo

Cristo murió por la iglesia

La muerte de Cristo no se relaciona simplemente con los individuos, sino con el pueblo de Dios, la iglesia. En la anunciación del inminente nacimiento de Jesús a María se le dijo que él salvaría a su pueblo de sus pecados.

Quedó claro, cuando Jesús tomó la copa y la dio a sus discípulos en la última cena, que consideraba su muerte como la llegada de un nuevo «Israel» o pueblo de Dios. Desde ese momento, la iglesia ha recordado en la Cena del Señor el precio que Cristo pagó para fundar la iglesia.

Cristo construye la iglesia

Jesús vino para fundar, no una filosofía, sino una comunidad. Era fundamental para el pensamiento de los primeros cristianos el hecho de que los nuevos conversos se unieran inmediatamente a la congregación; que todos los que tuvieran comunión con el Padre y con el Hijo también tuvieran relación los unos con los otros.

Sin embargo, era algo más que sumar gente. Cristo es la fuente de la vida de la iglesia y, por tanto, estar en la iglesia es experimentar la vida de Cristo de una forma única. Él dirige a la iglesia por medio de su Espíritu, concede dones espirituales a sus miembros y crea unidad y amor.

Cristo protege a la iglesia

En el Antiguo Testamento, Dios protegía a menudo a su pueblo, como por ejemplo, en la historia del horno de fuego en el libro de Daniel.

En el Nuevo Testamento se nos dice que Cristo protege a su pueblo, la iglesia. Él defiende a la iglesia de los ataques de Satanás y la protege en la adversidad. Más aun, él da a la iglesia el poder necesario para que lance sus propios ataques contra Satanás. La iglesia no está a la defensiva, sino que va al ataque.

Cristo purifica la iglesia

En el Antiguo Testamento algunos profetas describieron a Israel como una mujer que había sido infiel a su marido. El pueblo de Dios había traicionado las promesas que hicieron en el pacto con él.

En el Nuevo Testamento, la iglesia se ve fiel y pura a causa de Cristo. Él la purificó con su muerte, y la sigue manteniendo. Se nos dice que, finalmente, Cristo la recibirá como a una esposa perfecta: fiel y pura.

Cristo intercede por la iglesia

La palabra «interceder» significa actuar como pacificador en nombre de otra persona. Es alentador saber que, gracias a la muerte de Cristo por nosotros, él está ahora en el cielo, representándonos delante del Padre.

Dado que Cristo intercede por nosotros, tenemos aseguradas tres garantías. Primero, recibimos el perdón gracias a su muerte. Segundo, tenemos acceso libre y gratuito a Dios por su presencia en el cielo. Tercero, las palabras que él pronuncia en nuestra defensa nos protegen de la condenación por nuestros pecados.

Cristo prepara para la iglesia

Jesús tranquilizó a sus amigos diciéndoles que no debían estar preocupados por el futuro, ya que se iba para prepararles un hogar. Esto nos muestra que Cristo ama a la iglesia y anhela disfrutar de la compañía de aquellos que creen en él. Su obra no estará completa hasta que la iglesia esté en el lugar que él preparó para ella.

Murió por: Mateo 1.21; 26.26-29;
Hechos 20.28

Construye: Efesios 4.11-16;
Hechos 2.46, 47

Protege: Daniel 3.19-27; Mateo
16.18, 19

Purifica: Jeremías 3.6, 14; Efesios
5.25-27

Intercede: Hebreos 7.25-27; 1
Juan 2.1; Romanos 8.34

Prepara: Juan 14.1-4; 1
Tesalonicenses 4.16, 17

VERDAD CLAVE

La vida, el testimonio y la
continuidad de la iglesia
dependen totalmente de su
relación con Jesucristo, su
constructor y protector.

POSTDATA

El amor de Cristo por su iglesia
le llevó a entregar su propia
vida por ella. La iglesia debe
hacer lo mismo, someterse a los
intereses de su Señor y cumplir su
voluntad.

ESTUDIO BÍBLICO Efesios 4.1-16

Pablo está lejos de sus amigos, en Roma bajo arresto domiciliario
y esperando el juicio ante Nerón. Pero es capaz de recordar a sus
lectores lo que Cristo ha hecho por los miembros de la nueva sociedad
de Dios en Éfeso, elevándolos a las alturas; hombres y mujeres
escogidos por él, predestinados, resucitados con Cristo, reconciliados
por medio de la cruz, con acceso al Padre, hechos conciudadanos y
edificados como un templo santo.

1. A la vista de este gran llamamiento a los cristianos de Éfeso, ¿cómo
   deben vivir estos ahora (vv. 1-3)?
2. Cuando se habla de unidad, vea cómo se usa frecuentemente la
   palabra «uno» (vv.3-6). ¿Qué nos dice esto acerca de algunas facetas
   que no cambian dentro de la iglesia cristiana en todo el mundo?
3. Vaya al versículo 13. Si en el versículo 3 ya existe una unidad
   espiritual que debe mantenerse, aquí parece haber una segunda
   unidad que debe alcanzarse ya. A partir de los versículos 13 y 14
   trate de establecer la naturaleza de esta unidad y de esta meta que
   tenemos por delante.
4. Si la iglesia en general, o incluso cualquier congregación local, se
   está moviendo desde una unidad que ya existe hacia una unidad que
   está por delante, ¿qué hay en medio? ¿Qué es lo que hace posible
   que se acometa este trayecto? La respuesta está en los versículos
   7-12.
5. Si la unidad era el tema del principio, ahora la diversidad de dones
   que el Cristo encarnado y ascendido ha otorgado (vv. 9,10) adquiere
   mucha importancia. ¿Para qué son los dones?
6. La cabeza... el cuerpo (vv.15, 16). ¿Cómo podemos poner en
   práctica esta relación única?

REFLEXIÓN

A. Considere el mensaje de
Apocalipsis 3.1-6. Juan está
compartiendo el mensaje de
Cristo con la iglesia en Sardis
(actualmente Turquía). ¿En qué
sentido es importante este pasaje
para la iglesia en general, y para
su congregación hoy? Enumere
las acusaciones, los desafíos y las
promesas que tenemos en estos
versículos.

B. «La Biblia no sabe nada de
una religión solitaria» (John
Wesley). ¿Por qué razón debería
preocuparse un creyente por la
iglesia de Jesucristo?

C. Vea Apocalipsis 1.5, 6. ¿Qué
ha hecho Jesús por su iglesia?

D. Lea Daniel 3.13-28. ¿Qué
mensaje hay en esta historia para
la iglesia actual?

LA IGLESIA

4. Su atoridad y misión

Guardar la verdad

La iglesia no está para crear la verdad, sino para guardarla. Se describe como el pilar de la verdad; como protectora de la fe que se ha confiado al pueblo de Dios.

Así, la iglesia debe seguir los pasos de los apóstoles tanto en su modelo de enseñanza como en la calidad de su misión. Debe hacer algo más que guardar la verdad, debe proclamarla. De igual forma, debe hacer algo más que hablar, debe hablar la verdad. La iglesia debe ser escritural en su mentalidad y misionera en su corazón.

Corregir a los rebeldes

La Biblia enseña que la autoridad de los líderes de la iglesia debe tenerse en alta estima si queremos que exista una disciplina saludable en la congregación. Por otra parte, los líderes deben ser responsables con su modelo de enseñanza y su moralidad personal.

Indisciplina, inmoralidad y división en la iglesia no deben permitirse. Sin embargo, todas las medidas disciplinarias deben atenuarse por el deseo de edificar a la persona que ha ofendido y por el perdón que rodea a la familia de Cristo.

Desafiar al diablo

Moral, espiritual y doctrinalmente, la iglesia de Dios siempre ha estado rodeada de maldad. La Biblia enseña que el mal puede vencerse con el poder de lo bueno. La iglesia debe desafiar al mal por medio de su vigilancia y su determinación por vivir en la verdad y predicarla.

Evangelizar al mundo

Antes de ascender, Jesús dio a sus discípulos un mandato específico que la iglesia debe obedecer en cada época. Debían hacer discípulos por todo el mundo, esparciendo las buenas nuevas de Cristo.

Debemos anunciar que Jesucristo, que fue crucificado una vez por los pecados del mundo, está vivo, y que es el Señor; que el perdón y el don del espíritu son para todos los que le pertenecen tras el arrepentimiento y la fe. El mensaje debe proclamarse universal, obediente, relevante, alegre y urgentemente. Lo hacemos porque él lo ha mandado.

Servir al mundo

Jesús nunca esperó que la iglesia proclamara palabras sin demostrar hechos. El servicio cristiano es un socio del evangelismo, y ambas actividades son una parte necesaria de la misión de Dios.

Cristo es el ejemplo de este servicio que su iglesia debe realizar en el mundo. Alimentó a los hambrientos, sanó a los enfermos y llevó esperanza a los desesperados. Se identificó con la humanidad en todas sus necesidades.

Lo mismo debería aplicarse a la comunión que él vino a crear.

Glorificar a Dios

La iglesia vive para la gloria de Dios. En todo lo que hace, debe dirigir su atención y alabanza hacia Dios. Cumple su propósito si lleva fruto en un servicio sincero, y si refleja su amor.

De forma más particular, glorifica a Dios al sufrir con Cristo, siguiendo sus pasos. Jesús dijo que la hora de su muerte fue el momento de su mayor gloria. Por lo tanto, el sufrimiento y la gloria del reino de Dios se combinan en Jesús.

ESTUDIO BÍBLICO 1 Tesalonicenses 1.1-10

Guardar: 1 Timoteo 3.15; Judas 3;
1 Timoteo 6.20

Corregir: Hebreos 13.17;
1 Corintios 5.9-13

Desafiar: Romanos 12.17-21;
Judas 19-21

Evangelizar: Mateo 28.18-20;
1 Tesalonicenses 1.5-10

Servir: 1 Juan 3.17, 18; Tito 3.8;
Filipenses 2.5-7

Glorificar: Juan 12.27, 28; 1 Pedro
4.12-14; Apocalipsis 1.9

Tesalónica se encuentra junto la vía Egnatia, una gran carretera romana que iba desde el oeste de Grecia hasta Constantinopla y el este. Tesalónica era el punto en el que el este y el oeste se encontraban. En el año 49 d. C. Pablo llegó a la ciudad, y estuvo allí durante tres semanas de misión antes de que la oposición judía expulsara a los evangelistas. El relato se encuentra en Hechos 17.1-9. Pero esas tres semanas fueron suficientes; se había plantado una iglesia. Algunos meses más tarde, Pablo escribió a la nueva iglesia. ¿Había fracasado su misión? Evidentemente no, porque Timoteo le llevó buenas noticias (3.2). Pablo escribe este pasaje inicial con alegría:

1. Tesalónica crea un precedente en la Europa pagana. ¿Cuáles son las evidencias que muestran que la misión no fracasó? Mire los versículos 2-5 y enumere las bendiciones. ¿Hasta qué punto son típicas en los discípulos cristianos?

2. Analice ahora la experiencia en los versículos 6 y 7. ¿Hasta qué punto era esta nueva iglesia un modelo de los patrones del Nuevo Testamento? Compare Hechos 14.22. ¿Vemos estas mismas características en el mundo actual?

3. Absorba ahora el impacto de esta iglesia, en los versículos 8-10. ¿Qué parte de culpa tuvo la vía Egnatia? ¿Cuál era la reputación de esta iglesia joven y enérgica?

4. Su iglesia podría tocar al mundo. Las carreteras romanas han dado paso a otras formas de comunicación, incluido Internet. Pero han existido otros recursos disponibles para los cristianos a lo largo de los siglos, siendo el más importante la oración de intercesión. ¿Qué está haciendo su iglesia o congregación para que su fe sea «conocida en todas partes»?

5. Vaya al relato de la misión en Tesalónica que tenemos en Hechos 17. ¿Cuál era el poder que lo explicaba todo? Vea Hechos 17.7.

VERDAD CLAVE

La iglesia no es una sociedad pasiva en el mundo. Recibe su poder y dirección de Jesucristo, que le ha dado su autoridad para cumplir su misión.

POSTDATA

En la debilidad de la iglesia es donde se ve repetidamente su mayor poder.

REFLEXIÓN

A. Lea Hechos 12.1-19. Considere la situación de la iglesia. ¿Cuáles eran sus problemas? ¿Su clima? ¿Su influencia? ¿Sus sorpresas?

B. ¿Dónde está el equilibrio entre extender las buenas nuevas y dar un servicio práctico? ¿Qué ajustes necesita usted hacer?

C. ¿Cómo reacciona usted ante las discrepancias en su congregación? ¿Hasta qué punto se pueden aplicar las palabras de 2 Timoteo 2.23-26?

D. ¿Es usted capaz de tomar una iniciativa positiva en el lugar en el que se encuentra para ser la «sal» que mejore la sociedad (Mateo 5.13)?

LA IGLESIA

5. Sus ordenanzas

BAUTISMO

Admisión a la membresía
Desde el mandamiento de Cristo de hacer discípulos y bautizarlos en el nombre de la Trinidad, el bautismo ha sido la señal externa distintiva del cristiano.

Más que un símbolo
Cuando un oficial etíope fue bautizado por Felipe, no cabía en sí de gozo, aunque su conocimiento de Cristo era limitado. El bautismo es un acontecimiento que tiene poder. Si se recibe correctamente, se convierte en una forma de la gracia de Dios para el cristiano.

Muerte a la vida vieja
El bautismo es una despedida de la vida vieja, es un bautismo en la muerte de Cristo. Significa que el bautizado ha sido crucificado con él, y que la vida de pecado y egoísmo pertenece al pasado.

Resucitar a una nueva vida
El bautismo nos representa emergiendo hacia la nueva vida; habla poderosamente a los cristianos de resucitar con Cristo, de andar en la luz, de la paz con Dios.

Identificación con Cristo
En su propio bautismo, Jesús se identificó con la humanidad pecadora. En nuestro bautismo tenemos el privilegio de identificarnos con él, sin avergonzarnos de que nos conozcan por su nombre.

LA CENA DEL SEÑOR

Conmemoramos
Cristo no dejó ningún monumento, no escribió ningún libro. Lo que nos dejó fue una «comida» de comunión por la cual podemos sentirnos más cerca de él y recordar el sacrificio de su cuerpo y su sangre, que entregó por nosotros al morir. Esta es la mirada atrás.

Comunicamos
No adoramos a un Cristo muerto en esta santa comunión, sino a un Cristo resucitado. Cuando las personas comparten el pan y el vino, dan gracias y adoran, y usan esa oportunidad para renovar su comunión con el Señor resucitado. Esta es la mirada hacia arriba.

Nos apropiamos
Jesús dijo a sus discípulos que «tomaran» el pan, cuando se sentó con ellos. Esto no es una obra teatral de un solo hombre. No somos espectadores, pero estamos profundamente implicados; si participamos de la Cena del Señor con la actitud correcta, recibimos la gracia y el poder de Dios para la vida cristiana. Esta es la mirada hacia dentro.

Participamos
Los discípulos bebieron todos de la copa, al ir pasándola de unos a otros. Es, de hecho, una oportunidad de compartir. Los creyentes no se reúnen de esta forma simplemente como individuos, sino como familia. Esta es la mirada hacia fuera.

Nos anticipamos
Cristo dijo a sus discípulos que la Cena del Señor debía realizarse regularmente, hasta su regreso. Cuando él vuelva, nuestra comunión con él será directa, cara a cara. De esta forma, la Santa Cena apunta hacia el futuro. Esta es la mirada hacia delante.

COMPRUEBE EN LA BIBLIA

Admisión: Hechos 2.41
Más que: Hechos 8.38, 39
Muerte: Romanos 6.3, 4
Resurrección: Colosenses 2.12
Identificación: Gálatas 3.27
Conmemorar: Lucas 22.19, 20
Comunicar: Juan 6.56
Apropiarse: Marcos 14.22
Participar: 1 Corintios 10.16, 17
Anticipar: 1 Corintios 11.26

VERDAD CLAVE

El bautismo y la Cena del Señor fueron instituidos por Jesucristo como símbolos dinámicos del Evangelio. El agua del bautismo significa purificación y entrada a la iglesia de Dios. El pan y el vino de la comunión significan el recibimiento del cuerpo y de la sangre de Cristo, que él dio por nosotros en su muerte.

POSTDATA

Es importante que no infravaloremos la relevancia de estas dos ordenanzas, dadas por Jesucristo. Por medio de ellas llegamos a una conciencia más profunda de la muerte de Cristo y de su viva presencia.

ESTUDIO BÍBLICO Lucas 22.14-27

Jerusalén era el cruce de caminos para todo el judaísmo. Las personas acudían en masa para celebrar el acontecimiento que impulsó a la existencia de su nación, el paso del ángel de la muerte y la dramática liberación de Egipto: la Pascua. Ese año en particular era algo más que una rutina lo que atrajo a las multitudes. Las mentes de miles de personas estaban llenas de historias que hablaban de un joven predicador galileo. ¿Sería ese el año en el que llegara la liberación política de Roma de la mano de aquel hombre?

1. El mismo Jesús deseaba que ese momento llegara. ¿Por qué? Compare el versículo 15 con Mateo 26.18.

2. ¿Por qué escogió Jesús la ocasión de la comida de la Pascua para instituir lo que hoy conocemos como la Cena del Señor? Todas las claves se encuentran en este pasaje. No olvide la palabra pacto. Considere 1 Corintios 5.7 como versículo clave.

3. Suena raro para los oídos modernos hablar de «comer la carne» y «beber la sangre» de alguien. Para conocer el significado de estos términos judíos vaya un momento a 1 Crónicas 11.1 y a Salmos 27.2, y verá que esas frases se refieren a obtener provecho de la vida de alguien. Aplique este concepto ahora a la Cena del Señor para conseguir una respuesta clara a lo que hacemos en este acto de comer y beber.

4. Debata el poder del «recordatorio» (v.19) para un creyente. ¿Qué cambiaría en la iglesia si no existiera este acontecimiento de la Cena del Señor?

5. ¿Es sorprendente que a lo largo de la historia hayan surgido controversias y disputas, incluso acerca de esta celebración santa? ¿Qué evidencias hay de actitudes incorrectas relativas a este acto, incluso la misma noche en que se instituyó?

REFLEXIÓN

A. Lea Lucas 22.14-27. ¿Por qué conectó Jesús este acontecimiento con la Pascua del Antiguo Testamento (ver Éx 12.25-27), y con el nuevo pacto profetizado por Jeremías (Jer 31.31-34)?

B. Lea Hechos 16.29-33. En estos versículos, se muestra el bautismo como un momento muy importante en la vida del cristiano. ¿Por qué piensa usted que el bautismo es importante?

C. Cuando usted participa en la Santa Cena del Señor, ¿en qué estado mental debe usted venir, con respecto a Cristo, a usted mismo, y a las personas que están a su lado?

D. Busque los factores alentadores del acto que se celebró aquella noche, y también los elementos decepcionantes. ¿Qué nos dicen sobre el evangelio y sobre nosotros mismos?

6. Su ministerio y su orden

Predicación y enseñanza

La aceptación de la verdad revelada del cristianismo nunca ha sido un añadido opcional en la iglesia. Leemos en el Nuevo Testamento acerca del modelo o forma de enseñanza que se requiere para el crecimiento y el discipulado.

El asunto de las enseñanzas falsas se trata una y otra vez en las cartas del Nuevo Testamento. Lo que protegía a la joven iglesia era su anclaje en la enseñanza apostólica, recibida no solo a nivel intelectual, sino practicada en la vida diaria.

Oración e intercesión

La oración era la fuente de poder de la iglesia primitiva. Era el arma invisible que estableció posiciones avanzadas para el evangelio en áreas dominadas por la idolatría y la oscuridad moral.

La oración es el medio por el cual el poder de Dios se hace efectivo, ya que no se ve obstaculizada por consideraciones de espacio, tiempo, cultura, o incluso los barrotes de las cárceles que las personas han levantado.

Comunión y solidaridad

Se ha destacado que la iglesia primitiva fue revolucionaria. El motivo no es que levantara a los esclavos contra sus amos, sino por algo que era más aún revolucionario: demolió por completo todas las viejas distinciones. La verdadera liberación era la libertad en Cristo.

Personas que antes habían estado divididas por el estatus social, los antecedentes religiosos y el idioma ahora eran hermanos y hermanas en la casa de Dios. Los apóstoles enseñaron que las viudas eran muy importantes en la familia de Dios; hay que orar por los enfermos y alimentar a los hambrientos.

Adoración y alabanza

La adoración es el propósito principal de la iglesia. Jesús prometió que aunque solo se reunieran dos o tres en su nombre, él estaría allí presente con ellos. La alabanza y la acción de gracias son las marcas distintivas de la iglesia viva.

La adoración de los cristianos no está sujeta a un edificio o a un orden estructurado, aunque es posible que se estuvieran desarrollando «liturgias» (formas de adoración) en el tiempo en el que se escribieron las cartas del Nuevo Testamento.

Sin embargo, el Nuevo Testamento afirma claramente que no son únicamente los líderes quienes adoran a Dios, sino todo el pueblo de Dios. Hay un «sacerdocio de todos los creyentes» que ofrecen sacrificios espirituales.

Liderazgo y gobierno

En la iglesia primitiva, incluso los patrones de actuación precisos y los títulos de los ministros eran diferentes en cada iglesia. Éfeso tenía «ancianos», mientras que Filipos tenía «obispos» (ambos términos describen presumiblemente la misma función de supervisión pastoral). También había «diáconos» que servían ayudando con sus capacidades, mientras que los apóstoles pertenecían a una categoría propia.

Aquellos que están involucrados en el ministerio pastoral pertenecen a la iglesia; no es la iglesia la que les pertenece a ellos. Son un don de Dios para la iglesia. Deben alimentar al rebaño, ser irreprochables en sus creencias y su conducta, y su ministerio debe ser parecido al de Cristo, que vino a servir a todos.

Predicación: Romanos 6.17;
1 Timoteo 1.3-7; Hechos 2.42
Oración: Hechos 4.31; Romanos
15.30; 1 Timoteo 2.1, 2
Comunión: Colosenses 3.11;
1 Timoteo 5.1, 2; Santiago 1.27
Adoración: Colosenses 3.16;
Hebreos 13.15, 16; 1 Pedro
2.5-9
Liderazgo: Filipenses 1.1;
1 Corintios 3.5; Tito 1.5-9

VERDAD CLAVE

La iglesia debe mantener una presencia para Dios en el mundo, proclamando su mensaje y levantando su nombre, bajo la guía de líderes escogidos.

POSTDATA

Es importante no llegar al punto de crear una jerarquía, encumbrándose de forma indebida al liderazgo, y tampoco al de poner en peligro la verdad y el orden en la iglesia, devaluando a aquellos que tienen más entendimiento.

ESTUDIO BÍBLICO Tito 1.1-16

Creta era el destino de esta carta, corta, pero con mucha fuerza, escrita alrededor del año 62 d. C., de Pablo a Tito, su colega, en quien confiaba. Creta se convirtió en parte del imperio romano en el año 67 a. C.; era una isla de un tamaño considerable, y dominaba el sur del mar Egeo. Era montañosa, supersticiosa y dura de manejar. El poeta griego Homero dijo que tenía cien ciudades. La iglesia allí, inexperta y débil, necesitaba un líder fiable, y la carta de Pablo tiene mucho que decir acerca del liderazgo y el servicio verdaderos:

1. «Te dejé en Creta» (v. 5). ¿Cuántos en su grupo saben lo que es que le dejen al cargo de algo? ¿Cuáles fueron las primeras tareas para Tito?
2. «Corrige» (v. 5), la misma palabra griega se usa para describir cuando se recoloca un hueso roto. ¿Qué nivel de desorden tenía la iglesia en Creta? Eche un vistazo rápido a la carta para ver las claves de ello.
3. Los ancianos escogidos deben ser «irreprochables», como afirma el comentarista John Stott, «no perfectos», esto quiere decir que no se les pueda reprochar nada en público. Debata esta insistencia en poner el listón muy alto (cf. 1 Ti 3.1-7).
4. Examine tanto los vicios como las virtudes que se enumeran aquí. ¿Cómo podríamos tomar precauciones parecidas en los nombramientos públicos de la iglesia?
5. Vea también cómo se insiste en la pureza doctrinal (v. 9). El mensaje es «digno de confianza», porque Dios no miente (v. 2). ¿Cuáles son las dos obligaciones que se exigen al maestro fiel (v. 9)?
6. ¿Cuáles son las características principales de los falsos maestros (vv. 10-16)? ¿Cómo pueden neutralizarse?
7. ¿Cuál es la principal lección que usted puede aprender de este estudio para su propia congregación?

REFLEXIÓN

A. Estudie 1 Pedro 5.1-11. Enumere las cualidades que se deben encontrar en las personas que pastorean el rebaño de Dios. ¿Cuál fue la asociación de ideas en la mente de Pablo para que usara estos términos? Compruebe su respuesta con Juan 21.15-17.

B. ¿Cuáles son los conflictos que la iglesia de Cristo experimenta inevitablemente (vv. 5-9)?

C. Mire 1 Timoteo 4.11-16. Estas son las palabras de Pablo a un joven líder de iglesia, Timoteo. ¿Cuáles son las responsabilidades y las recompensas del liderazgo en la iglesia? ¿De qué manera debemos orar por nuestros líderes?

D. ¿Por qué la iglesia no es una «democracia»? ¿Y por qué no es una jerarquía?

1. La esperanza del cristiano

Las promesas para el pueblo de Dios

Dios está obrando en la historia. El cristiano confía en la justicia de Dios, que está funcionando a través de los acontecimientos que ocurren en este mundo con miras a la gloria final que seguirá con toda seguridad al ministerio y a los sufrimientos de Cristo. Su regreso personal nos conducirá a la nueva era.

Al descansar en las predicciones del Antiguo Testamento, las promesas de Cristo y la convicción de los apóstoles, el cristiano tendrá la seguridad del control soberano de Dios hasta el fin de los tiempos.

El cumplimiento de los propósitos de Dios

La predicación de los apóstoles manifestaba que la creencia cristiana del regreso de Jesús, para hacer todas las cosas nuevas, sería el cumplimiento final de su obra de salvación.

Para el creyente, la aparición de Cristo será la anhelada conclusión y perfección de la salvación que ya se había conseguido por medio del sacrificio en la cruz.

La derrota de los enemigos de Dios

El resultado del conflicto entre el bien y el mal ya está establecido. La muerte y la posterior resurrección de Jesús han asegurado la derrota del pecado, de la muerte, y de todos los poderes del mal.

Sin embargo, no será hasta el retorno público y poderoso de Cristo cuando se ratifique la justicia de Dios. La victoria de Dios se hará evidente para todo el mundo.

Una esperanza viva

Cristo es quien llena al cristiano con la expectativa confiada que la Biblia llama «esperanza». Todos los pasajes del Nuevo Testamento que describen las últimas cosas centran su atención en él.

En la resurrección de Jesús es donde encontramos un particular aliento. Nuestra esperanza viva es que, del mismo modo que él, resucitemos de la muerte para disfrutar del nuevo cielo y la nueva tierra donde la muerte y la decadencia no existen. Los seguidores de Cristo esperan un nuevo cuerpo, incorruptible y poderoso. Este cuerpo estará relacionado con su antigua existencia, pero Pablo nos dice que será significativamente diferente.

Una esperanza constante

La cualidad de la esperanza cristiana es que proporciona aliento y paciencia para el presente. No es un vago deseo de que lleguen tiempos mejores, ni una sumisión pasiva y resignada a los problemas de la vida mientras esperamos un nuevo mañana.

La esperanza que está centrada en Cristo ha mantenido a la iglesia a lo largo de los siglos, durante la persecución y las dificultades. Es la esperanza la que destruye el miedo y transforma el pesimismo convirtiéndolo en un optimismo práctico y divino.

Una esperanza purificadora

Nuestra esperanza en el regreso futuro de Cristo debe tener un efecto profundo en la forma en la que vivamos ahora. Nuestra esperanza no es la del curioso que mira únicamente los detalles de las señales y las fechas mientras permanece indiferente e insensible.

Para el cristiano, el regreso de Cristo es una realidad. Como resultado de ello, sus prioridades, sus decisiones y su estilo de vida se verán inevitablemente moldeados por el pensamiento de su venida.

Promesas: 1 Pedro 1.10-12; Isaías
11.1-9

Cumplimiento: Hechos 3.17-21;
Romanos 8.18-23

Derrota: Filipenses 2.9-11; 1
Corintios 15.24-26

Viva: 1 Pedro 1.3-5; 1 Corintios
15.20-23, 51-55

Inquebrantable: 1 Tesalonicenses
1.3; Romanos 8.24, 25

Purificadora: 1 Juan 3.2, 3;
Hebreos 10.23-25; Judas 24, 25

VERDAD CLAVE

La esperanza del cristiano es la confianza en el gobierno de Dios y en sus propósitos, que tienen por meta el regreso de Cristo al final de los tiempos.

POSTDATA

La historia cristiana indica que aquellos que tienen la mirada puesta en la era que está por llegar son los más eficientes en esta época pasajera.

ESTUDIO BÍBLICO 1 Pedro 1.1-12

No importa de qué país o siglo sea usted, la descripción de los cristianos a los que Pedro dirige su carta lo abarca todo: «Los escogidos de Dios, extranjeros en el mundo, dispersados...». Esos creyentes dispersados, y pronto perseguidos, no tenían el Nuevo Testamento; por tanto, el saludo inicial (v. 2) está rematado con recordatorios de que su conversión no fue un accidente. Planificado por el Padre, logrado por el Hijo con el derramamiento de su sangre y aplicado por el Espíritu con poder santificador. La fe de ellos era una fe trinitaria.

1. Note las palabras clave en esta explosión inicial de alabanza (vv. 3-8). Esperanza, herencia, salvación, fe. ¿En qué dos grandes acontecimientos se basa esta confianza? Debemos recordar que Pedro fue un testigo de primera mano.

2. ¿Qué frases apuntan aquí a la seguridad eterna del creyente, independientemente del inminente sufrimiento que se menciona en los versículos 6 y 7?

3. Identifique las palabras que indican grandes expectativas para el futuro. ¿Cómo se refiere Pedro al punto culminante final de toda nuestra obra y testimonio? ¿Hasta qué punto es esta mentalidad la suya propia?

4. ¿Por qué van frecuentemente juntos la alegría y la prueba en el Nuevo Testamento? Vea Santiago 1.2; 1 Pedro 4.12, 13. ¿Qué debemos enseñar a los nuevos creyentes acerca de las pruebas que se van a encontrar?

5. Debata sobre la maravilla que es amar a alguien a quien nunca ha visto con sus ojos (v. 8). ¿Cuándo comenzó a sentir esto usted por primera vez?

6. ¿Por qué es la nuestra una época privilegiada para vivir? Los versículos 10-12 nos dan la respuesta.

REFLEXIÓN

A. Lea 1 Pedro 1.1-12. ¿Cuáles eran las circunstancias de los lectores de esta carta? ¿Cómo puede un cristiano alegrarse (v. 8) en medio de la adversidad (v. 6)? ¿Cuál es la naturaleza de la esperanza cristiana, y cómo se crea esta?

B. Los cristianos aman a alguien al que nunca han visto (1 Pedro 1.8). ¿Cómo se ha generado tal amor y cómo se ha hecho realidad? Compare su respuesta con Romanos 15.4.

C. ¿De qué manera espera usted el futuro y hasta qué punto le tiene miedo?

D. ¿Cómo puede la visión del futuro del cristiano contribuir en la sociedad mientras intenta lidiar con los problemas del mañana?

2. El preludio al regreso de Cristo

En la esfera de lo natural

Es extremadamente importante que, cuando leemos en la Biblia sobre las hambrunas, los terremotos y las plagas que aparecerán antes del regreso de Cristo, no nos precipitemos demasiado en identificar esa época con la nuestra.

El uso repetido en la Biblia de la expresión «los últimos tiempos» se refiere a todo el periodo entre la primera venida de Cristo y la segunda. Por tanto, antes del regreso de Cristo no nos debe sorprender que ocurran desastres naturales, incluso cósmicos.

En la esfera social

La tensión y el desorden social son característicos del periodo anterior a la Segunda Venida de Cristo. Se nos dice que las personas serán arrogantes, soberbias, materialistas e inmorales. La Biblia dice que serán tiempos terribles en los que el pecado humano no tendrá freno.

También habrá personas que se burlarán de la religión y de cualquier palabra que hable del regreso de Jesucristo.

En la esfera internacional

Jesús dejó muy claro, cuando enseñó a sus discípulos, que la época venidera estaría marcada por guerras, revoluciones y disturbios políticos. Estos acontecimientos no significarán que el final haya llegado, pero serán una señal de la presencia y del avance del reino. Serán los dolores de parto que anunciarán el nacimiento del nuevo orden.

En la esfera de la familia

Odio y división, incluso dentro de las familias. Jesús lo predijo como uno de los rasgos de los últimos tiempos.

Las relaciones familiares correrán peligro, y las lealtades se pondrán a prueba, pudiendo llegar hasta la traición bajo ciertas circunstancias.

En la esfera de lo personal

Durante los últimos tiempos, aquellos que no tienen relación con Dios experimentarán el aumento del miedo y de la inseguridad.

Jesús predijo que la situación sería parecida a la de la generación de Noé. La gente no tendrá objetivos, los hombres y mujeres únicamente pensarán en comer y en beber, en casarse y en cumplir con su trabajo diario, pero separados de Dios y sin un propósito real en la vida.

En la esfera espiritual

A partir de las descripciones que tenemos en el libro de Apocalipsis podemos ver que la esfera espiritual no tendrá límites en su rebelión. Pablo describe la venida del «hombre de maldad», que se declarará a sí mismo Dios, y demandará adoración. También aparecerán numerosos «falsos cristos» que intentarán alejar a las personas de la verdad.

La iglesia ejercerá una gran influencia por medio de la proclamación del evangelio, pero también se enfrentará a una presión y persecución considerables durante los últimos tiempos.

Natural: Lucas 21.11, 25;
Romanos 8.22
Social: 2 Timoteo 3.1-5; Judas 18;
2 Pedro 3.3, 4
Internacional: Marcos 13.7, 8;
Lucas 21.9, 10
Familia: Marcos 13.12; Mateo
10.34-36
Personal: Lucas 21.26; Mateo
24.37-39
Espiritual: Mateo 24.4-14;
2 Tesalonicenses 2.3-10

VERDAD CLAVE

Antes del regreso de Cristo, los
cristianos deben esperar varios
niveles de desorden en el mundo.
Esto les dará la oportunidad de
evangelizar y ofrecer esperanza.

POSTDATA

En los Evangelios, la predicción
de Jesús sobre la destrucción
del templo de Jerusalén se
funde con su descripción de los
últimos tiempos. Cualquiera que
sea nuestra interpretación, la
predicción de Cristo acerca del
templo prefigura su predicción
posterior del fin.

ESTUDIO BÍBLICO Mateo 24.1-35

Jesús está prediciendo el fin —algo que nunca se podría probar—, y
no necesita pruebas. Pero nosotros sí, por si pudiéramos entender esa
realidad. Una prueba de su gloria futura ocurrió a pequeña escala en
la transfiguración (17). Aquí en este pasaje, Cristo empieza hablando a
sus discípulos acerca del «fin» de algo que era muy familiar para ellos,
el templo.

1. Versículos 1-3. Es vital observar la naturaleza de las preguntas
de los discípulos, dos preguntas en una. ¿Qué estaban dando por
hecho?
2. Ahora lea los versículos 4-21, en los que Jesús da dos respuestas
en una. Una está en la escala global y futurista, la otra en la local e
inmediata, con la división que ocurre en el versículo 15. En líneas
generales, ¿de qué tratan estas dos predicciones? ¿Por qué las
abrevia Jesús?
3. La destrucción de Jerusalén y del templo por Roma, en el año 70
d. C. (vv. 15-21) se «ensayó» en el año 169 a. C. con la destrucción
del templo de Jerusalén por el rey seleúcida Antioco Epífanes, la
«abominación que causa desolación» predicha en Daniel 11.31.
¿Qué quiere recalcar Jesús aludiendo a este episodio terrible y
familiar de la historia judía?
4. La enseñanza trata de una catástrofe que se acerca y de la memoria
amarga del pasado, y ambas apuntan al avance de la historia, al que
se refieren los versículos 4-14 y 22-28. ¿Cuál es el patrón general de
acontecimientos en nuestra propia historia para el que los creyentes
deben estar preparados? Trate de averiguarlo a partir de estos
versículos.
5. Jesús habla luego del fin (vv. 29-35), de toda la cadena de
acontecimientos que empezarían a ocurrir durante las vidas de los
que estaban presentes (v. 34). ¿Cómo deben afectar las palabras de
Cristo a nuestras vidas hoy?

REFLEXIÓN

A. Lea Mateo 24.3-14. Trate de
enumerar los acontecimientos y
patrones previstos por el Señor
y que tendrían lugar entre su
partida de este mundo y su
regreso. ¿De qué forma piensa
usted que se aplican a esta
generación?
B. ¿Por qué no era Jesús más
específico? Compare su respuesta
con Mateo 12.38-42 y 24.36.

C. Reflexione sobre la actitud que
debemos tener en relación con las
advertencias de Jesús acerca de
estos acontecimientos mundiales.
¿Cómo afectan estas palabras a
nuestras vidas hoy?
D. ¿Qué hay de incorrecto en
el deseo de conocer los detalles
precisos sobre la venida del
Señor? Compare su respuesta
con Mateo 24.42 y Deuteronomio
29.29.

3. El regreso de Cristo

CRISTO VOLVERÁ...

De forma profética

Hay numerosos pasajes en el Antiguo Testamento que hablan del reinado de Cristo, predicciones que no se cumplirán hasta su regreso, con total seguridad.

Las profecías del Nuevo Testamento se encuentran a lo largo de los Evangelios, Hechos, las cartas y el libro de Apocalipsis. Hablan del regreso de Cristo como de una venida, una revelación, como el Día del Señor y como su aparición.

De forma personal

No debemos pensar, por supuesto, que Jesús está ausente del mundo y de su pueblo en el tiempo presente, ya que prometió que estaría con sus seguidores hasta el final.

Pero mientras ahora está con la iglesia de forma invisible por su Espíritu, finalmente la venida de Cristo será visible y personal. Se les aseguró a los apóstoles, en el momento de la ascensión, que sería el mismo Jesús quien volvería.

De forma visible

El retorno de Jesucristo no será secreto ni o un asunto escondido. La Biblia enseña que todos los habitantes de la tierra verán el acontecimiento.

Para algunos, la aparición de Jesús será una visión maravillosa y gloriosa, pero también vemos en las Escrituras que muchos se sentirán consternados.

De forma repentina

El Señor dijo que la vida en este mundo, en el tiempo de su venida, sería muy parecida a la vida en los tiempos de Noé y del diluvio. Bodas, comer y beber, la vida seguiría como de costumbre.

Pero entonces, de repente, todo se interrumpiría. La Biblia describe el regreso de Jesucristo como si fuera un relámpago, como un ladrón en la noche, o como el señor que visita por sorpresa a sus sirvientes. Queda claro que muchas personas se la encontrarán por sorpresa, a pesar de las muchas advertencias de las Escrituras. Todas las parábolas de Jesús relacionadas con su venida incluyen este aspecto repentino.

De forma triunfante

Esta Segunda Venida de Cristo será completamente diferente a la pobre oscuridad en la que vino la primera vez. El regreso irá acompañado de gran poder y esplendor. Frente a la victoriosa majestad y al poder de la aparición de Jesucristo, cada persona se verá obligada a reconocer que él es el verdadero Señor.

De forma concluyente

La aparición de Jesucristo será el capítulo final de la historia humana. Su venida someterá a gobiernos, naciones, autoridades y a cualquier enemigo de Dios bajo su gobierno y juicio.

Destruirá a la muerte. Vencerá a Satanás y a todo el imperio del mal para siempre. Y el pueblo de Dios se unirá a su Señor en la nueva creación que él ha preparado para ellos.

Proféticamente: Daniel 7.13, 14;
1 Tesalonicenses 4.16-18
Personalmente: Mateo 28.20;
Hechos 1.11
Visiblemente: Mateo 24.30;
Apocalipsis 1.7
Súbitamente: Mateo 24.27, 36-
51; 1 Tesalonicenses 5.2, 3
Triunfantemente: Lucas 21.27,
28; Filipenses 2.9-11
Concluyentemente: 1 Corintios
15.24; 1 Tesalonicenses 4.17

VERDAD CLAVE

Todos los cristianos esperan el
regreso personal de Cristo al final
de los tiempos, como predice la
Biblia.

POSTDATA

La historia está llena de
ejemplos de falsas predicciones
relacionadas con el momento
del regreso de Cristo. Para
el cristiano, la mejor forma
de estar preparado para este
acontecimiento es involucrarse en
el servicio activo y obediente

ESTUDIO BÍBLICO 1 Tesalonicenses 4.13-5.11

Esta era la iglesia que comenzó con la predicación de Pablo en una
misión de solo tres semanas (Hch 17.1, 2). En ese periodo recibieron
una buena enseñanza, antes que la oposición de los judíos expulsara a
los evangelistas. Sin embargo, ahora Pablo escribe a los tesalonicenses
unos meses más tarde y está al corriente de una pregunta que está
desconcertando a los creyentes jóvenes. Los que mueran antes de la
Segunda Venida de Cristo, ¿estarán en desventaja respecto a aquellos
que todavía estén vivos en el momento en que acontezca? Este es el
punto de inicio del pasaje. Léalo ahora y use estas preguntas como
ayuda:

1. ¿Cómo debemos entender la Segunda Venida en relación con
   los fieles que han fallecido (vv.13-18)? ¿Tendrían prioridad sobre
   ellos aquellos que «siguieran vivos» (v. 15)? ¿Cómo podían los
   tesalonicenses «alentar» (v. 18) a los afligidos recientemente?
2. Eche un vistazo a los mismos versículos otra vez y establezca la
   posición de la iglesia en el mundo, en el momento de la venida de
   Cristo. Observe cómo Pablo, de forma natural, se coloca entre ellos.
3. Mire con más detenimiento los versículos 15-17 y considere la
   venida en relación con el mismo Señor. La enseñanza de Pablo
   únicamente se rige «de acuerdo con la propia palabra del Señor».
   Compare estos versículos con Juan 14.1-3, por ejemplo.
4. Considere 5.1-3 y la enseñanza sobre la venida en relación con su
   tiempo. Compare Mateo 24.42-44.
5. Mire ahora los mismos versículos en relación con el mundo
   incrédulo. Compare estos versículos con 2 Tesalonicenses 1.7-9 y
   Mateo 24.37, 38.
6. Por último, considere el regreso de Cristo en relación con las
   actividades presentes del creyente (5.4-11).

REFLEXIÓN

A. Estudie 1 Tesalonicenses
4.13--5.11. ¿Por qué se escribió
este pasaje? Partiendo de estas
palabras, ¿cómo podemos
entender la venida de Cristo en
relación con los cristianos que
han fallecido, con el día mismo en
que ocurrirá, con el ritmo de los
acontecimientos y con nuestra
preparación correcta para
afrontarlo?
B. Compare Juan 14.3 con 1
Tesalonicenses 4.16-18. ¿Cómo
se relaciona la enseñanza de
Pablo con la de Cristo?
C. ¿Cuál debe ser su actitud hacia
los lectores de la Biblia que creen
el hecho principal de la venida de
Cristo, pero pueden no estar de
acuerdo con usted en cada punto
de la interpretación?
D. ¿Qué piensan sus amigos que
no son cristianos sobre el futuro
del mundo? ¿En qué difiere la
visión que ellos tienen del asunto
de la suya?

4. El Juicio

Dios será declarado justo

El juicio final es un acontecimiento futuro definitivo que tendrá lugar en la Segunda Venida de Cristo. La Biblia dice que es inevitable, como también lo es la muerte misma.

En el juicio, la balanza de la verdadera justicia se establecerá para siempre. No habrá posibilidad alguna de excusa para los que caigan bajo el juicio, porque todo el mundo verá que los juicios de Dios son completamente justos y rectos.

Cristo será reconocido como Señor

El juicio significará el fin de la historia del mundo y de la lucha entre el bien y el mal. Cada fuerza que se haya levantado contra Dios caerá bajo los pies de Cristo, y toda lengua confesará que él es el Señor.

En el juicio, Jesucristo recibirá la gloria y la adoración que merece por parte de su pueblo, porque los habrá reunido para sí mismo desde toda la tierra. Sus pecados no serán tomados en cuenta contra ellos, ya que por su muerte en la cruz él ya ha tomado el juicio de ellos sobre sí mismo.

Los cristianos serán responsables por su servicio

Aunque ningún cristiano será juzgado en función de los pecados que haya cometido, la Biblia nos enseña que el pueblo de Cristo será evaluado según la calidad de su servicio.

Ningún cristiano se perderá, pero ese día venidero expondrá nuestra obra, que será recompensada según su valor. De esta forma, se desafía al cristiano fiel para que agrade a su maestro a lo largo de su vida.

Los desobedientes serán rechazados por su incredulidad

La base del juicio será la respuesta que las personas hayan dado al entendimiento recibido de parte de Dios. El gran pecado del Nuevo Testamento consiste en rechazar la luz de Cristo. Cuando se le preguntó a Cristo cuál era la prioridad vital de la vida, Jesús contestó que era creer en él mismo.

La separación de Dios a la que los incrédulos están condenados solo consiste, por tanto, en subrayar la elección que han hecho en relación con la revelación que Dios les ha dado.

Satanás será destruido para siempre

Satanás no es todopoderoso. El libro de Apocalipsis muestra que es muy activo de diferentes maneras, pero que no ocupa el centro, porque Dios nunca abandonará su trono.

De esta forma, el juicio hará que la victoria de la cruz se complete. Dios derrotará y destruirá a Satanás y sus aliados.

Dios: Hebreos 9.27; Salmos 96.13;
Hechos 17.31

Cristo: 1 Corintios 15.24-26; Juan
5.24; Filipenses 2.11

Cristianos: Romanos 14.12; 2
Corintios 5.9, 10; 1 Corintios
3.10-15

Desobedientes: Juan 3.19; 6.28,
29; 2 Tesalonicenses 1.7-9

Satanás: Apocalipsis 20.10

VERDAD CLAVE

El juicio final será el punto
álgido de los acontecimientos
que ocurrirán en este mundo.
Corregirá las injusticias de la
historia, subrayará las elecciones
que hayan hecho las personas, y
manifestará la justicia de Dios y la
victoria de Jesucristo.

POSTDATA

El juicio no es un tema muy
popular en las sociedades que se
han vuelto blandas e indulgentes.
Sin embargo, debemos reconocer
que las personas se sentencian a
sí mismas con las elecciones que
hacen.

ESTUDIO BÍBLICO 2 Pedro 3.1-18

El apóstol Pedro se está acercando al final de su vida y lo sabe (1.14).
Su preocupación consiste en que la próxima generación de creyentes
se agarre firmemente a la verdad apostólica.

Estos eran días difíciles para la iglesia cristiana, que se estaba
enfrentando a presiones culturales y espirituales que amenazaban con
tragársela. Use estas preguntas para optimizar el estudio su estudio de
este pasaje:

1. ¿Qué acontecimientos principales está enfatizando el Apóstol en
   este capítulo? Los versículos 7, 10 y 12 aluden a ello. ¿De dónde
   captó Pedro el concepto? Mire Mateo 24.29-31. Observe su
   finalidad (vv. 10, 12).
2. ¿En qué autoridad quiere Pedro que se apoyen sus lectores para su
   enseñanza? Mire el versículo 2 y compare Efesios 2.20.
3. Los versículos 3-5 destacan el punto de vista de los críticos en
   relación con los últimos tiempos. ¿Qué parecido tiene su argumento
   con el de cada generación? Compare Jeremías 17.15.
4. ¿Cómo puede resistir el creyente a la propaganda que dice que solo
   somos parte de un sistema cerrado y que nada que esté fuera de la
   vida de este mundo puede afectarnos? La respuesta se encuentra en
   1.12, 13, 15 y en 3.1, 2, 8.
5. Contestando a los que se burlan, el escritor apunta a tres
   acontecimientos «externos» y no predichos que afectan a este
   mundo, dos de los cuales ya han sucedido. ¿Cuáles son (vv. 5-7)?
6. ¿Cómo podemos prepararnos de una forma práctica para el día
   final? Mire las referencias a la paciencia, a estar cerca de Dios, a
   centrarse y «crecer».

REFLEXIÓN

A. Lea Mateo 25.1-13. ¿Cuál es
la idea central de esta parábola
de Jesús? Compare los grupos de
mujeres. ¿Qué nos enseña este
pasaje sobre el fin de los tiempos,
y sobre nuestras elecciones en la
vida?

B. Al final, habrá una separación
entre el bien y el mal. ¿Se está
volviendo el mundo mejor o
peor? Compare lo que usted
piensa con Mateo 13.24-30.

C. ¿Qué enseña 1 Corintios
3.12-15 a las personas sobre
sus responsabilidades y
oportunidades?

D. ¿Qué nos dice la enseñanza de
Cristo sobre la naturaleza de la
humanidad?

5. La resurrección

Cristo es su garantía

El cristianismo presenta la resurrección del cuerpo como la meta final de nuestra salvación; un acontecimiento sobrenatural que coincidirá con el retorno de Jesucristo.

Esta resurrección, que es la herencia de cada cristiano, toma su modelo de Cristo. La Biblia dice que la resurrección de Cristo es como la primera gavilla de una gran cosecha, en la que todos los cristianos se reunirán. Esto es lo que la Biblia quiere expresar cuando usa la palabra «primicias». La resurrección de Cristo es la garantía de este acontecimiento.

La naturaleza es su ilustración

Esta esperanza de una resurrección del cuerpo la ilustra Pablo en su primera carta a los cristianos de Corinto. Pablo contesta a la objeción de que la resurrección es imposible, refiriéndose al milagro de sembrar y recoger, en el que una pequeña semilla se transforma en una planta. La resurrección no será una simple existencia vaga del alma, sino un cuerpo transformado y glorioso.

La vida eterna es su resultado

El cuerpo de la resurrección se ha diseñado para un entorno totalmente diferente al de esta era mortal y pasajera. Cuando resucite, será un cuerpo espiritual, preparado para estar en la presencia de Dios. Allí, los creyentes conocerán una existencia sin los límites creados por los efectos de la caída.

De la humillación a la gloria

A los cristianos se les asegura en la Biblia que cuando vean finalmente a Cristo tendrán un cuerpo así. No se nos dan muchos detalles sobre la naturaleza del cuerpo de la resurrección, más allá de que el cuerpo del creyente es débil y desagradable, pero que cuando resucite, tendrá una belleza y una fuerza maravillosas.

Probablemente, la razón por la que solo se nos ha dado un entendimiento limitado del cuerpo de la resurrección es que en esta nueva vida el centro de atención será el propio Cristo y no estos detalles de una importancia secundaria. Él estará en el centro, y eso es lo que realmente importa.

De lo natural a lo espiritual

Al morir, el cuerpo del creyente es físico; en la resurrección es espiritual.

Si el cuerpo resucitado de Cristo es el modelo, podemos entender que este cuerpo será completamente perfecto.

Será un cuerpo que tendrá continuidad con el viejo cuerpo (y nos reconoceremos unos a otros en la nueva creación), pero también un cuerpo preparado para esa creación redimida e inmortal.

De la mortalidad a la inmortalidad

Todos los recordatorios de muerte, decadencia y enfermedad quedarán eliminados de los nuevos cuerpos del pueblo de Dios. El apóstol Pablo parece indicar que aquellos creyentes que han muerto antes del retorno de Cristo siguen esperando sus cuerpos de resurrección y en este momento están sin un cuerpo, aunque se encuentran verdaderamente con Cristo. Ellos, igual que aquellos que sigan vivos cuando Cristo vuelva, resucitarán para vivir por siempre.

450 Enseñanza bíblica: Las últimas cosas

COMPRUEBE EN LA BIBLIA

Cristo: 1 Corintios 15.20-23; Filipenses 3.20, 21

Naturaleza: 1 Corintios 15.35-38

Vida eterna: 1 Tesalonicenses 4.16, 17; Juan 5.24-26; 6.40

Humillación: 1 Corintios 15.43; 1 Juan 3.2

Natural: Juan 20.19; 1 Corintios 15.44; Lucas 24.36-43

Mortalidad: 1 Corintios 15.42, 50-55; Filipenses 1.21-24

VERDAD CLAVE

La Biblia enseña que los cristianos resucitarán de la muerte para disfrutar de vida eterna con Dios.

POSTDATA

La esperanza del cristiano no es escapar del cuerpo, sino resucitar en un nuevo cuerpo para vivir con la calidad de vida que Dios siempre ha querido para nosotros.

ESTUDIO BÍBLICO 1 Corintios 15.50-58

«La resurrección de Cristo ha alterado la faz del universo», escribe David Goodling. «La muerte no es solo un proceso irreversible; ni siquiera es una institución permanente» (*True to the Faith*, Hodder). Aquí, en este pasaje, el apóstol Pablo llega al punto culminante de su clásico capítulo sobre la resurrección. Ha tratado varias objeciones y dificultades; ahora concluye con una rotunda declaración:

1. En el versículo 50, Pablo destruye cualquier idea que hable del retorno ordinario de un cuerpo muerto a lo que era antes. ¿Cómo lo hace, con su uso de los términos? ¿Cuál fue la diferencia entre la resurrección de Lázaro y la resurrección de Jesucristo? Compare Juan 11.44 con Juan 21.6, 7.

2. Mire los versículos 51-53. Debata sobre la naturaleza de los cuerpos «cambiados» de los seguidores de Cristo. ¿Qué claves tenemos? Vaya de nuevo a los versículos 42, 43 y a Filipenses 3.21.

3. «La última trompeta» (v. 52). ¿A qué se refiere esto? Vemos un paralelismo en Mateo 24.31 y en 1 Tesalonicenses 4.16. ¿Le da esta esperanza sentido al presente para usted?

4. Vaya a los versículos 55-57. «El aguijón no está en la muerte, sino en el pecado», escribió Leon Morris (*1 Corintios*, Tyndale Press). Relacione esto con los logros de Cristo a nuestro favor.

5. Aplique el versículo 58 a los diversos llamamientos y posibilidades de servir representados en su grupo de estudio.

6. ¿Confía usted en que algún día su propio cuerpo resucitará?

REFLEXIÓN

A. Lea 1 Corintios 15.20-28. ¿Cómo afecta al futuro la resurrección de Cristo? ¿En qué sentido comprendemos la derrota de la muerte? ¿Cómo se refleja esta confianza en la vida cristiana en la actualidad?

B. ¿Qué diferencia, en la práctica, parece marcar la fe cristiana en las personas frente a la muerte?

C. Vaya al pasaje del Antiguo Testamento en Ezequiel 37.1-14, que tiene relación con el mensaje de la resurrección. Piense y ore sobre las situaciones que necesitan este tipo de transformación.

D. Como Cristo ha resucitado, nosotros también resucitaremos de la muerte. ¿De qué formas le da esto un significado especial a la historia de la Semana Santa para usted?

6. El nuevo orden

El triunfo del cordero

La Biblia termina, en el libro de Apocalipsis, con un tema de victoria manifiesto, centrado en Cristo. Cristo se describe como el «cordero» (lo que le vincula a los sacrificios del Antiguo Testamento en los que se mataban corderos para borrar el pecado). Él es el cordero que mataron, pero ahora es digno de recibir la alabanza de toda la creación.

Por medio del derramamiento de su sangre se ha logrado la victoria total sobre el mal.

La nueva creación

Apocalipsis capítulo 21 describe un nuevo cielo y una nueva tierra. La palabra «cielo» significa aquí el resto del universo, con todas sus estrellas y planetas.

El viejo universo, con sus debilidades y su decadencia, ha sido redimido radicalmente. Ya no hay más ataques al corazón, dolores o enfermedades. Esta nueva creación está hecha para que vivan en ella Dios y su pueblo. Hay una nota final de triunfo en las palabras del versículo 6 «está hecho».

La nueva Jerusalén

Este capítulo también describe el hogar definitivo de aquellos que han resucitado para la vida eterna con Dios. Esta ciudad amurallada, la nueva Jerusalén, la ha preparado Dios para su pueblo, porque viene de él.

Los malos están excluidos de la ciudad, y en su interior habrá una comunión y una adoración de Dios perfectas. Se nos dice que no habrá ningún templo en la ciudad, porque Dios es el templo. El sol y la luna no serán necesarios, porque el esplendor de Dios iluminará la ciudad. Esta es la ciudad de Dios.

El paraíso restaurado

En los primeros capítulos de la Biblia, Adán y Eva se encontraban en el jardín del Edén. En el centro de este jardín estaba el árbol de la vida. Sin embargo, tras la caída, Adán y Eva, tienen que salir del paraíso, y no pueden acceder al árbol de la vida.

El último capítulo de la Biblia muestra que Dios restaurará a la humanidad en el paraíso, y que tendremos acceso libre al árbol de la vida. De esta forma, al final de la historia de la redención de Dios, la humanidad está de nuevo en comunión, en contacto con la vida de Dios.

Jesús viene

Mientras Juan concluye con su retrato de Cristo como el esposo que regresa, el ángel da testimonio de que la profecía del libro de Apocalipsis es cierta. Debe permanecer sin sellarse, porque el mensaje debe obedecerse. No debe esconderse, y no debemos inmiscuirnos en él.
El mensaje concluyente es simple: «Vengo pronto». La oferta es gratuita, es la del agua de vida para todos los que vendrán y la aceptarán.

Las frases finales de la Biblia incluyen una oración pidiendo fuerzas, ofrecida en favor de todo el pueblo de Dios que aun no está dentro de la seguridad de la ciudad amurallada. También vemos una oración de alegre esperanza y de anticipación: «Ven, Señor Jesús».

ESTUDIO BÍBLICO Apocalipsis 21.1-14

Triunfo: Apocalipsis 5.12, 13;
7.17; 12.11; 17.14
Nueva creación: Apocalipsis
21.1-8; 2 Pedro 3.10-13;
Romanos 8.18-23
Nueva Jerusalén: Apocalipsis
21.2, 3, 9-27
Paraíso: Génesis 2.8-10; 3.22-24;
Apocalipsis 22.1-5, 14
Venida: Apocalipsis 22.6-21;
Isaías 40.9, 10

Imagine que no existiera el libro de Apocalipsis. La impresión que quedaría, al terminar la Biblia sería la de una conclusión que ha quedado sin resolver, con los santos de Dios luchando valientemente por la fe, pero sin un aparente veredicto final sobre el conflicto entre el bien y el mal.

El veredicto de este libro es inexorable. No se pueden leer las últimas páginas de esta maravillosa profecía y quedarse en el lado de los pesimistas. Dejemos que esta visión final de la gloria del reino de Dios nos inspire en cada cosa que hagamos.

1. El versículo 5 parece contener el pensamiento clave. ¿Cuál es su vínculo con los versículos 1, 2 y 4?
2. Estamos visualizando una escena de gloria (vv. 10-14). ¿Qué sentido da esta visión del futuro a las turbulencias, debilidades y maldades que se mencionan en este pasaje?
3. ¿De qué forma moldea nuestra visión del centro a la totalidad? Para el concepto de centro, vea los versículos 3 y 5. ¿Cómo podemos transmitir este pensamiento de la mejor manera posible a nuestra propia visión del mundo?
4. «Está hecho» (v. 6). Este es el tiempo del «pasado profético»; es tan bueno como si ya estuviera hecho. ¿De qué forma puede fortalecer a la obra que se está llevando a cabo esta visión del seguro triunfo de Dios?
5. A la luz de los versículos 7 y 8, debata sobre la afirmación, «el juicio de Dios es la demostración de su bondad».
6. ¿De qué nos hablan las muchas «puertas» de los versículos 12-14?
7. ¿Por qué no lleva a cabo Dios todo esto ahora, de una vez?

VERDAD CLAVE

Los cristianos esperan un nuevo cielo y una nueva tierra, en los que se encuentra la morada de Dios y de Cristo.

POSTDATA

En el nuevo orden, los cristianos tendrán nuevos cuerpos, habrá una nueva Jerusalén y un nuevo cielo y una nueva tierra. Todas estas cosas, ensuciadas por el pecado, deben cambiar. Pero tenemos la completa seguridad de que Dios mismo, con su amor y su fidelidad, no cambiará.

REFLEXIÓN

A. Lea Apocalipsis 21. Trate de expresar en sus propias palabras algo de lo que este pasaje nos está diciendo sobre Dios y su pueblo. ¿Se sentirá como en casa en la nueva creación cualquier tipo de persona?

B. «Vengo pronto». ¿Qué hace este concepto a sus prioridades en este momento? ¿Qué debe usted hacer al respecto?

C. Lea Apocalipsis 22.17. ¿Cuáles son los diferentes pensamientos en este versículo? ¿Qué efecto deben tener sobre su oración y su testimonio?

D. ¿Cuáles son las sugerencias y las pinceladas de semejanza entre su propia congregación cristiana y la perfección de la nueva Jerusalén? ¿Cómo puede desarrollarse tal semejanza?

Centrado en la Biblia

SUS SECCIONES PRINCIPALES

Un Dios al que le gusta bendecir
■ Génesis 12.1-3

Un Dios que exige nuestra lealtad
■ Josué 24.14, 15

Un Dios para todos los momentos de la vida
■ Eclesiastés 3.1-8

Un Dios que odia la injusticia
■ Amós 5.21-24

Tiempo de recibir las buenas nuevas
■ Marcos 1.14, 15

No amoldarse, transformarse
■ Romanos 12.1, 2

Jesús dijo: «Yo soy el Alfa y la Omega»
■ Apocalipsis 1.8-11

SU INSPIRACIÓN

La identidad de su autor divino
■ 1 Pedro 1.20, 21

La diversidad de sus escritores humanos
■ Hechos 18.3

La unidad de sus muchos temas
■ Mateo 5.17, 18

La realidad de su impacto moral
■ Hebreos 4.12

Es ideal para meditar en ella
■ Josué 1.7, 8

Toda la Biblia es inspirada
■ 2 Timoteo 3.16

Jesús dijo: «Ven, sígueme»
■ Mateo 4.19

SU INTERPRETACIÓN

Cada parte debe verse en su entorno histórico
■ Juan 13.15

Cada parte debe ser coherente con el pasaje en el que se encuentra
■ 2 Corintios 4.2

Cada parte debe estar en armonía con el resto de las Escrituras
■ Mateo 22.29

Cada parte debe ser coherente con el propósito de la revelación de Dios
■ Deuteronomio 29.29

Cada parte debe entenderse en culturas cambiantes
■ Hechos 8.34-38

Fidelidad en la interpretación
■ Apocalipsis 22.18, 19

Jesús dijo: «No tengáis miedo»
■ Mateo 28.10

SU APLICACIÓN

Lea después de haber orado
■ Salmo 119.33-40

Escuche de una forma personal
■ 1 Samuel 3.10

Espere con expectación
■ 1 Juan 5.13

Aplíquela con regularidad
■ Salmo 1.1, 2

Actúe obedientemente
■ Santiago 1.22-25

Lea en su totalidad
■ 2 Corintios 4.2

Jesús dijo: «Tened fe en Dios»
■ Marcos 11.22

SU TEMA CENTRAL

El conflicto continuo
■ Génesis 3

El Salvador prometido
■ Jeremías 31.31-34

La obra de Cristo
■ Lucas 2.28-32

La nueva comunidad
■ Efesios 2.18-22

La victoria final
■ 1 Tesalonicenses 4.13-18

Un resumen útil
■ Tito 3.3-7

Jesús dijo: «Tus pecados te son perdonados»
■ Lucas 7.48

SU CONTENIDO

El plan de Dios para su pueblo
■ Génesis 1.26-28

La promesa de libertad
■ Juan 8.36

Un Dios de fidelidad
■ Salmo 36.5

Un Dios de justicia
■ Deuteronomio 32.4

Un Dios de amor
■ 1 Juan 4.10

Jesús vuelve a recoger a los suyos
■ 1 Tesalonicenses 4.16,17

Jesús dijo: «Las Escrituras dan testimonio de mí»
■ Juan 5.39

Centrado en Dios

LA TRINIDAD

En el Antiguo Testamento
Génesis 1.26, 27

Afirmado en el Nuevo
Testamento
Juan 14.15-26

Bendice a la iglesia
2 Corintios 13.14

El Padre asigna sus obras al Hijo
Mateo 11.27

El Hijo revelado a través del
Espíritu Santo
Juan 15.16

Dios en el creyente
Romanos 8.9

Jesús dijo: «Vendremos a él y
haremos morada con él»
Juan 14.23

EL CREADOR

En el principio
Génesis 1

Dios el creador
Nehemías 9.6

Dios el sustentador
Hechos 14.17

Dios está llevando a cabo su
propósito
Romanos 8.18-25

La tierra como punto central
Apocalipsis 21.1-3

¿Qué es el hombre?
Salmo 8.3-8

Jesús dijo: «Yo estaré con
vosotros siempre»
Mateo 28.20

LA ESENCIA DE DIOS

Dios está en todas partes
Jeremías 23.23, 24

Dios es todopoderoso
Génesis 17.1

Dios lo sabe todo
Hebreos 4.12, 13

Dios es eterno
Isaías 44.6

Dios es inmutable
Santiago 1.17

Verdades sobre Dios
Salmo 138.1-18

Jesús dijo: «Venid a mí»
Mateo 11.28

EL CARÁCTER DE DIOS

La verdad de Dios es inseparable
de su carácter
Juan 14.6

La santidad de Dios reacciona
contra la impureza
Habacuc 1.13

El amor de Dios se extiende a
toda la humanidad
1 Juan 4.7-11

La misericordia de Dios retiene
aquello que merecemos
Oseas 11.8, 9

La gracia de Dios nos da lo que
no merecemos
1 Corintios 1.4-8

La fidelidad de Dios provee para
la vida diaria
Salmo 89.1, 2

Jesús dice: «Te daré descanso»
Mateo 11.28

LA PATERNIDAD DE DIOS

Por medio de la creación:
de todas las cosas
Hechos 17.24-29

Por medio del pacto: de Israel
Isaías 63.16

Por medio de la adopción: de los
creyentes cristianos
Romanos 8.14-17

Desde la eternidad: de Jesucristo
Juan 17.5

Los dones del Padre
Gálatas 4.4-7

La delicia del Padre
Lucas 15.11-24

Jesús dijo: «Aprended de mí»
Mateo 11.29

LA REVELACIÓN DE DIOS

Vista de forma suprema en Jesús
Juan 14.8-10

Vista a través de la Biblia
Romanos 16.25-27

Vista a través de la creación
Salmo 19.1-4

Vista en la historia
Salmo 75.6, 7

Vista en la humanidad
Romanos 2.14, 15

Vista por medio de la
experiencia humana
Apocalipsis 2.29

Jesús dijo: «Padre, perdónalos»
Lucas 23.24

Centrado en Jesucristo

SU ENCARNACIÓN

Cristo era Hijo de Dios antes del tiempo y del espacio
▓ Juan 1.1-3

Fue por medio de una concepción sobrenatural
▓ Mateo 1.18-23

Ratifica la total deidad de Cristo
▓ Juan 8.46

Establece la total humanidad de Cristo
▓ Gálatas 4.4, 5

Explica la personalidad única de Cristo
▓ Mateo 8.24-27

Valida el ministerio salvífico de Cristo
▓ 1 Timoteo 2.5

Jesús dijo: «Hoy estarás conmigo en el paraíso»
▓ Lucas 23.43

PRINCIPALES HECHOS DE LOS EVANGELIOS

Su humilde nacimiento
▓ Lucas 2.1-7

Su bautismo sin pecado
▓ Mateo 3.13-17

Su reveladora transfiguración
▓ Lucas 9.28-36

Su muerte obediente
▓ Lucas 23.26-43

Su victoriosa resurrección
▓ Lucas 24.1-8

Su gloriosa ascensión
▓ Lucas 24.44-53

Jesús dijo: «Confiad en Dios»
▓ Juan 14.1

PRINCIPALES ASPECTOS DE SU MINISTERIO

Autoridad que convenció
▓ Mateo 5.21, 22, 27, 28

Parábolas que provocaban
▓ Marcos 4.2

Milagros que confirmaban
▓ Marcos 1.23-28

Compasión que atraía
▓ Mateo 9.35-38

Un entrenamiento de preparación
▓ Mateo 10.1-15

Una controversia que suponía un desafío
▓ Marcos 2.5-7

Jesús dijo: «Confiad también en mí»
▓ Juan 14.1

SUS NOMBRES

Hijo de Dios
▓ Juan 20.17

El Verbo
▓ Apocalipsis 19.11-13

Sumo Sacerdote
▓ Hebreos 7.23-28

Mesías
▓ Juan 4.25, 26

Hijo del Hombre
▓ Mateo 8.19, 20

Señor
▓ 1 Corintios 12.1-3

Jesús dijo: «Vosotros sois la sal de la tierra»
▓ Mateo 5.13

SU MUERTE EXPIATORIA

… inició una nueva relación
▓ 2 Corintios 5.15-19

… cumplió las Escrituras
▓ Isaías 53.4-12

… destruyó el reino de Satanás
▓ 1 Juan 3.8

… revocó el dominio del pecado
▓ Gálatas 3.13

… proporcionó un camino de perdón
▓ 1 Juan 1.7

… garantizó una eternidad con Dios
▓ Romanos 8.31-39

Jesús dijo: «Yo soy el pan de vida»
▓ Juan 6.35

SU VICTORIOSA RESURRECCIÓN

El fundamento de la fe cristiana
▓ Romanos 1.4

Un acontecimiento respaldado por la evidencia
▓ Juan 20.1-29

Una promesa de victoria definitiva
▓ 1 Corintios 15.24-28

El poder de la experiencia cristiana
▓ Romanos 1.4

La garantía de una seguridad eterna
▓ Juan 11.25, 26

¡Más evidencia!
▓ 1 Corintios 15.1-11

Jesús dijo: «Yo soy la luz del mundo»
▓ Juan 8.12

Centrado en el Espíritu Santo

SU PERSONA

Parte de la divinidad
■ Mateo 28.19

El carácter mismo de Dios
■ 2 Corintios 13.14

Siente
■ Efesios 4.30

Sufre
■ Hebreos 10.29

Guía
■ Hechos 8.29

Jesús dijo: «... el Espíritu Santo...
os enseñará todas las cosas...»
■ Juan 14.26

SUS NOMBRES Y SUS DESCRIPCIONES

El Espíritu Santo
■ Hechos 2.32, 33

El Espíritu de Dios
■ Mateo 3.16

El Espíritu de Cristo
■ Filipenses 1.19

Viento
■ Hechos 2.2

Agua
■ Juan 7.38

Fuego
■ Mateo 3.11

Jesús dijo: «Yo soy la puerta de
las ovejas»
■ Juan 10.7

SU OBRA

Convence de pecado
■ Juan 16.8-11

Ilumina la verdad
■ Juan 14.25, 26

Revela a Cristo
■ Juan 15.26

Inspira la oración
■ Romanos 8.26

Prepara para el cielo
■ Romanos 8.1-4

Jesús dijo: «Yo soy el buen
pastor»
■ Juan 10.11

SU ACTIVIDAD EN EL CRISTIANO

Vida: nuevo nacimiento por
medio del Espíritu
■ Juan 3.3-8

Seguridad: el testimonio del
Espíritu
■ Romanos 8.15, 16

Unidad: comunión en el Espíritu
■ 1 Corintios 12.13

Propiedad: el sello del Espíritu
■ Efesios 1.13, 14

Poder: la plenitud del Espíritu
■ Efesios 5.18

Confianza: la promesa del
Espíritu
■ 2 Corintios 5.5

Jesús dijo: «Yo soy la
resurrección y la vida»
■ Juan 11.25

SU FRUTO

El amor nunca falla
■ 1 Corintio 13.8

Que reine la paz de Dios
■ Colosenses 3.15

Dedíquese a lo que es bueno
■ Tito 3.8

Dios ama la fidelidad
■ Mateo 25.33

Humilde como Jesús
■ Mateo 11.29

Disciplina personal
■ 1 Corintios 9.25-27

Jesús dijo: «... el Espíritu Santo...
os enseñará todas las cosas»
■ Juan 14.26

SUS DONES

Los dones exaltan a Cristo
■ 1 Pedro 4.10, 11

Los dones implican a todos
■ 1 Corintios 12.7-11

Los dones deberían unir a todos
■ Romanos 12.4, 5

Los dones echan fundamentos
■ Efesios 2.19-22

Los dones construyen la
comunión
■ Efesios 4.11-13

Los dones promueven la misión
■ Colosenses 1.27-29

Jesús dijo: «Yo soy el camino»
■ Juan 14.6

Centrado en la humanidad

NUESTRA SINGULARIDAD

Soy un ser completo, físico y espiritual
■ Deuteronomio 8.3

Soy un ser espiritual, hecho a imagen de Dios
■ Génesis 1.26, 27

Soy un ser moral, responsable de mis actos
■ Romanos 2.14, 15

Tengo dimensiones naturales
■ Salmo 104.5-30

Tengo dimensiones creativas
■ Salmo 8.6-8

Tengo dimensiones religiosas
■ Salmo 90.1

Jesús dijo: «Yo soy la verdad»
■ Juan 14.6

NUESTRA DIVERSIDAD

Creados por Dios
■ Salmo 100.3

Creados para Dios
■ Salmos 100.3

Creados para glorificar a Dios
■ Salmo 100.4

La familia es la manera de Dios
■ Génesis 2.18

Buscar a Dios
■ Eclesiastés 3.11

Más que solamente pan
■ Mateo 4.4

Jesús dijo: «Yo he venido para que tengan vida y la tengan en abundancia»
■ Juan 10.10

NUESTRA REBELIÓN Y CAÍDA

La inocencia de la humanidad nos permitió la comunión con Dios
■ Génesis 2

La libertad de la humanidad nos dio la capacidad de elegir
■ Génesis 2.16, 17

La decisión de la humanidad nos condujo a la rebelión moral
■ Génesis 3.8-19

La rebelión y la culpa de la humanidad
■ Romanos 5.12-17

La condenación y la separación de la humanidad
■ Isaías 59.1, 2

La separación y la muerte de la humanidad
■ Romanos 6.23

Jesús dijo: «Yo soy la vida»
■ Juan 14.6

NUESTRA REBELIÓN Y CONDENACIÓN

Nadie ha llegado a la marca
■ Romanos 5.12

El alma que peca morirá
■ Ezequiel 18.4

Todos son culpables
■ Romanos 5.18, 19

Todos se han apartado
■ Salmo 14.3

A todos les espera el juicio
■ Romanos 2.16

Pero gracias a Dios
■ Romanos 8.1, 2

Jesús dijo: «El que no cree en mí ya ha sido condenado»
■ Juan 3.18

NUESTRA BÚSQUEDA Y NUESTRO DILEMA

Buscar la verdad
■ Hechos 17.22, 23

La filosofía puede ser un aliado ciego
■ Eclesiastés 1.17, 18

Lleno de contradicción
■ Marcos 7.21-23

El trabajo de Dios, creados en Cristo Jesús para hacer buenas obras
■ Efesios 2.10

Un espíritu en guerra con Dios
■ Santiago 4.5

Esclavos de nuestras emociones
■ Tito 3.3

Jesús dijo: «Si el Hijo o libertare, seréis verdaderamente libres»
■ Juan 8.36

NUESTROS ENEMIGOS

Satanás
■ 1 Pedro 5.8, 9

El pecado
■ Romanos 8.10

La carne
■ Romanos 7.18

La muerte
■ 2 Timoteo 1.10

Defensa contra los enemigos
■ Efesios 6.10-18

Jesús dijo: «Yo soy la vid verdadera»
■ Juan 15.1

Centrado en los mensajeros de Dios

LOS ÁNGELES

Seres celestiales
▧ Salmo 8.5

Mensajeros de Dios
▧ Lucas 24.4-7

Se regocijan cuando un pecador se arrepiente
▧ Lucas 15.10

Revelan la voluntad de Dios
▧ Éxodo 3.2

Protegen a los que pertenecen a Dios
▧ 2 Reyes 6.17

Sirven a Jesús
▧ Mateo 4.11

Jesús dijo: «... sus ángeles en los cielos ven siempre el rostro de mi padre»
▧ Mateo 18.10

LOS PATRIARCAS

Por fe Abraham obedeció
▧ Hebreos 11.8

Por fe Abraham, ofreció a Isaac
▧ Génesis 22.7-9

Por fe Isaac bendijo a Jacob y Esaú
▧ Génesis 27.27-29, 39, 40

Por fe adoró Jacob
▧ Hebreos 11.21

La promesa de Dios a Abraham
▧ Génesis 15.5

La promesa cumplida
▧ Mateo 1.1-17

Jesús dijo: «Antes de que Abraham naciera, yo soy»
▧ Juan 8.58

LOS SACERDOTES

Apartados
▧ Éxodo 28.1-5

Los intermediarios
▧ Levítico 1.1-9

Pasado imperfecto
▧ Hebreos 7-11

Presente perfecto en Cristo
▧ Hebreos 7.26-28

El sacerdocio de los creyentes
▧ 1 Pedro 2.4, 5, 9

Piedras vivas
▧ 1 Pedro 1.5

Jesús dijo: «Esta es mi sangre del pacto... derramada por muchos»
▧ Mateo 26.28

LOS PROFETAS

Llamados por Dios
▧ Isaías 6.8-10

Desafiaban la falsedad
▧ 1 Reyes 18.21

Revelaban la injusticia
▧ Amós 5.21-24

Revelaban la mente de Dios
▧ 2 Pedro 1.21

Mostraban el camino a seguir
▧ Daniel 2.36-46

Anunciaban al Mesías
▧ Juan 1.29

Jesús dijo: «Guardaos de los falsos profetas»
▧ Mateo 7.15

LOS APÓSTOLES

La autoridad de Cristo
▧ Mateo 16.18

Nombrados por Dios
▧ Juan 20.21-23

Testigos de la resurrección
▧ Hechos 1.21, 22

Evidencia
▧ 2 Corintios 12.12

Fundamento de la iglesia
▧ Efesios 2.19, 20

Enseñaban la verdad
▧ Juan 16.12-15

Jesús dijo: «Me seréis testigos»
▧ Hechos 1.8

LOS EVANGELISTAS

Buenas nuevas que anunciar
▧ Hechos 8.5

Escogidos por Dios
▧ Efesios 4.11

Proclamaban a Cristo
▧ 1 Corintios 15.3-5

Confiaban en la Palabra de Dios
▧ Hechos 8.35

El poder de Dios
▧ Hechos 1.8

Mostraban una vida distinta
▧ Gálatas 1.23, 24

Jesús dijo: «El que a vosotros recibe, a mí recibe»
▧ Mateo 10.40

Centrado en la salvación

EL PLAN DE DIOS

Su voluntad es soberana
■ Romanos 9.10-18

Su obra es eterna
■ Hechos 2.23

Su elección es específica
■ Mateo 22.14

El pueblo de Dios: apartado para una vida santa
■ Romanos 8.29

El pueblo de Dios: llamado a hacer buenas obras
■ Filipenses 2.12, 13

El pueblo de Dios: se prepara con vistas a la gloria futura
■ Filipenses 2.12, 13

Jesús dijo: «Paz sea a vosotros»
■ Juan 20.21

NECESIDAD DE SALVACIÓN DE LA HUMANIDAD

La humanidad necesita: una nueva dirección
■ Hebreos 9.27

una nueva naturaleza
■ Jeremías 13.23

una nueva motivación
■ Juan 6.66-68

realización personal
■ Lucas 12.15

aceptación social
■ Génesis 11.4

Una dimensión espiritual
■ 1 Corintios 2.14

Jesús dijo: «Permaneced en mi amor»
■ Juan 15.9

EL CAMINO DE SALVACIÓN

La base: la muerte de Jesús
■ Hechos 4.10, 12

La base: la resurrección de Jesús
■ Hechos 2.32-36

El llamamiento: al arrepentimiento
■ Hechos 3.19

El llamamiento: a la fe
■ Hechos 13.38, 39

La promesa: el perdón
■ Salmo 103.11, 12

La promesa: el don del Espíritu
■ Hechos 2.38

Jesús dijo: «Yo os elegí para que llevéis mucho fruto»
■ Juan 15.16

LA ACEPTACIÓN

Dios regenera al creyente y lo convierte en un nuevo ser
■ Ezequiel 36.25-27

Dios reconcilia al creyente en una nueva relación
■ 2 Corintios 5.18-21

Dios redime al creyente por medio de un nuevo pacto
■ Jeremías 31.31-34

Dios justifica al creyente para que tenga una nueva posición
■ Tito 3.7

Dios glorifica al creyente para una nueva vida
■ Romanos 8.28-30

La nueva posición del cristiano
■ Romanos 5.1-8

Jesús dijo: «No he venido para traer paz, sino espada»
■ Mateo 10.34

LA SANTIFICACIÓN

Apartados para Dios
■ 2 Tesalonicenses 2.13

Apartados del mundo
■ 2 Corintios 6.17—7.1

Apartados para una vida santa
■ 2 Timoteo 2.10, 21

Apartados por el Espíritu de Dios
■ Gálatas 5.16-18

Apartados por medio de la Palabra de Dios
■ Juan 15.3

Apartados, un estado que va progresando a lo largo de la vida
■ 2 Corintios 1.10

Jesús dijo: «El hijo del hombre vino para servir»
■ Juan 15.16

EN LA CARTA A LOS ROMANOS

Elección
■ Romanos 9.21-24

Transformación
■ Romanos 12.1, 2

Dios obra en nombre de su pueblo
■ Romanos 8.28-30

Razones por las que confiar
■ Romanos 8.31-34

No hay separación de Dios
■ Romanos 8.35-57

El amor de Dios
■ Romanos 8.38, 39

Jesús dijo: «Dad a Dios lo que es de Dios»
■ Marcos 12.17

Centrado en el cristiano

DESCRIPCIÓN

Un pecador salvo por gracia
◼ Efesios 2.8, 9

Un miembro de la familia de Dios
◼ Juan 1.12, 13

Un discípulo de Jesucristo
◼ Lucas 14.26, 27

Templo del Espíritu Santo
◼ 1 Corintios 3.16

Peregrino en un entorno extranjero
◼ Hebreos 11.8-16

Ciudadano del cielo
◼ Hebreos 13.14

Jesús dijo: «Mis palabras no pasarán»
Marcos 12.17

EL CRISTIANO Y LA BIBLIA

La Biblia:

equipa al cristiano para la vida
◼ Juan 8.31-32

equipa al cristiano para la batalla
◼ Mateo 4.1-11

fortalece al cristiano para el servicio
◼ Salmo 1

corrige al cristiano del error
◼ Santiago 1.23-25

desarrolla al cristiano en fe
◼ 1 Pedro 2.2, 3

informa al cristiano con respecto a la mente de Dios
◼ Romanos 11.33-36

Jesús dijo: «No temáis»
◼ Mateo 6.25

EL CRISTIANO Y LA ORACIÓN

La oración es:

esencial para la comunión con Dios
◼ Marcos 1.35

esencial para crecer en Dios
◼ Mateo 6.9-13

esencial para servicio de Dios
◼ Santiago 5.16-18

esencial para alabar a Dios
◼ Salmo 150

esencial para la experiencia de Dios
◼ Salmo 57.1-3

la forma especial de comunicación de Dios
◼ Romanos 8.15

Jesús dijo: «Buscad y hallaréis»
◼ Mateo 7.7

EL CRISTIANO Y EL TESTIMONIO

Proclama a una persona
◼ Hechos 1.8

Explica la verdad
◼ Colosenses 1.28, 29

Comparte el amor
◼ 2 Corintios 5.14

Un testimonio constante
◼ Juan 13.34, 35

Un testimonio personal
◼ Hechos 4.18-20

Un testimonio colectivo
◼ Filipenses 1.27

Jesús dijo: «El que pierde su vida por mi causa la hallará»
◼ Mateo 10.39

EL CRISTIANO Y EL MUNDO

Llamados a salir del mundo
◼ 1 Corintios 7.29-31

Apartados del mundo
◼ Efesios 5.3-11

Enviados al mundo
◼ Juan 20.21

Enviados al mundo
◼ Mateo 5.13-15

Enviados para vencer al mundo
◼ Romanos 8.37

Jesús dijo: «Buscad y hallaréis»
◼ Mateo 7.7

Viajar por el mundo
◼ Hebreros 11.16

Jesús dijo: «Amarás al Señor tu Dios»
◼ Marcos 12.30

LA VIDA CRISTIANA

Una vocación que realizar
◼ Filipenses 3.14

Un carácter que desarrollar
◼ 2 Pedro 1.5-8

Una comunión que mantener
◼ Efesios 5.1, 2

Unas energías que utilizar
◼ 1 Corintios 15.58

Mentes que desarrollar
◼ Efesios 1.18

Una esperanza por cumplir
◼ Tito 2.13

Jesús dijo: «Amarás a tu prójimo como a ti mismo»
◼ Marcos 12.31

Centrado en la iglesia

SUS CARACTERÍSTICAS

Es la iglesia de Jesucristo
(histórica)
◼ Mateo 16.18

Es la congregación de todos los
creyentes (universal)
◼ Colosenses 3.11

Es la unidad del Espíritu
(espiritual)
◼ Mateo 16.18

Su autoridad es la Palabra
de Dios (escrituraria)
◼ 2 Timoteo 1.13, 14

Su programa es mundial
(internacional)
◼ Lucas 4.16-21

La unidad que la iglesia debería
tener
◼ Efesios 4.1-16

Jesús dijo: «Os es necesario
nacer de nuevo»
◼ Juan 3.7

SU DESCRIPCIÓN PRINCIPAL

Un edificio firme
◼ 1 Pedro 2.4, 5

Un esposa virginal
◼ 1 Pedro 2.4, 5

Un cuerpo que funciona
◼ 1 Corintios 12.12-31

Una ciudad permanente
◼ Hebreos 13.14

Una familia estable
◼ 1 Timoteo 3.14, 15

Un ejército activo
◼ Efesios 6.12

Jesús dijo: «Amad a vuestros
enemigos»
◼ Lucas 6.35

SU RELACIÓN CON CRISTO

Cristo murió por la iglesia
◼ Hechos 20.28

Cristo edificó a la iglesia
◼ Efesios 4.11-16

Cristo protege a la iglesia
◼ Daniel 3.19-27

Cristo purifica a la iglesia
◼ Jeremías 3.6, 14

Cristo intercede por la iglesia
◼ 1 Juan 2.1

Cristo prepara algo para la
iglesia
◼ Juan 14.1-4

Jesús dijo: «Sed
misericordiosos»
◼ Lucas 6.36

SU AUTORIDAD Y MISIÓN

Guardar la verdad
◼ 1 Timoteo 6.20

Corregir a los rebeldes
◼ 1 Corintios 5.9-13

Desafiar al diablo
◼ Romanos 12.17-21

Evangelizar al mundo
◼ Mateo 28.28-20

Servir al mundo
◼ Tito 3.8

Glorificar a Dios
◼ 1 Pedro 4.12-14

Jesús dijo: «¿Qué recompensa
dará el hombre por su alma?» ◼
Mateo 16.26

SUS ORDENANZAS

El bautismo: admisión a la
membresía
◼ Hechos 2.41

El bautismo: más que un
símbolo
◼ Hechos 8.38, 39

El bautismo: muerte a la antigua
vida
◼ Romanos 6.3, 4

El bautismo: resucitar a una
nueva vida
◼ Colosenses 2.12

La Santa Cena: conmemoramos
◼ Lucas 22.19, 20

La Santa Cena: anticipamos
◼ 1 Corintios 11.26

Jesús dijo: «De tal manera amó
Dios al mundo que dio a su
único Hijo»
◼ Juan 3.16

SU MINISTERIO Y SU ORDEN

Predicación y enseñanza
◼ Romanos 6.17

Oración e intercesión
◼ Romanos 15.30

Comunión y solidaridad
◼ Colosenses 3.11

Adoración y alabanza
◼ Colosenses 3.16

Liderazgo y gobierno
◼ Filipenses 1.1

Cualidades de los pastores del
rebaño de Dios
◼ 1 Pedro 5.1-11

Jesús dijo: «Vosotros seréis mis
testigos»
◼ Hechos 1.8

Centrado en las últimas cosas

LA ESPERANZA DEL CRISTIANO

Promesas al pueblo de Dios
■ 1 Pedro 1.10-12

Cumplimiento de los propósitos de Dios
■ Hechos 3.17-21

Promesas al pueblo de Dios
■ 1 Pedro 1.10-12

Derrota de los enemigos de Dios
■ Filipenses 2.9-11

Una esperanza viva
■ 1 Corintios 15.20-23, 51-55

Una esperanza constante
■ 1 Tesalonicenses 1.3

Una esperanza purificadora
■ Judas 24, 25

Jesús dijo: «Recibiréis poder cuando haya venido sobre vosotros el Espíritu Santo»
■ Hechos 1.8

EL PRELUDIO AL REGRESO DE CRISTO

Antes del regreso:

Desorden en la esfera natural
■ Lucas 21.11, 25

Desorden en la esfera social
■ 2 Timoteo 3.1-5

Desorden en la esfera internacional
■ Marcos 13.7, 8

Desorden en la esfera personal
■ Lucas 21.26

Desorden en la esfera espiritual
■ 2 Tesalonicenses 2.3-10

Jesús dijo: «Mis ovejas oyen mi voz»
■ Juan 10.27

EL REGRESO DE CRISTO

Cristo volverá de forma profética
■ Daniel 7.13, 14

Cristo volverá de forma personal
■ Mateo 26.64

Cristo volverá de forma visible
■ Mateo 24.30

Cristo volverá de forma repentina
■ Mateo 24.27, 36-51

Cristo volverá triunfante
■ Lucas 21.27, 28

Cristo volverá de forma concluyente
■ 1 Corintios 15.24

Jesús dijo: «Yo doy vida eterna»
■ Juan 10.28

EL JUICIO

Dios juzgará a todos
■ Hebreos 9.27

Los cristianos no serán condenados
■ Juan 5.24

Los cristianos serán responsables de su servicio
■ Romanos 14.12

Los desobedientes serán rechazados
■ Juan 3.18-20

Satanás será destruido para siempre
■ Apocalipsis 20.10

Separación de lo malo
■ Mateo 13.24-30

«Yo conozco a mis ovejas»
■ Juan 10.14

LA RESURRECCIÓN

Cristo, su garantía
■ 1 Corintios 15.20-23

La naturaleza, su ilustración
■ 1 Corintios 15.35, 38

La vida eterna, su resultado
■ 1 Tesalonicenses 4.16, 17

De la humillación a la gloria
■ 1 Juan 3.1, 2

De lo natural a lo espiritual
■ 1 Corintios 15.44

De la mortalidad a la inmortalidad
■ Filipenses 1.21-24

Jesús dijo: «Mis ovejas me conocen»
■ Juan 10.14

EL NUEVO ORDEN

El triunfo del Cordero
■ Apocalipsis 5.12, 13

La nueva creación
■ Apocalipsis 21.1-8

La nueva creación
■ 2 Pedro 3.10-13

La nueva Jerusalén
■ Apocalipsis 22.1-5

Jesús viene
■ Apocalipsis 22.6-21

Jesús dijo: «Dejad que los niños vengan a mí»
■ Mateo 19.14

Vivir la vida cristiana

Esta parte del libro es para aquellos que no solo quieren «entender», sino también «vivir» la vida cristiana en la plenitud de su capacidad. Es para los participantes, para aquellos que realmente quieren involucrarse y progresar en la vida cristiana.

Para ser un participante debemos empezar y el mejor lugar para hacerlo es ¡el comienzo! Pero empezar por el principio no significa detenernos allí. Debemos seguir adelante si queremos conocer la verdadera emoción de participar en esta aventura con Dios.

A medida que vayamos progresando cometeremos muchos errores. En realidad, los errores serán los que nos alienten a depender más de Dios, porque nos daremos cuenta de que él estará deseando ayudarnos. El verdadero progreso duradero es siempre el resultado de esa relación con Dios.

Cada sección es como un viaje. Al empezar con la primera sección nos iremos moviendo a través de ocho áreas de vida cristiana práctica hasta que lleguemos a la última sección titulada: «Llegar».

Estas nueve secciones constan de seis estudios completos cada una, con un total de cincuenta y cuatro estudios para el individuo o el grupo.

Vivir la vida cristiana
ÍNDICE

EMPEZAR p. 472

CONOCER p. 484

CRECER p. 496

DESCUBRIR p. 508

PERTENECER p. 520

Pertenecer a la familia de Dios
Un Padre
Un Señor
Un Espíritu
Una fe
Resumen bíblico:
Todos uno en Cristo

Pertenecerse unos a otros
Bautizados en Cristo
Un club para pecadores
Un nuevo conjunto de amigos
Camino al cielo
Resumen bíblico:
Una iglesia universal

Adorar juntos
La razón de la adoración
El objeto de la adoración
La fuente de la adoración
El valor de la adoración
Resumen bíblico:
¡Cantad alegres!

Compartir juntos
Orar juntos
Aprender juntos
Dar juntos
Comer juntos
Resumen bíblico:
Uno en comunión

Ministerios de unos a otros
La necesidad de líderes
La necesidad de pastores y maestros
La necesidad de organizadores
La necesidad de sumisión
Resumen bíblico:
El ministerio en el Nuevo Testamento

Trabajar juntos
La iglesia local
Una iglesia que se preocupa por los demás
Una iglesia que testifica
Una iglesia que crece
Resumen bíblico:
La iglesia alrededor del mundo

LAS PRUEBAS p. 532

La realidad de las pruebas
Es algo que le ocurre a todo el mundeo
Es posible que no parezca justa
Dios la permite
Nos puede enseñar más cosas sobre Dios
Resumen bíblico:
La paciencia de Job

La prueba a través de la duda
Un toque de humildad
Un toque de oposición
Un toque de fe
Un toque de confianza
Resumen bíblico:
La naturaleza de la fe

Las pruebas por tentación
Un peligro siempre presente
Algunas veces es culpa nuestra
Con frecuencia sutil y astuta
Siempre hay una salida
Resumen bíblico:
Las tentaciones de Jesús

La prueba a través del fracaso
Un evangelio para pecadores
La debilidad de la naturaleza humana
La promesa de éxito de Dios
El evangelio de los nuevos comienzos
Resumen bíblico:
El discípulo que falló a Jesús

Las pruebas por medio del dolor
Dolor en el mundo
Soportar el sufrimiento
La curación es posible
El fin de todo sufrimiento
Resumen bíblico:
El «aguijón en la carne» de Pablo

Las pruebas por la persecución
El evangelio ofende a ciertas personas
Las formas en las que atacan
Llamamiento a ser fieles
Resistir, incluso hasta la muerte
Resumen bíblico:
La promesa de paz

VENCER p. 544

Jesús es rey
Venció al pecado
Venció a la muerte
Venció al diablo
Conquistará el mundo
Resumen bíblico:
El plan universal de Jesús

La victoria está asegurada
No hay por qué pecar
No hay necesidad de temer
No hay por qué dudar
No hay por qué flaquear
Resumen bíblico.
Él puede

En el corazón
Jesús ocupa el primer lugar
Pensar rectamente
Motivos puros
El amor determina la acción
Resumen bíblico:
No yo, sino Cristo

Vencer al maligno
Asegúrese de su base
Dependa del poder de Dios
Aprenda a decir no
Diga a Satanás que se vaya
Resumen bíblico:
La armadura de Dios

Resistir la presión
Presión para conformarse
Presión para transigir
Presión para quejarse
Presión para la autocomplacencia
Resumen bíblico:
Unidos resistiremos

Adelante, soldados cristianos
Construir el reino
Sal del mundo
Luz del mundo
Conquistar el territorio enemigo
Resumen bíblico:
¿Qué es el reino de Dios?

SERVIR p. 556

Llamados a servir
Llamados por Dios
Obligados por amor
Comprometidos por medio de la fe
Preocupados por otros
Resumen bíblico:
Ilustración del servicio

Poder para servir
Compartir la obra de Dios
Ser llenos de su Espíritu
Controlados por su palabra
Equipados con sus dones
Resumen bíblico:
Hacer aquello que nace de forma natural

Servir en la iglesia
Los primeros serán los postreros
Echar una mano
Velar por los necesitados
Hablar la Palabra de Dios
Resumen bíblico:
Edificar la comunidad

En el mundo
Una vida diferente
Labios puros
Las pequeñas cosas cuentan
Amar a nuestros enemigos
Resumen bíblico:
Peregrinos en tierra extraña

Compartir buenas nuevas
Un mensaje para todos
Hablar de Jesús
Dejar que Dios obre
Dar testimonio a los vecinos
Resumen bíblico:
Todo a todas las personas

Servicio para toda la vida
Preparados para cambiar
Entregar todo a Jesús
Apoyar a sus obreros
Orar por los siervos de Dios
Resumen bíblico:
Pablo, un siervo de Dios

LLEGAR p. 568

En el camino al cielo

El cielo en la tierra
La vida en perspectiva
Aspirar a la meta
Preparado para Jesús
Resumen bíblico:
Manantiales de
esperanza eterna

Lidiar con el sufrimiento

Sobrellevar nuestro dolor
Sobrellevar nuestra
 pérdida
Soportar, con la ayuda
 de Jesús
Ayudar a otros a soportar
Resumen bíblico:
¿Por qué la muerte?

Enfrentarse a la muerte

Se acaba la vida
Decir adiós
Un lugar para el
 arrepentimiento
La entrada al cielo
Resumen bíblico:
La última oportunidad de
 la vida

Repetición de la acción

No hay nada escondido
La prueba de fuego
¡Bien hecho!
Un lugar para usted
Resumen bíblico:
Los acontecimientos
 del fin

¡Bienvenido a casa!

Un lugar de paz
Un lugar de gozo
Un lugar de hermosura
Un lugar de justicia
Resumen bíblico:
¿Qué ocurre con los que
 no son cristianos?

El nuevo comienzo de la vida

Todas las cosas nuevas
Un nuevo cuerpo
Un nuevo entendimiento
Una nueva forma de vida
Resumen bíblico:
¡Resucitó!

CÓMO USAR ESTE MATERIAL

Este material se ha estructurado de manera que su uso sea el más flexible posible y abarque un abanico más amplio de situaciones y de lectores.

Utilícelo en el estudio personal

Este material puede utilizarse como compañero de la Biblia. Puede servir de referencia a las enseñanzas de la Biblia, pero también se puede utilizar para el estudio personal y habitual de las Escrituras. Se compone de cincuenta y cuatro estudios que, a razón de una sección principal por semana, harán que la totalidad del material se haya cubierto en un periodo de un año.

Si utiliza una Biblia de referencias o que tenga concordancia, podrá ampliar cada estudio. Los pasajes que damos en «Compruebe en la Biblia» pueden servir como punto de partida para que los lectores hagan su propio descubrimiento de la Biblia. De este modo se podrá conseguir una visión global de cada tema. Sería muy útil que tuviera a mano su propio cuaderno de notas.

Utilícelo en grupo

El material de esta sección tendrá un valor particular cuando el pueblo cristiano se reúna. Grupos de estudio de todas las edades sacarán un gran provecho de las enseñanzas que descubran por sí mismos al seguir las directrices que se dan aquí. Asimismo, demostrarán ser de gran beneficio para los recién llegados a la fe cristiana que están ansiosos por aprender las implicaciones prácticas de su creencia.

Animamos a los líderes de grupos a que hagan las siguientes preparaciones antes de utilizar este material en debates. En primer lugar, deberían familiarizarse con los pasajes de la Biblia que proporcionamos, y estar preparados a apoyarlos con referencias cruzadas. En segundo lugar, deberían leer cuidadosamente todo el material de estudio. En tercer lugar, deberían estar preparados para utilizar las preguntas como base del debate y formular las suyas propias.

Utilícelo en un programa de iglesia

Ministros, pastores y maestros comprobarán que este material es una valiosa fuente de referencia en materia de temas a la hora de preparar programas para la iglesia. Por ejemplo, los seis estudios podrían utilizarse como base para una serie de sermones de domingo que dure seis semanas, o para las reuniones entre semana.

Los títulos están diseñados para captar la verdad de la Biblia. Esperamos que sea de utilidad tanto para pastores como para maestros.

Utilícelo en escuelas y colegios universitarios

El material de enseñanza, pasajes de las Escrituras y preguntas ayudarán a estimular a todos aquellos que estén involucrados en la educación religiosa, así como los miembros de grupos religiosos informales de debate y foros. El material ha sido planificado como ayuda global de modo que estudiantes de distintos trasfondos de adoración y tradición puedan aprender juntos de la enseñanza de la Biblia de una manera que les prepare para la vida.

Algunas características adicionales de este material:

1. Cada estudio consta de cuatro divisiones que ayudan a retener las verdades clave presentadas.

2. Con cada estudio se facilitan pasajes bíblicos clave y referencias para que usted pueda ver lo que la Palabra de Dios dice realmente acerca de ello.

3. En cada estudio se incluyen preguntas («Reflexión»). Confiamos en que serán de gran ayuda, sobre todo para los grupos de debate.

4. Cada estudio principal se presenta mediante una «Verdad clave» y concluye con una «Postdata». Se pretende que sea una ayuda a la hora de retener las verdades importantes.

5. Además de los cincuenta y cuatro estudios principales, se facilita el «Resumen bíblico». Cada resumen sigue a un estudio principal y es completo en sí mismo. Le alentamos a que complemente el estudio principal con la búsqueda de las referencias y los pasajes bíblicos que se indican en el «Resumen bíblico».

Existe una cosa que no hemos proporcionado y es la ayuda del Espíritu de Dios a todos aquellos que procuran vivir para él. No obstante, le recomendamos confiadamente que dependa de él mientras intenta vivir y progresar como cristiano.

La vida cristiana es una cuestión de progreso para todos nosotros; cada día trae nuevas oportunidades de crecimiento. Nuestra oración sincera es que usted encuentre en esta sección una guía útil que le ayude a vivir la vida cristiana.

¿De qué se trata?

VERDAD CLAVE

Ser cristiano consiste en una estrecha relación personal con Dios y no solo un cierto código de conducta.

Una vida vivida con Dios

Muchas personas piensan que ser cristiano es una cuestión de vivir de un cierto modo: ser amable con los demás, dar limosnas, ir a los cultos y no cometer crímenes o fraudes.

Sin embargo, la Biblia lo ve de forma distinta. Aunque todas estas cosas forman parte de vivir la vida cristiana, la esencia se llama «fe». Esto significa confiar en Dios de una forma personal, así como creer ciertas verdades.

Jesús se quejó de que algunos de los religiosos de su tiempo se habían atado tanto con las normas y las reglas que estaban descuidando su relación con Dios. El evangelio, o buenas nuevas, es que la gente corriente puede conocer a Dios de forma personal y vivir en armonía con él.

Una vida dada por Dios

Desde el comienzo del mundo, las personas han intentado encontrar a Dios y han inventado todo tipo de formas de agradarle. Pero toda la Biblia muestra lo fútiles que son estos intentos. Por haberse negado a obedecer los mandamientos de Dios, todo el mundo está ahora incomunicado con respecto a Dios.

La única forma en que las personas pueden tener un contacto duradero con Dios es aceptar a Jesús en su vida. Él era el Hijo perfecto de Dios, que se hizo hombre para poder explicar los propósitos de Dios al mundo. Y cuando murió, llevó sobre sí mismo el castigo por la rebeldía humana y nos abrió el camino a Dios.

Nadie puede crearse una nueva relación con Dios. Él ya ha hecho todo lo necesario; su camino solo puede aceptarse o rechazarse.

Una vida que depende de Dios

Confiar en Jesús no es como llevar un amuleto. No es una mera forma de ponerse a la derecha de Dios y asegurarse un sitio en el cielo.

Ser cristiano es una cuestión de confiar en Dios todo el tiempo. Implica estar siempre en contacto con él para recibir sus instrucciones y hacer aquello que él nos pide que hagamos cada día.

Puede traer una dimensión completamente nueva a nuestra vida. Pero la vida cristiana no siempre es fácil. Decir «no» a aquellas cosas que son incorrectas suele ser difícil. Enfrentarse a problemas inesperados puede ser terrible. Pero él promete ayudar a todo aquel que le siga.

Una vida vivida para Dios

Lo más importante de todo es que ser cristiano significa vivir para Dios. Algunos se entregan por completo al trabajo, la vida familiar o los intereses especiales.

PARA PENSAR...

Haga una lista de las distintas actitudes y actividades que se suelen asociar a ser cristiano.

- ¿Cuáles de ellas son realmente importantes, si ser cristiano trata de tener una estrecha relación con Dios?
- ¿Consiste en simples reglas y normativas humanas? ¿Por qué son estas peligrosas?
- Piense en qué es más fácil: seguir un conjunto de normas o desarrollar una amistad. Ahora piense en qué merece más la pena. ¿Por qué intentamos algunas veces convertir el cristianismo en un conjunto de normas?

Los cristianos son llamados a poner toda su energía en servir y agradar a Dios.

¡Esto no significa que tengan que dejar de hacer lo que hacen y convertirse en predicadores o misioneros! Cada persona tiene talentos y aptitudes que Dios quiere que se usen de una forma plena, con amor y cuidado. Quiere que la fe de cada persona influencie todas sus relaciones y actividades.

COMPRUEBE EN LA BIBLIA

Una vida vivida con Dios: Juan 17.3; 2 Timoteo 1.12
Una vida dada por Dios: Juan 14.6; Hechos 4.12
Una vida que depende de Dios: Lucas 9.23-25; Juan 15.1-5
Una vida vivida para Dios: Mateo 6.24; Santiago 2.14-18

POSTDATA

La Biblia no separa nunca el «creer» del «hacer». La fe y las obras van juntas. Si se hace más hincapié en una cosa que en la otra, es posible que tenga una filosofía o un estilo de vida, pero no será el verdadero cristianismo.

Nuestros amigos suelen tener una influencia importante en nuestra vida.

- ¿Qué importancia tiene su relación con Dios? ¿Se trata de un amigo más o la relación con él está por delante de cualquier otra?
- ¿De qué manera moldea su vida la relación que tiene con Dios?

Agradezca a Dios que su relación con él se basa únicamente en el amor que él siente por usted y no en su propio intento de alcanzarle. Pida a Dios que le perdone por las veces que ha dejado que otras cosas sean más importantes. Ore para que le ayude a crecer en su relación con él.

RESUMEN BÍBLICO
LO QUE DIOS HA HECHO

La Biblia describe cómo las primeras personas que conocieron a Dios se negaron a hacer aquello que él les había pedido. Desde entonces, la humanidad ha desobedecido las leyes de Dios. De manera que, en esta vida, las personas están desconectadas de Dios y la muerte les impide disfrutar de la vida eterna en el cielo (Efesios 2.1-3).

Una imagen de esperanza

El antiguo Testamento cuenta cómo Dios mostró a las persones la forma en la que podían ponerse de nuevo en contacto con él. Les dijo que obedecieran sus leyes. Y dijo que su pecado era tan grave que el único remedio era una víctima inocente —un animal, en aquellos días— que asumiera el castigo de muerte en su lugar (Levítico 16.6-10).

Pero esto solo era una imagen del mayor acto de amor por parte de Dios. Los animales no podían proporcionar una solución permanente. El Nuevo Testamento dice: «De tal manera amó Dios al mundo que ha dado a su Hijo unigénito para que todo aquel que en él cree no se pierda más tenga vida eterna» (Juan 3.16).

Un acto de amor

Jesucristo fue la única persona que vivió jamás que no tuviera pecado. Ni siquiera sus enemigos pudieron hallarle ninguna culpa. Y él vio su muerte como «rescate de muchos» (Marcos 10.45); el inocente sufrió la sentencia que merecía el culpable. Juan el Bautista le definió como: «El Cordero de Dios que quita el pecado del mundo» (Juan 1.29).

Pero porque era Dios a la vez que hombre, venció a la muerte, volviendo de nuevo a la vida, y prometió que todo aquel que le aceptase también recibiría la vida eterna (Juan 3.36). Esa vida empezaría de una vez. La vida eterna es conocer a Dios de una forma personal y disfrutar de su presencia para siempre (Romanos 8.38, 39).

EMPEZAR

Un nuevo comienzo

VERDAD CLAVE
Convertirse en cristiano es como empezar la vida de nuevo, entregando el control de nuestra vida a Jesucristo.

Ver la necesidad
Dios es una persona que sobrepasa nuestra imaginación. Es el poderoso creador de todas las cosas que existen, y, a pesar de ello, también sabe cómo se siente y piensa cada individuo. Además es santo: no puede hacer nada incorrecto. Por el contrario, ninguno de nosotros somos perfectos. No siempre hemos cumplido las leyes de Dios. Hemos hecho cosas que incluso nuestra propia conciencia sabe que están mal. Y, por encima de todo, hemos dejado a Dios fuera de nuestro pensamiento.

Como resultado de esto, estamos separados de Dios por medio de una barrera que en gran parte hemos construido nosotros mismos: voluntad propia, autoindulgencia y autoconfianza. La Biblia define esta barrera como pecado: nos impide conocer a Dios de una forma personal.

Decir a Dios: «lo siento»
A ninguno de nosotros le gusta admitir que nos hemos equivocado. Es incluso más difícil si tenemos que aceptar que toda la dirección de nuestra vida hasta este momento está fuera de su curso, va a nuestra manera en lugar de ir a la de Dios. Pero no podemos llegar a conocer a Dios por nosotros mismos sin decirle primero que sentimos haberle ignorado y haber hecho todas las cosas malas que hemos llevado a cabo. Esto incluye pensamientos y palabras, así como hechos. Quizás necesitemos también pedir perdón a otras personas a las que hemos hecho daño a lo largo del camino.

Decir «no» al pecado
Solemos enseñar a los niños a pedir perdón cuando hacen algo malo, ¡pero observamos cómo vuelven a cometer el mismo error, de la misma manera, momentos después! Pedir perdón no es suficiente; debemos demostrar también que esa es realmente nuestra intención. Dios sabe lo que somos realmente y las palabras no le engañan. Debemos dejar todo nuestro pecado atrás y prometerle que no seguiremos deliberadamente por nuestro propio camino. Esto es lo que la Biblia define como «arrepentimiento». Para algunas personas esto puede implicar un cambio muy radical en su forma de vida. Para otros el cambio será más interior, en su forma de pensar y hablar. Dios promete ayudarnos, cualquiera que sea la implicación.

Decir «sí» a Jesús
Al morir en la cruz y resucitar de los muertos, Jesús ya ha hecho todo lo necesario para restaurar nuestra relación con Dios. Él ofrece el don de la vida eterna a todo aquel que lo acepte. Pero no podemos tener el corazón dividido. No podemos pedir a Dios su perdón si no estamos también preparados para dejar que se ocupe de nuestra vida desde ese momento en adelante.

Si no ha emprendido nunca un nuevo comienzo con Jesús, o si su vida cristiana se ha quedado estancada en la rutina, puede utilizar una simple oración como esta: «Querido Dios, siento

PARA PENSAR...

Tómese algún tiempo para pensar en la dirección de su vida.

- ¿Cree que la dirección de su vida agrada a Dios?
- Qué significa «arrepentimiento»? ¿Qué efecto debería tener el arrepentimiento en la dirección de su vida?
- ¿Ha emprendido alguna vez un nuevo comienzo confesando su pecado a Dios y recibiendo su perdón? Si no lo ha hecho, ¿está dispuesto a hacerlo ahora?

Cuando realizamos este nuevo comienzo, entramos por primera vez en la familia de Dios.

mucho haberte dejado fuera de mi vida y haber pecado contra ti de pensamiento, palabra y hecho. Gracias por enviar a Jesús a morir en la cruz para que yo pudiera conocerte personalmente. Perdona mi pecado y dame el poder de tu Espíritu para que pueda vivir para ti cada día hasta que me lleves para estar contigo para siempre en el cielo. En el nombre de Jesús, Amén».

COMPRUEBE EN LA BIBLIA

Ver la necesidad: 1 Juan 1.5-8; Romanos 6.23

Decir a Dios: «lo siento»: 1 Juan 1.9, 10; Salmo 51.1-4, 10-12

Decir «no» al pecado: Mateo 4.17; Efesios 4.22-24

Decir «sí» a Jesús: Apocalipsis 3.20; Mateo 11.28-30

POSTDATA

Jesús invitó a las personas a que le siguieran tal y como eran, sin intentar reformarse en primer lugar. Pero también dijo que, una vez hubieran empezado a seguirle, él mismo los cambiaría.

La Biblia nos da tres imágenes de esto: nacimiento, adopción y regreso al hogar.

•¿Qué tienen que ver estas imágenes con su propia relación con Dios?

•¿Qué novedad hay en su vida ahora que ha emprendido un nuevo comienzo? ¿Ha dejado que Jesús tome control de la dirección de su vida?

Agradezca a Dios que haya hecho posible que usted pertenezca a su familia. Confiésele todo el pecado que quiera dejar atrás y pídale que le llene con su Espíritu para que pueda vivir una vida completamente nueva.

RESUMEN BÍBLICO

LO QUE OCURRE CUANDO USTED EMPIEZA

Existe un número de imágenes en la Biblia que ilustran lo que ocurre cuando una persona acoge a Jesús en su vida. Tres de ellas tienen una cosa en común: se refieren a una familia (véase Efesios 2.19).

Un feliz acontecimiento

La primera imagen es la de un bebé nacido en una familia. Cuando una persona acepta a Jesús como aquel que ha limpiado su pecado y le ha abierto el camino a Dios, se dice que ha «nacido de nuevo» (Juan 3.3). Se han convertido en un verdadero hijo de Dios, porque el Espíritu de Dios le ha dado una vida nueva y eterna (Juan 1.12, 13). Como un bebé humano, el nuevo cristiano tiene mucho que aprender y puede equivocarse con facilidad o incluso ser llevado por el mal camino (1 Pedro 2.1, 2).

Una nueva posición

La siguiente imagen es la de la adopción, cuando el hijo de una familia es aceptado como hijo o hija verdadera, por otra. Nadie tiene derecho a pertenecer a la familia de Dios. Por naturaleza, todos están excluidos de ella; pertenecen al dominio del diablo. Pero Dios adopta a aquellos que confían en Jesús en su familia, y los acoge como sus propios hijos (Romanos 8.15, 16).

Donde pertenecemos

Finalmente, tenemos la conocida imagen de «volver a casa». En la parábola que Jesús contó del hijo pródigo, este vástago rebelde decide volver a casa, arrepentido de haberse escapado, haber malgastado su vida y haber avergonzado a la familia (Lucas 15.11-32). Su padre (Dios) le ve venir de lejos, va hacia él y le da la bienvenida al hogar. Su pecado es perdonado y la familia celebra su regreso.

Una nueva forma de vida

VERDAD CLAVE

Vivir como cristiano significa disfrutar y experimentar la vida de una forma totalmente nueva.

Una nueva vida

Antes de que Jesucristo entre en nuestra vida estamos espiritualmente muertos, somos incapaces de conocer a Dios y de recurrir a su ayuda. Sin embargo, una vez comprometidos con él nos promete hacer que todo sea fresco y nuevo.

Nos da una nueva calidad de vida abierta a Dios y que dura para siempre. Incluye nueva esperanza, paz y gozo, así como poder y paciencia para poder sobrellevar las dificultades.

Tiene nuevos principios de conducta y también nuevas actitudes. Pero todas estas cosas nos son dadas por Dios y no pueden ser creadas por nuestros propios esfuerzos.

Una nueva relación

Para el cristiano, Dios ya no es una figura lejana y misteriosa. Es una persona real que puede ser conocida, amada y adorada.

Es como un nuevo amigo, siempre dispuesto a ayudarnos y fortalecernos. Pero la Biblia suele llamarle «Padre» porque, como el mejor de los padres humanos, promete proporcionarnos todo lo que necesitemos para llevar a cabo sus propósitos.

Algunas veces nos regañará. Sin embargo, nunca intimidará a sus hijos. Por nuestra parte, nos llevará tiempo conseguir conocerle mejor.

Una nueva familia

Si el cristiano fuera hijo único de nuestro Padre celestial, la vida sería muy solitaria. Pero, en realidad, nacemos a la familia mundial de Dios. En cada ciudad y distrito tenemos «hermanos» y «hermanas» que aman al Padre.

Esta familia se conoce generalmente como la iglesia. Puede ser grande o pequeña en una situación local y, al igual que las familias humanas, no siempre es perfecta. Pero tiene funciones importantes.

Existe para ayudar a que cada cristiano crezca en la fe. Dios la ha proporcionado para que podamos encontrar el apoyo y el aliento que necesitamos.

Un nuevo amigo

Cuando Jesús estaba en la tierra, sus seguidores se sintieron tristes al oírle hablar de su partida. Pero prometió enviar al «Consolador» (el Espíritu Santo) para que estuviera con ellos.

El Espíritu Santo es Dios activo en la vida del cristiano. Nos señala a Jesús y nos ayuda a entender la Biblia y a hablar con Dios en oración. Nos muestra lo que está mal en nuestras vidas y nos da el poder de corregirlo.

Y nos promete darnos las aptitudes para poder ayudar a otros cristianos, utilizando la fuerza de Dios y no la nuestra propia.

PARA PENSAR...

La vida cristiana es una nueva forma de vivir porque ahora Dios vive en relación con nosotros como Padre, Hijo y Espíritu Santo.

- ¿Qué significa llamar a Dios «Padre»? ¿En qué se parecen los padres humanos a nuestro Padre Dios? ¿En qué son distintos?
- ¿Qué papel juega Jesús en su vida?
- ¿Cree que el Espíritu es esencial para su vida cristiana? ¿Por qué debería serlo?
- ¿Por qué nuestra nueva relación con Dios lo cambia todo?

Muchas otras personas alrededor del mundo también comparten esta relación con Dios por medio de Jesucristo y del Espíritu Santo.

COMPRUEBE EN LA BIBLIA

Una nueva vida: 2 Corintios 5.17, 18; Colosenses 3.12-17

Una nueva relación: Juan 14.23; 1 Pedro 5.7

Una nueva familia: 1 Pedro 2.9, 10; Efesios 2.19-22

Un nuevo amigo: Juan 14.26; 1 Corintios 12.4-11

POSTDATA

La nueva vida es un don de Dios. Algunas personas solo le permiten hacer cambios superficiales en sus vidas, pero Jesús quiere cambiarnos por completo.

•¿Cómo deberíamos pensar con respecto a esas otras personas? ¿Son solo amigos o tenemos una conexión más cercana con ellos?

•¿Por qué es importante que pertenezcamos a la familia mundial de creyentes?

Dé gracias a Dios por la emoción de una nueva forma de vida con él y con otros creyentes. Ore para ser lleno de su Espíritu y estar equipado para esta nueva vida.

RESUMEN BÍBLICO

LA PLENITUD DE DIOS

Cuando describimos lo que Dios hace por nosotros, utilizamos diferentes nombres para referirnos a él: Padre, Hijo (Jesús) y Espíritu Santo. Algunas veces las personas piensan equivocadamente que son distintos dioses, o que solo uno tiene importancia para nosotros hoy día.

En realidad, Dios se revela a sí mismo como tres «personas». Cada una de ellas es plenamente Dios, pero tiene una función distinta. Sin embargo, cuando hablamos de que Dios está «en» la vida de un cristiano, las tres personas están involucradas (Juan 14.23).

Cristo en usted

Jesús, el Hijo de Dios, vive en nosotros desde el momento en que le recibimos como Aquel que quita nuestro pecado y nos da la vida eterna (Colosenses 1.27). Promete no abandonarnos nunca (Hebreos 13.5).

Llenos del Espíritu

El Espíritu Santo también entra en nuestra vida al mismo tiempo (Efesios 1.13, 14). Pero la Biblia también habla de otros momentos durante la vida cristiana cuando «llena» a una persona, por lo general cuando se enfrenta a una tarea especial (por ejemplo Hechos 4.31). Sin embargo, deberíamos estar siempre llenos del Espíritu, y que su vida fluyera en nosotros y desde nosotros hacia los demás (Efesios 5.18).

Cuando necesitamos de forma especial la bendición del Espíritu para que nos ayude a adorar o servir a Dios, Jesús nos dice que pidamos al Padre y que él nos dará el poder del Espíritu Santo (Lucas 11.13).

Pero él nunca da su poder antes de que vaya a ser utilizado. Y en muchas ocasiones no puede llenarnos porque la abundancia de pecado lo ha desplazado (Efesios 4.30).

Las promesas inquebrantables de Dios

VERDAD CLAVE

Dios promete ayudarnos de muchas maneras y nunca rompe su palabra.

La promesa de seguridad

No sabemos qué ocurrirá mañana. Es posible que nos enfrentemos a circunstancias totalmente nuevas: pobreza o riqueza; enfermedad o tragedia; decisiones duras; oportunidades inesperadas; cambios en las relaciones.

Dado que la vida es, hasta cierto punto, incierta, con frecuencia sentimos la tentación de encontrar un sentido de seguridad en los objetos o las personas familiares. Pero estas también pueden cambiar. Solo Dios ofrece la seguridad perfecta.

Él promete no dejar nunca a sus hijos. Nunca nos abandonará aunque le olvidemos. Él nos mantiene seguros en su amor a lo largo de toda esta vida y en la siguiente.

La promesa de apoyo

Somos más conscientes de la necesidad que tenemos de la ayuda de Dios cuando nos enfrentamos a la dificultad o la tentación. Pero si debemos hacer todo lo que Dios quiere que hagamos, necesitamos recurrir a su poder en todo tiempo.

De hecho, también necesitamos su apoyo cuando la vida trascurre sin complicaciones. Luego es fácil olvidarse de él, y fallarle con algo que decimos o hacemos.

Dios promete su ayuda en todo tiempo. Pero nunca promete barrer nuestros problemas. En realidad, los problemas suelen ser oportunidades para experimentar y demostrar su poder.

La promesa de dirección

Para muchas personas, el viaje a través de la vida es más bien como ir tropezando por un bosque oscuro. Es difícil encontrar el camino que sea más gratificante.

Porque Dios nos conoce a nosotros y a las circunstancias de nuestra vida con todo detalle, las promesas nos muestran aquello que es correcto y que debemos hacer en cada paso a lo largo del camino.

Él también tiene un propósito especial para cada persona y promete guiarnos hasta él. Así pues, conforme vamos en la dirección que él ha preparado, vamos experimentando una nueva armonía con él.

La promesa de su presencia

Algunas veces los cristianos se quejan de que la vida de los primeros seguidores de Jesús tuvo que ser más fácil de lo que es ahora, porque podían ver y tocar a su maestro.

Pero, en realidad, era más dura. Jesús solo podía estar en un lugar a la vez. Ahora promete estar con todos aquellos que le aman y le sirven, en todo lugar.

PARA PENSAR...

Haga una lista de algunas de las promesas de Dios tal y como las encontramos en la Biblia.

- ¿Cumple Dios sus promesas? ¿Existen razones por las que usted puede creer que lo hace? ¿Hay promesas que él ya haya cumplido en su vida?
- ¿Le parece más fácil creer en las promesas de Dios cuando los tiempos son difíciles o cuando son fáciles?
- ¿Qué le impide depender de Dios? ¿Piensa que él la va a fallar o prefiere usted controlar su propia vida?
- ¿Cómo debería usted responder a las promesas de Dios?

Piense en las situaciones a las que se está enfrentando en la vida en este momento.

Quizás no siempre le sintamos cerca, pero la Biblia no se pone nunca en duda. Jesús dijo: «Yo estoy con vosotros todos los días, hasta el fin del mundo» (Mateo 28.20).

Él siempre está a mano para ayudarnos, enseñarnos y guiarnos.

COMPRUEBE EN LA BIBLIA

La promesa de seguridad: Juan 6.37-39; Romanos 8.38, 39

La promesa de apoyo: Mateo 11.28-30; Filipenses 4.11-13

La promesa de dirección: Salmo 32.8; Isaías 30.21

La promesa de su presencia: Salmo 139.7-12; Mateo 28.19, 20

POSTDATA

Los seres humanos suelen romper sus promesas porque son débiles e imperfectos; Dios no puede romper las suyas, porque es todopoderoso y perfecto.

- •¿Puede pensar en alguna de las promesas de Dios que sea especialmente relevante?
- •¿En qué puede cambiar su forma de vida que usted confíe en que Dios cumpla estas promesas? ¿Cómo cambiará su forma de orar?

Agradezca a Dios que siempre cumpla sus promesas, aun cuando le resulte difícil ver cómo lo hace. Dele las gracias por estar siempre con usted. Diga a Dios que está dispuesto a depender de sus promesas hoy.

RESUMEN BÍBLICO

DIOS MANTIENE SU PALABRA

Algunas personas prometerán cualquier cosa, pero nunca harán lo que dicen. Dios no es así. Él no puede cambiar de opinión y decepcionarnos. En el Antiguo Testamento se le conoció especialmente como el Dios que hacía promesas solemnes (o «pactos») y mantenía su palabra (Deuteronomio 7.9).

Promesas de doble filo

Como la nación de Israel descubrió enseguida, las promesas de Dios tienen doble filo. Solo podemos disfrutar todo lo que él ofrece si seguimos obedeciéndole (Deuteronomio 7.10, 11). Algunas de sus promesas no se ven afectadas por nuestro pecado. Él no quita la vida eterna a los cristianos cuando estos no le obedecen (Juan 6.39).

Sin embargo, esta verdad pretende inspirarnos una devoción amorosa y no nos alienta a ser descuidados. Dios es tan misericordioso que nos ama incluso cuando le ignoramos (Romanos 6.1-4).

Tres promesas especiales

La Biblia recalca tres promesas especiales de Dios:

- •Prometió a Noé que nunca volvería a destruir la tierra por medio de un diluvio en su ira contra el pecado humano (Génesis 9.15).
- •Prometió que Abraham sería el padre de muchas naciones y que tendría una estrecha relación con Dios. Al creer en esa promesa, Abraham demostró lo que era la fe realmente (Génesis 17.7, 8).
- •Y él hizo un «nuevo pacto» con la iglesia cristiana por medio de la fe de Jesús: que él sería nuestro Dios y que nosotros seríamos su pueblo para siempre (Hebreos 8.6-13).

La ayuda que Dios da

VERDAD CLAVE

Dios ha proporcionado cuatro formas especiales en las que podemos recibir su ayuda.

Ayuda a través de la oración

Con frecuencia tenemos muchas preguntas que hacerle a Dios. La oración es la forma en la que podemos decirle cómo nos sentimos, cuáles son nuestras necesidades y podemos compartir con él los problemas y las oportunidades a los que nos enfrentamos.

La Biblia nos dice que Dios siempre está dispuesto a escuchar nuestras oraciones y que le gusta responderlas. Sin embargo, algunas veces pedimos cosas que nos apartan de sus propósitos, de modo que no nos las concederá. A veces estamos tan llenos de peticiones que no dejamos de pedir algo que él realmente ya quiere hacer.

Con frecuencia él espera que pidamos para darnos aquello que necesitamos porque solo cuando pedimos humildemente estaremos preparados para recibir con agradecimiento.

Ayuda a través de la Biblia

Nuestra relación con Dios tiene siempre dos sentidos. Hablamos con él en oración y una de las formas en la que nos habla es por medio de la Biblia (que a veces se denomina como su «palabra»). Los autores de la Biblia fueron guiados por Dios conforme fueron escribiendo las experiencias que tuvieron con él y las verdades que él les reveló. Sus páginas contienen todo lo que Dios quiere que sepamos acerca de él y la forma en la que quiere que vivamos para él. El Espíritu Santo hará que ella tenga vida para nosotros y que la apliquemos en nuestras circunstancias si buscamos su perspectiva.

Ayuda a través del pueblo de Dios

Ya hemos visto que Dios nos ha hecho miembros de su familia. Nuestros «hermanos» y «hermanas» en Cristo tienen dones y perspectivas especiales que Dios utiliza para ayudarnos. De hecho, pretende que dependamos los unos de los otros en la misma medida que dependemos de él, porque todos carecemos de sabiduría.

Algunos serán capaces de ayudarnos a comprender mejor la verdad de Dios y la Biblia. Otros podrán aconsejarnos sobre nuestros problemas. Podemos hablar y orar con ellos, y aprender juntos de la Biblia, como compartir todo lo que Dios nos quiera mostrar a cada uno.

Siempre es una buena idea hablar con otros cristianos antes de tomar decisiones importantes para recibir tanto el consejo como el apoyo que necesitamos.

Ayuda a través de la adoración

La adoración tiene lugar cuando un grupo de cristianos se reúne para expresar amor y gratitud a Dios por todo lo que él es y lo que ha hecho. Pueden cantar e incluso gritar; pueden estar callados y sumidos en sus pensamientos. Y, por supuesto, podemos adorar a Dios en privado, mientras pensamos en su amor por nosotros. Está claro que podemos adorar a Dios a nuestra manera y pensar en su amor por nosotros.

PARA PENSAR...

Necesitamos la ayuda de Dios en todo tiempo, de modo que estas cuatro maneras de recibirlo no son solo para ocasiones especiales. Piense en cómo las puede introducir en su vida cotidiana.

• ¿Cuánto tiempo dedica a la oración? ¿Aparta suficiente tiempo y espacio de las distracciones de modo que puede abrirse con Dios? ¿De qué manera ayuda la oración?

• ¿Cómo transmite la Biblia la ayuda de Dios? ¿Debería esto afectar a la manera en la que usted lee la Biblia?

Alabar a Dios nos ayuda de dos formas. En primer lugar, nos recuerda lo grande que él es. Las cosas que nos preocupan parecen entonces más pequeñas y nuestra confianza crece en la capacidad que Dios tiene de ocuparse de ellas. En segundo lugar nos abre al Espíritu Santo y nos capacita más para que podamos oírle, obedecerle y recibir su poder.

COMPRUEBE EN SU BIBLIA

Ayuda a través de la oración: Juan 16.24, Mateo 7.7-11

Ayuda a través de la Biblia: 2 Timoteo 3.16, 17. Juan 16.12-15

Ayuda a través del pueblo de Dios: Efesios 5.11-14; Romanos 12.4-8

Ayuda a través de la adoración: Hechos 4.31; Salmo 29.1-4, 10, 11

POSTDATA

Haga una lista de todas las cosas por las que podría alabar a Dios y eleve su alabanza a él.

• ¿Reconoce la ayuda que otros cristianos le pueden dar? ¿Por qué es incorrecto que intente ser un cristiano por sí solo?

• ¿Por qué es importante la adoración? ¿Se permite usted adorar a Dios de una forma genuina o está siempre pensando en los problemas para los que necesita ayuda?

Tómese tiempo de llevar su propia vida delante de Dios en oración. Pídale que le hable por medio de la Biblia y de otros cristianos. Adórele por su bondad y su cuidado.

TODOS TIENEN NECESIDADES

Jesús mismo, sus seguidores más cercanos y todos los grandes personajes de la Biblia tuvieron que usar la oración, las Escrituras y la «comunión» con el pueblo de Dios y la adoración para mantenerse en armonía con Dios.

La oración suele preceder a importantes acontecimientos. Jesús oró toda una noche antes de elegir a los doce apóstoles (Lucas 6.12, 13). Tanto ellos como sus amigos más cercanos se «entregaron a sí mismos» a la oración después de que Jesús dejaran la tierra, y antes de que el Espíritu Santo los llenaran de poder en el Día de Pentecostés (Hechos 1.14).

Un arma para la batalla

Jesús utilizó la Escrituras como arma para luchar contra las sutiles y poderosas tentaciones que recibió en el desierto antes de su ministerio público (Mateo 4.3-11). El salmista dijo que la forma de llevar una vida pura era almacenar la Palabra de Dios en la memoria para poder echar mano de ella en un momento dado (Salmo 119.11).

Preocuparse los unos por los otros

Con frecuencia Pablo escribe con agradecimiento por la ayuda que otros cristianos le prestaron (por ejemplo Colosenses 4.7-11). La Biblia recoge las formas en las que la gente de Dios se ocupó una de otra. Fue un interés que algunas veces implicó reproche y desafío, y otras veces aliento.

En cuanto a la adoración, al parecer era un deseo tan natural y algo que había que hacer (por ejemplo Hechos 20.7) que solo se ordenó en casos extremos (Hebreos 10.24, 25).

EMPEZAR
Una vida permanente

VERDAD CLAVE
La vida cristiana nunca se detiene; siempre hay algo más que aprender y un cielo que esperar.

Una vida de gozo
Jesús prometió a sus seguidores las dos cosas que todo el mundo desea, pero que pocos encuentran jamás: la paz interior y el gozo. Ninguna de estas cosas depende de tener una vida fácil. Más bien, surgen de la confianza de saber que nuestro Padre amoroso es quien tiene el control, pase lo que pase.

El gozo cristiano es una sensación de gratitud por el cuidado y el amor de Dios. Ya no estamos atados por nuestro pecado, sino que somos libres para ser aquellas personas que él quiere que seamos. ¡Ciertamente tenemos algo que celebrar!

Sin embargo, el gozo es un don de Dios y no algo que podamos encender o fabricar mediante una cierta técnica. Siempre se centra en él y no es un sentimiento del que se disfrute por sí solo.

Una vida de crecimiento
La vida cristiana no ha hecho más que comenzar cuando una persona se convierte en miembro de la nueva familia de Dios. Así como un niño humano tiene muchas cosas que aprender, y esto le lleva un tiempo bastante largo, lo mismo ocurre con el hijo de Dios.

Siempre hay algo nuevo que aprender acerca de Dios y de sus caminos. Las Escrituras nos dicen que sigamos adelante hasta la perfección, ¡y para llegar hasta ella hay mucho camino que recorrer! Crecer en la fe puede ser una aventura emocionante, y también ardua.

Algunas veces no podremos crecer a semejanza de Jesús hasta que nos enfrentemos a la dificultad y apliquemos nuestra fe, tal y como él hizo. Pero él promete renovar nuestra vieja naturaleza pecaminosa, de manera que podamos ir delante de una forma constante en nuestra vida cristiana.

Una vida de entrega
La fe cristiana no es algo que debamos guardar para nosotros mismos. Los primeros seguidores de Jesús no podían dejar de contar a los demás lo que Dios había hecho por ellos.

Tenemos algo que dar a los demás —un «evangelio» o «buenas nuevas»— que transforman las vidas, las actitudes y las relaciones de las personas.

Y también tenemos algo que compartir los unos con los otros: amor y preocupación, algunos dones o aptitudes nuevos, una posesión, cualquier cosa que ayude a edificar la fe de los demás y ministrar sus necesidades. Solo cuando demos en fe creceremos en ella.

Una vida eterna
Algunos se ríen de los cristianos porque consideran que «piensan demasiado en el cielo como para ser útiles en la tierra». No debemos ser inútiles. Nuestro hogar final es el cielo, pero debemos tener nuestros pies firmes sobre la tierra.

Sin embargo, es un hecho que algunas veces no pensamos demasiado en el cielo. Se nos ha

PARA PENSAR...

Piense en la vida eterna que Dios ha prometido dar a su pueblo.
- ¿Se refiere la «vida eterna» al futuro?; ¿quizás al presente?; ¿a ambos?; ¿qué relación tiene su vida cristiana actual con el futuro que Dios ha prometido?
- ¿Tienen alguna relevancia eterna las cosas que usted hace ahora?
- ¿Qué aspectos de su vida presente formarán también parte de su vida en el reino futuro de Dios? ¿Qué otros aspectos no lo harán?
- ¿Piensa usted que un cristiano debería luchar por ser perfecto como Jesús?

prometido la vida eterna en el cielo con Jesús para siempre. Esto debe inspirarnos y alentarnos en nuestra vida presente.

Sabemos que la muerte no es el final para nosotros. No hay nada que temer en el futuro. Tenemos esperanza y no sentiremos decepción en el maravilloso lugar que Dios tiene esperando para nosotros.

COMPRUEBE EN SU BIBLIA

Una vida de gozo: Juan 15.11; Salmo 95.1-7
Una vida de crecimiento: Filipenses 3.12-16; Efesios 4.13. 14
Una vida de entrega: Juan 13.34, 35; Lucas 6.38
Una vida eterna: Apocalipsis 22.1-5; Filipenses 1.21-24

POSTDATA

Jesús dijo que la vida cristiana es un sendero estrecho, comparado con la amplia carretera de la indulgencia con uno mismo que siguen muchas otras personas. Pero su camino lleva a la vida abundante en el presente y para siempre.

•¿En qué áreas de la vida sabe usted que debe crecer?
•¿Qué características cristianas necesita usted desarrollar? ¿Necesita tener más gozo? ¿Quizás debería tener más entrega?

Dé gracias a Dios porque su amor nunca falla y porque su relación con él continuará en la nueva creación de Dios. Pida la ayuda del Espíritu para ser más como Jesús, de modo que pueda vivir ya el tipo de vida que Dios quiere que tenga en su reino eterno.

RESUMEN BÍBLICO

¿QUÉ GRADO DE PERFECCIÓN PUEDE ALCANZAR?

Jesús dijo a sus seguidores que debían ser cristianos «perfectos» (o maduros) (Mateo 5.48). Aunque la Palabra de Dios promete el perdón de los pecados que los cristianos cometen, no se espera que sean indiferentes en cuanto a pecar (1 Juan 2.1, 2). Jesús mismo era perfecto y nosotros debemos seguir su ejemplo (1 Pedro 2.21-23).

No nos volvemos perfectos cuando recibimos a Jesús, aunque nuestro pecado sea quitado y desaparezca la barrera que había entre nosotros y Dios. Su vida entra en nosotros, su poder está a nuestra disposición y tenemos que aprender a hacer uso de él. Esto lleva tiempo y con seguridad cometeremos errores (Santiago 3.1, 2).

Perfeccionarnos

La Biblia nos dice que nos perfeccionamos por medio de la obediencia a la voluntad de Dios (1 Pedro 1.14-16). A medida que lo hacemos, vamos teniendo más capacidad de entender y saber lo que Dios quiere que hagamos (Hebreos 5.12-14).

Algunas veces nos sentiremos frustrados porque nuestra naturaleza humana, que sigue reteniendo sus imperfecciones y limitaciones, no acaba nunca de ser tan buena o de hacer aquello que el Espíritu de Dios, que está dentro de nosotros, nos impulsa a llevar a cabo. En nuestro interior se desarrolla una lucha entre lo antiguo y lo nuevo (Romanos 7.15-25).

Luchar contra el mal

Asimismo, existe una batalla contra el mal cuando somos tentados y se burlan de nosotros las fuerzas del mal que a veces llegan de los lugares más sorprendentes y nos desestabilizan (Efesios 6.12, 13). Pero al pueblo de Jesús se le ha prometido la victoria sobre ellas (1 Juan 5.4, 5).

CONOCER

Conocerse a sí mismo

VERDAD CLAVE
Solo podemos apreciar, de una forma completa, todo lo que Jesús ha hecho por nosotros cuando nos vemos tal y como él nos ve.

Una persona espiritual
Dios ha hecho de cada ser humano una persona única. Pero todos tenemos ciertas cosas en común, como una forma similar y aptitudes como el habla, el pensamiento y las emociones.

Asimismo, tenemos un deseo natural de buscar a Dios. A diferencia de otras criaturas, podemos conocerle de una forma personal, aunque muchas personas tienen a un «dios» sustituto al que dedican su vida.

Dios nos dio esta capacidad para que pudiésemos vivir en armonía con él. Las vidas que incluyen adoración y amor a Dios por medio de Jesucristo empiezan a convertirse en aquello que Dios pretendía que fuesen.

Una persona pecaminosa
Nadie excepto Jesús mismo ha vivido una vida absolutamente perfecta. Tuvo que morir en la cruz porque las personas no tenían la capacidad de obedecer las leyes de Dios (nuestra «pecaminosidad»).

Pero incluso aquellos cristianos que han aceptado que Jesús murió en su lugar, como forma de conocer a Dios, siguen cometiendo pecados. Cada parte de nosotros está muy lejos de ser perfecta: nuestros pensamientos, conocimiento y acciones.

Esta es la razón por la cual no somos capaces de vivir la vida cristiana de una forma tan plena como pretendemos. Sigue siendo fácil caer en las antiguas formas de vida. Pero Jesús sigue dándonos su poder para que evitemos pecar si así se lo pedimos.

Una persona salva
Los cristianos suelen hablar de ser «salvos de sus pecados». A muchos, esto les suena como si fuera un lenguaje de otra cultura. Pero todos conocemos a personas que se han salvado de incendios o de ahogarse en un río.

De manera que el cristiano es una persona que ha sido salvada de un destino terrible: vivir sin Dios para siempre. Somos «salvos» en el momento en que recibimos a Jesús en nuestras vidas, así como alguien que se está ahogando se salva en el momento en el que su rescatador le agarra.

Pero ser salvo no es una mera experiencia pasada. Haber sido salvado es un hecho constante y una experiencia continua, se nos ha dado una vida nueva.

Una persona apartada
Jesús nos ha llamado a dejar a un lado los caminos del mundo. Esto no significa que debamos recluirnos, sino que abandonemos las actitudes normales en nuestra sociedad en cuanto a la vida

PARA PENSAR...

Haga una lista de lo que, según usted, hace que los seres humanos sean distintos del resto de la creación de Dios.
- ¿Qué aspectos del ser humano son más importantes según la forma habitual de pensar de la sociedad de su entorno?
- ¿Ve Dios las cosas de un modo distinto? ¿Qué aspecto de la vida humana le parece a usted que él considera más importante?

El cristianismo consiste en convertirse en el verdadero ser humano que Dios pretendía que usted fuese.
- ¿Qué le enseña la vida de Jesús en cuanto a ser humano?

y hacia los demás cuando estas estén en conflicto con el amor de Jesús y sus propósitos

Algunas veces, esto significará tener que decir «no» a cosas que una vez amamos y disfrutamos, porque estropearían nuestra relación con él. Pero más importante aún, significará decir «sí» a lo que él quiera. Cuando la Biblia utiliza la palabra «santo», significa dedicarse a hacer la voluntad de Dios. Esto implica interesarse por los demás, compartir el amor de Jesús y evitar el pecado.

COMPRUEBE EN LA BIBLIA

Una persona espiritual: Hechos 17.26, 27; Filipenses 2.9-11

Una persona pecaminosa: Romanos 3.23; 1 Juan 2.1, 2

Una persona salva: 1 Timoteo 1.15; Mateo 1.21

Una persona apartada: Mateo 6.24; Efesios 2.8-10

POSTDATA

Aunque todos tengamos ciertas características en común, Dios nos hizo con personalidades bastante diferentes. Esto no significa que debamos parecer o sentirnos iguales, ni tampoco que hagamos lo mismo que los demás. Él trata con nosotros tal y como somos.

• ¿En qué no da usted la talla con respecto a esto (pecado)?

• ¿Qué significa «salvación»? ¿Qué relación tiene con toda su vida: cuerpo, mente, corazón, alma y espíritu?

• ¿En qué cree usted que la vida cristiana es verdaderamente más humana que las demás formas de vida?

Dé gracias a Dios por haberle hecho tal y como es. Pídale que le perdone por las veces que no ha vivido como él quería que lo hiciera, y ore pidiendo que le ayude por medio de su Espíritu a vivir una vida humana adecuada como la de Jesús.

RESUMEN BÍBLICO

UNA PERSONA COMPLETA

Algunas veces, las personas hablan de alguna parte de la personalidad humana como si no tuviese que ver con ellos. ¡Hablan como si el cuerpo tuviera una mente propia! Aunque la Biblia distingue entre las diferentes partes, nunca las considera por separado. Cuando se refiere a una parte, pretende que veamos al conjunto de la persona desde ese ángulo.

La mente o corazón

«Mente» y «corazón» suelen significar lo mismo en las Escrituras. Se refieren a una persona en su condición de ser que piensa y que siente. La emoción es parte de la vida cristiana (Romanos 12.15). Hasta Jesús lloró (Juan 11.35, 36). Pero Dios nos dio una mente para que nuestras reacciones se basaran siempre en una comprensión de la verdad de Dios (Romanos 12.2).

El cuerpo

La Biblia no considera nunca al cuerpo o a sus funciones como cosas pecaminosas aunque se puedan llevar a cabo hechos de esta índole con ellos (Romanos 12.1). Tenemos que cuidar el cuerpo (1 Corintios 6.19, 20). Después de la muerte será resucitado a la vida por Dios, quien nos dará entonces un nuevo cuerpo que nunca se deteriorará ni envejecerá (1 Corintios 14.42-44).

Alma y espíritu

El «alma» se refiere a la persona viva en su totalidad. La palabra suele traducirse por «vida» (Marcos 8.35, 36). Con frecuencia, alma y espíritu se utilizan de forma intercambiable. Sin embargo, espíritu tiene algunas veces un sentido más preciso. Puede referirse a nuestras motivaciones internas. Así, vemos que el rey egipcio que se negó a dejar ir a Moisés porque su espíritu se había endurecido (Éxodo 7.14). Y cuando Pablo oró en su espíritu (1 Corintios 14.14), también lo hacía con su mente y todo su cuerpo estaba implicado en aquella oración.

CONOCER

Conocer a Dios

VERDAD CLAVE

Dios es una persona con la que podemos tener una relación duradera y creciente de amor y confianza.

Un Dios en persona

A lo largo de la Biblia, se piensa en Dios como en una persona. Nunca se le considera una mera fuerza o poder, como por ejemplo en el caso de la electricidad que solo funciona en formas ya establecidas.

Queda claro que no es exactamente como un ser humano. No olvida sus promesas, nunca deja de amar ¡y no pierde los nervios!

Pero él es personal. La Biblia encierra muchos relatos de cómo habló con las personas, les mostró sus planes y les enseñó cómo responderle. Su mensaje fundamental es que cualquiera le puede conocer en cualquier momento y en cualquier lugar.

Un Dios santo

Aunque Dios ama y cuida, existe otro lado de su carácter. Él no puede hacer nada incorrecto y tampoco puede aceptar que los demás lo hagan.

A menudo se le describe como santo. Esto significa que es perfecto en sí mismo y que está apartado de todo lo que es imperfecto. Esta es la razón por la cual Jesús tuvo que morir en la cruz: el hombre perfecto sufrió el castigo justo por nuestros pecados para que pudiésemos conocer a ese Dios santo.

Cada vez que un cristiano hace algo que va en contra de la santidad de Dios, la relación con él se ve dañada, aunque no destruida, del mismo modo que ocurre cuando un amigo cercano defrauda a la persona que ama.

Un Dios de amor

El amor de Dios es tan superior al humano porque sigue existiendo aún cuando no se merece o se desprecia. Precisamente por ser un amor puro y santo no depende de cómo seamos ni tampoco mana del favoritismo.

El cristiano encuentra el amor de Dios por primera vez en la cruz. En su amor por nosotros, Dios envió a su Hijo al mundo para que viviera y muriera en él. Pero también podemos experimentar su amor cada día cuando pedimos y recibimos su ayuda y su dirección, a medida que descubrimos su poder y vemos lo que él ha hecho. Incluso en los momentos más oscuros su amor sigue siendo evidente.

Un Dios con propósito

El mundo es muy antiguo y por él han pasado muchas generaciones de personas. Dios, que fue quien lo creó, tiene planes a largo plazo elaborados a lo largo de muchos siglos.

El mejor ejemplo es el largo periodo de tiempo empleado en la preparación de la nación judía para el nacimiento de Jesús. Para nosotros esto significa que vivimos en un punto de la historia en

PARA PENSAR...

Observe las formas en las que las personas suelen describir quien (o qué) es Dios.

- ¿En qué difieren estos caminos de la revelación en la Biblia que dice que Dios es persona?
- Si Dios es persona, ¿cómo puede usted llegar a conocerle mejor? ¿Qué tipo de actitud debe tener con respecto a él?

Hemos visto que Dios es santo, es amor y tiene propósitos.

- ¿Qué otras características podrían utilizarse para describir al Dios de la Biblia?
- Ahora, piense en historias de la Biblia que ilustren cada una de estas tres características

el que, por muy pequeño que sea lo que hagamos para Dios, todo contribuye al cumplimiento de sus propósitos en el futuro.

Esto también significa que hay cosas específicas que él quiere que hagamos: quizás seguir una carrera, ayudar a una persona o un don espiritual que debamos usar.

COMPRUEBE EN LA BIBLIA

Un Dios en persona: Juan 17.3; 2 Timoteo 1.12
Un Dios santo: 1 Pedro 1.14-16; Levítico 11.44, 45; Isaías 6.1-5
Un Dios de amor: Juan 3.16; 2 Tesalonicenses 2.16, 17; 1 Juan 4.10-12
Un Dios con propósito: Efesios 1.9-12; 3.3

POSTDATA

Conocer a Dios de una forma personal implica aprender de él a través de la Biblia y también experimentarle en nuestra vida.

- ¿Tiene alguna experiencia en su propia vida sobre estos aspectos de la naturaleza de Dios?

Dé gracias a Dios por haber permitido que usted, y el mundo entero, le conociera en Jesucristo. Ore para que el Espíritu le capacite y pueda conocerle más y más, no como a un objeto distante, sino de una forma personal.

RESUMEN BÍBLICO
CAMINAR CON DIOS

«Y caminó Enoc con Dios» (Génesis 5.22). «Caminar con Dios» significa tenerle siempre en mente, ser conscientes de sus propósitos y reflejar su carácter. Asimismo, implica paciencia, no precipitarse a hacer algo que pueda parecer correcto, pero que no lo sea porque no se amolde al tiempo de Dios.

Caminar por fe

Abraham es un buen ejemplo de una relación fiel con Dios. Creyó cuando se le dijo que su esposa tendría un hijo, aunque pasaron muchos años antes de que el niño naciera (Hebreos 11.8-12). Luego, más tarde, obedeció a Dios aun en momentos de prueba extrema, como por ejemplo cuando le Dios le pidió que se preparara para sacrificar a su hijo Isaac. Dios salvó al niño en el último minuto y elogió la fe de Abraham (Hebreos 11.17-19; Génesis 22.1-19).

Caminar en la luz

Juan, uno de los seguidores más cercanos de Jesús, dijo que debíamos «andar en la luz así como él [Jesús] está en la luz» (1 Juan 1.7). «Luz» significa «la verdad y la santidad» de Dios. Conforme permitimos que su «luz» vaya exponiendo nuestra pecaminosidad y nos aclara la forma en la que deberíamos vivir, empezamos a disfrutar de una profunda amistad (o «comunión») cristiana con otros y experimentamos el perdón y la ayuda de Dios.

Caminar en el Espíritu

Pablo dijo que un cristiano podía «satisfacer los deseos de la carne» o «andar en el Espíritu» (Gálatas 5.16). Él dijo que nuestra tendencia natural hacia una vida egocéntrica no es vivir a la manera de Dios. De modo que para vencer esta tendencia, él dice a sus lectores que vivan en diaria dependencia del Espíritu Santo que mora en sus vidas (Gálatas 5.25).

CONOCER

Conocer a su enemigo

VERDAD CLAVE

Los cristianos se enfrentan a fuerzas que amenazan con entorpecer o destruir su relación con Dios.

El mundo

Dios creó el universo físico y, aunque comparte en los efectos de la pecaminosidad humana, en sí mismo no es un lugar maligno como algunos han pensado.

Sin embargo, el mundo que las personas han creado, el mundo de la vida social, de negocios y política, suele organizarse sin preocuparse en lo más mínimo de Dios ni de sus leyes.

La Biblia nos advierte que este «mundo» tiene actitudes y creencias contrarias al cristianismo. Con frecuencia, está más preocupado de recibir que de dar. Puede considerar correcto todo aquello que para Dios es incorrecto. Jesús dice que, aunque no pertenecemos a este mundo, sino a su reino, estamos llamados a servirle en él.

La carne

Cuando el Nuevo Testamento se refiere a la «carne» como a algo pecaminoso, no se está refiriendo al cuerpo físico, sino a nuestro egoísmo natural. Con frecuencia se suele traducir como «naturaleza de pecado». Esta es la «vieja naturaleza» que Jesús busca remplazar con su amor.

Algunas veces, cuando surge la oportunidad de hacer algo positivo para Dios, nos sentimos perezosos o cansados, o intentamos hacerlo de la manera que nos resulte más fácil aunque no lo hagamos de la manera adecuada. Ese sentimiento lo produce la «carne» al resistirse al Espíritu Santo que está dentro de nosotros.

Y otras veces sentimos un fuerte impulso de ser permisivos con nosotros mismos sin que nos importe el precio que tenga para nosotros o para los demás. Eso, también, es un deseo carnal al que Dios quiere que nos resistamos.

El adversario

Indudablemente la Biblia trata de la existencia de un espíritu maligno en forma de persona llamado «el diablo» (véase el Resumen bíblico). Algunas formas de oposición a la vida cristiana se asocian de forma especial con él.

En primer lugar, existe la tentación de hacer el mal o, quizás, de usar medios incorrectos para lograr los propósitos de Dios. Luego tenemos la duda y la falta de fe, que dañan nuestra efectividad para Dios. Y, finalmente, existe un conflicto personal en la iglesia que arruina nuestro testimonio de amor.

A veces, otras personas hacen el trabajo del diablo ridiculizando nuestra fe, oponiéndose a la obra de la iglesia e incluso persiguiendo a los cristianos.

El último enemigo

La muerte se describe en las Escrituras como «el último enemigo». Es una barrera que tenemos que atravesar antes de poder entrar en la vida eterna en la presencia de Dios.

PARA PENSAR...

Los enemigos de la vida cristiana son el mundo, la carne, el diablo y la muerte.

- ¿Qué significa «el mundo» para usted? ¿Qué sistemas de pensamiento o conducta intentan influenciarle y distraerle de la vida cristiana? ¿Cuáles son las principales influencias hoy en el resto del mundo?
- ¿Cómo afecta «la carne» a su vida con Dios? ¿cuáles son sus tentaciones particulares y sus pecados? ¿Por qué son peligrosos?
- ¿Por qué es importante que reconozcamos la existencia del diablo como espíritu maligno en persona?
- ¿De qué forma es la muerte un enemigo de la vida cristiana?

Jesús ya ha pasado por la muerte y ha vuelto de nuevo a la vida: ha derrotado a este enemigo de manera que ya no nos pueda impedir entrar al cielo.

Pero todavía tenemos que morir. El cristiano no tiene por qué temerle a la muerte en sí, aunque el hecho de morir sea una ocasión de tristeza que puede asustar. Nos recuerda la debilidad de la vida humana que solo será restaurada en el cielo.

COMPRUEBE EN SU BIBLIA

El mundo: Juan 17.15-18; 1 Juan 2.15-17
La carne: Mateo 26.41; Gálatas 5.15-25
El adversario: Marcos 8.31-33. 1 Pedro 5.8, 9; Efesios 6.11, 12
El último enemigo: 1 Corintios 15.53-58; Filipenses 1.21-24

POSTDATA

Aunque los cristianos se enfrenten a una oposición que viene de muchas direcciones distintas, no tienen por qué ser derrotados, ya que el poder de Dios es mayor que el de todos sus enemigos.

Cristo ya ha derrotado a todos estos enemigos por medio de su muerte y resurrección.
•¿De qué forma le ayuda este conocimiento a enfrentarse con el mundo? ¿con la carne? ¿con el diablo? ¿y con la muerte?

Ore para que Dios le ayude a ver las áreas de su vida y de la sociedad de su entorno que están influenciadas por estos enemigos. Pida su fuerza para mantenerse firme ante el mal, vencer la tentación, luchar contra el diablo y enfrentarse a la muerte con confianza en la vida de resurrección en Cristo.

RESUMEN BÍBLICO

EL DIABLO SIGUE RUGIENDO

El diablo, algunas veces llamado Satanás o el adversario, aparece justo al principio de la narración de la Biblia, cuando con argucias consigue que Adán y Eva desobedezcan a Dios (Génesis 3.1-7). Siempre anda alrededor de las personas, induciéndolas a que procedan de una forma incorrecta (por ejemplo, 1 Crónicas 21.1, 7) hasta que Dios lo destruya finalmente al final de los tiempos (Apocalipsis 20.10).

Un ser espiritual

La Biblia no especula acerca del origen de Satanás. Las pistas principales se encuentran en Isaías 14.12-17, Lucas 10.18 y 2 Pedro 2.4, que implican que es un ser espiritual (o ángel) que se rebeló contra Dios. Algunas veces se le muestra como estando en la presencia de Dios, oponiéndose a sus planes (Job 1.6, 7; Zacarías 3.1, 2).

Un ser maligno

Su único propósito es destruir o estorbar la obra de Dios (1 Pedro 5.9, 9). De manera que intentó hacer que Jesús se extraviara del sendero de Dios (Mateo 4.1-10).

Algunas veces tienta a las personas de formas sutiles, disfrazando sus verdaderos motivos y carácter por medio de ideas que suenan plausibles (2 Corintios 11.14). En otras ocasiones, su oposición es clara y su ataque directo, como cuando toma un control total de las personas, como en Marcos 5.1-13.

Un ser moribundo

No puede poseer a aquellos en los que ya habita el Espíritu Santo, aunque puede tentarlos y, si se descuidan, puede llegar a derrotarlos. Pero la muerte de Jesús en la cruz ya selló su destino. Su poder es limitado —como el de un animal salvaje atado a una cuerda— y nunca conseguirá lo que quiere. No está a la altura de Dios.

CONOCER
Conocer dónde se encuentra usted

VERDAD CLAVE
Dios quiere que estemos seguros de la permanencia de su amor.

Salvos para siempre
Una persona que salva a alguien que se está ahogando no consigue soltarse de ella si está luchando con miedo. Tampoco Dios nos soltará aunque en algunos momentos nosotros luchemos por escapar de él.

Al haber «nacido de nuevo», o haber sido adoptado en la familia de Dios, nos hemos convertido en nuevas personas. Jamás volveremos a ser igual. Fuimos «salvos» cuando recibimos a Jesús y todos los que le reciben han recibido la inquebrantable promesa de vida eterna.

No podemos perder esa vida; nadie puede quitárnosla. No depende de que vivamos de una forma perfecta, sino de Dios, que no miente.

Protegidos para que no caigamos
La promesa de Dios no solo se refiere a la vida después de la muerte. No nos protege solo para el cielo. También quiere protegernos, y mantenernos cerca de él durante toda nuestra vida.

Promete protegernos en situaciones que no podamos soportar, aunque a menudo permita que seamos presionados más allá de lo que creemos ser nuestro límite. Y cuando estamos sufriendo tentación, nos ofrece la fuerza para decir «no».

Con frecuencia, la Biblia se refiere a Dios como una fortaleza. Aquellos que confían en él están a salvo y no serán derrotados, por muy dura que sea la batalla que los rodea.

Equipados para la victoria
Todo aquello en lo que hemos pensado puede hacer que la vida cristiana parezca negativa y pasiva. Ciertamente, necesitamos ser realista acerca de la fuerza de la oposición a la que nos enfrentamos y a la imposibilidad de que podamos soportarla, a menos que dependamos por entero de Dios.

Sin embargo, ser cristiano es en realidad una forma muy positiva de vivir. En realidad es un asalto a los enemigos de Dios. Habiendo puesto nuestras defensas en orden, podemos seguir con el ataque.

Jesús promete victoria sobre la tentación, la dificultad y toda oposición. Por medio de la oración, de la aplicación de la verdad de la Biblia, hablando a otros acerca de Jesús y evitando cuidadosamente el pecado podemos trabajar para conseguir esas victorias.

Constantemente perdonados
Cuando Jesús vivió, hacía calor y había mucho polvo y la gente solía lavar los pies de los visitantes cuando entraban en la casa. En una ocasión en la que Jesús hizo esto a sus seguidores más cercanos, dijo: «El que está lavado, no necesita, sino lavarse los pies, pues está todo limpio».

Los cristianos han sido «bañados» en el amor perdonador de Dios antes de comenzar la vida cristiana. Pero, del mismo modo que los viajeros,

---

PARA PENSAR...

Piense en una ocasión en la que pecó y falló a Dios después de convertirse.
- ¿Cómo afectó el pecado a su relación con Dios? ¿Cómo respondió usted?
- ¿Qué dice la Biblia acerca del pecado en la vida de un cristiano? ¿Se puede perdonar?

Dios le asegura su amor y su cuidado por usted, incluso cuando peca. Su salvación depende totalmente de él, no de sus propios esfuerzos.
- ¿Cómo afecta esta seguridad a la forma en la que usted vive su vida? ¿Le da más fuerza para hacer lo que Dios quiere que haga?

pueden mancharse del «polvo y la suciedad» —del pecado a lo largo del camino— que necesita ser perdonado y lavado con regularidad para quitarlo de su vida.

Dios promete seguir perdonándonos y renovándonos a lo largo de nuestra vida. Pero también espera que evitemos el pecado como si fuera una terrible enfermedad.

COMPRUEBE EN LA BIBLIA

Salvos para siempre: Juan 6.38-40; Romanos 8.1, 2, 38, 39

Protegidos para que no caigamos: Mateo 6.13; Judas 24; Salmo 59.9, 16, 17

Equipados para la victoria: Salmo 98.1, 2; 1 Timoteo 6.11, 12; 1 Juan 5.4, 5

Constantemente perdonados: Juan 13.8-11; 1 Juan 2.1, 2; Mateo 6.14, 15

POSTDATA

También podemos servir a Dios con valor y confianza, porque podemos confiar en nuestra relación con él.

•¿Qué hará usted la próxima vez que se enfrente a la tentación?

Dé las gracias a Dios por su constante amor por usted y por su perdón, que está disponible en Jesucristo. Dígale que quiere salir victorioso de la tentación, la dificultad y la oposición, y pídale su Espíritu para que le dé fuerza para permanecer fiel a él en momentos como esos.

RESUMEN BÍBLICO
EL PECADO IMPERDONABLE

Algunas veces hay cristianos que se convencen de haber cometido un pecado tan grave que jamás podrán ser perdonados. Sin embargo, su propia preocupación muestra que todavía pueden ser perdonados, porque saben que han hecho mal y se sienten inquietos por ello. La única persona a la que Dios no puede perdonar es aquella que no admite que necesita ese perdón (1 Juan 1.6).

La blasfemia contra el Espíritu

Jesús dijo que había un único pecado imperdonable (Mateo 12.31). Lo llamó: «blasfemia contra el Espíritu».

La blasfemia contra el Espíritu Santo consiste en atribuir de forma deliberada (y no solo por error) a Satanás la obra de Dios. Solo una persona que esté en completa oposición a Dios puede decir esto. Estas personas no querrán nunca el perdón y por ese motivo no lo recibirán.

Apostasía

Hebreos 6.4-8 dice que una persona que haya experimentado la nueva vida de Jesús no puede ser perdonada si comete «apostasía». Esto es mucho más que la negación que Pedro hizo de Jesús, por ejemplo (Marcos 14.66-72). Pedro fue perdonado.

La apostasía describe la acción de una persona que abandona la familia de Dios (de la que no eran miembros verdaderos) y luego procuran destruirla. Una persona de ese tipo es incapaz de recibir nada de lo que Dios ofrece.

No culpable

Algunas veces, los cristianos se deprimen porque sus sentimientos de culpa son demasiado fuertes y sienten que no pueden ser perdonados. Jesús no solo perdona, sino que lava nuestra culpa. Debemos perdonarnos a nosotros mismos y no hundirnos bajo el peso de la culpa (Véase Salmo 103.1-14).

Conocer la verdad

VERDAD CLAVE

La vida cristiana se basa en la verdad que Dios nos ha mostrado y que quiere que pongamos en práctica.

Liberados por medio de la verdad

Jesús dijo una vez: «Conoceréis la verdad y la verdad os hará libres» (Juan 8.32). Cuando aceptamos la verdad de Dios acerca de nosotros mismos, de nuestras necesidades y la muerte de Jesús, somos liberados de la cárcel del pecado: ya no nos puede separar más del amor de Dios.

También somos liberados de nosotros mismos. Jesús nos ofrece la ayuda que necesitamos para vencer los fallos y los fracasos que dañan a los demás, pero que no hemos tenido el poder de cambiar.

Y también nos libera de las garras de Satanás.

Rodeados por la verdad

Todo el mundo sabe que existen modos correctos e incorrectos de hacer ciertas cosas, como edificar una casa. Si no se siguen las normas, la casa se puede venir abajo.

Dios creó a personas que vivieran según ciertas normas. Se resumen en los Diez Mandamientos. Son una especie de guía moral y espiritual. Nos dicen que amemos a Dios, nos preocupemos por los demás y que cuidemos las cosas que nos ha dado.

Lejos de ser restrictivas y de impedirnos que hagamos aquello que quisiéramos hacer, las leyes verdaderas de Dios son como una cerca en lo alto de un abrupto acantilado. Impiden que nos hagamos daño a nosotros mismos y a los demás.

Enseñados por medio de la verdad

La mejor forma de descubrir la verdad acerca de alguien es hacerle preguntas de una forma personal y compara sus respuestas con lo que los demás dicen acerca de él.

Dios prometió que, al conocerle los cristianos personalmente, también entenderían y conocerían la verdad acerca de él, su mundo y sus propósitos. Pero al convertirnos no recibimos toda una biblioteca de conocimiento de una forma repentina.

Tal y como Dios nos enseña en nuestra experiencia, tenemos que verificar esa experiencia contrastándola con lo que dice la Biblia. La Palabra de Dios siempre refleja su verdad, aunque nuestra experiencia —o la comprensión que tengamos de ella— pueda ser imperfecta.

Inspirados por la verdad

Jesús se vio con frecuencia en situaciones difíciles. A sus primeros seguidores les ocurrió lo mismo. Pero no intentaron nunca salir de ellas echando mano de mentiras.

Cuando Pedro mintió acerca de su relación con Jesús (negó conocerle en el momento preciso

---

PARA PENSAR...

Escriba algunas de las cosas que, como cristiano, ha aprendido acerca de Dios, del mundo y de usted mismo.

- ¿Cómo aprendió estas cosas? Piense en los distintos medios que Dios utiliza para enseñarle la verdad acerca de sí mismo, su mundo y de usted mismo.
- ¿Algunos aspectos de la verdad le resultan incómodos? ¿Hay otros aspectos que le parezcan estimulantes?
- ¿Cómo le libera la verdad?

La verdad no solo se refiere al conocimiento; los cristianos también tienen que vivir de forma sincera.

en el que Jesús necesitó su apoyo), lo lamentó profundamente.

En el Antiguo Testamento, el rey David utilizó artimañas y el asesinato para conseguir aquello que deseaba y fue castigado por Dios.

Toda la vida cristiana se basa en la verdad. Dios nunca hace nada incorrecto y tampoco guía a su pueblo que lo haga. Él espera que pensemos, hablemos y actuemos de una forma honesta, aunque los que nos rodean no lo hagan.

COMPRUEBE EN SU BIBLIA

Liberados por medio de la verdad: Juan 8.31-36; Juan 14.6; Gálatas 5.1

Rodeados por la verdad: Éxodo 20.1-17; Mateo 5.17-20

Enseñados por medio de la verdad: Salmo 119.9-16; Juan 17.17; 1 Juan 2.20-22

Inspirados por la verdad: Efesios 4.25; 1 Pedro 2.22

POSTDATA

Es más fácil ser veraz en la práctica si también en nuestra mente estamos pensando con sinceridad.

- ¿De qué manera ayuda la ley de Dios a vivir de una forma sincera? ¿Se trata de una mera lista de normas y reglas?
- ¿Existen algunas situaciones en las que le resulta difícil hablar o vivir de una forma sincera? ¿Por qué le resultan difíciles? ¿Qué puede usted hacer para ser más sincero?

Dé gracias a Dios por su verdad que le libera. Pídale que le perdone por las veces que ha intentado evitar las implicaciones de su verdad. Ore para que su Espíritu de verdad le ayude hoy.

RESUMEN BÍBLICO

LEY Y GRACIA

La carta de Pablo a los Gálatas, como la mayor parte de las epístolas del Nuevo Testamento, se escribió para suplir una necesidad especial. Los cristianos en Galacia empezaron estableciendo nuevas reglas para aquellos que se convirtieran (Gálatas 1.6-9). De modo que Pablo explica los usos y límites de las normas en la vida cristiana.

La fe es la clave

La vida cristiana empieza confiando (o teniendo fe) en Jesucristo y en todo lo que él ha hecho. No podemos tener una relación correcta con Dios con solo guardar sus normas, porque en realidad ya hemos quebrantado al menos algunas de ellas (2.16; 3.16).

Jesús nos ha salvado de la ley que exigía que pagáramos en su totalidad el castigo que merecían nuestros pecados (3.10-14).

La ley vino primero

La ley de Dios fue dada siglos antes de que Cristo viniera a la tierra. Ella debía ayudar a que la gente entendiera la naturaleza de Dios y la forma en la que debían vivir (3.19, 23-26). Fue una medida temporal hasta que Jesús viniera a ocuparse de ello y diera la enseñanza final de Dios a la humanidad (4.4-7).

¡Fuera las normas, arriba la obediencia!

La vida cristiana no es producto de detalladas normas humanas de conducta detalladas o de un ritual supersticioso (4.8-10). Sin embargo, esto no significa que los cristianos puedan hacer todo lo que quieran; el Espíritu Santo nos ayuda a vivir en obediencia a la voluntad de Dios (5.1, 13-24).

CONOCER

Conocer sus privilegios

VERDAD CLAVE

Dios nos ha dado muchos privilegios para inspirarnos y alentarnos en nuestra vida cristiana.

Pertenecer a la familia de Dios

La «familia» de Dios —todos aquellos que le aman y le sirven— no se restringe a un solo lugar. Se extiende por todo el mundo y por toda la historia.

Pertenecer a un grupo tan bien establecido es un privilegio porque sabemos que, como miembros del mismo, nos encontramos exactamente en el centro de los propósitos de Dios para el mundo.

Es un estímulo porque podemos mirar hacia atrás y ver cómo triunfaron otros cristianos sobre la tentación y vencieron a mal. De su ejemplo podemos aprender cómo vivir la vida cristiana y saber aquello a lo que nos enfrentamos: otros ya lo han confrontado y se ha visto el poder de Dios en ello.

Ser embajador

Un embajador es una persona elegida para que represente los intereses del país en tierra extranjera. Ellos dicen a la gente en qué cree su país y ayudan a sus compatriotas cuando visitan esa tierra.

Cada cristiano es un embajador de Cristo, que representa a su reino en una tierra «extranjera», una sociedad que no se preocupa mucho de él.

Esto significa que nuestra primera lealtad es para Jesús. Los cristianos intentarán siempre vivir como él quiere en lugar de seguir los principios del mundo que los rodea. Sus deberes no acaban nunca; son embajadores dondequiera que van. La gente juzgará a nuestro Señor por lo que nosotros seamos y digamos.

Llevar buenas nuevas

El cristiano es un mensajero a la vez que embajador. Se nos ha dado un mensaje para que lo pasemos a otras personas; el mensaje, o las buenas nuevas, de la vida, muerte y resurrección de Jesús.

La fe cristiana no es algo que se deba mantener en secreto. Jesús nos dijo que lo proclamáramos ante cualquiera que quisiera escuchar. Dios se preocupa por todos en todo lugar.

No todos los cristianos tienen un don especial para predicar y enseñar. Pero todos pueden contar a otros los simples hechos de que Dios se interesa por ellos y que pueden conocerle. Es un mensaje que el mundo necesita escuchar desesperadamente, porque hay demasiada gente que está perdida o preocupada y no tienen el gozo de conocer a Dios.

Convertirse en un santo

Con frecuencia, las personas piensan que los santos son hombres y mujeres muy santos que hicieron milagros y de las que se han hecho estatuas o imágenes. Pero la Biblia dice que todo

> ## PARA PENSAR...
>
> Muchas compañías y organizaciones dan privilegios especiales a sus clientes y empleados preferentes.
> - ¿Qué tipos de privilegios están disponibles en la sociedad de su alrededor? ¿Pertenece usted a algún club o grupo que le concede beneficios especiales?
> - Ahora, haga una lista de los privilegios que usted tiene por ser un hijo de Dios (por ejemplo, puede orar a su Padre celestial). ¿Qué comparación hay entre estos privilegios y los que el mundo ofrece?
>
> Los privilegios están íntimamente conectados a las responsabilidades.

creyente cristiano es un santo. Uno de nuestros privilegios es que Dios tenga una consideración tan alta de nosotros. ¡El problema es que no siempre somos gente muy piadosa!

De modo que somos llamados a vivir como santos: a crecer en nuestra fe y a entender para que realmente seamos lo que Dios pretendía que fuésemos. No se trata de que nos sintamos piadosos o no, ni tampoco de adoptar un aire artificial de espiritualidad. En lugar de ello, solo debemos reflejar el amor de Jesús por medio de nuestra vida diaria.

COMPRUEBE EN LA BIBLIA

Pertenecer a la familia de Dios: Romanos 8.15, 16; Hebreos 11.32-12.2
Ser embajador: 2 Corintios 5.20; Efesios 6.18-20
Llevar buenas nuevas: Hechos 8.4; 2 Reyes 7.3-10; Lucas 8.38, 39
Convertirse en un santo: Colosenses 1.1-4; Filipenses 2.1-13

POSTDATA

Es fácil dar por sentado nuestros privilegios. Sería bueno dar regularmente gracias a Dios por ellos.

- •¿Tiene usted algunas nuevas responsabilidades ahora que pertenece a Dios? ¿Cuáles son?
- •Los embajadores reciben todo lo que necesitan para vivir del país al que representan. ¿Por qué reciben los cristianos el nombre de embajadores de Cristo?
- •¿Cómo contará usted esta semana a alguien las buenas nuevas acerca de Jesús?

Dé gracias a Dios por el privilegio de ser su hijo. Él provee todo lo que usted necesita para ser un embajador santo y fiel de Cristo. Dígale que no quiere dar esos privilegios por sentado y ore pidiendo oportunidades para servirle.

RESUMEN BÍBLICO

¿QUIÉN ESTÁ DEL LADO DEL SEÑOR?

Josué se vio frente a lo que parecía ser una tarea imposible. Moisés, el hombre que guió a Israel y lo sacó de la esclavitud de Egipto, había muerto. En Josué recayó la tarea de ayudar a un gran número de personas para que se instalaran en un nuevo país (Josué 1.1-5).

Pero se le prometió que el poder de Dios, que siempre había estado con Moisés, también estaría con él (1.5). Su propia valentía debía verse reforzada por medio de la lectura de las Escrituras (1.8, 9).

Promesas, promesas

Conforme el pueblo fue entrando a la nueva tierra, se les dijo que guardasen los mandamientos de Dios y que hicieran las cosas a su manera. Al principio prometieron hacerlo de ese modo (1.16-18), pero pronto se olvidaron de lo que había dicho (7.10-15).

Pero no ocurrió así con Josué. Al final de su vida, después de haber pasado por muchas dificultades y haber sufrido muchas decepciones, su fe siguió siendo tan firme como siempre. «Escogeos hoy a quién sirváis» —dijo— si a los dioses falsos o al verdadero Dios. «Pero yo y mi casa —añade— serviremos al Señor» (24.15). El privilegio de servir a Dios dominó toda su vida.

CRECER
La necesidad de crecimiento

VERDAD CLAVE
Independientemente del tiempo que un cristiano lleve en el Señor, sigue teniendo necesidad de aprender y experimentar el amor de Dios y sus propósitos.

Crecer y transformarse a la imagen de Cristo
Si alguien quiere saber exactamente lo que implica vivir una vida cristiana, no tiene más que leer los relatos de la vida de Jesús. Ni sus enemigos ni sus amigos más cercanos pudieron señalar en él acción o palabra alguna que fuese incorrecta.

Él es el ejemplo que debemos seguir, el nivel por el cual se pueden medir nuestras palabras y nuestros hechos. Cuando nos enfrentamos a una decisión difícil, puede ayudar preguntarse: «¿Qué haría Jesús si estuviera aquí?».

Pero no solo debemos crecer más a su imagen. La Biblia nos recuerda la necesidad de crecer de una forma personal más cercana a él: amarle de una forma más entrañable y servirle con más lealtad.

Crecer en fe
A medida que se desarrolla una amistad entre dos personas, también lo hace la confianza. Los cristianos aprenden constantemente a confiar en Jesús y, de este modo, su fe crece de una forma más firme.

Dios nos ha dado muchas promesas: ayudar, proveer, guiar, enseñar y proteger a sus seguidores. La mayoría de los cristianos piensan que es muy útil confiar en la Palabra de Dios en una o dos cosas pequeñas. Luego, a medida que aprenden a confiar en él y a aplicar su verdad, van pasando a cosas mayores.

Pero Dios no es como una máquina automática que nos va dando cualquier cosa que le pedimos. Sus promesas guardan relación con los propósitos que él tiene para nosotros, de modo que crecer en fe también implica descubrir su voluntad.

Crecer en conocimiento
«Conocimiento» en la Biblia suele referirse a «comprender» o incluso «experimentar» y no simplemente a «conocer los hechos» en sí. Conocer a Dios implica no solo crecer en conocimiento de la Biblia, sino también en comprender su voluntad.

En el caso de la amistad humana, una persona puede saber por instinto lo que la otra siente o lo que ambas quieren. El objetivo de la vida cristiana es desarrollar una conciencia profunda de los propósitos generales de Dios, para que podamos descubrir con más facilidad lo que él quiere específicamente en cada situación.

Este entendimiento va creciendo por medio de la oración, la lectura de la Biblia, la adoración y la disposición para poner a Jesús por delante de cualquier otra cosa.

Crecer en amor
Una de las partes más difíciles de la vida cristiana es permitir que Jesús cambie nuestros hábitos y nuestras actitudes, y en especial nuestras relaciones con otras personas. El egoísmo que

PARA PENSAR...

Piense en un miembro de la familia o un amigo muy cercano a usted.

- ¿Se ha desarrollado su relación con estas personas a lo largo del tiempo? ¿Por qué es importante que las amistades y las relaciones crezcan?
- ¿Qué similitudes tienen estas con su relación con Dios? ¿Necesita crecer de alguna forma parecida?

Haga una lista de las áreas de su vida con Dios que ya hayan crecido desde que se convirtió.

prefiere dominar a otros en lugar de someterse a ellos resulta duro de eliminar.

De modo que todo cristiano debe crecer en amor, aprendiendo a decir «lo siento», a preocuparse por los demás y a ser amable incluso con aquellos que solo dan odio y desprecio a cambio.

La regla para la vida cristiana es: Dios en primer lugar, los demás en segundo lugar y, en último lugar, uno mismo. Para poder aplicar esto, necesitamos la ayuda del Espíritu Santo. El nivel es demasiado alto para poder conseguirlo por nosotros mismos.

COMPRUEBE EN LA BIBLIA

Crecer y transformarse a la imagen de Cristo: Efesios 4.15; 1 Pedro 2.21-23

Crecer en fe: Lucas 17.5; 2 Corintios 10.15; 2 Tesalonicenses 1.3

Crecer en conocimiento: Colosenses 1.9, 10; 2 Pedro 3.18

Crecer en amor: 1 Tesalonicenses 3.12, 13; 4.9-12

POSTDATA

Una persona en crecimiento no tiene por qué esperar hasta alcanzar un cierto nivel antes de poder serle útil a Dios; en realidad, servirle es una ayuda importante para el crecimiento.

- •¿Ha dejado de crecer su relación con Dios? De ser así, ¿por qué?
- •¿Existen áreas particulares de su vida cristiana en las que necesita crecer en estos momentos?
- •¿Qué pasos prácticos dará para crecer en estas áreas?

Agradezca a Dios por ser tan inmenso que no dejará de crecer en su relación con él: siempre querrá descubrir más de su amor y de su voluntad. Ore para que él le desafíe a crecer en su vida cristiana.

RESUMEN BÍBLICO

LLEGAR A SER COMO JESÚS

A veces se acusa —con frecuencia injustamente— a los cristianos de ser un grupo cerrado de personas que se ajustan a ciertas costumbres. Como en el resto de la creación de Dios, existe una enorme variedad entre los cristianos. A medida que vamos creciendo en nuestra fe empezamos a no conformarnos los unos a los otros, sino al carácter de Jesús.

Nuestra naturaleza se renueva

La Biblia nos enseña que todo ser humano es creado a imagen de Dios (Génesis 1.26). Sin embargo, la condición humana pecadora ha dañado y distorsionado nuestra semejanza a Dios.

Durante la vida cristiana, el Espíritu Santo va reparando lentamente ese daño (colosenses 3.9, 10) y todo nuestro ser acaba siendo final y completamente renovado en el cielo (1 Juan 3.2).

La voluntad de Dios para nosotros

Todo cristiano tiene por objetivo ser como Jesús, y todo aquel que no es cristiano espera que seamos como él. El proceso de llegar a ser como él, honrando a Dios en todo lo que hacernos, se denomina a veces «santificación» o crecimiento en santidad (1 Tesalonicenses 4.3). El Espíritu Santo señalará aquellas cosas de nuestra vida que deban ser corregidas (Juan 16.8). Como en el caso del crecimiento de los niños, hay algunas cosas que podemos hacer para ayudar a este proceso.

La Biblia se define como «comida» o «leche», de manera que podemos sacar nuestro alimento de ella (1 Pedro 2.2). Utilizar los dones que Dios nos ha dado es como ejercitar nuestro cuerpo (1 Corintios 9.26, 27; Efesios 4.11-16). Mantenerse en contacto con Dios por medio de la oración es como respirar el aire fresco (Efesios 6.18).

CRECER

La fuente del crecimiento

VERDAD CLAVE

El Espíritu Santo es la fuente y la inspiración de todo crecimiento cristiano.

El Espíritu vive en nosotros

El cristiano es como una casa con muchas «habitaciones»: es una persona con muchos intereses, relaciones y talentos. Cuando nos convertimos, el Espíritu Santo entra en nuestra casa: nuestra vida. Lentamente va moviéndose de un lugar a otro limpiando el polvo del pecado, abriendo las ventanas de la mente para que la luz de Dios pueda entrar y brillar, llenándonos de una nueva vida.

Sin embargo, no siempre entra rompiendo puertas cerradas. Él mora dentro de nosotros, pero es posible que no tenga acceso a todas partes, a menos que le invitemos a entrar y hacer su obra, y ayudarnos a crecer como cristianos.

El Espíritu nos santifica

El Espíritu Santo quiere «santificarnos»: que seamos personas que reflejen el amor y la bondad de Dios. Lo hace de tres formas distintas:

- En primer lugar, señala lo que no está bien en nuestra vida, quizás por medio de nuestra conciencia, mediante un pasaje de la Biblia o incluso a través de otra persona.
- Luego nos da su ayuda y su fuerza para que podamos vencer ese pecado o ese hábito.
- Y en tercer lugar, sustituye las palabras y los hechos pecaminosos por aquello que la Biblia llama los «frutos del Espíritu». Son actitudes positivas como el amor y la paciencia que se expresan en el servicio práctico a Dios y a otras personas.

El Espíritu nos capacita

La palabra que se utiliza en el Nuevo Testamento para el poder que el Espíritu Santo nos da es *dunamis*, de la que se deriva el término dinamita. ¡Su poder puede ser explosivo!

Algunas veces aniquilará cualquier cosa que se interponga en el camino de Dios. Romperá barreras que otras personas hayan levantado para protegerse del evangelio de Jesucristo.

Pero, con frecuencia, su poder se experimenta también cuando nos da paciencia para soportar el sufrimiento, o fuerza de carácter y sabiduría para realizar una difícil tarea. Puede ser tan poderoso como la dinamita; también puede ser suave como una paloma.

El Espíritu nos une

Todo cristiano es miembro de la familia de Dios, pero, al igual que ocurre en una familia humana corriente, los miembros no siempre se llevan bien los unos con los otros. De hecho, la familia se compone de muchas diferencias de opiniones.

Pero el Espíritu Santo se preocupa de ayudarnos a mostrar nuestra fe por medio del trabajo en común a pesar de nuestras diferencias. Esta es la razón por la cual da aptitudes especiales o «dones» a los cristianos para que podamos dar alguna verdad espiritual y, a la vez, recibirla los unos de los otros.

PARA PENSAR...

Dios le dio a usted su Espíritu Santo cuando usted se convirtió.

- ¿Qué dice la Biblia acerca del papel que el Espíritu tiene en la vida cristiana?
- ¿Es usted consciente de la obra del Espíritu en su vida, o le resulta demasiado misterioso y prefiere ignorarle?
- ¿Hay algún área en su vida que intente mantener fuera del alcance del Espíritu de Dios? Quizás no quiere que esas áreas cambien, o quizás le gustaría cambiarlas usted mismo por sus propias fuerzas.

Asimismo, el Espíritu también «reconcilia» a las personas: ayuda a sanar las relaciones rotas, y proporciona amor y paz en situaciones en las que solo había odio y discordia.

COMPRUEBE EN LA BIBLIA

El Espíritu vive en nosotros: Apocalipsis 3.20; Juan 14.16, 17

El Espíritu nos santifica: Efesios 4.30; 1 Pedro 1.14-16

El Espíritu nos capacita: Romanos 15.13, 17-19; Efesios 3.20; 2 Timoteo 1.7

El Espíritu nos une: Efesios 4.3; 1 Corintios 1.10-13

POSTDATA

El crecimiento en la vida cristiana implica sumisión al Espíritu Santo y también disposición a aprender de los demás cristianos.

La obra del Espíritu no se limita a limpiar nuestra vida; también es la fuente del crecimiento positivo.

• ¿Qué parte del fruto del Espíritu es la que más necesita en su vida en estos momentos?

• ¿Por qué es importante que el Espíritu le una con otros creyentes?

Dé gracias a Dios por haberle dado el don de su Espíritu. Permita que el Espíritu fluya en su vida y le transforme. Pida que le dé su poder y su fuerza para poder cultivar cada parte del fruto del Espíritu.

RESUMEN BÍBLICO

EL FRUTO DEL ESPÍRITU

Una de las descripciones más simple, hermosa y también exigente del cristiano es la que se encuentra en la carta de Pablo a los Gálatas 85.22, 23). Hace una lista de nueve virtudes que denomina «el fruto del Espíritu», que no podemos producir por nuestro propio esfuerzo solamente, sino que son el resultado de la obra de Dios en nuestra vida (compare Juan 15.18). Esto es lo que significan:

Amor hacia Dios

«Amor» significa una devoción hacia Dios que procede del autosacrificio. «Gozo» se refiere a nuestro agradecimiento por todo lo que él ha hecho por nosotros por medio de Jesús y «paz» nos recuerda nuestra relación sanada con él. A medida que el fruto crece en nosotros, vamos teniendo más amor, gozo y paz, y transmitimos un sentido de la presencia de Dios a los demás.

Paciencia hacia las personas

«Paciencia» es la virtud de mantener la calma con personas que son agresivas o desconsideradas en su actitud hacia nosotros. «Amabilidad» significa ser considerados y sensibles con respecto a las necesidades de las personas, y «bondad» es la disposición a ayudar a las personas sin apenas pensar en lo que nos pueda costar a nosotros.

Estar en paz con nosotros mismos

El cristiano se vuelve «fiel» en el sentido de que otros puedan confiar en que no les va a defraudar. También son «mansos», y esto implica ser humilde, razonable, considerado y generoso. Y, finalmente, el cristiano tiene «dominio propio», y experimenta el poder del Espíritu de Dios en todas las áreas de la debilidad humana.

CRECER

La prueba del crecimiento

VERDAD CLAVE

El crecimiento cristiano puede medirse por los constantes cambios que tienen lugar en la vida de una persona.

Una experiencia de crecimiento

¡Jesús está vivo! Este ha sido el grito de los cristianos de todas las generaciones. Lo creen por dos razones. La primera es que pueden señalar la certeza histórica de que Jesús resucitara de los muertos. La otra es que pueden ver la prueba de su influencia en sus vidas. Al mirar atrás pueden ver que él les ha ayudado a vencer el pecado y la tentación. Pero, por encima de todo, pueden recordar momentos en los que Dios ha actuado de alguna manera específica en sus vidas: contestando oraciones, utilizando sus palabras o hechos para alentar a otros cristianos o para llevar a otras personas a Cristo y mostrarles que él tiene el control en la dificultad o en los problemas.

Una confianza creciente

Cuando empezamos a ver que Dios está obrando en nuestra propia vida y en la de aquellos que están a nuestro alrededor, nuestra confianza en las promesas y el poder de Dios aumenta y nuestros temores disminuyen. A medida que esto va ocurriendo, nos sentimos alentados a pedirle que haga cosas mayores.

Con frecuencia, el Nuevo Testamento habla de valentía a la hora de acercarse a Dios e intentar hacer cosas para él.

Pero, claro está, la confianza del cristiano radica siempre en que Dios es capaz de hacer y, al mismo tiempo, está dispuesto a ello. En la vida del cristiano no hay lugar para el exceso de confianza que no dependa humildemente de Dios en todo tiempo.

Una utilidad creciente

Dios tiene cosas que encomendar a todos los cristianos. Puede tratarse de una tarea dentro de la iglesia: por ejemplo, predicar o aconsejar a otros. Es posible que se trate de mostrar su amor en formas adecuadas en nuestra vida cotidiana.

El Espíritu Santo ha derramado todo tipo de «dones» sobre la iglesia, y aquellos que los reciben deben utilizarlos para beneficio de todas las demás personas: maestros y predicadores, artistas y administradores, gente que pueda organizar y otros que puedan ayudar.

Una de las historias más conmovedora de la Biblia acerca de la utilidad es la de Juan Marcos. El viaje que hizo con Pablo le resultó demasiado difícil y el apóstol se negó a llevarle de nuevo con él, aunque los demás confiaban en él. Pero al final de su vida le manda llamar y dice que le es muy útil.

Una batalla creciente

Poco después de que Jesús fuese bautizado por Juan el Bautista, al comienzo de su ministerio público, experimentó una dura tentación. Esta

PARA PENSAR...

Su vida cristiana es la prueba viva del poder de Dios.

- ¿Qué experiencias o características podría usted señalar en su propia vida para demostrar que Jesús está vivo y es ahora su Salvador y Señor?
- ¿Tiene más «pruebas» ahora que cuando se convirtió? ¿Debería tenerlas?
- ¿Cómo afecta esta evidencia a su confianza en Dios?

Es posible que algunas veces ni siquiera note que está creciendo hasta que mira hacia atrás y considera un periodo de su vida y ve lo que es una experiencia común: a una gran bendición le suele seguir a veces una dura lucha espiritual y prueba. Se ha dicho que al diablo solo le preocupan aquellos que amenazan su dominio temporal sobre el mundo. Un cristiano decidido a servir a Jesús es exactamente ese tipo de amenaza para él.

De modo que aquellos cristianos que están creciendo pueden encontrarse luchando con otros cristianos; la batalla se va recrudeciendo a medida que la fe se va fortaleciendo.

COMPRUEBE EN LA BIBLIA

Una experiencia de crecimiento: 1 Corintios 15.3-8; Hechos 12-5-11
Una confianza creciente: Efesios 3.12; 6.19, 20
Una utilidad creciente: Hechos 13.13; 15.37-40; 2 Timoteo 4.11; Romanos 12.4-8
Una batalla creciente: 2 Corintios 2.10, 11; 1 Tesalonicenses 2.17, 18

POSTDATA

El cristiano se sentirá alentado al ser consciente de su crecimiento, pero la persona que pasa el tiempo procurando crecer se volverá probablemente egocéntrica.

Dios ha hecho. Otras veces, los cambios serán más claros.

• ¿Existen nuevas formas en las que podría servir en el seno de su iglesia local?
• ¿Es usted consciente de alguna batalla espiritual en su vida? ¿Son estas el resultado de su fe creciente?

Dé gracias a Dios porque su fe en él efectúa cambios reales en su vida. Ore para que su Espíritu le ayude a ser más como Jesús, de manera que todos puedan ver que él es su Salvador y Señor vivo.

RESUMEN BÍBLICO

LA BATALLA POR LA MENTE

Una de las versiones de la Biblia ha traducido un versículo del libro de Proverbios, en el Antiguo Testamento de la manera siguiente: «Como él piensa en su interior, así es él» (Proverbios 23.7, TM). A lo largo de la Biblia, la mente —nuestra actitud interior y nuestras creencias verdaderas— se ve como la clave del crecimiento espiritual. Si nuestros pensamientos con incorrectos, nuestras acciones no podrán ser nunca correctas (Mateo 7.17-20).

Convertirse en un contestatario

Cada grupo de personas tiende a tener sus propios principios establecidos y una manera de considerar las cosas. En algunos casos, estos son bastante opuestos a la enseñanza de Jesús. El mundo de alrededor puede decir: «Toma todo lo que puedas conseguir», pero Jesús dijo: «Da todo lo que tengas».

De modo que si debemos llevar una vida cristiana no podemos pensar siempre de la misma manera que los demás (Romanos 12.2), Jesús dijo que nuestro antiguo y pecaminoso planteamiento de la vida debía acabar para siempre (Marcos 8.34-37).

Su mente debe ser renovada

La Biblia nunca dice «no hagas», sin decir a continuación «haz». De modo que Dios vuelve a moldear nuestra mente desde el interior (Romanos 12.2), poniendo en ella su amor y sus leyes (Hebreos 10.15, 16). Al mismo tiempo, nos dice que nos concentremos en lo que es bueno, santo y de Dios (Filipenses 4.8) y que, de esta manera, desarrollemos una mente renovada (Efesios 4.22-24).

Nuestra nueva manera de pensar se caracteriza por la humildad y la preocupación que el propio Jesús mostró (Filipenses 2.3-9). De hecho, el cristiano tiene el privilegio de comprender la mente de Jesús (1 Corintios 2.15, 16).

CRECER

El secreto del crecimiento

VERDAD CLAVE

La oración es el medio principal por el cual los cristianos mantienen y desarrollan su relación con Dios.

En contacto con los propósitos de Dios

Una persona que tome parte en una actividad principal que involucra a otras muchas, necesita mantenerse en contacto con el organizador. El participante necesita saber exactamente lo que el organizador quiere que haga.

La oración es la forma de mantenerse en contacto con lo que Dios quiere que hagamos. Si oramos según sus propósitos, él promete dar aquello que pedimos en el momento adecuado. Pero si descuidamos la oración, es fácil que nos extraviemos de su plan.

La oración no es ni más ni menos que la conversación con Dios. Es una parte natural e importante de nuestra relación con él. Y, lo que es más, ¡es cierto que él quiere oírnos!

Conscientes de la presencia de Dios

Si estamos hablando con una persona, ¡es imposible que no seamos conscientes de su presencia! Pero, cuando oramos, algunas veces es útil repetir la promesa de Jesús: «Yo estoy con vosotros siempre»; él está presente aunque no podamos verle.

Algunas veces, cuando oramos, sentiremos que él está cerca de nosotros casi en una sensación física, o mediante una profunda conciencia interior. Pero lo que sentimos es menos importante que lo que hace verdaderamente la oración. Nos acerca a Dios. Por medio de su muerte, Jesús ha roto la barrera invisible del pecado que una vez nos impidió llegar a la presencia de Dios. Ahora, la más simple de las oraciones es como tener una audiencia personal con un rey, que se preocupa por nosotros y que anhela ayudarnos.

Una fuente del poder de Dios

Cuando los primeros seguidores de Jesús oraron, ocurrieron algunas cosas extraordinarias. Muchas personas se convirtieron en cristianos por medio de su predicación. Otras fueron sanadas de sus enfermedades. Tanto Pedro como Pablo fueron liberados de la cárcel por la intervención poderosa de Dios, como resultado de una oración.

Incluso Jesús oró, algunas veces durante toda la noche, y dijo a sus seguidores que algunas obras de Dios solo podían llevarse a cabo por medio de periodos intensos de oración que no se interrumpían ni para comer.

Suele ser verdad que el cristiano que no ora no tiene poder. Algunas veces, Dios elige canalizar su poder hacia nosotros u otros cuando oramos.

Tomar tiempo para orar

Algunas veces, Jesús buscó un lugar tranquilo y apartado de cualquier alteración para poder orar a su Padre celestial. Es bueno seguir su ejemplo.

Hay mucho de lo que hablar con Dios. Y la naturaleza humana (y la tentación del diablo)

PARA PENSAR...

Lleve un control de la cantidad de tiempo que pasa en oración durante la semana y de los temas por los que ora.

• ¿La oración le resulta emocionante, aburrida, estimulante, difícil o alguna otra cosa? ¿Cree que esto guarda relación con su forma de entender lo que significa la oración?

• Si la oración es el secreto del crecimiento cristiano, ¿por qué pensamos algunas veces que podemos prescindir de orar?

• ¿Puede identificar temas comunes en sus oraciones? ¿Existe algún aspecto que se esté perdiendo?

puede encontrar todo tipo de excusas para evitarlo. De modo que, con frecuencia, suele resultar útil apartar un tiempo conveniente, la mayor parte de los días, para orar, así como se aparta tiempo para comer. Llevar una lista de cosas por las cuales orar nos ayudará a no olvidarnos de nada.

Pablo también recordó a sus lectores que oraran en todo tiempo. Una breve oración en medio del día, cuando somos especialmente conscientes de nuestra necesidad de la ayuda de Dios, o cuando pensamos en otra persona, es importante y eficaz.

COMPRUEBE EN SU BIBLIA

En contacto con los propósitos de Dios: 1 Juan 5.14, 15; 1 Timoteo 2.1-6

Conscientes de la presencia de Dios: Efesios 3.11, 12; Hebreos 10.19-22

Una fuente del poder de Dios: Marcos 9.28, 29, Hechos 4.31-33

Tomar tiempo para orar: Salmo 5.1-3; Lucas 6.12

POSTDATA

Cualquier decisión que tomamos, cualquier situación en la que nos encontremos, es un tema legítimo de oración. Pero también se nos dice que oremos por otros, para que ellos también conozcan el poder de Dios.

Considere cómo puede establecer un tiempo de oración regular en su vida. Si no lo ha hecho antes, empiece estableciendo una meta realista, quizás diez minutos cada día. Cuando llegue el momento, querrá aumentarlo.

- ¿Cómo puede ser consciente de la presencia de Dios durante su tiempo de oración? ¿De qué distracciones tiene que ocuparse?
- ¿De qué forma puede la oración producir cambios y crecimiento?

Dé gracias a Dios por estar escuchándoles ahora. Traiga las preocupaciones delante de él, ya sean por usted mismo o por el mundo a su alrededor.

RESUMEN BÍBLICO

¿QUÉ ES LA ORACIÓN?

Con frecuencia, la oración es difícil de entender, y también de practicar. Sin embargo, hay dos hechos de los que depende.

Abiertos a Dios

Algunas veces, las personas preguntan por qué Dios quiere que oremos por las cosas cuando Jesús dijo que él ya conocía nuestras necesidades (Mateo 6.8). La razón principal es que el hecho de pedir implica una dependencia humilde de Dios, que es la base de la vida cristiana (Mateo 6.8). Dios se deleita en dar buenos dones a aquellos que le piden. Si somos capaces de recibir sus dones humildemente, podremos utilizarlos de una forma adecuada. Además, mientras oramos podemos darnos cuenta de estar pidiendo algo incorrecto y nuestras oraciones pueden modificarse (Santiago 4.3-10).

Profundamente preocupados

En un sentido, la oración es muy sencilla: se trata simplemente de decirle a Dios, en silencio o en voz alta, cómo nos sentimos o qué necesitamos. Ni siquiera tenemos que utilizar palabras especiales. Pero en otro sentido, es difícil; la oración que Dios responde suele ser un trabajo duro, porque forma parte de nuestra batalla espiritual (Efesios 6.18).

Asimismo, en nuestra oración es importante que queramos decir aquello que decimos, que pidamos sinceramente aquello que creemos ser la voluntad de Dios para nosotros y que confiemos en que él es verdaderamente capaz de hacer aquello que pedimos (Marcos 11.22-25; Santiago 1.6).

Algunas oraciones consisten en profundos anhelos y gemidos internos de nuestro corazón y nuestra mente, que no pueden expresarse plenamente con palabras. Pero aun así, Dios las entenderá y las contestará, porque están inspiradas por su Espíritu (Romanos 8.26, 27).

Una pauta para el crecimiento

VERDAD CLAVE

La oración consiste en alabar y dar gracias a Dios, sentirse mal por aquello que hacemos mal, y pedir cosas.

Oraciones de amor

La amistad entre Dios y el cristiano está marcada por el amor. Este crece entre dos personas a medida que van aprendiendo a expresar sus sentimientos la una por la otra. De manera que los cristianos crecen a medida que van experimentando el amoroso cuidado de Dios y aprenden a expresar el amor que sienten por él.

Nuestras oraciones de amor o «adoración» y veneración dicen a Dios que le amamos por todo lo que él es y por todo lo que ha hecho por nosotros por medio de Jesucristo.

Dichas oraciones nos ayudan a estrechar nuestra relación con él, a profundizar nuestro aprecio por él y a mantenernos abiertos a recibir su ayuda y sus dones. Los Salmos están llenos de oraciones de amor y son de gran ayuda para muchos cristianos que los consideran como base para las suyas propias.

Oraciones de arrepentimiento

Las cosas incorrectas que hacemos pueden entristecer a Dios y hacer que nuestra relación con él sea más difícil.

Es una buena idea que, cada vez que oremos, empecemos diciéndole a Dios que lamentamos los pecados que hemos cometido. Entonces podremos experimentar su perdón de una forma nueva y apartar los obstáculos que nos impiden conocer su poder.

Asimismo, debemos estar dispuestos a pedir perdón a las personas a las que hayamos ofendido y perdonar a aquellos que hayan sido injustos con nosotros. Difícilmente podremos estar abiertos al perdón de Dios si nos sentimos amargados o resentidos contra otras personas.

Oraciones de acción de gracias

Estas son como las oraciones de amor, pero son una respuesta a cosas específicas que Dios ha hecho por nosotros o por otras personas.

Podemos darle gracias por responder a nuestras oraciones, por suplir nuestras necesidades, incluso por aquellas cosas que damos por sentadas aunque sigan dependiendo de él, como por ejemplo una comida que estamos a punto de disfrutar. Asimismo, podemos agradecerle su ayuda o su dirección y por haber intervenido en alguna situación. Dar gracias antes de pedir por otras cosas puede ayudar a aumentar nuestra fe. Es un recordatorio de lo mucho que Dios ya ha hecho.

Oraciones de petición

Estas son las más fáciles y las más comunes de todas las oraciones, pero deberían estar realmente al final de la lista. Es una relación limitada que se expresa únicamente en una serie de peticiones o demandas.

PARA PENSAR...

Piense en los cuatro elementos de la oración mencionados aquí.

- ¿Incluye usted normalmente todos estos elementos en su tiempo de oración? ¿Falta alguno de ellos con frecuencia?
- ¿Por qué es tan importante expresar alabanza y adoración a Dios? ¿Por qué decimos a Dios lo grande que es?
- ¿Sigue siendo necesario que los cristianos se disculpen ante Dios?
- ¿Por qué cosas puede usted dar gracias a Dios hoy?
- ¿Cómo puede hacer que sus oraciones de petición sean más que una lista de demandas que se recita?

La Biblia nos dice que pidamos por tres cosas. Una de ellas son los recursos espirituales y las bendiciones que Dios quiere compartir con nosotros: una fe más profunda, conocer su voluntad y la capacidad de obedecerle. Otra cosa son nuestras necesidades cotidianas: comida, bebida, ropa y abrigo, porque en muchas partes del mundo la gente no piensa en ellas como parte de la provisión de Dios, sino como un derecho automático.

Y, finalmente, debemos pedir por cosas específicas: que alguien que amamos venga a Jesús; que Dios actúe en una situación concreta y para cualquier cosa que él sepa que es bueno que tengamos o que disfrutemos.

COMPRUEBE EN LA BIBLIA

Oraciones de amor: Salmo 31.23; 95.17; 113.1-9

Oraciones de arrepentimiento: Mateo 6.14, 15; Salmo 51

Oraciones de acción de gracias: Salmo 116; Filipenses 1.3-11

Oraciones de petición: Lucas 11.9-13; Santiago 1.5-7

POSTDATA

Conforme crecemos en la vida cristiana, la oración se torna más natural y espontánea. A veces puede volverse mustia si no damos a cada elemento su lugar adecuado.

•¿Por qué es importante mantener un equilibrio entre estos cuatro elementos de oración?

La Oración del Señor (el Padrenuestro) que Jesús enseñó a sus discípulos puede utilizarse como una oración en sí y también como un modelo de oración que hagamos con nuestras propias palabras.

•¿Utiliza usted con regularidad la Oración del Señor? ¿Debería hacerlo?

Piense en el significado de las palabras contenidas en la Oración del Señor. A continuación, conviértalas en su propia oración, dando gracias a Dios por esta forma de crecer en su vida con él.

RESUMEN BÍBLICO

EL MODELO DE ORACIÓN DE JESÚS

A decir verdad, Jesús no enseñó mucho acerca de la oración; él dijo a sus seguidores que lo hicieran, porque hablar con nuestro Padre celestial es algo natural. Sin embargo, en la «Oración del Señor» (Mateo 6.7-15), nos dio un resumen de cómo y por qué cosas orar: no es una mera oración que se debe recitar.

Niños y siervos

En primer lugar, nos acercamos a Dios como hijos suyos que recuerdan su grandeza: «Padre nuestro que estás en los cielos…», y su santidad: «Santificado sea tu nombre». Luego pedimos que todas las personas del mundo lleguen a amarle, honrarle y servirle: «Venga a nosotros tu reino», y que nosotros podamos servirle fielmente: «Hágase tu voluntad».

Necesitados y deudores

La frase siguiente nos recuerda pedir a Dios que provea para nuestras necesidades cotidianas —nada es demasiado pequeño para él— y de rogar por el hambriento y el que no tiene hogar: «El pan nuestro de cada día dánoslo hoy». A continuación pedimos su perdón y le decimos que perdonamos a aquellos que nos han ofendido, del mismo modo en que Jesús perdonó a sus asesinos antes de su muerte: «Perdónanos nuestras deudas, como también nosotros perdonamos a nuestros deudores».

Guardados y protegidos

Finalmente, un recordatorio de nuestra debilidad: una oración para que Dios nos proteja de las pruebas que aplastarán nuestra fe: «No nos metas en tentación» y que nos libre del poder de Satanás: «Líbranos del mal».

CRECER

Los problemas del crecimiento

VERDAD CLAVE

La vida cristiana no es una vía de escape ante la dificultad, sino un camino en medio de ella.

Ejercitar la fe

Jesús dijo que incluso una pequeña medida de fe es más de lo que Dios necesita para obrar poderosamente. Pero también dejó claro que no haría grandes cosas si la gente no creía que pudiera hacerlas.

La fe no es certeza, sino confianza. Crecer como cristiano por medio de la oración depende de que confiemos plenamente en Dios para hacer aquello que más honra le dé, a su manera y en su tiempo. En realidad, creer que él responderá a nuestras oraciones no es algo fácil, pero si somos demasiado tímidos para pedir, es posible que no le veamos obrar de una forma poderosa.

Esperar respuestas

Dios no siempre tiene prisa por hacer las cosas, porque él está más allá del tiempo y desarrolla sus propósitos a lo largo de muchos siglos. Algunas veces tendremos que esperar un tiempo antes de que responda a nuestras oraciones.

Esto puede ser en sí mismo una prueba de nuestra fe: ¿queremos realmente aquello que estamos pidiendo, y creemos de verdad que Jesús nos lo puede dar? Él nos dijo que pidiéramos sin cesar hasta que recibiésemos.

Debemos hacer dos cosas mientras esperamos. Una es seguir esperando una respuesta, que puede ser diferente a la que esperamos. La otra es asegurarnos de que todas nuestras oraciones, y toda nuestra vida, estén alineadas con su voluntad.

Mantenerse alerta

La persona que quiere hacer cosas para Jesucristo siempre encontrará oportunidades, una palabra de explicación sobre su fe, un acto de bondad, un trabajo dentro de la iglesia. Existirán retos, también, y problemas inesperados a los que

tengamos que enfrentarnos. El cristiano que está en contacto constante con Dios por medio de la oración será capaz de sacar el mayor provecho de estas oportunidades y desafíos. Una corta oración en silencio en un momento concreto nos ayudará a mantener la mente centrada en él y nos ayudará a evitar confiar en nuestras propias aptitudes menores.

El ejemplo de Nehemías en el Antiguo Testamento es un buen modelo a seguir. Tanto él como sus ayudantes oraron rápidamente por sus necesidades, y luego trabajaron con esfuerzo y sensatez en sus distintas tareas.

Cuando parece que Dios guarda silencio

Muchos cristianos experimentan tiempos en los que Dios parece estar muy lejos, cuando las oraciones parecen no recibir respuestas y cuando vivir la vida cristiana se convierte en algo duro y laborioso.

Es posible que hayan pecado contra Dios. Quizás haya algo en su vida —una relación personal, por ejemplo— que necesita resolverse. O quizás se encuentren cansados o se sienten mal.

PARA PENSAR...

Piense en alguna de las dificultades con las que se encuentran los niños al crecer.

- ¿Le ayuda esto a comprender por qué el crecimiento del cristiano puede resultar algunas veces difícil o frustrante?
- ¿Hay algún aspecto de la vida cristiana que le esté suponiendo un desafío en estos momentos? ¿Se imagina por qué?
- ¿Qué significa que, al parecer, Dios no esté respondiendo a su oración?
- ¿Cómo puede aprender a ser paciente?

Cuando se enfrenta a dificultades en su vida cristiana, Dios no le pide que finja que no hay

Pero también es posible que Dios mismo les esté conduciendo a través de lo que algunos han denominado «la noche oscura del alma», un tiempo en el que sus anhelos por Dios se hacen más profundos y su fe acaba fortaleciéndose por medio de la prueba. Crecer en la vida cristiana, así como el crecimiento como persona, no consiste en diversión y juegos.

COMPRUEBE EN LA BIBLIA

Ejercitar la fe: Lucas 17.5, 6; Mateo 13.57, 58
Esperar respuestas: Lucas 18.1-8; Santiago 5.7-11
Mantenerse alerta: Nehemías 2.4, 5; 4.7-15; Proverbios 3.5-8
Cuando parece que Dios guarda silencio: Salmo 38.9-22. 42.1-11

POSTDATA

La Biblia dice que Jesús fue perfeccionado (o completado) por medio del sufrimiento. Aquellos que le obedecen y le siguen pueden encontrarse con que él les llame a sufrir también, y por medio de este sufrimiento a descubrir más de su amor.

problemas. Si está seguro de que no hay ningún pecado en su relación con él, en algunos casos solo se trata de esperar y confiar sencillamente.

• ¿Es posible alabar a Dios y confiar en él aunque no comprenda lo que él está haciendo? ¿Por qué?

Dé gracias a Dios porque él conoce los problemas a los que usted se está enfrentando. Dígale que confía en que él le va a ayudar y pídale que le conceda la fuerza suficiente para cada día.

LOS CAMINOS MISTERIOSOS DE DIOS

Cuando ocurre algo inesperado, nos preguntamos: «¿Por qué ha permitido Dios que esto suceda?». En cierto modo, esto es una queja; se considera que el acontecimiento es un castigo no merecido. Pero, para el cristiano, cualquier cosa que ocurra puede dar una oportunidad para seguir adelante en la vida cristiana, aunque pueda permanecer la pregunta: «¿Por qué?».

Los caminos de Dios son distintos

Todo el mundo sabe que Dios es mayor que el hombre, así que no debe sorprendernos leer en la Biblia que sus caminos y sus pensamientos sobrepasen todo entendimiento humano (Is 55.8, 9). Son demasiado complejos para que nosotros podamos entenderlos (Ecl 3.11). Por eso la Biblia nos alienta a orar cuidadosamente antes de tomar decisiones importantes (véase el ejemplo de Jesús en Lc 6.12-16).

La sabiduría humana es limitada

La gente suele hacer lo que considera correcto, pero la sabiduría humana puede estar muy lejos de la verdad de Dios, porque no siempre está influenciada por su ley y su voluntad (1 Co 2.3-10). Incluso los cristianos pueden ser inducidos a error (1 Co 1.10-13; Gá 1.6-9). A pesar de esto, Dios promete darnos sabiduría para que sepamos cómo actuar correctamente en cada situación (Stg 1.5, 6).

Un nuevo conjunto de valores

Jesús enseña con frecuencia lo opuesto a lo que en nuestro entorno llaman sabiduría. Dicen que ser rico es una señal de la bendición de Dios; Jesús dijo que dar a quienes lo necesitan es una señal de su amor misericordioso, no importa el coste personal (Mt 5.42). Estamos tan acostumbrados al estilo impío que la vida cristiana nos puede parecer muy extraña y diferente.

DESCUBRIR
Descubrir una nueva vida

VERDAD CLAVE
La vida cristiana es como un viaje en el cual hay muchas cosas que descubrir.

Un viaje a la vida
Cuando Jesús llamó por primera vez a un grupo de doce hombres (conocidos como los apóstoles) para que le siguieran, literalmente empezaron un viaje. Juntos viajaron por toda la región, enseñando la verdad de Dios a todo aquel que quisiera escuchar.

Jesús utilizó la imagen de un viaje para ilustrar la vida cristiana. Dijo que era algo parecido a dejar el camino amplio y fácil de la indulgencia con uno mismo que conduce lejos de Dios.

En lugar de esto, el camino cristiano es un sendero estrecho y escarpado. En él hay muchos obstáculos y a veces resulta duro avanzar por él. Pero conduce a una vida nueva: una vida que se vive en armonía con Dios, llena de nuevos gozos y descubrimientos, que va más allá de la muerte.

Un compañero constante
El cristiano no camina nunca solo. Incluso cuando nos sentimos muy solos —quizás cuando somos los únicos cristianos en un lugar en el que los demás son hostiles a nuestra fe— Dios siempre está allí.

Él prometió que nunca nos abandonaría. Él nos enseñará lo que quiere que hagamos y cómo debemos hacerlo.

Él es como un guía experto. Conoce el camino que atraviesa las dificultades que están por delante de nosotros. Y tiene muchas cosas nuevas que mostrarnos y enseñarnos a medida que le seguimos en ese tipo de vida que él quiere que llevemos.

Nueva cada mañana
De vez en cuando, desde los días de la iglesia primitiva, alguna gente ha proclamado que Dios les ha dado una enseñanza completamente nueva. Ofrecen una versión nueva y mejorada del cristianismo. Permiten algo de lo que la Biblia prohibía o insisten en añadir alguna costumbre al evangelio antes de que una persona pueda ser plenamente reconocida como cristiana.

Pero están siempre equivocados. Los propósitos de Dios para su pueblo y sus enseñanzas nunca cambian. Tampoco lo hacen sus leyes, ni el camino sencillo de la fe en Jesús a través del cual llegamos a él.

Sin embargo, sus verdades son siempre nuevas. No se quedan nunca trasnochadas y nos llegan «nuevas cada mañana». Jesús está vivo y por eso siempre está haciendo cosas nuevas en nosotros y para nosotros.

Sé adónde voy
Algunas personas que reconocen correctamente lo grande que es Dios, encuentran que es difícil de comprender que a él le preocupen los detalles de sus vidas.

Pero lo cierto es que esto es así, ¡con lo grande que es! No solo perdona nuestros pecados y nos da

---

PARA PENSAR...

Piense en un tiempo en el que fue de viaje a un sitio nuevo.
- •¿Se sintió ilusionado por ir a un sitio nuevo? ¿Cómo se sintió al tener que dejar atrás los lugares familiares?

La vida cristiana es algo parecido a esto. Aunque los cristianos dejan muchas cosas atrás, tienen un emocionante viaje por delante.
- •¿Qué diferencia hay entre entender la fe como un viaje y pensar en ella como la llegada a un destino?

la vida eterna, sino que también tiene un propósito especial para nosotros en esta vida.

Esto significa que el sendero que seguimos en nuestro «viaje a la vida» ya ha sido preparado por Dios. La vida no es una mera serie de accidentes; hay un plan en ella. Ese plan es siempre bueno, aunque no siempre resulte fácil.

COMPRUEBE EN LA BIBLIA

Un viaje a la vida: Mateo 7.13, 14; Juan 10.9, 10
Un compañero constante: Salmo 23; Efesios 3.14-21
Nueva cada mañana: Eclesiastés 1.9; Lamentaciones 3.22, 23; Gálatas 1.6-9
Sé adónde voy: Efesios 2.10; Romanos 12.2; Hebreos 13.20, 21

POSTDATA

Aunque hay muchas cosas que descubrir en la vida cristiana, nunca se pone en duda el final. Jesús ha preparado un lugar para nosotros en el cielo.

• ¿Cómo puede tener la seguridad de que está viajando en la dirección correcta? ¿Adónde acude en busca de dirección?
• ¿Es relevante que los cristianos sigan a Jesús? ¿Qué significa para usted que Jesús haya ido delante de usted por el camino de la vida?
• ¿Cuál es el precio de seguir a Jesús?

Dé gracias a Dios por la emoción del viaje de la fe. Agradézcale por sus compañeros de viaje: Jesús que va por delante de usted, el Espíritu que le acompaña, y los colegas cristianos que están alrededor de usted. Pida su ayuda para seguir adelante fielmente.

RESUMEN BÍBLICO

CONVERTIRSE EN UN DISCÍPULO

La palabra «discípulo» significa seguidor, alguien que aprende de su maestro. Jesús no quiere conversos pasivos, sino discípulos activos, gente que siga descubriendo la riqueza de la vida cristiana.

Jesús es lo primero

Jesús dijo que nada debería interponerse entre él y el cristiano. Incluso las relaciones de familia podrían debilitar nuestro discipulado si interfieren con él (Lucas 14.26).

Sin embargo, él dejó claro que la familia no debía descuidarse (Marcos 7.9-13; Juan 19.26, 27).

Un rico preguntó una vez qué debía hacer para convertirse en un seguidor de Jesús. Él le dijo que vendiera todas sus posesiones y diera el dinero a los pobres. En su caso particular, habría hecho cualquier cosa por Jesús, excepto esto. Pero Jesús dejó claro que no puede haber excepciones; el amor por Jesús es la prioridad cristiana. Él quiere que pongamos todo lo que tenemos y lo que somos a su disposición (Lucas 18.18-30; compare 9.23-25).

Un sacrificio voluntario

Jesús no exige a sus seguidores que hagan sacrificios o den dinero a la iglesia para ganar la aceptación de Dios. La muerte de Jesús fue el sacrificio máximo que establece la armonía entre Dios y las personas (Hebreos 10.11-18).

Pero Dios sí nos llama a ofrecernos a nosotros mismos como sacrificio vivo (Romanos 12.12). Esto no significa que debemos cometer suicidio, sino que debemos estar dispuestos a hacer cualquier cosa que Jesús quiera, sabiendo con toda seguridad que su camino es siempre el mejor.

DESCUBRIR
Descubrir el camino de Dios

VERDAD CLAVE

Dios nos ha mostrado sus propósitos inalterables de muchas maneras, para que podamos estar seguros de lo que él quiere.

Lo muestra por medio de la conciencia

Un aspecto de haber sido hecho «a imagen de Dios», como la Biblia nos describe, es que sabemos que hay cosas que están bien y otras que están mal.

Desafortunadamente, la conciencia humana puede equivocarse en cuanto a lo que es realmente correcto o incorrecto. Puede verse influenciada por las costumbres locales y por lo que nos han enseñado a creer.

Pero el Espíritu Santo renueva y revitaliza la conciencia del cristiano. La ley de Dios se va «escribiendo en nuestros corazones» lentamente, de una forma cada vez más perfecta, para que podamos saber decir por instinto lo que deberíamos o no deberíamos hacer.

Lo muestra por medio de la ley de Dios

Dios no ha establecido muchas normas y reglas para la vida cristiana. Él quiere que le amemos, le sirvamos y le honremos libremente, porque así lo desea y no porque sintamos que tenemos que hacerlo.

Sin embargo, nos ha dado un código moral básico, no solo a los cristianos, sino a toda la humanidad. Está establecido en los Diez Mandamientos (véase el Resumen bíblico)

Estos reflejan la forma en la que Dios ha hecho el mundo. Son las «Instrucciones del fabricante» respecto a la manera en la que la vida humana está diseñada para su funcionamiento. No podemos esperar tener paz y felicidad si quebrantamos esas leyes, porque estamos destruyendo la estructura misma de la paz y la felicidad.

Lo muestra por medio de Jesús

Jesucristo fue la revelación final y más completa de Dios con respecto a su identidad y a lo que él quiere. En la vida de Jesús encontramos un ejemplo de cómo deberíamos vivir todos y en sus enseñanzas descubrimos los principios de Dios para la vida diaria.

Jesús mostró que el camino de Dios tiene dos elementos vitales:

- El primero es amar y servir a Dios en todo momento y no comprometer jamás nuestra fe.
- El segundo es amar a las demás personas con el mismo tipo de amor que supone la entrega de uno mismo, que es el amor que Jesús mostró en su vida y, en particular, en la cruz. Esto significa poner sus intereses por delante de los nuestros.

Lo muestra por medio de la Biblia

En el pasado, Dios reveló su voluntad por medio de personas, con frecuencia llamadas profetas, y a través de los amigos más cercanos de Jesús, los apóstoles. Sus palabras están escritas en la Biblia, y

PARA PENSAR...

Resulta fácil decir que queremos hacer aquello que es correcto. Con frecuencia es mucho más difícil descubrir lo que es correcto en algunas situaciones

- ¿Se le ocurre alguna ocasión en la que no estaba seguro de cuál era el «camino» correcto? ¿Cómo tomó la decisión? ¿Cree que hizo la elección correcta?
- ¿Qué efectividad tiene su conciencia? ¿Es sabio dejarse guiar siempre por la conciencia?
- ¿Cree que los Diez Mandamientos siguen siendo relevantes hoy día? ¿Por qué?
- ¿Cómo mostró Jesús el camino de Dios?
- ¿De qué manera puede ayudarle la Biblia a conocer las diferencias entre lo correcto y lo incorrecto?

Dios habla hoy a través de ellas.

En la Biblia vemos cómo descubrió el pueblo de Dios en el pasado cuál era su voluntad, que no cambia nunca en principio, aunque las circunstancias actuales parezcan diferentes.

La Biblia es un documento permanente de lo que Dios ha dicho y hecho. Por medio de ella podemos descubrir cómo quiere que vivamos y lo que quiere que evitemos.

COMPRUEBE EN SU BIBLIA

Lo muestra por medio de la conciencia: Romanos 2.14-16; Hebreos 9.13, 14; 10.19-22

Lo muestra por medio de la ley de Dios: Éxodo 20.1-17, Mateo 5.17-20

Lo muestra por medio de Jesús: Juan 13.15-17, 34, 35

Lo muestra por medio de la Biblia: Romanos 15.4; 2 Pedro 3.1, 2

POSTDATA

Dios ha prometido ayudarnos a guardar sus caminos. Si confiamos en nuestras propias aptitudes, fracasaremos, pero si hacemos uso de su poder, conseguiremos el éxito.

Jesús mostró al mundo que lo correcto es siempre amar a Dios en primer lugar y luego a los demás.

• ¿Cómo puede poner esto en práctica? ¿Se está enfrentando en estos momentos a algunas situaciones en las que esto pueda afectar a sus actos?

Dé gracias a Dios por las formas en las que ha mostrado sus propósitos al mundo. Agradézcale especialmente por Jesús y pida la ayuda del Espíritu Santo para vivir cada vez más en línea con la vida de Jesús.

RESUMEN BÍBLICO

LOS DIEZ MANDAMIENTOS

Estas diez breves instrucciones de Éxodo 20.1-17 son el centro de la enseñanza de la Biblia en cuanto a nuestra relación con Dios y los unos con los otros. Se dividen en dos partes:

Deberes en cuanto a Dios

Los cuatro primeros tienen que ver con nuestra actitud en cuanto a Dios. Él es un Dios que salva a su pueblo (v. 2; compare la obra de Jesús en la cruz, Mateo 1.21). No puede tener ningún rival (v. 3).

Dios es el poderoso creador de la tierra y es el Señor de toda la creación (vv. 5, 6), por ese motivo las personas no pueden, y no deben, intentar hacer una imagen de lo que él es. Tampoco deberíamos tratar el poder que solo pertenece a Dios como si procediera de un fuente menor (vv. 4, 5). Un «ídolo» es cualquier cosa que pongamos en el lugar que solo Dios debería tener.

Dios es santo y, por tanto, debe ser respetado de palabra y de hecho (v. 7). Ha creado a las personas de tal forma que necesitan apartar un día de siete para no trabajar, descansar y disfrutar de Dios (vv. 8, 11).

Deberes en cuanto a los demás

La vida familiar es algo precioso y debe conservarse (v. 12), porque es la base de una sociedad estable. Esta es la razón por la cual se prohíben las relaciones sexuales promiscuas (v. 14); debilitan el vínculo de la familia y niegan la profunda unidad creada entre un matrimonio que lo comparte todo.

La vida humana es sagrada y nadie la puede quitar (v. 13); esto mismo se aplica a la propiedad que pertenece a otros (v. 15). No debemos mentir por nuestro bienestar o ganancia personal (v, 16). Y, tal y como Jesús señaló, la actitud interior es tan importante como los hechos exteriores (p. ej. Mateo 5.21-30). De modo que hay que rechazar los deseos incorrectos que pueden conducir al robo, asesinato o adulterio.

Descubrir la voluntad de Dios

VERDAD CLAVE

Dios promete guiarnos en todas las situaciones, para que podamos hacer su voluntad.

Orar la Biblia

Cuando queremos saber cuál es el propósito específico de Dios para nosotros —ya sea con respecto al trabajo que debemos seguir, una tarea a desarrollar en la iglesia o un problema que debamos enfrentar—, lo primero que debemos hacer es orar concretamente por ello.

Jesús lo hizo poco antes de su crucifixión. Sabiendo que estaba a punto de ser traicionado, y que el resultado sería el sacrificio por nuestro pecado, oró para que Dios no le hiciera pasar por ello.

Pero él estaba decidido a hacer solo lo que Dios quisiera, de manera que se sometió a la voluntad del Padre. A través de la oración, nuestra voluntad puede ser guiada para que encaje con la voluntad de Dios y que podamos recibir las fuerzas para hacerlo.

Investigar las Escrituras

Con frecuencia, la Biblia es el medio que Dios utiliza para guiarnos. Al leerla, nos iremos familiarizando con sus propósitos generales.

Sin embargo, habrá momentos en los que un pasaje en particular nos «hable» de una forma muy clara. Parece ajustarse exactamente a nuestra situación. Puede ser una palabra de desafío para cambiar algo, o una palabra de aliento para ir adelante con una decisión que estamos a punto de tomar.

No obstante, no debería utilizarse a modo de horóscopo o como oráculo mágico. Las personas que la hojean al azar pueden llevarse una gran impresión. Por ejemplo ¡si alguien cae sobre los versículo: «Judas fue… y se ahorcó» (Mateo 27.5) y «Ve y haz tú lo mismo» (Lucas 10.37)!

Discutir sobre ella

Las grandes decisiones suelen hacerse de forma más fácil después de haberlas discutido con un amigo cristiano experimentado, quizás un líder de la iglesia.

Algunas personas tienen una perspectiva especial en los planes de Dios y en nuestras circunstancias. Otras son capaces de ayudarnos a reflexionar en una situación, basándose en su experiencia más profunda de Dios. Algunas veces simplemente con invitarnos a hacer algo ya nos estarán guiando.

Tomar una decisión

Cuando llega el momento de tomar una decisión, es posible que pueda quedar alguna duda en nuestra mente. Esto puede ocurrir por varias razones: nuestro conocimiento incompleto de la situación o incluso porque Dios esté probando nuestra fe y nuestro amor por él.

No existe ninguna regla infalible. No obstante, si la duda persiste es mejor no actuar en la forma propuesta. Con frecuencia, los cristianos

PARA PENSAR…

Piense en unas cuantas situaciones para las que necesite la dirección específica de Dios, puede tratarse de importantes cambios en su vida o decisiones aparentemente insignificantes.

- ¿Cómo averigua lo que Dios quiere en cada una de esas situaciones? ¿Existe una sola forma de descubrir cuál es la voluntad de Dios, o varía según las circunstancias específicas?
- Si Dios puede mostrarle su voluntad de maneras distintas, ¿qué es lo que debe observar? ¿Dónde debería mirar?
- ¿Cree que la dirección de Dios es siempre clara? Si no es así, ¿será porque no está

—aunque no siempre— experimentan un sentido de «paz» interior cuando alcanzan la decisión correcta. El Espíritu de Dios les da la seguridad de que se encuentran en el camino adecuado.

Pero este tipo de sentimientos no se pueden aceptar por sí mismos, porque pueden ser equivocados. Aunque los tengamos, debemos actuar «por fe», confiando en que Dios nos llevará a la fase siguiente.

COMPRUEBE EN LA BIBLIA

Orar la Biblia: Lucas 22.39-46; Hechos 10.9-16, 27-29

Investigar las Escrituras: Romanos 15.4; 2 Pedro 3.15, 16

Discutir sobre ella: Hechos 15.6-23; Gálatas 2.11-16

Tomar una decisión: Hechos 15.23-28; Romanos 1.9-15

POSTDATA

Algunas veces, nuestro pecado o nuestra voluntad propia hacen que seamos incapaces de recibir la dirección de Dios. En ese caso necesitamos pedirle que nos dé la disposición para hacer cualquier cosa que él diga.

escuchando de forma adecuada, o porque Dios no está dando una respuesta completa?

•¿Conoce a otros cristianos que puedan ayudarle a descubrir cuál es la voluntad de Dios? ¿Está dispuesto a escucharles?

•¿Tiene que actuar alguna vez sin estar seguro de cuál es la voluntad de Dios?

Pida a Dos que le ayude a estar alerta para ver su dirección. Dele las gracias porque siempre irá con usted y porque está dispuesto a perdonarle incluso cuando usted se equivoque.

RESUMEN BÍBLICO

VIVIR POR FE

La Biblia nos recuerda que los cristianos viven por la fe en Jesús más que por el certero y claro conocimiento del futuro (2 Corintios 5.7). Esto significa que algunas de las decisiones que tomamos son porque creemos que hacemos lo que Dios desea, aunque puedan parecer extrañas en ese momento (Hebreos 11.8). Pero la fe no es una locura; es la confianza en que Dios nos ha guiado hasta ese momento y que seguirá haciéndolo en el futuro (Hebreos 11.1, 2). ¡Esto no significa que dejemos de usar nuestra mente!

El sentido común de Dios

Una de las formas más obvias en las que Dios nos guía es a través de las circunstancias en las que nos encontramos. El buen samaritano no necesitó pedir dirección en la parábola de Jesús. Vio a un hombre al que habían golpeado y supo que, a causa de la necesidad de aquella persona, Dios quería que se detuviese y le ayudara (Lucas 10.33, 34).

De manera similar, Pablo fue estorbado varias veces cuando quiso ir a Roma por las presiones para trabajar en otros lugares, por mucho que él anhelara ir allá. Además, el evangelio ya había sido predicado en Roma, de forma que habría sido una equivocación duplicar el esfuerzo (Romanos 15.22-29).

Usar nuestros dones

Jesús contó una vez una parábola acerca del uso de los dones (o talentos) que se habían dado a aquellos que le seguían (Mateo 25.14-30). Quedó claro que ya fuese que sus siervos tuvieran muchos o pocos dones, todos tenían la capacidad de utilizarlos en los acontecimientos de la vida cotidiana.

Él espera también que nosotros utilicemos los dones y las aptitudes que tengamos. Aunque nos puedan parecer insignificantes, son importantes para él (Mateo 10.40-42).

Descubrir la Palabra de Dios

VERDAD CLAVE

La Biblia es el documento permanente de la revelación de Dios a la humanidad y contiene todo lo que necesitamos saber para nuestra nueva vida en Jesús.

Un libro de verdad

La Biblia es un libro único. Aunque nos cuenta historias de personas corrientes y de sus experiencias con Dios, es mucho más que una biografía religiosa.

Está únicamente «inspirada» por Dios. Esto significa que él guió a las personas que la escribieron para que lo que plasmasen fuera un documento veraz acerca de la naturaleza y los propósitos de Dios.

Aunque la Biblia contiene sesenta y seis libros escritos a lo largo de unos 1500 años por más de cuarenta autores, no se contradice. Contiene distintos énfasis, por supuesto, y vemos cómo la revelación de Dios se fue haciendo más clara a través de los años, pero la verdad que enseña es coherente.

Un libro de ejemplos

Aunque la Biblia contiene pasajes de pura enseñanza —algunas de las cartas de Pablo, por ejemplo—, la mayor parte trata de personas.

Los entornos eran diferentes de los nuestros, pero nuestros sentimientos y nuestros problemas se parecen mucho a los de ellos. Así que podemos leer historias de hombres y mujeres que conocieron bien a Dios y que descubrieron cómo hacer frente a sus circunstancias y permanecer fieles a él. Serán un reto para nosotros a la vez que nos emocionarán y nos alentarán.

También supondrán ejemplos de cómo no debemos vivir y de los errores que debemos evitar. Las personas que figuran en la Biblia eran realmente gente humana y corriente, ¡con todos sus defectos!

Un libro de advertencias

La Biblia incluye libros de «profecía», como Isaías, Jeremías, Ezequiel, Daniel y Amós en el Antiguo Testamento y Apocalipsis en el Nuevo.

Algunas veces predicen el futuro. Algunas de esas profecías se han cumplido, otras no han ocurrido aún, y muchas se aplican a más de un periodo de la historia.

Pero los profetas también eran mensajeros de Dios que advirtieron a su pueblo que él era santo y justo. Les recordaron que no podían llevar vidas de pecado y seguir recibiendo la ayuda y el favor de Dios, y con frecuencia hablaban del juicio o del castigo de Dios que recaería incluso sobre aquellos que pretendían servirle, pero, en realidad, hacían el mal.

Un libro de retos

La Biblia nos pone frente a dos tipos de retos. Uno se nos presenta por medio de grandes hombres y mujeres de Dios que representan un desafío para nosotros por su total devoción hacia él.

PARA PENSAR...

Anote las partes de la Biblia que haya estudiado recientemente, o sobre las cuales ha oído hablar.

- ¿Hay algunas secciones de la Biblia que no haya considerado recientemente?

Con frecuencia es fácil caer en la costumbre de no leer más que los mismos pasajes.

- ¿Es importante leer pasajes de toda la Biblia, tanto del Antiguo como del Nuevo Testamento? ¿Por qué?
- ¿Qué medidas prácticas puede tomar para asegurarse de leer toda la Biblia y no solo sus partes preferidas?

El otro es más directo. Algunos de los escritores nos desafían a creer la verdad que ellos han escrito y a vivir una vida digna de Dios.

Asimismo, nos desafían a llevar este mensaje al mundo que prefiere ignorarlo. La Biblia contiene la verdad que nos ha conducido a la fe en Jesucristo y nos reta a llevar ese mensaje a otros.

COMPRUEBE EN LA BIBLIA

Un libro de verdad: Juan 17.17; 2 Timoteo 3.14-17

Un libro de ejemplos: Hebreos 11.29-40; 12.14

Un libro de advertencias: Jeremías 17.1-10; Apocalipsis 2.1-7

Un libro de retos: Marcos 8.34-38; Lucas 24.45-49

POSTDATA

La Biblia no es un libro que se pueda leer como cualquier otro. Para oír a Dios hablar con nosotros por medio de ella es necesario que oremos pidiendo la ayuda de su Espíritu Santo.

•Si la Biblia es la Palabra de Dios, ¿cómo debería influir esto en su forma de leerla?

•¿Es posible entender el mensaje de la Biblia sin ayuda del Espíritu Santo?

Agradezca a Dios que nos hable para darse a conocer. Dé las gracias a Dios por la riqueza y la diversidad de la Biblia. Ore pidiendo la ayuda de su Espíritu para entender lo que el Señor le está diciendo hoy.

RESUMEN BÍBLICO

TODO LO QUE NECESITAMOS SABER

La Biblia contiene todo lo que necesitamos saber acerca de Dios, Jesús, nosotros mismos y el mundo, con el fin de que vivamos una vida cristiana (2 Timoteo 3.16, 17). Pero, con frecuencia, ha sido ridiculizada o cuestionada, incluso por parte de eruditos cristianos.

Totalmente fidedigna

La expresión «inspirada por Dios» de 2 Timoteo 3.16 significa: «procedente de la respiración de Dios». Dios no dictó la Biblia a sus autores, sino que guió sus pensamientos de manera que lo que escribieran fuese verdad y nos alentara a conocerle, amarle y servirle. La Biblia contiene todo lo que necesitamos saber en todos los asuntos de creencia y comportamiento (2 Timoteo 3.15). Si seguimos lo que dice podemos descubrir la realidad de Jesús. Asimismo es «útil para enseñar»; no necesitamos añadirle ninguna ley humana. El Espíritu Santo que la inspiró, la interpretará para nosotros (Juan 16.13-15; 2 Pedro 1.20, 21).

No es una enciclopedia

La Biblia no contiene todo lo que se puede saber, como por ejemplo sobre ciencia, deportes o sociología. Ni siquiera nos lo dice todo acerca de Dios; ¡el universo sería demasiado pequeño para contener tanto conocimiento!

Pablo estaba consternado al ver que la gente especulaba acerca de los detalles a los que la Biblia no hacía referencia (Colosenses 2.8). La Biblia habla con autoridad sobre cómo ser cristiano y el contenido de la fe cristiana. En los temas en los que guarda silencio, se nos alienta a confiar en la sabiduría de Dios que no nos lo revela todo (1 Pedro 1.10-12).

Aplicar la Palabra de Dios

VERDAD CLAVE

La Biblia es una herramienta básica para la vida cristiana; utilizándola cuidadosamente nos mantendremos cerca de Dios.

Equipo para el viaje

Así como ningún explorador soñaría salir de casa sin alimentos, mapas y un equipo de supervivencia, Dios tampoco espera que nosotros pasemos por la vida sin algún equipamiento básico que podamos necesitar por el camino.

La pieza principal de nuestro equipo es la Biblia. Proporciona sabiduría en cuanto a cómo tratar con las situaciones difíciles, nos da una perspectiva de las necesidades reales del mundo y entendimiento tanto de Dios como de sus caminos.

Por encima de todo, nos proporciona «alimento» espiritual. Nuestra relación con Jesús se nutre y se enriquece cuando leemos y aplicamos su palabra. Nos acerca más a nuestro Guía.

Una luz en los caminos oscuros

La vida cristiana nos lleva a la mayoría de nosotros a situaciones en las que el camino de Dios está muy lejos de ser obvio. Además, estamos viajando por un mundo que, según dice la Biblia, está «en tinieblas» porque sus asuntos no están iluminados por la vida y la luz de Jesús.

De modo que la Biblia ayuda a arrojar luz sobre las cosas. Explica por qué las personas somos complicadas, por qué existe el diablo y cómo podemos vencerle o evitarle.

A través de una lectura regular de la Biblia, Dios nos proporcionará la luz que necesitamos para poder tratar una situación o responder a una pregunta difícil.

Una espada para las duras batallas

Pablo, el apóstol, denominó la Palabra de Dios como la «espada del Espíritu» (Efesios 6.17). Esto es por su cortante y poderosa acción. Traspasa las capas protectoras del orgullo, el egoísmo y el engaño que la gente utiliza algunas veces para mantener a la verdad de Dios fuera de sus vidas.

Algunas veces necesitamos utilizar la Biblia como una espada, para cortar la oposición en cuanto a Jesús. Cuando los argumentos fracasan con nuestros amigos que no son cristianos, la Biblia logrará a veces convencerles, pero debemos aprender a utilizarla con cuidado y no de forma torpe.

Y cuando nos enfrentemos a la tentación, las palabras de las Escrituras leídas, habladas y aplicadas pueden ayudarnos a vencer a Satanás.

Fuerza para seguir adelante

La vida cristiana es como una larga expedición a través de diferentes tipos de países. Algunas veces, la marcha es bastante fácil, como caminar sobre un terreno llano.

PARA PENSAR...

La Palabra de Dios es relevante en todas las situaciones y los momentos de la vida.

- ¿Cuándo se vuelve usted a la Biblia con más frecuencia? ¿Cuando corren buenos tiempos, o cuando los tiempos son difíciles? ¿Por qué?
- ¿Cómo siente que discurre su vida en estos momentos? ¿Cuál cree que es el mensaje de la Biblia para usted ahora mismo?
- ¿De qué manera ha utilizado la Biblia recientemente para luchar contra la tentación? ¿Para recibir dirección? ¿Para recibir fuerzas? ¿Para que le ayude a adorar a Dios?

Otras veces, resulta tan difícil como escalar una montaña escarpada y rocosa o luchar para cruzar un río caudaloso o un bosque denso. Es en esos momentos cuando los cristianos pueden sentirse desanimados.

La Biblia proporciona aliento y fuerza para que sigamos adelante. Algunas veces, lo más difícil de hacer es, en realidad, abrir la Biblia; el diablo hace todo lo posible para que dudemos de su poder y así impedir que la utilicemos.

COMPRUEBE EN LA BIBLIA

Equipo para el viaje: Salmo 119.97-104; 1 Pedro 2.1-3

Una luz en los caminos oscuros: Salmo 119.105-112, 130; 1 Juan 1.5-7

Una espada para las batallas duras: Salmo 119.9-11, 113-115; Efesios 6.17; Hebreos 4.12, 13

Fuerza para seguir adelante: Salmo 119.25-40, 73-80; 2 Timoteo 2.15

POSTDATA

La Biblia no agrupa toda su enseñanza acerca de cuestiones específicas. Para descubrir lo que dice, es necesario que lleguemos a conocerla bien.

Dios da la Biblia para ayudarle en su vida cristiana. También se la da para que pueda ayudar a otros.

• ¿Se le ocurre alguna situación que involucre a otras personas en la que podría utilizar la Biblia para ofrecer dirección, consuelo o incluso represión?

Gracias a Dios por las formas en las que su palabra es relevante y útil para su vida. Pida al Espíritu Santo que aplique la Palabra de Dios en usted cada vez más.

LA OPINIÓN DE JESÚS ACERCA DE LA BIBLIA

Aunque Jesús era el Hijo de Dios, que vino a revelar la verdad de Dios a la humanidad (Hebreos 1.1-4), utilizó mucho la Biblia de su tiempo, el Antiguo Testamento.

Un arma con la que luchar

Cuando se enfrentó al diablo en el desierto antes de comenzar su ministerio público, Jesús respondió a sus tentaciones citando la Biblia (Mateo 4.1-11). En las Escrituras encontró una respuesta perfecta y simple a sus tentaciones. No discutió; solo mostró lo que la Palabra de Dios decía y se mantuvo firme.

Evidencia de la obra de Dios

Con frecuencia, Jesús y los apóstoles citaron el Antiguo Testamento para mostrar cómo, según su experiencia, los acontecimientos habían sido predichos y para demostrar que Dios seguía obrando. Por ejemplo, dijo que Juan el Bautista era el profeta anunciado varios siglos antes por Malaquías (Mateo 11.10). Y aplicó la Biblia a aquellos que se negaron a escuchar lo que él decía. Tal y como los profetas habían advertido, se negaron a escuchar cuando Dios intentaba hablarles de una nueva manera (Mateo 13.14, 15).

Base para sus acciones

A menudo, sus contemporáneos desafiaban a Jesús a justificar lo que hacía, sobre todo cuando chocaba con las costumbres de ellos. Así, cuando le acusaron de quebrantar la ley del Antiguo Testamento acerca de la observancia del sábado, citó un precedente (lo que hizo el rey David) de lo que él estaba haciendo (Mateo 12.1-8).

Manejar la Palabra de Dios

VERDAD CLAVE

Para poder descubrir la verdad de la Palabra de Dios es necesario que nos acerquemos a ella de distintas maneras.

Leerla con regularidad

A la mayoría de los cristianos les parece útil pasar algún tiempo cada día leyendo la Biblia, por lo general justo antes de su tiempo de oración. Suele ser lo primero que hacen por la mañana o lo último por la noche.

Esto ayuda a centrar nuestros pensamientos en Dios y nos da temas sobre los cuales orar. Algunas lecciones de la Biblia pueden utilizarse como base para la oración, ya sea que pidamos por nosotros o por otros, o para la adoración y la alabanza.

Si utilizamos la Biblia de esta forma, podemos leerla de un modo constante de principio a fin. Es más fácil empezar por uno de los Evangelios, por ejemplo Marcos, y luego pasar a una de la cartas de Pablo (Efesios es una de las cartas por las que se puede muy bien empezar), antes de pasar a los Salmos en el Antiguo Testamento. De este modo, sacaremos un amplio sabor de las distintas partes de la Biblia.

Absorberla

En países donde hay pocos libros, o en los que mucha gente no puede leer, la Palabra de Dios siempre se ha memorizado. Es una buena costumbre aprender pasajes de memoria, incluso para aquellos que tiene una Biblia a su disposición.

Esto es así por dos razones:

- Una de ellas es que, del mismo modo que Jesús, tendremos una respuesta preparada instantáneamente para responder a las tentaciones del diablo. Podemos contestarle de una forma rápida y decisiva.

- La otra razón es que sabremos exactamente en qué creemos en cualquier momento de necesidad. Unos cuantos versículos básicos como Juan 3.16 nos recordarán lo básico del evangelio y promesas como las de Mateo 11.28 nos ayudarán cuando nos encontremos bajo presión.

Estudiar sus enseñanzas

En la Biblia hay mucho que aprender acerca de Dios, el mundo, nosotros mismos y lo que Jesús ha hecho y hará por nosotros.

Así pues, al leer la Biblia también necesitamos encajar las enseñanzas que sacamos de sus distintas partes. Entonces podremos formarnos una imagen de la verdad de Dios y no seremos presa de falsos maestros que intenten desestabilizar nuestra fe.

Si tiene una Biblia con referencias cruzadas en el margen, o si tiene una concordancia, podrá seguir un mismo tema de principio a fin con más facilidad. Si no dispone de ella, tome algunas notas sobre la marcha y hágase su propio índice de temas. Existen algunos libros muy útiles sobre la enseñanza de la Biblia.

PARA PENSAR...

Haga una lista de los distintas maneras en que puede aprender (p. ej. escuchando una conferencia, debatiendo en grupo).

- ¿Qué formas de aprender le parecen más útiles?
- ¿Se le ocurren maneras de estudiar la Biblia que se correspondan con sus distintos métodos de aprendizaje?
- ¿Cómo puede reunir todo esto en un modelo para leer y estudiar la Biblia con regularidad?

Llegar a conocer la Biblia no consiste en tener los métodos correctos. De hecho, ¡lo más

Descubrir a sus personajes

La Biblia tiene muchas y ricas descripciones, y relatos de personas que aprendieron por las malas a hacer la voluntad de Dios.

Es emocionante leer acerca de algunos de ellos, como por ejemplo David, el joven pastor que llegó a ser rey. Otras son figuras trágicas, como Sansón: físicamente fuerte y valiente, pero moralmente débil. A pesar de ello, ambos consiguieron logros y también tuvieron fracasos. Tienen mucho que enseñarnos, porque nos vemos a nosotros mismos y a los demás en ellos. El tiempo que se emplea reuniendo historias sobre personas como estas de entre los distintos libros de la Biblia en los que aparecen puede ser gratificante y agradable.

COMPRUEBE EN LA BIBLIA

Leerla con regularidad: Josué 1.8; Salmo 119.97; 1 Pedro 2.2; 2 Timoteo 3.16, 17

Absorberla: Salmo 119.11; Santiago 1.22-25

Estudiar sus enseñanzas: Mateo 7.15-23; 1 Timoteo 4.6-10; 6.3-5

Descubrir a sus personajes: Hebreos 11.24-28; 12.1-3

POSTDATA

Al llegar a un pasaje «difícil», intente interpretarlo a la luz de otros que guarden relación con él en la Biblia y donde el significado esté más claro. La explicación más obvia y simple suele ser la correcta.

---

importante es tener la actitud correcta!

• ¿Cuál es la «condición de corazón» correcta para leer la Biblia? ¿Existen otras condiciones que puedan afectar a esta, como el lugar o la hora del día?

• ¿Cómo puede prepararse para leer la Biblia y recibir el mensaje de Dios por medio de ella?

Pida al Espíritu Santo que prepare su corazón para oír la palabra de Dios. Dígale a Dios que quiere manejar la Biblia con sabiduría y con sinceridad, y que está dispuesto a responderle a él.

RESUMEN BÍBLICO

ENTENDER LA PALABRA DE DIOS

Algunas personas han afirmado que usted puede hacer que la Biblia diga lo que usted quiere que diga. Esto es verdad, si tomamos declaraciones o frases fuera de su contexto. Hay tres preguntas que se deben hacer sobre cualquier pasaje, que le ayudarán a entenderlo. Tome como ejemplo la parábola del Buen samaritano en Lucas 10.25-37.

¿Qué tipo de pasaje es?

Queda claro que esto no es un acontecimiento histórico, ni tampoco una porción muy debatida de doctrina cristiana. Es una parábola, una historia destinada a enseñar un punto. Jesús lo muestra al final (vv. 36, 37). Por supuesto, es una historia bastante plausible. Probablemente hubiese ocurrido algo parecido.

¿Qué transmite?

Los elementos principales son que, primero y principal, debemos amar a Dios (vv. 25-28), pero que amar a nuestro prójimo es algo que va de la mano con lo primero, como expresión de ese amor. Y nuestro prójimo puede ser cualquiera que esté en necesidad, no solo alguien que nos pueda caer bien: a los judíos no les gustaban los samaritanos.

¿Qué significa para mí?

El mandamiento de Jesús al levita (v. 37) siempre es aplicable. No es una historia bonita que resulte agradable, sino un ejemplo que hay que aplicar.

Pertenecer a la familia de Dios

VERDAD CLAVE

Todos los cristianos son miembros de la familia internacional de Dios, la iglesia, por su fe compartida en Cristo.

Un Padre

Hay un solo Dios. A pesar de todas las religiones distintas y las diferentes ideas que hay acerca de él, la verdad es que solo existe un Dios. Y él, según nos dice la Biblia, amó tanto al mundo que envió a su hijo Jesucristo para que pudiéramos reunirnos con él.

De una forma especial, cuando recibimos al Señor Jesús, resucitado y vivo en nuestro corazón y nuestro hogar, y nos entregamos a su control, Dios se convierte en nuestro «Padre».

Y él es el «Padre» de todos los cristianos en todas partes. Al pertenecerle a él, también pertenecemos a una gran «familia», su iglesia.

Un Señor

Los cristianos no solo son adoradores del único Dios verdadero: también son los siervos de Jesucristo.

Jesús era único. Aun siendo totalmente humano, aunque no tenía pecado —sus necesidades físicas y sus sentimientos emocionales eran como los nuestros—, él también era Dios por completo. A través de él, Dios tomó las limitaciones de la vida humana con el fin de revelarse a nosotros y hacer que volviésemos a él.

Esta es la razón por la cual la Biblia llama a Jesús «Señor», título que habitualmente reserva para Dios. Jesús es rey sobre todo el mundo y se convierte en nuestro rey o Señor, cuando confiamos en él por primera vez. Todos los cristianos comparten esta relación con él.

Un Espíritu

La iglesia cristiana «nació» cuando Dios envió a su Espíritu Santo sobre los primeros seguidores de Jesús. Esto ocurrió seis semanas después de la aparición final de Jesús tras la resurrección (su «ascensión»), en la festividad judía de Pentecostés.

El Espíritu Santo está activo e todos los cristianos: no habríamos llegado a confiar en Jesús sin que el Espíritu Santo nos hubiera mostrado primero nuestra necesidad de él.

Así pues, él nos vincula los unos a los otros como una única familia. Es el lazo invisible que crea la unidad y la amistad entre los cristianos. Nos da «dones» o talentos que nos capacitan para ayudarnos unos a otros a crecer en fe.

Una fe

Los cristianos difieren ampliamente los unos de los otros, no solo en personalidad, sino también en los aspectos de la fe en los que hacen hincapié, y en su forma de expresarlos. Pero, en realidad, solo hay una fe cristiana. Se resume en las verdades básicas que comparten todos los miembros de la familia de Dios y que se centran en lo que Jesús hizo por nosotros.

PARA PENSAR...

Haga una lista de tantas denominaciones y movimientos cristianos distintos como pueda. Investigue acerca de las distintas formas de adoración cristiana en otra parte del mundo.

- Cuando observa todas esas formas de cristianismo, ¿le resulta más fácil notar las similitudes o las diferencias? ¿Suelen recalcar los cristianos las diferencias que tienen con otros cristianos? ¿Por qué lo hacen?
- ¿Cómo puede ser que todos los cristianos pertenezcan a la misma familia?
- Piense en un tiempo en el que el Espíritu de Dios creara unidad entre usted y otro cristiano. ¿Por qué es importante que el Espíritu haga esto?

Él se hizo hombre, murió para que nuestros pecados pudiesen ser perdonados, resucitó de los muertos y ahora promete vida eterna a todo aquel que confíe en él. La Biblia dice que cualquiera que enseñe algo distinto a esto no pertenece a la familia.

COMPRUEBE EN LA BIBLIA

Un Padre: Hechos 17.22-31; Romanos 1.18-23; 1 Juan 3.1
Un Señor: Juan 8.51-59; Filipenses 2.5-11
Un Espíritu: Hechos 1.1-5; 2.1-4; Efesios 4.1-7
Una fe: 1 Corintios 15.1-8; Gálatas 1.3-9

POSTDATA

Es importante distinguir entre las verdades que son esenciales para la fe cristiana genuina y las que, aun siendo importantes, puedan interpretarse y aplicarse en formas distintas.

La unidad cristiana se basa en las primeras y no en las segundas.

• ¿Qué es, en su opinión, lo imprescindible de la fe cristiana? Compare esto con las cosas en las que usted hace hincapié con respecto a su fe y a su iglesia.
• ¿Cómo puede mostrar esta semana que pertenece a la familia cristiana mundial?

Agradezca a su Padre Dios que haya llamado a los cristianos de todas partes de la sociedad y de todo el mundo. Ore pidiendo la ayuda del Espíritu para servir, amar y creer juntos.

RESUMEN BÍBLICO

TODOS UNO EN CRISTO

El cristianismo es la única fe o ideología que ha logrado sistemáticamente lo que todas las demás buscan: una unidad genuina y la igualdad de las personas, mientras sigue respetando y valorando sus distintas aptitudes.

Rico y pobre

La procedencia de los primeros cristianos era muy variada. Muchos eran pobres y sin educación, y trabajaban como esclavos (1 Corintios 1.36-39). Pero algunos pertenecían a las familias ricas de las clases dirigentes (Filipenses 4.22), y otros eran evidentemente gente acomodada que abría de buen grado sus casas para que se utilizaran como lugar de reunión para la iglesia (Romanos 16.3-5).

Judío y gentil

Quizás el mayor milagro en la iglesia primitiva fuera el descubrimiento por parte de los primeros creyentes, que eran judíos, de que los propósitos de Dios en Jesús también incluían a los que no eran judíos (gentiles) (Efesios 2.11-22).

No hay distinción

La iglesia no conoce barreras sexuales, sociales, raciales o culturales (Gálatas 3.28). Sin embargo, dichas distinciones no han sido destruidas; de modo que cada cual retiene su identidad personal. Algo mucho más importante ha puesto nuestras diferencias en perspectiva: el amor de Jesús por todos aquellos que saben que son pecadores y que necesitan su perdón y una nueva vida (Colosenses 1.15-23).

Pertenecerse unos a otros

VERDAD CLAVE

Al pertenecer todos los cristianos a la familia de Dios, hay un vínculo especial de amor entre ellos.

Bautizados en Cristo

Lo que une a los cristianos por encima de todo es el hecho de que todos hayamos empezado la vida cristiana en el mismo lugar. La cruz de Jesucristo.

Allí, quedó reconciliada la humanidad con Dios. De la cruz llega la posibilidad de una vida nueva y eterna. La muerte de Jesús muestra que todos tenemos la misma necesidad básica: todos somos pecadores y necesitamos su «salvación».

El bautismo, cualquiera que sea la forma que asuma, es un símbolo de nuestra sumisión a Jesucristo por medio de la fe en él como nuestro Salvador personal. Ya sea por medio de la inmersión o por aspersión, el agua simboliza la muerte a nuestro antiguo ser; levantarse del agua significa la nueva vida que da el Jesús resucitado; el agua en sí es una señal del lavado de nuestros pecados. Al entrar en la familia de Dios del mismo modo, por medio de la fe, estamos unidos los unos a los otros.

Un club para pecadores

Algunas veces la iglesia se convierte en un club exclusivo para buenas personas. En realidad, debería ser exactamente lo contrario. Es el lugar donde se encuentra aquellos que saben que no son buenos y que necesitan la ayuda de Jesús.

Todo cristiano ya pertenece a la familia de Dios, de modo que es natural que nos unamos a otros que compartan nuestra fe, nos alentemos y nos ayudemos unos a otros y que adoremos a Dios juntos.

Cada persona encontrará que unas iglesias son más útiles que otras. Intente encontrar una en la que se enseñe la Biblia con claridad y se crea, y donde la gente quiera aprender y crecer junta.

Un nuevo conjunto de amigos

Cuando algunos se convierten en cristianos, sus antiguos amigos (e incluso sus parientes) no quieren saber nada más de ellos. Y si no es así, es posible que no entiendan su nuevo planteamiento de vida.

Dentro de la iglesia, sin embargo, habrá gente a la que podemos aprender a amar y a confiar en ella. Podrán ayudarnos y es posible que nosotros también podamos ser de ayuda para ella.

Hacer nuevos amigos es algo que lleva tiempo. Requiere franqueza y tacto por parte de todos los implicados. Sin embargo, al contar ya con el vínculo de la fe, ¡usted no espera que sean los demás quienes se acerquen primero!

Camino al cielo

Existe una buena respuesta para aquellos que dicen que no importa si los cristianos no se llevan bien los unos con los otros. ¡Tendremos que llevarnos bien todos en el cielo!

Jesús nos ha prometido la vida eterna. En el cielo, donde se encuentra la presencia visible de Dios, toda la iglesia se reúne para adorar y alabar a Jesús.

PARA PENSAR...

Piense con qué grupo de personas de los que hay en su vida se identifica más.

- ¿Con la iglesia? ¿Por qué o por qué no? ¿Debería ser la iglesia?
- La mayoría de los clubs o sociedades se reúnen en torno a un interés o una meta común. ¿Cuál debería ser la base de la comunión de la comunión de la iglesia?
- ¿Por qué ha sido el bautismo tan importante para la iglesia a lo largo de su historia?

Del mismo modo que ocurre con cualquier grupo humano, ¡pertenecer a la iglesia puede ser

Por consiguiente, él quiere que hagamos todo el esfuerzo para expresar y disfrutar de nuestra unidad en la tierra. Además, si el mundo ve el amor que sentimos los unos por los otros, será un estímulo para que se tomen nuestro mensaje en serio.

COMPRUEBE EN LA BIBLIA

Bautizados en Cristo: Romanos 3.21-26; Gálatas 3.23-28

Un club para pecadores: Efesios 2.1-7; Hebreos 10.23-25

Un nuevo conjunto de amigos: Romanos 16.1-16; 2 Timoteo 4.11-22

Camino al cielo: Apocalipsis 7.9-14; Juan 13.35

POSTDATA

No debemos esperar jamás que una iglesia local sea perfecta, porque ni un solo miembro de la misma lo es. Por el contrario, debemos esperar encontrar en ella a personas necesitadas que solo encuentran la respuesta a sus necesidades en Jesús.

frustrante algunas veces!

• ¿Se ha sentido frustrado alguna vez con su iglesia? ¿Qué ha hecho al respecto? ¿Qué debería hacer?

• Si la iglesia es hoy un atisbo de la vida en la nueva creación de Dios, ¿qué cosas está esperando?

Ore por el grupo de cristianos que forma su iglesia. Dé gracias a Dios por haberlos reunido y pida la ayuda de su Espíritu para ser más francos los unos con los otros y con los nuevos cristianos.

RESUMEN BÍBLICO

UNA IGLESIA UNIVERSAL

En lo que a Dios concierne, la iglesia de Jesucristo no consiste en estructuras o «denominaciones» humanas. Así pues, no hay un solo grupo que pueda proclamar ser «la única iglesia verdadera». La iglesia verdadera está formada por personas de todo el mundo que han sometido sus vidas al control de Jesús. Él cuida y desarrolla la relación mutua (Efesios 5.25-27).

Un énfasis distinto

Las diferencias que existen en la personalidad humana no son eliminadas por la fe en Jesús. Tampoco se pretende que lo sean. Sin embargo, estas han llevado a iglesias formadas por cierto tipo de personas que hacen más hincapié en unas doctrinas que en otras, o que adoran de un cierto modo u otro.

Pablo condenó las divisiones en la iglesia de Corinto (1 Corintios 1.10-13), pero no insistió en que todos los distintos grupos se reunieran siempre de una forma conjunta o que lo hicieran todo del mismo modo. La Biblia permite las diferencias, pero no las divisiones.

Unidos en la verdad

El Nuevo Testamento no entiende de «iglesias» internacionales unidas. Solo conoce a una federación libre de iglesias locales, unidas por el amor mutuo, que se preocupan unas de otras y que se mantienen en contacto unas con otras por medio de los apóstoles y otros maestros.

Lo que los unía era su preocupación por la verdad del evangelio (Filipenses 1.3-11). Los cristianos que están de acuerdo con las verdades básicas del evangelio son capaces de dar un poderoso testimonio unido en su comunidad, aunque adoren en distintos edificios.

Adorar juntos

VERDAD CLAVE

La adoración es una expresión natural del amor del cristiano hacia Dios; compartir la adoración con otros puede estimular nuestra fe.

La razón para adorar

«¡Dios es digno de alabanza!», esta es la conclusión a la que llegan los escritores de los Salmos, que son como himnos.

Existen muchos aspectos del carácter de Dios que inspiran la adoración. Él hizo el universo físico y lo sigue sosteniendo. Él ama y cuida a su pueblo, y provee para él. Envió a Jesús para que muriese en la cruz por nuestros pecados. Promete traer justicia y paz al nuevo mundo que hará cuando Jesús regrese a la tierra.

Estas cosas dan al cristiano un sentido de agradecimiento por su bondad y admiración ante su grandeza. Son la base de la adoración cristiana.

El objeto de la adoración

Todo ser humano necesita a alguien o algo fuera de sí mismo. Esto es parte de haber sido creado a imagen de Dios: Él ha incorporado a la naturaleza humana la necesidad de adorarle.

La adoración no es más que concentrar toda nuestra mente, corazón y vida en algo en lo que encontramos satisfacción. De este modo, en algunos lugares la gente edifica estatuas para agradar a los espíritus que ellos creen pueden ayudar o estorbar en su vida.

En otros lugares, las personas se dedican a sus trabajos, ideales políticos, pasatiempos, etc. Pero, para el cristiano, Jesús, el Padre y el Espíritu Santo son los únicos dignos de adoración. Solo ellos lo mantienen todo en unidad y dan significado y propósito a la vida.

La fuente de adoración

En algunos momentos sentimos más ganas de adorar a Dios que en otros. Es posible que tengamos conciencia de alguna ayuda especial que hemos recibido de él o, por el contrario, quizás nos sintamos afligidos por algo.

Pero la adoración cristiana no depende de nuestros sentimientos. Se centra en Dios, que no cambia nunca.

En todo tiempo es inspirada por el Espíritu Santo que mora dentro de nosotros. Solo él puede levantar nuestro corazón hacia Dios. Si fuera de otro modo, podríamos sentirnos fácilmente satisfechos de nosotros mismos o deprimidos.

El valor de la adoración

La adoración tiene tres efectos importantes. El primero es que nos recuerda lo grande que es Dios. Necesitamos ese recordatorio porque los sucesos cotidianos pueden cegarnos con respecto a él, como si hubiese un pequeño objeto en frente de nuestros ojos y nos impidiera ver el sol.

En segundo lugar, eleva nuestro espíritu. Puede restaurarnos el gozo de conocer a Jesús, aun cuando la vida nos resulte un tanto difícil. Adorar con otras personas puede ser muy conmovedor.

Y, finalmente, puede abrirnos al poder de Dios. Él ama al dador alegre, dice la Biblia; si

---

PARA PENSAR...

Haga una lista de los elementos comunes a su adoración con respecto a la de otros cristianos.

- ¿Qué dice su adoración acerca de Dios y de lo que él ha hecho?
- ¿En qué es distinta la adoración cristiana de la «adoración» que las personas dan a las demás cosas de su vida?
- ¿Le resulta más fácil adorar con otros cristianos o a solas? ¿Por qué es importante que lo haga de ambas formas?

Himnos, canciones, oraciones y liturgias se escribieron para expresar una relación viva y de amor con Dios.

nos entregamos de todo corazón a la adoración, estaremos más dispuestos a recibir sus dones de amor.

COMPRUEBE EN LA BIBLIA

La razón para adorar: Salmo 147.1-11; 150.1-6
El objeto de la adoración: Romanos 1.20-23; Apocalipsis 4.8-11
La fuente de adoración: Efesios 5.18-20; Filipenses 3.3
El valor de la adoración: Salmos 96; Hechos 16.25-34

POSTDATA

Existen muchos estilos de adoración. Necesitamos encontrar una iglesia cuyo estilo de adoración encaje con nuestra personalidad y donde podamos sentirnos parte de la familia de Dios.

• ¿Hay algún elemento en su adoración que se ha convertido sencillamente en una rutina? ¿Es esto bueno o malo?
• ¿Es bueno adorar en formas diferentes, aun cuando alguna de ellas no le resulte natural? ¿En qué podría esto ayudar o estorbar?
• ¿Qué pasos prácticos puede dar para asegurarse de que su adoración sea siempre genuina y nueva?

¡Adore a Dios, ahora!

RESUMEN BÍBLICO
¡CANTEN ALEGRES!

Existen muchos elementos en la adoración cristiana. Es útil usarlos todos ellos, tanto en privado como en la iglesia.

La necesidad de un orden

La mayoría de las iglesias tienen una estructura para su adoración. Con frecuencia, a la gente esto le parece útil, porque saben qué ocurre en cada momento. Pablo recalca la necesidad de que haya un orden, pero también permite las contribuciones espontáneas según sean impulsadas por el Espíritu Santo.

Tal y como él dijo, «Dios no es un Dios de desorden, sino de paz» y las personas deberían recibir ayuda (o ser «edificadas») en la adoración y no confundidas (1 Co 14.26. 33. 40).

Cánticos y silencio

La música ha sido siempre un ingrediente vital en la adoración (véase Sal 159). Una melodía pegadiza y palabras emocionantes pueden unir a las personas en la alabanza, quizás dando palmas (Sal 47.1; Stg 5.13), mientras que un himno más tranquilo y conmovedor puede conseguir una nota de admiración. Pero el silencio también es útil para que podamos sentarnos y recordar la presencia de Dios con nosotros, pensar en algún pasaje de la Biblia o en algo que se acaba de decir y «escuchar» para que Dios nos enseñe por medio de ello (Sal 62.1; Ecl 3.7; Zac 2.13)

Cuerpo, mente y espíritu

Cada parte de nuestra personalidad se puede utilizar en la adoración a Dios. Él busca un amor y un servicio de todo corazón y no ceremonias externas que algunas veces pueden no tener ningún sentido (Am 5.21-24; Ro 12.1, 2). En tiempos de la Biblia, la gente se ponía en pie para orar, algunas veces levantaban sus brazos (Sal 141.2; Lc 18.10-14). No importa la postura siempre que adoremos de veras a Dios.

PERTENECER

Compartir juntos

VERDAD CLAVE

La adoración en las reuniones de la iglesia no es solamente un tiempo de encuentro con Dios, también es un tiempo para compartir con los demás en comunión.

Orar juntos

Cuando nos reunimos con otros cristianos para adorar a Dios, es fácil considerar que esa reunión es nuestro tiempo personal de adoración y oración, mientras que las otras personas reunidas con nosotros están teniendo el suyo.

Sin embargo, adorar juntos es en realidad un tiempo en el que toda la familia de Dios eleva conjuntamente sus alabanzas y sus peticiones al Padre.

Dirigirnos al Padre con cosas en las que estamos todos de acuerdo puede ser una forma poderosa de mantenernos todavía más cerca los unos de los otros en amor y unidad. Y Dios nos ha hecho una promesa especial: contestar nuestras oraciones cuando hagamos nuestras peticiones en unidad.

Aprender juntos

La Biblia es, bajo la guía del Espíritu Santo, un libro abierto. Cualquiera puede leerla y entenderla. Como mínimo, pueden avanzar hasta un punto. Pero Dios ha escogido a algunos miembros de su familia para que sean maestros y, de esta forma, todos puedan entender su verdad de manera adecuada.

Esas personas tienen un don especial de entendimiento, de explicación y de aplicación de la Palabra de Dios. Por medio de su ministerio, todos los demás podemos crecer más cerca de Dios y servirle de una forma más efectiva.

Por tanto, es muy útil que escuchemos o leamos sus enseñanzas. Pero también lo es reunirse en grupos para debatir la visión que cada uno tiene de estas enseñanzas y de la forma en la que podemos aplicarlas en nuestra iglesia local.

Dar juntos

Una parte de nuestra adoración a Dios es hacer ofrendas en dinero o en especie a aquellos que trabajan en la iglesia, a tiempo completo, enseñando y tratando de ganar a otros para Jesús. Asimismo son de gran importancia las ofrendas para otros miembros de la familia de Dios que estén pasando necesidad.

En algunas iglesias, las colectas de donativos (u ofrendas) se convierten en una parte de la adoración. En otras, se coloca un recipiente cerca de la puerta en el que se van depositando las ofrendas. Y algunas personas prefieren darlas directamente a la gente o proyectos de la iglesia de su elección.

No hay reglas establecidas sobre la cantidad a dar. A muchos cristianos les resulta útil seguir el modelo del Antiguo Testamento y dan la décima parte de sus ingresos.

Comer juntos

La noche antes de su crucifixión, Jesús comió con sus amigos más cercanos. Durante esa comida

---

PARA PENSAR...

Dios no le dio su nueva vida solo a usted; se la da a todos los que le siguen.
- ¿Cómo debe esto cambiar su actitud hacia otros cristianos?
- ¿Qué importancia tiene para usted su comunión con otros? ¿Por qué?
- ¿Puede usted ser un cristiano por sí solo?

Haga una lista de las formas en las que ya está compartiendo junto a otros cristianos.
- ¿Hay alguna otra cosa que deben o pueden hacer juntos?
- ¿Hay alguna preocupación por la que orar, que pueda compartir con otra persona o grupo?

tomó un pan, lo partió en varios pedazos y lo fue pasando a los demás. Después pasó una copa de vino para que bebieran todos de ella.

Él dijo que esos dos alimentos básicos simbolizaban su cuerpo quebrantado y su sangre derramada en la cruz, a través de los cuales podemos ser reconciliados con Dios.

Desde entonces, el «partimiento del pan», la «Santa Cena» o «eucaristía» ha sido un elemento principal en la adoración de los cristianos. Comer del pan y beber el vino, juntos, hace que recordemos todo lo que Jesús hizo por nosotros. Ese acto físico es un poderoso recordatorio de nuestra unidad con el Señor.

COMPRUEBE EN LA BIBLIA

Orar juntos: Mateo 18.18-20; Hechos 4.31; 12.6-12

Aprender juntos: Hechos 2.42; 1 Timoteo 4.13

Dar juntos: Malaquías 3.8-12; Hechos 4.32-37; 1 Corintios 16.1, 2

Comer juntos: Mateo 26.26-29; 1 Corintios 11.23-32

POSTDATA

Participar todos juntos también incluye compartir nuestras alegrías y nuestras tristezas con aquellos que pueden comprender su importancia y que orarán o se regocijarán con nosotros.

• ¿Por qué es tan importante escuchar lo que otras personas entienden de la Biblia?

• ¿Qué ocurre cuando la iglesia se reúne alrededor de la mesa del Señor para tomar el pan y el vino juntos? ¿Piensa usted que esta experiencia es compartida o privada? ¿O ambas cosas?

Dé gracias a Dios por los cristianos con los que usted comparte de forma regular. Ore ahora por ellos, y pida al Espíritu que convierta su comunión con los demás en algo más lleno de gozo y de significado.

RESUMEN BÍBLICO

UNO EN COMUNIÓN

«Comunión» es una palabra bíblica que significa «compartir juntos». La palabra original *koinonia*, se usa a veces porque es bien conocida. Resume el amor y la preocupación que se nos insta a mostrar por los demás.

Centrados en Jesús

Si confiamos en él y vivimos como él quiere que lo hagamos, tendremos comunión con él. Lo dijo el discípulo al que Jesús más amaba (1 Juan 1.2-7). Esta es la base para la comunión con otros cristianos. Nos recuerda lo increíble que es el hecho de que seamos amigos de Jesús, y no solamente sus siervos (Juan 15.14, 15).

Compartir juntos en Jesús

Nuestra comunión con los demás es, por tanto, una expresión de amor y gratitud hacia Dios porque nos ha atraído a sí mismo (1 Corintios 1.9, 10). Esto se puede ver en nuestra preocupación por las necesidades de los demás (1 Juan 3.14-18), siendo sensibles a las alegrías y a las penas de los demás, compartiendo las nuestras (Romanos 12.15), y amando de la misma forma en que Jesús nos amó, haciendo un sacrificio personal (Juan 13.34).

Ministerios de unos a otros

VERDAD CLAVE

Dios ha provisto muchas funciones o «ministerios» diferentes dentro de la iglesia de forma que esta pueda crecer y obrar sin complicaciones.

La necesidad de líderes

Jesús miró una vez a las multitudes que le seguían a todas partes, y sintió compasión de ellas. Él dijo que le recordaban a ovejas sin pastor. Parecían no tener un rumbo fijo y se veían confundidas.

A lo largo de la historia, Dios siempre ha provisto líderes que sean capaces de ver adónde quiere Dios que vaya su pueblo, y que puedan alentarles e inspirarles a seguir adelante.

Pero eso no significa que tengan autoridad para hacer lo que quieran con las personas. Existe una necesidad tanto humana como espiritual de personas que tengan una visión genuina así como un entusiasmo y una confianza dados por Dios, que se comporten como líderes responsables. De otro modo, no podríamos hacer nada por él.

La necesidad de pastores y maestros

Un pastor es alguien que tiene la capacidad de ayudar a las personas de una forma personal; un maestro es alguien que puede explicar las verdades del cristianismo con claridad. A veces, pero no siempre, una misma persona puede poseer ambos dones.

Necesitamos gente que sea capaz de ayudarnos o «aconsejarnos», porque todo el mundo se enfrenta a problemas o situaciones difíciles de vez en cuando. El consejo del pastor debe estar basado en la Biblia, y debe ir acompañado de un profundo entendimiento humano y espiritual.

Necesitamos tener maestros porque debemos crecer en la fe y evitar errores en nuestra creencia, que debilitarían nuestra efectividad para Dios. Nunca aprenderemos bastante acerca de Dios, pero ese conocimiento fortalecerá nuestra fe.

La necesidad de organizadores

Durante los apasionantes primeros meses de la iglesia cristiana, después del día de Pentecostés, los doce apóstoles se encontraron con que ellos estaban haciéndolo todo: predicaban, enseñaban, aconsejaban, organizaban reuniones y distribuían las ofrendas.

Sintieron que esto no era lo adecuado y, por ese motivo, escogieron «diáconos». Estos eran cristianos firmes que tenían el don de organizar las cosas y gestionar el dinero. Se encargaron del trabajo práctico, dejando que los apóstoles se dedicaran a hacer su propia obra sin ser estorbados.

Siempre habrá personas que lleven a cabo este cometido, para evitar que el pastor de la iglesia se vea desbordado por el trabajo.

La necesidad de sumisión

El líder, el pastor, el maestro, y otros con diferentes dones, como los profetas y los evangelistas, solamente pueden ejercer sus ministerios si el resto de la iglesia se lo permite.

PARA PENSAR...

Haga una lista de todas las diferentes tareas existentes en la iglesia. Pueden ser muy visibles, como predicar, o aparentemente muy modestas, como limpiar las sillas.

- ¿Piensa que todas ellas son «ministerios»?
- ¿Qué es lo que convierte algo en un ministerio en lugar de que sea un simple trabajo por hacer?
- ¿Dios usa a las personas por sus talentos, capacidades y personalidades naturales, o a pesar de ellos?

Medite sobre la persona que usted es, y los dones especiales que Dios le ha dado.

Pablo dijo que, cuando las personas dicen estar hablando la palabra de Dios, debemos comprobar lo que dicen con las Escrituras, y meditar sobre ello, pero si ya reconocemos sus dones, entonces lo natural es someterse a su juicio. De otra forma, el caos continuaría. Dios dijo al profeta Ezequiel que las personas alabarían sus palabras, pero que no las pondrían en práctica. Ellos rechazaron seguir la dirección de Dios por medio del profeta, y así su testimonio se volvió débil e ineficaz.

COMPRUEBE EN LA BIBLIA

La necesidad de líderes: Mateo 9.35-38; Josué 1.1-6

La necesidad de pastores y **maestros**: 1 Timoteo 4.11-16; 2 Timoteo 4.1-5

La necesidad de organizadores: Hechos 6.1-7; Romanos 12.6-8

La necesidad de sumisión: Ezequiel 33.30-33; 1 Corintios 14.29; Hebreos 13.17

POSTDATA

La iglesia no es una dictadura, con una persona al frente que toma todas las decisiones; tampoco una democracia, donde todos intervienen en la toma de decisiones. Es una comunión en la que todos comparten en la medida en que Dios les capacita.

- ¿Por qué da Dios dones y talentos a su pueblo?
- ¿De qué forma está usted sirviendo en la iglesia? ¿Hay algún ministerio en el que usted puede ayudar, y que debería ofrecer a la iglesia? ¿Hay ministerios en los que usted debe dejar que otros lo compartan con usted, o incluso abandonar, para que otro ocupe su lugar?

Dé gracias a Dios por permitirle ser quien es, con su personalidad, sus capacidades y sus dones. Ore para que Dios le dé oportunidades para usarlos en el servicio de su reino, y pida sabiduría y fuerza para saber aprovechar esas oportunidades.

RESUMEN BÍBLICO
MINISTERIO EN EL NUEVO TESTAMENTO

El énfasis principal en la iglesia primitiva se ponía en que cada cristiano tuviera algún ministerio del que los demás pudieran beneficiarse (Ro 12.4-6). No se ve en el Nuevo Testamento un ministerio unipersonal, con una sola persona intentando hacerlo todo. Pero se subrayan ciertas funciones del liderazgo.

Apóstoles y profetas

Los apóstoles tenían una autoridad única de parte de Dios para establecer iglesias y para enseñar la verdad (Ro 1.1; 1 Ti 2.7). Los profetas eran utilizados con frecuencia para dar una palabra concreta de Dios a las personas, de forma directa (Hch 11.27-30). Los cristianos de hoy no se han puesto de acuerdo sobre cuál es la equivalencia de los primeros apóstoles y profetas en la iglesia actual ni tampoco en si realmente existen hoy día.

Ancianos u obispos

Parece que cada iglesia tenía varios ancianos (la palabra griega se traduce a veces como «obispo»), «pastores» o «supervisores» de la misma. Eran los líderes locales, que alentaban a la iglesia y que, probablemente, eran también sus maestros. Se les describe en 1 Timoteo 3.1-7.

Diáconos y otros organizadores

Pablo también describe a los diáconos, en 1 Timoteo 3.8-13. Queda claro que él esperaba que aquellos que tomaran cualquier responsabilidad fueran personas que todos respetaran (comp. Lc 12.48).

Otros ministerios de la iglesia incluían a los ayudantes, que asistían en trabajos prácticos (Ro 12.7); personas con el don de sanar (1 Co 12.9); algunos que podían hablar o interpretar otras lenguas inspiradas por Dios en adoración u oración (1 Co 12.10); y aquellos que realizaban actos de misericordia y bondad (Ro 12.8)

Trabajar juntos

VERDAD CLAVE

La iglesia se llama con frecuencia: «el cuerpo de Cristo» porque, del mismo modo que un cuerpo consiste en muchas partes que funcionan juntas por el bien del conjunto, ella también.

La iglesia local

La iglesia de Jesucristo existe en tres niveles:
- La iglesia universal de todos los creyentes verdaderos, que no tiene una estructura única reconocible.
- Luego está la iglesia regional o nacional, que puede tener sus propias costumbres.
- Y la iglesia local, a la cual pertenecemos. Esa expresión local del «cuerpo de Cristo» representa verdaderamente las manos, los pies y la voz de Jesús en la comunidad en la que se encuentre la iglesia, llevando su amor y su mensaje a aquellos que lo necesitan.

    La mayoría de las iglesias locales funcionan, hasta cierto punto, de manera independiente, aunque muchas están también vinculadas a otras iglesias con puntos de vista parecidos, dentro de una misma «denominación».

Una iglesia que se preocupa por los demás

La iglesia es más bien un hospital en lugar de un hotel. En vez de ofrecer refugio a los espiritualmente ricos, ofrece ayuda a los pobres y enfermos espirituales.

    Una iglesia que es fiel a Jesús atraerá a todo tipo de personas, y es posible que algunas de ellas no tengan a nadie que se preocupe de ellos. Puede ser que tengan problemas personales, o que sean personas difíciles de tratar. Sin embargo, la Biblia ordena a los cristianos que acojan a los demás en el Señor. Esta tarea no siempre resulta fácil, pero es una expresión del amor que Dios siente por nosotros, y una respuesta al mismo por nuestra parte.

Una iglesia que testifica

Las buenas nuevas sobre Jesús son demasiado buenas y no debemos guardarlas solamente para nosotros mismos. De hecho, los seres humanos no tienen ninguna esperanza de encontrar a Dios de no ser por medio de Jesús.

    Por tanto, tenemos la obligación de hablar de él a los demás. Esto es, principalmente, una tarea individual. Podemos compartir nuestra fe, por muy difícil que nos resulte expresarla en palabras, con nuestros familiares y amigos.

    Pero la iglesia, en conjunto, también proclama el evangelio. A menudo es posible que lo haga con más efectividad de la que pueda tener el cristiano individualmente, porque se ponen en común todos los recursos de manera que tenga un impacto mayor con el mensaje de vida nueva.

Una iglesia que crece

La iglesia, como una familia humana, está creciendo continuamente. Nacen nuevos miembros en ella. Algunos miembros pueden marcharse a vivir a otros lugares y establecer otra rama de la familia donde esta no estaba antes.

PARA PENSAR...

Piense en la forma en que las partes del cuerpo humano trabajan juntas.
- ¿Qué le dice esto en cuanto a la forma en la que la iglesia vive y trabaja?
- ¿Se refiere «el cuerpo de Cristo» a la iglesia universal, la regional, la local o la iglesia a lo largo de toda la historia? ¿Lo son todas estas o solo algunas de ellas?

Haga una lista de las cosas que los cristianos pueden hacer juntos.
- ¿Cooperar es más o menos efectivo en cada una de estas actividades?

Existen dos tipos de crecimiento que podemos esperar:

- El primero es un crecimiento en número, cuando las personas se convierten en cristianos y se unen a la vida de la familia.
- El otro es un crecimiento en santidad. Juntos podemos buscar la forma de estar más cerca de Jesús como grupo, y descubrir de qué forma ser más efectivos para él con nuestro testimonio. Él siempre tiene algo nuevo para que nosotros lo aprendamos y lo pongamos en práctica.

COMPRUEBE EN LA BIBLIA

La iglesia local: Mateo 5.14-16; Apocalipsis 2.12-17

Una iglesia que se preocupa por los demás: Mateo 5.46-48; Colosenses 1.3-8

Una iglesia que testifica: Mateo 28.18-20; 1 Tesalonicenses 1.8-10

Una iglesia que crece: Hechos 2.46, 47; Efesios 4.15, 16

POSTDATA

La iglesia no solo es nuestro grupo local de cristianos y, por ello, la Biblia nos insta a conocer a los demás cristianos y a ayudarles siempre que sea posible.

- ¿Qué obstáculos impiden que los cristianos trabajen juntos? ¿Son éstas buenas razones?
- ¿Qué pueden hacer usted o su iglesia local para trabajar junto a otros cristianos en su zona con el objetivo de extender las buenas nuevas del reino de Dios? ¿Qué puede usted hacer en el mundo?

Cristo es la cabeza de la iglesia. Ore para que el Espíritu Santo les mantenga a usted y a su iglesia cerca de él, para que les guíe de forma que puedan trabajar con otros y hacer la voluntad de Dios.

RESUMEN BÍBLICO

LA IGLESIA ALREDEDOR DEL MUNDO

Desde su espectacular comienzo en Jerusalén en el año 33 d. C. aproximadamente, la iglesia cristiana se extendió por todo el Imperio romano, hacia el oeste (Europa) y hacia el este en dirección a la India, cerca del final del primer siglo. De hecho, fue una iglesia internacional desde el principio, porque muchos de los que se volvieron hacia Cristo pertenecían a la gran variedad de nacionalidades presentes en Jerusalén el día de Pentecostés (Hch 2.7-13).

Compartiendo nuestras riquezas

Muy pronto, la iglesia aprendió a compartir sus bendiciones. Por ejemplo, cuando hubo una hambruna en Jerusalén, las iglesias de Asia Menor que se encontraban a cientos de kilómetros de distancia organizaron una colecta y enviaron dinero, para que sus hermanos en Cristo no pasaran hambre (Hch 11.29, 30; 1 Co 16.1-4). Pablo y los demás apóstoles llevaban las noticias de las nuevas iglesias que se establecían, de forma que todos se sentían grandemente alentados (Col 1.3-8).

Una iglesia misionera

Pero, sobre todas las cosas, la iglesia tenía un mensaje para el mundo. El llamamiento de Jesús nos insta a llegar a cada raza, tribu y lengua con el evangelio, de forma que todo el mundo tenga la oportunidad de escucharlo antes de que Jesús regrese a la tierra (Mt 24.14; Ap 7.9, 10).

Para Pedro, Pablo y sus amigos no existía una distancia lo suficientemente grande, ni unas dificultades tan duras, que les impidieran viajar a tierras extrañas con el único mensaje que puede unir, salvar y renovar a los hombres y mujeres de todo el mundo. El ejemplo de Pablo sigue siendo un desafío en la actualidad (2 Co 11.23-33).

La realidad de las pruebas

VERDAD CLAVE
La fe de cada cristiano se pone a prueba para que podamos crecer más fuertes.

Es algo que le ocurre a todo el mundo
Piense en las personas más famosas de la Biblia: Abraham, Moisés, David, Jesús, Pablo. Todos ellos pasaron por periodos de prueba, en los que vivir para Dios parecía ser algo especialmente duro.

A veces se enfrentaban a la oposición cuando la gente trataba de impedir que realizaran la obra de Dios. A veces tenían que luchar contra un fuerte deseo personal de dejar los caminos de Dios.

Y, a veces, parecía que todo estaba en contra de ellos, ya que los problemas y las dificultades no cesaban de aumentar. Sin embargo, se hicieron famosos principalmente porque mostraron cómo superar las dificultades a las que uno se enfrenta.

Es posible que no parezcan justas
Cuando las personas sufren de alguna manera, a veces se quejan de que no merecen pasar por ello. Sienten que Dios les está castigando injustamente y creando problemas en sus vidas.

Pero el sufrimiento no suele ser un tema de castigo merecido o inmerecido. Simplemente vivimos en un mundo imperfecto, hecho imperfecto por generaciones de seres humanos pecadores, y todos acabaremos encontrándonos con problemas en la vida, de una forma inevitable.

A veces, es como si las personas más malas se escaparan con su pecado mientras los cristianos tienen que sufrir por un camino muy duro. Eso no siempre es cierto, y Dios promete que todo pecado será finalmente castigado. Pero, como los cristianos se oponen al mal, debemos estar preparados, porque el diablo va a tratar de perjudicarnos con toda su fuerza.

Dios las permite
Las cosas que más ponen a prueba nuestra fe son, a menudo, aquellas que menos esperamos que ocurran. Por tanto, es fácil dar por hecho que estas han tomado también a Dios por sorpresa.

En realidad esto no es así. Nada de lo que nos ocurre se encuentra fuera de los propósitos de Dios. Sin embargo, él no siempre detiene aquellas situaciones que pueden ser desagradables. De hacerlo, tendría que interferir constantemente en los procesos naturales que ha creado; por ejemplo, hacer que el fuego no queme a nadie.

Esto no significa que Dios planee deliberadamente hacernos daño. Él quiere que dejemos que su amor brille siempre a través de nosotros, y nunca permite que la prueba vaya más allá de la capacidad que nos ha dado para poder soportar.

Nos pueden enseñar más cosas sobre Dios
En la vida del cristiano, todo se puede utilizar para mantenernos más cerca de Dios, y enseñarnos más acerca de él.

De hecho, los cristianos suelen comprobar a veces que, durante un periodo de prueba, uno acaba dándose cuenta de lo lejos que se ha

PARA PENSAR...
Los cristianos no se esconden de los problemas ni de la oposición. De hecho, a veces la vida cristiana parece que nos crea más problemas.
- ¿Cómo reacciona usted ante las dificultades? ¿Trata de ignorarlas, de explicarlas, o alguna otra cosa?
- ¿Piensa que su vida sería mejor o peor sin dificultades? ¿Por qué?
- ¿De qué forma usa Dios estos tiempos para fortalecer su fe?

Piense en una dificultad a la que se haya enfrentado recientemente o que esté

apartado de Dios, o simplemente de lo maravilloso que es él y de cuánto nos ama.

Sobre todo, nos recuerda lo débiles e imperfectos que somos, y lo mucho que necesitamos su ayuda y su poder. Apreciamos más su ayuda cuando más la necesitamos.

COMPRUEBE EN LA BIBLIA

Es algo que le ocurre a todo el mundo: 1 Pedro 4.12-16; 5.8-11

Es posible que no parezca justa: Juan 16.32, 33; Apocalipsis 21.5-8

Dios la permite: Romanos 8.28-30; 1 Corintios 10.13

Nos puede enseñar más cosas sobre Dios: 1 Tesalonicenses 1.4-8; 1 Pedro 1.6-9

POSTDATA

Aunque todo el mundo desea una vida cómoda y sin problemas, una existencia así no siempre puede resultar tan buena para nosotros como podríamos imaginar: puede llevarnos a la autocomplacencia y a la pereza espiritual.

viviendo en este momento.

• ¿Hasta qué punto es esta dificultad una prueba para su fe?

• ¿Qué cosa en particular está usted aprendiendo de Dios a través de esta situación?

• ¿Está convencido de que Dios quiere que usted pase por pruebas? ¿Por qué?

Cuente a Dios las situaciones y circunstancias que le resultan duras, y pregúntele de qué forma ponen a prueba su fe. Ore para que le dé la fuerza que prometió y, así, su relación con él se vea fortalecida.

RESUMEN BÍBLICO
LA PACIENCIA DE JOB

Job es un personaje del Antiguo Testamento que era rico y muy respetado. Era un hombre de Dios, también, que trataba de transmitir su fe a sus hijos (Job 1.1-5). Pero, de pronto, su mundo se hizo pedazos.

El papel de Satanás

El libro de Job revela que, a veces, Satanás tiene acceso a Dios (1.6). Él dijo a Dios que Job solo le adoraba porque su vida era fácil (1.10-11). Entonces, Dios da permiso a Satanás para que ponga a prueba la fe de Job, atacando a sus posesiones y a su familia (1.12), y luego, más adelante, haciendo que caiga enfermo (2.5-9).

La fe de Job se mantuvo firme

La fe de Job tenía dos aspectos. Estaba su fe en Dios, que permaneció inamovible. Él siguió confiando en Dios incluso cuando las personas que estaban a su alrededor le decían que estaba loco por ello (1.20-22; 2.9, 10). Pero también estaba muy alterado (3.1-26), maldiciendo el día de su nacimiento.

Sus amigos le decían que, con toda seguridad, esto se debía a que había pecado, porque, de lo contrario, no le habrían caído encima tantas calamidades (11.1-6). Pero la fe que tenía en su propia integridad ante Dios también permaneció firme; sabía que Dios no le estaba castigando, por lo que su sufrimiento siguió siendo un misterio para él.

La fe de Job se volvió más profunda

Pero Job, que era tan bueno, y en vista de lo inmerecidos que eran sus sufrimientos, seguía teniendo algo que aprender. Más tarde, Dios le reveló su verdadera grandeza (38.1-21), y Job se dio cuenta de que aun su poderosa fe había sido bastante superficial (42.1-6). La historia tuvo un final feliz, en el cual Job volvió a recuperar sus riquezas y, sobre todo, consiguió ser más sabio después de su experiencia.

Las pruebas a través de la duda

VERDAD CLAVE

La duda puede ser un medio que Dios use para llevarnos más cerca de él, pero también puede paralizar la vida cristiana si no se gestiona de forma adecuada.

Un toque de humildad

Existen dos tipos de duda:
- Una que normalmente se suele llamar «escepticismo», la dura incredulidad de alguien que no quiere conocer a Jesús ni confiar en él.
- La otra es la incertidumbre que, a veces, golpea al cristiano. Puede ser una falta de confianza, dudar de si pertenecemos verdaderamente a la familia de Dios, o de que Dios esté dispuesto a hacer algo en nuestras vidas.

Tales dudas pueden surgir de una humildad genuina: sabemos que somos pecadores y no esperamos que Dios sea indulgente. Pero esta actitud olvida el inmenso amor y poder de Aquel que dijo: «No he venido a llamar a justos, sino a pecadores al arrepentimiento» (Lc 5.32).

Un toque de oposición

La duda es una de las causas principales de la pasividad entre los cristianos. Si tenemos dudas con respecto a si algo es correcto, o si Dios quiere que actuemos de una determinada forma, es poco probable que sigamos adelante. Si la duda se debe a una reacción instintiva provocada por el Espíritu Santo, ante algo que no está bien o que no es sensato, eso puede ser algo bueno. Pero si la acción en cuestión es algo que va a dar honra a Dios o a ayudar a otros, la duda es mala.

Por tanto, con frecuencia, el diablo suele sembrar dudas en la mente de las personas para impedir que sigan trabajando para Dios, y para causar confusión en la iglesia. Las dudas, igual que las malas hierbas, no permiten que el fruto del Espíritu se desarrolle de una manera adecuada.

Un toque de fe

La duda y la fe están más cerca la una de la otra de lo que mucha gente piensa. Después de todo, la fe, aunque está basada firmemente en lo que Dios ha dicho en la Biblia, no es el conocimiento total.

Por lo tanto, la fe se puede convertir fácilmente en dudas: el tipo de incertidumbre que el diablo sembró en la mente de Eva en el jardín del Edén, «¿Dijo Dios que…?». La duda crece de una forma preocupante.

Cuando esto ocurre, resulta útil hacer dos cosas: una es recordar las formas en las que Dios nos ha ayudado en el pasado. La otra es recordar los hechos inmutables sobre los que se basa nuestra fe: la revelación total de la Palabra de Dios. Su plan nunca será contradictorio en relación con esto.

Un toque de confianza

Dios no siempre aclara nuestras dudas tan pronto como se lo pedimos. Puede que quiera que meditemos en ellas y que, como resultado de ello, volvamos a la fe con más fuerza que antes.

Este proceso puede ser solitario y doloroso. Necesitamos el apoyo de amigos con los que

PARA PENSAR...

Haga una lista de las cosas que le crean dudas sobre su vida diaria.
- ¿Es siempre mala la duda? ¿Cómo puede ser útil en algunas situaciones?

Ahora piense acerca de la duda en la vida cristiana. Escriba algo sobre lo que haya dudado en relación con la fe o su vida cristiana.
- ¿Está mal que el cristiano dude?
- ¿Puede usted pensar en una situación en la que la duda resulte útil? Por otra parte, ¿puede la duda ser pecaminosa? ¿Cuándo?

podamos hablar abiertamente de las cosas, y apoyarles nosotros a ellos, tratando de entenderles, cuando pasen por esta experiencia.

Pero al final, si la duda persiste por mucho tiempo y obstaculiza extremadamente nuestra vida cristiana, se puede convertir en pecado: puede ser un rechazo a seguir la Palabra de Dios al pie de la letra. Si se da el caso, necesitamos confesar el pecado y aceptar, con fe, su perdón. Este acto de confianza nos llevará a muchos más.

COMPRUEBE EN LA BIBLIA

Un toque de humildad: Lucas 18.9-17; 1 Timoteo 1.12-17

Un toque de oposición: Mateo 13.24-30, 36-43; Santiago 1.6-8

Un toque de fe: Génesis 2.15-17; 3.1-22; Juan 20.24-29

Un toque de confianza: 1 Timoteo 1.3-7; 2 Timoteo 1.11-14

POSTDATA

La duda puede llevar a la fe, pero también puede convertirse en una excusa para no seguir adelante en la vida cristiana, y aceptar una existencia cómoda en la que Dios no puede obrar de una forma poderosa.

- ¿Cómo puede pasar de la duda a una fe más clara y a una confianza más fuerte en el Señor? ¿Qué pasos prácticos debe dar para hacerlo?
- ¿Existe alguna duda que usted necesite disipar en este momento? ¿Existen algunos aspectos de su fe que Dios esté instándole a considerar de forma más cuidadosa?

Dé gracias a Dios por poder confiar plenamente en su amor por usted. Ore para que el Espíritu le ayude a discernir la voluntad y los caminos de Dios de una forma más clara.

RESUMEN BÍBLICO

LA NATURALEZA DE LA FE

Los discípulos de Jesús le pidieron una vez a él que les aumentara la fe. La respuesta de Jesús fue inesperada. Les dijo que si tuvieran una fe del tamaño de un grano de mostaza, podrían mover montañas (Lucas 17.5, 6; Mateo 17.20).

Depende de Dios

Los discípulos hicieron la pregunta equivocada. La fe no es algo que crezca en cantidad. No es algo de lo que podamos poseer más o menos cantidad; eso la haría depender de nosotros mismos. En su lugar, nuestra fe reside en lo que Dios puede hacer. Por tanto, lo que parezca una fe «pequeña» puede lograr muchas cosas, porque sabe que nada es demasiado grande para Dios (Génesis 18.14).

Los discípulos tendrían que haber pedido a Cristo que «mejorara» su fe. Necesitamos aprender cómo confiar en Dios de una manera simple, sin reservas. Vea Mateo 8.5-13, donde un soldado entendió que, con una sola orden de Jesús, su petición le sería concedida.

Se somete a su voluntad

Jesús enseñó a sus seguidores a orar, «Que sea tu voluntad» (Mateo 6.10). La voluntad de Dios siempre es buena (Romanos 12.2), pero él obrará a menudo únicamente a través de personas que confíen en él (Marcos 6.5,6; 9.23,24). Por tanto, la fe requiere una osadía que espere que Dios obre, y una humildad para pedir solamente por lo que encaje con sus propósitos.

Está bien que resaltemos en nuestras peticiones la frase: «Si es tu voluntad» (Mateo 26.39), pero esta oración puede ser una forma velada de incredulidad. Hay muchas ocasiones en las que podemos estar seguros de que lo que pedimos se sujeta a la voluntad de Dios y, por eso, podemos orar con convicción y confianza (Juan 14.14).

Las pruebas por tentación

VERDAD CLAVE

Cada cristiano se enfrenta a la tentación de desobedecer a Dios, pero el poder de Dios es siempre más grande que la tentación.

Un peligro siempre presente

Hay muchas personas que no reconocen a Jesús como su rey y, por esa razón, el mundo está lleno de tentaciones para los cristianos confiados. La vida cristiana es como caminar por un sendero por la jungla, rodeado de peligros por todas partes. Algunas personas tratarán deliberadamente de empujarnos a desobedecer a Dios, diciéndonos que él no se dará cuenta o que no pasará nada por, digamos, un pequeño robo o mentira.

El estilo de vida de otros será de por sí una fuente de tentación, porque puede cerrarnos los ojos a la vida con Dios, una mejor forma de vida. Y, por supuesto, Satanás intentará hacernos tropezar y nuestra propia naturaleza humana querrá tomar la salida más fácil de una situación sin preguntar siquiera qué es lo que Dios quiere.

A veces es culpa nuestra

Jesús nos enseñó a orar así: «No nos dejes caer en tentación». Otra forma de decirlo podría ser: «No permitas que nos desviemos hacia la tentación». No podemos evitar la tentación por completo, pero sí podemos evitar a las personas y los lugares que, con toda probabilidad, serán para nosotros una gran fuente de tentación.

Cada uno es diferente, por lo que no hay unas normas establecidas que cubran todas las situaciones. Pero, por ejemplo, una persona que se emborracha con facilidad debe evitar obviamente situaciones en las que el alcohol esté presente y pueda beberlo en gran cantidad. Dios promete que nos ayudará y nos protegerá, pero no debemos exponer nuestras debilidades de una forma innecesaria.

Con frecuencia sutiles y maliciosas

Algunas tentaciones son muy obvias: desobedecer a Dios, mentir, robar, pero hay otras que son más sutiles. En lugar de ser tentados por algo claramente malo, podemos vernos atraídos hacia una tentación de algo que está mal simplemente porque no es la voluntad de Dios para nosotros, o porque no lo estamos haciendo por los motivos adecuados. El rey David aprendió esto cuando quiso hacer un censo del pueblo de Israel, acto que brotó de su propia soberbia personal.

Existen otras tentaciones que muestran aún más la astucia de Satanás; son tentaciones que pueden ser parcialmente buenas. Él simplemente trata de llevarnos con delicadeza y sacarnos del camino para, de esa forma, conseguir reducir nuestra efectividad para con Dios.

Siempre hay una salida

Enfrentarse a la tentación nunca es fácil; es a menudo una prueba de si queremos realmente hacer lo correcto y experimentar el poder de Dios, o ser indulgentes con nosotros mismos.

A veces, cuando luchamos con la tentación, aumenta la presión por ceder. Sin embargo, normalmente, cada vez que rechazamos caer en

PARA PENSAR...

Piense en distintas tentaciones que enfrente.

- ¿Solo se siente tentado a lo malo? ¿Puede verse tentado a lo correcto, pero por malos motivos?
- ¿De dónde vienen esas tentaciones?
- ¿Hay situaciones concretas que debiera evitar? Si no puede evitar ser tentado, ¿qué pasos puede dar que le ayuden a rechazar las tentaciones cuando vengan?

Aunque puede familiarizarse con algunas tentaciones, otras le vendrán por sorpresa.

la tentación la victoria sobre ella ocurre de una forma más fácil.

Asimismo, hay veces en las que parece que Satanás nos deja tranquilos después de que hayamos resistido contra él, pero vuelve con un ataque renovado tan pronto como tiene una oportunidad.

Aunque Dios ha prometido darnos siempre la capacidad de vencer la tentación, debemos admitir que a nosotros nos atraen los «placeres del pecado». Sin nuestra cooperación, la ayuda de Dios es limitada.

COMPRUEBE EN LA BIBLIA

Un peligro siempre presente: Lucas 17.1-4; 1 Juan 2.15-17

A veces es culpa nuestra: Mateo 6.13; 18.7-9; Santiago 1.12-15

Con frecuencia sutiles y maliciosas: 1 Corintios 6.1-6; 2 Corintios 11.12-15

Siempre hay una salida: 1 Corintios 10.12, 13; Santiago 4.7; 2 Pedro 2.9

POSTDATA

La fuerza de voluntad del ser humano no es suficiente para vencer a la tentación. Necesitamos al Espíritu Santo para que fortalezca nuestra voluntad de forma que podamos resistir las tentaciones que nos impulsan hacia el pecado.

- ¿Qué significa el «No nos dejes caer en tentación» del Padrenuestro? ¿Alguna vez le tienta Dios?
- ¿Hay cosas que podría usted hacer antes de enfrentarse a la tentación para estar preparado, incluso si le sorprende?

Es mejor decidir de antemano que quiere resistir la tentación. Cuénteselo a Dios y pídale sabiduría y fuerza de su Espíritu para identificar las tentaciones y rechazarlas.

LAS TENTACIONES DE JESÚS

Jesús fue tentado con frecuencia, y por esa razón nos comprende y nos puede ayudar cuando también lo somos nosotros (Hebreos 2.17, 18). Se han registrado pocas de las tentaciones por las cuales pasó, pero las que experimentó antes de empezar su ministerio de tres años de enseñanza las encontramos detalladas en Mateo 4.1-11.

Jesús se sentía débil

Las tentaciones llegaron a Jesús cuando se encontraba muy cansado y hambriento y, por tanto, con una capacidad menor para poder resistir (v. 2). Así es como Satanás nos ataca casi siempre; su único pensamiento es hacer caer al pueblo de Dios por cualquier medio posible. Jesús fue objeto del ataque de Satanás porque este conocía la importancia de Jesús; él trata de destruir a todos los que representan una amenaza para sus propósitos malvados, por muy pequeña que esta pueda ser.

Satanás tergiversó la Biblia

Satanás empezó tratando de hacer que Jesús dudara de su llamamiento: «Si eres el hijo de Dios...» (v. 3). Luego tergiversó la Biblia, citándosela a Jesús y diciéndole que aplicara sus promesas, pero por razones incorrectas, para realizar una gran demostración en lugar de hacerlo por obediencia a Dios (v. 6). Después le hizo a Jesús una promesa que él no tenía absolutamente ningún poder para cumplir (vv. 8, 9).

Jesús se mantuvo firme

Jesús respondió de dos formas: Primero, le citó la Biblia (vv. 4, 7,1 0). No discutió: se enfrentó a él con la verdad. Pero también se confió enteramente a Dios. Tenía hambre, pero sabía que Dios proveería pan para él sin tener que hacer un mal uso de su propio poder con un fin egoísta. Quería servir a Dios, solo a él (v.10) y, cuando Satanás vio eso, le dejó por un tiempo (v. 11).

Las pruebas a través del fracaso

VERDAD CLAVE

A veces, Dios permite que cometamos errores para que podamos aprender a permitirle que nos guíe en la manera de usar nuestra libertad.

Un evangelio para pecadores

Jesús dijo una vez a sus discípulos que él no había venido a llamar a los justos, sino a buscar a los pecadores para que se volvieran a Dios. Esta es la razón por la cual algunas personas piensan que la fe cristiana es desagradable: tienen que admitir que se han equivocado.

Empezamos la vida cristiana admitiendo que hemos fracasado a los ojos de Dios. No le hemos obedecido ni le hemos amado de todo corazón.

Dios trata con nosotros tal como somos, no como preferiríamos que otras personas nos imaginaran. Y eso es cierto a lo largo de toda la vida cristiana: Él quiere que seamos honestos con él, y con los demás.

La debilidad de la naturaleza humana

A pesar de todas nuestras buenas intenciones y de nuestras oraciones, a veces fallamos a Dios. Cedemos ante la tentación. Dejamos de hacer algo que sabemos que tendríamos que haber hecho.

Hay ocasiones en las que estamos totalmente equivocados. Somos perezosos o indiferentes. A veces estamos ciegos ante la oportunidad de experimentar el poder de Dios y mostrar su amor antes de que sea demasiado tarde.

Esto ocurre porque seguimos siendo débiles aunque el Espíritu de Dios more en nuestras vidas. Nuestra naturaleza humana todavía puede apartarnos del camino de Dios.

La promesa de éxito de Dios

Cuando Nehemías, destacado oficial del gobierno de Persia, fue a ver al rey para hacerle una importante petición, oró para que Dios le ayudara a tener éxito. Más adelante, cuando volvió a su ciudad, Jerusalén, para ayudar a reconstruirla de las ruinas, siguió orando para que la obra de Dios pudiera llevarse a cabo a pesar de la oposición.

Él es uno de los muchos ejemplos que se dan en la Biblia de personas que afrontaban tareas difíciles, que oraban para que Dios les ayudara a conseguir sus objetivos, y que finalmente lograban lo que se les había encomendado.

A veces, sin embargo, Dios asegura que a pesar de nuestros errores seguimos haciendo lo que él quiere. Esto nos recuerda simplemente lo poderoso que él es.

El evangelio de los nuevos comienzos

Cuando le fallamos a Dios, nuestra fe en su amor se puede ver severamente probada. Podemos sentirnos muy deprimidos o culpables porque sabemos que le hemos defraudado.

Es bueno que no nos tomemos a la ligera nuestro fracaso, pero no debemos dejar que paralice nuestra vida cristiana.

La promesa de perdón con la que empezamos la vida cristiana sigue siendo cierta. Dios nos restaura de nuevo y nos pone en el camino

PARA PENSAR...

Piense en algún momento de su vida en el que usted dejó de centrarse en el modelo a seguir que Dios marca para el cristiano.

- ¿Cómo reaccionaba usted? ¿Le resultaba fácil ser honesto en relación con su pecado, o siempre tenía excusas para el mismo?
- ¿Cómo le hacía sentir esto respecto a Dios? ¿Cómo se siente Dios respecto a usted? ¿Le acepta Dios completamente después de haberle fallado?
- ¿Qué consideramos un «fracaso» en la vida cristiana? ¿Qué es peor, hacer algo malo o no hacer lo correcto?

cuando nos arrepentimos y le pedimos perdón por nuestros pecados. Él continuará dándonos el poder de su Espíritu, con el cual le amamos y le servimos.

COMPRUEBE EN LA BIBLIA

Un evangelio para pecadores: Lucas 5.29-32; 1 Juan 1.5-10

La debilidad de la naturaleza humana: Romanos 7.15-20; Santiago 3.2-10

La promesa de éxito de Dios: Nehemías 1.4-11; 4.9, 15-20

El evangelio de los nuevos comienzos: Romanos 6.1-11; 1 Juan 2.1-6

POSTDATA

Aunque Dios comprende y perdona nuestros pecados, no podemos excusarlos. Él siempre está dispuesto a ayudarnos a hacer lo correcto.

Haga una lista de algunos personajes conocidos de la Biblia (p. ej. Abraham, Jonás).

• ¿Sabe usted de algún momento en el que cada uno de ellos dejara de seguir el modelo de Dios, o fracasó al no cumplir el propósito de Dios para su vida? ¿Qué pasó después? ¿Dejó Dios de usarles?

• ¿Puede este fracaso ayudarle a crecer en su fe?

Dé gracias a Dios por su gracia y su perdón. Dígale a Dios que usted quiere hacer lo correcto, y pídale su ayuda cada día.

RESUMEN BÍBLICO

EL DISCÍPULO QUE FALLÓ A JESÚS

La Biblia no está llena de historias de éxito que parecen estar completamente fuera de nuestro alcance. Hay muchos relatos de equivocaciones de personas normales también, que nos ayudan a ver que sus éxitos fueron el resultado de la obra de Dios, y no de sus propias capacidades.

Lleno de promesa

Pedro, también llamado Simón, uno de los discípulos más cercanos a Jesús, siempre estaba lleno de grandes promesas. Alardeaba de que nunca abandonaría a Jesús (Mateo 26.33-35). Estaba convencido de que Jesús tenía todas las respuestas a sus necesidades (Juan 6.67-69) y fue el primero en reconocer que Jesús era el hijo de Dios (Mateo 16.13-16).

Una decepción total

Pedro intentó incluso proteger a Jesús y evitar que fuera a la cruz, al no ser consciente de que eso formaba parte de la obra que este tenía que llevar a cabo (Mateo 16.21-23; Juan 18.10, 11). Pero, cuando Jesús fue juzgado, Pedro se asustó. Los siervos del sumo sacerdote estaban comentando los acontecimientos del día alrededor de una hoguera cuando uno de ellos reconoció a Pedro como un seguidor de Jesús. Pedro se asustó mucho y negó conocerle (Marcos 14.66-72). Pronto se dio cuenta de su error, y rompió a llorar de remordimiento.

Regreso a la normalidad

Después de su resurrección, Jesús habló especialmente con Pedro, para darle ánimo y asignarle una nueva tarea por hacer (Juan 21.15-19). No hubo ni una palabra de reproche; él comprendió la situación, y sabía que Pedro estaba profundamente arrepentido. Desde ese momento, Pedro se convirtió en un predicador pionero, que llevó a muchas personas a Jesús (Hechos 11.1-18).

LAS PRUEBAS

Las pruebas por medio del dolor

VERDAD CLAVE

El sufrimiento es una experiencia universal de la que los cristianos no siempre están exentos, pero por medio de la cual pueden seguir experimentando el amor de Dios.

Dolor en el mundo

En un sentido, el dolor es algo bueno: es una advertencia de que algo no va bien en nuestro cuerpo, o de que un peligro, como un fuego, está cerca.

Pero hay mucho sufrimiento que no tiene ninguna virtud en sí mismo: el sufrimiento de las enfermedades, los accidentes o los desastres naturales que todo el mundo puede experimentar.

Una parte del sufrimiento brota directamente del pecado del ser humano: asesinato, guerra, robos. Otras formas de sufrimiento tienen lugar porque el mundo es imperfecto. La Biblia dice que el pecado de la raza humana ha afectado a todo lo que existe.

Soportar el sufrimiento

Es natural que nos quejemos cuando sufrimos: a nadie le gusta esa experiencia, y podemos sentir que es injusto que Dios lo permita. Pero la primera cosa que tenemos que aprender es aceptar que, en el momento actual, este es el estado en el cual vamos a servir a Dios.

Sin embargo, en el transcurso de nuestro sufrimiento, Dios parece estar muy lejos. Puede resultarnos complicado orar; puede que nos cueste mucho concentrarnos en la Biblia.

Por esa razón, los cristianos tienen una gran responsabilidad: visitar a aquellos que sufren y ayudarles de cualquier forma posible.

Y lo que es más, tenemos la promesa infalible de que Jesús está siempre con nosotros, incluso en nuestro sufrimiento, y de que su amor nunca se acaba. Él sabe por su propia experiencia lo que es el sufrimiento.

La curación es posible

Tanto Jesús como los apóstoles no predicaban el evangelio solamente, sino que también sanaban a los enfermos. No hay constancia de que sanaran a todo el mundo, y el mismo Pablo, por ejemplo, parece tener un problema desde hace mucho, que Dios no ha eliminado (vea el cuadro de Resumen bíblico).

Hay dos formas mediante las que Dios cura hoy a las personas. Una es por medio del tratamiento médico normal, porque sigue siendo el Señor de nuestros cuerpos y sus funciones. La otra es respondiendo a la oración especial a nuestro favor, con o sin tratamiento médico.

Se nos dice que oremos por la curación. Pero esta no va a ser siempre inmediata; Dios puede enseñarnos mucho mientras nos vamos curando lentamente. La curación interior de la mente y del espíritu es tan importante como la del cuerpo.

El fin de todo sufrimiento

La Biblia nos pinta un bonito cuadro del cielo, el lugar en el que todos los cristianos pasarán sus vidas después de la muerte cerca de la presencia

PARA PENSAR...

Piense en algún cristiano que conozca, que esté en medio del sufrimiento en este momento.

- ¿Por qué hay dolor en el mundo? ¿Por qué no están exentos los cristianos de experimentar el dolor?

La mayoría de las personas que Jesús sanaba no tenían permitido adorar a Dios en el templo debido a sus enfermedades. Después de que Jesús les curase podían volver a adorar a Dios.

- ¿Qué le dice esto acerca de la naturaleza de la curación? ¿Piensa usted que Dios cura a las personas en la actualidad por las mismas razones?

de Jesús. En el cielo, dice, no habrá más muerte, ni enfermedad, ni odio, ni guerra, ni ningún otro sufrimiento. Todo será hecho nuevo y perfecto.

Es un cuadro concebido para alentarnos e inspirarnos en esta vida. Sabemos que un día ocurrirá todo aquello que anhelamos. Entretanto, no debemos escatimar esfuerzos para aliviar o eliminar el sufrimiento. Una parte de ser cristiano es dar a esta tierra un toque del cielo.

COMPRUEBE EN LA BIBLIA

Dolor en el mundo: Lucas 13.1-5; Romanos 8.18-23

Soportar el sufrimiento: 2 Corintios 1.3-11; Hebreos 12.7-11

La curación es posible: Marcos 1.32-34; Hechos 5.14-16; Santiago 5.14, 15

El fin de todo sufrimiento: Romanos 8.18; Apocalipsis 21.1-4

POSTDATA

En ocasiones, las cosas profundas de Dios se aclaran ante nuestros ojos únicamente por medio del sufrimiento, y el trabajo que él nos ha encomendado se completa, del mismo modo en que Jesús tuvo que sufrir para llevar a cabo su obra.

• ¿Por qué piensa que Jesús sana a unas personas y no a otras?
• ¿Cómo puede usted ayudar a otros cristianos que están sufriendo? ¿Qué ánimos puede usted darles? ¿Qué es lo mejor por lo que se puede orar en tiempos de dolor?

Dé gracias a Jesús porque él experimentó sufrimiento intenso, y por esta razón conoce el dolor por el que usted y otros están pasando. Ore para que ese dolor proporcione nuevas experiencias del amor de Dios.

EL «AGUIJÓN EN LA CARNE» DE PABLO

Pablo era una persona excepcional. Él, más que ningún otro, desmenuzó con detalle la enseñanza de Jesús para el beneficio de la iglesia. Viajó miles de kilómetros en barco, a caballo o a pie para llevar el mensaje de Jesús a nuevas naciones o provincias.

Una vida de sufrimiento

Al realizar esa tarea, Pablo sufrió muchísimo. Él enumera algunos de sus sufrimientos en 2 Corintios 11.23-33 y usa esas experiencias para demostrar que es sincero. Si no hubiera creído en su llamamiento no hubiera pasado por naufragios, palizas, robos, hambre y un exceso de trabajo.

Pablo también escribió que estaba preparado para sufrir por Jesús, porque Jesús sufrió mucho por él. Recordó también cómo provocó muchos sufrimientos a los seguidores de Cristo antes de convertirse en cristiano (Filipenses 3.7-11).

La debilidad se convierte en fuerza

Había, sin embargo, un sufrimiento en particular del que Pablo quería salir. Tenía lo que él llamaba un «aguijón en la carne» (2 Corintios 12.7-10). Nadie está seguro de lo que podía ser. Podía ser una deformidad física o una visión muy pobre.

Pablo sentía que eso obstaculizaba su trabajo, y oraba por su curación. Pero Dios contestó: «Bástate mi gracia, porque mi poder se perfecciona en la debilidad».

Tres veces oró Pablo por su curación y, cada vez, Dios le dio la misma respuesta. Después de esto, él aceptó esa discapacidad y se mostró más abierto a recibir el poder de Dios para su obra demostrando que Dios podía usar a personas débiles para hacer su voluntad (1 Corintios 1.25).

Las pruebas por la persecución

VERDAD CLAVE

En cada generación los hombres han ridiculizado, herido o incluso asesinado a los cristianos, simplemente por amar y servir a Jesucristo

El evangelio ofende a ciertas personas

El mensaje de Jesús saca la verdad a la luz, pero algunas personas prefieren su mundo de mentiras y malas acciones. Por eso, intentan impedir que la fe cristiana se extienda o tratan de dificultar a los cristianos que puedan vivirla.

Otros ridiculizarán la fe porque su sencillo mensaje les parece un sin sentido. No creen que exista un Dios, o, si lo hay, dicen que no se ha revelado a sí mismo de manera final y completa por medio de Jesucristo.

En algunos países, las personas ven el cristianismo como una amenaza a sus ideales políticos, y crean leyes que limitan sus actividades, o lo prohíben totalmente.

Las formas en las que atacan

A veces, la presión sobre nosotros la ejercerán los más cercanos, nuestros familiares o amigos. Puede que profesen una fe diferente, o simplemente que no comprendan lo que nos ha pasado. Puede que nos acusen de serles desleales; algunos cristianos han sido expulsados de sus familias como consecuencia de ello.

La persecución puede ser violenta. Algunos han encarcelado y torturado a los cristianos por su fe. Les han prohibido realizar ciertos trabajos, o los han confinado en hospitales especiales.

Pero, con frecuencia, la presión no es tan obvia. La gente trata de discutir con nosotros, o de hacernos pecar. Pueden excluirnos de su círculo social, o simplemente reírse de nuestra fe.

Llamamiento a ser fieles

El argumento que Satanás esgrimió contra Job fue que este haría cualquier cosa para salvar su pellejo. Eso no era cierto, y Job se mantuvo fiel a pesar de su sufrimiento.

La amenaza de la persecución puede aterrorizar más que cualquier otro sufrimiento, pero los apóstoles y muchos cristianos han demostrado que es posible permanecer fieles a Dios bajo estas condiciones.

Dios quiere que nos mantengamos fieles a él, aun cuando esto pueda significar no hacer lo que otras personas quieran. Él promete que nos dará sabiduría para saber qué debemos hacer, y ha dicho que le honramos cuando permanecemos firmes por él.

Resistir, incluso hasta la muerte

Ser fiel a Dios significó la muerte en la cruz para Jesús. De hecho, esa fue la razón por la cual vino a este mundo, para morir por nuestros pecados.

Pero para algunos de sus seguidores la muerte también llegó muy pronto, porque le amaban.

PARA PENSAR...

Tómese algún tiempo para recabar información sobre cristianos en otras partes del mundo que sufren persecución por su fe en Jesucristo.

- ¿Qué le pueden enseñar acerca de seguir a Jesús? ¿Cómo afecta la persecución a la fe de los cristianos?

Ahora compare la situación de ellos con sus propias experiencias como cristiano.

- ¿Ha experimentado usted persecución o una presión intensa para que renegara de su fe? ¿Qué formas de persecución puede usted encontrar en la actualidad?
- ¿Para usted es fácil o difícil mantenerse firme para Jesús?

Los judíos apedrearon a Esteban por compartir su visión de Jesús con los líderes religiosos, y se convirtió en el primer mártir cristiano.

Desde entonces, muchos han estado dispuestos a morir asesinados en lugar de negar la verdad del cristianismo. Para la mayoría de nosotros, las cosas no llegarán a ese punto, pero el desafío de seguir siendo fieles, bajo presión, hasta el momento de nuestra muerte, permanece.

COMPRUEBE EN LA BIBLIA

El evangelio ofende a ciertas personas: Juan 15.18-27; 1 Corintios 1.20-25

Las formas en las que atacan: Mateo 10.16-39; Hechos 4.1-4

Llamamiento a ser fieles: Hechos 4.16-20; Marcos 13.9-13

Resistir, incluso hasta la muerte: Juan 16.1-4; Hechos 7.54-60; Hebreos 2.1-4

POSTDATA

Hay veces en las que los cristianos atraen la persecución sobre ellos por no tener tacto o por hacer demasiado de algunas verdades secundarias o menos importantes.

• ¿Cómo puede ayudarle el Espíritu?

• ¿Ha pensado alguna vez que sería más fácil enfrentarse a la muerte que verse ridiculizado por sus amigos y familiares, o que sufrir la indiferencia de la sociedad? ¿Es más duro permanecer fiel a Dios cuando la persecución es más sutil?

Dé gracias a Dios por la gloriosa esperanza de vivir con él eternamente en su nuevo mundo. Pídale que le ayude a serle fiel, sea cual sea la situación en la que usted se encuentre, para que pueda escucharle decir «bien hecho» al final de su vida.

RESUMEN BÍBLICO

LA PROMESA DE PAZ

«Echando toda vuestra ansiedad sobre él, porque él tiene cuidado de vosotros» (1 Pedro 5.7). Esta es una de las más memorables de las muchas pautas que encontramos en la Biblia. Uno de los testigos más poderosos de la realidad de nuestra fe es la paz interior que Jesús nos da cuando obedecemos sus instrucciones.

Una paz que va más allá de las palabras
Jesús prometió su paz antes de morir a sus seguidores (Juan 14.27). Él dijo que sería diferente a cualquier cosa que el mundo pudiera ofrecer. No sería como el alivio temporal de la ansiedad que las drogas o el alcohol pueden dar, porque estos se encargan de nuestros sentimientos, pero no tratan el problema real.

En lugar de ello, su paz sería una sensación de confianza subyacente, al pensar que todas nuestras circunstancias están en las manos poderosas de Dios, y que sus propósitos para nosotros siempre son buenos por muy duros o incluso dolorosos que puedan llegar a ser.

Una paz a pesar de los problemas
La palabra judía para paz, *shalom*, significa «plenitud», así como «tranquilidad». Nos recuerda que la paz depende de nuestra relación con Jesús. Ya tenemos paz con Dios (Romanos 5.1-5) en el sentido de que todo lo que nos hace enemigos suyos ha sido contrarrestado por la muerte de Jesús en la cruz.

Por tanto, en cualquier lugar que haya confusión a nuestro alrededor, tenemos una oportunidad, en primer lugar, de experimentar la paz que es el don del Espíritu Santo de Dios dentro de nosotros (Gálatas 5.22). Pero, en segundo lugar, podemos también usar esa sensación de paz para que nos ayude a que volvamos a ser pacificadores en esa situación, ayudando a otros a reconciliarse entre sí (Mateo 5.9).

VENCER

Jesus es rey

VERDAD CLAVE

Todo el universo se encuentra bajo el poder de Jesús, y un día llevará al orden a todas sus partes rebeldes.

Venció al pecado

La palabra «pecado» describe tanto la actitud como las acciones de personas que van en contra de las leyes de Dios y de sus propósitos. El pecado aparta a las personas de Dios.

Jesús conquistó al pecado de dos formas. En primer lugar, viviendo una vida perfecta en la tierra, mostró que para las personas era posible evitar el pecado y obedecer a Dios.

Pero, sobre todo, lo conquistó por medio de su muerte en la cruz. Allí, sufrió el castigo, la muerte misma, que cada persona pecadora merecía, de forma que pudiéramos conocer a Dios y recibir su vida nueva, que es eterna.

Venció a la muerte

«El alma que peca es la que morirá». Ese fue el juicio de la Biblia hasta que Jesús vino al mundo. En este caso era algo más que la muerte física; implicaba una separación espiritual de Dios.

Pero la muerte no podía derrotar a Jesús, porque él fue el creador de la vida. Aunque su cuerpo murió completamente, Dios le resucitó de los muertos para manifestar su victoria total sobre la tumba.

Haciendo esto, Dios rompió la maldición que asoló a la raza humana durante siglos. Él abrió el camino hacia el cielo, de manera que, aunque nosotros también tendremos que pasar por la muerte, esta no nos podrá sujetar en sus garras ni apartarnos de la vida eterna.

Venció al diablo

Dios dio a cada persona libertad para elegir si obedecerle o no. Algunas personas han elegido no hacer lo correcto. Además, existen poderes del

mal en el mundo que tratan de destruir el reino de Dios.

Cuando murió en la cruz, Jesús hirió mortalmente a las fuerzas del mal, porque conquistó a la muerte, su arma definitiva.

Ahora Satanás está en sus últimos días. Sabe que Jesús le destruirá totalmente cuando vuelva a la tierra. Entretanto, intenta poner en dificultades al pueblo de Dios, pero no podrá hacer daño nunca a aquellos que confían completamente sus vidas a Jesús.

Conquistará al mundo

En tres de las cartas de Pablo, Efesios, Filipenses y Colosenses, hay un estallido de exclamaciones de alabanza por la grandiosa victoria de Jesús.

Las promesas de Jesús no hacen sino conquistar el mundo entero con su amor y su verdad.

Lo realizará de dos formas. En primer lugar, lo hará por medio de su pueblo. Se nos llama para

> ## PARA PENSAR...
>
> Haga una lista de algunas de las personas, movimientos e ideas que parecen estar a cargo del mundo actualmente.
> - ¿Cómo intentan controlar el mundo? ¿Qué poderes usan?
> - ¿Qué significa para esos «gobernantes del mundo» que Jesús es rey?
>
> El gobierno de Jesús sobre el mundo se estableció por su muerte y resurrección.
> - ¿Qué fue tan importante en la muerte y resurrección de Jesús? ¿Qué consiguió Jesús con ellas?
> - ¿Cómo se puede ver hoy el gobierno de Jesús? ¿Cómo puede su vida mostrar que Jesús es rey?

y vivir su mensaje por todo el mundo. En segundo lugar, lo hará de una forma definitiva cuando vuelva a la tierra para crear un nuevo mundo en el que la paz, el amor y la verdad serán supremos.

COMPRUEBE EN LA BIBLIA

Venció al pecado: Mateo 9.1-8; Romanos 8.1-3; 1 Pedro 2.21-25

Venció a la muerte: Lucas 24.1-9; 1 Corintios 15.20-28

Venció al diablo: Lucas 13.10-17; Colosenses 1.13, 14; Apocalipsis 20.7-10

Conquistará al mundo: Filipenses 2.9, 10

POSTDATA

Jesús es rey, y no ocurre nada que él no pueda usar de alguna forma para sus buenos propósitos, incluso si surge de una fuente de mal en lugar de venir de Jesús.

• ¿Qué significa el gobierno de Jesús para el futuro del mundo? ¿Qué significará eso personalmente para usted?

• ¿Es más fácil aceptar el gobierno de Jesús como una realidad presente o futura? ¿Por qué es importante el hecho de que él es rey tanto ahora como en el futuro?

Dé gracias a Dios porque ha conquistado los poderes del pecado, de la muerte y del mal por mediación de Jesús. Ore para que el Espíritu le ayude a dejar que Jesús gobierne en su vida como rey.

RESUMEN BÍBLICO

EL PLAN UNIVERSAL DE JESÚS

En algunas ocasiones, los cristianos hablan como si el plan de Dios de darles vida eterna fuera simplemente un asunto personal, individual. No es así, tiene una dimensión mucho más grande. Su plan incluye al mundo entero, que él ama y por el que se preocupa (Juan 3.16-18). Se ha ido desarrollando a lo largo de los años (Colosenses 1.19, 20).

El papel de la iglesia

En el mundo actual, la iglesia puede parecer débil y carente de poder, pero la realidad es que es la nueva familia de Dios (1 Pedro 2.9). Jesús es su cabeza, y el nuevo mundo de Dios se poblará con aquellos que le han amado y servido en esta vida (Efesios 1.18-23). Los que parecen grandes en el mundo no estarán allí, a no ser que también hayan confiado en Jesús (Mateo 19.28-30; 20.1-16).

El resto de la creación

La totalidad del universo será renovado (Efesios 1.9, 10), sostenido por Jesús, con una nueva perfección y belleza. Todas las cosas están fuera de la armonía de Dios, por el gran impacto que el pecado humano ha tenido sobre el mundo físico. Pero un día todo se reconciliará con Dios, y por eso debemos creer en él (Romanos 8.22; Colosenses 1.19, 20).

En otras palabras, Dios planea una nueva creación completa (Apocalipsis 22.1-5; cf. 2 Corintios 5.17-19), en la que todos sabrán que él es el verdadero rey, el creador de todas las cosas, el único digno de ser adorado y servido (Apocalipsis 4.11).

VENCER

La victoria está asegurada

VERDAD CLAVE

Jesús ya ha mostrado su poder conquistando al mal y a la muerte. Por eso podemos estar seguros de su capacidad para ayudarnos a honrar a Dios en cada situación.

No hay por qué pecar

Nos enfrentamos a toda clase de tentaciones que nos impulsan a desobedecer a Dios cada día. A veces esas tentaciones vienen dadas por nuestra propia debilidad, nuestras circunstancias, o directamente por Satanás.

Pero cualquiera que sea la fuente, y cualquiera que sea su fuerza, esas tentaciones nunca son más poderosas que el Espíritu Santo, que está activo en nuestras vidas. Él está constantemente haciéndonos más como Jesús, que resistió todas las tentaciones.

La oración ayuda a vencer la tentación. Podemos pedir a Dios que nos ayude a estar atentos y sensibles, de forma que veamos venir la tentación. También, podemos orar por el poder del Espíritu Santo en el momento que lo necesitemos: para proclamar la victoria de Jesús sobre el pecado como nuestra, y para actuar como si ya lo hubiéramos derrotado, cosa que haremos.

No hay por qué temer

El miedo de cualquier tipo puede paralizar a un cristiano tanto como una minusvalía física. Como un animal cuando otro le ataca, podemos vernos paralizados por el miedo y no hacer nada hasta que sea demasiado tarde.

Pero los cristianos no tienen nada que temer, ni siquiera en las situaciones más aterradoras, por dos razones.

Primera, Jesús siempre está ahí, listo para ayudar. Segunda, él puede lidiar con los miedos de quienes le aman y confían en él totalmente, de forma que puedan servirle con efectividad.

No hay por qué dudar

Una de las historias más destacadas de la vida de Jesús es aquella en la que él se queda atrás mientras sus discípulos cruzaban el lago en un barco. Estalló una tormenta, y Jesús caminó sobre el mar para llegar a ellos.

Pedro, impulsivo como siempre, preguntó si él podía también caminar sobre las aguas. Jesús le dijo que sí, pero tan pronto como Pedro dio unos pocos pasos, vio las olas y sintió el viento, y dudó, comenzando a hundirse.

Su propia experiencia ya le había demostrado que podía andar sobre el agua, y Jesús le había dicho que lo hiciera. Nuestras experiencias pasadas (y las de otros), y las propias instrucciones de Jesús nos animan a hacer lo que él quiere que hagamos.

No hay por qué flaquear

Muchos cristianos son probados hasta un punto casi insoportable. Eso debe de ser una tentación

PARA PENSAR...

Piense en ocasiones en las que usted se ha enfrentado a la tentación, miedo, duda o sufrimiento.

- Cuando llegan estos momentos, ¿qué pasa con su fe en Dios? ¿Le preocupa esta situación? ¿Por qué?
- ¿Qué significado tiene la victoria de Jesús en cada situación?

Haga una lista de algunas promesas que Dios le hace al cristiano. Anote en qué situaciones pueden ser apropiadas (p. ej. 1 Corintios 10.13 para la tentación).

- ¿Es posible no pecar? ¿De qué forma promete Dios ayudarle? ¿Cómo puede usted vivir a la luz de esto?

constante; podría ser sufrimiento humano de algún tipo.

Es fácil sentirse cansado, no solamente en la parcela física, sino también en la espiritual. Luchar contra el mal puede fatigarnos mucho.

Pero el espíritu que está en nosotros nos llevará para delante. Nos dará la energía que necesitamos, esa fuerza de voluntad adicional y esa determinación para seguir luchando. El amor de Dios por nosotros nunca flaquea, por lo que nosotros también podemos amarle y servirle constantemente.

COMPRUEBE EN LA BIBLIA

No hay por qué pecar: Marcos 11.24; Lucas 11.13; 1 Juan 4.4

No hay por qué temer: Salmos 34.4-6; Mateo 10.26-33; 2 Timoteo 1.6, 7

No hay por qué dudar: Mateo 14.22-33; 21.18-22

No hay por qué flaquear: Isaías 40.27-31; Gálatas 6.9; Hebreos 12.3

POSTDATA

Nunca puede haber una excusa para no disfrutar de la victoria de Jesús. Aunque nosotros le fallemos, sabemos que él no nos fallará, y siempre nos perdonará y renovará.

•¿Por qué razón no debe usted tener miedo de los enemigos de la vida cristiana?

•¿Es usted como Pedro? ¿En qué situaciones le resulta difícil permanecer confiado en el poder de Jesús?

•¿Qué debe marcar su vida cristiana, la victoria o la derrota? ¿Por qué?

Memorice algunas de las promesas de Dios que usted ha anotado para poder orar por ellas en tiempos en los que las necesite. Dé gracias a Dios porque ya ha conseguido la victoria, y porque está preparado para ayudarle cuando usted le llame.

ÉL PUEDE

El Nuevo Testamento está lleno de confianza en todo lo que Dios puede hacer. Aquí están algunas de sus afirmaciones.

Capaz de sostenernos

Sabemos que él es capaz de perdonar nuestros pecados y darnos vida eterna; Hebreos 7.25 nos recuerda que él puede hacerlo por siempre. No importa en qué siglo vivan las personas, Dios puede salvarles.

Y una vez que pertenecemos a él, es capaz de sostenernos para que no caigamos (Judas 24). Eso significa victoria sobre el pecado, y un sitio seguro en el cielo.

Capaz de ayudarnos

Jesús recuerda a Pablo en 2 Corintios 12.9, 10 que la fuerza que nos puede dar es totalmente suficiente.

Experimentamos esa fuerza cuando nos permite vencer la tentación (Hebreos 2.18), y cuando cumple las promesas que nos ha hecho (Romanos 4.20, 21).

Capaz de apoyarnos

Dios muestra su poder especialmente haciendo todo tipo de cosas por nosotros, por medio de nosotros y dentro de nosotros, cosas que a menudo ni siquiera esperamos (Efesios 3.20,21).

Él es capaz de proveernos cualquier cosa que necesitemos, de fuentes espirituales y físicas también, de forma que podamos llevar a cabo su obra como él quiere (2 Corintios 9.8).

VENCER

En el corazón

VERDAD CLAVE

El secreto para vivir una vida cristiana próspera es asegurarnos de que nuestros pensamientos y actitudes sean un reflejo de los de Dios.

Jesús ocupa el primer lugar

Durante su vida en la tierra, Jesús dijo muchas veces a la gente que, si realmente querían seguirle, él debía ocupar el primer lugar en sus vidas.

Tal como decía el mandamiento del Antiguo Testamento: «No tendrás otros dioses delante de mí», por lo que Jesús no puede obrar sus propósitos para nosotros si le damos más valor a otras cosas u otras personas que a él.

Y aunque pueda parecer un requisito muy duro, esta es la puerta hacia el éxito. Con Jesús en el primer lugar de nuestras vidas, él tendrá libertad para hacer grandes cosas, y seremos libres para poder disfrutarlas.

Pensar rectamente

Proverbios 23.7 es un versículo difícil de traducir y aparece en una versión de la Biblia así: «Igual que piensa en su corazón, así es él». En otras palabras, de la forma que seamos interiormente, así nos mostraremos al exterior, por mucho que tratemos de enmascararlo. Jesús dijo lo mismo.

Vivir la vida cristiana no consiste en hacer ciertas buenas acciones y evitar las malas. Consiste en tener una buena relación con Dios, de la cual surgirán de manera natural ciertos patrones de comportamiento.

Por tanto, la Biblia nos insta a dejar que el Espíritu de Dios establezca en nosotros una forma de pensar recta. Para ayudarle a hacerlo, podemos concentrar nuestros pensamientos en Dios, en su bondad y en sus propósitos.

Motivos puros

Es perfectamente posible hacer lo correcto por la razón equivocada. Podemos intentar ayudar a alguien, por ejemplo, no tanto porque estemos preocupados por esa persona, sino porque estemos tratando de ejercer influencia sobre él.

O podemos hacer algo correcto para intentar persuadir a otros de que somos personas buenas, generosas, cuando en realidad somos todo lo contrario, y lo sabemos.

Ananías y Safira eran así. Vendieron una parcela de tierra y alardearon de haber dado todo el dinero a la iglesia, pero se habían quedado con una parte. No tenían porque darlo todo, y lo que se vio como algo muy serio fue el engaño.

El amor determina la acción

El amor por los demás es la regla de oro del Nuevo Testamento. El amor debe determinar nuestras acciones; lo único que debemos hacer por los demás es lo que esperamos que los demás hagan por nosotros.

Por tanto, antes de hacer algo, merece la pena preguntarnos a nosotros mismos qué haría Jesús en la misma situación y qué nos gustaría

---

PARA PENSAR...

Lea la lista de Pablo de las virtudes del buen cristiano en Filipenses 4.8.

- ¿Por qué dice Pablo a sus lectores que llenen sus mentes con estas cosas? ¿Cuál será el resultado? (Ver Filipenses 4.9).
- ¿Se apartan alguna vez sus pensamientos de estas virtudes?
- ¿Qué pasos prácticos puede usted tomar para mantener su mente en estas cosas?
- ¿De qué forma piensa usted que sus pensamientos influencian sus acciones y sus actitudes?

Jesús dijo a sus discípulos que el mayor mandamiento era amar a Dios, junto al amor por el prójimo.

que se hiciera si estuviéramos en la piel de la otra persona.

Pero el amor no es fácil. Desea de forma sincera únicamente lo que puede ayudar, alentar o beneficiar a los demás. A veces eso puede significar ayudar con delicadeza a alguien a reconocer y atajar algún pecado o error en su vida o en su fe. El amor brota de una preocupación genuina y profunda por el bienestar de la otra persona.

COMPRUEBE EN LA BIBLIA

Jesús ocupa el primer lugar: Éxodo 20.3; Lucas 9.23-26, 57-62; 1 Timoteo 6.6-16
Pensar rectamente: Proverbios 23.7; Marcos 7.14-23; Filipenses 4.8
Motivos puros: Hechos 5.1-11; 1 Pedro 2.1-3
El amor determina la acción: Lucas 6.27-36; 1 Corintios 13

POSTDATA

Desarrollar las actitudes correctas es un buen ejemplo de cómo debemos cooperar con Dios: él promete cambiar nuestras actitudes, pero debemos reconocer dónde necesitan cambiar, y pedirle que las transforme.

- ¿Qué significa «amor» en este contexto?
- ¿Cuáles son algunas de las motivaciones que dirigen su vida? ¿Cómo puede estar seguro de que usted lo hace todo a partir del amor por Dios y por los demás?
- ¿Puede ser de ayuda describir la vida cristiana como una vida de «determinación»?

Dé gracias a Dios porque el Espíritu transforma su vida renovando su corazón. Ore para que el Espíritu le llene de amor por Dios y por los demás, y haga un esfuerzo para mantener su mente centrada en todo lo que es bueno.

RESUMEN BÍBLICO
NO YO, SINO CRISTO

Un error que muchos cometen es intentar vivir la vida cristiana en gran parte por sus propios esfuerzos, y buscando solamente la ayuda de Dios. El ejemplo de Pablo era bastante diferente: para él, ser un cristiano era permitir que la vida de Jesús le llenara y fluyera a través de él en todo tiempo (Gálatas 2.20).

Muchas cosas se encuentran más allá de nuestro entendimiento, y esta es una de ellas. «Cristo en vosotros, la esperanza de gloria» (Colosenses 1.27), es un misterio, según dice Pablo, pero es igualmente cierto.

Por eso ora para que los cristianos de Éfeso puedan sentir a Cristo morando en sus corazones, y basen sus vidas firmemente en el amor, empezando así a comprender la inmensidad de los propósitos de Dios (Efesios 3.14-19).

Cristo nos cambia

Cuando permitimos a Jesús «vivir a través de nosotros» estamos depositando toda nuestra confianza en él, pero también necesitamos borrar de manera consciente las cosas que le pueden obstaculizar (Efesios 4.22-24). Se nos insta a vivir en consecuencia con la nueva naturaleza que él ha puesto ya en nosotros para hacernos como él (Colosenses 3.5-17).

VENCER

Vencer al maligno

VERDAD CLAVE

Dios quiere que su pueblo comparta de una forma práctica en lo relativo a la conquista del mal por parte de Jesús, y que lo conquiste con su propia experiencia.

Asegúrese de su base

No podemos luchar de una forma efectiva contra el mal si no estamos seguros de cuál es la naturaleza del mismo mal, o de los recursos que podemos usar para ello.

Por eso es importante crecer en nuestro conocimiento de la Biblia. A través de él descubrimos lo que un cristiano cree y hace, y lo que es mentira e incorrecto.

Los soldados más efectivos en la batalla son los que tienen la confianza de que jamás serán derrotados. Podemos tener esa confianza, porque a pesar de la intensidad de nuestra lucha contra el mal, Dios nunca será derrotado, y nosotros tampoco.

Dependa del poder de Dios

Con Dios nada es imposible. Más aún, él quiere mostrar lo grande y poderoso que es, haciendo cosas que nunca podríamos hacer por nosotros mismos.

De hecho, la persona más capacitada para recibir y disfrutar el poder de Dios para vencer al mal es la que es más consciente de su necesidad y de su debilidad. Dios entonces es libre para obrar, sin verse obstaculizado por nuestra confianza en nosotros mismos.

Siempre que nos enfrentemos como cristianos a la tentación o a la oposición, necesitamos renovar nuestra confianza en Jesús, confiar en sus promesas, y recibir con fe su poder, para hablar o actuar sabiamente.

Aprenda a decir no

Uno de los problemas de algunos tipos de pecado es que parecen ser muy atractivos. No siempre parecen malos. A veces apelan a nuestro deseo natural de comodidad o diversión.

El secreto para vencer a cualquier tipo de tentación es no discutir nunca sobre ella, o incluso considerarla un posible curso de la acción.

Si aprendemos a decir no en las pequeñas cosas, será más fácil mantenernos firmes en las más importantes. Pero decir no a estas cosas solamente es una parte de haberle dicho sí a Jesús y a las cosas que él ofrece, que son mucho mejores.

Diga a Satanás que se vaya

Satanás es a veces como un perro que hace mucho ruido. Ladra muy fuerte para asustarnos y evitar que hagamos la voluntad de Dios, pero la realidad es que, si nos apoyamos en el poder de Dios, Satanás no podrá hacernos daño.

En algunas ocasiones, una orden le obligará a parar su actividad cuando esta pone seriamente en peligro la obra de Dios. Podemos ordenarle que deje de interferir únicamente en el nombre de Jesucristo, el Hijo de Dios, orando por su autoridad y victoria.

PARA PENSAR...

Nombre los diferentes tipos de mal que usted reconoce en la actualidad. Algún mal puede ser personal o local; otro puede ser un problema en todo el mundo.

- ¿Hasta qué punto es poderoso el mal? ¿Cómo le influencia a usted?
- ¿Qué piensa Dios sobre el mal?

Jesús luchó de forma decisiva contra el mal en su muerte y resurrección.

- ¿Si Jesús ya ha derrotado al mal, por qué existe todavía en el mundo?
- ¿Qué quiere Dios que usted haga cuando se encuentra frente al mal? ¿Debe usted

Tenemos que tener un cuidado especial para no enredarnos con las fuerzas del mal, especialmente si alguien que no es cristiano parece ser controlado por ellas. En esos casos, el camino a seguir debe ser para los cristianos maduros orar para que esa persona se pueda liberar de Satanás.

COMPRUEBE EN LA BIBLIA

Asegúrese de su base: 1 Corintios 3.10-15; 1 Timoteo 6.11-16

Dependa del poder de Dios: Marcos 13.9-11; Lucas 18.27; Filipenses 4.13

Aprenda a decir no: Mateo 16.21-23; 1 Pedro 5.8,9

Diga a Satanás que se vaya: Lucas 10.17-20; Hechos 13.4-12; 19.11-20

POSTDATA

Luchar contra el mal no es un juego, sino un negocio muy serio. No debemos temer a las fuerzas del mal, pero tampoco debemos menospreciar su poder o sus intenciones.

simplemente huir de él para mantenerse puro, o Dios quiere que luche contra él de alguna forma? ¿Es cada situación igual?

•¿Es usted capaz de luchar contra el mal por sí solo? ¿Qué recursos le da Dios?

•¿Cómo puede usted luchar contra el mal con el poder de Dios esta semana?

Aunque usted esté luchando contra el mal, solamente es Dios el que le puede dar la victoria definitiva. Dé gracias por su poder, y ore pidiendo ayuda para vencer al mal en su propia vida, en la sociedad que le rodea, e incluso en el mundo.

RESUMEN BÍBLICO
LA ARMADURA DE DIOS

En Efesios 6.10-20 Pablo recuerda a sus lectores que la batalla que los cristianos pelean no es contra personas, sino contra grandes ejércitos de fuerzas espirituales que influencian a mucha gente (a menudo sin que ellos mismos lo sepan) y que controlan muchos de los gobiernos e instituciones del mundo (v.12).

Para luchar contra ellas de forma efectiva, él nos dice que nos pongamos la armadura de la fe (vv.11, 13). Luego enumera los recursos espirituales a nuestro alcance para la lucha, usando la figura de un soldado romano, preparado para luchar.

Echar mano de lo básico

La armadura básica para el soldado era la coraza, el casco, el cinturón y el calzado. Para el cristiano, la protección básica contra el mal es la verdad de Dios, su justicia, y la completa salvación que Jesús da, junto a las buenas nuevas que nos traen la paz con Dios y la vida eterna (vv. 14, 15, 17).

Permanecer alerta y activo

En la batalla, las flechas en llamas que se lanzaban contra los soldados se interceptaban con los escudos. Así, nuestra fe es algo que podemos sostener en alto para rechazar las peligrosas flechas de la tentación que nos lanzarán (v.16).

También disponemos de una «espada», que cortará al enemigo en pedazos de una forma más efectiva que cualquier arma de guerra real. Es la Biblia, que contiene la palabra de Dios para cada situación (v.17). Mientras usamos estas dos piezas de nuestro equipo de batalla, necesitamos estar en contacto con Dios, nuestro comandante, por medio de la oración, preparados para recibir sus instrucciones y obedecerlas (v.18).

VENCER

Resistir la presión

VERDAD CLAVE

Dios ha llamado al cristiano, no solamente para que venza a cualquier oposición, sino para resistir las presiones sutiles que pueden debilitar nuestro testimonio.

Presión para conformarse

A nadie le gusta ser diferente a los demás. Todos queremos que nos consideren parte de una comunidad, club o grupo de amigos. Por eso normalmente adaptamos nuestro comportamiento a lo que es aceptable para ese grupo. Pero puede que eso mismo no sea aceptable para Dios. Si le seguimos fielmente, debemos tener el deseo de ser diferentes de las otras personas.

Existe también la tentación de conformarnos al mundo que nos rodea, dejando que la Biblia no tenga peso en cada aspecto de nuestra vida. Así, por ejemplo, algunos cristianos trataron de impedir la abolición de la esclavitud en el siglo XIX, simplemente porque formaba parte de la sociedad que ellos conocían.

Presión para transigir

Existen dos peligros aquí. Uno es diluir nuestras creencias bajo la presión de maestros o predicadores que niegan alguna verdad importante, o modificar nuestro comportamiento para incluir algo que Dios ha prohibido claramente, tan solo porque es más fácil hacerlo así.

El otro peligro es presionar a otros insistiendo en que nuestra forma de hacer las cosas o nuestro entendimiento sobre algunos problemas son las únicas opciones válidas. Sin embargo, los cristianos no siempre están de acuerdo, siempre dentro del amor los unos por los otros, en relación con asuntos secundarios.

En el primer caso, debemos simplemente permanecer firmes sobre nuestra base y obedecer a Dios. En el segundo, debemos obedecer a nuestra conciencia y respetar a los que no están de acuerdo con nosotros.

Presión para quejarse

Siempre es más fácil quejarse de algo o de alguien en lugar de tratar de poner las cosas en su sitio. También es fácil quejarse de Dios o de nuestros líderes en la iglesia cuando las cosas se ponen difíciles.

La nueva nación de Israel se quejó amargamente cuando dejaron Egipto bajo el liderazgo de Moisés y se vieron hambrientos y sedientos en el desierto. Se entusiasmaron con la idea de ponerse en camino, pero no estaban preparados para seguir a Dios ni por los caminos duros ni por los apasionantes. Pero el camino del cristiano es mostrar siempre amor, consideración y fe, no gritar lemas. En su bondad, Jesús nos dice que perseveremos en nuestro trabajo de vivir para él y servirle. Podemos permitirle que juzgue lo que es mejor para nosotros, y las acciones de los demás.

PARA PENSAR...

Las presiones pueden ser tan sutiles que a menudo usted puede no darse cuenta de que está cediendo a ellas. Pase algún tiempo meditando sobre su vida y trate de identificar qué presiones afronta.

- ¿Piensa usted que las presiones son tan peligrosas para su vida cristiana como las tentaciones o la oposición? ¿Por qué, o por qué no?
- ¿Hay alguna situación en la que usted encuentra más fácil conformarse a un patrón de conducta aceptado, en lugar de vivir de acuerdo al patrón de la vida de Jesús?

Presión para la autocomplacencia

A veces, la vida cristiana es bastante sencilla. No hay grandes problemas que enfrentar, ni grandes tentaciones que nos acechen.

Ese es el momento en el que podemos caer en la autocomplacencia. Satisfechos con nuestra vida cómoda, perdemos todo tipo de oportunidades de servir a Jesús, preocupándonos por los demás o hablando de él.

Y los cristianos veteranos pueden relajarse después de muchos años de servicio entregado a Cristo. Para todos ellos llega el desafío de Pablo de que sigan con fuerza hacia delante.

COMPRUEBE EN LA BIBLIA

Presión para conformarse: Romanos 12.1, 2; Efesios 2.1-7

Presión para transigir: 1 Corintios 8.7-13; 10.23-31; 1 Timoteo 4.1-10

Presión para quejarse: Éxodo 17.1-7; Mateo 18.15-22

Presión para la autocomplacencia: Proverbios 6.6-11; Lucas 17.7-10; Filipenses 3.12-14

POSTDATA

Jesús amaba incluso a quienes no lo merecían, y para él nunca había un problema demasiado grande. Somos llamados a seguir su ejemplo, aun cuando las presiones nos desalienten.

- ¿Cuándo se encuentra con personas que creen o actúan de forma diferente a usted, en qué cosas se ve usted tentado a transigir? ¿A qué debe usted aferrarse firmemente?
- ¿Se queja usted alguna vez? ¿Qué pasos puede usted dar para hacer que sus palabras sean más conciliadoras y alentadoras?
- ¿Cuál es la diferencia entre reposo y autocomplacencia?
- ¿Cómo pueden otros cristianos ayudarle a resistir la presión?

Pida al Espíritu que le ayude a identificar las presiones en su vida. Ore para que Dios le dé fuerzas para no ceder ante ellas, y para recibir el poder del Espíritu en su vida.

UNIDOS RESISTIREMOS

Una de las funciones de la iglesia, el grupo de cristianos local que se reúne para adorar y tener comunión, es ayudarse unos a otros y permanecer firmes en la fe (Filipenses 1.27-28).

Esto no puede pasar si estamos siempre discutiendo unos con otros, y los hermanos más débiles pueden apartarse fácilmente de Dios si descuidamos sus necesidades espirituales o de otro tipo (1 Timoteo 5.13-15; 2 Timoteo 2.22-26).

Por tanto, el Nuevo Testamento nos insta siempre a ofrecernos apoyo mutuamente, de manera que podamos ganar nuestras batallas y vencer los peligros que nos acechan como grupo (1 Tesalonicenses 5.14).

La necesidad de sabiduría

Para poder permanecer juntos en la verdad de Jesús, necesitamos ser «sabios para el bien, pero ingenuos para el mal» (Romanos 16.17-20).
Eso significa crecer en nuestro conocimiento de cómo vivir de acuerdo a la Biblia, y al mismo tiempo eludir el mal (Efesios 5.3-6).

También significa resolver nuestras diferencias de una forma inteligente y madura, de forma que podamos acometer nuestra tarea principal, que es proclamar la palabra de Dios en el mundo (1 Corintios 6.1-8). Jesús prometió que, unidos en oración, Dios es capaz de obrar poderosamente si estamos todos de acuerdo (Mateo 18.19).

VENCER

Adelante, soldados cristianos

VERDAD CLAVE

**La vida cristiana consiste, no solamente en
vencer al mal, sino en hacer cosas importantes
en el mundo para Dios.**

Construir el reino

El «reino de Dios» era una frase que usó Jesús para
describir el alcance del gobierno directo de Dios
sobre su pueblo en la tierra, y de la influencia de
este pueblo en el mundo.

El reino está creciendo lentamente en tamaño
y en alcance. Jesús dijo que era como una pequeña
semilla que crece hasta ser un gran arbusto.

También está creciendo en efectividad. Jesús
dijo en una de sus parábolas que sus miembros
son como semillas sembradas en tierra buena y
fértil. Cada uno produce una cosecha del «fruto»
de su Espíritu: todos tenemos alguna influencia
para Dios en nuestra comunidad.

Sal del mundo

La sal es un ingrediente importante en la dieta de
casi todo el mundo. Una pequeña cantidad tiene
un gran efecto.

La sal se usaba en tiempos de Jesús para
conservar los alimentos, como la carne, para
evitar que se echaran a perder al ser almacenados.
También se usaba para acentuar el sabor de la
comida.

Jesús dijo que así quería él que fuera su
pueblo en el mundo. Nuestra influencia ayudará
a impedir que la sociedad humana se vuelva
completamente loca. Por ejemplo, Dios prometió
retrasar su juicio sobre Sodoma en el Antiguo
Testamento por las personas justas que había allí.
Y podemos llevar gozo y esperanza al mundo, que
está carente de ellos.

Luz del mundo

La luz se usa a menudo en la Biblia como una
imagen de Dios, debido a su contraste total con

el mal y el pecado, que se describe muchas veces
como las «tinieblas».

Jesús dijo que él era la luz del mundo. Él vino
para poner de manifiesto los hechos de los malos,
y para hacer entender el camino de Dios.

Tenemos que reflejar su luz, compartir su
amor y revelar su vida allá donde vayamos. De
esta forma, los demás verán que sus caminos son
buenos y sus leyes justas.

Conquistar el territorio enemigo

En la guerra humana, los ejércitos no se defienden
de los enemigos únicamente, sino que también
tratan de capturar su territorio.

En la batalla espiritual, Dios nos ha llamado
para ir con él al mundo, que está bajo la influencia
de Satanás, y ver cómo el mismo Dios extiende
poco a poco su reino.

Juntos con todo el pueblo de Dios podemos
llevar las buenas nuevas de vida eterna en
Jesucristo a aquellos que nunca le han conocido.
Puede que veamos a personas que un día
estuvieron atrapadas en las garras de Satanás

PARA PENSAR...

Haga una lista de algunas parábolas que
describan a qué es similar el reino de Dios.
- ¿Qué significa «el reino de los cielos»? ¿Es esta
  solamente otra forma de hablar de la iglesia, o
  es algo más?
- ¿Qué hace el reino de los cielos en relación con
  el mundo?

Piense en un área o situación particular en la
que usted quiera especialmente que aparezca el
reino de Dios.
- ¿Cómo crece el reino de Dios? ¿Es el
  crecimiento el resultado de la actividad de
  Dios, de su propia actividad, o de ambas?

liberarse para servir a Dios. Puede que veamos individuos, familias e incluso comunidades enteras transformados por el poder de la Palabra de Dios.

COMPRUEBE EN LA BIBLIA

Construir el reino: Mateo 13.1-9, 24-32
Sal del mundo: Génesis 18.26-33; Mateo 5.13; Colosenses 4.6
Luz del mundo: Mateo 5.14-16; Juan 1.4-13; 8.12
Conquistar el territorio enemigo: Hechos 8.4-8, 26-40

POSTDATA

Se nos ha dicho que esperemos ver a Dios obrando a través del testimonio de nuestras iglesias. Si parece que nada está pasando puede ser porque no le estamos obedeciendo completamente.

• Si Jesús es el rey de este reino, ¿quién es usted?
• ¿Qué tareas comparten todos los cristianos como parte de este reino?
• ¿Cómo puede comenzar a crecer el reino de Dios en el área o situación en la que acaba de pensar? ¿Hay alguna tarea especial que Dios quiere que usted lleve a cabo?

Dé gracias a Dios por usarle para llevar su vida al mundo. Pídale que venga su reino a la tierra, por medio de sus oraciones y acciones, igual que ocurre en el cielo.

RESUMEN BÍBLICO
¿QUÉ ES EL REINO DE DIOS?

El reino de Dios era lo que Jesús vino a proclamar (Mateo 4.17), y él envió a sus discípulos a proclamarlo también (Lucas 10.8, 9).

Su reino no es un país tal como nosotros lo conocemos (Juan 18.36), y no tiene un territorio real. En lugar de eso, consiste en un grupo de personas en todo el mundo que le aman y le obedecen (Lucas 14.15-24).

Parábolas del reino

Muchas de las parábolas de Jesús hablaban del reino de Dios. Este iba crecer, dijo, como una semilla en la tierra (Mateo 13.1-9, 31-32). Sin embargo, había personas que no pertenecían realmente al reino de Dios, pero parecían formar parte de él (Mateo 13.36-43).

El reino iba a tener un efecto positivo sobre el mundo, pero este no se veía, como la levadura en una rebanada de pan (Mateo 13.33). Es como una piedra preciosa, o un tesoro; merece la pena venderlo todo para poder entrar en él (Mateo 13.44-46).

Presente y futuro

El reino de Dios ya existe allá donde esté su pueblo (Lucas 17.20, 21). Pero también tiene una dimensión futura, y Jesús lo establecerá de forma definitiva al final de los tiempos (Mateo 25.31-40).

SERVIR

Llamados a servir

VERDAD CLAVE

Dios quiere que cada cristiano intervenga en su obra en el mundo.

Llamados por Dios

Cuando nos convertimos en cristianos pidiendo perdón a Dios por nuestros pecados y confiando en él para que nos diera la vida eterna, también nos convertimos en obreros cristianos.

Dios nos ha aceptado en su familia universal, la de las personas que le aman. Como en cualquier familia, hay muchas tareas por hacer para que la vida transcurra sin complicaciones. Se espera que nadie sea perezoso y no haga nada.

Dios también nos ha puesto en el lugar del mundo donde él quiere que mostremos su amor y extendamos su verdad. Somos llamados por él para ser sus siervos, para hacer su voluntad allá donde estemos.

Obligados por amor

No se podría haber acusado nunca a los primeros cristianos de ser poco entusiastas. Eran casi temerarios en la forma en la que se sumergían en el servicio para Jesús. La razón era bastante simple. Estaban tan fascinados por el amor de Dios hacia ellos que nada de lo que hacían en gratitud a él era lo suficientemente duro o problemático.

El amor que resultó de dejar de lado toda la belleza y la perfección del cielo, para sufrir las limitaciones de la vida humana, y ser asesinado después sin motivo alguno por personas pecadoras, es tan grande que merece justamente toda nuestra energía y devoción.

Comprometidos por medio de la fe

Una parte de ser cristiano es estar dispuestos a hacer todo lo que Dios quiera que hagamos.

Él quiere cambiar nuestras vidas de forma que seamos más como Jesús. Para que esto tenga lugar debemos aceptar sus instrucciones y sus reprimendas.

Como ya nos hemos comprometido a dejarle obrar en nuestras vidas, él quiere ahora que sigamos sus instrucciones un poco más allá, y que nos comprometamos a servirle en el mundo.

Preocupados por otros

Hay muchas personas en cada comunidad que tienen necesidades espirituales o físicas. Algunas de ellas pueden necesitar ayuda únicamente para vivir más cómodamente, como los pobres o los discapacitados.

Otros se encuentran solos y necesitan la amistad de otras personas; lo más probable es que la mayoría de ellos todavía necesiten conocer a Jesús como su salvador personal y amigo.

Es fácil para nosotros que estemos tan preocupados por nosotros mismos que estemos ciegos a las necesidades de los demás. Pero Dios quiere que crezcamos con más sensibilidad a las

PARA PENSAR...

Lea la historia de Jesús lavando los pies de sus discípulos en Juan 13.1-17.

- ¿Cómo se siente usted ante el hecho de que el Señor de toda la creación hiciera el trabajo de un siervo?
- ¿De qué forma se vuelve esa acción un modelo a seguir para todos los cristianos? ¿Significa literalmente que usted debe lavar los pies a los demás?
- ¿Por qué es importante que se vea a sí mismo como un siervo de Dios? ¿En qué sentido difiere esto de ser un empleado de Dios?
- ¿Le apasiona ser un siervo o le resulta tedioso?

necesidades de los demás y que les ayudemos cada vez que podamos.

COMPRUEBE EN LA BIBLIA

Llamados por Dios: Romanos 6.15-19; Efesios 2.8-10

Obligados por amor: Juan 13.34, 35; Romanos 5.3-5; 2 Corintios 5.14, 15

Comprometidos por medio de la fe: Mateo 24.45-47; Romanos 12.1, 2

Preocupados por otros: Mateo 9.36; 14.14; 1 Pedro 3.8

POSTDATA

Hay muchas cosas que podríamos hacer por Dios, por lo que debemos orar para que nos guíe y podamos saber exactamente qué tareas tiene para nosotros.

Haga una lista de personas que ve con regularidad, y de los sitios a los que va.

• ¿Se ha visto alguna vez a sí mismo como el siervo especial de Dios para estos lugares y personas?

• ¿Cómo cambiaría esto su comportamiento? ¿Hay alguna cosa que usted necesite empezar a hacer o decir?

Dé gracias a Dios por el privilegio de poder servirle. Ore por las personas y lugares que él le ha llamado a servir. Siga orando por ellos regularmente.

RESUMEN BÍBLICO
ILUSTRACIÓN DEL SERVICIO

Los escritores del Nuevo Testamento usan numerosas figuras para describir al pueblo de Dios que desea servirle. Aquí vemos algunas de ellas.

Empleados en los negocios de Dios

Una descripción frecuente es la de esclavo, o siervo. En los tiempos bíblicos, los esclavos eran algo común en la sociedad. Trabajaban para un hombre, y aunque algunos tenían mucha libertad personal, estaban «atados» a su señor. No podían abandonar su servicio.

Pablo se veía a sí mismo como el esclavo de Jesús (Romanos 1.1; 1 Timoteo 1.12), y dijo que todos los cristianos debían vivir como si fueran esclavos de Dios (Efesios 6.6). Otra descripción parecida que usa es la de «mayordomos», que gestionaban las casas y propiedades, y que debían de ser honestos con los que los empleaban y fieles a ellos (1 Corintios 4.1, 2).

Trabajando para el reino de Dios

Otras veces, Pablo se veía como un constructor, poniendo los fundamentos de la fe en Jesús (1 Corintios 3.10-15), o un granjero que planta una semilla (la palabra de Dios) que otros cuidarán y ayudarán a crecer hasta madurar (1 Corintios 3.5-9).

También se describió como un soldado, luchando tanto para defender la verdad como para derrotar al mal llevando a otros al reino de Dios (1 Timoteo 6.12; 2 Timoteo 4.7).

Siguiendo los pasos de Jesús

Quizá la descripción más útil es la de «discípulo», uno que sigue los pasos de su maestro, siempre dispuesto a aprender y obedecer. Los discípulos de Jesús eran sus alumnos y sus compañeros de trabajo (Lucas 8.9, 10; 9.1-6; 11.1).

SERVIR

Poder para servir

VERDAD CLAVE

Es posible realizar la obra de Dios de la forma que Dios quiere si confiamos plenamente en el poder que nos ha dado su Espíritu Santo.

Compartir la obra de Dios

Los cristianos son llamados a compartir la obra que Dios está haciendo, y que continuará haciendo, en el mundo. Es su obra continua, no la nuestra.

Esto no quiere decir que debemos dejar de lado las habilidades y el conocimiento que hemos adquirido en el mundo. Pero es fácil dar por hecho que Dios debe aprobar cualquier cosa que hagamos y que esté relacionada con hablar a otros de Jesús, o ayudar en la vida diaria de la iglesia. En realidad, únicamente podemos estar seguros de lo que pertenece a su obra si buscamos su guía regularmente. A veces, se hacen cosas en las iglesias solamente porque siempre se han hecho.

Ser llenos de su Espíritu

Siempre que los primeros cristianos se disponían a iniciar una nueva empresa, oraban para que el Espíritu del Dios llenara sus vidas con el poder y la sabiduría que necesitaban para llevar a cabo su obra.

Y cuando salían fuera con fe, descubrían a menudo que Dios ya iba por delante de ellos, preparando a las personas para recibir su mensaje.

Cuando formamos parte de la obra de Dios, debemos hacer las cosas como Dios quiere, y no dependiendo de los métodos e ideas humanos. Solamente cuando permitimos que el Espíritu Santo fluya a través de nosotros, veremos los resultados del amor de Dios obrando en nuestra iglesia o comunidad.

Controlados por su Palabra

Dios no quiere que vayamos al mundo a enseñar nuestras propias ideas sobre él. Nos ha dado su Palabra, que es la verdad sobre su naturaleza y nuestras necesidades, para proclamarla y vivirla.

Esa Palabra tiene la autoridad de Dios mismo. No importa cómo reaccionen las personas ante nosotros y nuestro mensaje. Nunca debemos dudar de su verdad y de su importancia. El Dios vivo le ha puesto el sello de su poder.

Sin embargo, no debemos ser como los loros, repitiendo frases tópicas para responder a cada pregunta, como algunas sectas no cristianas enseñan a sus miembros. La Palabra de Dios es suficientemente grande y poderosa para que se explique y se aplique de formas que tengan sentido en nuestra sociedad sin perder su autoridad ni su verdad.

Equipados con sus dones

Jesús contó la historia de un hombre que dio a sus siervos dinero (las monedas se llamaban «talentos») para que obtuvieran beneficios del mismo mientras el hombre estaba de viaje por negocios.

Todos excepto uno fueron fieles e hicieron uso de sus talentos, con diferentes grados de éxito. El

PARA PENSAR...

Haga una lista de las oportunidades que usted tiene para el servicio.

- ¿Sería usted capaz de llevarlas a cabo, alguna de ellas o todas, sin la ayuda de Dios?
- ¿Qué pasaría si lo intentara?
- ¿Le pide Dios que tome cada oportunidad de servicio que se le presenta, o debe usted aprender también cuándo dejar una tarea para otra persona?

El Espíritu Santo le provee tanto la guía como la fuerza necesarias para usar las oportunidades de servicio.

hombre los alabó a todos, excepto al siervo que enterró su talento bajo la arena.

Dios nos ha dado capacidades personales para que las usemos para él. También hay talentos naturales que nos dio al nacer, y dones espirituales que él quiere que busquemos. Siempre tenemos los recursos necesarios para hacer cualquier cosa que él nos llame a hacer.

COMPRUEBE EN LA BIBLIA

Compartir la obra de Dios: Juan 14.12-14; 2 Corintios 6.1

Ser llenos de su Espíritu: Hechos 8.26-30; 13.1-4; Efesios 5.18

Controlados por su Palabra: Juan 17.14; Hechos 4.31; 1 Corintios 2.1-5

Equipados con sus dones: Mateo 25.14-30; Efesios 4.7

POSTDATA

El servicio cristiano es un acto de fe en la vida cristiana. No somos llamados a ser tímidos, sino fieles y atrevidos, confiando en el poder de Dios.

• ¿Qué dones particulares le ha dado el Espíritu para ayudarle a servir a Dios de manera más efectiva?
• Ya que es el Espíritu es el que da estos dones, ¿significa eso que usted no tiene nada con lo que contribuir?
• ¿Qué puede usted hacer para trabajar junto al Espíritu de Dios esta semana?

Dios le prepara para las tareas que le llama a hacer. Dé gracias por su ayuda y pase algún tiempo orando por sus oportunidades de servicio.

HACER AQUELLO QUE NACE DE FORMA NATURAL

Pablo describe a veces a la iglesia como un cuerpo. Cada persona tiene un trabajo particular que hacer, igual que cada parte del cuerpo humano tiene su propia función.

Trabajando juntos

Por tanto, dice Pablo, el caos reinaría si el pie pensara que es inútil porque no es mano, o si la cabeza le dijera a los pies que no son necesarios (1 Corintios 12.14-21).

De hecho, continúa, Dios ha dado a las partes aparentemente más débiles tanto del cuerpo humano como del «cuerpo de Cristo» un papel indispensable (vv. 22-26). La Biblia no da ninguna justificación a crear una jerarquía de trabajos en el servicio cristiano según el poder o el estatus que conlleve cada uno. Tenemos un maestro, Jesús, y todos están llamados a servirle (Mateo 23.8-12).

Siendo nosotros mismos

A todo el mundo le gusta que los demás piensen bien de él, y que le respeten por sus capacidades. Los cristianos deben respetarse unos a otros por lo que cada cual puede ofrecer, reconociendo que todos tienen algo valioso que dar (Filipenses 2.3, 4).

Por tanto, podemos ser libres para hacer cualquier cosa que Dios quiera, ya sea liderar una iglesia o contar el dinero, hablar en las reuniones o proveer refrescos, sin sentirnos para nada inferiores ni superiores.

Y eso significa que la hipocresía que Jesús condenó tan fuertemente no debe aparecer nunca en nuestras iglesias (Mateo 23.1-7, 13-15, 23-28). Dios es libre entonces para hacer justo lo que quiere por medio de nosotros, lo que siempre es mucho.

Servir en la iglesia

VERDAD CLAVE

Hay tantas cosas por hacer por los demás en la iglesia como miembros hay en ella.

Los primeros serán los postreros

Cuando dos de los doce apóstoles de Jesús vinieron a él para pedirle los mejores lugares en el cielo, el resto del grupo se enojó, como es natural.

Jesús aprovechó la oportunidad para explicarles a todos que, en su reino, la persona más grande era en realidad la que servía al resto. En otras palabras, el servicio para Dios es más importante que la alabanza de los hombres.

Jesús enseñó que las personas verdaderamente grandes son a menudo las que los demás desprecian, porque son humildes en lugar de ambiciosos o despiadados, o porque no son muy afortunados o agraciados.

Echar una mano

Algunas iglesias tienen probablemente demasiada organización, demasiadas comisiones, reuniones de planificación y tareas administrativas. Este tipo de cosas pueden obstaculizar fácilmente el camino de nuestro llamamiento a enseñar y a vivir el sencillo mensaje del amor de Dios.

Pero cada iglesia debe tener alguna organización, porque Dios quiere que reflejemos su carácter, que convierte el caos en orden.

Hay todo tipo de cosas para hacer hoy en día, igual que ocurría en la iglesia primitiva. Todos pueden ayudar con la limpieza o haciendo otras cosas, cuidando del edificio o de los niños, y organizando actividades o reuniones.

Velar por los necesitados

El amor, expresado en el cuidado de los pobres, los enfermos, los discapacitados, los afligidos, los débiles y los sin techo ha sido siempre una característica de la iglesia cristiana.

Hay personas en cada congregación que tienen necesidades que otros pueden suplir. Pueden necesitar ayuda para comprar comida o para mantener limpia su casa. Puede que estén solos, tristes o asustados, y que necesiten el consuelo y la seguridad de la amistad de otra persona.

En algunas ocasiones, este cuidado requiere de habilidades especiales, para aconsejar y ayudar a las personas a aplicar la verdad de Jesús a sus necesidades más profundas. Pero frecuentemente se trata solamente de estar disponible para los demás y dejar que el amor de Jesús fluya a través de nosotros.

Hablar la Palabra de Dios

Esto se ve muchas veces, erróneamente, como el aspecto más importante del servicio cristiano. Es importante, pero no se debe permitir que eclipse a otros aspectos.

Hay muchas formas de hablar la Palabra de Dios. Algunos tendrán oportunidades de enseñar o predicar en las reuniones. Otros podrán contribuir en los debates. Unos pocos tendrán, por el Espíritu, palabra de ánimo o advertencia

PARA PENSAR...

Pase algún tiempo pensando en su iglesia local
- ¿Quién es la persona más importante en la iglesia? ¿Debería haber una persona «más importante de la iglesia»?
- ¿Hay alguna tarea en la iglesia que nadie quiere hacer? ¿Por qué la evitan las personas? ¿Podría usted servir de esta forma?
- ¿Hay personas en su iglesia que son a menudo pasadas por alto? ¿Tienen necesidades en las que usted puede ayudarles? ¿Podría usted al menos hablar con ellos y orar por ellos?
- ¿Por qué es erróneo dejar la comunicación del mensaje de Dios solamente para los «profesionales»?

para la iglesia, que los demás deben comprobar con las Escrituras.

Pero también hay dones para cantar, escribir, actuar, bailar, pintar y otras actividades, que pueden hablar la Palabra de Dios de alguna forma. Y, sobre todo, lo mismo pueden hacer nuestras conversaciones diarias con amigos, vecinos y compañeros de trabajo.

COMPRUEBE EN LA BIBLIA

Los primeros serán los postreros: Marcos 9.35-45; Mateo 19.29, 30

Echar una mano: Hechos 6.1-3; Romanos 12.7, 8, 13

Velar por los necesitados: 1 Tesalonicenses 5.14; Santiago 2.14-17

Hablar la Palabra de Dios: 1 Corintios 14.3-5, 29-32; 2 Timoteo 4.1-5

POSTDATA

Igual que cada persona tiene algo que dar, todos también tenemos algo que recibir. El servicio cristiano es mutuo: debemos estar igual de dispuestos a ayudar y a que nos ayuden.

La vida cristiana llama al servicio mutuo.

• ¿Está usted dispuesto a dejar que otras personas le sirvan? Si no lo está, ¿por qué?

• ¿Qué necesidades tiene usted que podrían ser una oportunidad de servicio para otros en su iglesia?

Dé gracias a Dios por el cuidado que recibe de otros cristianos. Pídale que le muestre formas en las que usted pueda servirle y bendecir a otros en su iglesia local.

EDIFICAR LA COMUNIDAD

La intención de Dios era que todos los seres humanos vivieran en una comunidad donde todos den, reciban y compartan mutuamente; no es posible vivir una vida completa en soledad (Génesis 2.18).

Hace mucho que el mundo se ha convertido en un lugar egoísta, en el que todos miran por sí mismos y rara vez ayudan a lo demás sacrificándose (Lucas 11.37-42; 16.19-31).

La iglesia, sin embargo, debe ser el lugar en el que la nueva comunidad de Dios, su reino, se hace visible al mundo como ejemplo de amor verdadero y preocupación por los demás (1 Pedro 2.9, 10).

Creciendo juntos

Este ideal solamente puede alcanzarse si los cristianos aprenden a compartir sus vidas juntos lo más plenamente posible. Eso implica algo más que reunirse regularmente, aunque esto es de todas formas importante (Hebreos 10.23-25).

Además, necesitamos conocernos los unos a los otros de una forma en la que podamos funcionar como un cuerpo maduro y sano, sin tropezar ni renquear (1 Corintios 12.25-27). Para conseguir esto, nuestra vida de iglesia tiene que ser algo más que un pasatiempo; debe ser el centro de nuestra vida.

En el mundo

VERDAD CLAVE

Dios quiere que su pueblo muestre la diferencia que Jesús ha marcado en sus vidas a través de su conducta, de su forma de expresarse y de su vida de iglesia

Una vida diferente

Un cristiano es un ser humano como otro cualquiera. Eso significa que todos compartimos las mismas necesidades físicas, emocionales y espirituales. Si pretendemos estar por encima de estas necesidades, aparentaremos ser fríos e inhumanos, algo que Jesús nunca fue.

Pero al mismo tiempo somos diferentes. El Espíritu de Dios está activo en nuestras vidas. Pertenecemos al reino de Dios, que tiene una serie de valores diferentes a los de la sociedad en la que vivimos.

La vida cristiana se basa en el amor a Dios y a nuestro vecino. La consecuencia de eso debe ser una profunda preocupación por los demás, y evitar cualquier tipo de pecado. No necesitaremos ser como los fariseos de los días de Jesús, que intentaban impresionar a las personas con sus buenas obras. Las personas simplemente verán a Jesús en nosotros.

Labios puros

Siempre es más fácil hablar de forma ruda que con amabilidad. También es más fácil maldecir que bendecir y mentir que decir la verdad.

Pero todas estas cosas más fáciles brotan de nuestra naturaleza egoísta y no de Dios. Somos sus representantes en el mundo, por lo que nuestra conversación debe reflejar sus virtudes. Esto significa que jurar, fanfarronear, mentir (incluidas las mentiras pequeñas, «piadosas») y la ira impaciente son cosas que están excluidas de nuestra forma de expresarnos. En lugar de eso, Dios quiere que seamos bondadosos, misericordiosos, sinceros y pacientes.

Las pequeñas cosas cuentan

Hay una idea falsa de que las únicas cosas que cuentan realmente para Dios son las acciones y las decisiones grandes e importantes.

Esta es una mentira propia del diablo; para Dios, las pequeñas cosas son extremadamente importantes. Solamente cuando somos fieles a él en esas pequeñas cosas, podremos serlo también en asuntos más relevantes.

Por eso Jesús y sus discípulos decían que los pequeños actos de amor y las palabras de ánimo o de ayuda que parecen no tener importancia son vitales. Son maneras de mostrar que Dios está pendiente de los detalles de la vida.

Amar a nuestros enemigos

El amor cristiano es exigente y de largo alcance. Jesús dijo que la mayoría de las personas aman a los que se portan bien con ellos, pero que sus discípulos debían amar también a sus enemigos.

Este tipo de amor podía tomar dos formas distintas. Una, hacer por las personas más de lo que piden. La otra, una actitud de bondad y perdón hacia los que insultaban y perseguían a

PARA PENSAR...

Piense en alguien que conozca o vea con regularidad que no sea todavía cristiano.
- ¿Piensa usted que ven algo diferente en su vida? ¿Qué le hace a usted diferente?
- ¿Llevan a personas a Jesús esas diferencias existentes en su vida? ¿O únicamente le hacen parecer extraño?

Vivir una vida cristiana en el mundo no consiste solamente en evitar ciertas cosas, sino también en vivir una vida con un rasgo distintivo, que irradie la vida de Jesús.

los cristianos. Jesús nos mostró un ejemplo de eso orando por el perdón de aquellos que estaban clavándolo en la cruz.

COMPRUEBE EN LA BIBLIA

Una vida diferente: Mateo 6.1-14; Efesios 5.3-20
Labios puros: Efesios 4.25-32; 1 Pedro 3.8-12
Las pequeñas cosas cuentan: Mateo 10.40-42; Colosenses 3.17
Amar a nuestros enemigos: Mateo 5.38-48; 26.48-54; Lucas 23.34

POSTDATA

La vida cristiana no consiste simplemente en seguir unos patrones de conducta establecidos; Dios quiere que nuestro estilo de vida al completo refleje su carácter de forma que el mundo pueda verdaderamente reconocerle.

• ¿Cómo debe afectar su fe cristiana a su forma de hablar con otras personas?
• ¿Qué cosas puede hacer usted esta semana para expresar su amor por Dios?
• ¿Tiene usted «enemigos»? ¿Cómo puede cumplir el mandamiento de Jesús de amarles?

Dé gracias a Dios de que el mundo sea su mundo. Ore para que le ayude a vivir como él quiere que usted viva, lleno de su vida, su paz y su gozo. Ore para que el Espíritu de Dios use su vida para llevar a otros a Jesús.

RESUMEN BÍBLICO

PEREGRINOS EN TIERRA EXTRAÑA

Cada cristiano es un miembro del reino de Dios. El resto del mundo no lo es. Somos, por lo tanto, en esta vida, como «extranjeros y peregrinos» en una tierra extraña. Nuestra forma de vida refleja el amor y las leyes de Dios (1 Pedro 2.11, 12).

Residentes en el mundo

No se nos dice que formemos nuestras comunidades independientes, aisladas del resto del mundo (Juan 17.15; 1 Corintios 5.9-13). Eso sería casi imposible, y restringiría nuestro testimonio para Dios.

La Biblia insta a los cristianos a que cumplan las leyes del estado y paguen sus impuestos, teniendo siempre presente que no pueden obedecer una ley que les impida hacer lo que Dios manda, o que les ordene hacer algo incorrecto. Vea el ejemplo de Jesús en Mateo 17.24-27; su enseñanza en Mateo 22.15-22, y su aplicación por parte de los apóstoles en Romanos 13.1-7; 1 Pedro 2.13-17.

Ciudadanos del cielo

A pesar de esto, Jesús nos recuerda que no somos del mundo (Juan 17.16), nuestra ciudadanía está ahora en el cielo (Filipenses 3.20). De esta forma, somos «embajadores» de Dios en la tierra (2 Corintios 5.20), viviendo nuestra nueva vida en un entorno a veces hostil, entre personas que no conocen a Dios. Pero, al mismo tiempo, tenemos que hablarles de él.

SERVIR

Compartir buenas nuevas

VERDAD CLAVE

Jesús le ha dicho a su pueblo que lleve su mensaje de vida nueva y eterna, y de perdón, al mundo entero.

Un mensaje para todos

No hay un mensaje que el mundo necesite oír más que el mensaje de Jesús. Todo el mundo necesita oír de él. La única esperanza cierta de disfrutar de su amor ahora y siempre es confiar en él, igual que hemos hecho nosotros.

Nadie es demasiado viejo, joven, inteligente o analfabeto como para no poder conocer a Jesús por sí mismo. Su muerte en la cruz fue para todo aquel que le acepte.

El evangelio, las buenas nuevas, es tan importante que una de las últimas cosas que Jesús dijo a sus discípulos fue que viajaran por todo el mundo para proclamarlo.

Hablar de Jesús

Después de la primera ola de persecución en la iglesia primitiva, los discípulos de Jesús se esparcieron por muchos países. Fueran donde fueran le hablaban a la gente de Jesús.

De alguna manera, es natural hablar a las personas de cosas que significan mucho para nosotros, acontecimientos especiales que han ocurrido, nuevas personas que hemos conocido. Por eso, debe ser natural que hablemos de Jesús a los que nos rodean, y que contemos lo que ha hecho por nosotros.

A algunos cristianos les resulta difícil expresar su fe en palabras, porque es un tema profundamente personal. Pero normalmente siempre hay algo que podemos decir, en el momento adecuado, un comentario quizás, de cómo Jesús promete ocuparse de las dificultades por las que está pasando nuestro interlocutor, o simplemente un versículo de la Biblia que es relevante para una conversación.

Dejar que Dios obre

Hay «un tiempo para callar y un tiempo para hablar», como dijo un sabio escritor del Antiguo Testamento. Mientras la mayoría de nosotros probablemente no habla lo suficiente de Jesús, a veces tampoco elegimos el mejor momento o forma para hacerlo. Dios usa nuestras palabras, pero en algunas ocasiones debemos ser pacientes, y dejar que su palabra, por medio de su Espíritu, obre en la mente o el corazón de una persona. Dios ha otorgado a ciertas personas el don de hablar de Jesús a los demás y de llevarles a él. Necesitan nuestras oraciones y apoyo económico. Solamente tenemos que ser capaces de interesar lo suficiente a alguien para animarle a que hable o escuche a un evangelista.

Dar testimonio a los vecinos

A Pablo, en el Nuevo Testamento, se le conoce por su estrategia misionera. Él no trabajaba sin un plan. Fue a lugares muy importantes y se dirigió a personas relevantes para proclamar a Jesús, dejando tras él a un grupo de cristianos capaz de

PARA PENSAR...

Piense en un acontecimiento reciente que tuviera muchas ganas de compartir con otras personas.

- ¿Es más fácil para usted compartir sus propias buenas noticias o las de Jesucristo? ¿Por qué piensa usted que esto es así?
- ¿Necesita usted habilidades especiales para hablar de Jesús a otros?
- ¿Son las palabras el único medio para transmitir las buenas nuevas?

Las buenas nuevas de perdón y vida nueva en Jesucristo son para todo el mundo.

seguir hablando de Cristo a los demás en su zona y más allá de ella.

Su ejemplo es un buen ejemplo a seguir. Puede haber grupos de gente en un área que se mostrarán especialmente abiertos al evangelio. O puede que haya zonas en las que no haya testimonio, a las que podríamos llegar.

La obra de evangelismo, contar las buenas nuevas, es algo que podemos compartir por medio de nuestro testimonio personal, repartiendo folletos, visitando las casas de otros, ayudando en servicios especiales de la iglesia.

COMPRUEBE EN LA BIBLIA

Un mensaje para todos: Mateo 28.18-20; Juan 3.16, 17; Hechos 4.11,12

Hablar de Jesús: Hechos 8.4-8; 9.10-19

Dejar que Dios obre: Eclesiastés 3.7; Juan 12.20-23; Lucas 1.76-79; 3.4

Dar testimonio a los vecinos: Hechos 17.16-18; 18.1-4

POSTDATA

Es fácil desanimarse ante la ausencia de una respuesta positiva a nuestros esfuerzos y, como consecuencia de ello, concentrarse en la comunión en nuestra iglesia. Pero Jesús nos llama para que sigamos proclamándole, con los métodos que sean más apropiados en nuestra zona.

- ¿Hay personas en su zona que no han tenido testimonio cristiano hasta este momento? ¿Existe alguna razón para ello?
- ¿Qué podría usted hacer para compartir las buenas nuevas con estas personas?
- ¿Cómo le ayuda el Espíritu Santo cuando está compartiendo el mensaje de Jesús? ¿Por qué es fundamental la obra del Espíritu?
- ¿Qué debería usted hacer si no hubiera respuesta de la gente?

Dé gracias a Dios por su inmenso amor por usted. Ore por aquellos que todavía no le conocen como Salvador y Señor. Ore por oportunidades para compartir las buenas nuevas con ellos, y por valentía para hacerlo.

RESUMEN BÍBLICO

TODO A TODAS LAS PERSONAS

Pablo dijo a los corintios que, en su tarea de proclamar las buenas nuevas de Jesús, se volvió «de todo a todos los hombres» (1 Corintios 9.22). Esta frase se usa a veces para describir a personas en las que no se puede confiar; igual que un camaleón que cambia el color de su piel para camuflarse con su entorno, adaptan sus palabras y sus acciones a las situaciones para que siempre los acepten.

Identificarse con las personas

Sin embargo, esto no era lo que Pablo quería decir. Más bien, él hizo todo lo que pudo para identificarse estrechamente con las personas a las que hablaba, de forma que su mensaje se hiciera totalmente relevante para sus necesidades o su cultura.

Así, para los judíos, él proclamaba a Jesús como «rey de los judíos», el Mesías prometido (v.20). A los no judíos, les enfatizaba el hecho de que Jesús vino a salvar a toda la humanidad, y de que a Dios no le importan las diferencias raciales (v.21).

A las personas con necesidades personales, Pablo les predicaba la ternura y el cuidado de Jesús, que él mismo había conocido y experimentado (v.22). Él no cambiaba el mensaje, sino que adaptaba la forma de enseñarlo a las necesidades del momento.

El propio ejemplo de Jesús

Haciendo esto, estaba siguiendo el propio ejemplo de Jesús. Su nombre favorito para sí mismo era «Hijo del Hombre» (Lucas 5.24), por medio del cual se identificaba claramente con nosotros. Él, también, adaptaba sus métodos. Usaba parábolas para algunas personas y la enseñanza directa para otras (p. ej. Mateo 13.10-18).

SERVIR

Servicio para toda la vida

VERDAD CLAVE
Cada cristiano se encuentra sirviendo a Jesús a tiempo completo; no existe la media jornada o los reservistas en el «ejército» de Dios.

Preparados para cambiar
El Espíritu Santo es dinámico, está siempre en movimiento, siempre trabajando. Nosotros, en el otro extremo, preferimos normalmente una vida tranquila, más segura y estable.

Cuando Jesús habló a la iglesia en Éfeso dijo que, aunque habían sido fieles a él, habían perdido su primer amor. Tenían que abrir sus mentes al cambio, estar preparados para seguirle allá donde él les guiara, igual que habían hecho ya una vez antes.

Esto siempre ha sido un reto para los cristianos. Debemos preguntar frecuentemente, «Señor, ¿qué quieres que yo haga?».

Entregar todo a Jesús
En un sentido, ya hemos dado todo a Jesús, nuestro propio ser, nuestra vida, en pago por su perdón y su nueva vida.

Pero hay otra forma en la que él quiere que nos entreguemos a él; estando dispuestos a dejar nuestros trabajos y uniéndonos al equipo humano de una iglesia o entidad misionera, o integrándonos a cualquier otra forma de obra cristiana.

Nuestro compromiso con él puede expresarse también en nuestra disposición a dar más de nuestro tiempo libre para asumir responsabilidades en la iglesia. Sin embargo, si tenemos familia, es importante que no la descuidemos.

Apoyar a sus obreros
«El obrero es digno de su salario». Este es un principio del Nuevo Testamento que nos recuerda que los líderes y obreros de la iglesia, algunos de los cuales han dejado trabajos bien pagados para servir a Jesús, necesitan comida y ropa.

Si no les proveemos de esas cosas, pasarán hambre y frío. Dios espera de nosotros que apoyemos su ministerio compartiendo nuestras ganancias y nuestros bienes con ellos.

Pablo consideraba que ese sostenimiento era un derecho. En Corinto, sin embargo, él no ejerció ese derecho, para evitar ser una carga en la iglesia. En lugar de eso, él se ganaba el sustento haciendo tiendas. Pero fue una decisión personal, que no alteraba el principio con el que trabajaba normalmente.

Orar por los siervos de Dios
Algunas personas parecen no tener mucho que dar para el servicio cristiano. Pueden ser ancianos, enfermos, pobres o tener muy poco tiempo para dar a la iglesia.

Pero, por supuesto, pueden amar a los demás y cuidar de ellos. Y sobre todo, como cualquier otra persona, pueden pasar tiempo en oración.

PARA PENSAR...
- ¿Cómo ha cambiado su servicio cristiano durante el tiempo que ha sido creyente? ¿Qué causó esos cambios?
- ¿Cómo es su servicio en este momento? ¿Necesita encontrar nuevas vías para servir a Dios? ¿O necesita renovar su entusiasmo para sus actividades actuales?
- ¿Está Dios llamándole a alguna forma de obra cristiana? ¿Cómo puede probar este llamamiento?

Usted debe también buscar oportunidades de apoyar a otros obreros cristianos.
- ¿Conoce usted alguna persona que necesite su apoyo en este momento?

Dios va realizando su obra en el mundo a través de las oraciones de su pueblo. Moisés, el líder judío, necesitó una vez alguien que le apoyara físicamente mientras guiaba a Israel en la batalla; por medio de la oración, apoyamos espiritualmente a aquellos que están en primera línea de la guerra espiritual. Sin nosotros, el desarrollo de los acontecimientos sería más duro.

COMPRUEBE EN LA BIBLIA

Preparados para cambair: Apocalipsis 2.17; Juan 3.8

Entregar todo a Jesús: Jeremías 1.4-10; Lucas 10.1-12; Romanos 10.14-17

Apoyar a sus obreros: Lucas 10.7; 1 Corintios 9.3-18

Orar por los siervos de Dios: Éxodo 17.10-13; Colosenses 1.9; 4.2-4

POSTDATA

El servicio cristiano es una obra de amor. Es un trabajo duro, y es más efectivo cuando brota de nuestro amor por Jesús y por su pueblo.

- ¿Qué pasos puede usted dar para averiguar las necesidades de esas personas, y así poder orar por ellas y ofrendar para ellas con más efectividad?

En el mundo laboral, la jubilación llega cuando una persona alcanza una cierta edad.

- ¿Se jubila el cristiano alguna vez? ¿Cómo le hace sentir esto?

Dé gracias a Dios porque siempre tiene trabajo para usted, cualquiera que sea la etapa de la vida en la que se encuentre. Ore para que Dios le dé fuerza para servirle fielmente hasta el final.

RESUMEN BÍBLICO

PABLO, UN SIERVO DE DIOS

En algunos aspectos, el apóstol Pablo era una persona excepcional. La cantidad de trabajo que llevaba a cabo hubiera matado a un hombre de menos valía (2 Corintios 11.23-29). Pero, a pesar de todo, su servicio para Jesús se mantiene para nosotros como un modelo inspirador a seguir.

Dedicado a Jesús

Pablo no creía en hacer las cosas a medias. Jesús lo dio todo por él y, por consiguiente, él lo dio todo por Jesús (Gálatas 2.20). Era tal su dedicación que nunca disminuyó el ritmo de trabajo, hasta justo antes de morir (2 Timoteo 4.6-8). Esa es la base de todo servicio cristiano. No podemos esperar lograr grandes cosas para Dios a no ser que estemos preparados para seguirle totalmente.

Controlado por la Palabra de Dios

Antes de su conversión, Pablo era un erudito judío (Gálatas 1.14) con un gran conocimiento de las Escrituras del Antiguo Testamento. Después de su conversión, Dios le reveló la verdad completa sobre Jesús (Gálatas 1.11, 12), que concordaba totalmente con lo que los otros apóstoles habían estado enseñando (Gálatas 2.1, 2).

Toda su enseñanza se había construido firmemente sobre los hechos básicos de quién era Jesús y de qué había hecho en la cruz, y Pablo resistió con fuerza todos los intentos que hubo de alterar ese evangelio o añadirle cosas (Gálatas 1.6-9; 2 Timoteo 1.11-14). Esa es una clave del servicio cristiano efectivo; no podemos esperar ganar a otros para Jesús o ayudar a otros cristianos a crecer si nosotros mismos no estamos enseñando y aplicando esta verdad con firmeza.

LLEGAR

En el camino al cielo

VERDAD CLAVE
Los cristianos siempre tienen su mirada puesta en el cielo.

El cielo en la tierra
Cada persona que ha reconocido que la muerte de Jesucristo en la cruz es la vía por la que Dios ofrece el perdón y la vida eterna y que ha pedido personalmente ese perdón y esa vida irá sin duda alguna al cielo cuando muera.

Para nosotros, la vida eterna ya ha comenzado; el amor de Dios ha irrumpido en nuestra vida terrenal. Su Santo Espíritu ha iniciado el proceso de convertir nuestra naturaleza pecadora en algo puro y perfecto que se completará en el cielo.

El Espíritu nos trae la vida del cielo dándonos confianza (o seguridad) de que pertenecemos a Jesús. También recibimos su poder para vencer al pecado y al mal. A veces, también, en nuestras oraciones seremos especialmente conscientes de que ya no estamos atados a la tierra, sino que vamos rumbo al cielo.

La vida en perspectiva
La mayoría de las personas vive como si esta vida fuese lo único que importa. Gastan mucha energía y tiempo reuniendo posesiones o trabajando para conseguir una posición en el mundo o el reconocimiento del mismo. Pero Jesús enseñó que la vida en la tierra es importante, precisamente porque es el periodo de tiempo que se nos ha dado para ponernos de un acuerdo con los propósitos de Dios para nosotros.

Esos propósitos engloban al mundo entero y a toda la eternidad. Eso le da a nuestra vida un pequeño lugar, aunque significativo, en sus planes. Y pone a la vida terrenal, comparativamente corta, bajo una nueva perspectiva: la eternidad nunca acaba.

Apuntar a la meta
Todos necesitamos un objetivo en la vida, porque de otro modo iríamos a la deriva y nunca estaríamos satisfechos. El objetivo de la vida cristiana es agradar a Jesús.

Pero existe también otro objetivo al que apuntar, que no podemos perder de vista, pero que debería determinar cómo vamos en cuanto a agradarle. Ese objetivo es pasar toda la eternidad en su presencia. Si ahí es donde vamos, entonces cada pensamiento, palabra y hecho en esta vida merece ser digno de su presencia.

Preparado para Jesús
La naturaleza humana es la misma para todo el mundo. Jesús era consciente de que un cristiano podía ser tan perezoso como cualquier otra persona. Por eso muchas de sus parábolas sobre el fin de los tiempos mostraban cómo debemos vivir ahora preparados para la próxima vida. En una historia mostró como cinco jóvenes mujeres no se preocuparon de prepararse para una celebración

---

PARA PENSAR...
Piense en las cosas que las personas esperan para sus vidas. Quizás pueda preguntar a algunos amigos qué piensan ellos.

- ¿Qué esperan los cristianos? ¿Qué diferencia hay entre esto y otras esperanzas y sueños para su vida?
- ¿En qué se diferenciará la vida eterna en la nueva creación de Dios de la vida eterna que usted tiene ahora en Jesucristo? ¿En qué serán iguales?
- ¿Qué está usted esperando especialmente?

La fe cristiana no es un «billete para el tren celestial», con el que usted solamente tiene que

de boda, y cuando esta se llevó a cabo, no les permitieron entrar.

Y en otra, un siervo decidió vivir egoístamente y hacer daño a los demás, porque su amo estaba fuera y parecía retrasar su regreso a casa. Pensó que no tendría importancia, pero recibió un castigo. Jesús concluyó. «Debéis estar preparados, porque no sabéis cuándo vendrá el hijo del hombre».

COMPRUEBE EN LA BIBLIA

El cielo en la tierra: Efesios 3.14-21; Tito 3.3-7
La vida en perspectiva: Lucas 9.24-25; 16.19-31
Apuntar a la meta: 1 Corintios 9.24-27; Filipenses 3.8-17
Preparado para Jesús: Mateo 24.45--25.13

POSTDATA

Hay dos incertidumbres en la vida: una es el día de nuestra muerte y la otra el día del regreso a la tierra de Jesús. La Biblia nos dice que estemos preparados para ambos días.

esperar en la tierra que el cielo llegue.

• ¿Qué enseñan las parábolas de Jesús acerca del tiempo de espera?
• ¿Qué cosas debería usted hacer esta semana debido a su esperanza cristiana?
• ¿De qué manera pone su vida en perspectiva ahora el pensamiento de vida eterna con Dios?

Dé gracias a Dios por el maravilloso futuro que tiene para usted y para todos los creyentes. Ore para que su Espíritu le ayude a vivir en esperanza ahora, y le lleve de forma segura a su reino eterno.

MANANTIALES DE ESPERANZA ETERNOS

Cuando la esperanza muere, la vida se vuelve casi imposible (Job 19.10). Todo el mundo necesita algo por lo que esperar, en lo que trabajar, algo que le motive. Tanto si la vida cristiana es muy dura para nosotros como si está libre de problemas, el Nuevo Testamento muestra que la esperanza de vida eterna con Jesús es la motivación que necesitamos para serle fiel a él, que es fiel con nosotros.

Esperanza en las promesas de Dios

La esperanza está vinculada estrechamente a la fe en la Biblia (1 Corintios 13.13). La esperanza, como la fe, confía en que Dios cumplirá sus promesas. «Contra toda esperanza, Abraham creyó en la esperanza» de que Dios le haría a él, un marido sin hijos, el antepasado de muchas naciones (Romanos 4.18-21). De forma similar, cuando experimentamos dificultades o pruebas, la esperanza se fortalece a medida que vamos soportando el sufrimiento por el poder de Dios: vemos lo que él puede hacer, y su amor da la esperanza de que él continuará sosteniéndonos (Romanos 5.1-5).

Esperanza en la provisión de Dios

Sobre todo, la esperanza es algo que los escritores del Nuevo Testamento vinculan a la vida eterna (Tito1.2). Ella es la base de nuestra fe en Jesús (Efesios 1.18-20; 1 Pedro 1.3); esperamos lo que Dios ha preparado para nosotros en el cielo, que es mucho mejor que lo mejor que el mundo puede ofrecer. Por tanto, nuestra vida puede ser ahora una vida de sacrificio propio (Colosenses 1.4, 5), porque nuestra esperanza supera con creces cualquier inconveniente que podamos experimentar. No podemos ver nuestro hogar esperado con Jesús (Romanos 8.24, 25), pero lo esperamos con paciencia, mientras la vida de Jesús entre nosotros alimenta esa esperanza y la mantiene viva (Colosenses 1.27).

LLEGAR
Lidiar con el sufrimiento

VERDAD CLAVE

Jesús trae una nueva perspectiva de esperanza a la triste experiencia del sufrimiento.

Sobrellevar nuestro dolor

«Jesús lloró». Ese es el versículo más corto de la Biblia. Estas palabras resumen los profundos sentimientos de Jesús ante el sepulcro de uno de sus amigos más cercanos, Lázaro.

Las tradiciones referentes a mostrar dolor en público varían según los países, pero los sentimientos de dolor son muy naturales y no es un síntoma de debilidad o de no ser buen cristiano el llorar la muerte de aquellos que amamos. Después de todo, ellos nos han dado mucho, y por ello estamos profundamente agradecidos.

Pero los cristianos no deben sufrir «como el resto de los hombres, que no tienen esperanza». Tristes porque es una pérdida personal para nosotros, pero con gozo cuando es un creyente el que se ha marchado con el Señor para siempre. La pérdida de seres queridos que no son creyentes produce un dolor que va más allá de las palabras.

Sobrellevar nuestra pérdida

Un tiempo de sufrimiento es un tiempo de emociones opuestas. La persona que sufre quiere estar sola, pero también quiere la compañía de sus amigos.

Puede convertirse en un tiempo de amargura cuando nos quejamos de que Dios nos ha arrebatado a alguien querido. Pero por supuesto, nuestra pérdida significa su bendición en la presencia de Dios.

Su plan perfecto contempla que cada persona morirá en el momento adecuado, por muy duro que sea de entender a veces. Un día, aquellos que pertenecen a Cristo se reunirán todos; entretanto, tenemos la presencia amorosa de Jesús.

Soportar con la ayuda de Jesús

Jesús experimentó por sí mismo tanto el sufrimiento como la muerte. Por esa razón, él sabe cómo consolar a los que lloran. Él siempre mostró una profunda preocupación y simpatía con los afligidos. Él nunca cambia, y ofrece su paz a los atribulados, su gozo a los afligidos, y su presencia a los que están solos.

Eso no significa que no sufriremos dolor alguno. Significa que si nos mantiene en esta vida más tiempo, es porque todavía tiene algo útil para nosotros.

Ayudar a otros a soportar

En los tiempos del Nuevo Testamento, la iglesia siempre tenía a las viudas en un lugar especial. Esto se debía en parte a que las personas en soledad siempre eran bienvenidas, pero principalmente a que, sin sus maridos, las viudas acababan siendo muy pobres.

Por eso la iglesia organizaba colectas para ayudarles a pagar la comida, la ropa y el alojamiento. Siempre hay cosas por las que los

PARA PENSAR...

Lea la historia de Jesús en el sepulcro de Lázaro en Juan 11.
- ¿Por qué lloró Jesús (11.35)? ¿Qué le dice esto sobre lo que él enseñó de la muerte?
- ¿Qué consuelo da a las hermanas de Lázaro?
- ¿Qué diferencia hay entre sobrellevar la muerte de un cristiano y la de alguien que no creía en Jesús? ¿Debería afectar esto a los funerales cristianos?

El sufrimiento puede durar mucho tiempo. Aunque la vida debe continuar, seguiremos sintiendo profundamente la pérdida de un ser querido.

afligidos necesitan ayuda, incluso en países en los que están bien económicamente. Sobre todo, necesitan comunión, la compañía de cristianos que se preocupan profundamente por ellos y comparten con ellos, que son capaces de amarles y sufrir a su lado, y de ofrecer apoyo humano y espiritual.

COMPRUEBE EN LA BIBLIA

Sobrellevar nuestro dolor: Juan 11.28-37; 1 Tesalonicenses 4.13-18

Sobrellevar nuestra pérdida: 2 Corintios 5.1-8; Apocalipsis 7.9

Soportar con la ayuda de Jesús: Lamentaciones 3.19-33; Lucas 7.12, 13; Juan 14.27

Ayudar a otros a soportar: 1 Timoteo 5.3-16; Santiago 1.27

POSTDATA

Un elemento importante para sobrellevar el sufrimiento es estar preparados para entregar aquellos que amamos a Cristo, igual que nos hemos entregado nosotros mismos.

•¿Qué consuelo eterno ofrece Dios a aquellos que lloran?

•¿Hay personas que pueden compartir su pérdida? ¿Hay otros en su iglesia que necesitan su apoyo y oraciones en este momento?

•¿En qué sentido es importante la comunión de la iglesia? ¿Qué puede usted hacer para incrementar la profundidad de la comunión en su iglesia?

Pida a Dios que consuele a aquellos que usted conoce y que están sintiendo el dolor y la tristeza del sufrimiento.

RESUMEN BÍBLICO

¿POR QUÉ LA MUERTE?

La muerte es desagradable, a veces dolorosa, y siempre triste. Esto, en parte, contesta la pregunta de por qué ocurre. La muerte es el resultado de la imperfección y de la caída del hombre (Génesis 3.19; 1 Corintios 15.56).

Sin excepciones

Todos compartimos la pecaminosidad del mundo, y todos tenemos entonces que morir (Ezequiel 18.4; Romanos 6.23). La muerte hace a todas las personas iguales; los mejores y los peores tienen que pasar todos por ella.

La Biblia recoge dos casos en los que se pasa de esta vida a la otra sin la muerte. Uno es Enoc (Génesis 5.24; Hebreos 11.5) y el otro es Elías, que fue arrebatado al cielo en un torbellino (2 Reyes 2.11).

La otra excepción ocurrirá cuando Jesús vuelva a la tierra. Los cristianos que estén vivos serán llevados directamente al cielo (1 Corintios 15.51, 52; 1 Tesalonicenses 4.17).

La muerte, derrotada

La muerte ya no es el enemigo invencible que era antes. Jesús la ha vencido muriendo y resucitando después. Aunque todavía debemos experimentar la muerte, una vida eterna con Jesús está esperando más allá de ella para todos los que han aceptado su muerte como la forma en la que Dios ha borrado sus pecados (Romanos 5.12-21).

LLEGAR
Enfrentarse a la muerte

VERDAD CLAVE
Gracias a la muerte y resurrección de Jesús, podemos enfrentarnos a nuestra propia muerte con confianza y no con miedo.

Se acaba la vida

No hay garantía alguna de que una persona vaya a vivir un periodo de tiempo determinado. A veces las personas mueren por enfermedad, accidente o violencia mucho antes de lo que pensamos.

Esa es una parte de la tragedia de un mundo pecador. Algunas personas no tienen la oportunidad de hacer todo lo que podrían haber conseguido. Por eso, debemos estar siempre preparados para volver con el Dios que nos hizo.

Pero solamente Él sabe lo útiles que somos realmente, y sus propósitos nunca serán arruinados por una muerte prematura. Cuando nos llama para estar con él para siempre, sabemos que hemos hecho nuestra parte para él en la tierra.

Decir adiós

Nuestra actitud hacia la muerte dependerá mucho de nuestra actitud hacia la vida, lo cual es una razón tan buena como cualquier otra para prepararnos para ella.

Si hemos sido muy egoístas, permitiendo que las posesiones, las riquezas, los privilegios o el estatus humano nos dominen, será muy difícil despegarse de estas cosas cuando la muerte se acerca.

Pero si nuestra vida se ha caracterizado por dar, compartir y amar, entonces no será duro decir adiós. Podemos estar seguros de que el Señor que nos cuidará por la eternidad también cuidará de las personas que dejamos atrás.

Un lugar para el arrepentimiento

A veces, cuando la muerte se acerca, las personas son muy conscientes de todas las cosas malas que han hecho en su vida. Recuerdan las palabras impulsivas, las acciones crueles, las promesas olvidadas y las obligaciones descuidadas. Aunque nunca es demasiado tarde para arrepentirse y ser salvo o para experimentar la restauración de la relación con Dios o con otras personas a las que hayamos hecho daño, es triste disfrutar tan tarde el gozo que la reconciliación aporta.

El objetivo para cada cristiano debe ser confesar cada pecado en el momento en el que ocurre en nuestra vida, con el fin de mantenernos cerca de Jesús y experimentar su amor y su ayuda.

La entrada al cielo

La muerte, para el cristiano, no es el final de la vida, sino la puerta por la que debe pasar para experimentar una nueva fase de la vida eterna que Jesús le ha dado. Gran parte del miedo a la muerte se da porque tanto esta, como lo que hay más allá de ella, se desconocen en gran manera.

Pero Jesús pasó por ahí, y volvió de nuevo. El cielo del que habló, y que fue revelado a algunos escritores bíblicos, no es un lugar del que tener miedo, sino un lugar que debemos esperar.

PARA PENSAR...

Muchas personas hablan de las cosas que quieren hacer antes de morir.
- ¿Hay ciertas cosas que usted quiere lograr en su vida? ¿Por qué son importantes para usted? ¿Cómo se sentiría usted si supiera ahora que no va a poder llevarlas a cabo por culpa de una enfermedad o de la muerte?

El Salmo 31.15 dice: «En tu mano están mis tiempos».
- ¿Qué le dice esto acerca de la duración de su vida? ¿Significa necesariamente que su vida terminará sin problemas ni dolor?
- ¿Cómo puede usted prepararse para la muerte? ¿Qué debe cambiar en su comportamiento

COMPRUEBE EN LA BIBLIA

Se acaba la vida: Filipenses 1.19-26;   2 Timoteo 4.6-8

Decir adiós: Job 1.21; Salmos 68.5, 6; Marcos 10.17-31

Un lugar para el arrepentimiento: Salmos 103.1-14; Isaías 53.1-12

La entrada al cielo: 1 Corintios 15.3-19; Apocalipsis 7.16-17

POSTDATA

La muerte, igual que la vida, es algo que da Dios. La Biblia no nos permite acabar con nuestra propia vida ni con la de los demás, aunque, como creyentes, estemos seguros de la vida eterna.

o en su forma de hablar para que, cuando muera, haya vivido una vida de alabanza a Dios? ¿Hay algunas cosas que tenga que poner en orden, o algunos planes que tenga que hacer?

•¿Debería el cristiano tener miedo de la muerte?

Dé gracias a Jesús porque él ya ha ido delante de usted, a través de la muerte, a la vida de resurrección de Dios. Ore por la ayuda del Espíritu para vivir su vida correctamente, para que independientemente de cuándo y cómo acabe, su vida y muerte lleven a otros hacia Dios.

LA ÚLTIMA OPORTUNIDAD DE LA VIDA

Jesús contó una vez una historia sobre unos hombres que fueron contratados para trabajar en el campo. Algunos se contrataron por la mañana, otros al mediodía y otros justo antes del anochecer. Pero todos recibieron el mismo salario (Mateo 20.1-16).

La intención de la historia era mostrar que no importa cuándo se convierte una persona en cristiano. Todos recibiremos el mismo regalo de vida eterna, sin importar cuánto tiempo ha invertido cada cual trabajando para Jesús. Cristo lo demostró contundentemente cuando prometió ese mismo regalo al ladrón que estaba crucificado junto a él, y que se arrepintió justo antes de su muerte (Lucas 23.39-43).

No hay segundas oportunidades

Sin embargo, es en esta vida donde se nos llama a volvernos de nuestros pecados y mirar a Jesús para vida eterna. Solamente hay un versículo en la Biblia que daría la sensación de que personas que ya han muerto pudieran tener una segunda oportunidad, y parece aplicarse solamente a aquellos que vivieron en los años anteriores a la venida de Jesús a la tierra (1 Pedro 3.18-20).

Ya que la fecha de nuestra muerte es incierta, y debido a que Jesús vino a este mundo precisamente para enseñarnos el camino hacia Dios en esta vida, el mensaje de la Biblia es siempre «hoy es el día de la salvación» (Juan 1.10-13; 3.14-18; 2 Corintios 6.2).

Repetición de la acción

VERDAD CLAVE

Cada persona que ha existido verá como Dios juzga su vida al final de los tiempos.

No hay nada escondido

Adán y Eva trataron de hacer lo imposible por esconderse de Dios. Y Jesús dijo una vez que algunos líderes religiosos de su tiempo eran como sepulcros blanqueados, aparentemente limpios por fuera, pero podridos por dentro.

Dios sacará a la luz lo que somos realmente, y lo que realmente hemos hecho y no hemos hecho, cuando juzgue al mundo.

Los cristianos no deben temer este juicio, porque no van a perder su lugar en el cielo, que ya está asegurado. Pero sí que nos recuerda que no podemos abusar de nuestro regalo de vida eterna viviendo descuidadamente.

La prueba de fuego

La mayor prueba para todos no es cómo han vivido, porque nadie puede entrar al cielo por las buenas obras que haya hecho. La pregunta que Dios le hará a cada uno es: «¿Cómo has tratado a mi hijo? ¿Le recibiste o le rechazaste?».

Sin embargo, Dios evaluará las vidas de todos los cristianos, para ver el valor que han tenido para él. Pablo dice que las vidas de algunos serán como la madera, el heno y la hojarasca: no han hecho nada que merezca la pena para Dios y su reino, y su obra ascenderá hacia Dios como el humo que se disipa.

Las vidas de otros, sin embargo, serán como el oro, la plata y las piedras preciosas. Sobrevivirán a la «prueba de fuego», el escrutinio examinador del amor puro de Dios y de su ley, y se edificarán en el nuevo cielo y la nueva tierra.

Bien hecho

Los cristianos se librarán del juicio exhaustivo que tendrán que afrontar los demás. En su lugar,

después de la evaluación citada antes, serán bienvenidos y alabados por el mismo Jesús.

Las parábolas de Jesús no nos dan demasiados detalles, pero en una de ellas se ve a Dios otorgando a sus siervos fieles grados de responsabilidad en el cielo, como recompensa por su servicio en la tierra. Cada recompensa encajará perfectamente con sus capacidades y sus logros.

Pablo también habla de otra recompensa, una «corona», un símbolo de victoria y conquista sobre el mal, que cada uno recibirá.

Un lugar para usted

El cielo está más allá de la imaginación. Algunas personas se sienten atemorizadas con la idea de una masa enorme de personas juntas; otros no pueden comprender cómo nos llevaremos bien con todos los demás. Pero Jesús promete a la persona que hay un lugar hecho a medida para nosotros esperando a que lo ocupemos. Él ha ido delante de nosotros para prepararlo.

Un día, él volverá a la tierra. Entonces, todos los cristianos que han muerto resucitarán, y Jesús

PARA PENSAR...

Muchas personas, si creen en la existencia de un cielo, piensan que entrarán en él porque han sido buenos o han hecho buenas obras.

- ¿Por qué es esta una idea peligrosa?
- ¿Cuál será en realidad el modelo del juicio de Dios?
- ¿Importa lo que haga en su vida, o solamente lo que cree?
- ¿Qué piensa usted que ocurrirá a aquellos que nunca han escuchado hablar de Jesucristo?

Haga una lista de todos los diferentes aspectos y actividades de su vida. Ahora lea 1 Corintios 3.10-15

los arrebatará junto a los cristianos que estén vivos en ese momento.

COMPRUEBE EN LA BIBLIA

No hay nada escondido: Lucas 12.1-3; 2 Corintios 5.6-15; Hebreos 9.27-28

La prueba de fuego: 1 Corintios 3.10-15; 1 Juan 4.16-19

Bien hecho: Mateo 25.14-30; 1 Corintios 6.2, 3; 2 Timoteo 4.8

Un lugar para usted: Juan 14.1-7; 1 Tesalonicenses 4.16, 17

POSTDATA

Aunque esta parte de nuestra vida cristiana pertenece al futuro, no será menos real que nuestra experiencia actual. La Biblia está llena de predicciones que han ido cumpliéndose, y podemos estar seguros de que estas también lo harán.

- ¿Qué partes de su vida son «madera, heno y hojarasca»? ¿Qué partes son «oro, plata y piedras preciosas»? ¿Cómo piensa que responderá su vida ante el fuego purificador de Dios?
- ¿Qué puede usted hacer esta semana para edificar su vida con material de calidad?

Dé gracias a Dios por la seguridad de su aceptación en Jesucristo. Confiésele las partes de su vida que son de mala calidad y pídale la ayuda de su Espíritu para ser más como Jesús.

RESUMEN BÍBLICO

LOS ACONTECIMIENTOS DEL FIN

El orden preciso de los acontecimientos alrededor del retorno de Jesús a la tierra, y el fin del mundo presente, no queda totalmente claro en la Escritura. Esto ha llevado a algunas personas a hacer precisamente lo que Jesús advirtió que no se hiciera: intentar predecir la fecha exacta de su regreso y especular sobre ciertos acontecimientos (Mateo 24.4, 36, 44; 2 Tesalonicenses 2.1-4).

Sin tener que lidiar con el simbolismo de Apocalipsis, la mejor guía básica sobre «el fin» es la enseñanza de Jesús en Mateo 24 (y en pasajes paralelos en Marcos 13.1-31 y Lucas 21.1-33). Otras enseñanzas se pueden acoplar en esa estructura.

Un tiempo de sufrimiento

Los últimos días se caracterizarán por un gran sufrimiento por todo el mundo (Mateo 24.6-8). A esto le seguirá una intensa persecución a los cristianos (vv. 9-13), con acusaciones falsas, torturas y asesinatos. Pero el evangelio todavía tiene que predicarse en cada rincón del mundo antes de que Jesús pueda volver (v. 14).

La «abominación desoladora» (v. 15) puede estar relacionada con el anticristo del que habla Pablo (2 Tesalonicenses 2.3-12), una figura de gran poder que proclama ser divino (v.24), pero que es muy malvado.

Jesús toma las riendas

Después de esa «gran tribulación» todo el mundo verá la venida de Jesús (vv. 27, 30). Él vendrá a juzgar al mundo, y a manifestar su gran poder reuniendo a todo su pueblo para sí (v. 31). Entonces creará un nuevo cielo y una nueva tierra, para que los ocupen aquellos que han confiado en él como Salvador de sus pecados y como Señor de sus vidas (Apocalipsis 21.1).

LLEGAR

¡Bienvenido a casa!

VERDAD CLAVE

El cielo es la morada definitiva del cristiano, donde viviremos para siempre con Jesús y todo su pueblo.

Un lugar de paz

El cielo es un lugar real. Pablo enseña que todos los cristianos van directamente con Jesús al morir, pero no llegaremos a nuestro lugar definitivo en el cielo hasta que este se establezca finalmente el día del fin del mundo.

Pero la paz reina tan pronto como morimos. Nuestros problemas se acaban. Estamos con Jesús de forma más cercana y personal, como nunca hemos experimentado en la tierra.

En el cielo no hay guerras. Ni siquiera hay discusiones. Y eso no se debe a que las personas han perdido su personalidad; es así porque se han vuelto seres humanos perfectos, igual que Jesús cuando vivió en la tierra.

Un lugar de gozo

El cielo es un lugar muy alegre. No hay nada por lo que estar triste en él.

Pero este gozo no es debido a un alivio egoísta porque el mal, el pecado y el sufrimiento sean cosas del pasado. Se trata más bien de regocijarse en la grandeza, la gloria y el amor de Dios, que llenan el cielo.

La adoración será la actividad principal. No será como una reunión interminable en la iglesia. Será una alabanza genuina que saldrá de los corazones de personas que han conocido el maravilloso regalo de la vida eterna que han recibido gracias a la muerte de Jesús en la cruz.

Un lugar de hermosura

El cielo es una nueva creación de Dios para su pueblo. Sustituirá a todo lo que existía antes, aunque nada de lo que Dios hizo se desperdiciará.

Es por tanto difícil de imaginar. Siempre que los escritores de la Biblia lo describen, usan lenguaje figurado.

Ciertamente es un lugar de belleza y perfección, mucho más que cualquier otra cosa que la humanidad haya construido. Está lleno de luz y de color. Más allá de eso, no podemos imaginárnoslo, pero nadie se sentirá decepcionado por él.

Un lugar de justicia

El cielo es el lugar en el que se verá cómo se hace justicia. Todo aquel que verdaderamente pertenece a él estará allí. Y nadie que haya rechazado a Jesús y haya vivido en el egoísmo y en el mal podrá entrar jamás.

Entonces veremos que los errores se han corregido, lo cual es parte de nuestra recompensa, y que los hacedores de maldad han recibido el castigo que merecían.

PARA PENSAR...

Haga una lista de las cosas que hacen de cualquier sitio un «hogar».

- ¿Estarán presentes estas cosas en la nueva creación de Dios? ¿En qué serán diferentes de la experiencia que usted tiene de ellas aquí y ahora?

La Biblia habla de un nuevo cielo y una nueva tierra. Eche un vistazo al cuadro de este nuevo mundo, que se pinta con palabras en Apocalipsis 21-22.

- ¿Qué le dice esto sobre la vida eterna que va a disfrutar por siempre?

La presencia de Dios en este hogar eterno lo transformará todo. Él promete morar con su pueblo eternamente (Apocalipsis 21.2-3).

Ese estado de paz, gozo, belleza y justicia nunca acabará. Nadie se puede imaginar lo que significa realmente la eternidad, excepto que hace que nuestra vida humana y todas sus preocupaciones parezcan insignificantes.

COMPRUEBE EN LA BIBLIA

Un lugar de paz: Compare Filipenses 1.23 con 1 Tesalonicenses 4.17; Apocalipsis 21.4-7

Un lugar de gozo: Apocalipsis 4.8-11; 7.9-12

Un lugar de hermosura: Apocalipsis 21.9-27; 22.1-5

Un lugar de justicia: Romanos 12.17-21; Apocalipsis 20.11-15; 21.8, 27; 22.12-15

POSTDATA

Las personas que creen en el cielo no están exentas de trabajar para crear paz, gozo, belleza y justicia en la tierra, donde deben edificarse los primeros fundamentos del reino de Dios.

• ¿Le entusiasma esta posibilidad? ¿Por qué?
• ¿De qué forma será la nueva creación de Dios un lugar de justicia y sanidad?
• ¿Piensa usted a menudo en esta esperanza? ¿Debería hacerlo? ¿Por qué?
• ¿Es cierto que algunos cristianos pueden estar tan centrados en el cielo que no son buenos en los asuntos terrenales?

Dé gracias a Dios por estar preparando un hogar para usted y para todos los cristianos, en el que vivirá con usted para siempre. Ore para que le prepare para vivir en este nuevo hogar eternamente.

RESUMEN BÍBLICO

¿QUÉ OCURRE CON LOS NO CRISTIANOS?

A pesar de las bellezas y atracciones del cielo, Jesús invirtió mucho tiempo hablando del destino de aquellos que le rechazaron. No pintó un cuadro demasiado bonito.

Excluidos de la presencia de Dios

Jesús usó a menudo la imagen de la «oscuridad exterior» donde serán «el llanto y el crujir de dientes» (Mateo 24.51). Es la imagen de personas apartadas para siempre de la presencia de Dios, del calor, del amor, de la paz y del gozo del cielo.

Él también usó la imagen de una llama que no se apaga. Habla de un lugar de frustración y de deseos que no se cumplen, con personas consumiéndose de angustia y dolor (Marcos 9.42-48; Lucas 16.23, 24, 28; Apocalipsis 20.14, 15).

La consecuencia es que ese estado, normalmente llamado infierno, dura para siempre. Es eterno, con total seguridad, porque no hay forma de pasar de él al cielo (Lucas 16.26).

Jesús, la esperanza para el mundo

Hay solamente una forma de recibir la vida eterna, que es confiar totalmente nuestras vidas a Jesucristo (Juan 14.6). Es por eso que se nos dice que prediquemos el evangelio por todas partes.

Y para aquellos que mueran sin escuchar nada de Jesucristo, Pablo nos recuerda que Dios es siempre justo e imparcial en su juicio de ellos (Romanos 2.14-16). No podemos suponer, sin embargo, que una persona pecadora pueda alcanzar ese nivel de fidelidad total hacia lo que ha percibido de la naturaleza de Dios; de ahí la urgencia de la tarea misionera.

LLEGAR
El nuevo comienzo de la vida

VERDAD CLAVE
La vida del cristiano no tiene fin; la muerte es el comienzo de una nueva experiencia de vida, amor, paz y gozo.

Todas las cosas nuevas
«Yo hago nuevas todas las cosas». Esas son algunas de las últimas palabras de Jesús, registradas en el Nuevo Testamento.

Y «todas las cosas nuevas» significa lo que está diciendo: la tierra física, ya no será más corrupta ni estará abocada a la decadencia; las organizaciones y sistemas que han controlado las vidas de las personas ya no oprimirán más, sino que crearán orden y libertad.

Todo lo que ha existido será renovado y restaurado de alguna forma, porque Dios no desperdicia nada. Solamente las cosas verdaderamente malas se destruirán. Y esta nueva creación depende tanto de la muerte de Jesús en la cruz como lo hace nuestra vida eterna.

Un nuevo cuerpo
Cuando Jesús se apareció a sus discípulos más cercanos después de su muerte, se le reconocía perfectamente. Algunas personas vieron incluso las señales de los clavos que le fijaron a la cruz. Pero su cuerpo era diferente, y no parecía estar ya atado a la tierra por las leyes naturales.

Su cuerpo resucitado es el prototipo del nuestro. La Biblia dice que recibiremos nuevos cuerpos en el cielo. A través de ellos expresaremos nuestra verdadera identidad; sin ellos seríamos espíritus frustrados, como los que estarán en el infierno, que no recibirán nuevos cuerpos.

Parece que reconoceremos a los demás en el cielo, pero, por supuesto, todas las enfermedades y discapacidades se eliminarán.

Un nuevo entendimiento
Si usted suma todo lo que se conoce en el mundo, sigue siendo una minúscula parte de lo que puede conocerse. Y cada uno de nosotros posee una cantidad muy pequeña del conocimiento que existe.

Se nos ha prometido que, cuando lleguemos al cielo, entenderemos mucho de lo que nos intrigó en la tierra. Sin embargo, incluso así, no se nos ha prometido que lo conoceremos todo, solamente Dios posee ese conocimiento.

Podemos comprender bien algunos misterios de nuestra vida, por qué Dios permitió este problema, o pareció no contestar aquella oración, pero esos asuntos ya no son en absoluto relevantes.

Una nueva forma de vida
El cielo se ha retratado a menudo de forma errónea, normalmente por los que se han burlado de él. Algunos piensan que será como unas vacaciones infinitas, o una fiesta eterna.

En cierto sentido lo es, pero esa es solo una parte de la verdad. La persona que nunca quiere trabajar nunca estará contenta en el cielo.

PARA PENSAR...

Piense en algunas de las formas en las que las personas hablan del cielo, y a menudo lo caricaturizan.
- ¿Cómo han perdido de vista algunas personas el verdadero concepto de la vida eterna con Dios?
- ¿Puede pensar en algo que usted dice o hace como cristiano y que puede confundir la imagen de lo que será el futuro de Dios?

La nueva creación de Dios puede estar todavía en el futuro, pero la resurrección de Jesús ya nos ha dado a los cristianos una muestra de lo que será.

Habrá muchas cosas que hacer, ver, aprender y experimentar. No dejaremos de ser humanos. De hecho, seremos verdaderamente humanos por primera vez. Eso significa que nuestra vida será realmente satisfactoria y estimulante, cosa que un largo periodo de inactividad nunca será. Esto es algo que ciertamente tenemos que esperar.

COMPRUEBE EN LA BIBLIA

Todas las cosas nuevas: Romanos 8.19-23; Colosenses 1.19-20; Apocalipsis 21.5-7

Un nuevo cuerpo: Juan 20.19-29; 1 Corintios 15.35-54

Un nuevo entendimiento: 1 Corintios 13.12; 1 Timoteo 3.16; Apocalipsis 7.13, 14

Una nueva forma de vida: Mateo 22.1-13; Apocalipsis 21.22-27

POSTDATA

Si Jesús va a hacer todas las cosas nuevas en el futuro, no se conformará con dejarnos sin cambiar en el presente; el cambio empieza ahora.

- ¿Qué puede usted aprender mirando a Jesús resucitado? ¿Qué estará ausente en el cielo? ¿Qué estará presente?
- ¿Tendrá usted un cuerpo en la nueva creación? ¿Es esto importante?
- ¿Por qué piensa que Dios quiere reconciliarse con el mundo, en lugar de empezar desde cero? ¿Qué le dice esto a usted sobre la creación?
- ¿Qué hará usted durante toda la eternidad?

Alabe a Dios por su gran plan para renovar a toda la creación. Dé gracias por incluirle a usted en su plan, y por la esperanza segura de vivir con él para siempre. Ore para que Dios le ayude a vivir hoy en el poder de la resurrección de Jesús.

RESUMEN BÍBLICO

¡RESUCITÓ!

Si Jesús no resucitó de los muertos, no habría garantía alguna de que lo fuésemos a hacer nosotros. Este es el comentario confiado, y lógico, de Pablo en 1 Corintios 15.12-20. Pablo cree en la vida eterna porque está convencido por las evidencias de que Jesús resucitó.

El sepulcro vacío

La evidencia más importante es el sepulcro vacío (Juan 20.1-8). Los discípulos vieron cómo se habían despegado los vendajes de la cabeza, y el resto de vendajes estaban sin tocar, vacíos.

Los judíos habían colocado guardianes en el sepulcro (Mateo 27.62-66). Por lo menos habían tomado en serio la profecía de Jesús de resucitar de los muertos, incluso cuando los propios discípulos no lo hicieron. Pero los guardianes no habían visto ningún acto delictivo, aunque Mateo 28.4 dice que vieron algo sobrenatural. Los judíos extendieron el rumor de que los discípulos habían robado el cuerpo (Mateo 28.11-15). Pero nadie fue capaz de demostrar que la resurrección fuera falsa.

Muchos testigos

Jesús se apareció muchas veces a sus seguidores (p. ej. Lucas 24.28-53). Una vez se apareció a más de 500 personas a la vez (1 Corintios 15.3-8), no era ni una visión ni una ilusión falsa.

Vea lo que aconteció a los discípulos después del día de Pentecostés (Hechos 2.14, 37-41). Los cobardes que huyeron de la cruz estaban ahora predicando sin miedo que Jesús había resucitado de los muertos. Nunca hubieran continuado con ese mensaje si hubieran sabido que era mentira.

Jesús ha resucitado; y ha derramado su amor y su poder por medio de su Espíritu sobre todos los que confían en él y que se lo piden, sean quienes sean.

Material de referencia bíblica

La sección final de este manual se ha diseñado como una referencia que le ayude a sacar más provecho de la Biblia. Contiene un resumen de personas y lugares clave en la Biblia, incluyendo mapas de los viajes de Abraham y de Jerusalén; una guía de lo que la Biblia dice acerca de algunos asuntos de la vida; una guía de las profecías del Antiguo Testamento relativas al Mesías y su cumplimiento en Jesucristo; una guía para saber dónde encontrar ayuda en la Biblia en tiempo de necesidad personal; un plan diario de lectura que le provea una dieta equilibrada para digerir bien la Palabra de Dios; y un índice de los temas, las personas y lugares en este libro.

Personas y lugares clave

Aarón

Hermano de Moisés; escogido como su portavoz (Éx 4.14-16; 7.1, 2). Sostuvo las manos de Moisés en la batalla (Éx 17.12). Consagrado como sacerdote (Éx 28.1-4; 29; Lv 8; He 5.4). Hizo el becerro de oro (Éx 32); se opuso a Moisés (Nm 12.1-3). Desafiaron su sacerdocio (Nm 16); su vara floreció como confirmación de su llamamiento (Nm 17). Junto a Moisés, fue excluido de Canaán (Nm 20.12). Su muerte (Nm 20.22-29).

Abarim, Monte

Sierra situada al este del Jordán y el mar Muerto. Incluye al monte Nebo en su parte norte. Desde ahí Moisés vio la Tierra Prometida (Nm 27.12; Dt 32.49) y se anunció la muerte del rey Joacim (Jer 22.20).

Abdías

1. Oficial a cargo del palacio de Acab; creyente; escondió a cien profetas que Jezabel quería matar (1 R 18.1-16).
2. Profeta; habló contra Edom (Abd 1).

Abednego

Anteriormente Azarías; miembro de la nobleza judía que fue llevado a Babilonia con Daniel, Mesac y Sadrac (Dn 1.3-7). Rechazó la comida inmunda (Dn 1.8-16); escogido como administrador (Dn 2.49). Rechazó adorar a la imagen de oro; salvado del horno de fuego (Dn 3).

Abel

Segundo hijo de Adán. Pastor (Gn 4.2); ofreció sacrificio agradable a Dios (Gn 4.4; He 11.4); asesinado por su hermano Caín (Gn 4.8).

Abiatar

Hijo de Ahimelec; sacerdote en tiempos de Saúl y David. Huyó de la masacre que hizo Saúl con los sacerdotes que ayudaron a David (1 S 22.20-23). Fiel a David (1 S 23.6; 2 S 15.24-29). Apoyó a Adonías (1 R 1.7); destituido por Salomón (1 R 2.26).

Abigail

1. Hermana de David (1 Cr 2.16,17).
2. Mujer de Nabal (1 S 25.3); rogó a David que le perdonara la vida a este (1 S 25.40-43); madre de Quileab (Daniel) (2 S 3.3; 1 Cr 3.1).

Abimelec

1. Rey de Gerar en tiempos de Abraham. Tomó a Sara, la mujer de Abraham, pensando que era su hermana (Gn 20). Hizo un pacto con Abraham (Gn 21.22-34).
2. Rey de Gerar en tiempos de Isaac. Reprochó a Isaac su engaño (Gn 26.8-10); más tarde

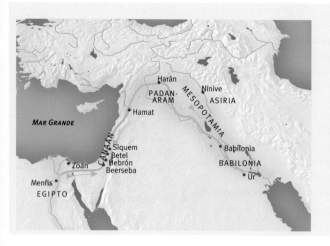

Los viajes de Abraham

El viaje de Abraham y su familia desde Ur en el sur de Mesopotamia les llevó por las fértiles llanuras de los ríos donde los rebaños encontraban pastos. Mientras la mayor parte del grupo se estableció en Padan-aram, Abraham obedeció el llamamiento de Dios y viajó con su propia familia a Canaán. Una visita a Egipto les permitió algo de alivio durante un periodo de hambruna.

hizo un pacto con él (Gn 26.26-31).

3. Hijo de Gedeón (Jue 8.31). Mató a sus hermanos (Jue 9.5); coronado rey en Siquem (Jue 9.6). Muerte (Jue 9.54).

Abisai

Hijo de la hermana de David, Sarvia; hermano de Joab (1 S 26.6; 1 Cr 2.16). Uno de los líderes del ejército de David (1 Cr 11.15-21; 18.12; 2 S 18.2; 20.6). Quería matar a Saúl (1 S 26.7, 8), y a Simei (2 S 16.9; 19.21).

Abner

Primo de Saúl y comandante de su ejército (1 S 14.50; 17.55). Hizo rey a Is-boset tras la muerte de Saúl (2 S 2.8, 9). Mató a Asael, hermano de Joab (2 S 2.18-25). Desertó y pasó al bando de David (2 S 3.6-21). Joab y Abisai le mataron para vengar la muerte de Asael (2 S 3.26-30).

Abraham

Anteriormente Abram («padre exaltado»). Descendiente de Sem e hijo de Taré (Gn 11.10-27); casado con Sara (Gn 11.29). Con Taré, viajó de Ur a Harán. Obedeció el llamamiento de Dios de continuar viaje hasta Canaán (Gn 12.1-5). En Egipto (Gn 12.10), hizo pasar a Sara por su hermana (Gn 12.11-20). Repartió la tierra con su sobrino, Lot (Gn 13.5-17); se estableció en Hebrón (Gn 13.18). Rescató a Lot (Gn 14.1-16); Melquisedec le bendijo (Gn 14.18-20). Se le cambió el nombre a Abraham («padre de muchos» Gn 17.5; Neh 9.7). Padre de Ismael con Agar (Gn 16). Atendió a unos visitantes angelicales (Gn 18.1-8); se le prometió un hijo con Sara (Gn 18.9-15; 17.16). Suplicó por Sodoma (Gn 18.22-32). En Gerar (Gn 20.1), hizo pasar a Sara por su hermana (Gn 20.2-18). Padre de Isaac (Gn 21.1-7); echó a Sara y a Ismael (Gn 21.8-14). Hizo un pacto con Abimelec (Gn 21.22-34). Pasó una prueba cuando Dios le mandó sacrificar a Isaac (Gn 22). Buscó esposa para Isaac (Gn 24). Muerte (Gn 25.7-11). El pacto de Dios con él (Gn 12.1-3; 15; 17; 22.15-18; Éx 2.24; Lc 1.72,

Abraham es venerado como padre fundador tanto de la nación árabe como de la judía

73; He 6.13-15). Ejemplo de fe (He 11.8-12); su fe se acreditó como justicia (Gn 15.6; Ro 4.3; Gá 3.6-9). Se le describe como padre del pueblo de Dios (Is 51.2; Hch 13.26; Gá 3.26-29); siervo de Dios (Gn 26.24); amigo de Dios (2 Cr 20.7; Is 41.8; Stg 2.23).

Absalón
Hijo de David (2 S 3.3). Mató a Amnón por violar a su hermana, Tamar (2 S 13.23-29); huyó de David (2 S 13.37,3 8). Volvió (2 S 14.21-23); se reconcilió con David (2 S 14.33). Conspiró contra David (2 S 15.1-12); proclamado rey (2 S 16.15-22). Derrotado, Joab le mata (2 S 18.6-10); David le llora (2 S 18.33).

Acab
1. Hijo de Omri; malvado rey de Israel (1 R 16.29, 30). Casado con Jezabel; instó a la adoración a Baal (1 R 16.31-33). Elías se enfrentó a él (1 R 17.1; 18.17-20). Derrotó a los sirios (1 R 20); condenado por dejar libre a Ben-Hadad (1 R 20.42). Mató a Nabot y se apropió de su viña (1 R 21). Micaías también se enfrentó a él (1 R 22.1-28); murió en combate (1 R 22.34-38).
2. Falso profeta (Jer 29.21, 22).

Acán
Pecó al quedarse con parte del botín tras la conquista de Jericó, causando de esta forma la derrota de Israel en Hai; su castigo fue el apedreamiento (Jos 7).

Acaya
Provincia romana, cuya capital es Corinto (2 Co 1.1); gobernada por un procónsul (Hch 18.12).

Cuando se menciona junto a Macedonia se hace referencia a Grecia en su totalidad (Hch 19.21; Ro 15.26; 1 Ts 1.7, 8); cuando se menciona sola puede referirse específicamente a Corinto. Los cristianos de allí contribuyeron a la colecta que hizo Pablo para los pobres de Jerusalén (Ro 15.26, 27). Pablo la visitó (Hch 18.1-18) y Apolos también (Hch 18.27). Los de la casa de Estéfanas fueron los primeros convertidos allí (1 Co 16.15).

Acaz
Hijo de Jotam; rey de Judá (2 R 16). Adoró a dioses extranjeros (2 R 16.3,4,10-18; 2 Cr 28.2-4,22-

El sello de la reina Jezabel, mujer del rey Acab y enemiga del profeta Elías.

25). Atacado por Siria e Israel (2 R 16.5,6; 2 Cr 28.5-8). Buscando ayuda, se volvió hacia Siria en lugar de hacia Dios (2 R 16.7-9; 2 Cr 28.16; Is 7.3-17).

Acor, Valle de
No lejos de Jericó, en la entrada a la Tierra Prometida. Su nombre, que significa «dificultades», se le dio porque Acán y su familia

fueron apedreados allí por quedarse con parte del botín de Jericó (Jos 7.24-26). Se convierte en un lugar de esperanza para el pueblo restaurado de Dios (Os 2.15; Is 65.10).

Adán
El primer hombre. Creado por Dios (Gn 1.27); puesto en el Edén (Gn 2.15); se la da a Eva para que le ayude (Gn 2.19-24). Desobedeció a Dios (Gn 3; Ro 5.14) y trajo así el pecado al mundo (Ro 5.12, 15-19). Jesús se describe como «el último Adán» (1 Co 15.45).

Adonías
1. Hijo de David, con Haguit (2 S 3.4; 1 Cr 3.2). Intentó ser el sucesor de David como rey (1 R 1); asesinado por orden de Salomón después de que pidiera a Abisag como esposa (1 R 2).
2. Levita y maestro de la ley (2 Cr 17.8,9).

Adulam
Ciudad cananita cuyo rey fue derrotado por Josué (Jos 12.15). Asignada a la tribu de Judá (Jos 15.35), Roboam la fortificó como parte de sus defensas en el sur (2 Cr 11.7). David y sus hombres se escondieron de Saúl en las cuevas de Adulam (1 S 22.1; 2 S 23.13; 1 Cr 11.15).

Afec
1. Ciudad en el valle costero de Sarón. Josué derrotó a su rey (Jos 12.18). Se usó como campamento filisteo (1 S 4.1; 29.1). Se reconstruyó más tarde como la ciudad romana de Antípatris, donde llevaron a Pablo cuando iba de camino a Cesarea (Hch 23.31).

2. Ciudad al este de Galilea, en la que Acab derrotó al ejército sirio (1 R 20.26-30). Eliseo predijo otra derrota siria en Afec (2 R 13.17).
3. Ciudad cananea (conocida también como Afic), en territorio de Aser (Jos 19.30, 31; Jue 1.31, 32).

Agar
Sirvienta egipcia de Sara. Se le dio como esposa a Abraham (Gn 16.1-3). Se quedó embarazada; huyó de Sara (Gn 16.4-8); Dios le dio aliento (Gn 16.9-14). Dio a luz a Ismael (Gn 16.15, 16; 25.12); Sara la echa (Gn 21.9-21). Se usa como símbolo de quienes están en la esclavitud por depender de la ley para la justificación (Gá 4.21-31).

Agripa
1. Herodes Agripa I, nieto de Herodes el Grande. Rey judío, mató al apóstol Santiago y encarceló a Pedro (Hch 12.1-4); murió repentinamente (Hch 12.20-23).
2. Herodes Agripa II, hijo de Herodes Agripa I, ante el cual compareció Pablo en Cesarea (Hch 25.13—26.32).

Ahimelec
1. Sacerdote en Nob que ayudó a David (1 S 21.1-9); asesinado por Saúl (1 S 22.9-19).
2. Uno de los soldados de David (1 S 26.6).

Ahitofel
Consejero de David; apoyó a Absalón (2 S 15.12; 16.21-23). Se ahorcó cuando no se siguió su consejo (2 S 17).

Aholiab
Ver **Bezaleel**.

Alejandría
Puerto al oeste del Delta del Nilo en la costa mediterránea. Capital de Egipto durante el periodo grecorromano; segunda ciudad del imperio romano con una gran comunidad judía. Los judíos que discutieron con Esteban venían de allí (Hch 6.9), igual que Apolos (Hch 18.24).

Amán
Agagueo, honrado por el rey Asuero (Est 3.1, 2). Se enojó por el desafío de Mardoqueo (Est 3.3-5; 5.9-14); planeó exterminar a todo el pueblo judío (Est 3.6-15). Se le ordenó honrar a Mardoqueo (Est 6.1-12). Ester sacó a la luz la conspiración (Est 7.1-7); le ahorcaron en la horca que él había hecho construir para Mardoqueo (Est 7.9, 10).

Amasa
Sobrino de David (1 Cr 2.17). Estaba a cargo del ejército de Absalón (2 S 17.24, 25); nombrado comandante del ejército de David (2 S 19.13); su primo Joab le mató a traición (2 S 20.9, 10; 1 R 2.5).

Amnón
Hijo primogénito de David (2 S 3.2). Violó a la hermana de Absalón, Tamar (2 S 13.1-22); los hombres de Absalón lo mataron (2 S 13.23-29).

Amón
Territorio habitado por los amonitas, al este del Jordán, entre los ríos Arnón y Jaboc; su capital era Rabá. Los amorreos tomaron su parte occidental, que más tarde ocupó Israel (Dt 2.21-23; Jue 11.13-23). Sus habitantes guerreaban con frecuencia contra los israelitas (1 S 11.1; 2 S 10.6-14; 12.26-28; 2 Cr 27.5) y se profetizó su destrucción (Jer 49.1-6; Ez 21.28-32; Am 1.13-15; Sof 2.8-11).

Amós
1. Profeta de Tecoa (Am 1.1); habló contra Israel (Am 7.10-17).
2. Antepasado de Jesús (Lc 3.25).

Ana
1. Viuda; profetisa de la tribu de Aser; reconoció a Jesús como el Mesías siendo este todavía un bebé, cuando lo llevaron al templo (Lc 2.36-38).
2. Mujer de Elcana; no tenía hijos (1 S 1.1-8). Oró pidiendo un hijo (1 S 1.9-18); dio a luz a Samuel (1 S 1.19, 20); dedicó a Samuel para Dios (1 S 1.21-28). Su oración (1 S 2.1-10). Dios la bendijo con más hijos (1 S 2.19-21).

Ananías
1. Junto a su mujer Safira, murió por mentir a Dios (Hch 5.1-11).
2. Discípulo, enviado a Damasco para sanar y bautizar a Saulo, más adelante Pablo (Hch 9.10-19).
3. Sumo sacerdote ante el cual compareció Pablo (Hch 22.30—23.5; 24.1).

Anás
Sumo sacerdote (Lc 3.2). Interrogó a Jesús (Jn 18.13, 19-24); interrogó a Pedro y a Juan (Hch 4.5-7).

Anatot
Pueblo levita situado al noreste de Jerusalén, en territorio de Benjamín (Jos 21.18). Pueblo de Abiezer (2 S 23.27), Jehú (1 Cr 12.3), Abiatar (1 R 2.26) y Jeremías (Jer 1.1; 29.27).

El término «cristiano» se usó por primera vez en Antioquía, en el norte de Siria. En la actualidad todavía es una metrópoli bulliciosa.

Sus habitantes traicionaron a Jeremías y por ello sufrieron el castigo de Dios (Jer 11.21-23). Durante el asedio a Jerusalén por parte de los babilonios, Dios ordenó a Jeremías que comprase una heredad allí como demostración de la segura redención final (Jer 32.1-15). El ejército asirio pasó por allí cuando se dirigía a Jerusalén (Is 10.30).

Andrés

Apóstol; hermano de Simón Pedro (Mt 4.18-20; 10.2; Mr 1.16-18,29); llevó ante Jesús al muchacho con los panes y los peces (Jn 6.8, 9); llevó a los griegos a Jesús (Jn 12.22). Antiguo discípulo de Juan el Bautista (Jn 1.35-40); llevó a Simón a Jesús (Jn 1.41).

Antioquía

1. Cosmopolita capital de la provincia romana de Siria, en la ribera del río Orontes, a unos 25 kilómetros del puerto mediterráneo de Seleucia, hacia el interior. Hogar de Nicolás, uno de los primeros «diáconos» (Hch 6.5). Los creyentes perseguidos llegaban allí desde Jerusalén para evangelizar a los judíos (Hch 11.19), y a los griegos (Hch 11.20, 21). Bernabé y Pablo también llegaron allí (Hch 11.22-26). El término «cristiano» se usó por primera vez allí (Hch 11.26). Se convirtió en la base de operaciones para los tres viajes misioneros (Hch 13.1-3; 15.35-41; 18.23). Allí surgió una disputa sobre el tema de la circuncisión (Hch 15.1, 2), que se dilucidó más adelante en el concilio de Jerusalén.

2. Ciudad en la provincia de Pisidia o de Frigia (no hay acuerdo), en el sur de Asia Menor. En su primer viaje misionero, Pablo predicó en su sinagoga, y aunque se convirtieron muchos gentiles, experimentó la oposición de los judíos y lo expulsaron (Hch 13.14-51). Pablo volvió a pasar por allí cuando regresaba a casa (Hch 14.21), y posiblemente otra vez en su segundo viaje (Hch 16.6). Hace mención de la persecución que sufrió allí en una carta a Timoteo (2 Ti 3.11).

Antípatris

Ver **Afec** 1.

Apolos

Discípulo de Alejandría, muy versado en las Escrituras (Hch 18.24, 25); Aquila y Priscila le instruyeron en Éfeso (Hch 18.26). Ministró en Corinto (Hch 18.27—19.1; 1 Co 1.12; 3.5-9) y en Creta (Tit 3.13).

Aquila

Ver **Priscila**

Aquis

Rey de Gat, ante el cual David buscó refugio y fingió estar loco (1 S 21.10-15), fingiendo también un servicio leal más adelante (1 S 27.2-12).

Arabá

Valle que se extiende desde el monte Hermón al norte hasta el golfo de Áqaba al sur, incluyendo el mar de Galilea, el río Jordán y el mar Muerto. En su viaje hacia la Tierra Prometida, los israelitas pasaron y acamparon en esta región (Dt 2.8). El mar de Arabá (Dt 3.17) es el mar Muerto.

Aram

Región al norte de Palestina, desde el Líbano hasta más allá del río Éufrates. Conocida también como Padan-aram, Aram Naharaim o por su nombre griego, Siria. Llamada así por un hijo de Sem (Gn 10.22), cuyos descendientes se esparcieron rápidamente por esa zona. Rebeca, Lea, Raquel y Jacob vivieron allí (Gn 25.20; 27.43, 44; 28.2; 29.16-28). Balaam era de allí (Nm 23.7; Dt 23.4). Los israelitas servían frecuentemente a sus dioses (Jue 10.6; 2 Cr 28.23), y sufrieron de la mano de su ejército (1 R 11.25; 2 R 6.8; 13.4). En una ocasión Judá y Siria se aliaron contra Israel (1 R 15.18-20), pero otras veces era Israel el que se aliaba con Siria para ir contra Judá (2 R 16.5). Se profetizó su caída (Is 7.1-8; Am 1.5). Fue una provincia romana en tiempos del Nuevo Testamento (Mt 4.24), cuyo gobernador fue Cirenio (Lc 2.2). Pablo viajó por esa zona (Hch 15.41; 18.18; 21.3).

Aram Naharaim
Ver **Aram**; **Mesopotamia**

Ararat, Montes de

Cordillera entre el mar Negro y el mar Caspio, de donde convergieron torrentes de agua que formaron los ríos Tigris y Éufrates. Según la tradición, es el lugar en el que se detuvo el arca de Noé (Gn 8.4). Los dos hijos de Senaquerib huyeron allí después de asesinarlo (2 R 19.37; Is 37.38). Uno de los reinos que Dios usaría para castigar a Babilonia (Jer 51.24-27).

Arnón

Arroyo que fluye desde los montes de Galaad hasta llegar al mar Muerto. Separaba Moab del reino de los amorreos (Nm 21.13; 22.36; Jue 11.18), y más tarde Moab de Israel (Nm 21.25, 26; Dt 2.24; 3.8,16; Jos 12.1,2; Jue 11.21,22). Tras la destrucción de Moab, los fugitivos huían allí (Is 16.2-4).

Aroer

1. Ciudad amorrea, en la parte norte de la ribera del arroyo de Arnón (Dt 2.36; 4.48; Jos 12.2). Tomada por Israel y entregada a Rubén y Gad (Dt 3.12). Tomada durante el reinado de Jehú por el rey Hazael de Siria (2 R 10.32, 33).
2. Ciudad de Galaad, frente a Rabá, en los límites entre Gad y los amonitas (Jos 13.25). Restaurada y agrandada por los descendientes de Gad (Nm 32.34). Jefté destruyó 20 ciudades entre Aroer y Minit (Jue 11.32, 33). Se desconoce su ubicación exacta.
3. Ciudad al sur de Judá (1 S

30.28). Posiblemente sea el mismo lugar que Adada (Jos 15.22) o la moderna Arara (a unos 18 km al sureste de Beerseba).

Artajerjes

Rey de Persia. Detuvo los trabajos de reconstrucción de los muros de Jerusalén (Esd 4.17-23). Proveyó recursos para la adoración en el templo bajo Esdras (Esd 7); cambió de opinión y permitió que se reconstruyeran los muros bajo Nehemías (Neh 2.1-10).

Asa

Rey de Judá (1 R 15.9, 10). Eliminó los ídolos y reformó la adoración (1 R 15.11-15; 2 Cr 14.2-5; 15). Reconstruyó las ciudades de Judá (2 Cr 14.6,7). Se apoyó en Dios contra los etíopes (2 Cr 14.9-15); confió en Siria, en lugar de Dios, contra Israel. Hanani el vidente le reprendió (1 R 15.15-22; 2 Cr 16). Muerte (2 Cr 16.12-14).

Asael

Sobrino de David; hermano de Joab y Abisai (1 Cr 2.16). Uno de los líderes del ejército de David (2 S 23.24; 1 Cr 11.26; 27.7). Abner le mató tras una dura persecución (2 S 2.18-23); Joab le vengó (2 S 3.26, 27).

Asaf

1. Levita, a cargo de la música en el tabernáculo y en el templo (1 Cr 6.39; 15.17-19; 16.4-7,37; 25.6; Neh 12.46). Compuso varios salmos (2 Cr 29.30; Sal 50; 73— 83). Sus hijos se entregaron para realizar un ministerio musical y profético. (1 Cr 25; 2 Cr 20.14; 35.15; Esd 2.41; 3.10; Neh 11.17).

2. Guarda del bosque del rey (Neh 2.8).

3. Canciller (2 R 18.18,37; Is 36.3,22).

Ascalón

Una de las cinco ciudades filisteas, en la costa mediterránea, a unos 18 kilómetros al norte de Gaza. Constituyó una amenaza constante para los jueces de Israel, aunque los hombres de Judá la tomaron por un tiempo (Jue 1.18). Más adelante, Sansón mató a treinta de sus hombres (Jue 14.19). Se nombra en el lamento de David por la muerte de Saúl y Jonatan (2 S 1.20). Amós profetizó su destrucción (Am 1.8), que se cumplió cuando Sargón de Asiria la atacó y la tomó (Is 20.1).

Asdod

Probablemente la capital de las cinco ciudades filisteas, a unos 5 kilómetros de la costa mediterránea y unos 30 al norte de Gaza. Sus habitantes sobrevivieron al avance de

Uno de los muchos leones hechos en ladrillo, que decoraban la sala del trono en el palacio de Babilonia

Josué contra ellos (Jos 11.22). Su población sufrió un castigo cuando capturaron el arca del pacto y lo colocaron en el templo de Dagón en la ciudad (1 S 5.1-7). Tomada por el rey Uzías de Judá (2 Cr 26.6), casi siempre permaneció independiente. Amós profetizó contra ella (Am 1.8), y Sargón de Asiria la atacó y tomó (Is 20.1). Más tarde, otros profetas también profetizaron su caída (Jer 25.20; Sof 2.4; Zac 9.6). Sus habitantes se opusieron a la reconstrucción de Jerusalén (Neh 4.7, 8), y Dios reprendió a los israelitas por mezclarse con ellos en casamiento (Neh 13.23-25). Se la conoció después como Azoto, y el diácono Felipe evangelizó en ella (Hch 8.40).

Aser

1. Hijo de Jacob, con Zilpa (Gn 30.12, 13; 35.26; Éx 1.4; 1 Cr 2.2; Jacob le bendijo (Gn 49.20).

2. Tribu que descendía de Aser. Moisés la bendijo (Dt 33.24, 25). Incluida en el censo (Nm 1.40, 41; 26.44-47); las tierras que le correspondieron (Jos 19.24-31; Ez 48.2). Apoyaron a Gedeón (Jue 6.35; 7.23) y a David (1 Cr 12.36), pero no a Débora (Jue 5.17).

3. Territorio a lo largo de la costa mediterránea de Palestina, entre Tiro y el monte Carmelo. Sus límites y sus ciudades se enumeraron de forma clara (Jos 19.24-31). Asignado a los descendientes del octavo hijo de Jacob, que no eliminó a todos los cananeos (Jue 1.31, 32).

4. Ciudad al este de Siquem y al oeste del río Jordán, en el territorio de Manasés (Jos 17.7).

Asiria

En sus comienzos fue una ciudad situada en la ribera oeste del río Tigris (Gn 2.14), nombrada así probablemente a partir de un hijo de Sem (Gn 10.22). Creció hasta convertirse en un imperio poderoso cuya capital fue Nínive. Su rey, Tiglat-pileser III invadió Israel (2 R 15.19) y deportó a los israelitas (2 R 15.29), lo cual continuó bajo Sargón (2 R 17.6, 23). Luego Senaquerib invadió Judá (2 R 18.13), pero fracasó (2 R 19.35, 36; Is 37.36, 37). Los profetas predijeron su caída (Is 10.12; 30.31; Mi 5.4-6; Sof 2.13).

Asuero

Rey de Persia (Esd 4.6; Est 1.1, 2); padre de Darío (Dn 9.1). Depuso a Vasti; se casó con Ester (Est 1—2). Mardoqueo descubrió una conspiración para matar a Asuero (Est 2.21-23). Dio su visto bueno al edicto de Amán para matar a los judíos (Est 3); permitió a Ester que le viera sin haberla llamado (Est 5.1-8); colgó a Amán (Est 7). Engrandeció a Mardoqueo (Est 8.1, 2; 9.4; 10); permitió que los judíos pudieran defenderse (Est 8—9).

Atalía

Hija de Acab; mujer de Joram, rey de Judá; madre de Ocozías (2 R 8.18, 26; 2 Cr 22.2). Fomentó la idolatría (2 R 8.18, 27). Tras la muerte de Ocozías, mató a todos los descendientes reales (excepto Joás), y reinó durante seis años (2 R 11.1-3; 2 Cr 22.10-12). Asesinada por orden de Joiada, que hizo rey a Joás (2 R 11.4-16; 2 Cr 23.1-15).

Atenas

Centro político y cultural del estado griego de Ática, visitado por Pablo. Este discutió con los atenienses sobre su idolatría (Hch 17.16-32).

Babilonia

1. Ciudad en el Éufrates, en la tierra de Sinar, fundada por Nimrod (Gn 10.10). Se convirtió en la capital del imperio babilonio; conocida por su gran esplendor (Dn 4.30). Se profetizó su destrucción (Is 47; Jer 50). Los persas la tomaron.
2. Nombre usado en sentido figurado para referirse a Roma, enfatizando su oposición a Dios

(Ap 14.8; 16.19).
3. Situada en la llanura entre los ríos Éufrates y Tigris. También llamada «tierra de Sinar» (Gn 10.10) y «tierra de los caldeos» (Jer 24.5). Después de la caída de Jerusalén, el pueblo de Judá fue exiliado allí (2 R 25.21; 2 Cr 36.20) tal como había profetizado Isaías (2 R 20.16-18; Is 39.5-7). Salieron de allí 50 años más tarde (Esd 1).

Balaam

Profeta, al que Balac pidió que maldijera a Israel (Nm 22.4-11; 2 P 2.15); Dios se lo prohibió (Nm 22.12); reprendido por su asno (Nm 22.21-34). La maldición se volvió en bendición (Nm 23—24; Dt 23.4, 5; Jos 24.9,10). Su consejo llevó a Israel a desobedecer a Dios (Nm 31.15, 16). Murió en la derrota de Israel a manos de los madianitas (Nm 31.8; Jos 13.22).

Barac

Convocado por Débora para liderar a Israel contra los cananeos (Jue 4—5; 1 S 12.11; He 11.32).

Barrabás

Criminal, liberado por Pilato en lugar de Jesús (Mt 27.12-26; Mr 15.6-15; Lc 23.18-25; Jn 18.40).

Bartimeo

Mendigo ciego que Jesús curó (Mr 10.46-52; Lc 19.35-43; Mt 20.29-34).

Bartolomé

Uno de los doce apóstoles (Mt 10.2,3; Mr 3.16-18; Lc 6.13,14; Hch 1.13). También pudo ser conocido como Natanael.

Baruc

Secretario y compañero de Jeremías. Escribió las profecías de Jeremías y las leyó al pueblo (Jer 36). Jeremías le dio la carta de venta de la heredad de Anatot (Jer 32.12-16). Se le acusó de influenciar a Jeremías; fue llevado con él a Egipto (Jer 43.1-7). Mensaje de Dios para él (Jer 45).

Beerseba

Ciudad más importante del Neguev, en territorio de Simeón (Jos 19.1, 2). Ubicación de un pozo en el que Abimelec hizo un pacto con Abraham (Gn 21.31), y con Isaac (Gn 26.32, 33). Agar (Gn 21.17-19), Abraham (Gn 21.33), Isaac (Gn 26.23, 24) y Jacob (Gn 46.1-4) encontraron a Dios allí. Se convirtió en un centro de peregrinaje (Am 5.5), rivalizando con Betel y Gilgal. Los hijos de Samuel fueron jueces allí (1 S 8.1, 2); Elías pasó por allí cuando huía de Jezabel (1 R 19.3).

Belén

1. Ciudad de Judá a unos 7 kilómetros al sur de Jerusalén. También conocida como Efrata (Gn 35.16, 19; 48.7; Rt 4.11; 1 Cr 4.4; Sal 132.6) y como Belén Efrata (Mi 5.2). Raquel fue enterrada cerca de allí (Gn 35.19; 48.7); el libro de Rut tiene lugar allí. Fue el lugar en el que nació David y en el que fue ungido (1 S 16.1-13). Miqueas predijo que el nacimiento del Mesías sería allí (Mi 5.2; Mt 2.6), lo cual se cumplió con el nacimiento de Cristo en la «ciudad de David» (Lc 2.11).
2. Ciudad en el territorio de

Zabulón, a unos 10 kilómetros al noroeste de Nazaret (Jos 19.15). Probablemente Ibzán era de allí (Jue 12.8).

Belsasar
Rey de Babilonia cuando Darío la derrotó. Daniel anunció su caída, interpretando la escritura en la pared (Dn 5).

Beltsasar
Nombre que se le dio a Daniel en Babilonia (Dn 1.7).

Benjamín
1. El hijo más joven de Jacob; el segundo de Raquel, que murió en el parto (Gn 35.16-18,24; 46.19). El favorito de Jacob tras la pérdida de José. Su padre se mostró reticente a permitirle ir a Egipto (Gn 42.38; 43); la preocupación de sus hermanos por él llevó a José a mostrarse a ellos (Gn 44-45). Jacob le bendijo (Gn 49.27).
2. Tribu que descendía de Benjamín. Moisés la bendijo (Dt 33.12). Incluida en el censo (Nm 1.36, 37; 26.38-41). La tierra que se le asignó (Jos 18.11-28; Ez 48.23); no tomó posesión total de ella (Jue 1.21). Casi destruida por otras tribus (Jue 20—21). Era la tribu de Saúl (1 S 9.1); siguió a Is-boset (2 S 2.8, 9); más tarde apoyó a David (1 Cr 12.29; 1 R 12.21). Era la tribu de Ester (Est 2.5) y de Pablo (Fil 3.5).
3. Territorio montañoso al oeste del río Jordán, con Efraín al norte, Judá al sur y Dan al oeste. Sus límites y ciudades se enumeran claramente (Jos 18.11-18). Asignado a los descendientes del hijo más joven de Jacob, que no pudieron expulsar a los jebuseos de Jerusalén (Jue 1.21). Sus habitantes casi fueron destruidos por las otras tribus de Israel debido al pecado en Gabaa (Jue 19—21).

Berea
Ciudad de Macedonia, a unos 75 kilómetros al suroeste de Tesalónica. Pablo huyó allí con Silas después de los problemas en Tesalónica (Hch 17.10). Sus habitantes eran receptivos al evangelio y buscaban diariamente las Escrituras (Hch 17.11). Los judíos de Tesalónica siguieron a Pablo allí, obligándole a marcharse; Silas y Timoteo continuaron la obra (Hch 17.13, 14). Hogar de Sópater, que ayudó a Pablo (Hch 20.4).

Bernabé
Su nombre significa «hijo de consolación»; antes era José, un discípulo de Chipre (Hch 4.36). Apóstol (Hch 14.14) y misionero (Gá 2.9). Presentó a Pablo a los apóstoles en Jerusalén (Hch 9.27). Enviado a Antioquía donde trabajó con Pablo (Hch 11.22-26). Estuvo con Pablo en el primer viaje misionero (Hch 13—14) y en el concilio de Jerusalén (Hch 15.2-35); se separó de Pablo para ir con su primo Juan Marcos (Hch 15.36-40).

Betania
1. Pueblo en la ladera este del monte de los Olivos, a unos 3 kilómetros de Jerusalén (Jn 11.18). Hogar de María, Marta y Lázaro (Jn 11.1). Jesús fue ungido allí en la casa de Simón el leproso (Mt 26.6, 7; Mr 14.3). Cercana al lugar de la ascensión de Jesús (Lc 24.50, 51).
2. Ciudad en el lado este del río Jordán, donde Juan estaba bautizando (Jn 1.28). Su ubicación exacta es dudosa.

Betel
1. Ciudad a unos 18 kilómetros al norte de Jerusalén, conocida originalmente como Luz. Abraham construyó un altar cerca de ella (Gn 12.8; 13.3, 4). Jacob cambió el nombre de la ciudad después de su visión

Pozo en Beerseba en la actualidad. Abraham, Agar, Isaac y Jacob tuvieron encuentros con Dios en un pozo allí.

se estableció allí (Gn 35.1).
Conquistada por Josué (Jos 8.17);
asignada a Benjamín (Jos 18.22),
pero tomada por la casa de José
(Jue 1.22-26). Al estar el arca
del pacto depositada allí (Jue
20.27), se convirtió en un lugar
de consulta a Dios (Jue 20.18;
21.2, 3). Centro de adoración del
reino del norte, y lugar en el que
Jeroboam colocó unos de sus
becerros de oro (1 R 12.27-29).
Denunciada por su idolatría (Os
10.15; Am 5.5, 6); Josías destruyó
su altar (2 R 23.15).
2. Ciudad en el territorio
de Simeón cerca de Siclag
(1 S 30.26-31). Betul (Jos
19.4) y Betuel (1 C 4.30) son
probablemente variantes. Su
ubicación exacta se desconoce.

Betfagé

Ciudad cercana a Betania, en
una ladera del monte de los
olivos, cerca del camino que
encontraron los discípulos un
pollino para que Jesús entrara
sobre él en Jerusalén (Mt 21.1;
Mr 11.1; Lc 19.29).

Betsabé

Mujer de Urías; cometió
adulterio con David y se
convirtió en su mujer (2 S 11).
Aseguró la sucesión para su hijo,
Salomón (1 R 1.11-40). Incluido
en la genealogía de Jesús (Mt
1.6).

Betsaida

1. Ciudad al norte del mar de
Galilea, al este del río Jordán.
Originalmente fue una ciudad
pequeña, pero Felipe el Tetrarca
elevó su estatus a ciudad y la
llamó Julias. De allí eran Pedro,
Andrés y Felipe (Jn 1.44), y
posiblemente Santiago y Juan
(Lc 5.10).
2. Ciudad al este del Jordán, a
unos 3 kilómetros al norte del
mar de Galilea. Lugar asociado
a la alimentación de los 5000

un hombre ciego (Mr 8.22-
26). (Posiblemente estas dos
descripciones se refieren al
mismo lugar).

Bet-semes

1. Ciudad cercana al monte
de Seir, a unos 20 kilómetros
al suroeste de Jerusalén, en la
frontera de Judá (Jos 15.10).
Probablemente también se
llamó Ir-semes (Jos 19.41).
Asignada a la tribu de Dan y a
los levitas (Jos 21.16; 1 Cr 6.59).
Los filisteos enviaron allí el arca
del pacto que robaron, lugar en
el que permaneció hasta que lo
llevaron a Quiriat-jearim (1 S
6.10—7.2). Ubicada en uno de los
doce distritos de Salomón (1 R
4.9), fue el escenario de la batalla
entre Joás y Amasías (2 R 14.11-
14; 2 Cr 25.21-23). Los filisteos la
tomaron en tiempos de Acaz
(2 Cr 28.18).
2. Ciudad entre el monte Tabor
y el río Jordán, en la frontera
entre los territorios de Isacar y de

Entrada al anfiteatro, Cesarea.

Neftalí (Jos 19.22).
3. Ciudad fortificada de Neftalí (Jos 19.35, 38), de la cual no pudieron expulsar a los cananitas (Jue 1.33).

Bezaleel
Artesano de la tribu de Judá (1 Cr 2.20; 2 Cr 1.5), escogido, junto a Aholiab, para organizar la construcción del tabernáculo (Éx 31.1-6; 35.30—36.7). Se le otorgó el privilegio de construir el arca.

Véase Éxodo 37.1-9.

Bildad
Ver **Job**

Booz
Terrateniente rico y benévolo, de Belén; se casó con Rut, la viuda de un familiar, cumpliendo así con la responsabilidad de un redentor (Rt 2—4). Antepasado de David (Rt 4.17-22; 1 Cr 2.5-15) y de Jesús (Mt 1.5).

Cades Barnea
Ciudad oasis situada en el norte del Sinaí, a unos 75 kilómetros al sur de Beerseba. Conocida originalmente como En-Mispat, y abreviada a Cades. Quedorlaomer derrotó allí a los amalecitas y los amorreos (Gn 14.7). Un ángel se apareció cerca de allí a Agar (Gn 16.14). Abram se asentó cerca (Gn 20.1) y el pueblo judío acampó allí durante el Éxodo (Nm 20.1; 33.36; Dt 1.19, 46). Allí murió María, y allí fue sepultada (Nm 20.1). Allí dieron sus informes los espías

(Nm 13.26; Jos 14.7), el pueblo se quejó (Nm 20.2-5) y desde allí se enviaron mensajeros a Edom y a Moab (Jue 11.17).

Caifás
Sumo sacerdote en el momento del arresto de Jesús (Mt 26.57-68; Jn 18.13, 24). Predijo sin saberlo la importancia de la muerte de Jesús (Jn 11.49-52; 18.14). Interrogó a Pedro y a Juan (Hch 4.5-7).

Caín
Hijo primogénito de Adán y Eva (Gn 4.1). Granjero (Gn 4.2); mató a su hermano, Abel, cuando Dios no aceptó su sacrificio (Gn 4.3-8; 1 Jn 3.12). Se le puso una señal de protección para atenuar el castigo (Gn 4.9-16).

Caleb
Uno de los espías enviados a

Nichos en las paredes del acantilado en Cesarea de Filipo contenían imágenes del dios pagano Pan. Ahí fue donde Simón Pedro reconoció a Jesús como «el Cristo».

explorar Canaán (Nm 13.6); junto a Josué alentaron al pueblo para entrar en esa tierra (Nm 13.30; 14.6-9). Se le permitió entrar en la Tierra Prometida debido a su fe (Nm 26.65; 32.12; Dt 1.36). Se le otorgó la posesión de Hebrón (Jos 14.6-15; 15.13-19).

Cam

Hijo de Noé (Gn 5.32; 6.10; 1 Cr 1.4). Salvado en el arca (Gn 7.13; 9.18, 19). Padre de Canaán, Cus (Etiopía), Put (Libia) y Mizraím (Egipto) (Gn 9.18; 10.6; 1 Cr 1.8). Deshonró a Noé al mirar su desnudez; trajo la maldición sobre Canaán (Gn 9.20-27). Asociado con Egipto (Sal 78.51; 105.23, 27; 106.22).

Caná

Pueblo galileo en el que Jesús convirtió el agua en vino (Jn 2.1-11) y sanó al hijo del oficial real (Jn 4.46-54). Natanael era de allí (Jn 21.2).

Las ruinas de una sinagoga del siglo II-III d. C., en Capernaum, la ciudad que Jesús hizo suya en el inicio de su ministerio.

Canaán

Región entre el río Jordán y el mar Mediterráneo, ocupada originalmente por descendientes del hijo menor de Cam (Gn 9.18). Dios prometió que la daría a Abram y a sus descendientes (Gn 12.1-7), por lo que se asentaron allí (Gn 13.12; 31.18; 33.18). Era una tierra fértil en tiempos de Moisés (Nm 13.27-29), pero Dios se la prometió a los israelitas, que la conquistaron bajo el mando de Josué (Jos 1.1-3), y se convirtió en la tierra de Israel.

Capernaum

Ciudad en la orilla norte del mar de Galilea, en la que Jesús residió después de dejar Nazaret (Mt 4.13; 9.1). Jesús enseñó en su sinagoga (Mr 1.21; Lc 4.31; Jn 6.59), y obró importantes

milagros allí (Mr 1.34), como sanar al hijo del centurión (Mt 8.5-13; Lc 7.1-10), a la suegra de Pedro (Mr 1.30,31; Lc 4.38,39), a un paralítico (Mt 9.1-8; Mr 2.3-12; Lc 5.18-26) y a un hombre poseído por un espíritu maligno (Mr 1.21-26; Lc 4.31-35). Aunque fue una base para el ministerio de Jesús, él la maldijo por su incredulidad (Mt 11.23, 24; Lc 10.15).

Carmel, Carmelo

1. Cadena montañosa boscosa con vistas a la costa mediterránea, al oeste del mar de Galilea. Lugar en el que Elías desafió a los profetas de Baal (1 R 18.19-39). La mujer sunamita encontró allí a Elías (2 R 4.25). Se usa en sentido figurado por su fertilidad (Cnt 7.6; Is 33.9; 35.2; Jer 46.18; 50.19; Am 1.2; 9.3; Nah 1.4).
2. Ciudad de Judá, a unos 12 kilómetros al sur de Hebrón.

Lugar en el que Saúl se hizo un monumento a sí mismo (1 S 15.12). De allí era la viuda de Nabal, Abigail (que se casó con David, 1 S 25), y también uno de los valientes de David (2 S 23.35; 1 Cr 11.37).

Cedrón, Valle

Situado en la ladera este de Jerusalén, hacia el monte de los Olivos. A través de él fluye un pequeño arroyo. David lo cruzó para escapar de Absalón (2 S 15.23), así como Simei, desobedeciendo a Salomón (1 R 2.37-46). Allí Asa quemó los ídolos de Asera de Maaca (1 R 15.13; 2 Cr 15.16), y los sacerdotes quemaron y convirtieron en polvo artículos dedicados a Baal y Asera (2 R 23.4, 6, 12; 2 Cr 29.16; 30.14). Después fue un cementerio (2 R 23.6; Jer 31.40). Nehemías inspeccionó desde allí los muros de Jerusalén (Neh 2.15). Jesús lo cruzó para llegar a Getsemaní (Jn 18.1).

Cencrea

Puerto en la zona este de Corinto. Pablo se rapó la cabeza antes de partir de allí en barco (Hch 18.18). Febe servía en la iglesia asentada allí (Ro 16.1).

Cesarea

Puerto mediterráneo a unos 45 kilómetros al norte de Jope, y capital de Judea. Herodes Agripa I murió allí (Hch 12.19-23); Agripa II y Berenice la visitaron (Hch 25.13). Cornelio, al que Pablo (Hch 10.1, 24) y Felipe el evangelista (Hch 6.5) ministraron, era de allí. Pablo pasó por allí en sus viajes

(Hch 9.30; 18.22; 21.8) y fue encarcelado también allí durante dos años antes de que lo enviaran a Roma (Hch 23.23, 33; 25.4; 27.1).

Cesarea de Filipo

Ciudad al norte del mar de Galilea, situada en la ladera suroeste del monte Hermón. Conocida como Paneas (por el dios Pan) hasta que Felipe el tetrarca le cambió el nombre. Marca el límite hacia el norte del ministerio de Jesús. Allí, Simón Pedro le proclamó «el Cristo» (Mt 16.13-16; Mr 8.27-29).

Corinto: ruinas del templo de Apolo con el Acrocorinto detrás.

Chipre

Isla grande en el mar Mediterráneo, a unos 90 kilómetros al oeste de Siria. Isaías y Ezequiel la mencionan (Is 23.1, 12; Ez 27.6). De allí era Bernabé (Hch 4.36); era un refugio para los creyentes (Hch 11.19). Bernabé fue allí con Pablo (Hch 13.4), y más tarde Marcos

Celebrado por algunos como «la primera carta de derechos humanos de la historia», el cilindro de Ciro marca la conquista persa de Babilonia en el año 539 a. C.

(Hch 15.39). Mnasón era de Chipre (Hch 21.16).

Cilicia

Región a lo largo de la costa sur de Asia Menor; Pablo nació en Tarso, su capital (Hch 21.39; 22.3). Los judíos de Cilicia discutieron con Esteban en Jerusalén (Hch 6.9). Pablo fue pronto allí tras su conversión (Gá 1.21), y de nuevo en su segundo viaje misionero (Hch 15.41).

Ciro

Rey de Persia. Promulgó un edicto que permitió a los exiliados regresar a Jerusalén para reconstruir el templo (2 Cr 36.22, 23; Esd 1.1-4; 5.13; 6.13); devolvió los utensilios que se habían llevado del templo (Esd 1.7-11; 5.14, 15; 6.5) y proveyó de fondos para la obra de edificación (Esd 3.7; 6.4). Isaías había predicho el lugar que ocuparía en los propósitos de Dios (Is 44.28—45.7, 13).

Cisón

Río que fluye desde el noreste, desde el monte Gilboa, pasando el monte Carmelo hasta el mar Mediterráneo. Escenario de la victoria de Débora sobre Sísara (Jue 4.7, 13; Sal 83.9), cuando los carros cananeos quedaron atascados por la crecida del río (Jue 5.21). Elías llevó allí a los profetas de Baal para aniquilarlos (1 R 18.40).

Colosas

Ciudad de Frigia, en el valle de Lycos, a unos 18 kilómetros al este de Laodicea. Pablo escribió a la iglesia allí (Col 1.2), posiblemente iniciada por Epafras (Col 1.7; 4.12), y liderada por Arquipo (Col 4.17; Flm 2). Onésimo era de allí (Col 4.9).

Coré

1. Hijo de Esaú; jefe edomita (Gn 36.5, 14, 18).
2. Nieto de Coat (1 C 6.22); antepasado de un grupo de músicos (Sal 42; 44—49; 84; 85; 87; 88) y porteros del templo (1 C 9.19; 26.1, 19); lideró la rebelión contra Moisés; Dios le mató (Nm 16; 26.9-11; Jud 11).
3. Hijo de Hebrón (1 Cr 2.43).

Corinto

Capital de Acaya, era un importante puerto para el comercio entre Roma y el Este. Pablo trabajó allí con Aquila y Priscila (Hch 18.1, 2), y compareció ante el procónsul Galión (Hch 18.12-17). Pablo se fue a Siria (Hch 18.18), y Apolos llegó para predicar (Hch 18.27—19.1). Pablo escribió a la iglesia (1 Co 1.2; 2 Co 1.1), y volvió por lo menos dos veces más (2 Co 12.14; 13.1-3).

Cornelio

Centurión romano, temeroso de Dios, destinado en Cesarea (Hch 10.1, 2). Enviado a buscar a Pedro (Hch 10.1-8,19-33); escuchó el evangelio, recibió el Espíritu Santo, fue bautizado (Hch 10.34-48); fue el primer gentil convertido.

Creta

Isla grande en el mar Mediterráneo, a unos 90 kilómetros de Grecia, donde el barco de Pablo atracó para recuperarse de una tormenta (Hch 27.8). Tito estableció la iglesia allí (Ti 1.5).

Cus (Etiopía)

1. Nación al sur de Egipto. Tierra de piedras preciosas (Job 28.19) y de gente de elevada estatura y tez brillante (Is 18.2, 7). Aliada de Egipto en la guerra, en ocasiones contra Israel (2 R 19.9; 2 Cr 12.3; Jer 46.9; Ez 38.5). Los profetas proclamaron juicio sobre Cus o Etiopía (Is 18.1; Sof 2.12), pero algunos de sus habitantes se unirían al pueblo de Dios (Sal 68.31; Is 11.11; 18.7).
2. Tierra que bordeaba el río Gihón, que fluía desde el Edén (Gn 2.10-14). Se desconoce su ubicación exacta.

Dalila

Traicionó a Sansón (Jue 16.4-22).

Damasco

Capital de Siria (Aram) (Is 7.8), a los pies del monte Hermón, en el noreste del mar de Galilea. De allí era Eliezer, el siervo de Abram (Gn 15.2). Era una base para atacar a Israel; conquistada por David (2 S 8.5, 6; 1 Cr 18.5, 6), pero después se rebeló (1 R 11.23). Jeroboam II la volvió a conquistar (2 R 14.28), pero se convirtió en la base del rey Rezín para atacar Jerusalén (2 R 16.5). Era próspera (Ez 27.18), gracias a los ríos Abana y Farfar (2 R 5.12). Se profetizó su destrucción final (Is 17.1; Am 1.5), que se cumplió por medio de Asiria. Entró a formar parte del reino del rey Aretas (2 Co 11.32). Saulo se convirtió de camino a Damasco (Hch 9.1-8), y se encontró allí con Ananías (Hch 9.10-22). Sus habitantes judíos se enojaron por la predicación de Pablo

(Hch 9.25; 2 Co 11.32, 33). Pablo regresó más adelante (Gá 1.17).

Dan

1. Hijo de Jacob, con Bilha (Gn 30.4-6; 35.25); Jacob le bendijo (Gn 49.16, 17).
2. Tribu descendiente de Dan. Moisés la bendijo (Dt 33.22). Incluida en el censo (Nm 1.38, 39; 26.42, 43). Tierras asignadas (Jos 19.40-48; Ez 48.1); incapaz de tomar posesión total de las tierras (Jue 1.34), la mayor parte de la tribu emigró hacia el norte a Lais (Jue 18). Era la tribu de Sansón (Jue 13).
3. Territorio que se dio a Dan en la costa mediterránea (de ahí el comercio por mar, Jue 5.17). La porción de tierra más pequeña asignada a una tribu (Jos 19.40-48). Debido a la actividad de los amorreos, algunos danitas se vieron forzados a emigrar al norte (Jue 1.34).
4. Ciudad cercana al nacimiento del río Jordán. Al ser la ciudad en el punto más al norte de Israel, aparece cuando se hace referencia a la extensión del territorio de Israel (Jue 20.1; 1 S 3.20; 2 S 3.10; 17.11; 24.2, 15; 1 R 4.25; 1 Cr 21.2; 30.5). Conocida originalmente como Lesem (Jos 19.47), o Lais (Jue 18.7). Jeroboam colocó allí un becerro de oro (1 R 12.28-30). Conquistada por Ben-Hadad de Siria (1 R 15.20; 2 Cr 16.4).

Daniel

1. Hijo de David y Abigail (1 Cr 3.1).
2. Personaje antiguo considerado como un ejemplo extraordinario de justicia y sabiduría (Ez 14.14, 20; 28.3).

Bajorrelieve de Darío el Grande, en Persépolis.

3. Hebreo, descendiente de la nobleza, que estaba entre los que fueron llevados como cautivos a Babilonia para ser entrenados en el servicio del rey (Dn 1.3-6); se le cambió el nombre a Beltsasar (Dn 1.7); se negó a comer alimentos inmundos (Dn 1.8-16). Poseía un gran entendimiento (Dn 1.17, 20); interpretó los sueños de Nabucodonosor (Dn 2.24-45; 4.19-27) y la escritura en la pared (Dn 5.13-29). Ocupó puestos importantes bajo Nabucodonosor (Dn 2.48), Belsasar (Dn 5.29) y Darío (Dn 6.1,2). Se negó a obedecer el decreto del rey; le echaron en el foso de los leones (Dn 6). Tuvo visiones que predecían la venida de un reino mesiánico (Dn 7-12).

Darío

1. Medo, se convirtió en rey de Babilonia (Dn 5.31; 9.1). Escogió a Daniel como líder dentro de su gobierno (Dn 6.2, 28).

Posiblemente identificado con Ciro.
2. Darío el Grande, rey de Persia (Hag 1.1; Zac 1.1); reavivó el edicto de Ciro que permitía la continuación de la obra de reconstrucción del templo (Esd 4.24—6.15).
3. Darío II, rey de Persia (Neh 12.22).

David

Segundo rey de Israel y el más grande; antepasado de Jesús (Mt 1.1; Ro 1.3; Ap 22.16); tipo del Mesías prometido (Is 11.1; Ez 34.23, 24; 37.24, 25). Cantor de salmos y cánticos (2 S 23.1; Am 6.5). Hijo de Isaí de Belén (Rt 4.17; 1 S 17.12). Ungido rey por Samuel (1 S 16.1-13). Entró al servicio de Saúl como músico (1 S 16.14-23). Mató a Goliat (1 S 17.32-54). Fue amigo de Jonatán (1 S 18.1-4; 19.1-7; 20; 23.16-18; 2 S 1.25, 26). Huyó por la hostilidad de Saúl (1 S 19; 21—23). Perdonó la vida del mismo (1 S 24; 26). Estuvo entre los filisteos (1 S 21.10-15; 27—29). Su lamento por Saúl y Jonatan (2 S 1). Ungido rey de Judá en Hebrón (2 S 2.1-7). Guerra contra la familia de Saúl (2 S 2—4). Unió a las tribus del norte y del sur como único rey sobre todo Israel (2 S 5.1-4; 1 Cr 11.1-3; 12.38-40). Arrebató Jerusalén a los jebuseos (2 S 5.6-10; 1 Cr 11.4-9); colocó el arca allí (2 S 6; 1 Cr 15—16). Dios le prometió una dinastía eterna (2 S 7; 1 Cr 17; Sal 89; 132). Estableció el imperio: derrotó a los filisteos (2 S 5.17-25; 1 Cr 14.8-17;

El desierto de Judea, bordeando el mar Muerto.

Dorcas

Conocida también como Tabita. Discípula en Jope, conocida por sus buenas obras (Hch 9.36, 39). Murió (Hch 9.37) y Pedro la resucitó (Hch 9.38-42).

Dotán

Ciudad a unos 18 kilómetros al norte de Samaria, en la ruta comercial entre Siria y Egipto. Los hermanos de José le traicionaron cerca de allí (Gn 37.17). Eliseo tuvo un encuentro con los soldados sirios allí (2 R 6.8-19).

Ebal, Monte

Al norte de Siquem, con el monte Gerizim al sur. El pico más alto de Samaria, en el centro de Canaán. Las maldiciones de Dios se debían proclamar desde allí (Dt 11.29), y se debía levantar un altar (Dt 27.4). Josué llevó a cabo estas instrucciones (Jos 8.30, 33).

Ecrón

La más norteña de las cinco ciudades filisteas principales, a unos 50 kilómetros al oeste de Jerusalén. Josué no la conquistó (Jos 13.1-3), pero se le asignó a Judá (Jos 15.45), y más adelante a Dan (Jos 19.43). Llevaron allí el arca del pacto (1 S 5.10), y los cinco príncipes filisteos volvieron allí (1 S 6.16). El ejército filisteo huyó allí del ejército israelita (1 S 17.52). En Ecrón adoraban a Baal-Zebub, y Ocozías le consultó muriendo como consecuencia de ello (2 R 1). Se pronuncia su juicio (Jer 25.20; Am 1.8; Sof 2.4; Zac 9.5, 7).

2 S 21.15-22; 1 Cr 20.4-8), a los moabitas, sirios, edomitas (2 S 8.1-14; 1 Cr 18.1-13), a los amonitas (2 S 10; 1 Cr 19). Cometió adulterio con Betsabé; hizo que mataran a Urías (2 S 11); Natán le reprendió (2 S 12.1-14); se arrepintió (Sal 51). Se casó con Betsabé y otras mujeres (1 S 18.27; 25.39-43; 2 S 5.13; 11.27); padre de Salomón, Absalón, Adonías, etc. (2 S 3.2-5; 1 Cr 3.1-9). Absalón se rebeló (2 S 15—18). Los preparativos para el templo (1 Cr 22; 28—29). Se escoge a Salomón como sucesor (1 R 1.28-48). Su muerte (1 R 2.10-12; 1 Cr 29.26-28).

Débora

1. Profetisa, uno de los jueces de Israel. Escogió a Barac para liderar a Israel contra los cananeos (Jue 4—5).
2. La sierva de Rebeca (Gn 35.8).

Demas

Colaborador de Pablo (Col 4.14; Flm 24), que más adelante le abandona (2 Ti 4.10).

Demetrio

1. Cristiano recomendado por Juan (3 Jn 12).
2. Platero que fomentó alboroto contra Pablo en Éfeso (Hch 19.23-41).

Derbe

Ciudad en Asia Menor, a unos 25 kilómetros al este de Listra. Pablo y Bernabé huyeron allí cuando se vieron envueltos en problemas en Iconio (Hch 14.6), y ganaron convertidos para Cristo (Hch 14.20, 21). Pablo la visitó en su segundo viaje misionero (Hch 16.1). De allí era Gayo (Hch 20.4).

Dina

Hija de Jacob, con Lea (Gn 30.21; 46.15). Violada por Siquem; vengada por Simeón y Leví (Gn 34).

Edén

1. Jardín boscoso en el que se encontraban el árbol de la vida y el árbol de la ciencia del bien y del mal (Gn 2.9). Primer hogar de Adán y Eva (Gn 2.8), que cuidaron de él (Gn 2.15). Un río fluía del Edén hacia el jardín y se dividía en cuatro (Gn 2.10-14). Después de desobedecer a Dios, Adán y Eva fueron expulsados de allí (Gn 3.23, 24). Se usa en sentido figurado para referirse al paraíso de Dios (Is 51.3; Ez 28.13; 31.9; 36.35). Se hace referencia a él en la visión de la nueva Jerusalén (Ap 22.2, 3).

2. Ciudad con un mercado que proveía a Tiro de todo tipo de artículos (Ez 27.23), conquistada por los asirios (2 R 19.12; Is 37.12). Probablemente se encontraba en Mesopotamia.

Edom

1. Otro nombre de Esaú
2. Nación descendiente de Esaú (Gn 36).
3. Región al sur del mar Muerto y al este del Arabá, conocida también como tierra de Seir y Esaú. Hogar de Esaú (también llamada Edom) (Gn 32.3; 38.8). Los descendientes de Esaú repelieron a los horeos (Dt 2.12, 22). Durante el Éxodo, no permitieron a los judíos pasar por allí (Nm 20.14-21; 21.4; Jue 11.17, 18). Sus habitantes lucharon contra Saúl (1 S 14.47), pero fue David quien lo conquistó (2 S 8.13, 14; 1 R 11.15, 16), permitiendo a Salomón desarrollar un puerto allí (1 R 9.26). Se rebelaron contra Joram (2 R 8.20-22), pero Amasías volvió a conquistarlo

(2 R 14.7). Azarías tomó el puerto de Elat (2 R 14.22), que más adelante Edom recuperó (2 R 16.6). Sus habitantes se aliaron con Babilonia contra Judá (Sal 137.7; Ez 35.5; 36.5; Abd 10-16), y recibió un juicio profético (Is 34; 63.1-6; Jer 49.7-22; Ez 25.12-14; 35; Jl 3.19; Abd; Mal 1.3-5). Más adelante se le llama Idumea (Mr 3.8).

Éfeso

Capital y puerto importante del Asia Menor, frente a la isla de Samos. Famosa por el templo de Diana, o Artemisa (Hch 19.35). Pablo la visitó en

Ra y Horus, dioses egipcios del renacer y la protección, protegen al faraón en su viaje después de la muerte.

su segundo viaje misionero dejando a Aquila y Priscila allí (Hch 18.19). Apolos se les unió (Hch 18.24-26). Pablo volvió en su tercer viaje misionero (Hch 19.1) y permaneció allí entre dos y tres años (Hch 19.10; 20.31), predicando en la sinagoga (Hch 19.8), en la escuela de Tirano (Hch 19.9) y en casas privadas (Hch 20.20). Su predicación era una amenaza para la reputación de Artemis y el comercio que llevaba asociado (Hch 19.23-27), y los problemas acabaron llegando (Hch 19.28-41). Pablo escribió a Corinto desde allí (1 Co 16.8; 15.32). Dejó a Timoteo, Onésimo y Tíquico para que continuaran su obra (1 Ti 1.3; 2 Ti 1.18; 4.12), y escribió a la iglesia (Ef 1.1). Una de las siete cartas de Apocalipsis está dirigida a Éfeso (Ap 1.11), y en ella la iglesia recibe alabanzas y críticas (Ap 2.1-7).

Efraín

1. Segundo hijo de José (Gn 41.52); Jacob le bendice como primogénito (Gn 48.13-20).
2. Tribu descendiente de Efraín. Moisés la bendijo (Dt 33.13-17). Incluida en el censo (Nm 1.32, 33; 26.35-37). La tierra que le correspondió (Jos 16.1-9; Ez 48.5); incapaz de tomar posesión total de la misma (Jos 16.10; Jue 1.29). Ocupó una posición de prestigio entre las tribus (Jue 8.2, 3).
3. Territorio al oeste del río Jordán, entre Manasés y Benjamín. Asignada a los descendientes del hijo menor de José. Los territorios de Efraín y Manasés a menudo

se consideran juntos (Jos 16.1—17.2). No se expulsó a los cananeos (Jos 16.10), pero se les sometió a servidumbre (Jos 17.13). Territorio conocido por su belleza y fertilidad, en contraste con su decadencia moral (Is 28.1, 4; Os 9.13; 10.11; 12.8).
4. Se convirtió en sinónimo de reino del norte (Sal 78.9-16, 67, 68; Is 7.1-17; Jer 7.15; Os 5; 11).
5. Ciudad a la que Jesús se retiró con sus discípulos (Jn 11.54). Se desconoce su ubicación exacta, probablemente conocida también como Ofra.

Efrata

Ver **Belén** 1.

Egipto

País que se encuentra al sur del mar Mediterráneo y al suroeste de Palestina. Su tierra habitable estaba limitada al valle del río Nilo. Un lugar de refugio en tiempos de hambruna u opresión para Abram (Gn 12.10), Jacob y sus hijos (Gn 42.1-3; 45.16-20), Hadad (1 R 11.17), Jeroboam (1 R 11.40), Urías (Jer 26.21), Ismael (Jer 41.15-18), y María, José y Jesús (Mt 2.13). También fue un lugar de opresión y esclavitud para muchos, como José (Gn 37.28), los descendientes de Jacob (Éx 1.1-11), Joacaz (2 Cr 36.4), y el remanente de Judá (Jer 44.12-14,27). Jacob y José murieron los dos allí (Gn 50). Moisés guió a los israelitas en su salida de la esclavitud en Egipto (Éx 3—12). Estuvieron tentados a volver a su relativa seguridad (Éx 13.17; 14.11, 12; Nm 14.2-4; Hch 7.39). En sentido figurado, se usa para hacer referencia a un lugar

de esperanza y seguridad falsas (2 R 18.21; Is 20.5, 6; 30.1-3; 31.1-3; 36.6; Jer 2.18; Ez 17.15-17). Era un centro de idolatría (Lv 18.3; Esd 9.1; Is 19.1, 3; Ez 20.7,8). Se profetizó su caída (Is 19; Jer 46; Ez 29—32), pero finalmente se volverá hacia Dios (Is 19.19; Zac 14.16-19).

Elam

Región al este de Babilonia, llamada así por un hijo de Sem, antepasado de los elamitas (Gn 10.22; 1 Cr 1.17). Su capital es Susa, o Shushan (Dn 8.2). Su rey capturo a Lot en Sodoma (Gn 14.1-17). Asiria exilió a algunos israelitas allí (Is 11.11; Hch 2.9) y en Samaria se establecieron algunos elamitas (Esd 4.9). Se profetizó su parte en la caída de Babilonia (Is 21.2; 22.6), pero también recibiría el juicio de Dios (Jer 25.15-26; 49.34-39; Ez 32.24, 25).

Eleazar

Tercer hijo de Aarón (Éx 6.23; Nm 3.2; 1 Cr 6.3, 4); ungido sacerdote (Lv 8—9; Nm 3.2-4); líder de los levitas, responsable del cuidado del santuario (Nm 3.32; 4.16). Sucedió a Aarón (Nm 20.28; Dt 10.6); ayudó a Moisés (Nm 26.1-4,63; 27.2; 31.12; 32.2). Junto a Josué, repartió la tierra (Nm 32.28; 34.17; Jos 14.1; 19.51). Su muerte (Jos 24.33).

Elí

Sacerdote en Silo; bendijo a Ana (1 S 1.9-17), que le entregó a Samuel (1 S 1.24-27); él crió a Samuel (1 S 2.11, 18-21,26). Sus hijos eran malvados (1 S 2.12-17, 22-25); un profeta le reprendió (1

S 2.27-36). Llevó a Samuel hacia Dios (1 S 3). Muerte de Elí y de sus hijos (1 S 4.10-18).

Elías

Profeta; predijo la sequía en Israel (1 R 17.1; Lc 4.25; Stg 5.17). Los cuervos le alimentaron en el arroyo de Querit (1 R 17.2-6), y también lo hizo la viuda de Sarepta (1 R 17.9-16); hizo revivir al hijo de la viuda (1 R 17.17-24). Desafió a los profetas de Baal en el monte Carmelo (1 R 18.18-46). Huyó de Jezabel a Horeb (1 R 19); llamó a Eliseo (1 R 19.19-21). Denunció a Acab en relación con la viña de Nabot (1 R 21.17-29). Profetizó el juicio de Dios sobre Ocozías y pidió fuego del cielo (2 R 1.1-17). Dividió el río Jordán (2 R 2.7, 8); Dios lo arrebató al cielo en un torbellino y un carro de fuego (2 R 2.11, 12); Eliseo se quedó con su manto (2 R 2.9, 10, 13-15). Apareció junto a Moisés en la transfiguración de Jesús (Mt 17.2, 3; Mr 9.2-4; Lc 9.28-31). Se profetizó su retorno (Mal 4.5, 6; Mt 17.10; Mr 9.11); se le identifica con Juan el Bautista (Mt 11.13, 14; 17.11-13; Mr 9.12, 13; Lc 1.17).

Elifaz

Ver **Job**

Elisabet

Mujer de Zacarías; madre de Juan el Bautista (Lc 1.5-25, 57-60). Familiar de María (Lc 1.36); bendijo a María cuando la visitó (Lc 1.39-45).

Eliseo

Profeta; sucedió a Elías (1 R 19.16-21); tomó el manto de este y dividió el río Jordán

Estatua de Artemisa (Diana de los efesios): el centro de la devoción de los efesios.

(2 R 2.13, 14). Purificó las aguas malas (2 R 2.19-22); maldijo a los jóvenes que se burlaron de él (2 R 2.23-25); ayudó a derrotar a Moab (2 R 3.11-19); proveyó aceite para una viuda (2 R 4.1-7); resucitó al hijo de la mujer sunamita (2 R 4.8-37); purificó comida (2 R 4.38-41); alimentó a 100 hombres con 20 panes (2 R 4.42-44); sanó a Naamán (2 R 5); hizo que un hacha flotara (2 R 6.1-7). Capturó a los sirios (2 R 6.8-23). Vio su vida amenazada (2 R 6.31-33). Profetizó el fin del asedio a Samaria (2 R 7.1, 2). Hizo una visita a Damasco (2 R 8.7-15). Envió un profeta a ungir a Jehú como rey (2 R 9.1-3). Su muerte (2 R 13.14-20); ocurrió un milagro con sus huesos (2 R 13.21).

Eliú

Ver **Job**

Emaús

Aldea en Judea a unos 10 kilómetros de Jerusalén (Lc 24.13). Después de su resurrección, Jesús se apareció a Cleofas y a otro discípulo en el camino de Emaús (Lc 24.15). Les explicó pasajes de la escritura relativos a él, pero no le reconocieron hasta que partió el pan en la comida de la noche (Lc 24.30, 31). Se desconoce su ubicación exacta.

Endor

Ciudad a unos 6 kilómetros al sur del monte Tabor, asignada a la tribu de Manasés (Jos 17.11). De allí era la adivina que Saúl consultó (1 S 28.7). Los madianitas que huían perecieron allí (Sal 83.10).

Enoc

1. Primer hijo de Caín; ciudad con el mismo nombre por él (Gn 4.17, 18).
2. Descendiente de Set; padre de Matusalén (Gn 5.18-21). Profetizó (Jud 14,15); caminó con Dios, y Dios le arrebató (Gn 5.22-24).

Epafrodito

Cristiano de la ciudad de Filipos; llevó ofrendas de los filipenses a Pablo (Fil 4.18); colaborador de Pablo; estuvo a punto de morir sirviendo a Cristo (Fil 2.25-29).

Esaú

Conocido también como Edom (Gn 25.30). Hijo de Isaac; el gemelo mayor de Jacob (Gn 25.24-26); cazador, favorito de Isaac (Gn 25.27, 28). Vendió su derecho a la primogenitura (Gn 25.29-34; He 12.6); perdió la bendición que le correspondía como hijo mayor (Gn 27). Se casó con mujeres extranjeras (Gn 26.34, 35; 28.8,9; 36.2,3). Se reconcilió con Jacob (Gn 32.3-21; 33.1-16). Ocupó la tierra de Seir (Gn 36.8; Dt 2.4-12); antepasado de los edomitas (Gn 36.9-43). El rechazo de Dios contrasta con la gracia que muestra Jacob (Mal 1.2, 3; Ro 9.13).

Esdras

Sacerdote y maestro de la ley de Moisés (Esd 7.6, 10-28); comisionado por Artajerjes para liderar el retorno de exiliados a Jerusalén, proveer recursos para la adoración en el templo y establecer la observancia de la ley (Esd 7—8). Se ocupa del problema de los matrimonios mixtos (Esd 9—10); leyó la ley en la festividad de los tabernáculos (Neh 8); tomó parte en la dedicación de los muros de la ciudad (Neh 12.36).

Esmirna

Ciudad rica situada en Asia Menor occidental, a unos 60 kilómetros de Éfeso. Una de las siete ciudades a las que Juan dirige cartas, haciendo referencia a su «pobreza» por sus aflicciones y a la que anima a perseverar (Ap 2.8-11).

Esteban

Diácono (Hch 6.5, 6). Hizo milagros; se encontró con mucha oposición; lo arrestaron (Hch 6.8-15). Su defensa ante el Sanedrín (Hch 7.1-53); muere apedreado (Hch 7.54—8.1; 22.20).

Ester

Judía que vivía en Persia, también llamada Hadasa; educada por su primo Mardoqueo (Est 2.7). Se convirtió en consorte del rey Asuero (Est 2.8-18). Mardoqueo la persuadió para que le ayudara a frustrar la conspiración de Amán, cuyo fin era destruir a los judíos (Est 3—4); arriesgó su

La valentía de la reina Ester permitió al pueblo judío sobrevivir a la conspiración de Amán para destruirlos. Representación en la festividad de Purim, que recuerda que Amán fue ahorcado en su propia horca como castigo.

vida al entrar en la presencia de Asuero (Est 4.9-11; 5.1-8); reveló los planes de Amán (Est 7). Instó a los judíos a aniquilar a sus enemigos; instauró la festividad de Purim como celebración (Est 9).

Etiopía

Ver **Cus** 1.

Éufrates, río

Río más largo de Asia occidental (unos 2.700 kilómetros), que se

une con el río Tigris. Conocido como «el río» (Éx 23.31) y «el gran río» (Gn 15.18). Babilonia y Ur estaban situadas en su ribera. Uno de los cuatro ríos del paraíso (Gn 2.14); la frontera noreste de la Tierra Prometida (Gn 15.18; Dt 1.7; Jos 1.4). David luchó allí (2 S 8.3; 1 Cr 18.3), y allí mataron a Josías (2 Cr 35.20-24). Aparece en profecías sobre el exilio (Is 11.15; Jer 46.6; 51.63) y en la visión de Juan (Ap 9.14; 16.12).

Eva

La primera mujer; creada a partir de Adán para que fuera su mujer y le sirviera de ayuda (Gn 2.20-24). La serpiente la engañó (Gn 3.1-6; 2 Co 11.3; 1 Ti 2.13, 14). Es castigada (Gn 3.16). Madre de Caín y Abel (Gn 4.1, 2).

Ezequías

Rey de Judá; destacado por su piedad (2 R 18.5, 6; 2 Cr 31.20, 21). Reformó la vida religiosa de Judá (2 R 18.3, 4; 2 Cr 29-31). Se rebeló contra Asiria (2 R 18.7); buscó y recibió la ayuda de Dios (2 R 19.1-4,14-37; Is 37.1-7,14-38). Sanado (2 R 20.1-11; Is 38.1-22; 2 Cr 32.24). Construyó las defensas de Jerusalén (2 Cr 32.2-5,30). Isaías criticó la dependencia en los recursos humanos (Is 22.8-11) y la soberbia al hacer ostentación de riquezas ante los enviados de Babilonia (2 R 20.12-18; 2 Cr 32.31; Is 39.1-8); Ezequías se arrepintió (2 Cr 32.26). Incluido en la genealogía de Jesús (Mt 1.9, 10).

Ezequiel

Miembro de la familia sacerdotal; deportado a Babilonia con el rey

Alta Galilea, al norte del lago de Galilea: una región de paisajes y belleza exuberantes.

Joaquín (Ez 1.1-3). Tiene una visión y un llamamiento a ser profeta para los exiliados (Ez 1.4-28; 2—3). Le escuchaban, pero no ponían en práctica sus palabras (Ez 8.1; 14.1; 20.1; 33.30-32). Muerte repentina de su mujer (Ez 24.15-18). Visiones: idolatría de Jerusalén (Ez 8—11); valle de los huesos secos (Ez 37); el nuevo templo (Ez 40—47). Simbolismo profético (Ez 4—5; 12). Oráculos: contra Israel (Ez 13—24; 33); contra las naciones (Ez 25—32; 35; 38—39); de restauración (Ez 34; 36).

Felipe

1. Apóstol (Mt 10.3; Mr 3.18; Lc 6.14; Hch 1.13); de Betsaida; llevó a Natanael a Jesús (Jn 1.43-45). 2. Diácono (Hch 6.1-7). Evangelista (Hch 21.8); en Samaria (Hch 8.4-13); habló al oficial etíope (Hch 8.26-40).

Filadelfia

Ciudad de la provincia de Lidia en Asia Menor occidental. Una de las siete cartas de Apocalipsis iba dirigida a su iglesia, a la que se alababa por su perseverancia (Ap 3.7-13).

Filemón

Colaborador de Pablo (Fil 1); amo de un esclavo que se escapó, Onésimo (Fil 8-11).

Filipos

Ciudad de Macedonia oriental, cerca de la orilla norte del Egeo. Pablo se quedó allí varios días y predicó a las mujeres, incluida Lidia, que creyó y se bautizó (Hch 16.12-15). Liberó a una muchacha que tenía espíritu de adivinación de la posesión de un espíritu, lo que resultó en su propio encarcelamiento y en la conversión del carcelero (Hch 16.16-34). Pablo escribió a los cristianos de Filipos expresando cariño hacia ellos (Fil 1.1-8).

Filistea

También conocida como «la tierra de los filisteos» o «la región de los filisteos». Se extendía desde el río Sihor (arroyo de Egipto) hasta Ecrón, hacia el norte (Jos 13.2, 3). El término «Filistea» es común en poesía (Éx 15.14; Sal 60.8; 87.4; 108.9; Is 11.14).

Finees

1. Hijo de Eleazar; nieto de

Aarón (Éx 6.25). Sacerdote (Nm 31.6; Jue 20.28). Llevó a cabo el juicio de Dios matando al israelita y a la mujer pagana madianita (Nm 25.6-11; Sal 106.28-31); Dios recompensó su celo haciendo con él un pacto de sacerdocio perpetuo (Nm 25.12, 13). Estaba a cargo de los porteros del templo (1 Cr 9.20).

2. Hijo de Elí (1 S 1.3; 2.12-17). Condenado junto a su hermano (1 S 2.34). Ambos murieron en el campo de batalla (1 S 4.11).

Frigia
Región montañosa de Asia Menor, situada entre Asia y Galacia. Hubo gente de allí en Jerusalén el día de Pentecostés (Hch 2.10). Pablo viajó por esta provincia en sus viajes (Hch 16.6; 18.23), pero no parece que fundara las iglesias de la zona (Col 2.1).

Gabaa
1. Ciudad en el territorio de Benjamín (Jos 18.28; Jue 19.14); sus habitantes abusaron de la concubina de un levita de Efraín (Jue 19.22-25). Como consecuencia, hubo guerra entre Benjamín y el resto de las tribus (Jue 20.12-48). Los filisteos la ocuparon por un tiempo (1 S 10.5). También fue hogar de Saúl (1 S 10.26; 15.34), y su base (1 S 11.4; 22.6; 23.19; 26.1). El Espíritu de Dios vino sobre Saúl allí (1 S 10.10), y los gabaonitas mataron allí a siete de sus descendientes (2 S 21.6).

2. Ciudad al sureste de Hebrón, en el territorio de Judá (Jos 15.57). Se desconoce su ubicación exacta.

3. Ciudad en el territorio de Finees, en la que enterraron a Eleazar, hijo de Aarón.

Gabaón
La principal de cuatro ciudades fortificadas, habitada por los heveos, asignada a la tribu de Benjamín (Jos 21.17). Los gabaonitas engañaron a Josué para firmar un tratado de paz, pero acabaron siendo leñadores y aguadores para Israel (Jos 9). Josué les defendió de la alianza de los amorreos; durante la batalla, el sol se detuvo (Jos 10.1-14). Saúl violó el tratado (2 S 21.1), por lo que los gabaonitas mataron a sus descendientes (2 S 21.9). Lugar en el que lucharon los hombres de Saúl y de David (2 S 2.12-16); David aniquiló a los filisteos (2 S 5.25; 1 Cr 14.6) y Salomón ofreció sacrificios (1 R 3.3-5; 1 Cr 16.39; 21.29; 2 Cr 1.3-5, 13). Sus habitantes ayudaron en la reconstrucción de Jerusalén (Neh 3.7; 7.25). De allí era Hananías (Jer 28.1).

Gabriel
Ángel; enviado a Daniel para interpretar una visión (Dn 8.15-26) y entregar un mensaje profético (Dn 9.20-27); anunció el nacimiento de Juan el Bautista (Lc 1.11-20) y de Jesús (Lc 1.26-38).

Gad
1. Hijo de Jacob, con Zilpa (Gn 30.9-11; 35.26); Jacob le bendijo (Gn 49.19).

2. Tribu descendiente de Gad. Moisés la bendijo (Dt 33.20, 21). Incluida en el censo (Nm 1.24, 25; 26.15-18). Se le asignó la tierra al este del Jordán (Nm 32; 34.14, 15; Jos 18.7, 22); cruzó el río hacia Canaán para luchar

Vistas del valle hasta el monte Ebal, desde el monte Gerizim.

al lado de las otras tribus (Nm 32.16-32). Su lugar en la tierra conquistada (Ez 48.27, 28).
3. Territorio al este del río Jordán, con Manasés al norte, y Rubén al sur. Se enumeran sus fronteras y ciudades (Jos 13.24-28; Nm 32.34-36). Asignado a los descendientes del séptimo hijo de Jacob, a los que agradó por ser buena tierra para el ganado (Nm 32.1).
4. Profeta en la corte de David (1 S 22.5; 2 S 24.11-19).

Galaad

1. Región montañosa al este del río Jordán, entre el mar de Galilea y el mar Muerto. Lugar en el que Jacob se refugió de Labán (Gn 31.21), los israelitas de los filisteos (1 S 13.7), y David de Absalón (2 S 17.22, 26). Los mercaderes madianitas que compraron a José viajaban desde allí (Gn 37.25). Región ideal para el ganado, por eso la deseaban Rubén y Gad (Nm 32.1). La mitad se les asignó a ellos y el resto a Manasés (Dt 3.12, 13).
2. Una ciudad de hombres malvados (Os 6.8). Se desconoce su ubicación.
3. Montaña en el valle de Jezreel, donde Gedeón tuvo que reducir el tamaño de su ejército (Jue 6.2, 3).

Galacia

Región central de Asia Menor. Pablo pasó por allí en su segundo viaje misionero (Hch 16.6) y debido a una enfermedad se quedó allí y predicó (Gá 4.13, 14). Volvió durante su tercer viaje misionero (Hch 18.23), y envió una carta allí (Gá 1.2; 3.1). Crescente dejó a Pablo para ir

Una vista del delta del Nilo desde el satélite revela su riqueza. La familia de Jacob se estableció y prosperó en la parte noreste del delta, en Gosén.

allí (2 Ti 4.10). Pedro dirigió su primera carta a la iglesia en Galacia (1 P 1.1).

Galilea

1. Lago situado 90 kilómetros al norte de Jerusalén, con unas medidas aproximadas de 20 por 12 kilómetros, alimentado por el río Jordán. Conocido como mar de Galilea (Mt 4.18), mar de Cineret (Nm 34.11), mar de Tiberias (Jn 6.1), y lago de Genesaret (Lc 5.1). En el Antiguo Testamento se menciona como límite (Nm 34.11; Jos 12.3; 13.27). La industria de la pesca prosperó allí. Jesús llamó a algunos pescadores para que fueran sus discípulos (Mt 4.18; Mr 1.16); hizo uso de barcos (Lc 5.3; Jn 6.1); hizo que los discípulos consiguieran una gran captura de peces (Jn 21.1-6); apaciguó una tormenta (Mr 4.35-41).
2. Región situada entre el lago y el mar Mediterráneo. En ella se encontraba Cedes, una ciudad de

refugio (Jos 20.7; 21.32). Salomón dio 20 de sus ciudades a Hiram (1 R 9.11). Tiglat-pileser de Asiria la conquistó (2 R 15.29), y la llenó de inmigrantes (2 R 17.24). Se empezó a conocer como Galilea de los gentiles. Sería honrada por el Mesías que estaba por llegar (Is 9.1; Mt 4.15). Jesús vivió y ministró allí (Mt 2.22; 4.12, 13; Lc 23.5; Hch 10.37), y se le conocía como Jesús el galileo (Mt 26.69).

Gamaliel

1. Líder de la tribu de Manasés; ayudó a Moisés con el censo (Nm 1.10; 2.20; 7.54-59; 10.23).
2. Fariseo, rabino y maestro de la ley respetado, que intervino en el juicio a los apóstoles (Hch 5.34-40). Reconocido por Pablo como su maestro (Hch 22.3).

Gat

Una de las cinco ciudades principales de los filisteos, a unos 16 kilómetros al este de Asdod (Jos 13.3; 1 S 6.17). Habitada por los anaceos, incluso después de que Josué los expulsara de los montes de Judá (Jos 11.22). De allí era Goliat (1 S 17.4) y otro gigante (2 S 21.20). Sus habitantes sufrieron una plaga cuando llevaron allí el arca del pacto (1 S 5.8, 9), y enviaron una ofrenda de expiación a Israel (1 S 6.17). David se refugió allí (1 S 21.10; 27.2-4), y más tarde la conquistó (1 Cr 18.1). Roboam la fortificó (2 Cr 11.8), pero Hazael de Siria la tomó (2 R 12.17). Quedó destruida en tiempos de Amós (Am 6.2). Se desconoce su ubicación exacta.

Gaza

Una de las cinco ciudades principales de los filisteos, la situada más al sur, y la más antigua. Había sido una ciudad fronteriza de los cananeos (Gn 10.19). Durante las conquistas de Josué se llegó hasta ella (Jos 10.41), pero no fue conquistada (Jos 11.22). Algunos hombres de Judá la tomaron brevemente (Jue 1.18), pero estaba de nuevo en manos filisteas cuando Sansón atormentaba a sus habitantes (Jue 16.3, 21, 30). Su destrucción se profetizó (Jer 25.20; Am 1.6, 7; Sof 2.4; Zac 9.5). El eunuco etíope se convirtió en el camino de Jerusalén a Gaza (Hch 8.26).

Gedeón

Juez, llamado para salvar a Israel de los madianitas (Jue 6.11-24). Destruyó el altar de Baal (Jue 6.25-32). La señal del vellón de lana (Jue 6.36-40); su ejército se redujo a 300 hombres (Jue 7.2-8); derrotó a los madianitas (Jue 7.16—8.28). Rechazó el trono (Jue 8.22, 23); hizo un efod con parte del botín, el cual se convirtió en una fuente de idolatría (Jue 8.24-27). Su muerte (Jue 8.32).

Gerar

Ciudad fronteriza entre Egipto y Filistea (Gn 10.19), en la que Abraham estuvo y en la que hizo pasar a Sara por su hermana (Gn 20.1-7). Isaac cavó pozos allí (Gn 26). El ejército de Asa persiguió a los etíopes hasta allí, matándolos y saqueando los pueblos de los alrededores (2 Cr 14.13, 14).

Gerizim, Monte

Al sur de Siquem, con el monte Ebal al norte frente a él. Lugar en el que debían anunciarse las bendiciones de Dios (Dt 11.29; 27.12), lo cual cumplió Josué (Jos 8.33-35). Lugar desde el que Jotam se dirigió a los habitantes de Siquem (Jue 9.7). En tiempos de Jesús los samaritanos adoraban allí (Jn 4.20, 21).

Giezi

Siervo de Eliseo. Sugirió que se recompensara a la mujer sunamita con un hijo (2 R 4.14); obtuvo dinero de Naamán con engaño, contrayendo la lepra como castigo (2 R 5.19-27); contó al rey cómo Eliseo había levantado al hijo de la sunamita (2 R 8.1-6). Puede ser el siervo del que no se dice el nombre (2 R 4.43; 6.15).

Gilboa, Monte

Cadena montañosa entre la llanura de Jezreel y el río Jordán. Lugar de una batalla entre israelitas y filisteos (1 S 28.4), en la que Israel fue derrotado (1 S 31.1; 1 Cr 10.1), y Saúl y sus hijos murieron (1 S 31.8; 1 Cr 10.8). David la maldijo (2 S 1.21).

Gilgal

1. Primer campamento de los israelitas en la Tierra Prometida, al este de Jericó (Jos 4.19). Se hizo un monumento allí como recordatorio (Jos 4.19, 20): allí se circuncidaron los israelitas y celebraron la Pascua (Jos 5.2-10). Campamento base de los israelitas en las conquistas de Josué (Jos 6.11; 10.15; 14.6), hasta que lo llevaron a Silo (Jos 18.1). En Gilgal, los gabaonitas engañaron a Josué (Jos 9.6), y desde allí partió en su ayuda (Jos 10.7). Samuel celebraba juicios allí (1 S 7.15, 16), se convirtió en santuario (1 S 10.8; 13.8-10; 15.21). Allí murió Agag (1 S 15.33), y Saúl fue proclamado rey (1 S 11.15), y rechazado como rey (1 S 15.12-23). Allí, los hombres de Judá recibieron a David (2 S 19.15). Se convirtió en un centro de idolatría (Os 4.15; 9.15; 12.11; Am 4.4; 5.5).

2. Pueblo desde el que Elías viajó (2 R 2.1). Eliseo lo visitó (2 R 4.8). Probablemente se encontraba en la parte montañosa de Efraín, cerca de Betel y Silo.

3. Ciudad real asociada con Dor (Jos 12.23), a unos 8 kilómetros al norte de Antípatris.

Goliat

Gigante filisteo (1 S 17.4-17); desafió a Israel (1 S 17.8-11, 23-26); David lo mató (1 S 17.32-50). Su espada se conservó en el

El muro oeste de Jerusalén es una parte del templo original que construyó el rey Herodes. En la actualidad es un lugar santo para los judíos, en el que elevan oraciones a Dios.

santuario de Nob; después se le dio a David (1 S 21.9).

Gomorra

Ciudad en el valle de Sidim (Gn 14.2, 3), normalmente emparejada con Sodoma. Una alianza mesopotamia derrotó a su rey y a su ejército (Gn 14.8-11). Sufrió el juicio de Dios debido a su gran pecado (Gn 18.20, 21; 19.24, 25). Se usa su nombre para ejemplificar la depravación humana y el juicio de Dios (Dt 29.23; Is 13.19; Jer 23.14; 49.18; Am 4.11; Mt 10.15; Ro 9.29; 2 P 2.6). Ver **Sodoma**.

Gosén

1. Región noreste del Delta del Nilo en Egipto. José llevó allí a la familia de Jacob durante la hambruna (Gn 45.10; 46.28, 29,

34; 47.1,4,6). Allí prosperaron (Gn 47.27), y allí murió Jacob (Gn 49.33). Fue protegida de las plagas (Éx 8.22; 9.26).
2. Región del sur de Palestina, entre Gaza y Gabaón. Las conquistas de Josué llegaron hasta allí (Jos 10.41; 11.16).
3. Ciudad en las montañas del suroeste de Judá (Jos 15.51).

Grande, Mar

Conocido en la actualidad como el mar Mediterráneo, se le llamaba el Gran Mar (Nm 34.6, 7; Jos 1.4; 9.1; 15.12,47; 23.4; Ez 47.10-20; 48.28), el mar occidental (Dt 11.24; 34.2; Joel 2.20; Zac 14.8), y el mar de los filisteos (Éx 23.31). Formaba una frontera natural que ha sido usada frecuentemente para marcar territorios.

Habacuc

Profeta de Judá (Hab 1.1; 3.1).

Hageo

Profeta; animó a los que habían

regresado del exilio a continuar reconstruyendo el templo (Esd 5.1; 6.14; Hag 1.1-11; 2).

Hai

1. Ciudad cananea al este de Betel, cerca del campamento y del altar de Abraham (Gn 12.8; 13.3, 4). Atacada y finalmente derrotada por Josué (Jos 8) aunque el pecado de Acán había conducido previamente al fracaso (Jos 7.4, 5). También llamada Ajat (Is 10.28) y posiblemente Aía (Neh 11.31). Ver **Acor**.
2. Ciudad amonita al este del Jordán en Moab (Jer 49.3). Se desconoce su ubicación exacta.

Hamat

Ciudad y región de Siria, situada en la ribera sur del río Orontes. Su rey felicitó a David por haber derrotado a Hadadezer (2 S 8.9, 10; 1 Cr 18.9, 10). Salomón la controló, y construyó depósitos de aprovisionamiento allí (2 Cr 8.4). Se perdió para Israel, pero Jeroboam la recuperó (2 R 14.28). Después de que Asiria la conquistara, algunos de sus habitantes se fueron a Samaria (2 R 17.24; Is 36.18, 19; 37.13), y algunos israelitas se fueron a Hamat (Is 11.11). Sus habitantes adoraban a Asima (2 R 17.30), y fueron culpables de sincretismo (2 R 17.29-33). En tiempos de Amós la ciudad estaba en ruinas (Am 6.2).

Harán

Ciudad en el norte de Mesopotamia, donde Taré y Abram estuvieron y donde murió Taré (Gn 11.31, 32; Hch 7.2,4). Abram recibió allí la promesa de Dios (Gn 12.1-4). Allí huyó Jacob (Gn 28.10), encontrando a Raquel y casándose con ella (Gn 29.4-28). Conquistada por los asirios (2 R 19.12; Is 37.12). Sus mercaderes comerciaban con Tiro (Ez 27.23, 24).

Hebrón

Ciudad en las tierras altas de Judá, situada entre Beerseba y Jerusalén. Originalmente conocida como Quiriat-arba (Gn 23.2; Jos 14.15). Hogar de Abram, en el que edificó un altar (Gn 13.18). Allí recibió la promesa del nacimiento de Isaac (Gn 18.1-15), y allí murió Sara (Gn 23.2). Isaac y Jacob vivieron allí (Gn 35.27). Los espías de Moisés llegaron hasta allí (Nm 13.22). Josué mató a su rey (Jos 10.3-27), Caleb expulsó a sus habitantes (Jos 14.12-15). Se designó como ciudad de refugio (Jos 20.7). En ella mataron y enterraron a Abner (2 S 3.27-32) y se hizo rey a David (2 S 5.1-5); fue la base de la rebelión de Absalón (2 S 15.7-

12). Roboam la fortificó (2 Cr 11.10-12).

Hermón, Monte

Situado en el punto más al norte conquistado por Josué (Dt 3.8; Jos 11.3, 17; 12.1, 5; 13.5, 11), conocido también como monte Sirión, monte Senir (Dt 3.9; 1 Cr 5.23), monte Sion (Dt 4.48) y monte Baal-Hermón (Jue

3.3; 1 Cr 5.23) por su papel en la adoración a Baal. Se usa en sentido figurado en la poesía hebrea (Sal 42.6; 89.12; 133.3; Cnt 4.8). Fue posiblemente el lugar en el que ocurrió la transfiguración de Jesús.

Herodes

1. Herodes el Grande. Rey de Judea en el momento del

Torre de vigilancia moderna en las colinas de Judea. Los profetas fueron escogidos por Dios como vigilantes que debían dar la voz de advertencia a la nación.

La expulsión de Ismael y su madre.
Ilustración de Gustav Doré.

nacimiento de Jesús (Mt 2.1;
Lc 1.5). Recibió a los magos de
Oriente (Mt 2.1-8); aniquiló a los
bebés en un intento de matar a
Jesús (Mt 2.16-18).
2. Hijo de Herodes el Grande,
también llamado Antipas.
Tetrarca de Galilea. Arrestó y
ejecutó a Juan el Bautista (Mt
14.1-12; Mr 6.14-29; Lc 3.19, 20;
9.7-9); interrogó a Jesús (Lc 23.6-
12,15).
3. Ver **Agripa**

Herodías

Nieta de Herodes el Grande. Se
divorció de Felipe para casarse
con su hermano Herodes
Antipas, hecho que Juan el
Bautista condenó (Mt 14.3, 4; Mr
6.17-19); empujó a su hija a pedir
la cabeza de Juan (Mt 14.6-12;
Mr 6.21-29).

Hesbón

Capital de Sehón, rey de los
amorreos (Nm 21.26), situada
a unos 38 kilómetros al este
del mar Muerto. Los israelitas
la tomaron cuando Sehón les
bloqueó el camino (Nm 21.25-

30; Dt 2.24-33; Jos 13.10-27).
Asignada a Gad y a Rubén, que
la reconstruyó (Nm 32.37), se
convirtió en una ciudad levita
para los meraritas (Jos 21.39).
Los moabitas la ocuparon (Is
15.4; Jer 48.34, 45), y también
los amonitas (Jer 48.2; 49.3).
Conocida por sus pastos (Nm
32.1-4), sus viñedos (Is 16.8, 9) y
sus estanques (Cnt 7.4).

Hinom, valle

Profundo desfiladero en la
ladera sur de Jerusalén, conocido
también como Ben Hinom.
Forma parte del límite entre Judá
y Benjamín (Jos 15.8; 18.16; Neh
11.30). Escenario de prácticas
abominables de sacrificio de
niños a Moloc (2 Cr 28.3; 33.6;
Jer 7.31, 32; 19.6; 32.35), que
Josías trató de evitar (2 R 23.10)
y que Jeremías denunció (Jer
19.2-6).

Hiram

Rey de Tiro. Ayudó en la
construcción del palacio de
David (2 S 5.11, 12; 1 Cr 14.1).
Hizo un tratado con Salomón
(1 R 5.12); proveyó de materiales
y obreros especializados para la
construcción del templo (1 R 5;
2 Cr 2) y de barcos (1 R 9.26, 27;
2 Cr 8.18; 1 R 10.22; 2 Cr 9.21).

Hor, Monte

1. En la frontera de Edom (Nm
20.23; 33.37), lugar en el que
murió Aarón (Nm 20.22-29;
33.38, 39; Dt 32.50).

2. En la frontera norte de
Palestina, se desconoce su
ubicación exacta (Nm 34.7, 8).

Horeb

Ver **Sinaí**

Horma

Ciudad cananea cerca de Siclag
en el sur de Judá (Jos 12.14).
Originalmente llamada Sefat,
hasta que le cambiaron el
nombre, o bien los israelitas (Nm
21.3), o los hombres de Judá y
Simeón (Jue 1.17). Los amalecitas
y los cananeos derrotaron a los
israelitas cerca de allí (Nm 14.45;
Dt 1.44). Asignada a Simeón,
aunque estaba en territorio de
Judá (Jos 19.14; 1 Cr 4.30). David
envió una parte del botín de los
amalecitas allí (1 S 30.30).

Iconio

Capital de la región de Licaonia,
en Asia Menor. Visitada por
Pablo y Bernabé, que disfrutaron
de un ministerio con mucho
éxito allí hasta que los judíos
les obligaron a irse (Hch 14.1-
7) y persiguieron a Pablo hasta
Listra para apedrearle (Hch
14.19). Pablo volvió más adelante
(Hch 14.21) y fue bien recibido
(Hch 16.2), pero él recordaba la
persecución (2 Ti 3.11).

Isaac

Hijo de Abraham y Sara. Dios
anunció su nacimiento (Gn
17.15-19; 18.10-15; 21.1-7); el
heredero por el cual las promesas
de Dios a Abraham continuaron
(Gn 17.19, 21; 21.12; 26.2-5; Ro
9.6-9; He 11.9); patriarca (Gn
50.24; Éx 3.6; Dt 29.13; Mt 8.11).
Ofrecido por Abraham (Gn 22;
He 11.17-19; Stg 2.21). Se casó
con Rebeca (Gn 24); padre de
Esaú y de Jacob (Gn 25.21-26;
1 Cr 1.34). En Gerar, hizo pasar
a Rebeca por su hermana (Gn
26.6-11). Hizo un pacto con
Abimelec (Gn 26.26-31). Rebeca
le engañó; bendijo a Jacob como

primogénito (Gn 27.1-29; 28.1-4). Su muerte (Gn 35.28, 29).

Isacar

1. Hijo de Jacob, con Lea (Gn 30.17, 18; 35.23); Jacob le bendijo (Gn 49.14,15).
2. Tribu descendiente de Isacar. Moisés la bendijo (Dt 33.18, 19). Incluida en el censo (Nm 1.28, 29; 26.23-25). La tierra que le correspondió (Jos 19.17-23; Ez 48.25).
3. Territorio fértil situado al sureste del mar de Galilea, con Neftalí al norte, y Manasés al sur. Asignado a los descendientes del noveno hijo de Jacob. Se enumeran sus ciudades, pero sus fronteras eran bastante confusas (Jos 19.17-23)

Isaí

De Belén; padre de David (Rt 4.17, 22; 1 S 16; 17.12-20; 1 Cr 2.12-17; Is 11.1,10; Ro 15.12).

Isaías

Profeta de Judá (Is 1.1); comisionado por Dios (Is 6). Se casó con una profetisa (Is 8.3), y tuvo dos hijos cuyos nombres tenían relación con su mensaje (Is 7.3; 8.3). Advirtió a Acaz; habló de la señal de Emanuel (Is 7). Hizo un llamamiento a confiar en Dios en lugar de en los recursos de los hombres (Is 7.9; 22.7-11; 31.1); reprendió la soberbia de Ezequías (2 R 20.12-18; 2 Cr 32.31; Is 39.1-8). Anunció la liberación de la opresión asiria (Is 10.12-19,24-27; 14.24-27; 36—37; 2 R 19). Enfermedad y recuperación de Ezequías (2 R 20.1-11; 2 Cr 32.24-26; Is 38). Recopiló la historia de Judá. Véase

2 Crónicas 26.22; 32.32.

Ismael

1. Hijo de Abraham, con Agar (Gn 16.15; 1 Cr 1.28); circuncidado (Gn 17.23-26); Dios le bendijo, pero no como heredero de la promesa (Gn 17.19-21; 21.10-13; Gá 4.21-30). Hostilidad hacia Isaac (Gn 16.12; 21.9; 25.18; Gá 4.29); echado por Sara (Gn 21.10-14); Dios oyó su llanto (Gn 21.15-21). Junto a Isaac, enterró a Abraham (Gn 25.9). Sus hijos (Gn 25.12-16; 1 Cr 1.29-31). Su muerte (Gn 25.17).
2. Hijo de Netanías; mató a Gedalías, gobernador de Judá, y a sus seguidores (2 R 25.22-26; Jer 40.7-9; 41.1-16). Johanán le persiguió; escapó a Amón (Jer 41.10-15).

Israel

El nuevo nombre que se dio a Jacob (Gn 32.28; 35.10), pronto se usó para nombrar la tierra en la que sus descendientes se establecieron (Gn 34.7; 49.7), levantando a las doce tribus de Israel (Gn 49.28). Mientras estaban en Egipto y en el desierto, solamente se usaba para hablar del pueblo (Éx 5.2), pero una vez reasentados en Canaán se usó para nombrar la tierra y el reino (Lv 20.2; 22.18; Dt 17.4, 20; 18.6; Jue 5.2,7). Alcanzó su máximo potencial (Nm 34.1-15; Ez 47.13-21) bajo los reinados de David y de Salomón. Después de que el reino se dividiera, Israel se refería a las diez tribus del reino del norte (1 R 11.31, 35), que se opusieron a Judá (que había absorbido a Simeón) en el sur. Durante dos siglos Israel estuvo

en conflicto con Judá (1 R 12.19), hasta que cayó ante los asirios (2 R 17). Se profetizó la reunificación (Jer 3.18; Ez 37.16, 17).

Jaboc

Afluente oriental del río Jordán, a unos 33 kilómetros al norte del mar Muerto. Jacob cruzó por su vado, antes de luchar con un ángel (Gn 32.22-24). Era una frontera natural (Nm 21.24; Dt 2.37; 3.16; Jos 12.2; Jue 11.13, 22).

Jabes de Galaad

Ciudad de Galaad a unos 15 kilómetros al sureste de Bet-san, 3 kilómetros al este del Jordán. Sus habitantes no quisieron luchar contra Benjamín, por lo que los mataron (Jue 21.8-15). Los amonitas la sitiaron, pero Saúl la rescató (1 S 11.1-11). Más adelante sus habitantes rescataron el cuerpo de Saúl de los filisteos y le dieron una adecuada sepultura allí (1 S 31.1-13; 1 Cr 10.11, 12). Conocida también por el nombre abreviado, Jabes (1 Cr 10.12).

Jacob

Hijo de Isaac; gemelo más joven de Esaú (Gn 25.21-26). Rebeca le favoreció (Gn 25.27, 28). Le compró a Esaú la primogenitura (Gn 25.29-34); engañó a Isaac haciendo que le bendijera como primogénito (Gn 27); huyó a Harán (Gn 27.41—8.5). Tuvo un sueño en Betel (Gn 28.10-22); era heredero de las promesas del pacto de Abraham (Gn 28.13-15; 48.3, 4; Lv 26.42; He 11.9); patriarca (Éx 3.15, 16; Jer 33.26; Mt 22.32; Mr 12.26). La elección por gracia de Dios contrastaba

Jericó, la «ciudad de las palmeras», está unos 250 metros por debajo del nivel del mar.

con el rechazo de Esaú (Mal 1.2, 3; Ro 9.13). Trabajó para Labán para conseguir a Raquel; le engañaron casándolo con Lea. Después se casó con Raquel a cambio de más trabajo (Gn 29.16-30). Sus hijos (Gn 29.31—30.24; 35.23-26; 1 Cr 2—9). Las riquezas aumentaban (Gn 30.25-43); volvió a Canaán (Gn 31); luchó con Dios; se le llamó Israel (Gn 32.22-32); se reconcilió con Esaú (Gn 33). Regresó a Betel (Gn 35.1-15). Mostró favoritismo por José (Gn 37.3, 4). Envió a sus hijos a Egipto para traer comida (Gn 42.1-5). Se estableció en Egipto con su familia (Gn 46; Éx 1.1-5). Bendijo a Efraín y Manasés (Gn 48.8-20; He 11.21); bendijo a sus hijos (Gn 49.1-28). Su muerte (Gn 49.29-33); enterrado en Canaán (Gn 50.1-14).

Jael

Mujer de Heber ceneo; mató a Sísara, capitán del ejército cananeo, después de su derrota a manos de Débora y Barac (Jue 4.17-22; 5.24-27).

Jafet

Hijo de Noé (Gn 5.32; 6.10; 1 Cr 1.4). Se salvó en el arca (Gn 7.13; 9.18, 19). Noé le bendijo (Gn 9.27); sus descendientes (Gn 10.2-5; 1 Cr 1.5-7).

Jahaza

Ciudad situada en las llanuras de Moab, a unos 26 kilómetros al este del mar Muerto. Israel derrotó allí a Sehón rey de los amorreos (Nm 21.23, 24; Dt 2.33; Jue 11.20). Asignada a la tribu de Ruben (Jos 13.18) y apartada para los levitas (Jos 21.34-36). Se convirtió en parte de Moab, sobre el cual los profetas proclamaron desastres (Is 15.4; Jer 48.34). También llamada Jaza (1 Cr 6.78)

Jairo

Uno de los principales de la sinagoga a cuya hija resucitó Jesús (Mt 9.18-26; Mr 5.22-43; Lc 8.41-56).

Jazer

Ciudad al este del Jordán, en el sur de Galaad. Conquistada por Israel a los amorreos (Nm 21.32). Tanto Gad como Rubén la reclamaron para ellos (Nm 32.1-3), pero se le dio a Gad, que la fortificó (Nm 32.35; Jos 13.25). Más adelante se designó como ciudad levita (Jos 21.39; 1 Cr 6.81). Incluida en el censo de David (2 S 24.5; 1 Cr 26.31). Se convirtió en una parte de Moab, sobre la cual los profetas proclamaron desastres (Is 16.8, 9; Jer 48.32).

Jefté

Juez. Marginado de la sociedad, fue llamado a liberar Israel de los amonitas (Jue 11.1-32). Una promesa precipitada llevó al sacrificio de su hija (Jue 11.30-40). Victoria sobre Efraín (Jue 12.1-6). Su muerte (Jue 12.7). Fue un ejemplo de fe (He 11.32-34).

Jehú

1. Profeta; reprendió a Baasa (1 R

16.1-7) y a Josafat (2 Cr 19.1, 2).
2. Rey de Israel. Su elección por
parte de Dios se le anunció a
Elías (1 R 19.16, 17); ungido por
el siervo de Eliseo; se le ordenó
que destruyera la casa de Acab
(2 R 9.1-13). Mató a Joram,
Ocozías (2 R 9.14-29), Jezabel (2
R 9.30-37), la familia de Acab (2
R 10.1-17), los ministros de Baal
(2 R 10.18-29). Se le prometió
sucesión por cuatro generaciones
(2 R 10.30). Su muerte (2 R
10.34-36).

Jeremías

Profeta de Judá (Jer 1.1-3).
Llamado por Dios siendo todavía
joven (Jer 1). Perseguido (Jer
11.18-23; 12.6; 18.18); puesto en
un cepo (Jer 20.2); amenazado de
muerte (Jer 26.7-11); quemaron
su rollo (Jer 36); lo encarcelaron
(Jer 37); lo echaron en una
cisterna (Jer 38.6-13). Advirtió
sobre el exilio a Babilonia (Jer
25.8-11; 34.1-3); desafió a los
falsos profetas (Jer 6.10-15; 23.9-
40; 28). Prometió restauración
(Jer 25.12-14; 30; 33); anunció
el nuevo pacto (Jer 31); compró
una heredad (Jer 32). Llevado
a Egipto con el remanente que
huyó (Jer 43).

Jericó

Una de las ciudades más antiguas
y situadas a nivel más bajo en el
mundo, en el valle del Jordán,
a unos 23 kilómetros al noreste
de Jerusalén. Los israelitas
acamparon frente a ella, antes de
cruzar el Jordán (Nm 22.1; 26.3,
63; 31.12; 33.48, 50; 35.1; 36.13;
Dt 32.49; 34.1, 3; Jos 3.16; 13.32).
Los espías de Josué se centraron
en esta ciudad y pudieron
escapar de allí con la ayuda de

Rahab (Jos 2.1-7). El ejército de
Israel acampó cerca de allí para
preparar la batalla (Jos 4.13), y
la conquistó. Se asignó a la tribu
de Benjamín (Jos 18.21). Los
hombres de David esperaron allí
hasta que sus barbas crecieron
de nuevo (2 S 10.5; 1 Cr 19.5). La
maldición de Jericó se cumplió
en Hiel, que la reconstruyó (Jos
6.26; 1 R 16.34). Se volvió una
comunidad de profetas (2 R 2.5).
Conocida también como ciudad
de las palmeras (2 Cr 28.15).
Los babilonios capturaron a
Sedequías cerca de allí (Jer 39.5;
52.8). Lugar en el que Jesús sanó
a hombres ciegos (Mt 20.29;
Mr 10.46; Lc 18.35) y donde se
encontró con Zaqueo (Lc 19.1).
Se hace referencia a ella en una
parábola (Lc 10.30).

Jeroboam

1. Primer rey de Israel. Antiguo
oficial de Salomón; se rebeló
y huyó a Egipto (1 R 11.26-
40). Después de la muerte de
Salomón, lideró a las tribus del
norte en una rebelión contra
Roboam (1 R 12.1-20; 2 Cr
10). Instauró la adoración a los
ídolos (1 R 12.25-33); estableció
un ejemplo de maldad para
sus sucesores (1 R 15.34; 16.19,
26, 31; 22.52). Los profetas le
reprendieron (1 R 13—14). Su
muerte (2 Cr 13.20).
2. Jeroboam II. Hijo de Joás.
Restauró las fronteras de Israel;
trajo prosperidad económica
(2 R 14.23-29). Amós desafió
la decadencia espiritual del
momento (Am 1.1; 2.6-8; 5.21-
24; 6.1-8; 7.9-11).

Jerusalén

Ciudad en el norte de Judea, a

unos 27 kilómetros al oeste del
mar Muerto. Josué derrotó a su
rey (Jos 10.1-26; 12.10). Asignada
a la tribu de Judá, y después a
Benjamín, pero no pudieron
expulsar a los jebuseos (Jos 15.63;
18.28; Jue 1.21). David la eligió
como capital de su reino (2 S 5.5;
1 Cr 3.4) y la tomó a los jebuseos.
Puso allí el arca del pacto (2 S
6.12-15). Planificó edificar un
gran templo para el Señor allí
(2 S 7; 1 Cr 17), pero esa tarea
iba a ser para Salomón (2 Cr
2—7). Conocida como la ciudad
de David (2 S 5.7), permaneció
como capital de Judá después de
que el reino se dividiera, hasta
que los babilonios la destruyeron
(2 R 25.10). Desde los tiempos
de David la palabra «Sión» se
ha usado para referirse o bien
a la colina sobre la que estaba
el templo o bien a Jerusalén en
su totalidad. Los profetas y los
salmos usan «Sión» para hacer
ver la idea de que Jerusalén es
el lugar central de la religión
israelita y que como lugar
especial por la presencia de Dios
tiene seguridad y renombre (Sal
48; Is 2.2-4). Históricamente
la ciudad de Jerusalén se
reconstruyó después del exilio,
bajo la dirección de Nehemías
(Neh 2.5); Zorobabel reedificó el
templo (Esd 6.13-15). En tiempos
del Nuevo Testamento, Jerusalén
se asociaba con reyes (Mt 2.1, 2),
y otro templo se encontraba en
el lugar del de Zorobabel. Jesús
fue allí cuando tenía 12 años
(Lc 2.41, 42), y más adelante se
enfrentó a los vendedores que
había en el templo (Lc 19.45,
46). Entró de manera triunfal
en la ciudad (Lc 19.28), pero lo

Un mercado cerca de la puerta de Damasco. La ciudadela y la torre de David: parte de las fortificaciones de Herodes

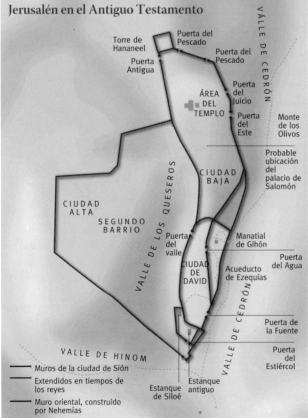

David fundó Jerusalén en un lugar llamado Jebús. Salomón la extendió hacia el norte y reyes posteriores lo hicieron hacia el oeste. El rey Ezequías proporcionó más seguridad cavando un túnel secreto para traer agua desde los manantiales de Gihón hasta dentro de los muros de la ciudad. Los babilonios destruyeron la ciudad en el año 586 a. C. La reconstrucción comenzó tras el retorno del exilio, de forma más notable bajo la dirección de Nehemías. Los macabeos añadieron más fortificaciones hacia el oeste. El lugar exacto de los muros de la ciudad se discute todavía.

El jardín del sepulcro, lugar en el que Cristo fue sepultado y resucitó según la tradición.

La vía dolorosa, en el trayecto por el que llevaron a Jesús para ser crucificado.

Jerusalén en tiempos de Jesús

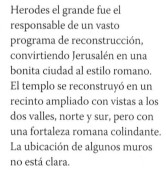

Puerta del pescado/de Damasco

Estanque de Betesda

VALLE DE CEDRÓN

VALLE DEL TIROPEÓN

Fortaleza Antonia

Puerta de las Ovejas

Estanque de Israel

Gólgota: lugar de la crucifixión y sepultura según la tradición

RECINTO DEL TEMPLO

Getsemaní

SEGUNDO BARRIO

Puerta Dorada

Monte de los Olivos

Estanque de la Torre

Torre de Fasaelis

Puerta de Gennat

Palacio de Herodes Antipas

Pináculo del Templo (tradición)

Palacio de Herodes

CIUDAD ALTA

Puerta del Valle

Manantial de Gihón

Casa del sumo sacerdote

CIUDAD BAJA

Acueducto de Ezequías

Aposento alto (tradición)

VALLE DEL TIROPEÓN

Acueducto

VALLE DE CEDRÓN

Estanque de la Serpiente

Estanque de Siloé

Puerta del Agua

Puerta de los Esenios

VALLE DE HINOM

Manantial de En-rogel

Herodes el grande fue el responsable de un vasto programa de reconstrucción, convirtiendo Jerusalén en una bonita ciudad al estilo romano. El templo se reconstruyó en un recinto ampliado con vistas a los dos valles, norte y sur, pero con una fortaleza romana colindante. La ubicación de algunos muros no está clara.

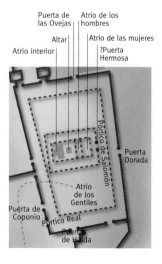

Puerta de las Ovejas

Atrio de los hombres

Altar

Atrio de las mujeres

Atrio interior

?Puerta Hermosa

Pórtico de Salomón

Puerta Dorada

Atrio de los Gentiles

Puerta de Coponio

Pórtico Real

Puertas de Hulda

arrestaron pronto (Lc 22.47), lo juzgaron (Lc 22.66—23.25) y lo crucificaron (Lc 23.26-55). Después del martirio de Esteban allí (Hch 7.59), muchos cristianos se fueron y se dispersaron (Hch 8.1). Quedó como el sitio para dirimir diferencias y disputas (Hch 15.2). En el año 70 d. C. La ciudad fue destruida, cumpliéndose así la profecía de Jesús (Lc 19.41-44). Se ve una nueva Jerusalén en el corazón del nuevo reino de Dios en la tierra, en el que moran Cristo y la iglesia (Ap 3.12; 21.2, 10).

Jesús

VIDA: genealogía (Mt 1.1-17; Lc 3.23-38); nacimiento (Mt 1.18—2.12; Lc 1.26-38; 2.1-20); presentado en el templo (Lc 2.21-40); huida a Egipto (Mt 2.13-18). Criado en Nazaret (Mt 2.19-23); visita el templo de Jerusalén (Lc 2.41-52). Juan le bautiza (Mt 3.13-17; Mr 1.9-11; Lc 3.21-23; Jn 1.29-34); tentado (Mt 4.1-11; Mr 1.12,13; Lc 4.1-13); empieza su ministerio público (Mt 4.12-17; Mr 1.14,15; Lc 4.14-30); llama a los primeros discípulos (Mt 4.18-22; Mr 1.16-20; Lc 5.2-11; Jn 1.35-51); predica en Galilea (Mt 4.23-25; Mr 1.39). Escoge y envía discípulos (Mt 9.35—10.16; Mr 3.13-18; 6.7-11; Lc 9.1-6; 10.1-17). Pedro le reconoce como el Cristo (Mt 16.13-23; Mr 8.27-33; Lc 9.18-22). Transfigurado (Mt 17.1-8; Mr 9.2-8; Lc 9.28-36). Preparado para ir a Jerusalén (Mt 16.21; 20.17-19; Mr 10.32-34; Lc 18.31-34). Última semana en Jerusalén: entra en la ciudad (Mt 21.1-11; Mr 11.1-11; Lc 19.29-44; Jn 12.12-15); despejó el templo (Mt 21.12,13; Mr 11.15-19; Lc 19.45-48; Jn 2.13-16); ungido en Betania (Mt 26.6-13; Mr 14.3-9); comparte la última cena (Mt 26.17-30; Mr 14.12-26; Lc 22.7-23); lava los pies a los discípulos (Jn 13.1-17); ora en Getsemaní (Mt 26.36-46; Mr 14.32-42; Lc 22.40-46); arrestado y juzgado (Mt 26.47-68; 27.11-26; Mr 14.43-65; 15.1-15; Lc 22.47-53; 22.66—23.25; Jn 18.1—19.16); crucificado y sepultado (Mt 27.27-66; Mr 15.16-47; Lc 23.26-56; Jn 19.17-42). Resucita; aparece a sus seguidores (Mt 28;

Un zoco (mercado tradicional) en una estrecha calle en la ciudad vieja de Jerusalén.

Mr 16; Lc 24; Jn 20—21; Hch 1.1-4; 1 Co 15.1-8); comisiona a los discípulos (Mt 28.16-20; Hch 1.4-8); ascensión (Lc 24.50-53; Hch 1.9).

MILAGROS: sana: multitudes (Mt 4.23,24; 8.16; Mr 1.32-34; Lc 4.40,41; Mt 14.14; Lc 9.11; Mt 15.29-31; Lc 6.17,18); leprosos (Mt 8.2-4; Mr 1.40-45; Lc 5.12-16; 17.11-19); al siervo del centurión (Mt 8.5-13); Lc 7.1-10); a la suegra de Pedro (Mt 8.14,15; Mr 1.29-31; Lc 4.38,39); a poseídos por demonios (Mt 8.28-34; Mr 5.1-20; Lc 8.26-39; Mt 9.32-34; 12.22; Lc 11.14; Mt 17.14-18; Mr 9.17-27; Lc 9.38-43; Mr 1.23-26; Lc 4.33-35); al paralítico (Mt 9.1-8; Mr 2.3-12; Lc 5.18-26); a la mujer con flujo de sangre (Mt 9.20-22; Mr 5.25-34; Lc 8.43-48); ciegos (Mt 9.27-31; 20.29-34; Mr 10.46-52; Lc 18.35-43; Mr 10.46-52; Lc 18.35-43; Mr 8.22-26; Jn 9.1-7); al hombre de la mano seca (Mt 12.9-14; Mr 3.1-6; Lc 6.6-11); a un sordomudo (Mr 7.31-37); a la mujer lisiada (Lc 13.10-17); al hombre hidrópico (Lc 14.1-4); al siervo del sumo sacerdote (Lc 22.50,51); al hijo del oficial (Jn 4.46-54); al hombre en el estanque de Betesda (Jn 5.1-9). Resucitó: a la hija de Jairo (Mt 9.18-26; Mr 5.22-43; Lc 8.41-56); al hijo de la viuda de Naín (Lc 7.11-17); a Lázaro (Jn 11.1-44). Calmó la tempestad (Mt 8.23-27; Mr 4.35-41; Lc 8.22-25); alimentó a 5.000 personas (Mt 14.15-21; Mr 6.35-44; Lc 9.12-17; Jn 6.5-13); anduvo sobre las aguas (Mt 14.25-33; Mr 6.47-52; Jn 6.18-20); alimentó a 4.000 personas (Mt 15.32-39; Mr 8.1-10); dinero dentro de un pez (Mt 17.24-27); maldijo a la higuera (Mt 21.18,19; Mr 11.12-14,20-22; capturas de peces (Lc 5.1-11; Jn 21.4-6); cambió el agua en vino (Jn 2.1-11).

ENSEÑANZA: anunció el reino de Dios (Mt 4.17; 10.7; 12.24-29; Lc 11.14-22; Mt 16.28; Mr 1.15; 9.1; Lc 4.43; 9.11); Sermón del Monte (Mt 5—7; Lc 6.20-49); acusó a los fariseos (Mt 23; Lc 11.37-54); señales del fin de los tiempos (Mt 24; Mr 13; Lc 21); conversaciones con Nicodemo (Jn 3), la mujer samaritana (Jn 4); el pan de vida (Jn 6.25-58); el buen pastor (Jn 10.1-20); discurso en el aposento alto (Jn 13—17).

PARÁBOLAS: los dos cimientos (Mt 7.24-27; Lc 6.47-49); el sembrador (Mt 13.3-23; Mr 4.2-20; Lc 8.4-8); el trigo y la cizaña (Mt 13.24-30); el grano de mostaza y la levadura (Mt 13.31-33; Mr 4.30-32; Lc 13.18-21); el tesoro escondido, la perla, la red,

Mosaico bizantino en el suelo de una capilla construida en el siglo IV d. C., en Tabga, Galilea, que recuerda la multiplicación de los panes y los peces por parte de Jesús

el padre de familia (Mt 13.44-52); la oveja perdida (Mt 18.12-14; Lc 15.4-7); los dos deudores (Mt 18.23-34); los obreros de la viña (Mt 20.1-16); los dos hijos (Mt 21.28-32); los labradores malvados (Mt 21.33-41; Mr 12.1-9; Lc 20.9-16); el banquete (Mt 22.2-14; Lc 14.16-24); las diez vírgenes (Mt 25.1-13); talentos (Mt 25.14-30; Lc 19.12-27); el juicio de las naciones (Mt 25.31-46); el crecimiento de la semilla (Mr 4.26-29); el buen samaritano (Lc 10.30-37); el rico insensato (Lc 12.16-21); el coste del discipulado (Lc 14.28-33); la moneda perdida, el hijo pródigo (Lc 15.8-32); el mayordomo infiel (Lc 16.1-8); el rico y Lázaro (Lc 16.19-31); la viuda y el juez injusto (Lc 18.2-8); el fariseo y el publicano (Lc 18.10-14).

Jetro

Suegro de Moisés (Éx 3.1; 4.18), también llamado Reuel (Éx 2.18). Visitó a Moisés en Horeb; le aconsejó que delegara en la administración de justicia (Éx 18).

Jezabel

1. Hija de un rey sidonio; mujer de Acab (1 R 16.31). Le instó a pecar (1 R 21.25): promovió la adoración de su propio dios, Baal (1 R 16.32, 33; 18.19); mató a los profetas de Dios (1 R 18.4, 13); amenazó a Elías (1 R 19.1, 2); hizo matar a Nabot (1 R 21). Elías profetizó su muerte (1 R 21.23); Jehú la mató (2 R 9.30-37).
2. Nombre que se da a una profetisa en la iglesia de Tiatira, que estaba apartando a los creyentes de Dios (Ap 2.20).

Jezreel

1. Ciudad situada en la parte montañosa de Judá (Jos 15.56), en la que probablemente nació Ahinoam (1 S 25.43; 27.3). Se desconoce su ubicación exacta.
2. Ciudad situada en el norte de Israel, a unos 80 kilómetros al norte de Jerusalén (Jos 19.18), en un valle con el mismo nombre (Jos 17.16), con un arroyo cercano (1 S 29.1). Acab tenía un palacio allí, con vistas a la viña de Nabot (1 R 21.1-16). Ocozías visitó allí a Joram, que se recuperaba de la batalla (2 R 8.29; 2 C 22.6). Lugar en el que hubo una masacre durante la rebelión de Jehú (2 R 9.1—10.11). El hijo de Oseas se llamó Jezreel para anunciar el juicio de Dios sobre la casa de Jehú (Os 1.4, 5).

Joab

Sobrino de David; hermano de Abisai y Asael (1 Cr 2.16). Lideró el ejército de David contra Abner (2 S 2.13-32); mató a Abner como venganza por la muerte de Asael (2 S 3.26, 27, 30). Lideró el ataque sobre Jerusalén (1 Cr 11.4-6); se le nombró comandante en jefe (2 S 8.16; 18.2; 20.23). Derrotó a Amón (2 S 10.7-14; 1 Cr 19.8-15), y a Rabá (2 S 12.26, 27). Obedeció la orden de David de matar a Urías (2 S 11.14-17); mató a Absalón (2 S 18.14, 15); mató a Amasa (2 S 20.9, 10). Apoyó a Adonías (1 R 1.17-19); Benaía lo mató (1 R 2.5, 6, 28-34).

Vista del valle de Jezreel, con el monte Tabor en la distancia.

Joacim

Rey de Judá. Hijo de Josías. Antes se llamaba Eliaquim; el faraón Necao lo hizo rey (2 R 23.33-36; 2 Cr 36.4). Mató al profeta Urías (Jer 26.20-23); quemó el rollo de Jeremías (Jer 36). Se volvió vasallo de Babilonia; la rebelión que siguió a esto trajo una invasión; murió de camino a la cautividad (2 R 24.1-4; 2 Cr 36.5-8; Dn 1.1, 2).

Joaquín

Rey de Judá; sucedió a su padre, Joacim; después de tres meses lo llevaron cautivo a Babilonia (2 R 24.8-17; 2 Cr 36.8-10); lo sacaron de la cárcel y lo llevaron a vivir al palacio del rey como un gobernante más (2 R 25.27-30; Jer 52.31-34).

Joás

1. Padre de Gedeón (Jue 6.11, 29-31; 8.32).
2. Rey de Judá; hijo de Ocozías. Se escondió de Atalía (2 R 11.1-3; 2 Cr 22.10-12); Joiada lo coronó rey (2 R 11.4-21; 2 Cr 23). Restauró el templo (2 R 12; 2 Cr 24.1-14); se volvió a la idolatría tras la muerte de Joiada (2 Cr 24.17-24). Siria le derrotó (2 Cr 24.23, 24); sus siervos lo mataron (2 R 12.20; 2 Cr 24.25).

Job

1. Hombre rico, temeroso de Dios, de Uz (Job 1.1-8). Satanás puso a prueba su rectitud, con el permiso de Dios (Job 1.6-12; 2.1-6). Sufrió la pérdida de su familia y de sus riquezas (Job 1.13-19), y aflicción física (Job 2.7, 8). Permaneció paciente (Job 1.20-22; 2.9, 10); protestó cuando sus amigos pusieron en duda su inocencia (Job 3—31). Dios le reprendió (Job 38—41); finalmente reivindicado, sanado y restaurado, con más riquezas que antes (Job 42.7-17).
2. Los amigos de Job: Elifaz (Job 4—5; 15; 22), Bildad (Job 8; 18; 25), Zofar (Job 11; 20) y Eliú (Job 32—37). Vinieron a ofrecer apoyo (Job 2.11-13); intentaron sin éxito explicar el sufrimiento de Jacob en términos de sabiduría convencional.

Joel

Profeta (Jl 1.1). Vio una plaga de langostas como descripción del juicio de Dios (Jl 1.2—2.12); llamó al arrepentimiento (Jo 2.13-17). La bendición futura incluía el derramamiento del Espíritu Santo (Jl 2.18-32; Hch 2.16-21).

Jonás

Profeta durante el reinado de Jeroboam II (2 R 14.25). Huyó del llamamiento de Dios a predicar en Nínive (Jon 1.2, 3, 10). Dios envió una tormenta; lo arrojaron por la borda; un pez se lo tragó (Jon 1.4-17). Oró; el pez lo vomitó en tierra seca (Jon 2); su liberación es una figura que representaba la muerte y la resurrección de Jesús (Mt 12.39-41; Lc 11.29-32). Obedeció el segundo llamamiento (Jon 3); Dios reprendió su respuesta ante el arrepentimiento de Nínive (Jon 4).

Jonatán

Hijo mayor de Saúl (1 S 13.16; 14.49; 1 Cr 8.33). Guerrero valiente (1 S 14.1-23; 2 S 1.22, 23). Violó el juramento de Saúl (1 S 14.24-45). Amistad con David (1 S 18.1-4; 19—20; 23.16-18; 2 S 1.26). Lo mataron (1 S 31.1, 2); David llora su muerte (2 S 1.19-27).

Jope

Puerto de mar, mediterráneo, situado a unos 55 kilómetros al noroeste de Jerusalén, y muy importante para el comercio. Asignado a la tribu de Dan, que tuvo dificultades para poder poseerla (Jos 19.46, 47). Salomón y Zorobabel usaron el puerto cuando construían sus templos (2 Cr 2.16; Esd 3.7). Jonás zarpó desde allí cuando huía de Dios (Jon 1.3). De allí era Tabita, a la que Pedro devolvió la vida (Hch 9.36-40). Mientras estaba en casa de Simón curtidor en Jope, Pedro tuvo una visión de parte de Dios (Hch 10.5-17).

Jordán, Río

El río más largo de Palestina, con su fuente principal cerca del monte Hermón. Fluye hacia el sur desde el mar de Galilea a través de un profundo valle hasta el mar Muerto. Lot quiso para sí la tierra fértil alrededor del río (Gn 13.10, 11). Era una frontera natural que se cruzaba para escapar de los enemigos, como hizo Jacob (Gn 32.10), o David (2 S 17.21, 22). Los israelitas acamparon al este del río (Jos 3.1), antes de cruzarlo sobre suelo seco para conquistar la Tierra Prometida (Jos 3.11-17). Ehud lo usó de forma estratégica en la batalla (Jue 3.28). También lo hicieron Gedeón (Jue 7.24) y los galaaditas (Jue 12.5). Elías y Eliseo también lo cruzaron en seco (2 R 2.8, 14), y Eliseo le dijo a Naamán que se lavara en él

(2 R 5.10). Es mencionado en la profecía mesiánica de Isaías (Is 9.1), y allí es donde se bautizó Jesús (Mt 3.13; Mr 1.9).

Josafat

Rey de Judá; hijo de Asa (1 R 22.41). Entregado a Dios; destruyó los ídolos; envió oficiales a enseñar la ley (2 Cr 17.3-9). Fortaleció el reino (2 Cr 17.2, 10-19). Se alió con Israel (1 R 22.44; 2 Cr 18.1; 20.35, 36); ayudó a Acab contra Siria (1 R 22.1-33; 2 Cr 18.1—19.1) y a Joram contra Moab (2 R 3). Le reprendieron por estas alianzas (2 Cr 19.1, 2; 2 Cr 20.35-37). Escogió jueces (2 Cr 19.4-11). Confió en Dios para obtener la victoria sobre Moab y sobre Amón (2 Cr 20.1-30). Su muerte (2 Cr 21.1).

José

1. Hijo de Jacob, con Raquel (Gn 30.22-24; 35.24; 1 Cr 2.2). El favoritismo de su padre hacia él originó la hostilidad de sus hermanos (Gn 37.3, 4). Tuvo sueños (Gn 37.5-11). Sus hermanos lo vendieron (Gn 37.12-36); fue esclavo de Potifar (Gn 39.1-6). Resistió la insinuación de la mujer de Potifar, que le acusó falsamente, y lo encarcelaron (Gn 39.7-23). Interpretó los sueños del copero y del panadero (Gn 40); del faraón (Gn 41.1-36). Fue gobernador de Egipto (Gn 41.37-57). Puso a prueba a sus hermanos cuando estos fueron a comprar grano (Gn 42—44); se dio a conocer a sus hermanos (Gn 45.1-15); asentó a su familia en Egipto (Gn 45.16—47.12).

Jacob bendijo a sus hijos (Gn 48); recibió también la bendición de Jacob (Gn 49.22-26). Murió (Gn 50.22-26; Éx 13.19; Jos 24.32; He 11.22). Sus descendientes se dividieron en las tribus de Efraín y Manasés (Jos 14.4; 16—17; Ez 47.13); Moisés le bendijo (Dt 33.13-17).
2. Marido de la madre de Jesús, María (Mt 1.16, 18-25; Lc 1.27); descendiente de David (Lc 2.4); carpintero (Mt 13.55). Tuvo sueños (Mt 1.20-23; 2.13, 19, 20).
3. Discípulo de Arimatea; miembro del concilio judío. Pidió el cuerpo de Jesús; dio la tumba para la sepultura (Mt 27.57-60; Mr 15.42-46; Lc 23.50-54; Jn 19.38-42).
4. Ver **Bernabé**.

Aguas tranquilas en el río Jordán.

Josué

1. Hijo de Nun. Anteriormente llamado Oseas (Nm 13.8, 16; 1 Cr 7.27). Luchó contra los amalecitas (Éx 17.9-14). Ayudante de Moisés: en el Sinaí (Éx 24.13; 32.17); en el tabernáculo (Éx 33.11). Fue uno de los espías enviados a explorar Canaán (Nm 13.8); junto a Caleb, alentó al pueblo e entrar en la tierra (Nm 14.6-9); por ello se le permitió entrar a la Tierra Prometida (Nm 26.65; 32.12). Sucedió a Moisés (Dt 1.38; 3.28; 31.1-8; 34.9). Dios le comisionó y le alentó (Jos 1.1-9); cruzó el Jordán (Jos 3—4). Victoria en Jericó (Jos 5.13—6.27); derrota y luego victoria en Hai (Jos 7—8); renovó el pacto en el monte Ebal (Jos 8.30-35); los gabaonitas le engañaron (Jos 9); el sol se paró para permitir la victoria sobre cinco reyes en Gabaón (Jos 10); conquistó el sur de Canaán (Jos 10.29-43), el norte de Canaán (Jos 11). Repartió la tierra entre las tribus (Jos 13—22). Dio las instrucciones finales (Jos 23); renovó el pacto en Siquem (Jos 24.1-27); su muerte (Jos 24.29-31; Jue 2.8, 9).
2. Sumo sacerdote en los tiempos de la restauración (Hag 1.1); Hageo le instó a terminar el trabajo en el templo (Hag 1.12—2.9). Representó al Israel pecador salvado por la gracia de Dios (Zac 3); su coronación simbolizaba el reinado del Mesías (Zac 6.9-15).

Josías

Rey de Judá; hijo de Amón (2 R 21.26; 1 Cr 3.14; 2 Cr 33.25). Se profetizó su nacimiento (1 R 13.2). Se destacó su rectitud ante Dios (2 R 22.2; 2 Cr 34.2, 3; Jer 22.15, 16). Destruyó los ídolos (2 Cr 34.3-7); restauró el templo (2 R 22.3-7; 2 Cr 34.8-13). Se arrepintió, después de descubrir el libro de la ley (2 R 22.8-20; 2 Cr 34.14-28); renovó el pacto (2 R 23.1-3; 2 Cr 34.29-32); purificó el templo (2 R 23.4-12); destruyó los lugares altos (2 R 23.13-20, 24, 25; 2 Cr 34.33). Celebró la pascua (2 R 23.21-23; 2 Cr 35.1-19). Murió luchando contra el faraón Necao (2 R 23.29, 30; 2 Cr 35.20-27).

Juan

1. El Bautista; hijo de Zacarías y Elisabet (Lc 1.5-25,57-80). Preparó el camino para Jesús (Mt 3.1-12; Mr 1.3-8; Lc 3.2-17; Jn 1.6-8, 15, 19-36; 3.27-30); bautizó a Jesús (Mt 3.13-15; Mr 1.9; Lc 3.21). Se opuso al casamiento de Herodes con Herodías; lo arrestaron (Mt 14.3-5; Mr 6.17-18); Jesús lo reafirmó y recomendó (Mt 11.2-19; Lc 7.18-35). Ejecutado (Mt 14.6-12; Mr 6.21-29). Identificado con Elías (Mt 11.14; 17.11-13; Mr 9.12, 13; Lc 1.17).
2. Apóstol; hijo de Zebedeo; hermano de Santiago. Junto a Pedro y Santiago, tuvo una relación especialmente estrecha con Jesús: están en la resurrección de la hija de Jairo (Mr 5.37; Lc 8.51); en la transfiguración (Mt 17.1, 2; Mr 9.2; Lc 9.28, 29); en Getsemaní (Mt 26.36-38; Mr 14.32-34). La petición de su madre (Mt 20.20-28; Mr 10.35-45). Llamado «el discípulo amado»; estuvo cerca de Jesús en la última cena (Jn 13.23; 21.20); en la crucifixión (Jn 19.25-27). Líder en la iglesia de Jerusalén (Gá 2.9; 2 Jn 1; 3 Jn 1). Escribió el cuarto Evangelio, cartas, y el libro de Apocalipsis (Ap 1.1, 9; 22.8; Jn 20.2; 21.7, 24).
3. Ver Marcos.

Judá

1. Hijo de Jacob, con Lea (Gn 29.35; 35.23; 1 Cr 2.1). Convenció a sus hermanos para que vendieran a José, en lugar de matarlo (Gn 37.26, 27). Padre de Fares y Zara, con su nuera Tamar (Gn 38). Se ofreció a sí mismo en el lugar de Benjamín (Gn 44.18-34). Jacob le bendijo como gobernante (Gn 49.8-12).
2. Tribu descendiente de Judá. Moisés la bendijo (Dt 33.7). Incluida en el censo (Nm 1.26, 27; 26.19-22). Tierra que se le asignó (Jos 15; Ez 48.7); incapaz de tomar posesión total de la tierra (Jos 15.63; Jue 1.1-20). Ungió a David como rey (2 S 2.4); permaneció leal a los reyes davídicos (1 R 12.21; 2 Cr 11.12). La tribu de Jesús (Mt 1.3; He 7.14).
3. Reino del sur. Después de la ruptura de relaciones entre las tribus del sur y del norte, Palestina se dividió (alrededor del año 931 a. C.), y Judá sufrió dos años de conflictos con Israel, el reino del norte (1 R 12—2 R 17). Judá sobrevivió porque Israel cayó ante los asirios (2 R 17.18). Pero Judá cayó en manos de Babilonia unos 134 años más tarde (2 R 25) y su pueblo fue al exilio. Tras la caída de Jerusalén (586 a. C.), Judá perdió su condición de reino y se convirtió en una pequeña provincia del

imperio persa. En los tiempos del Nuevo Testamento esta zona se conocía como Judea, anexionada a la provincia romana de Siria, en la que nació Jesús (Mt 2.1).

Judas

1. Hermano de Jesús (Mt 13.55; Mr 6.3); autor de una carta (Jud 1).

2. Apóstol; hijo de Santiago (Lc 6.16; Jn 14.22; Hch 1.13); conocido también como Tadeo (Mt 10.3; Mr 3.18).

3. Apóstol; llamado también Iscariote; conocido por ser el que traicionó a Jesús (Mt 10.4; Mr 3.19; Lc 6.16; Jn 6.71; 12.4); tesorero de los discípulos (Jn 12.6; 13.29). Acordó traicionar a Jesús por 30 monedas de plata (Mt 26.14-16; Mr 14.10, 11; Lc 22.3-6); besó a Jesús para identificarle (Mt 26.47-49; Mr 14.43-45; Lc 22.47, 48); lleno de remordimientos, se suicidó (Mt

27.3-5; Hch 1.16-25).

4. Profeta; también llamado Barsabás. Enviado, junto a Silas, por los apóstoles en Jerusalén a Antioquía, con una decisión relativa a la circuncisión (Hch 15.22-34).

Judea
Ver **Judá**

Keila

Ciudad situada a unos 27 kilómetros al suroeste de Jerusalén, asignada a Judá (Jos 15.44). David la rescató del ataque de los filisteos (1 S 23.1-5), y se fue de allí para escapar de Saúl (1 S 23.7-14). En los tiempos de Nehemías tuvo dos gobernantes que ayudaron a reconstruir Jerusalén (Neh 3.17, 18).

Kir

1. Región de Mesopotamia a la que Tiglat-pileser deportó a los

sirios (2 R 16.9) y de la que más adelante Dios les rescató (Am 9.7). Aparece en la profecía sobre Jerusalén (Is 22.6).

2. Ciudad fortificada de Moab que soportó un ataque israelita (2 R 3.25), pero fue finalmente destruida (Is 15.1; 16.7, 11; Jer 48.31, 36). También conocida como Kir-Hareset.

Labán

Hermano de Rebeca (Gn 24.29); dio permiso a su hermana para que se casara con Isaac (Gn 24.50, 51). Recibió a Jacob (Gn 29.13, 14); le dio a sus hijas, Lea y Raquel, como pago por su trabajo (Gn 29.15-30). Jacob le engañó (Gn 30.25—31.21); Labán persiguió a Jacob e hizo un pacto con él (Gn 31.22-55).

Laodicea

Ciudad de Frigia, en el valle de Lycos, a unos 18 kilómetros al oeste de Colosas. Su iglesia probablemente no fue

Los santos y los discípulos reunidos en el cielo. Fresco del bajo renacimiento en la pared de una iglesia.

establecida por Pablo (Col 2.1; 4.12, 13), pero él les escribió una carta (Col 4.16). Se le acusa de ser tibia en una de las siete cartas de Apocalipsis (Ap 3.14-22).

Laquis
Ciudad real de los cananitas en las tierras bajas de Judá, cerca de Libna. Su rey se unió a la alianza contra Josué, que la derrotó y tomó la ciudad (Jos 10.1-35). Asignada a Judá (Jos 15.39). Roboam la fortificó (2 C 11.5-9). Amasías huyó allí desde Jerusalén (2 R 14.19; 2 C 25.27). Senaquerib la conquista, y se convierte en base de las negociaciones con Ezequías (2 R 18.13-17; 2 C 32.9; Is 36.1, 2). Era una de las dos ciudades fortificadas que quedaron en Judá durante la invasión babilonia (Jer 34.7). Miqueas la denunció por su pecado (Mi 1.13).

Lázaro
1. Mendigo en una parábola de Jesús (Lc 16.19-31).
2. Hermano de María y Marta. Jesús le resucitó (Jn 11.1—12.11).

Lea
Hija de Labán: mujer de Jacob (Gn 29.16-23); tuvo seis hijos y una hija (Gn 29.31-55; 30.16-21; 34.1; 35.23).

Leví
1. Hijo de Jacob, con Lea (Gn 29.34; 35.23); junto a Simeón, mató a los de Siquem como venganza por la violación de su hermana Dina (Gn 34); Jacob le bendijo (Gn 49.5-7).
2. Tribu descendiente de Leví. Moisés la bendijo (Dt 33.8-11). Contada aparte (Nm 1.47-49; 3.14-39; 26.57-62); responsable del tabernáculo (Nm 1.50-53; 3.14-37; 4; 8; 18.2-4); dedicada a Dios en lugar del primogénito (Nm 3.11-13, 40, 41). Se le dieron ciudades (Nm 35; Jos 21), pero no tierras (Nm 18.20-24; 26.62; Dt 10.9; Jos 13.14); se le asignó tierra en la nueva división (Ez 48.13, 14).
3. Ver **Mateo**.

Líbano
Región montañosa al norte de Palestina, situada a lo largo de la costa mediterránea. Vista como una parte de la Tierra Prometida (Dt 1.7; 3.25; 11.24; Jos 1.4; 13.5, 6; 1 R 9.19; Zac 10.10), pero ocupada por los heveos (Jue 3.3-5; 1 R 9.20, 21; 2 Cr 8.7, 8). Tierra conocida por sus bosques de cedro y ciprés (Jue 9.15; 1 R 4.33; 2 R 14.9; 19.23; 2 Cr 25.18), que Salomón usó (1 R 5; 7.2; 2 C 2.8, 16), así como Zorobabel (Esd 3.7). Se usaba en sentido figurado para hablar de justicia (Sal 92.12),

de soberbia (Is 2.13), gloria (Is 60.13), seguridad (Os 14.5).

Libna

1. Lugar en el que los israelitas acamparon durante el Éxodo de Egipto (Nm 33.20, 21).

2. Ciudad cananea situada en las tierras bajas de Judá, cerca de Laquis. Josué la tomó (Jos 10.29-32, 39), asignada a Judá (Jos 15.42) y designada ciudad levita (Jos 21.13; 1 Cr 6.57). Participó en la rebelión contra Joram (2 R 8.22; 2 Cr 21.10) y Senaquerib la atacó (2 R 19.8; Is 37.8). De allí era Hamutal, la madre de Joacaz y Sedequías (2 R 23.31; 24.18; Jer 52.1).

Lida

Ver **Lod**

Lidia

Mujer temerosa de Dios que vivía en Filipos: aceptó el mensaje de Pablo; bautizada; ofreció hospitalidad (Hch 16.14, 15, 40).

Listra

Ciudad de Licaonia, a unos 27 kilómetros de Iconio. Pablo y Bernabé huyeron allí (Hch 14.6) y curaron a un hombre cojo de nacimiento (Hch 14.8-10). Judíos de Antioquía y de Iconio llegaron para apedrear a Pablo, pero sobrevivió y se fue a Derbe (Hch 14.19, 20), volviendo más adelante (Hch 14.21, 22). Timoteo vivió allí (Hch 16.1). Pablo recordó a Timoteo la persecución que sufrió allí (2 Ti 3.11).

Lod

Ciudad situada en el valle de Sarón, a unos 17 kilómetros al

El asedio de Laquis, registrado en un fresco babilonio.

sureste de Jope. La edificaron los hijos de Elpaal (1 C 8.12) y fue ocupada después del exilio de los de la tribu de Benjamín (Neh 11.35). Conocida después como Lida. Pedro curó allí a Eneas (Hch 9.32-35).

Lot

Sobrino de Abraham (Gn 11.27); le acompañó desde Harán (Gn 12.4, 5; 13.1). Se asentó en Sodoma (Gn 13.5-13); Abraham lo rescató (Gn 14), y dos ángeles (Gn 19; 2 P 2.7, 8). Su mujer se convirtió en estatua de sal (Gn 19.26). Padre de Amón y de Moab con sus dos hijas (Gn 19.30-38).

Lucas

Médico; estrecho colaborador y compañero de Pablo (Col 4.14; 2 Ti 4.11; Flm 24). Escritor del

El valle de Filipos. Lidia conoció allí a Pablo y a Silas, cerca del río Gangitis.

tercer Evangelio y del libro de los Hechos.

Luz
Ver **Betel**

Macedonia
País al norte de Grecia, cuya capital era Filipos. Pablo la visitó antes de tener una visión en la que se le invitaba a ir allí (Hch 16.9, 10); también estuvieron Silas y Timoteo (Hch 18.5) y Erasto (Hch 19.22). De allí eran Gayo y Aristarco, compañeros de Pablo (Hch 19.29). Pablo volvió en su tercer viaje misionero (Hch 19.21; 20.1-6; 1 Co 16.5; 2 Co 1.16; 2.13; 7.5) y pudo haber vuelto otra vez más tarde (1 Ti 1.3). La iglesia allí era generosa para apoyar económicamente a Jerusalén (Ro 15.26; 2 Co 8.1-5; Fil 4.15-18) y al mismo Pablo (2 Co 11.9).

Madián
Tierra habitada por los descendientes de Madián (Gn 25.1, 2; 1 Cr 1.32, 33), en el lado oriental del golfo de Áqaba. Moisés huyó allí (Éx 2.15; Hch 7.29) y se casó con Séfora (Éx 2.16-21). Allí, Dios habló a Moisés desde una zarza ardiente (Éx 3.1-10; 4.19). Los moabitas consultaron a sus ancianos sobre los israelitas que se acercaban (Nm 22.4). Israel derrotó a su ejército (Nm 31.7-12), pero sus habitantes se recuperaron pronto y oprimieron a Israel (Jue 6.2, 6, 7). Dios usó a Gedeón para salvar a los israelitas (Jue 6.11—8.28) y la victoria se recordó en la poesía posterior (Sal 83.9; Is 9.4; 10.26; Hab 3.7).

Malaquías
Profeta; su nombre significa «mi mensajero» (Mal 1.1).

Malta
Isla del Mediterráneo, situada entre Sicilia y África, cerca de la cual Pablo naufragó (Hch 27.39-44). Se quedó allí tres meses, sobreviviendo a la mordedura de una serpiente, sanando a los enfermos y recibiendo hospitalidad (Hch 28.1-11).

Mamre
Zona boscosa al norte de Hebrón en la que Abram asentó su campamento y edificó un altar (Gn 13.18). Allí tuvo conocimiento de la captura de Lot (Gn 14.13) y recibió la promesa de un hijo (Gn 18.1, 10). Compró una heredad y una cueva allí (Gn 23.17): el lugar en el iba a estar la tumba de Sara (Gn 23.19), Abraham (Gn 25.8, 9), Isaac (Gn 35.27-29), Rebeca, Lea y Jacob (Gn 49.29-33; 50.12, 13).

Mahanaim
Ciudad de Galaad, al este del Jordán, en la ribera sur del río Jaboc. Jacob le puso el nombre cuando vio a los ángeles de Dios (Gn 32.1, 2). Situada en la frontera entre Manasés y Gad (Jos 13.26, 30); asignada a los levitas (Jos 21.38; 1 Cr 6.80). Allí reinó Is-boset (2 S 2.8, 12, 29) y David se pudo refugiar de Absalón (2 S 17.24,27; 19.32; 1 R 2.8). Fue la capital de uno de los distritos de Salomón (1 R 4.14).

Manasés
1. Hijo mayor de José (Gn 41.51; 46.20); Jacob le bendijo, pero no

como primogénito
(Gn 48.13-20).
2. Tribu descendiente de
Manasés. Moisés la bendijo
(Dt 33.13-17). Incluida en el
censo (Nm 1.34, 35; 26.29-34).
Le correspondió tierra a ambos
lados del Jordán: al este (Nm
32.33, 39-42; Jos 13.8,29-31);
al oeste (Jos 17.1-11; Ez 48.4);
fracasaron en el intento de
poseerla en su totalidad (Jos
17.12, 13).
3. Territorio al este y al oeste del
Jordán, al sur del mar de Galilea.
Asignado a los descendientes
del hijo mayor de José. Los
territorios de Manasés y Efraín
a menudo se consideran juntos
(Jos 16.1—17.1, 14). Sus ciudades
y sus límites se enumeraron,
hacia el este (Jos 13.8, 29-31), y
hacia el oeste (Jos 17.7-11). El
Jordán dividía el territorio, por lo
que sus habitantes eran tratados
como dos medias tribus (Jos
13.6-8). La mitad este era buena
para el pastoreo (Nm 32.1).
En la mitad oeste no pudieron
expulsar a los cananeos, pero los
sometieron a servidumbre
(Jos 17.12, 13).
4. Rey de Judá; hijo de Ezequías
(2 R 20.21; 2 Cr 32.33). Llevó a
Israel a la idolatría (2 R 21.2-9;
2 Cr 33.2-9); él, por su pecado,
fue el responsable del exilio (2 R
21.10-15; Jer 15.3, 4). Deportado
a Babilonia; se arrepintió; llevó
a cabo una reforma limitada (2
Cr 33.10-19). Su muerte (2 Cr
33.20).

Maqueda
Ciudad real de los cananeos (Jos
12.16), situada en las tierras bajas
de Judá. Josué capturó la ciudad y
a sus habitantes. Los cinco reyes
amorreos fueron ejecutados
después de haberse escondido en
una cueva cercana (Jos 10.16-27).
Asignada a Judá (Jos 15.41).

Marcos
También llamado Juan (Hch
12.12. Primo de Bernabé (Col
4.10). Acompañó a Pablo y
a Bernabé (Hch 12.25), pero
después los abandonó (Hch
13.13). Fue un motivo de
desacuerdo (Hch 15.37-39).
Se reconcilió con Pablo (2 Ti
4.11), y fue su colaborador (Flm
24); cercano a Pedro (1 P 5.13).
Escribió el segundo Evangelio.

Mardoqueo
1. Exiliado de la tribu de
Benjamín; crió a su prima, Ester,
como si fuera su propia hija (Est
2.5-7, 15, 20). Informó de una
conspiración para matar al rey
Asuero (Est 2.21-23). Se negó a
inclinarse ante Amán, lo que dio
lugar a una conspiración contra
los judíos (Est 3.1-6); lloró;
persuadió a Ester para que le
ayudara (Est 4). Fue honrado (Est
6); se le dio la posición de Amán
como gobernante máximo tras
el rey (Est 8.1, 2; 10). Salvó a los
judíos; instituyó la festividad de
Purim (Est 8—9).
2. Exiliado judío que volvió con
Zorobabel (Esd 2.2; Neh 7.7).

María
1. Madre de Jesús; mujer de José
(Mt 1.16-25; Lc 1,2). Gabriel la
visitó (Lc 1.26-38); alabó a Dios
(Lc 1.46-55). Estuvo con Jesús
en las bodas de Caná (Jn 2.1-
11). Fue testigo de la crucifixión
(Jn 19.25); confiada al cuidado
de Juan (Jn 19.26, 27). Estaba
con los discípulos después de la
resurrección (Hch 1.14).
2. Magdalena. Endemoniada
que Jesús liberó (Lc 8.2; Mr
16.9). Estuvo en la crucifixión
(Mt 27.55, 56; Mr 15.40, 41, 47;
Jn 19.25); visitó el sepulcro (Mt
28.1; Mr 16.1; Lc 24.1-10; Jn
20.1); tuvo un encuentro con
Jesús resucitado (Jn 20.10-18).
3. Hermana de Marta y Lázaro
(Lc 10.38, 39; Jn 11); alabada por
su devoción (Lc 10.39-42); ungió
los pies de Jesús (Jn 12.3; 11.2).
4. Madre de Santiago y de José;
mujer de Cleofas. Estuvo en la
crucifixión (Mt 27.55, 56; Mr
15.40, 41, 47; Jn 19.25); visitó el
sepulcro (Mt 28.1; Mr 16.1; Lc
24.1-10).
5. Madre de Juan Marcos, cuya
casa usó una de las iglesias de
Jerusalén (Hch 12.12-17).
6. Creyente de Roma (Ro 16.6).
7. Hermana de Moisés y Aarón
(Nm 26.59; 1 Cr 6.3). Vigiló
a Moisés cuando estaba en la
canasta de juncos a la orilla del
río y sugirió a su madre como
nodriza (Éx 2.4-8). Profetisa;
lideró las danzas y cantó en el
mar Rojo (Éx 15.20, 21); criticó
a Moisés y contrajo la lepra (Nm
12.1-15; Dt 24.9). Su muerte
(Nm 20.1).

Mar Muerto
Situado en el extremo sur del
valle del Jordán, de unos 75
kilómetros de largo y unos 15
de media de ancho. A unos 400
metros por debajo del nivel del
mar, tiene unas concentraciones
de sal y potasio más altas que
cualquier otro lago o mar en
el mundo. Conocido como el
mar Salado, el mar Oriental o

Imagen del mar Mediterráneo desde el satélite.

el mar del Arabá. Se menciona principalmente como un límite, a la tierra de Israel (Nm 34.3, 12; 2 R 14.25; Ez 47.18), al territorio tribal (Dt 3.17; Jos 15.2, 5; 18.19), a los reinos vecinos (Dt 4.49; Jos 12.3). Su fuente se cortó cuando los israelitas cruzaron hacia la Tierra Prometida (Jos 3.16). Los enemigos de Israel serán llevados hacia él (Joel 2.20), y agua viva fluirá hacia él desde Jerusalén (Zac 14.8).

Marta

Hermana de María y Lázaro (Lc 10.38, 39; Jn 11). Preocupada por las cosas prácticas (Lc 10.40, 41; Jn 12.2).

Mateo

Apóstol; recaudador de impuestos, también llamado Leví (Mt 9.9-13; Mr 2.14-17; Lc 5.27-32; Mt 10.3; Mr 3.18; Hch 1.13). Escribió el primer Evangelio.

Matusalén

Hijo de Enoc; abuelo de Noé; vivió 969 años (Gn 5.21-27; 1 C 1.3; Lc 3.36, 37).

Media

País montañoso al sur del mar Caspio. Algunas personas de Samaria fueron deportados allí (2 R 17.6; 18.11). El rey Darío buscó en su ciudad Ecbatana el decreto de Ciro para la reconstrucción de Jerusalén (Esd 6.2). El imperio persa la absorbió, y sus líderes militares fueron invitados a comer con el rey

Asuero (Est 1.3, 14). La grandeza de Mardoqueo quedó registrada en las memorias (Est 10.2). Se profetizó su derrota ante el imperio babilonio (Is 13.17; 21.2; Jer 51.11, 28; Dn 5.28) y su propia derrota final ante Grecia (Jer 25.25; Dn 8.20, 21). Algunos de sus ciudadanos estaban entre la multitud de Pentecostés (Hch 2.9). Ver **Persia**.

Mediterráneo, Mar
Ver **Grande, Mar**

Mefi-boset
1. Hijo de Jonatán; llamado también Merib-baal (1 Cr 8.34; 9.40). Quedó lisiado tras una caída (2 S 4.4); David mostró compasión con él (2 S 9.1-13). Difamado por Siba (2 S 16.1-4); se reconcilió con David (2 S

19.24-30).
2. Hijo de Saúl, al que los gabaonitas ejecutaron (2 S 21.8, 9).

Meguido
Ciudad real de los cananeos, situada al sureste del Carmelo, en la ruta comercial entre Egipto y Siria. Josué la conquistó (Jos 12.21); asignada a la tribu de Manasés (Jos 17.11; 1 Cr 7.29). Escenario de la victoria de Débora sobre Sísara (Jue 5.19). Uno de los 12 distritos de Salomón (1 R 4.12), que él mismo fortificó (1 R 9.15). Ocozías huyó allí de Jehú (2 R 9.27). Hirieron mortalmente a Josías allí (2 R 23.29, 30; 2 Cr 35.20-24). Zacarías profetiza que una gran batalla tendrá lugar cerca de allí (Zac 12.11), que a menudo se identifica con la batalla de Armagedón (Ap 16.16).

Melquisedec
Rey de Salem y sacerdote del Altísimo que bendijo a Abraham y recibió los diezmos de este (Gn 14.18-20; He 7.1-10). Se le presenta como un tipo de Cristo (Sal 110.4; He 5.6, 10; 6.20; 7.11-17).

Menfis
Ciudad real egipcia en la ribera oeste del Nilo, a unos 19 kilómetros al sur del Cairo. Los profetas hacen referencia a ella como un lugar de falsas esperanzas (Is 19.13; Jer 2.16; 44.1; 46.14, 19; Ez 30.13, 16; Os 9.6).

Meriba
1. Lugar en el que había un manantial, cerca de Refidim, en el desierto de Sin. Significa «contienda». Allí los israelitas murmuraron contra Moisés por la falta de agua y Dios la proveyó cuando Moisés golpeó una roca (Éx 17.1-7). También conocido como Masah (Éx 17.7; Dt 6.16; 9.22; 33.8; Sal 95.8).
2. Lugar en el que había un manantial, cerca de Cades, en el desierto de Zin. Una vez más los israelitas hablaban contra Moisés por la falta de agua, y Dios proveyó agua a pesar de la desobediencia de Moisés (Nm 20.1-13). Conocida también como Meriba de Cades (Nm 27.14; Dt 32.51).

Mesac
Antes llamado Misael; miembro de la nobleza judía llevado a Babilonia con Daniel, Sadrac y Abednego (Dn 1.3-7). Rechazó la comida inmunda (Dn 1.8-16); escogido como administrador (Dn 2.49). Rechazó adorar la imagen de oro; salió indemne del horno de fuego (Dn 3).

Mesopotamia
Significa «entre los ríos». Se usa en el Nuevo Testamento para hacer referencia a la región alrededor del Éufrates y del Tigris. En el Antiguo Testamento se conocía como Aram Naharaim, Padán Aram o simplemente como «más allá del río». Abraham era originario de allí, lugar en el que adoraba a otros dioses (Jos 24.14, 15) y en el que Dios se le apareció (Hch 7.2; Jos 24.2, 3). De allí eran Rebeca (Gn 24.10; 25.20), Lea y Raquel (Gn 28.2, 5-7; 29.1-28) y varios hijos de Jacob (Gn 35.26; 46.15). Jacob vivió allí durante un tiempo (Gn 27.43, 44; 28.2), pero se marchó para volver a Canaán (Gn 31.17, 18; 33.18). Balaam era de allí (Dt 23.4). Sus ejércitos lucharon con Siria (Jue 3.8; 2 S 10-16; 1 Cr 19.16), derrotando a los israelitas (Is 7.20), y dispersándolos por toda la región (1 R 14.15). Personas de esta región estaban entre la multitud en Pentecostés (Hch 2.9).

Micaía
Efraimita al que los danitas que iban de paso arrebataron sus ídolos y su sacerdote (Jue 17-18).

Mical
Hija de Saúl (1 S 14.49). Fue mujer de David (1 S 18.20-29); le advirtió de las intenciones de Saúl contra él (1 S 19.11-17). Fue dada a Palti o Paltiel (1 S 25.44); volvió con David (2 S 3.13-16). Habló de él con desprecio (2 S 6.16-23; 1 Cr 15.29).

Micmas
Ciudad de Benjamín al norte de Jerusalén. Escenario de una batalla entre Israel y los filisteos en la que los hombres de Jonatán obtuvieron una gran victoria (1 S 13.2, 5-7; 14.4-15, 31). Los asirios almacenaron suministros allí (Is 10.28).

Migdol
Ciudad fortificada situada en el noreste de Egipto, lugar en el que acamparon los israelitas después de marcharse de Egipto (Éx 14.2; Nm 33.7) y al que fueron los refugiados judíos después de la destrucción de Jerusalén (Jer 44.1). Se predijo su caída (Jer 46.14).

Miguel

Arcángel (Jud 9). Guardián celestial de Israel ante el poder de Grecia y Persia (Dn 10.13, 21; 12.1). Derrotó a Satanás y le echó del cielo (Ap 12.7-9).

Mileto

Puerto de mar en la costa oriental del Asia Menor, a unos 56 kilómetros al sur de Éfeso. Pablo la visitó (Hch 20.15). Reunió allí a los ancianos efesios y se dirigió a ellos (Hch 20.16-38). Posiblemente Pablo la visitó otra vez, dejando allí a Trófimo, que estaba enfermo (2 Ti 4.20).

Miqueas

1. Profeta de Moreset (Jer 26.18, 19; Mi 1.1)
2. Micaías. Profeta (1 R 22.4-28; 2 Cr 18.1-27).

Mizpa

1. Ciudad de Benjamín (Jos 18.26), en la que los israelitas hicieron una asamblea delante de Dios (Jue 20.1, 3; 21.1, 5, 8). Allí Samuel y los israelitas derrotaron a los filisteos (1 S 7.5, 7, 11) y Saúl fue proclamado rey (1 S 10.17-25). Asa la fortificó (1

Juncos en las riberas del Río Nilo. La hija de faraón encontró a Moisés entre los juncos de la orilla.

R 15.22; 2 Cr 16.6), y construyó una cisterna que usó Ismael para echar a Gedalías y a otros que asesinó (Jer 41.1-9).
2. Ciudad de Galaad, al este del Jordán, en la que Jacob hizo un majano con piedras como recordatorio de su pacto con Labán (Gn 31.48, 49). Fue probablemente un campamento israelita (Jue 10.17) y Jefté era de allí (Jue 11.11, 34). Conocida también como Ramat-mizpa (Jos 13.26).
3. Región cercana al pie del monte Hermón, donde vivían los heveos, aliados de Jabín (Jos 11.1-3), a los cuales derrotó Josué (Jos 11.8).
4. Ciudad de Moab, a la que David llevó a sus padres para que estuviesen protegidos de Saúl (1 S 22.3).
5. Ciudad en las tierras bajas de Judá (Jos 15.38).

Moab

Nación situada al este del mar Muerto, habitada por descendientes del hijo de Lot (Gn 19.36, 37). También llamada las llanuras de Moab; los amorreos la tomaron antes de que los israelitas la conquistaran (Nm 21.17-31). Allí dio Dios las instrucciones de cómo repartir la Tierra Prometida (Nm 33.50—36.12), Moisés expuso los mandamientos (Nm 36.13; Dt 1.5) e hizo el pacto con Dios (Dt 29.1). Moisés vio la Tierra Prometida desde el monte Nebo en Moab antes de morir allí (Nm 27.12-23; Dt 34.1-6). Lugar de nacimiento de Rut (Rt 2.6). Los israelitas derrotaron a los moabitas bajo Ehud (Jue 3.29, 30), Saúl (1 S 14.47) y David (2 S 8.2). La tensión continuó bajo Josafat (2 Cr 20.1-23), Joram (2 R 3.4-27) y Joacim (2 R 24.2). Los profetas anunciaron su destrucción (Is 15—16; Jer 48).

Moisés

Levita; hermano de Aarón (Éx 6.20; 1 Cr 6.3). Lo dejaron en el Nilo en una canasta; la hija del faraón lo encontró y lo crió; mató a un egipcio; huyó a Madián; se casó con Séfora (Éx 2; Hch 7.20-29). Dios le llamó desde una zarza ardiente (Éx 3—4; Hch 7.30-36); se enfrentó a faraón (Éx 5.1-4; 7.1-13); las plagas (Éx 7—11; Sal 105.26-36). Sacó al pueblo israelita de Egipto (Éx 12—13), a través del mar Rojo (Éx 14). Sacó agua de la roca (Éx 17.1-7); levantó las manos para permitir la victoria sobre los amalecitas (Éx 17.8-16); escogió jueces (Éx 18; Dt 1.9-18). Se le dio la ley en el monte Sinaí (Éx 19—23); habló al pueblo; confirmó el pacto (Éx

19.7, 8; 24.1-11; He 9.19); volvió a la montaña para recibir las tablas de piedra (Éx 24.12-18; 31.18). Rompió las tablas sobre el becerro de oro (Éx 32.15-19; Dt 9.7-17); intercedió por el pueblo (Éx 32.10-14; Dt 9.25-29). Vio la gloria de Dios (Éx 33.18-23); se le dan nuevas tablas (Éx 34; Dt 10.1-5); su rostro brillaba (Éx 34.29-35). Supervisó la construcción del tabernáculo (Éx 35—40; He 8.5); consagró a Aarón y a sus hijos como sacerdotes (Éx 28—29; Lv 8—9). Hizo un censo (Nm 1—4; 26). Aarón y María se enfrentaron a él (Nm 12). También lo hizo Coré (Nm 16; Jud 11). Envió espías a Canaán (Nm 13; Dt 1.19-25). Se le prohibió la entrada a Canaán por golpear la roca (Nm 20.12; 27.12-14; Dt 3.27; 32.48-52). Levantó una serpiente de bronce (Nm 21.4-9). Adjudicó tierra al oriente del Jordán (Nm 32). Sus últimas palabras a Israel (Dt 31—33); muerte (Dt 34); le sucedió Josué (Dt 3.28; 34.9; Jos 1.1-9). Se alaba su fidelidad como siervo de Dios (He 3.3-5). Oración de Moisés (Sal 90); cánticos de Moisés (Éx 15.1-18; Dt 32; Ap 15.3, 4).

Moriah, Monte

Dios ordenó a Abraham que sacrificara a Isaac allí (Gn 22.2). Se desconoce su ubicación exacta, pero era visible tras tres días de viaje desde Beerseba (Gn 22.4). Probablemente sea también el lugar en el que estaba el templo de Salomón en Jerusalén (2 C 3.1).

Naamán

Comandante en jefe del ejército

Vidriera de colores en la catedral de Lincoln, Reino Unido, que muestra a Jesús resucitando al hijo de una viuda de la ciudad de Naín.

sirio; Eliseo le curó la lepra que sufría (2 R 5).

Nabot De Jezreel

Jezabel lo mató para que Acab pudiera tomar posesión de su viña (1 R 21.1-16).

Nabucodonosor

Rey de Babilonia. Derrotó a los egipcios en Carquemis (Jer 46.2); invadió y sometió a Judá; llevó exiliados a Babilonia; destruyó Jerusalén (2 R 24—25; 2 Cr 36; Jer 39; Dn 1.1-5). Daniel interpreta sus sueños (Dn 2; 4); el horno de fuego (Dn 3); locura y restauración; adoró a Dios (Dn 3.28, 29; 4.34, 35).

Nahúm

Profeta; habló contra Nínive (Nah 1.1).

Naín

Ciudad situada en el suroeste de Galilea, en la que Jesús resucitó al hijo de una viuda (Lc 7.11-15).

Natán

1. Profeta; anunció la promesa de Dios a David de una dinastía eterna (2 S 7.1-17; 1 Cr 17.1-15); reprendió el pecado de David con Betsabé (2 S 12.1-14). Apoyó la sucesión de Salomón (1 R 1.8-40). Recogió en sus crónicas los reinados de David y Salomón (1 Cr 29.29; 2 Cr 9.29).
2. Hijo de David (2 S 5.14; Zac 12.12); incluido en la genealogía de Jesús (Lc 3.31).

Natanael

Apóstol de Caná de Galilea; Felipe lo llevó a Jesús (Jn 1.45-51;

Ovejas pastan tranquilamente en la ladera de una colina con vistas a Nazaret.

21.2). Posiblemente identificado con Bartolomé, que también está relacionado con Felipe (Mt 10.3).

Nazaret

Ciudad de Galilea situada entre el mar de Galilea y el mediterráneo. De allí eran María y José (Lc 1.26; 2.4, 39); también Jesús (Mt 2.23; 21.11; Lc 2.51), que se marchó de allí para empezar a predicar (Mt 4.13-17; Mr 1.9). Jesús volvió allí (Lc 4.16), pero lo rechazaron (Lc 4.29). A menudo se le llamaba Jesús de Nazaret (Mt 26.71; Mr 1.24; 10.47; Lc 4.34; 18.37; 24.19; Jn 1.45; 18.5, 7; 19.19; Hch 2.22; 3.6; 4.10; 6.14; 10.38; 22.8; 26.9) o el nazareno (Mt 2.23; Mr 14.67; 16.6). La ciudad no tenía una buena reputación (Jn 1.46).

Nebo

1. Montaña de los montes de Abarim en Moab (Nm 33.47). Moisés vio desde allí la Tierra Prometida y seguidamente murió (Dt 32.49, 50; 34.1-6).
2. Ciudad de Moab asignada a la tribu de Rubén, que la reconstruyó (Nm 32.3, 37, 38; 1 Cr 5.8). Los profetas lo nombran en sus lamentos (Is 15.2; 46.1; Jer 48.1, 22).
3. Posiblemente una ciudad de Judá cuyos habitantes volvieron del exilio (Esd 2.29). Nehemías la llamó «el otro Nebo» (Neh 7.33).

Necao

Faraón. Cuando se dirigía a luchar contra Asiria, se mostró reticente a luchar con Josías, pero lo hizo y lo mató (2 R 23.29-30; 2 Cr 35.20-25). Depuso a Joacaz y escogió a Joacim como rey vasallo (2 R 23.31-35; 2 Cr 36.2-4). Nabucodonosor lo derrotó en Carquemis (Jer 46.2).

Neftalí

1. Hijo de Jacob, con Bilha (Gn 30.8; 35.25; 1 Cr 2.2). Jacob lo bendijo (Gn 49.21).
2. Tribu descendiente de Neftalí. Moisés la bendijo (Dt 33.23). Incluida en el censo (Nm 1.42, 43; 26.48-50). La tierra que le correspondió (Jos 19.32-39; Ez 48.3); incapaz de tomar posesión total de la misma (Jue 1.33).
3. Territorio al oeste del mar de Galilea, con Zabulón y Aser al oeste, e Isacar al sur. Asignada a los descendientes del quinto hijo de Jacob. Sus ciudades y fronteras se enumeran claramente (Jos 19.32-39). Los habitantes cananeos no fueron expulsados, pero quedaron como esclavos (Jue 1.33). Asiria lo conquistó antes de la caída de Samaria y su población fue deportada (2 R 15.29). Isaías predijo un gran honor para esta

tierra (Is 9.1), que se cumplió con el ministerio de Jesús allí (Mt 4.13-16).

Neguev

La región desértica en el sur de Judá (Jos 15.21). Abraham (Gn 12.9; 13.1, 3; 20.1) e Isaac (Gn 24.62) acamparon allí. Doce espías llegaron a Canaán desde allí (Nm 13.17, 22). Allí habitaba el rey cananeo Arad (Nm 21.1; 33.40). Formaba parte de la Tierra Prometida (Dt 1.7; 34.3) que Josué conquistó (Jos 10.40; 11.16; 12.8). Caleb le dio a su hija tierra de esa zona (Jos 15.19; Jue 1.15), y algunas tierras se

El rey Nabucodonosor durante su periodo de locura, comportándose como un animal salvaje. Ilustración de William Blake.

reasignaron a la tribu de Simeón (Jos 19.8). Tierra propensa a que los amalecitas (1 S 30.1, 14) y los filisteos la atacaran (2 Cr 28.18). Incluida en el censo de David (2 S 24.7). Su nombre se usa poéticamente para retratar la dificultad y los problemas (Sal 126.4; Is 30.6). Los profetas hacen referencia a esta tierra (Jer 13.19; 17.26; 32.44; 33.13; Abd 19, 20; Zac 7.7).

Nehemías

Copero de Artajerjes (Neh 1.10). Oró por la situación en la que se encontraba Jerusalén (Neh 1); se le permitió volver para reconstruir los muros de la ciudad (Neh 2—6). Lo designaron gobernador (Neh 5.14; 8.9). Llamó a Esdras para que leyera la ley (Neh 8); confesó el pecado de la nación (Neh 9); dedicó el muro (12.27-47); hizo otras reformas (Neh 13).

Nicodemo

Fariseo, miembro del Sanedrín que visitó a Jesús de noche (Jn 3.1-15). Argumentó en contra de condenar a Jesús sin escucharle (Jn 7.50-51). José de Arimatea y él ungieron el cuerpo de Jesús y lo dejaron en el sepulcro (Jn 19.38-42).

Nilo, Río

Fluye a lo largo de alrededor de 5.300 kilómetros desde África central hacia el norte, al delta egipcio en la costa mediterránea. Aparece en el sueño de faraón que José interpretó (Gn 41.1, 3, 17). Todos los niños hebreos recién nacidos debían ser ahogados allí (Éx 1.22); Moisés escapó a esa muerte y la hija de faraón lo descubrió (Éx 2.5-10). Durante las plagas sus aguas se convirtieron en sangre (Éx 4.9; 7.17-25; Sal 78.4), y sus ranas invadieron la tierra (Éx 8.3, 9, 11). Los profetas lo usaban simbólicamente cuando hablaban debido a su importancia y a la inundación que tenía lugar de forma regular (Is 19.7, 8; 23.3,10; Jer 46.7, 8; Ez 29.3, 9; 30.12; Am 8.8; 9.5; Nah 3.8; Zac 10.11).

Nínive

Ciudad en la ribera del río Tigris, construida por Nimrod, en Asiria (Gn 10.11, 12). Fue la capital del rey Senaquerib, y allí lo mataron sus hijos (2 R 19.36; Is 37.37, 38). Dios ordenó a Jonás que fuera allí a predicar. Sus habitantes se arrepintieron y se volvieron hacia Dios (Jon 1.2; 3.2-10; 4.11). Nahúm pronunció el juicio de Dios sobre ella (Nah 1.1, 8, 11, 14; 2.1, 8; 3.7); Sofonías predijo su destrucción (Sof 2.13). Jesús comparó a sus habitantes en tiempos de Jonás con su propia generación testaruda (Mt 12.41; Lc 11.32).

El Nilo, cerca de Tebas

Nob

Ciudad sacerdotal (1 S 22.19), situada en territorio de Benjamín (Neh 11.32), a unos 4 kilómetros al este de Jerusalén. David huyó allí de Saúl (1 S 21.1) y le dieron panes sagrados y la espada de Goliat (1 S 21.1-9). Saúl ejecutó a todos sus sacerdotes por ello (1 S 22.11-19). El ejército asirio acampó allí antes de asaltar Jerusalén (Is 10.32).

Noé

Hombre justo (Gn 6.8, 9; 7.1; Ez 14.14, 20; He 11.7). Obedeció el mandamiento de Dios de construir el arca (Gn 6.11-22). Dios hizo un pacto con él (Gn 6.18; 9.8-17). Plantó una viña; se emborrachó, Cam le deshonró (Gn 9.20-23); maldijo a Canaán; bendijo a Sem y a Jafet (Gn 9.24-27); su muerte (Gn 9.28, 29).

Noemí

Suegra de Rut. Se fue, con su marido Elimelec, de Belén a Moab durante un periodo de hambruna; volvió con Rut tras la muerte de su marido y sus hijos (Rt 1). Animó a Rut a casarse con Booz (Rt 2.19—3.16); cuidó al hijo de Rut (Rt 4.16, 17).

Mirando al Este a lo largo de la región del altiplano del desierto del Neguev.

Olivos muy viejos en el jardín de Getsemaní.

Ofir

Región famosa por su oro y sus piedras preciosas; existen dudas sobre su ubicación exacta. Se llegaba por mar (1 R 9.26-28; 10.11; 22.48; 2 Cr 8.18), y Salomón trajo su oro para sus proyectos de construcción (1 R 9.28; 10.10-21; 1 Cr 29.4; 2 Cr 8.18; 9.10). Se usaba en sentido figurado para hacer referencia a las grandes riquezas (Job 22.24; 28.16; Sal 45.9; Is 13.12).

Ofra

1. Ciudad de Benjamín (Jos 18.23), atacada por los filisteos (1 S 13.17). Probablemente conocida también como Efraín (2 Cr 13.19; Jn 11.54). Se desconoce su ubicación exacta.
2. Ciudad de Manasés, ocupada por los abiezeritas (Jue 6.11).

Gedeón construyó un altar (Jue 6.24), puso el efod de oro (Jue 8.27), y fue enterrado allí (Jue 8.32). Abimelec fue a la casa de su padre allí y mató a 70 hijos de Jerobaal para ocupar el trono (Jue 9.5). Se desconoce su ubicación exacta.

Olivos, Monte de los

Situado al este de Jerusalén, tras el valle de Cedrón. David subió al mismo cuando se enteró de la rebelión de Absalón (2 S 15.30). En el final de los tiempos el Señor estará allí, y el monte se partirá

Grilletes para los esclavos, un recordatorio de la cruel naturaleza de la esclavitud

en dos, de este a oeste (Zac 14.4). En los tiempos de Jesús, Betania y Betfagé estaban ubicadas allí (Mt 21.1; Mr 11.1; Lc 19.29). Jesús habló allí con sus discípulos (Mt 24.3; 26.30; Mr 13.3; 14.26; Lc 19.37; 21.37; Jn 8.1), y oró allí la noche de su arresto (Lc 22.39). Probablemente fue el lugar en el que ocurrió la ascensión de Jesús (Hch 1.12).

Omri

Rey de Israel; padre de Acab (1 R 16.30). General del ejército, escogido como rey después de

Vista de la isla de Patmos.

que Baasa asesinara a Zimri (1 R 16.15-28). Pecó contra Dios (1 R 16.25, 26).

On

Ciudad de Egipto, situada a unos 30 kilómetros al noreste de Menfis, y al este del río Nilo. De allí era la mujer de José, Asenat (Gn 41.45, 50; 46.20). Conocida posteriormente por su nombre griego, Heliópolis (Ez 30.17), cuando se predijo su conquista por parte de Nabucodonosor.

Onésimo

Esclavo de Filemón, que se escapó; Pablo logró que se convirtiera y era muy querido para él (Col 4.9; Fil 10-16).

Oseas

1. Profeta de Israel. Su mujer, Gomer, le fue infiel. Él estaba dispuesto a perdonarla. Esto es un reflejo de la relación entre Dios y el infiel Israel (Os 1—3).
2. Antiguo nombre de Josué.
3. Último rey de Israel. Asesinó y sucedió a Peka (2 R 15.30). Encarcelado por no pagar tributo a Asiria, la cual invadió Israel y exilió al rey y al pueblo (2 R 17.3-6; 18.9-12).

Pablo

Apóstol (Gá 1.1); llamado también Saulo (Hch 13.9). Era de Tarso (Hch 9.11; 21.39; 22.3; Fil 3.5); fariseo (Hch 23.6; 26.5; Fil 3.5); Gamaliel fue su maestro (Hch 22.3). Consintió la muerte de Esteban (Hch 7.58; 8.1); persiguió a la iglesia (Hch 8.3; 9.1, 2; 1 Co 15.9; Gá 1.13). Vio a Jesús en el camino a Damasco (Hch 9.3-9; 22.6-11; 26.12-18); Ananías le curó y le bautizó (Hch 9.17-19; 22.12-16). Se fue a Arabia (Gá 1.17); escapó de Damasco en una canasta (Hch 9.23-25; 2 Co 11.32, 33). Bernabé le presenta a los apóstoles en Jerusalén; se le envía a Tarso (Hch 9.26-30; Gá 1.18-21). Bernabé le lleva a Antioquía (Hch 11.22-26). Visitó Jerusalén; los apóstoles confirman su mensaje y su comisión (Hch 11.30; Gá 2.1-10). Su primer viaje misionero fue con Bernabé (Hch 13—14). Apedreado en Listra (Hch 14.19, 20). Estuvo en el concilio de Jerusalén (Hch 15). Estuvo en desacuerdo con Bernabé sobre Marcos (Hch 15.36-39). Su segundo viaje misionero fue con Silas (Hch 15.40—18.22). Llamado a ir

El teatro de Éfeso, donde el escribano de la ciudad tuvo que apaciguar a la multitud por la seguridad de Pablo y de sus compañeros

a Macedonia (Hch 16.9, 10); liberado de forma milagrosa de la cárcel en Filipos (Hch 16.16-40); estuvo en Atenas (Hch 17.16-34); en Corinto (Hch 18). Su tercer viaje misionero (Hch 18.23). En Éfeso (Hch 19); resucitó a Eutico (Hch 20.7-12); se despide de los ancianos efesios (Hch 20.13-37). Viajó a Jerusalén (Hch 21); fue arrestado (Hch 21.27-36); apeló como ciudadano romano (Hch 22.25-29); ante el Sanedrín (Hch 22.30—23.10). Llevado a Cesarea (Hch 23.12-35); llevado ante Félix, Festo y Agripa (Hch 24—26). Viajó a Roma (Hch 27—28);

naufragó en Malta (Hch 27.27—28.10); puesto bajo arresto domiciliario en Roma; predicó el evangelio (Hch 28.16-31). Sus cartas: Romanos, 1 y 2 Corintios, Gálatas, Efesios, Filipenses, Colosenses, 1 y 2 Tesalonicenses, 1 y 2 Timoteo, Tito y Filemón.

Padan-aram
Ver **Aram; Mesopotamia**

Pafos
Puerto situado en la costa suroeste de Chipre. Pablo y Bernabé estuvieron allí de visita, y su gobernador se convirtió (Hch 13.6-13). Desde allí navegaron hasta Perge en Panfilia (Hch 13.6-13).

Panfilia
Provincia situada a lo largo de

la costa sur de Asia Menor; entre Licia y Cilicia. Su capital era Perge (Hch 13.13). Sus ciudadanos tuvieron representación en Jerusalén el día de Pentecostés (Hch 2.10). Fue el punto por el cual Pablo entró en Asia Menor en su primer viaje (Hch 13.13, 14); volvió allí cuando iba de regreso a Jerusalén (Hch 14.24-26). Pablo navegó cerca de allí cuando se dirigía a Roma (Hch 27.5).

Parán
1. Región desértica en la península del Sinaí (Gn 14.6). Agar huyó allí con Ismael (Gn 21.21), y los israelitas se quedaron en esa zona después de dejar Egipto (Nm 10.12; 12.16). Los espías a Canaán se enviaron

desde allí (Nm 13.3, 26).
2. Montaña de Seir (Edom),
asociada con la venida de Dios
para ayudar a su pueblo (Dt 33.2;
Hab 3.3). Hadad pasó por allí de
camino a Egipto (1 R 11.17-18).

Patmos
Isla del mar Egeo donde los
romanos desterraban a los
criminales. Juan escribió allí el
libro de Apocalipsis (Ap 1.9).

Pedro
Su nombre significa «piedra»;
en arameo, Cefas (Jn 1.42).
Apóstol; hermano de Andrés,
llamado también Simón (Mt
4.18; Mr 1.16-18; Lc 5.3-11; Jn
1.40-42; Mt 10.2; Mr 3.16; Lc
6.14; Hch 1.13). Junto a Santiago
y Juan, su relación con Jesús
era especialmente estrecha:
en la resurrección de la hija de
Jairo (Mr 5.37; Lc 8.51); en la
transfiguración (Mt 17.1, 2; Mr
9.2; Lc 9.28, 29); en Getsemaní
(Mt 26.36-38; Mr 14.32-34).
Proclamó a Jesús como el Cristo
(Mt 16.13-20; Mr 8.27-30; Lc
9.18-21). Capturó el pez con la
moneda dentro (Mt 17.24-27).
Jesús predijo la negación de
Pedro (Mt 26.33-35; Mr 14.29-
31; Lc 22.31-34; Jn 13.37, 38).
Siguió a Jesús tras su arresto (Mt
26.58; Mr 14.54; Jn 18.15); negó
a Jesús (Mt 26.69-75; Mr 14.66-
72; Lc 22.54-62; Jn 18.17-27).
Jesús lo comisionó después de su
resurrección (Jn 21). Ejerció el
liderazgo en la iglesia primitiva
(Hch 1.15; 2.14; 5.3-11). Predicó
el día de Pentecostés (Hch 2).
Curó a un hombre cojo a las
puertas del templo (Hch 3); ante
el Sanedrín (Hch 4). En Samaria
(Hch 8.14-25). Recibió la visión;

Magnífico trabajo artesano en
un brazalete con dos cabezas de
águilas agrifadas, perteneciente al
tesoro de Oxus. Persa, entre el siglo
V y IV a. C.

fue a Cornelio (Hch 10); apoyó
la misión a los gentiles (Hch 11;
15.7-11); Pablo le reprendió en
Antioquía (Gá 2.11-21). Liberado
milagrosamente de la cárcel
(Hch 12). Escribió 1 y 2 de Pedro.

Peniel
Lugar cercano al arroyo de Jaboc,
donde Jacob luchó con Dios (Gn
32.22-32; Os 12.4); significa «el
rostro de Dios». Sus habitantes
no quisieron darle pan a Gedeón
para sus hombres, por lo que este
destruyó la ciudad y su torre (Jue
8.8, 9, 17). Posteriormente, el rey
Jeroboam la fortificó (1 R 12.25).

Pérgamo
Capital de Asia Menor, en la
que martirizaron a Antipas (Ap
2.13). Una de las siete cartas
de Apocalipsis fue dirigida a la

iglesia allí. En ella se alababa
a esta iglesia por su fidelidad
y se le advertía sobre las falsas
enseñanzas (Ap 2.12-15).

Perge
Capital de Panfilia, situada en
la costa sur de Asia Menor.
Pablo y Bernabé pasaron por
allí dos veces. Juan Marcos les
dejó durante la primera visita
(Hch 13.13, 14); volvieron más
adelante para predicar (Hch
14.25).

Persia
Imperio antiguo que comenzó
al este del golfo persa, pero
que bajo Ciro absorbió Media
y Babilonia (2 Cr 36.20). Sus
reyes permitieron a los judíos
exiliados volver a Jerusalén para
reconstruir el templo (2 Cr

Monte Hermón, Siria. El lugar en el que la tradición dice que ocurrió la transfiguración de Jesús, ante Pedro, Santiago y Juan.

36.22, 23; Esd 1.1-11; 7.1-28; 9.9). Sus líderes militares fueron invitados del rey Asuero (Est 1.3, 14). La grandeza de Mardoqueo se registró en los anales de sus reyes (Est 10.2). Hubo persas que sirvieron en los ejércitos de Tiro (Ez 27.10) y Magog (Ez 38.5). La derrota del imperio babilonio a manos de Persia se profetizó (Dn 5.28), igual que se profetizó su derrota final ante Grecia (Dn 10—11). Ver **Media**.

Pilato

Gobernador romano de Judea (Lc 3.1). Interrogó a Jesús (Mt 27.11-14; Mr 15.2-5; Lc 23.2-5; Jn 18.33-38); contentó a la multitud y liberó a Barrabás; se lavó las manos y entregó a Jesús para que lo crucificaran (Mt 27.15-26; Mr 15.6-15; Lc 23.13-25; Jn 19).

Dejó el cuerpo de Jesús a José de Arimatea (Mt 27.57, 58; Mr 15.43-46; Lc 23.50-54); permitió que hubiera guardias en el sepulcro (Mt 27.62-66).

Pisga

Cumbre cercana al monte Nebo, en los montes de Abarim, desde donde Moisés vio la Tierra Prometida (Nm 21.20; Dt 3.17, 27; 4.49; 34.1). Fue probablemente uno de los «lugares altos» sagrados; Balaam construyó siete altares allí (Nm 23.14). Originalmente el rey Sehón gobernaba esa tierra (Jos 12.2, 3), pero finalmente se asignó a la tribu de Rubén (Jos 13.20).

Potifar

Oficial egipcio que compró a José (Gn 37.36; 39.1) y le puso a cargo de toda su casa (Gn 39.2-6). Le envió a prisión (Gn 39.7-20).

Priscila

Llamada también Prisca. Mujer de Aquila. Eran discípulos, de Roma (Hch 18.2); colaboradores de Pablo (Ro 16.3; 1 Co 16.19; 2 Ti 4.19), le acompañaron a Éfeso (Hch 18.18, 19); instruyeron a Apolos (Hch 18.26).

Quebar, Río

Fluye por Babilonia; el pueblo exiliado vivía a lo largo de sus riberas (Ez 1.1; 3.15); Ezequiel recibió su visión allí (Ez 1.3; 3.23; 10.15, 20, 22; 43.3).

Querit, Arroyo de

El lecho de un río casi seco situado al este del Jordán. Elías se escondió allí (1 R 17.2, 3, 5), lo alimentaron los cuervos y bebió del pequeño arroyo (1 R 17.4). Cuando el arroyo se secó, se marchó a Sarepta (1 S 17.7-9).

Quiriataim

1. Ciudad de refugio en territorio

de Neftalí, asignada a los levitas (1 Cr 6.76). Conocida también como Cartán (Jos 21.32).
2. Ciudad situada al este del mar Muerto, en la parte montañosa de Moab. Se expulsó de allí a los emitas (Gn 14.5). Tomada por los israelitas y asignada a Rubén (Jos 13.19), que la fortificó (Nm 32.37). Fue territorio moabita más adelante, compartiendo su caída (Jer 48.1, 23; Ez 25.9).

Quiriat-jearim

Una de las cuatro ciudades fortificadas de los gabaonitas (Jos 9.17), conocida también como Baala (Jos 15.9), Quiriat-baal (Jos 15.60) y Quiriat (Jos 18.28). Asignada en un principio a Judá (Jos 15.60), y luego a Benjamín (Jos 18.28). Seiscientos danitas acamparon allí cuando iban de camino a Lais para atacarla (Jue 18.12). Después de que los filisteos devolvieran el arca del pacto, esta permaneció allí, en la casa de Abinadab durante 20 años (1 S 6.21—7.2). De allí era Urías el profeta (Jer 26.20).

Rabá

1. Ciudad principal de los amonitas, situada en el límite oriental del territorio de Gad (Dt 3.11; Jos 13.24, 25; 2 S 12.26; 17.27; Jer 49.2; Ez 21.20). Urías hitita fue asesinado allí por orden de David (2 S 11.1, 15). Finalmente, David la conquistó (2 S 12.27-31; 1 Cr 20.1). Se profetizó su destrucción final (Jer 49.2, 3; Ez 21.20; 25.5; Am 1.14).
2. Ciudad en la parte montañosa de Judea, mencionada junto a Quiriat-jearim (Jos 15.60). Se desconoce su ubicación exacta.

Rahab

1. Prostituta de Jericó; dio cobijo a los espías israelitas y les ayudó a escapar (Jos 2; Stg 2.25); se salvó cuando la ciudad cayó (Jos 6.22-25; He 11.31). Madre de Booz (Mt 1.5).
2. Monstruo femenino del caos (Sal 89.10; Is 51.9); nombre de Egipto en sentido figurado (Sal 87.4; Is 30.7).

Ramá

1. Ciudad en territorio de Benjamín (Jos 18.25), cerca de Gabaa (Jue 19.13, 14). Débora celebraba sus juicios entre Ramá y Betel (Jue 4.5). Estaba en la frontera entre los reinos divididos, por lo que se hallaba fuertemente fortificada (1 R 15.17; 2 Cr 16.1), pero Judá debilitó sus defensas (1 R 15.22; 2 Cr 16.6). En la ruta de la invasión de Nabucodonosor (Is 10.29; Os 5.8); tomó cautivos judíos allí (Jer 31.15; 40.1).
2. Ciudad en el territorio de Efraín. Se desconoce su ubicación exacta. Conocida también como Ramataim (1 S 1.1). Samuel era de allí y allí lo sepultaron (1 S 7.17; 25.1). Allí el pueblo pidió un rey (1 S 8.4-6), y allí huyó David de Saúl (1 S 19.18).
3. Ciudad en el límite del territorio de Aser (Jos 19.29). Se desconoce su ubicación exacta.
4. Ciudad fortificada en el territorio de Neftalí (Jos 19.36).
5. Ciudad en el territorio de

El nombre de Pilato inscrito en un bloque de piedra caliza, en Cesarea, muy probablemente de la época en la que fue gobernador allí.

Vida marina en el mar Rojo.

de Abraham para casarse con Isaac (Gn 24). Madre de Esaú y de Jacob (Gn 25.21-26). En Gerar, se hizo pasar por hermana de Isaac (Gn 26.1-11). Ayudó a Jacob a engañar a Isaac y robar la bendición de Esaú (Gn 27).

Ribla

1. Ciudad situada en el río Orontes, entre Hamat y Damasco. El faraón Necao apresó a Joacaz allí para evitar que reinara en Jerusalén (2 R 23.33). Durante su asedio a Jerusalén, Nabucodonosor estableció su base allí (2 R 25.6, 20, 21; Jer 39.5,6; 52.9, 10, 26, 27).
2. Punto de referencia que dio Moisés para la frontera oriental de Israel, entre Sefam y el mar de Cineret (Nm 34.11).

Rimón

1. Ciudad de la región del Neguev del sur de Judá (Jos 15.32; Zac 14.10), reasignada posteriormente a la tribu de Simeón (Jos 19.7; 1 Cr 4.32).
2. Ciudad que marca el límite oriental del territorio de Zabulón (Jos 19.13).
3. Una roca en el territorio de Benjamín, donde 600 de la tribu encontraron refugio huyendo de las otras tribus israelitas, después de haber pecado en Gabaa (Jue 20.45, 47). Finalmente le ofrecieron la paz (Jue 21.13).

Roboam

Hijo de Salomón; le sucedió como rey (1 R 11.43; 2 Cr 9.31). Su rechazo a las peticiones del pueblo de que suavizara la carga sobre ellos llevó a una ruptura

Simeón, en el Neguev (Jos 19.8). Se desconoce su ubicación exacta.

Ramataim

Ver **Ramá** 2.

Ramot de Galaad

Ciudad fortificada en el territorio de Gad, a unos 38 kilómetros al este del río Jordán. Designada como ciudad de refugio (Dt 4.43; Jos 20.8), y asignada a los levitas (Jos 21.38; 1 Cr 6.80). Sus habitantes recibieron parte del botín que David había conseguido de los amalecitas (1 S 30.27), y fue uno de los doce distritos de Salomón (1 R 4.13). Acab intentó reconquistar la

ciudad de los sirios, rechazando el consejo de Micaías y una flecha lanzada al azar le mató (1 R 22.1-38; 2 Cr 18.2-34; 22.5, 6). El hijo de Acab, Joram, también luchó contra los sirios allí y le hirieron (2 R 8.28, 29). Se ungió rey a Jehú allí (2 R 9.1-6).

Raquel

Hija de Labán (Gn 29.9-13); fue la mujer de Jacob (Gn 29.28); madre de José y de Benjamín (Gn 30.22-24; 35.16-18, 24); murió en el parto de Benjamín; Jacob le dio sepultura (Gn 35.16-20; 48.7).

Rebeca

Hermana de Labán (Gn 25.20); se marchó de Harán con el siervo

Estatua de San Pablo en un nicho de la basílica de San Pablo extramuros, en Roma.

con las tribus del norte que lideraba Jeroboam (1 R 12; 2 Cr 10). Durante su reinado malvado los egipcios saquearon el templo (1 R 14.21-28; 2 Cr 12.9-16).

Rojo, Mar

Llamado a veces «mar de los Juncos», como traducción alternativa de la expresión hebrea. Extensión de agua que separa Arabia de Egipto y Etiopía. Dios empujó hasta el mar Rojo a las langostas que había enviado sobre Egipto (Éx 10.19). Cuando Moisés llevó a los israelitas fuera de Egipto, sus aguas se abrieron por la mitad permitiéndoles cruzarlo (Éx 14.16; Jos 2.10; 4.23), y luego volvieron a su posición original para ahogar a los egipcios que les perseguían (Éx 15.4; Dt 11.4; 24.6, 7). Era el límite sur de la

Tierra Prometida (Éx 23.31) y una importante ruta comercial para Israel (1 R 9.26).

Roma

Capital del imperio romano, a unos 23 kilómetros de la costa mediterránea de Italia. Algunos de sus habitantes estuvieron en Pentecostés (Hch 2.10). Claudio había echado de allí a los judíos, entre ellos Aquila y Priscila (Hch 18.2). Pablo era ciudadano romano (Hch 16.37; 22.28) y se propuso predicar allí (Hch 19.21; 23.11; Ro 1.15; 15.24). Tras apelar al César buscando justicia (Hch 25.11), lo llevaron a Roma como prisionero (Hch 25.24, 25; 28.16). La caída de Roma se anticipa en Apocalipsis (Ap 17—18).

Rubén

1. Primogénito de Jacob, con Lea (Gn 29.32; 35.23; 46.8). Quiso salvar a José (Gn 37.19-30). Perdió su posición de privilegio porque se acostó con Bilha (Gn 35.22; 49.4). Jacob le bendijo (Gn 49.3, 4).
2. Tribu descendiente de Rubén. Moisés la bendijo (Dt 33.6). Incluida en el censo (Nm 1.20, 21; 26.5-11). Recibió tierra al este del Jordán (Nm 32; 34.14, 15; Jos 18.7; 22); cruzó hacia Canaán para luchar junto a las otras tribus (Nm 32.16-31). Se le devolvió su lugar en la tierra (Ez 48.6)
3. Territorio al este del mar Muerto, y al sur del territorio de Gad. Asignado a los descendientes del hijo mayor de Jacob, que deseó esa tierra por sus buenos pastos (Nm 32.1). Sus ciudades y límites se quedaron

Los profetas denunciaron a Samaria por seguir a dioses extranjeros, como podemos observar en esta figura de Baal, de Ugarit.

claramente listadas (Jos 13.15-23).

Rut

Mujer moabita en tiempos de los jueces; viuda de un hijo de Noemí, Mahlón (Rt 1.4, 5; 4.10). Se negó a abandonar a Noemí; la acompañó a Belén (Rt 1.11-22). Recogió gavillas en los campos de Booz y la trataron de forma bondadosa (Rt 2). Pidió la protección de Booz como redentor (Rt 3). Se casó con Booz; dio a luz a Obed, abuelo de David (Rt 4).

Sabá

Reino de los sabeos, existen dudas sobre su ubicación, pero probablemente se encontraba en el suroeste de Arabia. Su reina viajó hasta Jerusalén para poner a prueba la reputada sabiduría de Salomón (1 R 10.1-13; 2 Cr 9.1-12; Mt 12.42; Lc 11.31). Renombrado por la calidad de sus productos (Job 6.19; Sal 72.10, 15; Is 60.6; Jer 6.20; Ez 27.22, 23).

Sadoc

Sacerdote; descendiente de Aarón (1 Cr 6.3-8). Sirvió a David junto a Abiatar (2 S 8.17; 1 Cr 15.11; 16.39, 40); estaba a cargo del arca (2 S 15.24-29). Ungió a Salomón como sucesor de David cuando Abiatar apoyó a Adonías (1 R 1.8, 32-48). Sus descendientes sirvieron como sumos sacerdotes (2 Cr 31.10; Ez 40.46; 43.19; 44.15).

Sadrac

Antes llamado Ananías; miembro de la nobleza judía llevado a Babilonia junto a Daniel, Mesac y Abednego (Dn 1.3-7). Se negó a comer alimentos inmundos (Dn 1.8-16); lo escogieron como administrador (Dn 2.49). Se negó a adorar la imagen de oro; salió ileso del horno de fuego (Dn 3).

Salado, Mar
Ver **Mar Muerto**.

Salomón

Tercer rey de Israel; hijo de David y Betsabé (2 S 12.24). David lo escogió; Natán y Sadoc lo ungieron (1 R 1; 1 Cr 29.21-25). David le da un mandato (1 R 2.1-9); hizo matar a Adonías, Joab y Simei (1 R 2.13-46). Pidió sabiduría a Dios (1 R 3.5-15; 2 Cr 1.7-12); impartió justicia sabia (1 R 3.16-28); destacado por su sabiduría (1 R 4.29-34; 10.23, 24). Escribió proverbios (1 R 4.32; Pr 1.1; 10.1—22.16; 25—29); salmos (Sal 72.1; 127.1); Cantar de los cantares (Cnt 1.1). Edificó el templo (1 R 5—7; 2 Cr 2—4); trajo el arca; la oración de dedicación (1 R 8—9; 2 Cr 5—7). Creó una flota comercial (1 R 9.26—28; 2 Cr 8.17). La reina de Sabá lo visitó (1 R 10.1-13; 2 Cr 9.1-12; Mt 12.42; Lc 11.31). Consiguió poseer grandes riquezas (1 R 10.14-29; 2 Cr 1.14-17; 9.13-28). Sus mujeres extranjeras le hicieron dar la espalda a Dios (1 R 11.1-10), causando que rompiera el pacto con él y que perdiera por ello una parte de su reino (1 R 11.11-13, 29-39). Su muerte (1 R 11.41-43; 2 Cr 9.29-31).

Samaria

1. Ciudad que construyó el rey Omri sobre el monte de Samaria, que compró a Semer (1 R 16.24). Sustituyó a Tirsa como capital de la región del norte (1 R 16.23, 28, 29), y se mantuvo como residencia real hasta la conquista por parte de Asiria (2 R 17.5, 6). Lugar en el que Acab construyó el palacio de marfil (1 R 22.39; Am 3.15), y también su templo de Baal (1 R 16.32, 33). Los profetas condenaron su soberbia y su idolatría (Is 9.9; Jer 23.13; Ez 16.46-55; Am 6.1; Mi 1.1). Los profetas Eliseo (2 R 5.3) y Obed (2 Cr 28.9) vivieron allí. Lugar en el que ocurrieron los asesinatos de los hijos de Acab (2 R 10.1-17), de Salum (2 R 15.14) y Pekaía (2 R 15.25). Dos veces bajo asedio sirio (1 R 20.1; 2 R 6.24), pero no cayó hasta la conquista asiria. La habitaron refugiados de otras naciones conquistadas (2 R 17.24); esto llevó a los matrimonios mixtos entre estos y los judíos que quedaron, y al nacimiento de un pueblo despreciado (Jn 4.9). Felipe predicó allí (Hch 8.5) y Pedro y Juan fueron enviados para apoyar a la nueva iglesia (Hch 8.14; 9.31).

2. El nombre de la ciudad se amplió para incluir la región alrededor de ella, que acabó siendo una provincia durante la ocupación romana (Lc 17.11; Hch 1.8; 8.1; 9.31; 15.3).

Samuel

Juez y profeta (Hch 3.24; 13.20). Nacido de Ana, que hizo la promesa de dedicarlo a Dios (1 S 1.9-20). Lo llevaron al templo para que Elí lo criara (1 S 1.21-28; 2.11, 18-21). Dios lo llamó (1 S 3). Llevó a Israel a la victoria sobre los filisteos (1 S 7). El pueblo le pidió un rey (1 S 8); ungió a Saúl (1 S 9—10). Discurso de despedida (1 S 12). Reprendió a Saúl (1 S 13.8-14; 15); y anunció que Dios le rechazaba (1 S 13.13, 14; 15.22-26). Ungió a David (1 S 16.1-13); protegió a David (1 S 19.18-24). Su muerte (1 S 25.1). Saúl invocó a su espíritu de vuelta (1 S 28.11-19).

Sanbalat

Horonita; gobernador de Samaria; lideraba a los que se

Moneda de dos shekels de Sidón, aproximadamente de los años 400-350 a. C., que representa a un rey persa en los tiempos de la conquista persa.

oponían a Nehemías en su tarea de reconstrucción de los muros de Jerusalén (Neh 2.10, 19; 4.1-9; 6).

Sansón

Juez. Se prometió su nacimiento (Jue 13.2, 3); apartado como nazareo (Jue 13.4-7); poseedor de una gran fuerza, que estaba relacionada con su cabello, que no se cortaba (Jue 16.17-22). Se casó con una filistea (Jue 14); mató a un león, y a 30 filisteos (Jue 14.6, 19). Se vengó de los filisteos cuando dieron a su mujer (Jue 15); mató a 1.000 hombres con una quijada de asno (Jue 15.15, 16). Se llevó las puertas de Gaza (Jue 16.1-3). Dalila lo traicionó y lo capturaron (Jue 16.4-21); murió echando abajo el templo de Dagón sobre los filisteos (Jue 16.23-30).

Santiago

1. Apóstol; hijo de Zebedeo, hermano de Juan (Mt 4.21, 22; 10.2; Mr 1.19, 20; 3.17; Lc 5.10). Junto a Pedro y a Juan, con una relación especialmente estrecha con Jesús: en la resurrección de la hija de Jairo (Mr 5.37; Lc 8.51); en la transfiguración (Mt 17.1, 2; Mr 9.2; Lc 9.28, 29); en Getsemaní (Mt 26.36-38; Mr 14.32-34). Petición de su madre (Mt 20.20-28; Mr 10.35-45). Herodes lo mató (Hch 12.2). 2. Apóstol, hijo de Alfeo (Mt 10.3; Mr 3.18; Lc 6.15; Hch 1.13). 3. Hermano de Jesús y Judas (Mt 13.55; Mr 6.3; Gá 1.19; Jud 1); vio al Señor resucitado (1 Co 15.7), y con discípulos antes de Pentecostés (Hch 1.13); líder de la iglesia en Jerusalén (Hch 12.17; 15.13-21; 21.18; Gá 2.9); escribió una carta (Stg 1.1).

Sara

Mujer de Abraham; antes llamada Sarai; estéril (Gn 11.29.30). Tomada por faraón cuando se hizo pasar por hermana de Abraham (Gn 12.10-20). Entregó Agar a Abraham (Gn 16.1-3). Su nombre cambió; se le prometió un hijo (Gn 17.15-21; 18.9, 10; Ro 9.9; He 11.11); se rió al no creerlo (Gn 18.10-15). Abimelec la tomó también en otra ocasión en la que se hizo pasar por hermana de Abraham;

regresó (Gn 20.1-18). Dio a luz a Isaac (Gn 21.1-7); echó a Agar y a Ismael (Gn 21.8-14). Muerte y sepultura (Gn 23).

Sardis

Capital de Lidia en Asia Menor, situada en el río Pactolo al este de Esmirna. La iglesia de Sardis fue destinataria de una de las siete cartas de Apocalipsis (Ap 1.11), en la que se le instaba a dejar la autocomplacencia (Ap 3.1-6).

Sarepta

Ciudad situada en la costa mediterránea, entre Tiro y Sidón. Allí Elías recibió la hospitalidad de una viuda a cuyo hijo hizo volver a la vida (1 R 17.9-24). Jesús alabó la fe de esta viuda, y la comparó con la de los de su propia ciudad (Lc 4.26).

Sarón

1. Gran valle en la costa mediterránea de Palestina, que se extiende desde el pie del monte Carmelo hasta Jope. Rico en pastos (1 Cr 27.29; Is 65.10) y conocido por su fertilidad y belleza (Can 2.1; Is 33.9; 35.2). Pedro disfrutó allí de un ministerio muy fructífero (Hch 9.35). 2. Distrito al este del río Jordán, ocupado por la tribu de Gad; tierra de buenos pastos (1 Cr 5.16).

Saúl

1. De la tribu de Benjamín. Primer rey de Israel. Escogido

por Dios (1 S 9.15, 16); Samuel le ungió (1 S 10.1); reconocido públicamente (1 S 10.17-25). Derrotó a los amonitas (1 S 11). Samuel le reprendió cuando ofreció sacrificios (1 S 13) y por su desobediencia (1 S 15); rechazado como rey (1 S 13.13, 14; 15.23, 26-28; 28.17). Derrotó a los filisteos (1 S 14). Atormentado por un espíritu maligno; aliviado cuando David tocaba el arpa (1 S 16.14-23). Envió a David a pelear contra Goliat (1 S 17). Dio su hija Mical a David como mujer (1 S 18.20, 21). Se puso celoso de David y trató de matarlo (1 S 18.1-11; 19.1-10). Se enojó con Jonatán (1 S 20.26-34). Persiguió a David; mató a los sacerdotes de Nob (1 S 22); David le perdonó la vida (1 S 24; 26). Consultó a una medium en Endor; el espíritu de Samuel le reprendió (1 S 28). Los filisteos le derrotaron en el monte Gilboa; herido, se suicidó (1 S 31; 1 Cr 10). David lloró su muerte (2 S 1.19-27). Sus hijos (1 S 14.49-51; 1 Cr 8).

Saulo
Ver **Pablo**.

Seba
Ciudad situada en territorio de Judá, asignada a la tribu de Simeón (Jos 19.2).

Sedequías
1. Último rey de Judá. Hijo de Josías. Anteriormente llamado Matanías. Nabucodonosor lo puso como rey (2 R 24.17, 18). Se denuncia su maldad (Jer 24.8-10; Ez 21.25); trata con Jeremías (2 Cr 36.12; Jer 37; 38.14-28). Su rebelión y la ruptura de una

promesa llevaron a la caída de Jerusalén (2 R 24.20—25.7; 2 Cr 36.13-21; Jer 39; Ez 17.12-15). 2. Líder de los falsos profetas en la corte de Acab (1 R 22.11-24; 2 Cr 18.10-23).

Séfora
Hija de Jetro; mujer de Moisés (Éx 2.21, 22; 18.2); circuncidó a su hijo para salvar la vida de Moisés (Éx 4.20-26).

Seir
Ver **Edom**.

Sem
Hijo de Noé (Gn 5.32; 6.10; 1 Cr 1.4). Se salvó en el arca (Gn 7.13; 9.18, 19). Noé lo bendijo (Gn 9.26); sus descendientes (Gn 10.21-31); antepasado de Abraham (Gn 11.10-32).

Senaquerib
Rey de Asiria. Atacó Judá y asedió Jerusalén (2 R 18.13—19.13; Is 36.1—37.13; 2 Cr 32). Su soberbia le acarreó el juicio de Dios (Is 10.12-19). Isaías profetizó su caída, tras la oración de Ezequías (2 R 19.14-34; Is 37.14-35); derrota y muerte (2 R 19.35-37; Is 37.36-38).

Shur
Región desértica situada entre Egipto y el Neguev. Agar iba por allí cuando el ángel la encontró (Gn 16.7). Abraham habitó cerca de esta región (Gn 20.1). Los descendientes de Ismael se asentaron allí (Gn 25.18). Moisés llevó a los israelitas a través de esta tierra reseca (Éx 15.22). Saúl persiguió a los amalecitas hasta allí (1 S 15.7); David atacó a sus habitantes (1 S 27.8).

Sibma
Ciudad al este del Jordán, cerca de Hesbón. Conocida también como Sebam. Una de las ciudades que pidieron los rubenitas y los gaditas (Nm 32.1-3). Correspondió finalmente a la tribu de Rubén, que la reconstruyó (Nm 32.37, 38; Jos 13.19). Renombrada por sus vides (Is 16.8, 9; Jer 48.32).

Sicar
Ciudad de Samaria cerca del pozo de Jacob, donde Jesús habló con una mujer samaritana (Jn 4.5-43). Construida probablemente en el lugar en el que estaba la antigua ciudad de Siquem (Gn 33.18).

Siclag
Ciudad del Neguev, situada a unos 15 kilómetros al norte de Beerseba. Josué la asignó a la tribu de Judá (Jos 15.31), pero posteriormente se asignó a Simeón (Jos 19.5; 1 Cr 4.30). Aquis se la dio a David para que se refugiara de Saúl (1 S 27.6; 1 Cr 12.1, 20). Allí, los amalecitas se llevaron cautivos a las mujeres y los hijos de los israelitas (1 S 30). Tras la muerte de Saúl, David se quedó allí por dos días (2 S 1.1), y ejecutó al hombre que decía haber matado a Saúl (2 S 1.8-15). Tras el exilio la ocuparon personas de Judá (Neh 11.28).

Sidón
Antigua ciudad en la costa mediterránea del Líbano, a unos 30 kilómetros al norte de Tiro. Fundada por el hijo de Canaán (Gn 10.15; 1 Cr 1.13). Israel persiguió a los cananeos derrotados hasta allí (Jos 11.8);

El desierto del Sinaí cerca de Hazerot, donde María contrajo la lepra como castigo a su incredulidad.

formaba la frontera más al norte del territorio de Aser (Jos 19.28). Aser no expulsó a sus habitantes cananeos (Jue 1.31) e Israel sufrió el castigo por servir a sus dioses (Jue 10.6, 12). La ciudad creció en importancia de forma que el rey de Tiro se conocía como «el rey de los sidonios» (1 R 16.31), y su nombre se usó para referirse a toda la región (1 R 17.9). A pesar de su poder, su riqueza y su seguridad (Esd 3.7; Is 23.2), los profetas destacaron su fragilidad (Is 23.12; Jer 27.3, 6; 47.4; Ez 28.21-26; Jo 3.4-8; Zac 9.1-4). Jesús habló de ella más favorablemente que de muchas de las ciudades de Galilea (Mt 11.21, 22; Lc 4.26; 10.13,14). Allí alabó la fe de una mujer cananea y curó a la hija de esta (Mt 15.21-28; Mr 7.24-31). Sus habitantes fueron a Galilea a escuchar a Jesús predicar (Mr 3.8; Lc 6.17); buscaban la paz con Herodes (Hch 12.20); y Pablo encontró una amable hospitalidad allí (Hch 27.3).

Silas

Profeta y líder en la iglesia de Jerusalén; enviado a Antioquía desde el concilio de Jerusalén (Hch 15.22-32). Acompañó a Pablo en su segundo viaje misionero (Hch 15.40—18.22; 2 Co 1.19). Ayudó a Pedro con su primera carta (1 P 5.12); y también a Pablo (1 Ts 1.1; 2 Ts 1.1).

Silo

Ciudad situada en la parte montañosa de Efraín, al norte de Betel, y al este del camino que une Betel con Siquem (Jue 21.19). El tabernáculo de reunión se estableció allí; se convirtió en un importante santuario (Jos 18.1, 8-10; 19.51; 21.2; 22.9, 12; Jue 18.31; 21.12, 19, 21). Samuel creció allí bajo el cuidado de Elí (1 S 1.24-28; 3.19-21). El arca del pacto se mantuvo allí hasta que lo capturaron los filisteos (1 S 4.1-22), y nunca más regresó (2 S 6.2-17). Fue la base de Ahías el profeta (1 R 14.2, 4), que predijo la caída de Jeroboam (1 R 14.7-16). Quedó en ruinas durante el ministerio de Jeremías (Jer 7.12-14; 26.6, 9).

Simeón

1. Hijo de Jacob, con Lea (Gn 29.33; 35.23; 1 Cr 2.1). Junto a Leví mató a los siquemitas como venganza por la violación de su hermana Dina (Gn 34). Se quedó en Egipto como rehén (Gn 42.24—43.23). Jacob le bendijo (Gn 49.5-7).

2. Tribu descendiente de Simeón. Incluida en el censo (Nm 1.22, 23; 26.12-14). Se le dio territorio en la tierra restaurada (Ez 48.24).

3. Territorio en el extremo sur de Palestina, en el desierto del Neguev. Le correspondió a los descendientes del segundo hijo de Jacob, tomado del territorio de Judá, que era más grande de lo que realmente necesitaba (Jos 19.1-9).

4. Hombre justo y devoto de Jerusalén; reconoció a Jesús como el Mesías, siendo este todavía un niño, cuando lo llevaron al templo (Lc 2.25-35).

Simón

1. Ver **Pedro**.

2. Apóstol; llamado «Zelote» (Mt 10.4; Mr 3.18; Lc 6.15; Hch 1.13).

3. Hermano de Jesús (Mt 13.55; Mr 6.3).

4. Leproso de Betania, en cuya casa Jesús fue ungido con aceite (Mt 26.6; Mr 14.3).

5. Fariseo, en cuya casa se lavaron los pies de Jesús con lágrimas (Lc 7.40).

6. Hombre de Cirene, obligado a llevar la cruz de Jesús (Mr 15.21).

7. Mago, que engañaba a los samaritanos con su magia (Hch 8.9-11). Creyó a Felipe y fue bautizado (Hch 8.12, 13); Pedro le reprendió por intentar comprar poder espiritual (Hch 8.18-24).

8. Curtidor, con el que Pedro se alojó (Hch 9.43).

Sin, desierto de

Región desértica situada entre «Elim y Sinaí» (Éx 16.1), cerca del mar Rojo y de Dofca (Nm 33.11, 12). Se desconoce su ubicación exacta. Los israelitas se quejaron a Moisés allí, pero Dios les alimentó con perdices y maná (Éx 16).

Sinaí

1. Monte situado en la península de Sinaí, conocido también como Horeb, y del que se desconoce su ubicación exacta. Dios habló allí a Moisés desde la zarza ardiente (Éx 3.1-4; Hch 7.30), y posteriormente proveyó agua para los israelitas (Éx 17.6). Dios se apareció allí otra vez después del Éxodo (Éx 19; Nm 3.1), revelando la ley a Moisés (Éx 31.18; 34.29; Lv 7.38; 25.1; 26.46; 27.34; Nm 28.6; Neh 9.13; Hch 7.38). Pablo usó este nombre en sentido figurado cuando escribió acerca de la esclavitud a la ley (Gá 4.24, 25).

2. Zona desértica alrededor del monte (Éx 19.1), en la que los israelitas acamparon mientras Dios se encontraba con Moisés (Éx 19.2; Lv 7.38). Allí se estableció el tabernáculo de reunión (Nm 1.1) en el que se dieron instrucciones a Moisés de llevar a cabo un censo del pueblo (Nm 1.2, 19; 3.14; 26.64). Dos de

Susa, una ciudad principal del imperio persa, fue destruida por los invasores asirios en el año 647 a. C.

Jesús dijo que ni siquiera Salomón, con toda su gloria, podía competir con la belleza de los «lirios del campo».

los hijos de Aarón murieron allí por hacer una ofrenda extraña a Dios (Nm 3.4). El pueblo celebró la Pascua (Nm 9.1, 5) antes de seguir el camino (Nm 10.12). Volvieron a este mismo lugar posteriormente (Nm 33.15, 16).

Sión

Ver **Jerusalén**.

Siquem

1. Hijo de Hamor, un rey heveo (Gn 34.2). Violó a la hija de Jacob, Dina, y pidió casarse con ella (Gn 34.2-12). Simeón y Leví usaron una estratagema para matar a los siquemitas como venganza (Gn 34.13-31).
2. Ciudad en la parte montañosa de Efraín, situada entre los montes Ebal y Gerizim. Allí

prometió Dios la tierra a Abram (Gn 12.6, 7), que levantó un altar, por lo que se convirtió en un importante santuario (Gn 12.7). Jacob construyó un altar allí para recordar su retorno de Padán-aram (Gn 33.18-20), y posteriormente enterró los dioses ajenos bajo su gran encina (Gn 35.4). Jacob se la dio a José como lugar para su sepultura (Jos 24.32; Hch 7.16). Le correspondió a la tribu de Efraín; la designaron como ciudad de refugio (Jos 20.7; 1 Cr 6.67). Allí expuso Josué el pacto y las leyes (Jos 24). Hogar de Abimelec (Jue 8.31; 9.1), que fue coronado después de ejecutar a los hijos de Jerobaal (Jue 9.1-6). Jotam reprendió a

sus habitantes por esto (Jue 9.7-20), y estos se rebelaron contra Abimelec (Jue 9.22-57). Roboam fue coronado allí (1 R 12.1; 2 Cr 10.1). Jeroboam la hizo capital del reino del norte (1 R 12.25). Después del exilio, la habitaron los samaritanos, y se llamó Sicar, donde Jesús se encontró con una mujer en el pozo de Jacob (Jn 4.5-40).

Siria

Ver **Aram**.

Sitim

Abreviatura de Abel Sitim. El último campamento de Israel al este del río Jordán, antes de entrar en la Tierra Prometida (Nm 33.49, 50). Los israelitas pecaron allí (Nm 25.1-3) y fueron castigados con una plaga (Nm 25.4-9). Josué envió espías desde

Monte Tabor: lugar donde Barac reunió a su ejército para atacar a Sísara.

allí (Jos 2.1) antes de que todo el pueblo cruzara el río Jordán (Jos 3.1; Mi 6.5).

Sodoma

Ciudad situada en el valle de Sidim (Gn 14.2, 3), en el extremo sur del mar Muerto. Se desconoce su ubicación exacta. Emparejada con frecuencia a Gomorra como lugar de maldad. Lot y su familia eligieron asentarse cerca de allí (Gn 13.12). Una alianza mesopotamia derrotó a su rey y a su ejército (Gn 14.8-11), y capturaron a Lot (Gn 14.12). Abraham le rescata entonces (Gn 14.14-16). Dios amenazó con destruirla (Gn 18.20, 21), pero Abraham suplicó por ella (Gn 18.23-33).

Dios acabó destruyéndola por su depravación, pero Lot y sus hijas sobrevivieron (Gn 19.1-29). Se usa con frecuencia como ejemplo del juicio de Dios y de la depravación del hombre (Dt 29.23; Is 1.9,10; Jer 23.14; Lm 4.6; Ez 16.46-56; Am 4.11; Sof 2.9; Mt 10.15; Lc 10.12; Ro 9.29; 2 P 2.6; Jud 7; Ap 11.8). Ver **Gomorra**.

Sofonías

Profeta durante el reinado de Josías; era descendiente de Ezequías (Sof 1.1).

Sucot

1. Ciudad situada al este del Jordán, en territorio de Gad (Jos 13.27), en la cual Jacob permaneció tras su

reconciliación con Esaú (Gn 33.16, 17). Gedeón castigó a sus habitantes por no ayudar a sus tropas cuando perseguían a los madianitas (Jue 8.5-16). Salomón tenía fundiciones en ese valle (1 R 7.46; 2 Cr 4.17). El salmista lo menciona para destacar la soberanía de Dios (Sal 60.6; 108.7). Se desconoce su ubicación exacta.

2. Región en la que los israelitas acamparon por primera vez tras marcharse de Egipto (Éx 12.37; 13.20; Nm 33.5, 6). Situada en el noreste del delta egipcio, cerca de Ramesés.

Sunem

Ciudad situada en territorio de Isacar (Jos 19.18), en la que los filisteos acamparon antes de encontrarse con Saúl en la batalla

Las ruinas del Ágora, en Tesalónica: una ciudad por cuya iglesia Pablo sentía un profundo respeto.

(1 S 28.4). De allí era Abisag, que cuidó de un David entrado en años (1 R 1.3). Eliseo se alojaba ocasionalmente en la ciudad, en casa de una pareja adinerada, y predijo el nacimiento de su hijo, deseado durante mucho tiempo (2 R 4.8-17). Posteriormente tuvo que devolver ese niño a la vida (2 R 4.32-37).

Susa

Capital de Elam, situada a unos 230 kilómetros al norte del Golfo Persa. Era la ciudad favorita como residencia de invierno para los reyes de Persia y, por tanto, fue el telón de fondo para el libro de Ester. Algunos de sus oficiales, judíos deportados, escribieron a Artajerjes para hacerle saber la necesidad de reconstruir Jerusalén (Esd 4.9, 10). Allí servía Nehemías, como copero del rey (Neh 1.1) y Daniel recibió su visión sobre Belsasar (Dn 8.2).

Taanac

Ciudad real de los cananeos, situada en las montañas al sur del valle de Jezreel, a unos 8 kilómetros al sureste

Atardecer sobre el lago de Galilea. Tomás estaba en la orilla cuando ocurrió la pesca milagrosa.

de Meguido. Una vez que Josué la derrotó (Jos 12.21), le correspondió a la tribu de Manasés (Jos 17.11; 1 Cr 7.29) y se le asignó a los levitas (Jos 21.25). Sus habitantes cananeos nunca se expulsaron, por lo que retuvo cierta independencia (Jue 1.27). Los reyes cananeos lucharon contra Débora y Barac allí (Jue 5.19). Formaba parte de uno de los doce distritos de Salomón (1 R 4.12).

Tabita
Ver **Dorcas**.

Tabor
1. Montaña aislada, situada en el límite entre Isacar, Zabulón y Neftalí (Jos 19.22), a unos 10 kilómetros al este de Nazaret. Allí reunió Barac sus tropas para atacar al ejército cananeo de Sísara (Jue 4.6, 12, 14), y los reyes madianitas mataron a los hermanos de Gedeón (Jue 8.18, 19). Su grandeza es equivalente a la del monte Carmelo (Jer 46.18) y a la del monte Hermón (Sal 89.13), pero se convirtió en un santuario de idolatría (Os 5.1).
2. Ciudad levita en el territorio de Zabulón (1 C 6.77).
3. Lugar en el que había un gran árbol, en el que Samuel dijo a Saúl que recibiría una señal del favor de Dios (1 S 10.3).

Tadeo
Ver **Judas**.

Tafnes
Ciudad situada en el lado oriental del Delta del Nilo, asociada a menudo con Menfis (Jer 2.16; 44.1; 46.14). Los judíos huyeron allí tras el asesinato de Gedalías (Jer 43.7) y Dios ordenó a Jeremías que advirtiera al pueblo de no depositar su fe en Egipto, porque también iba a caer (Jer 43.7-13; Ez 30.18,1 9).

Tamar
1. Casada primero con Er y después con Onán, ambos hijos de Judá (Gn 38.6-10). Se hizo pasar por prostituta y se quedó embarazada de Judá cuando este le negó a a su tercer hijo (Gn 38.11-30). Madre de Fares y Zara (Gn 38.27-30; Rt 4.12).
2. Hija de David. Amnón la violó; su hermano Absalón la vengó (2 S 13).
3. Ciudad situada en el extremo sur del mar Muerto. Se desconoce su ubicación exacta, pero debía estar cerca de la frontera entre Judá y Edom. Formaría parte de la frontera sur de la tierra conquistada (Ez 47.19). Conocida también como Tadmor (1 R 9.18; 2 Cr 8.4), que Salomón reconstruyó.

Tarsis
Ciudad o territorio en el extremo occidental del mar Mediterráneo, posiblemente en el sur de España, reconocido por sus barcos (Sal 48.7; Is 23.1, 14; 60.9; Ez 27.25) y su valiosa mercancía (Sal 72.10; Jer 10.9; Ez 38.13). Jonás intentó huir allí del llamamiento de Dios de ir a Nínive (Jon 1.3; 4.2).

Tarso
Ciudad principal de Cilicia en Asia Menor. Lugar de nacimiento de Pablo (Hch 9.11; 21.39; 22.3). Lo enviaron allí para que escapara de una amenaza de muerte de los judíos (Hch 9.30).

Bernabé lo llevó a Antioquía (Hch 11.25).

Tebas
Ciudad del alto Egipto, en la ribera oriental del Nilo, conocida también como No o No-amón. Se predijo su destrucción (Jer 46.25; Ez 30.14-16), para dejar claro que no había ciudad, por muy grande que fuera, que pudiera escapar del juicio de Dios (Nah 3.8).

Tecoa
Ciudad en la parte montañosa de Judá, a unos 9 kilómetros al sur de Belén, y unos 15 kilómetros al sur de Jerusalén. Ciudad de la mujer sabia que Joab usó para que se diera la reconciliación entre David y Absalón (2 S 14.2-21). También era de allí Ira, miembro de la guardia personal de David (2 S 23.26). Roboam la fortificó (2 Cr 11.6) porque era un punto de vigilancia estratégico con vistas a Jerusalén (Jer 6.1). Fue el lugar de nacimiento de Amós, en el que recibió el llamamiento de Dios (Am 1.1).

Temán
Ciudad y región en el sur de Edom, llamada así probablemente por uno de los nietos de Esaú (Gn 36.11; 1 C 1.36). Sus habitantes fueron famosos por su sabiduría (Jer 49.7; Abd 8), siendo uno de ellos uno de los amigos de Jos que le aconsejaban (Job 2.11). Se predijo su destrucción junto a la totalidad de Edom (Ez 25.13).

Tesalónica
Puerto de mar principal de la provincia de Macedonia.

Playa de San Pablo, en Creta. Tito se hizo cargo de la iglesia en Creta bajo la dirección de Pablo para que se mantuviera en la doctrina verdadera.

Pablo estableció una iglesia allí (Hch 17.1-4; 1 Ts 1.9, 10). Un profundo afecto creció entre Pablo y la iglesia (1 Ts 2.1-12). Ciudad de dos de sus colaboradores, Aristarco y Segundo (Hch 20.4; 27.2). Demas se marchó allí después de abandonar a Pablo (2 Ti 4.10).

Tiatira

Ciudad de la provincia de Lidia en el occidente de Asia Menor. De allí era Lidia, una vendedora de púrpura (Hch 16.4). Aunque no era grande, la ciudad se conocía por su próspera industria manufacturera y por las costumbres paganas de algunos de los gremios de comerciantes. Una de las siete cartas de Apocalipsis se dirige a su iglesia advirtiéndoles de la enseñanza inmoral de Jezabel (Ap 2.18-29).

Tiberias

Ciudad situada en la orilla occidental del mar de Galilea, al que a veces se hace referencia como el mar de Tiberias (Jn 6.1; 21.1). Algunos de sus habitantes viajaron para escuchar a Jesús (Jn

6.23-25), pero no hay registros de visitas de Jesús allí.

Tigris, Río

Río importante del suroeste de Asia (unos 1.700 kilómetros de longitud), que junto al río Éufrates da su nombre a Mesopotamia. Era uno de los cuatro ríos del Edén (Gn 2.14). Daniel estaba en una de sus riberas cuando recibió su visión (Dn 10.4-7).

Timna

1. Ciudad en la parte montañosa de Judá (Jos 15.57), hacia donde se dirigía Judá cuando Tamar lo engañó (Gn 38.12-18).
2. Ciudad situada en el límite del territorio de Judá (Jos 15.10), perteneciente a Dan (Jos 19.43). Allí Sansón conoció a una mujer filistea y se casó con ella (Jue 14.1-8). Debido a esto, su propio pueblo la mató (Jue 15.6). Los filisteos capturaron y ocuparon la ciudad (2 Cr 28.18).

Timoteo

Discípulo, de Listra (Hch 16.1); convertido por medio de Pablo (1 Ti 1.2), probablemente

durante el primer viaje misionero (2 Ti 3.10, 11). Pablo le circuncidó y le llevó con él en su segundo viaje misionero (Hch 16.2—18.22; 2 Co 1.19). Su ministerio se confirmó por las profecías anteriores sobre él (1 Ti 1.18) y por la imposición de manos (1 Ti 4.14; 2 Ti 1.6). Pablo le envió a Tesalónica (1 Ts 3.2); a Macedonia (Hch 19.22); a Corinto (1 Cr 4.17). Acompañó a Pablo a Jerusalén (Hch 20.4-16). Permanecieron en Éfeso para proveer a la iglesia de liderazgo (1 Ti 1.3). Encarcelado y liberado (He 13.23).

Era tímido (1 Co 16.10, 11; 2 Ti 1.7), necesitaba que lo animaran (1 Ti 4.12; 2 Ti 1.8; 2.1);, pero Pablo lo destacaba con cariño como colaborador e hijo suyo

Guardas persas en un friso a la entrada del palacio del rey Asuero en Persépolis

en la fe (Ro 16.21; 1 Co 4.17; Fil 2.19-22; 1 Ts 3.2; 2 Ti 1.1-5). Ayudó a Pablo a escribir las cartas a los tesalonicenses (1 Ts 1.1; 2 Ts 1.1) y a Filemón (Flm 1).

Tiro

Importante puerto de mar en la costa mediterránea, a unos 40 kilómetros al sur de Sidón y a unos 55 kilómetros al norte del Carmelo. Era una fortaleza construida sobre una roca (Ez 26.4, 14) con una posición dominante sobre el mar (Ez 26.17; 27.3). Renombrada por su poder y su prosperidad (Sal 45.12). Había buenas relaciones comerciales entre Tiro e Israel en la época de los proyectos de construcción que llevaron a cabo David y Salomón (2 S 5.11; 1 R 5.1; 7.13, 14; 9.11,12; 1 Cr 14.1; 2 Cr 2.3,11-14), y durante la reconstrucción con Zorobabel (Esd 3.7). Los profetas predijeron su dramática caída a causa de su orgullo y su falta de fe (Is 23; Ez 26—28; Jo 3.4; Am 1.9, 10; Zac 9.2, 3). A pesar de su maldad, Jesús habló de Tiro de manera más favorable que de alguna de las ciudades de Galilea (Mt 11.21, 22; Lc 10.13, 14). Estando allí alabó la fe de una mujer cananea y curó a su hija (Mt 15.21-28; Mr 7.24-31). Muchos de sus habitantes fueron a Galilea a escuchar a Jesús (Mr 3.8; Lc 6.17). Su pueblo buscó la paz con el rey Herodes (Hch 12.20), y Pablo usó su puerto en su tercer viaje misionero (Hch 21.3, 7).

Tirsa

Antigua ciudad cananea situada a unos 12 kilómetros al este de Samaria y a unos 8 al noreste de Siquem. Los israelitas la capturaron bajo Josué (Jos 12.24). Sustituyó a Siquem como capital del reino del norte, y permaneció así hasta que Omri trasladó su capital a Samaria (1 R 16.23-28). Desde Tirsa, Manahem lanzó su golpe contra el rey Salum en Samaria (2 R 15.14). Era conocida por su belleza (Cnt 6.4).

Tito

Gentil convertido y compañero de Pablo (Tit 1.4; 2 Ti 4.10; 2 Co 8.23). Acompañó a Pablo y Bernabé a Jerusalén (Gá 2.1-3). Lo enviaron a Corinto a que gestionara las dificultades que se estaban dando allí; llevó buenas noticias a Pablo en Macedonia (2 Co 7.6-16). De nuevo en Corinto para completar la colecta (2 Co 8.6, 16, 17). Pablo lo dejó en Creta para que consolidara la obra (Tit 1.5).

Tomás

Apóstol (Mt 10.3; Mr 3.18; Lc 6.15; Hch 1.13); llamado Dídimo, el Gemelo (Jn 11.16). Preguntó dónde iba Jesús (Jn 14.5). Dudó de la resurrección (Jn 20.24, 25); vio a Jesús vivo; lo reconoció como Dios y Señor (Jn 20.26-29). Estuvo presente en la captura milagrosa de peces después de la resurrección (Jn 21.2-14).

Troas

Puerto en la costa de Misia, en el noroeste de Asia Menor. Pablo tuvo una visión allí y recibió el llamamiento de ir a Macedonia (Hch 16.8-11). Volvió a Troas en sus viajes, la primera vez con la esperanza de encontrar a Tito (2 Co 2.12, 13), y la segunda vez revivió a un hombre que había sufrido un accidente fatal (Hch 20.5-12). Probablemente volvió al menos en una ocasión más (2 Ti 4.13).

Ur

Ciudad situada en el sur de Mesopotamia. La familia de Abram era de allí (Gn 11.28-32). Desde Ur, Dios llevó a Abram hasta la Tierra Prometida (Gn 15.7; Neh 9.7).

Urías

Hitita. Marido de Betsabé; muerto por orden de David (2 S 11).

Uzías

Llamado también Azarías. Rey de Judá; hijo de Amasías (2 R 14.21, 22; 15.1, 2; 2 Cr 26.1-3). Hizo lo bueno ante los ojos de Dios, pero no quitó los lugares altos (2 R 15.3, 4; 2 Cr 26.4, 5). Su poder y su prestigio aumentaron; fortaleció las defensas de Jerusalén (2 Cr 26.6-15). La soberbia que mostró al asumir funciones sacerdotales que no le correspondían le llevaron a sufrir la aflicción de la lepra y el aislamiento (2 R 15.5; 2 Cr 26.16-21). Su muerte (1 R 15.7; 2 Cr 26.23; Is 6.1).

Vasti

Reina de Persia; esposa de Asuero. Depuesta por negarse a ir al banquete del rey (Est 1). Ester la sustituyó (Est 2.1-17).

Zabulón

1. Hijo de Jacob, con Lea (Gn 30.20; 35.23; 1 Cr 2.1). Jacob le bendijo (Gn 49.13).
2. Tribu descendiente de Zabulón. Moisés la bendijo (Dt

33.18, 19). Incluida en el censo (Nm 1.30, 31; 26.26, 27).

3. Territorio montañoso en el extremo norte de Palestina, situado entre Aser y Neftalí. Asignado a los descendientes del décimo hijo de Jacob. Sus ciudades y sus límites se enumeraron claramente (Jos 19.10-16). No expulsaron a sus antiguos moradores cananeos, pero los tuvieron como esclavos (Jue 1.30). Isaías predijo un tiempo de gran honra para esta tierra (Is 9.1). Esto se cumplió con la venida de Cristo (Mt 4.13-16).

Zacarías

1. Rey de Israel; hijo de Jeroboam II; asesinado (2 R 14.29; 15.8-12).
2. Profeta que, junto a Hageo, instó a la reconstrucción del templo (Esd 5.1; 6.14; Zac 1.1).
3. Sacerdote; padre de Juan el Bautista; se quedó mudo por no creer el anuncio del ángel Gabriel de que le nacería un hijo (Lc 1.5-22, 59-79).

Zaqueo

Recaudador de impuestos; trepó a un árbol para poder ver a Jesús (Lc 19.2-10).

Zif

1. Ciudad situada en el punto más al sur de Judá, en la frontera con Edom (Jos 15.21, 24).
2. Ciudad en la parte montañosa de Judá, situada a unos 6 kilómetros al sureste de Hebrón. Llamada así probablemente por el nieto de Caleb (1 Cr 2.42), y fortificada posteriormente por Roboam (2 Cr 11.8). Saúl buscó a David allí, después de que algunos de sus habitantes le

informaran, pero no lo encontró (1 S 23.19, 24).

3. Región desértica que rodeaba a las dos anteriores, en la que David se escondió escapando de la persecución de Saúl (1 S 26.1, 2), y donde Jonatán le dio ánimos (1 S 23.14, 15).

Zif, Desierto de

Región desértica al sur del Neguev, por la que los israelitas vagaron en su camino desde Egipto hasta la Tierra Prometida (Nm 13.21; 33.36). María murió y fue sepultada allí (Nm 20.1). Moisés y Aarón desobedecieron el mandato de Dios (Nm 27.14; Dt 32.51). Una parte de esta región se incluyó en la Tierra Prometida (Nm 34.3, 4), y se asignó finalmente a la tribu de Judá (Jos 15.1, 3).

Zoán

Antigua ciudad de Egipto, en el lado nordeste del delta del Nilo. Sus habitantes fueron testigos de los milagros de Dios en el Éxodo (Sal 78.12, 43), y sus hombres sabios fueron consejeros del faraón (Is 19.11, 13). Sin embargo, el poder y la sabiduría de Dios sobrepasan cualquier otro que se pudiera encontrar en Egipto (Is 30.1-5; Ez 30.14).

Zoar

Ciudad situada en el valle del Jordán, al sur del mar Muerto, cerca de Sodoma y Gomorra (Gn 13.10). Conocida originalmente como Bela (Gn 14.2, 14). Dios no la destruyó junto a Sodoma y Gomorra, para que Lot pudiera encontrar refugio en ella (Gn 19.22, 23). Lot no se quedó allí mucho tiempo, ya que prefirió

la seguridad de las montañas (Gn 19.30). Enclave situado en la zona más al sur de la Tierra Prometida (Dt 34.3), en la frontera con Moab (Is 15.5; Jer 48.34).

Zofar
Ver **Job**.

Zora

Ciudad situada en las tierras bajas de Judá, cerca de Estaol (Jos 15.33), en territorio de Dan (Jos 19.41). Ciudad de Manoa y de su hijo Sansón (Jue 13.2, 3, 24), que fueron ambos sepultados entre ella y Estaol (Jue 16.31). Enviaron a sus guerreros a espiar a Lais para los danitas (Jue 18.2, 8, 11). Posteriormente, Roboam reforzó sus fortificaciones (2 Cr 11.10).

Zorobabel

Líder de los que volvieron del exilio (Neh 12.1; Hag 1.1; 2.2); empezó la obra del templo (Esd 3); tras el retraso, Hageo le animó para que continuara (Esd 5.1, 2; Hag 1.2-15; 2), y también Zacarías (Zac 4.6-10).

Lo que la Biblia dice sobre...

Lo que sigue a continuación es una introducción concisa a diversos temas, especialmente asuntos prácticos y pastorales. Las referencias bíblicas que se incluyen aquí no son exhaustivas, pero esperamos que le provean una buena base para una posterior reflexión. Cuando se trata de interpretar las Escrituras, es importante recordar que cada pasaje debe interpretarse a la luz de su contexto inmediato y también dentro del contexto más amplio de la teología bíblica.

Aborto
El aborto es provocar deliberadamente la muerte del feto humano antes de su nacimiento, normalmente en una etapa temprana del embarazo (Job 31.15; Sal 139.13-16; Ec 11.5; Jer 1.5; Mr 10.14).

Actitudes
Debemos tener cuidado y controlar nuestras actitudes; es sencillamente demasiado fácil que una actitud negativa o egoísta acabe dominando nuestros pensamientos (Gn 31.1-5; Ef 4.22-24; Fil 2.5-11; 4.8; He 4.12; 1 P 5.5.

Adicción
Una adicción es un patrón de conducta persistente, por lo general destructivo, que se ha arraigado profundamente y se ha hecho difícil de cambiar (Pr 25.28; Ro 6.11-23; 1 Co 6.12; Ti 3.3-7; 2 P 2.19).

Adoración
La primera obligación del cristiano es adorar a Dios por la creación y la redención, en oración y en alabanza (palabras), y en todos nuestros hechos (Sal 95.1-11; Os 14.2; Jn 4.19-24; Ro 12.1-2; He 13.15-16; Ap 5.6-14).

Adulterio
El adulterio (o infidelidad matrimonial) ocurre cuando una persona casada tiene relaciones sexuales con otra persona que no es su pareja (Éx 20.14; Pr 6.32; Mal 2.13-15; Mt 19.19; Jn 8.1-11; He 13.4).

Alabanza
Los cristianos están comprometidos a expresar su amor por Dios cantando. Ofrecemos a Dios una alabanza espiritual y auténtica por su maravilloso plan de salvación y redención (Sal 33.1-22; Mr 14.26; 1 Co 14.26; Ef 5.19-20; Col 3.16; Stg 5.13).

Alcohol
Los cristianos son libres de tomar alcohol con moderación, pero debemos evitar las borracheras y tenemos que ser sensibles al punto de vista de nuestros hermanos que se abstienen totalmente de beber alcohol (Sal 104.15; Pr 23.30-32; Jn 2.1-10; Gá 5.19-21; 1 Ti 5.23; 1 P 4.3).

Ambición
La ambición es el deseo de lograr grandes cosas buscando un reconocimiento personal (ambición egoísta), o de forma más positiva, para la gloria de Dios y el beneficio de los demás (Ec 2.1-26; Ro 15.20; Fil 2.3; 1 Ts 4.11; Stg 3.16).

Amistad
Dios ha creado a los seres humanos con una naturaleza

«E hizo Dios animales de la tierra según su género, y ganado según su género, y todo animal que se arrastra sobre la tierra según su especie. Y vio Dios que era bueno».
Génesis 1.25

social; las amistades son una fuente de crecimiento y gozo. Los cristianos deben ser amigos de los demás sin favoritismos (1 S 20.42; Pr 17.17; Ec 4.10; Jn 15.13).

Amor

El amor es el principal fruto del Espíritu y la cualidad central que Dios desea desarrollar en su pueblo. Si amamos sinceramente a Dios y a nuestro prójimo cumpliremos toda justicia (Mr 12.28-34; 1 Co 13; Gá 5.22; 1 Ti 1.5; 1 Jn 5.2-3; Jud 21).

Ángeles

Los ángeles aparecen con frecuencia en las Escrituras, por lo general llevando mensajes o cuidando del pueblo de Dios de una forma práctica. Debemos tener respeto por estos seres espirituales, pero nunca adorarles (Sal 91.11; Mt 18.10; Hch 5.17-20; He 1.14; 13.2; Ap 5.11).

Animales

Dios creó a los animales para proveer una fuente de comida y de compañía para nosotros. Dentro de este propósito general debemos tratarlos con respeto (Gn 1.20—2.20; 9.1-3; Sal 104.1-30; Pr 12.10; Hch 10.9-16).

Ánimo

Todos necesitamos que nos den ánimos de vez en cuando. Las Escrituras nos dan ejemplos a seguir y enseñanzas para obedecer en ese área (Is 1.17; Hch 4.36-37; 9.31; 20.1-2; Ro 15.4-6; 1 Co 14.3-5; 2 Ts 2.16).

Ansiedad

La ansiedad es una respuesta natural del ser humano ante la percepción de una amenaza a nuestra seguridad o posición. El cristianismo contrarresta este impulso enfatizando el cuidado que Dios tiene de nosotros (Pr 12.25; Mt 6.25-34; Lc 21.34; Fil 4.6-7; 1 P 5.7). Ver también **preocupación**.

Apariencia

A menudo juzgamos a los demás basándonos en la apariencia externa. Tales juicios son superficiales, y a veces engañosos; Dios se interesa más por lo que hay en nuestros corazones. (1 S 16.7; Is 53.1-12; Mt 23.28; Lc 6.41-45; Jn 7.24).

Arrepentimiento

El arrepentimiento es un cambio de actitud y comportamiento afianzado profundamente. La Biblia nos llama a arrepentirnos de nuestro pecado y de nuestra falta de reverencia hacia Dios (2 Cr 32.24-26; Is 59.20; Mt 3.1-12; Mr 1.14-15; Lc 5.29-32; Hch 2.38).

Asesinato

El asesinato es matar, intencionadamente y de forma

ilícita, a otro ser humano. Es un pecado particularmente atroz que clama a Dios por su juicio (Gn 4.1-16; Éx 20.13; Pr 28.17; Mt 5.21-26; 1 Jn 3.11-15).

Autocontrol

Según vamos creciendo en el discipulado cristiano maduro, aprendemos a cooperar con el Espíritu Santo mientras nos lleva hacia una mejor disciplina y control personal (Pr 25.28; 1 Co 9.24-27; Gá 5.23; 1 P 5.8; 2 P 1.5-9).

Autoestima

La cultura mundana pone un gran énfasis sobre la autoestima. Los cristianos saben que son pecadores egoístas, pero que, sin embargo, tienen un valor incalculable como hijos de Dios (Lc 15.1-30; 18.9-14; Ef 5.1-2; 2 Ts 2.15-17; 1 Jn 3.1; Jud 1).

Autoridad

Los cristianos deben respetar todas las formas de autoridad porque son algo dado por Dios. Sin embargo, no debemos seguir instrucciones contrarias a la voluntad de Dios, revelada en las Escrituras (Mr 12.13-17; Hch 4.1-22; Ro 13.1-7; He 13.17; 1 P 2.13-17).

Avaricia

La avaricia se puede definir como el impulso a acumular y consumir más de lo que es bueno para nosotros. Dios nos llama a vivir de forma generosa, no avariciosa (Ec 5.10-11; Lc 12.15-34; Ef 5.3; Col 3.5; 1 Ti 6.6-10, 17-19).

Ayunar

El ayuno es un aspecto importante de la espiritualidad cristiana. Por lo general implica abstenerse de comer (y posiblemente beber) por un tiempo para concentrarse en la oración (Neh 1.1—2.9; Dn 9.1-19; Mt 6.16-18; Hch 13.1-2; 14.23).

> «Por la misericordia de Jehová no hemos sido consumidos, porque nunca decayeron sus misericordias. Nuevas son cada mañana; grande es tu fidelidad».
>
> Lamentaciones 3.22-23

Bautismo

Aunque los puntos de vista difieren, todos los cristianos reconocen que el bautismo es un mandamiento del Señor Jesús, que significa arrepentimiento, perdón e inclusión en la familia de Dios (Mt 28.18-20; Hch 2.22-41; 8.12, 26-40; 1 Co 12.12-13).

Benevolencia

La benevolencia es una señal de la presencia del Espíritu en nuestras vidas. Dios ha mostrado una gran benevolencia hacia nosotros y debemos reflejarla hacia los demás (Jer 31.3; Gá 5.22; Ef 2.7; Col 3.12; Tit 3.4-5; 2 P 1.5-8).

Blasfemia

La blasfemia es un acto de rebeldía deliberado y dureza de corazón hacia Dios. La blasfemia invita al juicio de Dios y Jesús dejó claro que es espiritualmente peligroso (Éx 20.7; 2 Cr 32.10-23; Is 37.14-38; Mt 12.30-32; Ro 2.17-24).

Bondad

Los cristianos son llamados a emular la bondad de Dios. Es un simple reto, pero es el corazón de la vida espiritual (Sal 34.14; Lc 6.27-36; Hch 10.38; Gá 5.22; 6.9-10; Ef 2.10).

Cambio

Sean cuales sean los cambios que afrontamos, Dios no cambia en su fidelidad. Sin embargo, la fidelidad inmutable de Dios causa que él tenga que cambiar y renovar nuestras circunstancias (Lm 3.19-23; Mal 3.6; Lc 5.36-39; 2 Co 5.17; Stg 1.17; Ap 21.5).

Capacidades

Dios nos ha creado y dotado a todos con una serie de capacidades diferentes. Debemos usar estas capacidades humildemente y para el beneficio de los demás (Éx 36.1-2; Mt 25.14-30; Hch 14.3; 1 Co 12.1—14.1).

Carácter

La capacidad de resistir cuando se está bajo presión se califica a menudo como carácter. El carácter se desarrolla a menudo aprendiendo a responder positivamente al sufrimiento y a la oposición (Rut 3.11; Pr 12.4; Ro 5.1-4; 1 Co 15.33; 1 P 1.3-7).

Castigo

Cristo ha cargado sobre sí mismo todo el castigo que merecíamos de parte de Dios por nuestros pecados; en consecuencia, debemos perdonar a otros el mal

«He aquí, herencia de Jehová son los hijos; cosa de estima el fruto del vientre».
Salmo 127.3

que nos hagan (Gn 3.1-24; Pr 10.16; Is 53.6; Ro 6.23; 12.17-21; 1 Jn 4.13-18).

Celibato

El celibato es la abstinencia de relaciones sexuales. Es lo que Dios exige fuera del matrimonio y en algunos casos es un don especial y un llamamiento para toda la vida (Mt 19.10-12; 1 Co 6.18-20; 7.1-38; 1 Ts 4.3-8; He 13.4).

Celo

El celo es una cualidad espiritual destacable. Sin embargo, un celo mal enfocado, como el de Pablo antes de su conversión, necesita que se le haga ver la verdad del evangelio (Pr 19.2; Jn 2.17; Hch 22.3-8; Ro 10.1-3; 12.11; Gá 4.17-18).

Celos (envidia)

Es una emoción poderosa y destructiva. Es el deseo ilícito e inseguro de tener el talento, los logros o el estilo de vida de otra persona en lugar de lo propio (Éx 20.17; Ec 4.4; Hch 5.17-18; Ro 13.13-14; 1 Co 3.3; Gá 5.19-21).

Cena del Señor

Es una celebración del perdón de Dios y de la comunión cristiana. La Cena del Señor conmemora el sacrificio de Jesucristo en la cruz. Es una parte vital de nuestra espiritualidad; cada cristiano debe hacer de ella una prioridad (Mt 26.17-29; Mr 14.12-25; Hch 2.42-47; 20.7; 1 Co 10.14-22; 11.17-34).

Chismorreo

Aunque es normal que hablemos a los demás de las personas que conocemos, es inaceptable que comentemos secretos o rumores relativos a estas personas, o que las critiquemos injustamente (Lv 19.16; Sal 15.1-3; Pr 16.28; 20.19; 2 Co 12.20).

Ciudadanía

Los cristianos deben ser ciudadanos leales a su país. Sin embargo, no hay que olvidar que debemos una lealtad más profunda a nuestra ciudadanía espiritual (Mr 12.13-17; Hch 10.34-35; Ef 2.11-22; Fil 3.20; 1 P 2.9).

Comida

Dios ha provisto plantas y animales como fuente de alimentos para los seres humanos. Debemos recibirlos y disfrutarlos con gratitud hacia él (Gn 1.29; 9.3-4; Mt 4.4; Jn 6.27; Hch 14.17; Stg 2.15-16).

Compasión

La compasión es uno de los atributos más llamativos de Dios. La demostración que hace Jesús con su ministerio de compasión es un patrón a seguir por nosotros en la actualidad (Éx 34.6-7; Mt 9.36; Col 3.12; Stg 5.11; 1 P 3.8).

Compromiso

Dios nos llama a tener un compromiso total de amor hacia él y hacia su pueblo, la iglesia. Nuestra inspiración es el compromiso sin límites de Jesús con nosotros (Mt 22.37; Jn 15.12; Ro 12.1; 2 Co 5.14-15; 9.8; 2 Ti 4.7).

Comunión

Los cristianos disfrutan de la comunión con Dios mismo y con sus hermanos en Cristo. Es un gran privilegio y una parte fundamental de la experiencia cristiana (Hch 2.42; 1 Co 1.9; 2 Co 13.14; Gá 2.9; Fil 2.1-4; 1 Jn 3.1-7).

Conciencia

Dios nos ha dado una conciencia para que dirija nuestro comportamiento. Nuestras conciencias no son perfectas y debemos educarlas por medio de las Escrituras y del Espíritu que mora en nosotros (Sal 51.1-15; Hch 24.16; Ro 2.14-15; 9.1; 1 Co 4.4; 1 Ti 1.5).

> «..., sino que siguiendo la verdad en amor, crezcamos en todo en aquel que es la cabeza, esto es, Cristo».
> Efesios 4. 15

Concupiscencia

La naturaleza caída del ser humano desea frecuentemente las cosas que Dios ha prohibido. La concupiscencia se refiere a cualquier apetito contrario a Dios, normalmente de naturaleza sexual (Job 31.1; Mt 5.27-28; Ef 4.17-19; Col 3.5; 1 Ts 4.4-8; 1 Jn 2.16).

Confianza

1. Los cristianos tienen el privilegio de tener una confianza dada por Dios en cada área de sus vidas. Esto se debe sobre todo a que tienen una comunión incondicional con él (Pr 3.26; Is 32.17; Jer 17.7; He 10.19-22; 1 Jn 3.19-22; 4.17).
2. La confianza que depositamos en los demás, creer en ellos; alcanza su máximo con la confianza que tenemos en Dios y en su palabra (Sal 13.5; 118.8-9; Is 12.2; Jn 14.1; Ro 15.13; 1 Co 4.2).

Conflicto

En Cristo estamos reconciliados con Dios y con nuestros hermanos creyentes. Somos humanos y los conflictos llegarán inevitablemente, pero Dios nos da los recursos para lidiar con ellos (Gn 13.5-12; Mt 18.15-17; 2 Co 2.5-7; Fil 4.2; Col 3.13).

Creatividad

Sabemos que Dios es maravillosamente creativo y ha inculcado muchas formas diferentes de creatividad entre los seres humanos (Gn 1.1, 27; Éx 35.30--36.4; 1 Cr 28.21; Sal 139.13-14; Ro 12.6-8).

Crítica

Las críticas son una experiencia por la que pasaremos inevitablemente. Debemos ser elegantes cuando nos critican y asegurarnos de que las críticas que nosotros hacemos tienen fundamento y que la forma en la que las expresamos es la adecuada (Mt 7.1-5; 1 Co 16.14; 2 Co 8.18-21; Gá 5.15; Ef 4.15).

Cuerpo

Nuestros cuerpos físicos son regalos de Dios que se convierten en hogar del Espíritu Santo tras la conversión. En el futuro resucitaremos con un nuevo cuerpo de naturaleza superior (Ro 6.19; 1 Co 6.13-20; Gá 2.20; Fil 3.20-21; 1 Ts 4.4; 5.23).

Culpa

Culpa es tanto el juicio de Dios como el estado de incomodidad emocional resultante de nuestro pecado. Los cristianos se regocijan porque el perdón de Dios nos da la libertad de la esclavitud del pecado (Is 52.13—53.12; Nah 1.3; Jn 16.5-11; Ro 8.1; He 10.19-22; Stg 2.10).

Curación

Cuando no nos encontramos bien debemos orar para que Dios nos cure y para que podamos tener una atención médica adecuada. Las curaciones sobrenaturales hablan del

asombroso poder de Dios y de su amor (2 R 20.1-11; Sal 103.1-3; Mt 8.14-17; Hch 3.1-16; 1 Co 12.7-11; Ap 22.1-2. Ver también **medicina**.

Debilidad

El poder de Dios se despliega a menudo en la debilidad: en la crucifixión; cuando confiamos en él siendo débiles; y ayudando a otros en su debilidad (Hch 20.35; Ro 8.36; 1 Co 1.27; 9.22; 2 Co 12.8-10; 13.4).

Decisiones

Todos tenemos que tomar muchas decisiones. A veces Dios nos guiará hacia una decisión en particular, la que él quiere que tomemos (Éx 28.30; Sal 23.1-3; 48.14; Pr 3.5-6; Jn 16.13; Hch 1.15-26).

Demonios

Los demonios, o espíritus malignos, buscan esclavizar a los seres humanos por medio de la tentación, el engaño, o incluso la enfermedad. Jesús sometió al poder del mundo demoniaco. Los cristianos tienen poder para resistirlos en el nombre de Jesús (Mt 8.16; Lc 8.26-39; 9.1; Hch 8.7; 16.16-18; Ro 8.38. Ver también **Satanás**.

Depresión

La depresión es una forma de desorden mental que se experimenta típicamente con sentimientos profundos de desesperación y síntomas asociados. Puede tratarse con medicación o terapia (1 R 19.3-18; Is 35.1-10; Ez 37.1-14; 1 Ts 5.11; 2 Ts 2.16-17).

Programa de educación para mujeres, en Ghana.

Desaliento

Todos nos desanimamos a veces. Dios quiere que recibamos su aliento de las Escrituras, de su Espíritu, y de nuestros hermanos en Cristo (Sal 10.17; Hch 9.31; 11.22-24; Ro 1.11-12; 15.4-5; 1 Ts 5.11. Ver también **ánimo**.

Descanso

Los seres humanos necesitan un ritmo de trabajo y descanso. Dios ha establecido un ritmo de seis días de trabajo y uno de descanso (Gn 2.2-3; Éx 20.8-11; 23.12; Sal 62.1, 5; Mt 11.28-30; Mr 6.31).

Desesperación

Dios promete tomar el control personal de nuestras vidas

en amor y sin reservas. Las circunstancias que nos rodean pueden conducirnos a la desesperación, pero él hace que la conquistemos y triunfemos (Sal 23.4; 34.19; 42.11; Ro 8.37; 2 Co 1.9; 2.14).

Deuda

Dios, por gracia, provee para cubrir nuestras necesidades, de forma que podamos ayudar a los demás. Debemos actuar prudentemente, manteniendo los compromisos económicos que adquirimos dentro de nuestra capacidad para pagar (Mt 6.31-33; 2 Co 9.8; 2 Ts 3.11-12; 1 Ti 6.6-10).

Diezmo

Ver **generosidad**.

Dirección

Dios nos guía por gracia de muchas formas, incluyendo fundamentalmente las Escrituras, el tiempo que pasamos en oración, los consejos de un cristiano maduro y, en ocasiones, con los susurros o los pequeños golpecitos que Dios nos da, en su amor (Gn 24.12-27; 1 R 19.11-12; Sal 119.105; Pr 3.6; Is 40.11; Hch 13.1-3; 2 Ti 3.14-17).

Disciplina

Cuando es necesario, Dios nos disciplina para entrenarnos en la rectitud. Los líderes de la iglesia son llamados a ejercer la disciplina con amor en ella (Sal 94.2; Pr 15.32; 1 Co 5.1-13; Gá 6.1; He 12.5-11; Ap 3.19).

Discusiones

Nuestra naturaleza caída es tal que los desacuerdos se vuelven discusiones frecuentemente. El cristiano debe mantenerse firme en la verdad del evangelio, y hacer todos los esfuerzos posibles por evitar las discusiones (Pr 15.1; Ro 12.17-18; Gá 2.11-16; 5.16-26; 2 Ti 2.23; 1 P 3.15).

Comunión: estudiantes debatiendo juntos sobre la Biblia.

Divisiones

No es raro que en las iglesias haya divisiones. Esto normalmente causa una gran tristeza y dolor y, lo que es peor, debilita el mensaje de reconciliación del evangelio (Ro 16.17; 1 Co 1.10-12; 3.1-23; 11.17-34; 12.12-26; Ef 4.1-16; Ti 3.10. Ver también **unidad**.

Divorcio

Dios instauró el matrimonio para que fuera la unión de un hombre y una mujer para toda la vida. Sin embargo, tristemente, algunos matrimonios no duran para siempre. Aunque el modelo de Dios es que el matrimonio debe ser para toda la vida, Jesús proveyó la posibilidad del divorcio en casos de «infidelidad» (Dt 24.1-4; Mal 2.16; Mt 19.3-12; 1 Co 7.1-40; He 13.4. Ver también matrimonio.

Dolor

1. Nadie lo pasa bien con el dolor y los cristianos deben mostrarse sensibles al dolor de los demás. Sin embargo, el dolor no puede evitarse y puede proveer una oportunidad de renovación espiritual (Sal 38.1-22; 69.29; Ro 12.15; He 12.11; Ap 21.4). Ver también **sufrimiento**.
2. El dolor es causado por una gran variedad de causas. Dios ofrece alivio en el presente y un final definitivo para el dolor en la nueva creación (Sal 119.28; Jer 31.13; 2 Co 7.10; Fil 2.27; 1 Ts 4.13-18; Ap 21.4).

Domingo

Ver **descanso**.

Dones espirituales

Estos son dones del Espíritu para el beneficio de todos. Debemos buscar estos dones (Ro 12.6-8; 1 Co 12.1--14.40; 1 Ts 5.19-21; 1 Ti 1.18; 4.14; 2 Ti 1.6-7).

Duda

¡Dios es más grande que nuestras dudas! Cuando estemos llenos de dudas debemos orar y leer la Biblia, pero también buscar la sabiduría de los cristianos maduros (Ec 1.1-2; Mt 14.31; Mr 9.24; 11.23; Jn 20.24-29; Jud 22). Ver también **seguridad**.

Dureza de corazón

Si ignoramos a Dios y al pecado de forma repetida y

descuidada, podemos volvernos peligrosamente duros de corazón hacia Dios, y dejar de sentir su desaprobación ante nuestros pecados (Sal 95.6-8; Pr 28.14; Jer 4.3-4; Zac 7.12; Ef 4.17-19).

Edad avanzada
El envejecimiento es un proceso inevitable y un desafío en este mundo maldito por el pecado. Sin embargo, los cristianos deben tener mucho respeto por la sabiduría que se adquiere con la edad (Lv 19.32; Job 12.12; Sal 92.12-15; Pr 16.31; Ec 12.1-7; Is 46.4).

Educación
Como cristianos, no debemos depositar nuestra confianza en nuestra educación o nuestro intelecto, sino que debemos usar las capacidades que Dios nos ha dado, y aprovechar las oportunidades adecuadas para esa educación (Ec 1.12-18; 12.11-12; Dn 1.3-4,17; Hch 22.3; 1 Co 8.1-3).

Egoísmo
La condición natural de la humanidad caída es centrarse más en sí mismo que en los demás. Las Escrituras condenan y desafían radicalmente este egoísmo (Lv 19.18; Sal 119.36; Mt 22.34-40; Gá 5.14; Fil 2.3; Stg 2.8).

Enfermedad
Aunque Dios provee muchas vías de curación, la enfermedad y el dolor son a menudo el reflejo en nuestros cuerpos de las consecuencias de la caída de la creación (2 R 13.14; Ro 8.22-23; Fil 2.26-30; 1 Ti 5.23; Stg 5.14-16). Ver también **curación**.

Entorno
Dios nos ha dado un mundo bello que revela al Creador. Nuestra responsabilidad es honrar a Dios cuidando de su creación (Gn 1.31; 2.9-15; Sal 8.1-9; Is 35.1-2; Ro 8.18-22; Ap 22.1-2).

Errores
Los errores pueden ser simplemente involuntarios o debidos a la insensibilidad, e incluso al pecado deliberado. En cualquier caso, debemos disculparnos por nuestros errores antes de que corroan nuestras relaciones (Nm 15.22-28; Job 6.24; Ec 5.1-7; Is 1.15-18; Mr 12.24).

> «El hombre perverso levanta contienda, y el chismoso aparta a los mejores amigos».
> Proverbios 16. 28

Escuchar
Una de las formas más importantes de mostrar amor a Dios y a nuestros vecinos es escuchar cuidadosamente cada cosa que dicen (Pr 12.15; 18.15; Mr 9.7; Jn 10.27; Hch 10.33; Stg 1.19).

Esperanza
Uno de los grandes beneficios de la fe cristiana es que nos permite vivir una vida de esperanza. La promesa de nuestra definitiva resurrección y vida eterna sobrepasa todo sufrimiento y desesperación (Ro 8.1-39; 1 Co 15.1-58; Ef 2.11-13; Tit 1.1-2; 1 P 1.3-4; Ap 21.1-7).

Estrés
El estrés tiene lugar cuando las presiones espirituales, mentales, emocionales o físicas se vuelven más fuertes de lo que podemos soportar cómodamente. Podemos confiar en Dios cuando nos encontremos en tales circunstancias (Gn 31.38-42; 2 Co 1.8-9; 4.8; 11.28-29; Fil 4.12-13; 1 Ti 2.2).

Evangelismo
Aunque cada cristiano es llamado a dar testimonio del evangelio de Cristo de palabra y de hecho, algunas personas tienen el don particular del evangelismo (Mt 28.18-20; Hch 5.41-42; 11.19-21; 2 Co 9.13; Ef 4.11-12).

Éxito
Aunque nuestros esfuerzos no siempre parezcan tener éxito podemos estar seguros de que nuestro trabajo para el reino de Dios no será en vano y no quedará sin recompensa (Jos 1.6-9; Pr 16.3; 19.21; Is 41.13-15; 1 Co 15.58; Stg 4.13-16).

Familia
Los cristianos dan mucha importancia a las relaciones familiares. También nos convertimos en parte de la familia de Dios, la iglesia, tanto local como universal (Mr 3.31-35; Ef 3.14-15; 5.22–6.4; 1 Ti 3.1-5; 5.3-4, 8, 16; 1 Jn 3.1).

Favoritismo
El favoritismo se da cuando no se trata a todas las personas por igual. Es injusto y por tanto ajeno

al carácter de Dios, y al patrón de conducta adecuado para los seres humanos (Gn 37.1-11; Lv 19-15; Hch 10.34-35; 1 Ti 5.21; Stg 2.1-9).

Fe

Cuando ejercemos la fe en Cristo Jesús, nuestros pecados son perdonados. Podemos tener fe en Dios en cualquier aspecto de nuestras vidas (Hab 2.4; Mt 6.30-34; Mr 2.3-12; Ro 1.16-17; 3.22--4.16; He 4.14).

Fiabilidad

Las personas cristianas deben ser igual que aquel al que sirven. Dios es completamente fiable; Él nunca nos falla a la hora de cumplir una promesa (Sal 33.4-5; Pr 25.19; Is 50.10; Jn 8.26; 2 Ti 2.1-2; 1 Jn 4.16).

Fidelidad

La fidelidad de Dios es un aspecto clave de su carácter, que él quiere que se reproduzca en sus hijos. Así pues, la fidelidad es un fruto del Espíritu (Éx 34.5-7; 1 S 26.23; Sal 36.5; Pr 3.3; Gá 5.22).

Fruto del Espíritu

Cuando nos convertimos en cristianos, el Espíritu de Dios que mora en nosotros empieza a reproducir su carácter en nuestras vidas. Entrenamos ese carácter en la vida práctica (Jer 31.33; Jn 15.5, 8; Ro 5.5; Gá 5.22-23; Col 3.12-15).

Futuro

Los cristianos afrontan el futuro con la confianza de que Dios está en el control y de que no ocurrirá nada que él no pueda finalmente convertir en algo beneficioso para nosotros.

Género

A pesar de emerger desde diversas culturas patriarcales, la Biblia permite un sorprendente nivel de libertad para las mujeres y enfatiza la igualdad de ambos sexos (Gn 1.27; Hch 2.17-18; Ro 16.12; Gá 3.28; Fil 4.2-3).

Generosidad

Los cristianos debemos siempre tener nuestra mano abierta con el dinero y las posesiones, reconociendo que Dios nos ha dado todo lo que tenemos y que, igual que él, debemos ser generosos (Éx 35.4-29; 1 Cr 29.1-20; Mal 3.10; Mr 12.41-44; Hch 4.32-35; 2 Co 8.1--9.15).

Gozo

El Espíritu Santo trae gozo a los hijos de Dios. La vida eterna y la amistad de Dios hacen que nuestro gozo sea seguro a pesar de las dificultades y las tristezas que podamos afrontar (Neh 8.10; Sal 30.11; Mt 13.44; Jn 15.11; Ro 15.13; Gá 5.22).

Gracia

La gracia de Dios es su bondad inmerecida hacia nosotros, para que se cumpla su propósito salvador en nosotros. Nuestra respuesta debe ser la de aceptar este regalo gratuito humildemente y con gratitud (Pr 3.34; Jon 2.8; Jn 1.14-17; Ro 3.21-28; 5.1-2; 2 Co 9.8). Ver también **misericordia**.

Gratitud

Como recipientes de esa bondad inmerecida que recibimos de Dios, la respuesta de los cristianos hacia él debe estar marcada por una gratitud que salga del corazón. Esta gratitud

debe también marcar nuestra actitud hacia los demás (Sal 28.6-7; 30.1-12; 100.1-5; Ef 5.19-20; Col 3.15-16; Ap 7.9-12).

Guerra

Jesús enseñó que debemos amar a nuestros enemigos. Los cristianos, por tanto, solamente deben participar en la guerra después de considerarlo muy seriamente. Algunos cristianos son pacifistas, y abogan por aplicar métodos pacíficos como alternativa a la guerra (Sal 120.6-7; Mi 4.1-3; Mt 5.38-48; 26.52; 2 Co 10.3-6).

> «La justicia, la justicia seguirás, para que vivas y heredes la tierra que Jehová tu Dios te da».
>
> Deuteronomio 16.20

Guerra espiritual

El Nuevo Testamento describe frecuentemente el discipulado en términos de guerra espiritual. Satanás y su ejército demoníaco luchan contra nosotros; debemos estar preparados para la batalla (Mt 16.18; 2 Co 10.4-5; Ef 6.10-20; 1 Ti 6.12; 1 P 5.8-9).

Hijos

Los hijos son un regalo de Dios y traen un gran gozo y viveza. Los cristianos deben cuidar de sus hijos, disciplinarlos con amor y llevarlos a Cristo (Éx 12.24-27; Dt 11.18-21; Sal 78.1-6; 127.3-5; Mr 10.13-16; Col 3.20-21. Ver también **padres**.

Rumanía: le dan una radio a una mujer para que pueda escuchar los programas sobre el evangelio en su propio hogar.

Hipocresía

Jesús se guardó sus palabras más contundentes para los líderes religiosos hipócritas. Los cristianos deben asegurarse de que su modelo de vida y sus vidas privadas reflejen los valores que muestran en público (Pr 26.23-26; Is 29.13; Mt 23.1-36; Ro 2.1, 17-24; Tit 1.16).

Homosexualidad

A una persona homosexual le atraen sexualmente las personas de su mismo género. Aunque la Biblia denuncia la actividad sexual homosexual, los cristianos no deben hostigar a las personas homosexuales, sino ser comprensivos y amables con ellos (Lv 18.22; Ro 1.18-32; 1 Co 6.9-11).

Hospitalidad

Ofrecer hospitalidad a los demás es fundamental para la espiritualidad cristiana. La hospitalidad puede tomar varias formas, pero casi siempre consiste en comunión en la mesa y proveer alojamiento (Is 58.6-7; Mt 25.31-40; Lc 14.12-14; Ro 12.13; 1 Ti 3.1-2; He 13.2).

Humildad

El evangelio es mortal para la soberbia humana porque requiere de nosotros que reconozcamos nuestra necesidad de perdón y nuestra incapacidad de vivir rectamente sin la ayuda de Dios (Mi 6.8; Mt 18.2-4; Ro 12.16; Fil 2.3; Stg 4.6,10; 1 P 3.8). Ver también **soberbia**.

Idolatría

Las Escrituras nos advierten de que Dios quiere que le honremos sobre todas las cosas. No hacerlo así, ya sea de forma deliberada o inconsciente, se condena por considerarse idolatría (Éx 32.1-8; Is 44.6-20; Jer 19.3-6; Ro 1.18-25; Col 3.5; 1 Jn 5.21).

Iglesia
El cristianismo es un deporte de equipo. Dios espera que cada cristiano se una al equipo, sirva apasionadamente y aliente a su comunidad local de discípulos de Cristo (Mt 16.18; Hch 2.42-47; 1 Ti 3.14-15; He 10.24-25).

Igualdad
Cada cristiano disfruta de la misma posición como hijo de Dios. Esto es un privilegio (los demás nos respetan y ayudan) y una responsabilidad (respetamos a los demás y les ayudamos) (1 Co 12.7-27; 2 Co 8.13-15; Gá 3.28; He 8.11; Stg 2.1).

> «Nunca se apartará de tu boca este libro de la ley, sino que de día y de noche meditarás en él, para que guardes y hagas conforme a todo lo que en él está escrito»
>
> Josué 1. 8

Injusticia
Las Escrituras dejan claro que Dios espera de nosotros que tratemos a los demás de forma justa. Los cristianos son llamados así a desafiar a la injusticia y apoyar a sus víctimas (2 Cr 19.7; Pr 13.23; Ec 3.16-17; Is 58.6; Jer 22.13; Am 5.12. Ver **justicia**.

Integridad
La integridad es una virtud cristiana muy atractiva. A veces puede resultar muy costoso poner en práctica lo que decimos, pero supone una cosecha de paz interior para el que lo hace (1 Cr 29.17; Sal 25.21; Pr 10.9; 2 Co 8.21; 1 Ti 1.5; Tit 2.7-8).

Ira
Sentimos ira en respuesta a una sensación de injusticia que se ha cometido contra nosotros o contra otras personas. Normalmente lleva a un deseo de que el que comete la injusticia pague por ello (Éx 34.5-7; Pr 29.11; Nah 1.2-8; Ef 4.26; 1 Ti 2.8; Stg 1.19-20).

Juicio
La Biblia da muchas advertencias severas sobre los peligros de emitir juicios erróneos sobre nuestros hermanos cristianos. Debemos recordar que únicamente Dios emite juicios perfectos (Sal 9.7; 119.66; Jn 7.24; Ro 14.13; He 9.27-28; Stg 2.12-13)

Jurar
Jurar significa tanto hacer juramentos como usar un lenguaje blasfemo. Estas actitudes se deben evitar; lo que el cristiano diga debe ser siempre cierto, saludable y puro (Pr 8.13; Mt 5.33-37; Ef 4.29; Col 3.8-9; Stg 3.1-12; 5.12).

Justicia
Dios está comprometido con la justicia. Jesús cargó sobre sí mismo el castigo por nuestra injusticia de forma que Dios pudiera concedernos el perdón sin transigir con su compromiso con la justicia (Gn 18.25; Dt 16.19; Sal 103.6; Hch 17.30-31; Ro 3.21-26; Ap 19.11).

Justicia social
La justicia social, incluyendo la honradez política, reflejan la preocupación y el amor del cristiano por su prójimo. Para el cristiano, hacer el bien incluye prestar atención al bienestar de nuestros conciudadanos (Am 2.6-8; Zac 7.9-10; Mt 23.23; Gá 2.10; 6.10; Tit 3.1).

Juventud
La juventud es un periodo de fuerza física y de disfrute, pero con el peligro de que se llegue a ser caprichoso espiritualmente hablando. Jesús dejó un buen ejemplo para las personas jóvenes (Sal 25.7; Pr 1.1-4; Ec 11.9--12.1; Lc 2.52; 1 Ti 4.12; 1 Jn 2.13-14).

Lealtad
La lealtad es una noble cualidad que los cristianos deben demostrar en cada relación personal, particularmente dentro del matrimonio. Sin embargo, toda nuestra lealtad debe centrarse prioritariamente en Dios (1 Cr 29.18; Sal 78.8; Pr 20.6; Fil 4.3).

Legalismo
El legalismo es el intento de agradar a Dios obedeciendo a la ley. El evangelio enseña que únicamente podemos vivir rectamente confiando en Jesucristo (Ro 2.28-29; 3.9-28; 7.6; Gá 2.21; 5.4; Fil 3.4-11).

Libertad
El mensaje del evangelio ofrece

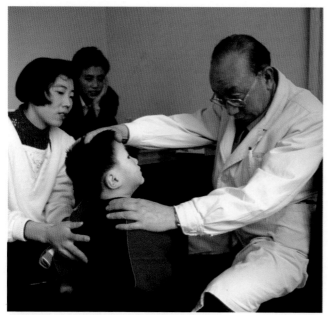

la educación de los hijos (Gn 2.18; Mal 2.13-16; Mt 19.3-6; 1 Co 7.1-40; Ef 5.21-33; He 13.4).

Medicina

La medicina moderna ofrece un tratamiento con éxito y cuidados para muchas enfermedades. Los cristianos deben recibir estos tratamientos con alegría y orar por su buen desarrollo, ya que forman parte del propósito curativo de Dios (Is 38.21; Mr 2.17; Lc 10.33-34; Col 4.14; 1 Ti 5.23). Ver también **curación**.

Meditación

Un importante aspecto del tiempo que pasamos personalmente con Dios es la meditación, tranquila y en una actitud de oración, en las Escrituras y en la importancia de estas en nuestra situación (Jos 1.8; Sal 1.1-2; 48.9; 77.12; 119.48; 143.5).

Mente

Ver **pensamiento**.

Miedo

Los cristianos tienen miedo como cualquier otra persona. Cuando eso ocurre, el remedio lo tenemos en nuestro Dios Todopoderoso. Ahuyentamos al miedo cuando oramos y creemos en sus promesas (Sal 46.1-2; Pr 3.24-25; Is 12.2; Lc 12.32; 1 P 3.14). Ver también **ánimo**.

Milagros

Los milagros son acontecimientos importantes en los que Dios actúa directamente

libertad. Libertad material de la opresión y libertad espiritual del pecado y de Satanás. Nuestro reto es llevar esa libertad a los demás (Éx 6.6-8; Sal 146.7; Is 58.6; Lc 4.18; Ro 6.1-23; Ap 1.5-6).

Liderazgo en la iglesia

Cada iglesia local tiene líderes, a los que Dios ha dado dones y ha llamado para servir a los miembros de la misma. Los líderes también instan a los miembros a contribuir en la iglesia con sus diferentes dones (Hch 20.28; Ro 12.7; 1 Co 12.28; Ef 4.11-12; He 13.17; 1 P 5.2).

Llamamiento

Dios llama a todas las personas a su reino por medio del mensaje del evangelio y además a seguirle y servirle con actitud resuelta en santidad y amor (1 S 3.1-10; Mt 4.18-20; Hch 13.1-3; Ef 1.18; Fil 3.14; 2 Ti 1.8-9).

Madurez

De la misma forma que nuestros cuerpos físicos maduran con una nutrición adecuada, los cristianos deben madurar en la fe, creciendo en Dios y demostrando un mejor entendimiento de su voluntad (Lc 8.14; Ef 4.11-16; Col 4.12; He 5.11--6.3; Stg 1.2-4).

Mansedumbre

La mansedumbre es un fruto de la presencia del Espíritu Santo en nuestras vidas. No debe confundirse con debilidad, ya que en realidad es fuerza bajo control (Pr 15.1; 25.15; Mt 11.29; Gá 5.22-23; Col 3.12; 1 Ti 6.11; 1 P 3.15).

Matrimonio

El matrimonio es la unión para toda la vida de un hombre y una mujer. Provee compañía, el único escenario adecuado para el amor sexual y un entorno seguro para

de una forma que va más allá de la comprensión humana y que testifica de su poder y de su bondad (Dt 4.32-40; 1 Cr 16.12; Sal 77.11; Mt 11.20-24; Jn 10.25; Hch 4.23-31; Ro 15.17-20).

Ministerio
Ver **servicio**.

Misericordia
Estrechamente relacionada con la gracia, la misericordia es el don de la benevolencia en lugar del juicio. Dios es misericordioso y espera encontrar esta cualidad en su pueblo (Éx 33.19—34.7; Sal 51.1-19; Is 55.7; Mi 6.8; Mt 5.7; He 4.16). Ver también **gracia**.

Misión
Todos los cristianos son llamados a participar en la misión de Dios, ganar a personas para el reino de Dios, por medio de un testimonio sincero e inspirado por el Espíritu, y de actos de amor (Mt 28.16-20; Lc 4.14-21; 15.4-7; Jn 20.19-22; Hch 1.8; Ro 1.1, 8-17).

Motivos
Las Escrituras nos enseñan que Dios busca personas cuya obediencia brote del celo y la devoción por él y de la cálida aceptación de nuestro prójimo (1 Cr 28.9; Pr 16.2; 1 Co 4.5; 1 Ts 2.3-4; Stg 4.3).

Muerte
Todos tenemos que enfrentarnos a la realidad de la muerte. Por medio de la muerte y la resurrección de Jesús, él sufre con nosotros y nos da la esperanza de una nueva vida (Ec 12.7; Lc 23.46; 1 Co 15.55-56; 1 Ts 4.13, 16; 2 Ti 4.6).

Naturaleza
Dios ha creado toda la naturaleza y esta refleja algo de la naturaleza de Dios en su belleza y su sorprendente diversidad y funcionalidad (Gn 1.1—2.3; Sal 19.1-6; Ro 1.20; 8.19-21; Col 1.15-17).

Necedad
La necedad está muy cerca del pecado en la Biblia. Normalmente el necio ignora a Dios de forma arrogante, no

«...despojémonos de todo peso y del pecado que nos asedia, y corramos con paciencia la carrera que tenemos por delante».
Hebreos 12.1

presta atención a sus mandatos y no se controla a sí mismo (Sal 14.1; Pr 1.7; 12.15; 29.11; Mt 7.26-27; 1 Co 1.18--2.5).

Obediencia
La presencia del Espíritu Santo en nosotros nos capacita para obedecer a Dios. Debemos

cooperar con energía con los buenos deseos que él promueve dentro de nosotros (1 S 15.22; Ro 1.5; 6.15-18; 16.19; 2 Co 9.13; 1 P 1.1-2).

Obligación

Los cristianos tienen la obligación de agradar a Dios y de cumplir el llamamiento que él nos ha hecho. Los que cumplen con las pequeñas obligaciones podrán recibir otras más importantes (Mt 25.14-30; Lc 12.47-48; 16.10-12; Hch 6.1-7).

Ocultismo

La palabra ocultismo se refiere a las técnicas mágicas por medio de las cuales se pueden revelar secretos o hacer que ocurra un acontecimiento. La Biblia prohíbe que el cristiano se involucre en actividades de ocultismo (Lv 19.26; Dt 18.10, 14; 29.29; Hch 19.17-20; Gá 5.19-21).

Opiniones

Los cristianos comparten un compromiso con el mensaje del evangelio, pero es inevitable que surjan desacuerdos. Debemos luchar por la verdad del evangelio, pero preservar la unidad cuando se trata de asuntos secundarios (Pr 18.2; 1 Co 13.12; Gá 2.11-21; Fil 3.15; Jud 3).

Oposición

Una oposición con amor, centrada en Dios, puede evitar que cometamos errores y ayudarnos a moldear nuestro carácter. Otras formas de oposición necesitan que las resistamos en oración (Nm 16.19-21; Pr 27.6; Hch 6.9-10; Gá 2.11-21; Fil 1.27-30; He 12.3).

Oración

La oración es uno de los grandes privilegios del cristiano. Podemos poner ante Dios todas nuestras preocupaciones sabiendo que él nos escucha y que nos responderá (Mt 6.5-15; Lc 5.16; 18.1-14; Hch 2.42; Ro 8.26-27; Ef 6.18).

Paciencia

La paciencia, ser capaz de soportar el comportamiento de los demás, es un aspecto importante del discipulado cristiano y una señal de la presencia del Espíritu Santo en nuestras vidas (Pr 19.11; Ec 7.8; 2 Co 6.3-10; Gá 5.22; He 6.12; Stg 5.7-11).

> «Purifícame con hisopo, y seré limpio; lávame, y seré más blanco que la nieve. Hazme oír gozo y alegría».
>
> Salmo 51. 7-8

Padres

Los padres son responsables ante Dios de amar, cuidar y educar a sus hijos, particularmente cuando estos son jóvenes. Los hijos deben amar y respetar a sus padres (Éx 20.12; Pr 1.8; Mt 15.4-6; Ef 6.4; Col 3.20-21; 1 Ts 2.6-12). Ver también **hijos**.

Palabras

Nuestras palabras reflejan la calidad de nuestro andar con Dios y deben revelar el Señorío de Cristo en nuestras vidas. Lo que es cristiano diga debe tener un efecto totalmente positivo (Pr 16.24; Is 50.4; Mt 12.33-37; Ro 10.8-10; Col 3.17; Stg 3.1-12).

Pasado

Una reflexión en oración sobre el pasado puede ser alentadora para el presente y el futuro. Los pecados pasados no deben condenarnos; Dios ofrece un perdón completo y gratuito (Dt 5.15; Ec 3.15; Ro 15.4; He 8.12; 2 P 1.5-9; 3.2).

Paz

Una consecuencia de la obra del Espíritu en la vida del cristiano será la paz interior y las relaciones pacíficas con los demás (Nm 6.22-26; Sal 4.8; 29.11; Mt 5.9; Jn 14.27; Gá 5.22).

Pecado

La desobediencia deliberada a Dios por parte de la humanidad es la causa principal de la muerte. La muerte expiatoria de Cristo, sin embargo, nos trae el regalo de la justificación y la vida eterna de parte de Dios (Ro 3.9-26; 5.12-14; 6.15-23; 1 Co 15.3; He 9.27-28; 1 Jn 1.8-9).

Pena

La pena es el tipo particular de tristeza profunda y dolorosa que experimentamos cuando perdemos a alguien que era muy querido para nosotros (Gn 37.34-35; Sal 23; Is 53.3; Mt 5.4; 26.36-44; Ro 12.15; Ap 21.1-4).

Pensamiento

El pensamiento es una característica clave del comportamiento humano. Como cristianos, la redención implica a nuestra mente, y nuestros pensamientos forman parte de nuestra dedicación a Cristo (Jer 31.31-34; Mt 22.37; Ro 1.21; 12.2; Ef 6.13-18; Fil 4.8; He 8.10). Ver también **meditación**.

Perdón

Por la muerte de Jesús en nuestro lugar, Dios nos ofrece el perdón de forma gratuita con la condición que extendamos ese perdón a los demás (Éx 34.6-7; Jer 31.31-35; Mi 7.18-19; Mt 6.9-15; 18.23-35; 1 Jn 1.9).

Pereza

Aunque debemos tomarnos un descanso adecuado por nuestro trabajo, debemos asegurarnos de ser diligentes en el llamamiento que Dios nos ha hecho (Pr 6.6-11; 24.30-34; Ro 12.11; 2 Ts 3.11-13; He 6.9-12).

Persecución

Muchas personas de Dios han sido llamadas a sufrir por su fe. Su ejemplo de compromiso desinteresado con Dios es inspirador para todos nosotros (Jer 38.1-6; Mt 5.11-12; 24.1-13; Hch 3.1—4.31; 5.41; 11.19-21).

Perseverancia

Los cristianos son llamados a perseverar en la fe. Dios

> «Tú, pues, hijo mío, esfuérzate en la gracia que es en Cristo Jesús. Lo que has oído de mí ante muchos testigos, esto encarga a hombres fieles que sean idóneos para enseñar también a otros».
>
> 2 Timoteo 2. 1–2

permitirá en ocasiones que pasemos por dificultades para probar y fortalecer nuestra perseverancia (Mt 24.13; Lc 8.15; Ro 5.3-5; He 3.6; Stg 1.2-4; 2 P 1.3-11).

Planificar

Aunque Dios se muestra activo en su mundo, normalmente obra a través de la actividad humana. Por tanto, debemos orar, planificar y actuar concienzudamente (Sal 20.1-4; Pr 14.22; 16.9; 21.30; Lc 14.25-33; Stg 5.13-17).

Pobreza

La pobreza es una afrenta al modelo de justicia de Dios. Se debe a muchas causas, pero se puede paliar por medio de la iniciativa, el trabajo duro y la honradez en el mismo (Éx 23.10-11; Lv 19.10; Dt 15.11; Pr 6.9-11; 29.7; Lc 4.18-19).

Poder

El poder corrompe a menudo nuestra frágil humanidad. Dios ofrece algo que llena más y corrompe menos, el poder del Espíritu Santo para un servicio humilde y amoroso, pero también dinámico (Hch 1.8; 2 Co 13.4; Ef 1.15-23; Col 1.28-29; 2 Ts 1.11-12; 2 Ti 1.6-7).

Popularidad

Aunque es algo bueno tener buenos amigos, el cristiano es llamado a servir a Dios en lugar de vivir buscando la alabanza de los demás (Pr 19.4; Lc 14.12-14; Jn 12.42-43; Ro 2.28-29; 1 Ts 2.6).

Posesiones

Dios quiere que disfrutemos

de las cosas que ha confiado a nuestro uso; sin embargo, no debemos dejar que lo que poseemos o lo que deseamos nos controle (Ec 5.19-20; Lc 12.15-34; Hch 4.32; He 10.33-34; 1 Jn 3.16-18; Ap 3.14-18).

Posición

Buscar los logros o una posición en la sociedad es un impulso natural del ser humano, pero no debe controlar a los cristianos. Sin embargo, Dios usa a personas de muy buena posición si se humillan ante él (Gn 41.41; Jer 45.5; Hch 13.1; Ro 16.23; 1 Co 1.26-31; 1 Jn 2.16-17).

Prejuicio

Prejuicio, o tomar decisiones centradas en uno mismo basadas en una comprensión inadecuada, es un error muy común en los humanos. Los cristianos deben ser sensibles hacia los demás y aceptarles tal como son (Mr 6.1-4; Lc 10.25-37; Hch 10.34-35; Ro 15.7; Gá 3.26-28; Stg 2.1-9).

Preocupación

El exceso de ansiedad es un problema que corroe. Aprender a vencer la ansiedad por medio de la confianza en la fidelidad de Dios es una victoria gozosa y liberadora para el cristiano (Jer 17.7-8; Mt 6.25-34; Lc 10.38-42; Fil 4.6-7; 1 P 5.7. Ver también **ansiedad**.

Presión

El cristianismo alivia una gran cantidad de presión afirmando que la base de su actividad es la aceptación incondicional de Dios, y no instando a la pereza (Mt 11.29; Mr 6.30-31; 2 Co 1.8-11; 11.28; 1 P 5.7; 1 Jn 3.19-20).

«Jehová está conmigo; no temeré lo que me pueda hacer el hombre».
Salmo 118.6

1.16-18; 1 S 15.22-23; Pr 24.21; Ro 13.1-2; He 13.17).

Rechazo

Todo el mundo experimenta el rechazo en algún grado. Dios acepta a todo el que se acerca a él; su pueblo es llamado a mostrar la misma aceptación a los demás (Jue 11.1-3; Lc 4.24; Jn 1.10-11; 3.16; 6.37; Ro 15.7).

Recompensas

Dios promete recompensarnos por nuestras buenas obras. La vida cristiana demanda sacrificio, pero Dios promete compensarnos en esta vida y en la próxima (Gn 15.1; Sal 62.11-12; Pr 14.14; Mt 5.11-12; 6.1-18; Ap 22.12).

Reconciliación

Por medio de su crucifixión y resurrección, el Señor Jesús nos reconció con Dios. En consecuencia, debemos poner en práctica esa reconciliación en todas nuestras relaciones humanas (Mt 5.21-24; Lc 12.58; Ro 5.10-11; 2 Co 5.16-21; Ef 2.13-22; Col 1.3-23).

Renovación

Debido a nuestra fragilidad humana, nuestra pasión por Dios y sus propósitos se apaga a menudo y necesitamos que el Espíritu Santo renueve nuestro amor por Dios (Sal 51.1-19; Is 40.28-31; Lm 5.21; Ez 37.1-14; 2 Co 4.16; Ef 5.18).

Respeto

Las Escrituras enseñan que los cristianos deben demostrar

Presión de los demás

Estamos tentados a medir nuestros logros o nuestra valía personal comparándonos con nuestros semejantes. Además, nos podemos sentir presionados por querer llegar a ser como ellos (Éx 23.2-3; Est 3.2; Mt 14.9; Lc 23.13-25; Ro 12.1-2).

Prioridades

El éxito en cualquier aspecto de la vida pasa definitivamente por dar la mayor importancia a las cosas realmente importantes. Los cristianos están comprometidos a tener siempre en mente las prioridades de Dios (2 Cr 1.1-12; Pr 3.5-6; Mi 6.8; Mt 6.25-34; 23.23; Mr 12.28-34).

Pureza

Cuando nacemos de nuevo Dios nos purifica y nos da su Espíritu

Santo para inspirarnos y darnos la capacidad de vivir puramente, desafiando así a nuestra naturaleza pecaminosa (Sal 24.3-4; 51.1-19; Mt 5.8; 2 Co 6.3--7.1; 1 Jn 1.7-9; 3.1-3).

Quejarse

Las Escrituras instan a los cristianos a que tengamos una actitud positiva hacia nuestras circunstancias, reconociendo que no somos víctimas de la suerte, sino recipientes de la providencia amorosa de Dios (Éx 16.1-8; Nm 11.1; Is 40.27-31; 1 Co 10.9-10; Fil 2.14; Stg 5.9).

Rebelión

Dios espera de nosotros que no seamos rebeldes, sino que nos sometamos a él y a los líderes a los que él ha dado autoridad sobre nosotros (Éx 34.4-7; Jos

el respeto adecuado por las autoridades, y al mismo tiempo esforzarse para ser personas dignas de ser respetadas (Lv 19.3, 32; Pr 11.16; Ro 13.7; 1 Ts 4.11-12; 5.12; 1 P 2.17).

Responsabilidad

Una de las formas de expresar el amor por nuestros hermanos cristianos es ayudarles con ternura, pero firmemente, a ser responsables con su estilo de vida (Pr 27.6, 17; Mt 18.15-17; He 10.24; Stg 5.19-20).

Restitución

Ya que Jesús ha pagado el precio por todos nuestros pecados, es bueno, cuando sea posible y sabio, restituir a aquellos a los que hemos hecho daño (Éx 22.1-15; Lv 6.1-7; Nm 5.5-8; Lc 19.1-10).

> «Ya no habrá muerte, ni habrá más llanto, ni clamor, ni dolor; porque las primeras cosas pasaron».
>
> Apocalipsis 21. 4

Resurrección

La resurrección de Jesús fue la gran obertura de la nueva creación. Garantiza la futura resurrección física de todos los que tienen fe en Cristo (Jn 11.25; Ro 1.1-4; 6.5; 1 Co 15.1-58; Fil 3.10-11; 1 P 1.3).

Riesgo

Aunque los creyentes no debemos ser insensatos, tampoco debemos dudar a la hora de dar pasos con audacia en la fe. Para mantener el equilibrio correcto es necesario poner en práctica la fe, la oración y la sabiduría (Sal 138.1-3; Pr 14.16; 28.1; Mr 11.22-24; Jn 14.12-13).

Riqueza

Mientras que el Antiguo Testamento considera la riqueza como una bendición de Dios, el Nuevo Testamento dice que es peligrosa, espiritualmente hablando. Sea como sea, los cristianos ricos desempeñan un papel muy importante en los propósitos de Dios (Sal 112.3; Pr 31.10, 16, 24; Mr 10.23; 1 Ti 6.3-10,17-19; Stg 2.1-7).

Sabbat

Ver **descanso**

Sabiduría

Mientras la sabiduría mundana es una trampa, la verdadera sabiduría de Dios es algo que él quiere que cada cristiano demuestre. Jesús destacó especialmente por su sabiduría (1 R 4.29; Pr 4.5-9; Lc 2.52; 1 Co 1.18-29; Stg 1.5; Ap 5.12).

Sacrificio

El sacrificio conmovedor de Jesús cumplió completamente con el sistema de sacrificios del Antiguo Testamento; en respuesta a ello, los cristianos deben prepararse para vivir sus vidas haciendo un sacrificio de obediencia y adoración (Lv 1.1--7.38; 1 S 15.22; Ro 12.1; Ef 5.1-2; He 10.1-18; 13.15-16).

Salud

Es fácil dar por hecho el tener salud y fuerza, pero los cristianos reconocen que deben valorarlas, protegerlas y usarlas para la gloria de Dios (Sal 29.11; Pr 20.29; Is 40.29-31; Jer 9.23-24; 3 Jn 2).

Salvación

Los cristianos han sido salvados por la gracia de Dios, por medio de la muerte y la resurrección del Señor Jesús. Debemos ofrecer esta salvación a los demás (Éx 15.2; Hch 4.8-12; Ro 1.16-17; 1 Ti 2.1-4; 2 Ti 2.10; Tit 2.11-14).

Santidad

La santidad es literalmente apartarse para los propósitos

de Dios; separación del pecado, pero también separación de todo lo que nos puede distraer de los propósitos de Dios (Lv 22.31-33; Ro 6.19-23; 12.1-2; He 12.1-2; 2 P 3.8-14; Ap 4.1-11).

Satanás

Los cristianos deben estar atentos al peligro de su enemigo espiritual, el diablo o Satanás, y estar preparados para las artimañas, las tentaciones y las pruebas que usará contra nosotros (Gn 3.1-15; Job 1.1— 2.10; Mt 4.1-11; Hch 10.37-38; Ef 6.10-20; 1 P 5.8-9).

Seguridad

1. El estado normal de los verdaderos cristianos es tener un sentimiento profundo del amor de Dios y del perdón de sus pecados. Los teólogos califican esto como «seguridad» de la salvación (Ro 8.1-39; 2 Co 13.14; He 10.19-22; 1 Jn 3.11-24; Jud 21).
2. Los cristianos no son inmunes a la inseguridad y a la ansiedad. Saber que el amor de Dios por nosotros es asombroso nos ayuda a depositar nuestra confianza en él para esta vida y para la próxima (Pr 3.26; Ef 3.7-12; Fil 1.3-6; He 6.13-20; 13.6; 1 Jn 4.17-18).

Sensibilidad

A medida que se desarrolla nuestra madurez cristiana, debe crecer en nosotros una sensibilidad instintiva a las necesidades de los demás. Esto indica que estamos venciendo a nuestro egoísmo natural (Job 2.11-13; Ef 4.2; 1 Ts 2.7; 5.14).

Servicio

De la misma forma que Cristo sirvió a sus discípulos, los cristianos somos llamados a servir a Dios y a su pueblo, en el poder que él nos da, con humildad y entusiasmo (Dt 10.12-13; Mr 10.45; Lc 22.26-27; Gá 5.13; 1 Ti 1.12; 1 P 4.10-11).

Sexo

El sexo es un regalo de Dios, bello y poderoso. La Biblia nos enseña que el sexo no debe tratarse a la ligera; debe reservarse para el matrimonio (Mt 5.27-28; Ef 5.3; Col 3.5; 1 Ts 4.3; He 13.4. Ver también **matrimonio**.

Simplicidad

Esta atractiva cualidad se refiere tanto a enseñar lo que es fácil de comprender y una ausencia transparente de engaño en las vidas y las actitudes de los cristianos (Sal 116.6; 131.1-3; Ro 16.17-19; 2 Co 1.13; 11.3; 1 Ti 1.3-5).

Soberbia

La soberbia se encuentra en la raíz de la maldad humana. Es principalmente egoísta, declarando el derecho propio por encima de Dios y de los demás (1 S 2.3; 2 Cr 26.16-21; Pr 11.2; Ro 12.16; 1 Co 13.4; 1 P 5.5-6). Ver también **humildad**.

Soledad

La soledad es un sentimiento doloroso resultante de una falta de compañía. Se puede superar por medio de la amistad de Dios e involucrándose en una iglesia local (Gn 2.18; 24.67; Sal 25.16; Pr 18.24; Ec 4.10; Is 66.13).

Soltería

Aunque la Biblia la destaca como una alternativa real al matrimonio, la soltería puede ser un estilo de vida solitario y las iglesias deben mostrar sensibilidad hacia sus miembros solteros (Sal 25.16; 68.6; Mt 19.8-12; 1 Co 7.1-40).

Sueños

Todo el mundo experimenta la actividad natural de soñar. Sin embargo, además de eso, a lo largo de las Escrituras, Dios ha revelado en ocasiones sus propósitos a las personas por medio de los sueños (Gn 37.5-11; 1 R 3.5; Ec 5.3; Is 29.8; Mt 2.13, 19, 22; Hch 2.17).

Sufrimiento

Igual que su maestro, el Señor Jesucristo, los cristianos son llamados frecuentemente a sufrir. Si responden a ese sufrimiento permaneciendo fieles a Dios tendrán entonces una oportunidad de crecimiento en su gracia (Hch 14.22; Ro 8.17-23, 36-39; 2 Co 12.7-10; Fil 3.10; 1 P 2.20-21).

Tentación

La tentación es el arma principal de Satanás; él engaña a nuestra naturaleza pecadora

«Daré mi ley en su mente, y la escribiré en su corazón; y yo seré a ellos por Dios, y ellos me serán por pueblo».

Jeremías 31.33

«Alabad al Señor, porque es bueno cantar salmos a nuestro Dios; porque suave y hermosa es la alabanza».
Salmo 147.1

presentándonos el pecado como algo atractivo. Dios nos concede el poder para resistir la tentación por medio de su Espíritu (Mt 6.13; Lc 4.1-13; 1 Co 10.13; 2 Co 11.3; 1 Ts 3.5; Stg 1.12-15).

Tiempo
Dios es eterno, mientras que los seres humanos están limitados por el tiempo. Dios tiene planes para el futuro; nuestra primera prioridad debe ser servirle en el presente (Sal 90.10,12; Ec 3.1-8; Mt 6.34; He 4.16; Stg 5.13-17; 1 P 5.6; Ap 3.3).

Tozudez
La tozudez es una cualidad poco atractiva que nos muestra que debemos ser inflexibles ante el pecado y no ceder al mismo. Jesús encontraba profundamente inquietante la tozudez de los líderes religiosos de su tiempo (Jer 16.12; 18.12; Ez 2.4; Mr 3.5; 16.14; Ro 2.5).

Trabajo
El trabajo, aunque a veces puede resultar frustrante, es una parte esencial de la vida, y refleja la actividad de Dios. Debemos completar las tareas a las que Dios nos llama con diligencia (Gn 2.2; 3.23; Pr 12.14; Ef 1.11; 6.5-9; Fil 2.25-30; 2 Ts 3.10-13).

Trabajo en equipo
Cuando trabajamos juntos para los propósitos de Dios en amor y en unión, el impacto general del equipo es mayor que la suma del impacto individual de cada miembro del equipo (Esd 5.2; Neh 4.6; Ec 4.9-12; Lc 10.1; 1 Co 12.14-20; Fil 4.3).

Transigir
Mientras no debemos transigir nunca con nuestro compromiso con la verdad del evangelio, y los principios de justicia y santidad, a menudo es necesario que cedamos un poco en asuntos secundarios (Mt 5.25-26; 1 Co 9.19-23; 2 Ts 2.15; Jud 3).

Unidad
Jesús oró para que la unidad de la Trinidad se reflejara entre sus discípulos. Somos todos «uno en Cristo» y aspiramos a cumplir esto en la comunión cristiana (Sal 133.1-3; Jn 17.20-23; 1 Co 12.12-13; Gá 3.28; Ef 4.3-6, 11-13).

Valentía
El Señor Jesús mostró mucha valentía en su ministerio terrenal. Dios no solamente ha revelado su voluntad, sino que nos da la valentía para llevarla a cabo (Jos 1.5-9; Jue 7.15-18; 1 S 17.37; 1 Co 16.13; 2 Co 11.26-27; He 11.32-34; Ap 12.11).

Venganza
Los cristianos no deben vengarse. La Biblia enseña que

debemos dejar la ejecución de la justicia en las manos de Dios y de las autoridades legítimas (Lv 19.18; Mt 5.38-39; Lc 17.3-4; Ro 12.17-21).

Veracidad

Es algo fundamental en el carácter de Dios. Él no puede mentir y cada cosa que dice es verdadera y digna de confianza. Debemos reflejar su veracidad cuando hablamos (Nm 23.19; Ec 12.10; Zac 8.16; Jn 14.6; Ef 4.15, 25; 1 Ti 3.14-15).

Vergüenza

La vergüenza es un fuerte sentimiento de humillación e incomodidad debida a nuestro pecado y a nuestra incompetencia. El perdón de los pecados y el fortalecimiento para la vida cristiana derrotarán a esta emoción que debilita (Gn 2.25; Sal 27.1; Ro 10.11; 2 Co 4.2; 1 Ti 1.5; He 12.2).

Violencia

La violencia es una característica de la naturaleza humana caída. Los reinos mundanos se establecen y se defienden por medio de la violencia, pero el reino de Dios «no es de este mundo» (Gn 6.11; Is 53.9; 58.4; Jn 18.36; Tit 1.7).

Visión

Los líderes cristianos necesitan una visión de las cosas dada por Dios, una previsión y convicción que inspire a las personas para entrar en acción. Jesús criticó a sus oyentes por la ausencia de esta cualidad (Jos 1.10, 16-18; 1 Cr 28.2, 8; Neh 2.17-18; Lc 12.54-56; Jn 4.35-36; Ro 15. 30-32).

> «Y todo lo que hacéis, sea de palabra o de hecho, hacedlo todo en el nombre del Señor Jesús, dando gracias a Dios Padre por medio de él».
>
> Colosenses 3.17

Visiones

Dios concede la revelación sobrenatural de las cosas a su pueblo por medio de las visiones. Siguiendo el don del Espíritu Santo en Pentecostés, las visiones son una experiencia posible para todo cristiano (Gn 15.1; Nm 12.6; Dn 7.1-2; Hch 2.17; 10.9-16; Ap 1.9-16).

Votos

Los votos son promesas solemnes que hay que cumplir. Son más comunes en el Antiguo Testamento porque el Nuevo Testamento se centra en el compromiso hacia los demás, sencillo e inspirado por el Espíritu (Nm 6.1-21; Sal 66.13-14; Pr 20.25; Ec 5.1-7; Hch 18.18; 21.20-24).

Profecías del Mesías
CUMPLIDAS EN JESUCRISTO

	Profecía del Antiguo Testamento	Cumplimiento en el Nuevo
Los hijos de la serpiente	Y pondré enemistad entre ti y la mujer, y entre tu simiente y la simiente suya; esta te herirá en la cabeza, y tú le herirás en el calcañar. **Génesis 3.15**	Pero cuando vino el cumplimiento del tiempo, Dios envió a su Hijo, nacido de mujer y nacido bajo la ley, para que redimiese a los que estaban bajo la ley, a fin de que recibiésemos la adopción de hijos. **Gálatas 4.4-5**
Hijos de Abraham	Bendeciré a los que te bendijeren, y a los que te maldijeren maldeciré; y serán benditas en ti todas las familias de la tierra. **Génesis 12.3**	Libro de la genealogía de Jesucristo, hijo de David, hijo de Abraham. **Mateo 1.1**
La promesa de Dios a través de Isaac	Respondió Dios: Ciertamente Sara tu mujer te dará a luz un hijo, y llamarás su nombre Isaac; y confirmaré mi pacto con él como pacto perpetuo para sus descendientes después de él. **Génesis 17.19**	...hijo de Judá, hijo de Jacob, hijo de Isaac, hijo de Abraham, hijo de Taré, hijo de Nacor. **Lucas 3.33-34**
El antepasado de Jacob	Lo veré, mas no ahora; lo miraré, mas no de cerca; saldrá Estrella de Jacob, y se levantará cetro de Israel y herirá las sienes de Moab, y destruirá a todos los hijos de Set. **Números 24.17**	Abraham engendró a Isaac, Isaac a Jacob, y Jacob a Judá y a sus hermanos. **Mateo 1.2**
De la tribu de Judá	No será quitado el cetro de Judá, ni el legislador de entre sus pies, hasta que venga Siloh; y a él se congregarán los pueblos. **Génesis 49.10**	... Naasón, hijo de Aminadab, hijo de Aram, hijo de Esrom, hijo de Fares, hijo de Judá. **Lucas 3.32-33**

	Profecía del Antiguo Testamento	Cumplimiento en el Nuevo
Heredero al trono de David	Lo dilatado de su imperio y la paz no tendrán límite, sobre el trono de David y sobre su reino, disponiéndolo y confirmándolo en juicio y en justicia desde ahora y para siempre. El celo de Jehová de los ejércitos hará esto. **Isaías 9.7**	Este será grande, y será llamado Hijo del Altísimo; y el Señor Dios le dará el trono de David su padre; y reinará sobre la casa de Jacob para siempre, y su reino no tendrá fin. **Lucas 1.32-33**
Nacido en Belén	Pero tú, Belén Efrata, pequeña para estar entre las familias de Judá, de ti me saldrá el que será Señor en Israel; y sus salidas son desde el principio, desde los días de la eternidad. **Miqueas 5.2**	Y José subió de Galilea, de la ciudad de Nazaret, a Judea, a la ciudad de David, que se llama Belén, por cuanto era de la casa y familia de David; para ser empadronado con María su mujer, desposada con él, la cual estaba encinta. Y aconteció que estando ellos allí, se cumplieron los días de su alumbramiento. **Lucas 2.4-7**
El tiempo del nacimiento del Mesías	Sabe, pues, y entiende, que desde la salida de la orden para restaurar y edificar a Jerusalén hasta el Mesías Príncipe, habrá siete semanas, y sesenta y dos semanas; se volverá a edificar la plaza y el muro en tiempos angustiosos. **Daniel 9.25-26**	Aconteció en aquellos días, que se promulgó un edicto de parte de Augusto César, que todo el mundo fuese empadronado. Este primer censo se hizo siendo Cirenio gobernador de Siria. **Lucas 2.1-2**
Nacido de una virgen	Por tanto, el Señor mismo os dará señal: He aquí que la virgen concebirá, y dará a luz un hijo, y llamará su nombre Emanuel. **Isaías 7.14**	Al sexto mes el ángel Gabriel fue enviado por Dios a una ciudad de Galilea, llamada Nazaret, a una virgen desposada con un varón que se llamaba José, de la casa de David; y el nombre de la virgen era María. Entonces el ángel le dijo: María, no temas, porque has hallado gracia delante de Dios. Y ahora, concebirás en tu vientre, y darás a luz un hijo, y llamarás su nombre Jesús. **Lucas 1.26-27, 30-31**

	Profecía del Antiguo Testamento	Cumplimiento en el Nuevo
Huida a Egipto	Cuando Israel era muchacho, yo lo amé, y de Egipto llamé a mi hijo. **Oseas 11.1**	Y él, despertando, tomó de noche al niño y a su madre, y se fue a Egipto, y estuvo allá hasta la muerte de Herodes; para que se cumpliese lo que dijo el Señor por medio del profeta, cuando dijo: De Egipto llamé a mi Hijo. **Mateo 2.14-15**
Matanza de los niños inocentes	Así ha dicho Jehová: Voz fue oída en Ramá, llanto y lloro amargo; Raquel que lamenta por sus hijos, y no quiso ser consolada acerca de sus hijos, porque perecieron **Jeremías 31.15**	Herodes entonces, cuando se vio burlado por los magos, se enojó mucho, y mandó matar a todos los niños menores de dos años que había en Belén y en todos sus alrededores, conforme al tiempo que había inquirido de los magos. Entonces se cumplió lo que fue dicho por el profeta Jeremías, cuando dijo: Voz fue oída en Ramá, grande lamentación, lloro y gemido; Raquel que llora a sus hijos, y no quiso ser consolada, porque perecieron. **Mateo 2.16-18**
Aquel que preparó el camino	He aquí, yo envío mi mensajero, el cual preparará el camino delante de mí; y vendrá súbitamente a su templo el Señor a quien vosotros buscáis, y el ángel del pacto, a quien deseáis vosotros. He aquí viene, ha dicho Jehová de los ejércitos Yo publicaré el decreto; **Malaquías**	Cuando se fueron los mensajeros de Juan, comenzó a decir de Juan a la gente: ¿Qué salisteis a ver al desierto? ¿Una caña sacudida por el viento? Este es de quien está escrito: He aquí, envío mi mensajero delante de tu faz, el cual preparará tu camino delante de ti. **Lucas 7.24, 27**
Declarado Hijo de Dios	Jehová me ha dicho: Mi hijo eres tú; Yo te engendré hoy. **Salmo 2.7**	Y hubo una voz de los cielos, que decía: Este es mi Hijo amado, en quien tengo complacencia. **Mateo 3.17**

	Profecía del Antiguo Testamento	Cumplimiento en el Nuevo
Su ministerio en Galilea	Mas no habrá siempre oscuridad para la que está ahora en angustia, tal como la aflicción que le vino en el tiempo que livianamente tocaron la primera vez a la tierra de Zabulón y a la tierra de Neftalí; pues al fin llenará de gloria el camino del mar, de aquel lado del Jordán, en Galilea de los gentiles. El pueblo que andaba en tinieblas vio gran luz; los que moraban en tierra de sombra de muerte, luz resplandeció sobre ellos. **Isaías 9.1-2**	Y dejando a Nazaret, vino y habitó en Capernaum, ciudad marítima, en la región de Zabulón y de Neftalí, para que se cumpliese lo dicho por el profeta Isaías, cuando dijo: Tierra de Zabulón y tierra de Neftalí, camino del mar, al otro lado del Jordán, Galilea de los gentiles; El pueblo asentado en tinieblas vio gran luz; Y a los asentados en región de sombra de muerte, Luz les resplandeció.... **Mateo 4.13-16**
Educado como profeta	Profeta de en medio de ti, de tus hermanos, como yo, te levantará Jehová tu Dios; a él oiréis. **Deuteronomio 18.15**	Y él envíe a Jesucristo, que os fue antes anunciado. Porque Moisés dijo a los padres: El Señor vuestro Dios os levantará profeta de entre vuestros hermanos, como a mí; a él oiréis en todas las cosas que os hable. **Hechos 3.20, 22**
Vino a sanar a los quebrantados de corazón	El Espíritu de Jehová el Señor está sobre mí, porque me ungió Jehová; me ha enviado a predicar buenas nuevas a los abatidos, a vendar a los quebrantados de corazón, a publicar libertad a los cautivos, y a los presos apertura de la cárcel; a proclamar el año de la buena voluntad de Jehová, y el día de venganza del Dios nuestro; a consolar a todos los enlutados. **Isaías 61.1-2**	El Espíritu del Señor está sobre mí, por cuanto me ha ungido para dar buenas nuevas a los pobres; me ha enviado a sanar a los quebrantados de corazón; a pregonar libertad a los cautivos, y vista a los ciegos; a poner en libertad a los oprimidos; a predicar el año agradable del Señor. **Lucas 4.18-19**

	Profecía del Antiguo Testamento	Cumplimiento en el Nuevo
Habló en parábolas	Escucha, pueblo mío, mi ley; inclinad vuestro oído a las palabras de mi boca. Abriré mi boca en proverbios; hablaré cosas escondidas desde tiempos antiguos, las cuales hemos oído y entendido; que nuestros padres nos las contaron. **Salmo 78.1-3**	Todo esto habló Jesús por parábolas a la gente, y sin parábolas no les hablaba; para que se cumpliese lo dicho por el profeta, cuando dijo: Abriré en parábolas mi boca; declararé cosas escondidas desde la fundación del mundo. **Mateo 13.34-35**
Rechazado por su propio pueblo	Despreciado y desechado entre los hombres, varón de dolores, experimentado en quebranto; y como que escondimos de él el rostro, fue menospreciado, y no lo estimamos. **Isaías 53.3**	A lo suyo vino, y los suyos no le recibieron. **Juan 1.11**
La piedra que desecharon los edificadores	La piedra que desecharon los edificadores ha venido a ser cabeza del ángulo. De parte de Jehová es esto, y es cosa maravillosa a nuestros ojos. **Salmo 118.22-23**	¿Ni aun esta escritura habéis leído: La piedra que desecharon los edificadores ha venido a ser cabeza del ángulo; el Señor ha hecho esto, y es cosa maravillosa a nuestros ojos?. **Marcos 12.10-11** Este Jesús es la piedra reprobada por vosotros los edificadores, la cual ha venido a ser cabeza del ángulo. **Hechos 4.11** Piedra de tropiezo, y roca que hace caer, porque tropiezan en la palabra, siendo desobedientes; a lo cual fueron también destinados. **1 Pedro 2.8**
Sacerdote según el linaje de Melquisedec	Juró Jehová, y no se arrepentirá: Tú eres sacerdote para siempre según el orden de Melquisedec. **Salmo 110.4**	Así tampoco Cristo se glorificó a sí mismo haciéndose sumo sacerdote, sino el que le dijo: Tú eres mi Hijo, Yo te he engendrado hoy. Como también dice en otro lugar: Tú eres sacerdote para siempre, según el orden de Melquisedec. **Hebreos 5.5-6**

676 Profecías del Mesías

Cada diez años, los habitantes de Oberammergau, Alemania, representan íntegramente la historia de la pasión de Jesús

	Profecía del Antiguo Testamento	Cumplimiento en el Nuevo
Entró en Jerusalén como rey	Alégrate mucho, hija de Sion; da voces de júbilo, hija de Jerusalén; he aquí tu rey vendrá a ti, justo y salvador, humilde, y cabalgando sobre un asno, sobre un pollino hijo de asna. **Zacarías 9.9**	Y trajeron el pollino a Jesús, y echaron sobre él sus mantos, y se sentó sobre él. Y los que iban delante y los que venían detrás daban voces, diciendo: ¡¡Hosanna!! ¡¡Bendito el que viene en el nombre del Señor!! ¡¡Bendito el reino de nuestro padre David que viene!! !!Hosanna en las alturas! Y entró Jesús en Jerusalén, y en el templo. **Marcos 11.7, 9-11**
Fue traicionado por un amigo	Aun el hombre de mi paz, en quien yo confiaba, el que de mi pan comía, alzó contra mí el calcañar. **Salmo 41.9**	Mientras él aún hablaba, se presentó una turba; y el que se llamaba Judas, uno de los doce, iba al frente de ellos; y se acercó hasta Jesús para besarle. Entonces Jesús le dijo: Judas, ¿con un beso entregas al Hijo del Hombre?. **Lucas 22.47-48**
Vendido por 30 monedas de plata	Y les dije: Si os parece bien, dadme mi salario; y si no, dejadlo. Y pesaron por mi salario treinta piezas de plata. **Zacarías 11.12**	Entonces uno de los doce, que se llamaba Judas Iscariote, fue a los principales sacerdotes, y les dijo: ¿Qué me queréis dar, y yo os lo entregaré? Y ellos le asignaron treinta piezas de plata. **Mateo 26.14-15**
Acusado por falsos testigos	Se levantan testigos malvados; de lo que no sé me preguntan. **Salmo 35.11**	Entonces levantándose unos, dieron falso testimonio contra él, diciendo: Nosotros le hemos oído decir: Yo derribaré este templo hecho a mano, y en tres días edificaré otro hecho sin mano. **Marcos 15.57-58**
Se negó a defenderse a sí mismo	Angustiado él, y afligido, no abrió su boca; como cordero fue llevado al matadero; y como oveja delante de sus trasquiladores, enmudeció, y no abrió su boca.. **Isaías 53.7**	Otra vez le preguntó Pilato, diciendo: ¿Nada respondes? Mira de cuántas cosaste acusan. Mas Jesús ni aun con eso respondió; de modo que Pilato se maravillaba. **Marcos 15.4-5**

	Profecía del Antiguo Testamento	Cumplimiento en el Nuevo
Le escupieron y le golpearon	Di mi cuerpo a los heridores, y mis mejillas a los que me mesaban la barba; no escondí mi rostro de injurias y de esputos. **Isaías 50.6**	Entonces le escupieron en el rostro, y le dieron de puñetazos, y otros le abofeteaban. **Mateo 26.67**
Odiado sin motivo	No se alegren de mí los que sin causa son mis enemigos, ni los que me aborrecen sin causa guiñen el ojo. **Salmo 35.19**	Si yo no hubiese hecho entre ellos obras que ningún otro ha hecho, no tendrían pecado;, pero ahora han visto y han aborrecido a mí y a mi Padre. Pero esto es para que se cumpla la palabra que está escrita en su ley: Sin causa me aborrecieron. **Juan 15.24-25**
Sacrificado en nuestro lugar	Mas él herido fue por nuestras rebeliones, molido por nuestros pecados; el castigo de nuestra paz fue sobre él, y por su llaga fuimos nosotros curados. **Isaías 53.5**	Porque Cristo, cuando aún éramos débiles, a su tiempo murió por los impíos. Ciertamente, apenas morirá alguno por un justo; con todo, pudiera ser que alguno osara morir por el bueno. Mas Dios muestra su amor para con nosotros, en que siendo aún pecadores, Cristo murió por nosotros. **Romanos 5.6-8**
Crucificado con criminales	Por tanto, yo le daré parte con los grandes, y con los fuertes repartirá despojos; por cuanto derramó su vida hasta la muerte, y fue contado con los pecadores, habiendo él llevado el pecado de muchos, y orado por los transgresores. **Isaías 53.12**	Crucificaron también con él a dos ladrones, uno a su derecha, y el otro a su izquierda. **Marcos 15.27**
Le dan vinagre y hiel a beber	Me pusieron además hiel por comida, Y en mi sed me dieron a beber vinagre. **Salmo 69.21**	Le dieron a beber vinagre mezclado con hiel; , pero después de haberlo probado, no quiso beberlo. **Mateo 27.34**

Profecía del Antiguo Testamento	Cumplimiento en el Nuevo
Despreciado y escarnecido Todos los que me ven me escarnecen; Estiran la boca, menean la cabeza, diciendo: Se encomendó a Jehová; líbrele él; Sálvele, puesto que en él se complacía. **Salmo 22.7-8**	Y el pueblo estaba mirando; y aun los gobernantes se burlaban de él, diciendo: A otros salvó; sálvese a sí mismo, si este es el Cristo, el escogido de Dios. **Lucas 23.35**
Oró por sus enemigos En pago de mi amor me han sido adversarios; Mas yo oraba. **Salmo 109.4**	Y Jesús decía: Padre, perdónalos, porque no saben lo que hacen. Y repartieron entre sí sus vestidos, echando suertes. **Lucas 23.34**
Los soldados echaron a suertes su ropa Repartieron entre sí mis vestidos, Y sobre mi ropa echaron suertes. **Isaías 22.18**	Cuando le hubieron crucificado, repartieron entre sí sus vestidos, echando suertes, para que se cumpliese lo dicho por el profeta: Partieron entre sí mis vestidos, y sobre mi ropa echaron suertes. **Mateo 27.35-36**
Ni uno solo de sus huesos fue quebrantado El guarda todos sus huesos; Ni uno de ellos será quebrantado. **Salmo 34.20**	Vinieron, pues, los soldados, y quebraron las piernas al primero, y asimismo al otro que había sido crucificado con él. Mas cuando llegaron a Jesús, como le vieron ya muerto, no le quebraron las piernas. Porque estas cosas sucedieron para que se cumpliese la Escritura: No será quebrado hueso suyo. **Juan 19.32-33, 36**
Atravesaron sus manos, pies y costado Derramaré sobre la casa de David, y sobre los moradores de Jerusalén, espíritu de gracia y de oración; y mirarán a mí, a quien traspasaron, y llorarán como se llora por hijo unigénito, afligiéndose por él como quien se aflige por el primogénito. **Zacarías 12.10**	Pero uno de los soldados le abrió el costado con una lanza, y al instante salió sangre y agua. Y también otra Escritura dice: Mirarán al que traspasaron. **Juan 19.34, 37** Luego dijo a Tomás: Pon aquí tu dedo, y mira mis manos; y acerca tu mano, y métela en mi costado; y no seas incrédulo, sino creyente. **Juan 20.27**

Profecía del Antiguo Testamento	Cumplimiento en el Nuevo

Enterrado en la tumba de un hombre rico

Y se dispuso con los impíos su sepultura, mas con los ricos fue en su muerte; aunque nunca hizo maldad, ni hubo engaño en su boca.

Isaís 53.9

Cuando llegó la noche, vino un hombre rico de Arimatea, llamado José, que también había sido discípulo de Jesús. Este fue a Pilato y pidió el cuerpo de Jesús. Entonces Pilato mandó que se le diese el cuerpo. Y tomando José el cuerpo, lo envolvió en una sábana limpia, y lo puso en su sepulcro nuevo, que había labrado en la peña; y después de hacer rodar una gran piedra a la entrada del sepulcro, se fue.

Mateo 27.57-60

Resucitó de la tumba

Porque no dejarás mi alma en el Seol, Ni permitirás que tu santo vea corrupción

Salmo 16.10

Pero Dios redimirá mi vida del poder del Seol, Porque él me tomará consigo.

Salmo 48.15

Mas él les dijo: No os asustéis; buscáis a Jesús nazareno, el que fue crucificado; ha resucitado, no está aquí; mirad el lugar en donde le pusieron. Pero id, decid a sus discípulos, y a Pedro, que él va delante de vosotros a Galilea; allí le veréis, como os dijo.

Marcos 16.6-7

...Y que fue sepultado, y que resucitó al tercer día, conforme a las Escrituras.

1 Corintios 15.4

Ascendió a la diestra del Padre

Subiste a lo alto, cautivaste la cautividad, Tomaste dones para los hombres, Y también para los rebeldes, para que habite entre ellos JAH Dios..

Salmo 69.18

Y el Señor, después que les habló, fue recibido arriba en el cielo, y se sentó a la diestra de Dios.

Marcos 16.19

Por lo cual dice:
Subiendo a lo alto, llevó cautiva la cautividad,
Y dio dones a los hombres.

Efesios 4.8

En momentos de necesidad...

Lo que sigue es un breve listado de algunas de las referencias clave de la Biblia que, esperamos, serán de ayuda en las distintas experiencias de la vida. Las referencias no son exhaustivas, pero esperamos que establezcan un buen fundamento para una mayor reflexión. Al interpretar las Escrituras, es importante recordar que cada parte de ellas se debe interpretar a la luz de su contexto inmediato y también dentro del contenido más amplio de la teología bíblica

Cuando esté pensando en...

Ancianos:
Levítico 19.32;
1 Timoteo 5.3, 17

Ayuno:
Joel 2.12-13;
Mateo 6.16-18;
Hechos 13.1-3

Bautismo:
Mateo 3.13;
Marcos 1.4;
Romanos 6.4

Cargas de otros:
Salmo 68.19;
Gálatas 6.2;
1 Juan 3.16-20

Cómo ser una buena hija:
Éxodo 20.12;
Efesios 6.1;
Colosenses 3.20

Cómo ser un buen padre:
Efesios 6.4;
1 Timoteo 3.4;
Tito 2.6

Cómo ser un buen esposo:
Génesis 2.23-24;
Efesios 5.25-33;
Colosenses 3.19

Conducta justa:
Salmo 37.21; 97.12;
Proverbios 11.6

Cómo ser una buena madre:
Proverbios 22.6; 29.15;
Tito 2.4-5

Cómo ser un buen hijo:
Éxodo 20.112;
Proverbios 13.1;
Colosenses 3.20

Cómo ser una buena esposa:
Proverbios 31.10-31;
Efesios 5.22-24;
1 Pedro 3.1-6

Depresión:
Salmo 27.23-24;
Isaías 41.10;
Juan 16.33

Diezmo:
Levítico 27.30;
2 Crónicas 31.5-6;
Malaquías 3.8-12

Divorcio:
Malaquías 2.15-16;
Mateo 19.1-11;
1 Corintios 7.10-16

Dolor:
Mateo 5.4;
1 Tesalonicenses 4.13-14;
Apocalipsis 21.4

Generosidad:
Salmo 112.5;
Proverbios 11.25; 22.9

Gozo:
Salmo 33.1-3; 118.15-16;
Isaías 44.23;
Lucas 10.21;
Filipenses 4.1-9

Incredulidad:
Marcos 9.24;
Juan 6.29; 20.29

Matrimonio:
Proverbios 18.22;
Eclesiastés 4.9-12.
2 Corintios 6.14-18

Miedo:
Job 25.2;
Salmo 119.120;
Hebreos 12.28

Niños:
Génesis 1.28;
Salmo 127.3-5; 139.13-16

«Toda palabra de Dios es limpia;
Él es escudo a los que en él esperan».
Proverbios 30.5

Palabra de Dios:
Efesios 6.17.
2 timoteo 3.16-17,
Hebreos 4.12

Plantearle a un amigo el tema del pecado:
Mateo 7.2-4;
18.15-17;
Gálatas 6.1

Santa Cena:
Lucas 22.14-20;
1 Corintios 10.14-21;
11.17-34

Soberanía de Dios:
Proverbios 16.1-4;
Isaías 55.8-9;
Romanos 9.10-21

Soledad:
Deuteronomio 31.8;
Isaías 41.10;
Juan 14.18

Su conducta:
Efesios 4.1-6;
Filipenses 1.27;
1 Juan 1.5-10

Su dinero:
Proverbios 13.11;
Eclesiastés 5.10;
Mateo 6.19-24

Su forma de hablar:
Proverbios 12.17-19.
Proverbios 15.1-4.
Santiago: 3.1-12

Sufrimiento:
Romanos 5.3; 8.17;
2 Corintios 1.5;

Sus prioridades:
Mateo 16.24-27;
Lucas 10.27;
Hechos 20.35

Temor:
Deuteronomio 31.6;
Josué 1.9;
Salmo 118.6

Tomar venganza:
Levítico 19.18;
Nahúm 1.2;
Romanos 12.19

Volver a Dios:
Jeremías 15.19
Oseas 14.4;
Lucas 15.22-24

Cuando se sienta...

Afligido:
Salmo 23; 71.1-3; 116.1-7;
Juan 14.1-4

Agradecido:
Salmo 95.2;
Jonás 2.9;
Colosenses 3.17

Asustado:
Salmo 27.1; 56.3;
Isaías 44.8

Cansado:
Isaías 50.4;
Jeremías 31.25;
Mateo 11.28-30;
Gálatas 6.9

Confuso:
Salmo 107.17-22.
1 Corintios 13.12;
14.33

Débil:
Salmo 72.12-14;
Isías 40.29;
Marcos 14.38

Desalentado:
Efesios 6.10-13;
2 Tesalonicenses 2.13-17;
Apocalipsis 19.6-8

Desesperado:
Proverbios 3.24;
Romanos 8.38-39;
2 Corintios 1.

Enfadado:
Efesios 4.31-32.
Colosenses 3.8;
Santiago 1.19-21

Estresado:
Proverbios 12.25;
Mateo 11.28

Filipenses 4.6

Impaciente:
Salmo 37.7;
Eclesiastés 7.8;
Santiago 5.7-8

Indeciso con respecto a Dios:
Salmo 1.1-6; 127.1-5;
Isaías 59.1

Inseguro:
Deuteronomio 33.12;
Salmo 16.5;
Proverbios 14.26

Insomne:
Salmo 2.3-6; 4.6-8;
Jeremías 31.25

Lejos de Dios:
Salmo 22.1-11; 42.1-8;
Isaías 34.1

Orgulloso:
Proverbios 11.2; 16.18;
1 Pedro 5.5-7

Perseguido:
Mateo 5.10-12;
1 corintios 4.10-13;
2 timoteo 3.10-15

Piadoso:
Crónicas 7.13;
Salmo 32.6;
Mateo 6.9-15

Preocupado:
Mateo 6.25; 6.33-34;
Lucas 10.38-42

Pobre:
1 Samuel 2.7-8;
Salmo 34.6-7;
Santiago 2.5

Bendito seas tú, oh Jehová, Dios de Israel
nuestro padre,
desde el siglo y hasta el siglo.
Tuya es, oh Jehová, la magnificencia y el
poder,
la gloria, la victoria y el honor; porque todas
las cosas
que están en los cielos y en la tierra son
tuyas. Tuyo, oh
Jehová, es el reino, y tú eres excelso sobre
todos.
Las riquezas y la gloria proceden de ti, y tú
dominas sobre
todo; en tu mano está la fuerza y el poder, y
en tu mano
el hacer grande y el dar poder a todos.
Ahora pues, Dios nuestro, nosotros alabamos
y loamos tu
glorioso nombre.

1 Crónicas 29.10-13

Rebelde:
1 Samuel 15.23;
Isaías 1.19-20;
Santiago 4.7

Seguro de sí mismo:
Jeremías 10.23-24;
Filipenses 3.2-11;
2 Tesalonicenses 3.4

Sentencioso:
Mateo 7.1-2;
Juan 7.24;
Santiago 4.11-12

Sin esperanza:
Isaías 40.31;
Romanos 5.5;
Hebreos 10.23

Tentado:
1 Corintios 10.13;
Hebreos 2.18;
Santiago 1.12-15

Traicionado:
Salmo 41.4-14;
52.1-5;
Proverbios 19.5

Triste:
Salmo 119.28;
Eclesiastés 7.3;
2 Corintios 7.10-11

Cuando necesite...

Seguridad para su salvación:
Salmo 62.7; 69.13;
Juan 6.37;
1 Juan 2.3, 9-10; 3.21-24

Valor:
Deuteronomio 31.8;
Josué 1.6-9;
1 Crónicas 28.20;
1 Corintios 16.13

Consuelo:
Salmo 9.9; 55.22;
Mateo 11.28

Dirección:
Salmo 5.8; 143.10;
Isaís 49.8-13

Perdón:
Hechos 2.38;
2 Corintios 2.10;
1 Juan 2.12

Liberación del pecado:
Ezequiel 36.25-26.
Romanos 6.6-7;
2 Corintios 5.17

Gracia:
Salmo 86.3-8;
2 Corintios 12.8-10;
Efesios 2.8-9

Guía:
Proverbios 11.14;
Isaías 58.11;
Juan 16.13

Sanidad:
Éxodo 15.26;
Salmo 147.3;
Isaías 30.26

Humildad:
Proverbios 5.33;
Efesios 4.2;
Santiago 4.10

Paz:
Salmo 119.165;
Proverbios 16.7;
Isaías 26.3; 52.7;
Filipenses 4.4-7

Protección:
Salmo 91.8-16;
Zacarías 9.14-17;
Efesios 6.10-20

Provisión:
Salmo 111.5; 144.12-15;
Filipenses 4.19;
1 timoteo 6.17

Arrepentimiento:
Hechos 2.38; 3.19;
1 Juan 1.9

Sobriedad:
1 Tesalonicenses 5.8;
1 Pedro 1.3; 5.8

Fuerza:
Salmo 46.1-5;
Salmo 118.14;
Filipenses 4.13

Sabiduría:
Salmo 51.6;
Proverbios 4.10-12;
1 corintios 2.6-10

Cuando necesite recordar que...

Dios es todopoderoso:
1 Crónicas 29.11-13;
Salmo 65.5-7;
Amós 4.13

Dios es eterno:
Deuteronomio 33.27;
Salmo 90.2;
Jeremías 10.10

Dios tiene el control:
Salmo 139.13-14.
Isaías 46.10;
Jeremías 29.11

Dios es justo:
Salmo 27.5-6;
73.27-28;
145.19-20

Dios es amor:
Salmo 117;
Juan 3.16-21;
Juan 15.9-13.
Romanos 5.8

Dios no cambia:
Salmo 102.25-27;
Hebreos 1.10-12; 13.8

Dios lo sabe todo:
Salmo 139.2-6;
Isaías 40.13-14;
Mateo 10.29-30

La mano negligente empobrece;
Mas la mano de los diligentes enriquece
Proverbios 10.4

Cuando luche contra...

La duda:
Salmo 27.7-14;
Mateo 14.31;
Romanos 4.18-25

La borrachera:
Proverbios 23.21;
Lucas 21.34;
Efesios 5.18

La envidia:
Proverbios 3.31; 27.4;
Romanos 13.13

La avaricia:
Proverbios 15.27; 28.25;
Colosenses 3.5

La culpa:
Salmo 103.12;
Romanos 3.22-24; 8.1-3

La pereza:
Proverbios 6.25;
2 Timoteo 2.22;
1 Juan 2.16

La mentira:
Proverbios 12.22; 19.22;
1 Juan 2.22

Recibir la disciplina:
Job 5.17;
Hebreos 112.11;
Apocalipsis 3.19

Autoestima:
Génesis 1.26-27;
Salmo 139.14;
Efesios 1.4-6

Sumisión a la autoridad:
Romanos 13.1;
Hebreos 13.17;
1 Pedro 2.13

Carácter:
Proverbios 15.18; 16.32;
2 Pedro 1.5-8

Esperar en el Señor:
Salmo 37.34; 130.5-6;
Isaías 40.27-31;
Proverbios 20.22

Plan de lectura diaria de la Biblia

Para poder crecer en nuestro entendimiento de Dios y poder sentir su corazón necesitamos una dieta equilibrada a la hora de alimentarnos de la Palabra de Dios.
Puede resultar muy útil disponer de un plan que guíe nuestras lecturas.
Si quiere intentar leer toda la Biblia en un periodo de cuatro años, proceda a una lectura continuada, siguiendo toda una fila vertical.
Si quiere intentar leer toda la Biblia en un periodo de dos años, siga la lectura de dos filas verticales.
Si lo que quiere es leer toda la Biblia en un periodo de un año, siga la lectura de las cuatro filas verticales.

La exposición de tus palabras alumbra;
Hace entender a los simples.
Salmos 119.130

Él respondió y dijo: Escrito está:
No solo de pan vivirá el hombre,
sino de toda palabra que sale de
la boca de Dios.
Mateo 4.4

Toda la Escritura es inspirada por Dios, y útil para enseñar, para redargüir, para corregir, para instruir en justicia, a fin de que el hombre de Dios sea perfecto, enteramente preparado para toda buena obra.
2 Timoteo 3.16-17

ENERO

	MAÑANA		TARDE/NOCHE	
1	Gn 1	Mt 1	Esd 1	Hch 1
2	Gn 2	Mt 2	Esd 2	Hch 2
3	Gn 3	Mt 3	Esd 3	Hch 3
4	Gn 4	Mt 4	Esd 4	Hch 4
5	Gn 5	Mt 5	Esd 5	Hch 5
6	Gn 6	Mt 6	Esd 6	Hch 6
7	Gn 7	Mt 7	Esd 7	Hch 7
8	Gn 8	Mt 8	Esd 8	Hch 8
9	Gn 9–10	Mt 9	Esd 9	Hch 9
10	Gn 11	Mt 10	Esd 10	Hch 10
11	Gn 12	Mt 11	Neh 1	Hch 11
12	Gn 13	Mt 12	Neh 2	Hch 12
13	Gn 14	Mt 13	Neh 3	Hch 13
14	Gn 15	Mt 14	Neh 4	Hch 14
15	Gn 16	Mt 15	Neh 5	Hch 15
16	Gn 17	Mt 16	Neh 6	Hch 16
17	Gn 18	Mt 17	Neh 7	Hch 17
18	Gn 19	Mt 18	Neh 8	Hch 18
19	Gn 20	Mt 19	Neh 9	Hch 19
20	Gn 21	Mt 20	Neh 10	Hch 20
21	Gn 22	Mt 21	Neh 11	Hch 21
22	Gn 23	Mt 22	Neh 12	Hch 22
23	Gn 24	Mt 23	Neh 13	Hch 23
24	Gn 25	Mt 24	Est 1	Hch 24
25	Gn 26	Mt 25	Est 2	Hch 25
26	Gn 27	Mt 26	Est 3	Hch 26
27	Gn 28	Mt 27	Est 4	Hch 27
28	Gn 29	Mt 28	Est 5	Hch 28
29	Gn 30	Mr 1	Est 6	Ro 1
30	Gn 31	Mr 2	Est 7	Ro 2
31	Gn 32	Mr 3	Est 8	Ro 3

FEBRERO

	MAÑANA		TARDE/NOCHE	
1	Gn 33	Mr 4	Est 9–10	Ro 4
2	Gn 34	Mr 5	Job 1	Ro 5
3	Gn 35–36	Mr 6	Job 2	Ro 6
4	Gn 37	Mr 7	Job 3	Ro 7
5	Gn 38	Mr 8	Job 4	Ro 8
6	Gn 39	Mr 9	Job 5	Ro 9
7	Gn 40	Mr 10	Job 6	Ro 10
8	Gn 41	Mr 11	Job 7	Ro 11
9	Gn 42	Mr 12	Job 8	Ro 12
10	Gn 43	Mr 13	Job 9	Ro 13
11	Gn 44	Mr 14	Job 10	Ro 14
12	Gn 45	Mr 15	Job 11	Ro 15
13	Gn 46	Mr 16	Job 12	Ro 16
14	Gn 47	Lc 1.1-38	Job 13	1 Co 1
15	Gn 48	Lc 1.39-80	Job 14	1 Co 2
16	Gn 49	Lc 2	Job 15	1 Co 3
17	Gn 50	Lc 3	Job 16–17	1 Co 4
18	Éx 1	Lc 4	Job 18	1 Co 5
19	Éx 2	Lc 5	Job 19	1 Co 6
20	Éx 3	Lc 6	Job 20	1 Co 7
21	Éx 4	Lc 7	Job 21	1 Co 8
22	Éx 5	Lc 8	Job 22	1 Co 9
23	Éx 6	Lc 9	Job 23	1 Co 10
24	Éx 7	Lc 10	Job 24	1 Co 11
25	Éx 8	Lc 11	Job 25–26	1 Co 12
26	Éx 9	Lc 12	Job 27	1 Co 13
27	Éx 10	Lc 13	Job 28	1 Co 14
28	Éx 11–12.20	Lc 14	Job 29	1 Co 15

MARZO

	MAÑANA		TARDE/NOCHE	
1	Éx 12.21-51	Lc 15	Job 30	1 Co 16
2	Éx 13	Lc 16	Job 31	2 Co 1
3	Éx 14	Lc 17	Job 32	2 Co 2
4	Éx 15	Lc 18	Job 33	2 Co 3
5	Éx 16	Lc 19	Job 34	2 Co 4
6	Éx 17	Lc 20	Job 35	2 Co 5
7	Éx 18	Lc 21	Job 36	2 Co 6
8	Éx 19	Lc 22	Job 37	2 Co 7
9	Éx 20	Lc 23	Job 38	2 Co 8
10	Éx 21	Lc 24	Job 39	2 Co 9
11	Éx 22	Jn 1	Job 40	2 Co 10
12	Éx 23	Jn 2	Job 41	2 Co 11
13	Éx 24	Jn 3	Job 42	2 Co 12
14	Éx 25	Jn 4	Pr 1	2 Co 13
15	Éx 26	Jn 5	Pr 2	Gá 1
16	Éx 27	Jn 6	Pr 3	Gá 2
17	Éx 28	Jn 7	Pr 4	Gá 3
18	Éx 29	Jn 8	Pr 5	Gá 4
19	Éx 30	Jn 9	Pr 6	Gá 5
20	Éx 31	Jn 10	Pr 7	Gá 6
21	Éx 32	Jn 11	Pr 8	Ef 1
22	Éx 33	Jn 12	Pr 9	Ef 2
23	Éx 34	Jn 13	Pr 10	Ef 3
24	Éx 35	Jn 14	Pr 11	Ef 4
25	Éx 36	Jn 15	Pr 12	Ef 5
26	Éx 37	Jn 16	Pr 13	Ef 6
27	Éx 38	Jn 17	Pr 14	Fil 1
28	Éx 39	Jn 18	Pr 15	Fil 2
29	Éx 40	Jn 19	Pr 16	Fil 3
30	Lv 1	Jn 20	Pr 17	Fil 4
31	Lv 2–3	Jn 21	Pr 18	Col 1

ABRIL

	MAÑANA		TARDE/NOCHE	
1	Lv 4	Sal 1-2	Pr 19	Col 2
2	Lv 5	Sal 3-4	Pr 20	Col 3
3	Lv 6	Sal 5-6	Pr 21	Col 4
4	Lv 7	Sal 7-8	Pr 22	1 Ts 1
5	Lv 8	Sal 9	Pr 23	1 Ts 2
6	Lv 9	Sal 10	Pr 24	1 Ts 3
7	Lv 10	Sal 11–12	Pr 25	1 Ts 4
8	Lv 11–12	Sal 13–14	Pr 26	1 Ts 5
9	Lv 13	Sal 15–16	Pr 27	2 Ts 1
10	Lv 14	Sal 17	Pr 28	2 Ts 2
11	Lv 15	Sal 18	Pr 29	2 Ts 3
12	Lv 16	Sal 19	Pr 30	1 Ti 1
13	Lv 17	Sal 20–21	Pr 31	1 Ti 2
14	Lv 18	Sal 22	Ec 1	1 Ti 3
15	Lv 19	Sal 23–24	Ec 2	1 Ti 4
16	Lv 20	Sal 25	Ec 3	1 Ti 5
17	Lv 21	Sal 26–27	Ec 4	1 Ti 6
18	Lv 22	Sal 28–29	Ec 5	2 Ti 1
19	Lv 23	Sal 30	Ec 6	2 Ti 2
20	Lv 24	Sal 31	Ec 7	2 Ti 3
21	Lv 25	Sal 32	Ec 8	2 Ti 4
22	Lv 26	Sal 33	Ec 9	Tit 1
23	Lv 27	Sal 34	Ec 10	Tit 2
24	Nm 1	Sal 35	Ec 11	Tit 3
25	Nm 2	Sal 36	Ec 12	Flm
26	Nm 3	Sal 37	Cnt 1	He 1
27	Nm 4	Sal 38	Cnt 2	He 2
28	Nm 5	Sal 39	Cnt 3	He 3
29	Nm 6	Sal 40–41	Cnt 4	He 4
30	Nm 7	Sal 42–43	Cnt 5	He 5

MAYO

	MAÑANA		**TARDE/NOCHE**	
1	Nm 8	Sal 44	Cnt 6	He 6
2	Nm 9	Sal 45	Cnt 7	He 7
3	Nm 10	Sal 46–47	Cnt 8	He 8
4	Nm 11	Sal 48	Is 1	He 9
5	Nm 12–13	Sal 49	Is 2	He 10
6	Nm 14	Sal 50	Is 3–4	He 11
7	Nm 15	Sal 51	Is 5	He 12
8	Nm 16	Sal 52–54	Is 6	He 13
9	Nm 17–18	Sal 55	Is 7	Stg 1
10	Nm 19	Sal 56–57	Is 8.1–9.7	Stg 2
11	Nm 20	Sal 58–59	Is 9.8–10.4	Stg 3
12	Nm 21	Sal 60–61	Is 10.5-34	Stg 4
13	Nm 22	Sal 62–63	Is11–12	Stg 5
14	Nm 23	Sal 64–65	Is 13	1 P 1
15	Nm 24	Sal 66–67	Is 14	1 P 2
16	Nm 25	Sal 68	Is 15	1 P 3
17	Nm 26	Sal 69	Is 16	1 P 4
18	Nm 27	Sal 70–71	Is 17–18	1 P 5
19	Nm 28	Sal 72	Is 19–20	2 P 1
20	Nm 29	Sal 73	Is 21	2 P 2
21	Nm 30	Sal 74	Is 22	2 P 3
22	Nm 31	Sal 75–76	Is 23	1 Jn 1
23	Nm 32	Sal 77	Is 24	1 Jn 2
24	Nm 33	Sal 78.1-37	Is 25	1 Jn 3
25	Nm 34	Sal 78.38-72	Is 26	1 Jn 4
26	Nm 35	Sal 79	Is 27	1 Jn 5
27	Nm 36	Sal 80	Is 28	2 Jn
28	Dt 1	Sal 81–82	Is 29	3 Jn
29	Dt 2	Sal 83–84	Is 30	Jud
30	Dt 3	Sal 85	Is 31	Ap 1
31	Dt 4	Sal 86–87	Is 32	Ap 2

JUNIO

	MAÑANA		TARDE/NOCHE	
1	Dt 5	Sal 88	Is 33	Ap 3
2	Dt 6	Sal 89	Is 34	Ap 4
3	Dt 7	Sal 90	Is 35	Ap 5
4	Dt 8	Sal 91	Is 36	Ap 6
5	Dt 9	Sal 92–93	Is 37	Ap 7
6	Dt 10	Sal 94	Is 38	Ap 8
7	Dt 11	Sal 95–96	Is 39	Ap 9
8	Dt 12	Sal 97–98	Is 40	Ap 10
9	Dt 13–14	Sal 99–101	Is 41	Ap 11
10	Dt 15	Sal 102	Is 42	Ap 12
11	Dt 16	Sal 103	Is 43	Ap 13
12	Dt 17	Sal 104	Is 44	Ap 14
13	Dt 18	Sal 105	Is 45	Ap 15
14	Dt 19	Sal 106	Is 46	Ap 16
15	Dt 20	Sal 107	Is 47	Ap 17
16	Dt 2	Sal 108–109	Is 48	Ap 18
17	Dt 22	Sal 110–111	Is 49	Ap 19
18	Dt 23	Sal 112–113	Is 50	Ap 20
19	Dt 24	Sal 114–115	Is 51	Ap 21
20	Dt 25	Sal 116	Is 52	Ap 22
21	Dt 26	Sal 117–118	Is 53	Mt 1
22	Dt 27–28.19	Sal 119.1-24	Is 54	Mt 2
23	Dt 28.20-68	Sal 119.25-48	Is 55	Mt 3
24	Dt 29	Sal 119.49-72	Is 56	Mt 4
25	Dt 30	Sal 119.73-96	Is 57	Mt 5
26	Dt 31	Sal 119.97-120	Is 58	Mt 6
27	Dt 32	Sal 119.121-144	Is 59	Mt 7
28	Dt 33–34	Sal 119.145-176	Is 60	Mt 8
29	Jos 1	Sal 120–122	Is 61	Mt 9
30	Jos 2	Sal 123–125	Is 62	Mt 10

JULIO

<table>
<tr><td></td><td colspan="2">**MAÑANA**</td><td colspan="2">**TARDE/NOCHE**</td></tr>
<tr><td>1</td><td>Jos 3</td><td>Sal 126–128</td><td>Is 63</td><td>Mt 11</td></tr>
<tr><td>2</td><td>Jos 4</td><td>Sal 129–131</td><td>Is 64</td><td>Mt 12</td></tr>
<tr><td>3</td><td>Jos 5–6.5</td><td>Sal 132–134</td><td>Is 65</td><td>Mt 13</td></tr>
<tr><td>4</td><td>Jos 6.6-27</td><td>Sal 135–136</td><td>Is 66</td><td>Mt 14</td></tr>
<tr><td>5</td><td>Jos 7</td><td>Sal 137–138</td><td>Jer 1</td><td>Mt 15</td></tr>
<tr><td>6</td><td>Jos 8</td><td>Sal 139</td><td>Jer 2</td><td>Mt 16</td></tr>
<tr><td>7</td><td>Jos 9</td><td>Sal 140–141</td><td>Jer 3</td><td>Mt 17</td></tr>
<tr><td>8</td><td>Jos 10</td><td>Sal 142–143</td><td>Jer 4</td><td>Mt 18</td></tr>
<tr><td>9</td><td>Jos 11</td><td>Sal 144</td><td>Jer 5</td><td>Mt 19</td></tr>
<tr><td>10</td><td>Jos 12–13</td><td>Sal 145</td><td>Jer 6</td><td>Mt 20</td></tr>
<tr><td>11</td><td>Jos 14–15</td><td>Sal 146–147</td><td>Jer 7</td><td>Mt 21</td></tr>
<tr><td>12</td><td>Jos 16–17</td><td>Sal 148</td><td>Jer 8</td><td>Mt 22</td></tr>
<tr><td>13</td><td>Jos 18–19</td><td>Sal 149–150</td><td>Jer 9</td><td>Mt 23</td></tr>
<tr><td>14</td><td>Jos 20–21</td><td>Hch 1</td><td>Jer 10</td><td>Mt 24</td></tr>
<tr><td>15</td><td>Jos 22</td><td>Hch 2</td><td>Jer 11</td><td>Mt 25</td></tr>
<tr><td>16</td><td>Jos 23</td><td>Hch 3</td><td>Jer 12</td><td>Mt 26</td></tr>
<tr><td>17</td><td>Jos 24</td><td>Hch 4</td><td>Jer 13</td><td>Mt 27</td></tr>
<tr><td>18</td><td>Jue 1</td><td>Hch 5</td><td>Jer 14</td><td>Mt 28</td></tr>
<tr><td>19</td><td>Jue 2</td><td>Hch 6</td><td>Jer 15</td><td>Mr 1</td></tr>
<tr><td>20</td><td>Jue 3</td><td>Hch 7</td><td>Jer 16</td><td>Mr 2</td></tr>
<tr><td>21</td><td>Jue 4</td><td>Hch 8</td><td>Jer 17</td><td>Mr 3</td></tr>
<tr><td>22</td><td>Jue 5</td><td>Hch 9</td><td>Jer 18</td><td>Mr 4</td></tr>
<tr><td>23</td><td>Jue 6</td><td>Hch 10</td><td>Jer 19</td><td>Mr 5</td></tr>
<tr><td>24</td><td>Jue 7</td><td>Hch 11</td><td>Jer 20</td><td>Mr 6</td></tr>
<tr><td>25</td><td>Jue 8</td><td>Hch 12</td><td>Jer 21</td><td>Mr 7</td></tr>
<tr><td>26</td><td>Jue 9</td><td>Hch 13</td><td>Jer 22</td><td>Mr 8</td></tr>
<tr><td>27</td><td>Jue 10–11.11</td><td>Hch 14</td><td>Jer 23</td><td>Mr 9</td></tr>
<tr><td>28</td><td>Jue 11.12-40</td><td>Hch 15</td><td>Jer 24</td><td>Mr 10</td></tr>
<tr><td>29</td><td>Jue 12</td><td>Hch 16</td><td>Jer 25</td><td>Mr 11</td></tr>
<tr><td>30</td><td>Jue 13</td><td>Hch 17</td><td>Jer 26</td><td>Mr 12</td></tr>
<tr><td>31</td><td>Jue 14</td><td>Hch 18</td><td>Jer 27</td><td>Mr 13</td></tr>
</table>

AGOSTO

	MAÑANA		TARDE/NOCHE	
1	Jue 15	Hch 19	Jer 28	Mr 14
2	Jue 16	Hch 20	Jer 29	Mr 15
3	Jue 17	Ac21	Jer 30–31	Mr 16
4	Jue 18	Hch 22	Jer 32	Sal 1–2
5	Jue 19	Hch 23	Jer 33	Sal 3–4
6	Jue 20	Hch 24	Jer 34	Sal 5–6
7	Jue 21	Hch 25	Jer 35	Sal 7–8
8	Rt 1	Hch 26	Jer 36 & 45	Sal 9
9	Rt 2	Hch 27	Jer 37	Sal 10
10	Rt 3–4	Hch 28	Jer 38	Sal 11–12
11	1 S 1	Ro 1	Jer 39	Sal 13–14
12	1 S 2	Ro 2	Jer 40	Sal 15–16
13	1 S 3	Ro 3	Jer 41	Sal 17
14	1 S 4	Ro 4	Jer 42	Sal 18
15	1 S 5–6	Ro 5	Jer 43	Sal 19
16	1 S 7–8	Ro 6	Jer 44	Sal 20–21
17	1 S 9	Ro 7	Jer 46	Sal 22
18	1 S 10	Ro 8	Jer 47	Sal 23–24
19	1 S 11	Ro 9	Jer 48	Sal 25
20	1 S 12	Ro 10	Jer 49	Sal 26–27
21	1 S 13	Ro 11	Jer 50	Sal 28–29
22	1 S 14	Ro 12	Jer 51	Sal 30
23	1 S 15	Ro 13	Jer 52	Sal 31
24	1 S 16	Ro 14	Lm 1	Sal 32
25	1 S 17	Ro 15	Lm 2	Sal 33
26	1 S 18	Ro 16	Lm 3	Sal 34
27	1 S 19	1 Co 1	Lm 4	Sal 35
28	1 S 20	1 Co 2	Lm 5	Sal 36
29	1 S 21–22	1 Co 3	Ez 1	Sal 37
30	1 S 23	1 Co 4	Ez 2	Sal 38
31	1 S 24	1 Co 5	Ez 3	Sal 39

SEPTIEMBRE

	MAÑANA			TARDE/NOCHE	
1	1 S 25	1 Co 6	Ez 4	Sal 40–41
2	1 S 26	1 Co 7	Ez 5	Sal 42–43
3	1 S 27	1 Co 8	Ez 6	Sal 44
4	1 S 28	1 Co 9	Ez 7	Sal 45
5	1 S 29–30	1 Co 10	Ez 8	Sal 46–47
6	1 S 31	1 Co 11	Ez 9	Sal 48
7	2 S 1	1 Co 12	Ez 10	Sal 49
8	2 S 2	1 Co 13	Ez 11	Sal 50
9	2 S 3	1 Co 14	Ez 12	Sal 51
10	2 S 4–5	1 Co 15	Ez 13	Sal 52–54
11	2 S 6	1 Co 16	Ez 14	Sal 5
12	2 S 7	2 Co 1	Ez 15	Sal 56–57
13	2 S 8–9	2 Co 2	Ez 16	Sal 58–59
14	2 S 10	2 Co 3	Ez 17	Sal 60–61
15	2 S 11	2 Co 4	Ez 18	Sal 62–63
16	2 S 12	2 Co 5	Ez 19	Sal 64–65
17	2 S 13	2 Co 6	Ez 20	Sal 66–67
18	2 S 14	2 Co 7	Ez 21	Sal 68
19	2 S 15	2 Co 8	Ez 22	Sal 69
20	2 S 16	2 Co 9	Ez 23	Sal 70–71
21	2 S 17	2 Co 10	Ez 24	Sal 72
22	2 S 18	2 Co 11	Ez 25	Sal 73
23	2 S 19	2 Co 12	Ez 26	Sal 74
24	2 S 20	2 Co 13	Ez 27	Sal 75–76
25	2 S 21	Gá 1	Ez 28	Sal 77
26	2 S 22	Gá 2	Ez 29	Sal 78.1-37
27	2 S 23	Gá 3	Ez 30	Sal 78.38-72
28	2 S 24	Gá 4	Ez 31	Sal 79
29	1 R 1	Gá 5	Ez 32	Sal 80
30	1 R 2	Gá 6	Ez 33	Sal 81–82

OCTUBRE

	MAÑANA		**TARDE/NOCHE**	
1	1 R 3	Eph1	Ez 34	Sal 83–84
2	1 R 4–5	Ef 2	Ez 35	Sal 85
3	1 R 6	Ef 3	Ez 36	Sal 86
4	1 R 7	Ef 4	Ez 37	Sal 87–88
5	1 R 8	Ef 5	Ez 38	Sal 89
6	1 R 9	Ef 6	Ez 39	Sal 90
7	1 R 10	Fil 1	Ez 40	Sal 91
8	1 R 11	Fil 2	Ez 41	Sal 92–93
9	1 R 12	Fil 3	Ez 42	Sal 94
10	1 R 13	Fil 4	Ez 43	Sal 95–96
11	1 R 14	Col 1	Ez 44	Sal 97–98
12	1 R 15	Col 2	Ez 45	Sal 99–101
13	1 R 16	Col 3	Ez 46	Sal 102
14	1 R 17	Col 4	Ez 47	Sal 103
15	1 R 18	1 Ts 1	Ez 48	Sal 104
16	1 R 19	1 Ts 2	Dn 1	Sal 105
17	1 R 20	1 Ts 3	Dn 2	Sal 106
18	1 R 21	1 Ts 4	Dn 3	Sal 107
19	1 R 22	1 Ts 5	Dn 4	Sal 108–109
20	2 R 1	2 Ts 1	Dn 5	Sal 110–111
21	2 R 2	2 Ts 2	Dn 6	Sal 112–113
22	2 R 3	2 Ts 3	Dn 7	Sal 114–115
23	2 R 4	1 Ti 1	Dn 8	Sal 116
24	2 R 5	1 Ti 2	Dn 9	Sal 117–118
25	2 R 6	1 Ti 3	Dn 10	Sal 119.1-24
26	2 R 7	1 Ti 4	Dn 11	Sal 119.25-48
27	2 R 8	1 Ti 5	Dn 12	Sal 119.49-72
28	2 R 9	1 Ti 6	Os 1	Sal 119.73-96
29	2 R 10	2 Ti 1	Os 2	Sal 119.97-120
30	2 R 11–12	2 Ti 2	Os 3–4	Sal 119.121-144
31	2 R 13	2 Ti 3	Os 5–6	Sal 119.145-176

NOVIEMBRE

	MAÑANA		TARDE/NOCHE	
1	2 R 14	2 Ti 4	Os 7	Sal 120–122
2	2 R 15	Tit 1	Os 8	Sal 123–125
3	2 R 16	Tit 2	Os 9	Sal 126–128
4	2 R 17	Tit 3	Os 10	Sal 129–131
5	2 R 18	Flm	Os 11	Sal 132–134
6	2 R 19	He 1	Os 12	Sal 135–136
7	2 R 20	He 2	Os 13	Sal 137–138
8	2 R 21	He 3	Os 14	Sal 139
9	2 R 22	He 4	Jl 1	Sal 140–141
10	2 R 23	He 5	Jl 2	Sal 142
11	2 R 24	He 6	Jl 3	Sal 143
12	2 R 25	He 7	Am 1	Sal 144
13	1 Cr 1–2	He 8	Am 2	Sal 145
14	1 Cr 3–4	He 9	Am 3	Sal 146–147
15	1 Cr 5–6	He 10	Am 4	Sal 148–150
16	1 Cr 7–8	He 11	Am 5	Lc 1.1-38
17	1 Cr 9–10	He 12	Am 6	Lc 1.39-80
18	1 Cr 11–12	He 13	Am 7	Lc 2
19	1 Cr 13–14	Stg 1	Am 8	Lc 3
20	1 Cr 15	Stg 2	Am 9	Lc 4
21	1 Cr 16	Stg 3	Abd	Lc 5
22	1 Cr 17	Stg 4	Jon 1	Lc 6
23	1 Cr 18	Stg 5	Jon 2	Lc 7
24	1 Cr 19–20	1 P 1	Jon 3	Lc 8
25	1 Cr 21	1 P 2	Jon 4	Lc 9
26	1 Cr 22	1 P 3	Mi 1	Lc 10
27	1 Cr 23	1 P 4	Mi 2	Lc 11
28	1 Cr 24–25	1 P 5	Mi 3	Lc 12
29	1 Cr 26–27	2 P 1	Mi 4	Lc 13
30	1 Cr 28	2 P 2	Mi 5	Lc 14

DICIEMBRE

	MAÑANA		TARDE/NOCHE	
1	1 Cr 29	2 P 3	Mi 6	Lc 15
2	2 Cr 1	1 Jn 1	Mi 7	Lc 16
3	2 Cr 2	1 Jn 2	Nah 1	Lc 17
4	2 Cr 3-4	1 Jn 3	Nah 2	Lc 18
5	2 Cr 5.1–6.11	1 Jn 4	Nah 3	Lc 19
6	2 Cr 6.11-42	1 Jn 5	Hab 1	Lc 20
7	2 Cr 7	2 Jn	Hab 2	Lc 21
8	2 Cr 8	3 Jn	Hab 3	Lc 22
9	2 Cr 9	Jude	Sof 1	Lc 23
10	2 Cr 10	Ap 1	Sof 2	Lc 24
11	2 Cr 11–12	Ap 2	Sof 3	Jn 1
12	2 Cr 13	Ap 3	Hag 1	Jn 2
13	2 Cr 14–15	Ap 4	Hag 2	Jn 3
14	2 Cr 16	Ap 5	Zac 1	Jn 4
15	2 Cr 17	Ap 6	Zac 2	Jn 5
16	2 Cr 18	Ap 7	Zac 3	Jn 6
17	2 Cr 19–20	Ap 8	Zac 4	Jn 7
18	2 Cr 21	Ap 9	Zac 5	Jn 8
19	2 Cr 22–23	Ap 10	Zac 6	Jn 9
20	2 Cr 24	Ap 11	Zac 7	Jn 10
21	2 Cr 25	Ap 12	Zac 8	Jn 11
22	2 Cr 26	Ap 13	Zac 9	Jn 12
23	2 Cr 27–28	Ap 14	Zac 10	Jn 13
24	2 Cr 29	Ap 15	Zac 11	Jn 14
25	2 Cr 30	Ap 16	Zac 12.1–13.1	Jn 15
26	2 Cr 31	Ap 17	Zac 13.2-9	Jn 16
27	2 Cr 32	Ap 18	Zac 14	Jn 17
28	2 Cr 33	Ap 19	Mal 1	Jn 18
29	2 Cr 34	Ap 20	Mal 2	Jn 19
30	2 Cr 35	Ap 21	Mal 3	Jn 20
31	2 Cr 36	Ap 22	Mal 4	Jn 21

Índice

Autores y colaboradores

Creative 4

Tony Cantale, diseñador, siente una gran pasión por comunicar el mensaje de las buenas nuevas por escrito. Ha dedicado su vida laboral a explorar distintas formas de presentar el evangelio a las personas corrientes en formas destacadas.

Robert Hick. Su primera carrera fue como alto ejecutivo en venta al por menor antes de pasar al campo editorial, en el que se ha concentrado en la creatividad y la mercadotecnia, así como en la iniciación de empresas nacionales. Ha llevado la distribución de más de 100 millones de Evangelios y extractos de Evangelios. Asimismo, ha iniciado la campaña anual «Back to Church» (De vuelta a la iglesia) que implica a miles de iglesias.

Martin Manser ha sido editor profesional de libros de consulta desde 1980. Ha recopilado o editado más de 180 libros de consulta, especialmente diccionarios de la lengua inglesa y títulos de referencias bíblicas. Es también profesor de idiomas y asesor de empresas y organizaciones nacionales.

Colaboradores

David Barratt (*La Biblia libro a libro*) fue, durante muchos años profesor de inglés adjunto en la Universidad de Chester. También enseñó en Paquistán y en los Estados Unidos, y es autor de un libro sobre C. S. Lewis. Una de sus preocupaciones es la interacción de la literatura y de la fe cristiana.

Mike Beaumont (*La Biblia libro a libro*) es pastor, conferenciante, autor y locutor. Tiene su base en Oxford y desde allí viaja mucho a distintas naciones. Tiene más de treinta años de experiencia en ayuda a pastores, iglesias y seminarios. Colaboró en la *NIV Thematic Study Bible* y es autor de *The One-Stop Bible Guide* (Lion).

Richard Bewes OBE (*Enseñanza bíblica*) anteriormente en All Souls Langham Place, Londres. Viaja extensamente, ha escrito 20 libros y es muy conocido por ser el conductor de los programas de *Televisión Open Home, Open Bible y Book by Book*.

Nicola Bull es ayudante editorial, está licenciada en Ciencias por la Universidad de Oxford y es editora por cuenta propia, que trabaja principalmente con libros cristianos. Es muy activa en su iglesia bautista local y también está involucrada en grupos ecuménicos y medioambientales.

James Collins (*Lo que la Biblia dice sobre...*) en la actualidad es pastor de la Iglesia Bautista de Redhill. Es también Doctor en Teología por la London School of Theology donde enseño sociología de la religión.

Nicholas Gatzke (*En tiempos de necesidad*) es el pastor principal de la Iglesia Bautista Osterville en Cape Cod, Massachussetts. Obtuvo su licenciatura en Homilética en la Escuela de Teología de Londres y tiene diplomaturas del Seminario Teológico Gordon-Conwell y del Instituto Bíblico Moody.

Pieter Lalleman (*La Biblia libro libro*) es tutor de Nuevo Testamento y Decano Académico del Spurgeon's College, de Londres. Licenciado por las universidades de Utrecht y Groningen (Holanda). Es ministro bautista ordenado y autor de varios libros y muchos artículos.

Richard Littledale (*La Biblia libro a libro*) es pastor de la Iglesia Bautista de Teddington, Londres. Tutor en el Colegio de Predicadores, está interesado en la comunicación innovadora. Ha predicado en la Radio 4 de la BBC, y es un colaborador asiduo del programa *Pause for Thought* de Radio 2.

Debra Reid (*La Biblia libro a libro*) ha sido tutora en el Spurgeon's College de Londres desde 1987, y se formó en Cardiff, en la Universidad de Gales. Ha estado involucrado en la publicación de gran variedad de ediciones de la Biblia, nuevas traducciones y otras obras de referencia. Es autora del *Tyndale Old Testament Comentary* sobre Ester.

Andrew Stobart (*La autoridad y la inspiración de la Biblia; La Biblia libro a libro; Vivir la vida cristiana*) es un estudiante para el ministerio en la Iglesia Metodista, que se está formando en la Universidad de Durham. Previamente estudió Teología Cristiana hasta el nivel del doctorado en la Escuela de Teología de Londres y en la Universidad de Aberdeen. Sus publicaciones incluyen colaboraciones en los diccionarios bíblico y teológico.

Keith White (*La Biblia para el mundo de hoy*) da conferencias de teología y sociología por todo el mundo y preside el Child Theology Movement. Editó *The Bible (Narrative And Illustrated)* y libros recientes, entre los que se encuentran *The Art of Faith* y *The Growth of Love*.

Derek Williams (*La Biblia libro a libro; Vivir la vida cristiana*) es un ministro de la Iglesia de Inglaterra que trabaja como administrador y jefe de prensa del obispo de Peterborough. Es autor de un gran número de libros, como *The Bible Chronicle* y (con el Dr. J. I. Packer) *The Bible Application Handbook*.

Agradecimientos

Texto y diseño

Damos las gracias a Kevin Wade, diseñador, por su ayuda con el diseño gráfico cuando lo hemos necesitado.

Gráficos

Mapas y gráficos: Tony Cantale. Asesora: Dra. Debra Reid. El gráfico *Cómo se desarrolló la Biblia* está basado en *Timeline* de The Bible Society, utilizado con permiso.

Fotografías

Ilustraciones y fotografías de Tony Cantale, a menos que se indique específicamente el autor.

Amazon Kindle original p.19

Artville original pp. 244, 248, 319, 655 superior

Bible Society p. 28 (Biblia de Reina)

Andy Bisgrove pp. 240-241 (ilustración)

Todd Bolen p. 38 (Jordán) p. 43 (reunión), p. 46 (sacrificio) p.49 (Sinaí) pp. 56-57, 92-93, 116, 176, 240, 581-582, 586, 590, 591, 592 (hornacinas) 593-594 (Corinto), 597, 606, 603, 607, 612 (torre), 616, 618, 621, 623, 629, 630-631, 633, 634, 636 (Mte. Hermón), 643

Biblioteca Británica p. 27 (códice)

Centro Carey p. 28-29 (Carey)

Universidad de Calgary p. 26 (Septuaginta)

Digital Stock pp. 216, 332/346-356/455 (montaña)

Digital Vision p. 38 (cometa), 49 (cascada, estrellas) pp. 154, 256, 277, 3327430-440/462 (mar) p. 332/442 452/462 (relámpago), 468/520-530 (hombre en canoa) 468/532 -542 (puesta de sol) 469/544-564 (corredor), 638, 653, 664, 685, 688

Mary Evans p. 27 (Wycliffe, Bede), 259 (Wesley)

Museo Británico pp. 30, 43, 33 (carro) 38 (Nerón), 52 (marfil), 54 (pesa de pato, pesa de león), 55 (medidas) 635, 641. John Foxx pp. 12-13, 31 (Karnak), 39 (Partenón), 466/484-494 (casco), 598.

Rex Geissler www.greatcommission.com p. 26 (vasija)

Goodshoot p.121

Isabelle Rozenbaum p. 284

Jesus College Cambridge p. 129 (John Elliot)

Charles Moore pp. 26-27 (Sinaí), 46(ovejas), 73, 194, 219, 237, 584, 606, 610, 612 (mercado), 613 (ambas) 614 615, 632, 636 (inscripción), 646, 647 (Tesalónica) 677

Misión Mukti p. 29 (Pandita Ramabai)

Museo John Rylands de Manchester p. 26 (fragmento)

Adrian Nielson págs.465/466/472-480 (escaladores)

Operación Movilización págs.192, 229, 663

Photodisc p. 27 (texto hebreo), 45 (uvas, menorah), 69, 91, 129, 133, 137, 150, 212, 245, 281, 289, 292, 322, 325/329, 332/358-368/456 (estatua) 332/418-428/461 (huellas), 333/382-392/458 (caras), 470/568 578 (padre e hijo), 583 (hombre judío) 620, 645 (flores)

Tear Fund p. 29 (lector), 141, 253, 469/556-566 (clínica), 655 (inferior) 657, 683

Rachel Todhunter pp. 467/486-506 (descanso para beber)

Trans World Radio pp. 287, 661, 667

Traductores de la Biblia Wycliffe p. 18

Ukraine Plus Group p. 26 (pergamino)

WEC Internacional pp. 258, 658, 668

Wellspring p. 15 (ambas), 20, 279, 298, 467/508-518 (estudiantes), 670.

Keith White p. 17

Wikimedia commons p. 28 (Tyndale, Lutero, Coverdale), 28 (Qumran), 31 (Hattusa), 33 (lanzador de disco), 27 (Alejandro), 26 (moneda), 27 (Pompeya), 39 (Artemisa), 43 (Purim), 44 (calendario Gezer), 52 (templo, friso), 130 (Jerjes), 201, 259 (Lutero, San Agustín), 600, 608, 627, 630 (Nabucodonosor), 639 (estatuilla), 647 (Lago de Galilea), 649 (ambas)

Wikimedia Commons: alex.ch p. 687; Almog 601; Aviceda 77; ciar 158; CNG www.cngcoins.com 53 (hileras de Monedas 2, 3, 4, 5, 6); Gryffindor 588; Jannisch 55 (estadio); Jastrow 53 (superior), 594 (cilindro); Ravil Kayumov 596; NASA 250, 604, 625; pentocelo 130 (Purim); Julius Ruckert 208;Keith Schengili-Roberts 54 (vasija); The York Project 27 (San Jerónimo); Zereshk 645 (friso); Zunkir 159

Simon Zisman pp. 184, 583 (Árabe)